DIE ZEIT

 J.B. METZLER

DIE ZEIT

Literatur-Lexikon

Autoren und Begriffe
in sechs Bänden

Mit dem Besten aus der ZEIT

Band 4
Autoren: Pound – Zwerenz

Verlag J. B. Metzler
Stuttgart · Weimar

Bibliografische Information der Deutschen Nationalbibliothek
Die Deutsche Nationalbibliothek verzeichnet diese Publikation in der Deutschen Nationalbibliografie; detaillierte bibliografische Daten sind im Internet über http://dnb.d-nb.de abrufbar.

Gedruckt auf chlorfrei gebleichtem, säurefreiem und alterungsbeständigem Papier

ISBN 978-3-476-02287-5

Dieses Werk einschließlich aller seiner Teile ist urheberrechtlich geschützt. Jede Verwertung außerhalb der engen Grenzen des Urheberrechtsgesetzes ist ohne Zustimmung des Verlages unzulässig und strafbar. Das gilt insbesondere für Vervielfältigungen, Übersetzungen, Mikroverfilmungen und die Einspeicherung und Verarbeitung in elektronischen Systemen.

© 2008 J. B. Metzler'sche Verlagsbuchhandlung und Carl Ernst Poeschel Verlag GmbH in Stuttgart
© 2008 Zeitverlag Gerd Bucerius GmbH & Co KG, Hamburg

www.metzlerverlag.de
info@metzlerverlag.de

Einbandgestaltung: Melanie Weiß – die Abbildungen zeigen Voltaire, Doris Lessing (© Interfoto), Thomas Mann (© Interfoto, James Baldwin, Arundhati Roy (© Interfoto)
Satz: Typomedia GmbH, Scharnhausen
Druck und Bindung: CPI – Ebner & Spiegel, Ulm
Printed in Germany

September 2008

Verlag J. B. Metzler Stuttgart · Weimar

Inhalt

Band 1
Autorinnen und Autoren
Abe Kōbō – Dos Passos   S. 1–556
ZEIT-Aspekte   S. 557–601

Band 2
Autorinnen und Autoren
Dostoevskij – Kästner   S. 1–575
ZEIT-Aspekte   S. 577–602

Band 3
Autorinnen und Autoren
Kateb – Pope   S. 1–572
ZEIT-Aspekte   S. 573–618

Band 4
Autorinnen und Autoren
Pound – Zwerenz   S. 1–609
ZEIT-Aspekte   S. 611–638
Mitarbeiterinnen und Mitarbeiter   S. 639–649

Band 5
Abkürzungen / Benutzerhinweise   S. VII
Begriffe und Definitionen
Abbreviatio – Kyklus   S. 1–460

Band 6
Begriffe und Definitionen
Lai – Zynismus   S. 1–452
Mitarbeiterinnen und Mitarbeiter   S. 453
Quellen / Bildquellenverzeichnis   S. 454

Pound, Ezra [Weston Loomis]
Geb. 30. 10. 1885 in Hailey, Idaho;
gest. 1. 11. 1972 in Venedig

Ezra Pound ist als innovativer Dichter, charismatischer Initiator sowie Wegbereiter und Gefährte anderer Dichter und Künstler und als rastloser Erzeuger und Propagator von Ideen und Programmen fraglos die bedeutendste Persönlichkeit in der Literatur- und Kunstszene des Modernismus. Sein Programm war die Erneuerung und Modernisierung der Literatur und Kunst seiner Zeit, sein Motto »Make It New«. Er hatte ein untrügliches Gespür für das literarische Talent anderer. In T. S. Eliot sah er jemanden, der auf eigenem Wege zur Moderne gefunden hatte, und er bewirkte die Publikation von dessen »The Love Song of J. Alfred Prufrock«, in seinen Augen das beste Gedicht eines Amerikaners, das er je gesehen hatte. Ohne P.s drastische Kürzungsvorschläge wäre Eliots *The Waste Land* nie in seiner vorliegenden Form erschienen. Die Widmung dieses Werks an P. – »il miglior fabbro« – ist sehr ernst gemeint. William Carlos Williams wurde von P. zum radikalen Bruch mit der traditionellen Dichtungssprache motiviert, was ihn nach eigenem Bekunden in seiner Entwicklung um Jahre voranbrachte.

P. nimmt unter den modernistischen Dichtern eine besondere Stellung ein. Er studierte mit einigen Unterbrechungen Literatur an der University of Pennsylvania (und vorübergehend am Hamilton College), wo sein Interesse den romanischen Literaturen und der Komparatistik galt. Was für Eliot die englischen Barocklyriker (»metaphysical poets«) waren, waren für P. die provenzalischen und toskanischen Dichter, vor allem Guido Cavalcanti, den er später übersetzte. Während seiner Studienzeit begann P.s Freundschaft mit William Carlos Williams und H. D. (Hilda Doolittle), mit der er eine Zeit verlobt war. Nach einem vergeblichen Versuch, eine Laufbahn als Universitätslehrer zu ergreifen, ging er nach Europa, wo er in geradezu furioser Weise aktiv wurde. In Venedig veröffentlichte er seine erste Gedichtsammlung, *A Lume Spento* (1908). Nach London weitergereist, brachte er 1908 eine zweite Sammlung, *A Quinzaine for This Yule*, heraus, auf die ein Jahr später ein weiterer Gedichtband, *Personae* (1909; *Masken*, 1959), folgte. In diesen Gedichtbänden spiegelt sich P.s Interesse am Mittelalter und den romanischen Literaturen. In London fand er Kontakt zu verschiedenen Literatenkreisen, vor allem dem um den Philosophen und Dichter T. E. Hulme, der unter dem Einfluss Henri Bergsons und neuerer französischer Dichtung in Vorträgen die ästhetischen Prinzipien des Imagismus formulierte und sie in eigenen Kompositionen erprobte. P. wurde zur Zentralfigur des Imagismus, dem u. a. H. D., Richard Aldington und F. S. Flint angehörten, löste sich aber unter dem Einfluss des Malers und Schriftstellers Wyndham Lewis von dieser Bewegung und wandte sich dem Vortizismus zu, der eine dynamischere Konzeption des Kunstwerks – das Kunstwerk als Kraftzentrum oder Bündelung von Energien um einen Punkt, den Vortex – propagierte. Das Forum für den Vortizismus wurde die von P. und Lewis herausgegebene Zeitschrift *Blast*, die heftige Angriffe gegen die beharrenden Kräfte in der Kultur und die Selbstzufriedenheit des bürgerlichen Establishments führte. P. war gleichwohl der Wortführer bei der Festlegung der Prinzipien des Imagismus. Diese sind die »direkte Wiedergabe des Gegenstands«, die Ächtung »überflüssiger Worte« und ein »poetischer Rhythmus«, der sich auf die »musikalische Phrase« und nicht auf das Metronom gründet. P.s Definition des »Image« aus dem Jahr 1913 (in dem mit Flint zusammen verfassten Beitrag »Imagism« in der Zeitschrift *Poetry*) als »that which represents an intellectual and emotional complex in an instant of time« enthält ein vortizistisches Moment, das sich in seinen Erläuterungen noch deutlicher abzeichnet. Die unmittelbare Darstellung eines solchen Komplexes löse »[a] sense of sudden liberation«, »of freedom from time limits and space limits«, »of sudden growth« aus. P. hat in seinem berühmten Metro-Gedicht »In a Station of the Metro« eine unübertroffene poetische Realisierung dieses theoretischen Kunstprinzips geschaffen: »The apparition of these faces in the crowd; / Petals on a wet, black bough.« In diesen prädikatslosen Äußerungen wird ein momentan wahrgenommener Eindruck, »an apparition«, in kühner Nebeneinanderstellung mit einem Natureindruck gleichgesetzt. Die vortizistisch-dynamische Eigenschaft dieses Gedichts zeigt sich nicht so sehr in der Art, wie hier ein flüchtiger Eindruck aus dem Strom der Zeit herausgegriffen wird, sondern in der metaphorischen Technik, die Disparates geradezu blitzartig zusammenbringt. Dabei ist dieses nicht als spontane Reaktion und eine tatsächlich gemachte Wahrnehmung zu verstehen, sondern als Ergebnis einer künstlerischen Anstrengung, die freilich von einer Erfahrung, P.s »métro emotion«, ausgelöst wurde. P. hat selbst erklärt, dass er über einen langen Zeitraum an diesem Gedicht arbeitete, bis er es von 30 Zeilen auf seine endgültige Gestalt reduziert hatte, wobei das Vorbild des japanischen *haiku* eine große Rolle spielte. Japanische und auch chinesische Bildkunst und Literatur ist für P. zu einem großen Inspirationsquell geworden und hat über P. auch auf andere Dichter weitergewirkt. Ohne P.s *haiku*-artige Komposition hätten manche der imagistischen Gedichte von H.D. und William Carlos Williams kaum entstehen können. Der wichtigste Gedichtband ist in diesem Kontext *Lustra* (1916/17), der so exquisite Stücke wie »The Garden« und eine Fülle von durch chinesische und japanische, aber auch antike Kunst inspirierten Texten enthält. Eliot betont mit Recht, dass auch P.s Übersetzungen und Adaptionen als dichterische Leistungen gelten müssen, etwa seine Version des altenglischen »Seafarer« oder seine Nachgestaltungen provenzalischer und alter italienischer Dichtung. Für Eliot ist P. »moderner«, wenn er sich mit der Provence oder Italien beschäftigt, als wenn er das »moderne Leben« behandelt. Von seinen Übersetzungen aus dem Chinesischen sagt er, P. sei »the inventor of chinese poetry for our time« (Einleitung zu P.s *Selected Poems*, 1928).

Im Hinblick auf die Spielart des freien Verses, die P. entwickelte, ist eines der poetologischen Gedichte aus *Lustra*, »A Pact«, aufschlussreich. Hier bezeichnet P. Walt Whitman als »pig-headed father« und macht damit seine Verbundenheit und zugleich seine Distanz zu dem Erneuerer der Verssprache im 19. Jahrhundert deutlich.

P.s bedeutendstes lyrisches Werk vor den *Cantos* ist *Hugh Selwyn Mauberly* (1920), das wie Eliots gleichzeitige »Sweeney«-Gedichte mit strengeren metrischen Formen eine Art Gegengewicht zu der weniger disziplinierten Handhabung des freien Verses bei der Imagistin Amy Lowell und in der *Spoon River Anthology* von Edgar Lee Masters (1915/16) – »the dilutions of *vers libre*, Amygism, Lee Masterism [and] general floppiness« – darstellt. *Mauberley* zeigt in der radikalen Auseinandersetzung mit dem Ersten Weltkrieg eine neue, politische Orientierung bei P., für die auch der Kriegstod eines Freundes, des vielversprechenden jungen Bildhauers Henri Gaudier-Brzeska, 1915 ein Grund war. Darin gibt P. seinem Kriegshass mit höchster Kunst Ausdruck, wenn er etwa im ersten Teil von *Mauberley* das Horaz-Wort »Dulce et decorum est pro patria mori« durch die Mittel der Fragmentierung und Umstellung und durch den neuen Kontext *ad absurdum* führt – »Died some, pro patria, / non ›dulce‹ non ›et decor‹ … / walked eye-deep in hell«. Er stellt auch das politische System und die gesamte Kultur, die zum Weltkrieg geführt hatte, in Frage: »There died a myriad / […] For an old bitch gone in the teeth / For a botched civilization«. Der Tod Gaudiers und der ganze Erste Weltkrieg waren für P. eine traumatische Erfahrung, die er auch in den *Cantos* – speziell in den »Hell Cantos« – verarbeitete, wo er mit Bezug auf Gaudiers Tod bildkräftig von »an arm upward, clutching a fragment of marble« spricht, der nach unten »into the lake of bodies« gesaugt wird. P.s politisches Denken war darauf gerichtet, eine Wiederholung des Weltkriegs zu vermeiden. Er beschäftigte sich zunehmend mit wirtschaftspolitischen und soziökonomischen Theorien, deren Anwendung, wie er glaubte, den Weltkrieg hätte verhindern können. Er war sich sicher, dass Europa auf einen zweiten Krieg zusteuerte und fand in tragischer Verkennung der Person und Situation in Benito Mussolini den einzigen westlichen Staatsmann, dessen Persönlichkeit und Programm das Unheil eines zweiten Weltkriegs abwenden könnte. Die Geschichte von P.s politischer Verirrung, die sich auch in den *Cantos* spiegelt, ist bekannt. Er hat sich mehr und mehr mit ökonomischen Fragen auseinandergesetzt und einschlägige Vorträge gehalten und Publikationen herausgebracht (etwa »ABC of Economics«, 1933). Von seinem Idol Mussolini hat er sich nicht lösen können. In einem Atem mit Thomas Jefferson nannte er ihn »the OPPORTUNIST who is RIGHT« (*Jefferson and/or Mussolini*, 1935). Seit 1935, als nach Mussolinis Eroberung von Abessinien die Wahrheit über die machtpolitischen Ambitionen des Duce bekanntgeworden war, belog sich P. mehr und mehr selbst und wurde zum Opfer politisch-ideologischer Selbstverblendung, wobei er seine wirklichkeitsfremden Ansichten schriftlich und über den Rundfunk geradezu zwanghaft verlautbarte, was schließlich zu demütigender Einzelhaft und Einweisung in eine psychiatrische Klinik führte.

P.s *Cantos* sind das bedeutendste Langgedicht (»long poem«) des 20. Jahrhunderts. Schon am Beginn seiner literarischen Laufbahn hatte er den Vorsatz gefasst, ein großes »40jähriges Epos« zu schreiben, und von 1915 bis 1959 arbeitete er unablässig an den *Cantos* in einem Prozess der fortwährenden Teilveröffentlichung und der Prüfung und Revision des bereits Geschriebenen. Unabhängig von ihrem unbestreitbar hohen künstlerischen Rang sind die *Cantos* ein ungemein aufschlussreiches Dokument der künstlerischen, geistigen und weltanschaulichen Entwicklung des Dichters, weniger Ausdruck der Kultur seiner Zeit als ein Ausbruch aus dem gegebenen Kultursystem und einer auf der Grundlage seiner individuellen Sensibilität erfolgende Neukonstruktion der Welt- und Kulturgeschichte mit stetem Bezug auf die Gegenwartssituation. Techniken und Prinzipien, die P. in dem Werk zur Geltung bringt, sind das Verfahren der Maskerade (der Annahme von Masken, des Sprechens mit der Stimme anderer bis hin zum wortwörtlichen Zitat), die ideogrammatische Methode (die unter dem Einfluss des japanischen *haiku* und *Nō*-Spiels und von Ernest Fenollosas poetologischer Deutung der chinesischen Schriftzeichen vorgenommene Überlagerung unterschiedlicher Bildvorstellungen) und das Prinzip der Metamorphose (die von Leo Frobenius' Kulturmorphologie beeinflusste Vorstellung vom Gleichen in den verschiedenen Menschheitskulturen und das Postulat der jeweils möglichen Neugestaltung auch des Gegenwärtigen). Hinzu kommen das Verfahren der Zitat-Collage und der Zitatüberlagerung sowie die Methode des Wechsels unterschiedlicher Diskursformen, etwa vom poetischen zum amerikanisch umgangssprachlichen und dokumentarischen Wiedergabemodus. Die Bewunderung der großen poetischen Leistung der *Cantos* schließt nicht aus, dass man ihre »Philosophie«, wie es Eliot in seiner Einleitung zu P.s *Selected Poems* (1928) ausdrückt, ablehnt. So gelten die »Pisan Cantos«, die nach dem Krieg während P.s Inhaftierung bei Pisa entstanden, mit ihrer intensiven Bezugnahme auf das Leben P.s als eine große Errungenschaft, obwohl einige der darin zum Ausdruck gebrachten Wertungen kritisch aufgenommen wurden.

Werkausgaben: The Cantos of Ezra Pound. New York 1986. – Selected Poems. London 1928.

Wolfgang G. Müller

Premcand
(d. i. Dhanpat Rāy Śrīvāstav)
Geb. 31. 7. 1880 in Lamhī bei Benares/Indien; gest. 8. 10. 1936 in Benares

Premcand übte als »der Klassiker und große Erneuerer« (Konrad Meisig) der Hindi- und Urdu-Literatur maßgeblichen Einfluss auf zeitgenössische und spätere indische Autoren aus und wurde weltweit in zahlreiche Sprachen übersetzt. P. entstammte der unteren Mittelschicht, er war als Lehrer, Schulinspektor und Zeitschriftenredakteur tätig. 1903 hatte er unter dem Namen Navābrāī begonnen, Romane in Urdu zu schreiben. 1908 erschien *Soz-e-vatan* (Das Leiden der Heimat), sein erster Band mit Urdu-Erzählungen, der bald als aufrührerisch verboten wurde. Aufgrund von Restriktionen wählte er 1910 das

Pseudonym P. Vor allem die Aussicht auf ein größeres Lesepublikum veranlasste ihn, ab 1915 auch in Hindi zu schreiben. Seine Produktivität war beachtlich – er schrieb um 300 Erzählungen, elf Romane und vier Dramen, daneben Artikel, Aufsätze, Essays und Biographien und verfasste Romanadaptionen bzw. Übersetzungen (u. a. von Lev Tolstoj und Anatole France). P.s Prosa, beeinflusst von indischen (z. B. Urdu-, Bengali-Autoren) und europäischen Vorbildern (v. a. Tolstoj, Čechov, Gor'kij, Maupassant), kennzeichnet eine neuartige thematische Vielfalt. Er gilt als »master chronicler« des Lebens im kolonialen Nordindien zu Beginn des 20. Jahrhunderts. Als Begründer einer modernen realistischen Prosa ergriff er von humanistischen Positionen aus konsequent Partei für nationale Unabhängigkeit und sozialen Fortschritt. Zunächst zeigte er sich unter dem Eindruck sozialreformerischer Gedanken des Ārya Samāj und Mahātmā Gāndhīs noch stark Idealen einer utopischen Sozialreform verhaftet. Für seine überzeugende Kritik an grundlegenden Missständen der Hindu-Gesellschaft wählte P. vor allem Themen, die sich aus der Bindung an Großfamilie und Kaste herleiteten, z. B. Fragen der Hindu-Ehe wie Mitgiftbrauch, Eheschließungen im Kindesalter, Verheiratung junger Mädchen an wesentlich ältere Männer oder das Verbot der Wiederverheiratung von Witwen. Mehr und mehr ging er als meisterhafter Kenner des dörflichen Milieus dazu über, insbeondere Unberührbarkeit sowie die Ausbeutung durch Grundbesitzer, Beamte, Geldverleiher und Brahmanen anzuprangern, und wurde zum »story-teller of the independence movement« (Geetanjali Pandey). P. verband in seiner Prosa eine bildhaft-lebendige, umgangssprachlich orientierte Erzählweise mit oft humorvoller oder satirisch zugespitzter Darstellung.

Zwischen 1917 und 1936 erschienen 18 Erzählbände in Hindi, von 1908 bis 1939 15 Bände in Urdu. Der Hauptteil seiner Hindi-Erzählungen ist in Mānsarovar (8 Bde., 1936–62; Der Mānas-See) gesammelt. In deutscher Übersetzung liegen Eine Handvoll Weizen (1958) und Der Brunnen des Thakur (1961) vor; beide basieren auf englischsprachigen Ausgaben. 1989 wurden mit Die Schachspieler erstmals 14 seiner bekanntesten Texte direkt aus dem Hindi übersetzt, unter anderem Kafan (1936; Das Leichentuch; 2004 verfilmt) und Śatrañj ke khilārī (1924; Die Schachspieler; 1977 in Hindi und Englisch verfilmt von Satyajit Rāy (1921–92), einem der wichtigsten indischen Filmemacher). 1981 drehte Rāy nach P.s Erzählung Sadgati (in Mānsarovar, 1951; Befreit, in: Meine Welt, H. 2, 2004) einen Fernsehfilm über das bewegende Schicksal eines Unberührbaren. 1918 trat P. mit Sevāsadan (Haus des Dienens) auch als Hindi-Romancier hervor, weitere wichtige Romane folgten: Raṅgbhūmi (Die Bühne) 1925 und Karmbhūmi (Das Wirkungsfeld) 1932. In Nirmalā (1927; Nirmala oder die Geschichte eines bitteren Lebens, 1976; 1975 verfilmt) lassen Mitgiftprobleme die geplante Ehe eines jungen Mädchens scheitern. Sie wird mit einem älteren Witwer, Vater fast erwachsener Söhne, verheiratet. Konflikte, die vor allem im unbegründeten Misstrauen des Ehemannes wurzeln, richten die Familie zugrunde, Nirmala stirbt.

Höhepunkt von P.s Schaffen ist der Roman Godān (1936 Hindi; Godan oder die Opfergabe, 1979; 1939 Urdu; u. a. 1963 verfilmt mit der Musik von Ravi Shankar), »das Epos vom Leiden der indischen Landbevölkerung« (Peter Gaeffke), in dem er sich der Gestaltung des tragischen Schicksals eines Kleinbauern zuwendet.

Der Versuch, 1934/35 eine Karriere als Drehbuchautor in Bombay zu beginnen, endete desillusionierend. Sein einziger Film MAZDŪR (1934; Arbeiter) griff erstmals die Probleme der Industriearbeiter auf. Kurz vor seinem frühen Tod plädierte P. 1936 in Lakhnau als Präsident der ersten Konferenz der All India Progressive Writers' Association für eine dem Leben eng verbundene Literatur, die Aktivität und Kampfgeist zu vermitteln vermag. Die seit 1930 in seinem Verlag Sarasvatī Press erscheinende Hindi-Monatschrift Haṅs wurde zum Publikationsorgan progressiver indischer Autoren. Sein Sohn, der Hindi-Autor Amrit Rāy (1921-96), machte sich vor allem um die Pflege seines Erbes verdient, unter anderem mit der Biographie *Qalam kā sipāhī* (1962; *Premchand. A Life*, 1982).

Hannelore Bauhaus-Lötzke

Prešeren, France
Geb. 3. 12. 1800 in Vrba bei Bled/Slowenien; gest. 8. 2. 1849 in Kranj

Leben und Werk des slowenischen Nationaldichters France Prešeren sind von beruflichen und privaten Enttäuschungen geprägt. Der Bauernsohn gehörte der seit Anfang des 19. Jahrhunderts entstandenen Gruppe von Intellektuellen einfacher Herkunft an. 1828, nach seiner Promotion in Jura an der Wiener Universität, kehrte P. nach Ljubljana zurück, wo er das Abitur absolviert hatte. Doch der junge Jurist fand in der dortigen bürgerlichen Gesellschaft keine Anerkennung. Seine Liebe zu der Patriziertochter Julia Primic blieb aufgrund des Standesunterschieds unerfüllt; eine eigene Anwaltskanzlei zu führen wurde ihm bis 1846 wegen seiner oppositionellen Haltung zum Metternich-Regime untersagt. P.s Werke und die Zeitschriften *Illyrisches Blatt* und *Kranjska Čbelica* (Das Bienchen von Krain), deren Mitherausgeber er war, waren stets von Zensur bedroht. Anerkennung erhielt P. nur von seinen Freunden Matija Čop und Andrej Smole, die 1835 und 1840 unerwartet früh starben. Nach Jahren der Depression und finanziellen Not starb P. 1849 an den Folgen seines Alkoholismus.

Die Poesie war für den liberalen Freidenker Mittel zur Befreiung der Slowenen aus der politischen Unmündigkeit und der mit ihr verbundenen kulturellen Rückständigkeit. Brillant verwendet P. verschiedene Kompositions- und Stilformen der Antike, Renaissance und Romantik, um die von der slowenischen Literatur bis dahin missachteten Strömungen zu integrieren. Ergebnis war ein Opus, das die slowenische Literatur an die Weltliteratur heranführte. Die kulturelle und politische Zurückgebliebenheit der Slowenen, die glücklose Liebe und eine ausgeprägte Heimatliebe bestimmen den Inhalt der Gedichte, die zwischen junghegelianischem Pantheismus und depressiver Resignation schwanken. Immer wieder werden düstere Fragen über die menschliche Existenz und deren Weiterentwicklung gestellt. Obwohl der Konflikt zwischen Ideal und Realität nicht aufzulösen ist, bezeugen die Gedichte einen festen Glauben an die Menschheit und an den hohen Sinn der Kunst. Unterteilen lässt sich das Werk, von P. selbst fast vollständig in dem Band *Poezije Doktorja Franceta Prešerena* (1847; Die Dichtungen des Doktor France Prešeren) herausgeben, in drei Phasen: eine frühe Phase, in der sich P.s jugendliche Unbeschwertheit in scherzhaften Romanzen nach dem Vorbild der deutschen Frühromantik und der spanischen Romanze spiegelt; die reife Phase der 1830er Jahre, der P.s schönste Sonette, Gaselen und Balladen entstammen; und eine späte Phase, in der die Kritik des Dichters an der Gesellschaft immer lauter wird.

Der Sonettenkranz *Sonetni venec* (1834; *Sonettenkranz*, 1986), dessen Form ganz dem barocken Sonettenkranz zu Siena entspricht, ist P.s Meisterwerk. Gewidmet ist er Julia Primic, und er handelt sowohl von der Liebe zu der Unerreichbaren als auch von der Wechselwirkung von Eros und Dichtung. Daneben huldigt der Kranz der Heimat, deren Rückständigkeit er zugleich beklagt. Stilistisch zeichnet sich das Werk unter anderem durch die strenge kompositorische Symmetrie und eine Vielzahl von Motiven aus, die präzise ausgearbeitet und mit starken Bildern und einer verdichteten Sprache ausgeschmückt sind. 1836 veröffentlichte P. neben der elegischen Ballade *Prekop* (1836; Umbettung) das epische Poem *Krst pri Savici* (1836; »Die Taufe an der Savica«). In dieser umfangreichen Verserzählung transponiert er seine persönliche Frage nach dem Sinn des Lebens in das 8. Jahrhundert, in die Zeit der Christianisierung der Slowenen. Im Zentrum steht die unglückliche Verbindung zwischen dem letzten Heiden Črtomir und seiner Geliebten Bogomila, die aus Angst um sein Leben Nonne wird und ihn schließlich dazu bewegt, sich taufen zu lassen. Ihr gemeinsamer Glaube, dass sie sich erst im Tod vereinigen werden, zeugt von P.s Überzeugung, dass der Kampf um persönliches Glück im Diesseits sinnlos ist. Nach der Ballade *Neiztrohnjeno srce* (1845; Das unverweste Herz), die im Nibelungenvers verfasst ist und von einem nicht anerkannten Dichter handelt, und nach einem Zyklus von Satiren und Elegien entwarf P. 1847 mit *Zdravljica* (»Trinkspruch«) eine für ihn untypisch positive Ode an ein freies Slowenien, das friedlich und gleichberechtigt neben anderen Nationen besteht. Das volksliedartige Gedicht, das anfangs der Zensur unterlag, wählten die Slowenen 1991 zu ihrer Nationalhymne. Diese Entscheidung bestätigt, dass P. mit seinem Werk die slowenische Sprache, die im 19. Jahrhundert von der deutschen Amtssprache ebenso wie von der Forderung der Illyristen nach einer einheitlichen südslawischen Sprache in ihrer Existenz bedroht war, als eine hochwertige, eigenständige Literatursprache etabliert und damit gleichzeitig das Nationalbewusstsein der bislang unterjochten Slowenen gestärkt hat.

Dajana Bajković

Prévert, Jacques
Geb. 4. 2. 1900 in Neuilly-sur-Seine/Franreich; gest. 11. 4. 1977 in Ormonville-la-Petite, Manche

Das schriftstellerische Werk von Jacques Prévert ist in der Öffentlichkeit mehr durch das gesprochene und gesungene Wort als durch die eigentliche Lektüre bekannt geworden. Es erzielt dort eine besonders eindringliche Faszination und Tiefe, wo es von fähigen Interpreten dargeboten wird. Das gilt für P.s Filmdrehbücher wie für sein poetisches Werk. So ist seine Biographie nicht denkbar ohne die Namen bekannter französischer Filmschauspieler, Regisseure, Filmmusik- und Chansonkomponisten sowie Chansonniers.

P., dem Sohn eines Theaterkritikers, fällt es schwer, sich einem repressiven Erziehungsstil unterzuordnen, so dass er schon mit 15 Jahren die Schule verlässt. Von da an wird Paris sein Wirkungsfeld; nur hier findet er Anschluss an Menschen, die seiner Mentalität entsprechen und in Kunst und Literatur unkonventionelle Wege einschlagen. Er lernt Yves Tanguy, später einer der bedeutenden Vertreter der surrealistischen Malerei, kennen und schließt sich 1925 wie dieser Künstlern und Schriftstellern an, die sich in der surrealistischen Bewegung vereinigen. Ihr Theoretiker und Sprecher ist André Breton, dessen doktrinäre Art P.s Wesen zuwiderläuft, so dass es 1929 zum Bruch mit der Bewegung kommt. In dieser Zeit erscheinen P.s erste Gedichte, wenn auch noch nicht gesammelt veröffentlicht. Sie sind unter dem Einfluss des Surrealismus geschrieben, der in der Folge den unverwechselbaren Stil seiner Dichtung bestimmt. Mit einfachen, doch bildreichen sprachlichen Mitteln spielt sie mit Logik und Realität missachtenden, überraschenden Formulierungen.

Im Vordergrund von P.s schriftstellerischer Kreativität stehen ab 1932 jedoch Theaterstücke für *Octobre*, eine politisch links stehende Bühne. Doch ist sein Liebäugeln mit dem Kommunismus von kurzer Dauer und unverträglich mit seiner geistigen Unabhängigkeit. Vor allem aber entdeckt er das Medium Film und beginnt, Drehbücher zu schreiben, vornehmlich für Marcel Carné, einen der erfolgreichsten Regisseure der Zeit, mit dem er bis 1949 zusammenarbeitet. Herausragend unter den Skripts für Carnés Filme ist LES ENFANTS DU PARADIS (1945; KINDER DES OLYMP). Mit diesen Filmen verbinden sich die Namen großer Schauspieler wie Jean Gabin und Jean-Louis Barrault. Nahezu zeitgleich mit LES ENFNATS DU PARADIS erscheint 1946 der erste Band mit lyrischen Werken, *Paroles*, in dem bis dahin verstreut Veröffentlichtes gesammelt ist. P.s Schaffensschwerpunkt verlagert sich mit weiteren Buchveröffentlichungen von nun an deutlich zur Lyrik hin, die besonders von der Jugend begeistert aufgenommen wird. In seiner politischen Lyrik äußert sich ein Geist, der sich von keiner Ideologie oder religiösen Dogmatik vereinnahmen lässt, auf Konfrontationskurs mit geläufigen Denkstrukturen liegt und soziales Unrecht anprangert.

Von zeitunabhängiger Bedeutung wird seine Dichtung da, wo sie sich Themen wie

Liebe, Kindheit und Tieren zuwendet und ausgehend von Alltagssituationen einer von jedermann nachvollziehbaren Philosophie der Menschlichkeit das Wort redet. Deutsche Nachdichtungen seiner Lyrik aus verschiedenen Gedichtbänden wie *Paroles*, *spectacle* (1951), *La pluie et le beau temps* (1955) finden sich in *Gedichte und Chansons* (1962). Von Joseph Kosma zu Chansons vertont, wurden viele dieser Gedichte durch Interpreten wie Les Frères Jacques, Yves Montand und Juliette Gréco höchst populär.

Horst Brandt

Priestley, J[ohn] B[oynton]

Geb. 13. 9. 1894 in Bradford, Yorkshire; gest. 14. 8. 1984 in Alveston, Warwickshire

J. B. Priestley war derart produktiv, dass ihm jede Kurzdarstellung Unrecht tut; dennoch sei sie gewagt. Schon als Lehrling im Wollhandel begann er zu schreiben, setzte dies nach der Kriegsteilnahme (1914–19) an der Universität Cambridge fort und begann 1922 eine *free-lance*-Karriere in London. Zunächst schrieb er neben Rezensionen v.a. Essays – und wuchs rasch zu einem der letzten großen Vertreter jener vormals so bedeutenden, zwischen den Weltkriegen dann langsam auslaufenden Gattung. Viele dieser anregenden, Stimmungsbilder, Eindrücke, Gedanken vermittelnden Stücke genossen große Beliebtheit, z. B. »On Doing Nothing« (1923), »The Berkshire Beasts« (1924) oder »T'match« (1927). Zugleich wurde er ein geachteter Literaturkritiker – und blieb es; frühen Studien wie *The English Comic Characters* (1925) folgten z. B. die theoretisch wichtige Schrift *The Art of the Dramatist* (1957) und u. a. sein eigenwilliges, aber faszinierendes Panorama der abendländischen Literatur: *Literature and Western Man* (1960; *Der Europäer und seine Literatur*, 1961). – Ab 1927 veröffentlichte P. dem Realismus verpflichtete Romane. Mit *The Good Companions* (1929; *Die guten Gefährten*, 1947) erfolgte der Durchbruch zu nationaler Bekanntheit und bald zu Weltruhm. Diese ausführliche, pikareske Geschichte einer kleinen Varietétruppe, die mit vielen Abenteuern, Triumphen und Enttäuschungen durch England reist, gewann ungezählte Herzen; Gasthäuser und Geschenkartikel wurden danach benannt, und es gab eine Dramatisierung (1931) sowie Verfilmungen (zuerst 1933). Im nächsten Jahr erschien, schon im Schatten der Weltwirtschaftskrise, der London-Roman *Angel Pavement* (*Engelgasse*, 1931), ein eher düsteres, die Schicksale einer kleinen Handelsfirma und ihrer Angestellten darstellendes Pendant zum voraufgegangenen komischen Epos. Nie wieder erreichte P. als Romancier solche Erfolge. Unter den späteren Romanen ragen besonders heraus *Bright Day* (1946; *Heller Tag*, 1946), eine in manchem autobiographische, u. a. C. G. Jung hinreißende Evozierung der Welt vor 1914, sodann *Festival at Farbridge* (1951; *Das große Fest*, 1952), ein vom *Festival of Britain* angeregtes, breit humoristisches, oft satirisches Porträt Englands um die Mitte des 20. Jahrhunderts, sowie eine wie die *Good Companions* im Varietémilieu, jedoch (wie *Bright Day*) vor 1914 spielende, weit grimmigere Geschichte: *Lost Empires* (1965; *Der Illusionist*, 1966). Erzähltechnisch ist der interessanteste Roman *Daylight on Saturday* (1943), in welchem multiperspektivisch und vielfach in erlebter Rede die Welt einer Flugzeugfabrik im Zweiten Weltkrieg ersteht.

Experimente kennzeichnen indessen stärker P.s Dramen. Häufig sind diese konzeptuell von den Serialismus und nicht-chronologische Zeitkonzepte vorführenden Spekulationen von Peter D. Ouspensky und J. W. Dunne beeinflusst – so u. a. die sogenannten drei *Time Plays*: sein dramatischer Erstling, *Dangerous Corner* (1932; *Wenn*, 1946), sodann *Time and the Conways* (1937; *Die Zeit und die Conways*, 1964) und *I Have Been Here Before* (1937; *Hier bin ich schon einmal gewesen*, 1948), alle drei später für das Fernsehen adaptiert. Diese Theorien schlugen sich auch in der vielbeachteten Studie *Man and Time* (1964) nieder. Andere Stücke sind sowohl gedanklich als auch dramentechnisch wichtig, besonders *Johnson Over Jordan* (1939), das dem deutschen Expressionismus am nächsten stehende englische Theaterstück der Zwischenkriegszeit, während *Eden End* (1934), die klarste und überzeugendste Übertragung von Anton Čechovs Dramaturgie darstellt; zu nennen sind ferner *Music at Night* (1938), eine Umsetzung der Jungschen Psychologie, die im dritten Akt gewagt das kollektive Unbewusste darstellt, sowie *Ever Since Paradise* (1939/47; *Seit Adam und Eva*, 1964), ein metadramatisches Kammerstück über die Beziehungen zwischen den Geschlechtern. Daran fügte sich 1952 *Dragon's Mouth* (*Drachenmaul*, 1960) – zusammen mit seiner dritten Frau, Jacquetta Hawkes geschrieben – ein dramatischer Dialog und P.s markantestes Plädoyer für das weibliche Prinzip; denn er war von Anfang an (wie George Bernard Shaw) ein Feminist im älteren Sinne, und er war von Anfang an Sozialist der liberalen Art – nicht rot, sondern, wie er selber sagte, »pink« (rosa). Während seine gelungenste Komödie, *When We Are Married* (1938; *Man müßte verheiratet sein*, 1985), die Mittelschicht um 1912 freundlich-ironisch schildert, ist sein wohl bekanntestes Stück, *An Inspector Calls* (1945; *Ein Inspektor kommt*, 1947), ein aufwühlender Appell an das soziale Gewissen; hier wird das Detektivstück zum Sozialdrama ausgebaut. Der soziale Aspekt fehlt auch bei seinen populärgeschichtlichen Werken wie z.B. *Victoria's Heyday* (1972) nicht. Noch stärker kommt er jedoch in *English Journey* (1934; *Englische Reise*, 1934) zum Ausdruck, wo die desolate Situation speziell des industriellen Nordens drastisch hervortritt. Im Auftrag einer Fernsehgesellschaft führte Beryl Bainbridge die gleiche Reise 50 Jahre später nochmals durch und publizierte das – gleichfalls desolate – Ergebnis ebenfalls unter dem Titel *English Journey* (1984). Das soziale Engagement färbte auch (neben Hunderten von Zeitungsartikeln und Pamphleten) P.s berühmte »Postscripts«, jene kurzen Radioansprachen nach den Sonntagabendnachrichten der BBC, mit denen er, Churchill ergänzend, die Nation im Sommer und Herbst 1940 zum Durchhalten ermunterte. Von der Jahrhundertmitte an drifteten seine Empfindungen und die der englischen Gesellschaft, für die er rund 30 Jahre als Exponent gelten konnte, langsam aber unaufhaltsam auseinander, er schrieb weiter, jedoch für eine Minderheit. Auf lange Sicht wird von seinen kaum zählbaren, teilweise für den Moment geschriebenen Werken (auch Kurzgeschichten und Autobiographien, besonders *Margin Released* (1962; *Ich hatte Zeit*, 1963) viel Solides und Gültiges bleiben.

Werkausgaben: Theater. Wien 1964. – Ironische Spiegelbilder. München 1959 [Essays].

Holger Klein

Proust, Marcel
Geb. 10. 7. 1871 in Paris;
gest. 18. 11. 1922 in Paris

Der seit seiner Kindheit stets kränkelnde, aufgrund seiner Fähigkeit zu geistreicher Konversation bei der Pariser Aristokratie geschätzte und nicht zuletzt wegen seiner homoerotischen Beziehungen zur schillernden Dandy-Figur stilisierte Autor von Essays und Kunstkritiken Marcel Proust beeinflusste die Literatur des 20. Jahrhunderts vor allem durch sein monumentales Romanwerk *À la recherche du temps perdu* (1913–27; *Auf der Suche nach der verlorenen Zeit*, 1994). Der Sohn des Arztes Adrien Proust und dessen jüdischer Frau Jeanne Weil verbringt seine Kindheit in Illiers und Paris, wo er ab 1882 das Lycée Condorcet besucht. Während der Schulzeit verfasst der sich später in einem Brief an seinen Freund Robert Dreyfus als »Décadent« bezeichnende P. bereits kleinere Artikel; er gilt als Mitbegründer einiger ästhetizistischer Literaturzeitschriften des Gymnasiums. Nach Abitur und Militärdienst schreibt sich P. 1890 an der École libre des sciences politiques und der Faculté de droit ein. Das Jurastudium beschließt der finanziell stets unabhängige P. 1893 mit dem Diplom als Jura-Lizentiat; er arbeitet jedoch nur kurzzeitig als Bibliothekar. Bereits 1892 gründet er zusammen mit Jacques Bizet, Daniel Halévy, Robert de Flers, Dreyfus und anderen die Zeitschrift *Le Banquet*, in der er mehrere Artikel veröffentlicht, die später die Textsammlung *Les plaisirs et les jours*

(1896; *Freuden und Tage*, 1988) eingehen. P. unternimmt viele Reisen, insbesondere in die Normandie und die Bretagne, aber auch in die Schweiz und nach Venedig. Insbesondere die Besuche in den nordfranzösischen Kathedralen wecken sein Interesse an der gotischen Architektur. Dieser nähert er sich später auch über die Beschreibungen des englischen Künstlers John Ruskin an, dessen *Bible of Amiens* er 1899 übersetzt.

P.s erstes umfangreiches, zunächst wenig beachtetes Werk *Les plaisirs et les jours* erscheint von ihm selbst finanziert 1896 mit einem Vorwort von Anatole France. Negative Rezensionen wie diejenige Jean Lorrains, die Proust veranlasste, den Verfasser zum Duell zu fordern, bewirkten, dass nur wenige Exemplare verkauft wurden. Dabei galt die Kritik weniger inhaltlichen oder stilistischen Aspekten der Texte als vielmehr deren unverhältnismäßiger Aufwertung durch die Edition in luxiösem Prachtformat. Die ästhetizistisch angelegte Erstausgabe versammelt neben Erzählungen und Prosaskizzen, die deutlich unter dem Einfluss der Prosagedichte Charles Baudelaires stehen, auch Illustrationen von Madeleine Lemaire und Partituren von Klavierstücken von P.s Freund Raynaldo Hahn. P.s Texte behandeln in melancholischen Naturbeschreibungen und Schilderungen innerer Befindlichkeiten das Thema der Selbstentfremdung, die aus der unaufhebbaren Differenz zwischen äußerer Wirklichkeit und imaginären Erfahrungsgehalten resultiert. Daneben enthält *Les plaisirs et les jours* Künstlerporträts und Fragmente mit z. T. satirischem Unterton, die eine kritische Perspektive auf die Adelsgesellschaft und das Großbürgertum der Jahrhundertwende eröffnen, deren Oberflächlichkeit, Ehrgeiz und mangelnde Moral P. auf subtile Weise bloßstellt. Sein feinsinniger, synästhetisierender Stil entspricht ebenso wie sein elaborierter sprachlicher Ausdruck den literarischen Konventionen des Fin de siècle.

Von der P.-Forschung wurde *Les plaisirs et les jours* lange allein vor dem Hintergrund der *Recherche* befragt und entweder als vorbereitendes Werk eingestuft oder als biographisches, psychologisch aufschlussreiches Zeugnis des jungen P. herangezogen. Bemängelt wurden vielfach das Fehlen eines übergeordneten kompositorischen Konzepts sowie die Heterogenität der einzelnen Texte. Erst jüngere Studien gestehen dem Werk einen autonomen Status im Gesamtwerk zu und betonen Kompositionsstrategien, welche die Zusammenstellung der Texte legitimieren. Sie verankern *Les plaisirs et les jours* insgesamt stärker im ästhetischen, historischen und literaturgeschichtlichen Kontext des Fin de siècle und verweisen auf die von P. effektvoll eingesetzte literarische Strategie intertextueller Bezugnahme.

1895 beginnt P. mit der Arbeit an *Jean Santeuil* (1952; *Jean Santeuil*, 1992), einem umfangreichen Roman, der, vom Autor weitgehend geheimgehalten, unvollendet bleibt und erst 1952 aus dem Nachlass veröffentlicht wird. Aus Unzufriedenheit mit dem Manuskript zerreißt P. es teilweise; der Versuch, zuvor erprobte literarische Motive, Stilmittel und Verfahrensweisen in ein homogenes Romankonzept aufzulösen, gelingt nur bedingt. Seinem künstlerischen Anspruch, die Abhängigkeit der Wirklichkeits- und Selbstkonstitution von subjektiven Erinnerungs- und Vergessensprozessen exemplarisch vorzuführen, kann das Konzept von *Jean Santeuil* nicht gerecht werden, da es auf einer Trennung von erlebendem Helden und berichtendem Erzähler basiert. Motiviert ist diese Trennung durch eine Rahmenhandlung, in der zwei junge Pariser in einem bretonischen Dorf einen älteren Schriftsteller kennenlernen, der ihnen Jahre später auf dem Totenbett das Manuskript eines Romans, die Geschichte Jean Santeuils, anvertraut.

Erst in *À la recherche du temps perdu* findet P. mit der Überblendung des erinnernden und erinnerten Erzählers (Hans Robert Jauß) das geeignete Darstellungsmittel für seine Poetik der Erinnerung. Insofern nimmt *Jean Santeuil* als idealistischer Entwicklungsroman gegenüber der *Recherche* den Status eines konzeptuell nicht stringent durchdachten Entwurfes ein. Vor der Kulisse des ausgehenden 19. Jahrhunderts erzählt P. unter Verwendung persönlicher Erfahrungen und Erlebnisse und mit Bezugnahme auf literarische Vorbilder und historische Bildnisse die Lebensgeschichte des emotionalen, sensiblen Helden Jean Santeuil. Der willensschwache Sohn einer großbürgerlichen Familie, der wie der Erzähler der *Recherche* eine enge Bindung zu seiner Mutter empfindet, wächst in Paris auf, wo er während der Schulzeit über einen Freund Kontakt zu adligen Kreisen knüpft. Fasziniert von der Eleganz der mondänen aristokratischen Gesellschaft besucht er die Salons des Faubourg Saint-Germain und erlebt als Beobachter den Dreyfus-Prozess. Nach der Schulzeit entschließt er sich, eine literarisch-künstlerische Laufbahn einzuschlagen, die ihm zunehmend Anerkennung in aristokratischen Kreisen gewährt, beginnt aber zugleich auf Druck des Vaters ein Jura-Studium. Berichtet wird von Jean Santeuils Beobachtungen, seinen Liebesbeziehungen und Eifersuchtserfahrungen. Unvermittelt endet der Roman mit einem Kapitel über Santeuils Eltern, in dem der Protagonist als herangereifter, gegenüber den bürgerlichen Traditionen versöhnlich gestimmter junger Mann präsentiert wird. 1899 beendet P. die Arbeit am Romanfragment in Ermangelung einer konzeptuellen Lösung und widmet sich der Übersetzung Ruskins.

Erst ab 1905 unternimmt er erneut den Versuch, die bereits in *Jean Santeuil* erprobten Themen innerhalb der Gattung des Romans umzusetzen, und beginnt mit der nahezu zwei Jahrzehnte andauernden Arbeit an *À la recherche du temps perdu*. Das Romanwerk schildert aus der Perspektive eines erinnernden Erzählers dessen willkürliche und unwillkürliche Lebenserinnerungen von der Kindheit bis ins Erwachsenenalter. Es ist die Geschichte einer Berufung bzw. der Bericht über die »Lehrzeit eines Schriftstellers« (Gilles Deleuze): Schon nach ersten Lektüreerfahrungen in früher Kindheit begehrt der Erzähler, angeregt durch die Bewunderung für den fiktiven Autor Bergotte, Schriftsteller zu werden. Doch seine Bemühungen bleiben bis zum Schluss des Romans fruchtlos; erst in »Le temps retrouvé« (»Die wiedergefundene Zeit«), dem letzten Teil des Werkes, offenbart sich dem gereiften Helden das Wesen der Kunst. Er erkennt, dass das zu schreibende Buch bereits als »livre intérieur«, als inneres Buch, in jedem Individuum verborgen liegt und der kreative Neuschöpfungsakt darin besteht, die darin aufgehobenen, verborgenen Zeichen zu dechiffrieren. Zu dieser Erkenntnis verhelfen ihm die Glückserfahrungen der »mémoire involontaire«, der unwillkürlichen Erinnerung: Ausgelöst durch einen äußeren sinnlichen Reiz, öffnet sich die Erinnerung an eine erlebte Situation, die der Erinnernde noch einmal durchlebt. Doch empfindet er die Vergangenheit in der Gegenwart des erlebenden Moments, so dass sich in der Erfahrung der Erinnerung mehrere Zeitschichten überlagern.

Das bekannteste Beispiel für das Wirken der »mémoire involontaire« findet sich im 1913 erschienenen ersten Teil »Du côté de chez Swann« (»In Swanns Welt«): Der Erzähler beschreibt, wie der Geschmack eines in Tee eingetauchten Gebäckstücks in ihm die Erinnerung an seine Kindheit wach werden lässt, die sich nun auch vor dem Leser ausbreitet. Das Kind berichtet als erinnerter Erzähler, zugleich aber werden dessen Erfahrungen und Erlebnisse retrospektiv vom erinnernden Erzähler kommentiert. Diese Kombination der Erzählperspektiven entspricht der Umsetzung der im Roman selbst vorgestellten Poetik: Die gegenwärtige Erfahrung des Moments, in dem der Erzähler sich erinnert, überlagert sich mit der Erfahrung des früheren, erinnerten Moments und bildet somit einen außerhalb der linearen Zeit erfahrbaren Erinnerungsraum. Des Weiteren ist die »Lehrzeit« des Protagonisten geprägt von der reflektierenden Auseinandersetzung mit bildender Kunst, Musik, Theater und Literatur. Über Freunde knüpft er Kontakte zu adligen Kreisen des Faubourg Saint-Germain, dessen Salons ihm Gelegenheit zu Beobachtungen über die Gesellschaft der Jahrhundertwende bieten. Deren innere Spaltung manifestiert sich zunächst in der Dreyfus-Affäre; das volle Ausmaß ihres moralischen Verfalls offenbart sich in »Sodome et Gomorrhe« (»Sodom und Gomorra«) vor der Kulisse des Ersten Weltkriegs – als Schauplatz von Gewalt und homosexueller Ausschweifung.

Drei scheiternde Liebesbeziehungen bestimmen die Handlung: Die kindliche Liebe des Erzählers zu Gilberte, der Tochter des Kunstsammlers Swann, präfiguriert die Erfahrungen unerfüllten Begehrens und der Eifersucht. Diese dominieren auch die Erzählung der Liebe Swanns zu der Kokotte Odette de Crécy und avancieren schließlich in »La prisonnière« (»Die Gefangene«) und »La fugitive« (»Die Entflohene«) zum elementaren Thema. Die Liebe des Erzählers zu Albertine, die er am Strand des fiktiven Badeorts Balbec kennenlernt, steigert sich zur Besessenheit, als er den Verdacht hegt, Albertine könne ihn mit einer gemeinsamen Freundin hintergehen. Je mehr er die Geliebte bedrängt und für sich vereinnahmt, desto mehr entgleitet sie ihm – bis sie vor ihm flieht und er schließlich durch einen Brief von ihrem Tod erfährt. Die Bewegung des Begehrens und gleichzeitigen Entziehens spiegelt sich nicht allein in der Konzeption der im Roman geschilderten Erinnerungs- und Vergessensprozesse wider, sondern markiert auch das Bestreben nach künstlerischer Betätigung sowie die fortlaufenden Identitätsbildungsversuche des Protagonisten. Selbstkonstruktion erweist sich als abhängig von Erinnerungsprozessen, die jedoch mit vergangenen Zeiten immer auch vergangene Zustände des Ich aufrufen.

Zwischen 1908 und 1910 entsteht neben der *Recherche* ein Textkonvolut, das unter dem Titel *Contre Sainte-Beuve* (1954; *Gegen Sainte-Beuve*, 1997) veröffentlicht wird. Im gleichnamigen Essay kritisiert P. den methodischen Ansatz der Literaturkritik von Charles Augustin de Sainte-Beuve, der zu wenig Verständnis für den kreativen Schaffensprozess zeige und eine vorschnelle Identifizierung von empirischer Autorperson und Erzähler-Ich vornehme. Anstelle des Sainte-Beuveschen Biographismus fordert P., den Text mit seinen strukturellen Eigenschaften stärker in den Vordergrund der Betrachtung zu stellen; er markiert damit eine Entwicklung der modernen Literaturkritik.

Werkausgabe: Werke. Frankfurter Ausgabe. Hg. L. Keller. Frankfurt a. M. 1988ff.

Katrin Fischer-Junghölter

Pückler-Muskau, Hermann Ludwig Heinrich Fürst von
Geb. 30. 10. 1785 auf Schloss Muskau/Lausitz; gest. 4. 2. 1871 auf Schloss Branitz bei Cottbus

Einen Autor mit lustvollerem Hang zum Extravaganten als ihn hat es in der deutschen Literatur vermutlich niemals gegeben. Von früh an ist P. Gegenstand des öffentlichen Klatsches. In Dresden springt er zu Pferd von der Brühlschen Terrasse acht Meter tief in die Elbe, »Unter den Linden« in Berlin kutschiert er mit einem von zahmen Hirschen gezogenen Wagen, und seine gemeinsam mit dem Aeronauten Johann Gottfried Reichhard unternommene Ballonfahrt endet auf einer Fichte bei Potsdam. Ohne Rücksicht auf die eigenen Vermögensverhältnisse zaubert er aus einer kiefernbestandenen Einöde den größten Landschaftspark Europas im englischen Stil, wobei selbst die Ausschachtung eines neuen Flussarms der Neiße oder das Abtragen eines ganzen Dorfes keine Hindernisse darstellen. Von einer mehrjährigen Reise durch den Orient kehrt er nicht nur mit einem kleinen Zoo nach Europa zurück, sondern auch in Begleitung der mädchenhaften Machbuba, einer angeblich geraubten »Fürstentochter« aus Äthiopien, die er auf einem Sklavenmarkt erstanden hatte. Überhaupt soll P. als Liebhaber sogar Casanova in den Schatten gestellt haben. Wohin der Weltmann mit dem Nimbus des Bizarren auch kommt: Allenthalben erregt er Aufsehen. Weit über die Grenzen Deutschlands hinaus kursieren sonderbare oder abenteuerliche Geschichten über ihn ohne Zahl.

Kein Wunder, dass er es schon zu Lebzeiten zur Romanfigur bringt. So lässt Charles Dickens in seinen *Pickwickiern* (1836/37) P. als Salonlöwen des Geschwätzes – »Graf

Smorltork« – auftreten, bei Karl Leberecht Immermann (*Münchhausen*, 1838/39) gerät er zum Phänotyp des problematischen Zeitgeists.

Heinrich Heine hingegen bekundet im »Zueignungsbrief« seiner *Lutetia* (1854) respektvoll die eigene »Wahlverwandtschaft« mit dem »romantischen ... Diogenes«, sei dieser doch nicht zuletzt ein »Meister« jenes »frivolen Esprits«, der in Deutschland leider wenig gelitten sei. Tatsächlich umreißen diese Bemerkungen den geistigen Ort des Angesprochenen ebenso treffend wie seinen Rang als Schriftsteller.

Nach einer unglücklichen Jugend mit Scheidung der Eltern, dem Verweis von zwei Schulen und nur mühsam errungenem Abschluss zeigen sich bei dem geborenen Grafen und verkrachten Leutnant erste literarische Ambitionen schon während einer Reise, die er 1808 zu Fuß über die Schweizer Alpen nach Italien antritt. Das Manuskript seiner Aufzeichnungen belässt er jedoch in der Schublade. Aus Berlin, wo er in den Kreisen von Künstlern und Intellektuellen verkehrt, übersiedelt er nach dem Tod seines Vaters Anfang 1811 auf dessen Standesherrschaft Muskau. An den Befreiungskriegen gegen Napoleon wirkt er zunächst als Major in russischen Diensten mit.

Am 1. Mai 1815 erlässt P. einen Aufruf, dass er die Gegend um seine Besitzung zu einer beispiellosen Gartenanlage umbauen möchte und macht sich an die drei Jahrzehnte dauernde Arbeit. 1817 heiratet er Lucie, die neun Jahre ältere Tochter des preußischen Staatskanzlers Karl August von Hardenberg. In Verbindung mit dem ehrgeizigen Landschaftsprojekt des inzwischen zum Fürsten Erhobenen treibt dessen luxuriöses Leben das Paar an den Rand des Bankrotts. Um wieder zu Geld zu kommen, betreibt man eine formale Scheidung, nach der P. im Herbst 1826 mit dem Ziel nach England aufbricht (möglichst für eine Ehe zu dritt), dort eine reiche Erbin zu finden. Da die Zeitungen im Vorfeld ausführlich darüber berichten, misslingt dieses Vorhaben jedoch.

Dafür zeitigt der zweieinhalbjährige Aufenthalt einen anderen Erfolg. Auf Anregung wie mit Hilfe der Freunde Karl August und Rahel Varnhagen von Ense hatte Lucie die Berichte ihres Mannes nach Hause zu einem Buch bearbeitet, welches unter dem Titel *Briefe eines Verstorbenen* 1830/32 herauskommt. Das (rasch gelüftete) Pseudonym des Verfassers zielt gegen die in Preußen herrschende Restauration. Stilistisch an Heines *Reisebildern* geschult, wird die Schilderung der gesellschaftlichen Zustände in der Fremde zum Spiegel für das eigene Land. Aus seiner Sympathie für »Freiheit und Aufklärung« macht P. ebensowenig einen Hehl, wie er den obrigkeitlich verordneten Stillstand attackiert, der jedem Naturgesetz zuwiderlaufe. Bei aller Liberalität und Fortschrittszugewandtheit bleiben die *Briefe* gleichwohl von anti-utopischer Skepsis grundiert: »Menschen werden dennoch Menschen bleiben und folglich die Mächte der Gewalt und List immer, fürchte ich, allgemeiner herrschen als die Kraft der Vernunft.« Überdies gibt der politisch wache Autor, der zumal den Kampf der Iren um rechtliche Gleichstellung befürwortet, durchgehend seine »Sucht nach dem Romantischen« zu erkennen, das er in Natur und Überlieferung findet.

Zu der durchschlagenden, in der Übersetzung bis nach Amerika überschwappenden Resonanz seines Erstlings trägt auch eine begeisterte Rezension Goethes bei. Nicht zuletzt unter dem Aspekt der weiteren Erschließung einer neuen Geldquelle ist P. sein plötzlicher literarischer Ruhm willkommen. In *Tutti frutti* (1834), einem Sammelsurium unterschiedlicher Prosaformen und Inhalte, verschärft er seine Kritik an den in Deutschland herrschenden Missständen. Den Juden weiter die »Emanzipation« vorenthalten zu wollen, gilt ihm als mit dem Entwicklungsziel der Zeit unvereinbare, »stupide Barbarei«. Über die »allgemeinen Menschrechte« hinaus fasziniert den Fürsten das Ideal der »Gleichheit« des französischen Sozialreformers Claude Henri de Saint-Simon. Von führenden Vertretern der literarischen Opposition wird P. als Gesinnungsgenosse begrüßt: »Vieles, was wir umsonst sagen, wird ihm geglaubt«, schreibt sein nachmaliger Lebensfreund Heinrich Laube, »und vieles, was wir glauben, sagt er.« Andere, wie Ludwig Börne oder später Georg Herwegh, stoßen sich am poetischen Adelsstolz des Verfassers.

Vor seinen ausgewählten *Jugendwanderungen* (1835) nutzt P. die Gunst der Stunde, um eine besondere Schrift nachzuschieben, die bereits früher entstanden war: *Andeutungen über Landschaftsgärtnerei, verbunden mit der Beschreibung ihrer praktischen Anwendung in Muskau* (1834). Als Beitrag nicht nur zur kulturellen Bildung, sondern auch als ein »die ihm untergebenen Bewohner« zivilisierendes wie ihren »Wohlstand« mehrendes Unterfangen definiert er in diesem klassisch gewordenen Lehrbuch die Gartenkunst, deren Sinn mit einer für den schöpferischen Sinnenmenschen bezeichnenden Formulierung in der »höheren Ausbildung des *genießenden Lebens*« gipfelt. Wesentlich kommt es ihm darauf an, Natur im Zusammenspiel mit der Kunst zu veredeln und ihr doch die Freiheit zu bewahren. Bäume vermögen in dieser Perspektive zu Sinnbildern der friedlichen Entfaltung von Individuen zu werden.

Statt Amerika zu bereisen, wie er eigentlich vorgehabt hatte, schifft P. sich nach einem erfolgreich bestandenen Duell – seinem achten – Anfang 1835 von Frankreich nach Algier ein. Er erkundet das weitgehend noch unbekannte Innere von Tunesien (einschließlich der heiligen Stadt Kairuan), hält sich im Folgejahr in Griechenland auf, fährt von dort nach Ägypten, als Gast des de facto unabhängigen osmanischen Statthalters Mehemed Ali Pascha weiter nilaufwärts bis in zuvor von kaum einem Europäer erreichte Gegenden des Sudan. Der Heimweg führt über Jerusalem, Damaskus und Konstantinopel. An seinem 54. Geburtstag konvertiert er in Budapest zum Katholizismus. Teilweise unter der Verfasserfiktion »Semilasso«, die wohl am ehesten als »der Halbmüde« zu lesen ist und auf einen weltschmerzlichen Überdruss an dem alten Kontinent verweist, erscheinen seine ebenso informativen wie unterhaltsamen Reiseberichte in fünf Bänden, von denen einige durch Varnhagen unmittelbar nach ihrem Empfang für den Druck eingerichtet werden, andere, darunter die beiden letzten und interessantes-

ten (*Aus Mehemed Alis Reich*, 1844; *Die Rückkehr*, 1846/48), mit zeitlicher Distanz von P. selbst. Am Rande nehmen auch sie »unsere verkrüppelte Zivilisation« aufs Korn, erregen aber Widerspruch durch die Verteidigung der »entwicklungspolitischen« Aufbauleistung des Autokraten von Kairo.

Nach der Aufgabe seiner öffentlichen Schriftstellerei bleibt der (fortan gern türkisch gewandete) Fürst bis in sein hohes Alter gern gesehener Gast in den Residenzen und anderen Treffpunkten der vornehmen Gesellschaft. Vor allem aber widmet er sich seiner umfangreichen Korrespondenz – »Dieses Genre ist eigentlich mein wahres Element ...« – sowie der Planung und Gestaltung neuer Gartenanlagen. Nachdem P. Muskau verkaufen muss, geht er von 1846 an in Branitz seiner Maxime gemäß ans Werk, dass »fester Wille und Geduld das sogenannte Unmögliche ganz über alle Erwartung leicht möglich« machen. Unter erschwerten Bedingungen gelingt es ihm auch hier, dem spröden Boden einen Landschaftspark abzuringen. Nachahmungen seiner Parks machen Schule. Vielfach wird er zum gesuchten Berater, so etwa in Babelsberg für den späteren Kaiser Wilhelm I. und seine Frau.

Eine ihm vom Adel angetragene Kandidatur für die Frankfurter Nationalversammlung von 1848 lehnt P. ab. Inzwischen zum Bismarck-Verehrer geworden, meldet sich der 81-Jährige freiwillig, als der Krieg Preußens gegen Österreich ausbricht, verschläft aber die entscheidende Schlacht bei Königgrätz. Noch im deutsch-französischen Krieg 1870/71 bietet er seine Dienste an und reagiert verärgert auf die altersbedingte Ablehnung. Am Beispiel ihrer »Parkomanie« fasst eine Tagebuchnotiz wenige Wochen vor dem Tod noch einmal das Leitbild der gesamten Existenz dieser vielseitig begabten Ausnahmeerscheinung zusammen: »Kunst ist das Höchste und Edelste im Leben, denn sie ist *Schaffen zum Nutzen der Menschheit*.«

Hans-Rüdiger Schwab

Puig, Manuel

Geb. 28. 12. 1932 in General Villegas/ Argentinien;
gest. 23. 7. 1990 in Cuernavaca/Mexiko

Das Schaffen des Argentiniers Manuel Puig ist wie das keines anderen lateinamerikanischen Schriftstellers seiner Generation von einer Auseinandersetzung mit dem Film geprägt. Seine Begeisterung für glamouröse Hollywoodstreifen reicht bis in die Kindheit zurück. Nachdem er der Enge seines Heimatortes entfliehen konnte, lebte P. in verschiedenen Metropolen Europas und Südamerikas sowie in New York. Er starb 1990 in Mexiko.

Nach einigen erfolglosen Versuchen als Filmschaffender kommt P. zu der Erkenntnis, dass »der Film nicht auszudrücken vermag, was sich im Roman sagen läßt«. Durch die Übertragung cineastischer Muster entsteht sein belletristisches Werk, das ohne einen kommentierend eingreifenden Erzähler auskommt. Stattdessen montiert P. heterogene Versatzstücke und unterläuft so die gängige Trennung zwischen E- und U-Kultur. Das Spiel mit verschiedenen Genres dient dem Kritiker des lateinamerikanischen Machismo und bekennenden Homosexuellen zur Aufdeckung institutionalisierter Formen der Unterdrückung auf vielen gesellschaftlichen Ebenen.

Seine beiden ersten Romane *La traición de Rita Hayworth* (1968; *Verraten von Rita Hayworth*, 1976) und *Boquitas pintadas* (1969; *Der schönste Tango der Welt*, 1975) spielen im fiktiven, seinem Geburtsort nachempfundenen Provinznest Coronel Vallejos – ähnliche fiktive Lokalitäten finden sich u. a. bei Gabriel García Márquez (Macondo) oder bei Carlos Onetti (Santa María), aber auch bei William Faulkner (Yoknapatawpha). Den Bewohnern von Coronel Vallejos bietet die Traumwelt der Unterhaltungsfilme letztlich nur scheinbar eine Ausflucht aus ihrer tristen Wirklichkeit. Der Ort der Handlung des dritten Romans *The Buenos Aires Affair* (1973; *Die Buenos Aires-Affäre*) ist Argentiniens Hauptstadt. Anhand der Liebes- und Künstlergeschichte des sadistisch veranlagten Kritikers Leo und der Masochistin Gladys persifliert P. den klassischen Thriller. Die Gemeinsamkeit der ebenfalls erzählerlosen, nun streng dialogischen Romane *El beso de la mujer araña* (1976; *Der Kuß der Spinnenfrau*, 1979) und *Maldición eterna a quien lea estas páginas* (1980; *Verdammt wer diese Zeilen liest*, 1992) besteht in der Kontrastierung von unvereinbar erscheinenden Lebensentwürfen. In *El beso de la mujer araña* teilen sich der Homosexuelle Molina und der Linksextremist Valentin eine Gefängniszelle. Während eine Annäherung zwischen diesen beiden möglich ist, bleiben sich die Protagonisten von *Maldición eterna a quien lea estas páginas* trotz teils sehr offener Gespräche fremd.

P.s fünfter Roman *Pubis angelical* (1979; *Die Engel von Hollywood*, 1981) spielt auf drei getrennten Ebenen: Auf die Geschichte der schönsten Frau der Welt, die P. der Biographie der Hollywood-Diva Hedy Lamarr nachempfunden hat, folgen die der krebskranken Ana sowie die von W218, die in ferner Zukunft als Prostituierte in Staatsdiensten arbeitet. Bezüge zwischen diesen drei Frauenleben herzustellen, überlässt P. weitgehend dem Leser. Sein siebter Roman *Sangre de amor correspondido* (1982; *Herzblut erwiderter Liebe*, 1986) – eine aus Monologen und Gesprächen montierte Geschichte voller Widersprüche – kreist um die Liebesbeziehung zwischen dem Brasilianer Josemar und seiner jungen Freundin. Auch im letzten vollendeten Roman *Cae la noche tropical* (1988; *Bei Einbruch der tropischen Nacht*, 1995) verschachteln sich die Gespräche hochbetagter Zwillingsschwestern, die gemeinsam auf eine lange Familiengeschichte zurückblicken. So sehr P. von der Sprache an sich fasziniert ist, so wenig lässt sich seine Grundskepsis gegenüber dem Anspruch verkennen, sie könne klärend und sinnstiftend wirken.

Gabriele Eschweiler

Puškin, Aleksandr

Geb. 26. 5. 1799 in Moskau;
gest. 29. 1. 1837 in St. Petersburg

Aleksandr Puškin wuchs in einer weltoffenen, aber nicht sehr vermögenden Adelsfamilie auf. Auf die Herkunft aus einem Geschlecht, das mindestens so alt war wie die herrschende Dynastie Romanov, war er stolz, stärkte ihn dieses Bewusstsein doch in seinem Streben nach Unabhängigkeit vom Zaren und seinem Hof. Adelige Abstammung bedeutete auch: Der junge P. lernte zu Hause sehr früh Französisch und las schon als Kind in der väterlichen Bibliothek Voltaire, Parny und andere Freigeister. Nach der 1811 erfolgten Einschulung in das neugegründete Lyzeum von Carskoe Selo erhielt die eklektische Bildung des Zwölfjährigen eine Systematik, mindestens ebenso wichtig aber war, dass das Lehrerkollegium beim ersten Jahrgang der Eleven noch höchst motiviert war und das Schulkonzept Raum für kreative Selbsterkundungen ließ. Die wechselseitigen Anregungen unter den Schülern trugen das Ihre dazu bei, dass eine ganze Gruppe von Dichtern aus dem Lyzeum hervorging, unter denen P. besonders auffiel. Ihm trug man auf, zur Feier des bestandenen vierjährigen Grundkurses vor geladenen Gästen sein Gedicht »Vospominanija v Carskom Sele« (1815; »Erinnerungen in Carskoe Selo«) vorzutragen. Da der betagte Gavrila Deržavin unter den Gästen war, hat man diesen ersten öffentlichen Auftritt P.s als eine Art Stafettenübergabe gedeutet: Der »Sänger Katharinas« erkennt in dem 16-jährigen P. den kongenialen Dichter und wählt ihn implizit als Nachfolger für das Amt des Hofpoeten aus – gerade dieses Amt aber hat P. nie angestrebt: Er wollte nie der Sänger irgendjemandes sein, sondern ein Dichter, der nur seinem eigenen künstlerischen Ideal verpflichtet ist. Die »Vospominanija« wurden gedruckt, und Dichter wie Vasilij Žukovskij machten P. Mut, seinem Talent zu trauen und sich auf den Beruf des Schriftstellers einzulassen.

Im zweiten Abschnitt seiner Lyzeumsjahre lernte P. einige Offiziere kennen, die in Carskoe Selo residierten, unter ihnen den später als  Kritiker der russischen Selbstherrschaft und Orthodoxie bekannten Petr Čaadaev. Mehrere dieser Offiziere gehörten zum Umfeld der sogenannten Dekabristen, d. h. der adeligen Militärs, die dem neuen Zaren Nikolaus I. im Dezember 1825 bei dessen Inthronisation eine Verfassung abtrotzen wollten. Zar Nikolaus ließ die Anführer hinrichten oder nach Sibirien schicken. Im Frühjahr 1817 schloss P. seine Schulbildung ab und trat im September desselben Jahres eine Stelle als Kollegiensekretär im Auswärtigen Amt an. Gerade 18 Jahre alt und mit einem – wenn auch nicht üppigen – Gehalt ausgestattet, tauchte er in das Leben der Hauptstadt St. Petersburg ein. Den Vergnügungen der ›jeunesse dorée‹ gegenüber war er ebenso aufgeschlossen wie dem großen Richtungsstreit um die russische Kultur und Sprache. Hier stand er auf der Seite derer, die die Schriftsprache der früheren Jahrhunderte, das Kirchenslawisch, auf eine klar definierte Funktion reduzieren und das kolloquiale Salonrussisch zu einer polyfunktionalen Schriftsprache ausbauen wollten.

Sein ganzes literarisches Werk wurde zum Beweis dafür, dass dies möglich war. In den politischen Salondebatten hielt es P. mit den Konstitutionalisten, die den Monarchenwillen, d. h. die zarische Selbstherrschaft, unter das Gesetz stellen wollten. Er war der Meinung, die absolute Monarchie bringe nur allgemeine Sklaverei hervor. Als solche Gedanken in Versen erschienen und Zar Alexander I. sich angegriffen sah, wurde P. 1820 als Beamter in den militärisch unruhigen Süden strafversetzt. Bevor er St. Petersburg verließ, hatte er sich mit dem Märchenpoem »Ruslan i Ljudmila« (1820; »Ruslan und Ludmila«, 1966) bereits bei einem größeren Publikum in der Hauptstadt als unterhaltsamer und ironischer Plauderer und souveräner Beherrscher der Sprache einen Namen gemacht. Zunächst musste er nach Bessarabien, konnte aber bald mit der Familie Raevskij in den Kaukasus reisen. Zurück bei seinem Vorgesetzten verbrachte er noch mehr als ein Jahr in Bessarabien (Kišinev), dann weitere 13 Monate beim Grafen Voroncov in Odessa. Es entstanden die »Südlichen Poeme«, unter ihnen »Kavkazskij plennik« (1821; »Der Gefangene im Kaukasus«, 1840) und »Bachčisarajskij fontan« (1823; »Der Springbrunnen von Bachčisaraj«, 1840). Mit der Atmosphäre des Südens und den einsamen Helden traf P. den Geschmack des zeitgenössischen Publikums, bei dem die Romantik und der Byronismus in Mode gekommen waren. Auch kam das Fragmentarische der Poeme, das Schweigen des Erzählers über zentrale Elemente der Handlung der verbreiteten Sehnsucht nach dem Wunderbaren und Geheimnisvollen entgegen. Als Dichter der Romantik und selbst ein romantischer Held blieb P. auch in der Hauptstadt präsent, und es war nicht zuletzt seine Beliebtheit, die es der Regierung ratsam scheinen ließ, den unruhigen Geist nach der insgesamt vierjährigen Strafversetzung nicht sofort in eine der Hauptstädte zurückkehren zu lassen, sondern ihn zunächst auf unbestimmte Zeit auf dem Gut seiner Familie in Michajlovskoe im Gouvernement Pskov festzusetzen. Den Dienst hatte er anscheinend schon selbst aufgekündigt.

P. nutzte den durch keinerlei Ablenkungen gestörten Zwangsaufenthalt zum Arbeiten. Einerseits schrieb er, um mit seiner perspektivlosen Situation fertig zu werden, andererseits musste er mit der Literatur seinen Lebensunterhalt verdienen. Er arbeitete intensiv an dem 1824 begonnenen Roman in Versen *Evgenij Onegin* (1824–1833; *Eugen Onegin*, 1840), schloss in kürzester Zeit *Graf Nulin* (1827; *Graf Nulin*, 1854) und das Drama *Boris Godunov* (1831; *Boris Godunov*, 1840) ab. *Graf Nulin* setzt sich satirisch mit dem Landadel auseinander: Ein weitgereister Graf versucht, sich der jungen Gattin eines namenlosen Gutsbesitzers zu nähern, erhält von ihr aber nur eine saftige Ohrfeige – denn die junge Frau hat bereits einen Liebhaber. Wollte sich die Literaturkritik mit *Graf Nulin* nicht anfreunden, so die Zensur mit dem historischen Drama noch weniger: *Boris Godunov* konnte erst 1870 in einer gekürzten Form uraufgeführt werden, denn die P.sche Interpretation der Ereignisse um die Wende vom 16. auf das 17. Jahrhundert hat zwar das berühmte Geschichtswerk Nikolaj Karamzins als Grundlage, seine aus der Phantasie gespeisten Interpolationen der Ereignisse aber waren bzw. wurden anstößig: Nach dem nicht ganz reibungslosen Thronwechsel von Alexander I. zu Nikolai I. im Dezember 1825 (Dekabristenaufstand) gab es zu viele Anhaltspunkte für eine aktualisierende politische Lektüre des Dramas. P. jedoch hatte das Drama bereits vorher fertiggestellt, er hatte sich an Shakespeare begeistert, in dessen Königsdramen er viele Anregungen gefunden hatte für seine Konzeption einer romantischen Tragödie über einen nationalen Stoff. Shakespeare stand offensichtlich Pate bei den Überlegungen zu Recht und Macht, Volk und Herrscher, Gestaltung und Zwang der Geschichte.

Einige Monate nach seinem Regierungsantritt unternahm Zar Nikolaus I. den Versuch, den eigenwilligen Dichter an den Hof zu binden. Er lud ihn zu einer Privataudienz nach Moskau ein und machte ihm das Angebot, die strikte Verbannung auf das Gut zu lockern und höchstpersönlich darüber zu entscheiden, ob ein Werk veröffentlicht werden dürfe. Quasi als Vorbereitung auf das Gespräch mit dem Zaren schrieb P. im September 1826 das Gedicht »Prorok« (1828; »Der Prophet«, 1829), in dem er mit vielen Allusionen an die prophetischen Bücher der Bibel (v.a. Jesaja) die Bestimmung zum Dichter als Beauftragung durch Gott selbst beschreibt und den religiösen Grundton der künstlerischen Inspiration offenbart. (Das Gedicht ist ein besonders gelungenes Beispiel für die Integration des Kirchenslavischen als funktionaler Variante in die russische Salonsprache.) Derart in seinem Selbstverständnis abgesichert, nahm P. das Angebot des Zaren an und blieb auch einige Zeit in Moskau. Er genoss den nun wieder möglich gewordenen persönlichen Kontakt zu seinen Lesern bei öffentlichen Lesungen neuer Kapitel des Romans *Evgenij Onegin*.

Der gesellschaftliche Erfolg, den er in

Moskau ebenso wie in St. Petersburg hatte, ließ ihn aber letztlich unberührt; das großstädtische Leben – vor seiner Verschickung in den Süden noch von vitaler Bedeutung – hatte seinen Reiz verloren. Freiwillig kehrte er zurück auf sein Landgut, um in Ruhe zu arbeiten. Die Geschichte Russlands und die seiner eigenen Familie beschäftigten ihn immer mehr. Er begann, einen Roman über einen Ahn mütterlicherseits, *Arap Petra Velikogo* (1837; *Der Mohr des Zaren*, 1923), der allerdings Fragment blieb. Es waren nicht die heldischen Aspekte der Geschichte, sondern die eher problematischen, die ihn anzogen, so etwa die Person des Kosaken-Hetmans Mazepa aus der Petrinischen Zeit, den P. in dem Poem »Poltava« (1829; »Poltawa«, 1840) ganz im Einklang mit der offiziellen zarischen Geschichtsschreibung als neidischen und grausamen Verräter zeichnet.

Im Spätjahr 1828 lernte der mittlerweile 29-jährige P. seine spätere Frau, die damals 16-jährige Natalja Gončarova, kennen. Nach einer etwas chaotischen Werbung verlobte er sich mit ihr, im Februar 1831 fand die Trauung statt. Aus der Ehe gingen vier Kinder hervor. Der Vermählung gingen Monate hektischer Betriebsamkeit und Reisen voraus: P. besuchte den Kaukasus, Güter der Familie Vul'f und das Gut der eigenen Familie in Boldino. Ebenfalls im Herbst 1830 zog sich P. auf dieses Landgut zurück und arbeitete fieberhaft. Er überraschte seine Leser mit fünf Erzählungen in Prosa, schrieb einige kleinere Stücke (in Versen) für das Theater und gut 30 Gedichte. Außerdem vollendete er die letzten Kapitel des *Evgenij Onegin*. Damit lag der »Roman in Versen« zur Gänze vor: Er umfasst – die gelegentlichen Auslassungen mitgerechnet – insgesamt 384 Strophen zu 14 Zeilen mit einem komplizierten Reimschema (»Onegin-Strophe«). Ein ironisch-witziger Erzähler berichtet von seinem Freund Onegin, der kein Verhältnis zu seinem Leben gewinnt, sondern zynisch die Gefühle anderer verletzt, sogar einen Freund kaltblütig im Duell tötet, bis er sich verliebt und von der verheirateten Tatjana zurückgewiesen wird. Onegin steht am Anfang einer ganzen Reihe ähnlicher Typen, die die Literaturkritik als »überflüssige Menschen« bezeichnet hat: gelangweilte Adelige ohne wirkliches Ziel im Leben.

Die in Boldino entstandenen Theaterstücke werden »Kleine Tragödien« genannt. In ihnen geht es um Laster wie Geiz (*Skupoj rycar'*, 1836; *Der geizige Ritter*, 1891) oder Neid (*Mocart i Sal'eri*, 1831; *Mozart und Salieri*, 1855) oder um ambivalente Leidenschaften wie die Liebe, die in *Kamennyj gost'* (1840; *Der steinerne Gast*, 1840) destruktiv ist. Die fünf Erzählungen gab P. mit einem fingierten Vorwort als *Povesti pokojnogo Ivana Petroviča Belkina* (1831; *Erzählungen des verstorbenen Ivan Petrovič Belkin*, 1831–40) heraus. Es sind sehr unterschiedliche Texte, die in ihrer formalen Schlichtheit und ihrer vordergründigen Einfachheit von der zeitgenössischen Kritik unterschätzt wurden; erst die Nachwelt wusste die poetische Substanz zu würdigen. Nach der Hochzeit zogen die P.s nach St. Petersburg, von wo der Schriftsteller sich aber immer wieder auf die Güter der Familie zurückzog, um konzentriert zu schreiben. So entstanden 1833 in Boldino unter anderem das Poem »Mednyj vsadnik« (1834; »Der Eherne Reiter«, 1891) und *Pikovaja dama* (1834; *Pik-Dame*, 1840). »Mednyj vsadnik« ist eine Liebeserklärung an die Stadt St. Petersburg und eine Reverenz an ihren Gründer, an dessen Stein gewordener Willensstärke ein kleiner Beamter, der bei einem Hochwasser seine Liebste verloren hat, irre wird.

Trotz allem Fleiß konnte P. durch seine schriftstellerische Tätigkeit der Familie kein standesgemäßes Leben garantieren. Schon länger hatte er sich bemüht, zusammen mit seinem Freund Baron Anton Del'vig eine Zeitschrift herauszugeben. Erst 1836 erhielt er die Genehmigung für die (bis heute existierende) *Literaturnaja gazeta* (Literaturzeitung). Mit ihrer Hilfe hoffte er, sich auch wirksamer gegen literarische Polemiken zur Wehr setzen zu können, wie es etwa im Winter 1829/1830 der Fall gewesen war, als Faddej Bulgarin in der von ihm redigierten Zeitschrift *Severnaja pčela* (Nördliche Biene) einige wenig freundliche Artikel über P. veröffentlicht hatte. Durch die Redakteursarbeit kam auch eine neue Rolle auf

P. zu: die des Förderers literarischer Talente. Der bekannteste durch die Literaturzeitung geförderte Schriftsteller war Nikolaj Gogol'. Zu einem standesgemäßen Leben in der Großstadt gehörte für P.s Frau der Besuch von Bällen und Empfängen, wo ihr selbst der Zar Komplimente machte. Damit sie bei Festen des Hofes zugelassen werden konnte, wurde P. zum Kammerjunker ernannt, obwohl Unabhängigkeit für ihn noch immer ein hohes Ziel war. Die nicht ganz freiwillige Annäherung an die Hofgesellschaft mit ihren lockeren Sitten stellte die Ehe der P.s auf eine harte Probe. Als ein junger französischer Offizier in zarischen Diensten sich offen um P.s Frau bemühte, forderte er diesen zum Duell, an dessen Folgen P. 1837 starb.

Schon zu P.s Lebzeiten schrieb Gogol', niemand könne sich mit mehr Recht einen »nationalen Dichter« nennen als P., in ihm sei »wie in einem Lexikon aller Reichtum, alle Kraft und Geschmeidigkeit unserer Sprache eingeschlossen«. P. hatte in einem seiner Gedichte auf Horaz anspielend formuliert, er habe sich selbst ein »nicht von Menschenhand geschaffenes Denkmal errichtet« – ihm setzten die Moskauer »Freunde der Dichtung« 1880 ein erstes Standbild, dem ungezählte weitere folgten. Bei der Enthüllung des ersten Moskauer Denkmals pries Fedor Dostoevskij P.s Fähigkeit, die ganze Welt in sich aufnehmen zu können. Darin äußere sich am stärksten seine nationale russische Kraft. Seitdem ist das Lob nicht wieder verstummt, alle beriefen und berufen sich auf P.: die Modernisten wie die Traditionalisten, die Sowjets wie die Schriftsteller des Dissenses. Dadurch ist er tatsächlich ein nationaler Schriftsteller geworden.

Werkausgabe: Gesammelte Werke. 6 Bde. Hg. H. Raab. Berlin/Weimar 1962, ³1985 [Nachdr. Frankfurt a. M. 1973].

Norbert Franz

Pynchon, Thomas

Geb. 8. 5. 1937 in Glen Cove, Long Island

Spätestens seit Erscheinen seines enzyklopädischen Romans *Gravity's Rainbow* (1973; *Die Enden der Parabel*, 1981) gilt Thomas Pynchon in den Augen der akademischen Literaturkritik als der James Joyce der Postmoderne. Er selbst verbirgt sich freilich konsequent-modernistisch hinter seinen Texten. Inzwischen scheint verbürgt, dass er aus einer alten neuengländischen Familie stammt (seine Vorfahren gehörten zu den puritanischen Siedlern der Massachusetts Bay Company), dass er in Cornell Ingenieurwissenschaft und Literatur studierte, von 1955 bis 1957 bei der amerikanischen Marine diente und von 1960 bis 1962 als technischer Texter beim Informationsdienst des Flugzeuge und Raketen produzierenden Boeing Konzerns beschäftigt war. Von den um 1960 publizierten Kurzgeschichten, die er 1984 unter dem Titel *Slow Learner* (*Spätzünder*, 1985) herausbrachte, ist »Entropy« die bekannteste und lieferte vor allem der frühen Pynchonkritik ein oft verwendetes Stichwort. Sein erster Roman, *V.* (1963; *V.*, 1968), trägt bereits die unverwechselbare Handschrift: Hier wie auch in den nachfolgenden Romanen inszeniert P. ein endzeitliches Welttheater, in dem sich auf verwirrende Weise revuehafte Tanz- und Gesangsnummern, detailgenauer Realismus, derbe Burleske mit (alp)traumhaften Einbrüchen des Phantastischen vermischen. Dennoch ist *V.* unverkennbar ein Buch der 1950er Jahre, literarisch geprägt von Vladimir Nabokov und Jorge Luis Borges, philosophisch vom Existenzialismus Jean-Paul Sartres und Albert Camus' (aber auch Norman Mailers und der »Beat Generation«). Wie in vielen von P.s Romanen sind die Protagonisten von *V.* einer unüberschaubaren Menge von Daten und Zeichen ausgesetzt, denen sie sich – wie das menschliche YoYo Benny Profane – entweder hilf- und gedankenlos überlassen oder aus denen sie eine zusammenhängende Geschichte konstruieren. Letzteres ist die Absicht Herbert Stencils, der aus unterschiedlichen Quellen die Geschichte der geheimnisvollen Victoria Wren entwirft, die möglicherweise seine Mutter ist, aber vielleicht auch am Tode seines Vaters beteiligt war, eines britischen Geheimagenten, der 1919 auf der Insel Malta spurlos verschwand. Stencil inszeniert fünf Episoden aus dem Leben der V., deren Spuren er zu verschiedenen Zeiten und unter verschiedenen Namen und Verkleidungen an den Rändern, aber immer in Krisenmomenten der europäischen Geschichte zwischen 1898 und 1945 zu entdecken glaubt – als Agentin einer Verschwörung, der er gelegentlich sogar kosmische Ausmaße zuschreibt. Stencil bastelt jedoch weniger an der Geschichte einer Person als an der Allegorie einer Idee, die Benny Profane konkret als Wirklichkeit erfährt: die zunehmende Verdinglichung der Welt und das Wuchern leerer Zeichen. Denn wie die allegorische Verkörperung eines kulturellen Verfalls ins Leblose und Künstliche auf allen Ebenen des Romans Bestätigung findet, ist der Buchstabe V. (Victoria? Virgin? Venus? Void? Vanitas? Vector?) ein Zeichen, das immer mehr an Sinn verliert, je öfter es erscheint. Dieses Paradox macht die Rätselhaftigkeit vieler Romane P.s aus: Sie verweisen auf der einen Seite überdeutlich auf einen Sinnzusammenhang, dem sie auf der anderen Seite den epistemologischen Boden entziehen. Sie sind daher im gleichen Maße sinnfixiert wie sinnoffen. So ist dem dominanten Diskurs von Dekadenz und Verdinglichung stets auch ein subversiver Subtext eingelagert, der Personen und Ereignisse aus kausalen und linearen Bezügen des Erzählens herauslöst und in das lockere Nebeneinander des Zufälligen stellt. Dies wird im auktorial erzählten Epilog deutlich, in dem der Leser erfährt, dass Stencil Sr., der im Dienste seiner Majestät die alte Ordnung zu bewahren sucht, nicht wie sein Sohn Verschwörung fürchtet, sondern das Mirakel der revolutionären ›Situation‹, wenn aus der anarchischen Vielfalt von Personen und Umständen ein ereignishaftes Zusammenwirken revolutionär Handelnder entsteht. Nicht dies jedoch geschieht, sondern der planlos-zufällige eigene Tod, der sich jeder Interpretation und jedem Einbezug in narrative Ordnung widersetzt.

P. hatte Stencil Jr. nach dem Vorbild von Henry Adams modelliert, der in den geschichtstheoretischen Spekulationen seiner Autobiographie dem ungebrochenen Evolutionsoptimismus der spätviktorianischen Epoche das Verfallsmodell des zweiten thermodynamischen Gesetzes als alternatives Interpretationsmuster der abendländischen Geschichte entgegengesetzt hatte. Für Adams war jede kulturelle Ordnung eine Projektion des menschlichen Bewusstseins gegen die Übermacht des natürlichen Chaos, von dem es umgeben ist. Wie jedes System betreibt auch das der abendländischen Kultur in einem nicht umkehrbaren Prozess den eigenen Verfall: Kulturelle Ordnungsenergie wird zuerst allmählich, dann immer schneller, zuletzt in sprunghafter Beschleunigung von jenen Kräften aufgesogen, die sie zähmen will. Doch im Versuch der Zähmung entmachtet sie sich auch: »Die Natur läuft dem Geist davon«, Bewusstseinsenergie macht zunehmend entfesselter Naturenergie Platz und lässt das Ding zum Fetisch werden. Die Spuren von Henry Adams sind überall bei P. zu entdecken: in einem geradezu barocken Bewusstsein von Vergänglichkeit, im Verfall von V., der Ambivalenz des Tristero, im grandiosen Fetisch der V2-Rakete. Doch scheint P. in der Folge Adams' Konzept noch weiter anzureichern, etwa durch Max Webers Theorie von der fortschreitenden Bürokratisierung und Entzauberung der Welt. P. verbindet diese und andere Deutungen der Moderne zu einem Bild der abendländischen Geschichte, in dem Europa und Amerika in einem unumkehrbaren Prozess gefangen sind, der seine unheilvolle Dynamik aus der konsequenten Instrumentalisierung des Denkens und dem Ineinandergreifen ökonomischer, wissenschaftlich-technokratischer und organisatorischer Interessen bezieht.

In P.s zweitem Roman, *The Crying of Lot 49* (1966; *Die Versteigerung von No. 49*, 1973), erhält Oedipa Maas, die Protagonistin, den Auftrag, das Testament eines früheren Liebhabers, des Großindustriellen Pierce Inverarity, zu vollstrecken. Beim Versuch einer Bestandsaufnahme des riesigen Inverarity-Besitzes, dessen Organisationsstrukturen ganz Kalifornien überziehen, versteht sie, dass es um mehr geht als nur um die Ordnung dieser Hinterlassenschaft. In seltsamen Momenten glaubt Oedipa in alltäglichen Dingen und Begebenheiten Zeichen zu erkennen, die auf verborgene Botschaften verweisen. Deren Code könnte das geheimnisvolle Kryptogramm W.A.S.T.E. sein, dass sie auf Häuser- und Toilettenwänden entdeckt. W.A.S.T.E., so schließt sie, fungiert als Codewort eines subterranen Kommunikationssystems der Kommunikationslosen, denn im Zentrum des Inverarity-Besitzes – einer Stadt, die San Narciso heißt – wächst mit der Masse toter Zivilisationsprodukte auch die Masse der Übergangenen. Die Frage, ob der Abfall eines Systems mehr sein könnte als dessen bloße Ausscheidung, ob aus dem Weggeworfenen durch widerständiges »Recycling« auch Neues hervorgehen könnte, ist die zentrale Frage dieses Romans wie auch des nachfolgenden *Gravity's Rainbow*. Denn die Indizien mehren sich, die W.A.S.T.E. mit einem Geheimbund in Verbindung bringen, den Oedipa das »Tristero-System« nennt: Dieses System, so erfährt sie, sei ein Rachebund der Entrechteten, der seit dem Mittelalter – zuerst in Europa, später auch in Amerika – in einem anarchischen Guerillakrieg die Zerstörung des herrschenden Kommunikationssystems betreibe. W.A.S.T.E. steht für »We Await Silent Tristero's Empire« und verweist so auch auf die Möglichkeit eines anderen Amerika, das aus den apokalyptischen Erwartungen seines menschlichen ›Abfalls‹ entstehen könnte. Spätestens hier findet sich Oedipa in einem unauflöslichen Dilemma. Denn so lange Tristero sich nicht sichtbar in der Geschichte offenbart, kann sie nie sicher sein, ob es Tristero gibt oder ob sie ihn erfindet, ob man sie glauben machen will, dass es ihn gibt, oder ob auch dies nur phantasiert ist. An diesem Punkt, an dem Wahrheit, Fiktion und Paranoia ununterscheidbar ineinander verfließen, entscheidet sich Oedipa für Tristero, da es, selbst wenn es ihn nicht gibt, ihn doch geben müsste. Sie tritt am Ende gefasst in die Versammlung derer ein, welche die Offenbarung des Heilig-Schrecklichen erwarten.

Eine solche Offenbarung scheint sich gleich am Anfang von *Gravity's Rainbow* zu ereignen, wenn die V2 über den nächtlichen Himmel Londons heult. Da dieses Heulen erst nach ihrem Einschlag hörbar wird, stellt die Rakete, die im ersten Kapitel in London und im letzten auf die Welt herabstürzt, die Folge von Ursache und Wirkung auf den Kopf und mit ihr auch die Lehre von der Unumkehrbarkeit der Zeit. Die todbringende und alle Ressourcen aufsaugende Rakete wird daher zum Mysterium einer neuen diskursiven Ordnung, die ihre eigenen Hohenpriester und Verwalter, ihre Gralssucher und Exegeten, ihre Mystiker, Propheten und Häretiker hervorbringt. Der Roman ist, wie einer seiner vielen Interpreten bemerkt hat, ein Buch von »außerordentlicher Inkohärenz«. Das liegt einmal an der chaotischen Handlungsstruktur mit ihren unüberschaubar vielen Haupt- und Nebenfiguren, großen und kleinen Handlungssträngen; zum andern an der atemberaubenden metaphorischen Verknüpfung äußerst disparater Sprach- und Bildbereiche (etwa der von Religion und Technik, den Filmen des deutschen Expressionismus und den Formeln der organischen Chemie). Schauplatz des Romans ist zunächst London unter der Bedrohung der V2. Zentrale Figur des ersten Teils des Romans ist der Pawlowianer Pointsman, ein Fanatiker der Konditionierungslehre, der von der mechanistischen Erklärung der Psyche träumt, dem Zufall und Offenheit ein Greuel sind. Sein Gegenspieler ist der Statistiker Roger Mexiko, der zwar die wahrscheinliche Verteilung der Raketeneinschläge auf die Fläche Londons vorausberechnen kann, nicht jedoch Zeit und Ort des einzelnen Einschlags. Pointsmans Gegenstück auf deutscher Seite ist der SS-Hauptmann Weissmann, der in Peenemünde die Rakete entwickelt und sie dann von Holland aus auf London feuert. Er bringt am Ende mit einem rituellen Schuss ins All das »Kind« Gottfried dem eigenen Wahn von Transzendenz zum Opfer. Dann gibt es vor allem den amerikanischen Leutnant Tyrone Slothrop, der wie seine puritanischen Vorfahren auf die Zeichen des Himmels reagiert: Seine Erektionen nehmen die Einschläge der V2 vorweg, was ihn für den britischen Geheimdienst interessant macht. Slothrops von Pointsman ferngesteuerte Suche nach der Rakete führt ihn ins Deutschland der unmittelbaren Nachkriegszeit, das P. zu einer quasi-mythologischen Zone anarchischer Offenheit stilisiert. In diesem ordnungslosen Raum des Möglichen entzieht sich Slothrop der Kontrolle Pointsmans und wird vom Auserwählten des Systems zum Abtrünnigen. Obwohl sich im Laufe des Romangeschehens die Indizien für das ständige Anwachsen staatenübergreifender Bürokratien und Wirtschaftskartelle mehren, bietet der Roman verschiedene, sich widersprechende Deutungsmuster eines historischen Augenblicks, der in die Zukunft zwar noch offen ist, dessen wahrscheinlichem Ausgang das Publikum jedoch am Ende mit grimmig-stoischer Gelassenheit entgegensieht. Eingestreut in den Roman sind Muster nichtlinearen Denkens (etwa das mathematische Konzept der Singularität, das Gödelsche Theorem), die sich – wie auch die anarchische Erzählform des Romans – dem Zwang des Linearen widersetzen und die Möglichkeit zufälliger und wunderbarer Umkehrungen offenhalten.

In *Vineland* (1990; *Vineland*, 1993), das in den 1980er Jahren spielt und auf die 1960er Jahre zurückblickt, hat dieses Umspielen des Immer-noch-Möglichen einer scheinbaren Rückkehr zu geschlosseneren Formen des Erzählens Platz gemacht. Darüber hinaus zieht dieses Buch die Bilanz einer Generation, die ihre revolutionären Illusionen im kollektiven Stupor der Reagan-Zeit an das Fernsehen verloren hat. Aus ihm kann es am Ende nur Erlösung durch den Sprung ins Märchenhafte geben, wenn das Böse besiegt ist, und das Schlussbild des friedlich schlafenden Kindes zum magischen Zeichen einer geschichtlich nicht mehr verortbaren Hoffnung wird.

Mason & Dixon (1997; *Mason & Dixon*, 1999) knüpft nur vom Umfang her an *Gravity's Rainbow* an. Es ist der erste Roman P.s, der die Gegenwart verlässt, doch aus ihrem Wissen jene Kindheitsphase der Moderne rekonstruiert, der die Welt die Geburt der amerikanischen Republik wie auch der modernen Wissenschaft verdankt. Mason, der sternenverliebte Astronom, und Dixon, der erdbezogene Landvermesser, die den Durchgang der Venus gleich zweimal für die Royal Society beobachten dürfen, ziehen zwischen 1763 und 1768 jene lang umstrittene Grenze zwischen Maryland und Pennsylvanien, die fast 100 Jahre später die sklavenhaltenden Südstaaten vom Rest der Republik trennen sollte. Die beiden Vermessungsvirtuosen, die Amerika mit dem ›Schlagen‹ gerader Linien durch die ungeordnete Wildnis den Stempel des »Age of Reason« aufdrücken, merken zu spät, welchen höheren Interessen sie dabei dienen. Die breite Schneise, die sie in Richtung Westen anlegen, fördert im Namen von Vernunft und Wissenschaft Landspekulation und den Drang nach Westen. In *Mason & Dixon* ist viel vom Paradies die Rede, doch sind alle Paradiese nur Legende und Erinnerung. Der Indikativ der Vernunft lässt in seiner Grenzziehung anderes Leben, Denken oder Träumen als bloßen »konjunktiven« Abfall hinter sich. P.s Roman deckt jene paradoxe Struktur des abendländischen Bewusstseins auf, das im Namen höherer Gesetze das zerstört, was es begehrt. Zugleich dokumentiert er in phantastischen Geschichten, in Legenden des Unwahrscheinlich-Unerhörten und in atemberaubenden Schilderungen verlorener Ursprünglichkeit das ungebrochene Begehren nach dem Wunderbaren. Aus diesem Wissen um die geschichtliche Unmöglichkeit des einst Möglichen und um die narrative Möglichkeit des jetzt Unmöglichen bezieht dieses Alterswerk P.s seine Melancholie und Heiterkeit.

Heinz Ickstadt

Q

Queneau, Raymond
Geb. 21. 2. 1903 in Le Havre/Frankreich; gest. 25. 10. 1976 in Paris

Als Quintessenz des literarischen Schaffens von Raymond Queneau können die 99 sprachlichen Themenvariationen von *Exercices de style* (1947; *Stilübungen Autobus S*, 1961) betrachtet werden. Reduzierte Angaben über eine Autobusfahrt werden in analoge metaphorische Beziehungen – botanischer oder medizinischer Art – oder in syntaktische, zeitliche und stilistische Aspekte transformiert. Q. gehörte der experimentellen Richtung der modernen Literatur an und begründete 1960 die Gruppe OuLiPo (Ouvroir de Littérature Potentielle, Werkstatt für potentielle Literatur). Die OuLiPisten verfolgen zwei Ziele: Die »LiPo analytique« beschäftigt sich mit dem Auswerten von existierenden Texten und die »LiPo synthetique« mit dem Erfinden von neuen Formen und Strukturen. Der Zusatz »potentiell« bezeichnet dabei die eigentliche Natur der Literatur: Auf der einen Seite bestimmt das Potentielle die Möglichkeiten der Produktion und auf der anderen Seite die undefinierbaren Möglichkeiten von Bedeutungen für die Rezeption.

Zu den formalen Experimenten gehört zweifelsohne der Gedichtband *Cent mille milliards de poèmes* (1961; Hundert Billionen Gedichte). Die Sammlung besteht aus 10 Sonetten, die in 14 Zeilen nach dem Reimschema (abab abab ccd eed) angeordnet sind. Der Band gestaltet den konventionellen technischen Drucksatz nach Maßgabe der Rezeption neu. Die Seiten wurden zeilenweise in Streifen geschnitten und geben dem Leser die Möglichkeit zum Umblättern und Kombinieren. Das Durchspielen aller Kombinationen entspricht der Zahl 10 hoch 14 und würde ein Lebensprojekt für mehrere Generationen von Literaturliebhabern. Der bekannteste Roman von Q., *Zazie dans le métro* (1959; *Zazie in der Metro*, 1960), thematisiert den Besuch der 12-jährigen, aus der Provinz stammenden Zazie in der französischen Hauptstadt. Das eigentlich alltägliche Thema erfährt durch die formale Gestaltung erst den besonderen literarischen Anspruch. Das kindliche Bewusstsein bildet die Folie einer verzerrten und überformten äußeren Wirklichkeit und konturiert in Differenz zur Sichtweise der Erwachsenen den Generationenkonflikt. Als zusätzliche Kommentarebene fungiert der Papagei Laverdure, der mit salomonischer Weisheit vom Gequassel spricht, das der Roman durch abrupte Wechsel zwischen dem gesprochenen und dem literarischen Französisch in Szene setzt.

Eine vielschichtige Perspektive liegt auch dem Roman *Les fleurs bleues* (1965; *Die blauen Blumen*, 1966) zugrunde. Er behandelt das Thema der Identitätssuche und greift hierzu die Erkenntnisse der Tiefenpsychologie auf. Der Träumer, der träumt, selber Teil eines Traums zu sein, modelliert die Romanstruktur und etabliert zwei Erzählebenen, eine zeitgenössische und eine historische, die sich über sieben Jahrhunderte entfaltet. Die Protagonisten Cidrolin und der Herzog von Auge, die voneinander träumen, begegnen sich schließlich im Jahr 1964. Die äußere Handlung spiegelt die psychische Entsprechung der beiden Protagonisten und das Bewusst- respektive Unterbewusstsein des jeweilig anderen. Der Symbolgehalt der auf die Begegnung folgenden Reise, die Sintflut als Sinnbild der kathartischen Reinigung, schafft die Möglichkeit einer neuen Existenz, die die blauen Blumen symbolisieren. Metafiktionale Problemfelder thematisiert hingegen der Roman *Le vol d'Icare* (1968; *Der Flug des Ikarus*, 1969). Die Romanfigur Ikarus verschwindet aus Langeweile und Überdruss aus der für sie von seinem Autor Hubbert Lubert vorgesehenen Geschichte. Der Autor geht von einem Diebstahl aus und beauftragt den Detektiv Morcol mit Nachforschungen. Die mit List erzwungene kurzfristige Rückkehr in die Geschichte endet mit der Entführung von Ikarus. Er soll für einen anderen Schriftsteller die Rolle des Erzählers übernehmen. Erneut gelingt ihm die Flucht. Das Ende des Helden legt sein Name und der damit evozierte Mythos nahe: Ikarus, der Sohn des ersten antiken Künstlers Dädalus, stirbt beim Absturz seines Fluggerätes.

Mit dem Essay *Une histoire modèle* (1966; *Eine Modellgeschichte*, 1966) greift Q. zentrale Themen seines Werks erneut auf. In 97 Aphorismen entwirft er ein mathematisches Modell der Menschheitsgeschichte, nur um damit letztlich die Absurdität des historischen Prozesses zu entlarven. Die Geschichte zeigt sich als Wissenschaft vom Unglück des Menschen, das mit der modellhaften Ur-Narration der Vertreibung aus dem Paradies beginnt, die sich variantenreich wiederholt.

Angelika Baumgart

Queirós, José Maria Eça
↗ Eça de Queirós, José Maria

Quevedo, Francisco de
Geb. 27. 9. 1580 in Madrid;
gest. 8. 9. 1645 in Villanueva de los Infantes (Ciudad Real)

»Sogar in der Hölle bleiben die Frauen die gleichen, ohne ihre Verrücktheiten abzulegen.« Dieser Stoßseufzer, den Francisco de Quevedo dem fiktiven Ich der Höllenvisionen der *Sueños* in den Mund legt, zeigt ein für den Autor typisches Verfahren: Ein Gedanke, der inhaltlich ein Gemeinplatz ist (hier ein misogynes Klischee), wird in eine witzige Übertreibung und rhetorische Pointe gefasst. Jene sprachliche Brillanz ist es, die die Texte Q.s, wenngleich er zu Recht als der am wenigsten moderne unter den Autoren des Siglo de oro (Goldenes Zeitalter) gilt, zu einem reichen Reservoir scharfsinniger Bemerkungen, Wortspiele und ingeniöser Einfälle macht. Die konservative Strenge und normative Beharrlichkeit seiner Anschauungen bildet dabei einen eigentümlichen Gegensatz zu dem dynamischen und spielerischen Impuls seines Umgangs mit Sprache.

1596 bis 1600 studierte Q. Griechisch und Latein in Alcalá de Henares, dann Theologie in Valladolid, wo er 1604 promovierte. In den Jahren 1605 bis 1608 lernt er das politische Leben an den Höfen von Valladolid und Madrid kennen. 1613 tritt er in den Dienst des Herzogs von Osuna. Die Arbeit für den Herzog führt Q. in diplomatischen Missionen nach Italien. Auf dem Höhepunkt seines Erfolgs wird Q. von einer Hofintrige eingeholt, an der er für den Herzog beteiligt war. Vom Hof in Madrid verbannt, zieht er sich auf sein Familiengut zurück; erst mit der Thronbesteigung Philipps IV. kehrt er in die Politik zurück. Doch der erneute politische Erfolg währt nicht lange: Wegen seines Pamphlets *Catolica, sacra real majestad* wird Q. 1639 zu einer Gefängnisstrafe verurteilt, aus der er erst 1643 entlassen wird.

Zwar sind es vor allem die großen satirischen Schriften, die *Sueños y discursos de verdades* (1627; *Wunderliche Träume*, 1919) und *La fortuna con seso y la hora de todos* (1635; *Fortuna mit Hirn oder die Stunde aller*, 1966), die Q.s Autorschaft begründen; doch verbirgt sich hinter der Gestalt des Satirikers ein vielschichtigeres Werk, das neben den berühmten Polemiken auch Romanprojekte und lyrische Gedichte umfasst. Die meisten Gedichte Q.s blieben zu seinen Lebzeiten unveröffentlicht; eine umfangreichere Auswahl wurde von dem Gelehrten José González de Salas in *El parnasso español* (*Der spanische Parnaß*, 1981) erst 1648 publiziert. Q.s Lyrik umfasst unterschiedliche Gattungen und Themen; neben Liebeslyrik im Stil Petrarcas stehen philosophische, religiöse und politische Gedichte. Q.s lyrischer Stil zeichnet sich durch eine subtile Sprache aus, die entlegene Wortkombinationen, Metaphern, Verrätselungen und kühne Paradoxa verwendet. Durch diese Eigenarten gerät Q.s Schreiben in die Nähe des dunklen *conceptismo* Luis de Góngoras, mit dem er gleichwohl zeitlebens eine erbitterte Fehde führte.

Indessen ist es das zeitkritische Projekt der *Sueños*, durch das Q.s Autorschaft am schärfsten Profil gewinnt und das seine literarische Kanonisierung begründet. Diese ›Träume‹, die aus mehreren, teils eschatologischen, teils gesellschaftskritischen Visionen bestehen, beziehen ihre Wirkung insbesondere aus der rhetorischen Kraft der satirischen Sprache, in der sich ein biblisch-prophetischer Duktus, eine reiche Metaphorik und ein artistisches Spiel mit literarischen Figuren verbinden. Als das wohl eindrucksvollste Traumbild mag der *Sueño del juicio final*, eine Vision des Jüngsten Gerichts, gelten. Das Szenario des Weltgerichts bietet Q. einen geeigneten Anlass, die Gesellschaft seiner Zeit kritisch zu entlarven, indem er typenhafte Vertreter verschiedener Stände, aber auch individuelle Persönlichkeiten als Objekte des Spotts vorführt. Doch die Satire wird ihrerseits zum Gegenstand der ironisch-witzigen Hintertreibung: Der Vollzug des ›Juicio‹ kommt unvermittelt zum Abbruch, als eine Stimme verkündet, man habe sich im Datum geirrt, die Zeit des Gerichts sei noch nicht gekommen. Nicht weniger eindrucksvoll als die apokalyptischen Entwürfe sind jene Passagen der *Sueños*, deren Handlung in Q.s zeitgeschichtlicher Umgebung angesiedelt ist. Dies gilt für die Satire *El mundo di dentro* (Die Welt von innen), in deren fiktiver Topografie die Züge des damaligen Madrid wiederzuerkennen sind. Der Ich-Erzähler begegnet dort der allegorischen Gestalt des Desengaño, der ihn durch die labyrinthischen Gänge der Stadt führt und ihm die Menschen und die Welt zeigt, wie sie sind, d. h. hinter dem Schein ihr desillusionierendes Inneres aufdeckt.

Von den politischen Schriften Q.s ist vor allem der programmatische Traktat *Política de Dios* (1626, Politik Gottes) bemerkenswert. An König Philipp IV. gerichtet, entwickelt er nach Art eines Fürstenspiegels Maximen der ›guten‹ Herrschaft, die Q. indes nicht im Sinne eines modernen Politikkonzepts begreift, sondern im Rahmen eines theologisch fundierten Handlungsfelds definiert. Es ergibt sich das Bild eines vielseitigen, aber auch widerspruchsvollen und irritierenden Autors, dessen Werk sich nicht auf einen einfachen Nenner bringen lässt.

Werkausgabe: Die Träume. Die Fortuna mit Hirn oder die Stunde aller. Hg. W. Muster. Frankfurt a. M. 1966.

Linda Simonis

R

Raabe, Wilhelm
Geb. 8. 9. 1831 in Eschershausen; gest. 15. 11. 1910 in Braunschweig

Gegen Ende des Jahres 1854 entschließt sich der 23-jährige R. plötzlich, einen Roman zu schreiben. Er hatte sowohl die Schule als auch eine Buchhändlerlehre vorzeitig abgebrochen, bevor er aus der Braunschweiger Provinz an die Berliner Universität gekommen war, um sich als Gasthörer philosophischhistorischer Vorlesungen weiterzubilden. Der Erstlingsroman *Die Chronik der Sperlingsgasse*, veröffentlicht 1856 unter dem Pseudonym »Jacob Corvinus«, wird zu einem überraschenden Erfolg – R. kann triumphierend nach Hause in das klein-städtisch-bürgerliche Milieu zurückkehren, das er als scheinbarer Versager verlassen hatte und das zeitlebens seine Welt wie die seiner Werke bleiben wird: »Das hervorstechend Angenehme, was die Franzosen gezeugt haben, ist Paris, das, was den Deutschen gelungen ist, sind die deutschen Mittelstädte.« In den folgenden Erzählungen und Romanen zeichnet sich allmählich als zentrales Thema seiner Werke ab: die Erinnerung an die Kindheit als Erinnerung an ein verlorenes authentisches Leben; noch im Spätwerk wird es heißen, »Heimweh« sei »die Quelle aller Poesie«. In Verbindung mit der in R.s Büchern geschilderten Provinzwelt ist es gerade dieses romantische Motiv, das zum Fehlurteil über ihn als Dichter beschaulicher Winkel geführt hat.

Nach der obligatorischen Bildungsreise (Dresden, Prag, Wien, Süddeutschland) und der anschließenden Verlobung zieht R. 1862, am Hochzeitstag, mit seiner Frau noch einmal in eine Großstadt, diesmal nach Stuttgart. Er hatte die Stadt auf der Reise als eines der Zentren des geistigen Lebens der Zeit kennengelernt und nimmt nun, »als junger Ehemann im vollen geselligen, litterarischen und – politischen Tummel und Taumel der Tage«, an diesem Leben teil; er trifft u. a. Friedrich Theodor Vischer, Paul Heyse und Ferdinand Freiligrath. Zum wesentlichen Bestandteil der Stuttgarter Jahre von 1862 bis 1870 wird die Freundschaft mit dem Ehepaar Jensen. Zwischen Marie Jensen und R. entsteht eine starke geistige und emotionale Beziehung; zusammen mit Wilhelm Jensen, einem damals bekannten Schriftsteller und Journalisten, tritt er öffentlich für die liberalen Ideale des Bürgertums und für die kleindeutsche Reichseinheit unter preußischer Führung ein. In Stuttgart schreibt R. den Entwicklungsroman *Der Hungerpastor* (1864), der bald Aufnahme in den bürgerlichen Bildungskanon fand, sein größter Verkaufserfolg wurde und bis heute sein bekanntester Roman geblieben ist. Doch schon bei den nächsten größeren Werken, *Abu Telfan oder Die Heimkehr vom Mondgebirge* (1867) und *Der Schüdderump* (1869), lässt das Interesse des Publikums nach, das biedermeierliche Idyllen wünscht, während in seinen Büchern das kritische Potential immer deutlicher hervortritt. Besonders *Abu Telfan* dokumentiert in einer für R. spezifischen Form den Niedergang bürgerlicher Ideale, wie er dann in der wilhelminischen Gesellschaft offen zutage treten wird. Indem der Roman einer philisterhaften Bürgerwelt gesellschaftliche Außenseiter gegenüberstellt, die für die

aufklärerischen Ideale autonomer Menschlichkeit einstehen, kann gerade solches Außenseitertum sowohl Missstände einklagen wie zum Appell an die Gesellschaft werden. In diesem zweiten zentralen Thema R.s liegt der eigentlich realistische Kern seiner Werke begründet, denn die Außenseiter sind keineswegs einfach die humorvoll geschilderten kauzigen Sonderlinge, als die sie oft gesehen werden.

Ziemlich überstürzt zieht die Familie R. 1870, mitten in den Wirren der Mobilmachung für den Deutsch-Französischen Krieg, endgültig zurück in die heimatliche »Mittelstadt« Braunschweig. Vermutlich haben der Wegzug der Jensens, die weiter sinkenden Verkaufszahlen seiner Bücher und die allgemeine geistige Entwicklung des deutschen Bürgertums zu R.s resignativem Rückzug ins Private geführt. Jedenfalls lebt er nun bis zu seinem Tod die Existenz eines patriarchalischen Familienvaters und Stammtischgenossen, wie sie in seine Bücher passen würde. Verbindungen nach außerhalb bestehen fast nur noch durch den Briefwechsel mit Freunden aus der Stuttgarter Zeit, vor allem mit dem Ehepaar Jensen. Die neu entstehenden Bücher werden kaum noch gekauft oder beachtet – »Ein gutes Zeichen. Ich werde immer unter den großen Toten mitaufgeführt« –, denn R. weigert sich weiterhin entschieden, Zugeständnisse an den Publikumsgeschmack zu machen. Erst viel später, als er sich schon als »Schriftsteller a. D.« bezeichnet, gelingt es seinen Stammtischfreunden, aus Anlass seines siebzigsten Geburtstags eine R.-Renaissance in Deutschland einzuleiten: Man kennt ihn plötzlich wieder, seine Bücher werden gelesen, und nach seinem Tod konstituiert sich sogar eine »Raabe-Gemeinde«. Jedoch geschieht dies alles aus dem Geist des wilhelminischen Lehrerbeamtentums, das in R. vor allem einen humorvollen Weltweisen erkennen will. Aus heutiger Sicht sind es unter seinen fast siebzig Werken in erster Linie solche aus der Braunschweiger Zeit, denen er seine literarische Anerkennung verdankt. Auch er selbst bezeichnet dann seine bekanntesten Bücher, die *Chronik* und den *Hungerpastor*, als »abgestandenen Jugendquark« und schätzt das Spätwerk wesentlich höher ein. In ihm entwickelte er nämlich die bloße inhaltliche Gegenüberstellung von Philistertum und gesellschaftlichen Außenseitern weiter zur bipolaren Erzählstruktur von bürgerlichem Erzähler und einzelgängerischem Helden.

Vor allem zeigt sich dies im *Stopfkuchen* (1891), den R. für sein bestes Buch hielt, und in *Die Akten des Vogelsangs* (1896), wo sich die bipolare Struktur zudem mit dem Thema der verlorenen Kindheit verbindet. Besonders in diesen beiden Werken zeigt sich, wie es für R. immer schwieriger wird, der zunehmend undurchschaubarer werdenden Erfahrungswirklichkeit am Ende des 19. Jahrhunderts gerecht zu werden; aber – so schreibt er: »Je mehr ihm das Leben entglitt, desto mehr wurde er Dichter.« Der angestrebte Verweisungsbezug der bipolaren Struktur führt deshalb zu immer komplexeren Erzählvorgängen. Schließlich beginnen sich in der endlos scheinenden Modulation und Assoziation von Bildungszitaten und Erinnerungsbruchstücken, die das Spätwerk zur ebenso anstrengenden wie lustvollen Lektüre machen, auch R.s eigene Begriffe und Wertvorstellungen aufzulösen – in den Bruchstellen erscheint der sensible, neurotisch-depressive R., den er selbst immer verleugnete und der doch in einzelnen Brief- und Tagebuchstellen erkennbar ist: »und so ist das, was ihr meine sonnige Heiterkeit nennt, nichts als das Atemschöpfen eines dem Ertrinken Nahen.« In den verzweifelten wie vergeblichen Versuchen R.s, der bildungsbürgerlichen Welt des 19. Jahrhunderts literarisch noch Sinn abzugewinnen, kündigt sich schon eines der wichtigen Themen des 20. Jahrhunderts an: die Problematik der Sprache selber. In diesem Spätwerk liegt demnach die Bedeutung R.s, eine Bedeutung, wie sie in seiner Epoche vielleicht nur noch Gottfried Keller und Theodor Fontane zukommt. Diese beiden wohnten 1854 auch in Berlin; aber der »Nesthocker« hat sie, es ist kaum verwunderlich, zeitlebens nicht persönlich kennengelernt.

Werkausgabe: Sämtliche Werke. Hg. von Karl Hoppe. Fortgeführt von Jost Schillemeit. 20 Bde. Freiburg i. Br./ Braunschweig 1951 ff.

Helmuth Liebel

Rabelais, François

Geb. vermutl. 1494 in La Devinière, Indre-et-Loire/Frankreich; gest. 9. 4. 1553 in Paris

François Rabelais zählt zu den bedeutendsten Schriftstellern der französischen Renaissance. Sein Nachruhm beruht auf dem vierbändigen Romanzyklus von Gargantua und Pantagruel, der zwischen 1532 und 1552 erschienen ist. Es ist ungewiss, ob die Autorschaft des postum gedruckten fünften Bandes tatsächlich R. zugeschrieben werden kann. Die abenteuerlichen und phantastischen Geschichten von dem Riesen Gargantua und seinem Sohn Pantagruel sind ein eindrucksvolles Dokument der Epochenschwelle zwischen Mittelalter und Renaissance. Hinter der Fassade einer bisweilen skatologischen Komik und einer ausfernden Fabulierfreude ergibt sich ein in der europäischen Literatur einmaliges Tableau der Spannungen zwischen scholastischen und humanistischen Lebensentwürfen.

R. wurde vermutlich 1494 als Sohn eines Advokaten unweit von Tours geboren. 1511 trat er in den Franziskanerorden ein, 1524 wechselte er zu den Benediktinern und 1527 wurde er Weltgeistlicher. Bereits bei den Benediktinern hatte er Kontakt zu bedeutenden Exponenten des französischen Humanismus. Nach seinem Austritt aus dem Kloster begannen die Wanderjahre, die ihn in die kulturellen Zentren Frankreichs und Italiens führten, wodurch er alle wesentlichen kulturellen Strömungen des 16. Jahrhunderts kennenlernte und sich im Sinne des Renaissance-Ideals (*uomo universale*) in unterschiedlichen Disziplinen umfassend bilden konnte. Er studierte zunächst Medizin in Paris und Montpellier, um sich später als Arzt in Lyon und in Montpellier niederzulassen. Als Leibarzt des einflussreichen Kardinals Du Bellay reiste er mehrfach nach Italien. In dieser Zeit wurden nach und nach die Bände des Romanzyklus veröffentlicht. Insbesondere die bissigen Satiren gegen die starren scholastischen Argumentationsmuster der Sorbonne-Gelehrten führten dazu, dass R. sich einflussreiche Persönlichkeiten zu Feinden machte: 1532/33 erschien der *Pantagruel*, 1534/36 der *Gargantua*, der die Vorgeschichte zum ersten Band nachliefert. Das *Tiers livre* (*Drittes Buch*) wurde 1546, das *Quart livre* (*Viertes Buch*) 1552 veröffentlicht. Johann Fischarts 1575 erschienene *Affenthheurlich Naupengeheurliche Geschichtklitterung* stellt den ersten Versuch dar, R.' *Gargantua*, ein auch sprachlich äußerst vielschichtiges Werk, ins Deutsche zu übertragen.

R.' Romanzyklus zählt zu den komplexesten Werken der französischen Literatur. Phantastische Digressionen, erotische Passagen und ungebändigte Wortlawinen überlagern die Abenteuer der Riesen und stehen neben humanistisch-eruditen Anspielungen sowie Konzepten philosophischer Selbstsorge.

Auf diese Weise entsteht ein Text, der eine differenzierte Lektüre fordert. Der Prolog des *Gargantua* kann in diesem Zusammenhang als Lektüreanleitung dienen: Der Erzähler wendet sich zwar gegen überspitzte Allegoresen, betont jedoch mit unterschiedlichen Bildern die grundsätzliche Notwendigkeit einer Lektüre, die neben der wörtlichen Bedeutung einen übertragenen Sinn ausmachen und somit hinter den Reisen, Schlachten und Abenteuern der Riesen eine höhere Wahrheit entdecken soll (»à plus hault sens interpreter«). Das Ineinandergreifen von komisch-satirischen und philosophischen Sinnschichten erscheint dabei als Umsetzung der von Horaz programmatisch formulierten Position, nach der Literatur erfreuen und belehren (»prodesse aut delectare«) solle. Gleichzeitig handelt es sich, wie Michail Bachtin überzeugend darlegen konnte, um eine Überlagerung von Gelehrtenkultur und Volkskultur. Dem Lachen, das in dem Vorwort zum *Gargantua*-Roman im Anschluss an Aristoteles als spezifisch menschliche Eigenschaft dargestellt wird, kommt innerhalb dieser Poetik eine besondere Bedeutung zu: Es erscheint, ganz in der Tradition der Satire, als wirksames Mittel gegen den Konformismus und somit gegen den Herrschaftsanspruch einer als autoritär empfundenen Obrigkeit.

Die Konfrontation von mittelalterlichen und neuzeitlichen Konzepten lässt sich bei R. besonders anschaulich an der Reflexion über Wissenschaft und Bildung festmachen, die mehrere Passagen des Zyklus prägt, jedoch besonders deutlich im 8. Kapitel des *Pantagruel* sowie in den Kapiteln 15–24 des *Gargantua* hervortritt. Während der Konflikt zwischen dem alten, scholastischen Erziehungsprogramm und dem neuen, humanistisch geprägten Bildungsideal im *Pantagruel* bereits in der Retrospektive erscheint, da Gargantua seinem Sohn in einem Brief von den kaum mehr greifbaren mittelalterlichen Bildungsinstitutionen seiner Jugend erzählt, wird diese Zeit in der nachgereichten Vorgeschichte des *Gargantua*-Romans weitaus plastischer dargestellt. Gargantuas Vater Grandgousier stellt fest, dass sein Sohn trotz redlichen Bemühens unter seinem sophistischen Lehrer Maistre Jobelin nichts lernt. In diesem Zusammenhang wird eine an zwei Figuren geknüpfte Oppositionsstruktur eingeführt, die den gesamten Textabschnitt prägt. Gargantua ist der Exponent eines spätzeitlichen Bildungsmodells, wohingegen der junge Eudemon durch die *studia humanitatis* auf die neue Welt vorbereitet ist.

Die Gegenüberstellung von Gargantua und Eudemon in Kapitel 15 erfolgt jedoch nicht im Rahmen einer Prüfungssituation: Es geht hier nicht um Zahlen, Formeln, Daten und Namen, nicht um Faktenwissen (*savoir pédant*) in einzelnen Disziplinen. Die Überlegenheit der humanistischen Erziehung wird vielmehr am Habitus des jungen Eudemon festgemacht und erhält dadurch einen spezifischen, den engen Rahmen der Gelehrsamkeit überschreitenden sozialen Wert (*savoir mondain*). Der humanistisch gebildete Eudemon überzeugt nicht etwa durch enzyklopädisches Wissen, sondern in erster Linie durch bestimmte Verhaltensformen, die als Ausdruck des sich neu konstituierenden Ideals der Höflichkeit (*civilité*) erscheinen. Eudemons gepflegte äußere Erscheinung wirkt fast übermenschlich. Frisur und Kleidung sind jedoch nur Teil einer umfassenderen Verhaltensnorm, die Eudemon im Rahmen seiner humanistischen Sozialisation angenommen hat und die seine Überlegenheit begründet. Von herausragender Bedeutung ist weiterhin die Körpersprache: Der klare, das Gegenüber nicht scheuende Blick und die sichere Gestik unterscheiden ihn fundamental von Gargantua, der zu weinen beginnt und sein Gesicht hinter seiner Mütze versteckt. Noch deutlicher wird jedoch der Unterschied zwischen alter und neuer Pädagogik auf dem Gebiet der Sprache: Gargantua ist unfähig, auch nur ein Wort zu sagen. Die temporäre Aphasie dokumentiert eindrucksvoll das Versagen des alten Erziehungsmodells, das die Zöglinge nicht auf gesellschaftliche Kommunikationsformen vorbereitet.

Das Bildungsideal der Humanisten basiert zwar auf Bildung und Wissen (*sapientia*), ist aber vor allem an bestimmte Techniken gebunden: Bei R. handelt es sich somit um die fiktionale Vermittlung des umfassenden, insbesondere von Norbert Elias eingehend beschriebenen mentalitätsgeschichtlichen Wandels an der Schwelle zur Neuzeit. Mit dem Humanismus ist eine zunehmend rigidere Affektkontrolle verbunden. Körperlichkeit und Sexualität werden mehr und mehr aus der Sphäre der Öffentlichkeit verbannt, und durch die humanistische Erziehung wird eine Lebensform vermittelt, die auf Disziplinierung und Zurückstellung der natürlichen Bedürfnisse und Triebe beruht. Es ist jedoch das Charakteristikum dieses Textes, dass er keine unumstößlichen Wahrheiten formuliert, sogar jede These wieder subversiv hinterfragt. Und so stehen der Apologie des Humanismus Passagen gegenüber, die sich als wortgewaltige Feier einer mittelalterlich geprägten grotesken Körperlichkeit lesen lassen und die der satirisch-komischen Dichtung bis weit in die Neuzeit Anschlussmöglichkeiten bieten konnten.

Florian Henke

Rabener, Gottlieb Wilhelm
Geb. 17. 9. 1714 in Wachau bei Leipzig; gest. 22. 3. 1771 in Dresden

Ein geistiger Nachfahre und Herausgeber seiner Werke im 19. Jahrhundert, der Thüringer Dichter Ernst Ortlepp, sagte über den sächsischen Junggesellen R.: »Er kannte die Liebe, aber nicht die Wollust.« Diese Vermutung, auf das schriftstellerische Schaffen angewandt, heißt, R.s literarisches Bemühen als Überzeugung anzuerkennen, jedoch das gewisse Etwas zu vermissen, das andere, z. B. Christian Fürchtegott Gellert, seinen intimen Jugendfreund, vor ihm auszeichnet. Er geriet schon gegen Ende seines Lebens in Vergessenheit, errang keine große Bekanntheit über den mitteldeutschen Sprachraum hinaus. »Sein Witz war so moralinsauer wie die Moral, die er ironisierte.« Dieses Urteil gilt einem Dichter, der den Brotberuf des Finanzbeamten gewählt und entsprechend trocken zu formulieren gelernt hatte. Gleichsam als Prosaübung darf seine Sammlung steuer- und verfassungsrechtlicher Vorschriften der kursächsischen Landesverwaltung interpretiert werden. Der Witz des Beamten R. war spröde und an seiner unmittelbaren Erfahrungswelt orientiert. Nicht Fürsten waren seine Gesprächspartner, sondern Kollegen und das steuerpflichtige Publikum, Handwerker, Kaufleute, Bauern; sie sind auch die Akteure auf seiner Imaginationsbühne. Autorität, die Personen und Institutionen hätte eignen können, stellte er nicht in Frage, Respekt vor Repräsentanten des Staates ironisierte er nicht. Seine literarische Hinterlassenschaft zeugt von einem geharnischten, ironischen-satirischen Impetus gegenüber seiner Klientel, den R. im Brotberuf nicht einmal denken durfte; allein die Ausführung ermüdet, sie ist stilistisch brav und bieder. R. spürte instinktiv, wo seine schriftstellerischen Ambitionen am besten aufgehoben waren. Nicht die großen Formen waren sein Metier, sondern der Brief, die Abhandlung, das Portrait, das Märchen, das Gleichnis, Sprichwortkommentare und andere kleine Prosaformen. Es fehlte ihm sicherlich keineswegs der Mut, sich an Großformen zu versuchen. Satiren entsprachen aber eher seiner Lebenswelt, wenngleich er monierte: »Ich kann es nicht leiden, wenn ein Satyriker zu mürrisch, zu böse und zu ernsthaft wird. Ich fühle es, daß ich schon itzt mir oft Gewalt anthun muß, diese finstre Miene in meinen Schriften nicht merken zu lassen, welche mir außerdem bey meinem menschenfeindlichen Berufe fast natürlich werden will.« Jonathan Swift war sein großes Vorbild, doch dessen Souveränität erreichte er nie. Und nach den Erfahrungen mit den sächsischen Zensurbehörden, an denen er »sich nicht den Kopf zerstoßen will«, die also ebenso kleinlich wie die Finanzbehörden agierten, hielt er sich in seinen kleinen Formen an den Duktus der gängigen Moralsatire, die eher reserviert und distanziert wirkte, kein Stein für schmerzhaften Anstoß bedeutete.

Satire galt in der Zeitgenossenschaft R.s durchaus noch als umstrittenes Genre, obwohl immer mehr Autoren die Moralsatire als Kritik übten, nicht um bestehende Verhältnisse grundlegend zu ändern, sondern Bestehendes zu verbessern. Nur die landestypische bzw. sprachgeographische Ausprägung zeitigte gewaltige Unterschiede. Während in England und Frankreich die Satire schon über ein eigenes Formenregister verfügte, gesellschaftlich etabliert war, wuchsen im deutschen Sprachraum erst behutsam die Wurzeln jener literarischen Gattung heran. Das Schreiben R.s ist dem Gedanken der Aufklärung verpflichtet: falsche, nicht vernunftbegründete Zöpfe möchte er abschneiden. Den Spiegel vorhaltend, sagt er: Seid nicht so töricht, bedenkt eure menschliche Gebrechlichkeit. Bestimmte gesellschaftliche Gruppierungen allerdings nahm R. aus. Dies trug ihm den Ruf ein, ein nur halbherziger Kritiker zu sein, den Satiren mangele es an Schärfe; denn Klerus und Aristokratie verschonte er weitgehend mit Spott und Hohn. Als Finanzbeamter in gehobener Position – er war Steuerrat – hatte er sicherlich augenfällige Gründe dafür; in seinem Systemkonformismus war er aber sicherlich kein Opportunist. Die Themen und Darsteller seiner Satiren suchte er mit Bedacht aus: kleine allzu menschliche Schwächen mit manchmal großen Wirkungen, kleine Leute, die sich groß aufblasen und nach ihrer Bloßstellung zusammenfallen wie eine leere Hülle.»Fabula docet«; das war R.s literarisches Credo. Durch Lesen lernen, das wünschte sich der Autor. Durch Schreiben sich distanzieren vom anderen Selbst, das trieb den Beamten zur Feder, imaginierte seine Satiren.

Schreiben als Therapie und Kompensation. R.s *Sammlung satyrischer Schriften* (1751–55 in 4 Bänden erschienen) erlebte bis 1777 elf Auflagen. Satiren wie *Versuch eines deutschen Wörterbuchs* und *Beytrag zum deutschen Wörterbuch* sind Beispiele der für R. typischen Literaturform, in der er alle möglichen Torheiten abhandelte. Die Sprache wirkte elegant, gefällig, war ein Kind ihrer Zeit, Galanterie. Die Diagnose, die er seinem Zeitalter stellte, kommunizierte er in Briefen; seine Satiren sprechen nicht von der pessimistischen Einschätzung, die seine letzten Jahre bestimmten. 1755 hörte er auf zu publizieren. Alles Weitere sollte posthum veröffentlicht werden. Das literarische Vermächtnis wurde jedoch 1760 bei einem Brand vollständig zerstört. Die letzten Lebensjahre glichen den Leiden eines Clowns, der nicht mehr lachen kann. Ab 1765 machte ihm seine angegriffene Gesundheit zu schaffen. R. verdiene, »als Heiliger verehrt zu werden«, meinte Goethe. Aber auch die Rettungsversuche Ortlepps 1839 mit der Neuherausgabe seiner Schriften fruchteten nichts, R. geriet in Vergessenheit.

Werkausgabe: Sämtliche Schriften. Hg. von Ernst Ortlepp. 4 Bde 1839.

Thomas Schneider

Racine, Jean [Baptiste]

Geb. Dezember 1639 in La Ferté-Milon/Frankreich; gest. 21. 12. 1699 in Paris

Jean Racine ist neben Pierre Corneille und Molière einer der wichtigsten Dramatiker des 17. Jahrhunderts, des sogenannten klassischen Jahrhunderts Frankreichs. Die Politik Richelieus und später Ludwigs XIV. initiierte eine kulturelle Blütezeit, in der besonders das Theater gefördert wurde. Durch das vom Sonnenkönig eingeführte Besoldungssystem erhielt R. ein geregeltes Einkommen, was seinen raschen Aufstieg zu einem angesehenen Schriftsteller begünstigte.

R. wuchs als Waisenkind in der jansenistischen Klosterschule Port Royal nördlich von Paris auf. Ihre Doktrin orientierte sich an der Prädestinationslehre des holländischen Theologen Cornelius Jansen, die die Unfreiheit des Menschen gegenüber dem »deus absconditus«, dem verborgenen Gott, postulierte. Gottes Gnade ist dabei unerklärbar für den Menschen, der, ohne einen freien Willen und von seinen Leidenschaften gepeinigt, Gott ausgeliefert ist. Hierin unterscheidet sich der Jansenismus von der damals weitverbreiteten jesuitischen Lehre, die einen freien Willen des Menschen und die Möglichkeit der Absolution zu Lebzeiten voraussetzt. Die jansenistische Erziehung weckte R.s Interesse an den griechischen Tragödien, in denen der Mensch ebenfalls dem Willen der Götter ausgeliefert ist. Sie wurden grundlegend für seine eigenen Tragödien, die oft antike Stoffe aufnehmen und sie im Sinne seiner eigenen philosophischen und theologischen Reflexionen über die *conditio humana* modifizieren.

Nach einigen Versuchen in der Dichtung konzentrierte R. sich ab den 1660er Jahren ganz auf das Drama. Seine ersten Stücke *Les frères ennemis* (1664, später als *La Thébayde* veröffentlicht; Die Einsamkeit oder Die feindlichen Brüder) und *Alexande le Grand* (UA 1665; Alexander der Große) wurden nur mit geringem Erfolg gespielt, doch erzielte R. bald darauf seinen Durchbruch mit *Andromaque* (1667; *Andromache*, 1986), einem Stück im Stil der aristotelischen Tragödienkonzeption. Die Titelheldin, Witwe des trojanischen Helden Hektor, wird nach der Niederlage Trojas von dem Griechen Pyrrhus gefangengehalten und umworben. R. schildert in eindrucksvoller und diskursiver Weise den aussichtslosen Kampf aller Beteiligten gegen Leidenschaften wie Sehnsucht und Eifersucht und dem daraus resultierenden Wahnsinn. Das Stück bietet keine Unterscheidung von schuldhaften oder schuldlosen Charakteren, was der christlichen Moral folgen würde – die Tragik erschließt sich somit nicht der Tradition entsprechend aus den Charakteren selbst, sondern aus dem Ausgeliefertsein des Menschen an seine Leidenschaften. Dieses Prinzip beeinflusste die Literatur Frankreichs nachhaltig. *Andromaque* war zwar ein großer Publikumserfolg, jedoch stieß das Stück – nicht überraschend – auf breite Kritik seitens der Kirche.

Nach einer wenig erfolgreichen Komödie (*Les plaideurs*, UA 1668; *Die Prozeßsüchtigen*, 1956) konzentrierte sich R. auf Tragödien römischen Inhalts, wie z. B. die sehr populären Stücke *Britannicus* (UA 1669; *Britannicus*, 1983), *Bérénice* (UA 1670; *Berenike*, 1964) und *Mithridate* (1673; *Mithridates*, 1961) sowie auf Tragödien mit orientalischem oder griechischem Stoff wie *Bajezet* (1972; *Bajazet*, 1878) und *Iphigène* (UA 1674; *Iphigenie*, 1961). Sie alle folgen auf originelle Weise insofern derselben Thematik wie *Andromaque*, als sie die fatalen, oft gewalttätigen Verstrickungen der Helden in ihre Leidenschaften darstellen, aus denen es, ohne den freien Willen des Menschen, keine ehrenvolle Entwirrung gibt. Wie in Corneilles Tragödien wird das Verfallensein an die Leidenschaften oft mit der strengen Raison eines Herrschers kontrastiert. Jedoch wirkt diese bei R. anders als bei Corneille nicht unbedingt friedensstiftend und ehrversprechend, da alle Beteiligten in gleichem Maße dem »deus absconditus« ausgeliefert sind. Ein zentrales Element in R.s Tragödien ist die Schuld: Alle Charaktere wähnen sich dem Urteil einer verborgenen Gottheit ausgeliefert und sind von Schuldgefühlen geplagt; ihre Leidenschaften wirken dabei selbstentfremdend und zerstörerisch. R. wurde oft der Vorwurf historischer Ungenauigkeit gemacht, dabei lag es ihm selbst fern, Geschichte oder Mythos sorgfältig wiederzugeben. Sie dienen in vielen Fällen lediglich als Folie für die zeitgenössische Gesellschaft Frankreichs, in der die Aristokratie unter dem Diktat des königlichen Hofes bestimmten Idealen wie »gloire« (Ehre) und »honnêteté« (Anständigkeit, Rechtschaffenheit) folgen musste und oft zwischen Repräsentation, Verantwortung und Emotion zerrissen war.

Phèdre (1677; *Phädra*, 1986) ist wohl R.s gelungenste Darstellung des Kampfes um Selbstbehauptung des Menschen in der höfischen Gesellschaft. Die zweite Frau des Königs Theseus, Phädra, verliebt sich in ihren eigenen Stiefsohn Hippolyt. Dieser wiederum ist in die athenische Prinzessin Aricia verliebt, die eine Gefangene seines Vaters ist.

Nachdem die Familie die falsche Nachricht vom Tod Theseus erreicht, wird Phädra von der Vorstellung getröstet, dass ihre Liebe zum Stiefsohn nun nicht mehr moralisch verwerflich sei. Phädras Liebesgeständnis gegenüber Hippolyt bildet den Höhepunkt des Stückes und markiert den Beginn des unaufhaltsamen Falls der Beteiligten. Theseus kehrt zurück, und die Mitwissenden verpflichten sich zu schweigen. Jedoch treiben Vorwürfe und Verzweiflung Phädra dazu, Hippolyt selbst vor Theseus zum Schuldigen zu machen. Hippolyt entflieht vor Schmach dem Hof, und der Vater beauftragt Poseidon, den Meergott, Hippolyt zu töten, bevor die beschämte Phädra Theseus ihre Schuld gestehen kann und Selbstmord begeht. Die Verstrickung von Schuld und Unschuld in der von Leidenschaft gequälten Phädra führen dazu, dass sie, wie R. in dem Vorwort zu dem Stück erklärt, »un peu moins odieuse« (»etwas weniger hassenswert«) erscheint. Die fatalen Folgen für alle Beteiligten sowie der implizite theologische Diskurs der Prädestinationslehre machen das Stück zu einer untypischen Tragödie des 17. Jahrhunderts. Phädra selbst kann ihre »gloire« mit ihrem Freitod nur ansatzweise wiederherstellen, was – im Gegensatz zu den früheren Stücken R.s – als ein Zugeständnis des Autors an den freien Willen des Menschen erscheint. Jedoch ist dies ambivalent, da unklar bleibt, ob Phädra vor Gott verziehen wird. R.s wahrer Genius wird aber nicht nur in der konzeptuellen und strukturellen Einheitlichkeit und Intensität seiner Stücke deutlich, sondern auch in ihrer Poesie und in den psychologisch sensibel ausgearbeiteten Charakteren, die die Dramen trotz ihrer historischen

Verankerung im 17. Jahrhundert zeitlos machen.

Nachdem R. 1677 das Amt des königlichen Geschichtsschreiber angenommen hatte, zog er sich lange vom Theater zurück, bis er mit den zwei religiösen Auftragstragödien *Esther* (1689; *Esther*, 1956) und *Athalie* (1691; *Athalia*, 1961) seine pessimistisch-jansenistische Auffassung von der menschlichen Tragödie zugunsten einer positiveren christlichen Heilslehre aufgab. Er starb 1699 an Leberkrebs und wurde auf dem Gelände von Port Royal beigesetzt.

Werkausgabe: Dramatische Dichtungen. 2 Bde. Hg. W. Willige. München 1956.

Miriam Havemann

Raimund, Ferdinand Jakob
Geb. 1. 6. 1790 in Wien; gest. 5. 9. 1836 in Pottenstein/Niederösterreich

»Die Kerls« – gemeint sind Volkstheaterdichter – »übergeben mir ihren Mist zur Durchsicht, und ich muß zwei Akte kassieren, eh' ich einen halben von ihrem Geschmiere brauchen kann. Und wenn ihre Pastete fertig ist, so muß ich sie erst anfüllen mit meinen Ingredienzien, wenn sie genießbar sein soll« (SW, V, 226). Nach 14 Jahren als Schauspieler in der Provinz und an den frequentierten Wiener Vorstadttheatern zieht R. aus jener misslichen Situation die Konsequenz und schreibt mit *Der Barometermacher auf der Zauberinsel* 1823 sein erstes eigenes Stück. Der 33-Jährige, der ein Leben lang unter resignativen Anwandlungen und diversen Ängsten leidet, tritt mit diesem Märchenstoff nicht nur selbstbewusst unter die Dichter, er schafft so zugleich die Möglichkeit, sich und seinen Bühnenpartnern die Rollen auf den Leib zu schneidern.

Schon das Handwerkerkind aus der Vorstadt Mariahilf wurde von der Welt des Theaters angezogen. Die Lehre bei einem Zuckerbäcker führt den Jungen ins Foyer des Burgtheaters, wo er als »Numero« Süßigkeiten verkaufen muss. Mit 19 Jahren, die Eltern waren schon länger tot, entscheidet sich R. endgültig für die Bühne. 1814 kommt er ans Wiener Josefstädter Theater. Ein Jahr später gelingt sein Durchbruch als Komödiant in J. A. Gleichs Stück *Die Musikanten am Hohen Markt*, in dem er den eifersüchtigen Geiger Adam Kratzerl gibt. Partnerin ist Gleichs Tochter Louise, die R. 1820 unter privatem und öffentlichem Druck (er soll der Vater ihres Kindes sein) heiratet, aber unter skandalumwitterter Begleitmusik bald schon wieder verlässt. Als ob die Bühnentexte tatsächlich sein Leben arrangieren wollten, schreibt sich die Eifersucht als Grundton schließlich auch in seine lebenslange Partnerschaft mit Toni Wagner ein, der Tochter eines Kaffeehausbesitzers, die der Geschiedene nach damaliger Rechtslage nicht heiraten konnte. Konflikte im Alltag bleiben nicht aus, auch wenn man sich 1821 vor der Neustifter Mariensäule ewige Liebe schwört und dieses Ritual immer wieder erneuert. Im selben Jahr erhält R. am Leopoldstädter Theater einen Vertrag, der ihm auch Regieaufgaben überträgt. Da regelmäßige Benefizabende zugunsten des umworbenen Akteurs hinzukommen, ist die Zukunft finanziell gesichert.

Mit der eingangs geschilderten Entscheidung von 1823, selbst Stücke zu verfassen, beginnt die Schriftstellervita R.s. Wurde sein originärer Anteil an jenem Bühnenprojekt noch angezweifelt (der Entwurf stammte von Karl Meisl), so überzeugt sein Ende 1824 uraufgeführtes Werk *Der Diamant des Geisterkönigs* Publikum wie Kritik. Man erwartet nun Größeres von ihm. Die Einlösung kommt dann zwei Jahre später: *Das Mädchen aus der Feenwelt oder Der Bauer als Millionär*. Er nennt das Werk ein *romantisches Original-Zaubermärchen* und betont damit, dass der Dichter hier nicht (wie sonst üblich im schnelllebigen Volkstheaterbetrieb) nach irgendeiner fremden Vorlage gegriffen und diese für die lokalen Zwecke und Publikumsgegebenheiten umgemodelt, sondern den Stoff, die Konfliktdramaturgie und die Personenkonstellation originär geschaffen und gestaltet hat. Selbstverständlich übernimmt er auch die Hauptrolle des Bauern Fortunatus Wurzel, eine Figur, die, was innere Substanz und Differenzierung angeht, im Spektrum der Volkstheatertypen ihresgleichen sucht. Die dramaturgische Integration der »doppelstöckigen Handlung« (Feen- und Menschenwelt), der spezifische Einsatz der Allegorien sowie die »Funktion und Wirkungsweise der maschinell hervorgebrachten magischen Ereignisse« begründen für Volker Klotz »die erneuerte und erhöhte Anziehungskraft des aufgewerteten Zauberspiels«. Vergleichbare Resonanz beim Publikum seiner Zeit und der Nachwelt findet unter R.s Werken nur noch *Der Alpenkönig und der Menschenfeind* aus dem Jahr 1828, in dem auch das *Original-Zauberspiel Die gefesselte Phantasie* uraufgeführt wird, das nach Einschätzung des Autors bei den Zuschauern deshalb nicht größeren Zuspruch fand, weil »es nicht komisch genug und die Idee nicht populär« sei.

Bereits 1827 hatte am Theater an der Wien, wo man ein ernsteres Genre pflegte als an den Volkstheatern und der Weg schon Richtung ›Burg‹ wies (die R. nie ›eroberte‹), *Moisasurs Zauberfluch* Premiere. Das *ernst-komische* Zauberspiel nimmt Motive aus der Antike auf (Alkestis) und öffnet sich »metaphysischen« Dimensionen (Rommel). Der neuernannte Direktor des Leopoldstädter Theaters kehrt mit seinem *Alpenkönig* 1828 »auf den ›rechten‹ Weg des Volkstheaters zurück« (Jürgen Hein). Die Thematik lehnt sich an Motive Shakespeares, Molières und Schillers an und kleidet sich in das traditionelle Gewand des »Besserungsstückes«. So als spielten die Titel *Die unheilbringende Zauberkrone* (1829) und *Der Verschwender* (1834) verrückt und pfuschten von der Bühne herab ins Leben, folgten Niederlage und Triumph bei den letzten Stücken direkt aufeinander. Zwei Jahre später wird R. auf der Rückreise von Gastspielen von einem harmlosen Hund gebissen. Schon lange fürchtete er sich panisch vor der Tollwut. Im Wahn, er sei angesteckt, schießt er sich in den Kopf und stirbt nach tagelangen Qualen. Als Tragöde wollte R. ursprünglich reüssieren. Sein letzter Abgang erinnert an den frühen Wunsch mit bitterem Unterton – er geriet zur tragischen Posse.

Werkausgabe: Sämtliche Werke. Hist.-krit. Säkularausgabe in 6 Bänden. Hg. von Fritz Brukner und Eduard Castle. Wien 1924–1934 (zit. SW).

Gerhard Gönner

Rāmāyana

Das *Rāmāyana* ist neben dem *Mahābhārata* das zweite große Sanskritepos Indiens. Wie dieses hat es seinen Ursprung in Heldenliedern, die von Rāmas übermächtigen Taten handeln. Aus dem Stoff haben sich verschiedene Erzähltraditionen entwickelt, von denen die auch im Westen bekannteste das R. des Vālmīki ist, von dem man annimmt, dass es im 2. Jahrhundert v. Chr. abgeschlossen vorlag. Es umfasst etwa 24.000 Doppelverse und schildert ein nach brahmanischen Vorstellungen ideales Königtum wie auch ideale Lebensweisen für die verschiedenen sozialen Schichten und die Geschlechter. Rāma wird tendenziell vergöttlicht und zu einer Inkarnation Viṣṇus.

Rāma ist der älteste Sohn von Daśaratha, dem König in Ayodhyā. Er zeichnet sich durch kriegerische Fähigkeiten aus und gewinnt aufgrund seiner Stärke Sītā (»Ackerfurche«), die Tochter des Königs Janaka von Mithilā, zur Frau. Daśaratha möchte sich zur Ruhe setzen und Rāma als seinen Nachfolger krönen. Eine seiner Nebenfrauen, die ihren Sohn Bharata auf dem Thron sehen möchte, interveniert, und da Daśaratha ihr durch ein Versprechen verpflichtet ist, gibt er ihrer Forderung nach und schickt Rāma für 14 Jahre ins Exil. Rāma gehorcht widerspruchslos und geht gemeinsam mit Sītā und Lakṣmaṇa, einem Halbbruder, in den Wald. Bharata, fern vom Hof und ahnungslos ob der Machenschaften seiner Mutter, lehnt die Königswürde ab und regiert nur stellvertretend. Daśaratha stirbt vor Kummer. Die drei Exilanten erleben eine beschwerliche und gefährliche Zeit im Wald. Eines Tages erscheint die Dämonin Śūrpaṇakhā, verliebt sich in Rāma und möchte ihn heiraten. Als er ablehnt, will sie Sītā beseitigen, wird aber von Lakṣmaṇa gehindert und verstümmelt. In Zorn flieht sie zu ihrem Bruder Rāvaṇa, berichtet von ihrem Leid und von

Sītās Schönheit. Dem Dämon, der Sītā besitzen möchte, gelingt ihre Entführung. Rāma, auf sich allein gestellt, gewinnt die Hilfe des Affenkönigs Sugrīva und seines Generals Hanuman. Letzterer ermittelt den Aufenthaltsort Sītās auf der Insel Lanka, die Affen bauen die berühmte Brücke, so dass die Armee übersetzen kann. Gemeinsam wird ein harter Kampf gegen die Dämonen geführt. Rāma tötet im Zweikampf Rāvaṇa, Sītā wird aus dessen Harem befreit. Allerdings weist Rāma Sītā zunächst aus Zweifel an ihrer Reinheit zurück, die sie nur durch ein Feuerordal beseitigen kann. Rāma übernimmt die Herrschaft und regiert als ein Muster eines gerechten und mitfühlenden Königs. Da die Gerüchte um Sītās Tugendhaftigkeit nicht verstummen, verbannt Rāma seine schwangere Frau aus dem Reich. Sie findet Zuflucht in der Einsiedelei des Weisen Vālmīki, wo sie Zwillingssöhne zur Welt bringt. Am Ende verlässt sie die Welt und kehrt in die Erde zurück, wo sie einst gefunden worden war. Rāma geht in den Himmel ein.

Der Plot wurde und wird in verschiedenen Erzähltraditionen auf unterschiedliche Weise aufgenommen, um sich die Geschichte je nach den konkreten Bedürfnissen anzueignen. Es ist daher angemessen, von einer Pluralität der R.-Tradition zu sprechen, die ihre Vielfalt in bestimmten historischen Kontexten, in regionalen literarischen Traditionen, religiösen Ausrichtungen, verschiedenen Genres, spezifischen sozialen Verhältnissen, genderrelevanten Perspektiven und politischen Situationen findet. So gibt es z. B. R.-Erzählungen nicht nur im Hinduismus, sondern auch in der jainistischen und buddhistischen Tradition, Letztere mit Einfluss auf den südostasiatischen Raum. Der Stoff wurde als Puppentheater, in Liederzyklen und in der bildenden Kunst verarbeitet.

Es gibt unzählige regionalsprachliche Varianten, z. B. das tamilische Irāmāvatāram von Kampan (12. Jh.), das bengalische R. des Kṛttivāsa (15. Jh.) und die Rāmcaritmānas des Tulsidas in Hindi (16. Jh.). Besonders die Figuren von Sītā, Rāma und Rāvaṇa unterliegen der gestalterischen Vielfalt. Ist die Sītā des Vālmīki die perfekte keusche und gehorsame Ehefrau, so erscheint sie in der Tamilversion als wütend, willensstark und mächtig, während im Śakta R. sie es ist, die Rāvaṇa vernichtet. Singen Frauen Episoden aus dem R., so stehen oft Sītās Leid, ihre Einsamkeit und die Ungerechtigkeiten, die sie erfährt, im Vordergrund. Rāma ist dann nicht der strahlende Held, sondern ein unsensibler Ehemann. In manchen Volksliedern ist Sītā mit außerordentlicher Kraft begabt. Die religiöse Sekte der Rasik Sampradāy betont die Liebesbeziehung zwischen Rāma und Sītā, statt des heroischen gibt es den erotischen Rāma, und Sītā darf sich den Freuden des Lebens hingeben statt leiden zu müssen. Die edle Gesinnung, die Rāma vor allem bei Vālmīki auszeichnet, wird in manchen Versionen in Frage gestellt, z. B. widerspricht es dem Kriegerethos, eine Frau zu verletzen oder einen Gegner hinterrücks zu töten. Auch die Figur des Rāvaṇa findet unterschiedliche Gestaltung: So erscheint er als gütiger Herrscher mit Sītā als seiner Tochter, oder er wird glorifiziert als Vertreter der drawidischen Kultur im Kampf gegen Nordindien.

1987 wurde der Stoff für das indische Fernsehen bearbeitet und vor rund 80 Millionen Zuschauern ausgestrahlt; Popularität wie Pluralität der R.-Tradition halten unvermindert an.

Ausgabe: Rāmāyana. Hg. C. Schmölders. München 1981 [zusammenfassende Nacherzählung].

Melitta Waligora

Ransmayr, Christoph
Geb. 20. 3. 1954 in Wels/Oberösterreich

Aufgewachsen in Roitham bei Gmunden am Traunsee lernte der Sohn eines Volksschullehrers früh die scheinbare Idylle Oberösterreichs als Landschaft nationalsozialistischer Verwerfungen lesen: Am gegenüberliegenden Ufer des bei Touristen so beliebten Traunsees im Salzkammergut liegt der Ort Ebensee mit einem Steinbruch, in dem die Nazis im Zweiten Weltkrieg 15000 Gefangene aus dem KZ Mauthausen sich zu Tode schuften ließen.

Dass diese furchtbare Wahrheit lange weder in Reiseführern noch auf Gedenktafeln, sondern nur in den Schichten des Gesteins geschrieben stand, mag einer der Gründe dafür sein, dass R., der passionierte Bergsteiger und Freund Reinhold Messners, seit Jahren zurückgezogen in West Cork, Irland, lebt. Aber auch auf das Werk R.s weist dieses Detail aus der deutsch-österreichischen Vergangenheit voraus. Nach der Matura im Stiftsgymnasium Lambach studierte er von 1972 bis 1978 in Wien Philosophie und Ethnologie und arbeitete anschließend als Kulturredakteur bei der Wiener Monatsschrift *Extrablatt* sowie als freier Mitarbeiter der Zeitschriften *TransAtlantik*, *Geo* und *Merian*. Seine hier veröffentlichten Reportagen (gesammelt erschienen in *Der Weg nach Surabaya*, 1997) sind eindringliche literarische Bilder bedrohter oder auch bedrohlicher Welten: So zeichnet R. *Ein Leben auf Hooge* (1985) nach und entwickelt in der Geschichte Johannes Hansens das, so der Untertitel dieser zuerst im *Merian*-Heft *Schleswig-Holstein* erschienenen Skizze, *Porträt einer untergehenden Gesellschaft* und formt damit ein Kabinettstück poetischer Prosa von bezwingender erzählerischer Prägnanz, vorgetragen mit erfrischend-nordfriesischer Brise. Wendet R. sich dann aber der unheimlichen Heimat zu, wie in *Kaprun Oder die Errichtung der Mauer* (1985, *Merian Salzburger Land*), so begibt er sich in die Vergangenheit des »mit seiner Unschuld beschäftigten Österreichs« und entlarvt die als Fremdenverkehrsattraktion geschätzten Stauseen in der Hohen-Tauern-Region als selbstgeschaffene Baudenkmale der Zwangsarbeiter, an die sich niemand erinnern will.

Schreiben als Erinnerung und Mahnung, Erzählen als Nachforschung und Versuchsanordnung, Geschichten erzählen in der tastenden Annäherung an Geschichte, Berichte über das Gewesene vom Ende, vom Verschwinden her: R.s Prosa lässt sich bei allen Unterschieden auf diesen gemeinsamen Nenner bringen. Das gilt schon für R.s erste rein poetische Arbeit, in der er in freien Rhythmen den *Strahlenden Untergang* (1982) der Menschheit inszeniert und ein zynisches »Entwässerungsprojekt« beschreibt, bei dem in einem von Mauern umschlossenen Wüstenabschnitt ein Mensch der gnadenlos sengenden Sonne ausgesetzt wird, um – so die groteske Idee dieser Versuchsanordnung – an die Essenz der conditio humana zu gelangen.

Das Spiel mit Geschichte(n) wird in R.s erstem Roman, *Die Schrecken des Eises und der Finsternis* (1984), deutlicher, denn hier reist jemand einer Geschichte nach: Die fiktive Gestalt Josef Mazzini begibt sich im Jahr 1982 auf die Spur der historisch verbürgten österreichisch-ungarischen Nordpolexpedition von 1872 bis 1874. Authentische Dokumente der seinerzeit beinahe vollzählig zurückgekehrten Expeditionsteilnehmer montiert R. in seine Spurensuche nach dem in Spitzbergen verschollenen Mazzini. In der kontrastierenden Zusammenführung von tatsächlicher und imaginierter Abenteuergeschichte betreibt R. ein Spiel mit der Grenze von Tatsachenwelt und Phantasiereich, schneidet die Geschichten wirklicher und nur-literarischer Welten ineinander.

Diese Technik der Grenzverwischung und der Montage verschiedenartiger Bezüge zu einem neuen, anspielungsreichen Ganzen, die man als typisch für postmoderne Literatur ansehen kann, realisiert R. in seinem Erfolgsroman *Die letzte Welt* (1988) mit noch größerer Konsequenz. Auch hier reist ein Protagonist einem anderen nach: der Römer Cotta, tatsächlich verbürgter Adressat einiger Briefe, die der Dichter Publius Ovidius Naso aus seinem Verbannungsort Tomi am Schwarzen Meer in die Heimat Rom schickte, begibt sich in R.s *Die letzte Welt* nach Tomi, um Ovid zu suchen. Den Dichter findet Cotta in Tomi nicht, stößt dafür aber auf Gestalten und Motive aus Ovids *Metamorphosen* und damit auf Figuren und Zitate aus dem Buch, das in R.s *Die letzte Welt* als verschollen gilt, tatsächlich aber zu einem der bestüberlieferten antiken Werke über-

haupt gehört. R. inszeniert in seinem Roman ein von der Kritik beinahe durchgehend euphorisch aufgenommenes virtuoses intertextuelles Spiel, indem er Gestalten aus dem Text des abwesenden Protagonisten Ovid zu leibhaftigen Gesprächpartnern Cottas und zu Zeugen des poetischen Genies Ovids macht. In einem dem Roman angehängten »Ovidischen Repertoire«, das die Gestalten der *letzten Welt* denen aus den *Metamorphosen* Ovids gegenüberstellt, legt R. seine Um- und Überschreibungen detailliert frei, gewährt damit einen Blick in seine Schriftstellerwerkstatt und betont die handwerklich-genaue Organisation seines Textes als Spiel des Neuen im Alten.

Ist die Handlung der artistisch-dichten, sich sprachlich den Ton der *Metamorphosen* anverwandelnden *letzten Welt* gewissermaßen außerhalb der geschichtlichen Zeit situiert – sie spielt im alten Rom, das aber für den Redner Ovid Mikrophone bereithält, spielt in der eisernen Stadt Tomi, die sich in einer nachapokalyptischen, geschichtslosen Ur- und Unzeit zu befinden scheint –, so lässt sich R.s dritter Roman *Morbus Kitahara* (1995) historisch genauer verorten. Über den Protagonisten Bering erfährt der Leser gleich zu Beginn, dass er in einer »Bombennacht« kurz vor Ende des Krieges zur Welt kam. Der Waffenstillstand, der dieses Kriegsende besiegelt, ist der »Friede von Oranienburg«, ein Friede, in dem die Sieger die Besiegten sühnen lassen für ihre Verbrechen, in dem die Rollen von Aufpasser und Zwangsarbeiter vertauscht werden, in dem die entwürdigenden Arbeitsbedingungen der Lagerinsassen in quälenden Erinnerungsritualen nachgespielt werden müssen. Der Roman spielt experimentell den Gedanken durch, die Siegermächte des Zweiten Weltkrieges hätten die Besiegten nicht wirtschaftlich wieder aufgerüstet, sondern sowohl ökonomisch als auch moralisch bestraft. Hauptort der Handlung ist Moor, ein in der Nähe eines großen Steinbruchs gelegener ehemals vermutlich mondäner Badeort, nun ein armseliges Gebirgsdorf, in dem der Sohn des Schmiedes Bering, der ehemalige Zwangsarbeiter und jetzige Oberkommandant Ambras und die Tochter eines gelynchten Kriegsverbrechers Lilly aufeinandertreffen. Jeder dieser drei Protagonisten versucht, mit seinen Erinnerungen, mit der eigenen Geschichte als Teil der großen Geschichte eher schlecht als recht zu leben; Lilly streift durch das endlose Geröll des Gebirges und erschießt marodierende Besatzer aus dem Hinterhalt. Der gefürchtete Ambras erweist sich als ewig von den erlittenen Qualen Gezeichneter, als körperlich und seelisch verkrüppelt. Bering ereilt die titelgebende Augenkrankheit Morbus Kitahara, eine allmähliche Verfinsterung des Blickes. Als der Steinbruch Moors schließlich stillgelegt wird, sollen Lilly, Ambras und Bering in einem Steinbruch im fernen Brasilien die Arbeit organisieren: Die versteinerte Zeit ist stillgestellt, die Schichten der Geschichte harren wohl noch immer der Erinnerung.

Tanja van Hoorn

Rao, Raja
Geb. 5. 1. 1908 [amtlich: 21. 11. 1909] in Hassan/Indien;
gest. 8. 7. 2006 in Austin, Texas

Raja Raos literarisches Werk – fünf Romane, drei Erzählbände und ein Dutzend Essays – kann sich mit der Produktivität von R. K. Narayan und Mulk Raj Anand, den Mitbegründern des modernen indo-englischen Romans, nicht messen, doch dass es wesentlich zu dessen Profilierung beigetragen hat, bedarf keiner Frage. In *Kanthapura* (1938) schildert eine alte Frau rückblickend und im Stil einer mündlichen Erzählerin die schicksalhafte Verstrickung ihres südindischen Dorfes in Gandhis politisch-sozialreformerisches Programm zu Beginn der 1930er Jahre. R. zieht traditionelle Darbietungsweisen wie *sthala-purana*, *bhajan* und *harikatha* heran, die dem aktuell-realistischen Geschehen eine mythische Dimension verleihen. Es gelingt ihm zudem mit der Transformierung seiner Muttersprache Kannada in ein literarisches indisches Englisch, »in einer fremden Sprache die eigene Welt zu vermitteln«. Ein zweiter gewichtiger Beitrag R.s liegt in der – seitens der Kritik teils heftig umstrittenen – literarischen Leistung von *The Serpent and the Rope* (1960), *The Cat and Shakespeare* (1965) und *The Chessmaster and His Moves* (1988). Alle drei Werke verbindet die spirituelle Suche ihrer Protagonisten nach der Verwirklichung des Selbst, nach Erkenntnis der Wahrheit im Sinne der Philosophie der Vedanta. Die innere Handlung erhält Vorrang vor äußerem Geschehen, modern-selbstreflexiver wie indischphilosophischer Diskurs dominieren die Einlassungen der Hauptfiguren in unterschiedliche ›Schulen‹ der Vedanta. Zugleich stellen die Romane die Frage nach dem Sinn des Erkenntnisgewinns für die Lebensbewältigung des modernen Inders. – R.s philosophische Problematik wurzelt in seinem südindischbrahmanischen Erbe, das – wie *The Serpent and the Rope* besonders eindringlich veranschaulicht – durch seinen Frankreichaufenthalt in den 1930er Jahren spürbar angeregt, hier auf dem Hintergrund der West-Ost-Dichotomie verhandelt wird. Der Schauplatz in den folgenden Romanen liegt dagegen in Südindien, wo R. nach seiner Rückkehr 1939–43 in verschiedenen Ashrams lebte und die entscheidende Begegnung mit seinem Guru erfuhr. Ob dem Autor die nun bald einsetzende fiktionale Bearbeitung seines philosophischen Themas in Form eines ›metaphysischen Romans‹ gelungen ist, hat die Kritik in zwei streitende Lager gespalten. Indische Kritiker haben immer wieder herausgestellt, dass R.s Werke gerade wegen ihrer thematischen und formalen Merkmale indischer Sensibilität wie literarischer Tradition weit überzeugender Ausdruck verliehen haben, als dies anderen indoenglischen Romanen gelingt. Für viele westliche Kritiker scheitert der Autor dagegen als Romancier, da seine ausufernden, heterogenen Darbietungen (Verschachtelungen von Geschichten, Briefe, Tagebuchnotizen, ausführliche spekulative Monologe und Dialoge, die nahezu obsessive Beschäftigung der Protagonisten mit ihrer philosophischen Problematik und ihre Neigung zu einem verbosen Stil den simpelsten Anforderungen der Romanform zuwiderlaufen. Die eher negative Rezeption hat R.s Stellung als zentraler Gründerfigur des indo-englischen Romans jedoch kaum Abbruch getan, denn dass seine Werke thematische und erzähltechnische Akzente sui generis gesetzt haben, ist unbestritten.

Dieter Riemenschneider

Die Räuber vom Liang Schan Moor (Shuihu zhuan)

Seit Franz Kuhns (1884–1961) Teilübersetzung *Die Räuber vom Liang Schan Moor* (1934) ist der chinesische Roman *Shuihu zhuan* (Die Geschichte vom Ufer des Wassers) im deutschen Sprachraum unter diesem Titel bekannt. Darin wird in epischer Breite die Saga einer rebellischen Bande erzählt, die sich um 1120 im schwer zugänglichen Berg- und Sumpfgebiet des Liangshan verschanzt und den Regierungstruppen trotzt. Im die ersten 70 Kapitel umfassenden Hauptteil der Saga wird berichtet, wie es die Helden nacheinander dorthin verschlägt, nachdem sie jeweils mit dem Gesetz in Konflikt geraten sind. Ihnen allen sind die Beherrschung einer Waffe und Kampfkunst sowie ein charakteristischer Übername gemeinsam. Gemäß der mythischen Rahmenerzählung des Romans handelt es sich bei allen um wiedergeborene Dämonen, die vom Schicksal dazu vorherbestimmt sind, sich zusammenzuschließen. Auf dem Höhepunkt umfasst die Bruderschaft der Bande 108 Helden, davon 36 ersten und 72 zweiten Ranges. Ihr Anführer Song Jiang, einst ein unbedeutender kaiserlicher Verwaltungsbeamter, fasst schließlich den Plan, in Geheimverhandlungen eine kaiserliche Amnestie für die Bande zu erwirken, um dadurch das Odium der Rebellion zu tilgen. Dies gelingt, doch hat die Amnestie ihren Preis: Die Bande muss ihre Loyalität unter Beweis stellen, indem sie sich fortan an Feldzügen gegen die eigentlichen Feinde der Dynastie beteiligt. Sie kämpft gegen eindringende Fremdvölker und hilft bei der Niederschlagung eines regionalen Aufstandes. Diese Kriege sind aber verlustreich und führen zum Zerfall und Untergang der Bande. Die prominentesten Bandenmitglieder fallen Intrigen ihrer Hauptfeinde, der Minister am Kaiserhof, zum Opfer.

Der Stoff dieses Romans ist lediglich in den Umrissen historisch. Seine epische Ausgestaltung erfolgte in einem etwa 400 Jahre dauernden Entwicklungsprozess. Berufsmäßige Geschichtenerzähler schmückten in ihren mündlich vorgetragenen Erzählzyklen die Heldengeschichten des Hauptteils immer weiter aus. Der konkrete Prozess der Vertextung und Integration der diversen Teile zu einem Ganzen konnte bislang noch nicht erhellt werden. Die Existenz einer Romanausgabe in 100 Kapiteln ist erst ab 1546 belegt. Deren Autorschaft ist ebenfalls ungeklärt, wird traditionell aber Shi Naian und Luo Guanzhong zugeschrieben, die beide um 1400 gelebt haben dürften. Es gilt jedoch als unwahrscheinlich, dass so früh schon eine Romanfassung vorlag. Neben der Fassung in 100 Kapiteln kam 1614 eine »vollständige« Ausgabe in 120 Kapiteln in Umlauf, die im hinteren Teil zwei zusätzliche Kriegszyklen umfasst.

Um 1644 erschien dann eine vom exzentrischen Literaten Jin Shengtan (1610–61) völlig neu bearbeitete Fassung in 71 Kapiteln, die alle bisherigen Versionen übertraf. Jin behielt nur den Hauptteil bei und strich den gesamten Rest. Indem er die Handlung auf dem Höhepunkt des Einflusses der Bande abbrechen ließ, verwarf er vor allem die Idee einer Amnestie für die Rebellen. In einem umfangreichen Kommentarapparat legte er seine ambivalente Bewertung der Bande dar, wonach Song Jiang der eigentliche Bösewicht sei, während er anderen Bandenmitgliedern durchaus Sympathie entgegenbringt. Jin glättete ferner die sprachlich-stilistische Oberfläche des Textes und trug auch damit zum weiteren Publikumserfolg des Romans bei.

Die herausragende Bedeutung des *Shuihu zhuan* in der chinesischen Literaturgeschichte besteht ganz besonders in seiner Stellung als erster Roman, der in einer an die mündliche Sprache angelehnten niederen Literatursprache verfasst war. Das frühere *Sanguo yanyi* (1522; *Die drei Reiche*, 1940) war noch in einer vereinfachten klassischen Literatursprache verfasst. Im *Shuihu zhuan* wurde einer ganzen literarischen Gattung der Weg bereitet und auf der Basis der mündlichen Erzählkunst die Ästhetik der vernakulären Literatursprache entwickelt, die im 20. Jahrhundert zur Grundlage der geschriebenen modernchinesischen Sprache wurde. Das *Shuihu zhuan* hat seit jeher polarisiert: Zum einen stellt es eine äußerst gewalttätige Welt von Mord und Totschlag dar; zum anderen propagiert es zentrale ethische Prinzipien des Konfuzianismus wie Loyalität und Gerechtigkeit. Zu den beliebtesten Figuren des Romans gehört Wu Song, der Tigertöter, der beispielhaft die rohe Wildheit, aber auch die bedingungslose Treue und das ausgeprägte Gerechtigkeitsempfinden sowie den übersteigerten Männlichkeitskult der Banditenhelden repräsentiert. *Shuihu zhuan* gehört bis heute zu den populärsten chinesischen Lesestoffen und ist auch Teil anderer Literaturen Ostasiens, insbesondere der japanischen, geworden.

Ausgabe: The Marshes of Mount Liang. 5 Bde. Übers. J. und A. Dent-Young. Hongkong 1994–2002.

Roland Altenburger

Reger, Erik (d. i. Hermann Dannenberger)

Geb. 8. 9. 1893 in Bendorf am Rhein; gest. 10. 5. 1954 in Wien

Seinem ersten Roman *Union der festen Hand* (1931) stellte R. eine »Gebrauchsanweisung« voran, die jedem schöngeistigen Anschein sogleich entgegenlief: »Man lasse sich nicht dadurch täuschen, daß dieses Buch auf dem Titelblatt als Roman bezeichnet wird.« Tatsächlich bietet R.s Ruhrgebietsepos, für er 1931 den renommierten Kleist-Preis erhielt, mehr, als man von fiktionaler Literatur im Allgemeinen zu erwarten gewohnt ist. Anhand der fiktiven Risch-Zander-Werke erzählt R. die Geschichte des Essener Krupp-Konzerns von der Endphase des Kaiserreiches durch Revolution, Inflation und Stabilisierung bis in die späten 1920er Jahre. Dabei entwirft er ein facettenreiches Panorama der Industriekultur der Weimarer Republik samt ihrer Protagonisten: Nahezu alle wichtigen Schwerindustriellen tauchen als handelnde Personen des Romans auf; mit verfremdeten Namen, aber für die Zeitgenossen R.s leicht zu entschlüsseln. Als Synonym industrieller Macht erscheint die titelgebende, im Februar 1919 gegründete ›Union der festen Hand‹, die – an realen Vorbildern wie dem sog. Langnamverein orientiert – im Roman zugleich als machtvolles Geheimkabinett, als industrieller Interessenverband und als Schaltstelle für die Beeinflussung und Manipulation der öffentlichen Meinung fungiert.

Geradezu investigativ wird R.s Romanstil in den Passagen, in denen er die (von ihm einige Jahre vorverlegte) umfangreiche Unterstützung der NSDAP durch Industrielle wie Fritz Thyssen (alias Schellhase jr.) anprangert – hier sah der kritische Zeitgenosse R. bereits so klar, dass er die geschichtswissenschaftlichen Debatten der Bundesrepublik in Teilen schon antizipierte. R. selbst beschreibt seine Romanpoetik im »Wegweiser« zu seinem zweiten Roman *Das wachsame Hähnchen* (1932) als die einer ›Vivisektion der Zeit‹ und diagnostischen Aufdeckung der untergründigen Zeitströmungen, die trotz neusachlicher Nüchternheit mehr ist als bloße Historiographie.

R.s *Union der festen Hand* ist jedoch nicht nur Industriellen- und Schlüsselroman; er ist in gleichem Maße repräsentativer Roman einer verkannten Region, der R. sich in einer Art Hassliebe verbunden fühlte: dem Ruhrgebiet und der gesamten sozialen Bandbreite seiner Bewohner. Der kritische, satirisch überhöhte Dokumentarismus R.s, der sich vor allem durch den präzisen Blick auf die milieutypischen Besonderheiten der oft zur »Phraseologie« erstarrten Sprache auszeichnet, brandmarkt nicht nur die verborgenen Ausbeutungspraktiken der industriellen Führungsschicht. Parteilich ungebunden, aber deutlich mit dem Schicksal der entmündigten bzw. sich selbst entmündigenden Arbeiter und Angestellten sympathisierend, ist *Union der festen Hand* von einer dezidierten Kritik dieser Schichten und aller sie vertretenden Parteien geprägt.

Auch der Protagonist und tragische Held des Romans, Adam Griguszies, der sich von den anderen Arbeiterfiguren durch seine moralische Aufrichtigkeit und seinen pragmatischen Idealismus unterscheidet, scheitert und teilt schließlich den resignierten Rückzug in eine »proletarisierte Spießbürgerlichkeit«.

Die exzeptionelle Stellung der *Union der festen Hand* als neusachliches Porträt einer Region, als Reportageroman und Geschichtspanorama der Weimarer Republik bis zum Ende der 1920er Jahre ist nicht ohne die Biographie ihres Autors erklärbar. Unter seinem bürgerlichen Namen Hermann Dannenberger trat er nach Studium, Kriegsteilnahme und englischer Gefangenschaft im Frühjahr 1920 als Referent in das für die Öffentlichkeitsarbeit zuständige statistische Büro des Essener Krupp-Konzerns ein und konnte so nicht nur die Beeinflussung und Manipulation der öffentlichen Meinung durch die Wirtschaft aus nächster Nähe studieren, sondern auch Insider-Kenntnisse über die antidemokratische und unsoziale Ausrichtung der deutschen Schwerindustrie und ihrer Führer gewinnen. Schon bald begann der junge Angestellte eine Art Doppelleben zu führen: Durch seine Arbeit bei Krupp zur Verwendung von Pseudonymen gezwungen, machte sich Dannenberger als Erik R. schnell einen Namen vor allem als kompetenter und kritischer Kommentator des Theaterbetriebs des Ruhrgebiets, der engagiert für einen kritischen Zeitbezug der Stücke, die Überwindung des provinziellen Festhaltens an konventionellen Theaterformen und damit den Anschluss an die künstlerische Moderne stritt. R.s Publizistik reifte, nach konservativen Anfängen in der völkischen Zeitschrift *Der Hellweg*, in denen einem fragwürdigen Germanenkult gehuldigt wird (z. B. *Parzival, der ewige Deutsche*, 1921), zu einem fortlaufenden Kommentar der Rückständigkeit und Provinzialität des kulturellen Lebens im Ruhrgebiet: »Das Ruhrgebiet ist der in Permanenz erklärte Stammtisch« (*Ruhrprovinz*, 1928). 1927 schied R. – seiner wachsenden Anerkennung Rechnung tragend – aus dem Krupp-Konzern aus und veröffentlichte als freier Publizist und Schriftsteller bis 1933 unter wechselnden Pseudonymen eine Vielzahl von Artikeln, verstärkt auch in überregionalen Blättern wie der *Weltbühne* oder der *Frankfurter Zeitung*. 1928 gab er für einige Monate die Wochenzeitung *Der Westdeutsche Scheinwerfer* heraus, für die er als eine Art »Karl Kraus des Reviers« (Erhard Schütz) auch nahezu alle Beiträge verfasste. Von den Vorarbeiten der thematisch breit gestreuten Publizistik profitierte nicht nur die *Union der festen Hand*, sondern auch der »Polemische Roman« *Das wachsame Hähnchen*, eine sich stärker auf das mittelständische Bürgertum konzentrierende Satire der Kommunalpolitik, die den Motivkreis des ersten Romans in vielem fortschreibt. In seiner resignativen Grundhaltung deutet *Das wachsame Hähnchen* aber auch bereits auf die mit dem Folgeroman *Schiffer im Strom* (1933) vollzogene Wende zu einer unpolitischen, klischierten Heimat- und Unterhaltungsliteratur voraus, als deren Autor R. den Nationalsozialismus, nicht ohne sich starken Anfeindungen und dem Verbot seiner beiden Republik-Romane ausgesetzt zu sehen, überdauerte.

Als Mitbegründer und unermüdlicher Autor des Berliner *Tagesspiegel* gelang es R. nach 1945 sehr bald, an seine publizistische Tätigkeit aus der Zeit der Weimarer Republik anzuknüpfen. Der Schriftsteller R. trat dabei hinter den politischen Journalisten – engagierter Streiter für eine Westbindung und Demokratisierung Deutschlands –, dessen Leitartikel auch in Buchform regen Absatz fanden (*Zwei Jahre nach Hitler*, *Vom künftigen Deutschland*, beide 1947), mehr und mehr zurück. Die im Nachlass aufgefundenen, zum Teil umfangreicheren literarischen Manuskripte aus dieser Zeit bezeugen allerdings, dass R. seiner doppelten Zeitgenossenschaft als Journalist und Schriftsteller auch nach 1945 treu blieb.

Torben Fischer

Regler, Gustav
Geb. 25. 5. 1898 in Merzig/Saar; gest. 14. 1. 1963 in Neu Delhi

Die Lebensbeschreibung *Das Ohr des Malchus* (1958), in der R. seinen inneren und äußeren Werdegang von der Kindheit im katholischen Merzig bis zum Tod seiner zweiten Ehefrau Marie Luise Vogeler-Regler in Mexiko 1945 erzählt, darf nicht als nüchterner Faktenbericht gelesen werden: Der Autor hat seine persönlichen Erlebnisse im Rückblick literarisch verdichtet und überformt, um ihre exemplarische Bedeutung zu betonen und die maßgeblichen Erfahrungen und Konflikte einer ganzen Epoche in ihnen zu spiegeln. Unbestreitbar ist jedoch, dass R.s bewegtes Leben ihn tatsächlich mit den wichtigsten Personen und Ereignissen der Zeitgeschichte in unmittelbare Berührung brachte. Nach kurzem Kriegseinsatz erlebte der Sohn eines Merziger Buchhändlers die politisch-ideologischen Auseinandersetzungen der Weimarer Republik, die ihn schließlich zum Sozialismus führten. 1933 musste er aus Deutschland fliehen; fortan galt sein Einsatz dem antifaschistischen Kampf auf allen Gebieten. Er arbeitete an der publizistischen Aufdeckung nationalsozialistischer Verbrechen mit und engagierte sich im Ringen um die Saarabstimmung; zwei Reisen führten ihn in die Sowjetunion. Im Spanischen Bürgerkrieg, an dem er sich wie viele andere linksgerichtete Intellektuelle auf seiten der Republikaner beteiligte, wurde er schwer verwundet. Nach Ausbruch des Zweiten Weltkriegs zunächst in Frankreich interniert, konnte er 1940 über die USA nach Mexiko entkommen, wo die spätestens seit dem Hitler-Stalin-Pakt wachsende Skepsis gegenüber der Linie der Partei in der endgültigen Abkehr vom Kommunismus gipfelte. Da es ihm nicht gelang, eine langfristige Aufenthaltsgenehmigung für die Vereinigten Staaten zu erhalten, wurde Mexiko auf Dauer zu Reglers Exilland. Später hielt er sich wieder für mehrere Jahre in Europa auf; 1963 starb er auf einer Indienreise.

Die Komödie *Hahnenkampf* (1931), die den fröhlichen Lebensgenuss gegen dogmatischen Kirchenglauben und nationalistischen Militarismus ausspielt, blieb R.s einziger größerer Versuch in der dramatischen Gattung. Gewichtiger, wenngleich bis heute wenig bekannt, ist sein lyrisches Werk, das seit der Wende zu den 1940er Jahren entstand und fünf (schmale) Gedichtbände sowie eine Vielzahl von Einzeltexten in deutscher und englischer Sprache umfasst; hier verarbeitete der Autor in surrealistisch anmutenden Bildern die beherrschenden Zeiterfahrungen von Krieg, Gewalt, Diktatur und ideologischem Zwang, aber auch private Erlebnisse wie den Tod Marie Luises. Den Schwerpunkt seines Schaffens bildete jedoch die erzählende Prosa. R.s Romanerstling *Zug der Hirten* (1928), die Geschichte der Befreiung des Volkes Israel aus Ägypten, kreist um die Entstehung der monotheistischen Religion sowie um das Verhältnis von überragender Führergestalt und Gefolgschaft. Weltanschauungskonflikte, Glaubenskrisen und die Problematik von Herrschaft und Unterdrückung stehen im Mittelpunkt des Romans *Die Söhne gehen zu den Knechten* (1929), der in der Karolingerzeit angesiedelt ist, und in *Der verlorene Sohn* (1933) geht es um den Machtanspruch und die Legitimität der katholischen Kirche. Deutlich sozialistisch gefärbt und direkt auf die Gegenwart bezogen ist der Zuchthausroman *Wasser, Brot und blaue Bohnen* (1932), eine Kritik an Justizwesen und Strafvollzug der späten Weimarer Republik, die sich mit dem Plädoyer für progressive Reformen verbindet. Während der agitatorische Roman *Im Kreuzfeuer* (1934) in den Kontext des Kampfes um die Saarabstimmung gehört, fügt sich der Bauernkriegsroman *Die Saat* (1936) in eine wichtige Strömung der Exilliteratur ein: Der historische Stoff dient als Spiegelbild der krisenhaften Gegenwart, seine Gestaltung wird zur Waffe im antifaschistischen Kampf.

Auch den Spanischen Bürgerkrieg behandelte R. mehrfach literarisch, etwa in *The Great Crusade* (1940). Später ließ er sich von seiner neuen Heimat Mexiko zu mehreren Arbeiten inspirieren. *Amimitl* (1947) bietet eine eigenwillige Deutung aztekischer Mythen in Romanform, wobei in dem Konflikt zwischen Matriarchat und Patriarchat, zwischen weiblich konnotierter utopischer Friedensliebe und männlichem Macht- und Herrschaftsstreben, ein Gegensatz zum Ausdruck kommt, der in R.s Denken und Schreiben generell einen bedeutsamen Platz einnimmt. Im selben Jahr erschien der Band *Vulkanisches Land*, der in einer Reihe von Essays und Erzählungen die faszinierenden Widersprüche der mexikanischen Kultur und Gesellschaft beleuchtet. Freilich wurde es für R. seit seinem Rückzug nach Mexiko und dem Bruch mit dem Kommunismus schwierig, sich als Schriftsteller Gehör zu verschaffen; auch nach Kriegsende konnte er nur mühsam wieder auf dem literarischen Markt in Deutschland Fuß fassen. Die Resonanz auf die meisten seiner Werke blieb gering, für einige konnte er nicht einmal einen Verleger finden. 1948 veröffentlichte er *Sterne der Dämmerung*, die Erzählung der Schicksale eines Kriegsheimkehrers, 1955 folgte als Frucht eines längeren Italienaufenthaltes der Renaissanceroman *Aretino*; unpubliziert blieb dagegen beispielsweise der 1961 abgeschlossene Künstlerroman *Uccello*. Nur die romanhafte Autobiographie *Das Ohr des Malchus* (1958) erzielte noch einmal einen beachtlichen Verkaufserfolg.

R.s Prosawerke weisen im Hinblick auf Themen, Formen und Darstellungsweisen eine erstaunliche Bandbreite auf. Sie bekunden das soziale und politische Engagement des Verfassers, seine Ablehnung absoluter kirchlicher und staatlicher Autoritäten und sein intensives Interesse an Kunst, Kulturgeschichte und Mythologie. Aktuelle Fragen, die ihn beschäftigten, kleidete R. häufig in das Gewand historischer oder mythischer Stoffe; gerne bediente er sich auch der Strategie, eigene Zweifel und innere Widersprüche in der Konfrontation gegensätzlicher und zugleich komplementärer Figuren auszutragen. Seine Schriften lassen immer wieder erkennen, wie er sich in kritischer und aufklärerischer Absicht mit den zentralen weltanschaulichen Strömungen und politischen Prozessen seiner Gegenwart auseinandersetzte; andererseits zeugen sie von utopischen und mystischen Sehnsüchten und der unablässigen Suche nach neuen Glaubensgewissheiten. Gerade in dieser Ambivalenz ist R.s literarisches Schaffen symptomatisch für seine Generation und seine Zeit.

Werkausgabe: Werke. Hg. von Gerhard Schmidt-Henkel, Ralph Schock, Günter Scholdt und Hermann Gätje. Frankfurt a. M./Basel 1994 ff. (angelegt auf 15 Bde).

Ulrich Kittstein

Reimann, Brigitte
Geb. 21. 7. 1933 in Burg bei Magdeburg; gest. 20. 2. 1973 in Berlin

»Es war einmal eine höchst lebendige Frau, die zweimal ein Studium begann, ... viermal heiratete, kein Kind wollte ..., weil sie Schreiben für wichtiger hielt ... Heute schreibe ich unter Qualen an meinem ersten guten Roman, der wahrscheinlich auch mein letzter sein wird.« Wenige Monate vor ihrem Tod verfasst R. diese Lebensbilanz an ihre Jugendfreundin Veralore Schwirtz (*Aber wir schaffen es, verlaß Dich 'drauf! Briefe an eine Freundin im Westen*, 1995). Die Rede ist von dem Fragment gebliebenen Roman *Franziska Linkerhand*, an dem die Autorin ein Jahrzehnt (seit 1963) arbeitete und der 1974 erstmals, 1998 dann als ungekürzte Neuausgabe, erscheint. Mit der jungen, charismatischen Architektin Franziska kreiert R. ein selbstbewusstes weibliches Ich, das um die ästhetischen und sozialen, aber auch moralisch-ethischen Ideale vom Wohnen beim Aufbau der Satellitenstadt N. (gemeint ist Hoyerswerda) ringt. Eine Problematik, die zeitgleich in Stefan Heyms Roman *Die Architekten* (1963–66) und in *Rumba auf einen Herbst* (1966) von Irmtraud Morgner thematisiert wird. Zwei »Architekten«-Romane, deren Erscheinen die DDR-Zensur verhindert. Mit den täglichen Anforderungen des sozialistischen Städtebauprogramms in einer Plan-, doch vor allem Mangelwirtschaft konfrontiert, trägt diese Auseinandersetzung in R.s Roman existentielle Züge. Als Briefmonolog an den Geliebten Ben angelegt, lassen sich Franziskas individueller und gesellschaftlicher Glücksanspruch nicht trennen. R.s Interesse an Fragen der Architektur und Urbanisierung wird – zeitgleich zur Entstehung des Romans – durch die seit 1963 bestehende Freundschaft mit dem »Chefarchitekten von Groß-Berlin« Hermann Henselmann bestätigt und verstärkt. Auch in öffentlichen Foren übt sie Kritik am »Baukasten-Prinzip der Retortenstadt« Hoyerswerda, schreibt Kritiken in Zeitungen (»Bemerkungen zu einer neuen Stadt« 1963), fragt nach der »Schuld einer Gesellschaftsordnung, die den Geschmack systematisch verbildet hat«. R. ist zu dieser Zeit längst keine unbekannte Autorin mehr, hofft an der Gestaltung des literarischen und kulturellen Lebens im SED-Staat aktiv verändernd teilnehmen zu können. Nachdem 1955 die Erzählung *Der Tod der schönen Helena* erscheint, ein Jahr später *Die Frau am Pranger* (1962 als Fernsehspiel gesendet; 1990 Verfilmung des Stoffes) wird sie Mitglied des Schriftstellerverbandes. In der »Literatenehe« mit Siegfried Pitschmann entstehen vielbeachtete Hörspiele (z. B. *Ein Mann steht vor der Tür* und *Sieben Scheffel Salz*, 1960). Für die Erzählung *Ankunft im Alltag* (1961) erhält R. den Literaturpreis des Freien Deutschen Gewerkschaftsbundes. Bereits in diesem Text ist die Baustelle der Ort, an dem das konfliktreiche Handeln der Generationen im Arbeiter- und Bauernstaat DDR vorgeführt wird. Innerhalb der DDR-Literatur dient die Baustelle in den 1960er Jahren als Metapher, um Utopien und Lebensentwürfe durchzuspielen (z. B. Volker Braun: *Provokation für mich*, 1965). Ein Experimentierfeld entsteht, auf dem sich vor allem die Nachkriegsgeneration harte Gefechte liefert. Die Literaturwissenschaft nutzt den Titel der Reimannschen Erzählung, um künftig unter dem Begriff »Ankunftsliteratur« jene literarischen Werke zu subsumieren, in denen die Baustelle als Terrain begriffen wird, auf dem der junge Staat »Neuland« schafft und »Neuhimmel« beansprucht (Volker Brauns Gedicht »Anspruch« von 1965). Die Autorin erhält – auch von kulturpolitischer Seite – beachtliche Anerkennung, ist Gast beim VI. Parteitag der SED (1963), wird in den Zentralrat der FDJ berufen. Zeitgleich analysiert sie im Tagebuch den Erfolg als grundlegende Vereinnahmung ihrer

Person: »Niemals habe ich mich so ausgeliefert gefühlt, so dicht an einem Abgrund, ich bin ohnmächtig, man kann mich wegpusten wie ein Staubkorn.« Nachdem R. in *Das Geständnis* (1960) die Ereignisse um den 17. Juni 1953 aufgegriffen hat, thematisiert sie zwei Jahre später in der Erzählung *Die Geschwister* die tiefgreifenden Folgen des Berliner Mauerbaus für die Lebensläufe der Menschen in Ost und West. Das ganze Ausmaß der deutsch-deutschen Misere vermag sie persönlich zu erfassen, nachdem der geliebte Bruder die DDR verlässt. In einem Brief vom 24. 4. 1969 an Christa Wolf, mit der R. seit einer gemeinsamen Moskaureise (1963) befreundet ist – nachzulesen im Briefwechsel *Sei gegrüßt und lebe* (1993) –, erwähnt sie »unsere Geteiltes-Deutschland-Bücher« und verweist auf Wolfs Roman *Der geteilte Himmel*, der 1963 erscheint. R. ist eine eifrige Briefeschreiberin. Nahezu von gleichem Umfang wie das erzählerische Werk sind die Briefsammlungen, aber auch Tagebücher (*Ich bedaure nichts. Tagebücher 1955– 1963*, 1997; *Alles schmeckt nach Abschied. Tagebücher 1964–1970*, 1998), wobei die Aufzeichnungen zwischen 1947 und 1954 fehlen, da R. sie verbrannte.»... ich bin ein ganz egoistisches Schwein, wenn es um meine Arbeit geht. Aber für mich hängt soviel davon ab ..., diese Spur, die man zurücklassen möchte«, schreibt sie in dem 2003 veröffentlichten Briefwechsel *Grüß Amsterdam* – ein leidenschaftlicher Dialog in Briefen mit der Jugendfreundin Irmgard Weinhofen und ein fesselndes Zeitdokument, das die Jahre zwischen 1956 bis 1973 umfasst. Denn vierzehnjährig erkrankt R. an Kinderlähmung – von der sie zeitlebens eine Gehbehinderung zurückbehält – und wird im Badehaus ihrer Heimatstadt behandelt. Dort begegnen sich die jungen Frauen 1948. Es beginnt eine Freundschaft – für R. die »Belletristikfreundinnen« (*Wer schrieb Franziska Linkerhand?*, 1998) – über die politischen Grenzen hinweg, da Weinhofen nach Amsterdam heiratet.

Wie dieser Briefwechsel sind auch die aus dem Nachlass veröffentlichten Tagebücher der Autorin (nebst einer Chronik 1967–1970) Dokumente einer konfliktreichen Ablösung von tradierten Moral- und Lebensvorstellungen sowie von engstirnigen Politkämpfen und literarischen Dogmen. Sie widerspiegeln aber auch das mühsame Begründen einer Schreibposition, die sich vom strengen Reglement parteiprogrammatischer Vorgaben befreien will und in der Schreiben ein »egoistisches und zugleich altruistisches Vergnügen« ist. R. hat die literarische und künstlerische Moderne mit neugierigem Gespür zu einer Zeit zur Kenntnis genommen, in der in Kafkas Entfremdungsparabeln in der DDR als dekadent verurteilt, Jazzmusik diffamiert wird. Sie aber verehrt Mahalia Jackson, ist verliebt in die Stimme Louis Armstrongs. Emile Zola, Honoré de Balzac, Gustav Flaubert und immer wieder die »schöne gelassene Prosa der großen Russen« sind der Autorin literarische Vorbilder – Wahlverwandtschaften, die sich bereits früh, in Phasen großer Lesewut herausbilden. In Simone de Beauvoirs *Das andere Geschlecht* (*Le Deuxième Sexe*, 1949) – das vom Vatikan auf den Index gesetzt wird – entdeckt R. bestürzt, was ihr selbst täglich passiert: »der Frau R. mit dem Mann K.«. Beeindruckt von Beauvoirs politischer Engagiertheit, notiert sie 1970 im Tagebuch: »... wieviel stärker sind Arbeit, Beschäftigung mit Politik, Vaterland, Literatur als die Intimsphäre«.

Deutlich wird bei einer Lektüre von Prosa, Tagebüchern und Briefen die energische Suche nach einer eigenen Poetologie, die sich gegen den täglichen Sprachmissbrauch abzugrenzen weiß. Ihren tiefen Hass gegen das »unausrottbare Preußentum« und seine militante Sprache« teilt sie mit dem befreundeten Autor Reiner Kunze (1933) und notiert 1962: »Jazz = Niggermusik; der deutsche Arbeiter = der beste Arbeiter der Welt; die Sprache der Presse – siehe LTI ... Alles wie gehabt.«

Ein frühes Zeugnis dieser Suche liefern zwei Romanentwürfe, die drei Jahrzehnte nach ihrem Tod von der Schwester entdeckt werden und 2003 zusammen mit Dokumenten zur Publikationsgeschichte unter dem Titel *Das Mädchen auf der Lotosblume* erscheinen. In den Jahren 1956/1957 entstanden, jedoch von den Verlagen als »dekadent, morbid, skurril«

abgelehnt, beweisen diese das erzählerische Talent einer erst 23-jährigen Autorin, deren subtile Beobachtungsgabe, aber auch Gespür für präzise sprachliche Bilder und spannungsreiche Episoden überzeugen. Anfänge einer mit knapp vierzig Jahren viel zu früh verstorbenen Autorin.

Carola Opitz-Wiemers

Reinig, Christa
Geb. 6. 8. 1926 in Berlin

»Die Konfrontation mit der Neuen Frauenbewegung Mitte der 70er Jahre muß für Christa Reinig ein ungeheurer Selbstbefreiungsprozeß, eine revolutionäre Umwälzung ihres Lebens und ihrer Produktion gewesen sein. Sie nimmt in München an vielen Veranstaltungen der Frauenbewegung teil. Sie lernt Verena Stefan kennen, Reinig rezensiert *Häutungen*, Stefan *Entmannung* – beides sind feministische Bestseller. Sie liest die Publikationen der US-Feministinnen und erfährt bei Valerie Solanas, Ti-Grace Atkinson, Jill Johnston, dem radikalen Flügel, daß die lesbische Frau die eigentliche Avantgarde der Bewegung, das revolutionäre Subjekt ist. Sie hat mit fünfzig Jahren zum ersten Mal als Frau, als Lesbe einen gesellschaftlichen Ort, ein Zuhause bei anderen Frauen, die im Aufbruch sind, gefunden« (Marie Luise Gansberg). R. ist die einzige renommierte deutschsprachige Schriftstellerin, die sich offen als Feministin und auch als Lesbe bekannt hat. In der Zeit von Mitte der 70er bis Mitte der 80er Jahre, als sich R. zur Frauenbewegung zählt, publiziert sie nicht nur in zahllosen Zeitschriften und Anthologien der Frauenbewegung, sondern ist auch literarisch am produktivsten: Es erscheinen die Romane *Die himmlische und die irdische Geometrie* (1975), *Entmannung* (1976) und *Die Frau im Brunnen* (1979), die Essays *Der Wolf und die Witwen* (1980), der Erzählband *Die ewige Schule* (1982), der Lyrikzyklus *Müßiggang ist aller Liebe Anfang* (1984) und ein langes Gespräch mit der feministischen Literaturprofessorin Marie Luise Gansberg unter dem Titel *Erkennen, was die Rettung ist* (1986). In der Folge wird R. deshalb vom Literaturbetrieb marginalisiert, wird weniger rezensiert und kaum mehr mit Preisen bedacht.

Im Alter von 60 Jahren bilanziert R. selbst: »Manchmal frage ich mich: Bin ich denn überhaupt noch derselbe Mensch, der damit [mit Schreiben, M. M.] einmal angefangen hat? Auch die Umwelt, auf die ich einwirken wollte und die mich geformt hat, veränderte sich von Jahrzehnt zu Jahrzehnt so, als hätte ich von Zeit zu Zeit den Planeten gewechselt. Und vor allem: es änderten sich meine literarischen Kriterien.« Die äußeren Stationen von R.s Leben gleichen tatsächlich Planetenwechseln: 1926 wird sie als Tochter der Putzfrau Wilhelmine Reinig im Berlin der Weimarer Republik geboren. Als Kind erlebt sie die Machtübernahme der Nazis und als 19-Jährige die Zerschlagung der nationalsozialistischen Gewaltherrschaft. R. arbeitet als Blumenbinderin, Trümmerfrau und Fabrikarbeiterin. Sie schreibt Lyrik und Prosa, lebt mit ihrer Mutter in Ostberlin und engagiert sich in der Gruppe *Zukunftsachlicher Dichter* in Westberlin. Obwohl R. weder von Anna Seghers noch von Peter Huchel gefördert wird, erscheinen 1951 in einer DDR-Anthologie die ersten beiden Erzählungen von ihr. An der Arbeiter- und Bauernfakultät der neugegründeten DDR holt R. das Abitur nach, studiert anschließend Kunstgeschichte und christliche Archäologie und wird wissenschaftliche Assistentin am Märkischen Museum in Ost-Berlin. 1960 erscheint in der BRD der Lyrikband *Die Steine von Finisterre*, 1961 die Erzählung *der traum meiner verkommenheit* und 1963 der Band *Gedichte*, für den R. den Bremer Literaturpreis erhält. Auch wenn ihr später noch verschiedene wichtige Literaturpreise zugesprochen werden, so ist der erste doch am folgenreichsten: R. kann 1964 die DDR verlassen und lebt seither in München – mit Ausnahme eines Aufenthaltes in der Villa Massimo in Rom (1965/66). R. lernt als freie Schriftstellerin den Literaturmarkt kennen: »Um ein Haar habe ich das, was ich eigentlich wollte, gute Literatur machen, im Westen verwirkt.« Sie verfaßt Hörspiele: *Kleine Chronik der Osterwoche*

(1965), *Tenakeh* (1965), *Wisper* (1967), *Das Aquarium* (1967), publiziert Prosa: *Drei Schiffe* (1965), *Orion trat aus dem Haus* (1969), *Das große Bechterew-Tantra* (1970), *Hantipanti* (1972) – und Lyrik; *Schwabinger Marterln* (1969), *Schwalbe von Olevano* (1969), *Papantscha-Vielerlei* (1971), *Die Ballade vom Blutigen Bomme* (1972).

Durch einen Unfall wird R. schwer behindert und mit 45 Jahren zur Frührentnerin. Nach langwieriger Genesungszeit schreibt sie *Die himmlische und die irdische Geometrie* (1975), einen höchst eigenwilligen autobiographischen Roman. Im Schreibprozess legt sie ihre männlichen Masken ab und entwickelt erstmals eine weibliche Erzählposition. Es folgt der zweite Roman *Entmannung* (1976), in dem R. anhand typisierter Frauenfiguren »im Zerrspiegel die weiblichen Existenzmöglichkeiten im Patriarchat« (Ricarda Schmidt) demonstriert. In *Müßiggang ist aller Liebe Anfang* (1979) wird Thematik und Tonlage völlig anders: Ein weibliches Ich protokolliert im lyrischen Tagebuch in Haikus und Epigrammen ihre lesbische Liebeserfahrung. Verbunden damit blickt sie kritisch auf die alltägliche Männergewalt und zeigt Frauenwiderstand auf. Zur selben Zeit publiziert R. feministische Satiren in Zeitschriften der Frauenbewegung und gesammelt als *Der Wolf und die Witwen* (1980). R.: »Satire ist die Messerschärfe, mit der ich meine Leser skalpiere.«

Im Roman *Die Frau im Brunnen* (1984) gestaltet R. die lesbische Liebe zweier älterer Frauen aus, verknüpft – oft assoziativ – autobiographische Geschichten mit Teilen aus verschiedenen Theorien und Mythologien, entwickelt patriarchatskritische Positionen und schließt damit an die unterschiedliche Prosa und Lyrik von *Geometrie*, *Entmannung*, *Müßiggang ist aller Liebe Anfang* und *Der Wolf und die Witwen* an.

Ende der 1980er Jahre zieht sich R. aus der Frauenbewegung zurück und publiziert danach die Erzählbände *Nobody* (1989), *Glück und Glas* (1991), *Simsalabim* (1991) und *Der Frosch im Glas* (1994). R. erhält weitere Preise: Südwestfunk Literaturmagazin (1984), Roswitha-Medaille Gandersheim (1993) und den Brandenburgischen Literaturpreis (1999). Obwohl es in der Rezeption das Phänomen der »geteilten Reinig« (Marie Luise Gansberg) gibt, und R.s Werk zunächst als disparat erscheint, so erweisen sich doch Satire, Witz und Galgenhumor als bestimmender Gestus. R. verbindet in kunstvoller Weise eine klare Sprache mit einer komplexen Form, womit sie vielfältig zum Ausdruck bringt: »Mein Leben ist mein Thema und die Erinnerung meine Materie.«

Madeleine Marti

Reinmar
Um 1200

»Mich riuwet dîn wol redender munt und dîn vil süezer sanc« – mit diesem in der mittelhochdeutschen Literatur einzigartigen Nachruf preist Walther von der Vogelweide den verstorbenen Kunstgenossen R. In einer Parallelstrophe zitiert er überdies den Eingangsvers einer für dessen Kunst typischen Strophe: »So wol dir wîp wie reine dîn nam« (»Heil dir, Frau, welch‹ herrlicher Begriff«). Walther preist aber nicht nur, er parodiert auch die für R.s Lyrik charakteristische übersteigerte Lob- und Klagegebärde in einem Lied, das (in einer in der mittelhochdeutschen Lyrik singulären Überschrift) wiederum wörtlich auf ein R.-Lied Bezug nimmt.

Schon aus diesen seltenen Textbezügen geht hervor, dass R. und Walther von der Vogelweide, die beiden zu ihrer Zeit bedeutendsten mittelhochdeutschen Lyriker, in enger Beziehung zu sehen sind, wobei sich Walther allem Anschein nach gelegentlich durch Parodien und Anspielungen als aggressiver Konkurrent R. absetzt. Der lyrische Schlagabtausch zwischen den beiden Dichtern wurde in der Forschung unter dem Stichwort »Reinmar-Walther-Fehde« (mit mehr oder weniger Hellhörigkeit) herausgearbeitet.

Auch Gottfried von Straßburg rühmt R.: Im Literaturexkurs seines *Tristan* nennt er den Verstorbenen die »leitefrouwe« der Minnesänger, deren Nachfolge Walther von der Vogelweide angetreten habe. Er apostrophiert R. dabei als »nahtegal von Hagenouwe«, ein Beiname, der in der früheren Forschung ohne rechte Begründung als Herkunfts- oder Geschlechtsname aufgefasst worden ist. In allen Handschriften wird dieser Dichter aber nur »R.« genannt; lediglich die Große Heidelberger Liederhandschrift legt ihm das Attribut »der Alte« bei (so auch in der Miniatur zum sogenannten »Wartburgkrieg« in derselben Handschrift). Weiteres ist über die Person R.s nicht überliefert. Die Forschung hat den in einer sogenannten Witwenklage auftauchenden Namen Liupold auf Leopold V. von Österreich bezogen und dieses Rollengedicht etwas voreilig zu einer offiziellen Totenklage erhoben und daraus auf eine langwährende ›Hofpoetenstelle‹ R.s am Wiener Hof geschlossen. Diese Hypothese ist jedoch nicht beweisbar.

R. scheint in der mündlichen Überlieferung schon bald mit seinem jüngeren Namensvetter, dem von den Meistersingern zu den Zwölf Alten Meistern gezählten Spruchdichter Reinmar von Zweter, verwechselt worden zu sein: So heißt etwa der Mitstreiter Walthers von der Vogelweide im »Wartburgkrieg« (um 1260) Reinmar von Zweter, und schon in Rubins Totenklage über mittelhochdeutsche Lyriker (2. Hälfte 13. Jahrhundert) ist es nicht mehr auszumachen, welcher der beiden Dichter gemeint ist. – In der schriftlichen Tradierung behielt R. der Alte jedoch seinen Rang. Nirgends sind seine Strophen (rund 60 Lieder) mit solchen Reinmars von Zweter vermischt. R. ist in der handschriftlichen Tradition der hochmittelalterliche deutsche Lyriker, der nach Walther mit der größten Zahl an Strophen bezeugt ist. In der Würzburger Handschrift E ist er sogar allein mit diesem vertreten. Die Konstellationen der Überlieferung lassen nur den einen Schluss zu, dass R. wie Walther um 1200 als fahrender Sänger unterwegs war und mit diesem in poetischer Konkurrenz stand. Einer ihrer dichterischen Turnierplätze könnte die von Gottfried mit R. in Verbindung gebrachte, damals bedeutendste Kaiserpfalz Hagenau im Elsass gewesen sein, an der die beiden im Wettbewerb ihre Lieder vorgetragen haben mochten: R. seine gedankenschwere, selbstquälerische Reflexionslyrik zur Hohen Minne (seit Ludwig Uhland gilt er als Scholastiker der unglücklichen Liebe), gegen welche Walther seine (neuen) Töne setzte. R. hat allerdings auch »leichtere« Texte geschaffen (von der Forschung öfters für unecht erklärt): etwa Frauenlieder, die frühe Form des Wechsels und – selbst in die problematisierenden Lieder eingestreut – erotisch schillernde Strophen wie die *Kußraub-Wiedergutmachung* oder die *Probenacht*. Überliefert sind auch zwei Kreuzlieder. R.s wehleidig wirkende Seelenanalysen, Entsagungsgebärden und Leidensbereitschaft, die er mit Stolz zur Schau zu tragen schien, sind aber weniger Zeugnisse eines persönlichen Frauenkultes oder realer Liebeserfahrungen, als vielmehr lyrische Aussagen einer allgemeinen existentiellen Befindlichkeit, einer Erlösungssehnsucht aus menschlicher Isolierung und aus den Bedrängnissen eines undurchschaubaren Fatums, poetische Seismogramme des damaligen Mentalitätsstatus. Diese starke Zeitgebundenheit erklärt R.s Resonanz um 1200, erschwerte aber offenbar eine spätere Rezeption außerhalb der hochmittelalterlichen höfischen Sphäre und vor allem in der Neuzeit.

Werkausgabe: Lieder nach der Weingartner Liederhandschrift, mhd./nhd. Hg., übers. und kommentiert von Günther Schweikle. Stuttgart 1986.

Günther Schweikle/Red.

Remarque, Erich Maria (d. i. Erich Paul Remark)

Geb. 22. 6. 1898 in Osnabrück; gest. 25. 9. 1970 in Locarno

»Irgend etwas fehlt mir an seinem gesicht, wahrscheinlich ein monokel« (Bertolt Brecht, 1941). In Berlin hatte sich R. noch eins ins Auge geklemmt, mit Spazierstock, Melone plus gekauftem Adelstitel in der Pose des Dandys paradiert, um sich von den kleinbürgerlichen Verhältnissen abzusetzen, aus denen er stammte. Buchbindersohn, Volksschullehrer (von 1919 bis 1920), Angestellter in einer

Steinmetz- und Grabmalfirma, Werbetexter und Chefredakteur für das PR-Blatt der Reifenfirma Continental in Hannover (ab 1922), in Berlin dann stellvertretender Chefredakteur von *Sport und Bild* (ab 1925), wo er über Nobelkarossen und andere mondäne Themata plauderte. Frühe Gedichte und Erzählungen in einem schwülstig-kitschigen Vokabular hatte der »lichtdeutsche Bohemien« (Armin Kerker) im Nackedei-Blatt *Die Schönheit* veröffentlicht (ab 1919), einer idealistisch-reformerischen und nationalistisch-reaktionären Zeitschrift, in deren Verlag auch sein bürgerlich romantisierender Künstlerroman *Die Traumbude* (1920) erschien. Ihre Mischung, die auch in den späteren Romanen noch erkennbar ist: Friedrich Nietzsches Vitalismus plus Wilhelm Bölsches Lebensphilosophie plus Joris Karl Huysmans Dekadenz-Begriff, gebrochen durch R.s »Vernunft ist mißratener Instinkt, der Instinkt geht immer richtig«; so heißt es in seinem *Leitfaden der Dekadence* (1924). Zwei Möglichkeiten werden aufgeboten, um die nachexpressionistisch, pathetisch aufbereitete Weltschmerz-Problematik zu bannen: durch Teilhabe an einer Leben und Tod aufhebenden Allnatur, aber auch durch die Flucht in den Luxus, die Kunst und die Schönheit. Von daher gewinnen Traktate wie *Über das Mixen kostbarer Schnäpse* (1924) ihre Schlüssigkeit (»Man hat sich an die Barbarei gewöhnt, Schnaps zu trinken, ohne ihn zu mixen«).

Zu leisten vermochte sich R. diesen Luxus durch seinen Bestseller *Im Westen nichts Neues* (1929), der mit den frühen ästhetizistischen Lösungsmodellen brach. Sein Thema: der Erste Weltkrieg und die vom Krieg zerstörte Generation (»lost generation«), dargestellt an vier Schülern. Der »Monotonie« als der »großen Schwierigkeit, die gerade der letzte Krieg jeder Gestaltung entgegensetzte« (Ernst Jünger), entgeht R. dadurch, dass er verschiedenste Erlebnisfelder vorstellt, die er nie wiederholt (Essen fassen, Latrine, Trommelfeuer, Gasangriff, Lazarett, Patrouille, Urlaub usw.). Auch wenn der Roman eine unpolitische Lesart zulässt – »life fighting and confronting death«, das Leben, das sich anpasst, auch

wenn die Ursachen des Krieges nicht thematisiert werden, so bleibt doch unmissverständlich klar: dass Krieg sinnloses Morden, Verrecken und Leiden bedeutet, keiner ästhetischen, politischen oder moralischen Überhöhung fähig. Eine Million Exemplare wurden in sechzehn Monaten verkauft. Die öffentliche Diskussion zog sich über Jahre hin: als bester Anti-Kriegsroman gefeiert, als undeutsch, pazifistisch und defätistisch von der Rechten geschmäht, von Teilen der Linken als »pazifistische Kriegspropaganda« *(Die Weltbühne)*, als »remarquable Verwässerung des Krieges« (Egon Erwin Kisch) kritisiert, weil R. bei »aller« Ehrlichkeit in der Oberflächenschilderung (Walther Karsch) und obschon »glänzend und hinreissend geschrieben«, zu den Ursachen des Ersten Weltkriegs »schweige« *(Rote Fahne)*. Roman und Verfilmung (1930) benutzten die Nationalsozialisten zur Inszenierung mehrerer Skandale; R.s Schriften flogen »wegen literarischen Verrats am Soldaten des Weltkrieges« am 12. 5. 1933 in die Flammen der Bücherverbrennung. R. übersiedelte nach Porto Ronco bei Ascona, wo er die luxuriöse einstige Böcklin-Villa erworben hatte (1931), sammelte erlesene Bilder, Möbel, Teppiche, schöne Frauen und schrieb. Bis auf die Rennfahrergeschichte (*Der Himmel kennt keine Günstlinge,* 1961) lassen sich seine Romane, die zum Teil auch verfilmt wurden, lesen als eine plakative deutsche Chronik von 1914 bis 1945: *Der Weg zurück* (1931), als Fortsetzung von *Im Westen nichts Neues,* beschreibt das Schicksal der Kriegsheimkehrer, *Der schwarze Obelisk* (1956) die Zeit der Inflation (samt einem Schwenk auf das Jahr 1955 mit der Adenauer-Restauration), *Drei Kameraden* (1938) das Berlin Anfang der 30er Jahre, *Liebe Deinen Nächsten* (1941), *Arc de Triomphe* (1946), *Die Nacht von Lissabon* (1961) und *Schatten im Paradies* (1971) schildern Emigrantenschicksale, *Zeit zu leben, Zeit zu sterben* (1954) hat die Ostfront und die bombar-

dierte Heimat zum Inhalt, *Der Funke Leben* (1956) ein KZ am Kriegsende. *Die letzte Station* (1956), sein einziges aufgeführtes Theaterstück, spielt zur gleichen Zeit im zerstörten Berlin. Das Grundthema, spannend auf »Knalleffekte« (Robert Neumann) hin erzählt, bleibt sich immer gleich: der unbändige, unzerstörbare Lebenswille, dessen heldenhafter Träger sich listig und tapfer im Leid behauptet. Ihre Konstanten: die melodramatische Liebesgeschichte, der Kameradschaftsmythos, die Poetisierung des Alkohols, die sympathische Prostituierte, die antirationale Haltung, das politische Desinteresse, die Heimat, die inflationären Geistesblitze und -blitzchen über Gott und die Welt. R.s Verhältnis zu den Stoffen bleibt ein literarisches: »Ich habe den Krieg für eine literarische Arbeit gebraucht« (so über *Im Westen nichts Neues*), auch wenn er sich für die Aufarbeitung der deutschen Vergangenheit einsetzte: »Man kann alten Dreck nicht vergraben, er fängt immer wieder an zu stinken.«

Seine Helden stellt er in die Situation des Mannes jenes von ihm gern zitierten Rückert-Gedichts *Es ging ein Mann im Syrerland*. Der hängt, von allen Seiten bedroht, über einem Abgrund, erblickt einen Strauch mit Brombeeren, die er pflückt und isst: »Und durch die Süßigkeit beim Essen/War alle seine Furcht vergessen.« Ihrer Kolportageelemente wegen wurden R.s Romane oft als »Halbtriumph der Literatur« verspottet, auch wenn ihre humanitäre Gesinnung, ihr Antifaschismus, ihre Friedensliebe nie fraglich war, und der unveröffentlichte Nachlass mit Gedichten, Dramen und Kurzprosa sowie textkritische Editionen des schon veröffentlichten Werkes ein differenzierteres Bild seiner politischen Haltung entwerfen könnte. Keines seiner beschriebenen Schicksale hatte R. je selber erfahren: den Ersten Weltkrieg, den er von all den vielen Kriegsromanen am packendsten beschrieb, kannte er nur von einmonatigen Schanzarbeiten hinter der Front und aus den Erzählungen seiner Kameraden. Auch die beschriebenen Emigrantenschicksale musste R. nicht erleiden: Nach Aberkennung der deutschen Staatsbürgerschaft (1938) lebte er in Hollywood und New York, verwöhnt von Luxus und Erfolg, schrieb für den amerikanischen Geheimdienst *Practical Educational Work in Germany after the War* (1944), wurde amerikanischer Staatsbürger (1947), kehrte aber nach dem Krieg in die Schweiz zurück (1948). Zahlreichen Legenden um Leben und Werk hat R. gekonnt Vorschub geleistet. Als »Direkt-«, nicht als »Umgehungsschreiber« (wie Thomas Mann) wollte er verstanden sein. »Wir haben Sie zum Tode verurteilt, weil wir Ihren Bruder nicht greifen konnten«, soll Roland Freisler, Präsident des Volksgerichtshofs, gegiftet haben, als er 1943 R.s Schwester, Elfriede Scholz, wegen »hetzender, defaitistischer Äußerungen« zur Hinrichtung mit dem Fallbeil verurteilt hatte.

Dirk Mende

Remizov, Aleksej
Geb. 6. 7. 1877 in Moskau;
gest. 26. 11. 1957 in Paris

»Ist es nicht einerlei, ob etwas im Traum oder im Wachzustand geschieht?«, fragt Aleksej Remizov in seinem Essay über Fedor Dostoevskij. Dem eigentümlichsten und vielseitigsten unter den russischen Symbolisten gelten das Spiel der Phantasie und seine nächtlichen Visionen ›realer‹ als die Wirklichkeit. Den unheilvollen Moment des Erwachens aus der paralogischen Geborgenheit der Fiktion schildert R. in seiner autobiographischen Prosa *Po karnizam* (1929; *Gang auf Simsen*, 1991) als Bruchstelle, die eine existentielle Dimension eröffnet. »Man rief mich an, und ich war wie erwacht, mich rief – (der Gedanke?) –, wozu und weshalb?, und ich erwachte.« Im Aufzeichnen und Umdeuten dieses Moments sieht R. die sittliche Aufgabe der Kunst, die er, darin Nikolaj Gogol' folgend, als eine exzentrische und spielfreudige Mischung aus Tragik, Komik und Phantastik umsetzt. Vom Lesepublikum fordert R. emotionale Beteiligung, er schockiert oder rührt an bis zur Sentimentalität, wobei der expressionistische Hang zur Monstrosität im Spätwerk von avantgardistischem Absurdismus und hintergründiger Ironie aufgefangen wird.

Der produktive Autor, der ab 1897 neben unzähligen Zeitschriftenbeiträgen und Übersetzungen (z. B. Friedrich Nietzsches *Also sprach Zarathustra*) 83 Bücher veröffentlicht hat, strebt nach Überwindung des Realismus: Als Meister der Stilisierung wirkt er in Märchen- und Legenden(nach)dichtung (*Posolon'*, 1907; Der Sonne nach; *Limonar'*, 1907; Leimonarium); er bildet Dramen nach dem Vorbild mittelalterlicher Mysterienspiele; Povesti (*Časy* 1908; The Clock, 1924; *Krestovye sestry*, 1910; Schwestern im Kreuz, 1913) und Erzählungen (*Čertik*, 1907; *Das Teufelchen*, 1982) erweitert er mit Elementen des Lyrischen und der individuierenden mündlichen Rede (skaz). Die Offenheit der Texte erhebt er zum Prinzip, indem sie immer wieder umgearbeitet und mit anderen Schriften zu neuen Zyklen gruppiert werden.

Stilprägend für R. ist der formvollendete Einsatz der Sprache, deren ›geheimnisvolles‹ Eigenleben er z. B. in Klang (*Emaliol*, 1909, Emaliol, 1982) und originellem Ausdruck des Volksmunds hervorhebt. Aleksandr Blok war von der »Vollkommenheit« der Erzählungen bezaubert und bezeichnete ihn als einen »begnadeten Vorleser«. R. illustrierte zudem seine Werke und gab prachtvolle, in archaisierender Kalligraphie geschriebene Alben heraus. Essays über Zeitgenossen bzw. die historischen Umwälzungen seiner Epoche (*Vzvichrennaja Rus'*, 1927; Russland im Wirbelwind) werden getragen von einem der surrealistischen *écriture automatique* vergleichbaren Gestus. Die Sprache ist dem alltäglichen Bezug entfremdet und autonom, freigesetzt für eine ästhetisierende Funktion in einer auf die Avantgarde vorausweisenden »ornamentalen Prosa« (Viktor Šklovskij). R. geht es dabei nicht um Dekorativität, sondern um das Ornament als Zerrspiegel und Simulacrum für eine dem Untergang geweihte Welt, aus dem »das Feuer der Dinge« als zentrales Symbol für die allem Leben innewohnende chaotische und zerstörerische Kraft hervorbricht.

Während des Studiums an der Universität Moskau wird R. 1896 in Folge einer Demonstration für sechs Jahre nach Nordrussland verbannt, dessen Volkskultur ihn begeistert. 1905 betritt er in Petersburg die literarische Bühne, auf der er sich als wunderlichen Kauz inszeniert. 1910 bis 1912 erscheint bereits eine achtbändige Werkausgabe. Anlässlich der Neuausgabe (2000) des Romans *Prud* (1908; Der Teich) von 1925 blickt er auf sein ehrgeiziges Programm zurück, das in Erzählungen wie *Požar* (1906; Die Feuerbrunst, 1917) musterhaft realisiert ist: »Ich wollte alles auf meine Weise bezeichnen, jedes Ding mit einem nie gehörten Namen versehen. Jedes Kapitel besteht aus einem lyrischen Vorspiel, der Beschreibung von Fakten und Träumen; bei der Beschreibung der Seelenzustände dann – wie im Kampf der Stimmen des ›Gewissens‹ – habe ich die Form des tragischen Chores gewählt.« 1921 emigriert R. nach Berlin, ab 1923 bis zu seinem Tod lebt er als literarischer Außenseiter in Paris, wo der größte Teil seiner autobiographischen Prosa entsteht. In Russland wird sein Werk erst wieder ab 1978 nachgedruckt. R.s Bedeutung als – neben Andrej Belyj – wichtigster Erneuerer der literarischen Prosa Russlands im 20. Jahrhundert ist unbestritten.

Jessica Lehmann

Rendra (eigtl. Raden Mas Willibrordus Suréndra)

Geb. 7. 11. 1935 in Surakarta, Java/Indonesien

Der Javaner Rendra gehört zu den schillerndsten Dichtern der literarischen Szene Indonesiens. Als Mitglied einer streng katholischen Adelsfamilie besuchte er zunächst katholische Schulen, anschließend studierte er an der Fakultät für westliche Literatur der Universität von Yogyakarta. Erste literarische Arbeiten entstanden Mitte der 1950er Jahre, 1957 nahm er mit einer Studentendelegation an einem Literaturseminar in der UdSSR teil, 1959 heiratete er eine Sängerin. 1964 erhielt R. ein Stipendium für ein Theaterstudium in New York, an das er ein Soziologiestudium an der University of New York anschloss. Nach seiner Rückkehr gründete er in Yogyakarta 1968 die Theatergruppe »Bengkel Teater« (Theaterwerkstatt). 1970 trat R. zum Islam über und heiratete eine zweite Frau, eine Nichte des Sultans von Yogyakarta – ein Schritt, der enormes Aufsehen erregte. Beide Ehefrauen, von denen er sich später scheiden ließ, um ein drittes Mal zu heiraten, unterstützten ihn bei den Inszenierungen des »Bengkel Teater«. Große Popularität erlangte R. insbesondere durch die öffentlichen Lesungen seiner Gedichte, in denen er auch soziale und politische Missstände anprangerte. Seine Gedichtdeklamationen fanden auch im Ausland statt, 1986 und 1991 trat er in verschiedenen deutschen Städten auf. Im Kulturzentrum von Jakarta wurde 1978 ein nie aufgeklärter Anschlag auf R. verübt; kurz darauf wurde er fast ein halbes Jahr lang inhaftiert. Bis 1985 war ihm der öffentliche Vortrag seiner Gedichte untersagt, auch danach wurde er von der staatlichen Zensur streng überwacht, dennoch konnte er wie kaum ein anderer indonesischer Autor Kritik an Politik und Gesellschaft üben. R. wandte sich in zunehmendem Maße von der Lyrik ab und der Theaterarbeit zu.

Sowohl R.s Gedichte als auch sein »poetisches Theater«, mit dem er entscheidende Akzente für die Entwicklung einer modernen indonesischen Dramatik setzte, sind von eindringlicher Rhythmisierung und Musikalität bestimmt. Vor allem ab Mitte der 1960er Jahre waren Form und Aufbau der Gedichte zunehmend durch die Erfordernisse des lauten Vortrags bestimmt. Während die im ersten Lyrikband *Ballada Orang-Orang Tercinta* (1957; Balladen geliebter Menschen) und in dem vier Gedichtzyklen umfassenden Band *Empat Kumpulan Sajak* (1961; Vier Gedichtsammlungen) versammelten Texte sich noch weitgehend mit Natur, Religion, der Loslösung vom Elternhaus, Liebe und Sehnsucht beschäftigen – wobei sich in den jüngeren Gedichten bereits eine zunehmende Abstraktion zeigt –, spiegeln die sich mit R.s Auslandsreisen und den Erfahrungen in den USA auseinandersetzenden Bände *Sajak-Sajak Sepatu Tua* (1972; Gedichte von alten Schuhen) und *Blues Untuk Bonnie* (1971; Blues für Bonnie) deutlicher R.s Hinwendung zu sozialen und politischen Themen. R.s sozialkritisches Engagement entwickelt sich zum einen aus der Beschäftigung mit der Religion (»Masur Mawar«; Rosenpsalme, in: *Sajak-Sajak Sepatu Tua*), mit Gottes Schöpfung und Geschöpfen, die der Zuwendung bedürfen, und zum anderen aus einer »Philosophie der Rebellion«, womit nicht politische Rebellion gemeint ist, sondern der Anspruch, die Grenzen von Traditionen und Konventionen der Gesellschaft durch individuelle Entwicklung zu überwinden. Insbesondere in *Blues Untuk Bonnie* findet R. »zu einem gesellschaftskritischen Engagement [...], das sich gezielt und beispielhaft gegen Doppelmoral und gesellschaftliche Mißstände in Indonesien und zivilisatorische Fehlentwicklungen im allgemeinen richtet« (Rainer Carle). »Bersatulah Pelacur-Pelacur Kota Jakarta« (Prostituierte Jakartas, vereinigt euch) lautet etwa ein Gedichttitel aus dieser Sammlung, in der R., wie in den späteren, zunächst als Hektographien unter dem Titel »Pamflet Penyair« (Pamphlete eines Dichters) und 1980 als *Potret Pembanguan Dalam Puisi* (Porträt des nationalen Aufbaus in der Poesie) veröffentlichten Texten, mit Ironie und Sarkasmus gegen Verlogenheit und Korruption sowie Ungerechtigkeit und Unterdrückung eintritt.

Für die Demokratisierung des Landes und die Wahrung der Rechte einzelner warb R. vor allem auch mit seinem »Bengkel Teater«, für das er auf die politische Wirklichkeit Indonesiens zugeschnittene Übersetzungen klassischer griechischer Tragödien ebenso erarbeitete wie Übertragungen u. a. von Shakespeare, Samuel Beckett und Bertolt Brecht. Zur Popularisierung der Aufführungen verwendete er sowohl Wörter aus dem Javanischen und anderer lokaler Dialekte als auch Elemente aus Musik, Tanz und Pantomime. R.s »Bengkel Teater« ist weit über Indonesien hinaus zu einem Begriff geworden.

Werkausgabe: Weltliche Gesänge und Pamphlete [Auswahl]. Übers. R. und B. Carle. Bad Honnef 1991.

Diethelm Hofstra/Red.

Reuter, Bjarne
Geb. 4. 4. 1950 in Kopenhagen

Rein rechnerisch lesen jeden Tag mehr als 5000 Kinder in Dänemark in einem Buch des produktivsten und meistverkauften dänischen Gegenwartsautors Bjarne Reuter. Seine Werke gehören zum festen Kanon der dänischen Schullektüre, wurden in zahlreiche andere Sprachen übersetzt, zum Teil verfilmt und brachten ihrem Autor zahlreiche Preise ein, unter anderem auch in Deutschland und Nordamerika. Bereits mit dem im Alter von 25 Jahren geschriebenen Debütwerk *Kidnapning* (1975; *Kidnapping*, 1982) erzielte R. einen überwältigenden Erfolg. Fünf Jahre später konnte er seinen Beruf als Grundschullehrer aufgeben und ausschließlich von seiner literarischen Produktion leben. Seitdem hat er mehr als 50 Titel veröffentlicht: Bilderbücher (z. B. *Da solen skulle sælges*, 1985; *Als die Sonne verkauft werden sollte*, 1986), Neufassungen bzw. Nacherzählungen von Märchen und Sagen, spannende und komische Erzählungen für Vorschul- und Schulkinder (*Børnenes julekalender*, 1979; *Kommt er bald?*, 1990; *Os to, Oskar ... for evigt*, 1987; *Wir beide, Oskar, für immer*, 1991; *Kaptajin Bimse og Goggeletten*, 1992; *Mit Käptn Klaps durch die Nacht*, 1996; *Anna Havanna*, 1994; *Anna Havanna*, 1997; *En som Hodder*, 1998; *Hodder, der Nachtschwärmer*, 1999; *Fakiren fra Bilbao*, 1997; *Ein Fakir für alle Fälle*, 2002; *Mikado*, 1998; *Operation Mikado*, 2003), Abenteuer- und Jugendromane (*Drengene fra Sankt Petri*, 1991; *Freiheit ist einen Kampf wert*, 1993; *Lola*, 1991; *Lola*, 1994; *Prins Faisals ring*, 2000; *Prinz Faisals Ring*, 2002), Fantasyliteratur (*Shamran*, 1985, dt. als Bühnenmanuskript) und psychologische Romane sowie Krimis (*En tro kopi*, 1986; *Das dunkle Zimmer*, 2003; *Den cubanske kabale*, 1988; *Hotel Marazul*, 2002; *Ved profetens skæg*, 1996; *Das Zimthaus*, 1999; *Langebro med løbende figurer*, 1996; *Der Museumswächter*, 2001; *Mordet på Leon Culman*, 1999; *Am Ende des Tages*, 2000; *Barolo kvartetten*, 2002; *Die zwölfte Stufe*, 2002; *Løgnhalsen fra Umbrien*, 2004; *Der Lügner von Umbrien*, 2005).

Da die Rezensenten zunächst die komischen und erheiternden Aspekte seiner Werke hervorhoben (»mitten in der alltagsgrauen, problemorientierten Literatur der siebziger Jahre«), glaubte der Autor, auf die soziale Botschaft hinweisen zu müssen, distanzierte sich jedoch entschieden von dem später erhobenen Vorwurf einer zu großen Ernsthaftigkeit und des naiven politischen »Missionierens«. Unbestritten ist seine Vorliebe für Menschen in gesellschaftlichen Randpositionen. Seine ursprüngliche Gesellschafts- und Sozialkritik wandelte sich im Lauf der Jahre zu einer massiven Zivilisations- und Kulturkritik, die er auch in tagespolitischen Debatten artikuliert. Die Ohnmacht angesichts der sozialen und gesellschaftlichen Verhältnisse, der erdrückenden Kleinbürgerlichkeit ihrer Umwelt, die R.s Protagonisten bisweilen empfinden, lässt scheinbar nur die Flucht in Träume oder eine Phantasiewelt zu. Die Sehnsucht kann exotischen Ländern gelten, einem entschwundenen Dänemark oder einer Kindheit ohne die Zwänge von Institutionen und die Dominanz visueller Medien. Dichtung und Musik erfüllen in diesem Zusammenhang eine Brückenfunktion.

Trotz des breiten thematischen Spektrums und unterschiedlichster Facetten ist R.s Gesamtwerk von einer erkennbaren Kontinuität geprägt, die sich auch in der Wiederkehr bestimmter Personen, Namen, Orte, Konflikte und Motive (Flieder, Mundharmonika, Regenbogen) spiegelt. Vor allem die phantastischen Romane arbeiten mit den Mitteln allegorischer Darstellung, aber auch die realistischen Romane enthalten zahlreiche Vergleiche, Metaphern und Symbole. Charakteristisch für den Erzählstil sind Humor und Komik, die alle Abstufungen von leichter Ironie bis zum scharfen Sarkasmus durchlaufen können. Die Romanfiguren sind trotz ihrer Schwächen und Fehlhaltungen versöhnlich gezeichnet, eher als Opfer – wenngleich auch als Opfer von Systemen, die sie selbst errichtet oder befestigt haben.

Ulrike-Christine Sander

Reuter, Christian
Datum der Taufe 9. 10. 1665 in Kütten bei Halle; gest. nach 1712

»Weiln aber hierdurch meine Fortun Zeit meines Lebens gehindert würde, und ich als ein Landes Kind hier in Sachßen nicht fortkommen könte, Alß falle ich Zu Euer Königl. Majestät Füßen, allerunterthänigst bittende, diese beschehene relegation allergnädigst auff zu heben, und dißfalls an die löbl. Universität Zu rescribiren.« Mit dieser Bittschrift vom 10. Oktober 1699 an den sächsischen Kurfürsten (und polnischen König) August den Starken suchte R. den endgültigen Verweis von der Leipziger Universität rückgängig machen zu lassen, dem schon zwei befristete Relegationen vorausgegangen waren: Reaktion der Universitätsgerichtsbarkeit auf R.s satirisch-literarische Tätigkeit, die als »Paquillantentum« verstanden wurde.

Als der relegierte Student beider Rechte die Bittschrift an seinen Landesherrn verfasste, war er schon über dreißig Jahre alt. Der Bauernsohn R. besuchte die Thomasschule in Leipzig, das Domgymnasium zu Merseburg und studierte von 1688 an Jura an der von orthodox-protestantischen Professoren beherrschten Leipziger Universität, ein Studium, das trotz langer Dauer nie zu einem Ende führte. Auerbachs Keller, wie man vermutet hat, und eine rege Teilnahme am Theaterleben standen wohl einem Studienabschluss im Wege.

R.s Eintritt in die literarische Szene ist zugleich der Vorbote seines bürgerlichen Ruins: Als Anna Rosine Müller, die Wirtin des Gasthauses »Zum roten Löwen«, sich und ihre Familie in dem satirischen Porträt der Schlampampe und ihrer Sippschaft in der Komödie *L'Honnête Femme Oder die Ehrliche Frau zu Plißine* (1695) wiederzuerkennen glaubte, schaltete sie die Gerichte ein, die gegen ihren früheren Mieter vorgingen. R.s Beteuerungen, dass er das Lustspiel »fingiret und auf niemand gemacht«, dass er es »aus den Molliere meistens genommen« hätte, fand – obwohl nicht ganz falsch – wenig Glauben, zumal er bald darauf wieder rückfällig wurde und in einem neuen Stück (*La Maladie & la mort de l'honnête Femme*, 1696) den kleinbürgerlichen Drang nach Höherem karikierte. Auch *Schelmuffskys Warhafftige Curiöse und sehr gefährliche Reisebeschreibung Zu Wasser und Lande* (1696–97), eine aufschneiderische Lügengeschichte und Parodie auf die Phantastik der zeitgenössischen Reiseerzählungen, ist von der Familie Müller inspiriert. Doch wird hier stärker noch als in den Schlampampe-Komödien deutlich, dass hinter dem »Paquill«, der persönlichen Verunglimpfung, ein satirischer Angriff auf allgemeine Tendenzen der Zeit steht, auf Fehlentwicklungen der bürgerlichen wie der höfisch-aristokratischen Gesellschaft.

R.s akademische Karriere war zu Ende, obwohl er Gönner am Dresdener Hof besaß, die ihn in der Auseinandersetzung mit der Leipziger Universität unterstützten. 1700 wurde er Sekretär eines Kammerherrn in Dresden, fiel aber wohl bald darauf in Ungnade, als er in der Komödie *Graf Ehrenfried* (1700) einen heruntergekommenen Adeligen zum Gegenstand seiner Satire machte – eine Art Umkehrung der Schlampampe-Stücke – und zudem noch sehr undiplomatisch auf den Konfessionswechsel Augusts des Starken anspielte (August war im Zusammenhang mit seinen Bemühungen um die polnische Krone zum Katholizismus übergetreten). R. ging nach Berlin. Hier schlug er sich mit höfischen Gelegenheitsdichtungen durch. Nach 1712 verlieren sich seine Spuren.

Werkausgabe: Werke. Hg. von Georg Witkowski. 2 Bde. Leipzig 1916.

Volker Meid

Reuter, Fritz
Geb. 7. 11. 1810 in Stavenhagen; gest. 12. 7. 1874 in Eisenach

Sein Zeitgenosse Honoré de Balzac erhob Protest gegen die Praxis der Isolationshaft, jene »bis ins Unendliche gesteigerte Qual«. R. musste sie am eigenen Leibe erdulden. Von dem preußischen Kriminalrichter Dambach, einem der »furchtbaren Juristen« des 19. Jahrhunderts, stammt die Aktennotiz: »Reuter hat sich während seiner Gefangenschaft stets als ein roher Geselle bewährt und ist häufig wegen Übertretung der Hausgesetze bestraft. Er hat den Inspektor persönlich bedroht, sang die ärgsten Zotenlieder, polterte häufig im Kerker, zankte laut mit Schildwache und Gefangenenwärter, und nur seine gänzliche Isolierung brachte ihn zur Vernunft. Er ist an und für sich gutmütig, aber leicht zum Zorne gereizt und dann einem Tiere ähnlich. Gelernt scheint er fast nichts zu haben und der *couleur perdue* anzugehören. Deshalb hat er sein Studium aufgegeben und will Maler und Mathematiker werden. Nach seiner Entfernung von Jena hat er vagabundiert und ist bei einer Hure hier arretiert worden. Gefährlich scheint er nicht als Anhänger verderblicher Lehren, sondern als Taugenichts.«

Der Verfolger verrät sich selbst: Er vermutet politische Ungefährlichkeit seines – wie er es sieht – unpolitischen Opfers, rechtfertigt jedoch den Fortgang der amtlichen Verfolgung mit »moralischen« Vorhaltungen. Dabei war bereits R.s Verhaftung in Berlin (31. 10. 1833) ein Rechtsbruch, denn R. – als Mecklenburger – durfte in Preußen nicht zur Rechenschaft gezogen werden. Das Delikt? Im Todesurteil, ihm zugestellt nach über dreijähriger Haft, hieß es: »Daß der stud. jur. A. L. G. F. Reuter wegen seiner Teilnahme an hochverräterischen burschenschaftlichen Verbindungen in Jena und wegen Majestätsbeleidigung mit der Confiscation seines Vermögens zu bestrafen und mit dem Beile vom Leben zum Tode zu bringen sei.« Empfindlichkeit der Könige: Rache für R.s Teilnahme an der Silvesterfeier 1832 auf dem Markt zu Jena, wo das Burschenschafter-Lied »Fürsten zum Land hinaus« gesungen worden war. Das Todesurteil wurde nicht vollstreckt, die beleidigte Majestät wandelte es um in eine 30-jährige Festungshaft. Über deren Folgen schrieb R. in dem Erinnerungsbuch *Ut mine Festungstid* (1862): »bleike, witte, grise Steingestalten wiren sei worden, dese frischen, gesunnen Lüd', dörch de ehre jungen Adern dat Blaud so lustig flaten [geflossen] was, de ehre jungen Glider nu stiw worden wiren, äs bi steinolle Lüd', up de ehren Geist de Gefängnisqual lasten ded, un de minschliche Niderträcht un de Hoffnungslosigkeit von de Taukunft.« Niemand hätte dem »Verlorenen«, dem Häftling ohne jede Aussicht, der nach siebenjähriger Einkerkerung (1840) freikam, die Zukunft vorherzusagen gewagt, die tatsächlich auf ihn wartete.

Ein Menschenalter später galt er als der Berühmteste unter den deutschen Autoren des Realismus, wohlhabend (höchst honorierter Autor!), ausgezeichnet mit dem Ehrendoktor der Universität Rostock und – durch Bayerns Königshaus – mit dem persönlichen Adel. Unbestreitbar hatten die Erfahrungen der Haftzeit zur Ausbildung seiner dichterischen Fähigkeit beigetragen. Er äußerte, »daß meine Mutter in der ersten Jugendzeit hierauf den größten Einfluß geübt hat, daß später die Festungszeit durch die fortwährenden Phantasiespiele, die man in Ermangelung unterhaltender Wirklichkeit heraufzubeschwören gezwungen ist, der Klarheit und Deutlichkeit der Vorstellungen förderlich gewesen ist, und daß sie mich befähigt hat, den Menschen kennen zu lernen«. Weniger noch »den Menschen« als vielmehr, nach der Entlassung, vor allem die ländlichen Proletarier, zugleich aber auch die Junker Mecklenburgs und Pommerns – er betätigte sich als Aushilfskraft in der Landwirtschaft –, die Geistlichen sowie die Kleinbürger der Provinzstädte, wo er kümmerlich seinen Lebensunterhalt als Privatlehrer verdiente. Sie verstand er perfekt zu schildern, angefangen beim Gesamtgestus, den Sprachgestus vor allem. Literarische Einflüsse erreichten ihn – wie die neuere Forschung herausfand – nicht wenige, nicht zuletzt von der damals dominierenden englischen Romantik (Byron, daneben der historische und Zeitroman von Walter Scott und Charles Dickens). Eine schwere Behinderung seines Lebens und Schaffens bildete der temporär auftretende Alkoholmissbrauch, ein neurotisches Leiden kaum ohne Zusammenhang mit dem frühen Verlust der Mutter sowie der Vaterproblematik, durch die R.s Jugend geprägt war.

Als Schriftsteller begann er während des Vormärz mit hochdeutschen journalistischen, satirischen und agitatorischen Arbeiten. Der Erfolg kam nach der 48er Revolution (woran R. sich als Mitglied lokaler Reformvereine beteiligte) mit den *Läuschen un Rimels* (1853 ff.), gereimten Schwänken in Mundart, die der Dichter im Selbstverlag erscheinen lassen musste. Die vier plattdeutschen Dichtungen, mit denen er über das Eng-Provinzielle hinauswuchs, verfasste er größtenteils in Neubrandenburg (von 1856 bis 1863): *Kein Hüsung* (1858), eine Verserzählung, von der R. sagte, er habe sie mit »seinem Herzblute im Interesse der leidenden Menschheit geschrieben«, sowie neben den Erinnerungen an die Haftzeit den historischen Roman *Ut de Franzosentid* (1860) und den mehrbändigen Gesellschaftsroman *Ut mine Stromtid* (vollendet 1864 in Eisenach; Strom = Landmann). Dieser zeigt im Mittelpunkt den kleinbürgerlichen Demokraten Unkel Bräsig, R.s populärste Schöpfung, »eine weit erhabenere Gestalt als alle Recken und Äsen der Götterdämmerung« (Paul Heyse). Außer *Kein Hüsung* erschienen die genannten Werke in der Sammlung *Olle Kamellen* (*alte Kamillen*), weil, wie R. notierte, wirkungslos gegen Bauchschmerzen (ironisierende Verharmlosung des Gehalts).

Dem niederdeutschen Dichter gelang im Deutschland seiner Zeit so etwas wie die Quadratur des Kreises, die Erringung des literarischen Erfolgs, ohne seine demokratische Überzeugung aufzugeben: »Ich habe kämpfen und streiten müssen, und wenn einer Augen hat zu sehen, so wird er zwischen den Zeilen meiner Schreibereien herauslesen, daß ich immer Farbe gehalten habe und daß die Ideen, die den jungen Kopf beinahe unter das Beil gebracht hätten, noch in dem alten fortspuken« (Brief vom 16. August 1864).

Werkausgabe: Gesammelte Werke und Briefe. Hg. von Kurt Batt. 9 Bde. Rostock 1967.

Wolfgang Beutin

Reve, Gerard (bis 1974 Simon Reve oder Gerard Kornelis van het Reve)
Geb. 14. 12. 1923 in Amsterdam; gest. 8. 4. 2006 in Zulte/Belgien

Gerard Reve war als Schriftsteller und Person ein widersprüchlicher Charakter. Er debütierte in den 1940er Jahren mit Prosatexten – *De ondergang van de familie Boslowits* (1946), *De avonden* (1947; *Die Abende*, 1987), *Werther Nieland* (1949) –, die wegen ihrer schnörkellosen und nüchternen Darstellung auffielen, legte aber in den 1960er Jahren großen Wert darauf, den symbolischen Gehalt seiner frühen Texte zu erklären. Er warb – vor allem in seinen Briefzyklen *Op weg naar het einde* (1963; *Auf dem Weg zum Ende*), *Nader tot U* (1966; *Näher zu dir*, 1986) und *De taal der liefde* (1972; *Die Sprache der Liebe*) – um Verständnis für seinen Kulturpessimismus, seine Depressivität und sein idiosynkratisches Verständnis von Literatur. Aber gleichzeitig gebärdete er sich als *enfant terrible*, das sich mit Gott und der Welt anlegte und Literaturkritiker, Verleger und Schriftstellerkollegen (wie z. B. Remco Campert, Harry Mulisch und Simon Vinkenoog) zu heftigen publizistischen – und gelegentlich auch handfesten – Scharmützeln herausforderte. Und obwohl R. mit seiner Homosexualität, seiner Erotomanie und seinem schwarzen Mystizismus nicht nur die moralische Empörung der Kirchen provozierte, sondern auch in Konflikt mit dem niederländischen Staat geriet, der ihm 1951 ein für die Novelle *Melancholia* schon zugesprochenes Reisestipendium wieder aberkannte und 1966 nach dem Erscheinen von *Nader tot U* einen Prozess um den Tatbestand der Blasphemie gegen ihn führte – vgl. *Vier pleidooien* (1971; *Vier Plädoyers*) –, trat er im gleichen Jahr mit einem pompös inszenierten Zeremoniell in die katholische Kirche ein. Entsprechend schwankt das öffentliche Urteil über R. zwischen Unverständnis gegenüber der kruden Selbstbezüglichkeit seiner Texte und Bewunderung für seine plastische Schreibweise, deretwegen man ihn – neben Willem Frederik Hermans und Harry Mulisch – zu den »großen

Drei« unter den niederländischen Schriftstellern nach dem Zweiten Weltkrieg zählt. »Er aß wie ein Tier, das seine getötete Beute noch beim Aufessen haßt.« Mit diesem Bild, das dem Mythos des seine Söhne verschlingenden Göttervaters Kronos nachempfunden ist, hat R. 1966 in seinem »Brief aus der Vergangenheit« (in: *Nader tot U*) seinen Vater porträtiert – und mit dem Eingeständnis, dessen gieriges Essverhalten wider Willen übernommen zu haben, seinen obsessiven Selbsthass umschrieben. Dass R. gegen den Vater, den Journalisten und Schriftsteller Gerard Johannes Marius van het Reve, ein führendes Mitglied der Kommunistischen Partei der Niederlande, heftig rebelliert hat, zeigt sich auch daran, dass er den Kommunismus immer als totalitär abgelehnt und sich von den linken Protestbewegungen der 1960er Jahre strikt distanziert hat. Als 17-Jähriger beging R., nachdem er das Amsterdamer Vossius-Gymnasium vor dem Abschluss verlassen musste, einen Selbstmordversuch. Anschließend begann er auf den Rat eines Psychiaters hin aus therapeutischen Gründen mit dem Schreiben, um eine Technik zur Kontrolle seines übermächtigen Affekts zu entwickeln. Auch motivisch kann man die Verweigerung einer an der väterlichen Autorität orientierten Männlichkeit in R.s Texten wiedererkennen; unabhängig vom jeweiligen Genre kreisen seine Briefe, Gedichte, Theaterstücke und Romane um die unerfüllte Sehnsucht und das aufgeschobene Begehren eines (männlichen) Ich, das sich im Werben um die Liebe und Anerkennung eines anderen verausgabt, indem es sich die Erfüllung seiner Wünsche mit Ritualen der Abwehr und Selbstbestrafung selber versagt: Der 23-jährige Frits van Egters, den R. für die letzten zehn Tage des Jahres 1946 zur Hauptfigur seines Romans *De avonden* macht, vertrödelt seine Lebenszeit, indem er ihr nachtrauert, bevor sie verstrichen ist. Egters ist der melancholische Vertreter einer Generation, die keine Zukunft hat, weil sie für die seelische Wunde, die der Zweite Weltkrieg ihr zugefügt hat, keine Sprache findet.

Reves frühe Texte sind im Stil des Nouveau roman oder der Neuen Sachlichkeit geschrieben und thematisieren die Leiden von Kindern und jungen Männern aus der befremdeten Sicht eines Subjekts, das für das, was ihm geschieht, keinen Begriff hat. Demgegenüber schrieb R. seit seinem öffentlichen Outing während einer Schriftstellertagung in Edinburgh 1962 aus dem Affekt eines Homosexuellen, der »sein ganzes Selbst« nicht nur offenbart, sondern in drastischen Bildern exhibitioniert. Statt sie zu leugnen oder abzuwehren wie das ›sachliche Ich‹ der frühen Texte, unterwirft sich das ›ekstatische Ich‹ von R. in Briefzyklen – wie z. B. *Lieve jongens* (1973), *Brieven aan Wimi* (1980), *Brieven aan Bernard S.* (1981), *Brieven aan Simon C.* (1982), *Brieven aan Frans P.* (1984), *Brieven aan Ludo P.* (1986), *Brieven aan Matroos Vosch* (1997) – und Romanen – wie z. B. *Oud en eenzaam* (1978), *Moeder en zoon* (1980), *De vierde man* (1981), *Wolf* (1983), *Bezorgde ouders* (1989), *Het boek van violet en dood* (1996; Das Buch von Violett und Tod), *Het hijgend hert* (1998; Der röhrende Hirsch) – seinen Zwangsvorstellungen und Verfolgungsängsten, indem es diese in (selbst)aggressiven Szenarien ausphantasiert. Darin setzt R. das sprechende Ich in ein Verhältnis zu sich selbst, das er mit dem doppeldeutigen Begriff »Revismus« umschreibt, welcher einerseits auf seinen Ich-Kult verweist, andererseits aber auch darauf anspielt, dass das Ich, das er in Szene setzt, sich selbst revidiert oder zurücknimmt. Ebenso wie Reve die – katholische – Vorstellung der *unio mystica* in einen Sexritus umschreibt, bei dem sich ein Ich den sadomasochistischen und nekrophilen Phantasien aufopfert, die es in einen »mitleidlosen Jungen« projiziert, projiziert er in seine Texte die Vorstellung eines Buches, das er meint, schreiben zu müssen, aber nicht wirklich schreibt: »Ich werde diese Dinge schreiben müssen, oder ich werde gar nicht schreiben.«

R., der sich selbst auf Louis-Ferdinand Céline, Vladimir Nabokov und Jerome D. Salinger berief, war der tragische Clown der niederländischen Nachkriegsliteratur. Bei der Verleihung des P.C. Hooft-Preises küsste er die Kulturministerin Marga Klompé 1969 auf offener Bühne. Anlässlich seines 75. Geburtstages ernannte ihn das niederländische Königshaus 1998 zum Commandeur in de Orde van Oranje Nassau. Wegen eines laufenden Gerichtsverfahrens gegen R.s Lebensgefährten verlieh der belgische König Albert II. ihm den Niederländischen Literaturpreis 2001 nicht – wie protokollarisch vorgesehen – persönlich. Ab 2004 lebte R., der um 1997 an Alzheimer erkrankte, in einem Pflegeheim in Belgien. Drei seiner Bücher wurden verfilmt: LIEVE JONGENS (1980), DE VIERDE MAN (1980) und DE AVONDEN (1989).

Barbara Lersch-Schumacher

Rhys, Jean
[Ella Gwendolen Rees Williams]
Geb. 24. 8. 1890 in Roseau, Dominica, Karibik; gest. 14. 5. 1979 in Exeter

Schon während ihrer Kindheit auf der Antilleninsel Dominica erfuhr Jean Rhys, Tochter eines walisischen Arztes und einer karibischen Kreolin, Isolation und Orientierungslosigkeit: Die Lebensfreude der afro-karibischen Bevölkerung bewunderte sie als Außenstehende, und für den väterlichen Teil ihrer Familie verkörperte sie als weiße Kreolin das Fremde. 1907 ging sie nach England und kehrte nur noch einmal (1936) nach Dominica zurück, verspürte in Europa jedoch Sehnsucht nach dem Ambiente ihrer tropischen Heimat. Der Tod des Vaters und der finanzielle Ruin der Familie setzten ihrer in London begonnenen Ausbildung zur Schauspielerin ein Ende. R. begann zu schreiben, als ihre erste Ehe mit dem Journalisten Jean Lenglet zu scheitern drohte, und wurde darin von Ford Madox Ford bestärkt, mit dem sie 1922 in Paris eine kurze Affäre hatte (vgl. dessen Vorwort zu ihrer frühen Kurzgeschichtensammlung *The Left Bank*, 1927).

R.' erster Roman, *Postures* (1928, neu aufgelegt in den USA als *Quartet*, 1969), fiktionalisiert die Affäre mit Ford und ihre eigene Situation während der Inhaftierung ihres Mannes 1923. Marya Zelli ist der Prototyp der R.schen Heldin: Attraktiv, verletzlich und voller selbstzerstörerischer Tendenzen bleibt sie eine Außenseiterin, die sich in finanzielle, sexuelle und psychische Abhängigkeiten verstrickt. Es folgen die Romane *After Leaving Mr Mackenzie* (1930), *Voyage in the Dark* (1934) und *Good Morning Midnight* (1939), die dieses Thema weiter ausloten. Bemerkenswert ist vor allem der letztgenannte Roman, eine brillante Darstellung des psychischen Orientierungsverlusts der Heldin Sasha Jensen, deren wachsende Verzweiflung R. mit einer Form der *stream of consciousness*-Technik darstellt: Eine unzuverlässige und in sich gebrochene Erzählstimme sowie der fragmentarische und elliptische Stil bringen den Grad der Selbstentfremdung der Protagonistin, der bis in die Persönlichkeitsspaltung führt, meisterlich zum Ausdruck. So ungewöhnlich das Buch thematisch, erzählerisch und stilistisch auch ist, so wenig Erfolg war ihm beschieden, und R. zog sich 1939 aus dem literarischen Leben zurück.

Mit ihrem Spätwerk *Wide Sargasso Sea* (1966; *Sargasso-Meer*, 1980) schrieb R. Charlotte Brontës Klassiker *Jane Eyre* (1847) aus postkolonialer Perspektive fort. Sie erzählt die Geschichte der als geistesgestört eingesperrten ersten Frau Rochesters, die ähnlich der Autorin aus einer verarmten kreolischen Familie stammt. Die Heldin leidet unter der doppelten Diskriminierung durch die Engländer und die nach der Sklavenbefreiung hasserfüllten Schwarzen. In Rochester scheint die Rettung aus der Isolation zu liegen, er begreift jedoch die ihm fremde exotische Welt der Karibik nicht, während Antoinette sich in der für sie kalten englischen Umgebung nicht zurechtfindet. In ihrer Wahrnehmung verwischen sich zunehmend die Grenzen zwischen Realität, Wahnsinn und Vision. Den Rettungsversuch der Eingesperrten aus den von ihr gezündeten Flammen, der es Rochester in *Jane Eyre* ermöglicht, sich Janes moralisch würdig zu erweisen, dichtet R. zu einem Akt der Auflehnung Antoinettes um, der nur im Tod zur Befreiung führen kann.

Constanze Krings

Richardson, Samuel
Getauft 19. 8. 1689 in Mackworth, Derbyshire; gest. 4. 7. 1761 in London

Während des 18. Jahrhunderts war Samuel Richardson wohl Europas berühmtester und einflussreichster Romanautor. Er gilt, neben Daniel Defoe, als Vater des englischen Romans, und es ist auf ihn zurückzuführen, dass die Form des Briefromans sich im 18. Jahrhundert besonderer Beliebtheit erfreute. Indem R. den sentimentalen Roman mit der eingehenden Darstellung von Gefühlen und individuellem Bewusstsein entscheidend prägte, ist er sowohl als ein wichtiger Vorläufer der Romantik anzusehen als auch des modernen Bewusstseinsromans, wie man ihn bei Henry James, Virginia Woolf oder Marcel Proust findet.

R.s Lebenslauf gab zu derart großen Erwartungen wenig Anlass, und auch sein Charakter entsprach in keiner Weise der Vorstellung eines Künstlergenies. Zunächst Handwerker und Geschäftsmann, angetrieben vom protestantischen Arbeitsethos, kam er erst spät und scheinbar zufällig zum literarischen Schreiben. Da sein Vater, ein Schreiner, aufgrund politischer Verfolgung oder wegen geschäftlicher Schwierigkeiten London verlassen musste, erblickte R. in Derbyshire das Licht der Welt. Er wäre gern anglikanischer Geistlicher geworden; aber für die notwendige Ausbildung (er war eines von neun Kindern) fehlte das Geld. So erhielt er nur eine mäßige Schulbildung und ging 1706 zu dem Drucker John Wilde in London in die Lehre, weil er meinte, so seinen Lesehunger am besten stillen zu können. Nach den üblichen sieben Lehrjahren arbeitete R. zielstrebig als Geselle und machte sich 1721 selbständig. Er heiratete die Tochter seines Meisters, mit der er fünf Söhne und eine Tochter hatte, die alle früh starben. Nach dem Tode seiner ersten Frau heiratete er 1733 Elizabeth Leake, die Tochter eines Druckerkollegen und Schwester eines Buchhändlers; von den fünf Mädchen und einem Jungen, die er mit ihr hatte, überlebten vier Mädchen. Durch seinen einzigartigen Fleiß und Geschäftssinn war R. sehr erfolgreich, und sein Betrieb wuchs ständig. Wenn er gelegentlich selbst zur Feder griff, so geschah es überwiegend aus praktischen Gründen, indem er für die unterschiedlichen Texte und Bücher, die er herausbrachte, Indizes, Vorwörter oder Widmungen beitrug. Auch die erste Schrift von ihm, ein langes Pamphlet mit dem Titel *The Apprentice's Vade Mecum: or, Young Man's Pocket-Companion* (1733), das zu Fleiß, Nüchternheit und selbstloser Pflichterfüllung anhielt, ist derart zweckgerichtet.

In seinen Selbstzeugnissen, wie sie R.s erste Biographin, Anna Laetitia Barbauld, als Einleitung ihrer sechsbändigen Ausgabe der Briefe (1804) zusammengestellt hat, lassen sich freilich doch schon früh Anzeichen für seine erzählerische Begabung und die Nähe zu seinem späteren Lesepublikum beobachten. So erinnert sich R., wie ihn die Schulkameraden mit Spitznamen wie ›Serious‹ und ›Gravity‹ bedachten und sich von ihm Geschichten erzählen ließen, die natürlich alle, wie er betont, eine nützliche Moral vermittelten. Frauen waren stets R.s bevorzugter Umgang. Aufgrund seiner schüchternen Veranlagung fühlte er sich mehr zum weiblichen Geschlecht als zu gleichaltrigen Jungen hingezogen, und junge Frauen aus der Nachbarschaft ließen sich von ihm bei der Näharbeit vorlesen. Besonders stolz machte ihn, dass einige ihm so großes Vertrauen schenkten, ihn an ihren Liebesgeheimnissen teilnehmen zu lassen: Er durfte ihre Liebesbriefe lesen und verfasste für sie Antwortbriefe. Von frühester Jugend an war R. ein begeisterter Briefschreiber. Schon als Elfjähriger griff er, wie er sagt, spontan zur Feder und stellte in einem anonymen Brief eine heuchlerische Witwe wegen ihrer Klatsch- und Streitsucht zur Rede. Dabei ahmte er geschickt den Stil einer älteren Person nach, wurde aber entdeckt, da seine Handschrift bekannt war. R.s Affinität zu Frauen, die später den wichtigsten Teil seines Lesepublikums ausmachten, wurde noch dadurch verstärkt, dass er, wie es bei Frauen im 18. Jahrhundert die Regel war, keine formale Bildung erhielt. Mit den kleinen und großen Problemen des Lebens war er jedoch, wie sie, durch leidvolle Erfahrung vertraut; im Zusammenhang mit seiner schon früh angegriffenen Gesundheit erwähnt er z. B., dass er einmal in einem Zeitraum von zwei Jahren elf Todesfälle in seiner näheren Umgebung zu beklagen hatte. Erst nachdem R., Geschäftsmann mit guten Verbindungen in literarischen Kreisen und als geschickter Stilist bekannt, bereits 50 Jahre alt war, begann seine eigentliche Laufbahn als literarischer Autor. Zwei befreundete Buchhändler schlugen ihm vor, einen Briefsteller, d. h. eine Sammlung von Musterbriefen, zu verfassen. Im Vergleich zu anderen Briefstellern der Zeit ist das Werk deutlich didaktischer ausgerichtet, wie der vollständige Titel zum Ausdruck bringt: *Letters Written to and for Particular Friends, on the Most Important Occasions: Directing Not Only the Requisite Style and Forms to Be Observed in Writing Familiar Letters; But How to Think and Act Justly and Prudently in the Common Concerns of Human Life* (1741). Während der Arbeit an den Musterbriefen kam R. der Einfall, in dieser Form eine zusammenhängende Geschichte zu erzählen; er unterbrach das Werk und schrieb in zwei Monaten von November 1739 bis Januar 1740 seinen ersten Roman. *Pamela: Or, Virtue Rewarded. In a Series of Familiar Letters from a Beautiful Young Damsel, To her Parents* (1740; *Pamela oder die belohnte Tugend*, 1743) erschien noch im gleichen Jahr und wurde ein gewaltiger Erfolg. Die Geschichte von der schönen jungen Tochter frommer und ehrlicher, aber verarmter Leute, die von ihrer Herrin gefördert wird, nach deren plötzlichem Tod sich jedoch der Verführungskünste und finsteren Absichten ihres jungen Herrn erwehren muss, bis er am Ende durch ihre Tugend überzeugt wird und sie heiratet, geht nach R.s späteren Angaben auf eine wahre Geschichte zurück, welche er mehr als zwei Jahrzehnte vorher gehört hatte. In der zweibändigen Erstausgabe tritt R. ohne Namensnennung als Herausgeber authentischer Briefe auf; so betont er den Realismus des Werks, der, neben der moralischen Ausrichtung, die frühen Leser und besonders die Leserinnen begeisterte. R. nutzte den Erfolg und fügte zwei Folgebände mit Briefen, die Pamela nach ihrer Eheschließung mit Personen von Stand wechselt, bei der revidierten Ausgabe 1741 hinzu. Doch nicht alle Zeitgenossen waren überzeugt. Henry Fielding war über die, wie er meinte, scheinheilige Heldin, die ihre Tugend erst zum Höchstgebot vermarktet, empört und wurde mit seinen parodistischen und satirischen Gegenentwürfen *Shamela* (1741) und *Joseph Andrews* (1742) selbst zum Romancier, der seitdem von Literarhistorikern gern mit R. verglichen wird. – An seinem nächsten Roman arbeitete R. etwa fünf Jahre: *Clarissa: Or, the History of a Young Lady* (1747f.; *Die Geschichte der Clarissa, eines vornehmen Frauenzimmers*, 1748–51) erschien in sieben Bänden und wurde nach allgemeinem Urteil sein Meisterwerk. Zwar sind die Grundelemente die gleichen wie in dem Erstlingsroman – Konflikte zwischen Mann und Frau reflektieren gegensätzliche gesellschaftliche Werte und führen zu intensiven Gefühlen, die, vorgeblich zu moraldidaktischen Zwecken, ausschließlich in Briefen dargestellt werden –, aber das Muster ist ungleich komplexer. R., der seine eigenen Texte beständig revidierte, versuchte offensichtlich die Schwächen von *Pamela* zu vermeiden. Während dort eine einzige Briefschreiberin dominiert, sind an den 537 Briefen von *Clarissa* über 20 Korrespondenten beteiligt, in der Hauptsache die tugendhaften jungen Damen Clarissa Harlowe und ihre Freundin Anna Howe sowie die jungen Lebemänner Lovelace und Belford. Statt des glücklichen Endes als Ausdruck poetischer Gerechtigkeit setzte R. hier (allen Bitten seiner Fans zum Trotz) einen tragischen Ausgang: Clarissa, die sich Lovelace anvertraut hat, um ihrer despotischen Familie und der Zwangsehe mit dem widerlichen Holmes zu entkommen, wird von dem gewissenlosen Libertin unter Drogeneinfluss entehrt und stirbt an ihrem Kummer. In der leidenden Protagonistin sah die bürgerliche Mittelschicht die Vertreterin ihres Moralkodex im Gegensatz zur verantwortungslosen Aristokratie. Wieder gibt die – von Fielding in *Shamela* parodierte – Briefform R. die Möglichkeit großer Unmittelbarkeit der Darstellung; im Vorwort spricht er von »*instantaneous* Descriptions and Reflections«, und in einem Brief nennt er seine innovative Schreibweise »writing to the moment«. Besonders die Gefühle der Romanfiguren kommen differenziert zur Geltung. Lovelace spricht für den Autor, indem er *correspondence* mit bezeichnender Etymologie als »writing from the heart« erklärt. Wenngleich R. sich mehr als ein Jahr lang bemühte, den Text zu kürzen, entstand doch einer der längsten Romane der englischen Literatur. Dr. Samuel Johnson, der zeitgenössische Literaturpapst, der eine hohe Meinung von R. hatte und ihm eine von vier Fremdnummern seines *Rambler* überließ (»Advice to Unmarried Ladies«, Nr. 97), meinte in einer gern zitierten Bemerkung, wer R. um der Story willen lesen wolle, müsse sich vor Verärgerung aufhängen, man müsse ihn um der Gefühle willen lesen und die Story nur als Anlass dafür betrachten.

Nachdem R. in *Pamela* mit Mr. B. und in *Clarissa* mit Lovelace eine negative oder sogar skrupellose männliche Hauptfigur dargestellt hatte, entschloss er sich in seinem dritten und letzten Roman, das Porträt eines uneingeschränkt guten Mannes zu zeichnen. Er wollte damit auch ein Gegenbild zu dem von ihm sehr missbilligten *Tom Jones* (1749) seines Rivalen Fielding entstehen lassen. *The History of Sir Charles Grandison* erschien 1753–54 in sieben Bänden. Die Briefform, derer R. sich wieder bediente, wäre undenkbar ohne die Briefkultur bzw. den Briefkult der Zeit. Am aktivsten beim Briefeschreiben ist freilich nicht der Titelheld, der erst spät mit Pauken und Trompeten auf den Plan tritt, als er die schöne Harriet Byron mutig aus der Gewalt eines aristokratischen Entführers befreit, sondern diese junge Dame selbst, die er am Ende zur Frau bekommt. R. hatte nicht nur Schwierigkeiten mit der fiktional wenig ergiebigen Musterhaftigkeit des Helden; er fand auch die Darstellung weiblicher Qualitäten erklärtermaßen viel interessanter und kongenialer. *Grandison* war mit einiger Berechtigung weniger populär als die Vorgänger, was R.s Ruhm und Erfolg jedoch wenig beeinträchtigte. 1754 wurde er zum Meister der Buchhändler- und Verleger-Innung gewählt, und noch zwei Jahre vor seinem Tode hatte er entscheidenden Anteil an der wegweisenden Schrift *Conjectures on Original Composition* (1759) von Edward Young. Mit 71 Jahren starb er an einem Schlaganfall.

Werkausgaben: Novels. London 1902. – Novels. Oxford 1929–31. – Selected Letters. Hg. J Carroll. Oxford 1964.

Raimund Borgmeier

Rilke, Rainer Maria
Geb. 4. 12. 1875 in Prag;
gest. 29. 12. 1926 in Val-Mont/Wallis

»Generationen deutscher Leser galt und gilt er als die Verkörperung des Dichterischen, sein klangvoll-rhythmischer Name wurde zum Inbegriff des Poetischen« (Marcel Reich-Ranicki, 1975). Als Fazit von R.s Nachruhm liest sich das wie die Sockelinschrift für die Büste eines endgültig ins Musée imaginaire kanonischer Dichtung abgeschobenen Autors. Nach der schwärmerischen Verehrung R.s als seherischen Weltanschauungskünders in den 1950er Jahren, nach der dann vehement einsetzenden Kritik am geschmäcklerischen, apolitischen oder gar kryptofaschistischen Ästhetizisten nun also die gleichgültig-freundliche Erhebung in den Rang des Klassikers?

Tiefpunkte der Wirkungsgeschichte eröffnen immer auch die Möglichkeit einer unbefangenen Neuentdeckung. Wer in diesem Sinne einen Zugang zu Leben und Werk R.s sucht, findet ihn vielleicht in der folgenden Briefstelle aus dem Jahre 1915: »Solange man gezwungen ist, das Andere auch jedesmal für das Falsche, Arge, Feindliche zu halten, statt eben schlechthin für – das Andere, solange bekommt man keine gelassene und gerechte Beziehung zur Welt, in der jedes Raum haben soll, Teil und Gegenteil, ich und der von mir Allerverschiedenste. Und nur unter Voraussetzung und Zugebung einer solchen, vollzähligen, Welt wird man auch das

eigene Innere, mit seinen internen Kontrasten und Widersprüchen, weit und geräumig und luftig einrichten.« Im Kern enthält dies kurze Zitat R.s Existenzentwurf und Dichtungsprogramm zugleich: Rückhaltlose Offenheit gegenüber Wirklichkeit wie menschlichem Du, aber auch gegenüber den Abgründen des eigenen Ich, dem Unbewussten, der eigenen Kreatürlichkeit; zugleich jedoch das Bemühen, jenseits aller Konventionen und Schablonen, jenseits von Verdinglichung und Verdrängung, das Formlose und Fremde durch dichterische Gestaltung modellhaft in neue, spielerisch-schwebende und doch genaue Ordnungen zu überführen. So verstanden war Kunst für R. »auch nur eine Art zu leben« – allerdings eben »durch ihre angeborene Uneigennützigkeit, Freiheit und Intensität *jeder* menschlichen Betätigung irgendwie vorbildhaft«. Von einem gelungenen Kunstwerk geht daher der Appell aus: »Du mußt dein Leben ändern« (*Archaïscher Torso Apollos*).

Die psychische Disposition, die diesem Programm zugrundeliegt, ist biographisch zunächst als erlittene Beschädigung, als »Ich-Schwäche«, fassbar. Vor allem die unheilvolle Familienkonstellation wird prägend: der schwache Vater Josef R., in seiner Militärkarriere gescheitert und in die eintönige Beamtenexistenz eines Bahninspektors gezwungen – dagegen die dominierende Mutter Sophie, aus großbürgerlichem Haus, voll unerfüllter Ambitionen, die sie auf den Sohn überträgt. Nicht nur viele der frühen Erzählungen und Dramen zeugen vom vergeblichen Versuch R.s, sich aus der Abhängigkeit von ihr zu lösen, in der er sich »ganz willenlos, ganz Besitz ihrer Liebe« fühlte (*Einig*, 1897); noch der Vierzigjährige wird ein Gedicht mit der verzweifelten Klage beginnen: »Ach wehe, meine Mutter reißt mich ein«. Ebenso traumatisch wirkt sich die Militärschule aus, in der er von 1885 an auf eine Offizierslaufbahn vorbereitet werden soll – für den bisher in seinem Elternhaus überbehüteten, verzärtelten, ohne Kontakt mit Gleichaltrigen Aufgewachsenen »eine gewaltige Heimsuchung«, »unter fünfhundert Knaben eine (für mein Alter) überlebensgroße Erfahrung der Einsamkeit«.

Es ist R.s große Lebensleistung, diese Bedrohungen seiner Identität nicht nur überstanden, sondern ins Positive gewendet zu haben, was freilich nur in der Dichtung – die er als »eine Art Selbstbehandlung« der Psychoanalyse vorzog – wirklich gelang. Dort war etwa seine ungeheuer gesteigerte Sensibilität, seine Fähigkeit, auch feinste Nuancen einer Farbe, eines Tons, einer Stimmung wahrzunehmen, ausbalanciert durch das Vermögen ästhetischer Gestaltung. Im Leben dagegen musste er sie als heillose Zerstreutheit empfinden – »meine Sinne gehen, ohne mich zu fragen, zu allem Störenden über« –, als lästige Stimmungsabhängigkeit, als Nebeneinander von »lahmem Willen« und »jähen, nervösen Willenseruptionen«, als »komplizierte Wechselwirkung körperlicher und seelischer Depressionen«. Auch persönliche und räumliche Bindungen gelangen R. nur in der Dichtung. Mit dem Abbruch eines in Prag und München nur halbherzig betriebenen Studiums (vor allem der Kunstgeschichte) entschied sich R. für den Dichterberuf; seither hat es ihn nie länger als einige Jahre an einem Ort gehalten. Sein unstetes Wanderleben – meist in Mietswohnungen, oft auch als Gast adeliger und großbürgerlicher Gönner, wie der Fürstin Marie von Thurn und Taxis oder der Schweizer Industriellengattin Nanny Wunderly-Volkart – endet erst 1921 mit der Übersiedelung in den einsamen Schlossturm von Muzot im Schweizer Wallis. In der Welt seines Werks aber formt und verdichtet sich die Vielzahl intensiver Stadt- und Landschaftserlebnisse (u. a. Florenz, Russland, Worpswede, Paris, die Provence, Ägypten, Spanien, das Wallis) zum »imaginären Raum« seiner inneren Landschaften. Allen Liebesbeziehungen – und es gab nicht wenige – entzieht R. sich, sobald sie zum »Schicksal« zu werden drohen, d. h. zur äußerlichen, nicht mehr von spontaner Zuneigung getragenen Verpflichtung. So trennt er, der gehofft hatte, durch Ehe und Familie zum »Wirklichen unter Wirklichem« zu werden, sich 1902 nach nur einem Jahr des Zusammenlebens von seiner Frau, der Bildhauerin Clara, geb. Westhoff, und seiner Tochter Ruth. Die meisten seiner Liebesbeziehungen dauern nicht lange, sind auch wiederholt in abstandwahrenden Briefwechseln vorentworfen, hinter deren emotionaler Intensität das tatsächliche Erlebnis dann weit zurückbleibt. Sein im Leben unerreichtes Ideal einer »besitzlosen Liebe«, in der jeder der Partner zum »Wächter der Einsamkeit«, der Freiheit und Eigenheit des anderen werden soll, hat R. wiederum allein in seiner Dichtung verwirklicht: im lyrischen Entwurf eines idealen Gegenübers (der »künftigen Geliebten«, der »großen Nacht«, dem »Engel«), vor allem aber in seiner nie »besitzenden«, sondern »gleichnishaften Aneignung« gestalteter »Dinge«. All das lässt verstehen, wieso sich für ihn das Grundproblem seiner Existenz im Konflikt von Kunst und Leben konzentrierte: »In einem Gedicht, das mir gelingt, ist viel mehr Wirklichkeit als in jeder Beziehung oder Zuneigung; wo ich schaffe, bin ich wahr.« Und: »In der Kunst ist wirklich Raum für alle Gegensätzlichkeiten der inneren Verhältnisse, nur in ihr.«

Wie immer, wenn aus ganz und gar existenzieller Dichtung Weltliteratur entsteht, ist auch in R.s Fall das Biographisch-Besondere von zeittypischer Repräsentanz. Dass er sich dessen bewusst werden konnte, verdankt er vor allem der Begegnung mit der Schriftstellerin und späteren Psychoanalytikerin Lou Andreas-Salomé, die – nicht nur Freundin, sondern emanzipierte geistige Partnerin bedeutender Männer – den Zweiundzwanzigjährigen zu vertiefter Beschäftigung mit Friedrich Nietzsche anregt, ihm später auch Sigmund Freud nahebringt. Nietzsches programmatische Bejahung des in ständiger Wandlung begriffenen irdischen Daseins auch als Kreatürlichkeit, Schmerz, Tod und Trieb, unter Verzicht auf die ohnehin brüchig gewordenen Sicherungen von Metaphysik wie Naturwissenschaft, und Freuds Entdeckung der Tiefendimension des Unbewussten gaben R. Bestätigungen und Anhaltspunkte für die Verallgemeinerbarkeit seiner Existenzproblematik. So konnte er die Annahme aller Schichten seiner offenen Persönlichkeitsstruktur zugleich als »universale Ontodizee«, d. h. als »Rechtfertigung und Rühmung« des ganzen Seins (Ulrich Fülleborn), verstehen.

Viel unmittelbarer noch fand er in der Liebesbeziehung zu Lou, die ihm in lebenslanger Freundschaft auch später Halt und Hilfe gewährte, das, was seiner formal virtuosen, wegen ihrer Inhaltsleere und Epigonalität aber völlig mittelmäßigen Jugenddichtung so dringend fehlte. Durch Lou, die R. ein »unsagbar Wirkliches« war, verlor die Welt für ihn »das Wolkige, dieses Sich-Formen und Sich-Aufgeben, das meiner ersten Verse Art und Armut war«. Dichtungen, die das aus Bildklischees des Fin de siècle errichtete Traumkönigreich der frühen Lyrik erstmals hinter sich lassen, sind die *Weise von Liebe und Tod des Cornets Christoph Rilke* (1899; Erstdruck 1906, bereits zu Lebzeiten des Verfassers ein Bestseller) und das *Stunden-Buch* (1899–1903). Den entscheidenden Durchbruch aber bringt die nächste Werkstufe mit dem Roman *Die Aufzeichnungen des Malte Laurids Brigge* (1904–1910) und den zwei Bänden der *Neuen Gedichte* (1903–1907 u. 1907/8). In den Tagebuchaufzeichnungen seines fiktiven Stellvertreters Malte lässt sich R. ganz auf die Schockerfahrungen des Pariser Großstadtlebens ein, auf Vermassung und Vereinzelung, Reizüberflutung, Krankheit, Armut, Angst und Tod, und versucht über die Aufarbeitung der Kindheit eine Neubegründung seiner Identität, die unter dem Motto stehen könnte: »Wer macht sich neu und zerschlüge sich nicht vorher ...« Die analoge »harte Sachlichkeit« der parallel entstehenden Gedichtbände gewinnt er in Auseinandersetzung mit der Plastik Auguste Rodins und den Bildern Paul Cézannes, die ihn in Wirklichkeitszuwendung wie Formwillen bestätigen. Zeigten R.s frühere Werke noch ganz jugendstilhaft die Verwobenheit von Ich und Welt, einen durch Reimornamente und Klangkaskaden verschlungenen »Teppich des Lebens« (Stefan George), so strebt er jetzt nach einer genauen Beobachtung einzelner Dinge, Lebewesen oder Geschehnisse und ihrer abstrahierenden Zusammenfassung zu »Kunstdingen«. Nicht um objektive Wiedergabe des Außen geht es R. dabei, auch nicht mehr um bloße Stimmungslyrik, sondern eben um ein Drittes, in dem äußeres Objekt und inneres Erleben des in der Darstellung ganz zurückgenommenen Subjekts aufgehoben sein sollen. Als durch »Vereinfachung« und »Auswahl« gestaltete Erlebnisse sind diese Gedichte so auch »Beweis der Einheit und Wahrhaftigkeit« des Ich, geschlossene und damit der Veränderung enthobene »Figuren«, Chiffren einer offenen, doch nie verfließenden Identität. Das folgende Jahrzehnt steht dann ganz im Zeichen einer Lebens- und Schaffenskrise. Zum einen muss R. erkennen, dass trotz der ästhetischen Lösungen alle existenziellen Probleme fortbestehen, zum anderen zerstört der Weltkrieg den ihm lebenswichtigen europäischen Kulturraum und spricht in seiner grauenvollen Sinnlosigkeit jeder Ontodizeebemühung Hohn. R.s »innere Vereisung« löst sich erst 1922 mit Vollendung der bereits 1912 begonnenen *Duineser Elegien* und der gleichzeitigen Niederschrift der *Sonette an Orpheus* – großen Weltgedichtzyklen wie dem *Waste Land* (1922) oder den *Cantos* (1917–1959) der amerikanischen Dichter T.S. Eliot und Ezra Pound. Ging es im mittleren Werk darum, vom genau beobachteten Einzelnen zu Grundfiguren menschlichen Erlebens zu kommen, so wird hier aus zu »lyrischen Summen« verknappten Erfahrungen ein neuer poetischer Mythos der »condition humaine« geschaffen, der zugleich ein poetisches Gegenbild zur entfremdeten Zivilisationswelt der Gegenwart entwirft. In seinen letzten Lebensjahren schreibt R. dann gelassen-entspannte Gedichtzyklen in französischer Sprache, aber auch kühn verknappte, an den französischen Spätsymbolisten Paul Valéry anknüpfende Lyrik. Zu ihr zählen die Verse, die der 1926 an Leukämie qualvoll Verstorbene testamentarisch zu seinem Grabspruch bestimmte: »Rose, oh reiner Widerspruch, Lust,/Niemandes Schlaf zu sein unter soviel Lidern.«

Werkausgaben: Sämtliche Werke in 7 Bänden. Hg. von Ernst Zinn, Walter Simon und Karin Wais. Wiesbaden 1955–1966, Frankfurt a. M./Leipzig 1997; Werke. Kommentierte Ausgabe in 4 Bänden und einem Supplementband. Hg. von Manfred Engel, Ulrich Fülleborn, Dorothea Lauterbach, Horst Nalewski und August Stahl. Frankfurt a. M./Leipzig 1996 und 2003.

Manfred Engel

Rimbaud, [Jean Nicolas] Arthur
Geb. 20. 10. 1854 in Charleville/Frankreich; gest. 10. 11. 1891 in Marseille

Arthur Rimbaud, dessen schmales Werk die Dichtungen der Expressionisten und Surrealisten maßgeblich beeinflusste, zählt neben Charles Baudelaire und Stéphane Mallarmé zu den bedeutendsten Dichtern und Erneuerern poetischer Sprache der literarischen Moderne. Bereits mit 15 Jahren schreibt er erste Gedichte, wie »Les Étrennes des orphelins« (1870; »Die Neujahrsgeschenke der Waisenkinder«, 1927). 1871 verfasst R. die *Lettres du voyant* (1912 u. 1926; *Seher-Briefe*, z. T. 1925, 1946), die bereits seine gesamte, mit der Tradition und den Konventionen seiner Zeit brechende, Dichtungstheorie enthalten: »Ich sage, daß man *Seher* sein, sich zum *Seher* machen muß. Der Dichter macht sich zum Seher durch eine dauernde, umfassende und planvolle *Verwirrung aller Sinne.* […] Er kommt im Unbekannten an, und wenn er auch, betört von seinen Visionen, den Verstand über ihnen verliert, so hat er sie doch gesehen! Mag er umkommen in seinem Sprung zu den unerhörten und unsagbaren Dingen: andere schreckliche Arbeiter werden kommen; sie werden an jenen Horizonten beginnen, an denen er hinsank!« (*Sämtliche Dichtungen*, S. 373). Indem R. in diesen Zeilen die platonische Idee des göttlich inspirierten Dichters aufruft, verleiht er seinem Streben nach einer »objektiven Poesie« (Yves Bonnefoy) Ausdruck. Aufgabe der Dichtung ist es, die als kontingent und leer empfundene, sinnenfällige Wirklichkeit in dichterischen Sagen zu zerstören und an ihrer Stelle ein Neues zu erschaffen. Allein in der Unvermitteltheit des Ansichtigwerdens dieses unbekannten Seins sieht R. die Tiefe einer existentiellen Wahrheit begründet. Mit den Widerständen und inneren Spannungen dieser an Radikalität im Anspruch an die eigene Dichtung kaum zu überbietenden Forderung streitet R., ähnlich Jakobs Kampf mit dem Engel, zeit seines dichterischen Schaffens erbittert.

Ebenfalls 1871 entstehen zwei Hauptwerke seiner Dichtung: das ironisch an Théodore de

Banville adressierte »Ce qu'on dit au poète à propos des fleurs« (1925; »Was man dem Dichter sagt, Blumen betreffend«, 1927) und das berühmte hermetische und bildgewaltige »Le bateau ivre« (1883; »Das trunkene Schiff«, 1927). Obwohl sich in diesem Werk noch der Einfluss Baudelaires zeigt, übertrifft R. bereits die Dichtung seines Vorbilds. Das sich in unerhörten, schlingernden Bewegungen vollziehende Geschehen manifestiert sich in kühnen Synästhesien und absoluten Metaphern. Die Innovation R.s besteht vor allem in dem Einsatz der Metapher als identitätstiftendes Moment und darin, durch diese im Text – im Bild des Schiffes – ein Gleichnis für die menschliche Existenz zu schaffen.

Noch im September desselben Jahres wendet er sich an Paul Verlaine und folgt dessen Einladung nach Paris. Doch enttäuscht von den Dichtern der Pariser Salons, beginnt 1872, gemeinsam mit Verlaine, eine einjährige Vagabondage R.s. In diesem Jahr entstehen unter dem Einfluss Verlaines auch die programmatisch übertitelten *Vers nouveaux et chansons* (1895; *Neue Verse und Lieder*, 1927) und erste bedeutende Prosagedichte von *Les illuminations* (1886; *Erleuchtungen*, 1924), deren Genese bis 1874 andauert. Wie die gesamte symbolistische Dichtung R.s erscheinen auch diese Sprachbilder, die einen schillernden Bogen unterschiedlicher Sujets spannen, unzugänglich und dunkel. In ihnen verdichten sich, gleichsam unterschiedslos, Wirkliches und Unwirkliches in einer halluzinativ anmutenden, visionären Synthese. 1873 zerbricht die ohnehin bereits belastete Freundschaft zwischen R. und Verlaine. Zurückgezogen beginnt R. mit der Niederschrift seines wegweisenden Prosagedichts *Une saison en enfer* (1873; *Eine Zeit in der Hölle*, 1925). Das Werk ist das lebendige Zeugnis einer fundamentalen Krise des Dichters: Es beschreibt ein verzweifeltes, existentielles Ringen zwischen dem Abstieg in die Finsternis der eigenen Hölle, vor dem Hintergrund eines Gefühls, dass die Welt verlassen und der Mensch verloren sei, und dem (an)klagenden Rufen zu Gott, unter dem die dichterische Sprache zerbricht und eine neue, ungeahnte Intensität gewinnt. Sowohl *Les illuminations* als auch *Une saison en enfer* sind entscheidende Bestätigungen eines neuen Verständnisses von der Dichtung: Die »Alchimie des Wortes« (*Sämtliche Dichtungen*, S. 237) bedeutet das Zurücktreten der Bedeutung des Wortes zugunsten der Wirkung seines Klangs und der Betonung des Rhythmus der Sprache. Mit dem Abschluss von *Les illuminations* endet R.s dichterisches Schaffen; in der Folge beginnt für ihn eine rastlose Odyssee, die ihn durch ganz Europa bis hin nach Asien führt. Die letzten elf Jahre seines Lebens verbringt er in Afrika, wo er zunächst mit Kaffee, später mit Waffen handelt, bevor er, sterbenskrank, nach Frankreich zurückkehrt.

Werkausgaben: Das gesammelte Werk. Hg. P. Zech. Leipzig 1927. – Das poetische Werk. Hg. H. Therre/ R. G. Schmidt. Berlin 1988. – Sämtliche Dichtungen. Hg. T. Eichhorn. München 1997.

Sebastian Hartwig

Ringelnatz, Joachim
Geb. 7. 8. 1883 in Wurzen bei Leipzig; gest. 17. 11. 1934 in Berlin

Von Behörden ließ Hans Bötticher, Sohn des Musterzeichners und Schriftstellers Georg Bötticher, sich mit der Berufsbezeichnung »Artist« registrieren. Gearbeitet hat er in etwa vierzig Berufen, war Kommis in Leipzig und Tabakladenbesitzer in München, Bibliothekar beim Grafen Yorck von Wartenburg und bei dem Vater des Balladendichters Börries Freiherr von Münchhausen, Fremdenführer und Schaufensterdekorateur usw. usw. und war schließlich auch Seemann: von 1901 bis 1903 als Schiffsjunge, Leichtmatrose und Matrose auf Fahrten nach Belice, Venedig, Konstantinopel, Odessa, New York, 1904 als Einjährig-Freiwilliger und von 1914 bis 1918 als Marinesoldat der Kaiserlichen Kriegsmarine, ab 1917 Kommandant eines Minensuchbootes.

Seinem Seemannsleben sind nicht allein die Erinnerungen *Was ein Schiffsjungen-Tagebuch erzählt* (1911), *Als Mariner im Krieg* (1928), *Matrosen* (1928) zu verdanken, auch eine Reihe von Erzählungen (*Die Woge*, 1922) und der Dreiakter *Die Flasche* (1932), sondern vor allem die Figuren des trinkfesten herzlich-derben *Kuttel Daddeldu* (1920/23) und des Artisten R. selbst, in obligater Matrosenkluft, mit obligatem Weinglas in der Hand. Sein Künstlername, der ihm einfach eingefallen sei und unter dem er 1919 zum ersten Mal schrieb, klingt an »Ringelnaß«, das Seepferdchen, an. 1909 debütierte R. in Kathi Kobus' »Künstlerkneipe«, wo Ludwig Scharf sein *Proleta sum*, Erich Mühsam *War einmal ein Revoluzzer* rezitierte und Frank Wedekind zur Laute sang: im Münchner »Simplicissimus«, dessen »Hausdichter« er bis 1911 blieb. Dem »Marineleutnant a. D.« gelang dort 1919 auch ein Neuanfang, und als er im Jahr darauf in dem von Max Reinhardt gegründeten und nun von Ernst von Wolzogen geleiteten Berliner »Schall und Rauch« reüssieren konnte, bereiste er fortan die Kabarett- und Kleinkunstbühnen Deutschlands (*Reisebriefe eines Artisten*, 1927). Seine letzte Tournee führte ihn 1933 – von den Nationalsozialisten mit Auftrittsverbot belegt – in die Schweiz; zu dieser Zeit war er bereits durch die beginnende Tuberkulose geschwächt. Bei seiner Beerdigung spielte man *La Paloma*, sein Lieblingslied.

Das Ringelnatz-Bild war schon zu Lebzeiten einseitig durch *Kuttel* bestimmt. Bekannt als »Krakeeler«, als spöttischer »Vorturner« der *Turngedichte* (1920/23), überwucherten die Geschichten vom Vagabunden, Trinker und Bürgerschreck den sensiblen Lyriker (*Allerdings*, 1928; *Flugzeuggedanken*, 1929), experimentierenden Romancier (*… liner Roma …*, 1924) und Kinderbuchautor (*Kleine Wesen*, 1910; *Geheimes Kinder-Spiel-Buch*, 1924; *Kinder-Verwirrbuch*, 1931). Er selbst stellte fest: »Ich bin nicht der olle ehrliche Seemann.« Er habe 1905 »dicke Tränen« geweint, als er nach Einspruch des Vaters seine Immatrikulation an der Universität Hamburg zurückziehen musste, versuchte in den ersten »Simpl«-Jahren seine fehlenden Kenntnisse »in Latein, Geschichte, Literaturgeschichte und anderem« aufzuholen, und war betroffen, als ihn 1913 die »Hermetische Gesellschaft«, eine jener gebildet-geistreichen Künstlergesellschaften, wegen unzureichend beantworteter Prüfungsfragen nur als »Appendix« aufnahm. »Ohne Geld, ohne Wohnung und ohne Verstand« hatte R. 1920 seinen »Lebensadjutanten Muschelkalk« geheiratet, eine Wohnung dann in München und 1930 in Berlin gefunden, der Geldmangel aber blieb notorisch.

Der Artist, der in den Inflationsjahren immer neue Finanzpläne entwarf, arbeitete exzessiv: Im Engagement meistens zweimal abends auf der Bühne, schrieb er in Garderoben, tagsüber in Cafés oder Wartesälen, nicht selten mit Brotaufträgen von Vereinen oder Gesellschaften beschäftigt, und führte seine Notizbücher ebenso gewissenhaft wie seine Korrespondenz, in der er unermüdlich seine Arbeiten zum Druck anbot. Bei alledem malte und zeichnete er und »nicht aus Spielerei, sondern mit viel Liebe, wenn auch mit viel Kampf und Unsicherheit«. 1923 fand in Berlin seine erste Ausstellung statt, 1925 nahm die Berliner Akademie seinen *Winter* an, nach 1933 wurde *Nachts am Wasser* als »entartete Kunst« aus der Berliner Nationalgalerie entfernt. R. war »etwas schief ins Leben gebaut … eine alte Kommode/Oft mit Tinte oder Rotwein begossen/ Manchmal mit Fußtritten geschlossen/ Der wird kichern, der nach meinem Tode/ Mein Geheimfach entdeckt.«

Werkausgabe: Gesammelte Werke. Hg. von Walter Pape. 8 Bde. Berlin 1983 ff.

Ernst Kretschmer

Rinser, Luise

Geb. 30. 4. 1911 in Pitzling bei Landsberg am Lech; gest. 17. 3. 2002 in Unterhaching bei München

Die Antithese zu jenem »Wandelmut«, den R. mit Recht für sich in Anspruch nimmt, sieht sie in den konsumistischen Verfestigungen des Denkens, in den Kategorien von »Ordnung und Sicherheit«, in dem »Bedürfnis des

Spießers nach geistiger Beharrung«, das sich gegen neue Erfahrungen abschottet. Ihre eigene Bereitschaft, »sich offenzuhalten und … in Frage stellen zu lassen«, verdeutlicht beispielhaft die Radikalität, mit der die Autorin, gegen die Erwartungshaltung ihres damaligen Publikums, sich dem gesellschaftlichen Aufbruch der späten 60er Jahre des 20. Jahrhunderts stellt. Das »Wohnen … auf den Baustellen« wird zur programmatischen Metapher dafür: »Ich habe zu viele Erdbeben miterlebt, um weiterhin Sicherheit in einem festen Haus zu suchen … Es ist beschwerlich, von Widerspruch zu Widerspruch gejagt zu werden und keine der alten, der ›absoluten‹ Ordnungen wiederzufinden.« Entschlossen verabschiedet sie nun ihre »falsche Imago« einer »bürgerlich«-bejahenden, »der braven katholischen Schriftstellerin, der erbaulichen«, auf die man sie – was allerdings ihrer Fähigkeit zur sensiblen Gestaltung existentieller Verstörtheit nicht gerecht wird – während ihrer mittleren Schaffensphase zu fixieren pflegte.

Zwei autobiographische Bände (*Den Wolf umarmen*, 1981, und *Saturn auf der Sonne*, 1994) erteilen Auskunft über ein langes, ungemein produktives Leben. Die schriftstellerischen Anfänge R.s, die (wie ihr Vater) nach dem Abitur in München eine Ausbildung als Volksschullehrerin absolviert und 1939 aus dem Schuldienst ausscheidet, da sie nicht in die Partei eintreten will, fallen in die Zeit des Nationalsozialismus, deren Mentalität ihr Roman *Der schwarze Esel* (1974) später am Beispiel einer bayerischen Kleinstadt kritisch durchleuchtet. Ihre erste Buchveröffentlichung, *Die gläsernen Ringe* (1941), die Entwicklungsgeschichte einer Heranwachsenden, wird als ein Beispiel jener dem ›Geist‹ verpflichteten Literatur gelesen, welche sich den ästhetischen Vorstellungen der Machthaber verweigert. R. erhält Publikationsverbot; ihr erster Mann, der Kapellmeister Horst Günther Schnell, fällt in einer Strafkompanie an der russischen Front. Ein halbes Jahr vor Kriegsende wird sie infolge einer Denunziation wegen »Wehrkraftzersetzung und staatsfeindlicher Gesinnung« inhaftiert. Nach 1945 erregt sie zunächst mit einigen realistischen Kurzgeschichten Aufsehen, der (nach ihren eigenen Worten) »anti-antisemitischen« Erzählung *Jan Lobel aus Warschau* (1948), die einen wichtigen Aspekt ihres politischen Engagements aus dieser Zeit spiegelt, vor allem aber mit dem (ihr umfangreiches Werk seither begleitenden) Welterfolg des Romans *Mitte des Lebens* (1950), einer frühen Thematisierung des Anspruchs der Frau auf Selbstverwirklichung, bevor sie jene auslaufende Tradition fortschreibt, die als ›christliche Literatur‹ bezeichnet wurde (*Daniela*, 1953; *Abenteuer der Tugend*, 1957; *Geh fort wenn du kannst*, 1959; *Die vollkommene Freude*, 1962).

R.s zeitkritische Häutung, die ihr gerade bei einem jungen Publikum zu neuer Resonanz verhilft, setzt daher auch im innerkirchlichen Bereich ein. Seit 1959, nach dem Scheitern ihrer zweiten Ehe mit dem Komponisten Carl Orff, in der Nähe von Rom ansässig, beobachtet die mit Karl Rahner befreundete Autorin das Zweite Vatikanische Konzil als akkreditierte Journalistin und greift in der Folge einige der von ihm angestoßenen Reformimpulse in theologischen Essays auf. Die acht Bände ihrer *Tagebücher* von 1970 (*Baustelle*) bis 1997 (*Kunst des Schattenspiels*) verbindet eine religiös-»ganzheitliche« Reflexion in der Tradition großer spekulativer Denkrichtungen des Westens und des Ostens mit temperamentvollem Engagement gegen die Destruktivität eines zweckrational-»selbstmörderischen ›Fortschritts‹« sowie für »Minderheiten und Schwache«, wobei der internationale Horizont durch zahlreiche Reisen der Autorin beglaubigt wird. Ihr Roman *Mirjam* (1983) macht die neutestamentliche Handlung auf die aktuelle Situation von Strömungen hin transparent, die sie mit kritischer Sympathie begleitet: des Feminismus, des Pazifismus und der Befreiungsbewegungen der Dritten Welt. Auch mit den *Geschichten aus der Löwengrube* (1986) und dem historischen Roman *Abaelards Liebe* zumal hält die »starke Erzählerin« (Hermann Kesten) ihre dem Bewusstsein der Weltverantwortung und einer Glaubensbereitschaft an die »Utopie Hoffnung« verpflichtete »kommunikative« Ästhetik aufrecht, welche »Sicherheiten provozieren« sowie die Wahrnehmung und das »Gewissen schärfen« will. Ihre Bereitschaft, sich auf Vorschlag der Grünen als (aussichtslose) Kandidatin für die Bundespräsidenten-Wahl 1984 zur Verfügung zu stellen, ist in der Weigerung begründet, als mündiger Bürger und Künstler in der Demokratie »die Politik den Berufspolitikern« zu überlassen. In einem kurzen Nachruf zu Lebzeiten formuliert die 81-Jährige noch einmal ihre Wirkungsabsicht: »Sie hat ihre Aufgabe als Störfaktor bis zum letzten Atemzug erfüllt« – auch wenn einzelne ihrer Stellungnahmen keineswegs unangreifbar sind. Die spätesten, teilweise im partnerschaftlichen Dialog entstehenden Werke (*Reinheit und Ekstase*, 1998, *Aeterna*, 2002) zeigen R. demgegenüber ganz auf der Suche nach universeller Liebe sowie einer Gewissheit über den Tod hinaus.

Hans-Rüdiger Schwab

Rist, Johann
Geb. 8. 3. 1607 in Ottensen bei Hamburg; gest. 31. 8. 1667 in Wedel bei Hamburg

»Es rinnt ja so«, so deutete Philipp von Zesen anagrammatisch den Namen »Ioannes Rist«, durchaus nicht ironisch, sondern als Lob für die »Lieblichkeit« und »Zierlichkeit« seiner leicht dahinfließenden Verse gemeint. Freilich, vom Lob der Leichtigkeit des Produzierens bis zum Vorwurf der gehaltlosen Vielschreiberei ist es nicht weit. Tatsächlich war R. ein ungemein fruchtbarer Dichter, und als sich Georg Philipp Harsdörffer 1647 für seine Aufnahme in die »Fruchtbringende Gesellschaft« einsetzte, wies er darauf hin, dass dieser schon mehr als Martin Opitz geschrieben habe. Der im Jahr zuvor in den persönlichen Adelsstand erhobene R. musste nicht lange warten und wurde – nach Johann Valentin Andreae – als zweiter Geistlicher in die Sprachgesellschaft aufgenommen. Später, 1658, als sich sein Ansehen weiter gefestigt und er als Kaiserlicher Hofpfalzgraf das Recht erhalten hatte, Dichter zu krönen, gründete er seine eigene Gesellschaft, den »Elbschwanorden«.

R. stammte, wie viele Dichter des 17. Jahrhunderts, aus einem protestantischen Pfarrhaus. Er besuchte das Gymnasium in Hamburg und Bremen und studierte von 1626 bis etwa 1631 in Rostock und Rinteln Theologie, beschäftigte sich aber auch mit Medizin und den Naturwissenschaften, so dass er später seine Gemeinde auch als Arzt und Apotheker versorgen konnte. 1635 wurde er als Pastor nach Wedel bei Hamburg berufen. Hier blieb er, zweimal verheiratet, bis zu seinem Tod.

Das Amt in dem kleinen Städtchen gab ihm die Muße für seine literarische Arbeit, die nicht ohne Spannung zu seinem geistlichen Beruf stand. Als Lyriker war er Opitz verpflichtet. Dieser habe das »Eiß gebrochen / und uns Teutschen die rechte Art gezeiget / wie auch wir in unsrer Sprache / Petrarchas, Ariostos, und Ronsardos haben können«, heißt es in R.s erster Gedichtsammlung *Musa Teutonica* (1634), mit der er die regeltreue deutsche Kunstlyrik in den niederdeutschen Sprachraum einführte. Zahlreiche weitere Sammlungen weltlicher und geistlicher Gedichte – u. a. *Poetischer Lust-Garte* (1638), *Des Daphnis aus Cimbrien Galathee* (1642), *Himlische Lieder* (1641 ff.) – bescherten ihm beträchtlichen Ruhm. Immer mehr verstand er sich als vorrangig geistlicher Dichter, und mit seinem Lied »O Ewigkeit du DonnerWort / O Schwerdt das durch die Seele bohrt« ging er – wenn auch nicht mit allen sechzehn Strophen – in die Gesangbücher ein.

Drei seiner insgesamt vier Schauspiele haben den Dreißigjährigen Krieg zum Gegenstand – das vierte ist die Tragikomödie *Perseus* (1634)–, und sie deuten wie manche seiner Zeitgedichte den Krieg moralisch als Strafe Gottes (*Irenaromachia*, 1630; *Das Friedewünschende Teutschland*, 1647; *Das Friedejauchtzende Teutschland*, 1653). In eine andere Richtung als diese formal an das Theater der Wanderbühne angelehnten moralisch-allegorischen Mahnungen, voraus ins 18. Jahrhundert, weisen die sogenannten *Monatsgespräche* (1663– 1668), belehrende Gespräche, die sich vor allem den Dingen der Erfahrungswelt zuwenden und weniger ihre spirituelle Bedeutung als ihren Nutzen und ihren ästhetischen Reiz herausheben und dabei ein mit Realien gesättigtes Zeitbild entwerfen, wie es sonst in der deutschen Literatur des 17. Jahrhunderts kaum anzutreffen ist.

Werkausgabe: Sämtliche Werke. Hg. von Eberhard Mannack. Berlin/New York 1967 ff.

Volker Meid

Ritsos, Jannis
Geb. 1. 5. 1909 in Monemvasia, Peloponnes/Griechenland; gest. 11. 11. 1990 in Athen

»Ich habe studiert / die Geschichte der Gegenwart und der Zukunft / an der zeitgenössischen Schule des Kampfes.« Mit diesen Worten zieht Jannis Ritsos in einem Gedicht die Bilanz seines Lebens und seiner Dichtung. In seinem umfangreichen Œuvre, das mehr als hundert Gedichtsammlungen sowie Prosatexte, Theaterstücke und kritische Essays umfasst, spiegeln sich die Geschichte des 20. Jahrhunderts sowie die Kämpfe um Freiheit und soziale Gerechtigkeit wider. R. erfreute sich nicht nur in Griechenland enormer Popularität, wo seine Gedichte besonders nach Mikis Theodorakis' Vertonungen sehr beliebt wurden, sondern genoss auch international hohe Anerkennung; der französische Autor Louis Aragon bezeichnete ihn 1971 als »den größten lebenden Dichter«.

R.' Dichtung kann als eine Reaktion auf den Geruch von Krankheit und Tod, auf die Leiden der Einkerkerung und Verfolgung, auf die Bitterkeit der Niederlage und der Demütigung, die ihn ein Leben lang begleiteten, verstanden werden. Während seiner Schulzeit musste er den finanziellen Ruin seiner aristokratischen Familie sowie den Tod seiner Mutter und seines älteren Bruders an Tuberkulose miterleben. Sein Vater und seine geliebte Schwester verfielen dem Wahnsinn und wurden in Nervenheilanstalten eingewiesen. Unmittelbar nach seiner Niederlassung in Athen (1925) erkrankte R. selbst an Tuberkulose und verbrachte mehrere Jahre als Patient dritter Klasse in Sanatorien, wo er einfühlsame Verse schrieb und erstmals mit der kommunistischen Ideologie in Berührung kam. Zur Zeit der deutschen Besatzung (1941–44) engagierte sich R. als Mitarbeiter der Erziehungsabteilung bei der linken Widerstandsorganisation EAM (Nationale Befreiungsfront). Von 1948 bis 1952 und nach dem Obristen-Putsch 1967 wurde er auf verschiedenen Verbannungsinseln interniert, 1968 in seinem Haus auf Samos unter Hausarrest gestellt. In der Verbannung schrieb R. trotz Verbots – auf einem kleinen Holzbrettchen hinter einem Fels oder auf den Latrinen – Gedichte. Seine Bücher waren sowohl in den 1930er und 40er Jahren als auch während der Militärdiktatur zeitweilig verboten, und etliche seiner Werke konnten erst nach der Aufhebung der Vorzensur im Jahr 1970 erscheinen. R. erhielt zahlreiche Auszeichnungen, unter anderem den Leninpreis (1977) sowie den Friedenspreis des Schriftstellerverbandes der UNO (1986); er war Mitglied der Akademie der Wissenschaften und der Literatur in Mainz (1970) sowie Ehrendoktor der Universität Leipzig (1984).

R.' vielfältiges Werk bewegt sich zwischen zwei Polen – der langen Komposition in einem epischen Ton und dem kurzen Gedicht im Ton des vertrauten Gesprächs; es beinhaltet sowohl Momente der lyrischen Exaltation als auch Verse, in denen eine leise innere Stimme spricht. In seinen Gedichten vereinen und versöhnen sich das Politische, die kämpferische Auseinandersetzung mit den zentralen Problemen seiner Zeit und das Existentielle, die Suche nach dem Sinn des Daseins. In einfachen und sinnlichen Bildern, dem wichtigsten Baustein dieser Dichtung, wird die tiefste Wirklichkeitserkenntnis durch die Kommunikation mit den Dingen erreicht und, anders als bei Giorgos Seferis oder Odysseas Elytis, ein Griechenland des Alltags geschildert. R.' erste Schaffensphase (1930–36) ist durch die Verknüpfung von Dichtung und Revolution, Moderne und Tradition gekennzeichnet; sein *Epi-*

taphios (1936; »Epitaphios«, 1980), das Klagelied einer Mutter um ihren während einer Demonstration getöteten Sohn, fußt auf dem Volkslied sowie dem orthodoxen Ritual. In seiner zweiten Phase (1937–43) manifestiert sich die Wende zur modernistischen Lyrik durch den Gebrauch des freien Verses sowie surrealistischer Techniken. Parallel dazu treten der leise Ton und der einfache Stil in den Vordergrund, die charakteristisch für R.' Schreiben wurden. 1944 bis 1955 dominieren die Themen des politischen Kampfes und der Verbannung; hierzu gehört das Gedicht *Romiosyni* (1966; *Das Griechentum*, 1974), das in einem episch-heroischen Duktus ein Bild eines leidgeprüften griechischen Volkes zeichnet. Während der vierten Phase (1956–66) etablieren sich drei wichtige Komponenten der Dichtung R.': das lakonische Gedicht, der dramatische Monolog, z. B. in *I sonata tou selinofotos* (1956; *Mondscheinsonate*, 1988), und der Gebrauch des Mythos als Mittel der sozialen Kritik und der Verarbeitung von ethisch-politischen Fragen, z. B. in *Philoktitis* (1965; »Philoktet«, 1969). In der nächsten Phase (1967–71) setzt sich der Dichter erneut mit der Verbannung und dem Tod auseinander und klagt das totalitäre Regime in einem sarkastisch-ironischen Stil und durch irrationale Bilder an. Während in der späteren Komposition *Graganda* (1973; »Graganda«, Teilübers. 1980) mit ungebrochener Energie die zukünftige Revolution verkündet wird, stellt *To teratodes aristourgima* (1977; *Das ungeheure Meisterwerk*, 1988) eine Art poetisches Testament dar: Durch die Verknüpfung von persönlichen Erinnerungen und kollektiven Ereignissen legt R. die Entwicklung seiner »gespaltenen und doppelten« Persönlichkeit offen. Erst in seinen letzten Gedichten (1987–89) zeigt sich R., den Tod vor Augen, enttäuscht und politisch niedergeschlagen, ohne jedoch den Glauben an die Dichtung als Annäherung an die Ewigkeit zu verlieren.

Sophia Voulgari/Athanasios Anastasiadis

Roa Bastos, Augusto

Geb. 13. 6. 1917 in Asunción/Paraguay; gest. 26. 4. 2005 in Asunción

Augusto Roa Bastos ist unangefochten der wichtigste Schriftsteller Paraguays. Die Sekundärliteratur zu ihm übertrifft diejenige über alle anderen paraguayischen Autoren zusammen. Seine Kindheit verbrachte R.B. in der Provinz Guaíra, wo sein Vater auf einer Zuckerrohrplantage in der Verwaltung arbeitete. Trotz seiner Zweisprachigkeit spielte die Indigenensprache Guaraní in R.B.' Literaturproduktion eine wichtige Rolle. Da Paraguay das einzige Land Lateinamerikas ist, in dem die wichtigste Indiosprache neben dem Spanischen gleichberechtigt ist und fast die Hälfte der Bevölkerung nur Guaraní spricht, stellt der südamerikanische Binnenstaat eine sprachliche Partikularität dar.

Die Eindrücke, die der 16-jährige R.B. im Chaco-Krieg gegen Bolivien gewann, prägten sein späteres sozialpolitisch engagiertes Denken. Nach einem Wirtschafts- und Literaturstudium arbeitete er ab 1939 als Chefredakteur der Tageszeitung *El País* in Asunción, berichtete als Korrespondent für Radio und Zeitung vom Zusammenbruch der nazideutschen Armee an der Westfront und bereiste nach Kriegsende das zerstörte Europa. Sein journalistisches Engagement für die Demokratie zwang ihn, nachdem 1947 in Paraguay der Bürgerkrieg ausbrach, zur Flucht nach Argentinien. Dieses Exil dauerte während der über 40-jährigen Diktatur Stroessners an. In dieser Zeit arbeite R.B. in Cordoba und Rosarios als Dozent für Literaturwissenschaft, als Drehbuchautor und Journalist. 1976 folgte er einem Ruf an die Universität Toulouse, wo er bis 1983 lateinamerikanische Literatur und Guaraní lehrte. Erst nach Ende der Diktatur kehrte R.B. 1989 auf Einladung des neuen Präsidenten Rodriguez in ein freieres Paraguay zurück.

Obgleich R.B. seine ersten Arbeiten – eine Gedichtsammlung mit dem Titel *El ruiseñor de la aurora, y otros poemas* (Die Nachtigall der Morgenröte und andere Gedichte) – 1942 publizierte, fand er erst im Boom der lateinamerikanischen Literatur in den 1960er Jahre internationale Beachtung. In der Folgezeit erschien die Prosa dem Dichter als die bessere Ausdrucksform im Kampf um soziale Gerechtigkeit. In den Kurzgeschichten El trueno entre las hojas (1953; Die Nacht des treibenden Feuers, 1964) wird die sozioökonomische und politische Ungerechtigkeit der geplagten Landbevölkerung Paraguays dargestellt. Neben vielen Begriffen aus dem Guaraní, die in einem Glossar erläutert werden, fließen die mythisch-magischen Legenden der Landbevölkerung, gemischt mit christlicher Religion in die Geschichten dieses Erzählbandes ein. Die Geschichten aus El baldío (1966; Ödland) hingegen sind in urbanen Gegenden wie Buenos Aires situiert und thematisieren die Grausamkeit in den höheren Gesellschaftsschichten sowie die Einsamkeit fern der Heimat und – wie auch in Moriencia (1969; Im Sterben) – die Frustration einer ganzen Generation äußerlich- und innerlich Exilierter.

R.B.' erster Roman Hijo de hombre (1960; Menschensohn, 1962) besteht aus neun lose verbundenen Erzählungen, die über den Zeitraum von 1912 bis in die 1940er Jahre das Schicksal einzelner darstellen, die für ihre Mitmenschen gekämpft und gelitten haben. »Was der Mensch nicht tun kann, kann niemand tun«, ist das Credo eines der Protagonisten, des Rebellenführers Cristóbal Jara. So wie das Heil nur im Diesseits erwartet werden kann, beten die Einwohner der Stadt Itapé angesichts eines geschnitzten Heilands nicht zu dem Sohn Gottes, sondern zum Menschensohn, der »zerlumpt war wie sie, der verhöhnt, verspottet und gemordet wurde wie sie, seit die Welt Welt war«. Den neun Geschichten lässt R.B. durch die Figur des Oberleutnants Vera eine Verbindungsinstanz zukommen, deren Machtinstinkt und kalkulierende Intelligenz immer nur das Scheitern eines jeglichen Projektes antizipiert. So steht Vera den in einer Mischung aus Tagebuch, Chronik, Erlebnisbericht und dramatischen Szenen dargestellten Protagonisten diametral gegenüber. Die komplexe Erzählstruktur, die Antizipierung von Postboom-Techniken wie z. B. die Karnevalisation eines historischen Diskurses und nicht zuletzt die gefühlvolle Sprache machen nicht nur die dargestellten Grausamkeiten erträglicher, sondern heben die ausgeprägt sozialkritische Tendenz auf ein hohes künstlerisches Niveau. R.B.' Hauptwerk Yo el Supremo (1974; Ich der Allmächtige, 1977) thematisiert in komplexer Erzählstruktur die letzten Tage des paraguayischen Diktators Francia, der das kleine Land von 1814 bis zu seinem Tod 1840 einerseits modernisierte, zugleich aber auch absolutistisch kontrollierte und völlig isolierte. Der Roman stellt die hypothetische Abrechnung des sich in Agonie befindenden Tyrannen (Ich) mit seinem in eine andere Figur (Er) abgespaltenen Gewissen dar. Durch die Form der Darstellung entsteht keine stereotype Anklage, vielmehr wird die Relation zwischen Herrscher und Beherrschten differenziert dargestellt. R.B. wurde 1989 mit dem Premio Cervantes ausgezeichnet.

David Freudenthal

Robbe-Grillet, Alain
Geb. 18. 8. 1922 in Brest/Frankreich; gest. 18. 2. 2008 in Caen

Erst spät hat Alain Robbe-Grillet seine Karriere als Schriftsteller, Literaturtheoretiker und Filmemacher begonnen, doch verlief sie überaus produktiv. R.-G. ist bekannt als Begründer des Nouveau roman, des »Neuen Romans«, zu dessen Vertretern unter anderem auch Nathalie Sarraute, Michel Butor, Robert Pinget und Marguerite Duras zählen. In Abgrenzung vom Existenzialismus Jean-Paul Sartres oder Albert Camus' der 1950er Jahre konstatiert der Nouveau roman die Relativität der Wirklichkeit, was die Gestaltung so profunder Konzepte wie Identität und Zeit tangiert. Für R.-G. sind die Objektivität der Betrachtung und eine absolute Bedeutung unter der Oberfläche der Dinge Mythen, die es abzuschaffen gilt. Für den

Roman heißt das, dass er ohne Charaktere auskommen muss, die eine bedeutungsvolle Vorgeschichte haben oder bedeutungsschwere Handlungen vollziehen. Die Identität der Romanfiguren kann durch die Narration nicht festgelegt werden und bleibt mehrdeutig. Die Zeitstruktur des Romans ist demzufolge nicht linear, sondern weist Sprünge und Ellipsen auf, um die Diskontinuität von Erinnerung und Wahrnehmung darzustellen. Aufgrund des übergeordneten Ziels, dem Roman eine neue, modifizierte Realitätsnähe zuzuschreiben, die dem zeitgenössischen Wirklichkeitsbild mehr entspricht, wurde der Nouveau roman auch als »neuer Realismus« bezeichnet.

Nach einem ersten, wenig erfolgreichen Roman *Un régicide* (1949; *Ein Königsmord*, 1983) erfährt R.-G. seinen Durchbruch mit *Les gommes* (1953; *Die Radiergummis*, 1989), einem Kriminalroman, dessen Erzählung der eigentliche Fokus der Ermittlung ist. *Les gommes* handelt von der Ermordung eines Mannes, der erst 24 Stunden, nachdem auf ihn geschossen wurde, tatsächlich getötet wird. In dieser Pastiche des *mysterie*-Genres erweckt R.-G. den Anschein einer zirkulären Erzählung, die mit dem Anfang zu enden vorgibt – und dies zugleich negiert. Von der Wahl des Titels bis zur Darstellung des Mordes baut der Text eine Spannung auf, die in unauflösbarer Ambiguität bis zuletzt bestehen bleibt.

Ähnliches geschieht auch im Roman *Le voyeur* (1955; *Der Augenzeuge*, 2002), der den Aspekt der Mehrdeutigkeit noch deutlicher hervorhebt. Es bleibt letztlich unklar, auf wen sich der Titel bezieht, welches die Identität des Helden ist und warum das tote Mädchen der Erzählung gestorben ist. Die Ereignisse eines Tages werden in einer sehr verworrenen und lückenhaften Zeitstruktur wiedergegeben, was viele Fragen bezüglich der Handlung und der Charaktere offenlässt. Doch soll es nicht Zweck des Textes sein, die Leserschaft zu Detektiven werden zu lassen; es sind vielmehr gerade die Informationslücken, die eine zentrale Bedeutung einnehmen und den imaginären Charakter von Realität widerzuspiegeln versuchen. Ebenso verfährt R.-G. in zahlreichen anderen Texten wie z. B. in den Romanen *La jalousie* (1957; *Die Jalousie oder Die Eifersucht*; 1959), *Dans le labyrinthe* (1959; *Die Niederlage von Reichenfels*, 1960), *La maison de rendez-vous* (1965; *Die blaue Villa in Hongkong*, 1995), *Projet pour une révolution à New York* (1970; *Projekt für eine Revolution in New York*, 1971), *La reprise* (2001; *Die Wiederholung*, 2002) und in dem Kurzgeschichtenband *Instantanés* (1962; *Momentaufnahmen*, 1983).

In allen Texten wird die Geschichte von einem Ich-Erzähler wiedergegeben, jedoch aus einer bewusst nüchtern-distanzierten, gewollt objektiv wirkenden Perspektive, was oft den Anschein einer personalen Erzählhaltung erweckt. Phantasie und Beobachtung vermengen sich unlösbar; die Geschichten kehren häufig kreisförmig wieder zu ihrem Ausgangspunkt zurück und lassen den Leser im Unklaren über eine definitive Lösung. Allen Texten gemeinsam ist auch die Abwesenheit von Metaphern. Sie beschreiben lediglich, wollen keine sich unter der Oberfläche der Beschreibung befindenden Bedeutungen hervorbringen. Durch die Verwendung des Präsens als Erzähltempus generieren die Texte das Gefühl der Unmittelbarkeit und stärken so die Idee der Oberflächlichkeit. Mit seinen Drehbüchern, Filmen und intermedialen Projekten mit Fotografen und Malern versuchte R.-G., diese Ideen auch in anderen Medien, oft provokativ, umzusetzen. So wurde ihm bisweilen der Vorwurf gemacht, die Grenzen zur Pornographie überschritten zu haben. In dem Essayband *Pour un Nouveau Roman* (1963; *Argumente für einen Neuen Roman*, 1965) sind R.-G.s einflussreiche Konzepte theoretisch nachzulesen. Wohl kaum ein Autor hat die Gattung des Romans in der zweiten Hälfte des 20. Jahrhunderts mit seinen eigenen Werken so nachhaltig beeinflusst und die literaturtheoretische Diskussion um die seit der Moderne stagnierende Form des Romans so sehr inspiriert wie R.-G.

Miriam Havemann

Rodoreda i Gurgui, Mercè

Geb. 10. 10. 1908 in Barcelona;
gest. 13. 4. 1983 in Girona/Katalonien

Mercè Rodoreda, die wohl bekannteste Autorin Kataloniens, veröffentlichte fast 50 Erzählungen und mehr als acht Bildungsromane zumeist aus weiblicher Perspektive und mit autobiographischen Elementen. Geboren im Stadtviertel San Gervasio von Barcelona, in dem viele ihrer Romane spielen, wächst sie als Einzelkind in einer Familie mit ständigen Geldproblemen auf. Mit neun Jahren verlässt sie die Schule, um bei der Pflege des Großvaters zu helfen. Durch ihn entdeckt sie die Werke klassischer katalanischer Autoren wie Josep Carner (1884–1970), lernt aber gleichzeitig nur mit großer Mühe, ihre Muttersprache zu schreiben. Ihre Laufbahn als Schriftstellerin beginnt die Autodidaktin mit Beiträgen, meist Erzählungen, für Zeitschriften und Zeitungen Barcelonas. Ihr erster Roman Sóc una dona honrada? (Eine ehrbare Frau?) erscheint 1932. Von den Erzählungen und insgesamt fünf Romanen ihrer Jugendzeit distanziert sie sich jedoch später und nimmt sie auch nicht in ihr Gesamtwerk auf. Einzige Ausnahme bildet Aloma (1938; Aloma 1991), Geschichte der Initiation und Einsamkeit eines jungen Mädchens, die sie 1969 überarbeitet.

Der Spanische Bürgerkrieg beendet abrupt ihre Karriere. Noch vor der endgültigen Machtübernahme Francos und den damit verbundenen Repressalien für Frauen, so wurde Ehefrauen z. B. 30 Jahre lang die Berufstätigkeit verboten, geht sie Ende Januar 1939 ins Exil. Zunächst lebt sie mit einer Gruppe Intellektueller in Südfrankreich, geht dann nach Paris, wo sie den Schriftsteller Armand Obiols (1904–71) kennenlernt, mit dem sie bis zu seinem Tod zusammenlebt. Während des Zweiten Weltkriegs fliehen beide vor dem Einmarsch der Deutschen in Paris zurück in den Süden. Zwanzig Jahre lang kann R. nicht schreiben, »denn es erfordert Anstrengung und ich hatte Wichtigeres zu tun, wie etwa zu überleben«, bis sie schließlich 1954 in Genf wieder zur Literatur zurückfindet. Sie veröffentlicht 1958 eine Sammlung von Erzählungen Vint-i-dos contes (22 Erzählungen), in denen sie ihre Kriegs- und Exilerfahrungen verarbeitet, bis vier Jahre später ihr Roman La plaça del Diamant (1962; Auf der Plaça del Diamant, 1979; 1982 in Spanien verfilmt von Francesc Betriu) erscheint, der ihr zu Weltruhm verhilft. Protagonistin ist Natàlia/Colometa, eine Frau der Arbeiterklasse, die in einem endlosen inneren Monolog ihr Leben erzählt, das bestimmt wird von ihrer Isolation in einem Haus voller Tauben, der Unterdrückung durch ihren Mann und seinem Tod im Bürgerkrieg. Eine Fortsetzung und Radikalisierung des Themas findet sich in R.s Roman El carrer de les Camèlies (1966; Die Kamelienstraße), der von der Ausbeutung einer Frau durch Prostitution und von ihrer Entwicklung bis hin zur Reife erzählt, durch die sie ihre Freiheit erlangt.

Nach dem Tode Francos kehrt R. aus dem Exil zurück nach Barcelona. Hier erscheint 1974 ihr Roman Mirall trencat (Der zerbrochene Spiegel, 1982), eine Familiensaga der Bourgeoisie, die vom Ende des vergangenen Jahrhunderts bis zur Zeit des Bürgerkriegs spielt und mit dem Untergang dieser Welt endet. Im Mittelpunkt des Romans, in dem wiederum die Frauen die Hauptrolle spielen, steht der Antagonismus zwischen glücklicher Kindheit und unglücklichem Erwachsensein, zwischen Familienbande und kapitalistischem Machtstreben mit pessimistischem Ausklang, der Konstante ihres Schaffens ist. – 1979 bezieht R. ein Haus in dem katalanischen Dorf Romanyà de la Selva, wo sie ihre letzten Jahre verbringt. Ein Jahr später publiziert sie die Prosagedichte Viatges i flors (Reise ins Land der verlorenen Mädchen, 1981), die in poetischer Sprache erneut die klassische Rolle der Frau in der Gesellschaft thematisieren, aus der R. durch ihr Schreiben ausbrechen konnte. Sie wird damit Vorbild für zahlreiche katalanische Autorinnen der folgenden Generation wie Carme Riera (geb. 1949), Montserrat Roig (1946–91), Ana María Moix (geb. 1947). Ihren letzten Roman La mort y la primavera (Der

Tod und der Frühling, 1996) kann R. nicht mehr beenden, er erscheint 1986 postum.

Sabine Börchers

Roidis, Emmanouil
Geb. 28. 7. 1836 in Ermoupolis, Syros/Griechenland; gest. 7. 1. 1904 in Athen

Der kosmopolitische Gelehrte, Kritiker und Schriftsteller Emmanouil Roidis gilt als eine der unkonventionellsten, widersprüchlichsten und umstrittensten Persönlichkeiten der neugriechischen Kultur. 1836 als Sohn einer wohlhabenden Händlerfamilie in Ermoupolis, einem zu dieser Zeit wichtigen wirtschaftlich-kulturellen Zentrum, geboren, lebte R. in Genua, in Berlin, wo er Philologie und Philosophie studierte, und in Rumänien, bevor er sich 1862 endgültig in Athen niederließ.

Seine zahlreichen Zeitungsartikel, Essays und Studien zu verschiedenen kulturellen und politischen Themen sowie seine literarischen Texte (Roman, Kurzgeschichten) zeugen von einer universellen Bildung, von enger Vertrautheit mit der Weltliteratur und von einem beeindruckenden Intellekt. Sein provokativer und zutiefst kritischer Geist richtete sich gegen alle Aspekte der griechischen Gesellschaft: gegen die korrupte und autoritäre Politik, die Heuchelei der Bourgeoisie, die geistig-kulturelle Stagnation des Landes. Gegen die vorherrschende Tendenz verteidigte R. vehement die Volkssprache, die von der schriftlichen Kommunikation völlig ausgeschlossen war, obwohl er selbst in seinen Schriften virtuos die archaisierende Hochsprache (Katharevousa) verwendete. R. verspottete die griechische Literaturkritik und Dichtung seiner Zeit und führte ihre Mängel auf die unzureichende Assimilation westeuropäischer Strömungen, auf einen engstirnigen Provinzialismus, zurück. Mit seiner vernichtenden Kritik, die sich durch seinen individuellen, polemisch-satirischen Stil auszeichnet, machte er sich bei vielen Intellektuellen unbeliebt. Allerdings wirkte er als Katalysator im Erneuerungsprozess der griechischen Literatur und sorgte unter anderem durch seine Übersetzungen (Edgar Allan Poe, Charles Baudelaire, Fedor Dostoevskij) für eine Intensivierung des Kulturtransfers.

R.' einziger Roman, *I papissa Ioanna* (1866; *Päpstin Johanna. Eine Studie aus dem Mittelalter*, 1904) zählt zu den Klassikern der griechischen Literatur und wurde auch in Westeuropa populär. Es handelt sich um die fiktive Biographie einer klugen und hemmungslosen Frau, der es im 9. Jahrhundert angeblich gelungen ist, in Männerkleidern in das höchste kirchliche Amt zu schlüpfen. Die Wahrheit kommt ans Licht, als Ioanna während einer Prozession ein Kind zur Welt bringt. Seiner Gestaltung der bekannten Legende verleiht R., um Authentizität vorzutäuschen, durch eine ausführliche Einleitung und zahlreiche Anmerkungen einen wissenschaftlichen Anstrich. Vornehmlich geht es ihm jedoch darum, mit den Waffen der Satire und des ironischen Humors Kirche und Gesellschaft seiner eigenen Epoche zu kritisieren. Darüber hinaus parodiert R. literarische Konventionen der Romantik und des historischen Romans: Durch unerwartete Exkurse und überraschende Vergleiche ungleicher Elemente aus unterschiedlichen Epochen wird die lineare Abfolge der Ereignisse zerstört, während die Illusion der Wahrhaftigkeit durch die kommentierende Stimme des Erzählers, der sich regelmäßig an den Leser wendet und seine literarischen Verfahrensweise reflektiert, gebrochen wird: »Statt mir wie bisher den Stoff dieser Erzählung selbst auszudenken, muß ich ihn jetzt aus den Schriften honoriger und respektabler Chronisten entnehmen. Sollte Ihnen, mein verehrter Leser, dieser vierte Teil meines Buches weniger Kurzweil bereiten, so danke ich schon im voraus für dieses indirekte Kompliment.« R.' höchst amüsanter und äußerst innovativer Roman löste einen Skandal aus; das Buch wurde von der Kirche verboten, sein Autor exkommuniziert.

Sophia Voulgari/Athanasios Anastasiadis

Rojas, Fernando de

Geb. um 1470 in Puebla de Montalbán, Toledo/Spanien; gest. zwischen 3. und 8. 4. 1541 in Talavera

Fernando de Rojas steht in der spanischen Literatur für ein einziges Werk: *La celestina* – ein weltliterarisches Juwel wie der *Burlador de Sevilla* (*Der Spötter von Sevilla*) oder der *Don Quijote*. Die Urfassung der *Celestina* von 1499 trägt den Titel »Comedia de Calisto y Melibea«. R. gibt an, das Manuskript des ersten – im Verhältnis zu den folgenden ungleich längeren – Aktes gefunden und sodann um 15 weitere Akte ergänzt zu haben. Stil- und Quellenanalysen haben bestätigt, dass der erste Akt nicht aus R.' Feder stammt. Ab 1502 erscheint der Text als »Tragicomedia de Calisto y Melibea«, mit einer Erweiterung um fünf, zwischen dem 16. und 21. Akt eingeschobene Akte, für die die Autorschaft von R. inzwischen weitgehend gesichert ist. Die Umbenennung des bereits zu seiner Zeit äußerst erfolgreichen Werkes in *La celestina* (erstmals 1509) macht deutlich, dass die Liebesgeschichte letztlich weniger faszinierte als die Figur der hinterlistigen Kupplerin und die Schilderungen eines städtischen Sozialgefüges. Die *Celestina* ist ein Lesedrama mit deutlichen Einflüssen der neulateinischen italienischen Humanistenkomödie. Die Autoren haben sich ausgiebig biblischer, antiker und mittelalterlicher Quellen ebenso wie italienischer (v.a. Petrarca) und spanischer Literatur bedient. R. verfasste den Text als Student in Salamanca und richtete ihn auch am studentischen (männlichen) Publikum aus, dem er mit verteilten Rollen vorgetragen wurde. Diesem Umstand ist der drastisch-derbe Ton geschuldet; die Darstellung von Sexualität entfernt sich weit von den Konventionen der zeitgenössischen »novela sentimental«.

Der adlige Calisto interessiert sich für die reiche Bürgertochter Melibea, die ihn jedoch zunächst abweist. Auf Anraten seines Dieners Sempronio bittet Calisto die Kupplerin Celestina, für ihn tätig zu werden. Celestina schleicht sich in das Haus Melibeas ein und erreicht, dass diese Calisto empfängt und sich schließlich in ihn verliebt. Als Celestina den Lohn für ihre Dienste nicht, wie abgesprochen, mit den beiden Dienern Calistos teilen will, wird sie von diesen ermordet, woraufhin sie hingerichtet werden. Melibea und Calisto verbringen einige Liebesnächte, während die Freundinnen der Diener, Prostituierte aus dem Umfeld der Celestina, ein Rachekomplott schmieden. Calisto stirbt, als er bei einem Besuch bei seiner Geliebten von der Leiter fällt, mit der er in ihren Garten gelangen will. Melibea begeht nach einer Abschiedsrede an die Eltern Selbstmord. Das Stück endet mit einem langen pessimistischen Monolog von Melibeas Vater Pleberio, worin er die Macht des Schicksals und das Verhängnis der Liebe beklagt.

La celestina ist ein Werk des Übergangs, wobei vor allem der deutlich formulierte moralisch-didaktische Anspruch ins Mittelalter weist. Gleichzeitig wird die mittelalterliche Ständegesellschaft von frühkapitalistischen Strukturen abgelöst: Calistos adliger Lebensstil erscheint dekadent, er bringt keinerlei Loyalität gegenüber seinen Dienern mehr auf und verkommt zur Parodie des höfisch Liebenden, namentlich des Leriano aus Diego de San Pedros *Cárcel de amor* (1492; Liebesgefängnis). Wichtiger als die Abstammung sind die individuellen Leistungen, wie es die Prostituierte Areúsa in einem Plädoyer für die Eigenverantwortung des Individuums formuliert. Melibeas Familie entstammt dem aufkommenden Handelsbürgertum, dem es um die Anhäufung materieller Güter geht. Überhaupt ist die Welt der *Celestina* vom Kommerz bestimmt: vom Sex über die Liebe bis zur Jungfräulichkeit kann hier alles gekauft werden. Der pessimistische Tenor des Werks wurde auch mit der Weltsicht der konvertierten Juden (»conversos«) in Verbindung gebracht (Stephen Gilman); allerdings steht diese in der Biographie von R. nicht so zentral, wie lange Zeit vermutet wurde.

Die Besonderheit der *Celestina* liegt in einem Paradox: Die plastische Darstellung zeitgenössischer städtischer Realität, wie sie rund 50 Jahre später im Schelmenroman *El Lazarillo de Tormes* (*Leben und Abenteuer des Lazarillo von Tormes*, 1916) wieder erscheint, erfolgt ohne konkrete räumliche und zeitliche Situierung und in einer gelehrten Kunstprosa, die bei den Figuren unabhängig von ihrem sozialen Stand Verwendung findet.

Ausgabe: La Celestina. Übers. u. Nachw. F. Vogelgsang. Frankfurt a. M. 1989.

Annette Paatz

Rolandslied
↗ Chanson de Roland, La

Rolland, Romain
Geb. 29. 1. 1866 in Clamecy/Frankreich; gest. 30. 4. 1944 in Vézelay

Völlig zu Unrecht ist Romain Rolland in Deutschland mittlerweile ein Unbekannter, war der Nobelpreisträger doch lebenslang ein Kronzeuge der deutsch-französischen Freundschaft und einer der bekanntesten Intellektuellen seiner Zeit, der einen regen Briefwechsel mit rund 8000 Persönlichkeiten – u. a. mit Rainer Maria Rilke, Richard Strauß, Paul Claudel, Sigmund Freud, Ghandi, Maksim Gor'kij, Hermann Hesse und Stefan Zweig – unterhielt. Der Sohn eines Notars aus der malerischen Provinzstadt Clamecy im Burgund durchlief in Paris die seiner Herkunft entsprechende Eliteausbildung und lehrte nach einem Romaufenthalt Musikgeschichte an der Sorbonne und Kunstgeschichte an der École Nationale Supérieure.

Gesundheitlich angeschlagen, verbrachte er die Jahre des Ersten Weltkriegs am Genfer See, prangerte Vernichtungswahnsinn und Nationalismus in zahlreichen Zeitungsartikeln (*Au-dessus de la mêlée*, 1915; Über dem Schlachtgetümmel) an und unterstützte als Freiwilliger das Rote Kreuz. Sein Versuch, die europäische geistige Elite in einem antinationalistischen Bündnis zu einen und so dem Krieg die ideologische Legitimation zu entziehen, scheiterte kläglich. Als eloquenter Kriegsgegner und entschiedener Pazifist war er bei den Kriegsparteien gleichermaßen unbeliebt. Auch unter dem Vorwurf des Defätismus hielt er unbeirrt an seiner Überzeugung fest, dass Deutschland nicht die Alleinschuld am Krieg trage und Frieden nur ohne Siegerjustiz möglich sei. Der Versailler Vertrag war für ihn eine »Zwischenstation zwischen zwei Völkermorden« (Nicole Billeter). Umstritten blieben nach dem Krieg seine Sympathien für den Kommunismus, den er als Rettung vor dem Faschismus pries und dem er erst nach dem Hitler-Stalin-Pakt abschwor. 1933 lehnte R. die Auszeichnung mit der Goethe-Medaille ab, da er in der NS-Politik ein Verbrechen gegen die Menschheit sah. Das Ende des von ihm glühend bekämpften Faschismus erlebte der »Apostel der Menschenliebe« (Freud) nicht mehr; er starb 1944 im deutsch besetzten Vézelay an Tuberkulose. Sein langjähriger Freund und Übersetzer Stefan Zweig widmete dem »moralischen Gewissen Europas« (Zweig) eine intime Biographie (1921).

Das zehnbändige Hauptwerk um den flämisch-deutschen Komponisten Jean-Christophe Klafft (*Jean-Christophe*, 1904–12; *Johann Christof*, 1914) stellt in Zeiten höchster Anspannung am Vorabend des Krieges bewusst einen Deutschen in den Mittelpunkt und verkörpert R.s Überzeugung von der brüderlichen Verbundenheit von Franzosen und Deutschen: »Français, Allemands, vous êtes frères.« Für R. liegt der Sinn eines ästhetischen Lebens nicht allein im Erschaffen von Schönheit, sondern ist vor allem ein »humanistischer Akt« (Sven Söderman), und so wurde ihm 1915 der Nobelpreis für seinen *roman-fleuve*, der als der französische *Doktor Faustus* gilt, als eine Würdigung des »erhabenen Idealismus seines Werks sowie des Mitgefühls und der Wahrheitsliebe, mit der er verschiedenste Menschentypen zeichnet«, verliehen. Der Kurzroman *Colas Breugnon* (1919; *Meister Breugnon*, 1920; Oper von Dmitri Kabalewski, 1937) um einen schelmischen Schreiner zeichnet ein humor- und liebevolles, farbiges Bild Burgunds im 17. Jahrhundert. Daneben schrieb der anerkannte Musikkritiker R. Biographien über Beethoven (1903; auch den Essay *Goethe et Beethoven*, 1930; *Goethe und Beethoven*, 1999) und Händel (1910); außerdem über Michelangelo (1905), Tolstoj (1911) sowie eine besonders vielbeachtete über Ghandi

(1924), der ihn 1931 in der Schweiz besuchte. R.s reiches Werk umfasst weiterhin zahlreiche Essays, autobiographische Texte sowie Dramen, insbesondere den sog. Revolutionszyklus (*Théâtre de la révolution*, 1899ff.), mit dem er seinen Überlegungen zu einem Volkstheater (*Le théâtre du peuple*, 1903) Ausdruck verlieh und so schon in der Frühphase seines Schaffens seiner gesellschaftlichen Verantwortung als Künstler gerecht zu werden suchte.

Werkausgabe: Gesammelte Werke in Einzelbänden. 12 Bde. Darmstadt/Berlin 1918ff. [mehrere erw. Nachdrucke bis 1989].

Susanne Igler

Rollenhagen, Georg

Geb. 22. 4. 1542 in Bernau bei Berlin; gest. 13. 5. 1609 in Magdeburg

Ungefähr 940 Jahre vor Christi Geburt, zur Zeit des Propheten Elias, sei »in Griechischen Landen / ein gelerter Schulmeister gewesen / Homerus genant«, der neben der *Ilias* ein kleines Buch »Jungen Herren zur kurtzweiligen Lehr vorgeschrieben« habe: die *Batrachomyomachia*, den »Froschmeuse Krieg«. So steht es im Vorwort zu R.s Hauptwerk, dem satirisch-didaktischen Tierepos *Froschmeuseler* (1595). Die lehrhaften Absichten, die er dem vermeintlichen Verfasser dieser Parodie des homerischen Epos unterstellt, sind seine eigenen und stehen in Einklang mit seinem Werdegang und seinen beruflichen Aufgaben.

R. stammte aus einer Tuchmacher- und Bierbrauerfamilie. Er erhielt eine umfassende humanistische Ausbildung an der Universität Wittenberg, wo er auch naturwissenschaftliche und medizinische Vorlesungen besuchte. Nach der Magisterpromotion 1567 wurde er zunächst Prorektor, dann 1575 Rektor des Magdeburger Gymnasiums, das sich unter seiner Leitung zu einer der führenden protestantischen Gelehrtenschulen entwickelte. Daneben wirkte er von 1573 bis zu seinem Tod als Prediger am Stift St. Sebastian. Unmittelbar auf seinen Lehrberuf verweisen u. a. seine deutschen Schuldramen nach biblischen Stoffen (*Abraham*, 1569; *Tobias*, 1576; *Vom reichen Man / vnd armen Lazaro*, 1590), seine Erläuterungen zu dem römischen Komödiendichter Terenz (*Terentivs. Wie des Terentij sechs Lateinische Comoedien angeordnet / vnd in der Magdeburgischen Schulen ... zugleich sein gespielet worden*, 1592) und die lateinischen Übersetzungen von jeweils drei Büchern der *Ilias* (1573) und der *Odyssee* (1610).

Über die Schule und das begrenzte humanistisch gebildete Publikum hinaus verweist R.s dichterisches Hauptwerk, der *Froschmeuseler*, ein Lehrgedicht geradezu enzyklopädischen Charakters in einer volkstümlichen, mit Sprichwörtern und sprichwörtlichen Redensarten gespickten Verssprache (Knittelverse). Die Handlung, dem 303 Hexameter umfassenden antiken Kleinepos folgend, ist einfach: Der Froschkönig Baußback feiert mit seinem Hofstaat ein Fest am See. Als der Mäuseprinz Bröseldieb dazukommt, führen Baußback und der Besucher ausführliche Gespräche, bis schließlich Bröseldieb nach langem Zögern der Einladung zum Besuch des königlichen Wasserschlosses folgt, weil er nicht als Feigling dastehen will. Baußback nimmt die Maus auf den Rücken, um sie zum Schloss zu bringen. Doch von einer plötzlich auftauchenden Wasserschlange erschreckt, taucht der Frosch unter und der Mäuseprinz ertrinkt. Nach langen Beratungen erklären die Mäuse den Fröschen den Krieg. In dem verlustreichen Kampf, bei dem riesige Heere aufmarschieren, gibt es nach dem Willen Gottes keinen Sieger, aber große Verluste. Die anderen Tiere laben sich an den toten Mäusen und Fröschen.

Dafür braucht R. annähernd 20000 Reimpaarverse. Und das hat seinen Grund, denn anders als in der *Batrachomyomachia* geht es nicht um literarische Parodie oder Travestie, sondern um Belehrung: R.s »Deutsche Lection« und »Contrafactur dieser vnser zeit« gestalten die Tierfabel zu einem umfassenden Bild protestantisch-bürgerlicher Lebens- und Weltauffassung des späten 16. Jahrhunderts aus. Daher bricht R. das Geschehen durch zahlreiche Einschübe, Digressionen und Rückblicke auf, integriert kleinere Erzählformen (vor allem Fabeln) oder selbst größere Einlagen und füllt diesen in drei Bücher gegliederten erzählerischen Rahmen ganz im Stil eines polyhistorisch gebildeten Gelehrtendichters mit Wissensstoff und Belehrungen über Mensch und Tier, Politik, Religion, Geschichte, Naturgeschichte, Alchimie und Astrologie; ein Register sorgt für die Erschließung der Materien und lädt zu selektivem Lesen und Nachschlagen ein. Im ersten Buch ist von »dem Hausstande / Vnd Priuat einsamen Leben« sowie vom Zusammenleben in der Gesellschaft die Rede, wobei R.s bürgerlich-protestantische Lebenslehre auf Tugend, Bescheidung und Zufriedenheit innerhalb einer gottgewollten Ordnung zielt. Im zweiten Buch erweist sich die von Baußback erzählte Geschichte seines Königreichs als eine verschlüsselte Darstellung des Reformationsgeschehens, die zugleich Anlass zu einer Diskussion über die beste Staatsform und das Verhältnis von Kirche und Staat bietet. Das dritte Buch schließlich schildert, was bei Kriegssachen »zuberathschlagen / vnd vorzunemen sey«, wobei dann der ausführlich wiedergegebene Kriegsverlauf mit seinen Wechselfällen deutlich macht, dass die vorher in den langen Beratungen diskutierten Planungen nicht aufgehen und alles menschliche Streben eitel ist. Die Konsequenz aus der Erkenntnis der Eitelkeit der Welt besteht in der Forderung gläubigen Gottvertrauens.

Volker Meid

Ronsard, Pierre de

Geb. 11. 9. 1524 im Schloss La Possonnière bei Couture-sur-Loire/Frankreich; gest. 27. 12. 1585 im Kloster Saint-Cosme-en-l'Isle bei Tours

Pierre de Ronsard verbrachte seine frühe Kindheit auf dem Schloss La Possonnière, mitten in der Natur, mit enger Bindung an das Leben auf dem Lande. Ab 1533 besuchte er das Collège de Navarre in Paris, kam an den Hof von Franz I., wurde nacheinander Page des Dauphin und des Herzogs Charles d'Orléans, des Bruders des Königs, und folgte Madeleine de France nach Schottland an den Hof ihres Mannes. Dort blieb er drei Jahre, später reiste er nach Flandern und Deutschland und wiederum nach Schottland. Seine Karriere bei Hof fand mit einer plötzlich einsetzenden Taubheit ein jähes Ende. 1543 nahm er die niederen Weihen der Kirche, sicherte sich mit den damit verbundenen Pfründen seinen Lebensunterhalt und wandte sich der Literatur zu. Er studierte bei Jean Dorat und Lazare de Baïf, lernte Latein, Griechisch und Italienisch und studierte in den folgenden sechs Jahren die Literatur der antiken Autoren (u. a. Homer, Pindar, Vergil, Catull) und Petrarcas. R. war beteiligt an Joachim du Bellays Schrift *La défence et illustration de la langue française* (1549; Verteidigung und Ausschmückung der französischen Sprache): Darin wird gefordert, die französische Sprache, die Sprache des Volkes, zu bereichern und zu verschönern, ihre stilistischen Ausdrucksmöglichkeiten zu erweitern und sie – wie Petrarca es zuvor mit dem Italienischen getan hatte – in eine Literatursprache zu verwandeln. Nur so konnte die bis dahin vom ungebildeten Volk gesprochene Sprache literatur- und kulturfähig werden.

Diese Aufgabe stellten sich R. und die Dichter der Pléiade, so genannt nach dem »Siebengestirn«, einer Dichterschule aus dem 3. Jahrhundert v. Chr. in Griechenland. Zu der Gruppe gehörten neben R. unter anderem du Bellay, Antoine de Baïf, Pontus de Tyard, Etienne Jodelle, Rémy Belleau und Dorat. Sie lasen die klassischen Autoren, übersetzten deren Werke ins Französische, schufen Nachdichtungen und übten sich an den Formen und Inhalten der »anciens«. Sie führten neue Wörter ein und adelten die Wörter der Volkssprache durch die Verwendung in ihrer neuen Dichtung. Sie übten sich in neuen Gattungen wie Ode, Sonett, Elegie und Epos. All dies war nur möglich in einer Schreibkultur, in der Originalität in der Variation bekannter Themen und Formen gesucht wird, in der Plagiate nicht als unrechtmäßige Inbesitznahme angesehen werden und Schreiben als Handwerk verstanden wird, das erlernbar ist und sich am Vorbild anerkannter Literatur schulen muss. 1550 veröffentlichte R. die *Quatre premiers livres d'odes* (Die ersten vier Bücher der Oden), es folgten unter anderem 1552 *Les amours de Cassandre* (Die Lieben der Kassandra), 1586 *Les amours* und eine erste Ausgabe der Œuvres. 1559 wurde R. »conseiller et aumônier du rois« und 1560 zum Hofpoeten Karls IX. ernannt, womit ihm die Rückkehr an den Hof gelungen war. Als Karl IX. 1574 starb, wurde Philippe Desporte der neue Hofdichter, R. zog sich auf seine Pfründe zurück und besorgte die Ausgabe seiner Werke. Diese ordnete er nicht chronologisch, sondern nach Gattungen (Amours, Odes, Poèmes, Hymnes), und ermöglichte dadurch eine textkritische Betrachtung seiner Werke. 1586 erschien die erste Ausgabe letzter Hand, die bis 1630 sieben Neuauflagen erlebte. R. galt zu Lebzeiten als »prince des poètes«. Als François de Malherbe sich zu Beginn des 17. Jahrhunderts von der dann als künstlich und erstarrt angesehenen Dichtung der Pléiade abwandte, geriet R. in Vergessenheit. Erst im 19. Jahrhundert wurde er unter dem Einfluss von Sainte-Beuve wieder gelesen und geschätzt und gilt heute als der größte Dichter der französischen Renaissance. R. fand Nachahmer überall dort in Europa, wo Dichter begannen, Werke in den Volkssprachen zu schreiben: in den Niederlanden (Jan van der Noot), in Deutschland (Opitz, Weckherlin), in England (Sir Philip Sidney, Edmund Spencer, Sir Thomas Wyatt, Giles Fletcher). Er wurde von seinen Zeitgenossen und Nachahmern an den von ihm selbst aufgestellten Regeln und den von ihm genannten Idealen und Vorbildern gemessen. Diese Ideale sind heute nicht mehr gewärtig und die Grundlage seines Denkens, besonders des naturwissenschaftlichen Wissens seiner Zeit, ist überholt. Was bleibt, sind Gedichte, die durch Klarheit der Form, Sprache und Gedanken zu vollendeten Kunstwerken werden.

Rita Wöbcke

Rosa, João Guimarães

Geb. 27. 6. 1908 in Cordisburgo, Minas Gerais/Brasilien;
gest. 19. 11. 1967 in Rio de Janeiro

1946, im Alter von 38 Jahren, wurde der zunächst als Arzt und dann als Diplomat tätige, mehr als zehn Sprachen sprechende João Guimarães Rosa mit *Sagarana* (1946; Sagarana) mit einem Schlag zu einem Hauptvertreter der Moderne Brasiliens und einer Größe der Weltliteratur. Es folgten R.s Hauptwerke *Grande Sertão: Veredas* (1956; Grande Sertão, 1964) und *Corpo de baile. 7 Novelas* (1956; *Corps de Ballet*, 1966), acht äußerst enigmatische »Dichtungen«, die R. in »romances« (Romane) und »contos« (Erzählungen) unterteilte, außerdem *Primeiras Estórias* (1962; *Das dritte Ufer des Flusses*, 1968) und *Tutaméia. Terceiras estórias* (1967; Tutaméia, Dritte Geschichten). Das 536 Seiten umfassende Wörterbuch zu seiner Lexik (*O léxico de GR*, 2001) bezeugt, dass R., wie der brasilianische Konsul in München in den 1950er Jahren, Curt Meyer-Clason, formulierte, »etwas sehr Besonderes« ist. R. zu lesen bedeute von Anfang an, »an einem Abenteuer im magischen Reich der Wörter teilzuhaben«. Denn obwohl *Sagarana* thematisch auf dem brasilianischen Roman des Nordostens aufbaut und somit in der Tradition des frühen Jorge Amado sowie von Garciliano Ramos und Raquel de Queiroz steht, ist der Roman doch eine Weiterentwicklung und stilistisch gleichsam ein Bruch mit vielem Althergebrachten.

Wie der Titel andeutet, handelt es sich um eine Sage des Ähnlichen: ein sagenartiges Buch, das die Realität der Menschen von Minas Gerais, ihrer Tiere und Umwelt (Rinder, Pferde, Hunde, Steppe, Savanne, Buschwald) mit einer metaphysischen Dimension verbindet, in der die Ähnlichkeit der verschiedenen Wesen großer Platz eingeräumt wird, Tiere nahezu menschliche Züge annehmen und aus ihrer Sicht die Welt und den Menschen beschreiben und, wie in der Erzählung »Conversa de Bois« (Ochsengespräch), sogar richten. *Sagarana* ist außerdem – etwa in »A hora e vez de Augusto Matraga« (Die Stunde Augusto Matragas) – ein Versuchsfeld für die Schaffung einer neuen, teilweise musikalischen Lexik und für die Vorwegnahme verschiedener Motive von R.s Hauptwerk *Grande Sertão*, wie etwa Ausbeutung, staatliche Willkür, Nächstenliebe, Bandentum, Ehre oder – wie in »Corpo fechado« (Verschlossener Körper) – gar des Paktes mit dem Teufel.

Grande Sertão ist ein großer Monolog, in dem der alte Gutsbesitzer Riobaldo seinem Gast und Vertrauten Quelemém de Góis seine Lebensgeschichte erzählt: zunächst auf chaotische Weise über Gott, den Teufel und den Sinn des Lebens philosophierend und dabei anscheinend unverbundene Episoden aus dem Sertão, der Trockensteppe des brasilianischen Nordostens, einflechtend. Erst allmählich entwickelt er eine lineare Erzählung: Nach dem Tod seiner Mutter kommt der Bettlerjunge Riobaldo auf das Landgut seines Taufpaten, der ihn zur Schule schickt. Seine Ausbildung ermöglicht es Riobaldo, der Lehrer Zé Bebelos' zu werden, eines korrupten Großgrundbesitzers mit politischen Ambitionen, der, wie andere Großgrundbesitzer, das Land mit Hilfe einer eigenen Armee berittener Banditen, den »jagunços«, beherrschen will. Riobaldo kämpft für Bebelos und reitet bald als plündernder, schreckenerregender »jagunço«, bald als Verfolgter durch den kargen Sertão, desertiert, wechselt die Seiten und schließt sich der Gruppe Diadorims an, um den Tod von dessen Vater zu rächen, der Opfer eines Verrats in einer Welt geworden ist, in der es weder Gut noch Böse, wohl aber das ungeschriebene Gesetz der Ehre, des einmal gegebenen Wortes und – als höchstem Wert – der Freundschaft gibt. Nach unzähligen gemeinsam bestandenen Abenteuern, die von Gewalt, Rausch und mythischen Erfahrungen begleitet werden, wird Riobaldo wegen seiner Liebe zu Otacília von Diadorim mit dem Messer bedroht. Doch der Konflikt kann nicht ausgetragen werden, da im selben Moment die Verräter von Diadorims Vaters auftauchen. Bei den folgenden Auseinandersetzungen, für deren postiven Ausgang Riobaldo einen Pakt mit dem Teufel schließt, kommen sowohl die Verräter als auch Diadorim um, und es wird offenkundig, dass Diadorim in Wirklichkeit Maria Deodorina da Fé Bettencourt Martins, die Tochter des alten großen Bandenführers Joca Ramiros, war und Riobaldo nicht als Rivalen in Bezug auf Otacília sah, sondern aus Eifersucht das Messer gegen ihn gezückt hatte. Geschwächt durch die langen Ritte, Abenteuer und Kämpfe, erkrankt Riobaldo an Typhus, den er auf einer ihm von seinem Taufpaten vererbten Fazenda auskuriert, wo er Quelemém de Góis seine Lebensgeschichte erzählt. Der überzeugt ihn davon, dass der Teufel gar nicht existiert bzw. dass er, wenn er existiere, ein menschliches Wesen sei, so dass sich Riobaldo vor der »Überfahrt«, vor dem Übergang in sein neues Leben, nicht zu fürchten brauche.

Der unter anderem auch starke Einflüsse Søren Kierkegaards aufweisende Roman vermittelt so R.s persönliche Haltung zu Tod und Leben: »Die Menschen sterben nicht, sie werden verzaubert.« Dieser Satz aus seiner Antrittsrede in der Academia Brasileira de Letras veranschaulicht R.s aus der indianischen Philosophie entlehnte Auffassung, dass Menschen, Tiere, Umwelt, Mythos und Magie verschmelzen, der Sertão und die Welt miteinander verbunden, Teil des geheimnisvollen, vielschichtigen und sich erneuernden Universums sind, dem R. sich durch seine alle Register ziehende fiktionale, linguistische und polyphone Sprach- und Wortexplosion zu nähern suchte.

Klemens Detering

Rosegger, Peter

Geb. 31. 7. 1843 in Alpl bei Krieglach/Steiermark; gest. 26. 6. 1918 in Krieglach

»Es giebt Helden der Menschheit, von denen niemand was weiß. In den dunklen Gründen des Volkes ist kein Chronist und kein Dichter und kein Bildner, um zu verherrlichen die Tapferkeit, die Güte, die Treue, die Entsagung und christliche Duldung, die dort in schlichten armen Menschen Tag für Tag walten!« – R., der dies in seinem weltanschaulichen Bekenntnisbuch *Mein Himmelreich*

(1900) schrieb, wollte genau dies sein: Chronist, Dichter, Bildner (Lehrer) derer in den »dunklen Gründen«. Daher fehlt in keiner Literaturgeschichte, in keinem Nachschlagewerk die Kennzeichnung: Volks- oder volkstümlicher Schriftsteller. Als Lehrer der Unterschichten versuchte er zudem eine Revolutionierung des Lehrplans. Was stand zuvor darauf? »Die verkehrte Welt ist's gewesen. In der Geschichte haben wir, anstatt der naturgemäßen Entwicklung der Menschheit nachzuspüren, spitzfindige Staatsklügelei getrieben; der Lehrer hat allfort nur von hohen Fürstenhäusern und ihren Stammbäumen, Umtrieben und Schlachten geschwätzt; sonst hat der Wicht nichts gewußt.« Und nun setzte er die Lebensgeschichte, die Taten und Leiden der wirklichen Helden auf den Lehrplan, sie selber, die Abkömmlinge der »dunklen Gründe«, die Menschen seiner Heimat, der Steiermark. Kaum die Bewohner der Städte – diese allenfalls kontrastiv –, vielmehr die auf dem Lande, im (Wald-)Gebirge, im Wald.

Ein Hauptstichwort seines Schaffens lautet »Wald«, wie es die Titel und Untertitel von Büchern und Auswahlausgaben, Band- und Kapitel-Titel bezeugen: *Die Schriften des Waldschulmeisters* (1875) und *Waldheimat* (1877). Da gibt es Erzählungen *Aus dem Walde* und *Neue Waldgeschichten*, das *Sterben im Wald* und den *Waldvogel*, *Waldferien* und *Waldjugend*; vor allem, mit Bezug auf das eigene Leben – denn die autobiographische Komponente herrscht in all seinem Schaffen vor: *Das Waldbauernbübel*, *Kindheitswege des Waldbauernbuben*, *Mein Weltleben oder wie es dem Waldbauernbuben bei den Stadtleuten erging* und (eine bekannte, unter pädagogischem Gesichtspunkt gefertigte Auswahl, vielleicht seine bis heute bekannteste Schrift, 1901 f.) *Als ich noch der Waldbauernbub war*. So scheint es auf den ersten Blick, als sei das umfassende Werk R.s der Ausdruck einer einzigen großen Fluchtbewegung: aus der industriellen Zivilisation in die Waldursprünglichkeit, von der Stadt aufs Land, aus dem Erwachsensein in Kindheit und Jugend. Dieselbe Bewegung bestimmt den Handlungsgang des Romans *Erdsegen* (1900), den einige Kritiker als Höhepunkt des Werks betrachteten. R. bearbeitete hier ein Thema, das seinerzeit in der Luft lag, nicht nur im deutschsprachigen Gebiet, wie man am Hauptwerk des Norwegers Knut Hamsun sieht: *Segen der Erde* (1917), wofür dieser den Nobelpreis erhielt.

Über mangelnden literarischen und gesellschaftlichen Erfolg brauchte der Steiermärker R. ebenfalls nicht zu klagen. Noch zu Lebzeiten erschienen die *Gesammelten Werke*, in 40 Bänden. Er saß im »Herrenhaus«, der österreichischen Variante des britischen House of Lords, wurde mit der Ehrendoktorwürde in Wien und Heidelberg ausgezeichnet, in Graz und Krieglach mit je einem Haus beschenkt und genoss das Privileg, kostenfrei auf den österreichischen Staatsbahnen zu reisen.

Er war als Sohn eines armen Bergbauern geboren worden, ältestes Kind unter sieben Geschwistern, und wurde zunächst Hirt (Ochsenbube). Seinen ersten Unterricht erteilte ihm ein arbeitsloser alter Waldschulmeister; 1858 kam er in die Lehre zu einem Wanderschneider, mit dem er in den Heimatregionen umherzog, beste Gelegenheit, das Land und die Menschen kennenzulernen. Bald begann er, ein Autodidakt, zu schreiben. Ihn inspirierten die damals beliebten Kalendergeschichten, kein verächtliches Genre, zählten zu den Verfassern doch berühmte Autoren, z. B. Berthold Auerbach und Ludwig Anzengruber, beide die hauptsächlichen Vorbilder R.s. Gleich seine frühsten literarischen Versuche, der Grazer *Tagespost* eingesandt, lenkten die Aufmerksamkeit auf ihn. Der Redakteur Svoboda förderte ihn, und staatliche und private Spenden und Stipendien ermöglichten ihm seit Mitte der 1860er Jahre Studien und Reisen. Seit Mitte der 1870er Jahre lebte er in Graz und Krieglach. In Graz gründete er 1876 eine Monatsschrift für Kultur und Dichtung: *Heimgarten*, die er bis 1910 redigierte und zum größeren Teil mit eigenen Beiträgen füllte (Mitarbeit u. a. des jungen Karl May). Als Buchverfasser debütierte er mit Dialekt-Lyrik (*Zither und Hackbrett*, 1869), wie er überhaupt neben seinen hochdeutschen Büchern weiterhin Schriften in steirischer Mundart verfasste. Die Mehrzahl seiner hochdeutschen Erzählungen, Romane und erörternden Schriften wurden beliebte Lektüre eines breiten Publikums, etwa: *Heidepeters Gabriel* (1872 und 1876 in zwei Teilen; in einem Band zuerst 1882). – Aus der sozialen Tiefe auf die Höhe des Erfolgs, eine beneidenswerte Schriftstellerlaufbahn wie aus einem Guss? Bei näherem Hinsehen werden die Risse sichtbar.

Eine Elementarkatastrophe, ein Unwetter, verwüstet 1859 die Steiermark und damit die wirtschaftlichen Grundlagen des elterlichen Hofs, wovon dieser sich nicht mehr erholt; 1868 müssen Haus und Hof verkauft werden. R. schrieb: »Ich habe keine Heimat mehr. Ich bin vielleicht nicht mehr angewiesen auf das einsame Haus in Alpl; es war doch nur eine arme Hütte; mir aber, mir aber! mir war sie mehr als ein goldener Palast – sie war mein liebes, trautes, einziges Daheim! Jetzt ist alles aus.« Oder doch nicht? Denn sein Schreiben, es kann als Bemühung gedeutet werden, die verlorene »arme Hütte« in der Phantasie wiederherzustellen, erneut aufzusuchen. Nie verwand R. auch den frühzeitigen Verlust seiner ersten Frau durch Tod nach nur zweijähriger Ehe (er setzte ihr ein Denkmal als Anna in *Heidepeters Gabriel*). Etwa zugleich mit dem Beginn seiner zweiten Ehe tritt die Krankheit auf, mit der er sich dann für sein ganzes Leben einzurichten hatte (Asthma) und die er schließlich als »gute Erzieherin« würdigte (seine Leidensgeschichte: in der Autobiographie *Mein Weltleben*, 1898). Als Autor, vor allem als Zeitschriftenredakteur hatte er allerhand Plackerei mit der Zensurbehörde in Graz auszustehen; nicht weniger als sieben Mal wurde der *Heimgarten* konfisziert, jedesmal eine starke finanzielle Einbuße (Schilderung im Kapitel »Zensurplagen«, *Mein Weltleben*, Neue Folge). Die Empfindlichkeit des Zensors bezog sich besonders auf R.s religiöse Ansichten. Als Katholik vertrat er den Los-von-Rom-Standpunkt, leitete sein Christentum von der Bergpredigt her, engagierte sich im Sinne der Ökumene für den Bau einer protestantischen Kirche in Mürzzuschlag und betätigte sich überhaupt karitativ und pädagogisch (sorgte z. B. für den Bau einer Waldschule in Alpl).

Welche Stellung er eigentlich in der Literatur einnehme, darüber war er sich nach eigenem Eingeständnis nicht im klaren. Ein Kritiker sagte ihm, er passe in »keine Kategorie« und sei »ein Wilder«. Einige Literaturhistoriker reihten ihn der Tradition der »Dorfgeschichte« ein; er sei ein Vorläufer oder gar Repräsentant der »Heimatkunst«-Bewegung (vom 19. Jahrhundert bis 1945). Beteiligte er sich also an dem, was bereits 1858 Friedrich Hebbel in seiner Polemik *Das Komma im Frack* als »Dorfgeschichten-Schwindel« einiger Zeitgenossen schmähte? War er verantwortlich für den von Hebbel gewitterten »erstickenden Brodem, der sich bei dem Mangel an Luftzug nun in ihren Bauernstuben entwickeln mußte«? Gewiss ist: Die »Heimatkunst«, die sich später als »Blut- und Boden-Dichtung« offiziell etablierte, konnte bei ihrer Suche nach Ahnherren auf ihn zurückgreifen; in der Idealisierung des ländlichen Daseins war er ihr vorausgegangen. Doch steht er im Gegensatz zu ihr in der Tradition der Dorf- und Kalendergeschichte, und das heißt: Er übernahm von dieser auch ihren aufklärerisch-volkserzieherischen Impetus. Niemals ging er daher zum Antisemitismus der Zeit über. An seinem Vorbild Berthold Auerbach hielt er fest. Dessen Bekenntnis zur Größe des Judentums rühmte er. Den Reformbestrebungen der Sozialdemokratie stand er mit Sympathie gegenüber, veranstaltete gelegentlich auch eine Lesung vor 1500 Arbeitern. Er bekannte sich zum entschiedenen Pazifismus, zu der schon von Kant begründeten Lehre, dass Kriege als Mittel der Politik abgeschafft werden müssten. Dass er zu seiner Zeit die Zerstörung der Bauernwirtschaft und -kultur durch den Kapitalismus, die Vernichtung der Berglandschaft, seiner »Waldheimat«, den Ruin der Alpenregion nicht gutheißen konnte –, wer wollte es ihm heute, ein Jahrhundert später, verübeln?

Werkausgabe: Gesammelte Werke. München 1989, Leipzig 1913–1916.

Wolfgang Beutin

Roth, Joseph

Geb. 2. 9. 1894 in Brody/Galizien;
gest. 27. 5. 1939 in Paris

»Mein stärkstes Erlebnis war der Krieg und der Untergang meines Vaterlandes, des einzigen, das ich je besessen: der österreichisch-ungarischen Monarchie.« Dieses Bekenntnis R.s aus den letzten Wochen der Weimarer Republik erklärt wichtige Ursachen jener Orientierungslosigkeit, die sein Leben und Werk in mehrfacher Hinsicht als *Die Flucht ohne Ende*, so der Titel eines Romans aus dem Jahre 1927, erscheinen ließ. Als österreichisch-ungarischer Kriegsfreiwilliger wurde R. 1916 Mitarbeiter einer Soldatenzeitung. Mit den Erfahrungen an der Front begann er nach dem Zusammenbruch der Monarchie beim pazifistischen Wiener Blatt *Der Neue Tag* eine Karriere als Lokalreporter. Hier wie in Berlin, wo er wenig später rasch zum gefragten Mitarbeiter des *Börsen-Courier* und anderer Zeitungen aufstieg, verfaßte er Artikel über die Sorgen der »kleinen Leute« und Kriegsopfer, Beobachtungen aus dem Alltag, Rezensionen neuer Filme, Bücher oder Theaterstücke – vertrat im festen Glauben an eine bessere Zukunft eine politische Linie, deren Grundlage ein humanitäres Sozialgefühl war. Einen Höhepunkt seines publizistischen Engagements brachte das Jahr 1924, als R. u. a. im *Vorwärts* und im Satire-Magazin *Der Drache* mit bissiger Lyrik und weitblickenden Glossen die immer stärker werdenden Rechtstendenzen in Politik und Kultur anprangerten. Nach der Wahl Hindenburgs zum Reichspräsidenten freilich begann R. zu resignieren, sich vom tagespolitischen Journalisten zum Feuilletonisten alter Wiener Schule, zum rastlosen Reisereporter zu wandeln, der den Lesern der *Frankfurter Zeitung* aus Paris, Südfrankreich, Rußland, Italien, Albanien und anderen Ländern Europas berichtete. Zudem profilierte er sich mehr und mehr als Romancier.

Wie er einerseits mit seinen Zeitungsartikeln nicht selten literarische Qualitäten erreichen konnte, sind andererseits R.s Essays, Erzählungen und Romane aus seinen Arbeiten für den Tag entstanden und meistens auch als Vorabdrucke in Zeitungen veröffentlicht worden. So sind lange Passagen aus älteren Artikeln in den Essay *Juden auf Wanderschaft* (1927) eingearbeitet, der den Autor – auf der Suche nach eigener Identität – als scharfsichtigen und mitleidenden Analytiker des Ostjudentums zeigt. All seine Romane vom *Spinnennetz* (1923) bis zu *Rechts und Links* (1929) haben aktuelle Fragen und Probleme zum Inhalt, die Protagonisten sind Kriegsversehrte, junge Männer der »Lost Generation«, emanzipierte Frauen; der Stil scheint dokumentarisch, so daß R. rasch als führender Vertreter der »Neuen Sachlichkeit« galt. Im Roman *Hiob* (1930) brachte er Neues, rückte von seinem bisherigen Werk ab: Er nahm Motive des biblischen Mythos auf und schrieb in einer Sprache, die sich zwischen Legende und Märchen bewegt. Mit seinem Hauptwerk *Radetzkymarsch* (1932) wandte er sich der Vergangenheit, seiner alten Heimat zu: In impressionistischen Bildern, voller Wehmut, aber auch kritisch mit der »unbestechlichen Genauigkeit eines k. und k. Berichts« (Heinrich Böll) schilderte er den Untergang der Donaumonarchie.

R. konnte den großen Erfolg seiner Bücher nicht auskosten. Die Geisteserkrankung seiner Frau Friedl weckte ein starkes Schuldgefühl in ihm und erforderte viel Geld, so daß ihn sogar die einst bekämpften rechtsgerichteten *Münchner Neuesten Nachrichten* mit einer Stargage als Feuilletonisten gewinnen konnten, in dessen Artikeln sich zunehmend ein starker Kulturpessimismus durchsetzte. Nach Hitlers Machtergreifung verließ R. als einer der ersten Deutschland. Er ging ins Exil nach Paris, reiste nach Wien, Salzburg, Amsterdam, Marseille, Nizza und Polen. Verstärkt trat er wieder als Journalist auf, als Kämpfer gegen den Nationalsozialismus. Doch im Grunde war er schon zu pessimistisch, fühlte sich so, wie er 1934 den Roman *Tarabas* untertitelte: als *Gast auf dieser Erde*.

Bereits vor der Zeit des Exils hatte R. in seiner Orientierungslosigkeit die Flucht in den Alkohol angetreten, ohne jedoch die Suche nach Heimat aufzugeben. Bald glaubte er, im intakten Ordnungssystem des Katholizismus Halt finden zu können; bald hielt er die Wiedereinführung der Habsburger-Monarchie für die einzige Möglichkeit, Österreich vor dem Faschismus zu retten. Deshalb vertrat R., so oft es ihm möglich war, in Artikeln und Vorträgen katholisch-legitimistische Ideen, und auch sein erzählerisches Spätwerk (u. a. *Die Büste des Kaisers*, 1935; *Die Kapuzinergruft*, 1938) wurde wesentlich von der Glorifizierung und idealisierten Überzeichnung der alten Donaumonarchie geprägt. Die Kehrseite dieser realitätsfernen Position war in R.s letzten Lebensjahren immer häufiger erbitterte antizionistische oder antikommunistische Polemik, die auch vor Freunden nicht haltmachte. Auf der anderen Seite blieb R. seiner humanitären Haltung treu, setzte sich ein für Opfer der Zeit, unterstützte einen Emigrantenhilfsfonds, half beim Aufbau der Pariser Freiheitsbibliothek, hielt Reden auf antifaschistischen Kongressen. Selten ist die Gegensätzlichkeit der Welten, in denen R. lebte, sinnfälliger gewesen als bei seiner Beerdigung: Die Zeremonie fand nach katholischen wie jüdischen Riten statt, das Grab zierten ein Kranz mit schwarz-gelb unterlegtem letzten Gruß des Hauses Habsburg und ein Kranz mit roter Schleife, niedergelegt im Auftrag des »Bundes Proletarisch-Revolutionärer Schriftsteller« von Egon Erwin Kisch.

Werkausgabe: Werke in 6 Bänden. Hg. von Fritz Hackert und Klaus Westermann. Köln 1990 ff.

Klaus Westermann/Red.

Roth, Philip
Geb. 19. 3. 1933 in Newark, New Jersey

Der Romancier Philip Roth ist neben Saul Bellow der beständigste literarische Zeitzeuge Amerikas in der zweiten Hälfte des 20. Jahrhunderts. Von *Goodbye, Columbus* (1959; *Goodbye, Columbus*, 1962) zu *The Human Stain* (2000; *Der menschliche Makel*, 2002) und *The Plot Against America* (2004; *Verschwörung gegen Amerika*, 2005) spannt sich ein Bogen von Romanen, allesamt kritische Zeugnisse des Seelenzustands einer zerrütteten Nation. In *Goodbye, Columbus*, das die Identitätssuche eines jungen amerikanischen Juden zwischen Anpassung und Selbstbestimmung thematisiert, bewegt sich R. einerseits noch innerhalb tradierter Bahnen, andererseits initiiert er mit diesem Roman eine öffentliche Auseinandersetzung über die Frage, ob die satirische Perspektivierung eines solchen Themas antisemitischen Tendenzen Vorschub leiste. Zehn Jahre darauf erhält diese Kontroverse schrille Obertöne, als R. mit *Portnoy's Complaint* (1969; *Portnoys Beschwerden*, 1970), einer pronuncierten Absage an Tradition und Orthodoxie, einen empfindlichen Nerv jüdischer *und* nicht-jüdischer amerikanischer Identität freilegt. Seither gilt R. als *enfant terrible* in der amerikanischen Literaturszene; sein Material ist die Gegenwart, seine Mittel, sie zu kennzeichnen, sind die politische Satire, der psychologisierende Disput sowie der messerscharfe Kommentar. Der Blick des Künstlers auf sein Sujet ist dabei stets selbstbezogen: R. inszeniert in einem postmodernen Versteckspiel mit dem Leser seine eigene Biographie, charakterisiert sich gleichzeitig als (befreiter) Intellektueller und als (gefangener) Sohn, und führt ausgefeilte Diskurse über Fiktion und Metafiktion, Literatur und Realität sowie über die doppelbödige (De-) Konstruktion von Wirklichkeit. Was R. motiviert, die Welt zu be-schreiben, ist, wie er in einem Interview sagt, »the relationship between the written and the unwritten world«. Als sein primäres Thema identifiziert er dabei »the tension between license and restraint«. So gestaltet R. gleichzeitig Entwürfe und Gegenentwürfe des Lebens, in einer Sprache, deren Schärfe als schonungslos offenbarend bezeichnet worden ist.

Über R.s Jugend ist nur bekannt, was er später in seinen von ihm so bezeichneten »autobiographischen« Schriften *The Facts* (1988; *Die Tatsachen*, 1991) und *Patrimony* (1991; *Mein Leben als Sohn*, 1992) offenbart. Er charakterisiert seinen Geburtsort Newark als die Welt der sich in der Mittelklasse etablierenden zweiten und dritten Generation amerikanischer Juden zwischen sozio-ökonomischer Assimilation und ethno-religiöser Abgrenzung. 1959 ist für R. ein einschneidendes Jahr. Sein erster Roman, *Goodbye, Columbus*, wird über Nacht zum durchschlagenden Erfolg. Seine ebenfalls in dieses Jahr fallende Eheschließung erweist sich als Katastrophe. Beide Ereignisse arbeitet R. in den nachfolgenden Jahrzehnten in diverse fiktionale Szenarien um. Rückblickend wird deutlich, dass R.s Œuvre das ständige »replay« einer Selbstinszenierung ist. R. zeigt sich verletzt (*Letting Go*, 1962; *Anderer Leute Sorgen*, 1965), empört (*When She Was Good*, 1967; *Lucy Nelson oder die Moral*, 1973), seelisch und künstlerisch geknebelt (*My Life as a Man*, 1974; *Mein Leben als Mann*, 1990) und verbittert über das »konjugale Prinzip« der Ehe. Was fasziniert die Leser an einem so unnachgiebig auf die eigene Befindlichkeit fixierten Mitteilungsbedürfnis? Einerseits ist es die kollektive Stimme Amerikas, mit der R. das »amerikanische Experiment« beschwört, der Versuch, die Multiperspektivität Amerikas in eine Synthese zu fokussieren. Zum anderen ist es die Sprache R.s, jener brillante Stil, die vielgerühmte »unheimliche Faszination seiner Diktion«, mit der er sein Publikum in den Bann zieht. Die beiden ersten Romane R.s markieren somit bereits das literarische Feld, in dem seine nachfolgenden Werke angesiedelt sein werden. Beide setzen sich mit dem Genre des Immigrantenromans in der von Abraham Cahan begründeten Tradition auseinander. R. allerdings verweigert seinen Figuren jene von Irving Howe als »Komödiantentum der Entfremdung« dargebotene Immigrantenszenerie. Für R. ist ›Differenz‹ gegenwartskulturell bedingt und kann allein psychologisch perspektiviert werden. So charakterisiert er in *Portnoy's Complaint*, jener satirisch überzeichneten Mischung aus kultureller Rebellion und psychoanalytischer (Selbst-) Zerfleischung, diese Differenz auch als Angstneurose, sexuelle Manie und Impotenz.

In den frühen 1970er Jahren vollendet R. drei Romane, denen aufgrund ihrer pseudoautobiographischen Sentenz eher marginale Bedeutung zugeschrieben worden ist – *Our Gang* (1971; *Unsere Gang*, 1972), *The Breast* (1972; *Die Brust*, 1979) und *The Great American Novel* (1973). Erst mit *My Life as a Man* findet R. zurück zu seiner Erfolgsstrategie, der Oszillation zwischen Biographie und Fiktion. Der Roman ist auf drei Ebenen angesiedelt. R. stellt einen gewissen Schriftsteller Peter Tarnopol vor, der sich einen Schriftsteller namens Nathan Zuckerman erfindet, um mit dessen Hilfe sein ›Dilemma‹ zu lösen – die Blockierung seiner künstlerischen Intuition auf der Suche nach dem ›richtigen‹ Weg zwischen Illusion und Wahrheitsliebe. Das Buch ist als Meisterwerk des Künstlerromans an der Grenze zur Postmoderne gewürdigt worden, als eine hochkomplexe und ambitionierte Auseinandersetzung mit dem künstlerischen Ich. Mit Nathan Zuckerman bringt R. eine literarische Figur ins Spiel, die ihn zukünftig als sein literarisches Alter ego begleiten wird. In *The Ghost Writer* (1979; *Der Ghost Writer*, 1980) begegnet dieser Zuckerman einer jungen Frau, in der er Anne Frank zu erkennen glaubt. In seiner Phantasie ›rettet‹ er sie aus ihrem Versteck in einer abenteuerlichen Flucht nach New York. Mit dieser Spurensuche jüdischer Identität zeigt R., dass er neben dem Tenor des Zorns auch das feinere Timbre der pointierten Ironie beherrscht. In *Zuckerman Unbound* (1981; *Zuckermans Befreiung*, 1982) hat Zuckerman soeben mit seinem Skandalroman »Carnovsky« notorischen Ruhm erlangt; jetzt wird er zum Gefangenen seines eigenen Erfolgs. Seine Reputation als »Lästermaul« ruiniert sein Liebesleben und seine Familie. In *The Anatomy Lesson* (1983; *Die Anatomiestunde*, 1989) schließlich holt Zuckerman/Roth zum Rundumschlag gegen das kulturelle Establishment aus, was in einem Scherbenhaufen endet, mit Zuckermans gebrochenem Ego (und einem gebrochenen Kiefer) in der

Einöde seines Hasses auf »die Kultur« schlechthin. Die drei Romane werden 1985 gesammelt als *Zuckerman Bound* veröffentlicht, ergänzt um einen Epilog, *The Prague Orgy* (*Die Prager Orgie*, 1986). Ein weiteres Mal tritt Zuckerman in *The Counterlife* (1986; *Gegenleben*, 1988) in Erscheinung, einem fünfteilig angelegten Roman, in dem jeder Teil von einer unterschiedlichen Warte aus (»counterlife« – Gegenentwurf) zentrale Fragen heutigen Judentums beleuchtet. In *The Facts* und in *Patrimony* treibt R. anschließend mit dieser Frage ein (auto-) biographisches Doppelspiel, indem er Zuckerman zum Wirklichkeits*konstrukteur* seiner (und damit Roths) Familiengeschichte macht und gleichzeitig diese Konstruktion in das Zwielicht der Manipulation rückt.

Die auf dieses (auto-)biographische Zwischenspiel folgenden Romane der 1990er Jahre zeigen einen Autor, der einerseits weitere Spielarten autobiographisierender Fiktion entwickelt, der andererseits aber auch neue postmoderne Nuancen literarischer Ent- und Verfremdung auslotet. In *Operation Shylock: A Confession* (1993; *Operation Shylock. Ein Bekenntnis*, 1994) etwa macht sich R. das Doppelgängermotiv für sein Welt-Gegenwelt-Schema nutzbar. In dieser Spurensuche jüdischer Identität begibt sich der Protagonist namens Philip Roth (!) auf eine Reise nach Israel, wo er in das Leben eines Menschen verwickelt wird, der sich als »Philip Roth« ausgibt, wobei es unklar bleibt, ob es sich bei Letzterem um den Autor handelt, um einen sich als der Autor ausgebenden Doppelgänger oder auch ›nur‹ um eine Fiktion und Projektion eines verwirrten Menschen namens Roth. Darüber hinaus bleiben auch die Motive seines Handelns unklar; sie schwanken zwischen Bruderkonflikten, Holocaust-Ängsten und Zionismus-Syndrom. Eine sehr eindeutige Position bezieht R. danach mit *Sabbath's Theater* (1995; *Sabbaths Theater*, 1996). Dieses grimmige Porträt zeigt die amerikanische Nation als eine von unersättlichem Machtstreben und selbstzerfleischender Begierde getriebene Horde, die um das Goldene Kalb tanzt. Die Reaktionen auf diesen Roman sind gespalten, insbesondere als R. für dieses Buch den National Book Award erhält. Der Roman entwirft in der Hauptfigur des Mittsechzigers Mickey Sabbath einen gealterten, aber immer noch bissigen Portnoy. Wo ehedem die Auseinandersetzungen des heranwachsenden Portnoy noch in Familie und sozialem Umfeld verankert waren und ursprüngliche Destruktionsgelüste in Heilungsprozesse mündeten, ist nun die Selbstzerstörung einer im Sex- und Blutrausch unberechenbaren, völlig überdrehten Gesellschaft Sabbaths Weg und Ziel. Im »Rausch des Bösen sich verwirklichend«, so ein Kritiker R.s, stellt der Autor sich jenseits der Normen von Gesellschaft, Kunst und Geschmack. Wieder meint man, in R. den Verräter am jüdischen Erbe Amerikas zu erkennen, denn er liefert die Menschheit, die Juden ebenso wie die ›Anderen‹, dem Höllenfeuer des ›Theaters‹ eines unheiligen Sabbaths aus.

Nathan Zuckermans ureigenste Aufgabe seit seinen Anfängen als R.s Alter ego ist die Entmythologisierung der amerikanischen Vergangenheit durch auktoriales Erinnern und Wiederentdecken. In dieser Rolle begegnet der Leser ihm auch in R.s Romantrilogie der 1990er Jahre, die sich mit der Nachkriegsgeschichte der USA befasst. Von Verirrung, Täuschung und Endzeitstimmung der Vietnam-Ära durchsetzt ist die zunächst heiter und locker daherfließende »Pastorale« *American Pastoral* (1997; *Amerikanisches Idyll*, 1998). Die eher harmlose Welt der angepassten Mittelstandsgesellschaft hat ihre Kehrseite im Amerika des Vietnamkriegs. Dieses Amerika ist eine zwischen Kohärenz und Desintegration positionierte doppelköpfige Janus-Gestalt. Einen ähnlichen Weg geht R. in *I Married a Communist* (1998; *Mein Mann, der Kommunist*, 1999). Auch hier wird Vergangenes (die McCarthy-Ära) im gedoppelten Rückspiegel von individueller Lebensgestaltung und sozialer Verantwortung neu be- und verurteilt. Mehr noch als in früheren Werken verweist dieser Roman darauf, dass das Erinnern gerade für die Nach-Holocaust-Generation eine kollektive Aufgabe ist. In seinem Roman *The Human Stain* (2000) schließlich geht es – vor dem Hintergrund der Clinton-Lewinsky-Affäre – um die erschreckend vergängliche Natur des ethischen Prinzips. R. zeigt einmal mehr, dass der Mensch vom Stigma (»stain«) der Zeit und der Erfahrung leidvoll gekennzeichnet ist – ein Thema, das die gesamte Chronologie des R.schen 20. Jahrhunderts umschließt.

Gerhard Bach

Rousseau, Jean-Jacques

Geb. 28. 6. 1712 in Genf;
gest. 2. 7. 1778 in Ermenonville bei Paris

Jean-Jacques Rousseau zählt, dank seiner staats-, geschichts- und moralphilosophischen Schriften, zu den bedeutendsten Philosophen der französischen Aufklärung, zugleich war er aber auch einer der profiliertesten Aufklärungskritiker. Seine Romane markieren den Übergang von der Literatur der Empfindsamkeit zur Romantik. Seine Schriften zeitigten unmittelbar europaweit Wirkung. So hat Immanuel Kant über R. gesagt: »Rousseau hat mich zurecht gebracht. [...] ich lerne die Menschen ehren.«

R. wurde 1712 als Sohn eines calvinistischen Uhrmachers in Genf geboren und wuchs nach dem frühen Tod seiner Mutter wenig behütet auf. 1728 verließ er seine Heimatstadt und begann ein lebenslang währendes unstetes Wanderleben. Unter der Obhut von Mme de Warens konvertierte er zum Katholizismus; erst 1754 kehrte er zum Calvinismus zurück. Nach ausgedehnten Reisen durch die Schweiz, Frankreich und bis nach Italien gelangte R. 1742 nach Paris, wo er der Académie des sciences erfolglos ein von ihm entwickeltes musikalisches Notationssystem vorstellte. 1743 hielt er sich als Gesandtschaftssekretär in Venedig auf, wo er möglicherweise Giambattista Vicos *Scienza nuova* (*Die neue Wissenschaft*) kennenlernte. Nach seiner Rückkehr nach Paris 1744 knüpfte er Kontakte zu den maßgeblichen französischen Aufklärern und schloss Freundschaft mit Denis Diderot, mit dem er sich Jahre später überwerfen sollte. An der von Diderot herausgegebenen *Encyclopédie* arbeitete R. zunächst mit, er verfasste einen vielbeachteten Artikel über politische Ökonomie und mehrere Artikel über Musik, denn R. war auch Musiktheoretiker und Musiker: 1745 komponierte er die Oper *Les muses galantes*, 1751 *Le devin du village*, 1767 erschien sein *Dictionnaire de musique*. Im Zusammenhang seiner musiktheoretischen Interessen entstand auch sein im Rahmen der Sprachursprungsdebatte des 18. Jahrhunderts äußerst wichtiger *Essai sur l'origine des langues, où il est parlé de la mélodie et de l'imitation musicale* (entst. 1754/61, erschienen postum 1781; *Essay über den Sprachursprung, in dem von Melodie und musikalischer Nachahmung die Rede ist*).

1750 wurde R. über Nacht berühmt, nachdem die Akademie von Dijon seine Antwort auf ihre Preisfrage preisgekrönt hatte (*1. Discours: Discours qui a remporté le prix à l'Académie de Dijon en l'année 1750, sur cette question proposée par la même académie: Si le rétablissement des sciences et des arts a contribué à épurer les mœurs;* »Von der Akademie zu Dijon im Jahre 1750 preisgekrönte Abhandlung über die von dieser Akademie aufgeworfene Frage, ob die Wiederherstellung der Wissenschaften und der Künste zur Läuterung der Sitten beigetragen habe«, in: *Kulturkritische und politische Schriften*, 1989, Bd. 1). Nicht weniger bedeutend war sein 1755 erschienener, von Moses Mendelssohn schon 1756 ins Deutsche übersetzter *2. Discours*, der Voltaire zu dem vielzitierten Diktum veranlasste, bei der Lektüre dieses Werkes bekomme man »Lust, auf allen vieren zu kriechen« (*Discours sur l'origine et les fondemens de l'inégalité parmi les hommes; Diskurs über die Ungleichheit*, 1984).

1756 zog sich R. in die ländliche Residenz von Mme d'Epinay in Montmorency zurück. In rascher Folge entstanden nun seine großen philosophischen, pädagogischen und literarischen Werke, die ihn aufgrund seiner Vernunft-, Zivilisations- und Aufklärungsskepsis endgültig mit den Pariser »philosophes« entzweiten. Die Verurteilung seiner Werke und die öffentliche Verbrennung des *Émile* zwangen R. 1762 zur Flucht in die Schweiz. 1766 folgte er einer Einladung David Humes nach England, 1767 aber kehrte er nach einem Zerwürfnis mit dem englischen Philosophen nach Frankreich zurück und nahm sein unstetes Wanderleben wieder auf, bevor er sich, psychisch krank, 1770 in Paris niederließ. In den Jahren nach seiner Rückkehr aus England arbeitete R. an seinem umfangreichen autobiographischen Œuvre, das erst postum erscheinen sollte. 1778 siedelte er nach Ermenonville über, wo er am 2. Juli 1778 starb. 1794 wurden seine Gebeine in das Panthéon überführt, galt er doch als Wegbereiter der Französischen Revolution.

Ursprünglich sei der Mensch gut gewesen, so hatte R. in seinen beiden *Discours* postuliert, doch habe ihn die Gesellschaft degeneriert; Vernunft, Zivilisation und Wissenschaft hätten ihn moralisch korrumpiert. In seinem 1762 erschienenen, z. T. auf John Lockes Erziehungsessay basierenden, äußerst einflussreichen Erziehungsroman *Émile ou de l'éducation* (*Emil oder Über die Erziehung*, 1762) beschreibt R., der Analogie von Menschheitsgeschichte und individueller Entwicklung folgend, einen exemplarisch emanzipatorischen Bildungsweg, der das Kind Émile seiner natürlichen Bestimmung gemäß körperlich, intellektuell und moralisch zu einem freien und selbstbestimmten Menschen reifen lässt; solange Émile Kind ist, darf er – das ist pädagogisch-anthropologisch neu – Kind sein. Welche vor allem moralischen Funktionen einer natürlichen Religion zukommen können, führt R. in der ursprünglich separat konzipierten *Profession de foi du vicaire savoyard* (*Glaubensbekenntnis des savoyischen Vikars*, 1908) aus. R.s 1761 erschienener Briefroman *Julie, ou La nouvelle Héloïse, Lettres de deux amants, habitants d'une petite ville au pied des Alpes* (*Julie oder Die neue Heloise. Briefe zweier Liebender aus einer kleinen Stadt am Fuße der Alpen*, 1761) setzt natürliche Religion und Moral des Herzens in idyllischem ländlichen Ambiente in Szene, Gesellschaftsutopie und Bukolik mit dem idealen Naturzustand verbindend, sentimentalisch getönt und mit tragischem Ausgang: Die tugendhaft-fromme, aber schuldhaft den bürgerlichen Saint-Preux liebende Julie stirbt. R.s Liebesroman, der schon im 18. Jahrhundert literarisch durch Choderlos de Laclos und Sade konterkariert bzw. parodiert wurde, etabliert, zwischen Empfindsamkeit und Romantik, einen Authentizitätskult, der stilprägend wirken sollte.

Im Zentrum des philosophischen Œuvres R.s steht sein in zwei Fassungen überlieferter, 1754/59 entstandener und 1762 in Amsterdam erschienener Traktat *Du contrat social, ou Principes du droit politique* (*Vom Gesellschaftsvertrag*, 1763). In kritischer Auseinandersetzung mit Naturrecht und Vertragstheorie (bes. Thomas Hobbes, Hugo Grotius und Locke) und vor dem Hintergrund seiner im *2. Discours* entworfenen Geschichtsphilosophie und Gesellschaftstheorie leitet R. die Legitimität politischer Herrschaft aus einem hypothetischen Vertrag zwischen den Individuen her. Auch nach dem Vertragsabschluss verbleibt die Souveränität beim Volk. R.s Staatstheorie ist demokratisch angelegt, andererseits aber, so ist verschiedentlich betont worden, aufgrund der prinzipiellen Dominanz des Gemeinwillens (»volonté générale«) über die Partikularinteressen (»volonté de tous«), tendenziell totalitär. Eine Zivilreligion (»religion civile«) nach antikem Vorbild (und evtl. vermittelt über Machiavelli und Vico) heiligt und stützt den Gesellschaftsvertrag. Der *Contrat social*, den R. 1764 in seinen *Lettres écrites de la montagne* (»Briefe vom Berge«, in: *Schriften*, 1988) gegen Kritik, insbesondere seitens des Genfer Stadtrats, verteidigte, markiert einen Höhepunkt der Aufklärungsphilosophie und neuzeitlichen Staatstheorie und zeitigte außerordentliche politische und philosophische Wirkungen.

Aus R.s letzten Lebensjahren datieren seine postum erschienenen, unverkennbar an Augustinus und Montaigne orientierten autobiographischen Werke, die das Genre ihrerseits nachhaltig geprägt haben (Alfieri, Chateaubriand): *Les confessions* (1782 [Teil 1], 1788 [Teile 1 und 2]; *Bekenntnisse*, 1782),

Rousseau juge de Jean-Jacques (1780–82; »Rousseau richtet über Jean-Jacques«, in: *Schriften*, 1988), *Les rêveries du promeneur solitaire* (1782; *Die Träumereien des einsamen Spaziergängers*, 1782). Die autobiografischen Schriften R.s sind Lebensgeschichte, Werkgeschichte, Selbstauslegung, Apologie, intertextuelles Geflecht und in ihrem »Interpretationsdelirium« (Jean Starobinski) zugleich auch psychopathologisches Dokument. In *Rousseau juge de Jean-Jacques* geht der Autor – in einem an Diderot gemahnenden Zwiegespräch mit sich selbst – mit sich ins Gericht. Seine *Rêveries* behandeln, ausgehend von subjektiver Erfahrung und der Erfahrung von Subjektivität, moralphilosophische und erkenntnistheoretische Fragen. Wahrheit und Lüge, Gewissenhaftigkeit und Unaufrichtigkeit, Authentizität und Entfremdung, Unmittelbarkeit und Vermittlung werden miteinander konfrontiert, ineinander verflochten und in ihrer Verflochtenheit explizit und implizit thematisch.

Werkausgaben: Werke. 4 Bde. Hg. C. Kunze u. a. München 1978–81. – Schriften. 2 Bde. Hg. H. Ritter. Frankfurt a. M. 1988. – Kulturkritische und politische Schriften. 2 Bde. Hg. M. Fontius. Berlin 1989.

Gisela Schlüter

Rowling, J[oanne] K[athleen]
Geb. 31. 7. 1966 in Chipping Sodbury, Gloucestershire

1997 ersteigerte der Verlag Scholastic für 105 000 Dollar die amerikanischen Rechte an einem Manuskript – eine Summe, die bis dato noch nie für ein Kinderbuch bezahlt worden war. Das Buch – *Harry Potter and the Philosopher's Stone* (1997; *Harry Potter und der Stein der Weisen*, 1998) –, erster Teil einer auf sieben Bände angelegten Jugendbuchreihe, sollte, zusammen mit seinen Nachfolgebänden – *Harry Potter and the Chamber of Secrets* (1998; *Harry Potter und die Kammer des Schreckens*, 1999); *Harry Potter and the Prisoner of Azkaban* (1999; *Harry Potter und der Gefangene von Askaban*, 1999); *Harry Potter and the Goblet of Fire* (2000; *Harry Potter und der Feuerkelch*, 2000); *Harry Potter and the Order of the Phoenix* (2002, *Harry Potter und der Orden des Phönix*, 2004); *Harry Potter and the Half-Blood Prince* (2005, *Harry Potter und der Halbblutprinz*, 2005) – nicht nur die Lizenzgebühren wieder einspielen, sondern auch auf Jahre auf internationalen Bestsellerlisten verbleiben und seine Autorin zu einer der reichsten Frau Großbritanniens machen. – Der kometenhafte Aufstieg der *Harry-Potter*-Serie liefert auch die Basis für die mythische Verklärung der Autorin J. K. Rowling – deren Vornamen aus Angst, männliche Leser abzuschrecken, nicht auf dem Buchdeckel erscheinen durften –, die ihr Erstlingswerk als alleinerziehende Sozialhilfeempfängerin schrieb. – Die einzelnen Bände der *Harry-Potter*-Serie, die ihr Personal der Internatsgeschichte, ihr Weltbild, insbesondere den vorherrschenden Gut-Böse-Dualismus, der *fantasy*-Literatur und viele der handlungstreibenden Elemente dem Detektivroman entnehmen, schildern den Konflikt zwischen dem heranwachsenden Harry, der mit elf Jahren entdeckt, dass er ein Zauberer ist, und dem Erzbösewicht Voldemort, der Harrys Eltern ermordet hat. Ein besonderer Reiz für das Schulkinder-Lesepublikum liegt wohl in der Verschränkung von nachvollziehbarem Alltag und phantastischem Geschehen. Aufgrund des zunehmenden Alters des Protagonisten und somit auch des intendierten Lesepublikums zeichnen sich die einzelnen Bände der Serie, von denen jeder ein Schuljahr auf der Zauberschule Hogwarts umfasst, nicht nur durch zunehmenden Umfang, sondern auch eine Zunahme an Komplexität des Plots und der Bedrohung des Protagonisten durch seinen Erzfeind aus. – Nicht nur beim intendierten jugendlichen Lesepublikum, von denen viele wieder neu an das Lesen herangeführt wurden, sondern auch bei Erwachsenen, für die die Bände mit ›seriösem‹ Einband herausgegeben werden, hat die *Harry-Potter*-Reihe weltweit einen phänomenalen Erfolg erzielt, der die Verfilmung des ersten Bandes (2001) zu einem viel beachteten Medienereignis gemacht hat.

Klaudia Seibel

Roy, Arundhati
Geb. 24. 11. 1961 in Shillong, Assam/ Indien

Der Welterfolg von Arundhati Roys Roman *The God of Small Things* (1977; *Der Gott der kleinen Dinge*, 1997) liest sich wie ein modernes Märchen: Entdeckung einer unbekannten Autorin über Nacht, Vorschuss in siebenstelliger Höhe, Rechteverkauf in 18 Ländern, *Booker-Prize* – und dies innerhalb weniger Monate. Binnen weniger Jahre wurde *The God of Small Things* in ca. 40 Sprachen übersetzt und in über vier Millionen Exemplaren verkauft. R.s Buch lässt sich zumindest teilweise als literarische Verarbeitung der eigenen Biographie lesen. So sind Parallelen zwischen der Geschichte der geschiedenen jungen Frau und ihren Zwillingskindern in einem südindischen Ort und R.s eigenem Familienhintergrund ebenso wenig zu übersehen wie Auswirkungen ihrer Ausbildung als Architektur-Designerin und Erfahrungen als Fernsehfilmproduzentin auf die Gestaltung der Erzählung. Schließlich nimmt R.s Engagement für die *Dalit* (Kastenlosen) und die Erhaltung einer lebenswerten Umwelt in *The God of Small Things* auch in ihrem persönlichen Leben einen wichtigen Platz ein, wie sich an ihrem Protest gegen die Nuklear- und Wirtschaftspolitik Indiens, dem finanziellen Einsatz für die *Dalit* ihres Heimatstaates Kerala und ihren Essays *The End of Imagination* (1998; *Das Ende der Illusion*, 1999) und *The Greater Common Good* (1999) ablesen lässt. – Neben der autobiographischen Authentizität des Romans und seinem Erfolg als Bestseller hat die literatur-

kritische Rezeption, die sich seiner aktuellen Thematik, dem komplexen Aufbau der Erzählung, dem Erzählton und der außergewöhnlichen sprachlichen Gestaltung zugewandt hat, wesentlich Anteil an seinem Bekanntheitsgrad. Die Rückkehr einer jungen Frau in ihren südindischen Heimatort nach langjährigem »Exil« schafft die Rahmenhandlung für ein mehr als 20 Jahre zurückliegendes Geschehen um eine Familie, in der patriarchalische Dominanz und weibliche Unterwerfung, syrisch-christliche Religiosität und anglophile Kultur, Kastenbewusstsein und Geschlechterrollenverteilung ein Koordinatengeflecht bilden, in das eine geschiedene Frau mit ihren siebenjährigen Zwillingen hineingerät und eine Liebesbeziehung zu einem Kastenlosen aufnimmt. Ein so unverzeihlicher Verstoß gegen eine normative Moral und geschichtliche Tradition, in der die »Liebesgesetze« bestimmen, »wer geliebt werden darf, und wie. Und wie sehr«, führt zur Bestrafung und Katastrophe: Der Liebhaber wird ermordet, seine Geliebte aus der Familie verstoßen. Die Trennung der Zwillinge lässt sie den totalen Verlust aller nahestehenden Menschen erfahren. Erst mit der Rückkehr der Schwester zum geistig gestörten Bruder erweist sich, dass die Liebe zueinander trotz aller Brutalität überlebt hat und Zuflucht bietet. – R. sprach einmal von der »im Hinterhalt liegenden« Geschichte, deren »sprunghafte« Wiedergabe sie auf ihre Designertätigkeit zurückführt, während Rückblenden, Vorausschau, Schnitte und das Überblenden unterschiedlicher Zeitebenen der Filmtechnik entlehnt sind. Der sich oft kindlich-unschuldig gebende Erzählton verdeckt nicht R.s Stilwillen mit seinem effektiven Einsatz rhetorischer Mittel: durchgängige Wiederholung von Worten, elliptischen Sätzen und längeren Passagen in stets neuen Erzählzusammenhängen; ungewöhnliche Vergleiche und Metaphern, Neologismen, Wortspiele und Lautmalerei. Aus ihnen schälen sich strukturierende Motive und Symbole heraus, welche die alltäglichen »kleinen Dinge« des Lebens hervorheben und zugleich die Fragilität wie Brutalität der Welt aufdecken. Die besondere Leistung von *The God of Small Things* liegt in der Fusion von sozialkritischem Impetus und ästhetisch-literarischer Gestaltung.

Dieter Riemenschneider

Różewicz, Tadeusz
Geb. 9. 10. 1921 in Radomsko

»Vierundzwanzig bin ich / gerettet / auf dem weg zum schlachten. […] Ich sah: /menschen wie tiere getötet / fuhren zerhackter menschen / ohne erlösung. […] Verbrechen und tugend sind gleich / ich sah: / einen der schuldig / und schuldlos zugleich war.« Diese Zeilen aus dem Gedicht »Ocalony« (»Gerettet«), enthalten in R.' Debüt *Niepokój* (1947; *Formen der Unruhe*, 1965), zeigen das Grauen des Krieges und des Holocausts als ein direktes Erlebnis. Mit dem Gedichtband, in dem R. seine Erfahrungen im Partisanenkampf während der deutschen Besatzungszeit verarbeitet hat, machte er sich zum »Sprecher der Überlebenden der Kriegsgeneration« (Ernst J. Krzywon), einer desillusionierten Generation, deren Jugend durch das Erleben der Brutalität des Krieges und durch die ersten Nachkriegsjahre geprägt wurde.

In dem Erzählungsband *Przerwany egzamin* (1960; *In der schönsten Stadt der Welt*, 1962) beschreibt R. eigene Erfahrungen und Erlebnisse während des Krieges und in der Nachkriegszeit sowie die anhaltenden psychischen und physischen Folgeschäden des Nationalsozialismus. In den weiteren lyrischen, prosaischen und dramatischen Werken prangert R. die Entfremdung und Isolierung des Individuums in der konsumorientierten Gesellschaft an. Als Moralist verweist er auf den Zerfall traditioneller Werte und Normen, den Verlust der Individualität und die Vereinsamung des Einzelnen sowie auf die inhaltslosen Konventionen und den Konformismus in der modernen Zivilisation.

Ab den 1960er Jahren wandte sich R. mehr dem Theater zu. Mit seinen unkonventionellen Stücken, die auf europäischen und amerikanischen Bühnen gespielt werden, gehört er zu den bedeutendsten Dramatikern des 20. Jahrhunderts. Das Charakteristische seiner satirisch-grotesken Dramen sind die Montage und Collage aus Texten unterschiedlicher Herkunft. Die Chronologie ist aufgehoben, eine durchgehende Handlung gibt es nicht. Die Figuren der Stücke, etwa von *Kartoteka* (1960; *Die Kartothek*, 1961), stellen keine Individuen mit einer ausgeprägten Identität dar. In *Grupa Laokoona* (1961; *Die Laokoon Gruppe*, 1962) parodiert R. einen übertriebenen Ästhetizismus, in *Świadkowie albo Nasza mała stabilizacja* (1962; *Die Zeugen oder Unsere kleine Stabilisierung*, 1962) deckt er die Doppelmoral und die Verlogenheit sowie die scheinbare Stabilisierung des Lebens Anfang der 1960er Jahre in Polen auf. In der Komödie *Śmieszny staruszek* (1964; *Der komische Alte*, 1964) wird die Bevölkerungsexplosion ironisiert, während die Parabel *Stara kobieta wysiaduje* (1968; *Eine alte Frau brütet*, 1969) die sich anbahnende ökologische Krise thematisiert. Die Tragikomödie *Na czworakach* (1972; *Auf allen Vieren*, 1973) zeigt auf groteske Weise die Sprachklischees, die angepasste Dichter benutzen, das Drama *Białe małżeństwo* (1974; *Weiße Ehe*, 1976) stellt die Biographie von Maria Komorowska, einer Autorin der *Młoda Polska* (Junges Polen), dar. In den beiden Stücken *Odejście głodomora* (1976; *Der Abgang des Hungerkünstlers*, 1977) und *Pułapka* (1982, *Die Falle*, 1983) setzt sich R. mit Franz Kafka und dessen literarischem Schaffen auseinander.

R. ist als Mitglied der Bayerischen Akademie der Künste sowie der Akademie der Künste in Berlin und Leipzig fest in das deutsche literarische Leben eingebunden.

Georg Mrugalla

Rückert, Friedrich
Geb. 16. 5. 1788 in Schweinfurt;
gest. 31. 1. 1866 in Neuses/Coburg

Der Zeitgenosse Johann Wolfgang Goethes, Napoleons und Georg Wilhelm Friedrich Hegels, der Brüder Schlegel und des Novalis, aber auch Georg Büchners, Heinrich Heines, des Fürsten Metternich und des allerorten aufkeimenden Liberalismus war bei einem breiten Publikum beliebt und gehörte zu den meistgelesenen Dichtern seiner Zeit. »Hühnenhaft, mit mächtigem Haupt voll langer, weißgrauer Haare wandelte er durch das Rosenbeet des Familiengutes, an einem seiner 10 000 Gedichte und Verse sinnend«, beschreibt ihn Felix Dahn, einer der Hauptvertreter des historischen Romans, in späteren Jahren. Sein Biograph Beyer stellte fest: »Was er schriftlich ausarbeitete, mußte auch schön und gleichmäßig auf dem Papier stehen.«

Er stammte aus bescheidenen Verhältnissen und ging den üblichen Weg, um seine Lage zu verbessern: Er studierte von 1805 bis 1808 die Rechte und Philologie in Würzburg und in Heidelberg. Der leidenschaftliche Parteigänger der antinapoleonischen Entente versuchte 1809 vergeblich, in das österreichische Heer aufgenommen zu werden; er wurde wegen seiner gesundheitlichen Anfälligkeit gar nicht erst gemustert. So habilitierte er sich zunächst einmal in Jena, einem der Zentren der deutschen Romantik, und hielt dort als Privatdozent Vorlesungen über orientalische und griechische Mythologie. Von 1812 bis 1814 lebte er als Gymnasiallehrer und Privatgelehrter in Hanau, Würzburg und Bettenburg. Als er 1814 erneut nicht am Krieg gegen Napoleon teilnehmen durfte, schickte er dem geschlagenen, flüchtenden Kaiser der Franzosen 74 *Geharnischte Sonette* (in *Deutsche Glimpf- und Schimpflieder*, 1814) hinterher: »Kann denn kein Lied / krachen mit Macht / so laut wie die Schlacht / hat gekracht in Leipzigs Gebiet?«. Mit diesen Sonetten wurde R. als unüberhörbarer politischer Lyriker der Befreiungskriege bekannt.

Nach dem Wiener Kongress von der restaurativen Neuordnung Europas enttäuscht, übernahm er 1815 in Stuttgart die redaktionelle Leitung von Johann Friedrich Cottas *Morgenblatt für gebildete Stände* und von 1822 bis 1825 die des *Frauentaschenbuchs*, in dem er nur noch am Rande zu Zeitfragen Stellung nahm, dies im Sinne eines gemäßigt liberalen Patriotismus. Seit er im Jahr 1818 in Wien mit dem berühmten Orientalisten Joseph von Hammer-Purgstall zusammengetroffen war, hatten sich seine Interessen entschieden gewandelt. Statt mit politischer Lyrik beschäftigte sich er jetzt mit der arabischen, türkischen und persischen Sprache und Literatur und wurde schließlich nach seinen zahlreich erschienenen mustergültigen Übersetzungen aus diesen Literaturen auf Empfehlung Hammer-Purgstalls 1826 zum außerordentlichen Professor für orientalische Sprachen an der Universität Erlangen ernannt. 1841 wurde er vom preußischen König Friedrich Wilhelm IV. nach Berlin berufen. Da er in Berlin nur widerwillig Fuß fasste, verbrachte er schon bald den größten Teil des Jahres auf dem Familiengut in Neuses und zog sich 1848 vollständig dorthin zurück.

R.s lyrische Dichtung und die Übertragungen – er schrieb daneben Kinderlieder und Märchen, historische und biblische Versepen – waren von hoher formaler Virtuosität getragen; damit erschien er seinen Zeitgenossen als ebenso einzigartig wie faszinierend. Georg Gottfried Gervinus, liberaler und kämpferischer Literarhistoriker der Zeit, schrieb über R.: »Mehr als die Empfindungsstärke wirkt die Kraft in Sinnbildern, im symbolisierenden Scharfsinn und Witz; wie bei einem Walther ist nicht das Lied, sondern der Spruch, das didaktische Gedicht das Preisvollste in Rückerts Werken, denn jeden schwierigsten Gedankeninhalt bändigt er mit leichtem und sicherm Griffe.« Der ungemein produktive Autor der *Östlichen Rosen* (1822), des *Liebesfrühling* (1844), der *Haus- und Jahreslieder* (1838) und der sechsbändigen *Weisheit des Brahmanen* (von 1836 bis 1839) dichtete aber auch in einer moralisierend-didaktischen, alexandrinischen Glätte, die ausschließlich dem politischen »juste milieu«, der Philisterei des biedermeierlichen Mittelstands entgegenkam: »Lesen Sie den Tschi-King, das Liederbuch der Chinesen, mit dessen Übersetzung uns Rückert sein neuestes Geschenk gemacht hat, und Sie werden hinter dieser wundersam geschnörkelten, steifen Schale des so ganz eigentümlichen Volks den Kern des Reinmenschlichen bewahrt sehen. In die Poesie flüchtet sich das mißhandelte Herz, hier und hier allein war es vom Priesterzwange frei, der sonst das ganze Leben und selbst den Gedanken des Volkes beherrschte«, warb der Literaturkritiker Ludolf Wienbarg in seinen *Ästhetischen Feldzügen* für R. und zitierte ausdrücklich dessen weltliterarisches Credo: »Daß ihr erkennt: Weltpoesie / Allein ist Weltversöhnung.«

In der Literaturgeschichte führt R. heute eine Randexistenz, einzig als Lehrer August Platens scheint er von Belang, dessen antikisierender Klassizismus R.s Sache allerdings nicht gewesen ist. Vielleicht ließe sich R. aber als unzeitgemäßer Nachfahre Johann Gottfried Herders und Goethes rechtfertigen, als verspäteter Aufklärer aus dem Geist des weltliterarischen Kulturvergleichs, der sich aber auch mit bewusster poetischer »Leichtfertigkeit« bemühte, die eklatanten Widersprüche seiner Zeit dem Diktat des reinen Reims zu unterwerfen.

Werkausgaben: Gesammelte poetische Werke. 12 Bde. Frankfurt a. M. 1867–69; Gesammelte Gedichte. Erlangen 1834–38.

Bernd Lutz

Rudolf von Ems
Erste Hälfte des 13. Jahrhunderts

Das Leben dieses Autors, der zu den fruchtbarsten (fünf große epische Werke mit fast 100000 Versen) und erfolgreichsten (insges. rd. 110 Handschriften) gehört, bleibt wie das vieler anderer mittelhochdeutscher Dichter schattenhaft. Außer seinen Dichtungen gibt es keine Zeugnisse über ihn. Der Autor selbst nennt sich in seinen Epen nur ›Rudolf‹; weiter vermerkt er einmal (*Alexander*, Vers 15 629), er sei »dienestman ze Muntfort«, einem zu seiner Zeit einflussreichen Grafengeschlecht, das u. a. am östlichen Bodensee Besitzungen hatte. Der heute übliche Zuname ›von Ems‹ wurde von zwei späteren Erwähnungen abgeleitet: In einer anonymen Fortsetzung seiner unvollendeten *Weltchronik* erscheint er als »R. von Ense«, in einer Handschrift des Romans *Wilhelm von Österreich* des Johannes von Würzburg (Anfang des 14. Jahrhunderts) als »von ains Ruodolf«. Identifiziert wurde Ems im Zusammenhang mit R.s vermutetem Stand als Ministeriale derer von Montfort mit Hohenems bei Bregenz. Für einige seiner Werke gibt R. historisch fassbare Gönner und die Umstände des Auftrags an, wodurch sich eine ungefähre Schaffenszeit von 1220 bis 1250 und ein Wirkungskreis im deutschen Südwesten erschließen lässt: R. bewegte sich offensichtlich in staufischer Sphäre bis hin in die Umgebung der Könige Heinrich (VII.) und Konrad IV., der sein letzter Auftraggeber war. Man nimmt an, dass er wie Konrad IV. auf der Italienfahrt 1250 bis 1254 gestorben ist.

R. beruft sich in seinen Werken auf die großen Epiker der Stauferzeit als Vorbilder, er rühmt insbesondere Gottfried von Straßburg als seinen stilistischen Meister. Von ihm übernahm er außerdem die Form des Literaturexkurses (*Alexander, Willehalm von Orlens*), in denen er eine große Zahl älterer und zeitgenössischer Autoren benennt und – ein Novum in der deutschen Literaturgeschichte – auch seine eigenen bis dahin entstandenen Werke (darunter eine verlorene Eustachiuslegende) anführt. Stofflich und intentional geht R. indes eigene Wege. Er kehrt sich ab von der märchenhaft-unwirklichen Artuswelt seiner Vorgänger und wendet sich historisierenden und historischen Stoffen zu, in deren Rahmen er in didaktischer Absicht eine realistisch gezeichnete Welt entwirft, in der sich Rittertum zu bewähren habe. Vermutlich am Anfang seines durch eine breite Gelehrsamkeit getragenen Schaffens stehen zwei Legendenromane: *Der Gute Gerhard* (um 1220), eine exemplarische Lebensgeschichte, die eine Fürstenmahnung impliziert, ist bemerkenswert durch ihre Struktur als Rahmenerzählung und den Status des Helden, der, obwohl Kaufmann, als Vorbild für Kaiser Otto herausgestellt wird. R. verfasste das Werk für Rudolf von Steinach (gest. 1221), einen Ministerialen des Bischofs von Konstanz; es scheint allerdings nicht als zeitgemäß empfunden worden zu sein (nur 2 Handschriften). Anders der weitgehend dialogische Legendenroman *Barlaam und Josaphat* (um 1230), eine Glaubenslehre, die christliche Umsetzung der alten Buddhalegende der Weltflucht (20 Handschriften), verfasst auf Anregung des Zisterzienserklosters Kappel bei Zürich.

Der Roman einer Kinderminne, *Willehalm von Orlens* (um 1230), dessen Protagonisten, Willehalm und Amelie, zu den exemplarischen Liebespaaren des Mittelalters gehören, wird, entsprechend R.s pragmatisch-didaktischen Intentionen, zugleich ein Spiegel höfischer Sitten und eine Fürstenlehre. Er wurde verfasst im Auftrag des Ministerialen Johannes von Ravensburg und Konrads von Winterstetten, des Protonotars Heinrich (VII.) und Erziehers Konrads IV. (gest. 1243, Vater des Minnesängers Ulrich von Winterstetten). In seinen beiden letzten Werken rückt R.s Neigung zur Historie vollends in den Mittelpunkt: Groß angelegt ist der *Alexanderroman* (um 1240); die breite Ausgestaltung schon der Erziehung Alexanders weitet sich auch hier zu einer Fürstenlehre, blieb dann aber nach 21 000 Versen unvollendet (entsprechend nur 3 Handschriften), vielleicht, weil ein Auftrag König Konrads IV. zu einer Weltchronik R. von dem Alexanderprojekt abgezogen hatte. Auch dieses monumentale Werk, das alle bisherigen Dimensionen sprengt, eine zur Legitimation der Stauferherrscher angelegte Heils-, Welt- und Kaiserchronik, blieb unvollendet: Mitten in der Geschichte König Salomons bricht sie bei über 33000 Versen ab. Dennoch war dem Werk ein außergewöhnlicher Erfolg beschieden (über 80 Handschriften, darunter 28 illuminierte Prachtcodices). Es wurde von späteren Autoren fortgesetzt, überarbeitet, erweitert, in andere Chroniken integriert und in Prosa umgebildet.

Werkausgaben: Der guote Gêrhart. Hg. von John Asher. Tübingen ³1989 (ATB 56); Alexander. Hg. von Victor Junk. 1928/29, Nachdruck Darmstadt 1970; Rudolf von Ems »Weltchronik«. Hg. von Gustav Ehrismann. 1915, Nachdruck Berlin 1967.

Günther Schweikle/Red.

Rühm, Gerhard
Geb. 12. 2. 1930 in Wien

»die dichtung arbeitet autonom mit dem material sprache, also mit wortklängen und wortbildern und mit deren bedeutung«. Weder Inhalt noch Aussage, Thema oder Stoff, weder erlebte Geschichte noch erfundene Handlung sind Ausgangspunkt für das vielgestaltige dichterische und künstlerische Werk R.s, sondern ein undogmatisches, ästhetisch-analytisches Insistieren auf dem Ausgangsmaterial aller Dichtung, der Sprache selbst. R.s unvoreingenommener Umgang mit allen Elementen dieses Materials, dem Lautklang, dem Schriftbild, dem Sprechgestus, den grammatikalischen und syntaktischen Spielregeln und – natürlich – dem Bedeutungspotential führt zu einer intensiven Erkundung der Ausdrucksmöglichkeiten bis hin an die Grenzen der Sprachwahrnehmung und des Sprachverstehens und legt zugleich so etwas wie eine elementare Ästhetik der Sprache frei. Bewusst stellt sich R., der auch als Herausgeber zu Unrecht verschollene Werke verschiedener Epochen der Literaturgeschichte wieder zugänglich gemacht hat, in die Tradition einer sprachbezogenen Literaturkonzeption, wie sie etwa durch Arno Holz, die Wortkunst des expressionistischen Sturmkreises, Raoul Hausmann und Kurt Schwitters, Gertrude Stein, aber auch in der deutschen Mystik und der Dichtung des Barock repräsentiert ist. So sehr R. daran liegt, aus dem puren Sprachmaterial ständig neue Klang- und Bedeutungswelten hervorzutreiben, so entschieden lehnt er jede Form des Formalismus ab. Vielmehr ist für den sprachkritischen Ansatz der Wiener Gruppe, zu der sich R. im Wien der 1950er Jahre mit H.C. Artmann, Oswald Wiener, Konrad Bayer und Friedrich Achleitner zusammengeschlossen hatte (und deren Historiograph er wurde), die Sprachphilosophie von Fritz Mauthner und von Ludwig Wittgenstein bestimmend. »Es gibt keine stärkere Gesellschaftskritik als die Kritik an der Sprache selbst«, spitzt R. diesen Ansatz zu, »die Sprache ist ein hierarchisch strukturiertes Herrschaftsinstrument«.

Vom herrschenden Literaturbetrieb in Wien verspottet und verfemt, ohne Aussicht auf Publikationen in Österreich emigrierte R. 1964 nach Westberlin – 1991 erhielt er sowohl die Ehrenmedaille der Stadt Wien in Gold als auch den Großen Österreichischen Staatspreis. Die soziale Funktion seiner Kunst sieht R. in der »Provokation zum Nonkonformismus« sowie in der Ausdifferenzierung und Entgrenzung der Wahrnehmungsfähigkeit, die auf eine ästhetische, nicht wissenschaftliche Erkenntnis zielt. Im Vergleich mit den anderen Autoren der Wiener Gruppe, aber auch mit ähnlichen poetologischen Konzepten der 1950er Jahre wie etwa von Eugen Gomringer in der Schweiz oder Helmut Heißenbüttel oder Franz Mon in der Bundesrepublik hat sicherlich niemand die künstlerische Erforschung der Sprache so systematisch wie vielseitig in so viele Richtungen und Bereiche vorangetrieben wie R. »beim gegenwärtigen stand der gesamtkünstlerischen entwicklung ist es illusorisch zu fragen, ob es sich noch um dichtung oder schon musik oder grafik, um (mobile) plastik oder (theatralische) aktion handelt, die produktionen lassen sich nicht mehr in gesonderte disziplinen eingrenzen, die produzenten nicht mehr auf einen material-, ausdrucksbereich festlegen. das interesse gilt vielmehr den problemen des ausdrucks und der vermittlung überhaupt, der material- und bewußtseinserweiterung«.

Die traditionellen Abgrenzungen zwischen den Künsten unterläuft R. von vornherein: Nach einem Klavier- und Kompositionsstudium an der Staatsakademie in Wien und bei J. M. Hauer begann der Dichter R. als Komponist; von 1972 bis 1995 lehrte R. als Professor für Freie Grafik in Hamburg (mit zahlreichen Einzelausstellungen); sein dichterisches Werk erschien in den größten und kleinsten Verlagen, vom bibliophilen Einblattdruck bis zum Taschenbuch; R. ist einer der wenigen, die mit den beiden großen Hörspielpreisen ausgezeichnet wurden: dem populären der Kriegsblinden (1983) und dem avancierten Karl-Sczuka-Preis (1977). Der methodische Reichtum seines Werkes entzieht sich jeder einordnenden Beschreibung. Zwischen Einwortgedichten und Eintonmusik, Lautdichtung und Visueller Poesie, Chansons und Konstellationen, Dialektdichtung und Konkreter Poesie, Gedichten und Prosa, Hörspielen und kinematografischen Texten, Minidramen und Melodramen, Theaterstücken, Schriftzeichnungen, Tondichtungen, Visueller Musik, etc. (gesammelt in den Bänden *fenster*, 1968; *Gesammelte Gedichte und Visuelle Texte*, 1970; *Ophelia und die Wörter*, 1972; (Neuausgabe unter dem Titel *theatertexte*, 1990); *Text – Bild – Musik*, 1984; *Zeichnungen*, 1987; *botschaft an die zukunft*, 1988; *geschlechterdings*, 1990; *Sämtliche Wiener Dialektdichtungen*, 1993; *Visuelle Poesie*, 1996) bietet die systematische Erprobung aller Möglichkeiten, die das Material Sprache überhaupt zu bieten hat, R. Gelegenheit, Entdeckungen jenseits der durch die Grenzen der Sprache normierten Bereiche unseres Verstehens und unseres Bewusstseins zu machen: eine ästhetisch-systematische Erforschung des im weitesten Sinne Unbewussten und dessen – tendenziell auch außersprachlichen – Funktionierens.

Daher ist R.s dichterischer Grundeinfall immer methodischer Art. In der Einsinnigkeit einer erfundenen Handlung oder der abgeschilderten Realität sieht R. eine Versimpelung des komplexen Widerspiels zwischen Bewusstsein und Realität. Das Prosastück *die frösche* (1958 geschrieben, 1968 veröffentlicht) etwa demonstriert besonders anschaulich, wie R. unterschiedslos alles, was an Realitätswahrnehmung anschießt, durch eine Vielzahl von sprachlichen und methodischen Mikromanövern unmittelbar in ein vielschichtiges Textgeschehen umstrukturiert, das – fernab jeder realistischen Abschilderung – dennoch unablässig Inhaltliches evoziert. Was aber an inhaltlichen Qualitäten erfahrbar wird, ist nicht im Voraus als Textaussage festgelegt, sondern entsteht erst im methodischen Vollzug der Texte, wobei R. das Herstellen solch inhaltlicher Bezüge als eine aktive und unerlässliche Arbeit des Lesers oder Hörers ansieht. Am Ende kann dann selbst das alphabetisch geordnete Vokabular eines Fremdsprachenwörterbuchs trotz der mechanisch eingehaltenen Wortfolge zu phantastisch erregenden Vorstellungen von *reisefieber* (1989) führen oder gar eine Fülle vielfach einander spiegelnder Weltbilder freisetzen: *textall* (1993), ein utopischer Roman. Im Idealfall schwebt R. das ›totale Buch‹ vor, wie er es nur in *rhythmus r* (1958, veröffentlicht 1968) und in *mann und frau* (1972) verwirklichen konnte: nicht nur eine Fülle verschiedener Schrift- oder Textstrukturen in variabler Typografie, sondern auch zerknitterte, zerrissene, eingefärbte, transparente, vertauschbare, ineinandergesteckte Buchseiten mit plötzlichem Sandpapier oder rauszureißendem Seidenpapier provozieren im rapiden Wechsel der Sprach- und Sinneseindrücke dichteste, sinnlichste ästhetische Erfahrung.

Klaus Ramm

Rühmkorf, Peter
Geb. 25. 10. 1929 in Dortmund

Lyrik ist für R. eine akrobatische Überlebensnummer. Das Gedicht *Hochseil* ist Sinnbild für die immer gefährdete, schwankende Basis dieser Gattung. Diese Träume von »einem Individuum / aus nichts als Worten« (»Wir turnen in höchsten Höhen herum / selbstredend und selbstreimend / von einem Individuum / aus nichts als Worten träumend. / … / Wer von so hoch zu Boden blickt / der sieht nur Verarmtes-Verirrtes / Ich sage: wer Lyrik schreibt, ist verrückt / wer sie für wahr nimmt, wird es«). Später bezeichnet R. das Gedicht als »Verfassungsorgan des Ich«. Es notiere die inneren Widersprüche, die es zerrütten, die gesellschaftlichen Zwänge, die es an den Rand drängen. Durch Formkunst soll dem Ich aus seiner »ahnungslosen Befangenheit« herausgeholfen und ihm zugleich eine »utopische Konsistenz« vermittelt werden. R.s Absicht gilt aber nicht dem unmittelbar Positiven. Kritik, Selbstkritik, Ironie, Spott und Polemik prägen seine Verse, welche die sprachlich vergegenwärtigten Widersprüche der Realität für einen kurzen Moment artistisch auszubalancieren versuchen – vor allem durch ständige Aufhebung, Selbstaufhebung, Distanzierung. Formal ist R. ein Traditionalist; denn er verwendet den aus der Mode gekommenen Reim, dessen Geschichte und Funktion er eine eigene Untersuchung widmet (*Agar Agar – Zaurzaurim*, 1981). Ferner orientiert sich R. zeitweise an der Hymnen- und Odendichtung des 18. und frühen 19. Jahrhunderts, parodiert er Texte literarischer Vorbilder und entwirft sein Selbstbildnis in Konfrontation mit Autoren wie Walther von der Vogelweide und Friedrich Gottlieb Klopstock (*Walther von der Vogelweide, Klopstock und ich*, 1975).

Von R. wird häufig gesagt, er nehme im heutigen Literaturbetrieb eine Sonderstellung ein – obwohl er spätestens seit den 1970er Jahren als Autor anerkannt ist, was sich in zahlreichen Preisen ausdrückt (u. a. Georg-Büchner-Preis, 1993). Diesen Autor kennzeichnet eine Doppeltätigkeit als Poet und »nüchterner Prosaaufklärer«. Er selbst spricht von seiner »Schizographie«, von sich als »dividiertem Individuum«. Der individuell-anarchisch-vitalistisch geprägten Lyrik stehen in Essays politische Aufklärung und Solidaritätsappelle gegenüber. In Kolumnen der Zeitschrift *Konkret* wirbt R. in den 1950er und 60er Jahren für eine Verständigung zwischen Ost und West, kritisiert den Kalten Krieg und den Vietnamkrieg. Auch danach verzichtet R. nicht auf politische Aufklärung. So organisiert und vertritt er zum Beispiel den 1981 erneuerten Boykottaufruf der Schriftsteller gegen die Springer-Presse, die ein »rechtsextremes Grundprofil« zeige.

Er wird als Sohn einer Lehrerin und eines »reisenden Puppenspielers« geboren. Er wächst auf dem Lande auf, in Warstade-Hemmoor bei Stade. 1950 macht er in Stade Abitur. Der seiner Umwelt kaum verborgen gebliebene »Defekt« seiner Familienverhältnisse mag eine Ursache dafür sein, dass R. früh die Chance eines Außenseitertums ergreift. Es liegt nahe, im »Hochseil«-Artisten das spielerische Erbe des Vaters fortgesetzt zu sehen, im didaktischen Streben das pädagogische Element der Mutter.

Von 1951 bis 1956 studiert R. ohne Abschluss in Hamburg Pädagogik, Kunstgeschichte, Germanistik und Psychologie. Weil er sich gegen die eilfertige Verdrängung der nationalsozialistischen Zeit zur Wehr setzt, die er als Schüler und Fronthelfer erlebt hat, prägen politisches Kabarett, Antikriegslyrik und die provokante Umdichtung von Liedern und Schlagern seine Anfänge als Lyriker. Früh beruft er sich auf Wolfgang Borchert, dem er 1961 eine einfühlsame Monographie widmet. Von 1951 bis 1956 gibt er zusammen mit Werner Riegel die Zeitschrift *Zwischen den Kriegen* heraus, in der er mit »polemischen Dreschflegeln« gegen den »Siebenschläfergeschmack« des Bürgertums rebelliert – allerdings mit einem deutlich elitär geprägten Bewusstsein der eigenen Isolation.

Zwecks »Vermehrung« der Autoren der Zeitschrift benutzt er verschiedene Pseudonyme. In die Zeit seiner Arbeit als Lektor im Rowohlt-Verlag (1958 bis 1964) fällt die fruchtbarste Phase seines lyrischen Schaffens (*Irdisches Vergnügen in g*, 1959; *Kunststücke*, 1962). Zugleich beginnt R., die Gattung, ihren Markt und Publikumsbezug in Essays zu reflektieren. Eine Anerkennung seiner Gedichte beinhalten die Lesungen vor der Gruppe 47 1960 und 1961. Obwohl besonders die erste auf »durchweg freundliche Resonanz« stößt, hält R. später trotz seiner Teilnahme an einigen Tagungen kritische Distanz zum »Auspendel- und Eichverfahren« der Gruppe, welches aus seiner Sicht »zwangsläufig« marktkonforme »gefällige Mittelmäßigkeit« oder »auffällige Ausgefallenheit« prämiere.« Seit 1964 lebt er – mit kurzen Unterbrechungen wie z. B. einem Aufenthalt in Rom dank eines Stipendiums der Villa Massimo 1964/65 – als freier Schriftsteller in Hamburg.

Im Zuge der politischen Reformen seit Mitte der 1960er Jahre versucht R., ein »versorgungsbedürftiges Publikum« mit »bestimmten Aufklärinhalten und mit Kunst, mit Theater« zu bedienen. So zeigt er in *Was heißt Volsinii* (1969) am historischen Beispiel mit aktuellen Bezügen, wie eine Clique aus Wirtschaft und Politik aus Angst vor dem Volk und zur Wahrung ihrer Interessen die etruskische Stadt an die römischen Invasoren verschachert. Als »roter Romantiker« sammelt, legitimiert und kommentiert R. die aufmüpfige und schlüpfrige »Poesie« des Volksmundes in der erfolgreichen Sammlung *Über das Volksvermögen* (1967). Beide Texte sind Dokumente von R.s Sympathie mit der Studentenbewegung. Er versucht – wie andere Literaten auch –, seinen Schreibtisch »perspektivisch auf die Straße, das heißt direkt auf die Gesellschaft zu verlängern«.

Das Scheitern dieser Hoffnungen und die relative Erfolglosigkeit als Dramatiker lösen in R. eine Krise aus, aufgrund deren er seine Rolle als »Privat- und Einzelunternehmer« merklich defensiver, manchmal resignativer auslegt. Er verteidigt jetzt wieder den Autonomieanspruch der Lyrik als »utopischen Raum, in dem freier geatmet, inniger empfunden, radikaler gedacht und dennoch zusammenhängender gefühlt werden kann als in der sogenannten ›wirklichen Welt‹«. Ein Dokument dieser Haltung ist – nach jahrelangem Schweigen als Lyriker – der Band *Haltbar bis 1999* (1979). In ihm versucht R., die Kunststücke des Hochseil-Artisten zu erneuern und zugleich dem eigenen Einwand, »Artistik … rechtfertigt keinen Mann mehr«, Rechnung zu tragen. Den Artisten lässt er angesichts des Blicks in eine »ausweglose Zukunft« erkennen, »daß er den eigenen Fortschrittsbeinen nicht auf ewig entkommen kann – es sei denn – auf Kosten der menschlichen Bewegung überhaupt«. Als ein weiterer und neuartiger Versuch, die eigene ›Schizographie‹ zwischen Künstlertum und Aufklärung zu überwinden, sind seine »aufgeklärten Märchen« anzusehen (*Der Hüter des Misthaufens*, 1983). Die Sammlung *Einmalig wie wir alle* (1989) enthält Lyrik, poetologische Essays und Briefe und kann als Poetik des Augenblicks verstanden werden. Eine Reaktion auf das, was im Moment wahrgenommen und erkundet wird und sich dadurch der Festschreibung entzieht. Auch der Lyrikband *Wenn – aber dann. Vorletzte Gedichte* (1999) präsentiert den Virtuosen der Sprache und lyrischen Formen. *Tabu* (1995) umfasst die Tagebücher der Jahre 1989–1991. In ihnen stilisiert sich R. zum Außenseiter im populären politischen Prozess und im literarischen Feld, breitet er private Begierden und Süchte aus. Zugleich gibt er Auskunft über seine poetologische Position. Die Beiträge sind augenblicksbezogen, zum Teil polemisch, oft bewusst unausgewogen.

Werkausgaben: Werke. 3 Bde. Reinbek bei Hamburg 1999–2001; Tabu: Tagebücher. Reinbek bei Hamburg 1995.

Hans-Gerd Winter

Rulfo, Juan
Geb. 16. 5. 1918 in Sayula, Jalisco/ Mexiko; gest. 7. 1. 1986 in Mexiko-Stadt

Ein Fuchs, der zwei vielgerühmte Bücher veröffentlicht hat, wird von der Kritik bedrängt, weitere zu publizieren. Doch er weiß, man will nur, dass er ein schlechtes Buch schreibt, und so schweigt er. Für den mit lateinamerikanischer Literatur Vertrauten ist die Anspielung auf Juan Rulfo in Augusto Monterrosos Fabel »Der Fuchs ist schlauer« nur zu deutlich. R.s früher Ruhm beruht auf dem schmalen Band mit Erzählungen *El Llano en llamas* (1953; *Der Llano in Flammen*, 1964) sowie auf dem Roman *Pedro Páramo* (1955; *Pedro Páramo*, 1958). Sein anschließendes ›Schweigen‹ hat ihn zu einem Mythos des Literaturbetriebs gemacht, auch wenn es nicht ganz den Tatsachen entspricht. Denn in den 1960er Jahren schrieb er weitere Texte, darunter die ursprünglich als Drehbuch geplante und 1964 verfilmte Novelle »El gallo de oro«, die später mit R.s übrigen Textvorlagen für experimentelle Filme unter dem Titel *El gallo de oro y otros textos para cine* (1980; *Der goldene Hahn*, 1984) publiziert wurde.

Die Erzählungen aus *El Llano en llamas* sind im ländlichen Mexiko etwa zwischen 1910 und 1940 angesiedelt. Sie präsentieren das Leben einer einfachen, von der Entwicklung in den städtischen Zentren abgekoppelten Bevölkerung – die Kehrseite der beschleunigten Modernisierung: Armut, Arbeitsmigration, Landflucht, Zusammenbruch traditioneller Sozialbeziehungen und unkontrollierte, scheinbar sinnlose Gewalt als Folge der Marginalisierung und Entwurzelung der Menschen. Entvölkerte Dörfer, in denen nur Alte und Kranke ausharren, bestimmen das Bild. R. schreibt nicht nur über die Ausgegrenzten, sondern er nimmt deren Perspektive ein. Er kommentiert die Stimmen der Protagonisten nicht, und nur in der Gesamtheit des Erzählzyklus entsteht ein Panorama des Lebens am Rande der Gesellschaft, das seine Figuren führen. Die Erzählungen thematisieren sowohl die mexikanische Revolution von 1910 als auch die Rebellion der Cristeros, größtenteils Kleinbauern, die sich gegen die Enteignung ihrer Parzellen zur Wehr setzten und sich in marodierenden Banden organisierten. Gewalt erscheint als Ergebnis der Unmöglichkeit des Dialogs und der Verständigung sowie als Folge eines ›abwesenden‹ Nationalstaates.

Pedro Páramo knüpft thematisch an die Erzählungen an, ist stilistisch aber noch radikaler. Der Roman schildert die Suche Juan Preciados nach seinem Vater Pedro Páramo, einem despotischen Großgrundbesitzer, der das Leben und Sterben der Menschen einer ganzen Region bestimmt. Erzählt wird das Geschehen durch eine Vielzahl von Stimmen, die sich nach und nach als diejenigen der Toten erweisen, die in ihren Gräbern miteinander sprechen. Der aus zahlreichen kurzen Fragmenten bestehende Roman ist eine Collage dieser Stimmen, die ein unvollständiges Bild der Ereignisse, vor allem aber ein Kaleidoskop der kollektiven, mündlich tradierten Erinnerung ergibt und die auch die Autorität des Textes selbst und damit der Schriftlichkeit in Frage stellt. Letztlich ist der Roman eine Parabel über die Grenzen bzw. die Vergeblichkeit der Macht, denn das einzige, was sich für Páramo als nicht käuflich erweist, ist die Liebe seines Jugendschwarms Susana San Juan; am Ende fällt er der Gewalt zum Opfer, die er selbst gesät hat. Die Novelle *El gallo de oro* ist die Geschichte des Glücksspielers Dionisio Pinzón, der mit Wetten bei Hahnenkämpfen ein Vermögen gewinnt und es schließlich wieder verliert. Zugleich ist sie die Lebens- und Leidensgeschichte der Sängerin Bernarda Cutiño, die Pinzón als eine Art Talisman benutzt. Als sie ihn schließlich verlässt, verlässt auch das Glück, und er ruiniert sich selbst. Die chronologisch gebaute Novelle ist weniger komplex als die Erzählungen und der Roman, besticht aber durch die bis dahin in der mexikanischen Literatur nahezu unbekannte Aufnahme von Elementen der Populärkultur. Neben den wenigen literarischen Texten hat R. auch ein photographisches Werk geschaffen, dessen Qualität seiner Literatur gleichkommt.

Jenseits aller Mystifizierung durch den Literaturbetrieb gilt R. mit Recht als der bedeutendste Erneuerer der lateinamerikanischen Literatur neben Jorge Luis Borges und wird von Schriftstellern wie Gabriel García Márquez oder Carlos Fuentes als literarisches Vorbild in Anspruch genommen. Er hat sprachlich wie stilistisch die traditionell realistischen Muster des mexikanischen Revolutionsromans überwunden und in seinen Texten die Mündlichkeit der Volkserzählungen, Fragmente indigener Mythologie und die Schriftlichkeit europäischer Literaturtradition auf kongeniale Weise miteinander verbunden. R.s Texte geben der kulturellen Heterogenität Lateinamerikas insofern ihren adäquaten literarischen Ausdruck.

Friedhelm Schmidt-Welle

Rumi

Geb. 1207 in Balch/Khorason;
gest. 1273 in Konya/heute Türkei

Moulānā Moḥammad Ǧalālo'd-din Rumi wurde im heutigen Afghanistan geboren. Der erste Namensteil, »Moulānā« (türk. »Mevlana«), mit dem Türken und Iraner ihn meist bezeichnen, ist ein Ehrentitel, der auf deutsch »unser Herr« bedeutet, der letzte, »Rumi« (Der Römer), unter dem der Autor im Westen bekannt ist, ist ein Beiname, den er erhielt, weil er sich in einem Gebiet niederließ, das man »Rum«, (Ost-)Rom, nannte, wenn es auch damals schon unter der Herrschaft türkischer Muslime stand. Über sein Leben gibt als zuverlässige Quelle eine von seinem Sohn Solṭān Walad (türk. Sultan Veled) verfasste Biographie, das *Walad-nāme*, Auskunft.

Um sich dem Mongolenangriff auf Balch zu entziehen, begab sich sein Vater mit der Familie auf die Flucht. Zunächst zog man nach Nischapur/Iran. Dort soll R. dem großen Mystiker Farido'd-Din ʿAṭṭār begegnet sein. Dieser sei, so heißt es, von dem Jungen so entzückt gewesen, dass er ihm ein Exemplar seines *Asrār-nāme* (Buch der Geheimnisse) geschenkt habe. Nach der Pilgerfahrt nach Mekka begab sich die Familie zunächst nach Syrien, später nach Anatolien. 1228 ließ sie sich auf Einladung des Sultans ʿAlāʾuʾd-din Kaikubād (1219–1236) in Konya nieder, wo der Vater Prediger und Lehrer an einer theologischen Hochschule wurde. Als er verstarb, übernahm der Sohn die Stelle. Ein ehemaliger Schüler von R.s Vater wurde zum geistigen Führer (Moršed) des jungen Gelehrten und initiierte ihn in die Mystik. Unter dessen Anleitung traf er wahrscheinlich in Damaskus mit dem großen Sufi-Denker Ibn ʿArabi zusammen, dessen Einfluss in R.s Werk zu spüren ist. Bald wurde er selbst zum Moršed und sammelte Jünger um sich. Eine Wende in seinem Leben brachte die Begegnung mit dem damals schon über 60-jährigen Wanderwisch Šamsoʾd-din Tabrizi im Bazar von Konya. Monatelang widmete er sich zur Empörung seiner Schüler nur noch dem neuen Freund, führte endlose Gespräche mit ihm und vernachlässigte seine Pflichten als Lehrer. Šams, der die wachsende Feindschaft spürte, entzog sich nach etwa zwei Jahren durch Flucht. R. ließ den Derwisch durch seinen Sohn Walad zurückholen. Um Šams enger an sich zu binden, verheiratete er ein junges Mädchen aus seinem Hause mit ihm. Doch kurz darauf verschwand der Freund erneut, um nie mehr wiederzukehren. Vermutlich fiel er einem Mordkomplott zum Opfer, an dem R.s zweiter Sohn beteiligt war. R. fand Trost in der *unio mystica*, der Entdeckung des Toten in sich selbst in einer spirituellen Vereinigung, in der das Ich im Du aufgeht. Aus diesem Erleben entstanden seine *Kollijāt-e Šams-e Tabrizi* (Sämtliche Gedichte des Šams-e Tabrizi), meist *Diwān-e kabir* (großer Diwan) oder kurz einfach *Diwān* genannt. Auch in der Form dieser Gedichte zeigt sich die Vereinigung der beiden Seelen, flicht R. doch in seine Ghasele an der Stelle, an der sonst der Name des Verfassers steht, den des Freundes ein.

Einige wenige Gedichte dieses Werks sind anderen Freunden des Dichters gewidmet – dem Goldschmied, in dessen Kammer er seine nicht enden wollenden Gespräche mit Šams geführt hatte, und dem geistigen Partner seiner letzten Jahre, Ḥosāmo'd-din, der nach R.s Tod, inzwischen mit dem türkischen Ehrentitel Çelebi ausgezeichnet, die Leitung des von Mevlana gegründeten Ordens der tanzenden Derwische übernehmen sollte. Dieser inspirierte den Dichter zu seinem anderen großen Werk, dem 26.000 Verse umfassenden *Maṣnawi-ye maᶜnawi* (das geistige Maṣnawi), meist kurz nur *Maṣnawi* (eigentlich eine Bezeichnung für eine Gedichtform) genannt, das häufig als »die Bibel der Sufis« bezeichnet wird. Wo er ging und stand, soll er seinem jüngeren Freund Verse diktiert haben, dieser schrieb sie auf und legte sie ihm später noch einmal zur Korrektur vor.

Mit seinen Robāᶜijāt (Vierzeiler mit dem Reimschema aaba) hat sich R. als Meister der kurzen Form erwiesen. Der Dichter verwendet Formen und Symbole der persischen Tradition, anders als die meisten Dichter greift er aber nicht nur auf anerkannte poetische Metaphern zurück, sondern häufig auf Ereignisse aus dem Alltagsleben. Meist verwendet er sie nicht nur in einem Sinn, sondern ordnet ihnen Bedeutungen auf verschiedenen Ebenen zu. Johann Christoph Bürgel führt als Beispiel dafür folgenden Vers an: »Vom Turkistan jener Welt kam eine Schar schöngesichtiger Türken ins Hindustan von Wasser und Lehm auf Befehl des Fürsten.« R. spielt damit auf die Eroberung Nordindiens mit seiner dunkelhäutigen (heidnischen) Bevölkerung durch hellhäutige (muslimische) Türken unter Befehl von Maḥmud von Ghazna an. Neben seiner historischen Bedeutung evoziert der Vers auch eine Erscheinung der Natur – das Frühjahr, in dem Blüten die dunklen Äste bedecken –, eine religiöse Lesart – das Licht des Glaubens verdrängt die Finsternis des Unglaubens – und schließlich eine philosophisch-gnostische: Die Lichtwelt der Seele erobert die Dunkelheit der Materie.

Kurt Scharf

Runge, Erika
Geb. 22. 1. 1939 in Halle/Saale

»Jetzt also hören wir es wieder läuten, das Sterbeglöckchen für die Literatur … Die Leichenschmäuse sind, wie es heißt, sehr gut besucht: ein Messeschlager … Der Leichenzug hinterläßt eine Staubwolke von Theorien, an denen wenig Neues ist. Die Literaten feiern das Ende der Literatur« – Hans Magnus Enzensbergers Essay »Gemeinplätze, die Neueste Literatur betreffend«, der 1968 im inzwischen legendären *Kursbuch 15* erscheint, bebildert die antiautoritär gestimmten Debatten um die »Krise des Erzählens« und den »Tod der Literatur« Ende der 1960er Jahre. Polemisiert wird gegen die »Verschleierungsmethoden« der sogenannten »etablierten Literatur« (Keith Bullivant), gegen einen »Monopolanspruch des geschriebenen Wortes«. Im selben Jahr erscheinen auch die *Bottroper Protokolle* von R., die sich nach einem Studium der Literatur- und Theaterwissenschaft, Romanistik, Kunstgeschichte und Promotion (*Vom Wesen des Expressionismus im Drama und auf der Bühne*, 1962) mit ihrem Protokollband der innerhalb dieses Diskurses als »operativ« verstandenen künstlerisch-literarischen Methode des Dokumentarischen zuwendet. R. geht es in ihrem als »propagandistisch« benannten Anspruch darum, »am persönlichen Beispiel die Möglichkeiten von Klassenkampf« sichtbar zu machen. Basierend auf Interviews mit Personen, deren Existenz von den Zechenstillegungen bedroht ist, entwirft sie mit den *Bottroper Protokollen* eine eigenwillige Topographie des Ruhrgebiets, die von der Authentizität des gesprochenen Wortes als subtile Erfassung von Alltag lebt und auf »fiktionale Einkleidungen« verzichtet. Zugleich liefert sie die kritische Bestandsaufnahme »einer immer noch nach minderem Recht lebenden Klasse« – eine Formulierung, die Martin Walser in seinem Vorwort zu den *Bottroper Protokollen* wählt. Denn neben der Stimme des Bergmanns kommen auch der Pfarrer, die Putzfrau oder die Verkäuferin »zu Wort«, die zusammen eine klangvolle Polyphonie bilden. Die *Protokolle* dienen als Materialvorlage für eine szenische Dokumentation mit dem Titel *Zum Beispiel Bottrop* (1971), für ein Theaterstück und ein Hörspiel.

Als Mitglied der »Dortmunder Gruppe 61« – wie auch Günter Wallraff, Angelika Mechtel oder Gisela Elsner –, die sich als Arbeitskreis von Autoren, Kritikern und Lektoren versteht, verfolgt sie das Ziel, sich »frei von politischen und staatlichen Aufträgen und Richtlinien mit den sozialen und menschlichen Problemen der industriellen Arbeitswelt künstlerisch« auseinanderzusetzen. So kontrovers der literarische, produktionsästhetische Wert der »Gruppe 61« beurteilt wird, unbestritten bleibt eine Politisierung von Literatur und Kunst durch die Erweiterung literarischer Techniken wie der Dokumentation, des (Interview-)Protokolls und der Reportage. Walser wie Enzensberger heben in R.s Texten, wie auch in Günter Wallraffs Industriereportagen *Wir brauchen dich. Als Arbeiter in deutschen Großbetrieben* (1966) und Wolfgang Werners *Vom Waisenhaus ins Zuchthaus* (1969), die Faktizität hervor, ohne selbst jedoch literarisch den »Tod der Literatur« zu befördern. Hingegen resümiert Enzensberger in seinem 1971 erschienenen Gedicht »Zwei Fehler«: »Ich gebe zu, seinerzeit/habe ich mit Spatzen auf Kanonen geschossen./Daß das keine Volltreffer gab,/sehe ich ein« (*Gedichte 1955–1970*).

1969 erscheinen R.s Tonband-Protokolle *Frauen. Versuche zur Emanzipation,* argumentativ flankiert vom Heft 17 des *Kursbuches* (die wichtigste Zeitschrift der Neuen Linken), das unter dem Schwerpunkt »Frauen – Familie – Gesellschaft« als einzigen literarischen Beitrag R.s »Dossier: Emanzipation. Auszüge aus vier Lebensläufen« abdruckt.

In R.s Protokollband berichten siebzehn Frauen zwischen 14 und 87 Jahren von ihren zumeist missglückten Erfahrungen mit der Emanzipation im BRD-Alltag. Neben Alice Schwarzers *Frauen gegen den § 218* (1971) sowie *Der ›kleine Unterschied‹ und seine großen Folgen. Frauen über sich. Beginn einer Befreiung* (1975), Hubert Fichtes *Interviews aus dem Palais d'Amour* (1972) und Ulrike Meinhofs *Bambule. Fürsorge – Sorge für wen?* (1971) gehört dieser Band zu den Zeugnissen aus der dokumentarisch-agitatorischen Phase der neuen Frauenbewegung. Sie markieren die Inanspruchnahme der Reportage- und Protokollliteratur von dieser »Emanzipationsbewegung«, als deren Folge es in der Literatur und Kunst, im Verlagswesen sowie innerhalb des akademischen Bereichs zu einschneidenden Veränderungen kommt.

1971 publiziert R. den Band *Eine Reise nach Rostock, DDR,* der das Ergebnis einer dreiwöchigen DDR-Reise ist, welche die Autorin durch ein zwar deutschsprachiges, doch fremdes Terrain führt und dessen Bewohner sie interviewte. Parallel dazu arbeitet sie als Filmemacherin (*Ich bin Bürger der DDR*, 1973; *Michael oder die Schwierigkeiten mit dem Glück*, 1975), in Rainer Werner Fassbinders *Ich will doch nur, daß ihr mich liebt* (1976) übernimmt sie auch als Darstellerin eine Rolle.

Aus der »Gruppe 61« spaltet sich (seit Herbst 1969) der »Werkkreis Literatur der Arbeitswelt« ab, dessen Mitbegründer Günter Wallraff – der mit seinen schonungslosen Recherchen nicht zur Literaturszene gehören will – auf der ersten Tagung des neuen Arbeitskreises für die literarische Praxis fordert: »Nicht Literatur als Kunst, sondern Wirklichkeit!« R. nimmt teil an diesem Kreis, dessen programmatische Formulierung, »unter Benutzung aller Kommunikationsmöglichkeiten Sachverhalte der Ausbeutung ins öffentliche Bewußtsein« zu bringen (wobei auch politische Aktionen nicht ausgeschlossen werden), ihrem Anliegen verwandt ist. Nicht der Nutzen des Arbeiters »für das System«, sondern der Nutzen des Systems »für den Arbeiter« (Jost Hermand) steht im Zentrum.

Mit dem Dokumentenband *Südafrika – Rassendiktatur zwischen Elend und Widerstand* (1974), der einen engagierten Zugriff auf das Material durch die Autorin verrät und nun auch von der Montage verschiedener Dokumente – u. a. statistischem Material – lebt, verabschiedet sich R. gewissermaßen vom Dokumentarischen. In ihren *Überlegungen beim Abschied von der Dokumentarliteratur* von 1976 vollzieht sie diesen in einem öffentlichen Prozess des Nachdenkens. »Aus dem Mangel an Sprachfähigkeit wurde: Zuhören«, begründet sie die Wahl einstiger Techniken und sprachlicher Mittel. »Ich wollte schreiben, aber mir fehlten die Worte. Ich wollte von mir, meinen Wünschen und Schwierigkeiten sprechen, aber ich hatte Angst, mich bloßzustellen« (kontext 1/1976). Über die Grenzen dieser literarischen Spielart reflektierend, beklagt sie nun den Verlust an Phantasie und utopischen Elementen, der sie daran hindert, ästhetische Möglichkeiten auszuprobieren, die über eine Inanspruchnahme fremden Lebens hinausgehen, und auf sich selbst als schreibendes Individuum zu vertrauen. Die Aufarbeitung eigener ›Kindheit‹ soll den Auftakt eines neuen Abschnitts im Schaffen R.s markieren, der in dem von Jürgen Habermas herausgegebenen Band *Stichworte zur ›Geistigen Situation der Zeit‹* (1979) aufgenommen ist. Mit den 1987 publizierten *Berliner Liebesgeschichten* scheint sie jedoch zu alten Ufern zurückzukehren, erneut berichten Berliner verschiedenen Alters und sozialer Provenienz von ihrem »Liebes«-Leben in und mit der Stadt. R. gelingt es damit jedoch nicht, an die positive Resonanz ihrer früheren Texte anzuknüpfen.

Carola Opitz-Wiemers

Rushdie, Salman
Geb. 19. 6. 1947 in Bombay

Salman Rushdie ist der bedeutendste Autor der indischen Diaspora, einer der Hauptrepräsentanten der postkolonialen Literaturen und seit der ›Rushdie-Affäre‹ ein Schriftsteller im Blickpunkt der Weltöffentlichkeit. Gleichgültig ob man sein Erzählwerk der anglophonen Literatur Indiens, der ›asiatischen‹ Minoritätenliteratur Großbritanniens oder einer sich abzeichnenden neuen Weltliteratur transnationaler Migranten zuordnet, R. hat auf jeden Fall eine nachhaltige Wirkung ausgeübt. Der Autor von *Midnight's Children* (1981; *Mitternachtskinder*, 1985) bricht mit der Dominanz realistischer Erzählkonventionen im indischen Roman, indem er dieses Konzept der Phantastik öffnet, archaisch-indigene Erzählverfahren der mündlichen Tradition mit spielerisch-metaliterarischen Methoden der internationalen Postmoderne verbindet und eine der komplexen Breite seines Indienbildes entsprechend registerreiche Sprache verwendet. R. hat mit seiner experimentierfreudigen Erzählkunst zugleich dem englischen Roman richtungsweisende Impulse gegeben und nach Autoren wie V.S. Naipaul die Minderheitenliteratur der Immigranten aus der Dritten Welt in Großbritannien konsolidiert. Schließlich reiht er sich in die Schar der internationalen Autoren ein, die vom Magischen Realismus eines Gabriel García Márquez bis zur grotesken zeitgeschichtlichen Satire eines Günter Grass ihre elementare Fabulierlust immer auch mit dezidierter Gesellschaftskritik verbinden.

R. wuchs als Kind in einer gutsituierten, liberalen muslimischen Familie im weltoffenen Bombay auf, erhielt als Jugendlicher in England eine privilegierte Erziehung (Privatschule von Rugby, Geschichtsstudium in Cambridge) und arbeitete als Texter in einer Werbefirma, bevor er als freier Schriftsteller leben konnte. Sein in Europa vielfach preisgekröntes, in Asien mehrfach verbotenes Erzählwerk umfasst mehrere Romane und Kurzgeschichten. Mit dem Roman *The Satanic Verses* (1988; *Die satanischen Verse*, 1989) löste er eine spektakuläre Kontroverse aus: Ein Großteil der orthodox islamischen Welt reagierte mit fanatischer Militanz auf die »blasphemische« Infragestellung der sakrosankten Koranüberlieferung und die »Verunglimpfung« des Propheten, während die sich pluralistisch verstehende, weithin säkularisierte westliche Welt im Namen der freien Meinungsäußerung ihre Betroffenheit darüber zum Ausdruck brachte. Die Verkündung der *fatwa* durch den Ajatollah Chomeini, die R. zum Tode verurteilte und Attentätern ein hohes Kopfgeld versprach, zwang R. zum Untertauchen. Auch nach der offiziellen Abschwächung des Urteils durch den Iran kann der – inzwischen in den USA lebende – Autor sich nicht frei bewegen.

Abgesehen von seinem Debütroman *Grimus* (1975; *Grimus*, 1998), dessen phantastischer Erzählduktus abstrakt bleibt, ist für R.s

Romanwerk ein Grundkonzept charakteristisch, das realistische und phantastische Tendenzen so miteinander verbindet, dass der Bezug zum zeitgeschichtlichen Alltag nicht verlorengeht. Die wiederkehrende Thematik der nationalen, sozialen und psychologischen Probleme postkolonialer Identität zielt auf kollektive Relevanz, wird aber anhand der Lebenswege von abgehobenen oder ausgegrenzten Individuen und deren Familien dargestellt, die im konkreten Hier und Jetzt kontextualisiert sind. R.s literarisch bedeutsamster (mit dem superlativen »Booker of Bookers« ausgezeichneter) Roman ist *Midnight's Children*, der im Rahmen der Chronik einer muslimischen Familie und der Lebensgeschichte des Ich-Erzählers Saleem Sinai ein realistisch pralles wie fabulös phantastisches, zugleich ironisch eingefärbtes Bild des Subkontinents entwirft. Saleem gehört zu den »Mitternachtskindern«, die – in der Stunde von Indiens Unabhängigkeit geboren – die neue Nation verkörpern, aber die historische Herausforderung der Entwicklung einer Vielvölkerdemokratie angesichts der konfliktreichen Heterogenität der Sprachen, Religionen, Rassen und Klassen nicht wahrzunehmen vermögen. Als artifizielle Staatsgründungen auf dem Boden des multikulturellen Subkontinents bleiben Indien, Pakistan und Bangladesch halb wirkliche, halb fiktionale Gebilde, die im fortwährenden Prozess des »re-inventing« Geschichte machen und Saleem mit seinen lückenhaften Erinnerungen ein Modell für das Geschichte nachschaffende Geschichtenerzählen bieten. Sein Leben ist entsprechend eng und auf oft fatale Weise mit markanten zeitgeschichtlichen Ereignissen verknüpft: vom Bombayer Amtssprachenstreit über einen der Indisch-Pakistanischen Kriege und den pakistanischen Bürgerkrieg bis zur Notstandsperiode unter Indira Gandhi. Saleem richtet sich in seinem – dem eigenen Verfall abgetrotzten – Lebensbericht letztlich an seinen Sohn, der eine illusionslosere Generation repräsentiert. Er selbst vertritt das Prinzip der toleranten, imaginativen Überwindung von Gegensätzen und bemüht sich darum, dem »vielköpfigen Monster« Indien Stimme zu verleihen, indem er

eine bunte Mischung autochthoner Typen und Milieus, Situationen und Schicksale einbezieht. R. lässt sich bei der Darstellung indischer Denkweisen zum Spiel mit charakteristischen Motiven inspirieren, die der immer wieder überbordenden Erzählung zugleich ein strukturelles Grundgerüst geben. Ein ingeniös eingesetzter Motivkomplex dieser Art bezieht sich auf die Normen des Sehens/ Gesehenwerdens/Unsichtbar-Bleibens, mit dem das Leitmotiv des »perforated sheet« assoziiert ist: Ausgehend von den praktischen Implikationen der kodifizierten Verhüllung des weiblichen Körpers, wird dies zum Sinnbild der fragmentarischen Manifestation jeglicher Ganzheitlichkeit, ob diese nun die persönliche Identität, die nationale Einheit, die historische Kontinuität oder die narrative Kohärenz betrifft. Ein Hauptreiz des Romans geht von R.s sprachlicher Virtuosität und beziehungsreicher Intertextualität aus. Er verwendet eine vom metaliterarischen Diskurs bis zum spontanen Zuhörer- bzw. Leserappell variationsreich modulierte, bald assoziativ abschweifende, bald sprachspielerisch aufblitzende Erzählersprache, bezieht eine auf diverse indische Sprechweisen hin stilisierte Figurenrede ein und bringt eine Fülle – oft parodistischer – Anspielungen auf europäische und orientalische Literatur- und Medientraditionen an, die von der englischen Satire und sozialkritischen Erzählkunst bis zur selbstreflexiven Postmoderne, vom Mythenpersonal der Sanskrit-Epen und dem im Erzählrahmen invertierten Schema von *Tausendundeine Nacht* bis zum mündlichen Erzählmodus der volkstümlichen Straßenunterhalter und den populären, melodramatischen Bollywood Movies reichen.

R. gibt in *Midnight's Children* der Phantastik seiner Erzählung, gerade wo sie mit realistisch dokumentierter Zeitgeschichte einhergeht, angesichts der eskalierenden Fehlentwicklung wie der Abspaltung und inneren Aufspaltung Pakistans oder dem Bankrott indischer Politik in der Notstandsphase zunehmend grotesk-apokalyptische Züge, eine Tendenz, die er in *Shame* (1983; *Scham und Schande*, 1985) insofern weitertreibt, als er dort ein Bild von Pakistan unter Zia ul Haq entwirft, das einerseits schon mit der Detailtreue eines politischen Schlüsselromans ausgemalt wird, andererseits auf quasi allegorische Weise farcenhaft-satirische Verzerrungseffekte einbezieht und das Geschehen nach der Manier des Schauerromans in einer explosiven Horrorvision kulminieren lässt. In *The Satanic Verses* verlegt R. die Haupthandlung in die multikulturelle britische Metropole. Anhand zweier muslimischer Inder aus Bombay, des in seinem Anpassungseifer frustrierten Saladin Chamcha und des in seinem Glauben paranoid verunsicherten Filmstars Gibreel Farishta, sowie des »unsichtbaren«, aber vielköpfigen Einwanderergettos im London der Thatcher-Ära werden die Identitätskonflikte und komplexen Veränderungen, die Wanderer zwischen den Kulturen an sich erfahren, in grotesken Metamorphosen versinnbildlicht. Das komplementäre Hauptfigurenpaar entwickelt sich entsprechend unterschiedlich: Der diabolisierte Saladin findet zu einem Neuanfang in Indien zurück, während Gibreel in seiner engelhaften Selbststilisierung zu Tode kommt – ein im Vergleich zu den destruktiven Schlüssen der vorangegangenen Romane zweiseitiges Ende. Alternierend mit dem Hauptstrang der Erzählung sind die als separate Geschichten eingelegten Träume Gibreels von dem Propheten Mahound, der in Arabien eine neue Religion zu etablieren versucht, von einem fanatischen Imam, der im englischen Exil gegen sein verwestlichtes Heimatland intrigiert, oder von einem visionären Mädchen, das sein indisches Dorf auf wundersamer Pilgerreise nach Mekka zu bringen verspricht, alles Varianten der zentralen Migrationsthematik. R. setzt sich mit der konfliktreichen Situation der asiatischen Einwanderer in England, dem Wahrheitsanspruch und der Gut-Böse-Polarisierung des islamischen Fundamentalismus dem Prinzip des Wandels und Fragen existentieller, sozialer und psychologischer Bedeutung auseinander, die er vom Standpunkt säkulärer Skepsis, historischer Differenzierung und toleranter Humanität sowie mit einem ausgeprägten Sinn für Ironien und Ambivalenzen beleuchtet. Wenn R. sich in dem Roman zum Anwalt der marginalisierten ethnischen Minoritäten in England macht, indem er für die durch England »Verwandelten« die Rolle der nun England »Verwandelnden« beansprucht, so hat ihn die aggressive Ablehnung aus den Reihen der ihm am nächsten stehenden Gruppe besonders verbittert.

Auf die Rushdie-Affäre reagierte der Autor unter anderem mit *Haroun and the Sea of Stories* (1990; *Haroun und das Meer der Geschichten*, 1991), einer dem eigenen Sohn gewidmeten und zugleich an erwachsene Leser gerichteten Erzählung, die in der Mischung von orientalischem Märchen und Science-fiction nicht zuletzt eine Parabel auf das elementare Erzählbedürfnis und die repressive Bedrohung der freien Meinungsäußerung anbringt. Mit *The Moor's Last Sigh* (1995; *Des Mauren letzter Seufzer*, 1996) kehrt R. zur Fiktionalisierung des Subkontinents zurück. Er entwirft diesmal anhand der Chronik einer Familie mit katholischen und jüdischen Zweigen, künstlerisch-liberalen wie skrupellos-materialistischen Mitgliedern ein auf Bombay und den Südwesten des Landes konzentriertes Jahrhundertbild, das über die Notstandsphase hinaus bis zum militant repressiven Auftreten einer fundamentalistischen Hindu-Partei fortgeführt wird.

In seinen beiden Romanen *The Ground Beneath Her Feet* (1999; *Der Boden unter ihren Füßen*, 1999) und *Fury* (2001; *Wut*, 2002) greift R. erneut die Problematik der indischen Migrantenschicksale auf, verbindet sie aber mit der erstmals zentralen Liebesthematik und verlegt den Hauptschauplatz in die USA. Im ersten Fall geht es um den Werdegang und die zwischenmenschlichen Beziehungen eines als Halbgötter verehrten (dem Orpheus-und-Euridike-Mythos nachgebildeten) Rockstar-Paares und des befreundeten Erzählers, eines Pressephotographen. Im Gefolge der Stationen

Bombay-London-USA wird zugleich die aus dem »schiefen Blickwinkel« des Immigranten in Alternativversionen erfahrene Zeitgeschichte einbezogen. Im zweiten Fall präsentiert R. einen aus Bombay stammenden Cambridge-Dozenten und populären Fernsehstar, der in einer furiosen Anwandlung seine Familie und die Karriere im kleingeistigen England verlässt, um in New York unterzutauchen, wo er in einer infernalischen Umwelt jedoch zutiefst verunsichert wird, bis er in der Beziehung zu einer Inderin eine neue Lebensperspektive gewinnt. R. verarbeitet hier offensichtlich – wie in vielen seiner Werke – auch autobiographische Erfahrungen, die in wiederkehrenden Schauplätzen und Figuren dem Gesamtwerk zudem einen inneren Zusammenhang geben. Wenn sich die thematischen Akzente in den neueren Romanen verschieben, bleibt die fulminante Sprach- und Erzählkunst R.s hervorstechende Qualität als Romancier (auch in *Shalimar the Clown*, 2005; *Shalimar der Narr*, 2006), wiewohl etwa bei *The Ground Beneath Her Feet* auch ein Hang zur verbosen Verselbständigung der Sprache und zur Stereotypisierung der amerikanischen Szene kritisiert worden sind.

Über sein Romanwerk hinaus hat R. die thematisch verwandte Kurzgeschichtensammlung *East, West* (1994; *Osten, Westen*, 1995), die politischen Reisenotizen *The Jaguar Smile: A Nicaraguan Journey* (1987), die literatur- und kulturkritischen Prosasammlungen *Imaginary Homelands: Essays and Criticism 1981–1991* (1991; *Heimatländer der Phantasie*, 1992) und *Step Across This Line: Collected Non-Fiction 1992–2002* (2002; *Überschreiten Sie diese Grenze!*, 2004), die Filmanalyse »*The Wizard of Oz*« (1992) und die zusammen mit Elizabeth West (seiner dritten Frau) als Herausgeber betreute Prosa-Anthologie *The Vintage Book of Indian Writing 1947–1997* (1997) veröffentlicht sowie die Fernsehdokumentation THE RIDDLE OF MIDNIGHT (1987) über das Indien 40 Jahre nach der Unabhängigkeit produziert. (R.s Interesse für das Medium Film spiegelt sich in den sein Erzählwerk durchziehenden Filmmotiven und -techniken.) Zu seinen verstreuten journalistischen Beiträgen gehört auch jener 1982 in der *Times* erschienene Artikel, der mit dem vielzitierten Bonmot »The Empire Writes Back« im Titel den Aufbruch der postkolonialen Literaturen von der weltliterarischen Peripherie gegen die etablierten Literaturzentren Europas und der USA kennzeichnet, eine Entwicklung, zu der R. selber einen maßgeblichen Beitrag geleistet hat.

Eberhard Kreutzer

Rybakov, Anatolij (eigtl. Anatolij Aronov)
Geb. 14. 1. 1911 in Černigov/Ukraine; gest. 23. 12. 1998 in New York

Der studierte Transportingenieur Anatolij Rybakov galt lange Zeit als Autor von Produktionsromanen und Jugendkrimis ohne politische Biographie. Das änderte erst die Perestrojka, zu deren literarischem Aushängeschild er wurde. 1989 erfolgte seine Wahl zum ersten Präsidenten des parteiunabhängigen russischen PEN-Zentrums.

Zunächst schrieb R. Produktionsromane wie *Voditeli* (1951; *Menschen am Steuer*, 1953) oder *Ekaterina Voronina* (1955; *Stromauf!*, 1958), in dem eine wackere Kranführerin Arbeitsabläufe beim Be- und Entladen von Transportkähnen optimiert, sowie trotz ihrer pädagogischen Absichten spannende Abenteuer- und Kriminalromane für Jugendliche. Der Komsomolze Miša Poljakov löst in *Kortik* (1948; *Der Marinedolch*, 1953) – R.s Debüt – sowie in *Vystrel* (1978; *Der Schuß*, 1978) und *Bronzevaja ptica* (1956; *Der Bronzevogel*, 1958) nach der Oktoberrevolution drei Kriminalfälle, in die stets Konterrevolutionäre (sog. »Weiße«) bzw. Wirtschaftskriminelle verwickelt sind, und reift dabei zum aufrechten Kommunisten heran. Trug ihm der pathetische Roman *Voditeli* noch einen Stalin-Preis 2. Klasse ein, bekam R. erste politische Schwierigkeiten, als er sich in dem Kriminalroman *Leto v Sosnjakach* (1965; *Sommer in Sossnjaki*, 1965) dem Thema des Stalin-Terrors der 1930er Jahre zuwandte, der Millionen Menschen wegen angeblich mangelnder Wachsamkeit gegenüber vermeintlichen Saboteuren und Spionen ins Straflager brachte. Eine kurze Passage des Romans enthielt den Kern zu *Tjažëlyj pesok* (1979; *Schwerer Sand*, 1980), in dem R. das Tabuthema der Ermordung sowjetischer Juden durch die Wehrmacht aufgriff.

Nach dem Vorbild großer historischer Romane wie *Vojna i mir* von Lev Tolstoj stellt er fiktive Familien, die jüdisch-schweizerische Familie Ivanovskij und die Schusterfamilie Rachlenko, in den Mittelpunkt tatsächlicher Ereignisse. Während die Nazis Juden durch Ghettoisierung und Schikanen wie z. B. dem Verbot des Singens ihrer Menschenwürde zu berauben suchen, stören diese ihre penibel geplante Vernichtung durch einen Aufstand ähnlich dem im Warschauer Ghetto und verschaffen sich so einen »würdigen Tod«.

Weltruhm erlangte R.s Trilogie *Deti Arbata* (1987, *Die Kinder vom Arbat*, 1988), *Tridzatj pjati i drugie gody* (1988, *Jahre des Terrors*, 1990) und *Strach* (1991, *Stadt der Angst*, 1994), die zwischen 1933 und 1937 spielt und fiktive Figuren mit historischen Persönlichkeiten zusammenführt. R.s autobiographisches Alter ego Saša Pankratov, ein Student des Verkehrswesens, wird wegen despektierlicher Verse in die Verbannung geschickt, doch ein oftmals gnädiges Schicksal bewahrt ihn vor dem Tod, führt ihn aber immer weiter vom heimatlichen Moskauer Stadtteil Arbat weg bis nach Ufa. Eine weitere Hauptfigur ist der NKWD-Agent Jurij Šarok, der maßgeblichen Anteil an der Beschaffung und Fälschung von Material hat, mit dessen Hilfe Marschall Tuchačevskij als Verräter gebrandmarkt wird. Dem Terror der »Großen Säuberung« der Jahre 1936/37 fallen Millionen Menschen zum Opfer, darunter auch Sašas Onkel und Beschützer Mark Rjazanov, ein hoher Wirtschaftsfunktionär. In zahlreichen, z. T. fiktiven, z. T. historischen Episoden – »R.s starke[r] Seite« (*FAZ*) – tritt Stalin höchstpersönlich auf, dessen paranoiden Charakter der Autor glänzend herauszuarbeiten verstand. So entledigt sich etwa der misstrauische Stalin seines Zahnarztes nur deshalb, weil der zufällig am Stand dem Leningrader Parteiliebling Kirow begegnet ist, dessen Ermordung Stalin bereits plant, und den deutschen Schriftsteller Lion Feuchtwanger (1884–1958) täuscht Stalin bei einem Besuch im Kreml so gründlich über seine wahren Absichten, dass Feuchtwanger nach der Heimkehr einen kompromisslos prosowjetischen Reisebericht verfasst.

Roman – vospominanijae (1997; *Roman der Erinnerung. Memoiren*, 2001) ist nicht nur die Autobiographie des Schriftstellers, der »sein Leben ohne ideologische Verrenkungen, gleichsam als gradlinigen Slalom, wahr und aufrichtig lebte« (*Die Welt*), sondern auch die Entstehungs- und Veröffentlichungsgeschichte von *Deti Arbata* und der Folgebände. R. war der Zensur, die zahlreiche Streichungen und Änderungen verlangt hatte, bis an die Grenze des Erträglichen entgegengekommen, ohne eine Druckgenehmigung zu erhalten. Erst seine Drohung mit einer Publikation in den USA führte zum Einlenken der Behörden. Gleichzeitig korrigiert R. das westliche Gorbatschow-Bild, indem er den Präsidenten als einen taktierenden Zauderer porträtiert. Eine im Zweiten Weltkrieg spielende Fortsetzung von *Deti Arbata* konnte R. nicht mehr vollenden. In seiner Wahlheimat New York erlag er einem Krebsleiden.

Klaus-Peter Walter

S

Saʿadāwī, Nawāl as-
Geb. 1931 in Kafr Tahla/Ägypten

Die ägyptische Psychiaterin, Roman- und Sachbuchautorin und Mitbegründerin zahlreicher Menschenrechtsorganisationen gilt als einflussreichste und umstrittenste Feministin der arabischen Welt. Sie ist verheiratet mit dem Schriftsteller Sherif Hetata, Übersetzer ihrer Werke ins Englische, und lebt in Kairo. Weltberühmt wurde sie mit ihrer Studie zur Frauenbeschneidung: *Tschador. Frauen im Islam* (1980; arab. 1974), die in der Verbindung von empirisch-historischer Analyse und leidenschaftlich-persönlichem Bekenntnis zum feministischen Klassiker avancierte. Nawāl as-Saʿadāwī, die in der Tradition des historisch-sozialistischen Feminismus steht, ist der Verschränkung von Sexualität und Gewalt, von weiblicher Neurose, Unterdrückung und Ausbeutung in patriarchalen, religiös legitimierten Gesellschaftssystemen auf der Spur, in zahlreichen Romanen, Erzählungen und Theaterstücken sowie mehreren Studien und Memoirenbänden, die ihr zahllose Ehrungen und kaum weniger Repressalien einbrachten: das Missfallen sukzessiver ägyptischer Regierungen, den Verlust leitender Ämter, Publikationsverbot, bis hin zur Auflösung der ägyptischen Sektion der Arab Women Solidarity Association (AWSA), die sie 1982 unter dem Motto »Den Verstand entschleiern« gegründet hatte. Ihr Name erscheint sogar auf den Todeslisten islamistischer Fanatiker. Doch S. lässt sich nicht mundtot machen: »Wenn ich zwischen dem Schreiben und dem Paradies zu wählen hätte, wählte ich das Schreiben.«

Wie ihre Studien, wie sie selbst, ist auch ihr belletristisches Werk tief in der ländlichen Gesellschaft Ägyptens verwurzelt, ist ein wortgewaltiges Plädoyer für die Ärmsten der Armen: Frauen und Kinder. Ihre Romane und Kurzgeschichten – u. a. *Ich spucke auf Euch. Bericht einer Frau am Punkt Null* (1984; arab. 1973); *Gott stirbt am Nil* (1986; arab. 1975); *Eine Frau auf der Suche* (1993; arab. 1969); *Ein moderner Liebesbrief und andere Stories* (1987; arab. 1978); *Kein Platz im Paradies* (1993; arab. 1977) – zeichnen tragische weibliche Lebensläufe nach, sind erschütternde Dokumente weiblicher Auflehnung, Ohnmacht und letztlich Ausweglosigkeit in der traditionellen, männlich dominierten Sozialstruktur. Der klare, realistische Stil ihrer Prosa, der sich zum Ziel setzt, ein breites Publikum aufzurütteln, weicht bisweilen einer rhythmisch-hymnischen, lyrisch-zyklischen, symbolistisch-allegorischen Darstellungsweise, die eingefahrene Denkmuster aufbrechen will: Die biologisch determinierte Geschlechtsidentität etwa wird als soziales Konstrukt entlarvt, wie in den halluzinatorischen Vergewaltigungs-Sequenzen des Romans *Ringelreihen* (1990; arab. 1976), wo das Zwillingspaar Hamido/Hamida zu einer Person verschmilzt. Oder einem Imam wird in kühner Demontage religiöser Überlieferung eine uneheliche Tochter namens Bint Allah, ›Tochter Gottes‹, zugeschrieben: so im Roman *Der Sturz des Imam* (1991; arab. 1987), der in der arabischen Welt einen Skandal provozierte, auch wenn er, wie im Figurentheater mit Archetypen und Charaktermasken operierend, theokratische Herrschaftsformen weltweit karikiert. Und zuletzt löst S. die gewohnten Konzepte von Gut und Böse gänzlich auf, wie im postmodernen, die Hypokrisie patriarchaler Theologie aufgreifenden Roman mit dem vielsagenden Titel *The Innocence of the Devil* (1994; arab. 1992).

Regina Keil-Sagawe

Saadi (Saʿdi)

Geb. 1200 (?) in Schiras/Iran;
gest. am 9. 12. 1292 (?) in Schiras

Scheich Abu ʿAbdo'llah Mošarrafo'd-Din ebn-e Mosleho'd-Din Saʿdi erhielt den Titel ›Scheich‹ als Sufi (muslimischer Mystiker) und gab sich selbst den Namen Saʿdi nach seinem Landesherrn. Er begann seine Ausbildung in seiner Vaterstadt und begab sich später nach Bagdad, damals Sitz des Kalifats und Hauptstadt der Muslime, um seine Studien dort fortzusetzen. Dann ging er auf Wanderschaft und lernte einen großen Teil des islamischen Kulturkreises, aber auch außerhalb dessen gelegene Länder kennen. Seine Reiseberichte klingen gelegentlich etwas abenteuerlich, so etwa, wenn er erzählt, dass er die Funktionsweise der Mechanik eines hinduistischen Götzen entdeckt habe und dabei von einem Tempeldiener beobachtet worden sei, so dass er diesen habe erschlagen müssen, um sein Leben zu retten, oder wenn er von seiner Gefangennahme durch Kreuzritter in Palästina berichtet, die ihn zu Sklavenarbeit in Tripolis eingesetzt hätten. Auf den Reisen ist S. vermutlich mit dem Dichter Rumi zusammengetroffen, der ihn in die islamische Mystik einführte.

Bei seiner Rückkehr nach Schiras, so schreibt er in der Einleitung zu seinem *Bustān* (*Der Obstgarten*), habe er seiner Heimatstadt ein angemessenes Geschenk mitbringen wollen. Er habe dazu Worte gewählt, die süßer seien als der Zucker, den man seinen Freunden aus Ägypten mitzubringen pflege. Dieses 1257 fertiggestellte Werk ist ein zehnteiliges Lehrgedicht, in dem Themen wie Gerechtigkeit, Güte, Liebe, Bescheidenheit und Enthaltsamkeit behandelt werden. Im darauffolgenden Jahr vollendete S. sein anderes großes Werk *Golestān* (*Der Rosengarten*), eine Sammlung von mit Versen durchsetzten Erzählungen in Reimprosa, in der er den Erfahrungen seiner Wanderjahre dichterischen Ausdruck verleiht. Sein Gesamtwerk enthält außerdem Qasiden (Lehrgedichte) in persischer und arabischer Sprache, vier Zyklen von Ghaselen, Qetaʿāt (Fragmente), Robāʿiyāt (Vierzeiler), Molammaʿāt (Gedichte mit Versen in abwechselnd arabischer und persischer Sprache), Mofradāt (einzelne Doppelverse) und Tarǧiʿāt (Strophengedichte mit Kehrreimen) sowie mehrere Prosawerke, vor allem *Maǧāles* (Sitzungen) und *Se resāle* (Drei Traktate).

S. ist ohne Zweifel der größte Dichter persischer Sprache seiner Zeit. Noch heute wird er von den Gebildeten des persischen Sprachraums (Iran, Afghanistan und Tadschikistan) hoch geschätzt, studiert und häufig zitiert. Ihm ist es zu verdanken, dass die Gedichtform des Ghasels, die bis dahin als zweitrangig galt, zu höchster Vollendung entwickelt wurde. Seine Verse überzeugen durch das echte menschliche Gefühl, das sie vermitteln, den Wohlklang der Worte in Übereinstimmung mit dem Inhalt, die Darstellung der Liebe als erotisches oder mystisches Erleben sowie die Kritik an Heuchelei und Scheinheiligkeit. Den Notwendigkeiten der Zeit entsprechend übte auch er sich in Fürstenlob, da er auf die Großzügigkeit der Herrscher angewiesen war; dabei kommt es zu seltsamen Widersprüchen: So beklagte er zwar die Tötung des letzten Abbasidenkalifen (1258) durch den Mongolenherrscher Hülägü, feierte diesen aber kurz darauf. Andererseits mischte er unter seine Loblieder auf die Monarchen immer wieder Ermahnungen und verschwieg auch unangenehme Wahrheiten nicht. Seine Tugendlehre gilt als eine »Philosophie des gesunden Menschenverstandes«, die ihn befähigte, die Rolle des Sufis und die des Hofpoeten miteinander zu vereinen.

Kurt Scharf

Saar, Ferdinand von
Geb. 30. 9. 1833 in Wien;
gest. 24. 7. 1906 in Wien-Döbling

Im April 1860 quittierte S. nach beinahe elf Jahren in der k.u.k. Armee seinen Dienst. Mit seiner alten Armeepistole setzte er im Juli 1906 seinem Leben ein Ende. Dazwischen liegen 46 Jahre als beim Lesepublikum weitgehend erfolgloser Berufsschriftsteller, der jedoch nicht als Außenseiter der Gesellschaft aufsehenerregend aus dem Leben schied und deshalb posthume Aufmerksamkeit auf sich zog. Unheilbar an Krebs erkrankt und seit Jahren von Depressionen geplagt, beendete S. selbst sein Leiden. Mit dem Tod verschwanden S. und seine Werke zwar nicht, wie erwartet, völlig in der Versenkung; er, den man so recht keiner Epoche zuordnen konnte, blieb jedoch meist auf das Bild eines mittelmäßigen melancholischen Schilderers der untergehenden Habsburger Monarchie beschränkt. Erst seit den 1980er Jahren rückt S. als ein geistiger Wegbereiter der literarischen Moderne mit seinen Werken, vor allem seinen Erzählungen, verstärkt in den Mittelpunkt des Interesses. S. charakterisierte sich selbst und seine Stellung in der Literatur des 19. Jahrhunderts einmal mit dem Ausspruch »Ich bin halt der Übergang zu Euch« und sah sich damit als Bindeglied zwischen den ›klassischen‹ Autoren Stifter und Grillparzer sowie den Schriftstellern der österreichischen Moderne wie Hofmannsthal und Schnitzler, die ihn beide schätzten.

Neben Ludwig Anzengruber und Marie von Ebner-Eschenbach – mit der ihn seit 1867 eine lebenslange Freundschaft verband – gilt S. heute als der wichtigste Vertreter des österreichischen Spätrealismus. Jahrelang versuchte S. vergeblich, als Dramatiker den Durchbruch zu schaffen, doch seine Dramen *Der Borromäer* (entstanden um 1859, veröffentlicht u. d. T. *Tempesta*, 1881), *Eine Wohltat* (entstanden um 1861) oder *Die schönen Geister* (entstanden um 1863) wurden von Wiener Bühnen abgelehnt, das Drama *Kaiser Heinrich IV.* 1. Teil: *Hildebrand* (1865), 2. Teil: *Heinrichs Tod* (1867) jedoch immerhin gedruckt. Sämtliche seiner Dramen blieben sowohl zu Lebzeiten als auch nach seinem Tod wirkungslos. Als Lyriker hatte er mit seinen 1882 erstmals veröffentlichten *Gedichten*, die drei Auflagen erlebten und von den *Wiener Elegien* (1893) und *Nachklängen. Neue Gedichte und Novellen* (1899) ergänzt wurden, einen bescheidenen Erfolg. S.s Gedichte »verdanken ihren Reiz und Rang gerade der Unmittelbarkeit, mit der sie Verlusterfahrungen einer älteren Generation artikulieren. Es ist eben die Konfrontation mit neuen gesellschaftlichen und kulturellen Entwicklungen, die diesen Lyriker produktiv macht und dabei künstlerische Lösungen finden läßt, die auch die gleichzeitige Produktion der Moderne in ein neues Licht rücken« (Peter Sprengel).

1866 veröffentlichte S. seine erste Novelle *Innocens. Ein Lebensbild*. Um diese Zeit nahmen seine finanziellen Schwierigkeiten immer bedrohlichere Ausmaße an. Die adelige Gönnerin Josephine von Wertheimstein half dem völlig verschuldeten Dichter, der nun auch Mitglied ihres berühmten Salons in Döbling bei Wien wurde; er lernte dort wohlhabende Mäzene kennen, in deren Villen und Schlössern er fortan arbeiten konnte – v.a. bei Fürstin Elisabeth zu Salm-Reifferscheidt auf Blansko in Mähren. Seine kurze, 1881 geschlossene Ehe mit ihrer Gesellschafterin Melanie Lederer endete 1884 mit deren Freitod. Nach der zweiten, 1873 erschienenen Novelle *Marianne* entstanden nach und nach – S. klagte über »das langsame, schwerfällige Producieren« – weitere Werke: *Die Steinklopfer* (1874), *Die Geigerin* (1875), *Tambi* (1883) oder *Leutnant Burda* (1889). Insgesamt 32 Novellen umfasst S.s erzählerisches Werk, das in einem Zeitraum von ungefähr vierzig Jahren entstanden ist. Die sehr genau komponierten und durchdachten Erzählungen erhalten durch zahlreiche strukturelle und symbolische Bezüge oft einen tiefen Sinngehalt. »Hinter einer vordergründig oft spannenden und stets psychologisch, ja tiefenpsychologisch durchfühlten Handlung tun sich, so unauffällig wie eng mit ihr verflochten, die gewaltigen Räume antiker und christlicher Mythen, welthistorischer Abläufe oder philosophischer Dogmen auf« (Polheim). In seinen sozialen Porträts, die stark von der Philosophie Schopenhauers beeinflusst sind, schildert S. beinahe alle gesellschaftlichen Schichten der Donaumonarchie, vom Militär (*Vae victis!*, 1883) über den Adel (*Schloß Kostenitz*, 1893), das Judentum (*Seligmann Hirsch*, 1889), die Beamtenschaft und das Kleinbürgertum (*Die Heirat des Herrn Stäudl*, 1904), die Theater- und Künstlerwelt (*Geschichte eines Wienerkindes*, 1892), die Arbeiterschaft (*Die Familie Worel*, 1906) bis hin zu sozialen Randgruppen (*Die Troglodytin*, 1889). In einem Brief aus dem Jahre 1889 bekräftigte S. seine Absicht, mit jeder seiner Novellen »ein Stück österreichischer Zeitgeschichte« zu schreiben.

Werkausgaben: Sämtliche Werke. 12 Bde. [Bd. 1: Anton Bettelheim: Ferdinand von Saars Leben und Schaffen]. Hg. von Jakob Minor. Leipzig [1908]; Kritische Texte und Deutungen. Hg. von Karl Konrad Polheim und Jens Stüben (ab Bd. 5). Bonn, später Tübingen 1980 ff.; Briefwechsel zwischen Ferdinand von Saar und Maria von Ebner-Eschenbach. Hg. von Heinz Kindermann. Wien 1957.

Alexander Reck

Saarikoski, Pentti
Geb. 2. 9. 1937 in Impilahti/Finnland; gest. 24. 8. 1983 in Joensuu

Nach dem Abitur, das er bereits mit 16 Jahren ablegte, betrieb Pentti Saarikoski sporadische Studien der römischen und griechischen Literatur an der Universität Helsinki, veröffentlichte zahlreiche Gedichtbände, arbeitete als Übersetzer, womit er seinen Lebensunterhalt hauptsächlich verdiente, und beteiligte sich als polemischer Kolumnist an gesellschaftlichen, politischen und ästhetischen Debatten. Zwischen 1962 und 1968 führte er ein unstetes Leben mit längeren Auslandsaufenthalten, unter anderem in London, Dublin, Rumänien (mit Sarah Kirsch), Prag und Island. Nach einer erfolglosen Kandidatur für die Volksdemokraten bei der Parlamentswahl 1966 trat S. 1968 der Kommunistischen Partei Finnlands bei. Im selben Jahr führte ein von seinen Alkoholproblemen verursachtes Delirium zu einem Klinikaufenthalt. 1975 zog er mit seiner vierten Frau Mia Berner auf die schwedische Insel Tjörn, wo seine letzten drei Lyrikbände entstanden.

Die beiden Gedichtbände, mit denen S. 1958 debütierte – *Runoja* (Ich rede. Gedichte, 1965) und *Toisia runoja* (Weitere Gedichte) – verraten, unter anderem im Festhalten an der Maxime Ezra Pounds »dichten = verdichten«, den Einfluss seines damaligen Mentors Tuomas Anhava, aber auch der antiken griechischen Mythologie, Philosophie und Literatur, aus der er zahlreiche Werke übersetzte. Die fast symbiotische Beziehung von übersetzerischer Tätigkeit und eigenem Schreiben prägt nahezu sein gesamtes Schaffen. Mit der Sammlung *Maailmasta* (Von der Welt) wandte sich S. bereits 1961 von den hermetischen Tendenzen des finnischen Modernismus ab, 1962 legte er mit *Mitä tapahtuu todella?* (Was geschieht wirklich?) das wohl bedeutendste Werk der radikalen, politisch engagierten finnischen Lyrik vor. In Collagetechnik verbindet er darin Wörter und Textelemente aus verschiedenen Kontexten – Zitate, Werbeslogans, Schlagzeilen – und bildet so die Zersplitterung der Wirklichkeit ab. Zugleich erhält dadurch die Sprache einen zentralen Stellenwert: Was in Wirklichkeit geschieht, geschieht vor allem in der und durch die Sprache. Getreu seiner Forderung, Dichtung müsse »von ihrem Inhalt her dialektisch sein«, arbeitet S. auch in der 1965 erschienenen Sammlung *Kuljen missä kuljen* (Ich gehe wo ich gehe) mit Gegensatzpaaren wie trivial/hochwertig, Ich/Welt, Wirklichkeit/Fiktion, Liebe/Vernunft. Ende der 1960er Jahre löste S. sich allmählich vom politischen Engagement und suchte gleichzeitig nach sprachlicher Erneuerung – durch das Streben nach möglichst einfacher Form in den teils haikuähnlichen Gedichten der Bände *Laulu laululta pois* (1967; Ein Lied fort vom Lied) und *En soisi sen päättyvän* (1968; Ich möchte nicht, dass es aufhört) ebenso wie durch eine Art ›automatischen Schreibens‹ unter anderem in den Prosabüchern *Aika Prahassa* (1967; Die Zeit in Prag) und *Kirjeitä vaimolleni* (1968; Briefe an meine Frau). Die wiedergewonnene Sprachkraft schlug sich nieder in den ›ruhigeren‹, zunehmend auf die Natur konzentrierten Gedichten der frühen 1970er Jahre. »Im Duft von Millionen Butterblumen-Sonnen / erwache ich endlich / in einer Welt, die eurer Erklärungen nicht bedarf«, heißt es in dem 1973 erschienenen Band *Alue* (Gegend).

Der Umzug nach Schweden führte S. in eine neue sprachliche Umgebung, die Spuren in seinem Spätwerk hinterließ. Die Einbindung umgangssprachlichen Vokabulars und alltäglicher Redewendungen wurde erschwert, andererseits führte die Auseinandersetzung mit der neuen Alltagssprache zu einer intensiveren Sprachreflexion. Auf der Insel Tjörn entstand der als Hauptwerk des Dichters geltende sogenannte Tiarnia-Zyklus: *Tanssilattia vuorella* (1979; Der Tanzboden auf dem Berg), *Tanssiinkutsu* (1980; Aufforderung zum Tanz) und *Hämärän tanssit* (1983; Die Tänze der Dunkelheit; dt. erschien der gesamte Zyklus in einem Band: *Tiarnia*, 2005). Darin erreicht einerseits der Einfluss der antiken Mythologie eine ähnliche Intensität wie im Frühwerk, andererseits wendet S. hier meisterhaft die dialektisch-assoziative Schreibweise von *Mitä tapahtuu todella* an. Parallel zur Arbeit am Zyklus übersetzte er die *Ilias*, deren Stoff er in seinen Gedichten nutzte, um über den Kampf gegen die modernen Götter der Technologie zu reflektieren. Die Texte laufen nicht auf eine Erkenntnis zu, sondern bilden die fortwährende Suche nach Erkenntnis ab – und enden mit Zeilen, die als Absage an fruchtloses Theoretisieren gelesen werden können: »sie kommen oben an, der Minotauros schläft, sagt das Mädchen / er nimmt ihre Hand / sie gehen den Weg der Theorie hinunter / bleiben an der Mülltonne stehen / und sehen wieder die Sterne, die Himmelskörper«.

Gabriele Schrey-Vasara

Sábato, Ernesto

Geb. 24. 6. 1911 in Rojas, Provinz Buenos Aires

Der argentinische Essayist und Romancier Ernesto Sábato zählt neben seinem Landsmann Julio Cortázar, dem Kolumbianer Gabriel García Márquez und dem Peruaner Mario Vargas Llosa zu den großen lateinamerikanischen Romanciers des 20. Jahrhunderts. Mit seinem belletristischen Werk hat er entscheidend dazu beigetragen, die lateinamerikanische Literatur von bis dahin dominierenden europäischen, vor allem französischen Vorbildern loszulösen.

In seinen literaturtheoretischen Essays vertritt S. die Meinung, dass der Schriftsteller die Erfassung der gesamten Wirklichkeit anstreben soll: die äußere wie die innere, die sichtbare wie die verborgene. Dies leistet seiner Meinung nach nur der »totale Roman«, als dessen Modell ihm der *Ulysses* von James Joyce gilt. Andere Abhandlungen S.s, der in den 1980er Jahren Vorsitzender der offiziellen Kommission zur Aufklärung von Menschenrechtsverletzungen unter der argentinischen Juntaherrschaft war, haben politische und philosophische Themen zum Gegenstand. Den entscheidenden Impuls, seine vielversprechende Karriere als Physiker aufzugeben und sich der Literatur zuzuwenden, erhielt S. während seiner Pariser Zeit Ende der 1930er Jahre durch seine Begegnungen mit den Surrealisten um André Breton, Antonin Artaud, Oscar Dominguez und Victor Brauner.

Während der auch mit seinen eigenen Texten überaus kritische S. sein erstes, im Herbst 1938 geschriebenes episches Werk *La fuenta muda* (Die stumme Quelle) verbrannte, wurde der zeitgleich begonnene Roman *El túnel* (*Der Maler und sein Fenster*, 1958; *Maria oder die Geschichte eines Verbrechens*, 1976) 1948 veröffentlicht. Er bildet den Auftakt zu einer auch literaturhistorisch bedeutenden Trilogie, die außerdem aus *Sobre héroes y tumbas* (1961; *Über Helden und Gräber*, 1967) und *Abaddón, el exterminador* (1974; *Abaddon*, 1980) besteht. S.s persönliches wie künstlerisches Hin- und Hergerissensein zwischen Rationalismus und Irrationalismus wird dabei zum bestimmenden Prinzip. Traum und Wirklichkeit, Wunderbares und Alltägliches fließen ineinander. Der französische Existentialismus und der Surrealismus – für den Argentinier beide Nachfolger der Romantik – sind für sein Werk von großer Bedeutung. Seine eigenwillige Auseinandersetzung mit beiden bestimmt sowohl seine Essayistik wie auch seine Prosa. Es gilt, die Dominanz einer nur begrifflich erfassten Realität einer Kritik zu unterziehen und das verborgene Sein des Menschen jenseits des Zivilisatorischen und Domestizierten offenzulegen. Motive der Romantrilogie sind Einsamkeit und Kommunikationslosigkeit, Identitätsunsicherheit, Kunst und Wahnsinn. Die Geschichten, die erzählt werden, sind genauso kompliziert ineinander verschachtelt wie die vielfältigen Ebenen von Traum und Realität. Hauptschauplatz der Romane ist die argentinische Metropole Buenos Aires, deren oberirdisches Chaos und deren unterirdische Labyrinthe den äußeren und inneren Zuständen der Menschen entsprechen.

War der erste, konventionell erzählte Roman noch durchgehend in Form einer Lebensbeichte eines zur Zwischenmenschlichkeit nicht fähigen surrealistischen Malers abgefasst, der zum Mörder seiner Geliebten geworden war, so wird die Erzählweise in *Sobre héroes y tumbas* zu einem Polyperspektivismus erweitert, der im Wesentlichen auf drei Romanfiguren verteilt ist. Der Verschiebung der Grenzen von Bewusstem und Unbewusstem, von Gegenwärtigem und Vergangenem entspricht die Verarbeitung verschiedener Textsorten in formaler Hinsicht. Darüber hinaus hebt S. die Handlung, in der Flucht und Tod des argentinischen Generals Lavalle zur Zeit von General Rosas' Diktatur den Anlass zu einer persönlichen wie nationalen Bestandsaufnahme bilden, von einer individualistischen auf eine kollektive Ebene. Herzstück des Romans ist jedoch »Der Bericht über die Blinden«, die paranoide Abhandlung eines der Romanhelden, in der Unterirdisches der Stadt Buenos Aires, wie die U-Bahn, die Kanalisation und der Fluchttunnel aus dem Präsidentenpalast, zur Metapher einer psychotischen Abgründigkeit wird. Mit dem abschließenden Teil der Trilogie, *Abaddón, el exterminador*, werden die bereits im zweiten Roman angewandten Verfahren noch gesteigert. Das komplizierte Handlungsgeflecht ist durchzogen von zahlreichen, meist kontrapunktisch gesetzten intertextuellen Bezügen zwischen Zeitungsartikeln, Che Guevaras bolivianischem Tagebuch und S.s eigenen Texten und Romanfiguren; aphoristisch-essayistische und fiktionale Schreibweise werden vermischt. In diesem erneuten Versuch, den »totalen Roman« zu verwirklichen, spielt konsequenterweise das Thema des Schreibens selbst eine große Rolle. Doch anders als in den vorangegangenen Teilen der Trilogie, in denen zumindest noch die Möglichkeit einer Offenbarung besteht, münden in diesem letzten Roman, mit dessen Titel auf den Engel des Abgrunds der Apokalypse angespielt wird, alle Versuche, die großen metaphysischen Fragen zu beantworten, im Nichts.

1998 legte S., der auch als Maler hervorgetreten ist, unter dem Titel *Antes del fin* (Vor dem Ende) seine Autobiographie vor.

Gabriele Eschweiler

Sacher-Masoch, Leopold von
Geb. 27. 1. 1836 in Lemberg;
gest. 9. 3. 1895 in Lindheim/Hessen

Mit »einer Rakete, die jäh und blendend aufsteigt, einen langen Feuerstreif durch das nächtliche Dunkel zieht, in der Höhe vielfarbige Leuchtkugeln auswirft und dann erlischt«, hat Karl von Thaler S.s literarisches Wirken verglichen, denn er habe die in ihn gesetzten Hoffnungen »traurig betrogen«. »Bei seinem bedeutenden Talent«, schlug der berüchtigte Adolf Bartels in dieselbe Kerbe, »hätte man ihn als das verlottertste Subjekt der deutschen Literatur zu betrachten, wenn man nicht fast gezwungen wäre, eine Art erotischen Wahnsinns bei ihm anzunehmen.« Insbesondere warfen ihm seine Kritiker die »Szenen knutiger Wollust« vor, die er in seiner heute berühmtesten Novelle *Venus im Pelz* (1869) und in seinem Roman *Die geschiedene Frau* (1870) beschrieben hatte. Sie haben seinen literarischen und auch persönlichen Ruf auf das Nachhaltigste beeinflusst. Richard von Krafft-Ebing etwa nahm die in ihnen dargestellten, S.s eigene Liebesbeziehungen verarbeitenden Abhängigkeitsverhältnisse von »übersinnlichen« Männern und dominanten Frauen 1890 zum Anlass, daraus den Begriff ›Masochismus‹ abzuleiten.

Aber es war nicht allein die ohnehin eher diffuse Sexualität, nicht sein monomanisches Umkreisen immergleicher Wonnen durch Erniedrigung, nicht seine Skandalerfolge mit den *Russischen Hofgeschichten* (1873/74) oder den *Messalinen Wiens* (1873), die ihn dem Kreuzfeuer bösartigster Angriffe aussetzten, es war auch seine Überheblichkeit gegenüber der Kritik, seine Stellung als Österreicher im preußischen Deutschland, sein Philosemitismus und seine für einen deutschen Autor erstaunlichen Erfolge in Frankreich nach 1870/71, die einen unvoreingenommenen Blick auf sein Werk verstellten. Erst in den letzten Jahren ist diese einsinnige Einschätzung einer differenzierteren Betrachtungsweise gewichen.

Einer gerechten Beurteilung allerdings steht die kaum zu überschauende Gesamtproduktion S.s im Wege. Seit Mitte der 1860er Jahre nämlich, mit dem Ausscheiden aus dem Lehrbetrieb der Grazer Universität zugunsten seiner literarischen Ambitionen, hatte S. seinen Lebensunterhalt ausschließlich als freier Schriftsteller zu bestreiten. Seine fortwährend angespannte finanzielle Situation zwang ihn zu massiver Vielschreiberei und Vielfachauswertung des bereits Geschriebenen. Schon zu Lebzeiten hatte S. über einhundert selbständige Publikationen vorzuweisen. Außerdem verfasste er Feuilletons, Theaterstücke, historische Betrachtungen und versuchte sich als Gründer diverser Zeitschriften, etwa der »internationalen Revue« *Auf der Höhe* (1881–1885).

Ständige Ortswechsel (Graz, Wien, Bruck an der Mur, Budapest, Leipzig) sowie eine krisenreiche erste Ehe (mit Angelica Aurora Rümelin, die unter dem Pseudonym Wanda von Dunajew später ebenfalls schriftstellerisch tätig war) erschwerten zudem die konzentrierte Arbeit an seinem Hauptwerk *Das Vermächtniß Kains* (1870 ff.). Dieser großangelegte Zyklus, von Rudolf von Gottschall in seiner *Geschichte der deutschen Nationalliteratur* »eine novellistische Theodicee«, eine »divina comedia in Prosa« genannt, sollte in sechs mal sechs Novellen die *Liebe*, das *Eigentum*, den *Krieg*, den *Staat*, die *Arbeit* und den *Tod* behandeln und mit so bedeutenden literarischen Texten wie seinem den Ruhm der Anfangsjahre begründenden *Don Juan von Kolomea* (1866), dem *Capitulant* (1868), der *Venus im Pelz* und der *Gottesmutter* (1883) »das ganze Menschenschicksal« darstellen. Das vom Pessimismus Arthur Schopenhauers durchdrungene Kaleidoskop galizischen Lebens aber wurde nie vollendet.

Dabei hat sich S., auch in seinen letzten Jahren, die er in zweiter Ehe mit der Übersetzerin Hulda Meister in Lindheim verlebte, von zwei längeren Aufenthalten in Paris (1886/87) und Mannheim (1890) unterbrochen, immer wieder mit Galizien, dem Land seiner Kindheit, befasst. In eindringlichen, überaus anschaulichen Bildern hat er das Leben einer längst vergangenen Zeit, einer längst vergangenen Welt, der Welt des Ostens, eingefangen und beschworen. Sein *Vermächtnis Kains*, seine *Judengeschichten* (1878 und 1881), seine *Polnischen Ghettogeschichten* (1886) und vor allem sein großer Roman *Der neue Hiob* (1878) lohnen, als frühe Beispiele einer realistischen Erzählart neu gelesen zu werden. Hier liegen unstreitig seine Verdienste, hier hat seine Wiederentdeckung anzusetzen. Dass er zudem als Initiator des »Oberhessischen Vereins für Volksbildung« seine sozialreformerischen Ideen teilweise Wirklichkeit werden ließ, gehört ebenfalls zu den wenig bekannten Seiten eines Autors, dessen Name in die Nomenklatur der Sexualpathologie eingegangen ist und dessen Werk hinter einem Begriff verschwand.

Michael Farin

Sachs, Hans

Geb. 5. 11. 1494 in Nürnberg; gest. 19. 1. 1576 in Nürnberg

Er steht im achten Lebensjahrzehnt, da macht er Inventur gleich einem redlichen Gewerbetreibenden, pünktlich zum Jahreswechsel 1567. Zu revidieren ist, was er auf Lager hat an selbstgefertigten Produktionen: »Da inventirt ich meine Bücher.« Jene 34 Bände nämlich, worin er sein eigenes schriftstellerisches Werk handschriftlich eingetragen hat. Kaufleute verzeichnen ihren Warenbestand in Listen; er, was ihm im Laufe eines reichlichen halben Jahrhunderts an literarischen Erzeugnissen gelungen ist. Das Verzeichnis gerät ihm wiederum zum gereimten Poem, Titel: *Summa all meiner gedicht* [*meiner sämtlichen Dichtungen*]. Darin das erste Drittel bietet die kurzgefasste Selbstlebensbeschreibung, der Rest Auskünfte über die Menge – mehr als 6000 Werke zählt er – sowie die Genres, die der »fleißige Durchsucher« registriert. Er verfehlt nicht zum Beschluss, eine Eigentümlichkeit festzuhalten: »Gott sey Lob, der mir sendt herab / So miltiglich [freigebig] die schönen gab [Gaben] / Als einem ungelehrten mann, / Der weder latein noch griechisch kan«. Er misst sich also am Ideal des Poeta doctus, des humanistischen Gelehrten-Dichters, ebenso selbst- wie standesbewusst. Er ist mehr als nur ein Meistersinger, ist Dichter, wie er es bereits 1517 vergleichend erkannte: »kem der singer auf todes bar [die Totenbahre], / sein kunst mit jm al stirbet gar [ganz]; / wirt der dichter begraben, / sein kunst wirt erst erhaben.« [Der Nachruhm beginnt erst.]

Aus dem Blickwinkel des Barockgelehrten sollte später Daniel Georg Morhof die Besonderheit des Dichtertums von S. bestätigen (1682): »und muß man sich verwundern / daß ein Handwercksmann / der Lateinischen und Griechischen Sprache unkundig / so mancherley Sachen hat schreiben können / die nicht ohne Geist seyn.« Wenn jedoch dieser Handwerksmann am Neujahrstag 1567 ausreichend Vorkehrungen dagegen treffen zu können meint, dass die Nachwelt ihn, den Urheber, und seine Schöpfungen jemals verkenne, so irrt er sich sehr. Zweihundert Jahre später spricht ein jüngerer Schriftsteller die Warnung aus, einer, der es sich zur Aufgabe machte, den älteren in Schutz zu nehmen: »In Froschpfuhl all das Volk verbannt, / Das seinen Meister je verkannt« (Goethe, *Erklärung eines alten Holzschnittes, vorstellend Hans Sachsens poetische Sendung*) – doch sie fruchtet wenig: Der Tümpel erweist sich demnächst als dicht bevölkert, darunter von Literarhistorikern. Sie bewerteten das Werk z. B. vermöge unhistorischer Anlegung des Maßstabs der klassischen Literaturperiode. Wilhelm Scherer äußert, in gelehrtem Dünkel nicht ahnend, dass der Bumerang seiner Schelte auf ihn selbst zurückfällt: »An keinem Dichter des sechzehnten Jahrhunderts läßt sich die ästhetische Unbildung der Epoche so mit Händen greifen wie an Hans Sachs.« Man trennt den Dichter von seinem Werk, lässt dies ungelesen, feiert jenen. So heißt es 1895, in einem Rückblick auf die S.-Feiern von 1894, als das Besitz- und Bildungsbürgertum des Wilhelminismus, inspiriert durch Richard Wagners *Meistersinger*-Oper (Uraufführung 1868), in Gestalt des Schuhmacher-Poeten sich selber glorifizierte: »es herrschte in allen Kreisen der deutschen Bevölkerung ein rühmlicher Wetteifer, es einander in der Verherrlichung des Dichter-Handwerkers zuvorzuthun; das alles aber aus keinem anderen Grunde, als aus Freude an dieser gesunden, männlichen Persönlichkeit, die ihre Zauberkraft aufs Neue bewährte, und es verstand, Millionen von Menschen des verschiedensten Standes und Bildungsgrades zu fesseln, zu unterhalten, zu erfreuen, ja zu wohlthuendem und innerlich befreiendem Lachen hinzureißen.«

S. gibt uns ein Bild von seinem körperlichen Zustand an jenem Januartag 1567: Er mutmaßt – nicht ganz zu Recht, denn noch sechs Jahre, bis 1573, wird er weiter dichten –, die Inventarisierung werde zugleich sein »Valete« sein: »Weil mich das alter hart vexirt,

Mich druckt, beschwert und carcerirt« [einkerkert]. Spaßig ist sein Leben nie gewesen: geboren, als in Nürnberg die Pest regierte; Lateinschule, Handwerkslehre (1509–1511) und Wanderschaft (1511–1516) bedeuteten harte Arbeit und Entbehrungen, ebenso die Anfänge als Meistersinger (sein Mentor ist der Leineweber Lienhard Nunnenbeck). Seine erste Ehefrau, Kunigunde Creutzer, gebar ihm sieben Kinder, sie verstarb 1560. Seit 1561 ist er mit Barbara Harscher verheiratet, die aus erster Ehe sechs Kinder mitbrachte. Ereignisse der Geschichte: andauernde Kriege, worin in wechselnden Konstellationen sämtliche europäischen Mächte verwickelt sind. Die Reformation, als deren Parteigänger und unermüdlicher Propagandist S. seit 1523 ununterbrochen wirkt, und deren Niederlage 1547, im Schmalkaldischen Krieg, wonach eine Zeitlang um den Bestand der neuen Lehre gebangt werden musste, beschäftigen die Zeitgenossen.

Sein Werk ist zwiegespalten: Neben den ernsten schrieb S. eine Menge heiterer Dichtungen. Zunächst gibt es da – im 18. Jahrhundert wird Lessing ihre Bedeutung erkennen – die kleinste Gruppe von Schriften, die Prosa-Dialoge, sechs an der Zahl, die einzigen Texte im Gesamtwerk, die S. als Prosaisten zeigen. Sie entstanden sämtlich, als die politischen Auseinandersetzungen des Reformationszeitalters ihre Höhepunkte erreichten, in den Anfangsjahren des Bauernkriegs (1524) und des Schmalkaldischen Kriegs (1546) sowie im Zusammenhang mit den Kämpfen im Gefolge des Schmalkaldischen Kriegs (1554). In ihnen behandelte S. reformatorische Grundfragen: Bibelverständnis, taktische und soziale Probleme der Reformation, sogar auch ökonomische wie politische. Waren diese Dialoge dem neuen humanistischen Vorbild zu verdanken, so haben die zahlreichen gereimten Streitgedichte – S. selber benannte sie *Kampfgespräche* – eine lange, von der Antike über das Mittelalter reichende Tradition hinter sich. In ihnen führte sich nicht selten S. selber als Gesprächspartner ein, meistens in der Konfrontation mit allegorischen Figuren bzw. Gottheiten: *Klagrede der Frau Arbeit über den großen müßigen Haufen*; *Kampfgespräch zwischen Frau Armut und Pluto, dem Gott des Reichtums, über die Frage: welches unter ihnen das bessere sei*.

Neben diesen Texten, die man mit einem modernen Begriff als Beiträge zur ›Theoriediskussion‹ bewerten könnte, stehen ausgesprochen lyrische – geistliche und weltliche, darunter auch Liebeslieder. Die größte Gruppe seiner Dichtungen (mit etwa 4000 Beispielen), die Meisterlieder, möchte man heute allerdings kaum mehr als lyrische Gebilde gelten lassen, so streng strophisch sie auch gebaut sind. Ihnen, wie überhaupt dem Schaffen der Meistersinger, liegt eine Auffassung vom Wesen künstlerischer Leistung zugrunde, die, gemessen an der Norm, die seit der klassischen Literaturperiode herrscht, völlig andersartig ist. Gefordert war keineswegs das Ringen um die originäre Dichtung, Ausdruck einmaligen Schöpfertums, sondern die dichterische Gestaltung, die einem für alle Kunstgenossen, die ›Meister‹, gültigen Regelkatalog vollendet entsprach. Sie ging aus einem Kollektiv hervor, der »Singschule«, und diente der Belehrung und Unterhaltung eben dieses Kollektivs sowie des größeren Ganzen, der Bürgerschaft. S. wusste selber, dass sein Schaffen insgesamt die Grenzen des herkömmlichen Meistersangs sprengte und ihn über den Rang des Meistersingers emporhob. Trotzdem darf derjenige Teil seines Werks, der dem Meistersang angehört, als die Vollendung eben dieses Genres gelten. Daher sahen sowohl die Zeitgenossen als auch spätere Geschichtsschreiber des Meistersangs in S. den bedeutendsten Meister der Nürnberger Singschule.

Neben den Meisterliedern bilden die zweite Großgruppe von Texten im Schaffen von S. die nichtstrophischen gereimten Versdichtungen, worunter neben den *Kampfgesprächen* besonders hervorzuheben wären: die Fabeln und Schwänke sowie die dramatischen Dichtungen (Tragödien, Komödien, Fastnachtspiele). Es sind Beispiele aus diesen Gattungen, die vom Gesamtwerk am längsten bekannt geblieben sind. Während die Epoche, das 16. Jahrhundert, durch die Zeitgenossen (Jörg Wickram u. a.) in Deutschland bereits die Blüte des Prosaschwanks bringt, hält S. an der althergebrachten gereimten Form fest (mit dem sprichwörtlich gewordenen ›Knittelvers‹). Die Inhalte kommentieren und kritisieren alle Stände und ihr Leben und lassen Mängel des Alltags und politische Vorgänge Revue passieren: *Der arm gemein Esel* (1525), *Das Schlauraffenland* (1530), *Landsknechtspiegel* (1546; mit der Problematisierung der Frage von Krieg und Frieden; zu Beginn des Schmalkaldischen Krieges!) u. a. In den Tragödien und Komödien griff er auf antike, auch biblische Stoffe zurück, ferner auf mittelalterliche und zeitgeschichtliche. Dabei behandelte er unter historisierendem Gewand durchaus brisante Gegenwartsthemen, so gleich in seiner frühesten Tragödie *Von der Lucretia* (1527) die Tyrannei-Problematik.

Als unübertroffen beurteilt die Literaturgeschichtsschreibung indes v.a. seine Fastnachtspiele: »der unerreichte Meister dieser Gattung« (Barbara Könneker). Neben formalen Neuerungen, wie der Einführung einer einheitlich-geschlossenen Handlung, und inhaltlichen, wie der Reduzierung obszöner Bestandteile, ist es insbesondere die Parteinahme für die »Kleinen«, häufig an List Überlegenen, die diesen Teil des Gesamtwerks kennzeichnet. So demonstrieren z. B. *Der fahrend Schuler im Paradies* und *Der Roßdieb zu Fünsing mit den tollen diebischen Bauern*, wie kleine Diebe das Eigentum anderer Leute an sich bringen, ohne der Strafe zu verfallen –, umgekehrt als in der Realität der Zeit, worin nach Meinung des Dichters und vieler Zeitgenossen »große Diebe die kleinen henken« (so dass sich das Fastnachtspiel als illusionistischer Ausgleich der Wirklichkeit erweist).

Alle diese Dichtungen entstanden unter den unwürdigsten Bedingungen, dem Druck der Zensur, ausgeübt von einem zwischen den Mächten lavierenden patrizischen Rat, dessen Politik in der Stadt die Niederhaltung der Zünfte bezweckte ebenso wie die der Unterschichten. 1526: S. wird als ›Schwärmer‹ überwacht (›Schwärmer‹: zeitgenössischer Terminus für Müntzeranhänger und Täufer!). 1527: Der Nürnberger Rat erteilt ihm Schreib- und Veröffentlichungsverbot (»Befehl, daß er sich auf sein Handwerk, den Schusterberuf, beschränke, sich auch enthalte, in Zukunft irgend einen Dialog oder gereimte Dichtung verbreiten zu lassen«). Und so weiter, immer neue Schikanen bis ans Lebensende, mühsam eingeholte Erlaubnisse, wechselnd mit Verboten. Für die Situation des Dichters in der Zeit setzte er daher das Bild des Verkünders der Wahrheit, der klagt: »Siehst nicht vor meynem mund das groß, / Starck, ungewinlich, eyßren schloß [das unüberwindbare Eisenschloss], / Das fürstn und adl mir hat fürgschlagn, / Die laster [Verbrechen] in [ihnen] nicht mehr zu sagn [vorzuhalten]?« – Ein Beweis für die Wirksamkeit der Zensur: Der Rat fehlt in der Reihe der Unterdrücker der Wahrheit!

Werkausgabe: Werke. Hg. von Adalbert von Keller und Edmund Goetze. 26 Bde. Stuttgart 1870–1908, Nachdruck Hildesheim 1964.

Wolfgang Beutin

Sachs, Nelly
Geb. 10. 12. 1891 in Berlin;
gest. 12. 5. 1970 in Stockholm

Mit Else Lasker-Schüler und Gertrud Kolmar teilt sie aufgrund ihrer jüdisch-deutschen Herkunft ein gemeinsames, leidvolles Schicksal. Johannes Bobrowski hat diese drei großen Lyrikerinnen des 20. Jahrhunderts in einem lyrischen Tryptichon verewigt und der S. darin ihren dichtungs- und menschheitsgeschichtlichen Ort zugewiesen: als der ständig Bedrohten und auf der Flucht Begriffenen, die »an die Stelle von Heimat die Verwandlungen der Welt« setzt. 1966 erhielt die Dichterin zusammen mit Samuel Josef Agnon den Nobelpreis für Literatur. Aus diesem Anlass verfasste sie einen Lebenslauf, der aus drei lapidaren Sätzen bestand: »N. S., geb. am 12. 10. 1891 in Berlin. Am 16. Mai 1940 als Flüchtling mit meiner Mutter nach Schweden gekommen. Seit 1940 in Stockholm wohnhaft, als Schriftstellerin und Übersetzerin tätig.«

Trotz aller Kargheit dieses Lebenslaufs sind die entscheidenden Fakten des so ganz nach innen gerichteten Lebens und Leidens genannt: die großbürgerliche, jüdisch-deutsche Herkunft aus einer Fabrikantenfamilie, die sie nachhaltig prägt und schon früh mit der Musik und der Literatur vertraut macht. Besonders die deutschen Romantiker haben es ihr angetan – vor allem liest sie die Karoline von Günderrode. Sie besucht die Moabiter Dorotheenschule, muss aber bald – aus gesundheitlichen Gründen – häuslichen Privatunterricht nehmen. Seit ihrem fünfzehnten Lebensjahr steht sie mit der schwedischen Dichterin Selma Lagerlöf in Briefkontakt, noch nicht ahnend, wie lebenswichtig diese Verbindung für sie und ihre Mutter werden sollte. Die 1921 veröffentlichten *Legenden und Erzählungen* sind Selma Lagerlöf vielfach verpflichtet. Sie bleibt »durch eigenes unglückliches Schicksal« unverheiratet – dem im Konzentrationslager umgebrachten Bräutigam, dessen Identität sie nie preisgegeben hat, widmet sie eine der erschütterndsten Totenklagen der Weltliteratur: *Dein Leib im Rauch durch die Luft* (1944/45 entstanden; 1947 veröffentlicht).

Mit dem Machtantritt der Nationalsozialisten – eine für den Insel-Verlag geplante Gedichtausgabe kommt nicht mehr zustande – beginnen für S. die Jahre der immer »neuen Schauer der Angst«, des Untertauchens, der persönlichen Lebensbedrohung, der Berichte vom Tod der nächsten Angehörigen und Freunde in den Vernichtungslagern des Dritten Reichs. Sie stärkt sich mit der Lektüre jüdisch-mystischen Schrifttums, vor allem Jakob Böhmes, und sammelt in sich ein Potential an Leiderfahrung an, das sie zu einer in der deutschen Dichtung einzigartigen lyrischen Verarbeitung des Schmerzes und des Grauens befähigt, welches sie angesichts des Todes, der millionenfach in den Konzentrationslagern gestorben werden muss, empfindet. Sie ist darin einzig Paul Celan verwandt. Als das Visum für die Ausreise nach Schweden im Mai 1940 endlich eintrifft – Selma Lagerlöf hatte sich bis zuletzt dafür eingesetzt – bedeutet es für Mutter und Tochter die Rettung in letzter Minute.

Bis zu ihrem Tod bleibt sie in Schweden ansässig. Die Tätigkeit als Übersetzerin schwedischer Lyrik sichert nicht nur den Lebensunterhalt, sie bietet der S. auch die Gelegenheit, sich Zugang zur »lyrischen Weltsprache der Moderne« zu verschaffen. Die Phasen lyrischer Produktivität werden immer wieder von plötzlich auftretender Todesangst durchbrochen; es folgen längere Aufenthalte in Kliniken und Sanatorien. Nach und nach erscheinen ihre Gedichte und szenischen Spiele, die zunächst nur den Freunden bekannt sind, in ost- und später in westdeutschen Verlagen. 1947 erscheint der Gedichtband *In den Wohnungen des Todes* mit dem bereits erwähnten Gedicht auf ihren Bräutigam im Ostberliner Aufbau-Verlag und 1949 im Amsterdamer Querido-Verlag der Band *Sternverdunklung*. 1950 nimmt Peter Huchel Gedichte von ihr in seine Zeitschrift *Sinn und Form* auf, 1951 wird ihr »Mysterienspiel vom Leiden Israels« *Eli* bekannt. 1956 erscheinen ihre Übersetzungen schwedischer Lyrik in der Bundesrepublik, dann folgen das Gedichtwerk und die szenische Dichtung beim Suhrkamp Verlag (*Fahrt ins Staublose*, 1961; *Ausgewählte Gedichte*, 1963; der Sammel- und Hommageband *Nelly Sachs zu Ehren*, 1961, mit Beiträgen von Beda Allemann, Hans Magnus Enzensberger u. a.; *Späte Gedichte*, 1965) und beim Luchterhand-Verlag die *Schwedischen Gedichte* (1965). Die erste große Anerkennung ihres Werks – neben anderen wie dem Lyrikpreis des schwedischen Schriftstellerverbands (1958) oder dem seit 1961 von der Stadt Dortmund alle zwei Jahre vergebenen Nelly-Sachs-Preis – erfährt sie vor dem Nobelpreis durch die Verleihung des »Friedenspreises des Deutschen Buchhandels« (1965). 1966 erscheint der Band *Die Suchende*.

Mit der Veröffentlichung des von Bengt Holmquist herausgegebenen *Buchs der Nelly Sachs* (1968) ist eine breitere literarische Öffentlichkeit auf sie aufmerksam geworden. In ihrem Todesjahr erscheinen auch ihre späten szenischen Dichtungen unter dem Titel *Verzauberung*. Dabei ist bemerkenswert, dass sich in ihren beiden letzten Jahrzehnten die radikale Absage an die »Mördersprache« immer deutlicher abschwächt. Schließlich fordert sie zur »Einübung in die neue Heiligensprache«

auf, zu der sie sich durch die Lektüre des Buchs Sohar, dem Hauptwerk der jüdischen Kabbala, der alttestamentarischen Psalmen, der mittelalterlichen Mystiker, der Dichtungen des Novalis und der Übersetzungen Friedrich Hölderlins aus dem Griechischen, insbesondere Pindars, anregen lässt. So ist ihr Spätwerk durch ein dicht aufeinander bezogenes Metaphern- und Chiffrenrepertoire gekennzeichnet, von dem eine visionäre Botschaft ausgeht.

Eine sichtbare und breite Rezeption dieses einzigartigen dichterischen Werks steht bis heute aus; vielleicht sind es die demütige Daseinsfürsorge und die stumme Todesbereitschaft dieser Dichterin, die den Zugang erschweren, weil wir auch die historische Wahrheit nur schwer – und wie viel schwerer unsere je persönliche – zu ertragen vermögen: »Preßt an die Erde das lauschende Ohr, / Und ihr werdet hören, durch den Schlaf hindurch / werdet ihr hören / wie im Tode / das Leben beginnt«.

Karl Hotz

Sade, Donatien Alphonse François Marquis de
Geb. 2. 6. 1740 in Paris;
gest. 2. 12. 1814 in Charenton

Wenige Autoren sind in der Alltagssprache so präsent wie de Sade: ausgehend von der Benennung einer sexuellen Perversion durch die Psychologie des 19. Jahrhunderts, nahm ›Sadismus‹ die weitere Bedeutung der Lust am Zufügen von Schmerz an. S.s Vater, der bereits Freigeist war, entstammte dem Landadel, und die Mutter war Gesellschaftsdame der Prinzessin von Condé; der Sohn wuchs in aristokratischen Pariser Kreisen auf und schlug eine militärische Laufbahn ein. Zu seiner finanziellen Absicherung ging S. die Ehe mit Renée-Pélagie de Montreuil ein. Kurz nach der Eheschließung 1763 weckten S.s Ausschweifungen erstmals das Interesse der Polizei, führten zu einem Gefängnisaufenthalt in Vincennes und anschließender polizeilicher Überwachung. Dessen ungeachtet konnte S. 1764 in den diplomatischen Dienst des Königs treten. Zum Skandal kam es 1768 aufgrund schwerer Misshandlungsvorwürfe, die eine erneute Inhaftierung nach sich zogen. Zu Hausarrest verurteilt, hielt der Marquis auf seinem Schloss Lacoste Hof und feierte Orgien, die ihn finanziell ruinierten. Nach seiner Amtsenthebung, einer kurzen Schuldhaft und einem weiteren Sittenskandal, in dem er auch homosexueller Praktiken mit seinem Diener angeklagt wurde, floh S. mit seiner Schwägerin nach Italien. Das in seiner Abwesenheit ausgesprochene Todesurteil wurde 1778 zurückgenommen, der Marquis musste jedoch die nächsten zwölf Jahre im Gefängnis von Vincennes und in der Bastille verbringen.

Mangels anderer Betätigungsmöglichkeiten widmete sich S., dessen literarisches Schaffen sich bis dahin auf Reisetagebücher konzentriert hatte, in der Haft der Lektüre und dem Schreiben. In dieser Periode entstanden die Hauptwerke *Les cent vingt journées de Sodome* (entst. 1785, ersch. 1904; *Die hundertzwanzig Tage von Sodom*, 1908), *Aline et Valcour* (1793; *Aline und Valcour*, 1963) und Entwürfe zu dem Roman *Justine ou les malheurs de la vertu* (1791; *Justine oder das Unglück der Tugend*, 1874), der später durch die ›glücklichere‹ Geschichte der lasterhaften Juliette zu einem Doppelroman erweitert wurde. Die Französische Revolution erlebte der Autor im Irrenhaus von Charenton, wohin man ihn kurz vorher gebracht hatte, da er in der Bastille zum Aufruhr angestiftet hatte. Der Regimewechsel brachte S. die Freiheit; von seiner Frau wurde er – auf deren Wunsch – geschieden, und er versuchte, sich als Theaterautor zu etablieren. Er verkehrte mit Anhängern der konstitutionellen Monarchie und wurde aktives Mitglied einer Revolutionssektion – wohl auch, um den Verdacht zu zerstreuen, ein konterrevolutionärer Adliger zu sein. Wegen seiner moderaten politischen Haltung kam S. jedoch 1793 ins Gefängnis, und allein der Sturz Robespierres im Jahr darauf verhinderte seine Hinrichtung.

La philosophie dans le boudoir (1795; *Die Philosophie im Boudoir*, 1878), die zynischen Unterweisungen eines jungen Mädchens ins

Laster in Dialogform, erschien anonym und trug weniger zum Lebensunterhalt und zur Popularität des Autors bei als das – 1791 uraufgeführte – Drama *Oxtiern*, das die negativen Folgen der Libertinage vor Augen führte und als umstrittener Theatererfolg der Epoche gelten kann. Auch unter dem Konsulat geriet S. ins Visier der Justiz: 1801 wurde er erneut festgenommen, diesmal wegen des Immoralismus seines literarischen Werks. Von 1803 bis zu seinem Tod lebte er in Charenton, wo er Stücke verfasste, die er mit den anderen Insassen der Anstalt aufführte. S. lässt seine Protagonisten demonstrativ ihre Sexualität in einer hemmungslosen Tyrannei ausleben, die Folter und Mord einschließt. Die Verwirklichung der Freiheit der – oft misogynen – *libertins* jenseits von Gesetzen und Sitten stellt moralische und gesellschaftliche Institutionen in Frage. Erfüllung finden Individuen nur in einer egoistischen Selbstbejahung, die sich über alle sozialen Richtlinien hinwegsetzt. S. vertrat im diametralen Gegensatz zu den Aufklärern – am deutlichsten zu Jean-Jacques Rousseau – ein negatives Menschenbild, das der Vorstellung von einer guten natürlichen Veranlagung des Menschen und dessen sittlicher Vervollkommnung durch Erziehung eine klare Absage erteilte.

Ein Moment der Spannung, wenn nicht des Widerspruchs, besteht darin, dass S.s pessimistische Anthropologie einerseits den Menschen als determiniertes Triebwesen bestimmt, andererseits einen Kult der Freiheit im Verbrechen zelebriert. Als Atheist, der auch den deistischen Glauben an einen nach der Erschaffung der Welt passiven Gott hinter sich gelassen hatte, dachte S. dennoch in ausgeprägt religiösen Kategorien der Absolutheit, besonders des Bösen. Epochentypische Gattungen, Inhaltselemente und Begrifflichkeiten, etwa des Schicksals- und Abenteuerromans, der literarischen Utopie sowie der pädagogischen Literatur, unterzog S. einer radikalen Verkehrung oder Deformierung, die seine Texte oft als Parodien und Travestien erscheinen lässt. Große Teile des Werks des Autors, der 30 Jahre seines Lebens im Gefängnis und Irrenhaus verbrachte, wurden vernichtet oder erschienen erst lange nach seinem Tod. S. führte ein ausschweifendes Leben, dessen Exzesse jedoch von den in der Fiktion dargebotenen, die der Autor unter literarischer Sublimation seiner Phantasien zu Papier brachte, weit übertroffen worden sein dürften.

Von ihrer Anstößigkeit und Sprengkraft haben die Texte des ›göttlichen Marquis‹ bis in die Gegenwart nichts verloren, ist doch vieles von dem, was er – oft mit großer Detailliertheit sowie der Nennung von hyperbolischen Zahlen- und Maßangaben – darstellte, auch über den Sittenwandel der Epochen hinaus noch tabuisiert. Die Faszination für den Autor zieht sich wie ein roter Faden durch die Literatur und Literaturtheorie der Moderne: von Charles Baudelaire über Guillaume Apollinaire, die Surrealisten, Georges Bataille und Pierre Klossowski bis zu Roland Barthes und anderen Poststrukturalisten. Die Person S.s wurde mehrfach fiktionalisiert, am bekanntesten sind wohl die Darstellungen von Peter Weiss und Luis Buñuel.

Michaela Weiß

Sainte-Beuve, Charles-Augustin de

Geb. 23. 12. 1804 in Boulogne-sur-Mer/ Frankreich; gest. 13. 10. 1869 in Paris

Der Autor und Literaturkritiker Charles-Augustin de Sainte-Beuve beteiligte sich mit seinen literarhistorischen Essays und Autorenporträts nicht nur an den zeitgenössischen poetologischen und literarpolitischen Debatten, sondern entzündete zudem eine für die Entwicklung der modernen Literaturkritik elementare methodische Diskussion über Gegenstand, Verfahren und Wirkungsabsicht der Kritik.

Der gelernte Mediziner veröffentlicht ab 1824 Artikel für die gemäßigt-liberale Zeitschrift *Le Globe*. Eine positive Rezension von Victor Hugos *Odes et ballades* leitet die Freundschaft S.-B.s mit dem Dichter ein; der junge Kritiker wird in den Cénacle aufgenommen. 1829 erscheinen unter dem Pseudonym

Joseph Delorme S.-B.s melancholische Gedichte und die autobiographischen Betrachtungen *Vie, poésies et pensées de Joseph Delorme* (1829; Leben, Gedichte und Gedanken Joseph Delormes, unvollst. Übers. 1990). Erfolgreicher verkauft sich der Roman *Volupté* (1834; Wollust), worin S.-B. unter anderem seine Liaison mit Adèle Hugo stilisiert. 1837 reist er auf Einladung Juste Oliviers als Gastprofessor nach Lausanne, wo er eine Vorlesungsreihe konzipiert, die später die Grundlage für sein historisches Werk *Port-Royal* (1840–59; Port-Royal) bildet, mit dem er neben einem historischen Aufriss der Geschichte des Klosters auch eine umfangreiche Darstellung und Einordnung des Jansenismus vorlegte. 1840 wird S.-B. zum Konservator der Mazarine-Bibliothek ernannt, er bekleidet diese Stellung bis 1848. Im Revolutionsjahr tritt er erneut eine Gastprofessur an, diesmal in Lüttich. Dort hält er unter anderem eine Vorlesung über François René Chateaubriand, dessen Frühwerk der pro-romantische Kritiker überaus schätzt; sie erscheint ausgearbeitet 1860 unter dem Titel *Chateaubriand et son groupe littéraire sous l'empire* (1860; Chateaubriand und sein literarischer Kreis zur Zeit des Kaiserreichs). Nach seiner Rückkehr nach Paris betätigt sich S.-B. wieder ausschließlich als Feuilletonist und kann in seiner Funktion als prominenter Kritiker den literarischen Diskurs der 1850er und 60er Jahre mitprägen. Die Ernennung zum Professor unter anderem am Collège de France und zum Senator zeugen von S.-B.s großer Popularität und markieren den Status, welcher der Literaturkritik zugemessen wird.

Die Methode S.-B.s bleibt jedoch, wie etwa Marcel Prousts Essay *Contre Sainte-Beuve* veranschaulicht, nicht unumstritten. Den zentralen Angriffspunkt bildet die vor allem in den *Portraits littéraires* (1836–39; Literarische Porträts, 1958) und den *Causeries du lundi* (1851–18; Montagsplaudereien, unvollst. Übers. 1938) verwendete biographistisch-historische Methode, die das Werk ausgehend von den Lebensumständen seines Verfassers einordnet und interpretiert. Dabei strukturieren Biographie und Geschichte auch den Aufbau der Porträts, die z. T. auch sprachlich die literarischen Qualitäten des jeweiligen Werks evozieren. Die Berücksichtigung psychologischer und physiologischer Aspekte zeugt von S.-B.s Bestrebung, naturwissenschaftliche Erkenntnisstrukturen und Ordnungssysteme auf die Literatur zu applizieren. Den kritischen Äußerungen über die Methode S.-B.s mag entgegengehalten werden, dass der Verfasser bestrebt war, keine klassifizierenden Urteile zu konzipieren, sondern sowohl positive als auch negative Merkmale der behandelten Werke gleichermaßen gerecht zu beschreiben versuchte, nicht ohne dabei jedoch eigene Auffassungen als Maßstab zu veranschlagen.

Katrin Fischer-Junghölter

Saint-Exupéry, Antoine Marie Roger Vicomte de
Geb. 29. 6. 1900 in Lyon;
gest. 31. 7. 1944 bei einem Flugzeugabsturz im Mittelmeer nahe Marseille

Schon zu Lebzeiten war Antoine de Saint-Exupéry eine Legende, weniger aber wegen seiner schriftstellerischen Tätigkeit als vielmehr wegen seines abenteuerlichen Lebens, das durch einen Flugzeugabsturz ein jähes Ende fand. S.-E. selbst sah seine schriftstellerische Tätigkeit nur als Nebenberuf an, während seine ganze Leidenschaft dem Fliegen galt. 1925 veröffentlichte er seine erste Novelle *L'aviateur* (1925; Der Flieger, 1959), und als er nach seiner Anstellung bei der Luftfrachtgesellschaft Latécoère in den Jahren 1927/28 Leiter des Zwischenlandepunktes Cab Juby in der Westsahara wurde, verfasste er seinen ersten Roman *Courrier sud* (1928; Südkurier, 1949). Bereits dieser

Roman enthält zahlreiche Motive seines späteren Werkes. Nicht nur das Thema des Fliegens nimmt eine zentrale Stellung ein. Auch die Wüste findet weitläufige Erwähnung und Schilderung. Sie wird zu einem Ort der Konkretisierung des Eigenen im Angesicht des Fremden, zu einer Standortbestimmung des Ichs in der Welt.

Nach einem weiteren Fliegerroman *Vol de nuit* (1931; *Nachtflug*, 1932) und verschiedenen zivilen und militärischen Anstellungen als Pilot und Journalist veröffentlichte S.-E. 1938 die teils autobiographische, teils essayistische Textsammlung *Terre des hommes* (1938; *Wind, Sand und Sterne*, 1940). Wiederum steht in den meisten Texten das Fliegen im Mittelpunkt, wiederum auch die Wüste, vor allem in dem wohl berühmtesten Bericht der Sammlung, in dem S.-E. seine Notlandung in der ägyptischen Wüste im Jahr 1935, den folgenden Überlebenskampf und seine Rettung schildert. Im Gegensatz zu seinen frühen Texten verschiebt sich der Akzent in *Terre des hommes* hin zu der Frage nach den Grundbedingungen des menschlichen Zusammenlebens. Diese Akzentverschiebung, die durch S.-E.s Erfahrungen im Zweiten Weltkrieg verstärkt wird und sich literarisch unter anderem in *Pilote de guerre* (1942; *Flug nach Arras*, 1942) niederschlägt, wird in dem märchenhaften Text *Le petit prince* (1943; *Der Kleine Prinz*, 1950) auf symbolische Weise verarbeitet. Dieser kurze, in rund 50 Sprachen übersetzte Text versucht, über eine Ästhetik und Poetik der Simplifikation grundlegende Einsichten in das Funktionieren des menschlichen Zusammenlebens zu geben, wobei insbesondere die rationale Kultur Europas im Fokus der Kritik steht.

S.-E.s literarisches Vermächtnis *Citadelle* (1948; *Die Stadt in der Wüste*, 1951) stellt *Le petit prince* schließlich den fragmentarisch gebliebenen Entwurf einer Utopie zur Seite. *Citadelle* ist S.-E.s großangelegter Versuch, allgemeingültige Bilder, Metaphern und Gleichnisse für die soziologischen und philosophischen Aspekte seiner Theorie vom menschlichen Zusammenleben zu finden. Schauplatz ist erneut die Wüste, die aber als rein symbolischer Raum aufgefasst wird. *Citadelle* beschreibt, philosophisch überhöht, die Zivilisation eines imaginären, autark organisierten orientalischen Stadtstaates.

Werkausgabe: Gesammelte Schriften. 3 Bde. Düsseldorf 1959.

Uwe Lindemann

Saint-John Perse (eigtl. Marie René Alexis Saint-Léger Léger)
Geb. 31. 5. 1887 in Saint-Léger-les-Feuilles/Guadeloupe;
gest. 20. 9. 1975 in Giens/Frankreich

Saint-John Perse verbringt seine Kindheit und Jugend auf den Antillen und wendet sich früh den Naturwissenschaften, insbesondere der Botanik zu, in der er entlegene und vergessene Bezeichnungen und Bedeutungen für seine poetischen Gegenstände und Themen (wieder)findet. In Frankreich studiert er Rechtswissenschaften und veröffentlicht 1905 seinen ersten Gedichtzyklus *Images à Crusoe* (1909; *Bilder für Crusoe*, 1938). In diesem Frühwerk ist bereits die Form seiner Dichtung, das weit ausgreifende Langgedicht, und das Primat des Traums als schöpferisch gestaltendes Moment des Dichter-Sehers angelegt. 1911 erscheint der Band *Éloges* (1911; *Preislieder*, z. T. 1938, 1978), dessen Stil äußerst klar und anschaulich ist, auch wenn das Gegenständliche wieder an der grenzenlosen Fülle seines Ansichtigwerdens notwendig zerschellt. Im selben Jahr tritt S. in den diplomatischen Dienst ein und wird 1914 in den auswärtigen Dienst versetzt. Sein Hauptwerk, *Anabase* (1924; *Anabasis*, 1929), das den Unterschied von Poesie und Prosa in einer unberührten, freien Diktion exotischer Klang- und Bilderfolgen aufhebt, ist Ausdruck einer Neuschöpfung der Welt im dichterischen Wort, die vor dem Hintergrund der Heraklitschen Vorstellung vom ewigen Werden und Vergehen, der Kontinuität allen Seins, statt hat. Dementsprechend handelt es sich insbesondere um eine prozessuale Dichtung, die in ihrer Einfachheit und Offenheit ins unaufhörliche Morgen ausgeht.

Zwischen 1933 und 1940 wird S. Mitglied des Kollegiums des Außenministers Aristide Briand, sodann Botschafter und Generalsekretär des Quai d'Orsay. 1940 flieht er vor dem Vichy-Regime nach London und emigriert 1941 in die Vereinigten Staaten von Amerika. *Exil* (1942; *Exil*, 1948), das programmatisch das Schicksal des Dichters zu erwägen scheint, erweist sich indes als entrückt und hat einzig in einem schwergründigen und vorahnenden Traumgeschehen statt. In *Vents* (1946; *Winde*, 1957) ruft er den Wind als Naturereignis, als Sinnbild des dichterischen Genius und des universal Seienden sowie – in der Tradition der Stoa – als Analogie zum Pneuma, als Ausdruck der Seele, an.

S.s Dichtung geht insgesamt über eine einfache Entsprechung zur Welt hinaus: Verhilft die Welt der Dichtung einerseits zu einer neuen Sprache, so setzt sie andererseits in die Dichtung über, in der sie als unendlicher Horizont neu ersteht. Der Dichter zeigt die Tiefe und Weite der Welt im Modus des Zukünftigen auf: Das Gedicht spricht die Welt; es erobert, erweitert und erschafft die Welt, die der kabbalistischen Lehre zufolge selbst Text ist: »feierliche Zeichen« »heiliger Schriften«. In diesem Sinne ist S.s berühmtestes Werk *Amers* (1950; *See-Marken*, 1959) weder ein Lobgesang auf das Meer noch dessen Abbildung, sondern dessen ahnende Voraussetzung. 1960 erhält S. den Nobelpreis für Literatur. Als Vergegenwärtigung und Erinnerung an das eigene Leben veröffentlicht er *Chronique* (1959; *Chronik*, 1960). In *Oiseaux* (1962; *Vögel*, 1964) wird schließlich seine gesamte Dichtungstheorie, begleitet von Zeichnungen Georges Braques, noch einmal anschaulich.

Werkausgabe: Das dichterische Werk. 2 Bde. Hg. F. Kemp. München 1978.

Sebastian Hartwig

Salih, Tayyib
Geb. 1929 in al-Dubba/Sudan

Der Sudanese Tayyib Salih setzt sich in seinem aus nur wenigen Romanen und Erzählungen bestehenden Werk mit einem der zentralen Themen der modernen arabischen Literatur auseinander: dem Einfluss der westlichen Moderne auf die traditionelle, vom Islam geprägte, in diesem Falle sudanesische Gesellschaft. S. besuchte zunächst die dörfliche Koranschule in seiner nordsudanesischen Heimat, später weiterführende Schulen in Port Sudan und in Omdurman. Anschließend studierte er an der Universität Khartum zunächst Agrarwissenschaften, bald aber Literatur, und arbeitete als Lehrer im Sudan, bevor er Anfang 1953 nach London ging. An der dortigen School of Economics studierte S. Politikwissenschaft und arbeitete gleichzeitig für den arabischen Dienst der BBC. Zwischen 1974 und 1980 war er für das Informationsministerium von Katar tätig, danach arbeitete er für die UNESCO.

In seinem kurzen Erstling ʿ*Urs al-Zain* (1966; *Die Hochzeit des Zain*, 1983) wird der Gegensatz von traditioneller Gesellschaft und moderner Gegenwart anhand des skurrilen, zwischen Heiligkeit und Verrücktheit changierenden Titelhelden behandelt, der als Einzelgänger stets seine Unabhängigkeit bewahrt. Seine Sonderstellung verleiht ihm eine gewisse Narrenfreiheit, die es ihm erlaubt, die schleichenden gesellschaftlichen Veränderungen zu benennen und Kritik zu üben.

S.s wichtigstes Werk, der zu einem Klassiker der arabischen Moderne avancierte Roman *Mausim al-hiǧra ilā l-šimāl* (1967; *Zeit der Nordwanderung*, 1998) erzählt rückblickend die Geschichte von Mustafa Said, den in einem abgelegenen Dorf am Nil die eigene Vergangenheit einholt. Als junger Mann war er in den 1920er Jahren zum Studium nach England gegangen, hatte dort Karriere gemacht und sich in diverse, für die von ihm verführten Frauen stets tragisch endende erotische Abenteuer gestürzt. Immer wieder hatte er dabei mit kaltem Zynismus seine orientalische Exotik und die sich an ihr entzündenden Phantasien der Europäerinnen ausgenutzt. Der Roman, der sich als Auseinandersetzung mit dem Kulturkonflikt zwischen der arabisch-islamischen und der westlichen Welt lesen lässt, mithin ein Thema behandelt, das die arabischen Intellektuellen immer wieder beschäftigte, zeichnet sich durch eine komplexe Struktur aus. Durch das Nebeneinander verschiedener Erzählstimmen lässt der Roman vieles offen und unterstreicht so das Geheimnisvolle, Unergründliche und Zerrissene des Protagonisten. Auch in dem zweiteiligen Roman *Bandaršāh* (1971/1977; *Bandarschah*, 2001) behandelt S. das Leben zwischen Tradition und Moderne sowie die Ambivalenz des Fortschritts in traditionellen Gesellschaften. Immer geht mit den positiven Errungenschaften auch das als Orientierungsverlust erlebte Verschwinden überlieferter Regeln und der Untergang tradierten Wissens einher. Der Bauernsohn Muhaimmid steigt zunächst in der Hauptstadt zum Regierungsbeamten auf, um nach einem Machtwechsel nach drei Jahrzehnten in sein Dorf zurückzukehren, wo er alsbald feststellen muss, dass auch die dörfliche Gemeinschaft längst zerbrochen ist. Neben der in den 1960er Jahren angesiedelten Geschichte um Muhaimmid verläuft ein geheimnisvoll-nebulös wirkender zweiter Handlungsstrang, der im späten 19. Jahrhundert spielt und die noch ungebrochene Tradition beschwört.

Andreas Pflitsch

Salinger, J[erome] D[avid]
Geb. 1. 1. 1919 in New York

Als Sohn eines jüdischen Vaters und einer schottisch-irischen Mutter in New York aufgewachsen, besuchte J.D. Salinger die Valley Forge Military Academy, das Modell für Holden Caulfields Pencey Prep, und lernte das Schreiben im Short-Story-Kurs Whit Burnetts, in dessen Magazin *Story* er 1940 auch seine erste Geschichte veröffentlichte. Nach seiner Rückkehr aus dem Krieg verfasste er in den 1940er Jahren 21 Stories für Magazine wie *Saturday Evening Post* und *Cosmopolitan*, die 1974 gegen seinen erbitterten Widerstand als *Complete Uncollected Short Stories of J.D. Salinger* als Raubdruck publiziert wurden. Im Dezember 1946 fand er dann mit »Slight Rebellion off Madison« Zugang zu *The New Yorker*. Die zweite Phase seines Werks umfasst neben seinem einzigen Roman, *The Catcher in the Rye* (1951; *Der Fänger im Roggen*, 1962), auch die Sammlung *Nine Stories* (1953; *Neun Erzählungen*, 1966) über sich als lebensverändernde Krisen erweisende Alltagsereignisse, von denen sieben in *The New Yorker* erschienen und ihn als den führenden Vertreter der berühmten »New Yorker School of Fiction« neben John Cheever und John Updike etablierten. In der dritten Phase, die sich in Stories wie »De Daumier-Smith's Blue Period« und »Teddy« ankündigte, entstanden nach seiner Hinwendung zur Advaita Vedanta und zu *The Gospels of Sri Ramakrishna* fünf zu nehmend formlosere ›Erzählungen‹ über die neunköpfige Glass-Familie, die sämtlich in *The New Yorker* erschienen und später als *Franny and Zooey* (1961) und *Raise High the Roofbeam, Carpenters and Seymour: An Introduction* (1963; *Hebt den Dachbalken hoch, Zimmerleute, und Seymour wird vorgestellt*, 1965) paarweise in Buchform gesammelt wurden. Von der letzten Glass-Story, »Hapworth 16, 1924« (1965), ist eine Buchausgabe in Vorbereitung, und da S. 1953 einer Schülerin sein letztes Interview gab und seither sogar den Nachstellungen der Reporterteams von *Time*, *Life* und *Newsweek* erfolgreich widerstand, gilt allein diese Ankündigung als Sensation.

Seit 1953 führt S. auf seinem abgesperrten Anwesen in Cornish, New Hampshire, ein Einsiedlerleben; seit 1965 hat er nichts mehr veröffentlicht, verbietet Nachdrucke und verfolgt Zuwiderhandlungen gerichtlich. Auf diese Weise ist er in einem publicity-süchtigen Land als die »Greta Garbo of American Literature« zur lebenden Legende geworden. Seinen Weltruhm verdankt er einem einzigen schmalen Roman, *The Catcher in the Rye*, der unmittelbar nach seiner Veröffentlichung im Juli 1951 kurzfristig auf den vierten Platz der *New York Times*-Bestsellerliste kletterte, von den Rezensenten aber keineswegs einhellig begrüßt wurde. Erst nach dem Erscheinen der Taschenbuchausgabe fand er eine wachsende studentische Leserschaft, avancierte zur Pflichtlektüre an amerikanischen Universitäten und wurde erst dann auch von der akademischen Kritik zur Kenntnis genommen, in der bald eine wahre »Salinger Industry« (Georg Steiner) ausbrach. Mitte der 1960er Jahre war *The Catcher* dann als Kultbuch etabliert, 1968 gehörte er zu den 25 führenden Bestsellern seit 1895, 1970 war er in mehr als 30 Sprachen übersetzt, und noch heute werden jährlich weltweit rund eine Viertelmillion Exemplare verkauft. In zehnjähriger Arbeit entstanden und vielfach umgeschrieben, erzählt der Roman in streng durchkomponierter Weise von einem Wochenende vor dem Weihnachtsfest 1949, an dem der wieder einmal der Schule verwiesene 16-jährige Holden Caulfield durch New York irrt und sich mit Rücksichtslosigkeit und heuchlerischen Idealen, großstädtischer Anonymität und quälender Einsamkeit konfrontiert sieht. In den drei Phasen des Auszugs aus der Internatsschule, des Aufenthalts in der Fremde und der Rückkehr in die Familie erlebt er seine Initiationsreise aus der heilen und noch nicht von Sexualität bedrohten Welt der Kindheit, die er »nice« findet, in die erfolgsbesessene und von verlogenen Konventionen beherrschte Erwachsenenwelt, die er als »phony« ablehnt. Mit den Rollenspielen der Adoleszenz experimentierend, in den Enten im Central Park seine eigene Heimatlosigkeit entdeckend, die New Yorker Museen als Refugien zeitlichen Stillstands schätzend und die Sexualität als Reiz und Bedrohung zugleich erlebend, übernimmt er in der berühmten, an Rainer Maria Rilkes Gedicht angelehnten Karussellszene die Verantwortung für seine kleine Schwester Phoebe und wird so zum ›Fänger im Roggen‹, zum Retter kleiner Kinder vor dem Fall durch Wissen zur Reife, als der er sich, Robert Burns' bekanntes Gedicht kreativ missverstehend, so gern sehen möchte. Er erzählt als 17-Jähriger selbst von seinen Abenteuern, und seine direkte, ungrammatische und bildhafte Sprache mit ihren anrührend-irritierenden Manierismen, die sich als urbanes Pendant zum »vernacular« seines literarischen Vorfahren Huck Finn erweist, macht den eigentlichen Reiz dieses Romans aus und wurde als ›Holdenese‹ von mehreren Jugendgenerationen imitiert. Nicht nur in den USA wurde *The Catcher* so zum Modell für unzählige Romane über aufbegehrende Jugendliche, sondern auch in der DDR inspirierte er Ulrich Plenzdorf zu *Die Leiden des jungen W.*, und in der UdSSR galt schon der Besitz eines Exemplars als Statussymbol.

S.s *Nine Stories* sind eine der erfolgreichsten Kurzgeschichtensammlungen der Nachkriegszeit, und Geschichten wie »A Perfect Day for Bananafish« und »For Esmé – with Love and Squalor« gehören zu den Juwelen des kurzen Erzählens. Die späteren und eng miteinander verflochtenen Texte über die sieben Wunderkinder der Glass-Familie hingegen, deren ältester Sohn und ›Heiliger‹ Seymour schon in »Bananafish« Selbstmord beging, mutieren schrittweise zu »prose home movies«, die – von allerlei Abschweifungen durchzogen – in den Worten ihres Erzählers »the informality of underwear« haben. Ihr immer tieferes Abtauchen in zen-buddhistische und vedantische Gedankengänge macht sie zwar zu den verehrten Texten einer treuen Fangemeinde, entzieht sie aber zunehmend dem Zugriff einer allgemeinen Leserschaft. Als S. jedoch 1986 den Biographen Ian Hamilton in einem erbitterten Rechtsstreit daran hinderte, aus seinen unveröffentlichten Briefen zu zitieren, und ihn zwang, sein Buch mehrfach umzuschreiben, da begannen sich auch manche S.-Fans zu fragen, ob solche Öffentlichkeitsscheu nicht übertrieben sei. Und als 1998 Joyce Maynard ihre wenig schmeichelhaften Memoiren über die Romanze veröffentlichte, die sie 1972 als 18-jährige Yale-Studentin mit dem damals schon 53-jährigen ›Heiligen‹ in seinem Exil hatte, ging ein Schock durch die weltweite S.-Gemeinde, war nun S. doch selbst bei jener Heuchelei ertappt, gegen die sein Alter ego Holden Caulfield so rührend-verzweifelt angekämpft hatte.

Peter Freese

Sallust

Geb. 86 v. Chr. vermutl. in Amiternum; gest. 35/34 v. Chr. in Rom

Sallust ist wie nahezu alle Großen der römischen Literatur nicht in Rom geboren. Sein Geburtsjahr fällt mit dem Todesjahr des Marius zusammen, einer Zeit also, in der die Erinnerung an die heftigen Unruhen und Kämpfe sullanischer Zeit noch wach war. Er entstammt einer Adelsfamilie aus Amiternum im Sabinerland. Vermutlich betreibt S. schon in jungen Jahren in Rom rhetorische und philosophische Studien, um sich für eine politische Laufbahn vorzubereiten. Seine Herkunft aus dem Munizipialadel prädestiniert ihn keineswegs für eine glänzende Karriere in der Hauptstadt, da die höchsten Ämter wenigen Familien vorbehalten sind. Er hat also, wie Cicero, als *homo novus* einen beträchtlichen Nachteil wettzumachen, was ihn in seinem Ehrgeiz nach eigenem Zeugnis (Cat. 3, 3) nicht hemmen kann. S. ist wohl Praetor gewesen, womit der Senatssitz verbunden war, als er im Jahre 52 sein erstes sicher bezeugtes Amt, den Tribunat, antritt. Er steht in den Spannungen zwischen Caesar und dem Senat auf Seiten des Popularen. Damit ist die Feindschaft mit Cicero verbunden. Im Jahre 50 wird S. aus dem Senat gestoßen, vielleicht wegen des von Varro bei Aulus Gellius berichteten Skandals im Hause des Milo. Über die Historizität der pikanten Ehebruchsgeschichte zu sinnieren ist hier nicht der Ort; eine sittliche Diskreditierung Missliebiger aus politischem Kalkül ist denkbar, sie war in Rom gerade in jenen Jahren keine Seltenheit. Dass S. selbst in seiner Jugend der verruchten aristokratischen Demimonde nacheiferte, die er als Chronist später mit zensorischer Gebärde geißelt, ist ihm vom Altertum bis in unsere Tage zum Vorwurf gemacht worden: »Er hätte recht gelebt, wenn er so gelebt hätte, wie er geschrieben hat«, meint Laktanz. Allerdings gibt S. jugendliche Verfehlungen auch unumwunden zu. Eindeutige Aufklärung in diesem Punkte ist letztlich nicht zu gewinnen. Im Burgerkrieg finden wir ihn als Heerführer mit wechselhafter Fortune im Feldlager Caesars. Doch seine Teilnahme an den Kriegsoperationen trägt ihm nach dem entscheidenden Sieg bei Thapsus die Stellung des Statthalters der Provinz Africa Nova ein. Dort bereichert er sich über die Maßen. Im Jahre 45 oder Anfang 44 kehrt er als Krösus nach Rom zurück und lässt sich die berühmten Parkanlagen auf dem heutigen Monte Pincio, die *horti Sallustiani*, anlegen. Einer Anklage wegen erpresserischer Bereicherung in der Provinz entgeht er durch Caesars Intervention. Über seine Stimmungslage an den Iden des März 44 und darüber, ob die Ermordung seines Gönners Caesar die unfreiwillige Beendigung seiner politischen Karriere bedeutete, wurde und wird viel gerätselt, mit Sicherheit lässt sich nur sagen: Kurz vor oder kurz nach der Ermordung des Juliers zieht sich S., immerhin noch in den besten Jahren, aus der Politik zurück und widmet sich seiner schriftstellerischen Tätigkeit. Im Jahre 35 oder 34 stirbt er.

Sein bevorzugtes literarisches Genos ist die Monographie. Soweit wir wissen, ist S. der erste Autor nach Coelius Antipater, der in Rom zeitlich begrenzte Abschnitte der römischen Geschichte beschreibt. Die Erstlingsschrift thematisiert ein Ereignis des Endes der Republik, über das wir auch aus den Reden Ciceros, den einschlägigen Partien in den Biographien Plutarchs und den Geschichtswerken Appians und Cassius Dios gut informiert sind. Veröffentlicht wurde die *Coniuratio Catilinae* (*Die Verschwörung des Catilina*) wahrscheinlich Ende 42. Akribische Quellenuntersuchungen liegen der Schrift wohl nicht zugrunde, und auch der Chronologie der Ereignisse schenkt S. nicht minuziöse Beachtung, er opfert den kausalen und zeitlichen Zusammenhang gern kompositorischen Rücksichten. Dramatisierungen, Charakterstudien und Exkurse sind durchaus Konzessionen an das Unterhaltungsbedürfnis des Publikums. Hierin gestattet sich S. Freiheiten, die weit über sein Vorbild Thukydides hinausgehen. Zweifellos wird die Wichtigkeit des Putschversuches von S. ebenso wie von Cicero bei Weitem überhöht.

Das Prooemium stellt popularphilosophische Betrachtungen über das Verhältnis von Körper und Geist an und hat vorzüglich die Funktion, Stimmung im Leser zu erzeugen und S.s berufliche Wende zu rechtfertigen. Die Historiographie ist gleichsam das der Politik ebenbürtige Mittel zur Erreichung der vornehmsten Lebenserfüllung, des Ruhms bei der Nachwelt. Die *gloria* als Ziel der Existenz ist, so lehren sowohl Philosophie als auch praktisches Leben, am nachhaltigsten durch geistige Leistung zu erringen. Geschichte zu schreiben ist eine patriotische Notwendigkeit: Das Manko an hervorragenden Geschichtsschreibern in Rom habe nämlich zur paradoxen Situation geführt, dass das unbedeutendere Athen dank der eloquenteren Verkünder seiner Größe und Pracht bei der Nachwelt als die bedeutendere Stadt erscheine. Dem Römer S. geht es aber, im Gegensatz zu den griechischen Historiographen, die Denkwürdiges als solches festhalten und der Vergessenheit entreißen wollen, in erster Linie um die politische und moralische Erziehung des Lesers. S. bringt hier das Kunststück zuwege, seine Gedanken als Ergebnis gewaltigen geistigen Ringens erscheinen zu lassen, so dass ihre topische Konventionalität aufs erste gar nicht erkennbar wird. Nach dem allgemeinen Lob der Geschichtsschreibung zeichnet S. seinen Lebensgang nach: Jugendlicher Leichtsinn hat ihn in die Politik geführt, von der Wirklichkeit desillusioniert, zieht er sich aber bald zurück.

Dem Vorspann der Selbstrechtfertigung, der stark an Platons *Siebenten Brief* gemahnt, folgt die Charakterisierung Catilinas nach dem Schema der Schulrhetorik: Der Abkömmling römischen Adels mit besten Anlagen verstrickt sich mangels sittlicher Festigkeit in den Stürmen politischer Umwälzungen in Raub und Mord. Sein kriminelles Potential wird verschleiert durch allerlei intellektuelle Gaben, gepaart mit großer Freigebigkeit. Der Machthunger Catilinas steigert sich besonders während der Herrschaft Sullas ins Unermessliche. Dieser schillernde Diktator gilt auch sonst in der Literatur als verkommener Zecher und Frauenheld, für S. hat er aber in besonderem Maße Anteil daran, dass verlorene Existenzen wie Catilina nach oben kommen können. Im Krieg gegen Mithridates nämlich habe Sulla die Soldaten zu Weichlingen und Räubern verzogen, unter ihm sei der moralische Eiterherd entstanden, der sich hernach weiter und weiter ausbreitet.

In der sog. »Archäologie« der *Coniuratio* (6–13) wird die zunehmende Depravierung der Gesellschaft in grellen Farben gemalt. Mit der mythischen Urzeit beginnend, verfolgt S. den Aufstieg der Stadt und entwickelt die Grundzüge seiner Staats- und Gesellschaftstheorie. Auffallend ist deren repressiver Zug: Erst durch die Aufhebung des offenbar keineswegs als ideal empfundenen freien und ungebundenen Urzustandes ist der politische Aufschwung gesichert, innere hierarchische Strukturen ermöglichen letztlich Roms territoriale Expansion. Geschildert wird die Geschichte des Römervolkes, beginnend vom Aufstreben aus kleinen Anfängen bis zum Höhepunkt der moralischen und politischen Verfassung des Staates zur Zeit des Wetteiferns mit Karthago. Mit der Zerstörung dieses gefährlichen Feindes setzt der Verfall der Sitten und Werte ein (Cat. 10f., Iug. 41, Hist. 1 Fr. 12). Die soziologisch-historische Unhaltbarkeit solcher Thesen ist längst erwiesen worden. Das Bild einer biederen, aber glücklichen Frühzeit ist jedoch ein abgegriffener Topos der römischen Geschichtsschreibung, der Wendepunkt wird von Autor zu Autor jeweils anders angesetzt. Die Bedeutung des Endes Karthagos für die römische Entwicklung betont bereits Poseidonios. Die Kernaussage all dieser Verfallstheorien scheint zu sein: Eine Gesellschaft, die frei ist von außenpolitischer Bedrohung und innerer Disziplin, zerfällt unweigerlich. Auch S. bleibt die Begründung für den von ihm behaupteten Auftakt des schleichenden Ruins, das Jahr 146, schuldig.

Danach wird die Charakteristik Catilinas fortgesetzt und mit der seiner finsteren Gesellen verknüpft. Aus dem Rahmen der fortlaufenden Erzählung fallen Kap. 51f. und 54, die Reden Caesars und Catos und die vergleichende Würdigung der beiden«. Ein Meisterstück der Sittenmalerei ist die Schilderung der Mitverschwörerin Sempronia, einer schöngeistigen, aber verruchten Femme fatale (25). Sie ist das weibliche Pendant zu Catilina selbst

(5) und übertrifft im Guten wie im Schlechten die übrigen weiblichen Mitverschworenen bei Weitem. So beeindruckend dieses Porträt auch ist, so rätselhaft scheint bei der straffen Ökonomie des Werks seine Funktion: Man hat darin Spuren einer Emanzipationstendenz altrömischer Matronen gesehen, auch an das Interesse S.s an psychologischen Ausnahmetypen erinnert, schließlich polemische Seitenhiebe gegen allerlei Vorfahren und Anverwandte der interessanten Dame vermutet. Ein Glanzstück ist auch die Partie, in der die beiden Gegner Caesar und Cato ihre Ansicht über die Bestrafung der in der Stadt verbliebenen und verhafteten Mitverschworenen darlegen.

Nach der Darstellung S.s beschließt Catilina, als er weder bei den Comitien im Jahre 63 zum Konsul gewählt wird, noch seine Anschläge Erfolg haben, den offenen Kampf. Dunkle Gesellen sollen in ganz Italien ausgehoben, der Staat durch Hinterhalt und Brandstiftung ins Wanken gebracht werden. In einer Verschwörerversammlung im Haus des Laeca wird alles besprochen. Der Anschlag auf den Konsul Cicero misslingt. Außerhalb der Stadt sammelt Manlius ein Heer von Aufständischen. Doch Cicero ist auf dem Posten und unternimmt Gegenmaßnahmen. Deren Wirkung schildert S. in einem Stimmungsbild, in dem auf eindringliche Weise Symptome kollektiver Seelenzustände veranschaulicht werden. Die pathetische Beschreibung der Entscheidungsschlacht gegen Catilina am Ende des Werkes ist ein trauriger Kampf von Römern gegen Römer. Dabei erweist sich das Haupt der Verschwörung als umsichtiger Feldherr, der heldenmütig fällt. Der Schluss zeigt die erschütternde Schau der Walstatt, wo die Sieger unter den Gefallenen Freunde, Verwandte und Vertraute wiedererkennen.

In dem im Jahre 40 veröffentlichten *Bellum Iugurthinum* (*Der Krieg mit Jugurtha*) gibt S. die Darstellung eines Wüstenkrieges, den die Römer gegen den Numiderkönig Jugurtha führen (112–105 v. Chr.). Eingangs greift S. abermals zurück in die Vergangenheit. Die Parteikämpfe zur Gracchenzeit stehen am Anfang der Kette, die mit dem Bürgerkrieg und mit der Verwüstung Italiens zur Zeit Sullas endet. Weist S. schon in der *Coniuratio Catilinae* auf den verderblichen gesellschaftlichen Einfluss des moralisch verrotteten städtischen Proletariats hin (37, 7), so analysiert er jetzt die Ursachen dieser Entwicklung: auf der einen Seite die Willkürherrschaft einer kleinen Nobilitätsclique, die alle Macht in der Hand hat (41, 6), auf der anderen Seite die Verarmung des Volkes durch den langen Militärdienst und den Verlust seines Landes an die Großgrundbesitzer. Gegen diesen Machtmissbrauch der Nobilität erheben sich aus den eigenen Reihen Persönlichkeiten, die sich zu Fürsprechern des Volkes machen.

Quellen zum Land der Numider und zu den Kriegshandlungen findet S. reichlich, vor allem die Zeitgeschichte des L. Cornelius Sisenna, ferner scheinen die Memoiren Sullas, des Aemilius Scaurus und des Rutilius Rufus ergiebig gewesen zu sein. In griechischer Sprache liegt das Geschichtswerk des Poseidonios vor, Land und Leute kennt S. zudem aufgrund seiner Statthaltertätigkeit. Einleitend wird nochmals als die eigentliche Lebensaufgabe das Bestreben bezeichnet, auf dem Wege der »Tugend« (dies die unzutreffende Übersetzung für den vielschichtigeren lateinischen Begriff *virtus*) durch geistige Leistungen sich Ruhm zu erwerben und so die Hinfälligkeit und Schwäche der menschlichen Natur durch ein Fortleben im Gedächtnis der Nachwelt auszugleichen. Auch im *Bellum Iugurthinum* rechtfertigt S. seinen Wechsel von der aktiven Politik in die Geschichtsschreibung. Er verweist auf Fabius Maximus und Scipio Maior, die durch das leuchtende Vorbild der Ahnen zu eigener Bewährung im Ringen um Ansehen angestachelt wurden, während in der Gegenwart nur mehr Luxus und Ausschweifung hoch im Kurs stehen. Mit der zeitgenössischen Politik und öffentlichen Moral geht S. im *Iugurthinum* noch härter zu Gericht: Er stellt sein Abtreten von der politischen Bühne nicht als einmalige Folge individueller Erfahrungen hin, sondern als eine notwendige Zeiterscheinung für jeden, der anständig bleiben will.

Am Ende des Prooemiums nennt S. die Wichtigkeit der Ereignisse als Grund für die

Stoffwahl. Jugurtha wird nach dem Tod seines Vaters von seinem Onkel Micipsa aufgenommen, der ihn neben Adherbal und Hiempsal als Erben einsetzt. Er knüpft erste Beziehungen zu Rom, als er mit einem Hilfskorps P. Cornelius Scipio vor Numantia unterstützt, wo er durch besondere Tapferkeit von sich reden macht. Bereits bei dieser Bewährungsprobe schmiedet er hochfliegende Pläne über eine Alleinherrschaft. Nach dem Ableben Micipsas entledigt sich Jugurtha seiner Mitherrscher. Endlich entschließt sich der römische Senat zu handeln. Dem als verschlagenen Wüstenfuchs dargestellten Jugurtha gelingt es, die römischen Noblen entweder durch Bestechung hinzuhalten oder zu besiegen. In S.s Schilderung werden die militärischen Operationen zweitrangig gegenüber der Absicht, die Arroganz der Nobilität bloßzustellen und als Gefahr für den Bestand der Größe Roms zu erweisen. Diese Arroganz wird zunächst gezeigt am Beispiel des Konsuls L. Calpurnius Bestia und seines Legaten M. Aemilius Scaurus, die sich von Jugurtha bestechen und an der Nase herumführen lassen. – Protagonist der ersten unglücklichen Kriegsführung ist C. Memmius. Der Volkstribun erst erreicht, dass Jugurtha nach Rom kommt und durch seine Aussage die Machenschaften der korrupten Adelsclique ans Licht bringt. In einer Brandrede wendet sich Memmius an die Volksversammlung mit der Aufforderung, gegen die Verräter aus den eigenen Reihen einzuschreiten. Ein erster Höhepunkt ist Jugurthas Abschied von Rom: »Nachdem er aber aus Rom fortgegangen war, soll er, schweigend mehrere Male dorthin zurückblickend, gesagt haben: ›Oh, welch billige Stadt, feil und reif für den Untergang, wenn sie nur einen Käufer findet‹« (35, 10). Weitere Helden der Kriegsführung sind Metellus und dessen Legat Marius. Letzterer setzt Jugurtha drei Jahre lang entscheidend zu. Marius' Legat Sulla schließlich überredet König Bocchus von Mauretanien, Jugurtha an ihn zu verraten. Dieser wird in eine Falle gelockt und an Marius übergeben.

Das Spätwerk, die *Historiae* (Zeitgeschichte), umfasste ursprünglich in fünf Büchern einen Zeitraum von zwölf Jahren (78–67 v. Chr.) und schließt an Sisennas Werk an, das mit dem Tode Sullas endet. In jene von S. geschilderte Zeitepoche fallen der Krieg mit Sertorius (80–72), der Fechter- und Sklavenkrieg (73–71), der Krieg gegen die Seeräuber (78–67) und zum Teil noch der Krieg gegen Mithridates. Der Tod wird dem Autor die Feder vor Vollendung des Werks aus der Hand genommen haben. Die erhaltenen, spärlichen Reste lassen zumindest einige Charakteristiken des Werkes festhalten: S. stellt sich selbst in die Galerie der großen Vorgänger der römischen Historiographie neben Sisenna, Cato und Fannius. Wie in den Monographien nehmen moralische Betrachtungen über den Sinn der Geschiche eine zentrale Rolle ein. Wendepunkte im Verfallsprozess der Republik bilden abermals die Niederlage der Rivalin Karthago und die Neuordnung des Staates durch Sulla, eine Gestalt, die bereits in der *Coniuratio Catilinae* als Symbol des Niedergangs genannt wird.

Zur sog. *Appendix Sallustiana* zählt man 1. eine *Invektive gegen Cicero* (*In Ciceronem oratio*), ein Pamphlet in Form einer Senatsrede, die vorgegebene Abfassungszeit ist das Jahr 54, allerdings ist das Schriftchen nicht frei von Anachronismen und Widersprüchen; aller Wahrscheinlichkeit nach handelt es sich, obwohl von Quintilian als sallustisch bezeugt, um eine rhetorische Etüde aus augusteischer Zeit; 2. die zwei (in der Echtheitskritik meist als Einheit betrachteten) *Briefe an Caesar* (*Epistulae ad Caesarem senem de re publica*), ebenfalls Rhetorenexerzitien: Die erste Epistel setzt Caesars Sieg im Bürgerkrieg voraus und ist im Jahr 46 abgefasst, der (in der Reihenfolge der Handschrift) zweiten liegen frühere Ereignisse, etwa aus der Zeit um das Jahr 50, zugrunde. Beide wenden sich mit Ratschlägen für eine Reform des Staates an Caesar.

Der Sprachstil S.s ist höchst eigenwillig und von dem der zeitgenössischen Prosaisten wie Caesar und Cicero völlig verschieden. S. sucht antiquierte Worte und Wendungen, ahmt die altlateinische Prosa nach, meidet den konzinnen, parallelen Bau der Wortblöcke und gängige Formulierungen und hat auch vor poetischen Anklängen keine Scheu. Die Kürze seines Ausdrucks sorgt für klare Eindringlichkeit. Der Satzbau scheint zerhackt und in Antithesen gegliedert. Der historische Infinitiv, der auf Cato zurückgeht, nominale Ausdrücke und Gräzismen sind in großer Zahl zu finden. Die Tektonik seines Erzählens, die imposanten Charakterbilder, der oftmalige kühne Wechsel der Szenerie und die sentenzenhafte Kürze können noch in jeder guten Übersetzung bewundert werden. Mag nun diese einzigartige Sprache S.s spontaner Ausdruck seiner Persönlichkeit, seiner inneren Unruhe oder bewusst kalkulierte Absicht, ja stilistische Provokation und manieristische Abkehr von der herrschenden Normprosa sein: Ein wahrhaft großer deutscher Sprachkünstler, Friedrich Nietzsche, zumindest gesteht, von ihm gelernt zu haben: »Mein Sinn für Stil, für das Epigramm als Stil erwachte fast augenblicklich bei der Berührung mit Sallust.«

Ausgabe: Werke. Hg. W. Eisenhut/J. Lindauer. Zürich/Düsseldorf ²1994 [lat.-dt.].

Gernot Krapinger

Sammān, Ġāda as-
Geb. 1942 in al-Shamiya/Syrien

In Syrien geboren und in Damaskus aufgewachsen, zog Ġāda as-Sammān 1964 nach Beirut, um dort zu leben und ihre literarische Karriere zu verfolgen. Heute lebt sie in Paris. Aufgrund ihrer engen Verbindungen zu Libanon und ihrer Anteilnahme an dem Land vor allem während des Bürgerkrieges wird sie oft nicht als syrische, sondern als libanesische Schriftstellerin eingeordnet. S. hat zahlreiche Werke in Prosa und Poesie verfasst, die sie als ihre »al-a'maal gheir al-kamila« (Unvollständige Werke) bezeichnet. Ihr Schaffen widmet sich dem Kampf für die Unabhängigkeit von Frauen, wobei sie dieses spezifische Thema im weiteren Kontext von individueller Freiheit behandelt, und ist einer Revolution verpflichtet, die der von ihr beobachteten Selbsttäuschung der arabischen Gesellschaft gilt. Wie die Werke vieler arabischer Schriftstellerinnen wurden auch S.s Werke argwöhnisch betrachtet und als schockierend und nicht veröffentlichbar bezeichnet, vor allem wegen ihrer unverblümten gesellschaftlichen und politischen Kommentare. Die freimütige Behandlung sexueller Themen, der energische Aufruf zur Befreiung der Frauen und ihre Verurteilung arabischer Traditionen und Werte, die die Unterdrückung der Frau zur Folge haben, führten dazu, dass ihre Werke durch Kritiker zensiert wurden. Um dennoch weiterhin veröffentlichen zu können, gründete S. einen eigenen Verlag und gab alle Werke selbst heraus.

Ihre Werke liegen nur zum Teil in Übersetzungen vor und sind somit den westlichen Leser/innen weniger zugänglich, in der arabischen Welt jedoch sind sie weithin bekannt. Ihr Roman *Beyrut khamsa wa sab'in* (1975; *Mit dem Taxi nach Beirut*, 1990) erschien in zwei Auflagen in deutscher Sprache. S. hatte eine besonders enge Beziehung zu dem palästinensischen Schriftsteller, Aktivisten und Führer der PFLP (Volksfront zur Befreiung Palästinas) Ghassan Kanafani. 1993 veröffentlichte sie ein kontroverses Buch mit seinen Briefen an sie. S.s Beitrag zum literarischen und intellektuellen Leben beschränkt sich nicht nur auf ihre veröffentlichten literarischen Werke. In Artikeln und Interviews bringt sie ihren Aufruf zu revolutionären Veränderungen in der arabischen Gesellschaft deutlich zum Ausdruck. Sie hat ebenso umfassend zum arabischen nationalen Kampf gegen den Imperialismus geschrieben.

Michelle Hartman

Sand, George (eigtl. Amandine-Aurore-Lucile Dudevant, geb. Dupin)
Geb. 1. 7. 1804 in Paris; gest. 8. 6. 1876 in Nohant/Frankreich

»Ich wollte Künstlerin sein, um mich der gesellschaftlichen Kontrolle entziehen zu können, um jenseits der Vorurteile leben zu können, aber vor allem, um mit mir selbst in Einklang zu sein, denn ich konnte mich als Nichtstuende und als überflüssiges Wesen nicht ertragen«, schreibt S. in *Histoire de ma vie* (1854/55; *Geschichte meines Lebens*, 1855), ihrer im Alter von fünfzig Jahren veröffentlichten Autobiographie, in der sie ihren Werdegang als Schriftstellerin in der konfliktreichen Auseinandersetzung mit Familie und Gesellschaft reflektiert.

Das immense schriftstellerische Werk George Sands (Romane, Novellen, Reiseberichte, journalistische und philosophische Texte, Theaterstücke, eine enorme Korrespondenz) kennt keinerlei Berührungsängste bei der Darstellung unterschiedlichster sozialer Welten und bietet eine Fülle faszinierender Bilder des Weiblichen. *Lélia*, der dritte Roman, in dem der weibliche Protest gegen die Tyrannei der Konvenienzehe und der destruktive Konflikt zwischen gesellschaftlicher Norm und weiblichem Begehren thematisch wird, erschien 1833 (dt. 1834). Damit begann S.s aufsehenerregende und dauerhafte Präsenz in der literarischen Öffentlichkeit und die erfolgreiche Behauptung einer weiblichen Autorschaft unter männlichem Pseudonym. S. hatte 1831 den Ehemann und ihre beiden Kinder in der Provinz zurückgelassen, um in Paris ihre Unabhängigkeit als Schriftstellerin unter Beweis zu stellen. Durch den riskanten Aufbruch in die Metropole befreite sie sich von den Zwängen ihres provinziellen Daseins. Als Mann verkleidet betrat sie die intellektuelle Szene im Paris der Julimonarchie. Ihre Maskerade – Schutz und Spielerei zugleich – versprach körperliche und geistige Bewegungsfreiheit, erleichterte die Emanzipation von der bourgeoisen Frauenrolle, bot den Freiraum, den S. für das Schreiben benötigte und festigte ihr Selbstbewusstsein beim Aushandeln lukrativer Verträge mit den Verlegern. »Ich wollte soweit Mann sein, daß ich in Bereiche und Milieus eindringen konnte, die mir als Frau verschlossen waren, um so mehr, als ich eine ungeschickte Provinzlerin war«, schreibt sie rückblickend. Doch nahm die Öffentlichkeit diesen Tabubruch nicht kommentarlos hin. Nach dem Erfolg von *Lélia* entfloh S. den öffentlichen Vorhaltungen und machte in Begleitung Mussets eine Reise nach Venedig. Die unterwegs entstandenen *Lettres d'un voyageur* (Briefe eines Reisenden), in denen ein männliches Ich die Reise- und Naturerfahrungen vermittelt, sind nur ein Beispiel dafür, wie mit der Maske des Männlichen zu jonglieren und die Geschlechterkodierung zu unterlaufen verstand.

Während der Februarrevolution 1848 engagierte sich S. für die Demokratisierung der Gesellschaft, die Rechte der Frauen, insbesondere das allgemeine Recht auf Bildung. Von der Politik enttäuscht, zog sie sich auf ihr Landgut in Nohant zurück, wo sie ihre schriftstellerische Arbeit unermüdlich bis an ihr Lebensende fortsetzte und ein offenes Haus unterhielt, in dem die renommiertesten Künstler und Schriftsteller ihrer Zeit zu Gast waren. Das Schreckbild der »émancipatrice« (Heinrich Heine), die Hosen trägt und Zigarren raucht, wurde in der Öffentlichkeit allmählich abgelöst durch das versöhnlichere Bild der »bonne dame de Nohant«. Dort entstanden nach der politischen Desillusionierung von 1848 die sog. Dorfromane, die das Spannungsverhältnis von Stadt und Land aus der Perspektive der Provinz thematisieren. Die soziale Frage steht im Zentrum der in den 1840er Jahren entstandenen Industrieromane, die für die Benachteiligten des Industrialisierungsprozesses Partei ergreifen und im Kontext des von S. geforderten »art social« (gesellschaftlich engagierte Kunst) das Proletariat literaturfähig machten. Die Frauen-Romane – *Indiana* (dt.

1836), *Valentine, Lélia, Consuelo* (dt. 1845/46) u. a. – setzen Frauenfiguren ins Bild, die weibliches Begehren und individuelle Glückserwartungen artikulieren und angesichts ihrer oftmals markanten Androgynität die weibliche Dichotomie (Heilige oder Hure) unmissverständlich ad absurdum führen. Das irritierte zwar die Literaturkritik und empörte die Hüter der öffentlichen Moral, begründete aber nachhaltig S.s Ruf als bedeutendste französische Schriftstellerin ihrer Zeit.

Brunhilde Wehinger

Sappho
Geb. um 612 v. Chr. in Eressos auf Lesbos

»Nur, wenn ich an Sonetschka denke, verstehe ich, daß Frauen mit Blumen verglichen wurden, ihre Augen mit Sternen, ihre Lippen mit Blütenblättern und so weiter – seit ewigen Zeiten. Ich verstehe alle diese Vergleiche nicht nur, sondern ich schaffe sie aufs neue« – so schreibt 1937 eine der größten Dichterinnen des 20. Jahrhunderts, die Russin Marina Cvetaeva (1892–1941). Ihre *Erzählung für Sonetschka* ist die Chronik einer unvergesslichen Leidenschaft für eine Frau. Das Urbild der literarischen und auch gelebten Situation ist offensichtlich: Sappho, die Dichterin der Insel Lesbos, die im 6. Jh. v. Chr. gelebt hat. S., die Leiterin eines Mädchenkreises; sie besingt in ihrer Dichtung die Schönheit ihrer Schülerinnen, ihrer Freundinnen und ihrer geliebten Tochter: »Mein ist ein schönes Kind, goldenen Blumen gleich ist ihre Gestalt […].« Stolz sagt sie von ihrem dichterischen ›Ich‹: »Meiner wird man gedenken.« Aus den neun Büchern S.s (nach metrischen Formen geordnet), die ungefähr 12.000 Verse umfasst haben müssen, sind 193 Fragmente erhalten, nur ein einziges Lied vollständig, zumeist aber zusammenhanglose Bruchstücke, oft nur einzelne Worte. Aus der Kenntnis dieser wenigen Worte entstand jedoch der dringende Wunsch, das ganze Werk zu besitzen: »Hätten wir noch sämtliche sapphischen Gedichte: vielleicht würden wir nirgends an Homer erinnert«, schreibt 1798 Friedrich Schlegel.

S.s Fragmente sprechen von der Schönheit und der Liebe. Die Schönheit schlägt wie ein Blitz ein: »O Schöne, o liebliche Jungfrau«; »von allen Sternen der schönste«. Oft wird die Schönheit mit Blumen und Pflanzen verglichen. Die Chariten selbst sind »rosenfüßige«; ein Bräutigam wird mit einem schlanken Sprössling verglichen. Ein Mädchen ist wie der »süße Apfel«, der »sich rötet hoch oben am Baume, hoch im höchsten Gezweig«, und die Pflücker »konnten ihn nicht erreichen«. Die Schönheit hat auch einen Laut, das Lachen der Mädchen und ihre »süße Stimme«: »Es scheint derjenige mir gleich den Göttern zu sein, der Mann, der gegenüber Dir stets sitzt und aus der Nähe stets, wenn süß Du redest, Dir zuhört, und wenn Du lachst – betörend […]« (Übers. Joachim Latacz). Und endlich ist die Schönheit Licht: »Nun glänzt unter lydischen Frauen sie, wie der rosenfingrige Mond über allen Sternen, wenn die Sonne unterging. Sein Licht breitet sich hin über das salzige Meer und die blumenprangende Flur.« Die Welt S.s ist das Reich der Dichtung (»Kein Klagelied darf im Haus der Musen ertönen«), und sie ist – in den Worten eines antiken Literaturkritikers – voll von »Reizen« (Demetrius: *Über den Stil*, 132). Die Frauen aus Lesbos waren seit Homer für ihre Schönheit berühmt; es gab richtige »Schönheitswettkämpfe« auf der Insel, die *kallisteía*. Die Dichterin verachtet daher alles Grobe: »Welche Bäuerin bezaubert dein Herz […] Welch' Mädchen in bäuerlichem Kleid.« Aber hier spricht vielleicht die Eifersucht; denn diese ganze Schönheit kann nur von Liebe geschaffen werden, und eine Darstellung der Liebe in ihren unendlichen Variationen ist S.s Dichtung. Liebe als Wunsch: »Mich verlangt und ich begehre […]«; als Erwartung: »Kamst du endlich! Hab Dank! denn ich harrte in Sehnsucht dein […] Überströmen nun läßt du mein Herz, das in Liebe brennt« (Übers. Max Treu); als Wahnsinn: »Ich weiß nicht, was ich tu, zwiespältig ist mein Sinn«; als gewaltiger Gott: »Eros schlug meine Sinne, fuhr wie ein Sturmwind herab vom Berg in die Eichen«; »Eros treibt wieder mich um, der gliederlösende, das süßbittere unzähmbare Tier [...]«; schließlich als Krankheit: »Denn wie ich auf Dich blicke, kurz nur, ist zum Sprechen kein Raum mehr, nein: ganz gebrochen ist die Zunge, fein ist augenblicks unter die Haut ein Feuer mir gelaufen, und mit den Augen seh' ich nichts, es dröhnen die Ohren, herab rinnt kalter Schweiß an mir, ein Zittern hält ganz gepackt mich, fahler noch als Dürrgras bin ich – vom Totsein wenig nur entfernt komm' ich mir selbst vor [...]« (Übers. J. Latacz). S.s Liebe ist eine literarische, künstlerisch dargestellte Liebe, die sich dennoch nicht von ihren »sichtbaren Erscheinungen und der Wirklichkeit selbst« entfernt, wie zu dieser Ode der anonyme Autor der Schrift *Über das Erhabene* klug vermerkt: »Das alles geschieht den Liebenden, aber [...] das Aufgreifen des Äußersten und seine Zusammenballung zu einem Ganzen haben diese einzigartige Vollkommenheit bewirkt.« Die Liebe endlich ist der höchste Wert der Welt, gegen die gewöhnlichen, männlichen Werte: »Reiterheere mögen die einen, andre halten Fußvolk oder ein Heer von Schiffen für der Erde köstlichstes Ding, – ich aber das, was man lieb hat« (Übers. M. Treu). Natürlich ist S.s Muse Aphrodite, die Göttin der Liebe, die sie als »Bundesgenossin« anruft, als »Mitkämpferin« in dem Krieg der Liebe: »Wer Sappho – fragt die Göttin – tut weh dir?« Und S. hat den Mut, die Liebe als Krieg darzustellen und homerische Worte und Ausdrücke zu benutzen, um ihre innersten Gefühle zu beschreiben. – Die Antike hat tatsächlich in S. Homer in Frauengestalt gesehen (*Anthologia Palatina* 9, 26), die 10. Muse, die idealisierte Dichterin der Vasenbilder aus dem 5./4. Jh., »die Schöne« für Platon, ein »staunenswertes Ding« für Strabon.

Von ihrem Leben aber wusste man schon früh nicht viel: So ist die S.-Legende entstanden. Für die griechischen Komödiendichter des 4. Jh.s war sie klein und von dunkler Hautfarbe. Sie war sexuell unersättlich und unglücklich in den schönen Jüngling Phaon verliebt. Schließlich hat Nymphodoros (3. Jh. v. Chr.) zwei verschiedene S.s angenommen, die eine die Dichterin, die andere eine Prostituierte; und der gelehrte Didymos (1. Jh. v. Chr.) hat ernsthaft mit seinen Schülern diskutiert, »ob S. eine Prostituierte (*publica*) gewesen ist«. Horaz nennt sie *mascula* S. Aber »das Wort *mascula* [...] ist nicht aus der Chronique scandaleuse übernommen [...] Horaz meint, es sei etwas Ungewöhnliches für eine Frau, in die Fußstapfen des männlichsten aller Dichter, Archilochos, zu treten, aber S. [...] vermochte das, denn die Macht ihrer Poesie war ebenso groß wie die irgendeines Mannes« (Eduard Fränkel). Andererseits wurde durch ihre Gedichte spätestens seit den Alexandrinern das ›lesbische‹ Bild von S. verbreitet. Ovid hat in seinem *Brief von Sappho an Phaon* versucht, alle diese widersprüchlichen biographischen Nachrichten auf eine stimmige Einheit zurückzuführen: S., die einmal Frauen geliebt hat, habe sich endlich in Phaon verliebt. Man hat in der Neuzeit an Ovid als historischen Zeugen geglaubt. In diesem Brief nennt S. ihre Freundinnen: »Anactorie mag ich nicht mehr, nicht die strahlende Cydro, mag auch die Atthis nicht sehn, die ich zuvor so geliebt, hundert andere nicht, die ich liebte – nicht ohne Vorwurf« (*non sine crimine amavi*). So ist es nicht verwunderlich, wenn S.s Dichtung in einer moralisierenden Epoche »nach der Liebe der Fleischeslust schmeckt«, nach Meinung des Franzosen Pierre Bayle (*Dictionnaire historique et critique*, 1695, in der deutschen Übersetzung von J.Chr. Gottsched, 1744). Auch um einem solchen Urteil zu widersprechen, hat Alessandro Verri in seinem Roman *Die Abenteuer von Sappho* (1781) eine keusche Frau dargestellt, die in Phaon verliebt ist und die ihren Tod im Meer bei Leukas sucht – wie bei Ovid. Gegen die Anklage der Homosexualität hat S. ernsthafte Verteidiger gefunden, von Friedrich Gottlieb Welcker im Jahr 1816 (*Sappho von einem herrschenden Vorurteil befreit*) bis Ulrich von Wilamowitz-Moellendorff (*Sappho und Simonides*, 1913): Letzterer hatte sich nicht gescheut, »herzhaft in den Kot zu fassen« und 1896 eine ernste Besprechung der *Chansons de Bilitis* vorgelegt, die als Übersetzung in rhythmischer Prosa eines in Zypern, von einem gewissen Professor G. Heim aufgefundenen altgriechischen Originals ausgegeben wurde. Bilitis hätte ein Mädchen des S.-

Kreises sein sollen. – Als wirklicher Autor stellte sich der 24-jährige Pierre Louÿs heraus (wir können heute diese *Chansons* auch in ihrem ästethischen Rahmen würdigen; drei davon wurden 1898 von Claude Debussy vertont).

Während die Philologen sich mit diesem S.-Problem beschäftigt haben, findet sich in der Literatur des 20. Jahrhunderts der »Sappho fernste Gestalt«, »die Liebende«, die Erfinderin der »neuen Maßeinheit von Liebe und Herzleid« und darum zugleich die »überaus künftige Liebende« (Rilke). Für diese ewig Liebende war die Liebe eine »Aufgabe des Herzens« (Horst Rüdiger), gerade wie für Rilke selbst, der in S. ein poetisches *alter ego* findet. S. sei »the greatest poet who ever was at all«, meint auch Swinburne. Als Dichterin kann sie nur in einer übertriebenen Weise lieben und an übertriebener Verletzbarkeit leiden. So schon in *Sapphos letzter Gesang* von Giacomo Leopardi (1822), in *Sappho* von Franz Grillparzer (1819), in *Feuer* von Marguerite Yourcenar (1937) und schließlich in dem Drama *Sappho* von Lawrence Durrell (1947). Auf unterschiedliche Art und Weise ist in diesen Werken S. immer das Vorbild des Künstlers, der kein Verständnis für seine Liebe finden kann, weil seine Kunst ihn und seine Gefühle zu weit von der Wirklichkeit abbringen. Das Unglück des modernen Künstlers hat in S. einen Spiegel gefunden.

Aber S. war eine Dichterin, nicht ein Dichter; das hat keine untergeordnete Rolle in ihren poetischen Themen gespielt. Das gesellschaftliche Leben auf Lesbos war zu ihrer Zeit von Gewalt geprägt. Aus den überlieferten Fragmenten von Alkaios, ihrem lesbischen Dichterkollegen, erfahren wir von Kämpfen und Racheakten. S. selbst ist wahrscheinlich ein Opfer dieser fortgesetzten politischen Auseinandersetzungen auf Lesbos geworden, da sie um 604/590 ins Exil nach Sizilien gehen musste: dort – so wird erzählt – habe sich der Dichter Stesichoros in sie verliebt. Die Fragmente geben keine ausführliche Nachricht über ihre Zugehörigkeit zu einer Parteigruppe; ihre drei Brüder haben jedoch eine öffentliche Rolle in Mytilene, der Hauptstadt von Lesbos, gespielt (Herodot erzählt übrigens, wie einer von ihnen, Charaxos, sich in Ägypten in eine Kurtisane, Rhodopis, verliebt hatte). S.s Leben war an eine bestimmte Gruppe gebunden, die vielleicht in einer besonderen Beziehung zu den »Penthiliden-Frauen«, den Frauen eines alten Adelgeschlechtes der Insel, stand. Sicher war S.s Gruppe ein geschlossener Kreis. Die Frauen haben sich dort mit Musik und Gesang beschäftigt. Die Politik, oder besser die Politik der Waffen, war dagegen Sache der Männer. Die Mädchen, die in der abgegrenzten Gruppe lebten, wurden in erster Linie auf die Hochzeit vorbereitet. Ein ganzes Buch von S. enthielt folglich Hochzeitslieder (*epithalámioi*). Die Initiation der Mädchen beinhaltete die Hinführung zu Erotik und Sexualität und endete mit der Wiedereingliederung in die Gesellschaft, vollzogen mit der Hochzeit – die Mädchen mussten dann aus dem Kreis ausscheiden (Wolfgang Rösler): »Ganz im Ernst, ich wär lieber tot! Herzzerreißend geschluchzt hat beim Abschied sie damals, als sie zu mir so sprach: O wie schrecklich ist unser Los, Sappho! Wirklich, nur ungern verlaß ich dich.« – Die Mädchen waren im und für den Kreistanz erzogen. Es gab verschiedene Anlässe, einen Chor aufzuführen, Hochzeiten oder die Feste der Götter, wie die Feiern für Adonis. Außer bei diesen öffentlichen Gelegenheiten war die Dichtung eine private Unterhaltung der weiblichen Gesellschaft, so wie das männliche Symposion der Ort war, wo die griechische Lyrik sich entwickelte. Man darf allerdings nicht vergessen, dass S.s Verse nicht als Lesetexte, sondern als Lieder für eine Gruppe bestimmt waren, »die ganz das Miteinanderleben und Miteinanderdenken der Gemeinschaft spiegelten« und »am Ende zur sublimsten Form der Selbsterziehung werden müssen« (J. Latacz).

Die Versform der »sapphischen Ode« wurde von Catull und Horaz in die römische Dichtung eingebürgert; auch in der deutschen Dichtung des 18. und 19. Jh.s (Klopstock, Hölderlin, Platen) und bis in die Gegenwart wurde sie nachgeahmt. In unserem Akt des Lesens ist die musikalische Dimension von S.s Dichtung verloren, doch S.s Sprache (meistens der äolische Dialekt), die einfach, »auf unmittelbaren Ausdruck gerichtet« (Eva-Maria Voigt) ist, bleibt wirkungsmächtig. Auch der fragmentarische Charakter ihrer Dichtung spricht den modernen ästhetischen Sinn an: »Von Liebe / äußerst fragmentarisch«, sind die Schlusszeilen des Gedichts »Sappho« von Günter Kunert (1975). »Fragmentarisch [...] ist Liebe ihrem Wesen nach immer«, kommentiert Bernd Seidensticker. So hindert uns die stumme Lektüre keineswegs, Gefühle zu empfinden, die aus den verstreuten Versen hervortreten, wie die Zärtlichkeit der Nacht, die Zeit der Liebe: »Alle Sterne rings bei dem schönen Monde, sie verbergen alle ihr strahlend Antlitz«; dann die Zeit des Wachens vor einer Hochzeit: »im nächtlichen Dunkel, und die Mädchen [...] singen«; endlich die Zeit einer ewigen Einsamkeit: »Versunken ist der Mond und die Pleiaden; die Nacht ist in ihrer Mitte, vorbei geht die Stunde – und ich schlafe allein.«

Ausgabe: Sappho. Hg. M. Treu, München [7]1984 [Lieder, gr./dt.].

Sotera Fornaro

Saramago, José
Geb. 16. 11. 1922 in Azinhaga, Ribatejo/Portugal

Der portugiesische Nobelpreisträger José Saramago hat ein umfangreiches Œuvre – Gedichte, Essays, Erzählungen, Theaterstücke, Opernlibretti, Reisebeschreibungen und Tagebücher – geschaffen, ist aber vor allem durch seine Romane bekannt geworden. Darin ergreift er in einem klaren, linearen, detailreichen Stil mit liebevoller Ironie unter Rückgriff auf Geschichte und Mythen Portugals und unter Einbeziehung von surrealistischen Elementen Partei für das unterdrückte, ausgebeutete Volk.

Er stammt aus bescheidenen Verhältnissen; seine Großeltern und seine Mutter waren Analphabeten. Als er zwei Jahre alt war, zog die Familie nach Lissabon; sein Vater, bis dahin landloser Kleinbauer, wurde Polizist. Da die Eltern das Schulgeld nicht bezahlen konnten, musste S. den Besuch des Gymnasiums 1936 abbrechen und wechselte auf eine Realschule. Er absolvierte eine Schlosserlehre und arbeitete zwei Jahre lang in einer Autowerkstatt. In erster Ehe heiratete er die Malerin Ilda Reis, aus dieser Ehe ging eine Tochter hervor. Er nahm eine Arbeit als technischer Zeichner auf, wurde dann Angestellter im öffentlichen Dienst, war anschließend in einem Verlag tätig und später Übersetzer, Journalist und Literaturkritiker. 1969 trat S. in die verbotene Kommunistische Partei ein. Er ließ sich im folgenden Jahr scheiden und lebte von 1970 bis 1986 mit der portugiesischen Schriftstellerin Isabel de Nóbrega zusammen. Von April bis November 1975 war er stellvertretender Leiter der Tageszeitung *Diário de Notícias*. Als nach dem Coup vom 25. November 1975 die kommunistische Revolutionsphase in Portugal beendet war, verlor er diese Stellung. Seitdem widmete er sich ganz der Literatur. 1988 heiratete S. die spanische Journalistin Pilar del Río. 25-jährig veröffentlichte er einen ersten Roman *Terra do pecado* (1947; Land der Sünde), den er jedoch später nicht in die Liste seiner Werke aufnahm.

Erst dreißig Jahre danach publizierte er erneut einen Roman, *Manual de pintura e caligrafia* (1977; *Handbuch der Malerei und Kalligraphie*, 1990). Zuvor hatte er drei Gedichtbände und vier *Crónicas* – ursprünglich für Zeitungen bestimmte Kommentare und Reflexionen zu Tagesereignissen – geschrieben. Ihm folgte mit *Levantado do chão* (1980; *Hoffnung im Alentejo*, 1985) das erste Werk seiner ausschließlich literarischen Lebensphase. Es erzählt die Geschichte einer Tagelöhnerfamilie durch vier Generationen vom Beginn des 20. Jahrhunderts bis zur Nelkenrevolution im April 1974. International bekannt wurde S. durch den Roman *O Memorial do convento* (1982; *Das Memorial*, 1986, *Das Kloster zu Mafra*, 1986) über die Geschichte der Erbauung des Klosters in Mafra, mit dem der portugiesische König den Escorial, den sich Philipp II. von Spanien als klösterliche Residenz hatte erbauen lassen, übertreffen wollte. S. erzählt jedoch nicht aus der Sicht des Herrschers, sondern von den einfachen Leuten, die bei dem Bau beschäftigt wurden; es fehlt dem Werk nicht an märchenhaften Zügen. Wegen seiner eigenwilligen Intertextualität nimmt der Roman *O ano da morte de Ricardo Reis* (1984; *Das Todesjahr des Ricardo Reis*, 1988) eine Sonderstellung im Werk S.s ein. Darin erweckt der Autor eines der Heteronyme des größten portugiesischen Dichters des 20. Jahrhunderts, Fernando Pessoa, zum Leben. Auch Pessoa selbst lässt er für einige Auftritte in die Welt der Lebenden zurückkehren.

Im Jahr des Beitritts Portugals zur Europäischen Gemeinschaft beschrieb er in *A jangada de pedra* (1986; *Das steinerne Floß*, 1990) seinen Traum von einem vereinigten Iberien. In dem Roman löst sich die iberische Halbinsel an den Pyrenäen vom Kontinent und beginnt südwestwärts zu treiben, bis sie auf halbem Weg nach Südamerika Halt macht. Einen Sieg der Vorstellungskraft über die Tatsachen feiert S. auch in dem Roman *História do cerco de Lisboa* (1989; *Geschichte der Belagerung von Lissabon*, 1992). Darin verändert ein Korrektor durch Einfügung einer Negation in die Geschichte dieser Belagerung nicht nur das Werk, das er durchzusehen hat, sondern auch sein eigenes Leben. Außerdem flicht S. eine ergreifende Liebesgeschichte in diesen Plot ein. In seinem nächster Roman *O evangelho segundo Jesus Cristo* (1991; *Das Evangelium nach Jesus Christus*, 1993) begehrt Christus gegen Gott auf. Nachdem der portugiesische Staatssekretär für Kultur, der darin eine Verletzung der Gefühle der Katholiken sah, S.s Nominierung für den Europäischen Literaturpreis zurückgezogen hatte, verließ S. Portugal aus Protest und ließ sich auf einer der Kanarischen Inseln nieder.

Eine bittere Satire auf die portugiesische Gesellschaft ist der Roman *Ensaio sobre a cegueira* (1995; *Die Stadt der Blinden*, 1997). Darin erblindet ein Autofahrer mitten auf der Straße an einer Ampel. Das gleiche Schicksal ereilt denjenigen, der ihm zwar hilft, ihm aber dabei sein Auto stiehlt. Schließlich sind fast alle Bewohner der Stadt blind; sie verlieren jegliche Skrupel. Terror, Gewalt und Hunger sind die Folgen, bis die einzige, die ihr Augenlicht behalten hat, den Ausbruch aus dieser Welt ermöglicht. Dieses Buch löste in Portugal erbitterte Polemiken aus. *Todos os nomes* (1997; *Alle Namen*, 1999) handelt von José, einem kleinen Angestellten eines Einwohnermeldeamtes. Sein Hobby ist es, die Angaben von Zeitungsartikeln über berühmte Mitbürger mit den Daten in seiner Kartei zu vergleichen. Dabei fällt ihm durch ein Versehen die Karte einer ganz normalen Frau in die Hände und erweckt seine Neugier. Vorschriftswidrig beginnt er mit privaten Recherchen. S. lässt die Leser in diesem Roman an der Auflösung erstarrter Rituale teilnehmen und schildert  ironisch viele Fragwürdigkeiten des menschlichen Miteinanders. Das Buch besticht durch sprachliche Eleganz, die Beobachtungsgabe seines Verfassers und geschickte Dramaturgie, die es zu einer spannungsreichen Lektüre machen.

Im Gegensatz dazu erfordert der Roman *O homem duplicado* (2002; *Der Doppelgänger*, 2004) Geduld, aber seine Sprache, die Atmosphäre und der verschmitzte Erzählstil machen die Lektüre doch zum Vergnügen. Held des Buchs ist ein frustrierter Geschichtslehrer, der seinem Doppelgänger begegnet. Entsetzt stellt er fest, wie sehr ihm dieser ähnelt. Mit einer besonderen Art von Selbstzweifel beginnt er sich zu fragen, wer nun das Original sei und wer die Kopie des anderen. Der Roman *Ensaio sobre a lucidez* (2004; *Die Stadt der Sehenden*, 2006) knüpft mit demselben Personal und mit dem Titel an *Ensaio sobre a cegueira* an. Erneut kritisiert der Autor in diesem Werk, das neben Elementen der Satire auch solche des Kriminalromans enthält, auf sarkastische Weise den Missbrauch der Macht und die Bosheit der scheinbar zivilisierten Menschheit. S. wurde 1998 außer mit dem Nobelpreis für Literatur mit zahlreichen anderen Auszeichnungen bedacht.

Kurt Scharf

Saro-Wiwa, Ken

Geb. 10. 10. 1941 in Bori, Nigeria; gest. 10. 11. 1995 in Port Harcourt, Nigeria

Im Herbst 1995 wurde Ken Saro-Wiwa für kurze Zeit zu einem der bekanntesten Autoren der Welt, obwohl außerhalb Westafrikas praktisch niemand seine Werke gelesen hatte. Die damals regierende Militärdiktatur in Nigeria machte dem engagierten Naturschützer und Sprecher des Ogoni-Volkes im Niger-Delta, der seit Jahren gegen die katastrophalen Folgen der Erdölförderung in seiner Heimatregion protestierte, den Prozess und ließ ihn – zusammen mit acht seiner Mitstreiter – trotz weltweiter Proteste hinrichten. S. war jedoch nicht nur eine engagierte Leitfigur der Demokratiebewegung in Nigeria, sondern auch einer der populärsten Autoren des Landes. Als Dichter, Romanschriftsteller, Essayist und Theaterautor, vor allem jedoch als Autor und Produzent von *Basi and Company*, einer beliebten *soap opera*, nahm er – oft mit humorvoller Ironie, gelegentlich aber auch als bitterer Satiriker – gravierende Missstände in der zeitgenössischen nigerianischen Gesellschaft aufs Korn. – S. verfasste seine ersten Theaterstücke bereits während des Studiums im Nigeria der 1960er Jahre. Nachdem er zunächst als Lehrer, später als Berufspolitiker tätig war (einige Jahre gehörte er sogar der nigerianischen Regierung an), gründete er 1973 einen eigenen Verlag, Saros International, der im folgenden Jahrzehnt in Afrika sehr bekannt wurde. In den 1980er und frühen 1990er Jahren veröffentlichte S. in rascher Folge zahlreiche eigene Werke: Kurzgeschichten- und Gedichtbände wie *Songs in a Time of War* (1985), *A Forest of Flowers* (1987) und *Adaku and Other Stories* (1989); einen vielbeachteten Roman in *pidgin English* über den Biafra-Krieg in den 1960er Jahren, *Sozaboy: A Novel in Rotten English* (1985); politische Satiren wie *Prisoners of Jebs* (1988) und *Pita Dumbrok's Prison* (1991); zeitgeschichtliche Essays und Analysen, darunter *Similia: Essays on Anomic Nigeria* (1991) und *Genocide in Nigeria: The Ogoni Tragedy* (1992); sowie viele Werke aus dem Umfeld der *Basi and Company*-Serie, von denen manche auch als Kinderbücher erschienen. S., der in einem seiner Essays von Nigeria als einem »schlafenden Elefanten« spricht, den es mit einem »literarischen Vorschlaghammer« zu wecken gelte, setzt sich in vielen seiner Werke nicht nur mit den politischen Machthabern seines Landes auseinander, sondern nimmt auch die Alltagskultur der ›kleinen Leute‹ kritisch ins Visier. So prangert er beispielsweise in seinem radikalen Antikriegsroman *Sozaboy* neben den einflussreichen Kriegstreibern und -gewinnlern auf beiden Seiten des nigerianischen Bürgerkriegs auch die Borniertheit der einfachen Menschen an, die sich willig in den Krieg führen lassen und nichts aus ihren Erfahrungen lernen. Auch die Geschichten in *Basi and Company: A Modern African Folktale* (1987) entwerfen bei aller Komik, mit der die Hauptfiguren aus dem großstädtischen Milieu von Lagos gezeichnet sind, ein ernüchterndes Bild der nigerianischen Gesellschaft der 1980er Jahre: Die betrogenen Betrüger, gescheiterten Bauernfänger und Gelegenheitsschwindler, die wider alle Vernunft fest daran glauben, durch windige Geschäfte endlich steinreich zu werden, erweisen sich als Vertreter genau jener weitverbreiteten *culture of cheating*, die S. in seinen Essays und politischen Satiren als eine der Grundursachen für den sozialen, wirtschaftlichen und politischen Niedergang Nigerias seit der Unabhängigkeit ansah.

Frank Schulze-Engler

Sarraute, Nathalie (geb. Natascha Černiak)

Geb. 18. 7. 1902 in Ivanovo/Russland; gest. 19. 10. 1999 in Paris

Kein Geringerer als Jean-Paul Sartre verhalf Nathalie Sarraute mit seinem Vorwort zu *Portrait d'un inconnu* (1948; *Porträt eines Unbekannten*, 1962) zum literarischen Durchbruch. Er lobte ihren tastend-ehrlichen Stil und nannte die von ihr entdeckte »parcelle de réalité« den Stoff, aus dem die Existenz besteht. Dieser Stoff, die durch den je anderen ausgelösten »Tropismen«, Aggressionen und Empfindlichkeiten der vorbewussten Psyche, hat S. von Anfang an fasziniert. Wie aus ihrer Essaysammlung *L'ère du soupçon* (1956; *Das Zeitalter des Mißtrauens*, 1975) hervorgeht, die neben Alain Robbe-Grillets *Pour un nouveau roman* (1955) als theoretische Bibel des Nouveau Roman gilt, sieht sich S. als Erbin von Dostoevskij. Die Inanspruchnahme dieser Filiation ist sowohl von der Sache als auch von der Biographie S.s her verständlich. Sie wurde 1902 als Natascha Černiak in Ivanovo geboren. Nach der Scheidung ihrer Eltern lebte sie zunächst bei ihrer Mutter, und zwar abwechselnd in Frankreich und Russland, seit 1909 ständig in Frankreich in der neuen Familie des Vaters. Ihre Mutter, die sich ihr mehr und mehr entfremdete, sah sie nur noch sporadisch: eine verstörende Erfahrung, die sie in ihrem autobiographischen Werk *Enfance* (1983; *Kindheit*, 1984) behandelt. In Frankreich schuf sie sich zunächst eine bürgerliche Existenz durch Jurastudium, zeitweilige Anwaltstätigkeit und die Heirat mit Raymond Sarraute. Aus der Ehe gingen drei Töchter hervor, von denen sich die älteste (Claude) als Journalistin und Schriftstellerin selbst einen Namen gemacht hat. Schon in den frühen 1930er Jahren begann S. jedoch zu schreiben. 1939 veröffentlichte sie die *Tropismes* (*Tropismen*, 1959), eine Folge von kurzen Texten, in denen jene vorsprachlichen Seelenzustände behandelt werden, unter denen jeder durch den Druck der Existenz des anderen leidet und denen er durch eigene Aggressivität oder übertrieben servile Anpassung zu entgehen sucht.

Der Begriff der Tropismen, mit dem S. psychische Bewegungen benennt, entstammt der Biologie und bezeichnet dort die pflanzlichen Reaktionen auf Außenweltreize. Während die radikalsten Neuerer des Nouveau roman der Psychologie (zunächst) eine scharfe Absage erteilen, macht S. gerade Psychisches zu ihrem Gegenstand, umkreist ständig die Mikrokatastrophen der Seele, freilich nicht in der herkömmlichen nachträglichen Analyse des Geschehens, sondern in dessen synchroner Begleitung durch »einfache Bilder«, die mit den Erklärungsversuchen der Psychoanalyse oder gar des Marxismus nichts zu tun haben. Die Fundstellen ihrer Metaphorik variieren. Zunächst dominiert der biologische Bereich, der dann jedoch zunehmend durch kulturelle und soziale Bildspender erweitert wird: Kampf- und Kriegssituationen, volkstümliche Märchenmotive und hohe Literatur, gesellschaftliche Institutionen der Ausgrenzung verdeutlichen die nach außen nicht wahrnehmbaren »Stürme im Wasserglas« des Inneren, die vom Betroffenen als Tragödien erfahren werden. Prominente Auslöser der Tropismen sind die sozial stets harmlosen und unauffälligen Reden (»conversation«), durch die aufgeregte, äußerlich jedoch nicht wahrnehmbare Infragespräche (»sous-conversation«) in Gang gesetzt werden. Den verletzenden Eigenschaften scheinbar unschuldiger Wörter und Sätze geht S. immer wieder nach, z.B. in *Martereau* (1953; *Martereau*, 1959), *Portrait d'un inconnu*, »disent les imbéciles« (1976; *sagen die Dummköpfe*, 1978), *L'usage de la parole* (1980; *Der Wortgebrauch*, 1984). Aber auch paralinguistische Zeichen können Tropismen hervorrufen, so das Lachen der Kinder in *Vous les entendez?* (1972; *Hören Sie das?*, 1973) oder das Schweigen einer Figur in *Le silence* (1967; *Das Schweigen*, 1969). Die an beste Moralistentradition anknüpfende und bis ins dialogisierende Innere des einzelnen Ichs reichende Demaskierungsbewegung bei S. (vgl. *Tu ne t'aimes pas*, 1989; *Du liebst dich nicht*, 1992) macht besonders gern Geschmacksurteile zu Tropismenauslösern, so in *Le planétarium* (1956; *Das Planetarium*, 1960), *Entre la vie et la mort* (1968; *Zwischen Leben und Tod*, 1969), *Vous les entendez?* und vor allem in *Les fruits d'or* (1963; *Die goldenen Früchte*, 1964), dem Roman um einen Roman gleichen Titels, dessen variierende Bewertung im Gerede der Kritiker und Leser ständig zu Neuordnungen der Gesprächsgrup-

pen und dadurch zu Schwindelempfindungen im Inneren des Einzelnen führt. Der schwankende Boden unter den Füßen ist auch Thema des letzten Romans, *Ici* (1995; *Hier*, 1997).

In der Darstellung ihres bevorzugten Realitätsausschnittes geht die Autorin unbeirrt ihren persönlichen Weg, der sowohl bloßem sprachlichen Selbstverweis (à la Ricardou) als auch insbesondere dem unmittelbaren Ausdruck eigener Verletzungen eine Absage erteilt. Dabei hätte sie, die als Jüdin in den 1940er Jahren Verfolgung und Verrat erfahren musste (eine leise Erinnerungsspur durchzieht das Kurzdrama *Le mensonge*, 1966; *Die Lüge*, 1969), zur Anklage Grund genug gehabt: Ihr künstlerisches Material gewinnt sie bewusst nicht aus diesem biographischen Erfahrungsfundus. – Mit ihrer kühnen Entdeckung und phantasievollen Verarbeitung der ästhetisch zuvor unerforschten Welten des Vorbewussten hat sich S. als eine der größten modernen Schriftstellerpersönlichkeiten – nicht nur Frankreichs – erwiesen.

Brigitta Coenen-Mennemeier

Sartre, Jean-Paul

Geb. 21. 6. 1905 in Paris;
gest. 15. 4. 1980 in Paris

»Voltaire verhaftet man nicht«, soll der französische Staatspräsident Charles De Gaulle im Mai 1968 geseufzt haben, als ihm berichtet wurde, dass die Protestdemonstrationen von Jean-Paul Sartre angeführt wurden. Tatsächlich verkörperte S. jene ideale Figur des unbeugsamen und unkorrumpierbaren Gesellschaftskritikers, die die französische Geistesgeschichte immer wieder hervorgebracht hat: Voltaire, Hugo, Sand, Zola – S., der engagierte Intellektuelle und Aktivist.

Im bildungsbürgerlichen Milieu von Paris aufgewachsen (die Mutter stammte aus der Familie Albert Schweitzers), gehörte S. einer Generation an, die zwei Weltkriege erlebt und Europa anschließend auch geistig wiederaufgebaut hatte. Im Gymnasium und dann an der Universität glänzte S. durch intellektuelle Schärfe und Formulierungsgeschick; das Philosophiestudium an der renommierten École Normale Supérieure beendete er mit der höchsten Auszeichnung. Während des Studiums lernte er Simone de Beauvoir kennen, die ihm zur lebenslangen Partnerin wurde: als geniales oder aber als dandyhaft exzentrisches Paar, als Beispiel aufgeklärt egalitärer Liebes- und Denkbeziehung oder aber unmöglicher erotischer und intellektueller Gleichberechtigung sind sie in die Geistes- und Verhaltensgeschichte eingegangen. Hunderte von Briefen haben sie sich geschrieben, sich ihre Werke gegenseitig gewidmet, gemeinsam an politischen Kundgebungen und gesellschaftlichen Debatten teilgenommen – und nie geheiratet, nie zusammengewohnt und sich immer gesiezt.

Simone de Beauvoir widmete S. seinen ersten Roman *La nausée* (*Der Ekel*, 1949), der 1939 erschien, kurz bevor er in die Armee eingezogen wurde. Darin definierte S. den romantischen Weltschmerz zu einem physischen Symptom der spätkapitalistischen Weltverdrossenheit um: »Da hat mich der Ekel gepackt«, notiert die Romanfigur Roquentin, »ich habe mich auf eine Bank fallen lassen, ich wußte nicht einmal mehr, wo ich war; ich sah die Farben langsam um mich kreisen, ich hatte einen Brechreiz. Und das ist es: seitdem hat der Ekel mich nicht verlassen, er hält mich fest.« Dieser Ekel ist eine Art Erleuchtung, die ihn das Sein als absurd erkennen lässt, aber diese Erkenntnis ist zugleich ein Befreiungsmoment, aus dem heraus der Ekel beherrschbar – und also lebbar – wird. Roquentin ist der erste in S.s fiktionaler Welt, der »allein und frei« ist und seine Existenz auch so begreift. »Ich bin frei«, weiß Roquentin, »ich habe keinen einzigen Grund mehr zu leben, alle, die ich ausprobiert habe, haben versagt, und ich kann mir keine anderen mehr ausdenken. Ich bin ziemlich jung, ich habe noch genügend Kräfte, um neu anzufangen. Aber was soll man neu anfangen? [...] Ein Buch. [...] Vielleicht könnte ich dann, über das Buch, mich ohne Widerwillen an mein Leben erinnern.« Als Heilung gegen den Ekel impliziert das Schreiben auch die Freiheit, sich zu erschaffen. Im formalen Gewand des Romans und mit den erzähltechnischen Mitteln der Moderne legte S. das Fundament einer Theorie des Existentialismus, die er später philosophisch untermauerte.

Die Absurdität des Seins und die Entscheidungsfreiheit des Menschen, seine existentielle Einsamkeit und seine Eigenverantwortung wurden zu den Pfeilern des Existentialismus, den S., begrifflich an Hegel und methodisch an Husserl angelehnt, formulierte. *L'être et le néant* (1943; *Das Sein und das Nichts*, 1952, 1962), in einem einzigen Jahr im ersten Stock des Café Flore am Boulevard Saint-Germain niedergeschrieben, ist eine grandiose inhaltliche und formale Verbindung von ontologischer Dialektik und phänomenologischer Untersuchung, aus psychologischer Analyse und dramatisierter Alltagsbeobachtung, aus abstrakter Reflexion und Splittern konkreter Erzählung. Der fast 1000seitige Traktat reflektiert eine Befindlichkeit, die von der Erfahrung des Krieges entscheidend geprägt war, und begründet zugleich eine philosophische Strömung, die diese Befindlichkeit zum thematischen Aufhänger der Weltdeutung und des Seinsverständnisses machte.»Das Sein, durch das das Nichts in die Welt kommt, ist ein Sein, in dem es in seinem Sein um das Nichts seines Seins geht: das Sein, durch das das Nichts zur Welt kommt, muß sein eigenes Nichts sein.« S. war kein altmodischer Nihilist, sondern ein urmoderner Negativist, in dessen Vision die Anonymität großstädtischer Lebenswirklichkeit ebenso wie eine totale Säkularität eingegangen waren. Er sah den Menschen in dem beständigen Versuch gefangen, sich als Sein zu begründen, ohne dem Nichts entkommen zu können – S. misstraute jedem deterministischen Rettungsversuch und jeder tiefenpsychologischen Betulichkeit des Ich und lokalisierte die Absurdität des Seins in der Notwendigkeit, sich stets entscheiden zu müssen. Er postulierte,»daß der Mensch, dazu verurteilt, frei zu sein, das Gewicht der Welt auf seinen Schultern trägt: er ist für die Welt und für sich selbst als Seinsweise verantwortlich«. Nicht zufällig erinnerte S.s Titel an Martin Heideggers *Sein und Zeit*, aus dem er Termini entliehen und französisch weitergedacht hatte (so dass deutsche Übersetzungen stets mit dem Problem der Verdeutschung französisierter deutscher Begriffe konfrontiert waren). Aber S.s klirrend-sachlicher Stil und seine prägnanten Formulierungen stellten geradezu den rhetorischen Gegensatz zu Heideggers»Jargon der Eigentlichkeit« (Theodor W. Adorno) dar.

L'être et le néant erschien 1943, aber die Radikalität des S.schen Entwurfs wurde erst nach dem Krieg wahrgenommen, als der Existentialismus als eine philosophische Weltdeutung erkannt und zugleich zu einer Alltagshaltung trivialisiert wurde. S.s Vortrag über Existentialismus und Humanismus im Oktober 1946 markierte den Beginn einer aufgeregten öffentlichen Debatte über die Verschränkung philosophischer und politischer Haltungen und machte den Intellektuellen zur Identifikationsfigur. Nachdem er zuerst in der deutschen Kriegsgefangenschaft und gleich danach im französischen Untergrund gegen die deutsche Besetzung jede politische Unschuld verloren hatte, wurde das»engagement« zu einem Handlungsimperativ, den auch sein Literatur- und Kunstbegriff widerspiegelte. Literatur war für S. engagierte Literatur: nicht als realsozialistische Parteiliteratur, wohl aber als politisierende und politische Anforderung zur Bewusstwerdung. Seine ästhetische Theorie scheint derjenigen Adornos entgegengesetzt zu sein, aber beiden ist ein moralischer Aufklärungsanspruch an die Kunst gemeinsam: Nicht die Realität idealisieren und mit der Welt versöhnen, sondern die Realität in ihren Widersprüchen bloßstellen und die Welt kritisch reflektieren soll Literatur – soll Kunst im Allgemeinen. Aber während Adorno die ästhetische Wahl, für die ein Kunstwerk steht, schon ideologisch betrachtete, wollte S. die moralische Tiefenstruktur durch die ästhetische Oberfläche scheinen sehen. Literatur ist, schrieb S.,»die Subjektivität einer sich in ständiger Revolution befindenden Gesellschaft«.

Die ständige Revolution wurde zu einem Schlagwort, das immer wieder missbraucht wurde. Als »Weggefährte« der Kommunistischen Partei hatte S. – in voller moralischer Aufrichtigkeit – einen Revolutionswillen propagiert, der ebenso affektiv antibürgerlich wie pragmatisch unrealistisch war. Zwar hatte er den sowjetischen Einmarsch in Budapest 1956 verurteilt, aber der realexistierende Sozialismus faszinierte ihn noch bis zur Zerschlagung des Prager Frühlings 1968. Seine noch späteren Sympathien für Mao, Che Guevara und Castro, die als politische Irrtümer gelten, gründeten ebenso wie sein Antikolonialismus in einem fundamentalen Misstrauen gegenüber der kapitalistischen Selbstzufriedenheit.

Seine philosophischen und politischen Ideen hat S. literarisch am wirkungsvollsten als Dramatiker artikuliert: Seine Stücke, in denen er antike Stoffe zu Parabeln der Gegenwart bearbeitete oder die Gegenwart an Extremsituationen exemplifizierte, transportierten den Existenzialismus auf die großen Bühnen Europas und Amerikas und brachten ihm auch großen Publikumserfolg ein. Das »théâtre de situations«, in dem das Handlungsgeflecht entpsychologisiert und das Konfliktpotential in die dramatische Situation gelegt war, entsprach dem realistischen Drama und überhöhte dieses gleichzeitig zum »théâtre de liberté«, denn durch das Bühnengeschehen sollte der Zuschauer seine moralischen Grundsätze überdenken und mit sich selbst konfrontiert und so in einen »malaise perpetuel« versetzt werden, um daraus – ganz aristotelisch – gereinigt und also frei wieder herauszukommen. Aber auch jenseits aller erzieherischen Vorsätze gingen *Les mouches* (1943; *Die Fliegen*, 1944), *Morts sans sépulture* (1946; *Tote ohne Begräbnis*, 1949), *Huis clos* (1944; *Bei geschlossenen Türen*, 1949), *Les mains sales* (1948; *Die schmutzigen Hände*, 1948) und *Les séquestrés d'Altona* (1959; *Die Eingeschlossenen von Altona*, 1960) in das allgemeine Theaterrepertoire ein: ungeachtet politischer Einstellungen und philosophischer Moden ist S. bis heute ein populärer Bühnenautor geblieben.

Als Romancier dagegen blieb ihm in den 1940er und 50er Jahren der Erfolg versagt. Erst mit seiner autobiographischen Novelle *Les mots* (1964; *Die Wörter*, 1965) eroberte er wieder die literarische Szene. Darin wandte S. auf sich selbst die existentielle Psychoanalyse an, die er in biographischen Essays schon an Baudelaire, Mallarmé, Genet und in einem Freud-Drehbuch praktiziert hatte: Er beschrieb seinen intellektuellen Werdegang als die Entwicklung zur existentiellen Freiheit, sich gegen das bürgerliche Milieu seiner Familie zu wenden und sich als Schriftsteller selbst zu erschaffen. So war seine Selbstanalyse keine besinnliche Kindheitsbeschwörung, sondern eine existentialistische Erzählung, die die Entstehung der Berufung zum Schreiben nachvollzog. »Da ich die Welt durch Sprache entdeckt hatte, nahm ich lange Zeit die Sprache für die Welt. Existieren bedeutete den Besitz einer Approbation irgendwo in den unendlichen Verzeichnissen des Wortes.« S. beschrieb eine Kindheitsneurose, deren Symptom der Versuch war, schreibend der Kontingenz des Seins zu entkommen, und deren Heilung in der Entmystifizierung des Schreibens lag. Aber das Schreiben blieb die Möglichkeit, die Welt und die eigene Existenz handelnd zu bestimmen. »Lange hielt ich meine Feder für ein Schwert«, endet *Les mots*. »Nunmehr kenne ich unsere Ohnmacht. Trotzdem schreibe ich Bücher und werde ich Bücher schreiben; das ist nötig; das ist trotz allem nützlich.«

Der subtile Registerwechsel zwischen philosophischem Diskurs und autobiographischer Erzählung, die Verschränkung selbstironischer Reflexion und weltanschaulicher Ideen und die stilistische Präzision machen *Les mots* zu einem kanonischen Werk philosophisch-autobiographischer Literatur. Nicht zuletzt deshalb wurde ihm 1964 der Nobelpreis für Literatur zugesprochen. Aber S. nahm den Preis nicht an – bis heute ist er der einzige Schriftsteller geblieben, der aus eigener Freiheit den Nobelpreis abgelehnt hat.

Die Ablehnung der begehrtesten literarischen Auszeichnung war innerhalb seiner existentiellen Freiheitsideologie konsequent.

S. führte vor, dass man selbst entscheiden kann, was man ist und wie man lebt: dass man in dem ständigen Versuch, dem Nichts zu entkommen, seine Existenz bestimmen kann. Dies ist auch das implizite Thema seiner großangelegten Studie über Gustave Flaubert, L'idiot de la famille (1971–72, 1988; Der Idiot der Familie, 1977–80), die keine herkömmliche Biographie, sondern der Versuch ist, die Lebensrealität als symptomatisch für die fiktionale Weltverwandlung zu begreifen und zu zeigen, wie Krankheit in kreative Energie und Vaterhass in antibürgerliches Ressentiment umgesetzt wurden und wie aus einem legasthenischen Jungen ein großer Sprachkünstler wurde. Die »Konstitution der Person« wollte S. darstellen, und so machte er in minutiöser literarischer, psychologischer, philosophischer und anthropologischer Analyse Flauberts Entscheidung, sich von der Welt abzuwenden und sie zugleich schreibend zu erschaffen, als einen Kampf um Selbst-Erfindung sichtbar – und lieferte dabei eine Beschreibung des fiktionalen Schöpfungsprozesses, durch den die Wirklichkeit der Welt zur Wirklichkeit der Literatur wird. Mit fast besessener Konzentration schrieb S. an der Flaubert-Studie mehrere Jahrzehnte, während er weiterhin Reisen unternahm, Vorträge hielt, eine Zeitschrift herausgab, Aufrufe unterschrieb und an öffentlichen Debatten nicht nur teilnahm, sondern sie entscheidend mitbestimmte. Auf mehrere Tausend Seiten schwoll die Flaubert-Studie an und blieb dennoch Fragment. Aber das philosophisch-literarische Gewebe, das die existentialistische Idee der Selbsterschaffung exemplarisch beschrieb war ein Meisterwerk der Philosophie des 20. Jahrhunderts.

S.s Ideen sind von den Hauptströmungen der Philosophie im 20. Jahrhundert rezipiert und produktiv übernommen worden, und wie kein anderer Philosoph hat S. die intellektuelle Authentizität in seiner Konsequenz ebenso vorgeführt wie in seinen Widersprüchen und Meinungs- oder Richtungswechseln als inhärenten Teil des ständigen Versuchs, denkend und schreibend die Welt und das Sein zu begreifen. Zu diesem Versuch gehört auch sein vielkommentierter Besuch bei dem inhaftierten deutschen Terroristen Andreas Baader im Gefängnis von Stammheim: Einmal mehr wollte S. die Selbsterschaffung einer Person verstehen. Die Stammheimer Episode leitete eine öffentliche Demontage ein, die der inzwischen fast blinde und kranke Philosoph nur noch eingeschränkt wahrnehmen konnte. Am 15. April 1980 starb S. in Paris. Der Trauerzug durch die Pariser Innenstadt wurde von mehr als 50.000 Menschen begleitet.

Werkausgabe: Gesammelte Werke in Einzelausgaben. Hg. T. König. Reinbek 1986 ff.

Stefana Sabin

Schädlich, Hans Joachim
Geb. 8. 10. 1935 in Reichenbach/Vogtland

Sch. ist Linguist, Übersetzer, Herausgeber und einer der wenigen Autoren, die nie an der »Epochenillusion« (Domdey) des Sozialismus gehangen und sich auch nie als DDR-Schriftsteller begriffen haben, was ihn aus der »Literaturgesellschaft« (J. R. Becher) im Staat der Arbeiter und Bauern ausgeschlossen, aber vor dem »Dilemma der zu frühen Bindungen und zu späten Abschiede« (Joachim Walther) bewahrt hat.

1935 als drittes von vier Kindern im Vogtländischen Reichenbach geboren, verlor er im achten Lebensjahr seinen Vater, was besonders für die Kinder eine Katastrophe war und die Familie in große finanzielle Nöte stürzte. Nach dem Besuch einer Internatsschule im brandenburgischen Templin studierte er deutsche Literatur an der Humboldt-Universität zu Berlin und Sprachwissenschaft an der Karl-Marx-Universität in Leipzig, wo er als 24-Jähriger bei dem bekannten Philologen Theodor Frings mit einer Dissertation zur »Phonetik des Vogtländischen« promovierte. Von 1959 bis 1976 arbeitete er auf dem Gebiet der Dialektologie und Phonologie am Institut für deutsche Sprache und Literatur der Akademie der Wissenschaften in Ostberlin.

Während Sch.s Unterschrift unter die Biermannpetition im Jahre 1976 sein berufliches Aus an der Akademie zur Folge hatte, führte die »illegale« Veröffentlichung seines ersten Erzählbandes *Versuchte Nähe* (1977) im Westen zu seiner endgültigen Kriminalisierung. Dem Autor dieser »ästhetisch hoch elaborierten exemplarischen Skizzen« (Theo Buck) bescheinigte ein von der Staatssicherheit in Auftrag gegebenes Gutachten, er empfinde das Leben in der DDR als unerträglich und hätte die DDR als legitime Erbin reaktionärer Traditionen dargestellt. Das war zwar eine zu kurz greifende, aber dennoch auch zutreffende Einschätzung, die allerdings geeignet war, ihn einige Jahre hinter Gitter zu bringen. Seinem hohen Bekanntheitsgrad in der Bundesrepublik war es wohl zu verdanken, dass man ihn stattdessen nach Hamburg ausreisen ließ.

Der in der Bundesrepublik gefeierte Autor der *Versuchten Nähe* erfuhr jedoch die ersten Jahre in Norddeutschland und in Westberlin, wo er bis heute lebt, nicht nur als Befreiung von staatlich auferlegten Zwängen und als Eröffnung neuer literarischer Möglichkeiten, sondern, angesichts der ungewohnten neuen Umgebung, auch als Entwurzelung und Desorientierung. Sein 1986 erschienener Erzählband *Ostwestberlin* lässt, unter anderem, auch diese Aspekte seines Übergangs von Ost nach West erahnen.

Sch. hat sich immer gegen eine Funktionalisierung der Kunst gesträubt. Gleichwohl sind seinen literarischen Texten erkennbare Zwecke immanent. Alle sind in gewisser Weise gegen Gewalt und Entmenschlichung des Individuums gesetzt. Ob es die maßlose Gewalttätigkeit deutscher Diktaturen ist oder die Roheit und Bosheit in den Beziehungen von Menschen zueinander, er beschreibt sie mit Genauigkeit, Härte, Lakonie und Sarkasmus. Sein erster Roman, *Tallhover* (1986), z. B. berichtet von der beruflichen Entwicklung eines exemplarischen Spitzels, der im Laufe eines Jahrhunderts den jeweiligen Behörden bei der Aufrechterhaltung von »Recht und Ordnung« dadurch behilflich ist, dass er mit geheimdienstlichen Mitteln die jeweiligen Ruhestörer und Nestbeschmutzer, letztlich erfolglos, ausschalten will. Sein *Trivialroman* (1998) und *Anders* (2003) untersuchen die Verhaltensweise und die Sprache von Menschentypen, die durch bestaunenswerte Anpassungsleistungen in die politischen oder intellektuellen Führungsriegen unterschiedlicher gesellschaftlicher Systeme aufsteigen können. Die Figur des Äsop in Sch.s Nacherzählung eines anonymen griechischen Äsopromans, *Gib ihm Sprache. Leben und Tod des Dichters Äsop* (1999), ist eine Gegenfigur zu solchen Tätern und Anpassern.

Sch.s »Meisterwerk« (Ruth Klüger), der Roman *Schott* (1992), lässt sich als eine moderne Inversion der Faustgeschichte lesen. Immer auf der Flucht vor den Vertretern des bösen Prinzips der Macht bewegt sich die Mittelpunktsfigur Schott durch verschiedene Zeiten und Landschaften, eigentlich verbildlichte Seelenlandschaften, nur, um am Ende an seinen Ausgangspunkt zurückzukehren: unerlöst, gefährdet und voller unterdrückter Sehnsucht. Er sei »nur ein Beispiel«, sagt die Figur Schott. Ein »einfaches Beispiel der Verlorenheit«, hat es noch bei Samuel Beckett geheißen, ein Beispiel vielleicht auch für den modernen Menschen am Ende der Utopien – kein Wunder, dass die Lyrikerin Sarah Kirsch den Text des Freundes ein »trostloses Buch« genannt hat.

Auch sein Erzählband *Mal hören, was noch kommt / Jetzt, wo alles zu spät is* (1995), den er nach einem längeren USA-Aufenthalt veröffentlichte, spendet wenig Trost. In der ersten Erzählung wird einem im Sterben befindlichen Mann das Wort erteilt, an dessen verfaulendem Körper nur noch seine letzte Liebe, eine Fliege, Gefallen findet. In der zweiten spricht eine alleinstehende Frau, die sich erst »jetzt, wo alles schon zu spät ist«, darüber klar wird, dass sie von ihrem Leben eigentlich nicht viel gehabt hat. Seine parabolische Kindererzählung für Erwachsene *Der Kuckuck und die Nachtigall* (1996), die das Thema der verfehlten Beziehungen zwischen Männern und Frauen noch einmal aufnimmt, wirkt dazu wie ein Kontrapunkt. Zwar können auch Kuckuck und Nachtigall nicht gemeinsam leben, aber als Künstler machen sie zusammen Musik – Musik ist, als ein klanglicher Ort von Liebe und Harmonie, ein wiederkehrendes Motiv in Sch.s Texten.

Seit seiner Übersiedelung in den Westen ist Sch. auch immer wieder als Herausgeber – *Protokolle* (1991), *Dichter predigen in Schleswig-Holstein* (1991), *Aktenkundig* (1992) – und als Essayist hervorgetreten. Seine kompromisslosen Wortmeldungen zu den politischen Auseinandersetzungen um das Stasierbe, die Zusammenschlüsse der beiden deutschen Akademien der Künste, der Schriftstellerverbände und der PEN-Zentren, denen er die Mitgliedschaft kündigte, als seine warnenden Worte nur bei wenigen Gehör fanden, sind aufrüttelnde Dokumente eines Autors und Bürgers, dem nach seinen schlimmen Erfahrungen mit zwei deutschen Diktaturen eine demokratisch verfasste Gesellschaft das »sine qua non« seiner eigenen Existenz geworden ist.

Sch. wird von der Kritik mit Recht als großer Stilist gewürdigt. In der Tat ist das Spektrum seiner sprachlichen Ausdrucksmöglichkeiten weit. »Bibelsprache, Kanzleideutsch, Stil offizieller Berichterstattung stehen ihm ebenso zu Gebote wie Umgangssprache und Exkurse in den sprachlichen Untergrund« (Buck). Allerdings beruht die Eigenart seiner Texte nicht auf einem ausgeprägten Stilwillen an sich, sondern auf der Akribie einer sprachlichen Gestaltung, die jedem Stoff seinen ihm angemessenen Ausdruck zu geben sucht. Viele seiner Texte sind an der Grenze zwischen Abstrakt-Modellhaftem und Konkretem angesiedelt und haben daher eine gewisse Affinität zur frühen expressionistischen Kunst Wassily Kandinskys, Franz Marcs, Gabriele Münters, Gustav Kampendoncks und George Grosz'. Sicher ist es auch kein Zufall, dass zu seiner literarischen Wahlverwandtschaft Autoren der klassischen und nachklassischen Moderne wie Franz Kafka, Bertolt Brecht, Alfred Döblin, James Joyce, Samuel Beckett und Uwe Johnson gehören.

Sch. ist für sein literarisches Schaffen verschiedentlich ausgezeichnet worden. Er ist u. a. Inhaber des Rauriser Literaturpreises (1977), des Heinrich-Böll-Preises der Stadt Köln (1992), des Hans-Sahl-Preises (1995), des Lessing-Preises (2003) und des Hoffmann-von-Fallersleben-Preises (2004).

Wolfgang Müller

Schami, Rafik (d. i. Suheil Fadél)
Geb. 23. 6. 1946 in Damaskus

Seit 1971 lebt Sch. in Deutschland im Exil. Zunächst setzte er das in Damaskus begonnene Studium fort und promovierte 1979 im Fach Chemie. Gleichzeitig schrieb er Geschichten, zunächst in arabischer Sprache, ab 1977 auch auf deutsch. Seit 1982 lebt er als freier Schriftsteller und ist heute einer der populärsten zeitgenössischen Autoren deutscher Sprache; er wurde mit zahlreichen Preisen, so 1993 mit dem Adelbert-von-Chamisso-Preis, ausgezeichnet. Sch.s Erfolg beruht nicht zuletzt auf seinen Lesungen, in denen er sich als Hakawati, als orientalischer Märchen- und Geschichtenerzähler, inszeniert, seine Geschichten wie frei fabulierend vorträgt und so die Zuhörer in seinen Bann zieht. Dabei kann er an die seit dem 18. Jahrhundert bestehende deutsche Tradition der Begeisterung gerade auch für orientalische Märchen anknüpfen, wie sie besonders mit dem Namen Wilhelm Hauff verbunden ist. Dass nun ein Syrer solche Märchen erzählt, verleiht ihnen einen besonderen Grad an Authentizität. Das Wechselspiel von mündlich vortragendem Erzähler und Buchautor nimmt Sch. in seinem Roman *Sieben Doppelgänger* (1999) selbstironisch auf. Sch.s vielschichtiges, von einer Fülle von Figuren, Motiven und Handlungsorten geprägtes Werk ist von vier Leitthemen bestimmt: das Leben der Migranten in Deutschland, die Darstellung der arabischen Welt damals, heute und in der Utopie, Politik und Gesellschaft sowie das Erzählen.

In der ersten deutschen Phase seines Schreibens widmete sich Sch. sowohl der Märchenwelt Arabiens als auch dem Leben Fremder in Deutschland. Dabei wird er zu einem Initiator der Migrantenliteratur: 1980 rief er zusammen mit Franco Biondi, Jusuf Naoum und Suleman Taufiq die Literaturgruppe »Südwind« ins Leben, 1981 den »Polynationalen Literatur- und Kunstverein« (PoLiKunst). Bis 1985 war er zudem Mitherausgeber der Reihe »Südwind-Gastarbeiterdeutsch« (seit 1983 »Südwind-Literatur«), in der auch seine eigenen Sammlungen *Das letzte Wort der Wanderratte* (1984) und *Der erste Ritt durchs Nadelöhr* (1985) erscheinen. Ebenso wie die frühe Sammlung *Das Schaf im Wolfspelz* (1982) gelten auch diese Bände den Problemen der ›Gastarbeiter‹ in Deutschland. Darüber hinaus hat sich Sch. auch in zahlreichen Aufsätzen theoretisch mit den Zielen und Aufgaben der ›Gastarbeiterliteratur‹ beschäftigt. Die Sammlungen *Der Fliegenmelker* (1985) und *Märchen aus Malula* (1987) sind dagegen, wie der Roman *Milad* (1997), ganz dem arabischen Kulturraum gewidmet. Dabei ist es Sch.s Ziel, den deutschen Lesern die Vielfalt der arabischen Welt nahezubringen; im Medium des Erzählens soll eine Vermittlung zwischen Orient und Okzident erfolgen. Gleichzeitig ist das Bild, das Sch. vom Orient zeichnet, von den Grenzerfahrungen einer alten Kultur geprägt, in die die Moderne einbricht; im Roman *Der ehrliche Lügner* (1992) wird dies durch die immer wiederkehrende Formel »als die Ziegen die Straßen Morganas verließen« versinnbildlicht. Sch.s Rolle als Hakawati gewinnt in diesem Zusammenhang eine weitere Bedeutung: In der Lesung wird die Oralität bewahrt, die Buchveröffentlichung dient dagegen durch die Überführung in die Schriftkultur der Literarisierung des Volkstümlichen und bewirkt zugleich dessen Konservierung.

Als politischer Erzähler bleibt Sch. seinen Anfängen als Herausgeber einer kritischen, literarischen Wandzeitung in Damaskus treu. Die gesellschaftspolitische Sensibilität speist sich aus den Erfahrungen des Aufwachsens als Angehöriger der christlichen Minderheit in einem muslimischen Land sowie dem Leben im Exil. Sowohl in den Texten, die im deutschen Raum spielen – so zuletzt auch im Kinderbuch *Wie ich Papa die Angst vor Fremden nahm* (2003) –, als auch in den Texten, die dem arabischen Raum zugeordnet sind, ist Politik Teil der Geschichte, so etwa in der unterschwelligen Kritik an den totalitären Regimen Arabiens. Dabei nützt er Humor als Maskerade der Kritik: »Das Witzige, Leichte und nicht Seichte, das die Herzen kitzelt und vor den Augen der Kenner Abgründe aufschlägt, in die hineinzuschauen schwindlig macht, liebe ich« (*Der ehrliche Lügner*). Politisches Engagement übt Sch. als Herausgeber der Aufsatzsammlung *Angst im eigenen Land* (2001), in der Araber wie Israelis zu Wort kommen und zum Israel-Palästina-Konflikt Stellung nehmen.

Das zentrale Motiv von Sch.s literarischem Schaffen ist jedoch das Erzählen selbst, das immer wieder – wie in Sch.s literarischen Vorbildern, den *Märchen aus 1001 Nacht* oder Boccaccios *Decamerone*, – mit dem Motiv des Erzählens gegen den Tod verbunden wird. Im Roman *Erzähler der Nacht* (1989), in dem der alte Kutscher Salim seine Stimme nur durch die Geschichten seiner Freunde wiedergewinnen kann, verhindert das Erzählen den symbolischen Tod des Verstummens. Sch. hat mehrfach geäußert, dass er selbst im Erzählen die Furcht vor dem ›sozialen Tod‹ im fremden Land besiegt, indem es den Kontakt zu den Mitmenschen schafft: »Erzählend fühlte ich die Wärme, die Gastfreundschaft der Ohren, und Abend für Abend verwandelten meine Worte erwachsene Menschen in lauschende Kinder« (*Sieben Doppelgänger*).

Im Werk Sch.s lässt sich eine Bewegung von der kleinen zur großen Form beobachten; mit *Eine Hand voller Sterne* veröffentlichte er 1987, knapp zehn Jahre nach Erscheinen seiner ersten Erzählungen im Sammelband *Andere Märchen* (1978), seinen ersten Roman, wobei er den kleineren Formen des Erzählens treu bleibt, indem er sie als Märchen, Fabel oder Arabeske hier und in die folgenden Romane integriert. Sein Erzählstil ist so weiterhin dem assoziativen mündlichen Erzählen analog; »wie es dazu kam, ist eine kleine Geschichte« oder »das ist eine andere Geschichte« sind wiederkehrende Sätze in seinem Werk, das so eine endlose Kette immer neuer Geschichten bildet. Mit der Bewegung von der kleinen zur großen Form ist eine Erweiterung des Erzählhorizonts verbunden. Sch. führt die Themen arabische Welt und Migration zusammen; so in seinem bisher letzten Roman *Die Sehnsucht der Schwalbe* (2000), der von einem jungen Mann erzählt, der sich in der neuen Heimat Deutschland noch nicht und in der alten Heimat Syrien nicht mehr zu Hause fühlt. Ferner erobert er sich in seinen beiden Zirkusromanen *Der ehrliche Lügner* (1992) und *Reise zwischen Nacht und Morgen* (1995) einen neuen Erzählkosmos; dem Faszinationsraum Orient wird mit dem Handlungsort Zirkus eine weitere Gegenwelt zum Alltagsleben zur Seite gestellt. Die *Reise zwischen Nacht und Morgen* verknüpft zudem erstmals die beiden Handlungsorte Deutschland und Arabien. In der kleinen Welt des Zirkus sieht Sch. die Utopie des friedlichen Zusammenlebens der Völker verwirklicht. In *Der geheime Bericht über den Dichter Goethe* (zusammen mit Uwe-Michael Gutzschhahn, 1999) wird diese Utopie nochmals aus einem anderen Blickwinkel gestaltet; dabei wird ein Bild Goethes aus arabischer Sicht vorgestellt, in dem die ›orientalischen‹ Züge des deutschen Dichters herausgearbeitet werden, zugleich jedoch die Fremdheit nicht nivelliert ist. Die Rede des Sultans in diesem Goethe-Buch kann auch als Motto von Sch.s bisherigem Leben und Schreiben gelten: »Ich müsste mein Herz zerreißen, wenn ich trennen wollte, was sich in mir aus Ost und West, Orient und Okzident vereinigt hat.« Mit seinem Werk ist Sch. zum Vermittler zwischen Orient und Okzident geworden.

Bettina Wild

Schāmlu, Aḥmad
Geb. 12. 12. 1925 in Teheran;
gest. 24. 7. 2000 in Teheran

Aḥmad Schāmlu gilt als einer der größten Dichter persischer Sprache des 20. Jahrhunderts. Als Pseudonym wählte er das persische Wort »Bāmdād« (Morgenröte) und distanzierte sich in einem seiner Gedichte von seinem arabischen Vornamen Aḥmad und dem türkischen Nachnamen Šāmlu. Dennoch erhob das Schah-Regime gegen ihn wegen seiner politisch linken Überzeugungen den Vorwurf, er sei ein Feind des Vaterlandes. Unter diesem Vorwand kam er mehrfach in Haft.

Nach Sch.s Verständnis sollte Dichtung Leben sein. Deshalb forderte er, Wörter von der Straße und aus dem Alltagsleben in die Lyrik zu übernehmen, und setzte dies auch um. Durch die Verwendung einer modernen, scheinbar banalen Sprache einerseits und klassischer Vokabeln andererseits vergrößerte er Wortschatz und Ausdrucksfähigkeit seiner Dichtung und schuf damit auch für andere neue Freiräume. So sicherte er sich einen Ehrenplatz innerhalb des »Šeʿr-e nou« (Neue Poesie), der mit fast allen Regeln der klassischen Lyrik brach. Beeinflusst haben ihn Federico García Lorca, Paul Éluard, Rainer Maria Rilke, Boris Pasternak und Ted Hughes, aber auch die persischen Klassiker, besonders Hafis. Außerdem ist seine jahrelange Beschäftigung mit der Volksdichtung in sein Werk eingeflossen. Auf der Verbindung von Naturbeobachtung mit Folklore und von abstrakten Überlegungen mit persönlichen Anliegen beruht seine besondere poetische Kraft.

Sch. veröffentlichte mit 22 Jahren sein erstes Buch. Im selben Jahr heiratete er ein erstes Mal. Aus dieser Ehe stammen vier Kinder. 1951 erschienen zwei weitere Bücher; in ihnen zeigte sich Sch.s soziales, humanistisches Engagement. Nach dem Sturz des demokratischen Premierministers Moṣaddeq durch einen von der CIA organisierten Putsch wurde Sch.s vierte Gedichtsammlung wegen der darin enthaltenen Proteste gegen die Willkür der Machthaber beschlagnahmt und verbrannt. Er selbst tauchte zunächst unter, kam jedoch später als Chefredakteur der Tageszeitung *Ātašbār* (Feuerspeier, Batterie) ins Gefängnis. Dem folgten weitere sieben Verhaftungen. 1956 trennte er sich von seiner ersten Frau, 1957 heiratete er wieder.

Mit seinem Gedichtband *Hawā-ye tāze* (1957; Frische Luft), in dem Sch. zu seinem eigenen Stil fand, gelang ihm der literarische

Durchbruch. Danach veröffentlichte er viele weitere Gedichtbände, daneben Erzählprosa, Theaterstücke und Kinderbücher. Er übersetzte Werke der Weltliteratur aus dem Französischen ins Persische. Sein Hauptwerk aber ist die Lyrik. 1961 wurde seine zweite Ehe geschieden. Im Jahr darauf lernte Sch. Āidā kennen, die er 1964 heiratete. Diese Verbindung wurde für ihn eine Quelle der Inspiration. 1976 verließ er Iran aus politischen Gründen, um erst nach der »Islamischen Revolution« von 1978/79 heimzukehren. Für die Literaturzeitschrift *Ketāb-e ǧomᶜe* (Freitagsbücher) schrieb er Gedichte als kaum verhüllten Protest gegen das moralische und materielle Elend seiner Heimat. Die Zeitschrift stellte ihr Erscheinen 1980 nach einer Verwarnung durch ein Revolutionstribunal ein. Danach lebte Sch. zurückgezogen, seine Hauptbeschäftigung wurde die Arbeit an einer in den 1960er Jahren begonnenen Sammlung von Zeugnissen der Volkskultur. Gegen Ende seines Lebens litt er an Diabetes und Krebs, ein Bein musste amputiert werden. Er suchte Erleichterung beim Opium und zog sich immer mehr von der Außenwelt zurück. Sch. starb am 24. Juli 2000 im Teheraner Irān-Mehr-Krankenhaus.

Kurt Scharf

Scheerbart, Paul
Geb. 8. 1. 1863 in Danzig; gest. 15. 10. 1915 in Berlin

Der Verdacht, »daß alles Gewaltige nur qualmender Mumpitz« sein könnte, den Sch. in seinem Roman *Liwûna und Kaidôh* (1910) formuliert, zieht sich durch das gesamte Werk des oft sogenannten einzigen deutschen phantastischen Autors, technikbegeisterten Pazifisten und Wegbereiters der DADA-Bewegung. »Die Praxis wird viele meiner Phantasien zerstören. Das weiß ich ganz genau«, formulierte der 47-Jährige fünf Jahre vor seinem frühen Tod, was ihn aber nicht daran hinderte, weiter unzählige phantastische und utopische Romane, Theaterstücke, Gedichte und Kurzprosa jeder Art zu produzieren und jede Veröffentlichungsmöglichkeit vom Flugblatt bis zum Buch zu nutzen. Mit seinem Werk und seiner eigenwilligen Persönlichkeit nimmt er eine herausragende Stellung in der antinaturalistischen Literatur der Wende vom 19. zum 20. Jahrhundert und auch in der an unkonventionellen Künstlern nicht gerade armen Kunstszene zu Beginn des 20. Jahrhunderts ein.

Sein früher Roman *Tarub, Bagdads berühmte Köchin. Arabischer Kulturroman*, der 1897 erschien, gehört (neben *Machtspäße. Arabische Novellen*, 1904) zu Sch.s orientalisierenden Werken, in denen der Orient als Ort ungehemmter Wunschvorstellungen fungiert. Im Roman entwirft er das Bild einer Künstlergesellschaft im Bagdad einer fernen Zeit und stattet es mit aktuellen und autobiographischen Merkmalen aus. Die Hauptfigur Safur, die mit Oscar Wildes Dorian Gray verglichen wurde, lebt sinnliche Genüsse aller Art, bis sie schließlich die Übersättigung auf die Suche nach Erfahrungen führt, die außerhalb der normalen Wirklichkeit liegen. Safur kommt ums Leben; seine Suche scheitert. Obwohl der Text noch nicht zu Sch.s phantastischen Romanen zählt, besitzt er schon charakteristische Merkmale von dessen Erzählweise: Er zerfällt in kurze Abschnitte mit der Beschreibung einzelner Szenen und Bilder, ohne dass es einen zusammenhängenden chronologischen Erzählablauf gäbe. Und die in exzessiver Weise geschilderten visuellen Bilder der Vergnügungen werden nicht zum Kitsch, weil Sch. Selbstironie und eine teils banale Alltagssprache einsetzt; ein Verfahren, das in seinen späteren Werken immer wieder auftauchen wird. So z. B. in *Die Wilde Jagd* (1901) oder in *Liwûna und Kaidôh*, wo Sch. immer wieder neue visuelle Ereignisse auf den Fahrten oder Weltraumflügen seiner Figuren beschreibt. Liwûna und Kaidôh fliegen durch einen traumartigen Weltraum, der ständig ungewöhnliche visuelle Sensationen hervorbringt: phantastische Naturlandschaften, architektonische Gebilde und gleichsam abstrakte Bilder. Selbst das Sprechen wird als etwas Visuelles dargestellt, als Liwûnas Zähne eine Schrift auf ihren Lippen bilden. Diese hervorgehobene Stellung des Visuellen in Sch.s Sprachbildern hat durchaus Merkmale der abstrakten und surrealistischen Malerei des 20. Jahrhunderts und des abstrakten Films vorweggenommen; diese visuellen Ereignisse müssen aber nicht notwendig als bloße Vorläufer filmischer Bildmanipulation interpretiert werden, wie es gelegentlich geschieht. Denn Sch.s poetische Progressivität besteht darin, dass er die Möglichkeiten gerade des sprachlichen Heraufrufens von Bildern bis an ihre Grenzen erkundet und vorführt.

Zur Bedeutung des Visuellen tritt Sch.s besonderer Umgang mit Satire, Humor, Spott und Absurdität. Schon in *Na Prost! Phantastischer Königsroman* (1889) zeigt sich das für Sch. spezifische Verhältnis von Satire, Unsinn und Phantastik. Wie auch die Romane *Ich liebe dich!* (1897) und *Immer mutig!* (1902) besteht dieser Text aus einer Rahmenhandlung, in die zahlreiche Kurzprosastücke hineinmontiert sind. In der Rahmenhandlung stoßen drei javanische Germanisten darauf an, dass die Erde »längst entzwei« ist, während sie sich rechtzeitig in einer achteckigen Flasche in den Weltraum absetzen konnten. Zum Zeitvertreib sprechen sie nicht nur sinnlichen Genüssen zu, sondern wenden sich einem angeblich zehntausend Jahre alten Konvolut mit »neunzehn Stückchen deutscher Litteratur aus der Blütezeit der deutschen Dichtkunst« zu. Sch. entfaltet in ihren Gesprächen eine Satire auf eine platt allegorisch interpretierende Germanistik, die sich aber zunehmend verselbständigt und schließlich nicht mehr nur Satire gegen fremde Sinngebungsversuche ist, sondern der Lust am Sinnlosen selbst frönt und insofern auch die von den Lesern vielleicht unterstellte Sinngebung durch den Autor untergräbt. Die dritte Ebene, die zur Satire und zum Unsinn hinzukommt, ist Sch.s Phantastik, die auch hier visuelle Ereignisse des Weltalls darstellt, über deren Bewunderung sich die Germanisten schließlich von der Beschäftigung mit der Literatur abwenden. Sch. stellt Sinnvolles und Unsinniges unvermittelt nebeneinander und verweigert sich eindeutigen allegorischen oder symbolischen Interpretationen auch seines eigenen Textes. Er steht damit in der Traditionslinie der romantischen Ästhetik: Die Affinität zu demjenigen, was in der Satire nicht aufgeht, dem Unverständlichen, führt allerdings nicht zu dessen Überhöhung, sondern endet in eher Joycescher Weise im Alltäglichen, Banalen.

Das gleiche ästhetische Programm oder vielmehr Nicht-Programm kennzeichnet viele seiner weiteren Dichtungen. Die *Revolutionäre Theater-Bibliothek* (1904) verspottet einerseits in 22 extrem kurzen Theaterstücken bürgerliche Institutionen wie das Militär, das Theater, darüber hinaus die Autoritätsgläubigkeit, das Geschlechterverhältnis u. a. Andererseits lässt Sch. das Sozialsatirische hinter sich und feiert den sprachlichen Blödsinn. Das Werk *Das Perpetuum Mobile. Geschichte einer Erfindung* (1910) erweckt zunächst den Anschein eines Sachbuchs zu einem konkreten technischen Problem – dessen Unmöglichkeit allerdings längst gezeigt worden war. Sch. aber schrieb »Was ging mich Robert Mayer – und das Gesetz von der Erhaltung der Energie an?« und begann in seiner als Laboratorium ausgestatteten Waschküche mit dem zwei Jahre dauernden Versuch, ein Perpetuum mobile herzustellen, von vornherein eine absurde Angelegenheit. Zusätzlich wird Sch.s Begeisterung für die Technik sichtbar, die er zur Verwandlung der ganzen Erde in ein Kunstwerk nutzen wollte. Sein Ziel war dabei nicht weniger als die Befreiung der Menschheit durch eine nicht mehr zweckrational, sondern eher als ein Spiel gedachte Technik, die alles »prächtiger und großartiger« machen sollte. Diese Rolle spielt die Technik auch in *Lesabéndio. Ein Asteroiden-Roman* (1913), in dem die Titelfigur, eines der seltsamen Wesen, die den Asteroiden Pallas bevölkern, mit Hilfe der Technik ein mystisch-kosmologisches Projekt der Vereinigung mit einem Korrespondenzgestirn verfolgt.

Eine Entwicklung im Werk Sch.s ist ablesbar: Es bleibt die Wichtigkeit des Visuellen, aber die Verherrlichung des Genusses mit ihrer absurden Brechung wird abgelöst durch die wiederum ins Absurde getriebene technische Utopie. Einen Gegensatz zu Sch.s phantastischen Werken stellt zum einen das Buch *Glasarchitektur* (1914) dar, mit dem er den Kreis expressionistischer Architekten um Bruno Taut beeinflusste, zum anderen ist seine

Lyriksammlung *Katerpoesie* (1899/1909) als Gegensatz zu seinem restlichen Werk aufgefasst worden. Der Titel bezieht sich auf den Kater nach dem Rausch, und in den Gedichten könnte man versucht sein, das unmittelbare Verhältnis des empirischen Autors Sch. zu seiner biographischen Realität zu suchen, den Katzenjammer, der sich bei der Rückkehr in die, in der Phantastik angeblich verabschiedeten, Wirklichkeit einstellt. Aber die Gedichte folgen seinem ästhetischen Programm, insofern sie komisch, satirisch, absurd, grotesk und unsinnig sind, ohne Berührungsängste vor dem Kalauer und den aggressiven Möglichkeiten der Sprache. Die andere Seite des Dichters zeigte sich mit Beginn des Ersten Weltkriegs. Noch 1909 hatte er in *Die Entwicklung des Luftmilitarismus und die Auflösung der europäischen Land-Heere, Festungen und Seeflotten* die Auffassung vertreten, angesichts der Schrecken möglicher Kriege würden die Menschen im Lauf der Zeit zur Vernunft kommen und zu Pazifisten werden. Nun aber hörte er wohl in einer Mischung aus Enttäuschung und Protest auf, Nahrung zu sich zu nehmen, und starb 1915. Die vielfältigen ästhetischen und politischen Bezüge seines Werks sind längst nicht ausgeschöpft.

Werkausgabe: Gesammelte Werke in 10 Bänden. Hg. von Thomas Bürk, Joachim Körber und Uli Kohnle. Linkenheim 1986–1996.

Steffi Hobuß

Scheffel, Joseph Victor
Geb. 16. 2. 1826 in Karlsruhe; gest. 9. 4. 1886 in Karlsruhe

»Neben seiner Bibel« brauchte jeder echte Deutsche »nur noch ein Buch Scheffels« im Hause, urteilte ein Biograph im Todesjahr des Autors. Diese Begeisterung und der für die Maßstäbe des 19. Jahrhunderts unglaubliche Markterfolg seiner Werke sind es, die das Interesse noch auf die Person Sch.s lenken, während die überschwängliche Beurteilung der ästhetischen Qualitäten seiner Dichtung (»*Ekkehard* zählt zu den besten Büchern, die ich gelesen«, Theodor Fontane) heute allgemeiner Ernüchterung gewichen ist.

Zwei Ereignisse waren es vor allem, die in zeitlich enger Abfolge stattfanden und den jungen Sch., der eigentlich immer Maler werden wollte und vom Vater ins Studium der Rechte genötigt wurde, zum Dichter werden ließen: die gescheiterten Hoffnungen der bürgerlichen Revolution von 1848/49 und die ausgeschlagene Werbung um die Hand seiner großen Liebe Emma Heim 1851. Der Zusammenfall von politischer Resignation und persönlicher Enttäuschung, der Zwang, in der verhassten juristischen Laufbahn »Frondienste leisten« zu müssen, sowie die wiederholten Versuche, alle Widrigkeiten der gesellschaftlichen Realität im Künstlerdasein hinter sich zu lassen, prägen Sch.s Leben und Werke in dem folgenden Jahrzehnt. Auf der großen Italienreise, die er 1852 antritt, um »einen Schluck Lethe zu trinken, in dem alle Erinnerungen seit 1848 ausgetilgt würden«, erfolgt die Entscheidung zum Dichterberuf, und es entsteht das Versepos *Der Trompeter von Säkkingen* (1854), wenig später in Deutschland der historische Roman *Ekkehard* (1855). In beiden verlagert Sch. die Handlung in eine »vergnügliche Zeit«, in eine durch »naive Frische« und »gesunde Kraft« gekennzeichnete mittelalterliche Frühgeschichte, und verschließt die poetische Scheinwelt gegenüber den Spannungen der unbewältigten Gegenwart. Der bagatellisierend-spielerische Humor und der gesellige Rahmenbezug lassen sein Werk für das gesellschaftspolitisch enttäuschte Publikum in der Nachmärz-Zeit zum Medium kompensatorischer Ablenkung werden, zum begrenzten Freiraum innerhalb der prosaischen Realität einer philiströsen Existenz. »Im Bild der Dichtung soll das arme Herz sich dessen freuen, was ihm das Leben nimmer bieten kann, an Reckenkampf und Minnelohn.« Auch die Lieder der 1867 erschienenen Sammlung *Gaudeamus*, größtenteils bereits in der Heidelberger Burschenschaftlerzeit entstanden, zeugen von dieser inhaltlichen Entleerung der Formen. Der Stil der Studentenlyrik Sch.s, die in den v. a. seit der Biedermeierzeit entstandenen Kommersbüchern weite Verbreitung fand und die lange Zeit zum festen Bestand nicht nur studentischer Geselligkeit zählte (*Alt-Heidelberg, du feine; Wohlauf, die Luft geht frisch und rein; Als die Römer frech geworden* u. a.), hängt eng mit der allgemeinen Entwicklung zusammen, die auch die Burschenschaften ihrer einstigen nationalen und freiheitlichen Zielsetzungen beraubte. Dass der Preisgesang auf das unbeschwerte und abenteuerlustige Wander-, Kneipen- und Bummelleben der »Scholaren« in dieser Situation nur eine beschwörende Reminiszenz sein konnte, wusste wohl auch Sch. selber: »Ich pflege eines Durstes, der mich an die besten Tage von Heidelberg erinnert. Es ist aber zu krampfhaft, um so lebensfroh zu wirken, wie damals.«

Sein Leben war denn auch weniger von der ihm nachgesagten Daseinsfreude und einem versöhnlichen Humor geprägt, sondern unstet und ruhelos, immer tiefer in Resignation und Isolation hineinführend. Übte er von 1850 bis 1852 noch die Tätigkeit des Rechtspraktikanten in Säckingen aus, so arbeitete Sch. 1856 als Privatgelehrter und ein Jahr später bereits als Bibliothekar des Fürsten in Donaueschingen. Eine 1864 geschlossene Vernunftehe scheiterte schon nach wenigen Jahren, nicht zuletzt wegen Sch.s mehrfachen Versuchen, in ausgedehnten Wander- und Trinkfahrten die alte Burschenherrlichkeit wiederzubeleben. Hochgesteckte künstlerische Pläne (u. a. ein Wartburg-Roman, der sich 1873 neben den *Ekkehard* reihen sollte) erfüllten sich trotz jahrelanger Vorarbeiten nicht mehr. In den 70er Jahren produzierte Sch., hochgeehrt und zum »Lieblingsdichter des neuen Deutschland« (Conrad Alberti) erkoren, nur noch Gelegenheitsgedichte und widmete sich der illustrierten Prachtausgabe seiner Erfolgsbücher in Zusammenarbeit mit Anton von Werner. Er lebte still und zurückgezogen in seiner Villa bei Radolfzell am Bodensee, heimgesucht von den Begleiterscheinungen einer Gehirnkrankheit, die sich in Sehstörungen und Bewusstseinstrübung äußerte. Die Erhebung in den erblichen Adelsstand zum fünfzigsten Geburtstag traf einen psychisch gebrochenen Mann.

Michael Limlei

Schickele, René
Geb. 4. 8. 1883 in Oberehnheim (Obernai)/Elsass;
gest. 31. 1. 1940 in Vence (Südfrankreich)

18-jährig gründete Sch., Sohn eines Elsässer Weinbauern und einer Französin, in dessen Elternhaus man nur französisch sprach, seine erste literarische Zeitschrift, *Der Stürmer*, »für künstlerische Renaissance im Elsaß«. Er hatte gerade das Gymnasium in Straßburg ohne Abitur verlassen und dennoch die Immatrikulation an der Universität erreicht, und als die Zeitschrift nach wenigen Nummern einging, gründete er sogleich eine zweite, *Der Merker*, die allerdings schon mit der dritten Nummer wegen Majestätsbeleidigung – ein Artikel nannte den Kaiser einen »Scharlatan« – beschlagnahmt wurde. In dieser Zeit, das hatten Sch. und seine Freunde Otto Flake und Ernst Stadler erkannt, waren Straßburg und das Elsass in eine neue Phase ihrer Entwicklung getreten: Die erst nach der gewaltsamen Annexion von 1871 unter den veränderten Verhältnissen Herangewachsenen konnten sich jetzt nach dreißig Jahren unbefangen auf die besondere Stellung ihrer Heimat zwischen Frankreich und Deutschland besinnen, in dem Bewusstsein, dass eines »das Elsaß über alle Provinzen von Deutschland erhebt, die Blüte zweier Traditionen«. Für die daraus abgeleitete und propagierte Mittlerfunktion wurde der Begriff des »geistigen Elsässertums« gefunden: »Bruderherzen, eines Tages werden … wir eine Nation sein, diesseits-jenseits des Rheins …, ›Elsässer‹ wird ein … Begriff für die Wesensart aller geistigen Kinder werden, die gallisches und deutsches Blut nährt«.

Als Journalist, Herausgeber und Übersetzer schlägt sich Sch. durch; die Universitäten – in Straßburg, München, Paris, Berlin – sahen ihn freilich nur »flüchtig in ihren Räumen auftauchen«. Der Freund Stadler hält Sch.s Zeit in Paris als Korrespondent von 1909 bis 1911 für einen Wendepunkt: »Was innerlich lange vorbereitet war, vollendet diese Stadt. Ein neues Ideal wird in seiner Seele wirksam: der politische Kampf. Die Ästhetenträume zerflattern«. Als er wieder nach Straßburg zurückgekehrt ist, nun als Redakteur einer Zeitung, verhindert nur die Tatsache, dass er noch nicht das Mindestalter von dreißig Jahren hat, eine Kandidatur für den Reichstag, in dem das Elsass seit der Annexion erstmals vertreten sein wird. Realist und seismographischer Beobachter – *Schreie auf dem Boulevard* (1913) heißt ein Buch mit Reportagen, die er von Paris mitbrachte – spürt er auch den Krieg kommen. Der Roman *Benkal der Frauentröster* (1914) nimmt Krieg und Revolution utopisch-visionär vorweg. Der Kriegsausbruch macht alle Bestrebungen vorerst zunichte und tötet die Freunde, dort Charles Péguy, hier Stadler. Noch 1914 stellt Sch., der »zweisprachige Grenzvogel« (wie er sich selber nennt), in dem Drama *Hans im Schnakenloch* (Uraufführung 1916) das Erlebnis der Grenze wieder vor in der Gestalt eines Elsässers mit »zwei Seelen« in der Brust, der zwischen den Nationen und Frauen schwankt, die sie verkörpern, dessen Schwanken indessen nicht Ausdruck platter Haltlosigkeit, sondern der Vielschichtigkeit seines recht eigentlich »elsässischen« Wesens ist. 1915 übernimmt Sch. – inzwischen in Berlin und zum Wehrdienst nicht tauglich – die Leitung der jungen, aber seit Erscheinen als Sammelpunkt des Expressionismus wirksamen Zeitschrift *Die weißen Blätter*, führt sie – zuletzt von der Schweiz aus – jahrelang in seinem pazifistisch-internationalistischen Sinn trotz ständiger Zusammenstöße mit der Zensur und macht sie zur renommiertesten Zeitschrift der modernen Literatur; Johannes R. Becher, Gottfried Benn, Kasimir Edschmid, Franz Kafka und Heinrich Mann gehören zu ihren Mitarbeitern.

Als das Elsass nach dem verlorenen Krieg wieder Frankreich zugeschlagen wird, verlegt Sch. seinen Wohnsitz nach Badenweiler. Die 1920er und frühen 30er Jahre sehen ihn dann auf der Höhe seiner Fähigkeiten: Mehrere Romane, darunter das drei Romane umfassende Werk *Das Erbe am Rhein* (1925–1931), in dem er sein großes Grundthema erneut variiert, begründen Ruhm und Erfolg. Seine internationalistische Haltung hieß ihn jedoch, nachdem er sicher war, dass eine politische »Sonnenfinsternis« komme, schon 1932 nach Südfrankreich emigrieren. Von hier aus, bald von zahlreichen Exilanten umgeben, beobachtet er Deutschland, »betrunken von Trauer«, und schreibt sein ganz aus gallischem Geist gespeistes Meisterwerk, den Roman *Die Witwe Bosca* (1933) – von Thomas Mann gerühmt als »Crème, Blüte, Spitze, das Äußerste an heiterer und gesunder Verfeinerung« und gleichwohl, nach Sch.s Selbstbekenntnis, eine »Auseinandersetzung mit dem in Mord und Tod verstrickten Europa«. Und hier im Exil entstand auch Sch.s einziges französisch geschriebenes Buch (*Le Retour*, 1938), Erinnerungen eines Schriftstellers, der die Sprache seiner Mutter verlassen hat, weil der Zauber der deutschen Poesie, der Sprache Goethes, ihn ganz besitzt.

Werkausgabe: Werke in 3 Bänden. Hg. von Hermann Kesten unter Mitarbeit von Anna Schickele. Köln/Berlin 1959.

Ludwig Dietz

Schiller, Friedrich
Geb. 10. 11. 1759 in Marbach am Neckar; gest. 9. 5. 1805 in Weimar

»Ich möchte nicht gern in einem anderen Jahrhundert leben und für ein anderes gearbeitet haben. Man ist ebensogut Zeitbürger als man Staatsbürger ist; und wenn es unschicklich ist, ja unerlaubt gefunden wird, sich von den Sitten und Gewohnheiten des Zirkels, in dem man lebt, auszuschließen, warum sollte es weniger Pflicht sein, in der Wahl seines Wirkens den Bedürfnissen und dem Geschmack des Jahrhunderts eine Stimme einzuräumen?« (*2. Brief zur ästhetischen Erziehung*, 1795). Als Sch. dies schrieb, hatte er noch wenig mehr als zehn Jahre zu leben, waren *Die Räuber* (1781/82), *Die Verschwörung des Fiesko zu Genua* (1783), *Luise Millerin* (*Kabale und Liebe*, 1783), *Vom Wirken der Schaubühne auf das Volk* (1784), die Ode *An die Freude* (1785) und das große Gedicht *Die Götter Griechenlands* (1788) und *Don Carlos* (1787 als *Dom Karlos*) veröffentlicht und aufgeführt, hatte er seine berühmt gewordene Antrittsvorlesung an der Universität Jena gehalten (*Was heißt und zu* welchem Ende studiert man Universalgeschichte? – Mai 1789) und neben zahlreichen kleineren auch seine beiden großen historischen Abhandlungen *Geschichte des Abfalls der Vereinigten Niederlande von der spanischen Regierung* und *Geschichte des Dreißigjährigen Krieges* geschrieben, hatte er sich als Herausgeber mehrerer Anthologien und Zeitschriften versucht, zahlreiche Rezensionen verfasst (darunter die keineswegs freundliche *Über Bürgers Gedichte* von 1791), sich schließlich unter dem starken Einfluss Immanuel Kants intensiv mit der Philosophie beschäftigt und sich zum Ziel gesetzt, »sich mit dem vollkommensten aller Kunstwerke, mit dem Bau einer wahren politischen Freiheit zu beschäftigen« (*2. Brief zur ästhetischen Erziehung*). Bis zu dieser Zeit (1795), die durch die Freundschaft mit Goethe fortan auch starke positive Akzente erhielt, enthält der biographische Katalog eine lange Liste negativer Erfahrungen: das Fehlen jeder kontinuierlichen Familienbindung, keine wirkliche Verwurzelung in der schwäbischen Heimat; keine Möglichkeit, den gewünschten Beruf des Theologen zu ergreifen, weil die Abhängigkeit der Familie vom Dienst für den württembergischen Landesherrn Carl Eugen diesen über das Schicksal des Kindes bestimmen ließ.

So absolvierte der junge Sch. auf Befehl Carl Eugens eine militärisch-medizinische Ausbildung an der neugegründeten Carlsschule in Stuttgart (von 1773 bis 1780) und wurde danach zum schlecht bezahlten und noch schlechter behandelten »Regimentsmedikus« (Dezember 1780), bis er sich dem Unverständnis des absolutistischen Fürsten für die literarischen Interessen des jungen Mannes durch Flucht entzog.

Dennoch fallen Sch.s erste dichterische Arbeiten in die Zeit der Carlsschule; Dichtung galt hier natürlich nicht viel, auch wenn einzelne Lehrer wie Professor Abel das erkennbare Talent des jungen Eleven nach Kräften förderten. Die wenigen, die von Sch.s Versuchen wussten, waren von seinen Ergebnissen nicht gerade begeistert; sie warfen ihm vor, seine Texte seien »künstlich«, »exaltiert«, »herzlos«; es gelang ihm offensichtlich nicht, seine »innere Bewegung« in angemessener, sprachlich differenzierter Weise zum Ausdruck zu bringen. Das erkannte Sch. auch selbst (*Brief an Boigeol*, 1777), und er bemühte sich zeitlebens, dem entgegenzuwirken; dennoch verstummte die Kritik an seiner Sprache eigentlich nie ganz; so lachten Caroline Schlegel und ihre Freunde 1799 über *Das Lied von der Glocke*, dass sie »fast von den Stühlen gefallen« wären, und Jean Paul kritisierte in seiner *Vorschule der Ästhetik* (1804) »die zu Juwelen versteinerte Hand«, die, wenn nicht das Spielen, dann doch das Hören störe.

Sch. hat die Empfindungen seiner Leser bis ins 20. Jahrhundert »polarisiert«, seine Werke wurden immer wieder als »Ideenmagazin« gesellschaftlich und politisch missbraucht, ihr ästhetischer Wert aber verkannt. Schon sein erstes Drama, *Die Räuber*, löste durch den berühmten, nicht von Sch. stammenden Zusatz: »In tirannos« (in der zweiten Auflage 1782 bei Löffler) eine Kette von Missverständnissen aus: Sch.s Kampf um die Aufführung in Mannheim (1782) brachte ihm wegen wiederholtem unerlaubten Verlassens seiner Arbeitsstelle eine Haftstrafe und – als Folge seiner anschließenden Flucht – eine lebenslange Entfernung von der schwäbischen Heimat ein, wenn man von dem kurzen Versuch absieht, nach dem Tode Carl Eugens im Oktober 1793 in Stuttgart zu leben (Frühjahr 1794). 1782 war Sch. in Kontakt mit dem Intendanten des Mannheimer Nationaltheaters, Wolfgang Heribert Freiherr von Dalberg, gekommen. Obwohl dieser ein »opportunes Ritterstück«, auf keinen Fall ein »revolutionäres«, inszenieren wollte, erlebte Sch. bei der Premiere seiner nun schon mehrfach umgearbeiteten *Räuber* im Januar 1782, dass das Drama trotz einer völlig unangemessenen Inszenierung eine überwältigende Wirkung beim Publikum erzielte, während die literarische Kritik es kaum zu Kenntnis nahm. Deshalb wollte Sch. mehr für die »Öffentlichkeit« seiner Dramen tun und versuchte, seine »Bühnentheorie« publik zu machen; aber alle diese Bemühungen brachten keinen Erfolg, auch seine Rede vor der »Deutschen Gesellschaft« in Mannheim (1784) wurde zwar mit Beifall aufgenommen, änderte die Einstellung des Intendanten von Dalberg aber nicht; Sch.s einjähriger Vertrag als Mannheimer »Theaterdichter« wurde im August 1784 nicht verlängert. Damit blieb ihm eine »Wirkung der Schaubühne auf das Volk«, die über bloße Unterhaltung hinausgehen sollte, versperrt, und die Möglichkeit, als unabhängiger Schriftsteller zu leben und zu schreiben, war gescheitert. An Jens Baggesen schrieb Sch. 1791: »Von der Wiege meines Geistes bis jetzt, da ich dies schreibe, habe ich mit dem Schicksal gekämpft, und seitdem ich die Freiheit des Geistes zu schätzen weiß, war ich dazu verurteilt, sie zu entbehren … Ich habe mir diesen Beruf gegeben, eh ich seine Forderungen geprüft, seine Schwierigkeiten übersehen hatte.«

Dennoch versuchte Sch., »freier Schriftsteller« zu bleiben; zehn Jahre äußerster finanzieller Bedrängnis, Einschränkung, Abhängigkeit und Ratlosigkeit trieben den jungen Dichter auf geistige, materielle und räumliche Wanderschaft; seine Gönner waren entweder selbst adelig (Frau von Kalb, Frau von Wolzogen, Graf Schimmelmann, der dänische König, Carl August von Weimar), oder sie lebten in Abhängigkeit von einem Hofe (wie seine engen Freunde Körner und Goethe, die sich allerdings beide ihre Unabhängigkeit zu wahren wussten); Sch. musste um alle Vergünstigungen bitten – und er hat es getan: Auf eigene Bitte hin wurde er »fürstlicher Rat« (1784 durch Carl August von Sachsen-Weimar), was ihm persönlich später den Zugang zur Weimarer Hofgesellschaft erleichterte; ebenfalls auf sein Gesuch hin machte ihn der Meininger Hof zum »Hofrat«, so dass er nun auch Ämter übernehmen konnte; aber erst die Erhebung in den erblichen Adelsstand öffnete ihm (und endlich auch wieder seiner Frau Charlotte von Lengefeld) völlige »Gleichberechtigung« bei Hofe (der damaligen »Öffentlichkeit«).

Verschieden kurze, oft heftige Zuneigungen zu Frauen dürfen nicht darüber hinwegtäuschen, dass Sch. von diesen Begegnungen sich »Harmonie« und Ansporn für seine literarischen Arbeiten erhoffte; selbst der Sommer 1788 in Volkstedt, der seiner Verlobung und Heirat mit Charlotte von Lengefeld vorauslief, bildete hier keine Ausnahme: »Herz und Kopf jagen sich bei mir immer und ewig; ich kann keinen Moment sagen, daß ich glücklich bin, daß ich mich meines Lebens freue. Einsamkeit, Abgeschiedenheit von Menschen, äußere Ruhe um mich her und innere Beschäftigung sind der einzige Zustand, in dem ich noch gedeihe. Diese Erfahrung habe ich diesen Sommer gar häufig gemacht« (an Körner). Der hier zitierte Sommer war der von 1788 in Volkstedt, der seiner Verlobung und Heirat mit Charlotte von Lengefeld vorauslief, in dem er Charlotte und deren Schwester täglich sehen, daneben aber auch unter relativ günstigen Bedingungen arbeiten konnte. So ist es völlig verständlich, dass die Ernennung zum Professor für Geschichte in Jena (zunächst ohne festes Gehalt!) ihn zwar zunächst beflügelte, wie die schon erwähnte Antrittsvorlesung vom Mai 1789 – wenige Tage vor dem Zusammentritt der Generalstände in Frankreich! – auf eindrucksvolle Weise zeigt; doch schon bald erkannte Sch. auch die Last dieser Tätigkeit. Andererseits trieb sie ihn zu neuen Ideen: er huldigte nicht einem primitiven Fortschrittsglauben, sondern er wollte die »beschädigte« menschliche Gesellschaft von innen reformieren durch stete Konfrontation mit der »Idee der Totalität« (Wilhelm von Humboldt). Er suchte also in der Geschichte nach den großen verbindenden Ideen und Kategorien, die über das empirische Geschehen des Moments hinausreichten, eine Aufgabe, die er zunächst allein der Schaubühne vorbehalten hatte; hier setzte er fort, was Voltaire und Charles de Montesquieu philosophisch, Jacques Bénigne Bossuet (in seinem *Discours sur l'histoire universelle*) spezifischer schon begonnen und der Göttinger Historiker August Ludwig von Schlözer in seiner *Vorstellung einer Universalhistorie* (1772/73) ausgebaut hatte: aufgeklärte Geschichtswissenschaft im umfassendsten Sinne. Da Sch. moralisches Handeln und die Idee einer allgemeinen »politischen Ästhetik« mehr interessierten als detailgetreue Wiedergabe der Fakten, sollten die Geschichtsquellen die Vielfalt politischer, soziologischer, theologischer, philosophischer Aspekte aufzeigen – und damit auch den Widerstreit von »Idee« und »Wirklichkeit«. Schon während der historischen Arbeiten verschob sich also Sch.s Schwerpunkt wieder zum Dichterischen hin. So ist Wallenstein z. B. mehr ein »interessanter Charakter«, ein gescheiterter Ideenträger, als eine rein historische Figur: Sch. spürte, dass er als Historiker die Fragen nicht beantworten konnte, die ihm die historische Figur aufgab. In dieser Situation war die Begegnung mit der Philosophie Immanuel Kants (ab 1791) von nicht zu unterschätzender Bedeutung; denn durch sie wandte sich sein Interesse endgültig von der Historie zur Ästhetik, von der »Realität« zur Kunst. Zugleich lieferte Kants Philosophie Sch. die Möglichkeit, ein »System« der Ästhetik anzustreben und dieses System zu erklären als den »Versuch eines mündig gewordenen Volkes, seinen Naturstaat in einem sittlichen umzuformen« (*3. ästhetischer Brief*).

Die Schriften Kants haben Sch. in dieser Zeit intensiv beeinflusst, und in der Auseinandersetzung mit Kants Gedankenwelt ist er – besonders in ästhetischen Fragen – zu einer Klarheit vorgedrungen, die weit über die ästhetischen Schriften hinaus sein späteres Schaffen geprägt hat. Wilhelm von Humboldt, der ab 1793 engen Kontakt zu Sch. hatte, empfand dessen Verhältnis zu Kant kongenial nach; er schrieb 1830 über Sch.: »Ihn, der immer über seiner jedesmaligen Beschäftigung schwebte, der die Poesie selbst, für welche die Natur ihn bestimmt hatte und die sein ganzes Wesen durchdrang, doch auch wieder an etwas noch Höheres anknüpfte, mußte eine Lehre anziehen, deren Natur es war, Wurzel und Endpunkt des Gegenstandes seines beständigen Sinnens zu enthalten ... Sich fremder Individualität nicht unterzuordnen, ist Eigenschaft jeder größeren Geisteskraft, jedes stärkeren Gemüts, aber die fremde Individualität ganz, als verschieden, zu durchschauen, vollkommen zu würdigen und aus dieser bewundernden Anschauung die Kraft zu schöpfen, die eigne nur noch entschiedener und richtiger ihrem Ziele zuzuwenden, gehört wenigen an und war in Sch. hervorstechender Charakterzug. Allerdings ist ein solches Verhältnis nur unter verwandten Geistern möglich, deren divergierende Bahnen in einem höher liegenden Punkte zusammentreffen, aber es setzt von Seiten der Intellectualität die klare Erkenntnis dieses Punktes, von Seiten des Charakters voraus, daß die Rücksicht auf die Person gänzlich zurückbleibe hinter dem Interesse an der Sache.« Diese »Sache« war für Sch. die ästhetische Erziehung des Menschen zur geistigen Freiheit. Die »Eigentümlichkeit seines intellektuellen Strebens« bestand gerade darin, die Identität des Ursprungs von Philosophie und Poesie »zu fassen und darzustellen« (Humboldt): Mit dem Blick auf die Verhältnisse in Europa fragte Sch. deshalb im *8. Brief zur ästhetischen Erziehung*: »Woran liegt es, daß wir noch immer Barbaren sind? Es muß also, wenn es nicht in den Dingen liegt, in den Gemütern der Menschen etwas vorhanden sein, was der Aufnahme der Wahrheit ... im Wege steht. Ein alter Weiser hat es empfunden, und es liegt in dem viel bedeutenden Ausdrucke versteckt: sapere aude. Erkühne dich, weise zu sein. Energie des Muts gehört dazu, die Hindernisse zu bekämpfen, welche sowohl die Trägheit der Natur als die Feigheit des Herzens der Belehrung entgegensetzen.« Denn nach Sch. soll »alle Verbesserung im Politischen ... von Veredlung des Charakters ausgehen«. Glaubte Sch. also an diese »Wahrheit« und die Möglichkeit, eine Veredlung des menschlichen Charakters zu erreichen?

Die ästhetischen und philosophischen Schriften, die ebenso wie die spätere Lyrik in enger Zusammenarbeit mit Johann Wolfgang Goethe entstanden (z. B. die großen Balladen und die Xenien), die großen Dramen (hier vor allem die *Wallensteintrilogie* (1798/99; Uraufführung aller drei Teile im gleichen Winter in Weimar), *Maria Stuart* (1800 uraufgeführt, 1801 als Buch) und das Fragment des *Demetrius*, aber auch der Gedichtentwurf *Deutsche Größe* (wohl 1797), umkreisen direkt oder indirekt die Frage der Veredlung des menschlichen Charakters. Eine Antwort kann nur mit

Sch. gegeben werden: Immer wieder ist auf die »Unzulänglichkeit« seiner Helden hingewiesen worden – von Karl Moor über Fiesko bis Wallenstein und Demetrius. In seiner *Ästhetik* hat Georg Wilhelm Friedrich Hegel diese Frage am Beispiel Wallensteins erörtert; über ihn heißt es dort: »Kaum hat er sich entschlossen, als er die Mittel, deren er sich gewiß glaubt, unter seinen Händen zerlaufen, sein Werkzeug zerbrechen sieht. Denn was die Obristen und Generale letztlich bindet, ist nicht die Dankbarkeit für das, was er ihnen Dankenswertes durch Anstellung und Beförderung erwiesen hat, nicht sein Feldherrnruhm, sondern ihre Pflicht gegen die allgemein anerkannte Macht und Regierung, ihr Eid, den sie dem Oberhaupte des Staats, dem Kaiser ... geschworen haben«. Wo kann bei solch verwirrenden Beziehungen, wie Sch. sie Wallenstein vor den Augen des Zuschauers erleben lässt, der handelnden Figur Wahrheit erreichbar sein? Muss ein solcher Wallenstein sich nicht in seiner Schwäche an alte vertraute Fehler halten? Sind diese »Fehler« nicht gerade das »Menschliche« an Wallenstein?

Kritische Beobachter haben früh erkannt, dass Sch. in der Struktur seiner Dramen, in Aufbau und Verknüpfung der Handlung viel stärker, als es auf den ersten Blick erscheinen mag, der Aufklärung verpflichtet geblieben ist. Seine als »Ideenträger« konzipierten Figuren verfügen nicht über eine reiche Psyche, sie repräsentieren selten ihr Unbewusstes dem Publikum; das unterscheidet sie deutlich von Dramenfiguren des 19. und 20. Jahrhunderts. Die Sprache dieser Figuren kann also nicht so sehr Ausdruck subjektiver Gedanken- und Gefühlswelt lebendiger Individuen sein, als vielmehr kommentierende, transzendierende Reflexion des Dichters, der den Reden der auftretenden Personen die Tendenz zum Ideell-Gültigen geben wollte (Sch. selbst nannte seine Betrachtungsweise »sentimentalistisch«; in dem Essay *Über naive und sentimentalische Dichtung* 1796). Tatsächlich reden und handeln Sch.s Dramenfiguren immer in einem über Raum und Zeit hinausweisenden Sinngefüge – es ist leicht, dies als »Deklamieren« zu bezeichnen und vom heutigen Verständnis des Dramas her abzulehnen. Unter dem Einfluss der Französischen Revolution hatte Sch. aber begriffen, dass die geistigen Voraussetzungen für eine Entwicklung zur Freiheit noch keineswegs gegeben waren und dass sie auf der Bühne im Modell leichter publikumswirksam entwickelt werden konnten als in theoretischen Schriften; man muss also zwischen Sch.s theoretischen Schriften und seinen Dramen nach 1790 permanente Verbindungslinien ziehen; die Bühne sollte »hier und jetzt bewegen«, die Wahl der sprachlichen Mittel hatte für ihn dabei nicht Vorrang. Seine ganz auf die Verkörperung von Ideen und Modellen gerichtete Darstellungsweise nahm also eine manchmal krasse Schwarzweißzeichnung der Charaktere in Kauf; die »Grundidee«, die auf dem Wege der Vernunft zu erreichende »Freiheit des Menschen zum Absoluten« im Guten und im Bösen – sollte dem Theaterpublikum sichtbar gemacht und als Denkmodell für eigenes Verhalten begriffen werden – eine wahrhaft kühne Forderung! Das berühmte Urteil Georg Büchners von 1835, »Idealdichter« wie Sch. hätten »fast nichts als Marionetten mit himmelblauen Nasen und affektiertem Pathos, aber nicht Menschen von Fleisch und Blut« geschaffen (Brief vom 28. 7.), der Idealismus sei »die schmählichste Verachtung der menschlichen Natur« (*Lenz*), kritisierte einen Mangel, den Sch. kaum als Vorwurf empfand: Ihm waren nicht einzelne Figuren und deren persönliches Tun oder Lassen entscheidend, sondern die Gesamtheit der Ideen, die sie verkörperten.

Wie Sch. in seinen ästhetischen Schriften immer wieder darlegte, wollte er die »Totalität in unsrer Natur«, die den Menschen geraubt oder von der Gesellschaft mutwillig zerstört worden war, »durch eine höhere Kunst wiederherstellen« (Ende des 6. *Briefes zur ästhetischen Erziehung*). Diese Aufgabe sah Sch. durchaus politisch, wenn er kritisierte: »Das jetzige Zeitalter, weit entfernt, uns diejenige Form der Menschheit aufzuweisen, welche als notwendige Bedingung einer moralischen Staatsverbesserung erkannt worden ist, zeigt uns vielmehr das direkte Gegenteil davon«. Jede Hoffnung auf eine Verbesserung dieser Verhältnisse werde solange »schimärisch«

bleiben, »bis die Trennung in dem inneren Menschen wieder aufgehoben und seine Natur vollständig genug entwickelt ist, um selbst die Künstlerin zu sein und der politischen Schöpfung der Vernunft ihre Realität zu verbürgen« (7. Brief).

Wie schon erwähnt, wollte Sch. in seinen Dramen bei den Figuren, die historische Größen darstellen, deren menschliche Unzulänglichkeiten nicht verstecken. Dabei musste seine Darstellung mehrfach in Gegensatz zu einer »Gerechtigkeitsharmonie christlicher Prägung« geraten, die für Karl Moor vielleicht noch gelten mochte; indem der Mord an Wallenstein aber nicht in einer höheren Gerechtigkeit aufgehoben wird, sondern das Werk schwacher Menschen bleibt, hatte Sch. seine Ideen vom christlichen Dogma erkennbar abgelöst. Ein solches Heraustreten aus allen Konventionen der Zeit wurde von vielen Zeitgenossen als Blasphemie empfunden und auf fast alle Werke Sch.s übertragen.

Die 1794 einsetzende Freundschaft mit Goethe bedeutete für Sch. ein unendliches Gespräch (Alewyn) über alle Gegenstände der Kunst, der Literatur, des Denkens überhaupt: eintausend Briefe und mehr als sechzig Wochen gegenseitiger Besuche bis zu Sch.s Übersiedlung nach Weimar im Dezember 1799 legen aller Kritik zum Trotz ein deutliches Zeugnis von der geistigen Nähe der beiden ab, mochten auch ihre Anschauung der Natur und ihre Wege zur Kunst völlig verschieden sein, wie vor allem Sch. mehrfach brillant formuliert hat. Diese außerordentlich produktive und von materieller Not endlich freie letzte Lebensphase Sch.s ist von mehr als einem Dutzend schwerer Krankheiten verdüstert; nach 1795 ist Sch. eigentlich niemals völlig ohne Beschwerden gewesen, er hat, wie Peter Lahnstein es ausdrückt, »am Tod entlang gelebt«: »Es war ein Sicheinrichten mit der Krankheit, eine Gewöhnung an sie, eine Art von Zusammenleben mit ihr« (Thomas Mann), so dass »Verfeinerung«, »Sensibilität« und »Benervung« ihm nur realisierbar wurden durch »Arbeit, die ihm doch alles ist, ihm, dem fleißigsten der Dichter!« (*Versuch über Schiller*, 1955). Sch. selbst bestätigt dies, etwa wenn er sagt: »Der Fleiß ... gibt nicht nur die Mittel des Lebens, sondern er gibt ihm auch seinen alleinigen Wert« (an Körner, 1802). Dies galt sogar noch für die letzten Wochen seines Lebens, als er sich unmittelbar nach der Arbeit am *Wilhelm Tell* an Überlegungen, Entwürfe und Sammlungen zum *Demetrius* machte, »dem wohl gewaltigsten Entwurf seines Lebens, der mit allen seinen Implikationen und ungeheuren Anforderungen seinen Geist produktiv aufflammen ließ, während sein Körperliches am knappsten Rande der Lebensmöglichkeit schwebte« (Thomas Mann). Mitten in diesen Vorarbeiten zum *Demetrius* finden sich unter den Gründen, die gegen das Schreiben des Stückes sprechen, die Worte: »Die Größe der Arbeit«. Es ist schwer nachzuvollziehen, in welchem Maße in diesen letzten Wochen seines Lebens das Bewusstsein von der Tragik des *Demetrius* und des eigenen Lebens ineinanderflossen, bis die Natur den Abwehrkräften seines Körpers gegen die Krankheit ein Ende setzte. Goethe war nach der Nachricht von Sch.s Tod krank geworden, schrieb aber schon bald die erste Fassung des Gedichts *Epilog zu Schillers Glocke,* das erstmals bei der Totenfeier in Lauchstädt (August 1805) und fortan (1815 erweitert) alle fünf Jahre vorgetragen wurde. 1827 wurden die Gebeine Sch.s von ihrer ersten Grabstelle im Kassengewölbe auf dem alten Friedhof der Jakobskirche in die herzogliche Familiengruft auf dem neuen Weimarer Friedhof umgebettet. In dieser Zeit hatte Goethe Sch.s Schädel mehrere Monate bei sich in der Wohnung, zumindest das, was er dafür hielt – eine Reliquie von zweifelhafter Herkunft, wohl dem Kassengewölbe entnommen, aber kaum der authentische Schädel Schillers (Albrecht Schöne). In einem Gedicht auf den Schädel verehrte er »die gottgedachte Spur, die sich erhalten«.

Als Goethe wenig später (1828/29) seinen Briefwechsel mit Sch. herausgab, spottete August Wilhelm Schlegel in einem scharfen Epigramm über »den blassen Wagner und den kräftigen Faust«; auf Eduard Mörike dagegen hatte »der Geist dieser beiden Männer« eine ganz andere Wirkung: »Mein Kopf war aufs äußerste angespannt – meine Gedanken liefen gleichsam auf den Zehenspitzen, ich lag wie über mich selbst hinausgerückt und fühlte mich neben aller Feierlichkeit doch unaussprechlich vergnügt. Statt mich niederzuschlagen, hatte der Geist dieser beiden Männer eher die andere Wirkung auf mich. Gar manche Idee – das darf ich Dir wohl gestehen – erkannte ich als mein selbst erworbenes Eigentum wieder, und ich schauderte oft vor Freuden über seiner Begrüßung«. 1830 leitete Wilhelm von Humboldt seinen Briefwechsel mit Sch. mit einem ungewöhnlich scharfsinnigen Essay ein: *Über Schiller und den Gang seiner Geistesentwicklung*. Humboldts hier getroffene Feststellungen haben bis heute Gültigkeit behalten, weil sie in ihrer »Nähe zum Gegenstand« nicht übertroffen werden können. Der »dynamischen« Seite Sch.s setzte Heinrich Heine im ersten Buch der *Romantischen Schule* 1833 ein Denkmal: »Schiller schrieb für die großen Ideen der Revolution, er zerstörte die *geistigen* Bastillen, er baute an dem Tempel der Freiheit ...«. Sch.s Selbstverständnis ist in lapidarer Kürze einem Stammbuchblatt für einen Unbekannten zu entnehmen: »Alles unser Wissen ist ein Darlehn der Welt und der Umwelt. Der thätige Mensch trägt es an die Mitwelt und Nachwelt ab, der unthätige stirbt mit einer unbezahlten Schuld. Jeder, der etwas Gutes wirkt, hat für die Ewigkeit gearbeitet« (22. September 1790).

Werkausgaben: Sämtliche Werke. Hg. von Gerhard Fricke und Herbert G. Göpfert. 5 Bde. München 1958/59; Nationalausgabe. Historisch-kritische Ausgabe. Hg. von Norbert Oellers. Stuttgart/ Weimar 1940 ff. (fast vollständig).

Klaus Ehlert

Schlaf, Johannes
Geb. 21. 6. 1862 in Querfurt;
gest. 2. 2. 1941 in Querfurt

Als Abschluss ihrer gemeinsamen Arbeit sammelten Arno Holz und Sch. 1892 die Ergebnisse in dem Band *Neue Gleise* (s. Arno Holz). Im Januar des nächsten Jahres erlitt Sch. einen Nervenzusammenbruch, der ihn in eine Krise warf, die bis 1898 andauerte. Er selbst nannte als Gründe seine finanzielle Notlage und die Unzufriedenheit mit dem Materialismus der naturalistischen Weltanschauung. Eine entscheidende Rolle spielte aber sicher auch der Zwang, sich von Arno Holz endgültig zu lösen. Auch nach der Beendigung des gemeinsamen Schaffens befanden Holz und Sch. sich zunächst in einem freundschaftlichen Verhältnis. Holz stand dem Kranken bei und äußerte sich begeistert über dessen Prosadichtung *Frühling* (1896), die auch anderweitig Zustimmung fand. Richard Dehmel schrieb anlässlich der Erstveröffentlichung im *Modernen Musenalmanach 1894* einen hymnischen Begleitbrief, Alfred Mombert bekannte noch 1933: »Die Jugend von heute mag schwer sich vorstellen, was in den neunziger Jahren des vorigen Jahrhunderts Schlafs ›Frühling‹ bedeutete. Es war für jene Jugend der Frühling einer neuen Weltschau: einer neuen religiösen Dichtung.« *In Dingsda* (1892) und *Frühling*, später in der Inselbücherei mit je einer Auflage von 60000 der einzige breite Erfolg Sch.s, sind in ihrer impressionistischen Sprache der naturalistischen Schule verpflichtet. Ganz naturalistisch ist die erste Fassung des Dramas *Meister Oelze* (1892). Die Hauptfigur, ein Handwerksmeister, der seinen Vater getötet hat, um Alleinerbe zu werden, zeigt deutlich Züge des von Friedrich Nietzsche beeinflussten Vitalismus. In seinem Roman *Junge Leute* (1890), den er später einstampfen ließ, gibt Sch. Einblicke in seine Jugend.

Der Kaufmannssohn kam 1875 nach Magdeburg, wo er das Gymnasium besuchte. Er trat dem Lese- und Debattierklub »Bund der Lebendigen« bei, wo er Hermann Conradi kennenlernte. 1884/85 studierte er in Halle und Berlin alte Sprachen und Germanistik. Sch. war seinem Wesen nach kein Revolutionär. Schon in den *Jungen Leuten* wird die Kompromissbereitschaft der drei Freunde durchaus gebilligt, die ihre jugendlichrevolutionäre Haltung aufgeben und zu braven Bürgern werden. Nach dem *Meister Oelze* hat sich Sch. nicht mehr mit Stilfragen auseinandergesetzt, es ging ihm nur noch um Inhalte. Nach Beendigung seiner Nervenkrise hat er sein

Verhältnis zu Holz in mehreren Romanen behandelt. Der jeweilige Held wird anfangs von einem Freund geleitet, später mit hypnotischen Kräften unterdrückt. Auch das Problem des Plagiats durch den Freund wird mehrfach aufgegriffen: *Das dritte Reich*, 1900; *Der Kleine*, 1904; *Der Prinz*, 1908; *Am toten Punkt*, 1909. Um seine volle Unabhängigkeit von Holz zu beweisen und um sich den ihm zustehenden Ruhm an der Schaffung des konsequenten Naturalismus zu sichern, ging Sch. zum direkten Angriff auf Holz über. Ab 1898 finden sich Zeitschriftenaufsätze, in denen er sich den größeren Anteil an den gemeinsamen Arbeiten zuschreibt. 1902 brach ein unerfreulicher Broschürenkrieg aus, der natürlich ohne Ergebnis enden musste. Ein weiteres Thema, das Sch. in diesen Jahren beschäftigte, ist die Frau zwischen zwei Männern, der Mann zwischen zwei Frauen. In den genannten Romanen ist das meist ein Nebenmotiv, zentral stellt es sich in den Dramen *Gertrud* (1898), *Die Feindlichen* (1899), *Der Bann* (1891) und *Weigand* (1906) sowie in dem Roman *Mieze* (1912).

1904 zog sich Sch. von Berlin nach Weimar zurück. Die Dekadenz, in den Berliner Romanen breit dargestellt, soll nun überwunden werden. In *Peter Boies Freite* (1903) brechen Mann und Frau am Schluss nach den USA auf, »gen Westen, dem neuen Leben und der Arbeit entgegen. Der Arbeit!«. Die Wendung zur Heimatkunst wird deutlich, der urtümlich kräftige Mensch soll an die Stelle des Dekadenten treten. Die Begeisterung für Amerika als dem Land, in dem der Gesunde Lebensraum findet, übernahm Sch. von dem amerikanischen Dichter Walt Whitman, mit dem er sich intensiv beschäftigt und den er ins Deutsche übertragen hat. Auch aus dem Französischen hat er übersetzt, so Emile Zola, Honoré de Balzac, Emile Verhaeren und Paul Verlaine. In Weimar widmete sich Sch. stärker der Philosophie und der Astronomie. Aus der Verteilung der Sonnenflecken glaubte er beweisen zu können, dass die Erde der Mittelpunkt des Weltalls ist (*Die geozentrische Tatsache als unmittelbare Folgerung aus dem Sonnenfleckenphänomen*, 1925). Franz Kafka berichtet von einem Besuch im Jahr 1912: »Spricht hauptsächlich von Astronomie und seinem geozentrischen System. Alles andere, Literatur, Kritik, Malerei, hängt nur noch so an ihm, weil er es nicht abwirft.« Ganz abgeworfen hat er das Dichten nie. Aber die literarischen Texte wurden immer seltener. Immerhin gelang ihm noch 1920 in der Erzählung *Miele* der nüchterne, fast dokumentarische Bericht vom Leben eines Dienstmädchens in einer Provinzstadt. 1937 zog sich Schlaf in seinen Geburtsort Querfurt zurück.

Walter Schmähling

Schlegel, August Wilhelm
Geb. 5. 9. 1767 in Hannover;
gest. 12. 5. 1845 in Bonn

»Kosmopolit der Kunst und Poesie« nannte sich Sch. mit Recht. Der Weg zu »Kunst und Poesie« war – ebenso wie für den jüngeren Bruder Friedrich – bereits durch die Herkunft vorgezeichnet: Vater und Onkel, Johann Adolf und Johann Elias Schlegel, waren als Autoren kunsttheoretischer Schriften bekannt geworden. August Wilhelm, der Sohn des Hannoveraner Generalsuperintendenten, konnte sich auf diese familiäre Neigung berufen, als er das Studium der Theologie mit dem der Philologie vertauschte, der damals führenden Disziplin an der Universität Göttingen. Als Schüler Christian Gottlob Heynes lernte er, die antike Dichtung historisch zu verstehen, als Mitarbeiter an Gottfried August Bürgers *Musenalmanach* wurde ihm die zeitgenössische Literatur vertraut. Diese Spannung zwischen den ältesten und den neuesten Formen der Literatur, zwischen der Interpretation des Fremden  und der kritischen Anschauung des Eigenen bestimmten zeitlebens seine Produktivität. In Jena, wo sich nach der Heirat mit Caroline Michaelis-Böhmer 1796 (der er aus den Wirren der Mainzer Revolution und den Verlegenheiten einer außerehelichen Schwangerschaft geholfen hatte) und der Ankunft Friedrich Schlegels der intellektuelle Kreis der sogenannten Frühromantiker bildete, rezensierte er literarische Neuerscheinungen und machte gleichzeitig dem gebildeten Publikum die verschollenen Texte des Mittelalters und der frühen Neuzeit zugänglich.

Die bedeutende, aber unbekannte oder missverstandene Literatur der Vergangenheit durch geschichtlich-ästhetische Erläuterung (also weder durch antiquarischen Kommentar noch durch Aktualisierung) der Gegenwart nahezubringen, blieb das beständige Ziel Sch.s in allen Epochen seines Lebens: als außerordentlicher Professor an der Universität Jena seit 1798, als Privatgelehrter in Berlin seit 1801, als Reisebegleiter und Hauslehrer der Madame de Staël am Genfer See seit 1804, als Professor für Indologie in Bonn seit 1818. Ebenso vielfältig sind die publizistischen Formen der Vermittlung: Philologische Abhandlungen, Kritiken, Essays, Vorlesungen (von 1801 bis 1803 in Berlin über Kunst, antike und mittelalterliche Literatur, 1808 in Wien *Über dramatische Kunst und Literatur*), Übersetzungen (Shakespeares von 1797 bis 1820, des spanischen Theaters von 1803 bis 1809), Nachdichtungen (*Blumensträuße italienischer, spanischer und portugiesischer Poesie*, 1803), Editionen (besonders altindischer Literatur). Gemeinsam ist diesen Arbeiten die Verbindung von gelehrter Kenntnis der europäischen Tradition, hermeneutischer Erschließung des Einzelwerks und kluger, eleganter Darstellung. Der Universalismus seiner literarischen Interessen enthob Sch. weitgehend dem Entweder-Oder, in dem sich die klassische und romantische Partei seiner Zeit gegenüberstanden. Vielmehr verkörpert er die um 1800 spezifisch deutsche Fähigkeit, sich auf die entlegensten Dichtungs- und Denkweisen einzulassen und als ›Weltliteratur‹ einer imaginären Bibliothek einzugliedern.

Der Preis für solche »Bildsamkeit«, die das Fremde erkennt und seine Größe anerkennt, war die Schwäche seines Charakters und der Mangel an Originalität in seinen poetischen Versuchen. Seine Gedichte und Dramen sind epigonal, und die Wendungen seines Lebenswegs geschehen immer unter dem Einfluss stärkerer Naturen. Seine oft verspottete Eitelkeit entsprang der misslungenen Anstrengung, diese Schwäche zu verhüllen. »Durch Putzerei mit vielen Orden«, so erschien Friedrich Wilhelm Gubitz 1827 der Bonner Professor, »mit Ringen an beiden Händen, in allem geschniegelt und gebügelt, in stolzer Vornehmheit gebrüstet wie eine eitle Schöne, sah er gleichsam aus, als betrachte er es für einen Fehlgriff der Schöpfung, daß er nicht ein reizendes Weib geworden sei«. Dies unmännliche Bild, das besonders boshaft und nachhaltig Heinrich Heine in der *Romantischen Schule* überlieferte, hat die Weltgeltung vergessen lassen, die Sch. als Wegbereiter der romanischen, germanischen und indischen Philologie zu seiner Zeit besaß und die er heute, da doch die Grenzen der Nationalliteraturen beengend geworden sind, als Vermittler von Weltliteratur wieder gewinnen könnte.

Werkausgaben: Kritische Ausgabe der Vorlesungen. Hg. von Ernst Behler. Bd. 1. Paderborn 1989; Sämtliche Werke. Hg. von Eduard Böcking. 16 Bde. Leipzig 1846–48, Nachdruck Hildesheim 1971/72.

Heinz Schlaffer

Schlegel, Friedrich
Geb. 10. 3. 1772 in Hannover;
gest. 12. 1. 1829 in Dresden

Ob als Sympathisant der Französischen Revolution, als führender Kopf der romantischen Bewegung oder Verfasser des Skandalromans *Lucinde* (1799), ob als universal gebildeter Historiker und Literaturkritiker neuen Schlags, als konservativer Diplomat, Journalist oder versponnener Mystiker: Sch. gab und gibt noch heute jedem Gelegenheit, mit Ärger oder Bewunderung über die Vielseitigkeiten und Widersprüche eines Mannes zu staunen, dem nichts verhasster war als ein starres Denksystem, der seine Intellektualität vor allem in Form von Fragmenten entfaltete, im phantasievollen, selbstironischen Spiel mit oft extremen, doch unabgeschlossenen Denk- und

Lebensexperimenten, die sich gegenseitig relativierten, ergänzten und stets offen blieben für neue, überraschende Wendungen – gemäß dem eigenen Konzept von »Bildung«, die er als »eine fortgehende Kette der ungeheuersten Revolutionen« verstanden wissen wollte.

Entsprechend exzentrisch nimmt sich sein Lebenslauf aus: schwer erziehbares Sorgenkind in einer traditionsreichen und gebildeten Bürgerfamilie; auf Weisung des Vaters Banklehre, aus der er jedoch davonläuft, sich in kürzester Zeit ein profundes Wissen der Antike aneignet und damit den Zugang zur Universität verschafft; Student der Rechtswissenschaften in Göttingen (1790/91), ein »Weltmann« im luxuriösen und frivolen Leipzig, der den »Müßiggang« feiert, sein Geld verspielt, sich in Affären verstrickt und mit hohen Schulden belastet, die er sein Leben lang nicht los wird; ein Intellektueller mit abgebrochenem Studium, der es wagt, als freier Schriftsteller den geistigen Autoritäten seiner Zeit zu trotzen, und in Jena, noch keine 25 Jahre alt, zu einem berühmten Autor avanciert; zusammen mit dem älteren Bruder August Wilhelm Herausgeber des die erste »romantische Schule« konstituierenden *Athenäums*, (von 1798 bis 1800), der Zeitschrift wider die »Leerheit und Lahmheit« der Literatur; ein Wissenschaftler mit ungeheurem Arbeitspensum, der der europäischen Philologie und Kunstgeschichtsschreibung ganz neue Kulturen erschließt: Persien, Indien, Ungarn, das Mittelalter, die Gotik.

Für die Ideen der Revolution gewann den von Hause aus Konservativen jene Frau, die schon zu Lebzeiten mit ihrem Verlangen nach politischer wie erotischer Freiheit zum romantischen Mythos weiblicher Emanzipation wurde: Caroline Böhmer, von Friedrich Schiller mit moralischer Entrüstung die »Dame Luzifer« genannt. Sch.s literaturkritische, historische und philosophische Arbeit verband sich, seit er sie kannte (1793), mit republikanischem Engagement. Dieses hatte für ihn nicht bloß politischpraktische Bedeutung. So wie er unter »Literaturkritik« eine umfassende Kulturanalyse verstand, die das individuelle Kunstwerk und den Künstler in übergreifen-

den sozial- und ideengeschichtlichen Zusammenhängen charakterisierte (»Wer kann den Pindarischen Rhythmus begreifen, dem die Sitten und die Staatsverfassung der Dorier fremd sind«), meinte er mit »Revolution« die Erneuerung nicht nur der politischen Verhältnisse. In diesem, auch gegen die verkürzte, in den Terror einmündende Revolutionspraxis der Franzosen gerichteten Sinn ist das oft zitierte *Fragment* von 1798 zu verstehen: »Die Französische Revolution, Fichtes Wissenschaftslehre und Goethes Meister sind die größten Tendenzen des Zeitalters. Wer an dieser Zusammenstellung Anstoß nimmt, wem keine Revolution wichtig scheinen kann, die nicht laut und materiell ist, der hat sich noch nicht auf den hohen weiten Standpunkt der Geschichte der Menschheit begeben.«

Sch.s republikanischer Standpunkt artikulierte sich vornehmlich in der Form ästhetischer Reflexionen und geschichtsphilosophischer Betrachtungen. Hier konnte er, wie er dem Bruder im Januar 1796 bekannte, »unglaublich kühn sein, ehe daß jemand von der Polizei Notiz davon nimmt, oder die Kühnheit auch nur versteht.« Seine Auseinandersetzung mit der griechischen Kultur, die ihren bedeutendsten Niederschlag in der Abhandlung *Über das Studium der griechischen Poesie* (1797) fand, war indes nicht bloß von der Furcht vor der Zensur motiviert. Griechenland wurde für ihn, wie für viele seiner Zeitgenossen, zum Mythos einer harmonischen, freiheitlichen Gesellschaft, zum utopischen Gegenbild einer von vielfältigen Gegensätzen krisenhaft entzweiten Moderne, deren Beschreibung sich durch existentielle Krisenerfahrungen beglaubigte. Der junge Sch. bezeichnete sich selbst als »seelenkrank«, verglich sich gern mit Hamlet, klagte über seine Isolation und gestand seinem Bruder, dass Selbstmord sein »täglicher Gedanke« sei.

Dass die Beschäftigung mit der Vergangenheit keineswegs eine regressive Flucht aus der Gegenwart war, sondern sich mit dem Blick in die Zukunft auf die aktuellen politischen Ereignisse bezog, zeigt einmal mehr der Aufsatz *Über den Begriff des Republikanismus* (1796). Entgegen der These Immanuel Kants (in der Schrift *Zum ewigen Frieden*, 1795), die Republik sei nur in der aufgeklärten Monarchie zu verwirklichen, gab ihm hier die griechische Polis das Modell für eine aus dem Volke hervorgehende Demokratie ab. Solche Auffassungen brachten Sch. den Ruf eines Radikalen ein, der sich noch verstärkte, als er ein Jahr später die wohlwollende »Charakteristik« des wegen seiner revolutionären Aktivitäten geächteten »gesellschaftlichen Schriftstellers« Georg Forster publizierte. Zum öffentlichen Ärgernis machte Sch. indes vor allem die Liebesbeziehung zu seiner späteren Gattin Dorothea Veit, der noch rechtmäßigen Ehefrau eines Berliner Bankiers. Dass er die Geschichte dieser Liebe, statt sie wie üblich zu verheimlichen, auch noch in Form eines kaum verschlüsselten und sinnlich unverschämt offenen Romans 1799 veröffentlichte, war ein Skandal. Doch mehr als nur ein autobiographisches Dokument ist *Lucinde* der Versuch, die romantische Idee jener »natürlichen« Einheit von Liebe und Ehe, von Geist und Sinnlichkeit auszumalen, die der Autor durch bürgerliche Konventionen und staatliche Gesetze künstlich zerstört sah. Der Idee einer neuen Einheit sollte auch die Romankomposition mit der Vereinigung unterschiedlichster Literaturformen entsprechen, wie sie das berühmte 116. Athenaeumsfragment programmatisch forderte: »Die romantische Poesie ist eine progressive Universalpoesie. Ihre Bestimmung ist nicht bloß, alle getrennten Gattungen der Poesie wieder zu vereinigen und die Poesie mit der Philosophie und Rhetorik in Berührung zu setzen. Sie will und soll auch Poesie und Prosa, Genialität und Kritik, Kunstpoesie und Naturpoesie bald mischen, bald verschmelzen.«

Als Sch. gut zwanzig Jahre später an der Edition seiner *Sämtlichen Werke* arbeitete, verleugnete er die Athenäumsfragmente ebenso wie den Roman. Seine Wandlung, die sich in dem seit 1800 zunehmenden Interesse an Mythologie und Mystik vorbereitet hatte, fand in einem Ereignis ihren offiziellen Ausdruck, das in seinem spektakulären Charakter die *Lucinde*-Affäre noch übertraf. Im April 1808 konvertierte er in Köln zur katholischen Kirche. Noch im gleichen Jahr brach Sch. in die Kaiserstadt Wien auf, und hier begann er, der sich in Deutschland stets vergeblich um eine feste Anstellung bemüht hatte, eine Karriere als hoher Beamter – im Dienste der Restaurationspolitik Metternichs.

Sch.s Werk weist trotz aller Wandlungen und Widersprüche durchaus Kontinuitäten auf. Die im Frühwerk so zentralen Begriffe wie Ganzheit, Einheit oder Universalität behielten ihren positiven Sinn. Die von ihm herausgegebene Zeitschrift, die zum zentralen Organ der Wiener Spätromantik wurde, trug den bezeichnenden Titel *Concordia* (von 1820 bis 1823). Seine Anstrengungen, die Selbstisolierung des modernen, die Herrschaft über die Welt der Objekte behauptenden Subjekts zu überwinden, die Aufspaltungen der Gesellschaft in Nationen, Klassen und Konfessionen, die Trennung von Vernunft und Sinnlichkeit, Kunst und Leben, Geist und Natur aufzuheben, führten im Lauf seines Lebens zu immer neuen Lösungsversuchen. »Wir haben keine Mythologie«, hatte er in dem 1800 publizierten *Gespräch über Poesie* geschrieben und die Forderung hinzugefügt: »Es wird Zeit, daß wir ernsthaft dazu mitwirken sollen, eine hervorzubringen.« In der permanenten Suche nach einer neuen, sinn- und einheitstiftenden Kraft, die in den Rationalisierungs- und Ausdifferenzierungsprozessen der Zivilisation verloren ging, ist Sch.s Werk weit über seine Zeit hinaus repräsentativ geblieben für charakteristische Verschlingungen von Mythos und aufgeklärter Moderne.

Werkausgabe: Studienausgabe in 6 Bänden. Hg. von Ernst Behler. Paderborn 1988.

Thomas Anz

Schlegel, Johann Elias
Geb. 17. 1. 1719 in Meißen;
gest. 13. 8. 1749 in Sorø (Dänemark)

Der Dramatiker, Literaturtheoretiker, Übersetzer und Jurist Sch. wurde als Sohn einer gutbürgerlichen Meißener Familie geboren: Der Vater war kursächsischer Appellationsrat und Stiftssyndikus, der Großvater hatte als Oberhofprediger den Adelstitel erhalten, dessen sich aber erst Sch.s Neffe, der Romantiker August Wilhelm von Schlegel, bedienen sollte. Nach anfänglicher Privaterziehung durch den Vater besucht der 14-Jährige die berühmte Fürstenschule Pforta, an der später auch Friedrich Gottlieb Klopstock lernte. Sein Mitschüler Janozki schildert ihn als einen »mit feuerreichem Witz«, »tiefem Verstand« und »reicher Einbildungskraft« begabten jungen Mann, der seine Kenntnisse der alten Sprachen und Literaturen, der Philosophie und der Rhetorik autodidaktisch erweitert, eifrig moderne Volkssprachen studiert und nach einem gewandten Ausdruck strebt. Noch während seiner Schulzeit entstehen fragmentarische freie Übertragungen antiker Texte; seine erste Tragödie, die *Geschwister in Taurien*, wird bereits 1739 durch Caroline Neubers Schauspieltruppe aufgeführt. Im selben Jahr beginnt Sch., in Leipzig Jura, Philosophie und Geschichte zu studieren; er lernt dort den berühmten Professor Johann Christoph Gottsched kennen, in dessen Zeitschriften der junge Dichter erstmals veröffentlicht. Diese frühen, zunächst literaturtheoretischen Abhandlungen beschäftigen sich mit aktuellen, kontrovers diskutierten Dichtungsfragen: in dem *Schreiben an den Herrn N. N. über die Comödie in Versen* (1740) verteidigt Sch. souverän die Nachahmungstheorie gegen allzu dogmatische Interpretationen; in der *Vergleichung Shakespears und Andreas Gryphs* (1741) wagt er trotz Gottscheds vernichtendem Urteil eine kritische Würdigung des Engländers. Im wesentlichen bleibt Sch. zwar wie Gottsched den Prinzipien des französischen Dramas verpflichtet, er relativiert aber die Standeklausel und die Lehre von den drei Einheiten im Hinblick auf die Intensivierung der Publikumswirkung. Die zusammenfassende *Abhandlung über die Nachahmung* (1741–43) gilt deshalb als der eigenständigste Ansatz zu einer Dramentheorie aus dem Umkreis Gottscheds.

Sch.s erste große Tragödie *Hermann* (1743), die ihm das Prädikat »Deutschlands Racine« eintrug, zeichnet sich durch die Wahl des nationalhistorischen Stoffes und durch die sprachliche Geschliffenheit aus; noch gut zehn Jahre später rühmt Moses Mendelssohn die »Vortrefflichkeit« der Verse. 1742 legt Sch. sein juristisches Examen ab und tritt in die Dienste des sächsischen Gesandten von Spener, mit dem er 1743 nach Kopenhagen reist – noch ist die Dichtung eine »brotlose Kunst« (Gottsched) und ein bürgerlicher Beruf notwendig. Sch.s Engagement in der Wahlheimat belegen seine Tätigkeit als Herausgeber und Alleinautor der moralischen Wochenschrift *Der Fremde* (1745/ 46) und seine Unterstützung der dänischen Schaubühne, die 1747 mit seinem Vorspiel *Die Langeweile* wiedereröffnet wird. 1746 entsteht neben dem Lustspiel *Der Geheimnisvolle* die zweite große Tragödie *Canut*, die ganz dem Glauben an die Erziehbarkeit des Menschen verpflichtet ist, indem sie der Staatsidee des aufgeklärten Absolutismus und dem Ideal der Menschlichkeit huldigt (»Wer nicht will menschlich sein, sei auch nicht wert zu leben«). Die dramentheoretische Grundlage hierfür (Orientierung am Nationalcharakter zur Erhöhung der Wirkung) formuliert er in den *Gedanken zur Aufnahme des dänischen Theaters* (1747). Sch.s bedeutendstes Lustspiel *Die stumme Schönheit* (1747), das Gotthold Ephraim Lessing »unstreitig« für das »beste komische Original« hält, entspricht wie der *Triumph der guten Frauen* (1748) dem Muster der sächsischen Typenkomödie. Mit der Übersetzung von William Congreves *Braut in Trauer* führt er das Versmaß der Klassik, den Blankvers, in die deutsche Dichtung ein. 1748 erhält Sch. eine Professur für Geschichte, Kommerzwesen und Staatsrecht an der Ritterakademie in Sorø.

Trotz Lessings anerkennender Feststellung, dass »bis jetzt Schlegel dem deutschen Theater die meiste Ehre gemacht habe«, sind seit Beginn der Klassik seine dramatischen

Werke aus den Spielplänen der Theater verschwunden und seine theoretischen Schriften vergessen – Moses Mendelssohns Begründung hierfür darf man getrost auf das Drama der Aufklärung vor Lessing übertragen: »Die Poesie des Hrn. Sch. war mehr eine Tochter der Vernunft, als der Einbildungskraft.«

Werkausgabe: Werke. Hg. von Johann Heinrich Schlegel (1764–1773). 5 Bde., Nachdruck Frankfurt a. M. 1971.

Heide Hollmer

Schlegel-Schelling, Caroline
Geb. 2. 9. 1763 in Göttingen;
gest. 7. 9. 1809 in Maulbronn

Der Philosoph Friedrich Wilhelm Joseph Schelling sprach von Caroline als dem »seltenen Weib von männlicher Seelengröße, von dem schärfsten Geist, mit der Weichheit des weiblichsten, zartesten, liebevollsten Herzen vereinigt«. Friedrich Schlegel proklamierte, angeregt durch sie den Androgynenmythos modernisierend, die Verbindung von Männlichem und Weiblichem zur »vollen ganzen Menschheit«. Eine »politisch-erotische Natur« nannte er diese Frau, die ihre »Privatbegebenheiten« in die »Stürme einer großen Revolution« verwickelte. Beeindruckt durch den deutschen Jakobiner Georg Forster erlebte sie die Mainzer Republik. Gezwungen, Zeitgeschichte und eigenes Dasein in enger Beziehung zu sehen, kam sie in der Auseinandersetzung mit der Französischen Revolution zu sich selbst.

Aufgewachsen in der geistigen Atmosphäre Göttingens als Tochter eines Professors, des Orientalisten Johann David Michaelis, mit zwanzig Jahren an einen Arzt in die Provinz verheiratet, nach vier Jahren durch den Tod ihres Mannes frei, lehnte sie eine erneute Ehe ab, lebte mit ihren Kindern. Die Niederschlagung der Mainzer Republik brachte ihr Gefängnishaft, politische Verfemung und bürgerliche Ächtung in Deutschland. In dieser Situation wurde sie für Friedrich Schlegel zum »Boden einer neuen Welt«. »In den Frauen liegt jetzt das Zeitalter, nur unter ihnen gibt's noch interessante Charaktere«. Sein Forster-Aufsatz und sein Konzept des *Lucinde*-Romans sind von ihr inspiriert. Die Rolle der geistigen Anregerin setzte sie, nachdem sie 1796 Friedrichs Bruder August Wilhelm Schlegel heiratete, in Jena fort.

Ihr Haus wurde zum Zentrum der Jenaer Frühromantiker. Novalis, Clemens Brentano, Ludwig Tieck, Johann Heinrich Wilhelm Tischbein, Friedrich Schelling, Friedrich Schlegel und Dorothea Veith trafen sich dort, Johann Wolfgang Goethe und Johann Gottlieb Fichte waren zu Gast. Gegen das »alte offizielle Deutschland, das verschimmelte Philisterland« traten die »Jakobiner der Poesie« (Karl August Varnhagen v. Ense) an, suchten in »logischer Gesellikeit« und »gesellschaftlichem Witz« höchste geistige Produktivität, probierten im »Symexistieren« neue Lebensformen, in denen sich männlich und weibliche Individualitäten gleichermaßen entfalten sollten. Sch.s geistiger und organisatorischer Anteil als Mittelpunkt und Medium der Gruppe war entscheidend. Messbar allerdings ist ihre Leistung nicht, und ihre Dichter-Freunde und die Nachwelt unterschlagen sie später nahezu vollständig. Das hängt auch mit Sch.s Haltung zusammen, die bitter erfahren musste, welche Rolle man ihr als Frau zuwies: »Man schätzt ein Frauenzimmer nur nach dem, was sie als Frauenzimmer ist.« Sie reduzierte sich bewusst auf eine Helferin der Männer, Lektorin, Mitarbeiterin an der Zeitschrift *Athenäum* und an A. W. Schlegels Übersetzungen. Sie ließ Schlegel ihre Arbeiten unter seinem Namen veröffentlichen; im Vorwort zu seinen *Kritischen Schriften* (1928) heißt es, die Arbeiten seien »zum Teil von der Hand einer geistreichen Frau, welche alle Talente besaß, um als Schriftstellerin zu glänzen, deren Ehrgeiz aber nicht darauf gerichtet war«. Friedrich Schlegels Aufforderung, ein »Romänchen« zu schreiben, Novalis' Drängen, »möchten doch auch Sie die Hände ausstrecken nach einem Roman«, widerstand sie. Bis auf wenige Kritiken, Gedichte und Konzepte ist nichts überliefert.

Ihre Rolle aber als große geistige Anregerin erfuhr in der Ehe mit Schelling (1803 geschlossen) nochmals einen Höhepunkt. »Unter den großen Philosophen ist es nur Schelling«, schreibt Karl Jaspers, »für den eine Frau durch ihre Persönlichkeit von entscheidender Bedeutung wurde, und zwar nicht nur durch erotische Leidenschaft und menschliche Verbundenheit, sondern in eins damit ursprünglich durch ihr geistiges Wesen«. Nur ihre Briefe haben die Jahrhunderte überdauert, von ihnen sind mehr als vierhundert überliefert. Diese Dokumente einer politischen und literarischen Umbruchsituation beinhalten zugleich intime Selbstaussagen eines ungewöhnlichen Lebens, das widerspruchsreich, erfüllt, aber auch unerfüllt war. Es genügte Sch. nicht, sich anzupassen, sie unterdrückt ihre Sehnsüchte selbst nicht, wenn sie verzweifelt war, und meisterte vorurteilslos ihr wechselvolles Leben. Ihre Briefe erzählen von weiblicher Lebenserfahrung im Sinne von Novalis, der denjenigen einen großen Menschen nennt, dessen Tagebuch das größte Kunstwerk sei. Mit ihnen drängt sie sich in erregender Weise ins Heutige und stärkt unsere Absicht, wir selbst zu sein und zu leben.

Sigrid Damm

Schlesinger, Klaus
Geb. 9. 1. 1937 in Berlin; gest. 11. 5. 2001 in Berlin

»Am Nachmittag, als die Nachricht von Biermanns Ausbürgerung übers Fernsehen lief, plötzliche und heftige Aufwallung von Zorn, von blanker Wut. Als wäre eine Grenze überschritten, ein Tabu verletzt worden. Synchron der Gedanke, daß etwas getan werden müsse. Jetzt langt's!« So beschreibt Sch. in *Fliegender Wechsel. Eine persönliche Chronik* (1990) seine Gefühle, als er im November 1976 von Biermanns Ausbürgerung erfährt. Als Reaktion darauf überarbeitet er zusammen mit Ulrich Plenzdorf die von Stephan Hermlin verfasste Erklärung, in der die Regierung der DDR aufgefordert wird, die Entscheidung zurückzunehmen.

Sch., ein »unbequemer« Autor, wird wegen seiner Kritik an der Kulturpolitik der DDR 1979 aus dem Schriftstellerverband ausgeschlossen. »Noch nie so viel zustimmende Post bekommen wie nach dem Ausschluß. Dennoch das Gefühl zu versteinern.« Kurze Zeit später, im März 1980, verlässt Sch. die DDR mit einem Ein- und Ausreisevisum in Richtung Westen. Nach einigen Monaten im Westen hat er das Gefühl von »Vereinzelung«. Vier Jahre nach dem Verschwinden Ostdeutschlands schreibt Sch. in *Sehnsucht nach der DDR?*: »Die Wahl zwischen der BRD und der DDR war mir schon immer vorgekommen wie die Wahl zwischen Pest und Cholera. Oder zwischen der luxuriösen und der gemütlichen Grube. Was soll ich für einen Grund haben, der einen nachzuweinen und die andere zu feiern? In beiden Ländern ist es mir beklecker genug gegangen, und ich sehe nicht ein, warum ich die paar Freuden, die ich natürlich auch hatte, den Systemen zuschlagen soll. Am besten ging es mir, wenn ich den beiden deutschen Staaten den Rücken kehrte, ob nun in Richtung Krakow, Budapest oder Paris.«

Adolf Endler reiht Sch. »in die nicht kleine Reihe der Berlin-Autoren« ein. Für ihn ist er »einer der Autoren einer spezifisch berlinischen Art gewesen«. Eines seiner Lieblingsbücher ist Alfred Döblins *Berlin Alexanderplatz*, und wie dieses spielen auch Sch.s Romane und Erzählungen in Berlin. Die Berliner Mauer taucht darin auffallend häufig auf, was mit den zwei Motiven zusammenhängt, die in Sch.s Texten zentral sind: Grenzüberschreitung und Doppelexistenz.

Nach dem Debüt mit dem Roman *Michael* (1971), der bereits vor seinem Erscheinen heftig diskutiert wurde, weil Sch. die Generation der Väter nicht allein in der sozialistischen Aufbaurolle, sondern auch als Täter zeigt, gelingt ihm mit *Alte Filme* (1975) der Durchbruch. Günter Kotte, zentrale Figur des Romans, durchlebt eine Midlifecrisis, die ausgelöst wird, als seine Nachbarin zu einem Fernsehabend zu Besuch kommt. Kotte erkennt in dem Film die alte Frau als junges Mädchen und zeigt sich durch die Anwesenheit zweier Zeiten verwirrt. In den folgenden Tagen bricht er aus seiner Rolle aus, zieht durch Kneipen, lernt andere Leute kennen, badet in einem Brunnen und kommt mit der Ordnungsmacht in Konflikt. Er ist beängstigt von der Lebensenge, die ihm bewusst wird. Als Teilhauptmieter bewohnt er mit Frau und Kind eine Eineinhalb-Zimmer-Wohnung und es eröffnet sich ihm nur eine bescheidene Aussicht auf Veränderung: Stirbt seine Nachbarin, jene Filmdiva, deren Röcheln er vor dem Einschlafen hört, dann hat er Chancen, ihr freiwerdendes Zimmer zugesprochen zu bekommen. »Ja, sagte Kotte, nun zu sich selbst, man braucht Raum. In der Enge erstickt alles. Zum Leben braucht man Raum.« An keiner Stelle des Romans wird die Mauer erwähnt, aber es gibt ein spürbares Verlangen der Figur, Grenzen zu überschreiten. Kotte will die ihm zugewiesene Rolle nicht spielen und rebelliert.

Sch. hat im Westen etwas von dem Leben nachgeholt, von dem er Kotte träumen lässt, aber auch er kommt nicht richtig an. In den 1980er Jahren gehört Sch. zu den Atomgegnern, die in Gorleben demonstrieren, und zur Westberliner Hausbesetzerszene. Er wohnt in einem Abrisshaus in der Potsdamer Straße und schildert seine Erfahrungen aus diesem Lebensumfeld in dem Buch *Matulla & Busch* (1984). Es ist die Geschichte zweier Rentner, die ein Haus in Westberlin erben, das von Hausbesetzern okkupiert ist. Eingegangen ist in das Buch die Utopie von der Möglichkeit, trotz unterschiedlicher Interessen gemeinsam in einem Haus zu wohnen. Sch. erzählt die Geschichte zweier kleiner Leute, die »immer bezahlt haben. Die immer bezahlen werden. Die immer eins draufgekriegt haben«.

Obwohl für die in der DDR offiziell verlegte Literatur die Mauer weitgehend tabuisiert war, gelingt es Sch., sie in dem Erzählungsband *Berliner Traum* (1977) zum zentralen Thema zu machen. In der Erzählung *Die Spaltung des Erwin Racholl* scheitert der Hauptreferent Erwin Racholl auf dem Weg zur Arbeit bei dem Versuch, die U-Bahn auf dem letzten Bahnhof innerhalb der DDR zu verlassen. Sch. begreift die Erzählung als Versuch, die absurde Situation der Teilung Berlins in der Existenz der Mauer zu fassen. Gegen seinen eigentlichen Willen landet Racholl im Westen. Den Riss, der durch die Stadt geht, spürt er, als man im anderen Teil der Stadt über ihn Gericht hält. Dem Angeklagten fällt es schwer, sich zu verteidigen, denn selbst was ihn entlasten könnte, wird gegen ihn verwendet. Dass man ihm nicht glaubt, führt zu einer Sinn- und Identitätskrise, in deren Folge Racholl der eigenen Person als »Dieser und Jener« begegnet. Die zwei Personen, die sich als Erwin Racholl ausgeben, kann er nicht zu einer Person vereinen, so dass ihm am Schluss die Kraft fehlt, darüber zu staunen, dass er in seinem Gegenüber sich selbst sieht.

Auch in dem Roman *Trug* (2000) ist neben dem Doppelgängermotiv die Mauer zentral. Bereits mit dem Titel wird auf die Möglichkeit von Sinnestäuschung angespielt und nach den unmerklichen Übergängen gefragt, wenn sich Reales mit Fiktivem verschränkt. Wiederum geht es in dem Roman um Grenzüberschreitungen, lässt Sch. mit Strehlow und Skould zwei Figuren aufeinandertreffen, die beide, beginnend von einem gemeinsamen Ausgangspunkt, unterschiedliche Entwicklungen nehmen: Strehlow im Westen und Skould im Osten. In dieser Doppelgänger-Geschichte sind die Protagonisten erfüllt von unterschiedlichen Sehnsüchten. Um sie zu befriedigen, müssen sie Grenzen überschreiten. Erst durch eine Wende gelingt es ihnen, dort anzukommen, wo der andere bereits seinen Platz gefunden hat – Strehlow bei seiner ehemaligen Geliebten Ilka, die auch Skoulds Frau war, und Skould mit Strehlows Pass und Namen im Westen, wo sein Doppelgänger herkam.

Nach dem Fall der Mauer zieht Sch. 1991 wieder in den Ostteil der Stadt. Im selben Jahr wird gegen ihn zu Unrecht der Vorwurf erhoben, er hätte für das Ministerium der Staatssicherheit als IM gearbeitet. Die Anschuldigung erweist sich als unhaltbar, aber welche Kreise das Gerücht zieht, wie der Verdächtige ohnmächtig mit ansehen muss, was das Misstrauen bewirkt, wie seine Umwelt auf die Verdächtigungen reagiert, wer von den Freuden zu ihm hält und wer auf Distanz geht, hat er in *Das Gerücht* festgehalten.

Um die Rekonstruktion eines Tatherganges geht es auch in Sch.s Roman *Die Sache mit*

Randow (1996), in dem der Aufklärer im Täter die Konturen der eigenen Person erkennen muss. Erzählt werden soll von einem Tag im Jahr 1951 als Randow, der Al Capone des Ostens, verhaftet wird. Doch es gelingt dem Erzähler nur schwer, sich in die Geschichte hineinzuarbeiten, denn wo auch immer er ansetzt, entwickelt das Erinnern eine Eigendynamik. Schließlich findet der Rechercheur heraus, dass Randow, Vorbild ist der Anführer der Gladow-Bande, nach den in der DDR geltenden Gesetzen nicht hätte enthauptet werden dürfen. Aber zugleich gerät er bei der Suche nach der Wahrheit zunehmend selber ins Zentrum der Aufmerksamkeit und bringt sich als Aufklärer selber auf die Anklagebank. Dem Buch liegt der Konflikt des König Ödipus zugrunde. Die Tragik des Aufklärers Thomale ist es, dass er, als er von der Geschichte erfasst wird, mit seinem Bestreben genau das Gegenteil von dem erreicht, was er ursprünglich erreichen wollte.

In einer Lebensbilanz resümiert Sch.: »Ich hatte natürlich so etwas wie ein gesellschaftliches Bewußtsein und wollte Zustände, die ich für mich als lebenswert empfand, nicht nur für mich haben, sondern auch für andere.« Hans Christoph Buch, der Kollege aus gemeinsamen Zeiten bei der *taz*, schreibt in seinem Nachruf: »Klaus Schlesinger ist die einzige mir bekannte Person, die in einer Berliner Kneipe ein Eisbein zurückgehen ließ mit der Begründung, es sei ›nicht fett genug‹.« Sein Roman *Die Seele der Männer* (2003) bleibt unvollendet.

Michael Opitz

Schmidt, Arno
Geb. 18. 1. 1914 in Hamburg; gest. 3. 6. 1979 in Celle

»›VERFLUCHTE ZEITN!‹ – (d's wär Mein = Titl! (Für Meine SelbstBio.))«. Der atomare Dritte Weltkrieg ist bereits abgelaufen, wenn die Richter-Figur Kolderup in der *Schule der Atheisten* (1972) auf zwei Worte bringt, was die literarische Laufbahn seines realen Autors Sch. treffender kaum überschreiben könnte. Der Mythos vom »unmenschlichen, unbezwinglichen Zentralmassiv« seiner Literatur, der zumal seit Erscheinen des großen Typoskript-Romans *Zettel's Traum* (1970) die Rezeption behinderte, wo nicht ersetzte – dieser Mythos verdeckt das eigentlich Unmenschliche, gegen das der Autor lebenslang schreibend rebellierte. Es ist dies die als ›leviathanisch‹ begriffene Verkettung permanent zerstörerischer Kräfte. Nicht nur in der Außenwelt: »Um das Wesen des besagten Dämons zu beurteilen, müssen wir uns außer uns und in uns umsehen. Wir selbst sind ja ein Teil von ihm.«

Am Vorabend des Ersten Weltkriegs als Sohn eines Polizisten und einer Gerberstochter in das amusische Klima Hamburger Mietskasernen-Kleinbürgerlichkeit hineingeboren, hat Sch. von Anfang an Teil an der stumpfen Rohheit einer engen Alltagswelt. Das drückende Herkunftsmilieu bietet dem früh in sich selbst zurückgezogenen Hochbegabten auch späterhin kaum adäquate Entwicklungschancen. Für überragende Leistungen – Sch. macht 1933 Abitur in Görlitz, der Lausitzer Heimat der Eltern – steht ihm als Preis nur Arbeitslosigkeit und zermürbende Stellungsuche bevor; anstatt einer systematischen wissenschaftlichen und künstlerischen Ausbildung ergibt sich ab 1934 lediglich der Posten in der Lagerbuchhaltung einer schlesischen Textilfabrik. Im Mai 1937 folgt bereits die erste Kasernierung – kurz darauf die Verehelichung des 23-Jährigen mit der Arbeitskollegin Alice Murawski (die als einzige den Weg des Autors bis zu seinem Tod teilen wird). Diesem Versuch des Aufbaus einer eigenen Privat-Gegenwelt folgt jedoch sogleich weitere Kasernierung, 1939 die Einberufung zum Krieg (ab 1942 zur Heeresküstenartillerie in Norwegen), bis Ende 1945 schließlich britische Gefangenschaft. Die aufs Äußerste reduzierten Lebensbedingungen in wechselnden

Notunterkünften (Cordingen bis 1950, Gau-Bickelheim 1951, Kastel/Saar bis 1955) lassen auch nach Kriegsende kaum Spielraum für die dennoch ständig weiterentwickelte literarische Produktion: »Wie unnatürlich das ist, macht der Leser sich gemeinhin nicht klar ... Wir hatten ja nicht einmal SchreiPapier in jenen Jahren, dicht nach '45; mein ›Leviathan‹ [als erste Publikation 1949] ist auf Telegram-Formulare notiert, von denen mir ein englischer Captain einen halben Block geschenkt hatte.« Wenn Sch., ab 1946 bereits, trotzdem auf der Hunger-Existenz als ›freier Schriftsteller‹ besteht, sind damit zugleich alle Konzessionen an soziale, politische und ästhetische Normen des wiederaufkommenden Kulturbetriebs ausgeschlossen. Die strikte Selbstbestimmtheit seiner Laufbahn (»Kein Vaterland, keine Freunde, keine Religion«) ebenso wie sein literarisches Programm, »die Nessel Wirklichkeit fest an(zu)fassen; und uns alles (zu) zeigen: die schwarze, schmierige Wurzel; den giftgrünen Natternstengel; die prahlende Blumen(büchse)«, sie werden dann auch schnell als Provokation registriert. Wegen »Gotteslästerung« und »Pornographie« lässt man Sch. 1955 gerichtlich verfolgen, und er weicht ins hessische Darmstadt aus; intern zensiert man seine Texte (z. B. den Roman *Das steinerne Herz*, 1956, der vollständig erstmals 1986 gedruckt wird). Bis ein breiteres Lesepublikum Zugang zu seinem Werk findet, vergehen zwei Jahrzehnte, in denen Sch. bereits den Großteil seiner Kurzprosa (*Rosen & Porree*, 1959; *Kühe in Halbtrauer*, 1964), seiner Romane (*Brand's Haide*, 1951; *Aus dem Leben eines Fauns*, 1953; *Die Gelehrtenrepublik*, 1957; *KAFF auch Mare Crisium*, 1960) und seiner literarhistorischen Studien (*Dya Na Sore* und *Fouqué*, 1958; *Belphegor. Nachrichten von Büchern und Menschen*, 1961; *Sitara oder Der Weg dorthin*, 1962; *Die Ritter vom Geist*, 1965) fertiggestellt hat.

Das Augenöffnende seiner Prosakunst nehmen zuallererst Schriftsteller mit ähnlichem Erfahrungshintergrund wahr: Sch. »experimentiert: rasierklingenscharf bis an die Grenze des Möglichen ... er verhält genau, wo die Sprache ihr Maximum an Deutlichkeit hat, auf der anderen Seite würde das Chaos sein, Sprachtrümmer, Worthack, die lädierte Grammatik«, so Peter Rühmkorf 1956. »An den Grenzen der Sprache« operiert Sch. von der Injektionstechnik »schärfster Wortkonzentrate« der frühen Prosa über die Mehrspaltentechnik von *KAFF* und *Zettel's Traum*, über die späten Novellen-Comödien bis hin zum *Julia*-Fragment 1979. Die Barrieren der konventionalen Schriftsprache noch über die »fonetische Schreibunk« des genau abgehörten Alltagssprechens hinaus überschreitend stößt Sch. forschend bis an das mehrsinnige Wurzelwerk der Wörter (die sog. »Etyms«) und damit in Tiefenschichten des Sprechens vor, die das Bewusstsein gewöhnlich absperrt. Sein Diktum: »Der Schriftsteller soll alleine gehen«, ihm oft genug als elitär-reaktionär angelastet, hat nicht zuletzt in dieser Pionierhaltung seine Basis. Von James Joyce, mit dem Sch. hier vielfach verglichen wurde, unterscheidet ihn freilich die elementare Bindung an die Naturwelt, deren Gestalten sein Werk von Anbeginn mitbevölkern; in noch kaum kenntlichen Metamorphosen zuletzt in *Abend mit Goldrand* (1975). »In Gesellschaft von Bäumen« (*Zettel's Traum*, Buch II) und unter den – ihm stets mitlebenden – Texten »vergessener Kollegen« (die er auch als kongenialer Übersetzer neu zur Sprache bringt) bleiben dem Autor zwanzig »zu späte« Jahre in der ihm gemäßen menschenarmen Landschaft am Rande des Heidedorfs Bargfeld in Niedersachsen. Anfang Juni 1979 stirbt der Autor über der Arbeit an dem Dialogroman *Julia, oder die Gemälde*; aus dem Nachlass ersehbar war ein Held, der – durch eine Bildleinwand hindurch – die Welt der gewöhnlichen Erscheinungen hätte verlassen können. Das Fragment erschien 1983. Das Werk des »verhinderten Volksschriftstellers« (Helmut Heißenbüttel) aber steht immer noch zur Entdeckung an. Hilfreich dazu erscheint seit 1987 die editorisch verlässliche »Bargfelder Ausgabe«. Eine Hörbuchfassung des Erzählwerks, gelesen von Jan Philipp Reemtsma, ist gleichfalls leicht zu erreichen.

Bettina Clausen

Schnabel, Ernst

Geb. 26. 9. 1913 in Zittau;
gest. 25. 1. 1986 in Berlin/West

Über Sch., den Seefahrer, Piloten und Schriftsteller, sagte Alfred Andersch: »Er ist der absolute Gegen-Entwurf zur Tonio-Kröger-Figur, die sich, um Kunst zu machen, versagen will zu ›leben‹. Schnabel hat immer sehr ›gelebt‹ ... Ich glaube es gibt keinen Punkt der Erde, den er nicht kennt.« Sch. befuhr die Weltmeere, er durchflog die Lüfte und schrieb im Geiste Joseph Conrads über das zu Wasser und in der Luft Erlebte. In den 1950er und 1960er Jahren trug ihm das eine große Leserschaft ein. Kollegen schätzten den »einsamen Reisenden«, Ilse Aichinger gar bewunderte ihn, weil er es verstand, eine vermeintlich bekannte Welt wieder fremd zu machen.

Geboren wurde der Weltenbummler in der sächsischen Provinz als Sohn eines Kaufmanns. Ab 1924 besuchte er das Zittauer Gymnasium, wenig später bekam er ein Stipendium für das Internat Fürstenschule St. Afra in Meißen. Siebzehnjährig heuerte er als Schiffsjunge auf dem Übersee-Schulschiff »Großherzogin Elisabeth« an, fünf Jahre befuhr er die Ozeane. Anfang des Jahres 1936 machte er sich als Schriftsteller selbständig. Er etablierte sich mit Reisebeschreibungen, die erst in Tageszeitungen wie den *Münchner Neuesten Nachrichten*, dem *Niederdeutschen Beobachter* und der *Zittauer Morgenzeitung* abgedruckt wurden. 1939 debütierte er als Romancier mit *Die Reise nach Savannah*. Sch. diente im Zweiten Weltkrieg als Offizier der Kriegsmarine. 1941 erschien sein zweiter Roman, *Nachtwind*, zwei Jahre später der dritte, *Schiffe und Sterne*. Nach dem Krieg arbeitete er zunächst als Chefdramaturg des NWDR und Staff-Writer des BBC. 1951 wurde er Intendant des NWDR in Hamburg. Seit 1955 war er als freier Autor tätig. 1962 zeichnete er verantwortlich für das dritte Rundfunkprogramm des NDR, von 1965 bis 1968 leitete er die »Literatur-Illustrierte« im dritten Fernsehprogramm, danach arbeitete er wieder als Schriftsteller.

Sch. führte das Feature im deutschsprachigen Radio ein und zählt zu den erfolgreichsten Hörspielautoren der Nachkriegszeit. In *Zwei Männer in Betrachtung des Mondes*, *Gullivers Reise zu den Gleichgroßen* und *Transsib oder die vernünftige Erde* schmolz er Zitat, Dokument, Reportage und Dichtung zu »Wunderwerke[n] radiophoner Artikulation« (Andersch) ein. Sch.s literarisches Engagement galt der Form, ein politischer Autor war er nicht. Die Werke, die während der Zeit des Nationalsozialismus entstanden, beurteilte Alfred Andersch als »einfach human«, »aber um den Preis von Geschichtslosigkeit«. In *Schiffe und Sterne* findet der zeitliche Stillstand seinen bildlichen Ausdruck im unbewegten Meer: »Es gibt keine Regung, keinen Laut, keine Gnade, nichts als atemlose Ewigkeit.« Die immer wieder vom Erzähler beschworene »grenzenlose« See versinnbildlicht die politische und metaphysische Horizontlosigkeit der geschilderten Erlebnisse. Helmut Peitsch verwies auf das kalligraphische Moment im Frühwerk Sch.s, auf das Hintupfen von Wellen, Wind und Wolken und die dadurch stilistisch vollzogene, kunstvolle Entrückung aus der Wirklichkeit der 1930er und 1940er Jahre.

Der politische Eskapismus war bei Sch. auch ein Problem der Stoffwahl. In seinen ersten Romanen vermitteln Naturerlebnisse Grenzerfahrungen, durch die der Autor die Wirklichkeit ästhetisch transzendierte. Freundschaft und Liebe wurden als Motivkomplexe gestaltet, weil sich in ihnen im Angesicht einer korrupten und korrumpierbaren Außenwelt Humanität bewahren ließ. Obgleich Sch. auch die zur Seefahrtsmetaphorik gehörende Idee der Schiffsgemeinschaft entpolitisierte, um sie anschlussunfähig an die nationalsozialistische Gemeinschaftsidee zu machen, wurden Ausgaben des Romans *Nachtwind* »speziell für Truppenteile der Wehrmacht hergestellt«.

Nach 1945 gehörte Sch. zum Stamm der Gruppe 47 und wandte sich nun aktuellen Themen zu. Mit Helmut Käutner schrieb er das Drehbuch *In jenen Tagen*. In seinen Nachkriegscollagen *Ein Tag wie Morgen. 29. Januar 1947 und 1. Februar 1950*, die er aus über hundertzehntausend Tagebuchblättern von Hörern zusammenmontierte, wollte er »das deutsche Publikum mit einer Synopsis seiner eigenen Nachkriegssituation konfrontieren«. In diesen Stücken sowie der Hörfolge *Anne Frank – Spuren eines Kindes* (1958) und dem Roman *Der sechste Gesang* (1956) thematisierte er die nationalsozialistische Vergangenheit Deutschlands und ihre Schrecken. Vom Verlust der Moral handelte das Libretto, das er 1967 zu H. W. Henzes Oratoriums *Das Floß der Medusa* schrieb. Dem Stück lag das Tagebuch zweier Überlebender des Floßes zugrunde, das 1817 in Paris veröffentlicht worden war. Im Kontext der Studentenunruhen geriet die Uraufführung 1968 in Berlin (West) ungewollt zur »Tarnkappe einer SDS-Aktion« und mündete in einen Skandal, in dessen Folge der Autor verhaftet wurde.

Sch. wurde nicht nur Seemann, um von fremden Ländern zu berichten, er bereiste nicht nur eine mythische Vergangenheit, wie in *Ich und die Könige* (1958), um an eine klassische, zeitlose Humanität zu erinnern, er flog auch in die Tiefe eines Wirbelsturms, um das Naturereignis literarisch genau abbilden zu können. Der dokumentarische Zug, den er bereits in seinen ersten Romanen ausprägte, wurde zum formalen Merkmal seiner Prosa. Schon in *Schiffe und Sterne* wurden die impressionistischen Eindrücke ferner Länder, die der Ich-Erzähler als Schiffsjunge bereist, von den detaillierten Beschreibungen des Seekrieges abgelöst, die sich auf die Wiedergabe der optischen Eindrücke des zwischenzeitlich zum Manne gereiften Erzählers beschränken. Sch. strebte eine vollständige Rekonstruktion der Ereignisse an, in seiner Prosa wollte er das Gesehene unvermittelt darstellen, um seinen Lesern eine uneingeschränkte Teilhabe an den Erlebnissen zu ermöglichen. Nach einem zehntägigen Flug um die Welt erschien 1951 sein Funk-*Interview mit einem Stern*. Um die Natur in ihren Extremen zu entmystifizieren, durchsetzte er seine späten Texte zusätzlich mit naturwissenschaftlichen Erklärungen. Sch. war bestrebt, seine »Bericht[e] … exakt wie eine Fotografie« abzufassen. In *Die Nachrichten aus der Gesellschaft. Hurricane oder Schwierigkeiten mit der Fiktion* (1972) sollte ein karibischer Wirbelsturm der Held sein. In diesem unvollendeten Text reflektierte Sch. auch seine poetischen Positionen. Er kam dem Schluss, dass man »eine Katastrophe und das eigene Abenteuer in der Katastrophe nicht gleichzeitig fotografieren [kann]. Die Momentaufnahmen machen die Momente zu wichtig und das Objekt zu klein, zu zufällig.« Das Genauigkeitsethos seiner Prosa findet hier ihre Grenze: Ein wissenschaftliches Objekt kann nur von einem distanzierten Betrachter angeschaut werden und nicht von einem Abenteurer. Ein distanzierter Betrachter aber war dieser engagierte Autor nie.

Uta Beiküfner

Schnabel, Johann Gottfried
Geb. 7. 11. 1692 in Sandersdorf bei Bitterfeld; gest. zwischen 1750 und 1760

»Ich weiß wohl, daß lange Zeit dieser Name bloß galt, um etwas ganz Verächtliches zu bezeichnen«, schreibt 1828 Ludwig Tieck über »jene treuherzige Chronik« der *Insel Felsenburg*, deren schlechter Ruf in umgekehrtem Verhältnis zu ihrer Popularität stand. Das Buch war einer der meistgelesenen Romane im 18. Jahrhundert und erlebte zahlreiche Neuauflagen – bis 1769 für alle vier Bände insgesamt 22 – und popularisierende Bearbeitungen. Es ist »das Paradebeispiel der deutschen utopischen Robinsonade im 18. Jahrhundert und überhaupt eine der wenigen deutschsprachigen Utopien von Format« (Michael Winter). Doch an den prekären Lebensumständen seines Verfassers änderte der literarische Erfolg wenig.

Sch. stammte aus einem Pfarrhaus. Er wuchs als Waise bei Verwandten auf und besuchte von 1702 an die Lateinschule in Halle. Es ist anzunehmen, dass er anschließend Medizin studierte oder wenigstens medizinische Vorlesungen hörte und die Barbierkunst erlernte. Jedenfalls nahm er während des Spanischen Erbfolgekrieges von 1710 bis 1712 an den Feldzügen Prinz Eugens von Savoyen in den Niederlanden teil, wahrscheinlich als

Feldscher. Seine Bewunderung für den Feldherrn drückte er später in einer *Lebens-, Helden- und Todes-Geschicht* Prinz Eugens aus (1736). Für die Zeit nach 1712 fehlt jegliche Nachricht, bis sich Sch. 1724 mit Frau und Kind in Stolberg im Harz, einer kleinen Residenz, niederlässt: Er wird als »Hofbalbier«, »Herrschaftlicher Kammerdiener« und später auch als »Gräfl. Stolbergischer Hof-Agent« bezeichnet (allenfalls schlecht-, wenn nicht überhaupt unbesoldete Ämter).

Ständig in finanziellen Nöten, suchte er vergeblich, den entwürdigenden Verhältnissen mit Hilfe schriftstellerischer und journalistischer Arbeiten zu entkommen. Der Zwang zur Vielschreiberei wiederum – das zeigen beispielsweise die späteren Bände der *Insel Felsenburg* – führte zu einem Absinken der literarischen Qualität. Sch. fungierte als Autor, Herausgeber und Verleger einer Zeitung, der *Stolbergischen Sammlung Neuer und Merckwürdiger Welt-Geschichte* (1731–41), verfasste eine *Nachricht* über den Empfang der Salzburgischen Emigranten in Stolberg (1732) und beschrieb »mit flüchtiger Feder« ein hochgräflich Stolbergisches Hochzeitsfest (1737).

Seinen Nachruhm verdankt er einem vielgelesenen galanten Roman (*Der im Irr-Garten der Liebe herum taumelnde Cavalier*, 1738), der ihn aber möglicherweise die Gunst der Geistlichkeit (und des Hofes) kostete, und vor allem den vier Bänden der »Felsenburgischen Geschichte« (1731, 1732, 1736, 1743), die unter dem abenteuerlichen Titel *Wunderliche Fata einiger See-Fahrer, absonderlich Alberti Julii, eines gebohrnen Sachsens ... entworffen Von dessen Bruders-Sohnes-Sohnes-Sohne, Mons. Eberhard Julio* erschienen: Mit dieser Verbindung von Utopie und Robinsonade beginnt der bürgerliche Roman der deutschen Aufklärung. Gegen die als bedrückend erfahrene europäische Gesellschaftsordnung, von deren verderbtem Zustand die zahlreichen Lebensgeschichten der Europamüden berichten, stellt Sch. die Utopie eines »irdischen Paradieses«, die Beschreibung eines auf Gottesfurcht, Vernunft und Tugend gegründeten bürgerlichen Gemeinwesens, in dem niemand Sehnsucht verspürt, sein »Vaterland, oder nur einen einzigen Ort von Europa« jemals wiederzusehen: In der Fiktion wird möglich, was die Wirklichkeit versagt. Sch.s Spur verliert sich. 1744 verfasst er noch eine Bittschrift an den Stolbergischen Grafen, 1750 erscheint ein weiterer Roman (*Der aus dem Mond gefallene und nachhero zur Sonne des Glücks gestiegene Printz*), danach fehlt jede Nachricht. Im Jahr 1760 gilt er bereits als verstorben.

Volker Meid

Schneider, Peter
Geb. 21. 4. 1940 in Lübeck

Seit der 1968er-Studentenbewegung gehört Sch. zum intellektuellen Personal der Bundesrepublik. Trotz diverser Einwendungen gegenüber seinen Büchern – »Seine Menschen bleiben Papier« (Armin Ayren) – kann sich das Feuilleton den Literaturbetrieb ohne den Essayisten, Dramatiker und Romancier nicht vorstellen. Sch. gilt als »Chronist des Gefühls« (Thomas Steinfeld). Besonders im Ausland ist er einer der gefragtesten ›Reiseschriftsteller‹ der auswärtigen Kulturarbeit, Gast-Dozenturen führen ihn, der früher als viele seiner Schriftsteller-Kollegen seinen inneren Frieden mit den Vereinigten Staaten geschlossen hat, immer wieder an US-amerikanische Universitäten.

Der Berliner Germanistik-Student Sch. (»Ich war 1968 kein Demokrat«) war neben Rudi Dutschke einer der Wortführer der Revolte gegen die Verdrängung der Nazizeit im Adenauer-Deutschland und den Krieg in Vietnam. Er schrieb 1965 Wahlreden für SPD-Politiker, beteiligte sich 1967 an der Vorbereitung des Springer-Tribunals und wirkte bis Anfang der 1970er Jahre als Organisator, Flugblattschreiber auch in der italienischen Studentenbewegung mit. Zur selben Zeit arbeitete Sch. als Hilfsarbeiter beim Bosch-Konzern, als Lehrer und freier Mitarbeiter bei verschiedenen Rundfunkanstalten. Seine Erfahrungen mit der Studentenbewegung legte er in dem Band *Ansprachen. Reden, Notizen, Gedichte* (1970) nieder. In diesen frühen Texten kommt exemplarisch die subjektive Radikalität des anti-autoritären Bewusstseins zum Ausdruck, die »Große Weigerung« gegenüber den »verzopften« westdeutschen Verhältnissen. Als alternatives Lebensmodell wird die radikale Veränderung der spätkapitalistischen Gesellschaft in eine sozialistische proklamiert. Nach dem Staatsexamen bewarb sich Sch. 1973 als Referendar für den Schuldienst, wurde aber über den »Radikalenerlass« von 1972 als »Verfassungsfeind« abgelehnt. Zwei Jahre später hob das Berliner Verwaltungsgericht diesen Bescheid auf.

Inzwischen hatte sich Sch. als Schriftsteller und Essayist einen Namen gemacht. Auf literarischer Ebene setzte er seine persönliche, politische und künstlerische Entwicklung in der Erzählung *Lenz* (1973) um, die, sprachlich und inhaltlich an Georg Büchners gleichnamiges Fragment anknüpfend, das Lebensgefühl seiner Generation nach der gescheiterten Studentenrevolte beschreibt. Selten ist ein Buch von der Kritik so einmütig positiv rezensiert worden wie diese halbautobiographische Talentprobe, die eine Fülle von Identifikationsmöglichkeiten bietet. Die Erzählung errang bei der nach den ideologischen Grabenkriegen der Revolte Wunden leckenden undogmatischen Linken Kultstatus. *Lenz* gilt heute als Dokument einer neuen Empfindsamkeit, die nach einer literaturabgewandten Periode mit dem Wiederaufleben der Diskussion um Emanzipation (auch der subjektiven Bedürfnisse) seit Anfang der 1970er Jahre wieder stärker ins Bewusstsein rückte. Dass Sch.s bekenntnishafte Dichtung den intendierten Vergleich mit Büchners Novelle *Lenz* – Spiegelung einer spätbürgerlichen Karriere in einer frühbürgerlichen – nicht standhalten kann, ging damals in den allgemeinen Akklamationen unter.

Persönliche Erfahrungen des Autors prägten auch die Erzählung *... schon bist du ein Verfassungsfeind. Das unerwartete Anschwellen der Personalakte des Lehrers Kleff* (1975). Sch. protokolliert darin die Geschichte des Assessors Kleff, der, Betroffener des Radikalenerlasses, am Ende so weit demoralisiert ist, dass er das wird, wozu die Behörden ihn vorauseilend gestempelt hatten: ein Verfassungsfeind. Mit dieser Erzählung, die (ebenfalls) exemplarisch die wachsende Ohnmacht des Einzelnen gegenüber dem Ordnungsstaat vorführt, nahm Sch. wiederum ein aktuelles politisches Thema auf, das die Linke im weitesten Sinne betraf und ihre Kritik am Erlass bestätigte. Die in *Lenz* entwickelte Erzählform modifizierte Sch. in *... schon bist du ein Verfassungsfeind* insofern, als er nun einen Mix zwischen Dokumentation und Fiktion wählte; kursiv gesetzte Textpassagen sind authentischen Berufsverbotsfällen entnommen. Damit steigerte er die Glaubwürdigkeit der Erzählung als politische Aufklärungsarbeit. Im gleichen Jahr brachte Sch. weitere Texte zum Berufsverbot unter dem Titel *Alte und neue Szenen zum Thema ›Radikale‹* zur Aufführung.

Auch die sieben Erzählungen des Bandes *Die Wette und andere Erzählungen* (1978), die dem 1977 erschienenen luziden Essay-Band *Atempause. Versuch, meine Gedanken über Literatur und Kunst zu ordnen* folgten, haben die Erlebniswelt der Neuen Linken im Visier, vor allem die Beziehungsdiskussion. Diese Sittengemälde aus den bundesdeutschen Wohn- und Schlafzimmern und Kneipen spiegeln nicht nur die Rollenkonflikte des männlichen Geschlechts im Kontext der Frauenemanzipation wider, sondern eine strukturelle ›Wende‹ in den bundesdeutschen Verhältnissen: »Die verbissen oder lässig ausgetragenen Machtkämpfe haben sich aus dem politisch-öffentlichen Raum in den privaten verlagert« (Michael Buselmeier). Die Intellektuellen auf ihrem Marsch durch die Institutionen – sie kehren zur Normalität zurück. Wenigstens dieser Teil. Der andere – eine versprengte Gruppe – verirrte sich im Terror der ›Roten Armee Fraktion‹ (RAF). Darauf reagierte Sch. unter anderem mit dem Filmdrehbuch *Messer im Kopf* (1979) – 1985 folgte die vielbeachtete Publikation *Ratte-tot*, ein Briefwechsel mit dem RAF-Dissidenten Peter-Jürgen Boock. Am Beispiel des Biochemikers Hoffmann, der nach einem Kopfschuss sein Erinnerungsvermögen verliert und plötzlich in den Fokus öffentlicher Spekulationen gerät – für die Medien ist er ein

Terrorist, die Linken stilisieren ihn zum Opfer des Staatsterrors –, geißelt er nicht zuletzt die Massenhysterie, mit der sich die Gesellschaft dieses Themas annahm und dabei die Verletzung rechtsstaatlicher Grundsätze riskierte. Schon Heinrich Bölls Novelle *Die verlorene Ehre der Katharina Blum* (1974) mahnte in diese Richtung. *Messer im Kopf* ist aber auch die subtile psychologische Studie eines traumatisierten Zeitgenossen – Bruno Ganz spielt die Rolle des Biochemikers in der Verfilmung des Stoffs durch Reinhard Hauff –, der sich auf die Suche nach seiner (verlorenen) Identität macht. Sch. nahm bei dieser Kunstfigur Anleihen am Schicksal des 1968 durch einen Kopfschuss schwerverletzten Dutschke.

International bekannt wurde Sch. mit seiner in 15 Sprachen übersetzten Erzählung *Der Mauerspringer* (1982), ebenfalls von Hauff verfilmt. Ein Schriftsteller, der in der »siamesischen Stadt« Berlin lebt, sammelt authentische Geschichten über das geteilte Deutschland. Ihre individualistischen Helden zeichnet eine Gemeinsamkeit aus: Sie können sich mit der Tatsache der Grenzsituation nicht abfinden – und springen immer wieder von hüben nach drüben über die Schand- oder, je nach Sichtweise, Friedensmauer. Sch. erweist sich mit diesen glänzenden Texten als Visionär. Denn bekanntlich fällt die Mauer nur wenige Jahre nach der Publikation des *Mauerspringer* und die sozialistische DDR löst sich im kapitalistischen Westen Deutschlands auf. Zu Sch.s Prophetie gehört allerdings auch der folgenschwere Satz, dessen Halbwertzeit noch längst nicht abgelaufen zu sein scheint: »Die Mauer im Kopf einzureißen, wird länger dauern, als irgendein Abrißunternehmen für die sichtbare Mauer braucht.«

Das Thema der Wiedervereinigung beschäftigt Sch. auch weiterhin, vor allem als Essayisten. In dem Sammelband *Deutsche Ängste* (1988) blitzt noch einmal der politische Nostalgiker auf. So sind die der »deutschen Frage« gewidmeten Beiträge von der Idee beseelt, »Sozialismus und Freiheit« ließen sich in einem Staatenbund BDDR »miteinander versöhnen«. Die beiden Reportage- und Essaybände *Extreme Mittellage* (1990) und *Vom Ende der Gewissheit* (1994) richten allerdings den Blick auf die Gegebenheiten nach dem »Geschichtsbruch von 1989«: auf die gesellschaftlichen und politischen Folgen der Öffnung der Mauer, die eine lange Liste von schier unüberwindlichen kulturellen Unterschieden im Denken und Handeln der über mehrere Jahrzehnte hinweg »halbierten« Deutschen zutage fördert. In diese »Inventur der Irrtümer«, zu denen die alten Parameter »links/rechts, fortschrittlich/antikommunistisch, revolutionär/reaktionär« gehören, schließt Sch. seine Generation mit ein, die – etwa im Fall des Bosnien-Konflikts – dem bedingungslosen Pazifismus das Wort redete und vor den ethnischen Säuberungen durch die Serben die Augen verschloss (*Lehren aus der Geschichte*). Erneut beschäftigte Sch. die deutsche Teilung in dem gemeinsam mit Margarethe von Trotta erarbeiteten Film-Melodram *Das Versprechen oder der lange Atem der Liebe* (1995).

Als Bühnenautor agierte Sch. unglücklich. Sein erster (und bisher letzter) Versuch *Totoloque* (1985), ein historisches Drama, das vom Untergang des Aztekenreichs handelt, »ist schrecklich mißlungen« (Michael Skasa). Das Stück, dem historische Quellen zugrunde liegen, wurde seit seiner Münchner Uraufführung nicht mehr gespielt. Für negative Schlagzeilen sorgte auch die Ich-Erzählung *Vati* (1987). Sch. greift hier die brisante Beziehung von Rolf Mengele, Sohn des berüchtigten Lagerarztes von Auschwitz, zu seinem Vater auf. Das hehre Ziel der Erzählung, die verstörende Fremdheit zwischen einem prominenten Nazi-Vater und seinem Sohn als typisches Trauma der deutschen Nachkriegsgeneration nachzuempfinden, wurde nach Meinung der Kritik verfehlt. Zudem brachte *Vati* seinem Autor den Vorwurf des Plagiats ein. Zu Unrecht. Sch. hatte eine Illustrierten-Serie über den KZ-Arzt Josef Mengele ausgewertet, aber nicht als Quelle genannt. *Vati* ist, sowohl was (Brief-)Form als auch (semi fiktiven) Inhalt angeht, eine eigenständige Erzählung.

All jene, die in Sch. nur einen »eloquenten Kleinmeister, anmutig und intellektuell brillant, aber eben zu sprunghaft für den epischen Atem und Anspruch« (Mathias Schreiber) sahen, die ihm penibel Defizite im kompositorischen Bereich vorhielten – »Das vornehmste dramaturgische Mittel, das er in seinen Erzählungen verwendet, ist die Aneinanderreihung von Anekdoten« (Jens Balzer) –, strafte er mit seinem ersten Roman *Paarungen* (1992) Lügen. Abermals ist Berlin, noch eine geteilte Stadt, der Ort der Handlung; abermals ist die 1968er-Generation Objekt seiner kritischen Begierde; und abermals mokiert sich Sch. voller Ironie über das bemitleidenswerte Beziehungs- und Selbstfindungstheater seiner Generation, es ist der karge Rest, den der emanzipatorische Aufbruch im kulturellen Gedächtnis hinterlassen hat. Die Hauptfigur dieses motiv- und themenreichen Romans, der Altlinke und Genetikforscher Eduard Hoffmann, ein »klassischer Liebesverbrecher«, der sich am Ende von der Utopie der »freien Liebe« verabschiedet, emigriert in die Vereinigten Staaten. Und kehrt in *Eduards Heimkehr* (1999) mit seiner von Orgasmusproblemen geplagten Frau Jenny und drei Kindern, acht Jahren Kalifornien im Kopf und einem Fremdheitsgefühl im Bauch zurück nach Berlin, das keine geteilte Stadt mehr ist, dafür aber völlig neue Problemzonen bietet. Als der »aufgeklärte Spießer« (Martin Ebel) eine Erbschaft antreten will, gerät er nicht nur unvermittelt in die Hausbesetzerszene, sondern in das Räderwerk deutsch-deutscher Geschichte. Zweifellos profitiert diese intellektuelle Feldforschung vom unerschöpflichen Reichtum des Vereinigungs- und Hauptstadtthemas. Sch. erzählt diesen (Erfolgs-) Roman indessen mit der gleichen grimmigen Genauigkeit und dem sarkastischem Parlando wie das Vorgänger-Buch *Paarungen*. Dass die »Schreibhaltung des Literarischen und die Schreibhaltung des Journalistischen bisweilen ineinander übergehen« (Ursula März), zum Nachteil der Literatur, ortete die Kritik indessen als grundsätzliches Problem des Autors.

Auch als Revisionist im besten Sinne erweist sich der Alt- und Ex-Achtundsechziger in *Eduards Heimkehr*. Das gilt ebenso für die Essays des Bandes *Die Diktatur der Geschwindigkeit* (2000). Sie verraten ein großes Themen-Spektrum, dabei hat sich Sch. – dank der vielen Auslandsaufenthalte – die Unbefangenheit des staunenden Blicks erhalten. Der Wiedervereinigung (»Der epochale Vorgang der Umwandlung eines kommunistischen Systems in ein kapitalistisches findet praktisch ohne jede intellektuelle Begleitung statt«) und der Schieflage der Deutschen im Verhältnis zu ihrer eigenen Vergangenheit gilt naturgemäß die größte Aufmerksamkeit. Letzteres Thema führt Sch. mit der historischen Dokumentation *Und wenn wir nur eine Stunde gewinnen* (2002) auch zu einem neuen Höhepunkt seines Schaffens: In dem Buch referiert Sch. das Leben des jüdischen Musikers Konrad Latte, der das ›Dritte Reich‹ mitten in Deutschland überlebte. Mindestens 2000 Menschen sind in Berlin der Deportation und Ermordung entkommen, weil ihnen ganz normale Menschen beigestanden hatten. Latte allein nennt fünfzig solcher »stillen Helden«, die, in ständiger Lebensgefahr, Zivilcourage bewiesen haben. Der Historiker Sch. rechnet mit diesem »bewegenden Buch« (Günther Schwarberg) allen Andersdenkenden überzeugend vor, »dass die Alternative zwischen willfährigem Gehorsam und todesbereitem Widerstand viel zu grob ist« und dass es »selbst in den Jahren staatlichen Terrors Raum gab für eine Wahl, und es gab Bürger, die ihren Freiraum nutzten«. – Zuletzt veröffentlichte Sch. einen Band mit Erzählungen. *Das Fest der Missverständnisse* (2003) vereinigt alte und neue Erzählungen, Mauergeschichten, Geschichten über das Verhältnis der Geschlechter, politische Spätachtundsechziger-Geschichten, »ohne dass deshalb ein ästhetischer oder ideologischer Bruch sichtbar würde« (Jörg Magenau). Zumindest die lethargischen Nachrufe auf die Achtundsechziger signalisieren: Sch. steht nun selbst auf der Seite der Väter.

Siegmund Kopitzki

Schneider, Reinhold
Geb. 13. 5. 1903 in Baden-Baden; gest. 6. 4. 1958 in Freiburg

»Gestern abend rief das Ordinariat an, ob ich noch da sei: eine Zeitung habe gemeldet, ich hätte bereits einen Posten in Rußland angetreten. So kämpft ›man‹«. Sarkastisch protokollieren Sch.s Briefe die für das politische Klima der Zeit bezeichnenden Reaktionen auf seinen (»als eine letzte Warnung im Westen nicht mehr möglich war«) Mitte Februar 1951 von der Ostberliner Zeitschrift *Aufbau* veröffentlichten Appell, dass »ein geteiltes Volk, das in der Gefahr des Bruderkrieges ist und dessen Land zum Schlachtfeld der Welt werden kann«, sich »nicht bewaffnen« dürfe. Seine Gegner sind in der Wahl ihrer Mittel nicht zimperlich: sie reichen von persönlichen Verleumdungen – »einmal als Jude, dann als Kommunist, neuerdings als geistig umnachtet« – bis zum Boykott: »Eine Verteidigung ist nicht möglich. Das Ziel ist erreicht: man wagt nicht mehr mit mir zu arbeiten«.

Die katholische Presse tut sich bei dieser Kampagne gegen einen Autor, der, 1937/38 zur Kirche zurückgekehrt, unter Berufung auf seine »Gewissensnot« angesichts der »Atombombe«, »nichts weiter sein möchte als ein lebendiger Christ«, besonders unrühmlich hervor. Ihre »erbitterte Feindschaft« habe er sich, bilanziert Sch., infolge seiner »sowohl auf religiösen wie auf politischen Überzeugungen gegründeten Ablehnung der Rüstung« zugezogen, aufgrund seiner »Polemik mit der den Krieg rechtfertigenden Theologie« sowie seines »Bemühens« wegen, »über alle Gesetze hinweg eine menschliche Beziehung zu den Gegnern des Glaubens zu erhalten … Ich mußte das erwarten«.

Mit der »Wende der Denkweise, die das Ja zur Waffe unabänderlich herbeiführt«, wird Sch. das endgültige Scheitern seines Engagements für eine ethisch fundierte, »neue gerechte Ordnung« nach dem Ende der »Zeit einer Klasse, deren erste Sorge« gewesen sei, »zu behalten, was sie hat«, vor Augen geführt, das er seit dem Kriegsende (wo er eines der seltenen Eingeständnisse deutscher »Kollektivverbrechen« ablegt) in einer Vielzahl von Reden und Aufsätzen verficht. Durch die Verleihung des Ordens »Pour le mérite« (1952) und den Friedenspreis des Deutschen Buchhandels (1956) erfährt er zwar eine gesellschaftliche Rehabilitierung; dieser exemplarische Konflikt zwischen Geist und Macht in der frühen Bundesrepublik – Sch. selbst beklagt, dass die Intellektuellen »in Deutschland seit je kein großes Verlangen zeigen, sich politische Unannehmlichkeiten zuzuziehen« – wiegt freilich desto schwerer, als er einen Schriftsteller betrifft, der während der nationalsozialistischen Herrschaft zu den mutigsten und integersten gehörte. Seine Erzählung *Las Casas vor Karl V* (1938), als »Protest gegen die Verfolgung der Juden« konzipiert, ist einer der wichtigsten Texte des literarischen Widerstands. Als nach dem Erscheinen der rasch vergriffenen Essays *Macht und Gnade* (1940) die Schikanen zunehmen, finden seine religiösen Kleinschriften und Sonette teils in illegalen Drucken, teils in hand- oder maschinenschriftlichen Kopien weite Verbreitung. Noch wenige Wochen vor Kriegsende wird eine Anklage auf Hochverrat eingeleitet.

Die »Schwermut«, die Sch. wiederholt als sein existentielles »Erbe« bezeichnet, ist »nicht anders zu begreifen als im Zusammenhang mit dem Geschichtlichen«. In einem Hotel »dicht am Kurhaus in Baden-Baden« aufgewachsen, gewähren ihm seine »Kindheits- und Jugendjahre … den letzten Blick auf eine Welt und Gesellschaft, die … 1914 zu versinken begann«. Angesichts des »Verfalls der bürgerlichen Ordnung« nach dem Ersten Weltkrieg, von dem auch sein Elternhaus betroffen ist, gelangt er – »Ich fühlte keinen wirklich tragenden Grund mehr« – »zum totalen Pessimismus«. Der 19-Jährige unternimmt einen Selbstmordversuch. Nach dem Abitur und einem abgebrochenen landwirtschaftlichen Praktikum arbeitet er von Ende 1921 bis Mitte 1928 als kaufmännischer Übersetzer in Dresden. Angeregt durch die Lektüre des spanischen Philosophen Miguel de Unamuno ist die iberische Halbinsel Ziel der ersten seiner zahlreichen Reisen durch Europa als freier Schriftsteller. Bereits die frühen Bücher des rasch wachsenden Werks (*Das Leiden des Camões*, 1930; *Philipp II*, 1931) befassen sich mit Sch.s Grundthema: dem möglichen Sinn einer notwendigerweise tragisch verlaufenden Geschichte, der immer »das Prinzip ihres Untergangs ... eingeboren« ist. *Fichte. Der Weg zur Nation*, 1932, im Jahr der Übersiedlung des Autors nach Potsdam erschienen, wo er bis zum Umzug nach Hinterzarten im Schwarzwald (1937) und wenig später nach Freiburg lebt, nähert sich bedenklich dem völkischen Reichsmythos an. Schon die nächste Veröffentlichung, *Die Hohenzollern* (1933), ein »gegen die Vergötzung des Blutes« gerichteter »Aufruf zur Monarchie«, der (ebenso wie das folgende *Inselreich*, 1936, eine Darstellung der britischen Geschichte) »unterdrückt« wird, zeigt allerdings deutlich die Unvereinbarkeit seines Konservatismus mit der Ideologie des nationalsozialistischen Staats.

Unter dem Eindruck von Zeiterfahrung und lebensgeschichtlicher Problematik wandeln sich Sch.s Arbeiten im letzten Lebensjahrzehnt. Dem anlässlich des 50. Geburtstags unternommenen Versuch, sein Werk »letztgültig« festzulegen, hält der Autor selbst dessen Prozesscharakter entgegen. Seine autobiographischen und tagebuchähnlichen Aufzeichnungen (*Verhüllter Tag*, 1954; *Der Balkon*, 1957; *Winter in Wien*, 1958), die einer Reihe von historischen Dramen folgen, lösen diesen Anspruch des offenen »Wegs« ein. Unter dem Druck einer langwierigen Krankheit und der Auseinandersetzung mit der modernen Naturwissenschaft verbindet sich sein »Widerspruch« gegen die »Leere« der Zeit des Wirtschaftswunders mit der unversöhnten »Verzweiflung an Kosmos und Geschichte«.

Werkausgabe: Gesammelte Werke in 10 Bänden. Hg. von Edwin Maria Landau. Frankfurt a. M. 1977–81.

Hans-Rüdiger Schwab

Schnitzler, Arthur
Geb. 15. 5. 1862 in Wien;
gest. 21. 10. 1931 in Wien

In seinem für die Beziehung von Psychoanalyse und Sch.s Dichtung aufschlussreichen Glückwunschschreiben zum 60. Geburtstag des Dichters hat Sigmund Freud die Distanz zu seinem »Collegen« Sch. mit einer Art »Doppelgängerscheu« erklärt. Er schreibt dazu: »Nicht etwa, daß ich so leicht geneigt wäre, mich mit einem anderen zu identifizieren oder daß ich mich über die Differenz der Begabung hinwegsetzen wollte, die mich von Ihnen trennt, sondern ich habe immer wieder, wenn ich mich in Ihre schönen Schöpfungen vertiefe, hinter deren poetischen Schein die nämlichen Voraussetzungen, Interessen und Ergebnisse zu finden geglaubt, die mir als die eigenen bekannt waren. Ihr Determinismus wie Ihre Skepsis – was die Leute Pessimismus heißen –, Ihr Ergriffensein von den Wahrheiten des Unbewußten, von der Triebnatur des Menschen, Ihre Zersetzung der kulturellkonventionellen Sicherheiten, das Haften Ihrer Gedanken an der Polarität von Lieben und Sterben, das alles berührte mich mit einer unheimlichen Vertrautheit ... So habe ich den Eindruck gewonnen, daß Sie durch Intuition – eigentlich aber in Folge feiner Selbstwahrnehmung – alles das wissen, was ich in mühseliger Weise an anderen Menschen aufgedeckt habe.« Freuds Doppelgängerscheu kann mit einigem Recht auf die Befürchtung bezogen werden, in Sch. dem mit »unheimlicher Vertrautheit« zu begegnen, was in ihm selbst versagte Möglichkeiten geblieben sind. Sch. lediglich eine Begabung zur Intuition zuzusprechen, verkürzt indes den wahren Sachverhalt, denn der Schriftsteller hatte sich als Mediziner mit der Psychoanalyse und ihrer Vorgeschichte eingehend befasst. Als Sohn eines angesehenen Medizinprofessors hatte Sch. – wie Freud – an der Wiener Universität (von 1879 bis 1885) bei den damals herausragendsten Vertretern der Wiener medizinischen Schule studiert. Für die Zeitschrift seines Vaters, die *Internationale Klinische Rundschau*, hatte der Student als Medizinjournalist gearbeitet und dabei die Studien Charcots in der Übersetzung Freuds rezensiert. Hypnose und Suggestion wurden von Sch. experimentell angewandt. Folie hierfür blieb allerdings der Determinismus – der freie Wille ist nichts anderes »als die für die Dauer der persönlichen Existenz in das Individuum gesperrte Kausalität« – seiner durch Hermann von Helmholtz beeinflussten Anschauung, die am empiristischen und positivistischen Wissenschaftskonzept festhielt. In seiner Autobiographie *Jugend in Wien* (ersch. 1968), die bis 1889 reicht, berichtet er ausführlich über seine wissenschaftlichen und literarischen Anfänge.

Für die Literatur war ihm, der zum Literatenkreis der Jungwiener gehörte, die Psychoanalyse eine außerordentliche Unterstützung, denn auch die »neueren Dichter« hätten erkannt, »daß die Seele im Grunde kein so einfaches Ding sei«. Als Mediziner sah er sich jedoch zu Einwänden gegen Freuds Theorie veranlasst; Theodor Reik, von dem auch die erste wissenschaftliche Untersuchung zu Sch. stammt, spielte hierbei die Vermittlerrolle. Die Einwände Sch.s betrafen nach Michael Worbs die Erklärung psychischer Störungen einzig aus der Sexualität, obwohl dies gerade angesichts von Sch.s Werk befremden muss und vielleicht lediglich als eine Rationalisierung betrachtet werden darf. In seinem Plädoyer für eine »psychologische Literatur« schreibt Sch.: »Die Begrenzungen zwischen Bewußtem, Halbbewußtem und Unbewußtem so scharf zu ziehen, als es überhaupt möglich ist, darin wird die Kunst des Dichters vor allem bestehen.« Deshalb sprach er sich gegen die Überdeterminierung der Bildung des Unbewussten in der Psychoanalyse aus und führte als Korrektiv der Freudschen Topik ein »Mittelbewusstsein« ein: »Das Mittelbewußtsein wird überhaupt im Ganzen zu wenig beachtet. Es ist das ungeheuerste Gebiet des Seelen- und Geisteslebens; von da aus steigen die Elemente ununterbrochen ins Bewußte auf oder sinken ins Unbewußte hinab. Das Mittelbewußtsein steht ununterbrochen zur Verfügung. Auf seine Fülle, seine Reaktionsfähigkeit kommt es vor allem an.« Er kritisierte den gewohnheitsmäßigen Rekurs auf das Unbewusste, der häufig zu vorschnellen Antworten führe. Auch die Freudsche Topik »Ich/Über-Ich/Es« bedachte er mit dem Schematismus-Vorwurf, schließlich formulierte sein Empirismus Vorbehalte gegen jegliches ganzheitliches Erklärungsmodell, mithin auch gegen die Psychoanalyse. »Ich schreibe Diagnosen«, erklärte Sch. kategorisch zu seinen literarischen Arbeiten. Seinen eigenen Determinismus weichte Sch.s Skepsis auf, indem pragmatisch ein »Als ob« des freien Willens entgegengesetzt wird. Aus diesem Dualismus entspringen die Rollenkonzepte seiner Dramen und das Luigi Pirandello verwandte Spiel im Spiel (z. B. im *Grünen Kakadu*, 1899).

Eine Opposition zu seinem Determinismus bilden auch die liberalen Ideen, denen sich Sch. bereits seit früher Zeit verschrieben hatte. Der Wiener Liberalismus definierte den Menschen als rationales, autonomes Wesen, das durch – moralische – Selbstbeherrschung und Verfügung über die Natur das gesellschaftliche Glück ermögliche. Sch. ist darin Repräsentant seiner Zeit. Egon Friedell nannte ihn auch deshalb einen Darsteller der »Topographie der Wiener Seelenverfassung um 1900«. Die Krise des Wiener Liberalismus, die äußerlich mit dem Großen Krach an der Börse von 1873 eingeleitet wurde, brachte eine entschiedene Umorientierung in der Kunst mit sich. Karl Kraus stellte dazu polemisch fest, dass der »Wirkungskreis des Wiener Liberalismus (sich) auf ein Premierenpublikum« beschränke. Carl E. Schorske sieht als Resultat dieser Krise den Aufbau einer Ersatzwirklichkeit in der Kunst, die durch Introversion hervorgebracht wurde: der Weg nach Innen führte zur Selbstanalyse und zum Narzissmus, die in der Wiener Literatur der Jahrhundertwende im Zentrum stehen, zumal der Naturalismus in der versinkenden Habsburger-Metropole so gut wie nicht Tritt fassen konnte. Was Richard Hamann und Jost Hermand demnach über die Epoche festgestellt haben, gilt in besonderem

Maße für Sch.: »Man schließt sich ab, beschränkt sich auf seinen ästhetischen Innenraum und gerät so in eine Landschaft der Seele, die fast ausschließlich auf dem Prinzip der autistischen Bezogenheit beruht.« Ein Tagebuchzitat vom 19. Februar 1903 soll stellvertretend für die Art der Selbstbeobachtung bei Sch. stehen: »die Disharmonie, der Kampf zwischen zwei direct entgegengesetzten Lebensanschauungen, der mein Wesen charakterisirt und mich zu einer ewigen inneren Unruhe verdammt. Revolutionär ohne Muth, abenteuerlustig ohne die Fähigkeit Unbequemlichkeiten zu ertragen – Egoist ohne Rücksichtslosigkeit – und endlich ein Künstler ohne Fleiss – ein Selbsterkenner ohne Tendenz zur Besserung – ein Verächter des allgemeinen Urtheils mit der kleinlichsten Empfindlichkeit – so einer ist dazu geboren, *alles* zu bereuen, was er angefangen – denn er setzt nie sich selber ein, und es gibt kein Glücksgefühl ohne diese Entschlossenheit.« Das Tagebuch führte Sch. mit Akribie von 1879 bis zwei Tage vor seinem Tode; wegen der Intimität des Inhalts verbarg er es sogar vor seiner Frau. Es bezeugt »Schnitzlers Anstrengung, der Flüchtigkeit des Lebens die Festigkeit des Geschriebenen entgegenzustellen«, wie Werner Welzig, der Herausgeber der Tagebücher, konstatiert hat.

Der Dualismus von Kausalität und »Als ob« eines freien Willens brachte Sch. zu einem eigenen dramatischen Stil, der bei der französischen Konversationsliteratur Anleihen machte und die Handlung fortschreitend durch den geistreichen, eleganten Dialog auflöst. Die Figuren und ihr Charakter erhalten dadurch etwas Schwebendes, Undeutliches, Verwischtes; ihre Gesten und Reden verlieren sich im Unbestimmten. Nur einmal begegnen wir einem klinischen Realismus: in der frühen Novelle *Sterben* (1895). Als Novum führte Sch. den inneren Monolog in die deutsche Literatur ein, der eine Verwandtschaft mit der Technik der freien Assoziation der Psychoanalyse aufweist, die ihrerseits wiederum eine gewisse Abhängigkeit von der Talmud-Exegese verrät. Im *Lieutenant Gustl* (1900), einer Satire auf den Ehrenkodex der k. u. k. Offizierswelt, und in *Fräulein Else* (1924), der Darstellung des tödlichen Konflikts zwischen Selbstbewahrung und Opfer für die Familie, hat er dieses Ausdrucksmittel mit wachsender Präzision eingesetzt. Im *Reigen* (1900), einer Serie von zehn Einaktern, die wegen ihrer erotischen Offenheit mehrmals verboten wurde, herrscht allein schon äußerlich die Figur des Kreisens vor: jeder Einakter hat den Dialog vor und nach dem Geschlechtsakt zum Inhalt, eine über alle Standesgrenzen sich hinwegsetzende, potentiell ins Unendliche reichende Fortsetzung des Begehrens und seiner sprachlichen Rituale. Der erotische Reigen zieht alle Klassen in seinen Bann; die Abenteuer eines Grafen und eines Dichters, die einer luxuriösen Dame wie einer Prostituierten rollen als Bilderfolge eines modernen Totentanzes ab. Das »süße Mädl« wird hier ebenso zum erotischen Beuteobjekt der sog. besseren Herren wie in Johann Nepomuk Nestroys Posse *Das Mädl aus der Vorstadt*. Die Vorstädte Wiens mit ihrer kleinbürgerlichen Bevölkerung hatten gegenüber der Metropole eine eigene Lebensform und Theaterkultur hervorgebracht. Die Putzmacherinnen sind die exemplarischen weiblichen Vertreter eines Milieus, das nur auf den ersten Blick idyllisch anmutet. Sch. entdeckt dahinter die fatale Verkettung von Armut, Ausbeutung und grober Begier, die durch Geldscheine verdeckt wird. Gerade der Kontrast von Metropole und Vorstadt lieferte ihm die polaren Charaktere, die sozialen Spannungen, die skrupellosen Typen und die einfachen Mädchen mit ihrer sanften und oft verwüsteten Schönheit. Einzelne Stichwörter sollen kurz das Zentrum andrer Werke bezeichnen: ›Hypnose‹ in *Die Frage an das Schicksal* (1889) aus dem *Anatol*-Zyklus; ›Hysterie‹ im *Paracelsus*-Stück (1894/98); ›Inzest‹ in der Novelle *Frau Beate und ihr Sohn* (1906/13); schließlich behandelt die meisterhafte *Traumnovelle* (1925) die psychische Funktion des Traumlebens durchaus in einem der Freudschen *Traumdeutung* (1900) verpflichteten Sinne. Durch diese kleine Zusammenstellung mag deutlich werden, in welchem Maße Sch. die Themen der Psychoanalyse zu Sujetentwürfen gruppierte. Für sein literarisches Werk gilt insgesamt eine erstaunliche

Kontinuität sowohl in thematischer als auch in formaler Hinsicht.

Als Jude war Sch. dem Antisemitismus in Wien ausgesetzt. In dem Schauspiel *Professor Bernhardi* (1912) und in dem Roman *Der Weg ins Freie* (1908) hat er die Situation des jüdischen Intellektuellen und der jüdischen Bourgeoisie behandelt. Der Zionismus galt ihm zwar als moralisches Postulat, er lehnte aber die Errichtung eines Judenstaates als geschichtsblind ab. Der große Roman *Der Weg ins Freie* ist darüber hinaus jedoch eine eindringliche Darstellung der Wiener Kultur und ihrer bürgerlichen Träger; er beschreibt »die sich zersetzende moralisch-ästhetische Kultur Wiens im Fin de siècle« (Carl E. Schorske). Hugo von Hofmannsthal hat die Bedeutung Sch.s folgendermaßen festgehalten: Als »Arzt und Sohn eines Arztes, also Beobachter und Skeptiker von Beruf, ein Kind der obern Bourgeoisie und des endenden 19. Jahrhunderts, einer skeptischen, beobachtenden und ›historischen‹ Epoche« habe Sch. »die sehr gebildete, scharf pointierte, an Reflexen und geistreichen Formeln reiche Sprache dieser bestimmten sozialen Gruppe« geschrieben. Seine Tagebücher, die ediert vorliegen, geben umfassend Auskunft über Leben und Werk, seine Lektüren und seine Erfahrungen zwischen Traum und Tod.

Werkausgaben: Gesammelte Werke in zwei Abteilungen. Berlin 1912, 1962; Ausgewählte Werke in 8 Bänden. Hg. von Heinz Ludwig Arnold. Frankfurt a. M. 1999 ff.

Helmut Bachmaier

Schnurre, Wolfdietrich
Geb. 22. 8. 1920 in Frankfurt a. M.;
gest. 9. 6. 1989 in Kiel

Sch. gehört – obwohl er 1983 den Georg-Büchner-Preis erhielt – zu den verkannten Autoren der Gegenwart, wohl weil er einer ihrer vielseitigsten und unbequemsten ist. Zu schnell hat die literarische Öffentlichkeit ihn auf die Kurzgeschichte festgelegt, die seinen Ruhm in den 50er Jahren begründete und zu deren Klassikern er neben Wolfgang Borchert und Heinrich Böll zählt. Aber neben Kurzgeschichten (gesammelt in Bänden wie *Die Rohrdommel ruft jeden Tag*, 1950; *Eine Rechnung, die nicht aufgeht*, 1958; *Man sollte dagegen sein*, 1960), schrieb er auch Parabeln (*Das Los unserer Stadt*, 1959) und Fabeln (*Protest im Parterre*, 1957), Aphorismen (*Die Aufzeichnungen des Pudels Ali*, 1962) und Gedichte (*Kassiber und Neue Gedichte*, 1979), Hörspiele (*Spreezimmer möbliert*, 1967) und Dialoge (*Ich frag ja bloß*, 1973; *Ich brauch dich*, 1976), Kinderbücher (*Die Zwengel*, 1967) und Romane (*Der Schattenfotograf*, 1978; *Ein Unglücksfall*, 1981). Wie kaum ein zweiter spürte er literarischen Formen nach und befragte sie nach ihren Wirkungsmöglichkeiten. Denn Wirkung wollte er, ohne aufdringlich zu sein, immer erzielen; dass er zu den »engagierten« Schriftstellern gehört, hat er mehrfach betont (vgl. u. a. seine programmatische Schrift *Kritik und Waffe* aus dem Jahr 1961).

Sch.s Wirkungsabsichten und viele seiner Themenstellungen erklären sich aus seiner Biographie. »Der Tod, das ist mein Thema eins«, schrieb er 1984 – und entsprechend schon 1972 in einer Selbstbetrachtung (in dem Band *Auf Tauchstation*), er sei viermal zur Welt gekommen: das erste Mal 1920 in Frankfurt, wo er unruhige, durch Krankheiten gezeichnete Kinderjahre verbrachte; das zweite Mal 1928 in Berlin, wo er unter der Obhut seines als Bibliothekar tätigen, sich für den Naturschutz einsetzenden Vaters in Arbeitervierteln aufwuchs, die politischen Unruhen des Endes der Weimarer Republik unmittelbar miterlebte, den Aufstieg der Nazis und die Diskriminierung der Juden und Zigeuner, und erste Aktionen des Widerstands erprobte; das dritte Mal 1945 als Heimkehrer nach sechseinhalb Jahren Soldatsein; das vierte Mal schließlich nach vollständiger Lähmung und anderthalbjährigem Krankenhausaufenthalt in den 1960er Jahren.

Die Zeit des Schreibens fällt in die dritte und vierte Lebensphase. Sch. war Mitbegründer der Gruppe 47 und eröffnete deren erste Lesung mit seiner Erzählung *Das Begräbnis*, einem Text, den man als exemplarisch für die vielzitierte »Kahlschlag- und Trümmerliteratur« der ersten Nachkriegsjahre ansehen kann. Der sarkastischen Desillusionierung der Wertvorstellungen einer schuldbeladenen, zur Sühne und Nächstenliebe unfähigen Gesellschaft dienen viele der gelungensten seiner Geschichten. Häufig zeigt er soziale Außenseiter oder Kinder (*Steppenkopp*, 1959; *Ein Fall für Herrn Schmidt*, 1962) als Opfer von Vorurteil und Brutalität, häufig die Repräsentanten und Mitläufer eben jener Gesellschaft (*Eine Rechnung, die nicht aufgeht*, 1966), in deren Verhalten der Leser die eigenen Versäumnisse erkennen soll. Einen anderen Akzent tragen die in *Als Vaters Bart noch rot war* (1958) gesammelten Geschichten, die vom erzählenden Ich zum Roman zusammengebunden werden. Hier widerstehen die sozial Schwachen den bedrückenden Verhältnissen im Berlin der 1930er Jahre durch ihre Solidarität, ihre Heiterkeit und ihre List. Wie verwandt diese Geschichten dem Geist des stets neu zu »erarbeitenden«, »anzuverwandelnden« Mutmachers und Wirklichkeitsüberwinders Till Eulenspiegel sind, Sch.s erklärtem Freund (vgl. seine Rede *Mein Freund Till* von 1971), bliebe zu untersuchen. Auch Sch.s Humor trägt, wie der Eulenspiegels, Trauerschwarz. Es ist ein Humor, der sich dem Leidensdruck der Realität nicht entzieht, sondern sich ihm stellt und daher oft Züge der Bitterkeit annimmt. Man kann Sch.s ganzes Schreiben als Trauerarbeit verstehen (vgl. seinen Aufsatz *Beim Schreiben eines Romans*, 1984). In sie wollte er den Leser hineinziehen und ihm dennoch die Freiheit der Selbstreflexion sichern. Der Kurzgeschichte gelingt dies durch das Stilmittel der Aussparung und die Offenheit ihrer Struktur. Auch die Parabel überlässt die Suche nach ihrem Wahrheitsgehalt und ihrem ›Sitz im Leben‹ dem Leser; und auch der Aphorismus, den Sch. so liebte, intendiert Einsicht – durch die Verfremdung des Gewohnten im überraschenden subjektiven Urteil, das zur gedanklichen Auseinandersetzung zwingt. Selbst Sch.s Gedichte tragen diesen reflektierenden und offenen Zug. Kassiber sind die verschlüsselten Mitteilungen eines Häftlings, eines dem Tode Ausgelieferten, der seine Erfahrungen weitersagt und Denkanstöße gibt, und sei es durch die an sich selbst gerichtete Frage (wie in *Epitaph*, dem Gedicht, das Sch. ganz bewusst auch nach Auschwitz schrieb).

Es überrascht nicht, dass er auch mit seinem ersten großen Roman den Leser zur selbständigen Trauerarbeit auffordert. *Der Schattenfotograf* besteht aus Tagebuchnotizen, Maximen und Reflexionen, Aphorismen, Geschichten, Kommentaren u. a. m. Diese assoziativ-erinnernde Schreibweise führt gerade durch die Auflösung eines narrativen Zusammenhangs zu Verstörungen, die den Leser nötigen, die aufgezeichneten Leidenserfahrungen auch auf sich selbst zu beziehen und die eigene Betroffenheit in Sinnfragen umzuwandeln. Die Überzeugung, dass Leben ohne Erinnerung nicht möglich sei, weist auf Sch.s selbstbezeugten Hang zum Jüdischen (vgl. *Gott im Harpyienauge*, 1984) und auch auf einige seiner geistigen Väter, auf Walter Benjamin und Ernst Bloch. Der Zusammenhang von Schuld, Erinnerung und Leben wird zum zentralen Problem des letzten Romans *Ein Unglücksfall* (1981), der die missglückte jüdisch-deutsche Symbiose und das historische Verbrechen der Deutschen an den Juden thematisiert. Diesem Roman, ihm vor allem, wünschte Sch. Breitenwirkung; in der Literaturkritik ist er bisher so gut wie totgeschwiegen worden.

Peter Nusser

Scholem Alejchem (eigtl. Scholem Rabinovič)
Geb. 2. 3. 1859 in Perejaslav/Ukraine; gest. 13. 5. 1916 in New York

Scholem Alejchem – das Pseudonym bedeutet »Friede sei mit dir« – bezeichnete sich selbst bescheiden als »a humorißt, a schrajber«. 1906 wanderte er nach Amerika aus und starb zehn Jahre später völlig verarmt in der Bronx. Er zählt neben Mendele Mocher Sforim und Isaac Lejb Perez zu den großen Drei der jiddischen Literatur.

In zwei Romanen und zahllosen humoristischen Erzählungen porträtiert Sch. mit unerschütterlicher Sympathie die klassischen Typen der südrussischen Stetl (Judenstädtchen): die sogenannten »Luftmenschen«, die von ihren Träumen und aberwitzigen Geschäften leben; die lebenstüchtigen Ehefrauen und Mütter, die mit viel Chuzpe (Schläue) nicht nur ihre zahlreichen Kinder durchbringen, sondern auch ihre weltfremden, sich ausschließlich dem Talmud-Studium oder dem Abschließen von »Luftgeschäften« widmenden Männer; ferner die bis zur Absurdität scharfsinnig »klärenden« (räsonierenden) Rebbes; die Schadchen (Heiratsvermittler) oder die liebenswerten Schnorrer. Weder drückende materielle Not noch die Verfolgung durch ihre nichtjüdische Umgebung oder gar die Bedrohung ihrer »Jüdischkeit« durch die Haskala (jüdische Aufklärungsbewegung) rauben ihnen ihr Gottvertrauen, ihre Menschlichkeit und ihren Optimismus.

Der aus zwei Serien von Briefen bestehende Roman *Menachem Mendel* (1892 u. 1895; *Menachem Mendel*, 1921) handelt von einem »Luftmenschen«, der sich als Börsen- und Immobilienmakler, Heiratsvermittler oder Versicherungsagent in Südrussland herumtreibt. Während er sich auf der Suche nach immer neuen Geschäften räumlich immer weiter von ihr entfernt, wechselt er Briefe mit seiner praktisch denkenden Ehefrau Scheine-Scheindel. Beider Stil ist gekennzeichnet von der Kluft zwischen der Schriftsprache und einer eng begrenzten Ausdrucksfähigkeit – komische Wirkungen sind dabei beabsichtigt. Der Roman konserviert mit viel Humor Eindrücke vom jüdischen Leben in Südrussland um 1900. Die Haskala sieht Scheine-Schendel vor allem deshalb als Bedrohung an, weil »aufgeklärte« verheiratete Jüdinnen nicht mehr – wie sie selbst – die vorgeschriebene Perücke tragen sollen. Statt endlich heimzukehren, plant Menachem Mendel schließlich sogar die Auswanderung nach Amerika, das er für eine Art Schlaraffenland hält. Er ist es auch, der seinen entfernten Verwandten Tewje aus Anatewka, den Protagonisten von Sch.s zweitem großen Roman *Tewje der milchiger* (1894, erw. 1916; *Tewje der Milchmann*, 1921), um seine Ersparnisse bringt. Da die Verheiratung von Mädchen mit der Zahlung einer Mitgift verbunden ist und der Milchlieferant Tewje gleich sieben Töchter hat, ist sein Ruin vorprogrammiert. Der Reihe nach verliert Tewje seine Töchter durch Heirat mit einem Christen, Selbstmord aus enttäuschter Liebe oder Verbannung. Bei Ausbruch des Ersten Weltkriegs schließlich werden die Bewohner Anatewkas zwangsweise umgesiedelt. Obwohl er wie der Fiedelspieler auf dem Dach auf dem berühmten Gemälde von Mark Chagall ständig vom Absturz nach der einen oder anderen Seite bedroht ist, verliert auch Tewje nie die Zuversicht. Hierauf bezieht sich *Fiddler on the Roof*, das nach *Tewje der milchiger* entstandene Musical (1964; *Anatevka*) von Jerry Bock und Joseph Stein.

Werkausgabe: Selected Works. Hg. M. Zuckerman. o. O. 1994.

Klaus-Peter Walter

Schottelius, Justus Georg
Geb. 23. 6. 1612 in Einbeck;
gest. 25. 10. 1676 in Wolfenbüttel

Jacob Grimm bemerkte 1819 über Sch.' grammatisches und poetologisches Hauptwerk, die *Ausführliche Arbeit von der Teutschen HaubtSprache* (1663), dass dieses Buch »gegen die magerkeit der folgenden sprachlehren … etwas anziehendes und poetisches« habe. Wissenschaft und Poesie sind in der Tat keine Gegensätze für den »Suchenden«, wie Sch. in der »Fruchtbringenden Gesellschaft« genannt wurde: Seine sprachtheoretische und grammatikalische Arbeit bestimmt seine Poetik, und seine poetischen Werke sind Experimente, welche die wissenschaftlich erkannten Möglichkeiten der Sprache – etwa der Wortbildung – erproben. Auch seine Beiträge zu anderen Gebieten wie der Traktat *Von Unterschiedlichen Rechten in Teutschland* (1671) oder die *Ethica Die Sittenkunst oder Wollebenskunst* (1669) sind dem Ziel der »Ausarbeitung« der Muttersprache verpflichtet.

Der »teutsche Varro«, wie man Sch. schon im 17. Jahrhundert nach dem größten römischen Grammatiker nannte, stammte aus einem Pfarrhaus. Seine Ausbildung führte ihn vom Gymnasium in Hildesheim zu der Universität Helmstedt, dem Akademischen Gymnasium in Hamburg und den Universitäten in Leiden und Wittenberg. In Helmstedt promovierte er 1646 schließlich zum Doktor beider Rechte. Aber schon vorher hatte seine erfolgreiche Beamtenlaufbahn begonnen: Er war 1638 von Herzog August von Braunschweig und Lüneburg zum Erzieher seiner Kinder ernannt worden und blieb fortan dem Hof in Braunschweig bzw. Wolfenbüttel verbunden (Hofgerichtsassessor, Hof- und Konsistorialrat). Hier schrieb er, der es allmählich zu Wohlstand brachte und zweimal verheiratet war, alle seine Bücher (wobei ihm die berühmte Wolfenbütteler Bibliothek zugute kam). Sein philologisch-poetologisches Programm legte er schon früh in drei Schriften nieder (*Teutsche Sprachkunst*, 1641; *Der Teutschen Sprach Einleitung*, 1643; *Teutsche Vers- oder ReimKunst*, 1645), auf denen die monumentale *Ausführliche Arbeit* von 1663 basiert. Die praktische Seite dieser »Spracharbeit« bilden die poetischen Versuche. Frühe Beispiele sammelt der *Fruchtbringende Lustgarte* (1647). In die ersten Jahre an Herzog Augusts Musenhof fällt auch die Schauspieldichtung (sechs Stücke sind bekannt, darunter das 1642 aufgeführte *FreudenSpiel genandt Friedens Sieg*), die Teil des prinzlichen Erziehungsprogramms war. Einer der Betroffenen, Prinz Ferdinand Albrecht, schrieb später wenig begeistert, dass »Schottelius ihn allerhand Lustspiele zu spielen zwang / ehe Er kaum das ABC kunte«. In den letzten Jahren überwiegt die Andachts- und Erbauungsdichtung, eine grelle, expressive Poesie, für die die *Grausame Beschreibung und Vorstellung Der Hölle Und der Höllischen Qwal* (1676) als Beispiel stehen mag: »Allerkläglichst Winselbrunst / überschmertzlichst Heulgewitter / Karmenvoller Wimmerwind / schluchtzen und ein Seuftzgeknitter / Füllet diese Höllenluft / schallet hindurch ewiglich / Daß die Ohren gellen stets / Haar zu Berge beugen sich.«

Volker Meid

Schröder, Rudolf Alexander
Geb. 26. 1. 1878 in Bremen; gest. 22. 8. 1962 in Bad Wiessee

»Von den besten Absichten beseelt, etwas für die Entwicklung unserer Literatur- und Kunstverhältnisse Erprießliches« in die Welt zu setzen, kündigten die Herausgeber Otto Julius Bierbaum, Alfred Walter Heymel und Sch. im September 1899 das Erscheinen einer neuen literarischen Monatsschrift *Die Insel* im Berliner Verlag Schuster & Loeffler an. Erstveröffentlichungen von Max Dauthendey, Richard Dehmel, Hugo von Hofmannsthal und Übersetzungen von August Strindberg, Francis Jammes, Edgar Allan Poe und Oscar Wilde gaben der ungewohnt aufwendig mit Büttenpapier und eigens geschnittener Frakturschrift gestalteten Zeitschrift ihr Profil. Aus der *Insel* mit ihrem entschieden ästhetizistischen Programm, dem bewussten Abstand des schönen Scheins, den sie zwischen sich und der Wirklichkeit aufgehen ließ, ging 1902 der Insel-Verlag hervor. Seit dieser Verlag durch Anton und Katharina Kippenberg geleitet wurde, galt er als Hort wertvoller, aufwendig gestalteter Ausgaben der Klassiker der Weltliteratur, mit den Hauptautoren Johann Wolfgang Goethe und Rainer Maria Rilke. Der Insel-Verlag war von Anbeginn an bis heute publizistisches Forum einer deutlichen Abneigung gegen weltanschauliche Verbindlichkeiten und politische Stellungnahmen. Heinrich Vogeler, der Graphiker, Maler und Buchillustrator, der von Anfang an an dem Unternehmen der *Insel* beteiligt gewesen war, erinnerte sich kritisch: »Nirgends war ein Horizont, nirgends ein Durchblick, nirgends eine Perspektive; das Ganze war ein schöner Vorhang, der die Wirklichkeit verhüllte.«

Es ist kein Zufall, dass Sch. an der Gründung dieses literarisch-künstlerischen Unternehmens beteiligt gewesen war; heute, nach den bewegten Jahre der beiden Weltkriege, der Weimarer Republik, der Weltwirtschaftskrise, des Wirtschaftswunders, erscheint es wie ein utopisches, nicht zu gefährdendes Eiland von Kultur und Bildung. Das Bewusstsein, zum reichausgestatteten Hüter und Bewahrer einer jahrtausendealten humanistischen und christlichen Tradition berufen zu sein, hat den auf Abstand und Maß bedachten Sch. zeit seines Lebens nicht verlassen. Von den Menschheitsidealen der griechisch-römischen Antike und der europäischen Klassik geprägt, bewies er als Lyriker, Erzähler, Essayist von Rang und äußerst fruchtbarer Übersetzer (Homer, Vergil, Horaz, Molière, William Shakespeare u. v. m.) ein hohes Maß an geistiger Übereinstimmung und formaler Souveränität, ein rundum »Gebildeter«, der für das deutsche Bildungsbürgertum des 20. Jahrhunderts neue Maßstäbe eines christlich-existentiell gefärbten Umgangs mit den »Klassikern« setzte.

Aus bürgerlichem Hause, einer Bremer Kaufmannsfamilie stammend, entwickelte Sch. frühzeitig ausgeprägte literarische Neigungen, ohne selbst in seinen jungen Jahren einem von ihm wohl als »modisch« empfundenen Naturalismus oder Expressionismus angehangen zu haben. Er dachte zeitloser. Nach dem Abitur ging er nach München, um Architektur zu studieren. In diese Münchner Zeit fällt die Gründung der Zeitschrift *Die Insel*. Nach einem einjährigen Aufenthalt in Paris (1901) arbeitete der angehende Innenarchitekt zunächst in seiner Heimatstadt Bremen, verbrachte die Jahre von 1905 bis 1908 in Berlin und lebte schließlich wieder in Bremen. Dort gründete er 1911 zusammen mit Hugo von Hofmannsthal, mit dem er bis zu dessen Tod eng befreundet war, mit Rudolf Borchardt, dem neuromantischen Anhänger Stefan Georges, mit Ludwig Wolde und Willy Wiegand eine Privatpresse, die im Handsatz herausragende bibliophile Ausgaben herstellte. Auch bei diesem Unternehmen der *Bremer Presse* bestand das kreativ Reizvolle für Sch. nicht im literarisch Neuen, Avantgardistischen, sondern im Nachgestalten, Nachempfinden, Nachschöpfen, Neugestalten längst vorhandener literarisch-künstlerischer Muster.

Hatte er 1914 den Ausbruch des Ersten Weltkriegs noch mit weihevollen patriotischen Versen begrüßt *(Heilig Vaterland)*, so widmete er sich während des Krieges, als Zensor in Brüssel tätig, dem Übersetzen aus dem Flämischen und Niederländischen. Während der Weimarer Republik stand er fernab von den Spannungen, an denen das erste republikanische System auf deutschem Boden schließlich scheiterte, veröffentlichte zurückhaltende Gedichte (*Audax omnia perpetii*, 1922; *Der Herbst am Bodensee*, 1925), gab die Werke Jean Pauls neu heraus (1923 in acht Bänden), übersetzte fleißig (*Cicero; Cato der Ältere über das Greisenalter*, 1924; *Vergil: Georgika*, 1924) und schrieb Beiläufiges: *Ein paar Worte über Büchersammeln* (1931), *Wege und Ziele der Bücherpflege* (1931), *Der Dichter und das Buch* (1931), um nur wenige Beispiele zu nennen. Den Nationalsozialisten entzog er sich, indem er – seit 1935 – im Chiemgau als Landschaftsmaler wirkte und vorwiegend Übersetzungen veröffentlichte, die ihm keinen unmittelbaren Kommentar zu dem abnötigten, was auf den Straßen, in den Versammlungslokalen, den Konzentrationslagern und den Kriegsschauplätzen, den bombardierten Städten vorging (*Shakespeare: Ein Sommernachtstraum*, 1940; *Shakespeare: Was ihr wollt*, 1941; *Shakespeare: Romeo und Julia*, 1942). Der herrschenden nationalsozialistischen Barbarei versuchte er durch die konsequente Flucht in die unvergänglichen Werte der abendländischen Kultur zu entgehen. Das reichte nicht aus für ein Überleben in der inneren Emigration. Mitte der 1930er Jahre schloss er sich der Bekennenden Kirche an, die unter der Führung von Martin Niemöller und Karl Barth am sichtbarsten den protestantischen Widerstand gegen den Versuch der Nationalsozialisten geleistet hat, »Christentum« durch »Volkstum« zu ersetzen, und dafür selbst die Konsequenz der Konzentrationslager auf sich genommen hat. Schließlich wurde Sch. 1942 Lektor der Evangelischen Landeskirche Bayerns, u. a. aufgrund seiner Neuschöpfung des protestantischen Kirchenlieds, mit der er an den Geist des Widerstands anzuknüpfen suchte, der das Kirchenlied im 16. Jahrhundert getragen hat. Darüber hinaus hat Sch. ein beachtetes *Theologisches Wörterbuch zum Alten Testament* (1942) veröffentlicht. Im Jahr 1946 wurde Sch. zum Direktor der Bremer Kunsthalle berufen. Mit seinen zahlreichen Veröffentlichungen der Nachkriegsjahre (*Christus heute*, 1947;

Stunden mit dem Wort, 1948; *Über die Liebe zum Menschen*, 1950; *Goethe und wir*, 1950; *Macht und Ohnmacht des Geistes*, 1951; *Eine Handvoll Dynamit. Die Botschaft des Römerbriefs*, 1951), die er bis zu seinem Tod fortsetzte, entsprach Sch. dem Klima einer »geistigen Rückbesinnung«, die bei der Neuorientierung Deutschlands gedanklich eher an dem traditionellen, bürgerlich-christlichen Wertekanon – eine Form von innerer Revolte aus dem Geist des Abendlands – anknüpfte als an der Umgestaltung der politischen und wirtschaftlichen Verhältnisse, um einen erneuten Rückfall in die Barbarei zu verhindern. Damit war Sch. wieder einmal weit von der die Zeit bestimmenden literarischen Entwicklung (Gruppe 47, Autoren des Exils, Kahlschlaggeneration, Eindringen moderner amerikanischer, französischer, italienischer und englischer Literatur, Film des Auslands) entfernt. Als er schließlich in biblischem Alter starb, fungierte er mit deutlichem innerem Abstand, der seiner überlegenen Bildung und seinem kultivierten Christentum entsprach, als hochdekoriertes kulturelles Aushängeschild der Adenauerschen Restauration.

Werkausgabe: Gesammelte Werke in 8 Bänden. Frankfurt a. M. 1952–65.

Bernd Lutz

Schrott, Raoul
Geb. 17. 1. 1964 in Landeck/Tirol

Der Lebenslauf von Sch. klingt abenteuerlich. Geboren auf einer Schiffspassage zwischen Südamerika und Europa, unweit von São Paulo, verbringt er seine Kindheit im Maghreb (Tunesien) und seine Jugend in Zürich und Tirol. Er war Privatsekretär von Philippe Soupault in Paris, studierte in Norwich und Berlin, promovierte im Alter von 24 Jahren über Dadaismus in Innsbruck, lehrte Germanistik in Neapel, habilitierte sich 1997 in Innsbruck mit einer Arbeit über *Fragmente einer Sprache der Dichtung – Poetiken von der Antike bis zur Gegenwart* und lebt heute in Cappaghglass (Irland).

Aus der Beschäftigung mit der Avantgarde formt sich Sch.s eigener Poesiebegriff, Literatur begreift er als Ein- und Widerspruch: »Literatur ist eine poetische Revolte ... Und wenn die Literatur mit ihren oszillierenden und nie genau festlegbaren Strukturen eines lehrt, dann ist es nicht nur Skepsis, sondern vor allem Ironie: eine romantische Ironie, wenn man so will, eine Fähigkeit, sich ihr Gegenteil zu denken, nämlich das Sinnlose, und vor allem Selbstironie.« Neben den Surrealisten sind es insbesondere die Dadaisten, mit denen sich der Autor beschäftigt. Seine Dissertation *DADA 21/22*, die 1988 erschien und zugleich sein Debüt ist, gilt inzwischen neben *DADA 15/25* (1992) und *DADAutrich 1907–1970* (1993) als Standardwerk der Forschung. Aber Sch. interessierten neben der Avantgarde auch die Anfänge der Dichtung. Mit »*Die Erfindung der Poesie*«. *Gedichte aus den ersten viertausend Jahren* (1997) legt er eine poetische Archäologie vor und gräbt entfernte Texte aus. Einen neuen Zugang hat er mit seiner Nachdichtung und Neuübersetzung des *Gilgamesh* (2001) geschaffen, dem ältesten, in sumerischer Keilschrift geschriebenen Text der Weltliteratur.

Bereits 1989 hat er sich in *Makame*, der Titel bezieht sich auf die Gelegenheitsgedichte von Al-Hariri, mit alten Texten auseinandergesetzt, wobei den Hauptteil des Bandes Gedichte bilden, die aus einem Unbehagen gegenüber der deutschen Gegenwartslyrik entstanden sind. Auf der Suche nach einer eigenen Poetik begehrt Sch. mit seinen Duden-Gedichten gegen das »Wittgensteinsche Diktum von den Grenzen der Welt« in der Poesie auf.

Dass sich Sch. angesichts seiner Biographie besonders für das Reisen und die Fremde interessiert, erscheint nicht verwunderlich. Mit einer gewissen Vorliebe entdeckt er in seinen literarischen Texten verborgene Winkel und durchquert vergessene Landschaften, nimmt er seine Leser auf Expeditionen mit und steuert ferne Inseln an. Seine Aufmerksamkeit gilt zwar dem Unterwegssein, aber Sch. ist kein Reiseschriftsteller, vielmehr verfolgt er anthropologische Interessen. In der

Bretagne ist er auf die Totenlegenden von A. Le Braz gestoßen, durch die er Inspirationen für seine Gedichtsammlung *Die Legenden vom Tod* (1990) erhielt. Sch. begreift den »Tod als im Grunde einzige Instanz, gegen die man anschreibt; die Literatur als poetische Revolte dagegen«, wie er es in *Einige ganz private Überlegungen zur Literatur und den eigenen Anfängen* formuliert hat.

Der Flüchtigkeit der Existenz und der Frage, was nach dem Tod bleibe, geht Sch. in dem Band *Hotels* (1995) nach. Reisende verstehen Hotels als Zwischenstationen, zeitweilig halten sie sich in ihnen auf, und mit großer Anstrengung versucht man, nach ihrer Abfahrt die hinterlassenen Spuren zu beseitigen. Für Sch. bilden sie den Punkt, »wo man Phantasie und Strenge in die Waagschale und miteinander verknüpfen kann«. Auf seiner Spurensuche stehen ihm Hermes und Hestia zur Seite, der Gott des Reisens und die Göttin des Herdes. Sch. hat sich in den Gedichten für die Durchgangsorte interessiert. Während das Vergessen in den Hotels herrscht, in denen Ankommen und Wegfahren sich abwechseln, macht Schrott in seinen Texten gerade am Flüchtigen fest, was Dauer im Erinnern beanspruchen kann.

Einer in der Ferne liegenden Gegend nähert er sich auch in seinem Romandebüt *Finis terrae* (1995). Das Geschehen führt in eine vergangene Zeit und ans Ende der Welt. Ein nautisches Logbuch, eine Folge von nie abgeschickten Briefen, ein archäologischer Bericht und Tagebucheintragungen bilden das Material dieses Romans, der eine ungewöhnliche Geschichte erzählt. Sie beginnt mit einem Vorwort, in dem der Autor sich als Herausgeber von aufgefundenen Schriften zu erkennen gibt. Doch noch vor dem eigentlichen Text wird der Leser mit einem Bild konfrontiert, das sich lange Jahre im Privatbesitz des Psychoanalytikers Jacques Lacan (1901–1981) befand: Gustave Courbets »Der Ursprung der Welt« (1866). Das Bild zeigt die unverhüllte weibliche Scham. Der nackte Schoß bietet sich dem Betrachter wie ein Landschaft dar, die Verheißungen und Versprechen weckt. Nicht zufällig ist das Bild in Sch.s Buch abgebildet, denn es tritt in Korrespondenz mit dem Text. Der aus vier Heften bestehende Roman erzählt von Forschern, die sich in Grenzbereiche vorwagen. Aber ihr Drang nach der Ferne macht auch ihr Dilemma aus. Höhnel und sein Freund Schiaparelli sind besessenen von dem Glauben an die Mechanik, es drängt sie danach, die Welt zu vermessen, sie zu kartographieren und zu parzellieren. Diese Sucht macht sie blind für das Leben. Alles wird ihnen zum Objekt, auch das Weibliche, und entbehrt der Sinnlichkeit. In diesem Bezug verankert Sch. Courbets Bild, das den Text kontrastiert.

Sch. hat eine gewisse Vorliebe für abgründige Geschichten, die an entlegenen Orten spielen. Sein Interesse ist auf das weit Entfernte und Vergessene gerichtet. In *Tropen. Über das Erhabene* (1998) deutet Sch. das Erhabene anders als Friedrich Schiller. Für Sch. sprengt das Erhabene jene Grenzen, in die die sinnliche Natur nach Schiller durch das Erhabene versetzt wird, während die vernünftige Natur Überlegenheit und Freiheit fühlt. In dem unbekannten Raum, der zwischen Wissen und Verzauberung liegt, macht Sch. in den Dichtungen dieses Bandes seine Entdeckungen. Sie beziehen ihren Reiz aus dem Erkennen und Überschreiten von Grenzen.

In Grenzbereiche dringt Sch. auch mit der Novelle *Die Wüste Lop Nor* (2000) vor, ein Text, der sich in 101 kleine Textminiaturen gliedert und in dessen Zentrum Louper und seine Liebe zu Francesca, Arlette und Elif steht. An die drei Frauen erinnern ein Pinienzapfen, ein Cri-Cri und ein Stein. Sch.s Buch ist der Versuch, eine Naturgeschichte der Liebe zu entwerfen, wobei die Sanddünen als Allegorie auf die Liebe fungieren. Die Wüste vermag, wenn sie von sich erzählt, in verschiedenen Tönen zu klingen und erscheint als ein Gleichnis auf die Liebe.

Auch in dem Roman *Tristan da Cunha* (2003) unternimmt Sch. eine atemberaubende Exkursion. Sie führt ihn zu der im Südatlantik liegenden Insel Tristan da Cunha. In dem monumentalen Roman, den er nicht als einen Reisebericht, sondern als eine Allegorie auf das Verschwinden eines vermeintlichen Paradieses verstanden wissen will, versucht Sch. am Beispiel dieser Insel, die von allen anderen bewohnten Punkten der Erde am weitesten entfernt liegt, die Geschichte der Menschheit vom 15. Jahrhundert bis in die unmittelbare Gegenwart zu rekonstruieren. Im Zentrum steht eine kleine Welt, die reich ist an »Projektionen und Passionen«, in der sich entfesselte Sehnsüchte und enttäuschte Leidenschaften finden, in der das Glück immer wieder gesucht und verfehlt wird. Tristan da Cunha wird zum Schauplatz von monadologischer Struktur, denn auf der Insel zeigen sich wie in der Monade bereits alle Formen späterer Entwicklungen. So wird die Insel zum Ort von Symbolwert, denn die Mythen und Legenden, die sich um sie ranken, bilden die Eckdaten ihrer Geschichte.

Wie bereits in *Finis terrae* stützt sich der Autor auch in *Tristan da Cunha* auf überlieferte Materialien. Es handelt sich um die Aufzeichnungen des Priesters Dodgson, den es Ende des 19. Jahrhunderts auf die Insel verschlägt, die Berichte des Engländers Christian Reval, der während des Zweiten Weltkriegs als Funker auf der Insel stationiert ist, die Notizen des Briefmarkensammlers Mark Thompson und die Tagebucheintragungen von Noomi Morholt, die im Jahr 2003 in der Antarktis arbeitet. Der Roman erweckt den Anschein, als hätte der Autor diese Zusammenstellung aus literarischen Fundstücken nur herausgegeben. Sch. erschreibt sich zunächst die Dokumente als Material und verfremdet dann das Geschriebene, indem er es als überlieferte Zeugnisse ausgibt. In diesem Spiel mit Dokumenten erweist sich nichts als sicher, darf keiner Quelle getraut, aber auch kein Detail übersehen werden. Denn gerade das im Verlauf der Überlieferungsgeschichte Vergessene will Sch. in Erinnerung rufen. Auf diese Weise aktualisiert er beides, versieht er die Quellen und die darin beschriebenen Ereignisse mit neuen Bedeutungen.

Michael Opitz

Schubart, Christian Friedrich Daniel

Geb. 24. 3. 1739 in Obersontheim/Württemberg;
gest. 10. 10. 1791 in Stuttgart

»Ohne Recht und Urteil schmachtete er viele Jahre im Felsenkerker; das Auge seines Fürsten weidete sich an ihm, seine späte Entlassung ward Gnade, und nie bekam er die Ursache seines Gefängnisses zu wissen, bis an den Tag seines Todes. Wahre Begebnisse dieser Art müßten von Munde zu Munde, von Tagebuch zu Tagebuch fortgepflanzt werden; denn wenn Lebendige schweigen, so mögen aus ihren Gräbern die Toten aufstehen und zeugen.« Mit diesen anklägerischen Worten setzte Johann Gottfried Herder Sch. in seinen *Briefen zur Beförderung der Humanität* (1793) ein ehrendes Denkmal. Die zehnjährige Haftstrafe auf dem Asperg, dem berüchtigten »Hausberg der schwäbischen Intelligenz«, hatte Sch. zu einer Symbolfigur des antifeudalen Widerstands gemacht. Sein Leben ist durch diese lange Zeit auf dem »Thränen-, Höllen- und Schicksalsberg« unwiderruflich geprägt worden.

Als Sohn eines schwäbischen Dorfpfarrers zeigte Sch. bereits als Kind musikalische und literarische Talente. Nach eher unsystematisch betriebenen Studien vor allem der »schönen Wissenschaften« in Nördlingen und Erlangen (1758) brachte sich Sch. mühselig als Hilfsprediger, Hauslehrer und Organist durch, geriet aber wegen seines unsteten Lebenswandels immer wieder in Not. Erst 1774, mit der Übernahme des *Schwäbischen Journals*, konsolidierte sich seine finanzielle Situation. Unter dem Titel *Deutsche Chronik* wurde dieses Blatt für einige Jahre zu einem Forum der politischen Opposition in Süddeutschland. Der aufsässige, bissige Journalismus, der die *Chronik* (von 1774 bis 1777) auszeichnete und zu einem begehrten Blatt machte – die Auflage schwankte zwischen 1600 und 3000 Exemplaren – machte Sch. der Obrigkeit verhasst und zwang ihn mehrmals zu Ortswechseln. Der Herzog Carl Eugen von Württemberg warf Sch. vor, es gäbe »fast kein gekröntes

Haupt und kein(en) Fürsten auf dem Erdboden«, den er in seinen Schriften »nicht auf das freventlichste angetastet« habe. Tatsächlich bemühte sich Sch. in seiner *Chronik* um eine lebendige und unkonventionelle Mischung von politischen und literarischen Themen und verfaßte seine Beiträge in einem unterhaltsamen und volkstümlichen Ton. Enthusiastisch begrüßte Sch. die Stürmer und Dränger: »Da sitz ich mit zerfloßnem Herzen, mit klopfender Brust und mit Augen, aus welchen wollüstiger Schmerz tröpfelt, und sag Dir, Leser, daß ich eben die ›Leiden des jungen Werthers‹ von meinem lieben Goethe – gelesen? – nein, verschlungen habe. Kritisieren soll ich? Könnt ich's, so hätt ich kein Herz.« In seiner eigenen literarischen Praxis (vor allem Lyrik) knüpfte er an die volkstümlichen und sozialkritischen Bestrebungen der Stürmer und Dränger an (*Die Fürstengruft*, 1780). Seine Erzählung *Zur Geschichte des menschlichen Herzens* (1775) war Vorlage für Friedrich Schillers *Räuber* (1781).

Seine politische Unbotmäßigkeit brachte Sch. schließlich zu Fall. Unter einem Vorwand ließ ihn der Herzog Carl Eugen von Württemberg auf sein Hoheitsgebiet locken und ohne Prozeß und ohne förmliche Anklage auf der Festung Asperg verschwinden. »Jetzt rasselte die Tür hinter mir zu und ich war allein – in einem großen, düstern Felsenloche allein. Ich stand und starrte vor Entsetzen, wie einer, den die donnernde Woge verschlang und dessen Seele nun in schaurigen Scheol erwacht.« 377 Tage verbrachte Sch. völlig ohne Kontakt zur Außenwelt, aber auch als die Isolierung gelockert wurde, durfte er jahrelang keine Besuche oder Post empfangen. Bis Ende 1780 hatte er Schreibverbot. Der Herzog wollte ein Exempel an ihm statuieren. Während er gleichzeitig für Sch.s Frau und Kinder sorgte, unterwarf er den eingekerkerten Sch. einem drakonischen »Bekehrungswerk«. Die einzig erlaubte Lektüre waren geistliche Bücher, religiöse Fanatiker die einzigen zugelassenen Gesprächspartner. Hafterleichterungen wurden erst erteilt, als absehbar war, daß Sch. psychisch gebrochen und Widerstand nicht mehr von ihm zu befürchten war. Der Herzog fand sich sogar bereit, eine Ausgabe der Gedichte von Sch. zu veranstalten, während dieser bei ihm einsaß. Unter den dreitausend Subskribenten fanden sich Offiziere der Garnison und der Kerkermeister, aber auch vierzehn deutsche Regenten. Für den Herzog war die Ausgabe ein gutes Geschäft. Von den zweitausend Gulden Gesamteinnahmen strich er die Hälfte für sich ein. Freigelassen wurde Sch. trotz solcher herzoglichen »Gnadenbeweise« aber noch lange nicht. Nach fast neun Jahren durfte ihn zum erstenmal seine Frau besuchen. Die Entlassung von Sch. trug groteske Züge: Carl Eugen nahm den gebrochenen Rebellen ins Gnadenbrot und versprach ihm »das Leben von nun an leicht und angenehm zu machen«. Die *Chronik*, die Sch. auf allerhöchsten Befehl als *Vaterländische Chronik* wieder herausgeben durfte, hatte ihren Biß verloren. Das »Erziehungswerk« war gelungen. Sch. starb wenige Jahre später als Theater- und Musikdirektor an den Folgen der langen Gefangenschaft.

Werkausgabe: Christian Friedrich Daniel Schubarts, des Patrioten, gesammelte Schriften und Schicksale. 8 Bde. Stuttgart 1839/40, Nachdruck Hildesheim 1972.

Inge Stephan

Schulz, Bruno
Geb. 12. 7. 1892 in Drohobycz/Polen; gest. 19. 11. 1942 in Drohobycz

Bruno Schulz gehört neben Witold Gombrowicz und Stanisław Ignacy Witkiewicz (Witkacy) zu den bedeutendsten Vertretern der polnischen Literatur und Kunstströmung zwischen den beiden Weltkriegen, der sog. Zwischenkriegszeit. In Würdigung seines 100. Geburtstags und 50. Todestags erklärte die UNESCO das Jahr 1992 zum »Bruno-Schulz-Jahr«.

Fast sein ganzes Leben verbrachte der menschenscheue Schriftsteller, Maler und Zeichner Sch. in seiner Geburtsstadt Drohobycz, einer galizischen Kleinstadt, die von Polen, Ukrainern, Juden, Armeniern und Österreichern bewohnt wurde. Sch., selbst in der jüdischen Tradition verankert, wurde von Kindheit an mit einer multiethnischen Kultur konfrontiert, in der er sich als Außenseiter und Fremder fühlte. Seine Erzählungen, die in Drohobycz spielen und in denen sich die Kenntnis rabbinischer Schriften spiegelt, gehen »aus der Berührung der ostjüdischen Tradition mit der weltlichen Kultur der Moderne« (Jörg Schulte) hervor. Sch.' literarisches Werk stellt eine mystifizierte Architektur von Drohobycz vor, einem der Zentren der jüdischen Kultur in Osteuropa, das Anfang des 20. Jahrhunderts – wegen seines Erdölvorkommens – starke wirtschaftliche und soziale Veränderungen erfuhr. Die gravierenden Umstrukturierungen und Umbrüche in den 1920er und 30er Jahren sowie der aufkommende technische Fortschritt, der die Existenz alteingesessener Handwerker und Kleinhändler bedrohte, bilden den Hintergrund der Erzählungen.

Die Geschichten des Zyklus *Sklepy cynamonowe* (1934; *Die Zimtläden*, 1961) sowie *Sanatorium Pod Klepsydrą* (1937; *Das Sanatorium zur Todesanzeige*), die er selbst illustrierte, enthalten autobiographische und historische Anspielungen, die mit grotesken und ironischen Verformungen, surrealistischen Elementen, halluzinatorischen Bildern und phantastischen Szenen durchflochten sind. Verwendet hat Sch. Motive aus Abenteuer- und Liebesromanen sowie aus der griechischen und römischen Mythologie; hauptsächlich bezog er sich aber in Metaphern, Zitaten, Allusionen und Vergleichen auf die Bibel. Seine Protagonisten sind meist Familienangehörige und Bekannte.

Ein reges Interesse für sein literarisches und bildnerisches Schaffen zeigt sich in zahlreichen ausländischen Buchausgaben, literaturwissenschaftlichen Abhandlungen, Symposien und Ausstellungen. Seine Erzählungen wurden von Film, Theater und Rundfunk adaptiert und haben zu literarischen Produktionen inspiriert, in denen Sch. als Protagonist oder Erzähler auftritt, wie z. B. in den Romanen *Ein Mann, der vielleicht Schulz hieß* (1998) des Italieners Ugo Riccarelli und *Der Messias von Stockholm* (1987) der amerikanischen Schriftstellerin Cynthia Ozick. Sch.' Gesamtwerk, das neben Erzählungen literaturkritische Essays, Briefe, und Zeichnungen umfasst, wird aus psychoanalytischer, kabbalistischer, postmoderner und feministischer Perspektive interpretiert. Großes Interesse gilt seinem zeichnerischen Werk; eine große Sammlung befindet sich im Literaturmuseum in Warschau. Die Radierungen der *Xięga bałwochwalcza* (um 1923; Das Götzenbuch) sind Graphiken mit erotischer und sadomasochistischer Thematik: Sie zeigen groteske Szenen, in denen Frauen über Männer dominieren, Männer sich Frauen fügen und unterwerfen.

Werkausgabe: Gesammelte Werke in zwei Bänden. Hg. M. Dutsch/J. Ficowski. Frankfurt a. M. 1994.

Georg Mrugalla

Schwab, Gustav
Geb. 19. 6. 1792 in Stuttgart;
gest. 4. 11. 1850 in Stuttgart

»Du wirst es gerne hören«, schreibt Sch. 1838, im zweiten Jahr seiner fünfjährigen Amtszeit in Gomaringen bei Tübingen, »daß ich gewiß einer der zufriedensten und vergnügtesten Landpfarrer Württembergs bin und in dieser letzten, betrübten (Hegels-) Zeit das Evangelium Jesu Christi unverzagt treibe.« Das betuliche Bekenntnis bringt zentrale Orientierungsmuster seines Denkens zur Sprache: einen ausgeprägten Regionalismus, der in der Wahl seiner Balladenstoffe ebenso zutage tritt wie in drei Reisebeschreibungen aus der schwäbischen Heimat, sowie die einem glaubensstarken Protestantismus verpflichtete Abwehrhaltung gegenüber den »jungdeutschen« Strömungen nach der französischen Julirevolution von 1830.

Auf eine anspruchslose Begrenztheit von Sch.s Horizonts darf man daraus freilich nicht schließen. Gewiss ist seine von bürgerlicher Überformung romantischer Motive geprägte Lyrik – die er 1828/29 erstmals gesammelt vorlegt – nicht eben originell. Dass er »einige schöne Lieder, auch etwelche hübsche Balladen gedichtet« habe, konzediert gleichwohl Heinrich Heine selbst in seiner Satire über die »schwäbische Dichterschule«. Als außerordentlich vielseitiger literarischer Vermittler jedoch, als Herausgeber, Bearbeiter, Anthologist und Übersetzer, als Nachdichter und Kritiker, als Literaturpädagoge und vielbesuchter Mentor junger Talente (darunter Nikolaus Lenaus, Eduard Mörikes oder Friedrich Hebbels) hat er Verdienste, die mit seinen popularisierenden Bearbeitungen der deutschen Volksbücher (1836/37) sowie der *Schönsten Sagen des klassischen Altertums* (1838–40) teilweise bis in die Gegenwart fortwirken.

Seine spätere Rolle ist durch die Abstammung aus dem gebildeten Stuttgarter Bürgertum begünstigt. Der Vater, ein überregional anerkannter Gelehrter, avancierte vom Professor an der Karlsschule, dem Institut fürstlicher Eliteförderung, zum höheren Regierungsbeamten. Über Friedrich Schiller, den berühmtesten Zögling dieser Anstalt, veröffentlicht der Sohn 1840 eine Biographie. Sch.s Elternhaus ist ein Mittelpunkt literarischer Geselligkeit in der württembergischen Hauptstadt, die nach 1815 (vor allem aufgrund verlegerischer Initiativen) zum literarischen Zentrum Süddeutschlands aufsteigt. Nach dem Besuch des Gymnasiums (bis 1809) nimmt er am Tübinger Stift, wo er die Burschenschaft »Romantika« gründet, das Studium der Theologie (mit den Nebenfächern Philologie und Philosophie) auf. Eine abschließende Bildungsreise führt ihn besonders in die Kreise der norddeutschen Spätromantik ein.

Von 1817 an, als der vormalige Vikar eine Anstellung als Professor der klassischen Literatur und »Antiquitäten« am Stuttgarter Oberen Gymnasium erhält, arbeitet er regelmäßig an Johann Friedrich Cottas *Morgenblatt für gebildete Stände* mit, der führenden belletristischen Zeitschrift der ersten Jahrhunderthälfte. Auch andernorts ein fleißiger Rezensent, leitet er zwischen 1827 und 1837 die poetische Beilage des *Morgenblatts* und gibt von 1833 bis 1838 zusammen mit Adelbert von Chamisso den einflussreichen *Deutschen Musenalmanach* heraus.

Sch.s Karriere gipfelt schließlich in einer leitenden Position bei der Verwaltung. Seit 1845 wird er, nach vierjähriger Zeit als Stadtpfarrer und Amtsdekan in Stuttgart, zum Oberkonsistorialrat ernannt, dem die Aufsicht über die höheren Schulen in Württemberg obliegt. Neben den schon erwähnten Ausgaben hatte er sein pädagogisches Interesse zuvor auch in viel aufgelegten »Mustersammlungen« deutscher Lyrik und Prosa »mit Rücksicht auf den Gebrauch in Schulen« (1835 und 1843) sowie in neuen Lehrplanentwürfen unter Beweis gestellt. Daneben hält er im kleinen Kreis Vorlesungen über die deutsche Literatur. Von seinem Vater angeregt, der 1826 zusammen mit dem als Vorbild bewunderten Freund Ludwig Uhland eine erste Hölderlin-Auswahl vorlegt, veranstaltet Sch.s Sohn Christoph Theodor zwanzig Jahre später die vorläufige Gesamtausgabe des weithin vergessenen Außenseiters. Nicht zuletzt in dieser Kontinuität zeigt sich das literarische Gespür dieses homme de lettres.

Hans-Rüdiger Schwab

Schwitters, Kurt

Geb. 20. 6. 1887 in Hannover;
gest. 8. 1. 1948 in Ambleside/Westmoreland

Ein bieder gekleideter Mann spricht 1918 im Berliner »Café des Westens« den DADA-Künstler Raoul Hausmann an, stellt sich als Kurt Schwitters vor und antwortet auf die Frage, was er mache: »Ich bin Maler und ich nagle meine Bilder.« Zwar wird nichts aus der erhofften Aufnahme in den »Club DADA«, aber man wird aufmerksam auf den Unbekannten, der außer Bildern auch noch Gedichte macht. Der Hannoveraner mit dem etwas spießigen Äußeren ist bereits über dreißig Jahre alt. Vier Jahre zuvor hat er noch an der Kunstakademie Dresden studiert (von 1909 bis 1914). Er wohnt bis zur Emigration 1937 im gutbürgerlichen Elternhaus. Dort finden die ersten MERZ-Vortragsabende statt, dort schreibt er, klebt, nagelt aus vorgefundenem Material seine Bilder, gestaltet er ganze Räume.

Alles ist Teil eines Gesamtkunstwerks, an dem Sch., sich selber einbegreifend, in den Jahren nach dem Ersten Weltkrieg arbeitet und wofür er in bissigen Polemiken kämpft (*Tran*-Artikel).

Entstanden aus der Demontage des Wortes KOMMERZ, das den lettristischen Blickfang eines frühen Bildes bildet, wird MERZ für Sch. zum Inbegriff künstlerischer Tätigkeiten: »Ich nannte nun alle meine Bilder als Gattung nach dem charakteristischen Bilde MERZbilder. Später erweiterte ich die Bezeichnung MERZ erst auf meine Dichtung ... und endlich auf alle meine entsprechenden Tätigkeiten. Jetzt nenne ich mich selbst MERZ.« Die Nähe zu DADA, seiner Begriffsbildung und anti-konventionellen Kunstpraxis, ist offensichtlich. Doch ist bei Sch. eine Haltung festzustellen, die weniger an anarchischer Zerstörung als am experimentell Konstruktiven abstrakter Kunst interessiert ist. Hier liegen Gründe für seine Abgrenzung gegen DADA, äußerlich ablesbar am »Markenzeichen« MERZ. Dennoch fühlt sich Sch. der dadaistischen Bewegung zugehörig und ist mit Hans Arp, Hausmann und Tristan Tzara u. a. befreundet. Da Sch. erst verhältnismäßig spät dazustößt, kann er die bereits ausgearbeiteten avantgardistischen Elemente von DADA kritisch übernehmen und sie in eigener Weise weiterentwickeln.

Literarisch experimentiert Sch. ab 1918 im Stile August Stramms. Damit erweckt er das Interesse Herwarth Waldens, der in seiner Zeitschrift *Der Sturm* erste Texte von Sch. publiziert. 1919 erscheint das Gedicht *An Anna Blume*. Ganz im dadaistischen Sinne parodiert Sch. traditionelles Kunstpathos. Dies Gedicht markiert den Beginn einer kabarettistisch wirkenden Vortragsliteratur, mit der Sch. in den Folgejahren zum erfolgreichen Rezitator wird. Vortragsreisen machen seine MERZ-Kunst bekannt. Die Collage von »objects trouvés« wendet er auch bei Texten an, montiert Alltagsrede, grammatische Reihen, Zahlen und vieles mehr. Die parodistische Dramatisierung im Vortrag will Kunst und Anti-Kunst zugleich sein, ist Ausdruck »karnevalistischen Weltempfindens« (Friedhelm Lach). In diesen Veranstaltungen liegen auch die Anfänge dessen, was Sch. zu einem der Väter der »Konkreten Poesie« gemacht hat, seine Lautpoesie. Angeregt durch Raoul Hausmann, entwickelt Sch. seine berühmte *Ursonate*. 1923 bis 1932 veröffentlicht er Teile dieses Musterbeispiels dadaistischer Lautpoesie, erprobt und überarbeitet sie bis zur endgültigen Form. Er selber ist sein bester Interpret: »Mit welch hinreißendem Schwung sang, trillerte, flüsterte, schnarrte, jubelte er seine Urlautsonate, bis die Zuhörer aus ihrer grauen Haut fuhren ... gelangen ihm übermenschliche, verführerische, sirenenhafte Klänge« (siehe Hans Arp). Während die DADA-Bewegung zerfällt, ist Sch. um Alternativen und Entwicklungen bemüht. Sein visueller Kunstsinn drängt ihn zu neuen typographischen Formen. Ein Stil- und Ordnungsbedürfnis wird spürbar, das ihn ab 1922 Anschluss an Konstruktivisten wie El Lissitzky und an die »De Stijl«-Gruppe um van Doesburg suchen lässt. Mit den *Merzheften* (1923–1932) schafft er sich eine programmatische Plattform, entwirft neue Schriftformen, entwickelt utopische Theaterpläne (*Merzbühne* und *Normalbühne MERZ*) und plädiert mit anderen in einem *Manifest Proletkunst* für ein klassenüberwindendes »Gesamtkunstwerk«.

Sch. wird freier Werbeberater für Firmen und für die Stadt Hannover. Künstlerisch nähert er sich der »Neuen Sachlichkeit« an. Doch der frühere Erfolg bleibt aus. »Heute ist Schwitters einfach unmöglich ... Die Zeit geht weiter«, schreibt 1930 eine Zeitung. Von den Nazis verfolgt – seine Bücher werden 1933 verbrannt, seine Bilder 1937 als »Entartete Kunst« ausgestellt – emigriert er im selben Jahr nach Norwegen, flieht 1940 nach England, wo er bis zu seinem Tode vereinsamt und künstlerisch unbeachtet lebt. Öffentlichen Erfolg hatte Sch. im Zusammenhang der DADA-Bewegung, in der er sich als MERZ-Künstler zu behaupten wusste. Seine literarische Wirkung ist heute am ehesten bei Autoren der »Konkreten Poesie« festzustellen, die sich häufig auf ihn als Anreger berufen (Helmut Heißenbüttel, Ernst Jandl, Gerhard Rühm).

Werkausgabe: Das literarische Werk. Hg. von Friedhelm Lach. 5 Bde. Köln 1973–81.

Horst Ohde

Sciascia, Leonardo
Geb. 8. 1. 1921 in Racalmuto/Agrigento, Sizilien; gest. 20. 11. 1989 in Palermo

Als Leonardo Sciascia im November 1989 starb, beklagte man in Italien nicht nur den Verlust eines bedeutenden italienischen Autors mit internationalem Renommee. Man empfand seinen Tod auch als Verlust des personifizierten Gewissens Italiens. S. verstand sich zeit seines Lebens als politisch engagierter Schriftsteller und war in späteren Jahren, wenn auch nur für kurze Zeit, politisch aktiv, zum einen im Stadtparlament Palermos, zum anderen im italienischen und europäischen Parlament. 1978 löste er mit seinem Buch *L'affaire Moro* (*Die Affäre Moro*, 1979) in Italien heftige Diskussionen aus. Darin hatte er zu belegen versucht, dass der Christdemokrat Aldo Moro, den die Roten Brigaden 1978 ermordet hatten, auf dem »Altar des historischen Kompromisses« geopfert worden sei, weil er »für die Rückkehr der Kommunistischen Partei in die Regierungsmehrheit« nach dreißigjähriger Abwesenheit verantwortlich gewesen sei. Darüber hinaus war S. Sizilianer, was sich nicht nur in vielen seiner literarischen Texte spiegelt, sondern auch wesentliche Teile seines politischen Engagements bestimmte, das er immer wieder für die Belange Süditaliens einsetzte.

S.s erste schriftstellerische Versuche fallen in die 1950er Jahre. Zunächst schrieb er stark autobiographisch geprägte Texte. Mit dem Roman *Il giorno della civetta* (1961; *Der Tag der Eule*, 1964) gelang ihm Anfang der 1960er Jahre der nationale und internationale Durchbruch. Es handelt sich um einen Detektivroman, der sich allerdings in zentralen Punkten von konventioneller Kriminalliteratur unterscheidet. Nicht nur das Thema ist neu: *Il giorno della civetta* behandelt das Phänomen der Mafia und deren Beziehungen zur Politik. Auch die Form, in der die Ereignisse im Roman geschildert werden, sprengt herkömmliche kriminalistische Erzählmuster. Zwar steht ein klassischer Detektiv, Hauptmann Bellodi aus Parma, im Mittelpunkt, der durch geschickte Ermittlungen mehrere Morde aufklären und zumindest teilweise das Gesetz des Schweigens brechen kann. Als Bellodi jedoch am Ende einen Mafiaboss dingfest machen möchte, wird dieser von hochrangigen Politikern geschützt, so dass die Aufklärung des Falles ins Leere läuft: Die Anonymität der Drahtzieher bleibt gewahrt, ihr Macht- und Intrigennetz unangetastet. Frustriert geht Bellodi zurück nach Norditalien. Im Roman *A ciascuno il suo* (1966; *Tote auf Bestellung*, 1968) wird das Mafiathema abermals aufgenommen und das Scheitern der Ermittlungsarbeit auf die Spitze getrieben, indem ein Amateurdetektiv am Ende einfach beseitigt wird, so dass seine Ermittlungsergebnisse niemals ans Licht kommen. In den Kriminalromanen *Il contesto. Una parodia* (1971; *Tote Richter reden nicht*, 1974) und *Todo Modo* (1974; *Todo Modo oder das Spiel um die Macht*, 1977) befasst sich S. verstärkt mit Politik, die Moral und Recht außer Kraft zu setzen vermag. In den 1980er Jahren erscheinen mehrere weitere Krimis, welche die Themen Mafia und politischer Machtmissbrauch erneut aufnehmen.

Ein zweiter Schwerpunkt der schriftstellerischen Arbeit S.s bestand seit den 1970er Jahren in Veröffentlichungen, die aus dokumentarischen Recherchen hervorgegangen waren und in denen S. anhand einzelner historischer Fälle Ungerechtigkeiten und Unwahrheiten in Justiz, Kirche und Politik aufzuspüren versuchte, wobei er sich einer Mischung aus Fakten und Fiktion bediente. Später wandte er sich verstärkt dem rein dokumentarischen Genre zu (vgl. *L'affaire Moro*) und versuchte z. B. das rätselhafte Verschwinden des begabten Physikers Ettore Majorana im Jahre 1937 aufzuklären, der in der berühmten Forschergruppe um Enrico Fermi in Rom gearbeitet hatte.

Uwe Lindemann

Scorza, Manuel
Geb. 9. 9. 1928 in Lima;
gest. 27. 11. 1983 in Barajas bei Madrid

Der peruanische Autor Manuel Scorza reüssiert in den 1950er und 60er Jahren mit einer Reihe von Gedichtbänden, die der linken politischen Poesie der Zeit zuzuordnen sind, aber trotz der von S. behaupteten Unmöglichkeit einer »unschuldigen« dichterischen Praxis auch unpolitische Liebeslyrik beinhalten. Formal stehen seine Gedichte der lateinamerikanischen »Konversationslyrik« nahe, ohne dass sie die Qualität der Poesie ihrer wichtigsten Vertreter (Mario Benedetti, Ernesto Cardenal) erreichen. Bereits im ersten, aufgrund der thematischen und motivischen Geschlossenheit gelungensten Lyrikband *Las imprecaciones* (1955; Verwünschungen) deuten sich Elemente an, die seine spätere Prosa bestimmen: Literatur als »erstes befreites Territorium Lateinamerikas« und Vorwegnahme revolutionärer Ereignisse; das Exil als Ort literarischer Produktion und politischer Isolation; der Dichter als Bewahrer der kollektiven Erinnerung und privilegierter Interpret der Wirklichkeit.

International bekannt geworden ist S. durch den Romanzyklus *La guerra silenciosa*, dessen fünf Bände zum Teil in mehr als zwanzig Sprachen übersetzt wurden. Der Zyklus besteht aus *Redoble por Rancas* (1970; *Trommelwirbel für Rancas*, 1975), *Historia de Garabombo, el invisible* (1972; *Garabombo, der Unsichtbare*, 1977), *El jinete insomne* (1977; *Der schlaflose Reiter*, 1981), *El cantar de Agapito Robles* (1977; *Der Gesang des Agapito Robles*, 1984) und *La tumba del relámpago* (1979; *Das Grab des Blitzes*). Er behandelt die Aufstände indianischer und mestizischer Bauern und Landarbeiter in den peruanischen Zentralanden zwischen 1955 und 1963. Der Zyklus reiht sich in die im Andenraum, Mexiko und Mittelamerika verbreitete sozialkritische indigenistische Literatur ein, die von Weißen und Mestizen geschrieben wird, deren Vertreter aber für sich beanspruchen, eine authentische, innere Version indigener Welt darzustellen. S. führt im Unterschied zur traditionell realistischen Erzählweise des älteren Indigenismus neue Darstellungsformen ein: Humor und Sarkasmus, groteske und phantastische Elemente, die Auflösung chronologischen Erzählens, wechselnde Erzählperspektiven sowie das Auffächern der Romane in mehrere Handlungsstränge und Nebengeschichten. Einige dieser Elemente stellen die Pentalogie in die Nähe des »neuen lateinamerikanischen Romans«. Der Einfluss von Gabriel García Márquez und Alejo Carpentier auf S.s Prosa ist unverkennbar.

S.s Anspruch auf historische Dokumentation hat die Frage nach dem Verhältnis von Fiktion und Realität in seinen Romanen aufgeworfen. Seine Berufung auf historische Ereignisse dient aber mehr der Legitimierung der politischen These: Danach stehen die indianischen Mythen den Bauernbewegungen im Weg; nur ihre Überwindung ermöglicht die Befreiung aus jahrhundertelanger Unterdrückung. Dass diese Auffassung S.s dem politisch rationalen Handeln der Bauern in der Realität nicht entspricht, trug ihm mit Recht den Vorwurf der Geschichtsklitterung ein. Durch die Beschränkung der Kritik auf die Frage nach dem Dokumentarismus gerieten allerdings literarische Qualitäten der Romane aus dem Blick. Vor allem die zahlreichen Spielarten des Humors, die an den Western erinnernden Figurenkonstellationen mit ihren epischen Helden und dem Spannungsaufbau bis zum finalen Duell sowie die phantastischen Elemente haben zum internationalen Erfolg der Prosa S.s beigetragen. Die Pentalogie ist als Reise vom Mythos zur Geschichte, vom zyklischen zum linearen Zeitverständnis, vom fatalistischen zum historischen Bewusstsein konzipiert. Die Modernisierung indigener Kultur und die Erlangung eines revolutionären Bewusstseins gehen dabei einher mit dem Verlust mythischen Denkens. *La tumba del relámpago* lässt sich darüber hinaus als Geschichte der intellektuellen Linken lesen, die hier zur eigentlichen Avantgarde in den politischen Auseinandersetzungen avanciert.

S.s letzter Roman *La danza inmóvil* (1983; *Der unbewegliche Tanz*) kreist um die Beziehung von Literatur, Liebe und Revolution. In dem Guerillaroman müssen sich zwei Protagonisten zwischen Liebe und Revolution entscheiden: Einer von ihnen stirbt im Guerillakampf, der andere entscheidet sich für die Liebe und das Pariser Exil. Beide halten schließlich den vom anderen eingeschlagenen Weg für den richtigen, der Konflikt zwischen den Alternativen bleibt ungelöst. Dieser komplexeste Roman des Autors enthält eine Reflexion über das Schreiben, den Literatur- und Kunstbetrieb sowie das Verhältnis von Literatur und Politik. Mit Sarkasmus kritisiert S. die Mechanismen des europäischen Literaturmarktes, der lateinamerikanische Literatur noch immer unter dem Kriterium des Exotischen bewertet. *La danza inmóvil* thematisiert noch einmal explizit die Frage, die im Zentrum seines Werks steht: Welche gesellschaftliche Funktion kann Literatur angesichts des schwindenden Einflusses der Intellektuellen heute haben?

Friedhelm Schmidt-Welle

Scott, Sir Walter
Geb. 15. 8. 1771 in Edinburgh;
gest. 21. 9. 1832 in Abbotsford, Borders

Walter Scott gehört zu den einflussreichsten Schriftstellern aller Zeiten. Mit der Veröffentlichung von *Waverley, or, 'Tis Sixty Years Since* im Jahre 1814 (*Waverley oder so war's vor 60 Jahren*, 1828) begründete er eine neue Gattung, den historischen Roman, der – national wie international gesehen – unter den von S. ausgehenden Anstößen einen beispiellosen Siegeszug antrat. – S.s Weg zum historischen Romancier verlief zwar nicht geradlinig, aber doch ohne eigentliche Umwege im Sinne sachfremder Experimente. Begabung und antiquarische Interessen zeichneten bald seine literarische Bestimmung in Richtung eines intensiven Kontakts mit der Geschichte vor, der bei dem aus dem schottischen Grenzgebiet stammenden S. noch auf der unmittelbaren Verbundenheit mit der volkstümlichen Überlieferung beruhte. Schon in früher Jugend machte er die in Dokumenten verschiedenster Art verfügbare Geschichte seiner schottischen Heimat zu seinem persönlichen Besitz. Im kulturell anregenden Edinburgh des ausgehenden 18. Jahrhunderts aufwachsend, kam der als Jurist ausgebildete und tätige, aber seine literarischen Neigungen lebende S. in enge Berührung mit zwei geistesgeschichtlichen Strömungen, die seiner epochemachenden Behandlung der Vergangenheit wesentliche Impulse gaben. Ein wichtiger intellektueller Katalysator für S.s Verarbeitung von Geschichte wurde die durch Namen wie Adam Ferguson, William Robertson, Dugald Stewart und Adam Smith repräsentierte schottische Aufklärungshistorie, deren Bestrebungen sich darauf richteten, Gesetzmäßigkeiten gesellschaftlicher Entwicklung vom Naturzustand des Menschen bis zu dessen gegenwärtiger Organisation in den fortgeschrittenen Ländern aufzudecken. S., dem als historischer Romancier zu lange das in seiner Einseitigkeit irreführende Etikett des Romantikers angeheftet worden ist, teilte das empirisch-realistische Interesse der schottischen Aufklärer, deren bedingten Fortschrittsstandpunkt er bejahte; der geistige Austausch mit ihnen schuf die Grundlage dafür, dass S.s von nostalgischen Zügen nicht ganz freiem retrospektiven Patriotismus eine rationalistische Abgeklärtheit ausgleichend an die Seite treten konnte.

Den anderen Pol im Spektrum zeitgenössischer Strömungen bildete die besonders durch Henry Mackenzie vermittelte deutsche Romantik, unter deren Einfluss S. u. a. Gottfried August Bürgers *Lenore* (1773) und Johann Wolfgang von Goethes *Götz von Berlichingen* (1773) übersetzte; dieses Interesse fand seinen Niederschlag auch in S.s durch Thomas Percys *Reliques of Ancient English Poetry* (1765) angeregter Sammlung *Minstrelsy of the Scottish Border* (1802–03). Die Hinwendung der Romantik zu dem lange vernachlässigten Mittelalter beflügelte S.s phantasiebestimmte Erschließung vergangener Epochen.

Nachdem er als Sammler, Herausgeber und Bearbeiter von Balladen an das zeitgenössische Publikum herangetreten war, veröffentlichte er eigene Verserzählungen, die von *The Lay of the Last Minstrel* (1805; *Der letzte Minstrel*, 1820) über *Marmion* (1808) und *The Lady of the Lake* (1810; *Die Jungfrau vom See*, 1819) bis zu *Rokeby* (1813; *Burg Rokeby*, 1822) reichen. Aufgrund dieser damals zumeist sehr erfolgreichen Werke wäre S. als Dichter ein ehrenvoller Platz in den regionalen Annalen der Literatur sicher gewesen; literarhistorisch sind sie aber v.a. aufschlussreiche Indikatoren für S.s Werdegang zum Romancier. Wie die metrischen Romanzen über die zu knappe Balladenform hinausdrängten, um vergangene Kontexte lebendig werden zu lassen, so waren die Verserzählungen ihrerseits kaum mehr imstande, eine dem Zeitgeschmack entsprechende breitere Ausgestaltung des Geschichtlich-Umständlichen zu leisten. Die spätestens in den achtziger Jahren des 18. Jahrhunderts einsetzende und rasch zunehmende Reihe historisierender Vorläuferromane, ein Barometer sich wandelnden Leserinteresses, belegt, dass das Publikum offenbar nach einer extensiveren Darstellung geschichtlicher Gegenstände verlangte.

Den unter medialen Aspekten folgerichtigen Schritt zum Prosaroman und damit in die Weltliteratur tat S. erst 1814 mit dem (anonymen) Erscheinen von *Waverley*. S.s Erstling, von der Kritik begeistert aufgenommen, entfaltet sogleich das innovatorische Potential der neuen Gattung. In der Anlage der Fabel konventionell, rückt der Roman trotz der nominellen Mittelpunktstellung des träumerisch gestimmten und phantasiebegabten Edward Waverley nicht dessen romanzenhafte Züge aufweisenden persönlichen Lebensweg ins Zentrum, der freilich in seinem desillusionierenden Verlauf thematische Relevanz besitzt, sondern wählt über Waverleys Verstrickung in den Jakobitenaufstand von 1745/46 die Scharfeinstellung auf die politisch-sozialen Eigenarten des damaligen Schottland. Besonders in dem fremdartig-bizarren Raum des schottischen Hochlandes mit seinen gesellschaftlichen Anachronismen stand S. gewissermaßen eine soziologische Experimentierbühne zur Verfügung, auf der eine entwicklungsgeschichtliche Etappe seines Landes dramatisiert werden konnte. In dem Zusammenwirken der einzelnen Strukturelemente dokumentiert sich S.s literarische Intention, sich die Vergangenheit erinnernd anzueignen, um ihre Einverleibung in das Gegenwartsbewusstsein zu erreichen. Die Wahl des geschichtlichen Zeitraums – einerseits schon abgeschlossene Vergangenheit, andererseits noch Vorgeschichte der Gegenwart – verschafft ihm sowohl in historiographischer als auch in darstellungsästhetischer Hinsicht die gewünschte Realitätsgrundlage. Insbesondere ermöglicht die Entscheidung für die sogenannte mittlere Vergangenheit S. den Gebrauch des schottischen Dialekts, in dem sich das historisch Autochthone artikuliert und der wesentliches Verdienst daran hat, das der Gattung aufgetragene Problem der Vermittlung geschichtlicher Wirklichkeit auf glückliche Weise zu lösen. Das Vorherrschen der szenischen Darstellungsmethode mit ihrem hohen Anteil an Dialogen unterstreicht die Tendenz zu einer ebenso authentischen wie imaginativ eindringlichen Wiedergabe der Vergangenheit. Der neuartigen Konzentration auf den Objektbereich der Geschichte, das eigentliche Interessenzentrum dieses Romans, entspricht die Konzeption eines mittleren im Sinne eines neutralen Helden, der, zugleich Repräsentant des Lesers, v.a. die Aufgabe erfüllt, mit beiden kämpfenden Lagern in Verbindung zu treten, um einen erlebnismäßigen Nachvollzug des historischen Konflikts zu gestatten. Unentbehrliche Mosaiksteine zum Aufbau der geschichtlichen, durch das Lokalkolorit atmosphärisch beglaubigten Welt sind die zahlreichen, sozial belangvollen, aus dem Volk stammenden und meist komischen Typencharaktere, die die Schwerpunktverlagerung auf den gesellschaftlichen Raum im Sinne breiter sozialer Streuung bekräftigen. Zur Erstellung des gesellschaftlichen Kosmos trägt sogar die ausführlich beschriebene und Spuren der Geschichte bewahrende Landschaft bei, die zum Resonanzboden für die Schwingungen gesellschaftlicher Mentalität wird. S., der als Erzähler in Personalunion mit dem Historiographen eine durch dokumentarische Verweise gestützte Rhetorik des Damals und Heute betreibt, die den Eigencharakter der vergangenen Welt verbürgt, kann sein leitendes, auf die Vermittlung von Geschichte gerichtetes Interesse nicht zuletzt deshalb so erfolgreich umsetzen, weil er in klarer Realisierung der natürlichen Domäne der Gattung Roman den Schwerpunkt eindeutig auf die Schilderung des privaten Lebensbereiches legt, der von den großen geschichtlichen Vorgängen tangiert wird. Dementsprechend sind die bedeutenden historischen Persönlichkeiten, vom Standpunkt der Fabel gesehen, nur als Nebenfiguren angelegt. Dadurch vermeidet S. sowohl eine romantisch-monumentale Darstellungsweise, wie sie später von Thomas Carlyle bevorzugt wird, als auch eine psychologisch-nivellierende Behandlung, wie sie später von William Makepeace Thackeray praktiziert wird. Innerhalb der durch den Wahrheitsanspruch der Historie vorgegebenen Grenzen kann S. so den Freiraum produktiv werden lassen, den er für seine Phantasie gewonnen hat. *Waverley* als erster historischer Roman zeichnet sich durch die gattungsadäquate Harmonisierung von *fact* und *fiction* aus, wobei S. das neue Genre im Unterschied zur traditionellen aristotelischen Antithetik von Literatur und Geschichtsschreibung in ein komplementäres Verhältnis zur Historiographie rückt. – In *Waverley* verfugte S. Imagination und Sachverstand zu einem nahtlosen Ganzen. Durch seine mühelose, in Habitus und Mentalität eingegangene Vertrautheit mit dem Schottland der jüngeren Geschichte gelang ihm eine überzeugende Fiktionalisierung der Vergangenheit. S.s entscheidende Neuerung, sein Beitrag zur Weltliteratur, besteht darin, als erster Autor den Menschen in seinem zeitgenössischen Denken, Fühlen und Handeln beschrieben zu haben. So beschwor er in *Waverley* in historistischer Vergegenwärtigung vergangener Lebensformen auf der anschaulichen Grundlage der breiten Gestaltung der Clangesellschaft den heroischen Opfermut der patriarchalisch organisierten Hochländer herauf, für den Evan Dhus Vorschlag, anstatt seines zum Tode verurteilten Häuptlings Fergus Mac-Ivor hingerichtet zu werden, das bewegendste Beispiel liefert.

Das über die strukturellen Eigenarten *Waverleys* Ausgesagte gilt trotz gewisser Modifikationen auch für die übrigen der nach ihrem stofflichen Zentrum bezeichneten schottischen Romane. Gerade die besten Werke dieser Gruppe profitieren in ähnlicher Weise von einer durch die Wahl der mittleren Distanz begünstigten Realitätsgrundlage, die auch durch die behutsame Integrierung des Übernatürlichen nicht in Frage gestellt wird. S.s vielleicht größter und bei seinen Landsleuten bis heute besonders populärer Roman ist *The Heart of Midlothian* (1818; *Das Herz von Midlothian*, 1826), der in die *Porteous Riots* des Jahres 1736 einblendet, die als historisches Ferment für den weiteren Verlauf der Handlung wirken. Diese ist auf das Bauernmädchen Jeanie Deans abgestellt, eine höchst aktive Protagonistin, deren beschwerlicher Weg zur Rettung ihrer des Kindesmordes angeklagten Schwester in einer durch den Herzog von Argyle vermittelten Audienz bei Königin Caroline in London kulminiert. In der Mission der durch altkalvinistische Sittlichkeit und korporative Bindungen geprägten Heldin veranschaulicht S. eine entwicklungsgeschichtliche Etappe Schottlands.

Zu den eindrucksvollsten der schottischen Romane gehört *Old Mortality* (1816; *Die Presbyterianer*, 1845), der die blutigen Kämpfe zwischen Covenanters und royalistischen Truppen aus England gegen Ende der Restaurationszeit schildert. Eine Affinität zu *Waverley* weist *Rob Roy* (1818; *Robin der Rothe*, 1828) auf. Dieser in den Jakobitenaufstand von 1715 führende Roman sondiert am Beispiel der Hauptfigur Francis Osbaldistone und seiner Familie althergebrachte gesellschaftliche Ansprüche im Wandel der Zeit. Die thematische Konstanz der schottischen Romane ist in dem in mannigfachen Erscheinungsformen auftretenden Konflikt zwischen Tradition und Fortschritt zu suchen, der – wie bereits von Samuel Taylor Coleridge betont – ein beständiges Dilemma der gesellschaftlichen Existenz des Menschen verkörpert.

Wie *Guy Mannering, or the Astrologer* (1815; *Guy Mannering oder: Der Sterndeuter*, 1828) belegt, konnten diese Romane unter Hintanstellung der großen Historie auch zu der ausführliche soziale Tableaus – in diesem Fall der schottischen Tieflande – entwerfenden Darstellungsweise der *novel of manners* tendieren.

Zwar ist eine künstlerische Entwicklung im Werk S.s nicht erkennbar, doch schlug dieser mit der Veröffentlichung von *Ivanhoe* (1819; *Ivanhoe*, 1827) noch ein neues Kapitel als historischer Romancier auf. Unter dem Aspekt literarischer Wertung ist ein deutliches Qualitätsgefälle von den schottischen zu den sogenannten, die Tudorepoche einschließenden Mittelalterromanen zu registrieren, die S.s Beliebtheit noch steigerten. Wie *Ivanhoe*, S.s populärster, die englische Geschichte des späten 12. Jahrhunderts behandelnder und in seiner panoramischen Farbigkeit beeindruckender Roman, exemplarisch zeigt, hatte diese Interessenausweitung eine Einengung des literarischen Gestaltungsspielraums zur Folge. Aufgrund der Fremdheit von Zeitraum und Stoff war der seiner persönlichen Wissens- und Anschauungsbasis beraubte S. nicht länger imstande, Einblick in die privaten Lebensverhältnisse in ihrer historischen Konkretisierung mittels umgangssprachlicher und mentalitätsgetreuer Schilderung zu geben. Dadurch verschiebt sich das Gewicht von diesem bisher zentralen Bereich auf die politischen Vorgänge, die ohne Anspruch auf geschichtliche Akkuratesse geschilderten, im Sinne des Volksempfindens nacherzählten Kämpfe zwischen Angelsachsen und Normannen. Den veränderten Vermittlungsbedingungen entsprechend konzentriert sich die Darstellung sehr stark auf spektakuläre äußere Geschehnisse wie das Turnier von Ashby-de-la-Zouche. In *Ivanhoe* überwiegt eindeutig die Tendenz, das Theatralisch-Romanzenhafte als das Geschichtliche auszugeben. Die anderen Romane dieser Werkgruppe setzen im Allgemeinen die mehr auf ornamentale Wirkung abzielende Behandlung der Geschichte fort und dürfen zu einem guten Teil als *pageants* großen Stils bezeichnet werden. Obwohl Romane wie *Kenilworth* (1821; *Kenilworth*, 1821) oder *The Fortunes of Nigel* (1822; *Nigels Schicksale*, 1867) das Publikum durch ihre gekonnte Veranschaulichung des äußeren Glanzes der Historie lange gefesselt haben und obwohl die stattliche Porträtgalerie der Könige und Fürsten in das kulturelle Gedächtnis eingegangen ist, hat der Bilderbuchcharakter dieser Werke S.s literarisches Ansehen auf die Dauer eher belastet.

Die *Waverley Novels* gehören zu den größten Erfolgen, welche die Literaturgeschichte zu verzeichnen hat. Der historische Roman des 19. Jahrhunderts ist nicht nur in England, sondern weit darüber hinaus den von S. ausgehenden Anstößen verpflichtet. Auf dem europäischen Kontinent bezeugen Autoren wie Honoré de Balzac, Alfred de Vigny, Prosper Mérimée und Victor Hugo in Frankreich, Alessandro Manzoni in Italien, Puškin und Tolstoj in Russland, Adalbert Stifter und Theodor Fontane im deutschen Sprachraum die Fruchtbarkeit des S.schen Impulses; in Nordamerika wurden James Fenimore Coopers Lederstrumpf-Romane zum Resonanzboden S.s.

Werkausgaben: Poetical Works. Hg. J.L. Robertson. London 1894. – The Waverley Novels. Hg. A. Lang. 48 Bde. London 1892–94. – The Oxford Scott. 24 Bde. London 1912–28. – The Letters. Hg. H.J.C. Grierson. 12 Bde. London 1932–37.

Heinz-Joachim Müllenbrock

Sealsfield, Charles (d. i. Carl Magnus Postl)

Geb. 3. 3. 1793 in Poppitz/Mähren;
gest. 26. 5. 1864 in Solothurn (Schweiz)

Der Fremde war einsam gestorben, als alter Mann war er vor wenigen Jahren in den kleinen Schweizer Ort Unter den Tannen gezogen, und niemand wusste etwas über ihn zu sagen. Doch als die Eidgenossen sein Testament fanden, war der Name plötzlich in aller Munde: Mr. S. hatte ein wirres Leben geführt. Jetzt schrieben sogar noch die Zeitungen, er sei ein bedeutender Schriftsteller und Journalist gewesen und habe Reisebücher verfasst.

Aber so schön wie Jeremias Gotthelf, Franz Grillparzer und Adalbert Stifter wird er wohl nicht geschrieben haben. Und warum verbirgt einer seinen richtigen Namen? Postl hieß er, Carl Magnus Postl. Das Bild, das man sich von ihm zusammensetzte, ist bis heute lückenhaft geblieben. Nur S. selber hätte das Geheimnis helfen entschlüsseln können. Der Sohn einer katholischen Weinbauernfamilie war zum Geistlichen bestimmt worden; sieben Jahre hatte er in Prag Philosophie und Theologie studiert und war 1816 zum Priester geweiht worden. Den Mitteilungen seines jüngsten Bruders konnte man jedoch entnehmen, dass sich S. leidenschaftlich widersetzte, Geistlicher zu werden. Ende April reiste er nach Karlsbad und Wien und verließ Europa über die Schweiz und Frankreich, um im Herbst 1823 als Charles Sealsfield in New Orleans von Bord zu gehen. Gründe für diesen Schritt, der zugleich auch eine Flucht aus dem Kreuzherren-Orden war, hat er niemals genannt. Als Schlüssel gilt jedoch sein 1828 in London erschienenes Pamphlet *Österreich wie es ist oder Skizzen von Fürstenhöfen des Kontinents*, in dem er das despotische Metternich-System scharf angriff. Demnach hätte die Aufgabe seiner Existenz den Stellenwert einer Suche nach politischen Alternativen, erwachte doch in den reaktionären Staatsgebilden Europas in den Jahren des Vormärz ein reges Interesse an fernen Ländern, in denen ein glücklicheres Leben vermutet wurde. Amerika mit seiner freiheitlichen Verfassung wirkte als besonderer Magnet.

Als S. für kurze Zeit nach Deutschland zurückkehrte, um diplomatische Mittlerdienste auszuführen (1826/1827), riss man sich um seine Erfahrungen, die er als Farmer, Reisender und Journalist in der Neuen Welt gewonnen hatte. In schneller Folge veröffentlichte er mehrere Bücher, deren erstes, *Tokeah or the White Rose* (1828; deutsch 1833), unter dem Pseudonym C. Sidon erschien und sofort literarische Aufmerksamkeit erregte. Den starren politischen Verhältnissen Europas erteilte er in diesem Buch durch die Charakterisierung selbstbewusster, tatkräftiger Republikaner eine Lektion. Unverkennbar war seine Schreibweise an James F. Coopers Zustandsschilderungen und Walter Scotts Charakterstudien geschult. Von 1827 bis 1830 bereiste S. abermals die Staaten und arbeitete als Redakteur in New York bei dem führenden französischen Blatt der USA, dem *Courrier des Etats Unis*, und anschließend als Korrespondent in London und Paris. In diesen Jahren wurde er mit Heinrich Heine, Ludwig Börne und Scott bekannt. 1832 kehrte er in die Schweiz zurück, um sich als Schriftsteller niederzulassen. Dort entstanden u. a. die *Transatlantischen Reiseskizzen* (1834), *Der Virey und die Aristokraten* (1835) und die sechs Bände der *Lebensbilder aus beiden Hemisphären* (von 1835 bis 1837), in denen S. auch sein schriftstellerisches Anliegen formulierte: »Mein Held«, schrieb er, »ist das ganze Volk; sein soziales, sein öffentliches, sein Privatleben, seine materiellen, politischen, religiösen Beziehungen treten an die Stelle der Abenteuer.« Da dieses Volk aber auch eine »Rotte von Exilierten, Spielern, Mördern und heillosem Gesindel« barg, die mit Ureinwohnern und kulturbringenden Siedlern um die Existenz stritten, entstanden ausnahmslos Werke abenteuerlichen Inhalts. In dem wunderbaren *Kajütenbuch oder Nationale Charakteristiken* (1841) gelang S. die Verbindung aller seiner gestalterischen Fähigkeiten. Novellistische Begebenheiten, spannende Zufälle, weltanschauliche Diskussionen und meisterhafte Schilderungen der Landschaft sind thematisch miteinander verwoben zu einer breiten Darstellung Amerikas der Pionierzeit: der Veränderung von Mensch und Natur auf der Grundlage bürgerlicher Freiheiten.

Werkausgabe: Sämtliche Werke. Kritisch durchgesehen und erläutert. Hg. von Karl J. R. Arndt. Hildesheim/New York 1972 ff.

Burkhard Baltzer

Sebald, W. G.
(d. i. Winfried Georg)
Geb. 18. 5. 1944 in Wertach/Allgäu;
gest. 14. 12. 2001 bei Norwich (England)

Es ist, als habe S., der im Dezember 2001 57-jährig durch einen Autounfall jäh aus dem

Leben gerissen wurde, geahnt, dass seine Zeit eines Tages abrupt zu Ende sein könnte: In der Vorbemerkung zu dem Essayband *Logis in einem Landhaus* (1998) unterstreicht er, er wolle Johann Peter Hebel, Gottfried Keller und Robert Walser, »eh es vielleicht zu spät wird, Habe die Ehre sagen«. Aber nicht nur auf sein tragisches Ende scheinen diese Sätze vorauszuweisen, auch die Essenz seiner schriftstellerischen Praxis ist in ihnen benannt. Denn die poetische Annäherung an das literarische Schaffen wahlverwandter Autoren ist ein zentrales Movens von S.s Schreiben. Spürt er etwa Robert Walser nach, so legt er die versteckten inneren Korrespondenzen dieses Lebensschicksals mit dem eigenen frei, zeigt, wie der einsame Spaziergänger Walser (»Le promeneur solitaire«, so der Titel dieses Essays) Erinnerungen an den Großvater wachruft, der ihm äußerlich, habituell und bis hin zu den Lebensdaten ähnelt. Für S. sind solche Ähnlichkeiten und Überschneidungen nicht nur »Vexierbilder der Erinnerung«, sondern auch Hinweise auf eine dem einzelnen undurchschaubare, vorgelagerte Ordnung: »Langsam habe ich begreifen gelernt, wie über den Raum und die Zeiten hinweg alles miteinander verbunden ist.«

In Wertach im Allgäu, wo er geboren wurde, und in Sonthofen besuchte S. die Volksschule, in Immenstadt und Oberstdorf absolvierte er das Gymnasium, studierte dann von 1963 bis 1966 in Freiburg und der französischen Schweiz Germanistik und Allgemeine Literaturwissenschaft und ging schließlich nach England, wo er zunächst als Lektor an der Universität Manchester arbeitete und ab 1970 eine Dozentur für Literaturwissenschaft in Norwich innehatte. S.s erste Publikationen waren literaturwissenschaftlicher Art: 1969 legte er eine Studie über den »pathologischen Fall« Carl Sternheim vor, 1980 erschien seine Dissertation über den *Mythus der Zerstörung im Werk Döblins*. Widmete er sich in dem Essayband *Die Beschreibung des Unglücks* (1985) den individuellen psychopathologischen Dispositionen österreichischer Schriftsteller von Adalbert Stifter bis Peter Handke, so ergänzte er diesen Blick in *Unheimliche Heimat* (1991) um Analysen des Spannungsverhältnisses von Heimat und Exil in der Literatur Österreichs. Seinen bekanntesten und zugleich umstrittensten essayistisch-literaturwissenschaftlichen Beitrag veröffentlichte S. im Anschluss an eine Poetik-Vorlesung an der Universität Zürich unter dem Titel *Luftkrieg und Literatur* (1999). Seine These, die deutsche Literatur habe angesichts des Flächenbombardements deutscher Städte im Zweiten Weltkrieg versagt und für diese kollektive Erfahrung keine angemessene literarische Verarbeitungsform gefunden, löste eine breite Debatte aus, deren teilweise erbitterten Töne allerdings auch durch S.s harte ästhetische Werturteile provoziert wurden: Seine Skizze des Schriftstellers Alfred Andersch etwa geriet ihm zu einer die Grenze zur persönlichen Diffamierung und aggressiven Pathologisierung überschreitenden Literatenbeschimpfung – offensichtlich die Kehrseite seiner einfühlsamen Anverwandlungen an geliebte Vorbilder.

Als literarischer Autor debütierte S. 1988 mit dem ›Elementargedicht‹ »Nach der Natur«. In diesem Prosagedicht stellt er in drei Gesängen den berühmten Schöpfer des Isenheimer Altars Matthias Grünewald, den Teilnehmer der Beringschen Alaska-Expedition und Naturforscher Georg Wilhelm Steller und ein lyrisches Ich, hinter dem sich S. selbst kaum verbirgt, einander gegenüber. So verwebt der Text spätmittelalterlich-christliche, apokalytische Höllenvisionen mit dem die Natur entzaubernden Entdecker-Optimismus der Aufklärung und einem durch Bombennächte und Naturzerstörung melancholisch gewordenen Blick auf die »Nervatur des vergangenen Lebens«.

Annäherungen, Überschneidungen und Korrespondenzen zwischen verschiedenen Lebensspuren entfalten auch die Erzählungen aus S.s erstem Prosaband *Schwindel. Gefühle* (1990). In den ebenso verwirrend-trudelnden wie beschwörerisch-eindringlichen Geschichten werden Erzähltempo und -chronologie durch blitzhaft sich einstellende Erinnerungen des Erzählers und seine Suche nach ihren verborgenen Zusammenhängen bestimmt. Stendhal, Dante und Casanova tauchen auf und durch alle Erzählungen geistert Kafkas Jäger Grachus. Einmontierte Abbildungen wie Kassenbelege, Fotos, Gemälde und Notizzettel durchschießen den brüchigen Text – eine Technik, die S. in allen weiteren Werken, auch in seinem Reisebericht *Die Ringe des Saturn* (1995), beibehalten wird.

Auch wenn durch S.s wohl bedeutendsten Erzählungsband *Die Ausgewanderten* (1992) mit der Figur eines Schmetterlingsfängers eine dem Jäger Grachus vergleichbare Reminiszenz an Vladimir Nabokov flattert – in diesen vier Erzählungen werden die literarischen Anspielungen zugunsten realer Lebensgeschichten zurückgenommen. Nicht um ein Bezugsnetz von künstlerischen Selbstentwürfen verschiedener Epochen geht es hier, sondern um die Suche nach den Spuren von vier »Ausgewanderten«, Exilanten mit jüdischen Wurzeln oder Bezügen. Am bekanntesten geworden ist die auch als Hörspiel bearbeitete Erzählung über einen in Manchester lebenden deutschen Juden, den Maler Max Aurach, dessen Eltern im Konzentrationslager umgebracht wurden, während man das Kind ins rettende England sandte, wo Aurach nun, Jahre später, in einem Atelier an Porträtstudien arbeitet, die er immer wieder auszulöschen sich getrieben fühlt. Nicht weniger bewegend ist die Geschichte Paul Bereyters, des Sonthofener Volksschullehrers, der 74-jährig auf der kleinen Bahnstrecke unweit des Ortes Selbstmord begeht und auf dessen Spuren sich sein ehemaliger Schüler S. begibt. Diese Gedächtnis-Prosa bezwingt durch ihre betörende Sprache, durch die kunstvoll komponierten Satzsequenzen und die ebenso präzis-klaren wie poetisch-einfühlsamen, dabei zutiefst melancholischen Beschreibungen von Menschen und ihren Schicksalen.

Nicht nur diesem Ton, auch dem in den *Ausgewanderten* angeschlagenen Thema bleibt S. in seinem einzigen Roman *Austerlitz* (2001) treu: Hier gestaltet er das literarische Porträt des Titelhelden, eines vom Entkommen ewig Gezeichneten, der zwar als Kleinkind in den 1940er Jahren durch die anonyme Verschickung aus dem für Juden längst lebensgefährlichen Prag nach England gerettet wurde, diese Rettung jedoch mit einem Identitätsverlust bezahlt, bevor sich eine stabile Identität überhaupt hatte herausbilden können. Da er sich an keine Heimat erinnern kann, ist Austerlitz überall fremd. Diese Empfindung von Fremdheit aber zeichnet der Ich-Erzähler nicht nur auf, vielmehr werden die Grenzen zwischen eigenem und fremdem Erleben in schockartigen Visionen durchlässig, auch wenn die existentielle Differenz zwischen den vermeintlich Entkommen, die ihr Schicksal schließlich doch einholt – S. selbst erinnert hier an Jean Améry –, und den zurückbleibenden Nachgeborenen nie in Frage gestellt wird. Dreiundzwanzig Jahre nach Amérys Freitod ist mit S. nun aber auch eine der wichtigsten Stimmen des Gedächtnisses aus dem Kreis der Nachgeborenen endgültig verstummt.

Tanja van Hoorn

Seferis, Giorgos (eigtl. Giorgos Seferiadis)
Geb. 29. 2. 1900 in Smyrna, heute Izmir/Türkei; gest. 20. 9. 1971 in Athen

»In dieser Welt, die immer enger wird, braucht jeder von uns den anderen. Wir müssen den Menschen suchen, wo immer er ist.« Diese Worte von Giorgos Seferis, der maßgeblich den Modernismus in der griechischen Lyrik prägte, anlässlich der Nobelpreisverleihung in Stockholm 1963 umschreiben gleichsam die Substanz seiner Dichtung: die Suche nach dem Menschen, das bittere Bewusstsein seines tragischen Schicksals in den verwüsteten Landschaften der modernen Geschichte, zwischen Leben und Tod, zwischen Hoffnung und Verzweiflung. S.' Werk ist von einem tiefen Humanismus durchdrungen, der den Schmerz, die Einsamkeit und Heimatlosigkeit der Menschheit zu bekämpfen sucht. Geschrieben in einer »kleinen Sprache«, besitzen seine Gedichte einen universellen Wert, nicht nur weil die Dichtung »ihr Reich in den Herzen aller Menschen hat«, wie S. in der Nobelpreisrede betont, sondern vor allem weil sie von universellen Problemen handeln.

Das Leben von S. war von Ortswechseln, Reisen und Flucht geprägt: 1914 Übersiedlung seiner Familie nach Athen, 1917 bis 1924 Jurastudium und Aufenthalt in Paris, 1925 Rückkehr nach Athen, 1926 Beginn einer diplomatischen Karriere, die nach diversen Anstellungen im Ausland mit dem Posten des griechischen Botschafters 1962 in London endet. Wie S. selbst bemerkte, waren sein Leben und seine Persönlichkeit insofern gespalten, als er den Diplomaten und den Dichter in sich nicht miteinander vereinbaren konnte. Während der Besatzung Griechenlands (1941–44) ging er mit der griechischen Exilregierung als Leiter der Direktion für Presse und Information nach Kairo. Der Zweite Weltkrieg, die Besatzung und der darauf folgende Bürgerkrieg (1944–49) und besonders die Zerstörung seiner Heimatstadt Smyrna (1922) während der sog. kleinasiatischen Katastrophe haben S.' Dichtung zutiefst geprägt. 1969 äußerte sich der unparteiische Diplomat ein einziges Mal politisch in einer öffentlichen Erklärung gegen die Militärdiktatur (1967–74). Die Begleitprozession zu seiner Beisetzung (1971) entwickelte sich geradezu zu einem Protest des griechischen Volkes gegen das totalitäre Regime.

Bereits S.' erste Gedichtsammlung mit dem bezeichnenden Titel *Strofi* (1931; Wende) markiert eine Neuorientierung der griechischen Lyrik durch die Befreiung von traditionellen Konventionen. Neben seiner Dichtung, die insgesamt zehn Sammlungen und Gedichtzyklen umfasst (veröffentlicht zwischen 1931 und 1966), verfasste S. einen Roman, *Exi nychtes stin Akropoli* (1974; Sechs Nächte auf der Akropolis, 1984), sowie zahlreiche Essays, Tagebücher und Übersetzungen. Als Hauptvertreter der »Generation der 1930er«, einer Gruppe innovativer Literaten und Kritiker, verknüpfte er in seinem Werk die westeuropäische Moderne (hauptsächlich unter dem Einfluss T.S. Eliots) mit der griechischen Tradition und schuf so einen eigentümlichen griechischen Modernismus. Angefangen bei dem Gedichtzyklus *Mythistorima* (1935; »Mythischer Lebensbericht«, 1962) benutzt S. die antike Mythologie, um über die traumatischen Ereignisse der Gegenwart zu sprechen. »Mythistorima« – gebildet aus »Mythos« und »Historie« – schildert mit einfachen, meist der griechischen Natur sowie den antiken Mythen (Odyssee, Argonauten, Orest u.a.) entnommenen Motiven und Symbolen und in einem »bescheidenen« Stil die Reise des modernen Menschen durch die verworrene Geschichte, eine Reise in den Tod: »Die Gefährten endeten nacheinander, / gesenkten Auges. Ihre Ruder / bezeichnen den Ort am Strand wo sie schlafen. // Keiner erinnert sich ihrer. Gerechtigkeit.« Auch in dem dreiteiligen Gedicht *Kichli* (1947; »Die ›Drossel‹«, 1962), S.' hermetischem Meisterwerk, in dem das kollektive Erlebnis des griechischen Bürgerkrieges Spuren hinterlassen hat, bildet die antike Mythologie den Hintergrund. Hier wird das Motiv des Anti-Helden, verkörpert durch den schwächsten unter Odysseus' Gefährten, Elpenor, vertieft und die Möglichkeit der antiken Tragödie, Wege aus der modernen Agonie zu zeigen, neu entdeckt: »Sing kleine Antigone, sing, sing doch ..... / ich spreche dir nicht vom Vergangenen, ich spreche von Liebe.« Die Sammlung *Imerologio Katastromatos III* (1955; Logbuch III) ist der Insel Zypern gewidmet, deren Landschaft und historisches Schicksal S. zutiefst bewegten, S.' letzte Komposition *Tria krypha piimata* (1966; *Geheime Gedichte*, 1985) wurde als reife »Studie des Todes« bezeichnet.

S. hat in seiner doppelten Funktion als Dichter und Kritiker vor allem zum Selbstfindungsprozess des modernen Griechenland nach der kleinasiatischen Katastrophe von 1922 entscheidend beigetragen. Einen Großteil seiner Energie hat er in seinen Schriften der Neudeutung der griechischen (antiken und volkstümlichen) Tradition und der damit verbundenen Neudefinierung der griechischen Identität, jenseits des Nationalismus gewidmet.

Sophia Voulgari/Athanasios Anastasiadis

Seghers, Anna (d. i. Netty Reiling)
Geb. 19. 11. 1900 in Mainz;
gest. 1. 6. 1983 in Berlin

S. entstammte einer Familie von Kaufleuten aus dem Rheinhessischen; die Eltern Reiling gehörten zur orthodoxen Israelistischen Religionsgemeinde in Mainz, ihre einzige Tochter erhielt eine traditionelle jüdische Erziehung. An der Universität Heidelberg absolvierte sie ein breitangelegtes Studium und promovierte mit einer Arbeit über *Jude und Judentum im Werke Rembrandts* (1924). Mit Studienfreunden wie dem Sinologen Philipp Schaeffer (1894–1943, in Plötzensee hingerichtet) und dem Sozialphilosophen und späteren Wirtschaftswissenschaftler Laszlo Radvanyi (1900– 1978), ihrem späteren Mann, diskutierte S. soziale Fragen und marxistische Ideen, vertiefte ihre Kierkegaard- und Dostojewski-Lektüre. Auch die philosophisch-politischen Anschauungen des Emigranten-Kreises um Georg Lukács, Karl Mannheim und Júlia Láng waren von Einfluss auf die Genese der Autorschaft S.' und v.a. auf ihre Gestaltung des ›Revolutionsmythos‹. Durch neue Textfunde (die beiden Erzählungen *Jans muß sterben* und *Legende von der Reue des Bischofs Jean d'Aigremont von St. Anne in Rouen* und ein *Tagebuch 1924/25*) sind die von Anfang an ins Säkulare gewendeten Grundlagen des S.schen Schreibens – Passion und Erlösung – deutlich kenntlich geworden.

Aufgewachsen in einem jüdisch-assimilierten Elternhaus und zugleich in der dominierenden christlichen Tradition hat S. sich in ihrer Persönlichkeitsentwicklung und auch aufgrund ihres Anschlusses an die kommunistische Bewegung Ende der 1920er Jahre von den genuin *religiösen* Inhalten des jüdischen wie des christlichen Glaubens gelöst und hat diese in einem säkularisierten Verständnis gebraucht, als Überlieferung und Tradition, sogar als Mythologie. Die Legenden der Märtyrer gestalten das Thema der Passion und der Erlösung durch das Selbstopfer im Namen einer menschheitserlösenden Idee, und diese nahm bei S. schon früh die Gestalt des ›Revolutionsmythos‹ in existenziellem Sinn an. Ihre erste veröffentlichte Erzählung, *Die Toten auf der Insel Djal. Eine Sage aus dem Holländischen, nacherzählt von Antje Seghers* (1924), erzählt in Text und Subtext vom Vorgang des Lebendig- und Wirklichwerdens durch das Wort, aus der Schrift heraus: Dies betrifft sowohl die fiktive Erzählerin als auch die männliche Hauptfigur aus dem 16./17. Jahrhundert, den Pfarrer Jan Seghers. Ihn, den Toten, führt der Glaube an das lebendige Wort Gottes zurück ins Leben – und dieser selbe Vorgang ›produziert‹ die aus dem Text der *Sage* abgeleitete Autorschaft Seghers.

S. und Radvanyi heiraten 1925 in Mainz, leben danach in Berlin, wo Radvanyi (unter seinem deutschen Partei-Namen (Johann-) Lorenz Schmidt) zuerst für die KPD, später als Leiter der Marxistischen Arbeiterschule (MASCH) arbeitet. Die Kinder Peter (Pierre) und Ruth werden 1926 und 1928 geboren. 1927 veröffentlicht S. die Erzählung *Grubetsch*, 1928 *Aufstand der Fischer von St. Barbara* und erhält für beide den angesehenen Kleist-Preis des Jahres 1928. Neben weiteren Erzählungen, operativer Kurzprosa und publizistischen Arbeiten entsteht ihr erster Roman, *Die Gefährten* (1932), den Siegfried Kracauer eine »Märtyrerchronik« nannte, den Revolutionären gescheiterter Aufbrüche im Gefolge der Oktoberrevolution gewidmet.

Im Januar 1933 beginnen Jahre des Exils, zunächst in Frankreich, ab 1941 in Mexiko. S. engagiert sich weiterhin politisch und publizistisch für den antifaschistischen Kampf. Literarisch vollzieht sie mit *Der Kopflohn. Roman aus einem rheinhessischen Dorf im Spätsommer 1932* (1933) die Wende zum Deutschlandroman – zugleich bestimmt vom Auftrag, Aufklärung über das NS-Regime zu leisten, wie durch Sehnsucht und Heimweh: Diese Haltung prägt ihre gesamte im Exil entstandene Prosa und Essayistik: so z. B. die programmatische Rede *Vaterlandsliebe* (1935), den Bergarbeiterroman *Die Ret-*

tung (1937) und vor allem den Roman, der ihren Weltruhm begründet, *Das siebte Kreuz* (1942), ihren »Heimatroman aus Hitlerdeutschland« (Frank Benseler). Die um 1937 begonnene Arbeit an diesem Roman unterbricht S., um in zwei Briefen an Georg Lukács (1938/39) die Grundlagen ihrer Poetik zu formulieren. »Diese Realität der Krisenzeit, der Kriege usw. muß ... erstens ertragen, es muß ihr ins Auge gesehen und zweitens muß sie gestaltet werden«, schreibt sie. Die Unmittelbarkeit des Erlebens hebt sie gegenüber der normativen literarischen Methode hervor, gegen den Klassiker Goethe setzt sie Dichter wie Lenz, Hölderlin, Kleist, deren Werk die Spuren krisenhaften Umbruchs trägt und denen sie sich verwandt fühlt. Ihre Lebensverhältnisse werden zunehmend bedrückender; zur politischen Gefährdung kommt die Sorge um das tägliche Brot. Nach der Besetzung von Paris durch die Wehrmacht gelingt S. schließlich mit ihren Kindern die Flucht in unbesetztes Gebiet, in die Nähe des Lagers Le Vernet, wo ihr Mann interniert ist. Ihre Briefe aus dem Winter 1940/41 dokumentieren ihre tiefe Depression, die sie nur schreibend aushalten, ja überleben kann. Die Arbeit an dem Roman *Transit* (1944; dt. 1948), der die unmittelbaren Spuren dieser Krisenerfahrung trägt, rettet ihr das Leben. War *Das siebte Kreuz* eine Heimatbeschwörung, so steht *Transit* für absolute Heimatlosigkeit. Im März 1941 verlässt die Familie auf einem Frachtschiff Marseille, Frankreich und Europa. »Ich habe das Gefühl, ich wäre ein Jahr tot gewesen«, schreibt S. an Freunde in Mexiko, wo die Flüchtlinge im November ankommen. Die Veröffentlichung von *Das siebte Kreuz* macht S. weltberühmt. Die Zeit materieller Not ist vorbei, sie hat erstmals wieder Ruhe zum Arbeiten. Die Nachricht von der Ermordung ihrer Mutter in dem polnischen Lager Piaski trifft sie existenziell. Nach einem Autounfall schwebt S. wochenlang zwischen Leben und Tod. Danach entstehen die Erzählungen *Ausflug der toten Mädchen* und *Post ins Gelobte Land*, ein Abschied von der Mutter und der durch Bomben zerstörten Heimatstadt die eine, ein Requiem auf die ermordeten Juden die andere. Der große Roman *Die Toten bleiben jung* (1949), eine Chronik deutscher Geschichte von 1917 bis 1945, entsteht bereits im Zeichen der Rückkehr nach Deutschland.

Im Frühjahr 1947 vertauscht S. die Geborgenheit des mexikanischen Exils mit der Trümmerlandschaft Deutschlands. An die dreißig Jahre lebt sie zusammen mit ihrem Mann (der 1952 in die DDR kommt) im zweiten Stock eines Mietshauses in Berlin-Adlershof. Ihre Entscheidung für die DDR war keine so ungebrochene, wie es ihre offiziellen Stellungnahmen nahelegen. Ein neuer »Originaleindruck« stellte sich nicht mehr ein. S., die sich in der Weltfriedensbewegung engagiert und lange Jahre (1952–1978) Vorsitzende des Schriftstellerverbandes bleibt, wird zu einer wichtigen Repräsentantin der DDR. Mehr als in früheren Jahren ist ihr Schaffen nach 1947 von theoretischen Äußerungen begleitet. Neben einfacher, didaktischer Kurzprosa wie *Friedensgeschichten* (1950) und den *Karibischen Geschichten* (1948/61), in denen sie im historischen Gewand über das Scheitern der Revolution reflektiert, entstehen mythisch-legendenhafte Erzählungen wie *Das Argonautenschiff* (1948) und schließlich die beiden großen DDR-Romane *Die Entscheidung* (1959) und *Das Vertrauen* (1968). S.' Gegenwartsbewältigung als Autorin endet mit dem Aufstand von 1953 und Stalins Tod. Ihre Prosa bleibt der Aufgabe verpflichtet, über Kontinente und Epochen hinweg »Gedächtnis der Revolution« (Kurt Batt) zu sein und so für *Die Kraft der Schwachen* (1965) zu zeugen. Wichtige Akzente in der neueren DDR-Literatur setzt S. mit Erzählungen wie *Das wirkliche Blau* (1967) und *Die Reisebegegnung* (1973), die den engen Realismusbegriff um das Romantische und das Phantastische erweitern. Die Erzählung *Überfahrt* (1971) kann als späte Bilanz gelten: Sie thematisiert die Trauer um den unwiederbringlichen Verlust der auf die sozialistische Idee gerichteten Lebenshoffnung. S., die sich mit zunehmendem Alter und aus gesundheitlichen Gründen immer mehr öffentlichen Aufgaben entzieht, wird mehr und mehr zu einer »Legendenperson, mit ihrem Urbild nur teilweise identisch, zum anderen Teil aber aus den Bedürfnissen derer gemacht, die die Legende schaffen« (Christa Wolf). Dass hinter dieser »Legendenperson« ein Mensch mit Widersprüchen sichtbar wird, ist auch der Veröffentlichung der 1957/58 entstandenen fragmentarisch gebliebenen Erzählung *Der gerechte Richter* anzumerken, die in einer für die Erzählerin S. ideologisch wie ästhetisch nicht (mehr) zu bewältigenden Radikalität die sozialistische Idee mit ihrer deformierten stalinistischen Realität konfrontiert und damit eine für die DDR-Literatur frühe Bilanz des Scheiterns des Sozialismus gibt.

Werkausgabe: Gesammelte Werke in Einzelausgaben. Berlin 1993ff.

Sonja Hilzinger

Sei Shōnagon

Geb. ca. 966 in Japan; gest. ca. 1017

Sei Shōnagon, Autorin von Waka-Dichtung und Miszellen-Literatur der mittleren Heian-Zeit (794–1186), ist eine Zeitgenossin von Murasaki Shikibu (gest. ca. 1014), der Verfasserin des *Genji monogatari* (*Die Geschichte vom Prinzen Genji*), des berühmtesten Werks der japanischen Literatur, und der Dichterin und Tagebuch-Schreiberin Izumi Shikibu (geb. ca. 976). Wie sie diente S. als Hofdame. Nie zuvor oder danach hat es in der japanischen Literatur eine Konstellation gegeben, in der Frauen eine solch überragende, stilbildende Bedeutung zukam. In dieser Zeit entstanden zentrale Prosagattungen wie das (fiktionale) Tagebuch (nikki), Prosaepen (monogatari) und Miszellen – Musterbeispiele, an denen sich das literarische Schaffen der folgenden Jahrhunderte orientierte.

Lebensdaten und Eigenname dieser Autorin sind unbekannt. ›Sei‹ ist die sinojapanische Lesung des ersten Zeichens ihres Familiennamens Kiyohara, und ›Shōnagon‹ bezeichnet einen Hofrang (»Unterkabinettsrat«, Amtstitel eines nahen Verwandten). Sie entstammt einer einst mächtigen Familie, die nach ihrer Verdrängung aus dem Machtzentrum durch Gelehrsamkeit und Dichtung hervortat, weshalb auch S. in Gedichtkunst und chinesischer Klassik unterwiesen wurde. 983 heiratete sie, 993 trat sie in die Dienste der kaiserlichen Gemahlin Fujiwara Sadako, deren bevorzugte Hofdame sie bis zu deren Tod im Jahre 1000 blieb.

Danach zog sie sich vom Hofleben zurück in die Provinz, wo sie wenig später noch einmal geheiratet zu haben scheint. Schließlich ging S. ins Kloster, doch scheint sie, wovon diverse Legenden an verschiedenen Orten künden, auch im Lande herumgereist zu sein. Sie war wohl keine Schönheit, aber von unvergleichlicher Beobachtungsgabe, Witz und Darstellungskraft, so dass sie, wie etwa Murasaki in ihrem Tagebuch berichtet, ob ihres scharfen Blicks und ihrer treffenden Bemerkungen in Hofkreisen gefürchtet war. Neben einer kleinen privaten Textsammlung *Sei Shōnagon-shū* sind von ihr nicht mehr als etwa 50 Gedichte erhalten, die in diverse, auch prominente offizielle Sammlungen aufgenommen wurden.

Mit ihrem Meisterwerk, dem *Makura no sōshi* (»Kopfkissenbuch«), das um die Wende vom 10. zum 11. Jahrhundert entstand und in zwei, drei und vier Heften überliefert ist, hat sie sich unsterblich gemacht. Der Text ist nur schwer einer Gattung zuzuordnen. Aus heutiger Perspektive wird er als Musterbeispiel für das Genre »zuihitsu« (»dem Pinsel folgend«, Miszellen) betrachtet. Er besteht aus Notizen, Anekdoten und biographischen Aufzeichnungen sowie 16 Waka (Lyrik im japanischen Stil). Der Titel »Kopfkissenbuch« ist mehrdeutig und kann sich auf den privaten Charakter, die Skizzenhaftigkeit oder die Anordnung der etwa 300 Abschnitte unter Sachtiteln beziehen. Ihren Stoff, vielfach aus Erfahrungen S.s aus dem Leben am Hofe schöpfend, beziehen die Notizen aus allen Bereichen des menschlichen Lebens und der Natur. Charakteristisch sind ihre Aufzählungen unter Überschriften wie »Was entzückt«, »Was schlecht aussieht«, »Worüber man die Geduld verliert«. Unter »Was anwidert« findet sich beispielsweise »Die Rückseite einer Stickerei. Katzenohren von innen. Nähte an ungefüttertem Pelzwerk. Die Geschäftigkeit einer nicht gerade feinen Frau mit einem Haufen Kinder.« »Seltenheiten« sind »Ein Schwiegersohn, den sein Schwiegervater lobt. Untergebene, die nicht über ihre Vorgesetzten lästern.« Eine weitere Gruppe von Notizen hat Tagebuchcharakter und in einer dritten werden inneres und äußeres Geschehen im Gleichgewicht gehalten und reflektiert. Menschliches Verhalten und insbesondere das Verhältnis der Geschlechter zueinander finden die besondere Aufmerksamkeit der spitzzüngigen Autorin.

Ihre Aufzeichnungen bestechen durch Klarheit des Intellekts und durch die Unbefangenheit der Aussage, die den privaten Charakter des Textes unterstreicht, auch wenn entgegen einer ihr zugeschriebenen Nachschrift davon auszugehen ist, dass sie den Text nicht nur für sich selbst, sondern für eine Leserschaft verfasste. Aus zeitgenössischer Sicht wäre der Text wohl dem Genre der Tagebuchliteratur zugeordnet worden. Die literaturwissenschaftliche Einordnung dieses hochgradig individuellen Werks wird noch durch die Tatsache erschwert, dass zahlreiche Handschriften überliefert sind, die nach Anzahl, Anordnung und Textfassung der Abschnitte variieren.

Ob die beiden anderen herausragenden Autoren der Miszellenliteratur, der Mönch Kamo no Chōmei mit seinem *Hōjōki* (1212; Aufzeichnungen aus enger Klause) und der Mönch Yoshida Kenkō (1283–1350) mit dem 1330 bis 1331 entstandenen philosophischen Skizzenbuch *Tsurezuregusa*, S.s Werk kannten, ist nicht belegt. Sicher aber ist, dass ihr stilistisch zwischen elegant und burschikos schwankendes, in lakonischer Kürze, aber stets mit Leichtigkeit und Flüssigkeit formuliertes Werk auch heute noch über Kulturgrenzen hinweg eine Frische und Unmittelbarkeit ausstrahlt, die es neben der *Genji monogatari* zum überragenden Denkmal der von Frauen geschaffenen höfischen Literatur Japans macht.

Irmela Hijiya-Kirschnereit

Seidel, Ina
Geb. 15. 9. 1885 in Halle a.d. Saale;
gest. 2. 10. 1974 in Schäftlarn
bei München

Als sie im Alter von 89 Jahren starb, war sie als Schriftstellerin genauso bekannt wie die von ihr von Jugend an bewunderte Ricarda Huch, zu deren einhundertstem Geburtstag 1964 S. eine Rede verfasst hatte, in der es heißt: »Die gefährdete Flamme wahrer Menschlichkeit, Ricarda Huch trug sie für uns mit hütenden Händen durch dürre Jahrzehnte«. Das Bemühen um diese wahre Menschlichkeit, um ein gelebtes »natürliches« Christentum, wird auch in S.s umfangreichem literarischen Werk sichtbar, besonders in ihren Romanen *Das Wunschkind* (1930), *Lennacker. Das Buch einer Heimkehr* (1938) und *Das unverwesliche Erbe* (1954). Religion als das Unvergängliche, Naturverbundenheit bis hin zum Mythischen, das Mütterliche und der Tod sind zentrale Themen der Dichterin. Die in Braunschweig und Tutzing (Oberbayern) aufgewachsene Arzttochter, deren Kindheit bis zum tragischen Selbstmord ihres Vaters glücklich verlief, gewann schon früh ein besonderes Verhältnis zur Heimat: »Das Gefühl, auf dem Boden einer Landschaft beheimatet zu sein, hängt ohne Zweifel mit dem sehr sinnenhaften Erleben dieses Bodens während der Kindheit zusammen«, schreibt sie in ihrem *Lebensbericht 1885–1923*. 1907 heiratet S. ihren Vetter, den evangelischen Pfarrer und Schriftsteller Heinrich Wolfgang Seidel. Mit ihm lebt sie von 1907 bis 1914 in Berlin, wo sie 1908 nach der Geburt einer Tochter an den Folgen eines Kindbettfiebers schwer erkrankt; eine Gehbehinderung bleibt zurück, zehn Jahre soll sie auf Anraten der Ärzte mit dem nächsten Kind warten. Auf eine sitzende Tätigkeit angewiesen, fängt sie nun ernsthaft mit Schreiben an, nicht mehr »nur im Verborgenen«.

Der Ausbruch des Ersten Weltkriegs findet seinen lyrischen Niederschlag in dem im Herbst 1915 unter dem Titel *Neben der Trommel her* erschienenen Gedichtband S.s, in dem die Trauer und Klage um die Gefallenen im Mittelpunkt steht. Die Kehrseite des Krieges ist auch Thema des 1930 erschienenen Romans *Wunschkind* (Entwurf schon 1914), dem wohl meistgelesenen Roman S.s um den Lebens- und Leidensweg der Mutter Cornelie Echter v. Mespelbrunn; der Opfermut der Heldin wird getragen von der Gewissheit, dass eines Tages die »Tränen der Frauen stark genug sein werden, um gleich einer Flut das Feuer des Krieges für ewig zu löschen.« Die Arbeit an dem dämonischen Roman *Das Labyrinth* (1922) hilft S., den Schmerz um den Verlust ihrer schon im Säuglingsalter gestorbenen Tochter (1918) zu bewältigen. Der Tod ihres Bruders Willy Seidel (auch er ein Schriftsteller), an dem die Dichterin sehr hing, lieferte den Anstoß zur Entstehung der höchst privaten, magisch-romantizistischen Erzählung *Unser Freund Peregrin* (1946).

Nach den Jahren in Eberswalde und wieder in Berlin (bis 1934) lässt sich das Ehepaar Seidel am Starnberger See nieder, mit dem für die Dichterin frohe Jugenderinnerungen verbunden sind. Nach dem Tod ihres Mannes und ihrer Mutter (1945) erscheint erst 1954 mit *Das unverwesliche Erbe* wieder ein Roman, der in der Art des traditionellen Familienromans an *Das Wunschkind* und *Lennacker* anknüpft, nur ist hier, im Alterswerk, die Problematik ganz verinnerlicht. Es geht um das Fortbestehen überlieferter moralisch-religiöser Werte und ihre unverbrüchliche Gültigkeit durch Generationen hindurch. Mit ihrem letzten Roman *Michaela* (1959) versuchte S., das Problem der deutschen Verstrickung im Dritten Reich aufzuarbeiten.

Susanne Stich

Seifert, Jaroslav
Geb. 23. 9. 1901 in Prag;
gest. 10. 1. 1986 in Prag

Jaroslav Seifert, der erste tschechische Nobelpreisträger für Literatur (1984), war ein genuiner Lyriker, verfasste aber auch Reportagen, Feuilletons, Kinderbücher und Übersetzungen. Sein Werk zeigt sich zahlreichen tschechischen Schriftstellern wie Božena Němcová, Mikoláš Aleš und Jiří Lada ebenso verbunden wie den französischen Modernisten, sein besonderes Augenmerk gilt dabei den Schönheiten Prags.

S. wurde in dem heute zu Prag gehörenden proletarischen Ort Žižkov geboren. Er verließ vorzeitig das Gymnasium, um als Journalist zu arbeiten. Seit Beginn der 1920er Jahre schrieb er – als überzeugtes Mitglied der tschechischen Kommunistischen Partei – für das kommunistische *Rudé právo* (Rotes Recht). Nach einem Besuch in der Sowjetunion 1925 nahm er gegenüber der Revolution jedoch einen kritischen Standpunkt ein, was 1929 zum Bruch mit der Kommunistischen Partei führte. S. wechselte zur Sozialdemokratie und ihren Publikationsorganen. Nach dem Zweiten Weltkrieg engagierte er sich zunächst in verschiedenen Gewerkschaftszeitungen, stellte nach der kommunistischen Machtübernahme 1949 seine journalistische Tätigkeit aber völlig ein und arbeitete fortan als freischaffender Lyriker.

Etwa zeitgleich mit seinen journalistischen Anfängen feierte S. Erfolge mit seinem ersten Gedichtband *Město v slzác* (1921; Stadt in Tränen), der von der Kritik als authentische Äußerung der tschechischen proletarischen Poesie gewertet wurde. Schon in seiner zweiten Sammlung *Samá Láska* (1923; Lauter Liebe) wandte sich S. aber den Standpunkten der dem Poetismus nahestehenden avantgardistischen Künstlergruppe Devětsil (Pestwurz, 1920–30) zu, deren Mitbegründer er war. In Abkehr von der proletarischen Poesie schuf er nun lyrische und musikalische Gedichte, die das Staunen vor den Schönheiten und Werten der Welt ausdrücken, und trug mit den Sammlungen *Na vlnách TSF* (1925; Auf den Wellen der TSF), *Slavík spívá špatně* (1926; Die Nachtigall singt falsch) und *Poštovní holub* (1929; Die Brieftaube) zur Entfaltung des Poetismus bei. In den 1930er Jahren befreite sich S. von Zeitströmungen und konzentrierte sich auf einen eigenen Stil, der von regelmäßigen Rhythmen und einem variablen Vers getragen war. Seine Themen der späten 1930er und 40er Jahre erhielten durch die Bedrohung und anschließende Besetzung der Tschechoslowakei auch patriotische Züge. Noch 1946 Mitglied der Tschechischen Akademie der Wissenschaft und Kunst geworden, lehnte S. bald die nach der kommunistischen Übernahme geforderte Doktrin des Sozialistischen Realismus ab, verlor sein Ansehen als großer Dichter und wurde zunehmend zur Zielscheibe der Kritik durch die Kommunistische Partei.

In dieser Zeit schrieb er unter anderem *Píseň o Viktorce* (1950; Das Lied über Viktorka), in dem er den Staat beschuldigte, das Volk verraten zu haben. Seine politischen Dichtungen stießen auf große Resonanz, die Gedichtsammlung *Maminka* (1954; Mutter) gilt als Höhepunkt seines Schaffens. S.s mutige Rede auf dem Zweiten tschechischen Schriftstellerkongress 1956, der unter dem Eindruck der Enthüllungen der Stalinistischen Verbrechen durch Chruschtschow stattfand, hatte die Einstellung weiterer Veröffentlichungen bis 1965 zur Folge. Als sich das politische Klima Mitte der 1960er Jahre wieder änderte, wurde S. der Titel des »Nationalen Künstlers« verliehen, und er konnte wieder publizieren. In den nun erscheinenden Arbeiten (z. B. *Halleyova kometa*, 1967; Der Halleysche Komet) wurde die extreme Prosaisierung der Poesie zum neuen Charakteristikum. Die Erfahrung des Todes, den er viele Male in seiner Umgebung erlebt und dem er selbst bereits zweimal nahegekommen war, verliehen seiner meditativen Lyrik eine neue innere Tiefe. In der Zeit des Prager Frühlings (1968) engagierte sich S. wieder politisch und kulturell. Er sprach sich gegen die russische Okkupation am 21. August 1968 aus und fiel im Husák-Regime erneut in Ungnade und unter das Publikationsverbot. S. wurde Mitunterzeichner der Charta 77, seine Werke konnten bis in die 1980er Jahre nur im Untergrund erscheinen.

1983 erschien seine letzte Gedichtsammlung *Býti básníkem* (1983; Dichter zu sein). Die Lyrik dieses Bandes zeigt die Tendenz zum Gesprächsstil und zum freien Vers und konzentriert sich thematisch auf die philosophische Meditation über den Sinn der Poesie, des Lebens, der Liebe und des Todes. In seinen letzten Lebensjahren entstanden seine Erinnerungen *Všecky krásy světa* (zensiert 1982; *Alle Schönheiten dieser Welt*, 1981), die aus 97 Prosatexten bestehen.

Susanna Vykoupil

Sembène, Ousmane

Geb. 8. 1. 1923 in Ziguinchor/Senegal;
gest. 9. 6. 2007 in Dakar/Senegal

Ousmane Sembène gilt als Vater des afrikanischen Kinos und ist zugleich eine der schillerndsten Figuren und einer der meistgelesenen Autoren der frankophonen Literatur Afrikas. Der künstlerische Autodidakt S. aus Senegal knüpfte als Fabrikarbeiter in Paris und als Hafenarbeiter in Marseille Kontakte zu dort lebenden afrikanischen Intellektuellen und stellte in den Mittelpunkt seines ersten Romans *Le docker noir* (1956; Der schwarze Hafenarbeiter) einen Hafenarbeiter, dessen literarische Ambitionen von einer französischen Autorin ausgenutzt werden. Auch sein zweiter Roman *O pays, mon beau peuple!* (1957; *Meines Volkes schöne Heimat*, 1958, *Stromaufwärts nach Santhiaba*, 1970) enthält autobiographische Elemente und ist als Kritik an französischer Dominanz zu verstehen. Der Held des Romans kehrt aus Frankreich nach Afrika zurück und organisiert Reisbauern in einer Genossenschaft, die sich dem Preisdiktat französischer Großlieferanten zu widersetzen vermag. Wie in *Le docker noir* endet dieses Aufbegehren mit dem Tod des Protagonisten, hier allerdings verknüpft mit einem verschlüsselten Appell zur Bündelung oppositioneller Kräfte in afrikanischen Gesellschaften. Dem Widerstand der werktätigen Bevölkerung gegen die Kolonialpolitik widmete S. auch seinen dritten Roman *Les bouts de bois de Dieu* (1960; *Gottes Holzstücke*, 1988), in dem er den Streik afrikanischer Arbeiter entlang der Dakar-Bamako-Linie 1947/48 aufgreift. Hervorzuheben ist, welchen Stellenwert bei der Entwicklung einer demokratischen Gesellschaft S. hier erstmals den Frauen zuerkennt. Damit wendet er sich gegen die patriarchale Ordnung im afrikanischen Alltag, die er in dem Roman *Xala* (1973; *Chala*, 1979, *Xala*,

1981), der 1974 unter demselben Titel verfilmt wurde, nochmals ausdrücklich kritisiert.

1963 drehte S. mit BOROM SARRET den ersten Film, den ein Afrikaner auf dem afrikanischen Kontinent produzierte. Der Kurzfilm zeigt den Alltag eines Karrenschiebers, und auch in seiner Literatur rückte S. detailliertere Beobachtungen des Alltags in den Vordergrund. Dafür stehen Erzählungen und Filme wie *Le mandat* (1965; *Die Postanweisung*, 1988) und *Niiwam* (1987; *Niiwam*, 1992), in denen Bürokratie und Neid kritisiert und Armut und Not geschildert werden. Um auch die illiterate Bevölkerung Afrikas erreichen zu können, trug S. sein Anliegen zunehmend über das Medium Film vor, wobei er außerdem in wachsendem Maße in afrikanischen Landessprachen wie Wolof, Diola oder Bambara drehte. Bezeichnend ist S.s Auffassung von Kino als der besten Abendschule für das Volk. Der Film LA NOIRE DE ... (1966) zeigt das Schicksal eines afrikanischen Hausmädchens in Europa, TAAW (1970; *Taaw*, 1992) die Probleme eines jungen, arbeitslosen Mannes, dessen Verlobte ein Kind erwartet. Die Doppelbegabung S.s als Autor und Regisseur brachte eine enge Verquickung des literarischen und filmischen Arbeitens mit sich, so dass zahlreiche Filme auf Prosatexten beruhen, andererseits aber auch Texte auf Filme folgen. Ein Beispiel dafür gibt der Film GUELWAAR (1992), dem S. einen gleichnamigen Roman folgen ließ (1996; *Guelwaar*, 1997). Der Regisseur und Schriftsteller zeigt darin, basierend auf der possenhaften Anekdote eines vertauschten Leichnams, wie christliche und islamische Glaubensgemeinschaften ihr Zusammenleben unmittelbar und friedlich regeln können – wobei sich diese Basisdemokratie auch gegen staatliche Autorität sowie gegen internationale Organisationen und Korruption behauptet.

Von den vielfach ausgezeichneten Filmen S.s gingen – auch unabhängig von literarischen Vorlagen – wesentliche Impulse aus. So sorgten die historisch-dokumentarischen Filme EMITAÏ (1971), CEDDO (1976) und CAMP DE THIAROYE (1988) für erhebliches Aufsehen. Ersterer handelt von einem Massaker französischer Kolonialsoldaten an der Bevölkerung eines Dorfes, Letzterer verurteilt das brutale Vorgehen der französischen Armee: Sie hatte afrikanische Weltkriegsteilnehmer niedergemetzelt, nachdem die sogenannten Tirailleurs Sénégalais die in Aussicht gestellte und von Seiten Frankreichs nicht erbrachte Gleichbehandlung eingefordert hatten. CEDDO wiederum löste heftige Debatten aus, weil S. darin dem Vordringen von Christentum und Islam im nördlichen Afrika die Besinnung auf afrikanische animistische Religionen entgegengestellt hatte. Auch S.s jüngere Filme, die er als Trilogie über den Alltag von Frauen anlegte, erregten international Aufsehen: FAAT KINÉ (2000) zeigt das Leben von drei Frauengenerationen in Afrika, während MOOLAADE (2004) Genitalverstümmelung verurteilt. Der Film wurde zum festen Bestandteil internationaler Kampagnen gegen Beschneidung und sexuelle Unterdrückung von Frauen.

Manfred Loimeier

Semprún, Jorge
Geb. 10. 12. 1923 in Madrid

»Warum erfinden, wenn du ein so romanhaftes Leben gehabt hast, in dem es unendlich viel erzählerisches Material gibt?«, fragt der Erzähler Federico Sánchez in *Veinte años y un día* (2003; *Zwanzig Jahre und ein Tag*, 2005). Das Autobiographische nimmt in Jorge Semprúns literarischem Werk einen derart breiten Raum ein, dass sich ständig die Frage stellt, ob dieses oder jenes Werk nun Roman oder doch eher Autobiographie, ob Fiktion oder Dokument der Zeitgeschichte sei. Das Problem der Zuschreibung verweist auf ein Merkmal des Gesamtwerks: Literarisches Schaffen verschmilzt mit der bewegten Lebensgeschichte des Autors. Dabei gelingt es S. jedoch immer, den Spagat

zwischen dem objektivistisch-dokumentarischen Stil der Geschichtsschreibung und einer stark subjektiven, im Entsetzen des Erzählers verbleibenden Darstellung zu schaffen. Dies ist gerade für KZ-Literatur, zu der Romane S.s wie *Quel beau dimanche!* (1980; *Was für ein schöner Sonntag!*, 1981) zu zählen sind, keineswegs selbstverständlich.

Bei Beginn des Spanischen Bürgerkrieges musste S. im Alter von 14 Jahren mit seiner republikanisch gesinnten Familie nach Paris ins Exil gehen. Dort besuchte er das Lycée Henri IV. und studierte Philosophie an der Sorbonne. 1941 trat er der KP und der kommunistischen Résistance-Bewegung bei. 1943 wurde er von der deutschen Gestapo verhaftet und in das Konzentrationslager Buchenwald deportiert. Bereits an diesem Punkt der Biographie wird deutlich, dass sie aufs engste mit dem politischen Geschehen in Europa verbunden ist. Die europäische, insbesondere die spanische Zeitgeschichte wird somit zur zweiten thematischen Konstante, um die S.s Werk kreist. Die Frage, ob seine Texte der französischen oder der spanischen Nationalliteratur zuzuordnen seien, lässt sich kaum eindeutig beantworten, zumal S. meist, aber nicht ausschließlich, in französischer Sprache schreibt. Generell schöpft die Exilliteratur ihre Identität nicht aus dem Nationalen, sondern aus der Erfahrung des Fremden. Auf die Frage, ob er eigentlich Spanier oder Franzose, Politiker oder Schriftsteller sei, antwortete S.: »Was ich bin? Ich bin jemand, der nach Buchenwald deportiert wurde.« Die Zeit im Konzentrationslager bezeichnet er als die extremste und radikalste Erfahrung seines Lebens. Wird Buchenwald nicht direkt zum literarischen Schauplatz, findet diese Erfahrung auf anderen Wegen Eingang in einen Großteil der mehr als 25 Veröffentlichungen S.s, beispielsweise als traumatisches Erlebnis der Protagonisten, die oft die Pseudonyme tragen, die S. während seiner politischen Aktivitäten benutzte. Auf diese Weise bewahrt S.s Schreiben, was die Geschichtsschreibung nicht niederzulegen vermag: die persönliche Erfahrung des Todes in den Konzentrationslagern, wo auch – das will S. der Welt ins Bewusstsein rufen – viele Rotspanier interniert waren. Die Vernichtung von Menschen ist so nicht nur eine historische Gegebenheit, »faktisch erwiesen, aber entfremdet in der objektiven Kälte der Wissenschaft«, wie S. es formuliert hat, sondern direkte Erfahrung.

Nach der Befreiung aus Buchenwald 1945 kehrte S. zunächst nach Paris zurück. Die damals zu treffende Entscheidung zwischen Vergessen und schriftstellerischer Reflexion ist Thema des Romans *L'écriture ou la vie* (1994; *Schreiben oder Leben*, 1995). Um zu überleben, das Leben überhaupt ertragen zu können, entschied sich S. zunächst für das Vergessen und wurde politisch tätig. Ab 1953 koordinierte er von Paris aus als Mitglied des ZK der spanischen Exil-KP den Widerstand gegen das Franco-Regime. Zwischen 1957 und 1962 arbeitete er als Führungsmitglied der KP im franquistischen Spanien. 1964 wurde er zusammen mit Fernando Claudín wegen Abweichung von der Parteilinie aus der KP ausgeschlossen.

Erst 16 Jahre nach der Befreiung aus Buchenwald publizierte S. seinen ersten Roman *Le grand voyage* (1963; *Die große Reise*, 1964), in dem er die Erfahrung der Deportation literarisch verarbeitet. Man verlieh ihm hierfür den Formentor-Preis – die erste von zahlreichen Auszeichnungen, die S. für sein Werk erhielt. Darunter befindet sich auch der Friedenspreis des deutschen Buchhandels (1994) sowie der Romanpreis des spanischen Großverlages Planeta, den S. für *La autobiografía de Federico Sánchez* (1977; *Federico Sánchez. Eine Autobiographie*, 1978) zuerkannt bekam. Wegen der politischen Brisanz und des stark dokumentarischen Charakters des Buches – S. rechnet hier sowohl mit seiner eigenen politischen Vergangenheit als auch mit namhaften Führungsmitgliedern der KP Spaniens ab – erregte die Preisvergabe großes Aufsehen. Die Auseinandersetzung mit dem Kommunismus ist ein weiteres Hauptthema S.s und prägt in besonderem Maße sein Schaffen als Drehbuchautor: Er schrieb L A GUERRE EST FINIE (1966; DER KRIEG IST AUS), verfilmt von Alain Resnais und noch im selben Jahr auch als Buch veröffentlicht; weitere Drehbücher folgten. Die Arbeit als parteiloser Kulturminister unter der demokratischen Regierung von Felipe González (1988–91) verarbeitet S. literarisch in *Federico Sánchez vous salue bien* (1993; *Federico Sánchez verabschiedet sich*, 1994).

Nie verbleiben S.s Romane in einem bestimmten Zeitabschnitt, sie erzählen vielmehr achronologisch, greifen vor und zurück, um zu reflektieren, wie politisches Zeitgeschehen das persönliche und kollektive Schicksal beeinflusst. Ebenso wenig speisen sie sich nur aus S.s Erfahrung – sie gehen, Imaginatives und Fiktives einbeziehend, weit über diese hinaus. Besonders deutlich wird die Distanz zwischen Erzähler und Erzähltem in Passagen, in denen der Ich-Erzähler in die dritte Person Singular wechselt und sich von außen betrachtet. Diese Distanz sowie die mosaikartige Struktur der Texte führten oft dazu, dass Verbindungen zwischen S.s Werk und dem Nouveau roman gesehen wurden. S. fordert die Leser/innen jedoch nicht nur durch die komplexen Erzählstrukturen heraus, sondern mutet ihnen auch die Entzifferung zahlreicher intertextueller Verweise zu: Sein Werk liest sich als ein Panoptikum der europäischen Literatur und Philosophie. Es führt vor, dass trotz der großen und traditionsreichen Kultur in Europa der Grausamkeit des Menschen kein Einhalt geboten wurde.

S.s Texte greifen oft die gleichen Themen auf, verweisen bisweilen sogar aufeinander, dennoch ist ein Text nie Wiederholung, nie bloße Variation eines anderen; vielmehr ergeben sich immer wieder neue Sichtweisen. Im Grunde lesen sich S.s Romane wie Kapitel eines übergreifenden Ganzen – als ein Buch, das »als literarischer Ausdruck der Wahrheit einer Zeit« (Martin Lüdke) zu begreifen ist.

Katrin Blumenkamp

Sender, Ramón José
Geb. 3. 2. 1901 in Chalamera, Huesca/Spanien;
gest. 15. 1. 1982 in San Diego, Kalifornien

Der Romancier und Journalist Ramón José Sender ist in Biographie und Werk eine der Symbolfiguren des republikanischen Spanien und der Wechselfälle vor, während und nach dem Bürgerkrieg; er ist mit über 40 Romanen sowie zahlreichen Erzählungen, Essays und Artikeln zugleich einer der produktivsten spanischen Exilschriftsteller. S.s literarische Laufbahn beginnt in Madrid, wo er, völlig mittellos und erst 17-jährig, erste Erzählungen und Artikel in verschiedenen Zeitungen publiziert. Er knüpft Kontakte mit anarchistischen Gruppen und übernimmt nach der vom Vater erzwungenen Rückkehr nach Huesca die Leitung der linksgerichteten Zeitung *La Tierra*. 1922 wird er zum Heer einberufen und zieht in den bis 1924 dauernden Marokkokrieg, den er zum Gegenstand seines Romans *Imán* (1930; *Imán. Kampf um Marokko*, 1931) macht. Der Text ist vor allem aufgrund seiner autobiographischen Grundlage, des Transfers von Zeitgeschichte in literarische Dokumentation, der gleichzeitigen Öffnung für symbolische bis phantastische Überformung und der Erzähltechnik programmatisch für S.s Werk.

Nach seiner Rückkehr arbeitet er für die damals führende Zeitung *El Sol*, aber auch für das Gewerkschaftsorgan *Solidaridad obrera*, und hält weiter Kontakt zu anarchistischen Gruppen; 1927 wird er wegen revolutionärer Umtriebe gegen das Regime des Diktators Primo de Rivera inhaftiert. In den Jahren der spanischen Republik sucht S. die Nähe der Kommunistischen Partei und setzt sein literarisches Engagement insbes. in drei Texten fort: *Siete domingos rojos* (1932; *Sieben rote Sonntage*, 1991) schildert aus geringer historischer Distanz einen von Anarchisten angeführten Streik in Madrid; *Viaje a la aldea del crimen* (1934; Reise zum Dorf des Verbrechens) dokumentiert die Niederschlagung des Bauernaufstandes von Casas Viejas, einem Dorf in der Nähe von Cádiz, das S. als Journalist unter Lebensgefahr kurz nach den Ereignissen besuchte – die Enthüllungen trugen zum Rücktritt der Regierung Azaña bei.

Der 1935 erschienene und sogleich mit dem Premio Nacional de Literatura ausgezeichnete historische Roman *Mr. Witt en el cantón* (Mr. Witt im Kanton) beschreibt den Aufstand föderalistischer Gruppen des Kantons Cartagena gegen die Madrider Zentralgewalt im Jahr 1873 und ihre Niederschlagung aus der Sicht eines unbeteiligten britischen Ingenieurs, dessen Psychogramm eine zweite, mit den politischen Entwicklungen verschränkte Darstellungsebene bildet. Das im Roman Dargestellte nimmt die Ereignisse des 1936 ausbrechenden Bürgerkriegs vorweg, in dessen Verlauf S.s Frau von Falangisten ermordet wird, er selbst zunächst auf Seiten der Republikanischen Regierung kämpft, schließlich jedoch mit seinen beiden Kindern zunächst nach Mexiko (bis 1942), dann als Guggenheim-Stipendiat in die USA ins Exil geht. Er unterrichtet spanische Literatur, wird 1947 Professor in Albuquerque, ab 1965 in Los Angeles.

Das Exil, das er erst nach der Franco-Ära vorübergehend unterbricht, markiert eine äußerst produktive Schaffensphase, in der seine bekanntesten und ambitioniertesten Werke entstehen. Zu Ersteren zählt die Novelle *Réquiem por un campesino español* (1953 u.d.T. *Mosén Millán*; Requiem für einen spanischen Landmann, 1964), in welcher der aragonesische Dorfpfarrer Millán die Geschichte des Republikaners Paco erinnernd wiedergibt, der sich durch seine Vermittlung den Falangisten ergab und von diesen entgegen dem zunächst gegebenen Versprechen erschossen wurde, wodurch Millán zum Verräter wider Willen wurde. Die historische Retrospektive erscheint hier lyrisch – parallel zur Erinnerung wird die Geschichte Pacos in einem ›romance‹, d.h. in Form der traditionellen Volksdichtung mit nationalgeschichtlichem Bezug erzählt – sowie symbolisch überformt. Ähnliches gilt für das Opus maximum S.s, die *Crónica del alba* (1942–66; Chronik der Morgendämmerung), einen neunteiligen Romanzyklus, der wiederum mit kaum verdeckten autobiographischen Bezügen ein episches Panorama Spaniens von der Jahrhundertwende bis zum Bürgerkrieg bietet. Der zeitgeschichtliche Realismus wird hier insofern fiktionsironisch und surrealistisch gebrochen, als die Grenzen der erzählten Welt ebenso wie die Einheit der Person instabil werden; so spaltet sich die Hauptfigur, deren Lebensverlauf den Roman erzählerisch vorantreibt, in verschiedene Figuren auf und fusioniert mit einem Alter ego, das den Vornamen des Autors trägt und sich als dessen textinternes Pendant verstehen lässt. S.s Werk vereinigt politische Zeugenschaft mit neuen Romantechniken (von Miguel de Unamuno bis zum lateinamerikanischen Magischen Realismus) und kann so als repräsentativ für die spanische Literatur der ersten Hälfte des 20. Jahrhunderts gelten.

Frank Reiser

Seneca (der Jüngere)
Geb. um Christi Geburt in Corduba; gest. 65 n. Chr.

Seneca, Politiker, Philosoph (Stoiker) und Dichter, war der mittlere der drei Söhne Senecas des Älteren, des sogenannten Rhetors, und der Helvia. Sein älterer Bruder Marcus Annaeus Novatus, später nach seinem Adoptivvater Iunius Gallio geheißen, wird in der Apostelgeschichte (18, 12–16) als Beschützer des Paulus erwähnt. – Die bei Weitem wichtigste Quelle zu S.s Leben und Charakter sind die *Annalen* des Tacitus; hierzu kommt weniges bei Sueton und nicht immer Glaubwürdiges bei Cassius Dio. S. selbst hat sich nur selten zu seiner Biographie geäußert; einige seiner sogenannten Dialoge erörtern in allgemeiner Form sittliche Probleme, die sich ihm aus eigener Erfahrung aufdrängten.

S. kam als kleines Kind nach Rom, erhielt dort die standesübliche rhetorische Ausbildung und studierte mit Eifer Philosophie, vor allem Ethik: bei dem Stoiker Attalos sowie bei Sotion, einem Schüler des stoisch und pythagoreisch geprägten Quintus Sextius. Seine ersten Versuche, als Anwalt eine herausragende Position in Politik und Gesellschaft zu erringen, wurden durch eine schwere Erkrankung der Atemwege unterbrochen; er weilte längere Zeit – wohl um das Jahr 30 – zur Erholung bei einer Tante in Alexandria (Ägypten). Zurückgekehrt, trat er als Quaestor in den Senat ein. Er war so unvorsichtig, dortselbst durch ein brillantes Plädoyer die Eifersucht des Kaisers Caligula (37–41), eines elenden Despoten, zu erregen – allein seine Krankheit soll ihn vor der Ermordung bewahrt haben.

Bald nach der Thronbesteigung des Claudius (41–54) wurde S. das Opfer höfischer Kabalen. Er musste nach Korsika in die Verbannung gehen, ein Unglück, das er als Stoiker gefasster zu tragen suchte als vor ihm Cicero und Ovid. Nach acht Jahren erwirkte die neue Kaiserin Agrippina die Jüngere, die Nachfolgerin seiner Feindin Messalina, seine Rückberufung; er wurde mit der Erziehung des jungen Nero, des einzigen Sohnes der Agrippina (aus erster Ehe), betraut und erhielt – wohl im Jahre 50 – das Amt eines Praetors. Die skrupellose, herrschsüchtige Kaiserin brachte ihren Gatten Claudius um, nachdem sie ihrem Sohn den Weg zur Thronfolge geebnet hatte. S., der einerseits die Leichenrede auf Claudius verfasst und ihn andererseits in der erhaltenen Satire *Apocolocyntosis* (etwa: *Verkürbissung*, statt Apotheose, Vergöttlichung) aufs heftigste verspottet hatte, stieg nunmehr zu größtem Einfluss auf. Gemeinsam mit dem Gardepräfekten Burrus leitete er, um 55/56 als Konsul, de facto etwa fünf Jahre lang die Geschicke des römischen Reiches.

Nero (54–68) ließ sich durch die staatsphilosophischen Maximen, die S. ihm in der Schrift *De clementia* (*Über die Milde*) nahezubringen suchte, nicht beeindrucken: Der junge Kaiser ging seinen Vergnügungen nach und betätigte sich als Sänger, Schauspieler und Rennfahrer. Im Jahre 55 beseitigte der 17-Jährige seinen Stiefbruder Britannicus, den Sohn des Claudius und der Messalina, und vier Jahre darauf schreckte er nicht davor zurück, seine um Einfluss buhlende und ihn bedrängende Mutter zu ermorden. S., der diese Tat vor der Öffentlichkeit hatte rechtfertigen müssen, verlor danach rasch an Macht; er zog sich im Jahre 62 gänzlich von der politischen Bühne zurück. Er bat damals den Kaiser, die Reichtümer zurückzunehmen, mit denen er von ihm überhäuft worden war und die ihm viele Anfeindungen eintrugen – er stieß damit auf taube Ohren. Er widmete sich in den wenigen Jahren, die ihm noch verblieben, ganz und gar der Produktion philosophischer Schriften. Bei der von Gaius Calpurnius Piso angezettelten Verschwörung, die Nero aus dem Wege räumen wollte, wurde er der Mitwisserschaft geziehen; Nero befahl ihm, sich selbst zu richten, und er schied, auf Sokrates als sein Vorbild blickend, mit philosophischer Gelassenheit aus dem Leben.

Nach dem Zeugnis des Rhetoriklehrers Quintilian (*Institutio oratoria* 10, 1, 12) hinterließ S. *orationes, poemata, epistulae* und *dialogi*, Reden, Dichtungen, Briefe und Dialoge. Von den Reden hat sich nichts erhalten. Mit den Briefen ist wohl die umfängliche, nicht ganz vollständig erhaltene Sammlung *An Lucilius*, einen Freund, gemeint. Als Dialoge bezeichnet Quintilian die übrige philosophische, zum Teil verlorene Prosa: wegen der lockeren Darstellungsart, welche ihre Inhalte gern dialogartig – mit Einwürfen eines fiktiven Gegners und deren Widerlegung – vorbringt. Von den *poemata*, den Dichtungen, sind im Wesentlichen nur neun Tragödien auf die Nachwelt gekommen. Eine plumpe Fälschung ist der zum ersten Male vom Kirchenvater Hieronymus erwähnte, wenig bedeutsame Briefwechsel mit dem Apostel Paulus – er hat S. einst den Ruhm eingebracht, insgeheim Christ gewesen zu sein. Die unter seinem Namen überlieferte historische Tragödie *Octavia*, das einzige vollständige erhaltene lateinische Exemplar der Gattung, behandelt das Schicksal von Neros erster Gemahlin; sie stammt wohl von einem zeitgenössischen Dichter, der S. auch geistig nahestand.

S.s Werke zeigen von Anfang dieselben stilistischen Merkmale und lassen sich, da sie auch kaum Hinweise auf aktuelle Ereignisse enthalten, nicht immer mit einiger Genauigkeit datieren. Eine Ausnahme sind die drei verhältnismäßig frühen *Consolationes* (*Trostschriften*), deren erste noch unter Caligula entstand: für Marcia, für die Mutter Helvia und für den Freigelassenen Polybius. Die *Trost-

schrift für Marcia hat ein in der Konsolationsliteratur, einem in hellenistisch-römischer Zeit sehr beliebten Genre von Traktaten der praktischen Ethik, verbreitetes Thema zum Gegenstand: Es galt, der Adressatin über den Verlust eines Sohnes hinwegzuhelfen. Die *Trostschrift für Helvia* hingegen war untypischerweise zugleich Selbsttrost: Es geht darin um das Leid, das S.s Exil verursacht – den Formulierungen nach bei der Mutter, in der Sache zugleich auch bei dem Sohne. Die an den Hofbeamten Polybius sich wendende Abhandlung endlich, literarisch von geringem Wert, ist nur zum Schein eine Trostschrift. Sie zeigt den Verfasser in einer schwachen Stunde: Sie enthält ein kaum verhülltes Gesuch, der Kaiser möge dem Exil ein Ende bereiten. Die drei Bücher *De ira* (*Über den Zorn*) sind wohl gleichzeitig mit den *Trostschriften*, teils unter Caligula, teils im Exil, zustande gekommen; S. setzte dort in allgemeiner, nicht einer bestimmten Person sich zuwendender Form die Bekämpfung der Affekte, ein Hauptmotiv seiner Ethik, fort.

Zu Beginn von Neros Herrschaft verfasste S. die schon erwähnte, sei es unvollständig erhaltene, sei es unvollendete Schrift *Über die Milde*; er versuchte darin, den jungen Monarchen zu kontrolliertem Maßhalten anzuleiten. Die gedankenreiche Abhandlung ist zugleich eine Art Fürstenspiegel; sie befasst sich mit den Möglichkeiten und Grenzen von Gerechtigkeit unter den Bedingungen absoluter Herrschaft. Die Abhandlung *De vita beata* (*Vom glücklichen Leben*) gilt neben anderem einem für S. selbst relevanten Problem: der richtigen Einstellung zum Reichtum. Man hatte S. vorgeworfen, dass er zu den vermögendsten Männern Roms zählte und somit ein Leben führte, das einem Philosophen schlecht anzustehen schien (er soll 300 Millionen Sesterze besessen haben, das Dreihundertfache dessen, was für einen Senator als Minimum vorgeschrieben war); ein gewisser Suillius, ein rücksichtsloser Denunziant, der nicht müde wurde, S. zu schmähen, musste durch einen Prozess zum Schweigen gebracht werden. In der Schrift *Vom glücklichen Leben* legte S. dar, dass auch der Philosoph Reichtümer sein eigen nennen dürfe – vorausgesetzt, dass er sich

nicht innerlich davon abhängig mache und jederzeit, ohne ihnen nachzutrauern, wieder darauf verzichten könne. Auch in die Dialoge *De tranquillitate animi* (*Von der Seelenruhe*) und *De otio* (*Von der Zurückgezogenheit*, nur zum Teil erhalten) scheinen Reaktionen auf Erlebtes eingegangen zu sein: S. ringt mit der Frage, bis zu welchen Grenzen ein Weiser, ein Philosoph verpfichtet sei, sich politisch zu betätigen. Man nimmt daher an, dass die beiden Abhandlungen in den Jahren von Neros Muttermord und S.s Rückzug ins Privatleben entstanden seien.

Auch S.s Spätwerk, die Frucht der letzten Jahre, konzentriert sich auf die Ethik; immerhin entstammt jener Zeit die einzige naturwissenschaftliche Schrift, die erhalten blieb, die *Naturales quaestiones* (*Physikalische Probleme*) in acht Büchern. S. erörtert dort vornehmlich meteorologische (Wolken, Winde, Regenbogen u. a.) sowie geographische (terrestrische Wasser, Nil) und astronomische Themen (Kometen). Hierbei zeigt er sich (die Römer waren insgesamt Laien auf dem Felde der Naturwissenschaften) gänzlich von griechischen Quellen abhängig; er ist wohl hauptsächlich dem Stoiker Poseidonios gefolgt. Er rechtfertigt sein Unternehmen teils durch Hinweise auf dessen ethische Förderlichkeit, teils als Selbstzweck: Kenntnis der Natur befreit von törichter Furcht und ist zugleich das Erhabenste, dessen der Mensch teilhaftig werden kann. S.s Naturauffassung bekennt sich zum traditionellen Pantheismus der Stoa: Gott, die unpersönliche Vernunft und Vorsehung, ist identisch mit der Natur, dem Kosmos, worin nichts dem Zufall und alles bestimmten, für den Menschen im Prinzip erkennbaren Ursachen gehorcht.

S.s umfänglichste ethische Abhandlung, das aus sieben Büchern bestehende Werk *De beneficiis* (*Über Wohltaten*), handelt von Hilfe und Vorteilsgewährung zugunsten einzelner Personen – sie handelt also nicht von dem im antiken Stadtstaat überaus verbreiteten Spendenwesen, von den Bauten, welche Wohlhabende den Kommunen zu schenken, oder von den Stiftungen, welche sie für bestimmte notleidende Gruppen der Bevölkerung zu errichten pflegten. Sie ist wie ihre Vorgängerin, Ciceros Schrift *De officiis* (*Von den Pflichten*), von rechnender Verständigkeit geprägt: Der Schenker soll sich fragen, ob der Beschenkte die Gabe verdient, und er darf umso bereitwilliger schenken, je mehr er auf eine Gegenleistung hoffen kann. Vor der christlichen Forderung schrankenloser Nächstenliebe vermochte diese kalkulierende Wohltätigkeitsethik nicht zu bestehen; der erste, der sie als unzulänglich zu erweisen suchte, war der Kirchenvater Laktanz.

Die *Epistulae morales ad Lucilium* schließlich, wohl S.s schönstes Prosawerk, haben Essayform. Sie stehen ihrem Zweck nach zwischen den reinen Privatbriefen Ciceros und den reinen Kunstbriefen des jüngeren Plinius: Sie wenden sich primär an den Freund Lucilius (der Adressat ist also nicht ein bloßes Ornament, eine Höflichkeitsfloskel wie bei Plinius); sie waren indes (anders als alle erhaltenen Korrespondenzen Ciceros) zugleich von Anfang an für die Veröffentlichung bestimmt. Sie suchen die stoische Doktrin minder streng und stärker an die jeweiligen Umstände angepasst zu vermitteln als die früheren Schriften; sie enthalten vielerlei Reflexionen und Meditationen über die richtige Lebensführung und die richtige Einschätzung des Todes. Sie schildern mit größter Eindringlichkeit S.s eigenes Weisheitsstreben; sie schildern es als einen unaufhörlichen Prozess der Selbsterziehung, als beharrlichen Kampf, als tägliches Training. Im Mittelpunkt steht hierbei das Ringen um die innere Unangreifbarkeit, um die Fähigkeit zu ertragen, was immer die Geschicke mit sich bringen – es gibt keine andere verlässliche Basis dauerhaften Lebensglücks.

Die Tragödien S.s halten sich durchweg an die traditionellen mythischen Stoffe, wobei wohl stets ein Stück eines der drei großen attischen Tragiker als Hauptvorbild gedient hat. Euripides ist der am häufigsten benutzte Autor, wie es der allgemeinen Wertschätzung dieses zu seinen Lebzeiten wenig angesehenen Dramatikers entsprach: Auf ihn gehen der *Rasende Herkules*, die *Medea*, die *Phaedra* u. a. zurück. Beim *Oedipus* und bei *Herkules auf dem Oeta* stand Sophokles Pate, und der *Agamemnon* ist dem gleichnamigen Stück des Aischylos verpflichtet. Nun sind S.s Stücke die einzigen lateinischen Repräsentanten der Gattung, die vollständig erhalten blieben – von der gesamten Tragödienproduktion der späten römischen Republik hat sich nur ein Haufen von Zitaten auf die Nachwelt hinübergerettet. Daher lässt sich nur schwer abschätzen, in welchem Maße die in S.s Stücken erkennbaren Abweichungen von den – meist ja ebenfalls erhaltenen – griechischen Originalen auf ihn selbst und in welchem Maße sie auf seine römischen Vorgänger zurückgehen. Die Tragödien erschöpfen sich nicht in der Illustration philosophischer Lehrsätze; andererseits sind sie kein für sich stehender Teil von S.s Gesamtwerk. Sie wollen eher belehren und erziehen (vor allem den Prinzen und jungen Kaiser Nero) als fesseln und unterhalten; sie verfolgen dieselben Zwecke wie die Prosaschriften. Die Querverbindungen zwischen den beiden Corpora sind offenkundig: Wie in den philosophischen Abhandlungen, so sind auch in den Tragödien die Leidenschaften die wichtigste negative Größe, und man könnte den Zorn und das Rasen der Protagonisten durch die Schilderungen der Schrift *De ira* erläutern. Ein Leitmotiv der Stücke, der selbstherrliche, alles Recht mit Füßen tretende Tyrann sowie sein Gegenbild, der maßvolle, milde, auf das Wohl seiner Untertanen bedachte König hat ein unübersehbares Pendant in dem Traktat *Über die Milde*. Schließlich teilen sich die Dramen und die Prosa in mancherlei Variationen des Todesgedankens – das Ende ist hier wie dort die Erlösung von Schmerz und Schuld, der Weg in die Freiheit, ins Nichts. Auf die Entwicklung der dramatischen Zusammenhänge hat S. wenig Wert gelegt, und die Schürzung und Lösung des dramatischen Knotens wird eher angedeutet als sorgsam ausgeführt. Stattdessen warten S.s Stücke nicht selten mit grausigen, abstoßenden Schilderungen, mit wahren Schreckensbildern auf. Dergleichen entsprach dem Zeitgeschmack und war gewiss vor allem ad usum Delphini ersonnen – das damalige Publikum mag die altersgrauen Familienfabeln aus Mykene und Theben auch als Anspielung auf Aktuelles, auf die julisch-claudische Dynastie mit ihrer Verruchtheit, ihren hemmungslosen Gelüsten und ihren niederträchtigen Verwandtenmorden gedeutet haben.

Wie Cicero ein Jahrhundert zuvor, während der späten Republik, so war S. in seiner Epoche, der frühen Kaiserzeit, der maßgebliche Stilist. Er löste die klassische, ausgewogene und zugleich ausladende Periode Ciceros durch eine Schreibart ab, die kurze, staccatoartig einander folgende Sätze und grelle Effekte anstrebte: den manieristischen Pointen der zeitgenössischen Rhetorik verpflichtet und zugleich von origineller Vielfalt des Ausdrucks. S., der erfolgreichste Autor seiner Generation, dessen Werke zumal von den jungen Leuten gierig verschlungen wurden, unterlag bald nach seinem Tode scharfer Kritik: Die Rückwendung zur ciceronischen Klassik, repräsentiert vor allem durch Quintilian, bedingte, dass man seine zerhackte Schreibweise als Unnatur und Künstelei ablehnte. Erst recht sank sein Stern im 2. Jh. n. Chr., als die archaistische Mode den Rückgriff auf Roms vorklassische Autoren, auf Ennius und Seinesgleichen, propagierte.

Auch in ihrer Wirkung auf Europa waren Cicero und S. Antipoden. Wie Cicero das humanistische Zeitalter, so hat S. mit seinem Pathos die Jahrhunderte des Barock geprägt: als Archeget des Neustoizismus und als Tragiker, dessen Stücke sich weit höheren Ruhmes erfreuten als die griechischen Vorbilder. Mit der klassizistischen Wende im 18. Jh. jedoch erreichte die Wertschätzung S.s abermals einen Tiefpunkt, dem erst die (allerdings ziemlich resonanzlose) philologische Forschung der jüngsten Zeit entgegenzuwirken sucht.

Ausgaben: Philosophische Schriften. 5 Bde. Darmstadt 1987ff. [lat./dt.]. – Sämtliche Tragödien. 2 Bde. Zürich/Stuttgart 1961–69 [lat./dt.].

Manfred Fuhrmann

Senghor, Léopold Sédar
Geb. 9. 10. 1906 in Joal/Senegal; gest. 20. 12. 2001 in Verson/Frankreich

Mit dem Namen des senegalesischen Dichters und Staatspräsidenten Léopold Sédar Senghor ist die intellektuelle Bewegung der Négritude verknüpft. Sie sollte gegen Ende der 1930er Jahre, vor allem aber nach Ende des Zweiten Weltkriegs, Afrikanern kulturelles Selbstbewusstsein vermitteln und gegenüber Europäern demonstrieren, dass Afrika den Metropolen des Kolonialismus eine emanzipierte, ebenbürtige Zivilisation entgegenzusetzen hat. Auch widersprach S. dem Selbstverständnis Frankreichs, allein französische Kultur definieren zu wollen, und er reklamierte dies – vergleichbar den postkolonialen Bestrebungen innerhalb des Commonwealth – für alle Mitglieder des frankophonen Raums. Dabei ging das Konzept der Négritude, die die Gesamtheit der kulturellen Werte afrikanischer Völker bündeln sollte, von einer einheitlichen afrikanischen Kultur und einer gemeinsamen afrikanischen Denkweise aus, was damaligen panafrikanischen Vorstellungen entsprach. S. glaubte an eine afrikanische Persönlichkeit; für ihn stand Europa für Intellekt, Afrika für Emotionalität, Tanz und Musik. Dies provozierte die Kritik, S.s Vorstellungen deckten sich mit kolonialistischen Klischees von Afrika.

In Deutschland wurde S. durch die Verleihung des Friedenspreises des Deutschen Buchhandels 1968 bekannt; zugleich wurde er wegen seiner Politik als Präsident Senegals von der Studentenbewegung kritisiert. S., Gymnasiallehrer für Französisch und Altphilologie, fühlte sich seinerseits dem deutschen Kulturschaffen verbunden, weil der Ethnologe Leo Frobenius mit seinen Arbeiten zur afrikanischen Geschichte das Selbstwertgefühl der bis dahin kolonisierten Afrikaner gesteigert hatte. S. verbrachte als Soldat der französischen Armee zwei Jahre in deutscher Kriegsgefangenschaft. 1945 wurde er als sozialistischer Abgeordneter in die französische Nationalversammlung gewählt und wegen seines hervorragenden Französisch mit der Überarbeitung der französischen Verfassung beauftragt. Ab 1955 arbeitete er als Staatssekretär für Wissenschaftliche Forschungen. Mehrmals war S. französischer Delegierter in den Vollversammlungen der UNO. 1960 wurde er Präsident des unabhängig gewordenen Senegal; er übte dieses Amt 20 Jahre lang aus. Unter zahlreichen Auszeichnungen ragt die Aufnahme in die Académie française 1984 hervor.

Im Jahr des Kriegsendes erschien mit *Chants d'ombre* (1945; *Schattengesänge*, 1963) der erste Band mit S.s Lyrik, die er als Student an der Sorbonne in Paris verfasst hatte. Den zumeist melancholischen Gedichten, die die Sehnsucht nach der Heimat und die Entfremdung von ihr zum Ausdruck bringen, sind z. T. einzelne Musikinstrumente zugewiesen, mit denen ihr Vortrag begleitet werden soll. Ungemein politischer stellt sich S.s zweiter Gedichtband *Hosties noires* (1948; *Schwarze Hostien*, 1963) dar, der Texte enthält, die S. während seiner Inhaftierung in deutschen Lagern geschrieben hatte. S. ruft darin zum Widerstand der unterdrückten Völker der Erde auf und verurteilt neben kapitalistischer Habgier sowie Zwangsarbeit und kolonialistischer Ausbeutung auch den italienischen Überfall auf Äthiopien. Im Zentrum des Bandes stehen mehrere Gedichte zur Erinnerung an die im Zweiten Weltkrieg für Frankreich gefallenen afrikanischen Soldaten. In *Ethiopiques* (1956; *Äthiopische Gesänge*, 1963) errichtete S. den schwarzen Arbeitern in der Neuen Welt ebenso ein Denkmal wie dem legendären südafrikanischen Zulu-König Chaka und dem äthiopischen Reich der Königin von Saba. Thematisch berührt er in *Ethiopiques* die Frage nach der Legitimität von Gewalt und nach dem Verhältnis zwischen gesellschaftlicher Verantwortung und persönlichem Glücksstreben.

Nocturnes (1961; *Nocturnes*, 1963) versammelt einerseits ältere, bereits in Zeitschriften publizierte Liebesgedichte wie »Chants pour Naëtt« (1949; Gesänge für Naëtt), die in *Nocturnes* als »Chants pour Signare« (Gesänge für Signare) tituliert und an S.s erste Ehefrau Ginette Eboué gerichtet sind. Andererseits enthält *Nocturnes* neuere Elegien, in denen S. die

Bürden seines politischen Amtes und die Einsamkeit des Mächtigen thematisiert. Stilistisch ist in *Nocturnes* die Mündlichkeit von S.s Poesie ausgereift, mit der er an die Tradition der afrikanischen Preissänger, der Griots, anknüpft. Kennzeichen für S.s Poesie sind ein appellativer Charakter – eine Anhäufung von Ausrufen, Beschwörungen und Klangrhythmen aus wiederholten Wortkaskaden. Seine Dichtung ist geprägt von einem pathetischen Gestus, einer Verklärung Afrikas. Ab 1962 galt S. als Kandidat für den Literaturnobelpreis. Die Gedichte aus *Chants d'ombre*, *Hosties noires*, *Ethiopiques* und *Nocturnes* erschienen auf deutsch gesammelt unter dem Titel *Botschaft und Anruf* (1963).

Als Selbstgespräch präsentiert sich der Gedichtband *Lettres d'hivernage* (1972; *Briefe zur Regenzeit*, 1984), in dem S. einer Geliebten nachweint und sich über sein einsames Dasein als Staatsmann beklagt. Politisches Engagement ist einer Innenschau gewichen, und der erlebten Leere setzt S. ein vielfarbenes, idealisiertes Afrika entgegen. Sechs längere Gedichte, die vorab in Zeitschriften publiziert worden waren, erschienen zusammen mit einem Essay über drei französische Dichter als *Élégies majeures suivi de dialogue sur la poésie francophone* (1979; Große Elegien, gefolgt von einem Gespräch über die französischsprachige Dichtung; daraus *Élégie des alizés*, 1969; Elegie der Passate, 1980; und *Élégie pour la reine de Saba*, 1979; Elegie für die Königin von Saba, 1984). Die Elegien sind unter anderem S.s zweiter Ehefrau Colette und Persönlichkeiten wie Martin Luther King, dem tunesischen Präsidenten Habib Bourguiba sowie Georges Pompidou gewidmet. S.s Gedichte erschienen in verschiedener Anordnung in weiteren Ausgaben wie *Poèmes* (1973/ 1984; *Gedichte*), dessen jüngste Auflage überdies die *Élégie pour Philippe-Maguilen* (1983; Elegie für Philippe-Maguilen) enthält – ein Nachruf auf S.s bei einem Unfall ums Leben gekommenen Sohn.

Deutsche Gedichtausgaben tragen Titel wie *Tam-Tam schwarz. Gesänge vom Senegal* (1955), *Wir werden schwelgen, Freundin* (1984), *Bis an die Tore der Nacht* (1985) oder *Sterne auf der Nacht deiner Haut* (1994).

Entscheidend für die Entwicklung der afrikanischen Literaturen war S.s *Anthologie de la nouvelle poésie nègre et malgache de langue française* (1948; Anthologie neuer Negerpoesie französischer Sprache), zu der Jean-Paul Sartre ein Vorwort schrieb. Als politischer Autor äußerte sich S. in Aufsätzen und Reden zu entwicklungspolitischen und wirtschaftlichen Problemen der Dritten Welt – ein Aspekt, der in der Rezeption seines Werks zumeist nur wenig Beachtung findet. Seine Essays erschienen in einer vierbändigen Ausgabe unter dem gemeinsamen Titel *Liberté* (Freiheit). *Liberté I. Négritude et humanisme* (1964; Freiheit. Negritude und Humanismus, 1967) versammelt Aufsätze und Stellungnahmen zur Négritude, während *Liberté II. Nation et voie africaine du socialisme* (1971; Freiheit II. Nation und der afrikanische Weg des Sozialismus) die politische Zukunft afrikanischer Staaten beleuchtet. Zeigt sich in *Liberté I* noch überwiegend der schöngeistige Kulturtheoretiker, schlägt sich in *Liberté II* bereits die politische Erfahrung des Staatspräsidenten nieder.

Neben der Übersetzung von *Liberté I* liegen weitere Aufsätze S.s auf deutsch vor, etwa *Die negro-afrikanische Ästhetik* (1957), *Die Wurzeln der Négritude* (1962), *Schwarzafrika und die Deutschen* (1965), *Afrika und die Deutschen* (1965) und *Pierre Teilhard de Chardin und die afrikanische Politik* (1968). Im Jahr der Verleihung des Friedenspreises des Deutschen Buchhandels erschien *Die Versöhnung der Gegensätze* (1968). Einem besseren Verständnis zwischen den Zivilisationen sind zwei Vorträge gewidmet, die auf deutsch unter dem Titel *Dialog mit Afrika und dem Islam* (1987) veröffentlicht wurden. S.s *Liberté III. Négritude et civilisation de l'universel* (1977; Freiheit III. Négritude und Weltkultur) kann als Verteidigung des Négritudegedankens gelesen werden, der zunehmend in Kritik geraten war, nur eine assimilatorische Zielsetzung zu verfolgen und sich an europäischen Bildungsidealen zu orientieren. S.s durchaus stets feinsinnig oder verklausuliert – geäußerte Kritik an der metropolitanen Dominanzkultur vor allem Frankreichs war im Lärm der vorangegangenen 1968er Jahre überhört worden. *Liberté IV. Socialisme et planification* (1983; Freiheit IV. Sozialismus und Planwirtschaft) stellt sich als Bilanz von S.s letzten Jahren als senegalesischer Präsident dar. *Ce que je crois* (1988; Mein Bekenntnis, 1991) versammelt Aufsätze über afrikanische Geschichte, Négritude, Frankophonie und Weltkultur.

Nach dem Rücktritt 1980 als Präsident zog sich S. 1983 in die Normandie, die Heimat seiner Ehefrau Colette, zurück. Bis 1984 blieb er Vorsitzender der regierenden Sozialistischen Partei Senegals. S. ist der erste afrikanische Präsident, der freiwillig aus seinem Amt schied. Das ist umso bemerkenswerter, als er die politische Entwicklung zu einem Einparteienstaat betrieben und die demokratische Opposition rigide außer Kraft gesetzt hatte. Nach einem 1962 niedergeschlagenen Putsch gegen ihn hatte S. nicht nur als Präsident, sondern auch als Premierminister weitergearbeitet. Trotz weiterer Putschversuche und eines versuchten Mordanschlags war er an der Macht geblieben. Heftig umstritten war S.s Unterstützung für Frankreich während des Algerienkrieges.

Manfred Loimeier

Sepehri, Sohrāb

Geb. 7. 10. 1928 in Qom/Iran;
gest. 22. 4. 1980 in Teheran

Sohrāb Sepehri wuchs in Kaschan am Rande der zentraliranischen Wüste auf. Seine Familie gehörte zu den musisch interessierten, aufgeklärten Kreisen der streng religiösen Kleinstadt. Sein Vater spielte ein persisches Musikinstrument, seine Großmutter schrieb Gedichte. S. arbeitete zunächst in der Zweigstelle des Ministeriums für Erziehung und Wissenschaft in Kaschan und studierte später in Teheran Malerei. 1951 erschien sein erster

Gedichtband mit dem Titel *Marg-e rang* (Der Tod der Farbe). S.s Bilder wurden zwischen 1953 und 1978 in zahlreichen Ausstellungen in Iran und im Ausland gezeigt, etwa in São Paulo, Paris, New York und Basel. S. reiste mehrfach nach Europa, unter anderem studierte er in der Pariser École des Beaux-Arts Lithographie und nahm 1958 an der Biennale in Venedig teil. Er bereiste aber auch verschiedene asiatische Länder, so ging er nach Japan, um die dortige Holzschnitttechnik zu erlernen. 1962 zog er sich aus dem öffentlichen Dienst zurück, um sich ganz der künstlerischen Arbeit zu widmen. 1980 starb S. im Teheraner Pārs-Krankenhaus an Blutkrebs.

Zwischen 1951 und 1977 schuf S. ein nicht sehr umfangreiches dichterisches Werk, das aber durch seine Geschlossenheit, seine poetische Qualität, seine Musikalität und die malerische Bildersprache zum Schönsten gehört, was das 20. Jahrhundert an Lyrik hervorgebracht hat. Bereits im Titel seines ersten Buches schlägt er die Themen an, die sein gesamtes Werk bestimmen: die Farbigkeit des Daseins und seine Vorläufigkeit. Schon mit dem zweiten Gedichtband *Zendegi-ye ḫwābhā* (1953; Das Leben der Träume) findet er ein internationales Echo, unter anderem durch Übersetzungen ins Deutsche.

Nach einer längeren Pause erschienen 1961 seine beiden Lyrikbände *Āwār-e āftāb* (Sturzbach des Sonnenscheins) und *Šarq-e anduh* (Morgenland der Schwermut). 1965 und 1966 folgten die beiden langen Gedichte *Ṣedā-ye pā-ye āb* (»Der Klang vom Gang des Wassers«) und *Mosāfer* (Der Reisende). *Ṣedā-ye pā-ye āb* spricht besonders deutlich von S. selbst und seiner Sicht der Welt und ist, mit dem Gedichtband *Ḥaǧm-e sabz* (1967; Die grüne Dimension), sein erfolgreichstes Werk. Zehn Jahre später erschien *Mā hič, mā negāh* (Wir sind nichts, nur ein Blick). Dieses letzte Werk wurde – wohl wegen seiner sprachlichen Eigenheiten (schon der ungrammatische Titel lautet wörtlich übersetzt: »Wir nichts, wir Blick«) – mit mehr Zurückhaltung aufgenommen. S. selbst fasste es jedoch mit seinen früheren Publikationen 1977 unter dem Titel *Hašt ketāb* (Acht Bücher) in einem einzigen Band zusammen und gab dadurch zu verstehen, dass er seine Dichtungen als eine Einheit betrachtete.

S.s Verse gehören zur Gattung des »Šeʿr-e nou« (Neue Poesie), die mit den Regeln der traditionellen persischen Lyrik brach. Er verzichtete auf die überkommenen Formen und verwendete weder die klassischen Metren noch die herkömmlichen Strophen, Reime und poetischen Metaphern. Auch hielt er sich nicht an den Kanon der als poetisch anerkannten Wörter. Seine Dichtung steht der Mystik verschiedener Zeiten und Provenienzen nahe. Er öffnete sich Anregungen aus Europa, aber auch Indien und fernöstliches Denken haben sein Schaffen beeinflusst.

Kurt Scharf

Serner, Walter
(d. i. Walter Eduard Seligmann)
Geb. 15. 1. 1889 in Karlsbad/Böhmen; ermordet nach dem 20. 8. 1942 in einem nationalsozialistischen Vernichtungslager

Der jüdische Kulturphilosoph Theodor Lessing sieht S. 1925 als *Maupassant der Kriminalistik*. In einer gleichlautenden Würdigung beruft er sich auf eine »Auskunft des Verlegers« S.s zu dessen Lebensgeschichte. Danach ist S. »ein internationaler Hochstapler im allergrößten Stil. Er bereist gegenwärtig den Orient als Besitzer großer, öffentlicher Häuser in Argentinien.« Dessen ungeachtet rühmt Lessing S. als genialen Sprachartisten eines Milieus der Gauner, Hochstapler, Schieber usf. Darauf reagiert der nachmalige Chefideologe des Rassenwahns, Alfred Rosenberg, mit einer polemisierenden Judenschelte unter der Überschrift *Professor und Mädchenhändler* im *Völkischen Beobachter*, gerichtet gegen den Immoralismus Lessings und das Werk des gleichfalls gebürtigen Juden S. Nach einem »schändlichen Kesseltreiben« gegen den Kulturphilosophen sieht S. sich 1926 veranlasst, eine öffentliche Klarstellung über sein Verhältnis zur Halbwelt zu geben. Sie enthält die rhetorische Frage: »Ist die Möglichkeit, daß jemand durch diese Kreise hindurchgeht, ohne mehr zu tun als eben hindurchzugehen, denn gar so phantastisch?« In der »Mädchenhändler-Affäre« erscheint fokusartig S.s gesamte Lebens- und Schaffensproblematik gebündelt, die ihn zu einem vielfach Verfolgten, Verachteten und Vergessenen machte und sein Werk als veristisches Abbild einer Welt ohne Skrupel und Normen auswies, das so nur ein »wirklicher« Verbrecher zeichnen konnte.

Als Folge seiner Lebensgewohnheiten sind die Informationen über S.s Biographie spärlich: Der Sohn des Zeitungsverlegers Berthold Seligmann (1852–1925) konvertierte 1909 zum katholischen Glauben der Mutter und änderte seinen Namen. Ab 1909 studierte er in Wien und Greifswald die Rechte und promovierte 1913 im zweiten Anlauf zum Dr. jur. 1914 emigrierte der Kriegsgegner in die Schweiz und lernte 1915 seinen langjährigen Freund, den Maler Christian Schad, kennen. Von dieser Zeit an wurde S. ständig verdächtigt, zumindest Spion zu sein; seine Post wurde überwacht, ihm wurden keine Reisepapiere erteilt. Nach Ende des Krieges entfaltete S. ein reges Reiseleben, auf dem ihn seit Mitte der 1920er Jahre seine spätere Frau (Heirat 1938), die Berlinerin Dorothea Herz, begleitete und das ihn in die Hauptstädte Europas führte. 1929 ließ S. sich in Prag als Sprachenlehrer nieder. Gemeinsam mit seiner Frau wurde er 1942 von den Nazis deportiert.

S.s innerhalb 18 Jahren entstandenes Werk ist nicht sehr umfangreich, aber vielfältig. Seit 1909 schrieb er, orientiert an Stil und Moralismus von Karl Kraus sowie im Ton des Expressionismus, kunst- und literaturkritische Beiträge für die Zeitung seines Vaters sowie für Pfemferts *Aktion*. Dokumente einer schweren existentiellen Krise sind S.s während des Weltkriegs 1915/16 verfaßte Aphorismen und kulturkritischen Beiträge für die zeitweise von ihm (mit)herausgegebenen Zeitschriften *Der Mistral* und *Sirius*. Nach einer »Wendung um 180 Grad« (Christian Schad) trat S. ab 1917 als organisatorisch treibende Kraft, als falschmeldender Berichterstatter und als richtungsweisender Philosoph der Dada-Bewegung in der Schweiz in Erscheinung. S. leistete Beiträge in zahlreichen Text- und Aktionsformen; mit der *Letzten Lockerung* (vollständig veröffentlicht 1920) erwies er sich als radikalster Denker des dadaistischen Relativismus. Seit 1921 erschienen seine Bände mit grotesken Kriminalgeschichten, die von Hans Arp, Alfred Döblin, Kasimir Edschmid u. a. teilweise begeistert aufgenommen wurden (*Zum blauen Affen*, 1921; *Der elfte Finger*, 1923; *Der Pfiff um die Ecke*, 1925; *Die tückische Straße*, 1926). Die aufs äußerste verdichteten, sämtlich sehr kurzen Prosaarbeiten handeln unter Überschriften wie *Eros vanné*, *Sprotte schmust*, *Psycho-Dancing* oder *Ein bedeutender Schlepper* vom – geschickt verschachtelten – Lug und Betrug zwischen kleinen Halbweltexistenzen irgendwo im gesellschaftlichen Niemandsland.

In besonders scharf gezeichneter Form kommt dies in S.s einzigem Roman, *Die Tigerin* (1925), zum Ausdruck, in dem der hochstapelnde Fec und die »männermordende« Kokotte Bichette in der französischen Halbwelt ihre Liebe in Szene setzen. Am Ende des Romans bleibt dem Leser nach einem hektischen und nur schwer im Detail nachvollziehbaren Geschehen zweifelhaft, inwiefern zumindest die Protagonisten zwischen Liebe als Betrugsinstrument und existentieller zwischenmenschlicher Gefühlsäußerung unterscheiden können.

Nachdem er veranlasst hatte, dass seine bis dahin veröffentlichten Werke (einschließlich dem Theaterstück *Posada oder der große Coup im Hotel Ritz*, 1926) 1927 in einer Werkausgabe erschienen, beendete S. seine Schriftstellerexistenz. Erst seine Wiederentdeckung seit Ende der 70er Jahre ließ aus diesem »vergessenen Autor der Moderne« wieder einen exemplarischen werden.

Werkausgabe: Das gesamte Werk. Hg. von Thomas Milch. Bd. 1–8. Erlangen/München: 1979–1984. Suppl. Bd. 1–3. München 1982–1992.

Alfons Backes-Haase

Seume, Johann Gottfried

Geb. 29. 1. 1763 in Poserna;
gest. 13. 6. 1810 in Teplitz/Böhmen

»Anbei will ich Ihnen hier mein Inventarium liefern …, was ich zur Bedeckung meiner huronischen Haut trage: 1. Meinen blauen Frack, 2. Zwei Westen, damit ich die Wintershawls abwerfen kann und doch noch eine in sacco behalte, 3. Zwei Paar Beinkleider inclusive der Unterziehhosen, 4. Ein Paar baumwollene und ein Paar wollene Strümpfe, 5. Zwei schwarze und zwei weiße Halstücher, 6. Zwei Schnupftücher, 7. Ein Paar Schuhe mit Schnallen, 8. Ein Paar Pantoffeln (Nachtmütze vacat). Nun kommt 9. die Bibliothek als a) Ein alter Homer, b) ein abgenutzter Theokrit, c) ein funkelnagelneuer Anakreon, d) ein alter Plautus, e) ein Horaz, f) ein Virgil, g) ein Tacitus, h) ein Sueton, i) ein Terenz, k) ein Tibull, Catull und Properz *in minima*, und endlich zwei Schmieralienbücher … Noch ist nicht zu vergessen ein Flickbeutel mit allen Requisiten Strümpfe zu stopfen, Knöpfe anzunähen etc. etc., und eine solide Bürste.« Mit diesem schmalen Gepäck macht sich S. am 6. Dezember 1801 auf jene Reise, die ihn zum »berühmtesten Wanderer« (Johann Wolfgang Goethe) Deutschlands machte.

Neun Monate lang lief er kreuz und quer durch die von den napoleonischen Kriegen erschütterten Länder: Über Triest, Venedig, Bologna, Rom, Neapel nach Syrakus und von dort zurück über Mailand, Zürich, Basel, Paris, Straßburg, Frankfurt, Weimar und Leipzig. Diese Reise, von den Zeitgenossen zunächst für eine »Grille« gehalten, war für S. der »erste ganz freie Entschluß von einiger Bedeutung«. Sie setzte den Schlussstrich unter seine bisherigen Bemühungen um eine bürgerliche Karriere. Sie war ein Bruch mit seinem bisherigen Leben, und sie war zugleich Ausbruch aus den beengten und bedrückenden Verhältnissen der letzten Jahre.

Als Sohn eines verarmten Fronbauern, der früh starb und seine Frau mit fünf kleinen Kindern vollkommen unversorgt zurückließ, war S. stets auf die Förderung adeliger Gönner angewiesen. So musste er froh sein, dass ihm der Graf Hohenthal den Besuch der Lateinschule ermöglichte und später das Theologiestudium in Leipzig finanzierte. Durch die Lektüre freigeistiger Schriften in eine schwere Glaubenskrise gestürzt, brach S. das Studium ab. Auf seiner Flucht nach Paris wurde er 1781 von hessischen Werbern ergriffen und vom Landgrafen von Kassel, dem berüchtigten »Menschenmäkler« als Soldat nach Amerika verkauft. Nach einer 22-wöchigen Überfahrt, auf der die Gefangenen »gedrückt, geschichtet und gepökelt wie die Heringe« waren, erreichte S. Amerika, wurde jedoch zu eigentlich kriegerischen Aktionen nicht mehr eingesetzt, weil der amerikanische Unabhängigkeitskrieg damals bereits weitgehend entschieden war. Wieder zurück in Deutschland, gelang es S. 1783, aus hessischer Gefangenschaft zu fliehen; er wurde diesmal jedoch von preußischen Häschern ergriffen und war zum zweitenmal wider Willen »Soldat und halb Sklav« geworden. Erst die Kaution eines Gönners setzte ihn auf freien Fuß, so dass er 1787 nach Leipzig zurückkehren und mit dem Studium der Jurisprudenz und Philosophie beginnen konnte. 1792 schloss er seine Studien mit einer Habilitation ab, ohne damit jedoch den erhofften sozialen Aufstieg zu schaffen.

Auch die anschließende Tätigkeit als Hofmeister und als Sekretär des Generals von Igelström in Polen brachte ihm nicht die erhoffte Freiheit und Unabhängigkeit. Statt dessen wurde er in einen politischen Konflikt verwickelt, in dem er – wie schon einmal in Amerika – ungewollt auf der Seite der Unterdrücker stand.

Seine Versuche, sich mit anbiedernden Schriften eine Karriere am russischen Hof zu eröffnen, zerschlugen sich. Ab 1797 wurde S. Korrektor bei Göschen in Leipzig, wo er vor allem die Herausgabe von Friedrich Gottlieb Klopstocks Werken beaufsichtigte. Wenn ihm diese Tätigkeit auch wenig zusagte und er fürchtete, dass sein ganzes Leben ein »Druckfehler« werden würde, bot ihm diese Arbeit erstmals doch eine gewisse äußere Unabhängigkeit und ermöglichte ihm, den eigenen politischen Standort zu bestimmen. Das Vorwort zu seinen *Gedichten* (1801) zeigt einen neuen, selbstbewussten Ton, der in der Privatkorrespondenz jener Jahre noch deutlicher zutage tritt. In einer Zeit, als die Masse der deutschen Intellektuellen sich von der Revolution längst abgewandt hatten, entdeckte S. für sich die Ideale der Revolution und nahm eine zunehmend radikalere Haltung ein. Die Erfahrungen auf seinen Fußreisen durch Italien und Frankreich, später auch durch Russland und Schweden, verstärkten die politische Kritik von S. und ließen ihn zu einem bedeutenden gesellschaftskritischen Schriftsteller werden. Sein *Spaziergang nach Syrakus im Jahre 1802* (1803) und sein Reisebericht *Mein Sommer 1805* (1806) gehören zu den überzeugendsten Beispielen einer kompromisslosen gesellschaftskritischen Literatur, die freilich nicht nur Goethe zu »sansculottisch« war. Außer dem Drama *Miltiades* (1808), einer verschlüsselten Auseinandersetzung mit Napoleon, konnte S. nach 1806 keinen Text mehr veröffentlichen. Weder seine *Plutarch-Vorrede* (1808), die er vorsichtshalber in lateinischer Sprache abgefasst hatte, noch seine *Apokryphen* (1811), eine radikale, aphoristisch zugespitzte Auseinandersetzung mit Revolution und Konterrevolution, passierten die Zensur. Verbittert durch die politischen Verhältnisse und zermürbt durch eine qualvolle Krankheit, vegetierte er in den letzten Jahren am Rande des Existenzminimums. Seine Autobiographie *Mein Leben*, mit der er seine Verbindlichkeiten abzulösen gedachte, konnte er nicht mehr fertigstellen.

Werkausgaben: Werke. 2 Bde. Hg. von Jörg Drews. Frankfurt a. M. 1993; Briefe. Hg. von Jörg Drews und Dirk Sangmeister unter Mitarbeit von Inge Stephan. Frankfurt a. M. 2002.

Inge Stephan

Seuse, Heinrich (lat. Suso)
Geb. 21. 3. 1295 in Konstanz; gest. 25. 1. 1366 in Ulm

Vom »Mann des Gemütes« mit »holder Naivität« und sentimentalem, weichem Charakter bis zu einem Vertreter der Zivilcourage, Beständigkeit und mutigen Entscheidungen reichen die Einschätzungen des neben Johannes Tauler bedeutendsten deutschen Mystikers in der Tradition Meister Eckharts. Seine Schriften sind von literarischer, theologisch-mystischer und philosophischer Bedeutung, ihre Rezeption war jedoch durch eine »historiographische Zensur« (Sturlese) über lange Zeit auf eine ausschließlich gefühlsbetonte Mystik der Versenkung eingeengt.

S. trat mit 13 Jahren in Konstanz in den Dominikanerorden ein und wurde um 1322 vom Orden zum Studium nach Köln geschickt, wo er zum Schüler Meister Eckharts wurde. Nach Stationen als Lektor in Konstanz und ab 1330 als Seelsorger in Klöstern in der Schweiz und am Oberrhein, verbrachte er seine letzten Lebensjahre seit 1348 in Ulm. Dort stellte er unter Mithilfe seiner Schülerin Elsbeth Stagel aus dem Kloster Töss sein *Exemplar* (nach 1362) zusammen, die Sammlung seiner vier Hauptschriften. Neben einer Sammlung der *Briefe* enthält das *Exemplar* seine *Vita*, das *Buch der Wahrheit* und das *Buch der ewigen Weisheit*. S.s *Vita* ist die erste geistliche Autobiographie in deutscher Sprache, der Volkssprache also. S. beschreibt hier, wie er 16 Jahre hindurch asketische Verhaltensweisen wie Fasten und Schlafentzug sowie Geißelungen mit Eisenketten, Kälte, einem Nagelhemd und Einreibungen der Wunden mit Salz und Essig praktizierte. In der Geschichte der christlichen Mystik des Mittelalters stellt dieses Verhalten des Dolorismus (neben der Compassio, der Hinwendung zum bei anderen Menschen wahrgenommenen Leiden) eine der beiden polaren Haltungsmöglichkeiten zum menschlichen Leiden dar. S.s Verhaltensschilderungen sind zunächst verwunderlich, denn gerade in der Tradition Meister Eckharts finden sich sonst keine Hinweise auf solche doloristischen Körperdisziplinen. Entsprechend gibt es unterschiedliche Einschätzungen ihrer Bedeutung. S.s Praktiken sind sowohl als Ausdruck seiner vorbildlichen Frömmigkeit beschrieben worden wie auch als »Sucht- und Abhängigkeitsphänomene« (Sölle). Später schildert S. freilich, wie Gott ihm durch eine Erscheinung verkündet habe, er wolle dieses Verhalten nicht länger, und S. warf in einer Gehorsams- und zugleich Befreiungsgeste seine Instrumente der Kasteiung in den Rhein.

Entscheidend ist allerdings die Interpretation von S.s Erlebnisschilderungen als literarische Darstellungsform. Im *Buch der ewigen Weisheit* (1328– 1330), das S. später zum *Horologium sapientiae* in lateinischer Sprache mit 24, den Stunden des Tages entsprechenden, Kapiteln überarbeitete und das bis ins 15. Jahrhundert als Erbauungsbuch verbreitet war, schreibt er nämlich, die geschilderten Erlebnisse und »Gesichte«, also Visionen, sollten nicht »in buchstäblicher Weise« (*in liplicher wise*) daraufhin interpretiert werden, ob sie tatsächlich so stattgefunden hätten, sondern die Darstellungen seien als literarisches Mittel, als *figurata locutio*, zu verstehen. Insofern verkennt die gängige Einschätzung, dass nicht alle der geschilderten Kasteiungen und Selbstquälereien »authentisch« seien, die literarische Bedeutung des Textes. Nach einer wörtlichen Übereinstimmung mit realem Geschehen im Sinne einer Korrespondenz zu fragen, ist eine irreführende Perspektive. S. zeigt sich hier ausdrücklich als Autor seines Lebensbildes, das geradezu in die Nähe neuzeitlicher Selbstinszenierungen rückt. Seine außergewöhnliche Aufmerksamkeit auf die Sprache zeigt sich also in der Tatsache, dass es sich um die erste Autobiographie eines Klerikers in der Volkssprache handelt, und im expliziten Hinweis auf die Bildrede.

Beim *Buch der Wahrheit* (1329) zeigen sich unterschiedliche Interpretationsansätze schon in der Wiedergabe des Titels. Die häufige Rede vom »Büchlein der Wahrheit« in der Forschung des 20. Jahrhunderts bagatellisiert den Text, denn das mittelhochdeutsche »buechli« lässt sich durchaus mit »Buch« wiedergeben, aber »süßliche Mystiker schreiben … keine Bücher« (Sturlese). In diesem Text verteidigt S. seinen Lehrer Meister Eckhart gegen dessen 1329 verhängte Verurteilung und stellt seine Lehren über Gott, die Welt und den Sinn des Lebens dar. Wie bei allen mystischen Lehren wird der Mensch in einer Beziehung zu Gott gedacht, die nicht der Vermittlung durch kirchliche Hierarchien bedarf, was auch hier 1330 zur Häresieanklage auf einem Generalkapitel des Ordens in den Niederlanden führte. S. wurde seiner eigenen Darstellung in der *Vita* zufolge beschuldigt, er habe Bücher mit »kezerlichem unflat« verfasst. Als Folge musste er seine wissenschaftliche Karriere aufgeben. Die Datierung des *Buchs der Wahrheit* war lange umstritten, aber neuere Forschungen haben gezeigt, dass es in Kenntnis der Bulle Papst Johannes des XXII. gegen Eckharts Lehren verfasst wurde, d. h. nicht vor 1329.

Das Ziel der Legitimation der Mystik Meister Eckharts verfolgt das Buch in Form eines Dialoges zwischen der Wahrheit und einem Schüler. Das Thema ist die Berührung der menschlichen Seele mit Gott, wobei S. die kreatürliche Seite des Menschen gegenüber Eckhart nicht abwertet und die christologische Seite der Mystik betont, wenn er nicht nur einen Weg der menschlichen Seele zu Gott denkt, sondern auch Gottes Hinwendung zur Seele. Wegen der Gefahr der Häresieanklage warnt S. vor »ungeordent frihheit« und lässt als Personifikation einer Missdeutung von Eckharts Lehren »daz wilde« auftreten, das den Unterschied zwischen dem Menschen und Gott leugnet. Gegen eine häretische Interpretation des zentralen Begriffs der »inneren Gelassenheit« im Sinne einer absoluten Freiheit des Menschen führt S. eine Unterscheidung zwischen wahrer und falscher Gelassenheit ein. Dabei liegt der Maßstab für die Unterscheidung zwischen Rechtgläubigkeit und Häresie beim Denken, der »vernunftikeit«. Auch wenn im Sinne der mystischen Tradition die erwünschte Gelassenheit nicht als aktive Leistung eines asketisch geschulten Ich zu verstehen ist, folgt die Legitimation der richtigen Gelassenheit nicht aus einer mystischen Evidenz im Sinne einer »unmittelbaren« Gewissheit, sondern durch den richtigen Gebrauch der Vernunft. Es liegt also gerade keine Legitimation durch Entrückung vor. Zu den vernünftigen Bildern und Gedanken, die laut S. benutzt werden können, um die »rechte Gelassenheit« zu erkennen und zu finden, gehören auch die Vorstellungsbilder, die bei ihm in der literarischen Form der Vision ausgedrückt werden. Er widmet dabei der Möglichkeit des Irrtums viel Raum, denn angesichts der Rolle des Denkens erhebt sich die Frage, warum und wie man die Vernunft falsch gebraucht. Im Dialog des namenlosen Wilden mit der Wahrheit sieht der Häretiker die Falschheit seiner Auffassung schließlich ein.

Die Schriften S.s bleiben mit ihren vielfältigen literarischen und philosophischen Bezügen wiederzuentdecken, da die genannte ›historiographische Zensur‹ sie durch ein eingeengtes Bild des Dichters überschrieben hat. S.s Werk hat im Lauf der Literaturgeschichte zahlreiche Dichter beeinflusst. Im 20. Jahrhundert ist Robert Musil mit seinem *Mann ohne Eigenschaften* das berühmteste Beispiel: Im zweiten, nie fertiggestellten Band des Romans benutzt Musil etliche (nicht gekennzeichnete) S.-Zitate, um die durch die Mystik beeinflusste Vorstellung des »anderen Zustands« zu formulieren. Eine aktuelle literarische Anknüpfung findet sich in Martin Walsers umstrittenem Roman *Tod eines Kritikers* (2002), dessen Ich-Erzähler die sprachliche Verfasstheit seines Selbstverständnisses erkennt und sich damit in S. wiederfindet. S.s explizites Gewahrwerden der Kraft der Sprache hat Walsers Erzählerfigur offensichtlich beeindruckt.

Die in der Mystik bei S. gedachte Einheit von Erkennen und Erkanntwerden und die anthropologische Doppelstruktur des Menschen als Schöpfer und Geschöpf steht im Gegensatz zu neuzeitlichen Traditionen des Denkens als Bemächtigung der bloß passiv vorgestellten Gegenstände des Erkennens. Gegenwärtige Entwürfe dialogischen und interkulturellen Denkens in Literatur und Philosophie üben Kritik an dieser neuzeitlichen Tendenz; auch für sie wäre eine erneute S.-Rezeption lohnend.

Steffi Hobuß

Shakespeare, William

Geb. 23. (?) 4. 1564, in Stratford-upon-Avon, Warwickshire;
gest. 23. 4. 1616 in Stratford-upon-Avon

Dem Bildnis William Shakespeares gegenüber findet sich in der ersten (Fast-)Gesamtausgabe seiner Dramen ein von Ben Jonson verfasstes Widmungsgedicht an den Leser, das mit der Aufforderung schließt: »Reader, looke / Not on his Picture, but his Booke«. Der Verweis auf das Buch hat Symbolgehalt. Die *First Folio Edition* von 1623, herausgegeben von seinen Schauspielerkollegen John Heminge und Henry Condell, besiegelt Sh.s Übergang vom Theater zur Literatur, von der Flüchtigkeit der Aufführung zur Permanenz der Schrift. Erst im Medium des Buches kann sich die in einer weiteren Widmung Jonsons erhobene Behauptung erfüllen, Sh. sei »not of an age, but for all time«; wobei seine Überlebensfähigkeit allerdings davon abhängt, dass er immer wieder neu vom Theater zurückerobert wird. Zur Entstehungszeit der Dramen waren diese ausschließlich für die Bühne bestimmt. Der Druck – häufig Raubdruck – erfolgreicher Stücke war demgegenüber die oftmals unerwünschte ›Zweitauswertung‹. Wer auf literarischen Lorbeer aus war, betätigte sich in anderen Gattungen, wie z.B. Sh. es mit *Venus and Adonis* und *The Rape of Lucrece* tat – Versepen, die hohe Auflagen erzielten und zu seiner Reputation bei den Gebildeten vermutlich mehr beitrugen als die Dramen. Das Drama rangierte tiefer in der Gattungshierarchie. Produziert und rezipiert wurde es nicht in einer subventionierten Kultureinrichtung, sondern einem rein kommerziellen Unterhaltungsbetrieb, vergleichbar dem Kino unserer Tage. Von Puritanern verteufelt, war das Theater in anrüchigen Randbezirken der Hauptstadt angesiedelt, nahe den blutrünstigen Spektakeln der Bärenhatzen und den Bordellen. Zugleich jedoch genoss es die Protektion des Hochadels und sogar der Krone selbst. Ab 1603, dem Jahr der Thronbesteigung von James I, durfte Sh.s Schauspieltruppe unter dem Namen »The King's Men« firmieren. Die Beliebtheit des Theaters erstreckte sich quer durch alle Schichten: Um 1600 verfügt die etwa 200.000 Einwohner zählende Stadt London über sieben *playhouses* mit einer geschätzten Kapazität von 15.000 Plätzen.

Der Gemischtheit des Publikums entspricht eine Gemischtheit des dramatischen Stils, der sich weder von klassisch-antiken Vorbildern noch aus der einheimischen Tradition der mittelalterlichen Mysterienspiele und Moralitäten einseitig ableiten lässt, sondern aus beiden ein Drittes bildet, eine offene, multiperspektivische Dramaturgie eigenen Gepräges. Die Regelpoetik der Aristoteliker (in England: Sir Philip Sidney) mit ihren drei Einheiten und ihren Ziemlichkeitsvorschriften hat in ihr keine Geltung: Orts- und Zeitgrenzen werden auf kulissenloser Bühne imaginativ übersprungen; das flexible Medium des Blankverses wechselt mit Prosa und komplexen lyrischen Strukturen; das hohe Pathos der Leidenschaften bricht sich an sarkastischer Nüchternheit; der König trifft auf den Clown (exemplarisch: Lear und der Narr), der Prinz auf den Totengräber (Hamlet), der mutige Kämpfer auf den hedonistischen Anti-Helden (Prince Hal und Falstaff in *Henry IV.I*), und erst in solchem Widerspiel, in der vielstimmigen Orchestrierung erschließen sich Sh.s dramatische Entwürfe. Sein Theater ist und begreift sich als Welttheater. Nichts anderes verkündet der Name der 1599 errichteten Spielstätte seiner Truppe: Globe Theatre. Doch wäre es eine drastische Reduktion der auf dieser Bühne inszenierten Welten, sie in jenes im Wesentlichen mittelalterliche Ordnungsgefüge einzupassen, welches 1944 von E.M.W. Tillyard als *Elizabethan World Picture* in Umlauf gebracht wurde. Sh.s Drama erweist nicht die Geltung, sondern die Geltungsschwächen dieses statischen, feudalistisch-theozentrischen Systems. Gerade aus den Umbrüchen, den Legitimationskrisen der Frühen Neuzeit speist sich seine Dynamik. Exemplarisch bündelt es die Spannungen einer wahrhaft dramatisch in Bewegung geratenen ›Schwellenzeit‹ und wird damit zur Signatur jener historischen Weichenstellungen am Beginn der Moderne, deren Wirkungen bis heute prägend geblieben sind. Unmittelbar anschaulich wird dies dadurch, dass Sh.s Welttheater auch und gerade ein Theater neuer Innenwelten ist. Seine *dramatis personae* erreichen einen zuvor schlechterdings unbekannten, kaum in Ansätzen erahnbaren Grad der Individualisierung und Psychologisierung. Hamlet zumal, dessen ›Charakter‹ gleichsam einen Komplexitätsüberschuss aufweist, den die Dramenhandlung gar nicht mehr zu bewältigen vermag, wird zur prototypischen Gestalt neuzeitlicher Subjektivität. Und indem diese sich selbst entdeckt, wird sie sich auch schon problematisch.

Die bildungshumanistische Zuversicht der Renaissance kehrt sich um in radikalen Zweifel. Der Mensch, das Wunderwerk der Schöpfung, wird für Hamlet zur »quintessence of dust«.

Angesichts seiner Werke ist Sh.s Biographie enttäuschend unspektakulär. Eine Autorpersönlichkeit, aus deren Lebenszeugnissen der schöpferische Reichtum und die tiefgründige Menschen- und Welterkundung der Stücke erklärlich würde, geben die Quellen nicht her. Nur der äußere Lebenslauf lässt sich einigermaßen nachzeichnen; die ›innere‹ Biographie ist eine einzige Leerstelle und bietet somit reichlich Platz für Spekulationen. Wie Sh. von seinem Geburtsort Stratford-upon-Avon nach London und zur Bühne gelangte, ist ungewiss. Feststeht, dass er am 26. April 1564 in Stratford getauft wurde und demnach wenige Tage zuvor geboren worden sein muss. Williams Vater John Sh., Handschuhmacher von Beruf, war ein Vertreter des aufstrebenden gewerbetreibenden Bürgertums, lange Jahre Mitglied im Rat der Stadt Stratford und schließlich sogar Bürgermeister und Friedensrichter, ehe seine erfolgreiche Laufbahn 1577 plötzlich abbricht – ob allein aufgrund finanzieller Probleme oder auch weil seine mutmaßlichen katholischen Überzeugungen ihn in Schwierigkeiten brachten, ist unklar. Dass der Knabe William die Stratforder Lateinschule besuchte, gilt als ausgemacht, wenngleich es nicht erwiesen ist. Urkundlich belegt ist die Heirat des 18-

Jährigen mit der acht Jahre älteren Anne Hathaway und die sechs Monate später erfolgende Geburt einer Tochter. 1585 kommen Zwillinge zur Welt. Danach bleibt die Ehe kinderlos. Die sieben Jahre zwischen der Geburt der Zwillinge und der ersten Erwähnung von Sh.s Bühnentätigkeit in London 1592 firmieren in der Forschung als »the lost years«. Viel Zuspruch – allerdings ebenso viel Skepsis – erfährt neuerdings die These, Sh. habe diese Jahre in Diensten der Hoghtons zugebracht, einer katholischen Adelsfamilie in Lancashire. Die faszinierende Hypothese, durch die der angehende Dramatiker mitten hineingerät in die geheime Welt der gegenreformatorischen Missionen und Komplotte, gründet letztlich auf einer einzigen, unbewiesenen Annahme: dass William Shakespeare identisch sei mit jenem William Shakeshafte, den Alexander Hoghton 1581 testamentarisch der Fürsorge seines Halbbruders Thomas anempfiehlt. Schon viel eindeutiger bezieht sich eine Anspielung in einem dem Dramatiker Robert Greene zugeschriebenen Pamphlet von 1592 auf Sh. Darin warnt Greene seine Schriftstellerkollegen vor der Konkurrenz eines Schauspielers, der sich anmaße, genauso gut Blankverse schreiben zu können wie sie selbst, und der meine, er sei »the onely Shake-scene« im ganzen Land. Bei aller Unsicherheit der Werkchronologie darf angenommen werden, dass um diese Zeit bereits zumindest die dreiteilige Dramatisierung der Rosenkriege, *Henry VI* (um 1590–92; *König Heinrich der Sechste*), sowie die auf Seneca-Rhetorik und blutige Schaueffekte setzende Römertragödie *Titus Andronicus* (um 1593–94; *Titus Andronicus*) entstanden waren, vielleicht auch schon die an Plautus' *Menaechmi* angelehnte *Comedy of Errors* (1594; *Komödie der Irrungen*). Die ersten und einzigen seiner Werke aber, die Sh. selbst unter seinem Namen publizierte, sind bezeichnenderweise keine Theaterstücke, sondern die Versepen *Venus and Adonis* (1593; *Venus und Adonis*) und *The Rape of Lucrece* (1594; *Die Schändung der Lucretia*), entstanden, als die Pest die monatelange Schließung der Theater erzwang. Beide sind einem jungen Aristokraten gewidmet, Henry Wriothesley, 3rd Earl of Southampton.

Da die zweite Widmung nach Auffassung mancher Interpreten einen vertraulicheren Ton anschlägt, schloss man auf freundschaftliche Beziehungen zwischen dem Dichter und seinem Patron, was dazu führte, in ihm den geheimnisvollen »Mr. W. H.« zu erblicken, dem die unautorisierte Ausgabe von Sh.s *Sonnets* (1609; *Sonette*) gewidmet ist, und folglich auch den jungen Mann, der in diesen Sonetten in platonisch-petrarkistischer Überhöhung gepriesen wird. Am Ende einer hundertjährigen Blüte des englischen Sonetts bildet Sh.s 154 Gedichte umfassender Sonettzyklus einen krönenden Abschluss, der in seiner reizvollen Abwandlung der Gattungskonventionen zugleich deren Überlebtheit andeutet. In immer neue Perspektiven gerückt, bilden die zerstörerische Macht der Zeit und die Liebe als deren Gegenkraft das thematische Zentrum der Gedichte. Doch deren Adressat ist statt der üblicherweise gepriesenen Dame ein schwärmerisch verehrter Jüngling, und die Gefühlsumschwünge dieser Beziehung werden durch die Einführung weiterer Figuren dramatisch kompliziert, eines Dichterrivalen und einer untreuen Geliebten, jener »Dark Lady«, um deren ›Realidentität‹ sich ebenfalls endlose Spekulationen ranken.

1595 wird Sh. im Zusammenhang mit einer Aufführung bei Hofe als Mitglied der führenden Schauspieltruppe, der Lord Chamberlain's Men, namentlich genannt; ein sicheres Zeichen seines beruflichen Erfolges, der es ihm gestattet, 1596 ein Familienwappen und damit Anrecht auf den Titel *gentleman* zu erwerben. Seinen literarischen Ruf bestätigt das Lob seiner Verserzählungen, seiner »sugred [zuckersüßen] Sonnets« und seiner Komödien und Tragödien »among the English the most excellent in both kinds« in Francis Meres' *Palladis Tamia* (1598).

Breiteren Raum nimmt in Sh.s dramatischem Œuvre der 1590er Jahre aber das im Titel der *First Folio* angeführte dritte dramatische Genre ein: die *histories*, Dramatisierungen der englischen Geschichte auf der Quellengrundlage der Chroniken von Raphael Holinshed (1587) und Edward Hall (1548), aus denen Sh. den ›Tudor Mythos‹ übernimmt.

Dieser unterstellt den Ereignissen zwischen der Absetzung von Richard II (1394) und dem Ende der (angeblichen) Schreckensherrschaft von Richard III (1485), die Sh. in zwei Tetralogien darstellt, ein heilsgeschichtliches Verlaufsmuster von Sünde, Buße und letztendlicher Erlösung durch den ersten Monarchen aus dem Hause Tudor, Henry VII. Dieses staatstragende Konstrukt nutzt Sh. allerdings zur Hinterfragung der Legitimation von Herrschaft, die an einer Galerie höchst unterschiedlicher Königsgestalten das Verhältnis von Rolle und Person, Auftrag und Eignung des Herrschers reflektiert und die Einheit der Nation als stets prekäre darstellt. – Von den *histories* durch die stärkere Konzentration auf die tragischen Protagonisten unterschieden, verhandeln auch die auf Plutarch basierenden Römerdramen Fragen aktueller politischer Relevanz am historischen Exempel, wobei sich hier besonders deutlich die perspektivische Offenheit von Sh.s Dramaturgie zeigt, die weder Brutus in *Julius Caesar* (1599; *Julius Caesar*), noch die Titelhelden in *Antony and Cleopatra* (ca. 1608; *Antonius und Cleopatra*) oder *Coriolanus* (ca. 1608; *Coriolanus*) eindeutig ins Recht setzt oder verurteilt.

Sh.s Komödien – anders als die satirischen Komödien Ben Jonsons – begeben sich in romantisch entrückte Spielwelten, wenngleich die neuere Forschung auch in ihnen den Abdruck der politisch-ideologischen Formationen der Epoche entdeckt hat. Ihr Thema sind die am Ende stets glücklich gelösten Liebesverwicklungen junger Paare, bei denen häufig die (von *boy actors* gespielten) Frauen handlungsbestimmend Initiative ergreifen und in männlicher Verkleidung ein doppelbödiges Spiel mit Geschlechteridentitäten eröffnen: *As You Like It* (ca. 1599; *Wie es euch gefällt*), *Twelfth Night* (1602; *Was Ihr wollt*), *The Two Gentlemen of Verona* (ca. 1593; *Die beiden Veroneser*), *The Merchant of Venice* (ca. 1598; *Der Kaufmann von Venedig*). Was geschieht, wenn das Schicksal die Liebenden im Stich lässt, zeigt *Romeo and Juliet* (1595; *Romeo und Julia*). Der Einbruch des Tragischen in eine heitere Komödienwelt ist hier ganz zufallsbestimmt.

Anders bei den seit A.C. Bradley (1904) so genannten ›großen Tragödien‹: *Hamlet* (1600–01; *Hamlet*), *Othello* (1602–03; *Othello*), *King Lear* (1605–06; *König Lear*) und *Macbeth* (1605–06; *Macbeth*). Hier ist tragisches Scheitern in der Individualität des Helden selbst angelegt, und sein Untergang legt die Zerbrechlichkeit einer ganzen Weltordnung offen. Zwar ist deren christlicher Horizont noch gewärtig, doch handlungsbestimmend ausagiert werden Konflikte, deren Ursachen und Wirkungen im Diesseits liegen. Der göttliche Eingriff bleibt im entscheidenden Augenblick aus: z. B. wenn Cordelia in *King Lear* gegen jede poetische Gerechtigkeit nicht gerettet wird. Harmoniebedürftigere Zeiten konnten Derartiges nicht dulden und schrieben Sh.s trostloses Ende beschönigend um (Nahum Tate:*Lear*, 1681). Die Moderne entdeckt gerade in solcher Illusionslosigkeit Sh. als ›unseren Zeitgenossen‹ (Jan Kott). Biographisch wurde die Wendung zum Tragischen und der etwa gleichzeitige Übergang von den heiteren zu den *dark comedies* und Problemstücken – *Troilus and Cressida* (1601–02; *Troilus und Cressida*), *Measure for Measure* (1603–04; *Maß für Maß*) – als Beleg für eine zunehmend melancholisch-pessimistische Gemütsverfassung des Dichters gedeutet und demgegenüber die Werke der letzten Schaffensphase als Ausdruck versöhnlicher Altersweisheit (eines freilich erst 45-Jährigen). Tatsächlich erschließt sich Sh. mit den Romanzen *Pericles* (1610; *Perikles*), *Cymbeline* (1611; *Cymbeline*), *The Winter's Tale* (1611; *Das Wintermärchen*) und *The Tempest* (1611; *Der Sturm*) nochmals ein neues, zur Tragikomödie tendierendes Genre, das durch märchenhaft-phantastische Handlungsverwicklungen und Anklänge an die barocke *court masque* gekennzeichnet ist. Einer populären Deutung zufolge zelebriert Sh. in Prospero, der am Ende von *The Tempest* der Magie entsagt, seinen eigenen Abschied vom Theater. Noch bis 1613 ist seine häufige Anwesenheit in London belegt. Danach scheint er sich nach Stratford zurückgezogen zu haben, wo er 52-jährig im April 1616 verstarb. Seine Grabinschrift beschwört die Nachwelt, ihn in Frieden ruhen zu lassen, und verflucht »the man […] yt [that] moves my bones«. Während diese Drohung die Unversehrtheit des Grabes bis heute gesichert hat, kann davon, dass Sh. in Frieden ruht, in einem übertragenen Sinn kaum die Rede sein: Nach wie vor wird seine, auch von der Filmindustrie gestützte, kulturelle Präsenz im englischen Sprachraum von keinem anderen Autor auch nur annähernd erreicht. Weit über das Englische hinaus ist seine weltliterarische Geltung unangefochten. In Deutschland, wo er im 18. Jahrhundert entscheidend zur Herausbildung einer eigenen Nationalliteratur beitrug, ist er der meistgespielte Dramatiker. Und angesichts jährlich etwa 5000 neuer Veröffentlichungen zu Sh. passt Goethes Stoßseufzer noch immer: »Shakespeare und kein Ende«.

Werkausgaben: The New Arden Shakespeare. Hg. U. Ellis-Fermor et al. London 1951–82. – The New Cambridge Shakespeare. Hg. P. Brockbank et al. Cambridge 1984. – The Norton Shakespeare. Hg. St. Greenblatt. New York 1997. – The Oxford Shakespeare: The Complete Works. Hg. St. Wells/G. Taylor. Oxford 1998. – Dramatische Werke. Übers. A.W. Schlegel/L. Tieck. 12 Bde. Berlin 1839/41.

Andreas Höfele

Shaw, George Bernard
Geb. 26. 7. 1856 in Dublin; gest. 2. 11. 1950 in Ayot St Lawrence, Hertfordshire

Als George Bernard Shaw 1876 Irland verließ, um in London seinen künstlerischen Ambitionen nachzugehen, deutete zunächst nichts darauf hin, dass der in ärmlichen Verhältnissen aufgewachsene Sohn protestantischer, anglo-irischer Eltern sich nach entbehrungsreichen Jahren nicht nur zum Wegbereiter des modernen britischen Dramas, sondern zu einem der bedeutendsten Dramatiker der Weltliteratur entwickeln sollte. In London studierte der entwurzelte Außenseiter die großen Sozialphilosophen und Naturwissenschaftler der Zeit und verkehrte in den Clubs des radikalen, säkularistischen Milieus. Seine politische Heimat fand er schließlich in der 1884 gegründeten Fabian Society, einer Vereinigung bürgerlicher Intellektueller, für die er zahlreiche Manifeste und Traktate verfasste und 1889 die *Fabian Essays in Socialism* herausgab, die ein evolutionäres, reformistisches Sozialismusmodell begründeten. Sh. war kein originärer, systematisch denkender Theoretiker, sondern bediente sich eklektisch im theoretischen Arsenal unterschiedlicher Traditionen und ordnete seine Ausführungen immer wieder taktischen Erwägungen unter. Inkonsistenzen und Widersprüche sind die zwangsläufige Folge, was die an ein breites Publikum gerichteten Bände *The Intelligent Woman's Guide to Socialism and Capitalism* (1928) und *Everybody's Political What's What* (1943) demonstrieren.

Seine literarische Laufbahn begann Sh. als Verfasser von fünf Romanen, die den Einfluss marxistischer Denkansätze offenbaren und ansatzweise die Themen und Figurenkonstellationen seiner Dramen vorwegnehmen. Seit Mitte der 1880er Jahre machte er sich als Musik-, Kunst- und Theaterkritiker einen Namen, dessen aggressiv-polemische, geistreiche Artikel bewusst gegen die vorherrschenden ästhetischen und moralisch-ethischen Konventionen verstießen. Als Musikkritiker führte er Richard Wagner in England ein, in seinen Theaterkritiken rechnete er unnachsichtig mit dem eskapistischen, sensationalistischen Illusionstheater und dem Ästhetizismus des *l'art pour l'art* ab. Wie Schiller und Brecht begriff Sh. das Theater als eine Stätte der Aufklärung und der Beschäftigung mit zeitgeschichtlichen, weltanschaulichen und ethischen Fragestellungen. Den eigentlichen Ausgangspunkt seiner dramatischen Tätigkeit bildete die Auseinandersetzung mit Ibsen (*The Quintessence of Ibsenism*, 1891; *Ein Ibsenbrevier*, 1908), unter dessen Einfluss er das bürgerliche Problemstück in Richtung des literarisch anspruchsvollen, gesellschaftskritischen Ideen- und Diskussionsdramas weiterentwickelte, in dem die intellektuelle Auseinandersetzung das Bühnengeschehen zunehmend dominiert und die Handlung zurückdrängt. Es geht ihm in erster Linie darum, die kulturellen Normen, moralischen Konventionen, sozialen und politischen Ideale sowie Einrichtungen der bürgerlichen Gesellschaft als lebensverneinend zu entlarven und zu zerstören. Seine Figuren sind keine psychologisch ausgeleuchteten, individualisierten Gestalten, sondern sie personifizieren grundlegende Einstellungen zur Wirklichkeit, Ideologien, Denk- und Verhaltensweisen, gesellschaftliche Gruppen, politische Institutionen, historische Formationen und evolutionäre Kräfte. Dramentechnisch sind Sh.s Stücke nicht revolutionär. Analog zur fabianischen Strategie der *permeation* erneuerte er das Drama von innen heraus, indem er Figuren, Situationen und Themen des herkömmlichen Dramas übernahm und sie zugleich verwandelte und umfunktionalisierte.

Die ersten sechs Stücke erschienen 1898 unter dem Sammeltitel *Plays: Pleasant and Unpleasant* im Druck. Besonderes Interesse beanspruchen *Widowers' Houses* (1892; *Die Häuser des Herrn Sartorius*, 1946) und *Mrs Warren's Profession* (1902; *Frau Warrens Gewerbe*, 1906), in denen der Einfluss der naturalistischen Milieutheorie und der marxistischen Geschichtsauffassung am stärksten spürbar ist. Sie prangern soziale Missstände an, legen sie aber nicht dem einzelnen, sondern dem kapitalistischen Gesellschaftssystem zur Last. Während in *Widowers' Houses* die determinierende Wirkung sozialer Strukturen und Mechanismen allmächtig erscheint, geht Sh. in *Mrs Warren's Profession* über den sozial engagierten, aber letztlich pessimistischen Naturalismus hinaus, indem er die schöpferische Kraft des menschlichen Willens hervorhebt. Dieses voluntaristische Element verkörpert Vivie Warren, die erste Ausprägung der Shawschen Heldengestalten, die sich von gesellschaftlichen und moralischen Traditionen und Konventionen lösen und zum Träger der Hoffnung auf eine bessere Zukunft werden. Um ihre Selbstachtung und moralische Integrität zu bewahren, entsagt Vivie, die darüber hinaus den neuen Frauentyp der emanzipierten *new woman* repräsentiert, dem Ethos des Profits und predigt das puritanische Evangelium der Arbeit, das den Verzicht auf Kunst, Schönheit, Liebe und Sinnlichkeit einschließt. Auf die *Plays Pleasant*, die romantisch-sentimentalen Patriotismus, militärisches Heldentum und die Institution der Ehe kritisch hinterfragen, folgten *Three Plays for Puritans* (1901). Herauszuheben ist vor allem das Geschichtsdrama *Caesar and Cleopatra* (1899; *Caesar und Cleopatra*, 1904), in dem Sh. voller Witz und Komik erstmals seine philosophische Geschichtsdeutung entwickelt. Wie schon in *Arms and the Man* (1894; *Helden*, 1903) bringt er auch hier einen neuen Typ des antiromantischen männlichen (Anti-)Helden auf die Bühne. Seinem Caesar fehlt jeglicher heldenhafter Nimbus; er ist ein unheroischer, realistischer, mit gesundem Menschenverstand ausgestatteter, utilitaristisch gesinnter Mann der Tat.

Der Aufschwung des Imperialismus, die ihn begleitende chauvinistische Euphorie, der Burenkrieg, die Unfähigkeit der Politik, die sozialen Probleme zu lösen, und die Apathie der Massen führten um die Jahrhundertwende dazu, dass Sh. sein ursprüngliches Vertrauen in die Vernunft und den Fortschritt verlor. Bereits in *The Perfect Wagnerite* (1898; *Ein Wagnerbrevier*, 1908) manifestiert sich diese tiefgründige politische Ernüchterung, die sich dann in *Man and Superman* (1905; *Mensch und Übermensch*, 1907) und in *Major Barbara* (1905; *Major Barbara*, 1909) in einer pointierten Kritik an der Demokratie und am Parlamentarismus äußert. *Major Barbara* handelt vom Verhältnis zwischen ökonomischer Macht, Politik, Religion, Kultur und Moral. Der dämonische, machiavellistische Waffenproduzent Andrew Undershaft, dessen »gospel of money and gunpowder« auf einem materialistischen Realismus basiert, artikuliert unverhohlen seine Verachtung für die bürgerlich-parlamentarische Demokratie und die christliche Religion. Gleichzeitig singt er ein Loblied auf die positive Kraft der Zerstörung und die Gewalt als einzig wirksames Mittel der gesellschaftlichen Umwälzung. Im Verlauf der Handlung bekehrt er seine Tochter Barbara und ihren Verlobten, den humanistischen Gelehrten Cusins, zu einer realistischen Einstellung gegenüber der Gesellschaft. Die Titelheldin erlangt eine schmerzliche Einsicht in den Zusammenhang zwischen Religion und sozialem Elend, und Cusins gibt seine idealistische Position auf in der Hoffnung, ökonomische und politische Macht ließen sich im Interesse einer sozialen Veränderung instrumentalisieren und mit aufklärerischen ethischen Normen in Einklang bringen.

Der Erste Weltkrieg verschärfte Sh.s politische Desillusionierung weiter. Ein Jahr nach seinem populärsten Stück, *Pygmalion* (1914; *Pygmalion*, 1913; vertont als Musical *My Fair Lady*, 1956), erschien das Pamphlet *Common Sense About the War* (1914), in dem er die englischen Politiker einer Mitschuld am Ausbruch des Krieges bezichtigt und für einen Verhandlungsfrieden plädiert. Von allen Seiten angefeindet, begann er mit der Arbeit an *Heartbreak House* (1920; *Haus Herzenstod*, 1920), das im Stil Čechovs den Verfall der europäischen Zivilisation und Kultur beklagt. Verzweiflung, Resignation, Orientierungs- und Ziellosigkeit kennzeichnen die Figuren und ihre Dialoge. Das apokalyptische Ende des symbolisch dichten Dramas demonstriert, dass eine friedliche Umgestaltung der Gesellschaft nicht möglich ist, dem Aufbau einer neuen Gesellschaft vielmehr die grundlegende Zerstörung der alten Ordnung vorausgehen muss.

Parallel zu seiner Demokratie- und Parlamentarismuskritik entwickelte Sh. eine evolutionistische *Life Force*-Philosophie, die in der Tradition Arthur Schopenhauers, Thomas Carlyles, Friedrich Nietzsches, Henri Bergsons, Jean de Lamarcks und Samuel Butlers d.J. die Voraussetzungen und Möglichkeiten der Veränderung des Menschen ergründet und im Willen des Einzelnen den maßgeblichen Faktor gesellschaftlichen und geschichtlichen Fortschritts erkennt. Diese vitalistische Geschichtsphilosophie skizziert er erstmals zusammenhängend in *Man and Superman*, bevor er sie in dem metabiologischen Pentateuch *Back to Methuselah* (1922; *Zurück zu Methusalem*, 1923) am systematischsten darlegt und in *Saint Joan* (1923; *Die heilige Johanna*, 1924) abschließend inszeniert. *Saint Joan* ist Sh.s letztes bedeutendes Werk, ein Höhepunkt sowohl hinsichtlich des philosophischen Gehalts als auch der dramatischen Technik. Die Titelheldin dieses Geschichtsdramas ist eine Inkarnation der *Life Force*, eine revolutionäre Agentin der sozialen und geschichtlichen Evolution, die ihrem individuellen Gewissen folgend aus innerer Freiheit und im Namen höherer Zwecke mit den kirchlichen und weltlichen Mächten in Konflikt gerät, indem sie die katholische Kirche und die Feudalaristokratie mit den anachronistischen Konzepten des Protestantismus und des Nationalstaates konfrontiert. Charakteristisch für die Gestaltung des Konflikts ist, dass Sh. auf eine Schwarz-Weiß-Zeichnung verzichtet, die Gegenspieler Johannas also keineswegs verteufelt.

In Sh.s Alterswerk dominieren politische Parabeln, Parodien, Bühnensatiren, offene Tendenzdramen, die angereichert mit allegorischen und karikierenden Zügen und grotesken Übertreibungen die politische Demokratie, die Monarchie und den Kapitalismus angreifen und konkrete sozial- und zeitgeschichtliche Probleme behandeln: *The Apple Cart* (1929), *Too True to Be Good* (1932; *Zu wahr, um schön zu sein*, 2000), *On the Rocks* (1933), *Geneva* (1938), *In Good King Charles's Golden Days* (1939; *Die goldenen Tage des guten Königs Karl*, 1991).

Werkausgaben: Collected Works. 37 Bde. London 1931–50. – The Bodley Head Bernard Shaw: Collected Plays with their Prefaces. Hg. D. Laurence. 7 Bde. London 1970–74. – Gesammelte Stücke in Einzelausgaben. 14 Bde. Frankfurt a.M. 1990–2000.

Raimund Schäffner

Shaykh, Hanan al-
Geb. 1945 in Beirut

Hanan al-Shaykh, Tochter einer Familie, die aus dem Süden des Libanons nach Beirut gekommen war, gehört zu den international erfolgreichsten arabischen Schriftsteller/innen. Nach ihrem Studium in Kairo arbeitete sie zunächst als Journalistin in Beirut. Seit 1975 lebt sie in London. Die Erfahrungen ihrer Aufenthalte auf der Arabischen Halbinsel zwischen 1977 und 1982 bilden den Hintergrund des Romans *Misk al-ġazal* (1988; *Im Bann des High-Tech-Harems*, 1991), der die Lebenswirklichkeit von Frauen in Saudi Arabien beschreibt. Der große kommerzielle Erfolg des Romans in Europa wie auch der reißerische Titel der deutschen Übersetzung, der in der Reihe »Neue Frau« erschien, verweist auf die oft eigenwillige Rezeption arabischer Literatur in Europa, besonders der von Frauen geschriebenen.

S.s Roman *Ḥikāyat Zahra* (1980; *Sahras Geschichte*, 1989) gehört zu den herausragenden Werken der libanesischen Bürgerkriegsliteratur. Die Titelheldin leidet in jungen Jahren unter ihrer gefühlskalten Mutter und ihrem tyrannischen Vater, macht früh erste, unbefriedigende sexuelle Erfahrungen und muss zwei Abtreibungen über sich ergehen lassen. Sie flieht schließlich zu einem nach Afrika ausgewanderten Onkel, der ihr allerdings nachstellt, wovor sie sich durch die Ehe mit einem anderen Exil-Libanesen schützen will. Als die Ehe scheitert, kehrt sie traumatisiert in den Libanon zurück, wo inzwischen der Bürgerkrieg ausgebrochen ist. Das Grauen des Krieges entpuppt sich als heilsamer Schock für Sahra. Die dem Wahnsinn verfallene Gesellschaft, in der alle Werte und Normen über Bord geworfen, pervertiert oder negiert sind, gibt ihr die Freiheit, zu sich selbst zu finden. Sie verliebt sich schließlich in einen Heckenschützen, bei dem sie zum ersten Mal in ihrem Leben Erfüllung und Befriedigung erlebt. Neben der Kriegserfahrung hat S. in ihren Romanen und Erzählungen immer wieder das Thema Exil behandelt.

In *Barīd Bairūt* (1992; *Post aus Beirut*), einem vielstimmigen Briefroman, verbindet sie beide Themenbereiche und zeigt, wie unmittelbares Erleben und die Unfähigkeit, adäquat darüber zu schreiben, die im Land Gebliebenen bedrückt, wie aber andererseits latente Schuldgefühle die ins sichere Ausland Gegangenen bedrängen. Die Erfahrungen driften auseinander und spalten auch entlang dieser Linien die libanesische Gesellschaft. *Innaha London yā ḥabībī* (2001; Es ist London, mein Lieber) fügt sich zu einem bunten Bild der multikulturellen britischen Metropole, zu einem aus vielgestaltigen Schicksalen zusammengesetzten Mosaik. Am Londoner Flughafen Heathrow kreuzen sich die Wege der aus unterschiedlichen Teilen der arabischen Welt kommenden Protagonisten. In dem kurzen Roman *Imraʾatān alā l-baḥr* (2002; *Zwei Frauen am Meer*, 2002) treffen sich die beiden Libanesinnen Yvonne und Hoda an der italienischen Riviera. Die seit langen Jahren in Europa lebenden Frauen mit denkbar unterschiedlichem familiären und religiösen Hintergrund hatten sich zwei Jahre vor dem im Roman erzählten Tag bei einer Veranstaltung im Libanon kennengelernt. »Rasch hatte sich eine Freundschaft entwickelt, die für beide zum Rettungsring wurde in einem Land, das ihnen längst fremd geworden war. Sie wussten nicht mehr, welche Töne sie anschlagen mussten, um wieder zu diesem Land zu gehören.« S.s Werk ist ein Beleg dafür, dass der dem Exil geschuldete Abstand den Blick auf die alte Heimat schärfen kann.

Andreas Pflitsch

Shelley, Mary [Wollstonecraft]
Geb. 30. 8. 1797 in London;
gest. 1. 2. 1851 in London

Mary Shelley, Tochter des Menschenrechtsphilosophen William Godwin und der Frauenrechtsphilosophin Mary Wollstonecraft, beide als *Radicals* oder *Jacobins* eingestufte Philosophen und Romanciers, reiste 1816 als Geliebte des damals noch verheirateten Dichters Percy Bysshe Shelley an den Genfer See zu Lord Byron. In dessen Villa Diodati entstand im Rahmen eines stimmungsvollen Schauerroman-Wettbewerbs *Frankenstein, or, The Modern Prometheus* (1818; *Frankenstein oder der moderne Pro-

metheus, 1912). Nach dem Skandal ihrer Ehe infolge des Selbstmords von Percy Bysshe Shelleys erster Gattin mussten Sh. und Percy Bysshe Shelley 1818 England verlassen. In Italien verkehrten sie in den ›radikalen‹ Kreisen der politisch und moralisch exilierten Engländer, besonders in Pisa, bis Percy Bysshe Shelley 1822 vor Viareggio ertrank. Zurück in England, veröffentlichte Sh. zur Aufbesserung ihres demütigenden Witwenunterhalts (durch ihren adligen konservativen Schwiegervater Sir Timothy Shelley) weitere Romane, Dramen, Gedichte, Erzählungen, Biographien, historische Studien, Reiseberichte (etwa ihrer späteren Rheinreise von 1844) und Zeitschriftenartikel. Als sie 1839 *The Poetical Works of Percy Bysshe Shelley* in vier Bänden herausgab, war sie dementsprechend bis zur Faktenfälschung hin bemüht, Percys (wie ihren eigenen) Radikalismus herunterzuspielen. Mary heiratete nie wieder und starb als erschöpfte und enttäuschte Revolutionärin. Dieser Byron-nahe romantische Desillusionismus (»negative Romanticism«) kommt schon in der Untergangsvision eines anderen, heute wieder gelesenen Romans zum Ausdruck, *The Last Man* (1826; *Verney, der letzte Mensch*, 1982).

Die Deutungen von *Frankenstein* gehen ins Uferlose. Im Licht der anderen Sh.-Materialien gesichert sind jedoch nur Lesarten, die den Roman an den »Radikalismus« ihrer Eltern binden, die aus bibelunabhängiger Vernunftargumentation die Änderung der Wurzeln (»radices«) der Gesellschaft mit friedlichen Mitteln gefordert hatten: Abschaffung des Stände- und Privilegienstaates, Abschaffung von Eigentum und Ehe. Eine egalitäre Gesellschaft bedürfe keiner Regierung und Gesetze mehr. Der wissens- und machthungrige Victor Frankenstein, moderner Tyrannenprometheus an Stelle des antiken Befreierprometheus, steht für die Schöpferwillkür von Gott und Paterfamilias. Sein monströses Geschöpf ist von Natur gut, doch genetische wie soziale Ungleichheit machen es mit Notwendigkeit böse, wie die hungernden Massen der Französischen Revolution. In einer für die *gothic novel* typischen Schachtelerzählung aus den Perspektiven empfindsamer Ich-Erzähler (Kapitän Walton, Frankenstein, Monster), die den ganzen Horror des Geschehens erleben oder retrospektiv wiedererleben, liest man die Geschichte der Schöpfung, der schrittweisen Korruption durch Leiden, der kulminierenden Untaten, Verfolgung, und des schließlichen Freitodes von Frankensteins Monster, Opfer mehr denn Täter. Typisch ist, dass Frankenstein als Verfolger seines Geschöpfes (und verhassten Doppelgängers) am Horror des Wiedererlebens stirbt. Sh.s Anti-Prometheanismus, der sich von den Prometheusbildern ihres Gatten und Byrons unterscheidet, kann als Kritik der Frauenrechtlerin am männlichen Wissenschaftsprivileg gelesen werden, an Herrschaftswissen als weiterer Quelle sozialer Ungleichheit.

Werkausgaben: The Novels and Selected Works of Mary Shelley. Hg. N. Crook. 8 Bde. London 1996. – The Letters. Hg. B. Bennett. 3 Bde. Baltimore 1980–88.

Rolf Lessenich

Shelley, Percy Bysshe
Geb. 4. 8. 1792 in Field Place bei Horsham, Sussex; gest. 8. 7. 1822 im Golf von La Spezia, Italien

Percy Bysshe Shelley gehört zu den bedeutendsten Dichtern der englischen Hochromantik, aber anders als sein Zeitgenosse John Keats, dessen Rang als Lyriker nie in Zweifel gezogen wurde, oder als Lord Byron, der schon zu Lebzeiten, nicht zuletzt durch Goethes Bewunderung, zur mythischen Figur wurde und weltliterarische Bedeutung gewann, blieb Sh. während seiner gesamten literarischen Laufbahn und in seinem Nachleben eine umstrittene Dichterpersönlichkeit. Vielen seiner Zeitgenossen erschien er als Außenseiter und Feind der Gesellschaft, weil er ein Leben führte, das gesellschaftliche Konventionen und Moralvorstellungen durchbrach, und weil er in seinem politischen Radikalismus etablierte Mächte und Werte wie das Christentum, die staatliche Autorität, den Ehestand und den Handel angriff, da sie seiner Meinung nach dem wahren Wesen des Menschen, der Freiheit und dem Fortschritt im Wege standen. Sein kurzes Leben war gekennzeichnet von Zusammenstößen mit der Gesellschaft, deren Normen er verachtete. Wegen seiner atheistischen Schrift *The Necessity of Atheism* (1811) wurde er von der Universität Oxford gewiesen, und es kam zu einem Bruch mit seinem Vater, was ihn in finanzielle Not brachte. Mit 19 Jahren ›rettete‹ er die 16-jährige Harriet Westbrook aus ihrem Internat und heiratete sie in Edinburgh. Drei Jahre später fand er die ›ideale‹ Frau in Mary Godwin, Tochter des von ihm verehrten radikalen politischen Philosophen William Godwin (*Enquiry Concerning Political Justice*, 1793) und der ebenso radikalen Feministin Mary Wollstonecraft (*A Vindication of the Rights of Woman*, 1792). Denkwürdig war der Aufenthalt von Sh., Mary Godwin und Byron und dessen Geliebter Claire Clairemont am Genfer See im Sommer 1816, der für die Beteiligten auch literarisch sehr fruchtbar war. Mary schrieb während dieser Zeit ihren Schauerroman *Frankenstein* (1818), Byron arbeitete an Canto 3 von *Childe Harold's Pilgrimage* (1816), und Sh. verfasste neuartige philosophische Gedichte (z. B. »Hymn to Intellectual Beauty«). Sh. pflegte auch während seiner letzten Jahre in Italien intensive Freundschaften mit Dichterkollegen wie Byron, Keats und Leigh Hunt.

Sh.s Werk lässt sich in vier Phasen einteilen. In seiner Frühphase (1810–13) geht er von der Schauerromantik der Romane *Zastrozzi* (1810) und *St Irvyne* (1811) und der Gedichtfolge *Original Poetry; by Victor and Cazire* (1810) zum Radikalismus über, der sich politisch-philosophisch in Pamphleten wie *The Necessity of Atheism* und *An Address to the Irish People* (1812) und dichterisch in *Queen Mab* (1813; *Feenkönigin*, 1878) dokumentiert, einer ins Kosmische reichenden Vision, in deren Zentrum die von Empörung getragene Verurteilung der Tyrannei, des Kriegs, des Handels, der Ehe und der Religion steht. Für die Zukunft hofft Sh. auf eine freie Gesellschaft, in der Liebe, Brüderlichkeit, Frauenemanzipation und Freiheit von den Fesseln der Religion herrschen.

In Sh.s zweiter Schaffensphase (1814–17) zeigt sich ein neues psychologisches Interesse am dichterischen Ich in dem kleinen Blankversepos *Alastor* (1816), das wie viele Gedichte Sh.s die Form der Vision aufweist. Das Schicksal des Dichters wird hier im Bild einer Wanderung dargestellt, die ihn von seinem entfremdeten Zuhause (»alienated home«) durch Arabien und Persien bis nach Kaschmir führt, wo ihm im Traum das verschleierte Mädchen (»a veiléd maid«), die Idealgestalt der Dichterin, erscheint. In einem  zauberhaften Tal im indischen Kaukasus hat er später eine flüchtige Begegnung mit dem Idealbild seiner selbst (Doppelgängermotiv), das sich ihm aber sofort wieder entzieht. Im Thema der rastlosen Suche nach dem in der Realität nicht erreichbaren Ideal und in poetischen Qualitäten wie der halluzinatorischen Bildfolge und suggestiven, synästhetischen Vorstellungsverknüpfungen zeigt sich Sh. schon auf der Höhe seines Könnens. Die geistige Schönheit, in *Alastor* nur im Traumbild erahnt, wird in »Hymn to Intellectual Beauty« und »Mont Blanc«, zwei Gedichten, die von William Wordsworths Immortality-Ode und »Tintern Abbey« beeinflusst sind, direkter beschworen. Das erste Gedicht spricht, Wordsworth vergleichbar, von der ekstatischen Naturerfahrung der Kindheit; das zweite drückt das charakteristisch romantische Gefühl der Einheit mit der Natur aus und feiert die Macht, welche die eisige, entrückte Schönheit des Alpenbergs über Natur und Betrachter besitzt, wenn auch in den Schlusszeilen skeptische Töne nicht zu überhören sind. Die bedeutendste politische Dichtung aus Sh.s zweiter Schaffensperiode ist das Versepos *Laon and Cythna* (1817), das 1818 unter Tilgung des anstößigen Themas der Geschwisterliebe und einiger massiver atheistischer Passagen mit dem neuen Titel

The Revolt of Islam erschien. Das in Spenser-Strophen abgefasste Gedicht ist Sh.s – in den Orient versetzte – Auseinandersetzung mit der Französischen Revolution, deren politische Ideale seiner Ansicht nach pervertiert worden waren. Sh. stellt eine Revolution dar, die sich auf wirkliche egalitäre Prinzipien gründet und weitgehend gewaltlos durchgeführt wird. Das Werk veranschaulicht in der Figur Laons die politisch-revolutionäre Wirksamkeit, die Sh. der Dichtung zuerkannte. Die Figur der revolutionären Feministin Cythna ist von beträchtlichem historischen Interesse.

In seiner dritten Phase (1818–20), die mit seiner Übersiedelung nach Italien einsetzte, assimilierte Sh. platonische Vorstellungen wie das Konzept des *furor poeticus*. Er übernahm auch Platons Auffassung von den zwei Seinsweisen, der idealen und der realen, und ordnete diesen zwei Kunstformen zu: die prophetische Kunst, die das Ideal offenbart, und die realistische Kunst, die das Tatsächliche nachahmt. Zu Letzterer gehören sein Versdrama *The Cenci* (1819; *Die Cenci*, 1837), das die Themen von patriarchalischer Gewalt und Inzest behandelt, das Dialoggedicht *Julian and Maddalo* (1824) und das in leidenschaftlicher Rhetorik formulierte politische Gedicht *The Masque of Anarchy* (1832; *Die Maske der Anarchie*, 1985), eine Antwort auf das Peterloo-Massaker in Manchester aus dem Jahre 1819. Zu den prophetisch-idealistischen Dichtungen gehört Sh.s Hauptwerk *Prometheus Unbound* (1820; *Der entfesselte Prometheus*, 1876), ein lyrisches Lesedrama in vier Akten, das Prometheus als einen Retter der Menschheit von der Versklavung darstellt. Der letzte Akt des Dramas entwirft ein neues Weltzeitalter, in dem die Menschen und alle Wesen des Universums in Freiheit, Frieden, Liebe und Gleichheit zusammenleben. – In dieser Phase entstanden auch viele von Sh.s besten Gedichten: das narrative Sonett »Ozymandias« (1818), das am Beispiel der Überreste einer Statue die Nichtigkeit königlicher Macht ausdrückt; die »Lines Written among the Euganean Hills« (1819), in denen der Dichter in der Einswerdung mit der Landschaft des Appenins und des Meeres von verzweifelter Trauer zur Hoffnung auf Freiheit und Glückseligkeit für die gesamte Menschheit gelangt; die »Stanzas Written in Dejection, near Naples« (1820), in denen sich die ans Selbstmitleid reichende persönliche Klage des Dichters wirkungsvoll mit der intensiven Empfindung der Naturschönheit verbindet; das berühmte Gedicht an eine Lerche (»To a Skylark«, 1820), welches das ätherische Wesen des Vogels und seinen Jubelgesang in einer Folge von ineinander übergehenden, disparaten Vergleichen und synästhetischen Metaphern einfängt; und der kunstvolle Rollenmonolog »The Cloud« (1820), in dem die Wolke des Titels ihr paradoxes Wesen als ewiges Sein im ständigen Wandel definiert. – Die große »Ode to the West Wind« (1820), ein Gedicht aus Terzinen, die zu fünf sonettartigen Abschnitten geordnet sind, stellt in den ersten drei Teilen eine grandiose Apostrophe an den Westwind dar, der, zugleich Zerstörer und Erhalter (»destroyer and preserver«), als genau erfasstes Naturphänomen und mythisches Wesen angesprochen wird. In die ekstatische Anrede dringt im vierten Teil die Sehnsucht nach der Vereinigung mit der Naturkraft ein (»Oh, lift me as a wave, a leaf, a cloud!«) und die Klage über das Verwundetsein des Ichs (»I fall upon the thorns of life! I bleed!«). Im letzten Teil wird der Wind leidenschaftlich zur Identifikation mit dem Ich aufgefordert (»Be thou, Spirit fierce, / My spirit! Be thou me«) und – im Bild der äolischen Harfe und der Trompete – zur Gewährung der Inspiration: »Make me thy lyre«, »Be through my lips … / The trumpet of a phophecy«. Die hier geäußerte Hoffnung auf einen neuen Menschheitsfrühling ist auch politisch zu sehen. Rein politische Oden sind die ekstatischen Visionen in »To Liberty« und »To Naples«. Sh. verfasste auch kürzere politische Gedichte wie das agitatorische Lied »Song to the Men of England« (1819), das mit Thomas Hoods *The Song of the Shirt* (1843) vergleichbar ist.

In seiner vierten und letzten Schaffensphase (1821/22) verfasste Sh., in relativer Ruhe in Pisa lebend, mit der Prosaschrift *The Defence of Poetry* (1821; *Verteidigung der Poesie*, 1968) eine auf seine Dichtungen zugeschnittene Poetik. So ist das Bild des Dichters als eine Nachtigall, die durch ihren Gesang in der Dunkelheit ihre Einsamkeit aufhellt und die Hörer unwillkürlich bewegt, eine Paraphrase der achten Strophe von »To a Skylark«. Auf den in seiner Dichtung vielfach thematisierten Vorgang der Inspiration wendet Sh. in *The Defence* das Bild der äolischen Harfe und das der verglimmenden Kohle an, die vom Wind zum Klingen bzw. Glühen gebracht werden. Der Dichter ist für Sh. ein Prophet, die Imagination eine moralische, gesellschaftsverändernde Kraft, und die Dichtung verkündet eine auf die Schönheit und Wahrheit gegründete Seinsordnung der Welt. Die berühmte Definition der Dichter als »The unacknowledged legislators of the world« am Schluss der Schrift knüpft an Sir Philip Sidneys *A Defence of Poetry* (1595) an. – Die letzten großen lyrischen Werke Sh.s haben Vermächtnischarakter. Das der 19-jährigen Emilia Viviani gewidmete und vielfach biographisch als Liebesgedicht gedeutete Werk *Epipsychidion* (1821) ist Sh.s letzte Feier der idealen Schönheit der weiblichen Seele und ein hymnisches Bekenntnis zur freien Liebe, die Sh. als die höchste Möglichkeit des Menschlichen ansieht. Mit *Adonais* (1821), einer in Spenser-Strophen geschriebenen Totenklage auf Keats, reiht sich Sh. in die große Tradition der englischen Elegie ein. *Adonais* steht zwischen John Miltons *Lycidas* (1638) und Alfred Lord Tennysons *In Memoriam* (1850). In dem als Pastoralelegie konzipierten Gedicht trauert das ganze Universum um den Schäfer Adonais. Unter den Klagenden finden sich auch Sh.s Dichterkollegen im Hirtengewand, wobei sich Sh. nicht scheut, auch sich selbst, »a pardlike Spirit beautiful and swift«, mit einzubeziehen. In Strophe 39 endet die Trauer. Adonais lebt, in die Weltseele entrückt, als Manifestation des ewigen Ideals. Sh. starb im Juli 1822 bei einem Bootsunfall, den die letzte Strophe von *Adonais* – »my spirit's bark is driven, / Far from shore« – gleichsam vorausahnt. In seinen letzten Lebensmonaten, als Sh. in der einsamen Bucht von Lerici lebte, entstanden das von der Kritik hochgeschätzte, Fragment gebliebene visionäre Gedicht *The Triumph of Life* (1824), in dem Rousseau eine zentrale Rolle spielt, und eine Reihe schöner kurzer lyrischer Gedichte wie »When the lamp is shattered« und »Lines Written in the Bay of Lerici«.

Im 19. Jahrhundert wurde Sh. von den Spätromantikern und Präraffaeliten wegen der reinen lyrischen Intensität seiner Dichtung, wegen seiner Humanität und seiner visionären Kraft bewundert, aber er wurde auch als schwacher, wirklichkeitsfremder, ätherischer Dichter abgelehnt, z. B. von Matthew Arnold. Am Beginn des 20. Jahrhunderts lieferte William Butler Yeats in dem Aufsatz *The Philosophy of Shelley's Poetry* (1900) eine Apotheose des Dichters als eines Sehers, der die Menschen durch die Vision der geistigen Schönheit (»intellectual beauty«) zum Guten führen könne. Seit den 1920er Jahren kam es zu einem starken Ansehensverlust Sh.s. Namentlich die *New Critics* griffen ihn v.a. aus ästhetischen Gründen an. Sie bemängelten extreme Subjektivität und Sentimentalität sowie Vagheit der Metaphorik und vermissten Qualitäten wie Paradoxie, Ironie und Ambiguität. Die größte Verunglimpfung entstammt der Feder von Aldous Huxley, der eine Figur seines Romans *Point Counter Point* (1928) Sh. als eine »Mischung aus einer Fee und einer weißen Schnecke« bezeichnen lässt. Ungefähr seit den 1940er Jahren begann das Pendel zurückzuschlagen: Sh.s Lyrismus, die visionäre Kraft seiner Dichtung und seine Metaphorik fanden beredte Fürsprecher.

Für die Rehabilitierung des Dichters in den letzten Jahrzehnten gibt es gute Gründe: Was die *New Critics* als substanzlose Emotionalität und Selbstmitleid Sh.s missverstanden, stellt in Wahrheit einen radikalen Endpunkt in dem Prozess der Subjektivierung und Emotionalisierung dar, der in der englischen Dichtung seit der Vor- und Frühromantik stattfand. Die Unmittelbarkeit und Intensität des Gefühlsausdrucks ist in einigen von Sh.s Gedichten ins nicht überbietbare Extrem gesteigert, etwa in den emotionalen Asyndeta von »The Indian Serenade« – »I die! I faint! I fail!« – und *Epipsychidion* – »I pant, I sink, I tremble, I expire!« In Übereinstimmung mit dem emotionalen Charakter seiner Dichtung hat Sh. die klanglichen Möglichkeiten der Sprache in höchstem Maße genutzt und damit die Wortmusik der anglo-amerikanischen Spätromantiker (Tennyson, Edgar Allan Poe, Sidney Lanier) und die Klangexperimente der Symbolisten vorbereitet. Man hat auch zunehmend die Leistung von Sh.s Bildersprache erkannt, die synthetisierende Funktion seiner Metaphern, in der sich die Kraft der Imagination mehr als in jedem anderen Formelement bekundet. Dichtungsgeschichtliche Bedeutung kommt Sh. auch aufgrund der visionären Intensität seiner Werke zu, durch die er zwischen William Blake und Yeats steht. Sh. muss auch als einer der herausragenden politischen Lyriker der Romantik gelten, dessen menschheitsemanzipatorisches Pathos unübertroffen bleibt.

Werkausgaben: Shelley's Poetry and Prose: Authoritative Text, Criticism. Hg. D.H. Reiman/S. Powers. New York 1977. – Ausgewählte Werke: Dichtung und Prosa. Hanau/ Leipzig 1985.

Wolfgang G. Müller

Shepard, Sam
Geb. 5. 11. 1943 in Fort Sheridan, Illinois

»Sam Shepard is the most exciting presence in the movie world and one of the most gifted writers ever to work on the American stage«, so urteilt die amerikanische Dramatikerin Marsha Norman. »One of the most original, prolific and gifted dramatists at work today«, kommentiert der *New Yorker*, und das Magazin *Newsweek* nennt seine Stücke »a form of exorcism: magical, sometimes surreal rituals that grapple with the demonic forces in the American landscape«. S. hat über 50 Bühnenstücke geschrieben, eine ganze Anzahl von Kurzgeschichten, Gedichten und Impressionen sowie mehrere Filmdrehbücher. Eigentlich wollte S. Rockmusiker werden, und so ist Musik in vielen seiner Stücke ein fundamentaler Bestandteil, etwa in *Mad Dog Blues* (1971), *Cowboy Mouth* (1971; *Cowboy Mouth*, 1987), *The Tooth of Crime* (1972; *Rhythm & Blues oder der Zahn der Zeit*, 1975), *Suicide in B-Flat* (1976; *Selbstmord in h-Moll*, 1988), *Angel City* (1976) oder in *Tongues* (1978). S. selbst dazu in einem Interview: »I think music's really important, especially in plays and theatre – it adds a whole different kind of perspective, it immediately brings the audience to terms with an emotional reality. Because nothing communicates emotions better than music, not even the greatest play in the world.« Musikalisch, wie S. ist, hat er auch einen ausgeprägten Sinn für die Rhythmen der Sprache und für unterschiedliche Sprachformen (Dialekte, Soziolekte etc.). Er ist ein Rock-Poet mit einem tiefen Gespür für die Faszinationskraft und die existentielle Kraft der Sprache: »Language is a veil hiding demons and angels which the characters are always out of touch with. Their quest in the play is the same as ours in life – to find those forces, to meet them face to face and end the mystery.«

S.s Fähigkeit, auf seiner Suche nach diesen mysteriösen Kräften gewöhnliche Sprache in Poesie zu verwandeln, verleiht seinen Werken eine außerordentliche lyrische Kraft. Oft steht ein einziges ausdrucksstarkes Bild im Mittelpunkt seiner frühen Stücke: das Flugzeug in *Icarus's Mother* (1965; *Ikarus*, 1970), ein Schlangen-Computer in *Operation Sidewinder* (1970; *Unternehmen Klapperschlange*, 1989), grüner Schleim in *Angel City* (1976), ein leerer Kühlschrank in *Curse of the Starving Class* (1967; *Fluch der verhungernden Klasse*, 1980). Diese Stücke stehen in der Stiltradition des abstrakten Expressionismus; mehrere Realitätsebenen fließen in einem spontanen Ausfluss der Gefühle zusammen. Die Figuren sind immer Charaktere, die sich selbst entwerfen, die offen über ihre Gefühle sprechen und diese auch ausleben. Die Imagination spielt sowohl für die Charaktere wie für die Zuschauer eine große Rolle, insofern S.s Werke uns oft in ›innere Landschaften‹, in völlig ›andere Welten‹ versetzen. »Amerikanische Träume« nennt Bonnie Marranca zu Recht S.s frühe Stücke, und tatsächlich scheint der Geist des amerikanischen Westens hier zu regieren. Doch während das Individuum im Land der unbegrenzten Möglichkeiten vermeintlich triumphiert und S. die alte Pionierethik sowie die ›männlichen‹

Ideale von Kraft und Stärke vermeintlich glorifiziert, geht es ihm neben der Mystifizierung immer wieder gerade auch um Entmystifizierung, um eine nachdrückliche Brechung der falschen Ideale und somit um ›Ent-Täuschung‹. Die Charaktere sind zwar mythischer, archetypischer Natur, insbesondere die als Symbole für Freiheit, Abenteuer und Freundschaft stehenden Cowboys, doch zeigt sich in ihnen immer auch die düstere Seite Amerikas, der Niedergang des amerikanischen Traums, der Niedergang Amerikas. S.s Figuren sind vielfach Enttäuschte; sie sind enttäuscht über das Land und letztlich über sich selbst. So heißt es in *Operation Sidewinder*: »I was made in America. [...] I dream American dreams. I fuck American girls. I devour the planet. I'm an earth eater. I'm a lover of peace. A peace maker. A flower child, burned by the times. Burned out. A speed freak. [...] I came to infect the continent. To spread my disease. To make my mark, to make myself known. To cut down the trees, to dig out the gold, to shoot down the deer, to capture the wind.« Das eher wie ein Drehbuch geschriebene Theaterstück scheint die Verzweiflung der Generation Ende der 1960er Jahre in Nixons Amerika einzufangen: Entfremdung, Entwurzelung, technologische Bedrohung, Gewalt, Revolution, Drogen sind in S.s Dramen überall präsent. Doch in *Operation Sidewinder* gibt es – wie in vielen anderen Stücken S.s – am Ende auch einen Moment der ›Erlösung‹, eine tief-religiöse Erfahrung, die den jungen Mann womöglich aus seiner spirituellen Krise herausführt und statt unmittelbarer Gesellschaftsveränderung spirituelle Transformation zu propagieren scheint.

S.s ›Politik des Bewusstseins‹ kennzeichnet auch *Mad Dog Blues*, ein phantastisch-postmodernes Stück. Vorgestellt wird es als Film – und als eine Geburt aus der Imagination zweier Freunde, des Rockstars Kosmo und des Drogen-Dealers Yahoodi, die beide auf der Suche nach sich und ihren Wurzeln sind. Sie scheinen in der Welt amerikanischer Filme, amerikanischer Popmusik und der Welt der Cowboy-Helden verloren zu sein. Collageartig angelegt und mit musikalischen Einlagen bereichert, überlagern sich in dem Stück ständig die Realitätsebenen. Mythische Gestalten aus Film, Fernsehen und Geschichte erscheinen auf der Bühne: Marlene Dietrich, Captain Kidd, Jesse James, Paul Bunjan, Mae West, ein texanischer Cowboy, ein Geist und ein Rockstar. Wie in einem Abenteuerfilm suchen alle den von Captain Kidd vergrabenen Schatz, und der entpuppt sich schließlich als ein Haufen alter Flaschendeckel. Am Ende aller abenteuerlichen Träume steht ein Ruf in der Einsamkeit, ein Ruf nach dem Anderen, nach dem Du. Wie *Mad Dog Blues* sind auch die anderen frühen Stücke S.s primär durch Performance und Improvisationstechnik gekennzeichnet; sie ereignen sich meist in einer Welt zwischen Wirklichkeit und Phantasie: Dies gilt besonders für die drei Einakter *Chicago* (1965; *Chicago*, 1970), *Icarus's Mother* und das mit einem Obie Award ausgezeichnete *Red Cross* (1966) sowie für *Forensic and the Navigators* (1967) und *The Tooth of Crime*.

Charakteristisch für die folgende Phase ist dann *Curse of the Starving Class*, ein Stück, in dem es um den Niedergang einer amerikanischen Farmersfamilie im mittleren Westen geht. Einerseits realistisch, andererseits mit einem starken Einschlag von schwarzem Humor werden skurril-extreme Situationen geschildert. Im Mittelpunkt des Familienlebens steht der Kühlschrank: Ein unstillbarer Hunger scheint die Familie zu plagen, ein Hunger, der allerdings mit Nahrungsmitteln nicht zu stillen ist. Letztendlich geht es um das Thema ›Fressen und gefressen werden‹, Selbstvernichtung und Fremdvernichtung sowie um die Pervertierung des Amerikanischen Traums durch Konsumgier, die aus einem Mangel an Spiritualität resultiert. Einen Moment lang blitzt der alte Pioniergeist wieder auf – aber er ist unter den gegebenen Bedingungen zum Tode verurteilt.

Ein Stück, das ebenfalls schon stark realistisch dargeboten wird, aber noch deutlich irreale Einlagen aufweist, ist das mit dem Pulitzer Preis ausgezeichnete *True West* (1979; *True West*, 1988). Das Stück kontrastiert die Lebensauffassungen zweier Brüder: Austin, ein Schriftsteller, hütet vorübergehend die Wohnung der Mutter in Südkalifornien und verfasst dort gleichzeitig ein Drehbuch für einen Hollywoodproduzenten. Lee, vagabundenhaft ungepflegt, bricht in die intellektuelle Idylle ein, und schon ist nichts mehr, wie es war. Sehr bald kommt es zur ersten Konfrontation: Lee kann nicht verstehen, dass Austin für die miserablen Texte, die er produziert, bezahlt wird: »That's a dumb line. That is a dumb fuckin' line. You git paid fer dreamin' up a line like that?« Er versucht schließlich, seinen Bruder in seinem Metier zu verdrängen.»I got a Western that'd knock yer lights out. [...] Yeah. Contemporary Western. Based on a true story.« Zwar folgt zunächst eine gemeinsame Aktion, die nach Versöhnung aussieht – Lee diktiert und Austin tippt den ›einzig wahren Western‹ in die Schreibmaschine. Als Austin allerdings erfahren muss, dass der Produzent Lees Stück vorzieht und dafür sein eigenes zunächst zurückstellen will, rastet er aus. Er versucht vergeblich, den Mythos des Westens für tot zu erklären: »There's no such thing as the West anymore! It's a dead issue! It's dried up.« Vielleicht habe Austin recht, meint der Produzent, aber sein Instinkt sage ihm, es sei die richtige Entscheidung, insofern der Mythos des Westens lebe oder zumindest immer wieder aufleben könne. S. setzt nachfolgend eine totale Rollenverkehrung in Szene: Austin gibt sich dem Alkohol hin, und Lee versucht, sich an Austins Schreibmaschine zu konzentrieren. Beide fallen aus ihrer Rolle, finden aber keineswegs zu ihrer wahren Identität; der Tausch endet in Chaos und Zerstörung. Die beiden Brüder stehen sich am Ende feindlicher denn je gegenüber. Der ›Kampf‹ zwischen dem dionysischen Prinzip ungebändigter Abenteuerlust und überschäumender Vorstellungskraft und dem apollinischen Prinzip überlegter, auf Form bedachter Rationalität und Kultiviertheit wird nicht in einer Künstlerexistenz versöhnt. Die Synthese dieser Antithesen wäre gewiss auch S.s künstlerischem Ideal nahegekommen, und es ist gewiss kein Zufall, dass das Stück gerade am Schnittpunkt von zwei Schaffensperioden geschrieben ist – am Übergang von den stark phantastischen, grellen, überschäumend expressionistischen und dionysischen Stücken hin zu den stärker realistischen und apollinischen.

S. dringt tief in die Welt der amerikanischen Mythen ein, um die Gründe für die ›Krankheit‹ der Gesellschaft herauszukristallisieren: So geht es in *Angel City* um die Traumfabrik Hollywood, in *Buried Child* (1978; *Vergrabenes Kind*, 1980) um die Suche nach den »roots«, in *Fool for Love* (1983; *Fool for Love*, 1987) um die ambivalente Liebe-Hass-Beziehung zwischen den Geschlechtern. S. verfährt dabei nicht wie ein moderner Wissenschaftler, sondern wie ein Magier archaischer Gesellschaften, der die Krankheiten auf die Herrschaft falscher Mythen zurückführt. Dabei hat er dem Theater die Sprache wiedergebracht zu einer Zeit, in der Theoretiker von hohem Einfluss ihren Tod verkündet hatten. Es ist eine männliche, gewaltsame Sprache, mit der S. dem Theater neue Impulse gibt. »I felt it was important that an American playwright speak with an American tongue, not only in a vernacular sense, but that he should inhabit the stage with an American being. An American playwright should snarl and spit, not whimper and whine.« Wie sehr der Mythos des Cowboys auch die Sprache durchdrungen hat, erspürt S. gleichermaßen: »It's like pulling out a .38 when someone faces you with a knife.« Die phallische Sprache kann in einer männlich-patriarchalischen Welt tatsächlich revolvergleich sein, tödlich – z. B. für Hoss in *The Tooth of Crime*. Positiv gesehen kann sie aber auch ein Kampf- und Verteidigungsmittel sein, gerade gegen diese Welt oder gegen die Massenmedien, eine Form der Selbstverteidigung, ein Überlebensmittel in einer Zeit, in der seelisches Überleben in Gefahr ist. S.s ›Mann-Sein‹ bestimmt sein Schreiben, seine Sprache, seine Weltsicht. Aber er ist ein Magier – ein Schamane – ganz im mythischen Sinne, der die dunklen Seiten der Existenz gnadenlos anspricht, sie dadurch aber transformiert und Verständnis erzeugt, wenngleich dieses Verständnis – wie nicht zuletzt *A Lie of the Mind* (1985; *Lügengespinst*, 1987) dokumentiert – vor allem den männlichen ›Helden‹ und Opfern einer pervertierten, zerfallenen Gesellschaft gilt und weniger den Opfern dieser Opfer, den Frauen. S. ist sowohl ein leidenschaftlicher Verehrer wie Kritiker seines Landes, der sich auch durch die Kritik anderer keine Grenzen setzen lässt.

Werkausgaben: The Unseen Hand and Other Plays. Toronto 1986. – Four Two-Act Plays. London 1981. – Seven Plays. New York 1981. – Angel City & Other Plays. New York 1981.

Margit Sichert

Shuihu zhuan
↗ Räuber vom Liang Schan Moor

Sienkiewicz, Henryk
Geb. 5. 5. 1846 in Wola Okrzejska bei Siedlce/Polen;
gest. 15. 11. 1916 in Vevey/Schweiz

Henryk Sienkiewicz gehört zu den am meisten übersetzten polnischen Autoren im deutschsprachigen Raum. Er ist der Hauptvertreter des Positivismus – wie der polnische Realismus in Literaturgeschichten genannt wird. S., wie auch andere Positivisten, wollten gesellschaftspolitische Veränderungen, auch die Unabhängigkeit Polens, nicht durch Revolution, wie die Romantiker, sondern durch eine evolutionäre Entwicklung erreichen. Sie glaubten, dass mittels Aufklärung die Mündigkeit der breiten Volksmehrheit und eine allgemeine Anhebung des moralischen Niveaus zu erreichen seie. Dabei kamen der Literatur und der Presse eine erzieherische Funktion zu. S. engagierte sich, in enger Verbindung zur Presse, für die sozial Benachteiligten. In seinen Feuilletons forderte er bessere Lebensbedingungen für Kinder verarmter Familien und Maßnahmen zur Bekämpfung des Analphabetismus. Seine journalistische Tätigkeit ermöglichte ihm Reisen ins Ausland, die er in einer Art literarischer Reportagen beschrieb: *Listy z podróży do Ameriki* (1878; *Briefe aus Amerika*, 1903) und *Listy z Afryki* (1892; *Briefe aus Afrika*).

S. verfasste darüber hinaus zahlreiche Novellen. *Szkice węglem* (1877; *Kohlenzeichnungen*, 1903), *Janko Muzykant* (1880; *Janko, der Musikant*, 1903) und *Z pamiętnika poznańskiego nauczyciela* (1880; *Aus dem Tagebuch eines Posener Lehrers*) kritisieren das mangelnde Verantwortungsbewusstsein der Gutsituierten gegenüber den Dorfbewohnern. »Bartek Zwycięzca« (1882; »Bartek der Sieger«, 1889) ironisiert die Loyalität der polnischen Bauern gegenüber den Teilungsmächten. In »Latarnik« (1882; »Der Leuchtturmwärter«, 1904) wird das Nationalbewusstsein eines polnischen Emigranten gepriesen. In der Romantrilogie *Ogniem i mieczem* (1883; *Mit Feuer und Schwert*, 1887), *Potop* (1884; *Sturmflut*, 1900) und *Pan Wołodyjowski* (1887; *Pan Wolodyjowski, der kleine Ritter*, 1894) stellt S. die Tapferkeit und Eidestreue der polnischen Soldaten im 17. Jahrhundert, als Polen in kriegerische Auseinandersetzungen mit Kosaken, Schweden und Türken verwickelt war, überaus pathetisch dar. *Krzyżacy* (1900; *Die Kreuzritter*, 1901) spielt im 15. Jahrhundert und beschreibt den Kampf der Polen und Litauer gegen den Deutschen Ritterorden. Die Schilderung der historischen Schlacht bei Tannenberg (Grundwald) im Jahr 1410, in der das Heer des Ordens eine vernichtende Niederlage erlitt, stellt den Höhepunkt des Romans dar. Die Intention der historischen Romane S.' war es, das Nationalbewusstsein der Polen und ihren Glauben an eine bessere Zukunft zu stärken.

S., der den historischen Roman zur Vollendung brachte und große Wirkung auf die Entwicklung der Prosa seiner Zeit ausübte, erhielt 1905 für den Roman *Quo vadis?* (1895/96; *Quo vadis?*, 1899) den Nobelpreis für Literatur. Darin widmet er sich einmal nicht einem Thema aus der Geschichte Polens, sondern der Antike: Am Beispiel der Christenverfolgung zeigt er den Konflikt zwischen dem frühen Christentum und der Kultur der Spätantike im untergehenden römischen Reich zur Zeit des Kaisers Nero.

Werkausgaben: Gesammelte Werke. 12 Bde. Übers. S. Placzek. Regensburg 1906ff. – Gesammelte Werke. 10 Bde. Übers. S. Goldenring. Berlin 1920.

Georg Mrugalla

Sillitoe, Alan
Geb. 4. 3. 1928 in Nottingham

Als *angry young man* wollte sich Alan Sillitoe nicht verstanden wissen, sondern als Autor gelten, der authentisch von Menschen aus der Arbeiterschicht erzählt. Gleichwohl spürt man in frühen Veröffentlichungen die Grundstimmung jener Generation junger britischer Schriftsteller, deren Erstlingswerke in den 1950er Jahren unter dieser Etikettierung bekannt wurden. Viele seiner frühen Geschichten siedelt S. im Nottinghamer Alltag derer an, die darauf angewiesen sind, ihren Lebensunterhalt in der Fabrik zu verdienen. Dabei dominiert die Perspektive des proletarischen Individuums den Blickwinkel, von dem aus die Erzählwelt vermittelt wird. – S. hat selbst die wesentlichen Stationen einer Biographie durchlaufen, wie sie typisch waren, wenn man im britischen Arbeitermilieu der ersten Hälfte des 20. Jahrhunderts aufwuchs. Er kommt als zweites von fünf Kindern zur Welt. Die siebenköpfige Familie ist arm, sie lebt in beengten Verhältnissen, leidlich versorgt vom Sozialetat der staatlichen Fürsorge, seit der Vater den Arbeitsplatz in der Gerberei verloren hat. Mit 14 verlässt S. die Schule und verdingt sich als ungelernter Arbeiter einige Jahre lang in der Industrie. Nach dem Militärdienst, den S. ab 1946 als Funker in Westmalaysia ableistet, muss er, zurück in England, wegen Tuberkulose für 18 Monate ins Lungensanatorium. Die aufgezwungene Genesungszeit nutzt er, um das an Bildung aufzuholen, was er durch den Schulabbruch versäumt zu haben glaubt. Jetzt entstehen die ersten Kurzgeschichten, von denen er einige in seine späteren Romane einarbeitet. Auch versucht sich S. an Gedichten. 1960 erscheinen sie in der Sammlung *The Rats and Other Poems*, 1968 folgt der Gedichtband *Shaman and Other Poems*, eine Auswahl wird 1984 unter dem Titel *Sun Before Departure: Poems 1974–1982* aufgelegt. Der Lyrik bleibt S. treu; darüber hinaus schreibt er Theaterstücke, Essays und Reiseberichte. Für seine Kinderbücher ersinnt er die Figur des Marmalade Jim.

Literarische Meriten erntete S. v.a. mit Romanen und Kurzgeschichten. Der Debütband *Saturday Night and Sunday Morning* (1958; *Samstagnacht und Sonntagmorgen*, 1961), in Teilen entstanden aus neun Kurzgeschichten aus der Schublade, ist zugleich Karriereschub für S. Die von Alkoholexzessen, Schlägereien und sexuellen Eskapaden durchzogene Geschichte des gegen soziale Zwänge aufbegehrenden Drehers Arthur Seaton, die 1960 auch verfilmt wurde, macht S. zum gefeierten Autor der Arbeiterliteratur. Nicht minder großen Beifall unter Kritikern wie Lesern findet der Band *The Loneliness of the Long Distance Runner* (1959; *Die Einsamkeit des Langstreckenläufers*, 1967). In der Titelgeschichte – ebenfalls verfilmt (1962) – artikuliert der jugendliche Rebell diesmal Widerstand durch Verweigerung. Der 17-jährige Gefängnisinsasse Smith verliert willentlich den Wettkampf, dem missliebigen Anstaltsleiter so viel bedeutet. In vielen Veröffentlichungen, die auf S.s Erfolgsbände folgen, bleibt Nottingham Aktionsfeld, Ausgangs- oder emotionaler Bezugspunkt der Handlungsträger. So schildert S. in *Key to the Door* (1961; *Schlüssel zur Tür*, 1966) eingehend die Arbeiterviertel der Stadt. Frank Dawey begibt sich in *The Death of William Posters* (1965; *Der Tod des William Posters*, 1969) von Nottingham aus auf Wanderschaft und Identitätssuche. In diesem ersten Band einer Trilogie erwacht S.s Interesse an der Auseinandersetzung mit den bürgerlichen Schichten, im letzten Teil, *The Flame of Life* (1974), haben die Protagonisten Frank und Albert sie für sich erschlossen. Diese neuen Charaktere von S. sind keine Arbeiter mit Klassenbewusstsein mehr, wofür S.s frühe Hauptfiguren einstanden. Als Bildungsbürger und intellektuelle Querdenker garantieren ihnen materielle Güter die Sicherheit eines komfortablen, bequemen Lebens. Auch in S.s neueren Arbeiten, wie den Kurzgeschichten der 1997 erschienenen Sammlung *Alligator Playground*, haben Vertreter des Mittelstands mit ihren Sichtweisen und Anstrengungen zur Lebensbewältigung die Arbeiterschicht abgelöst.

Wolfgang Gehring

Silone, Ignazio
Geb. 1. 5. 1900 in Pescina de' Marsi/Italien; gest. 22. 8. 1978 in Genf

Harte Kindheits- und Jugendjahre prägen das Leben des Secondo Tranquilli, der in den 1920er Jahren das Pseudonym Ignazio Silone annimmt: Aufgewachsen in der ärmlichen Lebensweise einer Kleinbauernfamilie, verliert er mit 14 Jahren den Vater, ein Jahr darauf, 1915, kommen seine Mutter und fünf Geschwister bei einem Erdbeben ums Leben. Aufgrund dieser harten Realitätserfahrungen setzt S. sich bereits in jungen Jahren als Journalist und Gewerkschaftler für die Verbesserung der Lebensbedingungen auf dem Land ein. Er gehört 1921 zu den Mitbegründern der Kommunistischen Partei Italiens (PCI), arbeitet in deren Geheimorganisation und muss nach der faschistischen Machtübernahme in den Untergrund gehen. Ab 1929 lebt S. in der Schweiz, 1931 wird er aus dem PCI ausgeschlossen, da er dem Stalinismus ideologisch nicht mehr folgen kann. 1944 kann er nach Italien zurückkehren und arbeitet als Journalist und Schriftsteller in Rom, wo er eine eigene sozialistische Partei gründet. 1945 wird er Direktor der sozialistischen Zeitung *Avanti* und Präsident des italienischen PEN-Clubs. 1950 gibt er seine journalistischen und politischen Tätigkeiten auf und ist von da an nur noch als Schriftsteller tätig.

Zwei Romane bilden das Hauptwerk S.s: *Fontamara* (1930; *Fontamara*, 1947) und *Pane e vino* (1936; *Brot und Wein*, 1954). In Italien und auch in Deutschland standen beide auf dem Index, konnten nur heimlich verbreitet werden; im übrigen Ausland hingegen erlangten sie schnell einen großen Bekanntheitsgrad. Sie legen Zeugnis ab vom Kampf des Autors gegen Faschismus und soziale Missstände. *Fontamara* schildert die menschenunwürdigen Lebensbedingungen der unterdrückten Landbevölkerung in den Abruzzen. Die Einwohner eines kleinen Bergdorfes führen einen aussichtslosen Kampf um ihre Wasserstelle, die von der faschistischen Regierung einem skrupellosen Geschäftsmann zugesprochen wurde. Verschiedene Dorfbewohner berichten aus ihrer jeweiligen Sicht vom Geschehen; diese multiperspektivische Darstellung, das chorale Erzählen, ist eines der Merkmale neorealistischer Erzähltexte. Der Neorealismus, zu dessen Vorläufern *Pane e vino* zählt, kann als eine Fortführung des »verismo«, der italienischen Spielart des Naturalismus, bezeichnet werden. Dessen Zielsetzung ist es, zeitgeschichtliche Phänomene ebenso realistisch wie kritisch aufzuarbeiten, auf die Dekadenz der bürgerlichen Gesellschaft aufmerksam zu machen und den italienischen Nord-Süd-Konflikt ins Licht der Öffentlichkeit zu rücken.

Pane e vino ist im Schweizer Exil entstanden und erscheint zunächst in englischer Sprache. Die endgültige Fassung entsteht 1955, unter Veränderung des Titels in *Vino e pane* (*Wein und Brot*, 1992). Die Romanhandlung spielt 1935. Protagonist ist Pietro Spina, der als Widerstandskämpfer und kommunistischer Funktionär flüchten muss und, schwer erkrankt, Zuflucht in seinem Geburtsort in den Abruzzen findet. Hier gibt er sich als Priester Don Paolo Spada aus. Sein Ziel ist es, sich um die armen Dorfbewohner zu kümmern, deren Vertrauen er alsbald gewinnt. Mit der Zeit verliert er seine bisher unumstößliche kommunistische Gesinnung, und als er in Rom Bekanntschaft mit Don Benedetto macht, einem christlichen Sozialisten, wird ihm dieser zur neuen politisch-menschlichen Leitfigur. Als Don Benedetto stirbt, schließt sich Spina einer antifaschistischen Widerstandsgruppe an und geht als Partisan in die Berge. Der Roman schildert einen Teil italienischer Historie, aber gleichzeitig den inneren Kampf des Autors, der hin- und hergerissen ist zwischen Kommunismus und Christentum.

Vino e pane ist, neben Elio Vittorinis *Uomini e no* (1945; *Dennoch Menschen*, 1963), Italo Calvinos *Il sentiero dei nidi di ragno* (1947; *Wo Spinnen ihre Nester bauen*, 1963) und Renata Viganòs *L'Agnese va a morire* (1949; *Agnes geht in den Tod*, 1951) eines der wichtigsten und bekanntesten Werke der umfangreichen italienischen Resistenzaliteratur, die – manchmal durchaus idealisierend und mystifizierend – den militärischen, politischen und intellektuellen Widerstand in Italien gegen die deutsche Besatzung der Jahre 1943 bis 1945 literarisch verarbeitet. Viele dieser Texte sind ebenso wie *Vino e pane* und bereits *Fontamara* dem Neorealismus zuzurechnen. S.s späteren Werke tragen die Handschrift eines Humanisten und Antikommunisten. Aus seinem essayistischen Werk ragt *Il fascismo* (1934; *Der Faschismus*, 1978) heraus. 1965 veröffentlicht er mit *Uscita di sicurezza* (*Notausgang*, 1966) eine Sammlung autobiographischer Essays, die bereits 1949 in einer kürzeren Form, gemeinsam mit Beiträgen etwa von André Gide und Richard Wright, in dem Band *The God that failed* (*Ein Gott der keiner war*, 1950) erschienen waren. Sie geben Einblick in S.s Kindheit und Jugend, zeigen seine politische Entwicklung – und bescheren ihm einen erneuten, letzten Erfolg.

Sabine Witt

Simenon, Georges (eigtl. Joseph Christian)
Geb. 13. 2. 1903 in Lüttich/Belgien; gest. 4. 9. 1989 in Lausanne/Schweiz

Der Sohn eines Buchhalters wurde nach mehreren abgebrochenen Lehren bereits 1919 Lokalreporter bei der *Gazette de Liège* und veröffentlichte unter dem Pseudonym Georges Sim 1921 den humoristischen Roman *Au pont des arches*. 1922 nach Paris übergesiedelt, wurde er unter anderem Privatsekretär eines Adligen, bevor er zunächst Groschenhefte, dann seriösere Literatur schrieb. Dank seiner ungeheuren Produktivität, seines rasanten Schreibtempos und seines ökonomischen Stils, aber auch aufgrund seiner Geschäftstüchtigkeit wurde er bald ein wohlhabender Mann. Seine bekannteste Schöpfung ist der Pariser Kommissar Jules Maigret, der seinem Namen einem Puter verdankt, den Simenon in La Richardière besaß. Ein Denkmal in Delfsijl erinnert an den ersten Maigret-Roman *Pietr-le-Letton* (1931; *Maigret und die Zwillinge*, 1958, *Maigret und Pietr, der Lette*, 1978), der hier entstand und dem 76 weitere folgten. Maigret ermittelt meist im Milieu der kleinen Leute, dem er selbst zugehört. Er hat ein Medizinstudium abgebrochen, um Polizist zu werden, und ist kinderlos verheiratet; in seinem gleichmäßig dahinfließenden Leben gibt es kaum eine größere Katastrophe als den Verlust seiner Lieblingspfeife: *La pipe de Maigret* (1945; *Maigrets Pfeife*, 1983). Weder im Bereich des Lukullischen noch in Fragen von Musik oder Kunst ist er ein Kenner, scharfsinniges Kombinieren hat er selten nötig. Er verabscheut das Reisen ebenso wie physische Gewalt, aber er versteht die innere Mechanik eines Verbrechens zu lesen wie einen Text. Oft lässt er einen Gesetzesbrecher ungestraft davonkommen, denn »Verstehen ist besser als bestrafen« (Georg Hensel).

Der Maigret-Roman *Le charretier de la Providence* (1931; *Maigret und Der Treidler von der »Providence«*, 1967) – vielleicht der schönste – spielt in reiner Zeitlosigkeit am Marne-Kanal, wo die Lastkähne noch von Pferden gezogen werden und Maigret endlose Kilometer auf dem Fahrrad zurücklegen kann. Nachdem der Arzt Evariste Derachambaux wegen Mordes an seiner Tante unschuldig 20 Jahre Zwangsarbeit geleistet hat und seelisch zerbrochen ist, heuert er als Pferdeknecht auf der »Providence« an. Als er zufällig seiner Frau begegnet, ermordet er sie – die wahre Mörderin der Tante – sowie einen lästigen Zeugen. Maigret, eine der erfolgreichsten Kinofiguren nach Sherlock Holmes, wurde unter anderem von Pierre Renoir, Heinz Rühmann, Gino Cervi und Jean Gabin in Filmen sowie von Ruppert Davies, Jean Richard und Bruno Cremer in TV-Serien verkörpert. Eine weitere

Serienfigur wurde in einer Handvoll Kurzgeschichten »der kleine Doktor« Jean Dollent: *Le petit docteur* (ab 1938; *Der kleine Doktor*, 1977). Der Landarzt aus Marsilly bei La Rochelle ist eine ironisch-nostalgische Reminiszenz an den klassischen Amateurdetektiv, die S. nicht weiterverfolgte, da die Zukunft – das war 1938 bereits absehbar – dem polizeilichen Profi-Ermittler gehören würde. »Meine Kriminalromane sind die schlechtesten der Welt«, behauptete S. mit Blick auf seine nur wenig variierten Handlungsschemata, in denen Detektion und Aktion kaum eine Rolle spielen. Ihre gleichmäßige Qualität und ihr gleichmäßig gemessenes Tempo sowie das Fehlen äußerer Sensationen macht es schwer, ein einzelnes Werk den anderen vorzuziehen.

S. mischt fast immer Verbrechensschilderung mit Alltagsbeschreibung, das Böse dringt durch kaum wahrnehmbare Brüche in die wohlgeordnete kleinbürgerliche Welt. Mehr als die Aufklärung eines Verbrechens interessiert den Autor jedoch der Täter als psychologisches Opfer seiner Tat, die Deformationen seiner Gedanken und Wahrnehmungen. Exemplarisch führt dies *Le démenagement* (1966; *Der Umzug*, 1990) vor: Der Angestellte Émile, der mit Frau und Sohn endlich in eine moderne Trabantenstadt umziehen konnte und hierin sein Glück zu finden meint, wird im neuen Domizil unfreiwilliger Ohrenzeuge der exotischen Liebesspiele seiner Nachbarin, einer Prostituierten, und ihres Zuhälters. Das Gehörte weckt die in ihm schlummernde Sehnsucht nach dem Verbotenen, Wilden, Bösen und zerstört schließlich sein familiäres Glück. S. zeichnet Frauen entweder »als kühlüberlegene, oft frigide Ehefrauen, oder als sinnliche Geliebte, als Objekte rabiater Sexualbefriedigung« (Klaus W. Pietrek). Dies wird auch deutlich in dem Non-Maigret *En cas de malheur* (1956; *Mit den Waffen einer Frau*, 1958), in dem ein verheirateter Richter sich von einer schönen Verbrecherin korrumpieren lässt. Der Roman wurde mit Brigitte Bardot und Jean Gabin verfilmt. Der ebenfalls prominent verfilmte Non-Maigret *Les fantômes du chapelier* (1949; *Die Phantome des Hutmachers*, 1982), der von einem biederen Greisinnenmörder und seinem Verfolger handelt, zeigt S.s ökonomische Arbeitsweise, denn der Roman ging aus der Kurzgeschichte *Le petit tailleur et le chapelier* (1950; *Der kleine Schneider und der Hutmacher*, 1982) hervor. Der »Briefwechsel zwischen Federico Fellini und Georges Simenon 1960–1989« (Untertitel) *Carissimo Simenon, mon cher Fellini* (1998; *Carissimo Simenon, mon cher Fellini*, 1997) schließlich belegt unter anderem die Verehrung des zwanghaften Erotomanen für Giacomo Casanova. S. will mit 10 000 Frauen, darunter 1925 mit Josephine Baker, intim gewesen sein. Dieser Affäre ist das Musical *Simenon und Josephine* von Patrick Leviosa (Musik) und Stéphane Laporte (Text) aus dem Jahr 2003 gewidmet.

Aus S.s erster, 1923 geschlossenen und 1949 geschiedenen Ehe mit Régine »Tigy« Renchon gingen 1939 und 1949 zwei Söhne hervor. Nach der Scheidung gab er der rachsüchtig prozessierenden Régine die Schuld am Tod seiner 1953 geborenen, psychisch hochbelasteten Tochter Marie-Jo aus der zweiten Ehe mit seiner kanadischen Sekretärin Denise (auch Denyse) Ouimet; Marie-Jo schoß sich 1978 eine Kugel ins Herz. 1959 wurde ein weiterer Sohn geboren. Eine dritte Ehe mit der Italienerin Teresa hielt bis zum Tod. Denise Ouimet rechnete in *Un oiseau pour le chat* (1978; *Ein Vogel für die Katze*) mit ihrem Ex-Mann ab. Dem sexuell unsteten Leben S.s entsprachen etwa 30, nur selten politisch motivierte Ortswechsel: Er lebte unter anderem in Cannes, Orléans und Lausanne in der Schweiz. Den Zweiten Weltkrieg verbrachte er zurückgezogen in Belgien. Dem Vorwurf der Kollaboration wegen des Verkaufs von Filmrechten an Nazideutschland entging er durch Übersiedlung nach Kanada; von dort zog er nach New York, wo er seine zweite Frau kennenlernte. Der McCarthyismus bewog ihn schließlich zur Rückkehr nach Europa.

Insgesamt stammen von S. etwa 400 Romane, geschrieben unter etwa 20 verschiedenen Pseudonymen, ferner rund 1500 Erzählungen und Novellen und fast 30 autobiographische Texte wie *Quand j'étais vieux* (1970; *Als ich alt war*. Tagebücher 1960–1963, 1977) und vor allem *Mémoires intimes* (1981; *Intime Memoiren*, 1982), eine radikale Bilanz seines weitschweifigen Sexuallebens und seines zerstörerischen Verhältnisses zur Tochter Marie-Jo. Nachdem in Deutschland seine Werke in den 1960er Jahren lediglich in stark gekürzten Ausgaben zugänglich gewesen waren, begann der Diogenes Verlag in den 1980er Jahren mit einer sorgfältig edierten Werkausgabe.

Klaus-Peter Walter

Simmel, Johannes Mario
Geb. 7. 4. 1924 in Wien

Die Gesamtauflage seiner Romane, Erzählbände, Kinderbücher und seines Theaterstücks beträgt nach Angaben seines Verlages weltweit über 73 Millionen Exemplare, in 35 Ländern erschienen Übersetzungen seiner Werke. Neben Heinz G. Konsalik (75 Millionen Exemplare) ist S. Auflagenkönig im Reich der deutschen Gegenwartsliteratur.

S. brachte in fast regelmäßigem 2-Jahres-Takt nach intensiven und aufwendigen Recherchen jeweils einen neuen Roman auf den Markt. Seine frühen literarischen Versuche – darunter ein preisgekröntes Schauspiel (*Der Schulfreund*, 1960), Novellen und Kinderbücher – sind interessante Vorformen seiner späteren literarischen Produkte. Die sind fast alle im gleichen Verlag (Droemer Knaur, München) erschienen, sind mit einem geflügelten Wort oder einem literarischen Zitat betitelt (z.B. *Niemand ist eine Insel*, 1975) und sind von ihrem Umfang (ca. 600 Seiten), ihrer Aufmachung her als Simmel-Produkt genormt. Sie finden jeweils mindestens 900 000 Leser (*Die im Dunkeln sieht man nicht*, 1985), im günstigsten Fall jedoch 5 Millionen Käufer (*Und Jimmy ging zum Regenbogen*, 1970). Viele S.-Stoffe wurden für das Fernsehen bearbeitet, verfilmt und international verwertet.

Literaturwissenschaftliche Untersuchungen über ihn bekunden ihre Ratlosigkeit durch Titel wie »Das Phänomen Simmel« oder Untertitel wie »Versuch, Johannes Mario Simmel und seinen Erfolg zu verstehen«. Im Deutschunterricht wird er höchstens aus didaktischen Gründen im Rahmen der Unterrichtseinheit »Trivialliteratur« berücksichtigt. Sein literarischer Aufstieg vollzog sich außerhalb des Literaturbetriebs und gegen das Feuilleton. Erst im Laufe der 1980er Jahre begannen beide, ihn widerstrebend und etwas herablassend als Halbbruder zu akzeptieren. Das Verdikt der »Trivialliteratur« gegen seine Werke ist auch Ausdruck der noch immer vorhandenen historischen Spaltung des Lesepublikums in Deutschland nach Kriterien der Bildung, des sozialen Status und des Geschmacks. Denn es ist vor allem eine breite, mit »kulturellem Kapital« unterversorgte Mittelschicht, die sich im Autor S., in den Figuren, Problemen und der Machart seiner Romane begeistert wiedererkennt und immer wieder wiedererkennen will.

S. will keine »richtigen« Romane, sondern »Dokumentarromane« schreiben, die auf »wahren Begebenheiten« beruhen, faktisch verbürgt sind und sich jeweils um einen problematischen Gegenstand breitesten gesellschaftlichen Interesses drehen: Genmanipulation (*Doch mit den Clowns kamen die Tränen*, 1987), Neo-Nazismus, Drogenhandel, Alkoholismus, Kriegsgefahr, Behinderungen, Währungsschiebereien, Computerviren (*Liebe ist die letzte Brücke*, 1999) oder Umweltzerstörung durch die Industrie (*Im Frühling singt zum letztenmal die Lerche*, 1990). In diesem Roman wird der Schriftsteller Philipp Gilles von seiner Frau mit den Worten getröstet: »Woran immer sie herumnörgeln, keiner hat jemals das, was du verteidigst, als schlecht bezeichnet.« Der Widerspruch gegen S. bezieht sich immer auf die »ästhetischen Wunden«, die er den literarisch Gebildeten zufügt, auf die ästhetische Geschmacksdifferenz, nie aber auf sein Engagement und dessen Ziele.

S., der streitbare Sozialdemokrat und Antifaschist, hat die Bezeichnung »demokratischer Gebrauchsschriftsteller« für sich übernommen. Mit jedem neuen Buch handelt er ein neues Thema ab, will mit immer erneuerter Dramatik jeweils »wachrütteln«, vor Katastrophen warnen und den Lauf des schlimmen Schicksals der Menschheit aufhalten. S. steht völlig im Banne seiner zeitgeschichtlichen Themen, ordnet ihnen die sprachlich-literarische Qualität unter und findet damit größten Anklang. Die Lektüre seiner Werke erfolgt extensiv, rasch und identifikatorisch. Er beruft sich auf Vorbilder wie Hans Fallada, Ernest Hemingway, Graham Greene und Somerset Maugham. Sein »dreister Kolportage-Schwung« ordnet ihn zudem in die Reihe der populären deutschen Unterhaltungsprosaisten wie Karl Gottlob Cramer, Theodor Gottlieb Hippel, Christian Vulpius, August Lafontaine, Heinrich Clauren, der Eugenie Marlitt, Ludwig Ganghofer und Erich Maria Remarque ein. Mit seiner Technik, »den verdammten Zustand dieser Welt als stärkste Reizkulisse« (Jürgen Rühle) zu nutzen, aufklärerische Absichten unbedenklich mit erotischen und abenteuerlichen Elementen zu verquicken, ist er zum Synonym für das Genre geworden. Die Leser des letzten Romans wissen schon jetzt, was sie in etwa vom nächsten zu erwarten haben: einen allwissenden und belehrenden Erzähler, der die Handlung steigert, sie regelmäßig am Höhepunkt abbricht und mit einer anderen abgebrochenen Handlungslinie fortführt. Helden, die die Probleme personifizieren, ihre eigenen Schwächen, Verstörungen und Ängste aber durchaus zeigen, die sich in den geschilderten apokalyptischen Szenarien »Schonräume privaten Glücks« errichten. Die Helden stehen in Opposition zur Verschwörung des Undurchschaubaren: den internationalen Gesellschaften, den Geheimdiensten, dem Verbrechen. Fatalistisch und hoffnungsvoll ersehnen sie das Gute, sie rebellieren und unterwerfen sich gleichzeitig. Sie sind standardisierte Identifikationsangebote für Widersprüchlichstes und gleichen wahrscheinlich den Lesern und deren Ideale. Die Rollenschemata sind kalkuliert und eng begrenzt, vor allem Frauenfiguren werden stark schematisiert – auch das dürfte den Erfahrungen vieler Leserinnen entsprechen. Die Spannung wird durch häufige punktuelle Reize und Erwartungen erzeugt, die rasch befriedigt und wieder erneuert werden. S. konzentriert sich auf seine Botschaft und den Erfolg. Er kommt bei seinem Publikum auch ohne Reflexion und Veränderung seiner sprachlich-literarischen Mittel, ohne Ironie und Verfremdung, ohne verblüffende Pointen und elegante Anspielungen gut an – möglicherweise genau deshalb. Die ehrliche Verzweiflung des Autors an der chaotischen und apokalyptischen Welt bewegt sich literarisch in berechenbaren, beruhigenden und konventionellen Bahnen. Die Provokation S. besteht darin, dass der erfolgreichste Literat die in der modernen Literatur erfolgreichsten Mittel negiert, dass er ihren Standard unterbietet und gerade deshalb gerne gelesen wird.

Michael Kienzle

Simon, Claude
Geb. 10. 10. 1913 in Tananarivo, heute Antananarivo/Madagaskar; gest. 6. 7. 2005 in Paris

»Sollte mich jemand fragen, welche Autoren ich für die wichtigsten Romanciers der Gegenwart halte, würde ich einen Deutschen und einen Franzosen nennen: Günter Grass und Claude Simon, wobei denn noch ein betonter Akzent auf den Namen des Franzosen zu setzen wäre.« Diesen Satz schrieb Jean Améry schon 1971. Wie ein spätes, aber gerechtes Echo nimmt sich der Nobelpreis für Literatur aus, der S. 1985 (und Grass 1999) verliehen wurde. Die verdiente Anerkennung änderte nichts: S. gilt weiterhin als der größte unbekannte Schriftsteller Frankreichs.

1913 auf Madagaskar geboren als einziges Kind eines Berufsoffiziers, der schon in den ersten Augusttagen 1914 fällt, wächst S. im südfranzösischen Perpignan auf. Nach dem Abitur in Paris belegt er Malkurse bei dem Kubisten André Lhote. Zwischen 1935 und 1939 reist er durch Europa (Spanien, England, Deutschland, UdSSR, Türkei, Italien). 1939 eingezogen, gerät er als Kavallerist im Mai

1940 an der Maas in deutsche Kriegsgefangenschaft, doch nach fünf Monaten gelingt ihm bei einem Gefangenenrücktransport die Flucht. Er arbeitet für die Résistance und beginnt zu schreiben. Sein erster Roman *Le tricheur* (1945; Der Falschspieler) ist 1941 fertiggestellt – fünfzehn weitere werden folgen. Gemeinhin gilt S. neben Nathalie Sarraute, Robert Pinget, Alain Robbe-Grillet und Michel Butor als typischer Vertreter des Nouveau roman. Mit *Le vent* (1957; *Der Wind*, 2001) schreibt er sich seine Eintrittskarte für diese Romangattung, die sich allerdings nur negativ definieren lässt: keine einsträngige, überschaubare Handlung, keine nachvollziehbare Chronologie, fehlende Psychologisierung der Figuren, vor allem keine *littérature engagée* à la Sartre. Allerdings ist er der einzige, der ein Frühwerk aufzuweisen hat, das er später mit Stillschweigen übergeht – zu Unrecht. Seine zweite Veröffentlichung *La corde raide* (1947; Das Seil, 1964), ein autobiographischer Essay, ist faktisch schon ein Themeninventar seiner späteren Romane.

Der 17. Mai 1940 wird für S. das Schlüsselerlebnis seines gesamten Lebens und Schreibens. Nur knapp dem Tode entronnen, sieht er, wie in der allgemeinen Auflösung der kämpfenden Truppe sein ruhig dahinreitender Oberst mit gezücktem Säbel fällt. Fällt oder den Tod sucht? *La route des Flandres* (1960; *Die Straße in Flandern*, 1961) – der literarische Durchbruch – kreist um dieses Ereignis, das der Kavallerist Georges später mit seinen Mitgefangenen zu ergründen versucht. Fragmentarische Erinnerungen, kühne Vermutungen, wilde Phantastereien bestimmen den Handlungsverlauf, der eigentlich gar keiner ist. S. hat seinen unverwechselbaren Stil gefunden. In extrem langen Sätzen – über mehrere Seiten ohne Absätze –, unter weitgehendem Verzicht auf Interpunktion, dafür aber reichlichem Gebrauch von Klammern, von Klammern in Klammern, triadischer Verwendung von Substantiven, Verben und Adjektiven, ungewöhnlicher Häufung von Partizipialkonstruktionen, endlos wirkenden Vergleichen wird das Geschehen derart fragmentiert, dass die klassische Handlung verschwindet, um Platz zu machen für etwas Neues: die überaus plastischen Beschreibungen, prall von Farben und Formen, wo das Alltägliche durch die Nahperspektive schon wieder zum Unerwarteten, zum Ungewöhnlichen, zum Fremden wird: der Stift des Schriftstellers als Reduktionsform des Malerpinsels. Die vordergründig chaotische Diskontinuität von Erzählung, Beschreibung, Erinnerung und Vorstellung macht aus dem passiven einen aktiven Leser, dessen Mühen reich belohnt werden. Wo der klassische, einsinnige Erzählstrang aufgegeben wird, es eine eigentliche, nacherzählbare Geschichte nicht mehr gibt, kehrt sie dennoch, mehrfach gebrochen, vielfältig aufgefächert, wieder zurück. Einige Themen ziehen sich durch S.s Gesamtwerk: die alles vernichtende Zeit, der Tod und die Sexualität; der immerwährende scheiternde Versuch, durch Erinnerung Erlebtes wiederzugeben; der Mensch, nicht als Subjekt, sondern als Objekt der Geschichte, der sie erträgt und dadurch »macht«; der Krieg, der als fast kosmisches Phänomen immer wiederkehrt.

Trotz des Titels gibt es kein historisches Ereignis in *Histoire* (1967; *Geschichte*, 1999), wo, vordergründig, sich alles an einem Tag abspielt – eine Variation von James Joyce' *Ulysses*. Und dennoch entsteht Geschichte durch eine Flut von Geschichten, ausgelöst durch Ansichtskarten, Bilder, Briefe und Photos, die die Erinnerungen hervorrufen an die Kindheit und Jugend des Erzählers, die lange Verlobungszeit des Kolonialoffiziers, sein kurzes Eheglück, Witwenschaft und Tod der Mutter.

Jean Ricardous griffige Formel, dass sich das »Erzählen des Abenteuers« in das »Abenteuer des Erzählens« gewandelt habe, greift für S. zu kurz. In dieser Hinsicht hat er mit *Les corps conducteurs* (1971; *Die Leitkörper*, 1985), *Triptyque* (1973; *Triptychon*, 1986) und *Leçon de choses* (1975; *Anschauungsunterricht*, 1998) seine Gesellenstücke abgeliefert. Doch *Les géorgiques* (1981; *Georgica*, 1992), sein Meisterwerk, offenbart ein völlig neues Vorgehen: Die Aufzeichnungen eines Generals aus der Revolutions- und der Kaiserzeit – S.s Ururgroßvater – werden kunstvoll verschränkt mit den Erlebnissen eines Kavalleristen des Jahres 1940 und dem Bericht eines Freiwilligen, O. (= Orwell), im Spanischen Bürgerkrieg. Diese drei und der immer präsente Erzähler verschmelzen zu einer einzigen Figur. Die Analogie ihrer Geschichte macht sie zu kaum noch unterscheidbaren Elementen einer bzw. *der* Geschichte, die durch sie konstituiert wird und deren Hauptmerkmal die zyklische Wiederkehr ist.

Ist in *Les géorgiques* der Geschichtsbogen weit gespannt, so geht es in dem Roman *L'acacia* (1989; *Die Akazie*, 1998) um eine Vater-Sohn-Beziehung, wobei die ähnlichen geschichtlichen Erfahrungen der beiden Protagonisten fragmentarisch und achronologisch verknüpft werden. Ein Déjà-vu-(Déjà-lu)-Erlebnis stellt sich zwangsläufig ein, da alle Romane S.s zueinander in Beziehung stehen. Entweder wird eine Episode Kern des nächsten Romans oder ähnliche Personenkonstellationen bestimmen das Beziehungsgeflecht. Man assoziiert Balzacs »Comédie humaine« und Faulkners Yoknapatawpha County. Wie mit einem brillanten Feuerwerk ungebrochener Schreibkunst überrascht S. seine Leser mit *Le Jardin des Plantes* (1997; *Jardin des Plantes*, 1998). Nicht neu, aber immer wieder anders erzählt, sind es die gleichen Episoden wie in früheren Büchern, die ständig um den Zusammenbruch Frankreichs im Mai 1940 kreisen. Hierbei durchdringen sich gegenseitig Erlebtes und Historisches. Den Eindruck einer Coda vermittelt *Le tramway* (2001; *Die Trambahn*, 2002), die zwischen Stadt und Meer pendelt – eine Metapher für den »nicht faßbaren schützenden Nebel der Erinnerung«. Sie beschwört die Jugend herauf, die mit dem Tod der Mutter endet; sie evoziert das Alter, wenn ein greiser kranker Mann in der Notaufnahme einer Klinik liegt.

Wie Gaudí in Barcelona mit seiner endlosen Bank aus zerschlagenen bunten Kacheln eine neue Welt hat entstehen lassen, so hat S. Fragmente seines Lebens mit den Scherben des 20. Jahrhunderts verfugt und ein gewaltiges Mosaik geschaffen, das in der Weltliteratur einmalig ist.

Gerhard Dörr

Sinclair, Upton [Beall, Jr.]

Geb. 20. 9. 1878 in Baltimore, Maryland; gest. 25. 11. 1968 in Bound Brook, New Jersey

Aus den über 90 Büchern, die Upton Sinclair im Verlauf seines langen Lebens verfasste, ragt der 1905 zunächst in der sozialistischen Wochenschrift *The Appeal to Reason* erschienene Roman *The Jungle* (*Der Sumpf. Roman aus Chicagos Schlachthäusern*, 1906) heraus. Er etablierte S. als einen der führenden »muckraker« – eine von Theodore Roosevelt 1906 in Anspielung auf eine Figur in John Bunyans *Pilgrim's Progress* verwendete Bezeichnung für Journalisten, die soziale Missstände anprangern – und brachte ihm unzählige öffentliche Auftritte ein. Innerhalb kürzester Zeit wurde *The Jungle* in 17 Sprachen übersetzt. Trotz des finanziellen Erfolges entsprach die Rezeption nicht S.s Erwartungen. Mehr als über die unmenschliche Situation der Chicagoer Arbeiter empörte sich die Öffentlichkeit über die mangelnde Hygiene in den Schlachthäusern und die Qualität der Fleischprodukte. Präsident Roosevelt lud S. zu einem Gespräch und ordnete eine Untersuchung an, in deren Folge 1906 ein Gesetz zur Lebensmittelkontrolle verabschiedet wurde. Die von S. erhofften, tiefergreifenden politischen Veränderungen blieben jedoch aus. Literaturwissenschaftliche Würdigungen S.s, der sich zeit seines Lebens als ein politischer Schriftsteller verstand, dem die gesellschaftsverändernde Wirkung über ästhetische Qualität ging, sind in hohem Maße von den politischen Sympathien des jeweiligen Kritikers abhängig. Konsens besteht jedoch darüber, dass die politisch-aufklärerische Absicht S.s der künstlerischen Qualität der Werke entgegensteht. In *The Jungle* wird dies an der Existenz eines überlegenen, moralisierenden Erzählers, der eindimensionalen Figurengestaltung, den sentimentalen Episoden sowie an der ästhetisch unbefriedigenden

Schlussgebung offenbar. Der naturalistischen Milieuschilderung, die anhand des litauischen Einwanderers Jurgis Rudkus das Ausgeliefertsein der Arbeiter an ein allumfassendes kapitalistisches Ausbeutungssystem vorführt, das selbst den körperlich starken und vom amerikanischen Traum des sozialen Aufstiegs beseelten Rudkus in den finanziellen, physischen und moralischen Ruin treibt, wird das Marxsche Modell eines historisch determinierten Geschichtsverlaufs unterlegt. Auf dem Tiefpunkt seiner Krise angelangt, besucht Rudkus eine sozialistische Wahlveranstaltung, die ihm ein quasi-religiöses Erweckungserlebnis beschert, so dass der Roman mit dem optimistischen Ausblick auf die Übernahme der Macht durch die Arbeiterklasse endet. Die jüngere, kulturwissenschaftlich ausgerichtete Kritik sieht die künstlerischen Schwächen des Romans als Ausdruck eines ›politischen Unbewussten‹, das die Figuren der Kontrolle eines Systems unterwirft, welches sie ebenso wie das kapitalistische Ausbeutungssystem ihrer Individualität beraubt.

S.s Sehnsucht nach einem Gesellschaftssystem, in dem das Individuum in einer wohlgeordneten Gemeinschaft aufgeht, lässt sich auf seine frühe Sozialisation zurückführen. Er entstammt einer traditionsreichen und angesehenen Südstaatenfamilie. Das Beispiel seines Vaters, eines Südstaaten-Gentleman, der als Handlungsreisender in der Nachbürgerkriegsära nicht Fuß fassen konnte und sich in den Alkohol flüchtete, weckte in S. eine frühe Abneigung gegen das kapitalistische Wirtschaftssystem, die durch die strikte religiöse Erziehung noch verstärkt wurde. Protestantisches Arbeitsethos und Disziplin, das Ideal der Selbstlosigkeit sowie die materielle Notwendigkeit, zum Einkommen der Familie beitragen zu müssen, lassen S. den Schriftstellerberuf ergreifen. Um sich das Studium an der Columbia University zu verdienen, verfasst S. zunächst Groschenromane für Jugendliche. Nach 1900 findet er in der sozialistischen Bewegung eine geistige Heimat. Im Kampf für die Unterdrückten sieht er seine ›Berufung‹. Nachdem S. sich mit *The Jungle* als politischer Autor einen Namen gemacht hat, verfasst er unermüdlich Artikel, Essays, fiktionale und nicht-fiktionale Werke, um seine politischen Ideale zu befördern. Inspiriert durch Ereignisse wie die Streiks in den Kohleminen Colorados oder die Verurteilung und Hinrichtung von Sacco und Vanzetti, an denen die Ungleichbehandlung der Klassen durch Politik und Justiz offenbar wird, verfasst er Romane wie *King Coal* (1917; *König Kohle*, 1918) und *Boston* (1928; *Boston*, 1929), die historisches Material mit einer fiktionalen Handlung verbinden. In den 1940er Jahren entsteht nach dem gleichen Muster eine Folge von elf Romanen, die nach dem Protagonisten benannte *Lanny Budd*-Serie, in der die jüngsten politischen Ereignisse in Europa verarbeitet werden. Thomas Mann lobte diese Serie als die tiefgründigste literarische Darstellung der Politik der Epoche. In seinen letzten Lebensjahren erfuhr S. für sein politisches Engagement vielfache Ehrungen. Zahlreiche jüngere Autoren der politisch bewegten 1960er Jahre, unter ihnen Norman Mailer, Allen Ginsberg und Herbert Marcuse, zählen ihn zu ihren Vorbildern.

Jutta Zimmermann

Singer, Isaac Bashevis
Geb. 14. 7. 1904 in Radzymin, Polen;
gest. 24. 7. 1991 in Miami, Florida

Isaac Bashevis Singer ist ein Gratwanderer zwischen den Welten von literarischer Tradition und sprachlicher Innovation. In seinen Werken ist die chassidische Mystik ebenso verankert wie die Psychologie der Moderne, die Apokalypse des modernen Amerika ebenso wie die Heilsbotschaft des Alten Testaments; Tsaddiks (Gelehrte) beleben diese Welt ebenso wie Dybbuks (Teufel und Dämonen). S.s Blick ist zurückgewandt auf die monokulturelle Welt des osteuropäischen Judentums der Chassidim im 19. Jahrhundert und zugleich vorwärtsgerichtet auf den wurzellosen Menschen des 20. Jahrhunderts im vielkulturellen Amerika. In diesem kontrastreichen Lebensumfeld steht als zentrales Thema die »Tyrannei des Verlangens«, also die menschliche Liebe im Spannungsfeld von Erotik/Sexualität und Transzendenz sowie die Sinnsuche nach Wahrheit und Wirklichkeit. S.s hochlebendige, spannungsgeladene, dramaturgisch ausgefeilte und mit tiefsinnigem Witz bereicherte Erzählungen und Romane sind – auf den ersten Blick erscheint dies paradox – in einer vom Aussterben bedrohten Sprache verfasst, dem Jiddisch seiner polnischen Vorfahren. S. verknüpft die archaischen Elemente dieser Sprache und Tradition mit den komplexen (Sprach-)Bildern eines modernen Amerika und verleiht so dem Jiddischen eine bis dahin ungeahnte neue Vitalität und Vielseitigkeit. S.s Position in der Weltliteratur ist somit einzigartig – ein (naturalisierter) Amerikaner, dessen Idiom nicht Englisch ist, der mit einer archaischen Sprache zentrale Fragen des Menschseins in der Moderne anspricht. »Jiddisch«, sagt S., »beinhaltet Vitamine, die andere Sprachen nicht haben«.

Geboren 1904 als drittes von vier Kindern einer Rabbinerfamilie, wächst Izek-Hersz Zynger in der strenggläubigen, talmudisch geregelten Welt eines Shtetl in der Nähe von Warschau auf. Als 20-Jähriger kehrt er unter dem Einfluss seines älteren Bruders Israel Joshua Singer der Talmudschule und dem Rabbinerseminar den Rücken, engagiert sich bei einem jiddischen Literaturmagazin in Warschau, liest neben der Kabbalah auch »weltliche« Literatur (August Strindberg, Anton Čechov) und Philosophie (Arthur Schopenhauer, Friedrich Nietzsche), publiziert 1934 seinen ersten Roman, *Shoten un Goray* (»Satan in Goray«), und folgt ein Jahr später seinem Bruder nach Amerika, wo er 1943 die amerikanische Staatsbürgerschaft annimmt. Im Gedenken an seinen Bruder und *spiritus rector*, der 1944 stirbt, beginnt S. die Arbeit an *The Family Moskat* (1950; *Die Familie Moschkat*, 1985), einer Familienchronik über die Disintegration und Vernichtung der Juden Warschaus im Zuge der ›Osterweiterung‹ Nazi-Deutschlands. Das Buch erscheint im jiddischen Original zunächst als Fortsetzungsroman zwischen 1945 und 1948 im *Jewish Daily Forward* sowie in einer eigenen Version als wöchentliche Radiolesung (von S. selbst vorgelesen, eine Praxis, die er in den 1950er Jahren auch für nachfolgende Romane und Erzählungen beibehält). Erst die Übersetzung ins Englische 1950 bringt S. ein breiteres Lesepublikum. Als drei Jahre später das Literatur- und Politikmagazin der jüdischen Linken, *The Partisan Review*, S.s Erzählung »Gimpl Tam« in der genialen englischen Übersetzung von Saul Bellow (später publiziert als *Gimpel the Fool and Other Stories*, 1957; *Gimpel der Narr*, 1968) herausbringt, wird Amerika auf S. aufmerksam. Gimpel ist der unterdrückte, gedemütigte Tölpel einer polnischen Shtetl-Gemeinschaft – von seiner Frau betrogen, von seinen Lehrlingen hintergangen, vom Teufel persönlich verführt und trotzdem unerschütterlich in seinem Glauben an einen wahren Gott und eine ›wahre Welt‹, die hinter der Welt einer scheinbar alltäglichen Realität verborgen bleibt (eine Weltsicht von Wahrheit und Schein-Wirklichkeit, der Saul Bellows Werk ebenso verpflichtet ist). Diesen osteuropäischen *locus* seiner literarischen Welt prägen auch die nachfolgenden Erzählungen, gesammelt in *The Spinoza of Market Street* (1961) und *Short Friday and Other Stories* (1964). Wenn S. später diese Welt nach Amerika verpflanzt – New Yorker Vorstädte, Miami Beach, die Catskill Mountains in Neuengland –, so reichert er damit den Grundtenor chassidischer Shtetl-Tradition durch psychologische Faktoren von physischer Entwurzelung und ethnisch-religiösem Identitätsverlust an. Insbesondere der Roman *Enemies, a Love Story* (1972; *Feinde, die Geschichte einer Liebe*, 1974) charakterisiert die typische S.-Perspektive vom desorientierten, Jiddisch sprechenden »ewigen Exilanten« im amerikanischen Niemandsland. Solche »Halbgespenster«, Hexen, Teufel und Prostituierte bevölkern S.s Amerika und suchen nach ihrem Gott, ohne notwendigerweise an dessen Güte zu glauben. Ebenso hoffen sie auf die erlösende Kraft der Liebe im säkularisierten Schnittpunkt von Eros und Sexualität. Glaube, Hoffnung und Zweifel bilden eine untrennbare Einheit, sagt S. in »A Party in Miami

Beach« (in *Old Love*, 1979; *Old Love. Geschichten von der Liebe*, 1985): »Da es keinen Beweis dafür gibt, was Gott ist, lebe ich in ständigem Zweifel. Der Zweifel ist Bestandteil jeglicher Religion.« Gleichzeitig wird das »Prinzip Hoffnung« am Beispiel der jüdischen Leidensgeneration in den Konzentrationslagern verankert, für die Hoffnung Überlebensstrategie war, während die jüdischen Pensionäre im sonnigen Florida gelangweilt nur auf ihren Tod warten.

Diese Grundkonstellation, angelegt in der Trilogie, die 1950 mit *The Family Moskat* beginnt und nach *The Manor* (1967; *Das Landgut*, 1979) mit *The Estate* (1969; *Das Erbe*, 1979) ausklingt, bestimmt auch S.s Spätwerk und seine autobiographischen Schriften *A Little Boy in Search of God* (1976), *A Young Man in Search of Love* (1978), *Lost in America* (1981; *Verloren in Amerika*, 1983). Weithin bekannt wird S. durch die Verfilmung (1983) seiner Erzählung *Yentl, the Yeshiva Boy* (1977) mit Barbra Streisand in der Hauptrolle einer jungen Jüdin, die versucht, der besonders für junge Frauen erdrückenden moralischen Enge jüdischer Orthodoxie zu entrinnen. Für junge Menschen hat S. immer mit großem Ernst und markanter Stimme geschrieben; seine Kinderbücher wurden mehrfach ausgezeichnet, so etwa die Sammlung *Zlateh the Goat and Other Stories* (1966; *Zlateh, die Geiss und andere Geschichten*, 1968).

1978 wird S. der Literaturnobelpreis verliehen (den zwei Jahre zuvor erst sein Weggenosse Saul Bellow erhalten hatte), einem inzwischen in mehr als ein Dutzend Sprachen übersetzten weltberühmten Autor von einem Dutzend bedeutender Romane, Hunderten von Erzählungen, mehreren Bänden autobiographischer Schriften und mehr als einem Dutzend Kinderbüchern. In seiner Dankesrede, die er auf Jiddisch beginnt, hebt er die Bedeutung der Sprache als Garant für Kultur hervor: »Der groyser kovad [Ehre] vos die Shwedishe Academie hot mir ongeton is oich an anerkennung fun Yiddish – a loshon fun golus [eine Sprache des Exils].« Als solche, so schließt seine Rede, ist das Jiddische »die weise und bescheidene Sprache von uns allen, das Idiom der verängstigten und zugleich hoffnungsvollen Menschheit«.

Werkausgabe: The Collected Stories of Isaac Bashevis Singer. New York 1982.

Gerhard Bach

Sinjavskij, Andrej
↗ Terc, Abram

Sinuhe-Roman
Ca. 1900 v. Chr.

In dem im pharaonisch-ägyptischen Original titellosen *Sinuhe-Roman*, dessen Entstehung in die Zeit kurz nach dem Tod des ägyptischen Königs Sesostris I. (1956–1911/10 v. Chr.) aus dem Mittleren Reich datiert, schildert der Ich-Erzähler Sinuhe sein Leben, das zu großen Teilen durch ein gleichermaßen freiwilliges wie unfreiwilliges Exil in Vorderasien geprägt ist. Obwohl gattungshistorisch im Rahmen einer typischen ägyptischen Grab-Autobiographie (einer sog. Idealbiographie) gehalten, handelt es sich um eine erkennbar fiktionale Erzählung. Nichtsdestoweniger sorgten autobiographischer Rahmen und Erzählperspektive längere Zeit für Spekulationen über den Wirklichkeitsstatus der Geschichte sowie für Debatten um die reale Autorschaft eines historischen Sinuhe, so dass in diesem Zusammenhang sogar auf die Entdeckung seines Grabes samt autobiographischem Urtext in der Residenznekropole der 12. Dynastie bei Lischt gehofft wurde. Tatsächlich ist der *Sinuhe-Roman* in der für ägyptische literarische Texte üblichen Form nur auf vier Papyri und 26 Ostraka erhalten – beschrifteten Kalkstein- oder Keramikscherben, die vor allem im Rahmen der ägyptischen Schreiberausbildung angefertigt wurden und jeweils nur einzelne Passagen des Textes wiedergeben. Der Belegungszeitraum dieser Handschriften reicht von der Zeit kurz nach der Textentstehung von ca. 1800 v. Chr. bis in das späte Neue Reich (1550–1069 v. Chr.), aus dem der Großteil der Ostraka stammt. Der Text ist damit über ca.

750 Jahre zumindest teilweise kopiert worden.

Der Ich-Erzähler, in der fiktiven Textwelt Beamter aus dem engeren Umfeld des ersten Königs der 12. Dynastie Amenemhet I. (1976–1947 v. Chr.), entfernt sich bei der Nachricht vom wahrscheinlich unnatürlichen Tod des Königs unerlaubt von seiner sich auf einem Feldzug in Libyen befindlichen Truppe und flieht, getrieben von grundloser Panik, quer durch Ägypten und über den Sinai weiter bis nach Vorderasien. Seine Flucht, gleichbedeutend mit einem Bruch mit sämtlichen kulturellen Werten des pharaonischen Ägypten, führt ihn schließlich in den Bereich der syropalästinischen Stadtstaaten, in ägyptischen Texten allgemein als »das Land der asiatischen Sandbewohner« bezeichnet, nur um in diesem Exil eine quasiägyptische Idealkarriere zu durchlaufen. Den Identitätswandel, den Sinuhe im Augenblick seines Grenzübertritts in die Gegenkultur durchläuft, vermittelt der Text in Form von Bildern ohnmachtsähnlicher körperlicher Auflösungserscheinungen und Todesmetaphern. Sinuhe lässt mit dem Ausspruch »Dies ist der Geschmack des Todes« alle Hoffnung auf seine Rettung vor dem Verdursten in den Wüsten des Sinai fahren, bevor er von Beduinen gefunden und gesundgepflegt wird. Es folgt eine beispiellose Geschichte persönlichen Erfolgs in der Fremde, die den Helden selbst mehrfach wie der »Traum« eines Dislozierten anmutet. Sinuhe wird zum Stammesfürsten, heiratet die Tochter des Regionalherrschers, wird Vater von Kindern, die ihrerseits zu Stammesfürsten werden, und besiegt auf dem Höhepunkt seiner Karriere einen lokalen Helden in einem ihm aus Prestigegründen aufgezwungenen Zweikampf. Im Augenblick dieses größten Erfolges wird Sinuhe von unendlichem Heimweh übermannt, dem er in einem langen Gebet Ausdruck verleiht. Er wird prompt erhört: Der Nachfolger des verstorbenen Königs fordert Sinuhe in einem Brief zur Rückkehr auf, und erneut lässt dieser ohne Zögern alles Erreichte, seine Frau und seine Kinder hinter sich und kehrt nach Ägypten zurück. Wieder wird der Grenzübertritt in Bilder todesähnlicher körperlicher Ohnmacht als Voraussetzung für die kulturelle Wiedergeburt des Helden im Angesicht seines neuen Königs gefasst, der der einzige ist, der Sinuhe, »der als Asiat zurückgekehrt ist, als ein Geschöpf der Beduinen«, auch vor dessen äußerlicher Rückverwandlung erkennt, die minutiös beschrieben wird. Stück um Stück werden die Spuren seines traumähnlichen Exils auch äußerlich getilgt, er wird neu eingekleidet, rasiert, mit ägyptischen Essenzen gesalbt, und schließlich wird »der Sand [an ihm] denjenigen zurückgegeben, die in ihm leben«.

Die Geschichte endet, in den ideal-autobiographischen Rahmen zurückkehrend, mit der Beschreibung der Herrichtung eines Grabes für den Helden sowie mit der Bestattung Sinuhes. Trotz seiner Rückkehr jedoch und trotz der zyklischen Struktur der Narration und der deutlich an den Werthorizonten ägyptischer Prätexte orientierten Lebensweise Sinuhes im Exil handelt es sich bei ihm wohl um den ersten Helden in der Geschichte der Weltliteratur mit hybrider kultureller Identität.

Ausgabe: Die Erzählung des Sinuhe. Bibliotheca Aegyptiaca XVII. Hg. R. Koch. Brüssel 1990.

Gerald Moers

Sitwell, [Dame] Edith
Geb. 7. 9. 1887 in Scarborough, North Yorkshire; gest. 9. 12. 1964 in London

Die phantasiebegabte Tochter eines unnahbaren Vaters und einer gesellschaftsorientierten Mutter verbrachte die ersten 27 Jahre ihres Lebens auf dem elterlichen Landsitz Renishaw Hall in Derbyshire und wurde aufgrund ihres unkonventionellen Verhaltens und ihres wenig attraktiven Äußeren von ihren Eltern stets als unerfreuliches, missratenes Anhängsel betrachtet. Noch in ihrer kurz vor ihrem Tod entstandenen Autobiographie *Taken Care of* (1965; *Mein exzentrisches Leben*, 1989) schildert Edith Sitwell mit unverhaltener Emotionalität, wie man der Pubertierenden orthopädisches Gerät anlegte, um eine ›damenhafte‹ Haltung zu erzwingen. Unsicherheit ihrem Körper und ihrer Weiblichkeit gegenüber bestimmten das weitere Leben von S., die sich häufig zu Homosexuellen hingezogen fühlte und deren Dichtungstheorie auf einer Kausalverbindung von körperlicher Konstitution des Kunstschaffenden und Art und Güte des Kunstprodukts beruhte: S. vertrat die Ansicht, die (angebliche) Minderwertigkeit weiblicher Dichtung sei aus der physischen Fragilität der Frau zu erklären. S.s Haltung ihren Geschlechtsgenossinnen gegenüber war also stets ambivalent, obwohl ihre Vita geradezu als Paradebeispiel weiblicher Selbstbestimmung gelten kann: Trotz des beträchtlichen Familienvermögens erhielt sich S. selbst, blieb ledig und war in Lebensführung, Kleidung und Gebaren bewusst unkonventionell. Uneingeschränkte Zuneigung hegte sie zu ihren Brüdern Osbert (1892–1969) und Sacheverell (1897–1988), mit denen sie im London der 1920er Jahre einen einflussreichen Zirkel bildete. Die Sitwell-Geschwister wurden zu einem Zentrum des intellektuellen und künstlerischen Lebens und ihre originellen *tea parties* zur (oft karikierten) Institution. Virginia Woolf, T.S. Eliot, Aldous Huxley und Dylan Thomas sind nur einige der Künstler, die bei den Sitwells verkehrten, gemeinsame Lesungen bestritten, Beiträge zu S.s Lyrikzeitschriften und -anthologien verfassten und (teils aktiven) Anteil an den berühmt gewordenen Kampagnen gegen aufsässige Kritiker und unliebsame Dichterkollegen nahmen. Zwar verlieh sich S. den Anstrich einer radikalen Avantgardistin, doch treffen die Attribute ›innovativ‹ und ›experimentell‹ nur auf ein einziges Werk S.s zu, auf ihren von William Walton vertonten Gedichtzyklus »Façade« (1923), der von der hinter einem Vorhang verborgenen Lyrikerin unter Zuhilfenahme eines Megaphons vorgetragen wurde und beim Premierenpublikum eher Belustigung als Bewunderung hervorrief. Mit dem Modernismus T.S. Eliots teilt S. Elitarismus und Ästhetizismus, die Abkehr von naturalistischer Wirklichkeitserfassung, die kreative Umwertung des Mythos und die Orientierung an internationalen Strömungen; allerdings ist der alogisch-atemporale Textaufbau bei S. weniger als dichterischer Ausdruck der Zerrissenheit der Moderne denn als auf Stimmungsevokation ausgerichtete Bewusstseinsmimesis zu verstehen. Wie in S.s dichtungstheoretischen Publikationen dargelegt (»Some Notes on My Own Poetry«, 1935), wird ihre Lyrik vorrangig von einer aufwendigen lautlichen Formgebung bestimmt. Parallel dazu erschließt sich der eigentliche ›Inhalt‹ in Form suggestiver Bilder. Die bis zum Naturmystizismus gesteigerte, verklärte Erinnerung an den Park des elterlichen Herrschaftshauses, Kindheit und Vergänglichkeit, Liebe, Leid und Tod finden sich im gesamten Œuvre der Dichterin, wobei die von Kritikern besonders geschätzte Jugendlyrik (*Bucolic Comedies*, 1923; *The Sleeping Beauty*, 1924) während des Zweiten Weltkriegs von einer die historischen Ereignisse zur Menschheitsapokalypse steigernden visionären Dichtung (*Street Songs*, 1942; »Poems of the Atomic Age«, 1947/48) abgelöst wird. Auch die an Jonathan Swifts Vita angelehnte Handlung von S.s einzigem Roman, *I Live Under a Black Sun* (1937; *Ich lebe unter einer schwarzen Sonne*, 1950), beschreibt Archetypisches; ähnlich wie in ihren fiktionalisierenden Biographien *Alexander Pope* (1930), *Victoria of England* (1936; *Queen Victoria*, 1986) und *The Queens and the Hive* (1962) stehen dort impressionistische Passagen, klarsichtige psychologische Analysen und satirische Porträts der fehlenden Ausgestaltung der Erzählerposition, der mangelhaften Verknüpfung der Erzählstränge und der auf Einzeleffekte beschränkten und insgesamt losen Strukturierung gegenüber. Im Alter wurden S. zahlreiche Ehrungen wie etwa der *Doctor hc.* der Universität Oxford oder der Adelstitel einer *Dame of the British Empire* zuteil; 1994/95 veranstaltete die National Portrait Gallery eine Ausstellung zu den Sitwells; eine angemessene literaturwissenschaftliche Würdigung dieser berühmten Exzentrikerin steht noch aus.

Werkausgaben: Collected Poems. London 1965. – The Early Unpublished Poems. Hg. G.W. Morton/ K.P. Helgeson. New York 1994. – Gedichte. Hg. W. Vordtriede. Frankfurt a.M. 1964.

Eva Müller-Zettelmann

Sjöwall, Maj
Geb. 25. 9. 1935 in Stockholm

Wahlöö, Per
Geb. 5. 8. 1926 in Lund/Schweden; gest. 23. 6. 1975 in Lund

Der Erfolg des Autorenpaares Sjöwall/Wahlöö ist in der schwedischen Literaturgeschichte beispiellos. Ihr zehnbändiger »Roman über ein Verbrechen« (so der Untertitel der 1965–75 erschienenen Serie) wurde in 27 Sprachen übersetzt und fand vor allem in den USA und der Sowjetunion eine breite Leserschaft. Ab 1968 wurden die Romane, in denen die Arbeit der Stockholmer Reichsmordkommission mit großer Sachkenntnis und in enger Anlehnung an das politische Tagesgeschehen geschildert wird, auch ins Deutsche übertragen. Da die Serie auf intensiven Recherchen beruht, vermittelt sie ein realistisches, beinahe dokumentarisch getreues Bild der Polizeiarbeit wie auch der gesellschaftspolitischen Veränderungen in ihrem Entstehungszeitraum. Eine besondere Leistung von S./W. besteht darin, einen stilistisch homogenen Text geliefert zu haben, dem nicht anzumerken ist, dass er aus zwei Federn stammt, und der sich überdies durch einen ausgeprägten Sinn für Witz und Ironie, für dramatisch aufgeladene Szenen und pointierte Repliken auszeichnet. Was die Einheitlichkeit der Gesamtkonzeption betrifft, die von Anfang an auf zehn Bände in zehn Jahren veranschlagt war, so basiert sie auf der Ideologie des Marxismus, zu dem sich beide Autoren bekannten.

S. und W. waren beide Journalisten, sie hatten sich 1961 durch ihre Arbeit für ein bekanntes Verlagshaus kennengelernt. Als sie 1962 heirateten, hatte W. bereits eine Karriere als Polizeireporter hinter sich. Er hatte Geschichte studiert, war als junger Mann durch die halbe Welt gereist und Anfang der 1950er Jahre nach Spanien gegangen, wo er 1956 wegen politischer Aktivitäten ausgewiesen wurde. Zurück in Schweden, arbeitete er wieder als Journalist, Publizist und Autor. Er veröffentlichte mehrere Romane, am bekanntesten ist sein Thriller *Mord på 31: a våningen* (1964; *Mord im 31. Stock*, 1982), der unter dem Titel KAMIKAZE 1989 mit Rainer Werner Fassbinder in der Hauptrolle verfilmt wurde.

Mit Blick auf den ideologischen Hintergrund des Ehepaares ist es nicht verwunderlich, dass dem »Roman über ein Verbrechen« eine ideologiekritische Absicht zugrunde liegt. Die Form des Krimis wurde gewählt, weil sie geeignet war, ein Massenpublikum zu fesseln. Ein solches hofften die Autoren zu gewinnen, um ihre massive Kritik am Kapitalismus anbringen zu können, den sie für den Niedergang der schwedischen Gesellschaft verantwortlich machten. Auf spannende und unterhaltsame Weise sollte gezeigt werden, dass das eigentliche Verbrechen die verkehrte Staatsform war, dass auch Täter »ganz gewöhnliche Menschen« waren, die auf irgendeine Weise zu bedauerlichen Opfern des Systems geworden waren. Deshalb planten S./W., den Charakter der Bände im Laufe der Serie zu verändern. Während die ersten Bücher der Einführung der Hauptfiguren dienten, sollten die folgenden die ›politische Botschaft‹ überbringen und auf die Entwicklung politischen Bewusstseins hinwirken. Wie sich jedoch herausstellte, ließ sich diese Idee so nicht verwirklichen, da sich in den zehn Jahren gesellschaftliche Veränderungen vollzogen, die insbesondere Struktur und Status der Polizei betrafen. S., die auch als Graphikerin und Übersetzerin arbeitete, äußerte sich hierzu:»Man konnte zwar schon 1963 die zunehmende Versumpfung der Sozialdemokratie voraussehen, aber andere Dinge waren völlig unvorhersehbar: Die Entwicklung der Polizei in Richtung auf eine paramilitärische Organisation, ihr verstärkter Schußwaffengebrauch, ihre großangelegten und zentral gesteuerten Operationen und Manöver [...]. Auch den Verbrechertyp mußten wir ändern, da die Gesellschaft und damit die Kriminalität sich geändert hatten: Sie waren brutaler und schneller geworden.«

S./W. sind zwar mit ihrem gesellschaftspolitischen Experiment gescheitert, aber ihr Romanwerk hat in der skandinavischen Literatur Schule gemacht. Ihr Verdienst liegt darin, den Kriminalroman gesellschaftskritisch genutzt und das Genre dadurch um eine neue Dimension erweitert zu haben. Die Titel der Serie sind *Roseanna* (1965; *Die Tote im Götakanal*, 1968), *Mannen som gick upp i rök* (1966; *Der Mann, der sich in Luft auflöst*, 1969), *Mannen på balkongen* (1967; *Der Mann auf dem Balkon*, 1970), *Den skrattande polisen* (1968; *Endstation für Neun*, 1971), *Brandbilen som försvann* (1969; *Alarm in Sköldgatan*, 1972), *Polis polis potatismos* (1970; *Und die Großen läßt man laufen*, 1972); *Den vedervärdige mannen från Säffle* (1971; *Das Ekel aus Säffle*, 1973), *Det slutna rummet* (1972; *Verschlossen und verriegelt*, 1975), *Polismördaren* (1974; *Der Polizistenmörder*, 1976) und *Terroristerna* (1975; *Die Terroristen*, 1976).

Ortrun Rehm

Skármeta, António
Geb. 7. 11. 1940 Antofagasta/Chile

1968 machte António Skármeta mit seinen Erzählungen *Entusiasmo* (Enthusiasmus) und *Desnudo en el tejado* (1969; Nackt auf dem Dach) auf sich aufmerksam und erhielt den Prémio Casa de América. 1975 veröffentlichte der bis dahin vor allem als Drehbuchautor bekannte S. (Peter Lilienthal: LA VICTORIA; REINA LA TRANQUILIDAD EN EL PAÍS) im Exil seinen ersten Roman *Soñe que la nieve ardía* (Ich träumte, der Schnee brennt). Zu Weltruhm gelangt er mit der Verfilmung seines zunächst als *Ardiente paciencia* (1984; *Mit brennender Geduld*, 1985) veröffentlichten, dann als *El cartero de Pablo Neruda* bekannt gewordenen Romans, die ihm 1994 einen Oscar einbrachte.

Zunächst als Exilautor, dann als Dozent für lateinamerikanische Literatur an Universitäten in Chile, den USA und Deutschland, als Verbreiter der Weltliteratur mit eigenen Radio- und Fernsehsendungen wie *El show de los libros* (Chile) und *La torre de papel*, die als Show de los libros von den USA in alle Welt ausgestrahlt wurde, und schließlich als Botschafter Chiles in Berlin schuf er ein Werk weitgestreuter Reflexionen über sein Heimatland, über die lateinamerikanische Kultur und auch über die neue Realität, die die chilenischen Exilanten in Deutschland erfuhren. *Soñe que la nieve ardía* schildert die Geschichte des aus der Provinz stammenden, bürgerlichen Vorstellungen von Reichtum und Moral verhafteten Jugendlichen Arturo, der zu Beginn der Unidad Popular, Anfang der 1970er, nach Santiago kommt, um hier sein Glück als Fußballer und in der Liebe zu suchen, bei seinen Altersgenossen aber aneckt, da er ihnen gegenüber keine Solidarität zeigt. Letztere identifizieren sich so stark mit dem politischen Geschehen, dass sie den Sinn für die Realität verlieren. In *No pasó nada* (1980; *Aus der Ferne sehe ich dieses Land*, 1993) erzählt der 14-jährige chilenische Protagonist Lucho mit viel Humor Begebenheiten und Schwierigkeiten, die er im Exil erlebt. Seine Identitätssuche, in einer ihm nicht immer freundlich gesonnen Welt, dient mit dazu, über die neue, erzwungene »Heimat«, aber auch über das teilweise paradoxe Verhalten der Elterngeneration gegenüber ihrer alten, nun unter der Diktatur leidenden Heimat zu reflektieren.

Das in über 25 Sprachen übersetzte *Ardiente paciencia* bzw. *El cartero de Pablo Neruda* ist eine besondere Würdigung des großen chilenischen Dichters Pablo Neruda und ein persönlicher Dank an ihn. Neruda kommentierte, als S. ihm seinen ersten Erzählband überbrachte: Der Band sei gut, was ihn aber nicht überrasche, weil das erste Buch vieler Chilenen gut sei; er warte deshalb auf das zweite. In *Ardiente paciencia* verarbeitet S. verschiedene Liebesgedichte Nerudas und würdigt dessen sanften und sympathischen Umgang mit einfachen Leuten. Der Roman handelt vom jungen, verträumt-naiven Mario, der die Fischerei aufgibt, um, als Neruda auf die abgelegene Isla Negra kommt, praktisch dessen persönlicher Briefträger zu werden – ist Neruda doch der einzige, der hier Post erhält.

Mario verehrt den Dichter wie einen Halbgott und wünscht sich nichts sehnlicher, als eines Tages eine Widmung von ihm zu erhalten. Es entwickelt sich ein besonderes Verhältnis zwischen beiden. Mario gelingt es mit Nerudas Versen, die Liebe der Tochter des Restaurantbesitzers zu gewinnen. Der Dichter wird ihr Trauzeuge und Namensgeber für ihren Sohn, weckt in Mario aber auch ein politisches Bewusstsein, das ihm schließlich zum Verhängnis wird. Nach *La boda del poeta* (1999; *Die Hochzeit des Dichters*, 2000) und *La chica del trombón* (2001; *Das Mädchen mit der Posaune*, 2003), in denen S. das Thema der ungleichen Liebe zwischen älteren Männern und jungen Frauen, aber auch die Motive der Emigration z. B. vom Balkan nach Chile thematisiert, schrieb er mit *El baile de la victoria* (2003; *Der Dieb und die Tänzerin*, 2005) einen Roman über einen ideenreichen Jugendlichen und einen Dieb, die nach einer Haftstrafe Schwierigkeiten haben, sich wieder in die Gesellschaft einzuordnen. Sie planen ein großes Ding, um wieder Fuß zu fassen, lernen dann aber eine junge, unglückliche Tänzerin kennen – es entwickelt sich eine wunderbare Dreiecksgeschichte, in der S. einmal mehr seinen Humor spielen und der Liebe entscheidende Bedeutung zukommen lässt.

Klemens Detering

Skram, Bertha Amalie
Geb. 22. 8. 1846 in Bergen/Norwegen; gest. 15. 3. 1905 in Kopenhagen/Dänemark

»Gott segne Frau Skram. In dieser Zeit, da die Männer so weich sind, schreibt sie wie ein Mann schreiben sollte«, erklärt der dänische Politiker und Literat Edvard Brandes (1847–1931) als er das letzte Buch von Bertha Amalie Skrams naturalistischen Familienroman *Hellemyrsfolket* (1887–98; *Die Leute vom Felsenmoor*, 1898) rezensierte. Ein »männliches Talent« nannte der Dichter Herman Bang schon 1888 die Verfasserin: ihr Buch sei »das Meisterwerk eines Mannes, und geschrieben von einer Frau«. Bangs und Brandes' Besprechungen wiederholten eine populäre Charakteristik verschiedener europäischer Autorinnen. Im Falle S. hatten Bang und Brandes sich über den sozialkritischen Realismus und den nüchternen Darstellungsstil des Romans gefreut, deshalb S.s »Männlichkeit« gerühmt. Die Dichotomie männlich-weiblich der S.-Besprechungen zeigt eine Parallele zur Frage über S.s nationale Identität. Als Norwegerin, die in Dänemark lebte, bezeichnete S. sich als dänische Autorin. Aber die Handlung ihrer Bücher spielt in Norwegen, und ihre Sprache war immer von ihrer Nationalität geprägt. Die dänischen Literaturkritiker, die diese Frage oft aufwarfen, meinten, dass S. der norwegischen Literatur angehöre. Konservative Kräfte in Norwegen und innerhalb der Frauenbewegung lehnten ihre naturalistischen Bücher ab, da sie deren Familienideale leugneten.

S.s Position in der kulturellen Landschaft Skandinaviens war zweideutig. Da sie eine sehr schöne und begabte Frau war, war sie nach der Scheidung von ihrem ersten Mann mit verschiedenen Männern des sog. ›Modernen Durchbruchs‹ befreundet, u. a. mit dem norwegischen Dichter Bjørnstjerne Bjørnson (1832–1910). Durch ihre zweite Ehe mit dem dänischen Verfasser Erik Skram (1847–1923) gehörte sie zu der tonangebenden, radikalen Kulturelite Kopenhagens. Andererseits war sie als Frau und Schriftstellerin marginalisiert, da selbst ihre Literaten-Freunde die ersten Romane stark kritisierten. Wie die Frauenbewegung mochten sie S.s kühne Darstellung koketter Frauen und untreuer Ehemänner nicht. Das zentrale Thema in S.s naturalistischen Eheromanen, *Constance Ring* (1885), *Lucie* (1888), *Fru Ines* (1891) und *Forraadt* (1892; *Verraten*), ist die tödliche Beziehung zwischen Mann und Frau. Ihre Frauenfiguren sind oft frigide, oder ihre Sexualität wird pervertiert. Nur eine Frau, Lucie, kennt eine gesunde, spontane Lust. Sie aber ist eine frühere Prostituierte, die einen Rechtsanwalt geheiratet hat. Er kann die Vergangenheit seiner Frau nicht vergessen und dämonisiert so ihre Sexualität. Der soziale Konflikt der *Lucie* ist in *Hellemyrsfolket* fortgeführt. Da die Handlungen der Eheromane in bürgerlichen Kreisen spielen, ist *Hellemyrsfolket* eine pessimistische Saga gemeiner und armer Leute. S.s Absicht ist es, die »unterirdische Anatomie«, die alle Schicksale der Romanfiguren determiniert, zu ergründen.

S. litt häufig unter Depressionen. Zweimal wurde sie in die psychiatrische Klinik eingeliefert. Nach ihrer letzten Einweisung publizierte sie zwei autobiographische Romane, *Professor Hieronimus* und *På St Jørgen* (1895; In St. Jørgen). Es ist ein Paradox, dass diese Tendenzromane über die Konfrontation einer weiblichen Künstlerin mit der modernen, patriarchalischen Psychiatrie, die optimistischsten aller Werke S.s sind. – S., die sich 1905 das Leben nahm, gehört zu den Vertreterinnen des ›Modernen Durchbruchs‹ in Skandinavien.

Torill Steinfeld

Sobol, Joshua
Geb. 24. 8. 1939 in Tel Mond/Tel Aviv

Joshua Sobol ist im links-zionistischen Milieu aufgewachsen, hat sich 1957 dem Kibbuz Schamir angeschlossen, nach Militärdienst und Studium als Kibbuzlehrer gearbeitet, 1965 bis 1970 in Paris studiert, in Philosophie promoviert und ist nach seiner Rückkehr zum Theater gegangen.

Theater sollte in Israel stets »Erziehungsstätte« sein, Ort der sprachlichen, sozialen, politischen und ethischen Integration. Es begleitete die Entstehung des Staates, verfestigte die zionistischen Gründungsmythen, warf aber auch kritische Fragen auf: nach Selbstopfer und Verantwortung im Unabhängigkeitskrieg, in den 1960er Jahren nach den moralischen Dilemmata während der Shoah und zunehmend nach idealisiertem Selbstbild und Wirklichkeit. Die Stücke waren zumeist dramaturgisch unkonventionell, wiesen Rahmenhandlungen, Zeitsprünge und mehrere Handlungsstränge auf. S.s Theater entspringt dieser Tradition.

Sein erstes Stück *Ha-Jomim Ha-Ba'im* (1971; Die kommenden Tage) und die folgenden bewegten sich im Rahmen des sozialkritischen Realismus; *Lail Ha-Esrim* (1976; Die Nacht des 20.) aber wandte sich gegen die Selbstmythisierung der einstigen Pioniergeneration, gegen Determinierung und religiöse Demagogie und forderte individuelle Freiheit. International bekannt wurde *Nefesch Jehudi – Ha-Laila Ha-Acharon Schel Otto Weininger* (1982; *Weiningers Nacht*, 1985): Die Nacht zum 4. 10. 1903, in der Otto Weininger im Beethovenhaus in Wien seinen Freitod inszenierte, bietet den Rahmen für Rückblenden, Monologe, Szenen und die Begegnung mit seinem Doppelgänger. Wie in seinem paranoiden Werk *Geschlecht und Charakter* ist für Weininger das Negative weiblich und amoralisch – wie das Judentum, das Land Israel, die Psychoanalyse –, Zionismus zerstörerisch, das Positive männlich. Er konvertiert, um männlich zu werden, gibt sich damit selbst auf und wird Opfer seiner Schuldfixierung und seines polaristischen Denkens.

S. kämpft stets für Komplexität, auch in der auf historischen Quellen und Zeugenaussagen beruhenden Trilogie, die im Ghetto von Wilna spielt. In *Ghetto* (1984; *Ghetto*, 1984) wollen die Juden einander die Würde erhalten und das Leben verlängern: Der Ghettovorsteher richtet ein Theater ein, während der Bibliothekar dagegen opponiert und ein Schneider für die Wehrmacht eine Uniform-Reparaturschneiderei aufbaut. Als der musikliebende SS-Kommandant wegen des Verschwindens der Sängerin um sich schießt, wird klar, dass Zugeständnisse wie Gewissensnöte vergeblich waren, weil das Verhalten der Juden keinen Einfluss auf ihre Mörder hat. In *Adam* (1989; *Adam*, 1989) soll der Anführer der Untergrundbewegung ausgeliefert werden, andernfalls will der SS-Kommandant 200.000 Juden umbringen. Die Frage, wie viele Menschenleben durch einen Aufstand riskiert werden dürfen, spitzt sich zur Frage zu, ob auch nur ein einziger geopfert werden darf, um viele zu retten. Adam opfert sich selbst, aber der wirkliche Herr über Leben und Tod ist der Kommandant. In Be-Martef (1991; *Untergrund*, 1993) geraten die jüdischen Ärzte im Ghettokrankenhaus in den Konflikt, wie viele und wen es zu retten »lohne« und um welchen Preis. Das Schicksal aller wird von den Nazis entschieden, aber das moralische Dilemma um Verantwortung und Schuld bleibt.

Ha Palestina'it (1986; *Die Palästinenserin*, 1986) stellt eine jüdisch-arabische Liebe, die an Vorurteilen und Aggressivität beider Seiten scheiterte, vor den Hintergrund der Intifada. Die melodramatische Geschichte wird in ihrer »Verfilmung« gezeigt, so dass Erzählerin, Drehbuchautor und Schauspieler das Spiel immer neu durchbrechen. Diese Dramaturgie der Splitter wird in *Sindrom Jeruschalajim* (1988; *Jerusalem-Syndrom*, 1989) zur provokanten Form, indem sie jene zeitlichen »Transformationen« ermöglicht, die auf Josephus Flavius (38–100) zurückgehende Szenen aus dem jüdischen Aufstand gegen die römischen Besatzer mit dem palästinensischen Aufstand gegen die israelische Besetzung assoziieren. S.s Dekonstruktion des Geschichtsbildes, seine moralischen Fragen und die Warnung vor Selbstzerstörung führten zu einem heftigen Eklat und S.s zeitweiligem Rückzug ins Ausland.

Nach einigen Erzählungen in den 1960er Jahren und etwa 30 Stücken veröffentlichte S. den Roman *Sch'tika* (2000; *Schweigen*, 2001). Mit diesem vielstimmigen, minutiös beobachteten, lustvoll formulierten Porträt einer Familie und eines Dorfes, diesem Abgesang auf die Gründergeneration und die zionistische Erfolgsgeschichte zugunsten von Individualität und Realismus, der auf metaphorischer Ebene auch eine Sprachkritik und ästhetische Theorie enthält, ist der bedeutendste Theaterautor Israels auch zum großen Romancier geworden.

Ute Bohmeier

Söderberg, Hjalmar
Geb. 2. 7. 1869 in Stockholm;
gest. 14. 10. 1941 in Kopenhagen

»Ich habe nichts Außergewöhnliches erlebt. Ähnlich wie die meisten anderen Schriftsteller kann ich sagen: Mein Leben, das sind meine Werke. Aber was sind meine Werke? Mit Angstschweiß auf der Stirn beginne ich in meinem Bücherregal zu suchen und finde zum Schluß zwei durch fleißigen Verleih verschlissene Hefte: einen unanständigen Roman und eine Sammlung kurzer Erzählungen. Das also ist mein Leben!« Mit diesen Zeilen antwortet Hjalmar Söderberg 1901 auf die Anfrage eines Redakteurs nach einem Selbstporträt. Sie bringen das Selbstverständnis eines Schriftstellers zum Ausdruck, der zwar mit großer Aufmerksamkeit die literarischen, kulturellen und gesellschaftlichen Strömungen seiner Zeit wahrnimmt und in seinem Werk gestaltet, der aber nicht die eigene Lebensgeschichte in den Mittelpunkt stellt, auch wenn insbesondere sein erster Roman *Förvillelser* (1895; *Irrungen*, 1914) häufig als autobiographisches Werk verstanden wurde.

S. entstammte einer Stockholmer Beamtenfamilie. Nach seinem Abitur war er bei mehreren Zeitungen tätig und trat zunächst als Kritiker, Lyriker und Verfasser von Erzählungen und Kurzprosatexten hervor. In dieser ersten Schaffensphase setzte er sich vor allem mit Werken des Symbolismus auseinander. Er übertrug unter anderem Gedichte von Charles Baudelaire und Jens Peter Jacobsen sowie Erzählungen von Anatole France ins Schwedische und schrieb Essays über Autoren wie Guy de Maupassant oder Joris-Karl Huysmans. Der symbolistische Einfluss zeigt sich am deutlichsten in den *Historietter* (1898; *Historietten*, 1905), einer Sammlung höchst unterschiedlicher Texte, darunter Novellen, Erzählungen, Anekdoten und Betrachtungen, die seit 1892 in verschiedenen Zeitschriften

und Zeitungen erschienen waren. In ihrer metaphorischen Verdichtung und der Gestaltung von Übergängen zwischen Traum und Wirklichkeit erinnern einige von ihnen an Baudelaires Prosagedichte.

Bekannt wurde S. vor allem durch seine Romane. Bereits *Förvillelser* enthält viele Charakteristika, die in den späteren Romanen zur vollen Entfaltung kommen. Hierzu gehören insbesondere die Figur des melancholischen Flaneurs, Schilderungen der Stadt Stockholm sowie zeit- und kulturkritische Betrachtungen. Mit *Martin Bircks ungdom* (1901; *Martin Bircks Jugend*, 1904) gelang S. der entscheidende Durchbruch als Romanautor. Als kritische Fortsetzung der Tradition des Bildungsromans wurde dieses Buch innerhalb der schwedischen Literatur wegweisend für die Darstellung von Kindheit und Jugend. Als sein bedeutendstes Werk sah S. den in Tagebuchform geschriebenen Roman *Doktor Glas* (1905; *Doktor Glas*, 1907) an, in dessen Zentrum der Mord des Titelhelden an einem Pfarrer steht. Die Motive des 33-jährigen Glas, der sich selbst als Mensch mit kühlem Verstand beschreibt, konzentrieren sich auf die Absicht, die junge Frau des Pfarrers aus den für sie demütigenden Umständen der Ehe zu befreien. Die Mordpläne werden von der Sehnsucht getragen, das eigene Leben durch die entschlossene Tat aus einer inneren Erstarrung zu lösen. In dem Roman wechseln erzählende Passagen mit assoziativen Wahrnehmungen und diskursiven Gedankenfolgen moralphilosophischen Charakters. Ein besonderer Reiz des Romans besteht in dem Kontrast zwischen dem, was Glas in seinen Ausführungen offen bekennt, und dem, was der Leser indirekt über seine Motive und Gedanken erahnen kann. So lässt sich z. B. erschließen, dass der Mord zumindest zu einem Teil auch durch Glas' eigenes Begehren motiviert ist.

S.s letzter Roman *Den allvarsamma leken* (1912; *Das ernste Spiel*, 1927) handelt von der Liebe zwischen Arvid und Lydia, die in der Jugend beginnt und sich über einen Zeitraum von zehn Jahren erstreckt. Der Roman gestaltet den Wechsel von Ernüchterungen und einer immer wieder aufflammenden Faszination, der auch in Arvids Vernunftheirat nur eine kurzzeitige Unterbrechung findet. In ihrer Liebe zueinander sehen sich Arvid und Lydia fortlaufend Hindernissen ausgesetzt, die letztlich darauf zurückzuführen sind, dass beide sich in entscheidenden Situationen vom Zufall leiten lassen. S. stellt in diesem Roman meisterhaft die Ambivalenz der erotischen Verführungskraft dar, bei der die Liebenden sich gerade in ihrer gesteigerten Aufmerksamkeit zu Fehleinschätzungen und Missverständnissen verleiten lassen. Wesentlich stärker als in den früheren Romanen macht sich hier in der Schwebe von Ernst und Spiel eine hintergründige Ironie bemerkbar. Ein für S. charakteristisches Erzählverfahren, die präzise Beobachtung von Details, die sich häufig zu einer unterschwelligen Symbolik verdichtet und ins Lyrische übergeht, kommt hier in seiner ausgereiftesten Form zum Ausdruck.

Neben den Prosatexten hat S. auch Dramen verfasst, unter denen insbesondere *Gertrud* (1906) und *Aftonstjärnan* (1912; Der Abendstern) hervorzuheben sind. In seinem letzten Lebensjahrzehnt setzte er sich kritisch mit nationalistischen Tendenzen auseinander.

Dietmar Götsch

Södergran, Edith (Irene)
Geb. 4. 4. 1892 in Raivola/Finnland; gest. 24. 6. 1923 in Raivola

Von allen skandinavischen Lyrikern des 20. Jh.s ist es allein die Finnlandschwedin Edith Södergran, die internationale Anerkennung gefunden hat, selbst wenn ihr Name »immer noch […] zu wenig bekannt [ist] hierzulande«, wie Horst Bienek in seinem Nachwort zur 1977 erschienenen deutschen Übersetzung des lyrischen Gesamtwerks beklagt. In der Tat ist S. ohne Umschweife zu den großen Autoren der frühmodernistischen Lyrik zu rechnen, die einen ebenbürtigen Platz neben Dichterinnen wie Else Lasker-Schüler (1869–1945) oder Anna Achmatova (1889–1966) beanspruchen kann. In Skandinavien ist sie aufgrund ihrer tragischen Lebensumstände, des existentiellen Grundtons ihrer Dichtung und der radikal-kritischen Reflexion der traditionellen Frauenrolle längst zur Ikone nicht zuletzt auch einer feministischen Literaturgeschichtsschreibung geworden. Ursprünglich aus einer wohlhabenden Familie stammend, polyglott aufgewachsen und in St. Petersburg multikulturell erzogen, verfasste die Dichterin ihre ersten Gedichte zwischen 1907 und 1909 in Fremdsprachen, die meisten davon – über hundert – auf Deutsch, einige wenige auch auf Russisch und Französisch. Ihr eigentliches Debüt hatte sie erst 1916 mit der Gedichtsammlung *Dikter* (Gedichte), die aufgrund ihrer vom französischen Symbolismus beeinflussten Bildsprache und ihren mit der skandinavischen Tradition brechenden freien Versen insbesondere bei den Rezensenten der Provinzblätter vorwiegend kopfschüttelnde Indignation hervorrief. In diesem Band klingen bereits die Grundthemen an, die die ganze reife Lyrik S.s durchziehen und die sie selbst 1922 rückblickend als prägend auch für ihr Leben bezeichnet hat: ›Einsamkeit, Krankheit, keine Erfüllung irdischer Wünsche‹. Der biographische Hintergrund dieser Äußerung besteht u. a. in der Tatsache, dass man bereits 1909 bei der damals 16-Jährigen eine Lungentuberkulose diagnostiziert hatte, der schon der Vater zum Opfer gefallen war und gegen die die Dichterin ihr Leben lang anzuleben und anzuschreiben suchte. Die Krankheit verschlimmerte sich noch durch die Ereignisse des Jahres 1917, als die Familie S. in der Oktoberrevolution und dem anschließenden finnischen Bürgerkrieg nahezu ihr vollständiges Vermögen verlor; die letzten Jahre ihres Lebens verbrachte S. zusammen mit ihrer Mutter in Armut und einer dadurch erzwungenen äußersten Weltabgeschiedenheit. In Kompensation dieser bedrückenden Umstände inszeniert sich die Dichterin in ihrer nächsten, 1918 veröffentlichten Gedichtsammlung *Septemberlyran* (Septemberleier) in seltener Identifikation von lyrischem und empirischem Ich als ›höheres Individuum‹, das verächtlich auf die Normen der bürgerlichen Gesellschaft herabsieht und in ekstatisch-visionären Bildern eine ebenso glanzvolle wie unbestimmte Zukunft beschwört.

Der ›messianische Expressionismus‹, dem die Gedichte zuzurechnen sind, verdankt sich u. a. einer intensiven Beschäftigung der Autorin mit dem Werk Friedrich Nietzsches; diese führte im September 1918 zu einem poetischen Raptus, auf den sich der Titel des Bandes bezieht. Die beiden folgenden Gedichtsammlungen S.s, *Rosenaltaret* (1919; Der Rosenaltar) und *Framtidens skugga* (1920; Der Schatten der Zukunft), sind im selben Geist verfasst. Allerdings lässt der zweite Teil von *Framtidens skugga* bereits Anzeichen einer beginnenden Resignation erkennen, die in den letzten, kurz vor ihrem Tod entstandenen und erst postum unter dem Titel *Landet som icke är* (Das Land, das nicht ist) veröffentlichten Gedichten kulminiert: Das Ich gibt mit dem ekstatischen Tonfall und der visionären Bildlichkeit auch seinen Status als Auserwählte auf und fällt in eine eher passive Position zurück, die jener der Debütsammlung *Dikter* entspricht und die den messianischen Expressionismus der vorhergehenden Sammlungen geradezu konterkariert; in thematischer Hinsicht zeichnen sich die Stücke durch eine demutsvolle Hinwendung zur Natur und einen religiösen Grundton aus.

Obwohl von der literarischen Kritik zunächst verfemt und als ›krank‹ diskriminiert, hatte die Dichtung S.s einen immensen und unmittelbaren Einfluss auf die zeitgenössische schwedischsprachige Lyrik in Finnland: Sie bildete, z. T. aufgrund der Vermittlung durch die Schriftstellerin Hagar Olsson (1893–1978), mit der S. befreundet war, den Auftakt zum sog. finnlandschwedischen Modernismus, einer Strömung in enger Beziehung zueinander stehender Dichter, die sich noch zu Lebzeiten der Autorin etablierte und als früheste, ihrer Zeit weit vorauseilende ›Schule‹ des internationalen Modernismus in Skandinavien angesehen werden kann. Doch auch auf die nachfolgenden Dichtergenerationen ist der Einfluss S.s als Wegbereiterin und Vorbild kaum zu überschätzen, und in ihrer Heimat gilt sie heute – ganz im Gegensatz zur Beurteilung durch die zeitgenössische Kritik – als literarische Klassikerin von fast schon mythisch zu nennender Qualität.

Werkausgabe: Feindliche Sterne. Gesammelte Gedichte. Deutsch von K.R. Kern. Wiesbaden/München 1977.

Lutz Rühling

Sollers, Philippe (eigtl. Philippe Joyaux)
Geb. 28. 11. 1936 in Talence bei Bordeaux

Der Sohn einer Fabrikantenfamilie, der später das Unternehmen leiten sollte, wurde wegen verbotener Lektüre aus einem Jesuiteninternat verwiesen und galt aufgrund seiner ersten – da er noch nicht volljährig war – unter dem Pseudonym Sollers veröffentlichten Texte als literarisches ›Wunderkind‹. Der Erstlingsroman *Une curieuse solitude* (1958; *Seltsame Einsamkeit*, 1960), die am Stil Marcel Prousts orientierte Geschichte eines jungen Manns aus ›besseren Kreisen‹, der seine sexuelle Initiation durch das Dienstmädchen erfährt, wurde von François Mauriac und Louis Aragon gleichermaßen begeistert aufgenommen. Nach seinem Wirtschaftsstudium konnte sich S. auf die Literatur konzentrieren, da die elterliche Firma bankrott gegangen war; 1960 war er Mitbegründer der Zeitschrift *Tel Quel*, die sich als Forum für experimentelle Schreibformen verstand und anfänglich zum Nouveau roman tendierte. Der Zeitschrift folgte eine gleichnamige Schriftenreihe beim Verlag Seuil.

S. stand in dieser Zeit dem Dichter Francis Ponge und seiner objektivistischen Poetik nahe, was sich deutlich in den akribischen Beschreibungen innerer und äußerer Wahrnehmungen des – mit dem Prix Médicis ausgezeichneten – Romans *Le parc* (1961; *Der Park*, 1963) zeigt. Um nicht als Soldat in den Algerienkrieg eingezogen zu werden, täuschte S. Schizophrenie vor. In den 1960er Jahren machte er die Bekanntschaft von Georges Bataille, Jacques Lacan, Louis Althusser, Michel Foucault, Jacques Derrida und Roland Barthes, mit dem ihn eine enge Freundschaft verband und der ihm die Essaysammlung *Sollers écrivain* (1979; *Sollers, Schriftsteller*) widmete.

Ab Mitte der 1960er Jahre wandte sich S. in einer kritischen Auseinandersetzung mit Alain Robbe-Grillet vom Nouveau roman ab. Die strukturalistische Ausrichtung, die die Sprache in ihrem Zeichencharakter ins Zentrum der Reflexion rückte, manifestierte sich in dem Roman *Drame* (1965; *Drama*, 1968). S. avancierte zum Kopf der *Tel Quel*-Gruppe und bestimmte maßgeblich deren avantgardistisch-revolutionären Kurs, der zuerst dem Kommunismus und später dem Maoismus verpflichtet war. Die Literaturtheoretikerin und Psychoanalytikerin Julia Kristeva, S.' Ehefrau, formulierte im Anschluss an den russischen Formalismus eine Texttheorie, die die entsprechenden Positionen stützte. Den literaturkritischen Arbeiten S.', besonders *Logiques* (1968; *Logiken*), liegt ein Gegenkanon der von der offiziellen Literaturgeschichte ›verdrängten‹ Autoren zugrunde – u. a. Dante, Sade und Antonin Artaud –, die in ihrer Dynamisierung des Schreibprozesses traditionelle Konzepte des Autors, des Werks und der Abbildung der Wirklichkeit sprengten. Die Romane *Nombres* (1968; *Zahlen*), *Lois* (1972; *Gesetze*), *H* (1973; *H*) und *Paradis* (1981, *Paradies*) stellen Versuche der Verwirklichung einer solchen Literaturkonzeption dar.

In der zweiten Hälfte der 1970er Jahre sympathisierte S. in der Abkehr von seinen revolutionären Bestrebungen mit den konservativen Nouveaux philosophes und entdeckte den Katholizismus, dessen Attraktivität er in einer ausgeprägten Sinnlichkeit sieht. Die Einstellung von *Tel Quel* und die Neugründung der Zeitschrift *L'infini* markierten das Ende von S.' Avantgardeästhetik. Einen Bestseller landete er mit *Femmes* (1983; *Frauen*), einem sarkastischen Schlüsselroman über die zeitgenössische Intellektuellenszene. Später sind erotische Subtilitäten und autobiographische Elemente Hauptgegenstände des Autors, der sich gern auf Casanova sowie Sade bezieht und der Venedig neben Paris zu seiner Wahlheimat erkoren hat. In Frankreich ist S., der gern Skandale provoziert und sich quasi in jeder Diskussion der literarischen Öffentlichkeit zu Wort meldet, gegenwärtig einer der bekanntesten *hommes de lettres*. Im Schriftsteller sieht er idealerweise einen »manischen Handwerker« (Louis-Ferdinand Céline). Sein Œuvre, das extreme Wandlungen – vom sprachtheoretischen Materialismus über die Simulation psychoanalytischer Textproduktion zum vielschichtigen postmodernen Erzählen – durchlief, besteht aus mehr als 50 Buchveröffentlichungen; dazu zählen neben einer Vielzahl an literaturkritischen Essays sowie Beiträgen zur bildenden Kunst und Ästhetik um die 20 Romane.

Michaela Weiß

Šolochov, Michail

Geb. 24. 5. 1905 in Kružilin, Dongebiet/Russland; gest. 21. 1. 1984 (Stanica) Vë(č)šenskaja, Gouvernement Dongebiet

Der Schriftsteller und Literaturfunktionär Michail Šolochov war ein Protégé Stalins und für einige Zeit der wohl prominenteste Literat der UdSSR nach Maksim Gor'kij. Für sein Kosaken-Epos *Tichij Don* (1928–40; *Der stille Don*, 1929–34) wurde er 1965 mit dem Nobelpreis für Literatur ausgezeichnet. Gleichwohl wollen Stimmen – u.a. Aleksandr Solženizyn in *Stremja ›Tichogo Dona‹. Zagadki romana* (1974; Steigbügel zum ›Stillen Don‹. Rätsel eines Romans) – nicht verstummen, die Š. des geistigen Diebstahls bezichtigen und nachzuweisen versuchen, dass in Wahrheit der Kosak Fëdor Krjukov (gest. 1920) Urheber des Werkes gewesen sei, während Š. nur einen geringen Anteil daran habe.

Ab 1932 gehörte Š. dem Vorstand des Schriftstellerverbandes der UdSSR an, ab 1967 war er Sekretär des Vorstandes. Obwohl – oder gerade weil – *Tichij Don* auf Schwarz-Weiß-Malerei verzichtet, gilt das Werk als Paradebeispiel für den Sozialistischen Realismus. Wie bei dem großen Vorbild *Vojna i mir* von Lev Tolstoj erleben fiktive Figuren politische Ereignisse von weltgeschichtlicher Bedeutung mit. Grigorij Melechov, ein sogenannter »Mittelbauer«, durchlebt zahlreiche emotionale und politische Irrungen und Wirrungen, er wechselt wie Tausende andere in jener Zeit mehrfach die Fronten und kämpft mal bei den »Roten«, mal bei den »Weißen«, mal bei antisowjetischen Räubern (den »Grünen«), verliert die Geliebte durch den Tod und seine Ehefrau Aksinja durch die Emanzipation. Grigorij Melechov stellt die tatsächlichen oder vermeintlichen Interessen des Kosakentums, dem er entstammt und das ihn geprägt hat, in den Mittelpunkt seines Handelns – dies verhindert, dass er am Ende auf der Seite der Sieger steht. Die szenische Darstellungsweise – weitgehender Verzicht auf auktoriales Erzählen und politische Wertungen – belässt den Figuren ihre Eigenständigkeit, ihre Widersprüchlichkeit und den Facettenreichtum ihrer Individualität. Dem Naturalismus verpflichtet ist die Verwendung von Dialekten und Volksliedern. Auf höheren Befehl entfernte Š. 1953 aus seinem Roman Passagen, die von kosakischen Autonomiebestrebungen handelten; sie wurden 1963 wieder eingefügt.

Stramm sowjetisch rühmt *Podnjataja celina* (1932–59; *Neuland unter dem Pflug*, 1964) die Kollektivierung in der Landwirtschaft; der stark dokumentarische Roman entstand, nachdem Š. die Arbeit an *Tichij Don* wegen ideologischer Kritik an den ersten Teilen unterbrochen hatte. *Podnjataja celina* spielt 1930 und handelt von dem an Rückschlägen reichen Kampf des Leningrader Industrieschlossers Davydov, der in einem Dorf am Don ohne Fachwissen und ohne Kenntnis der Verhältnisse die Entkulakisierung und die Kollektivierung durchsetzen soll. Davydov bezahlt die Durchsetzung dieser Politik mit dem Leben; dennoch werden die Antagonisten – »Rote« wie »Weiße« – differenziert dargestellt. Das Werk wurde 1960 mit einem Lenin-Preis ausgezeichnet.

Lazorevaja step' (1926; *Flimmernde Steppe*, 1958) umfasst acht Episoden aus dem Leben der Donkosaken zur Zeit des Bürgerkriegs.

Immer wieder zerreißt die Front zwischen »Weißen« und »Roten« ganze Familien und überzieht sie mit Tod und Verderben; der Vater tötet den eigenen Sohn, der Bräutigam seine Braut, und den gefallenen Sohn eines alten Ehepaares ersetzt auch ein verwundeter und wieder gesund gepflegter Rotarmist nicht. Die propagandistische Erzählung *Nauka Nenavisti* (1942; Die Schule des Hasses) verteufelt die Deutschen und die Wehrmacht. Im Gegensatz dazu steht *Sud'ba Čeloveka* (1956/57; *Ein Menschenschicksal*, 1959), in dem der rechtschaffene und bis dahin zufriedene Sokolov im Krieg Frau, Söhne und Haus verliert. Außerdem gerät er in deutsche Kriegsgefangenschaft, was unter dem Paranoiker Stalin automatisch mit Landesverrat gleichgesetzt wurde. Sokolov, der aus der Gefangenschaft entkommen kann, findet später in der Sorge für das Waisenkind Vanja einen neuen Lebensinhalt. Die Erzählung überhöht das individuelle Schicksal zu einem Sinnbild der Leidensfähigkeit des russischen Menschen. Ein dritter Roman, *Oni sražalis' za rodinu* (1959; *Sie kämpften für die Heimat*, 1960) besteht aus unzähligen Einzelsegmenten vor dem Hintergrund gewaltiger Schlachten. Eingeschoben sind Erinnerungen an die Heimat und den Frieden sowie lyrische Naturszenen, die Š.s große Stärke waren. Seine Reputation verdarb er sich, als er auf dem Parteikongress 1966 die Dissidenten Jurij Daniel' und Andrej Sinjavskij öffentlich schmähte. Spätestens mit der Perestrojka verebbte die Rezeption seiner Werke, die sich im deutschen Sprachraum vor allem auf die DDR konzentriert hatte.

Klaus-Peter Walter

Sologub, Fëdor
(eigtl. Fëdor Kuz'mič Teternikov)
Geb. 1. 3. 1863 in St. Petersburg;
gest. 5. 12. 1927 in Leningrad

Fëdor Sologub, der Sohn eines Schneiders, eines ehemaligen Leibeigenen, und einer Dienstmagd, hatte eine schwere Kindheit. Nach dem Besuch eines Lehrerinstituts in St. Petersburg arbeitete er von 1882 bis 1892 als Mathematiklehrer in der Provinz, anschließend bis 1907 in St. Petersburg. Ab 1894 veröffentlichte er Erzählungen, ab 1896 Romane und Gedichte. Den Durchbruch erzielte er 1907 mit dem Roman *Melkij bes* (*Der kleine Dämon*, 1909, 1980), der 1905 teilweise in einer Zeitschrift erschienen war. Seit 1907 war er freier Schriftsteller und übersetzte unter anderem Kleist und Verlaine aus dem Deutschen bzw. Französischen. Um dem »Kriegskommunismus« des bolschewistischen Regimes zu entkommen, stellte er 1921 einen Ausreiseantrag, der jedoch abgelehnt wurde, woraufhin sich seine Frau, die Literatin Anastasija Čebotarëvskaja, in der Newa ertränkte. S. hat nach ihrem wortlosen Verschwinden unter Schreckensbildern gelitten. Bis 1923 durfte er noch Lyrik veröffentlichen, danach nur Übersetzungen.

Melkij bes ist eines der bedeutendsten Werke des russischen Symbolismus. Held ist der Gymnasiallehrer Peredonov, ein schizophrener Ehrgeizling. Um Karriere zu machen, übt er Gehorsam. Er ist ein ungeistiger Mensch, liest weder Zeitungen noch Bücher. Spitzel sind überall, darum sichert er sich vorsorglich durch Gegendenunziation ab. Was er an offener und versteckter Kränkung ertragen muss, macht ihn aggressiv, böse, kompensiert er in Gemeinheit und Zerstörungswut, was jedoch zugleich seine Persönlichkeit und seine Kommunikation mit der Umwelt stört. Er empfindet die eigenen Wünsche und Vorstellungen als real, projiziert seine Ängste nach außen. Seine Triebwünsche verkörpern sich in einem huschenden Halbwesen, das er als genauso übermächtig, bedrohlich empfindet wie die äußere Welt. Peredonov reagiert auf die Verhältnisse grotesk übersteigert – er führt das von der Gesellschaft gewünschte Verhaltensmuster ad absurdum, bis weder er die anderen noch die anderen ihn verstehen, d. h. bis zum Wahnsinn. Peredonov wird verrückt an den verinnerlichten Zwängen, den Verboten und Geboten. Sein Weg in den Wahnsinn ist das Negativ einer gesellschaftlichen Karriere.

S.s Weltsicht ist tief pessimistisch. Das Milieu, das er schildert, ist trist, die Stimmung düster, die Gemeinheit und Bosheit des Menschen so allgegenwärtig wie die Brutalität und Verkommenheit der Gesellschaft. Böse, mürrisch, finster, trübsinnig, trostlos – solche Attribute tauchen immer wieder auf, schaffen stereotype Stimmungen und Färbungen. Die Dialoge sind ritualisiert; die Menschen tragen Charaktermasken. S. versicherte: »Ich meinerseits kam gar nicht in die Verlegenheit, die Geschehnisse zu erdichten; alle Vorgänge in diesem Roman, die gesellschaftlichen wie die psychologischen, beruhen auf sehr genauen Beobachtungen, denn dazu hatte ich ja genügend Natur um mich.« Doch die Konzeption des Romans, die kunstvolle Handlungsführung und die durchgeformte Sprache zeugen von der Kunst des symbolistischen Schriftstellers.

Während *Melkij bes* als einer der besten russischen Romane gilt, fand die aus dem Roman *Nav'i čary* (1907; *Totenzauber*) entwickelte mystisch-symbolische Trilogie *Tvorimaja legenda* (1913; *Totenzauber. Eine Legende im Werden*, 1913) ein zwiespältiges Echo. Dem realen Russland wird ein imaginiertes Inselreich gegenübergestellt, die Schauplätze werden durch Träume und Visionen der handelnden Personen verbunden. Die Wirklichkeiten sind entgrenzt, reale und erzählte Zeit fließen ineinander, und alles steht in Bezug zu einer kosmischen Symbolik. Liebeserfüllung ist mit Todessehnsucht verbunden, wie es die Ästhetik des Fin de siècle nahelegte. Ungewöhnlich ist hingegen das Nebeneinander von Mystischem und Utopischem, Satire und Parodie. So schlüssig die Komposition ist, S.s eklektische Philosophie überzeugt nicht und ist dem Werk abträglich. Bewunderung verdienen S.s allegorische und phantastische Erzählungen und die Geschichten von Kindern und Jugendlichen, die vor der trostlosen Wirklichkeit, der Hartherzigkeit und Bosheit der Erwachsenen in die Gegenwelt der Phantasie oder des Todes fliehen.

Das vielfältige dichterische Werk ist immer noch nicht ganz erschlossen. Formal eher traditionell, bestechen die besten Gedichte durch gedankliche Präzision und sprachliche Musikalität. In der geradezu natürlichen Dekadenz der frühen und im ironisch abgeklärten Pessimismus der späten Gedichte kommen S.s Eigenarten zum Ausdruck.

Eckhard Thiele

Solženicyn, Aleksandr
Geb. 11. 12. 1918 in Kislovodsk/Russland

Der Mathematik- und Physiklehrer Aleksandr Solženicyn befehligte im Zweiten Weltkrieg eine Artillerie-Batterie; wegen brieflicher Kritik an Stalin wurde er 1945 zu einer achtjährigen Haftstrafe verurteilt. Einen Teil davon verbrachte er in einem Spezialgefängnis für hochqualifizierte Wissenschaftler (sog. »šaraška«), danach kam er in ein Sonderlager für politische Häftlinge in Kasachstan. 1954 überstand er eine Darmkrebserkrankung, 1956 erfolgten Rehabilitierung und Heimkehr nach Rjazan'. Seine erste Ehe mit der Kommilitonin Natal'ja Rešetkovskaja wurde 1973 geschieden; im selben Jahr heiratete S. Natal'ja Svetlova, die später auch als eine Art Managerin fungierte. Der Krieg, das Lager und der Krebs wurden zu Leitmotiven seines Schaffens. Die von Chruschtschow eingeleitete Entstalinisierung ermöglichte das Erscheinen der povest' (Kurzroman) *Odin den' v žizni Ivana Denisoviča* (1963; *Ein Tag im Leben des Iwan Denissowitsch*, 1963). Das Buch begründete S.s Weltruhm und etablierte das Genre der Lagerliteratur, zu der unter anderem Evgenija Ginsburg und Lev Kopelev prominente Beiträge lieferten.

Der Halbherzigkeit der Chruschtschowschen Politik wegen konnte S. nur noch wenige kleinere Erzählungen wie *Matrenin dvor* (1963; *Matrjonas Hof*, 1964) veröffentlichen, die ebenfalls von den Schattenseiten des Sowjetlebens handeln. Seine Romane erschienen nur im Westen. In *Rakovoj korpus* (1967;

Krebsstation, 1968/69) verarbeitete S. autobiographisch sein Krebsleiden und verwendet den Krebs als Metapher für den als Krankheit begriffenen Kommunismus bzw. Stalinismus. In *V kruge pervom* (1968; *Der erste Kreis der Hölle*, 1968) arbeiten »šaraška«-Insassen im Auftrag Stalins (vergeblich) an einem mechanischen Stimmenidentifikator und an abhörsicheren Telefonen. Nebenbei setzt S. in der Gestalt des edelmütigen Lev Rubin dem Germanisten Lev Kopelev ein literarisches Denkmal. Der belletristischen Darstellung des Stalinterrors stellte er unter Verwendung von etwa 200 Zeugenberichten die dreibändige, unter konspirativen Bedingungen zusammengetragene Dokumentation *Archipelag Gulag* (*Archipel Gulag*, 1973–76) zur Seite. Darin beschreibt er unter neuerlicher Verwendung der Krebsmetapher die Geschichte des stalinistischen Lagerwesens, das seinen Anfang auf den Soloveckij-Inseln (der sog. »Muttergeschwulst«) nahm und sich schließlich zu einer ganzen »Gefängnisindustrie« auswuchs, die als eine Art unsichtbare Inselwelt (Archipel) parallel zum normalen Leben, aber unsichtbar für dieses, existierte und schließlich das ganze Land metastasenartig durchzog. Ferner beschreibt S. die Logik eines pervertierten Rechtssystems, das zu seiner Selbstrechtfertigung immer phantastischere Verbrechen erfinden muss und das die Beweislast umkehrt: Nicht die Behörden müssen die Schuld nachweisen, sondern der Beschuldigte seine Unschuld – was nicht möglich ist.

In *Stremja ›Tichogo Dona‹. Zagadki romana* (1974; Steigbügel zum ›Stillen Don‹. Rätsel eines Romans) versucht S. den Nachweis, dass der Roman *Tichij Don*, für den Michail Šolochov 1965 den Nobelpreis für Literatur erhielt, in Wahrheit von dem Kosaken Fëdor Krjukov (gest. 1920) verfasst worden sei. Zur Verleihung des Nobelpreises für Literatur 1970 durfte S. – wie seinerzeit Boris Pasternak, aber anders als Šolochov – nicht nach Stockholm reisen. Unter anderem seine schriftlich geäußerte Forderung nach Abschaffung der Zensur in *Pis'mo k voždam Sovtskogo sojuza* (1974; *Offener Brief an die sowjetische Führung*, 1974) zog noch im Jahr des Erscheinens die Ausbürgerung aus der UdSSR nach sich. Nachdem S. zunächst bei Heinrich Böll in Köln Aufnahme gefunden hatte, zog er sich nach einer Zwischenstation in Zürich schließlich für Jahre nach Vermont (USA) auf ein abgeschottetes Anwesen mit unterirdischen Anlagen zurück, um an seinem monumentalen, patriotischen Geschichtszyklus *Krasnoe kaleso* (*Das Rote Rad*) zu arbeiten, von dem er zuvor bereits Auszüge veröffentlicht hatte: *Avgust četyrnadcatogo* (1971; *August vierzehn*, 1971) und *Lenin v Cjuriche* (1975; *Lenin in Zürich*, 1977). Das titelgebende »Rote Rad« ist die alles niederwalzende Russische Revolution. *Avgust četyrnadcatogo* beschreibt unter Verwendung nicht nur erzählerischer, sondern auch dokumentarischer Elemente einen ersten Wendepunkt der russischen Geschichte auf dem Weg zur Oktoberrevolution, nämlich die Niederlage der russischen Armee unter Samsonov bei Tannenberg. Im Gegensatz zum offiziellen Propagandabild der UdSSR erscheint der Revolutionsführer in *Lenin v Cjuriche* nicht als der weise, gutgütige Wohltäter, sondern als machtbesessener Zyniker, der Menschen nie anders als taktisch, im Hinblick auf ihren momentanen Nutzen für die Vorbereitung der Revolution, beurteilt.

Der Zyklus *Krasnoe kaleso* besteht aus einer erweiterten Fassung von *Avgust četyrnadcatogo* (1983; dt. 1987) sowie aus *Oktjabr' šestnadcatogo* (1984; *November sechzehn*, 1986) und *Mart semnadcatogo* (1986–88; *März siebzehn*, 1989–91). Die titelgebenden Monate stellen für S. Zeitabschnitte (sog. »Knoten«) dar, in denen sich die jeweilige historische Etappe gleichsam kristallisiert. Im November 1916 hat eine Lähmung das Land befallen; es ist niemand da, der den Krieg beenden oder den Umtrieben der Kommunisten Einhalt gebieten könnte, die in *Mart semnadcatogo* erstmals nach der Macht greifen. S. brach die Arbeit an diesem nur schwer lesbaren und nahezu ausschließlich für ein russisches Publikum interessanten Werk schließlich 1991 aus Altersgründen ab. Die Perestrojka-Politik Michail Gorbatschows ermöglichte ihm die Rückkehr in seine Heimat, wo er seine konservativ-autoritären Vorstellungen über einen

Umbau Russlands veröffentlichte, die allerdings vielfach auf Spott und Hohn stießen: *Kak nam obustroit' Rossiju?* (1990; Russlands Weg aus der Krise. Ein Manifest, 1990), *Russkij vopros k koncu XX veka* (1995; *Die russische Frage am Ende des 20. Jahrhunderts*, 1994) und *Rossija v obvale* (1998; *Rußland im Absturz*, 1999). Schon 1980 hatte er in *Warnung!*»die tödliche Gefahr des Kommunismus« (Untertitel der Originalveröffentlichung) beschworen. Wegen ihrer ambivalenten Haltung gegenüber dem Antisemitismus ebenfalls nicht unumstritten blieb die zweibändige Darstellung der Geschichte von Russen und Juden, *Dvesti let vmeste* (2001; *Zweihundert Jahre gemeinsam; Die russisch-jüdische Geschichte/Die Juden in der Sowjetunion*, 2002/2003). In der Autobiographie *Bodalsja telënok s dubom* (1975; *Die Eiche und das Kalb*, 1975) schildert S. unter anderem packend die Gedanken eines Menschen im Moment der Ausweisung. Weitere autobiographische Arbeiten sind *Željabugskie vyselki* (*Schwenkitten '45*, 2004) und *Ugodilo zërnysko promez dvuch zernovov* (*Zwischen zwei Mühlsteinen. Mein Leben im Exil*, 2005) über die Jahre 1943 bis 1945 bzw. 1974 bis 1994. Vergleichsweise wenig Bühnenresonanz fanden die Theaterstücke *Olen' i šalašovka* (1969; *Republik der Arbeit/Nemow und das Flittchen*, 1971) und *Sveča na vetru* (1969; *Kerze im Wind*, 1971).

S. wurde mit zahlreichen Preisen wie dem Templeton-Preis (1983) bedacht; den Staatspreis der UdSSR 1990 für den 1989 auch in Moskau erschienenen *Archipelag Gulag* lehnte er ab. In seinem Namen wird ein als rechtslastig geltender Preis für das Gesamtwerk eines russischen Schriftstellers verliehen.

Klaus-Peter Walter

Sony Labou Tansi
(eigtl. Marcel Ntsoni)
Geb. 5. 6. 1947 in Kimwanza/Demokr. Republ. Kongo;
gest. 14. 6. 1995 in Brazzaville

Geboren in der Demokratischen Republik Kongo, verbrachte Sony Labou Tansi den Großteil seines Lebens in der Volksrepublik Kongo, aus der seine Mutter stammte. Der Französisch- und Englischlehrer gründete früh Theatergruppen und schrieb eigene Stücke. 1979 erhielt er eine Stelle im Ministerium für Kultur, gründete das Rocado Zulu Theater und veröffentlichte sowohl sein erstes Theaterstück *Conscience de tracteur* (1979; Gewissen eines Traktors) als auch seinen ersten Roman *La vie et demie* (1979; *Verschlungenes Leben*, 1981). Einladungen zur Buchmesse in Frankfurt a. M. mit Schwerpunkt Schwarzafrika 1980 und, ab Mitte der 1980er Jahre, zum Festival von Limoges in Frankreich machten ihn dem europäischen Publikum bekannt.

S. gehörte zu der Generation afrikanischer Autoren, die als Kritiker der neokolonialen Regierungen Afrikas auftraten. Der Sprache der Macht wollte er die Macht der Sprache entgegensetzen. So begegnete S. dem Gemetzel und den Vergewaltigungen in seiner Heimat mit einer nicht minder schroffen, schockierenden und überwältigenden Sprache, die die Absurdität der Macht kenntlich machen sollte. Das zeigt sich auch in der Verwendung des Französischen, der Sprache, in der S. zufolge seinem Volk Gewalt angetan worden war, weshalb er sich umgekehrt dazu berechtigt sah, dem Französischen Gewalt anzutun, es entsprechend dem afrikanischen Sprachgebrauch zu verfremden, zu verformen und überdies mit Neologismen und Phantasiekonstruktionen anzureichern.

Die ersten drei Romane S.s sind »Diktatorenromane«. *La vie et demie* ist ein komplexer, surrealer Roman, in dem sich ein Oberst mit Hilfe seiner Tochter gegen einen kannibalischen Führer behauptet. In immer neuen Zyklen wird dieser Kampf ausgetragen, in dessen Verlauf die Tochter zahlreiche staatliche Würdenträger verführt und tötet und den Führer als impotent lächerlich macht. Zugleich ist sie aber ihrem Vater untertan, womit S. die politische Macht – auch der Opposition – als patriarchale Macht markiert. Die zyklische Struktur setzt S. auch in *L'etat honteux* (1981; *Die heillose Verfassung*, 1984) ein, worin der Präsident eines Landes als vollkommen verblödet dargestellt wird und sich die Sprache so konvulsivisch-eruptiv ergießt, dass eine Unterscheidung zwischen Erzähler und erzählter Figur, auch aufgrund zahlreicher Wortspiele, Anspielungen und Mehrdeutigkeiten, zuletzt nicht mehr möglich ist. Die Sprachgewalt des Autors zeigt sich auch im dritten Roman *L'anté-peuple* (1983; *Die tödliche Tugend des Genossen Direktor*, 1985): Ein Schuldirektor entzieht sich mittels Alkohol den Nachstellungen seiner Schülerinnen, weshalb sich eine von ihnen selbst tötet. Er wird verhaftet, kommt aber frei, schließt sich Rebellen an und erschießt den Premierminister des diktatorischen Staats.

An diese Werke, die männlich-diktatorische Figuren karikieren, schließt sich eine Reihe von Romanen an, in denen weibliche Qualitäten im Vordergrund stehen. *Les sept solitudes de Lorsa Lopez* (1985; Die sieben Einsamkeiten des Lorsa Lopez) spielt in einer Küstenstadt, die von Frauen regiert wird und sich gegen eine benachbarte Stadt behauptet, in der Beamte und Bankiers das Sagen haben. *Les yeux du volcan* (1988; Die Augen des Vulkans) ist als Karikatur auf männlich-revolutionäres Imponiergehabe zu lesen, der postum veröffentlichte Roman *Le commencement des douleurs* (1995; Der Anfang der Leiden) rückt ein zehnjähriges Mädchen in den Mittelpunkt.

Neben dem Prosawerk ist das Theaterschaffen S.s von zentraler Bedeutung. 18 Stücke sind publiziert oder zumindest niedergeschrieben, von elf weiteren liegen Aufzeichnungen vor. Thematisch geht es in den Stücken ebenfalls um Machtmissbrauch, Korruption und Rebellion, um Diktatoren und selbstbewusste Frauen. S. greift dabei auf Elemente des afrikanischen Theaters ebenso zurück wie auf die Verfremdungseffekte Bertolt Brechts – eines seiner Stücke, *Moi, veuve de L'Empire* (1987; Ich, Witwe des Römischen Reiches), wurde 1987 auch in Deutschland aufgeführt. S. machte aber nicht nur als Literat, sondern auch als politischer Aktivist von sich reden – vor allem, weil er sich lange gegen die Vereinnahmung durch eine offizielle Ideologie sperrte, sich Anfang der 1990er Jahre indes dem politischen Partner der früheren Einheitspartei anschloss.

Die literarische Produktion S.s ist noch immer nicht vollständig erschlossen. Nach seinem Tod erschien eine Auswahl von Gedichten unter dem Titel *Poèmes et vents lisses* (1995; Gedichte und ebene Winde); es handelt sich dabei um erotische Gedichte, die überraschend karg und wenig ausufernd formuliert sind. Außerdem erschien der Sammelband *L'autre monde* (1997; Die andere Welt), der Briefe, Gedichte, Interviews und Textfragmente enthält. Weitere Arbeiten aus dem Nachlass sollen noch publiziert, unveröffentlichte Theaterstücke noch ediert werden. S.s Werk wurde bereits 1983 mit dem Grand Prix Littéraire de l'Afrique Noire ausgezeichnet.

Manfred Loimeier

Sophokles

Geb. 497/96 v. Chr. in Athen;
gest. 406/405 v. Chr. in Athen

Seit 534 v. Chr. waren Aufführungen von Tragödien in Athen in die Großen Dionysien eingebettet, das repräsentative Fest der Stadt Athen zu Ehren des Gottes Dionysos. Die Form der Aufführung war der Wettkampf (*agón*): Nach der Aufführung von 20 Dithyramben (Chorlieder erzählenden Inhalts) am ersten Festtag und fünf Komödien am zweiten blieben die restlichen drei Tage den Tragödien vorbehalten. Drei Dichter stellten sich mit je vier Stücken, der sog. Tetralogie (drei Tragödien und einem Satyrspiel) dem Publikum. Welchem Tragiker der erste Preis zufallen sollte, hatte ein in einem komplizierten Verfahren gewähltes Schiedsrichtergremium zu entscheiden. Sophokles' erster Auftritt als Tragiker in Athen war ein *coup de théâtre*: Bei seinem Debüt im Jahre 468 verwies er Aischylos, den Altmeister der Gattung Tragödie, auf den zweiten Platz. Auch in der Folgezeit blieb S. äußerst erfolgreich: Dreißigmal trat er zum Agon an und errang 18 Siege. Dritter, d. h. letzter, wurde er nie. Sein Erfolg als Dramatiker ist gekoppelt mit einem außergewöhnlichen Engagement in der Politik seiner Heimatstadt Athen. 443/42 bekleidete er das Amt eines Hellenotamias und war damit einer der zehn führenden Männer des attisch-delischen Seebundes. Im Samischen Krieg (441–39) war er zusammen mit Perikles, dem herausragenden Politiker jener Zeit, zu dessen engstem Kreis er gehörte, Stratege (Feldherr, Admiral), ein Amt, das er 428 und vielleicht 423/22 noch einmal bekleidete. 413/12, in der ersten Krise der attischen Demokratie, gehörte er dem oligarchisch gesinnten Gremium der Probulen an, die nach der verheerenden Niederlage des athenischen Heeres auf Sizilien die radikale Demokratie eindämmen und für eine Konsolidierung der athenischen Politik sorgen sollten. Daneben bekleidete S. auch mehrere kultische Ämter: Er war Priester des Heros Halon und maßgeblich an der Einführung des Asklepioskultes aus Epidauros nach Athen (420) beteiligt.

Von den 123 Stücken des S. sind sieben Tragödien erhalten, deren Datierung mit der Ausnahme des *Philoktetes* (409) und des *Oidipus auf Kolonos* (postum 401 aufgeführt) umstritten ist. Für die übrigen Stücke lässt sich eine relative Chronologie nur nach strukturellen und inhaltlichen Kriterien erstellen: *Aias* und *Trachinierinnen* (450er/40er Jahre), *Antigone* (ca. 443/42), *König Oidipus* (436–33), *Elektra* (414–11).

Seine Entwicklung als Dichter habe sich, schreibt S. in einem bei Plutarch belegten Zeugnis, in drei Stufen vollzogen: Zuerst habe er sich aus der Abhängigkeit von Aischylos befreit, sodann das Herbe und Gekünstelte seiner eigenen Art abgelegt, bis er schließlich zu einer Sprachform gefunden habe, die am charakteristischsten, das heißt: dem Charakter der handelnden Personen am angemessensten sei. Dies lässt sich durchaus bei der Interpretation der Tragödien nachvollziehen: Während bei Aischylos der Mensch in seinem Verhältnis zu Gott im Zentrum steht, das Wechselspiel von menschlicher Schuld und göttlicher Vergeltung und – im Rahmen einer großangelegten Theodizee – die Frage nach dem Sinn von Sühne und menschlichem Leid, lenkt S. den Blick auf den Menschen in Extremsituationen: Bedingt durch das Exzeptionelle ihres Schicksals entfaltet sich der außergewöhnliche Charakter einer Antigone, einer Elektra oder eines Oidipus. Die Überzeugung, das Rechte zu tun, treibt sie zum Handeln. Aufgrund ihrer Persönlichkeit können sie nicht anders. Ihr Wesen bleibt dabei ungebrochen. Besonders deutlich wird dies in der *Antigone*, dem *König Oidipus* und der *Elektra*: Antigone ruht fest in sich selbst. Einsam und unbeirrt geht sie auf dem Weg, den sie einmal als den richtigen erkannt hat, und lässt dem Bruder Polyneikes entgegen Kreons Befehl die letzte Ehre des Begräbnisses zuteil werden. Schroff weist sie die Hilfe der Schwester Ismene zurück (Vv. 536 ff.), nachdem diese sie zuerst in ihrem Vorhaben nicht unterstützt hat. Sie setzt die Werte, die sie hochhält, die Pflicht der Verwandten, ihre Toten zu bestatten, als absolut. Für sie gibt es nur die Gegensatzpaare ›richtig – falsch‹, ›edel – verwerflich‹ ohne jegliche Schattierungen und Kompromisse. Treffend ist ihre Charakterisierung aus dem Mund des Chores, der sie als »autonom« (V. 821) bezeichnet, das heißt: als eine unabhängige, nach eigenen Gesetzen lebende Persönlichkeit. Dagegen ist ihr Widerpart Kreon derjenige, der sich wandelt und »zu spät« (V. 1270) zur Erkenntnis kommt. Wie ein aischyleischer Held sieht er sich dem Walten eines unbarmherzigen Schicksals ausgeliefert, das seinen Verstand mit Verblendung schlug und ihn ins Verderben stürzte (Vv. 1271 ff.). Bis er von dem Seher Teiresias auf die Wahrheit gestoßen wird, die er zunächst nicht anerkennen will, ist sein Denken von der ständigen Angst vor Umsturz geprägt. Überall wittert er Verschwörungen aus Macht- und Geldgier. Zwischen diese beiden Pole, Antigone und Kreon, sind die übrigen Personen gestellt, die durch verschiedene Bindungen an die beiden Antagonisten in ihrem Verhalten bestimmt werden: Ismene, Antigones Schwester, schwankt zwischen der Furcht vor Kreon und der Liebe zu

Antigone. Zunächst fordert sie ihre Schwester zu einem ›normalen‹ Leben auf, zu einem Leben der Konformität mit den Mächtigen. Als sie jedoch Antigone in Gefahr sieht (Vv. 526–581), lässt sie ihre vorsichtige Zurückhaltung fallen. Hingerissen von dem Impuls, ihr zu helfen, beschuldigt sie sich der Mittäterschaft, ohne die Gefahr, die sie zuvor als Argument vorbrachte, zu erwägen. Als Kontrastfigur zu ihrer Schwester repräsentiert sie den Durchschnittsmenschen. Haimon, Kreons Sohn und Antigones Verlobter, trägt zunächst die Spannung zwischen der Liebe zu seiner Braut und zu seinem Vater in sich aus. Erst, als er sieht, dass Kreon mit vernünftigen Argumenten nicht beizukommen ist (Vv. 726ff.), ergreift er offen Antigones Partei. Der Wächter und der Chor der thebanischen Alten, Kreons Thronrat, führen vor, wie der Normalbürger unter Zwang reagiert. Sie sehen zwar das Rechte, bekennen sich aber nicht offen dazu, sondern lassen nur versteckt bisweilen erkennen, auf wessen Seite ihre Sympathie steht.

Dieselbe Unbeirrbarkeit wie Antigone, gekoppelt mit einem unstillbaren Erkenntnisdrang, legt Oidipus an den Tag. In zwei Handlungssträngen, der Suche nach dem Mörder des Laios und nach seiner eigenen Abstammung, die schließlich in einer einzigen schrecklichen Erkenntnis zusammenlaufen, tastet er sich langsam an die Wahrheit heran. Aufgrund seines in Hoffnungen verfangenen Denkens verstrickt sich Oidipus immer mehr im Schein, je näher er der schrecklichen Wahrheit kommt. Die Offenbarung des Sehers Teiresias, der ihn mit deutlichsten Worten als den gesuchten Mörder anspricht (V. 353) und sogar seine inzestuöse Verbindung mit Iokaste andeutet (Vv. 366f.), bestärkt ihn sogar in seiner Verblendung. Der delphische Spruch, den Kreon überbringt, und die Prophetie des Teiresias sind für ihn nichts als Intrigen, um ihn zu stürzen. Doch die Wahrheit lässt sich nicht unterdrücken. Iokastes als Beruhigung gedachte Äußerung, ihr erster Mann Laios sei von Räubern an einem »Dreiweg« erschlagen worden (V. 716), führt bei Oidipus schlagartig zur Erkenntnis, dass er selbst der Mörder ist (V. 754). Doch unaufhaltsam geht er weiter in sein Verderben. Trotz aller klaren Fakten, die ihn als den Mörder des Laios anzeigen, klammert er sich an die falsche Nachricht, Laios sei von mehreren Räubern erschlagen worden. Bezeichnend für menschliches Verhalten ist, dass Oidipus im ersten Schrecken den Spruch des Sehers als wahr erkennt – allerdings nur in dem einen Punkt, dass er Laios' Mörder sei. Dass er mit seiner Mutter verheiratet ist, sieht er noch nicht, obwohl er im selben Atemzug Iokaste von Apollons Orakel erzählt, das ihm als unentrinnbares Los die Ehe mit der Mutter und die Ermordung des Vaters voraussagte. Wegen seines Hoffnungsdenkens, das die Wahrheit nicht erkennen kann und erkennen will, das Alternativen sieht, wo es keine gibt, und Mittel sucht, dem Unausweichlichen auszuweichen, ist der Mensch – ganz im Sinne der aischyleischen Theologie – nicht imstande, zur Erkenntnis zu kommen, ohne zuvor durch großes Leid gegangen zu sein. Erst das Eintreffen des korinthischen Boten (Vv. 924ff.) und das Verhör des überlebenden Augenzeugen (Vv. 1110ff.) führen zu einer richtigen Deutung der an Laios, Oidipus und Kreon ergangenen Orakel und des Seherspruchs des Teiresias und erzwingen so die Erkenntnis der Wahrheit. Der Schluss der Tragödie bietet einen theologischen Rückblick: Während Aias oder Kreon im Sinne der aischyleischen Theologie schuldig waren, da sie sich durch ihre Anmaßung und die Missachtung göttlicher Gesetze (*hýbris*) vergingen, stürzt Oidipus schuldlos ins Unglück: Ein »Daimon« stieß auf ihn herab (Vv. 1299ff.), Apollon trieb ihn zu seinen Taten (V. 1329), ohne dass man einen Sinn dahinter zu sehen vermöchte. Zu fern, zu groß und zu mächtig sind die Götter, als dass der Mensch sie verstehen und seinem Leiden eine Bedeutung abgewinnen könnte. Das Göttliche ist unfassbar, es steht außerhalb des menschlichen Erkenntnishorizonts. Erst im *Oidipus auf Kolonos*, seinem Alterswerk, lässt es S. zu einer Entsühnung des schuldlos Schuldigen und einer Aussöhnung zwischen Mensch und Gott kommen.

In der *Elektra* zeichnet S. mit der Protagonistin eine Persönlichkeit, die trotz steter Erniedrigung, in der sie als Tochter Agamemnons, abhängig von der Gnade der Mörder ihres Vaters, leben muss, ungebrochen geblieben ist, allerdings nur aufgrund ihres verzweifelten Hasses, der sie am Leben erhält. Sie wäre tatsächlich in der Lage, die Rachetat allein auszuführen und Klytaimestra und Aigisth zu ermorden; ja, mehr als einmal hat sie in ihrer Vorstellung die Tat selbst vollzogen. Diese Konzentrierung auf die weibliche Hauptrolle erreicht S., indem er das Zusammentreffen der Geschwister (Anagnorisis, d. h. Wiedererkennung) Orest und Elektra, das bei Aischylos in den *Choephoren* gleich zu Beginn des Stücks erfolgt, in das letzte Drittel verlagert. Dadurch sieht sich Elektra, die davon überzeugt ist, ihr Bruder sei tot, gezwungen, den Tod ihres Vaters selbst zu rächen.

Wie in der *Elektra* steht auch im *Philoktetes* das Schicksal und das Leid eines aus der Gesellschaft ausgestoßenen, ganz auf sich allein gestellten Menschen im Mittelpunkt: Einsam und verbittert fristet Philoktet sein Leben auf der Insel Lemnos. Sein Denken ist von zwei Faktoren bestimmt, seiner Krankheit und seiner Isoliertheit, die ihn einen ungeheuren Hass auf die Griechen, die ihm vor Jahren Unrecht taten, hegen lassen. Ein einziges Mal vertraut er nach Jahren der Verbitterung einem jungen Mann, Achills Sohn Neoptolemos, der dieselben Adelsideale wie er zu vertreten scheint, und wird herb enttäuscht. Umso erbitterter bricht er danach jegliche Kommunikation mit seiner Umwelt ab.

Der göttliche Wille offenbart sich dem Menschen in Orakeln und Sehersprüchen: in dem Spruch des Kalchas (*Aias*), in den Orakeln des Apollon, die der Gott Laios, Oidipus und Kreon erteilt hat, und der Verkündigung der schrecklichen Wahrheit durch Teiresias (*König Oidipus*), in Apollons Auftrag an Orest (*Elektra*) und der Weissagung des Helenos (*Philoktetes*). In jedem der erhaltenen sieben Stücke lässt S. Gott in irgendeiner Weise den Menschen seinen Willen kundtun. In der Natur des Menschen liegt es jedoch, dass er sich den göttlichen Willen zurechtbiegen will, ihn nach seinen eigenen Vorgaben interpretiert und das unabwendbare Schicksal durch sein Handeln abzuwenden versucht. Er setzt dem Unbedingten seine Bedingungen und flüchtet sich in die Hoffnung. Besonders *Aias*, *Antigone* und *König Oidipus* beleuchten den Konflikt, der aus dem Gegensatz zwischen göttlicher Bestimmung und menschlichem Wunschdenken entspringt, während in der *Elektra* und im *Philoktetes* der Blick darauf gelenkt wird, wie das gottgesetzte Schicksal durch menschliche Interpretation und Manipulation der Orakel zu scheitern droht.

Besonders deutlich wird die Konzentration auf den einsamen Helden durch die Bauform der frühen Stücke (›Diptychonform‹), des *Aias* und der *Trachinierinnen*, in gewisser Hinsicht auch noch der *Antigone*. So steht im ersten Teil des *Aias* bis zum Vers 973 der trotzige Held und sein Schicksal im Mittelpunkt. Nach dem Tod des Helden, der die Schande, die er mit dem Abschlachten des Viehs auf sich geladen hat, nicht ertragen kann, führt der Rest des Stücks die Reaktionen der Umwelt auf das Sterben des Aias vor. Der heroischen Größe wird die Kleinheit und Gemeinheit der anderen entgegengestellt, die ihm die letzte Ehre der Bestattung verwehren wollen. Seit der *Antigone*, besonders aber seit *König Oidipus* setzt S. eine andere Kompositionsform ein: Sind die frühen Stücke eher monologisch und von starren Formen bestimmt, kann man die späteren Tragödien als dialogisch und von gleitenden Übergängen geprägt bezeichnen. Das isolierte Pathos weicht einer aus verschiedenen Perspektiven dargebotenen Darstellung menschlichen Schicksals.

Die das Normalmaß überschreitende Größe der Protagonisten des S., die daraus entspringenden Probleme für ihre Mitmenschen und die psychologische Vielschichtigkeit der weiblichen Charaktere regten vor allem im 20. Jh. zur produktiven Auseinandersetzung mit den Tragödien des S. an. Hugo von Hofmannsthal (*Elektra*, 1903, Oper mit der Musik von Richard Strauss, 1909) schöpft die psychologischen Dimensionen der Elektra-Gestalt aus, die schon bei S. angelegt sind. Er bringt eine Elektra auf die Bühne, deren einziger Lebenssinn in dem abgrundtiefen Hass auf die Mutter liegt. Nach der Rachetat bricht sie zusammen, da sie ihren einzigen Lebensinhalt, den Hass, verloren hat. Wie im Sophokleischen Spätwerk entspringen alle Verwirrungen allein dem Inneren der Personen und den Kollisionen menschlicher Interessen. In seiner *Electre* (1937) deutet Jean Giraudoux Elektras Hass und ihr vergangenheitsbezogenes Leben als Versündigung gegen die Gemeinschaft. Wie bei S. Chrysothemis ihre Schwester zu einem normalen Leben zu überreden versucht, so hält ihr bei Giraudoux der Gerichtspräsident Theokathokles vor, dass Blutrache und starres Beharren auf dem Recht Staat, Familie und Individuum zerstören. Selbst die Rachegöttinnen sind bei Giraudoux nur die unwilligen Begleiterinnen von Elektra. Auch Jean-Paul Sartre zeichnet in *Les mouches* (1943) ein negatives Elektra-Bild. Während Orest in der Tat die Freiheit als Mensch findet, ist Elektra nur diejenige, die zum Mord antreibt.

Antigone dagegen bleibt in den modernen Bearbeitungen durchweg eine positive Gestalt. In seiner *Antigone* (1942, Uraufführung 1944) stellt Jean Anouilh Antigones konsequenter Verneinung des Lebens Kreons Lebensliebe entgegen. Wie bei S. kann sich Anouilhs Antigone nicht mit dem ›kleinen Glück‹ der Durchschnittsmenschen und den Kompromissen abfinden, die jeder schließen muss, um ruhig leben zu können, und sieht als einzigen Ausweg aus der absurden Welt den Tod. In Brechts Bearbeitung der *Antigone* (1948) wird die Bestattung des Polyneikes, die bei S. als religiöse Pflicht dargestellt ist, als Widerstand gegen Kreons Unrechtsregime interpretiert. Antigones Verhalten wird – vor dem Hintergrund der gerade zu Ende gegangenen Schreckensherrschaft der Nationalsozialisten – zur politischen Zivilcourage. Während die *Elektra* des S. auf der Bühne der Gegenwart, verdrängt durch Hofmannsthals Stück, nicht allzu oft zu sehen ist, gehören *Antigone* und *König Oidipus* zum Repertoire der modernen Theater (z. B. Carl Orffs Vertonung *Antigonae*, Uraufführung Salzburg 1949). *König Oidipus* hat vor allem in Pier Paolo Pasolinis Film EDIPO RE (1967) eine Neuinterpretation erlebt: Pasolini zeigt in der Transposition des antiken Stoffes in eine nicht lokalisierbare Gegenwart die Aktualität des griechischen Mythos und gleichzeitig seine archaische Gebundenheit. Gerade die Alterität und Aktualität des Mythos, der uns im Spiegel des Fremden und doch zugleich Vertrauten Grundwahrheiten des menschlichen Daseins vermittelt, sind, wie es Pasolinis Deutung des Oidipus-Mythos deutlich macht, ein faszinierender Zugang zu den griechischen Tragikern.

Ausgabe: Dramen. Hg. W. Willige. München/Zürich ³1995 [gr.-dt.].

Bernhard Zimmermann

Sorokin, Vladimir
Geb. 7. 8. 1955 in Moskau

Vladimir Sorokin gehört zusammen mit Viktor Jerofejew, Dmitri Prigow und Boris Akunin zu den populärsten Autoren der gegenwärtigen russischen Literaturszene. Als »pornographischer Traditionszertrümmerer«, »schreibender Lustmolch« und »ein Fall für die Psychiatrie und weniger für die ernsthafte Literaturkritik« bezeichnet, zählt S. zugleich zu den meistgehassten Schriftstellern des Landes. Nach einem Ingenieurstudium der Petrochemie arbeitete der gebürtige Moskauer zunächst als Buchillustrator. Erste literarische Anerkennung erfuhr er Mitte der 1970er Jahre im Künstler-Untergrund, im inoffiziellen Kreis der Moskauer Konzeptualisten. Schon seine frühen Werke provozierten mit Themen wie lesbischer Liebe, Kannibalismus, Gewalt, Folterungen, Obszönitäten. Sie richteten sich gegen die offizielle Sowjetliteratur und die Stilistik des sozialistischen Realismus und konnten daher zunächst nur außerhalb der UdSSR veröffentlicht werden.

Bekannt wurde S. mit dem Roman *Ochered'* (1985; *Die Schlange*, 1995), der in Paris in Russisch verlegt und in zehn Sprachen übersetzt wurde. Nach dem Zusammenbruch der Sowjetunion 1989 konnte S. in Russland publizieren, obwohl er immer wieder mit der politischen Obrigkeit in Konflikt geriet. Seitdem erschienen zahlreiche Romane und Erzählungen, darunter *Tridcataja Ljubov' Mariny* (1987; *Marinas dreißigste Liebe*, 1993), *Norma* (1994; *Die Norm*, 1999), *Roman* (1994; *Roman*, 1995), *Goluboe Salo* (1999; *Der himmelblaue Speck*, 2000), *Led* (2002; *Ljod. Das Eis*, 2003) und *Put' Bro* (2004; *Bro*, 2006). *Goluboe Salo* gewann schnell große Popularität, löste aber zugleich heftige Diskussionen aus. S. und sein Verlag Ad Marginem wurden 2002 von der faschistoiden Jugendorganisation Iduschije Wmestje sogar in einen Prozess wegen »Verbreitung von Pornographie« verwickelt. Im Frühjahr 2005 protestierte die Kulturkomission der Duma gegen die Uraufführung der Oper *Rosenthals Kinder* von Leonid Desjatnikow nach einem Libretto von S. und leitete ebenfalls eine ›Untersuchung‹ ein. Sowohl in *Goluboe Salo* als auch im Libretto werden Klons berühmter klassischer Autoren dargestellt, die sich in »Wort- und Satzorgien ergehen« (Schamma Schahadat) und die Unvollkommenheit der Kunst sowie die Dekonstruktion der ästhetischen Werte zum Ausdruck bringen. Eine Perversion existiert laut S. gar nicht: »Nach unserer blutigen Geburt, als man uns unter Stöhnen und Schreien in die Welt setzte, [...] ist es einfach sinnlos und heuchlerisch, über die Perversionen dieser Welt zu sprechen. In dieser Welt ist alles organisch und gleich groß: das morgendliche Rauschen des Laubes, Geiselerschießungen, die Herstellung von Möbeln, eine Atomexplosion [...].«

S.s Romane brechen zahlreiche kulturelle Tabus, schildern absurd und surrealistisch den russischen Alltag, den Wahn, den Verfall der Emotionen und der Humanität. Sie zeichnen schockierende Bilder des Menschen im sowjetischen Reich und im heutigen Russland, greifen jedoch vor allem den modernen russischen Sprachgebrauch und dessen Sprachschablonen an. S. schrieb Drehbücher für zahlreiche Filme, darunter Alexander Zeľdovichs MOSCOW (*Moskva*, 2000) und Ivan Dykhovychnys THE 1970 KOPECK (*Kopeika 1970 g.*, 2002). Er war mehrmals zu Gast in Deutschland und lebt mit seiner Familie in Moskau.

Miglena Hristozova

Sow Fall, Aminata
Geb. am 27. 4. 1941 in St. Louis/Senegal

Neben Mariama Bâ und Ken Bugul (alias Marietou Mbaye, geb. 1948) ist Aminata Sow Fall, die als erste Schwarzafrikanerin Bücher in französischer Sprache veröffentlichte, die bekannteste Schriftstellerin des Senegal. Von 1979 bis 1988 war sie für das senegalesische Kultusministerium tätig und leitete das Centre d'Etudes et de Civilisation, das Geschichten, Legenden, Epen sowie andere senegalesische Kulturgüter sammelt und auswertet, um die eigene Identität in Senegal zu schärfen. Denn, so S. F., »le Centre entend réaliser la grande tade valorisation de notre culture et de fortification de nos civilisations dans un monde en mutation, pour le respect de nous-mêmes et des autres«. 1987 gründete sie das staatlich unabhängige Centre Africain et d'Echanges Culturels, das durch Poesiefestivals, Literaturwettbewerbe und praxisbezogene Seminare versucht, eine größere Professionalität im Buchwesen zu erreichen und literarische Talente zu fördern, die S. F. auch in ihrem eigenen Verlag Edition Khoudia publiziert. Die Kritik an der senegalesischen Gesellschaft bestimmt ihr Werk. Bereits ihr erster Roman *Le revenant* (1976; *Die wundersame Verwandlung des Bakar Diop*, 1998) nimmt das Kastendenken, neo-koloniale Eliten und die Macht des Geldes in einer von ihren Wurzeln entfremdeten, kolonisierten Gesellschaft unter die Lupe. Neben Ironie, Situationskomik und kraftvollen, realistischen Dialo-

gen sind Redewendungen und Sprichwörter aus ihrer Muttersprache Wolof Stilmittel, die auch ihren zweiten, preisgekrönten Roman *La grève des bàttu* (1979; *Der Streik der Bettler*, 1991), der in zahlreiche Sprachen übersetzt wurde, kennzeichnen. Der kollektive Held sind die Bettler als »Vertreter des alten Afrika« – der »menschliche Abfall«. Gemeinsam und erfolgreich nehmen sie den Kampf gegen die Obrigkeit und die vermeintlich bessere Gesellschaft auf, die sie aus Dakar vertreiben will, um den Touristen eine saubere Stadt präsentieren zu können. Die wenig ruhmreiche Rolle korrupter Politiker spitzt sich zu in *L'ex-père de la nation* (1987; *Der Sonnenpräsident*, 1997), der Geschichte vom Aufstieg und Fall des Krankenpflegers Madiama, dessen hehre Ziele an Machtmissbrauch und gezielter Desinformation kläglich scheitern. Auch in ihrem Roman *Le jujubier du Patriarche* (1991; *Der Baum des Patriarchen*) – abgefasst in einem neuen, eher poetischen und weniger zugänglichen Stil – votiert S. F. für einen bewussten Umgang mit der Tradition, da nur die Verwurzelung in der eigenen Geschichte und Kultur Hoffnung und Zuversicht für die Gegenwart und Zukunft ermöglichen. Im Gegensatz zu Mariama Bâ und Ken Bugul, in deren Texten Frauenfiguren dominieren, sind die Helden bei S. F. zwar zumeist männlich, Hoffnung auf ein gerechteres Morgen aber bieten starke Frauen: so Salla Niang, die den Kampf der Bettler anführt, oder Coura Cissé, die erste Frau Madiamas, die sich erfolgreich der Polygamie entzieht. Sie repräsentieren die Überzeugung der Autorin, dass in Frauen alle Möglichkeiten stecken, um den ihnen angemessenen Platz in der Gesellschaft einzunehmen und zu bewahren.

Heike Brillmann-Ede

Soyinka, [Akinwande Olu] Wole
Geb. 13. 7. 1934 bei Abeokuta, Nigeria

Seit den 1960er Jahren hat Wole Soyinka, der bekannteste Autor Nigerias, der 1986 als erster schwarzafrikanischer Schriftsteller den Literatur-Nobelpreis erhielt, die moderne afrikanische Literatur maßgeblich mitgeprägt. – S. wuchs in einer einflussreichen Yoruba-Familie in Westnigeria auf, absolvierte in Ibadan und Leeds ein Studium der englischen Sprache und Literatur und arbeitete einige Jahre in London als Schauspieler, bevor er 1960 nach Nigeria zurückkehrte, wo er an verschiedenen Universitäten lehrte und als Theaterproduzent tätig war. Nach dem ersten Militärputsch von 1966 setzte sich S. für eine gesamtnigerianische Reformbewegung ein, die den Ausbruch eines Bürgerkrieges verhindern sollte; während des Biafra-Krieges wurde er 1967–69 wegen seines radikalen friedenspolitischen Engagements fast zwei Jahre lang inhaftiert. S. lehrte lange Jahre an der nigerianischen Universität Ife, musste das Land aufgrund seines Eintretens für Menschenrechte und demokratischen Wandel aber mehrfach verlassen, zuletzt 1997 während der Endphase der Militärdiktatur unter General Abacha.

Obwohl S. wie kaum ein anderer afrikanischer Autor immer wieder als streitbarer Intellektueller Einfluss auf die politischen Geschicke seines Heimatlandes genommen hat, entziehen sich die meisten seiner Werke aufgrund ihrer thematischen und sprachlichen Komplexität herkömmlichen Kategorien ›politisch engagierter‹ Kunst. Im Mittelpunkt seines umfangreichen literarischen Schaffens, das neben zahlreichen Theaterstücken mehrere Romane und autobiographische Schriften, Gedichte sowie Essays und literaturtheoretische Abhandlungen umfasst, steht die Auseinandersetzung mit einer spezifisch afrikanischen Moderne, die S. zum einen aus den kulturellen Traditionen Afrikas heraus begreifbar zu machen versucht, zum anderen selbstbewusst mit kulturellen und literarischen Traditionen Europas von der griechischen Antike über Shakespeare bis zum epischen Theater Brechts konfrontiert. In zahlreichen literatur- und kulturtheoretischen Schriften – neben *Myth, Literature and the African World* (1976) ist hier vor allem die Aufsatzsammlung *Art, Dialogue and Outrage: Essays on Literature and Culture* (1988) zu nennen – hat S. diese Programmatik begründet und gegen kulturnationalistisch inspirierte Traditionalismen, aber auch gegen einen doktrinären Dritte-Welt-Marxismus abgegrenzt. – Bereits in seinen frühen Stücken findet sich eine Synthese von ritueller Symbolik und gegenwartsbezogener Gesellschaftskritik, die irritierte Literaturkritiker gelegentlich dazu verleitet hat, S. einen kulturellen »Traditionalismus« und eine »mythologische« Weltsicht zu unterstellen. Tatsächlich steht die traditionelle Kosmologie der Yoruba z. B. in *A Dance of the Forests* (1960) jedoch keineswegs für eine kulturelle ›Rückbesinnung‹ etwa im Sinne der im frankophonen Afrika in den 1950er-60er Jahren einflussreichen Négritude-Bewegung, die S. als romantisierende Verklärung afrikanischer Geschichte und Kultur vehement ablehnte. Die Geister, Götter und Ahnen, die in S.s anlässlich der Unabhängigkeit Nigerias uraufgeführtem Stück den Ton angeben, eröffnen den Blick auf eine von Gewalt und Machtmissbrauch geprägte afrikanische Geschichte, die einen langen Schatten auf die sich ankündigende nachkoloniale Gegenwart wirft; das zeitgenössische Afrika scheint hier auf dem besten Wege, die Fehler der Vergangenheit zu wiederholen, und kulturelle Traditionen vermögen angesichts einer ungewissen Zukunft keinen festen Halt mehr zu bieten, sondern werden in die intensive Selbstreflexion der Protagonisten mit einbezogen. Eine zentrale Bezugsfigur in S.s ›mythopoetischem‹ Blick auf das moderne Afrika ist der Yoruba-Gott Ogun, der als traditioneller Schutzpatron der Jagd, der Kriegskunst und des Schmiedehandwerks schöpferische und zerstörerische Kräfte in sich vereint. ›Oguneske‹ Figuren, die sich durch lebenspralle Sinnlichkeit, Sprachwitz und eine rücksichtslose Egozentrik auszeichnen, finden sich in vielen Stücken S.s; der gerissene alternde Stammesherrscher Baroka, der in *The Lion and the Jewel* (1959; *Der Löwe und die Perle*, 1973) im Wettbewerb um die Hand der Dorfschönheit Sidi die Oberhand über seinen jungen, westlich gebildeten Rivalen Lakunle behält, gehört ebenso hierher wie der verschlagene religiöse Scharlatan Bruder Jero in *The Trials of Brother Jero* (1960), dem es immer wieder gelingt, aus der Leichtgläubigkeit seiner Anhänger Kapital zu schlagen, der geschäftstüchtige Professor in *The Road* (1965), der philosophische Reflexionen über Leben und Sterben auf der Straße mit einem florierenden Ersatzteilhandel verbindet, oder der mafiöse Geschäftsmann Sidibe in *From Zia, With Love* (1992), der sich im politischen Dschungel einer korrupten Militärdiktatur als skrupelloser Überlebenskünstler erweist.

Eine teils ironisch-satirische, teils zynisch-desillusionierte Kritik der nachkolonialen Gesellschaft Nigerias steht im Mittelpunkt der Romane S.s. *The Interpreters* (1965; *Die Ausleger*, 1983) behandelt das Schicksal einer Gruppe junger Intellektueller, die zu Beginn der 1960er Jahre nach Nigeria zurückkehren, um nach dem Ende des Kolonialismus am Aufbau einer neuen Gesellschaft mitzuwirken, aber schon bald feststellen müssen, dass in ihrem von Korruption und Machtmissbrauch geprägten Heimatland kein Platz mehr für ihre Ideale zu sein scheint. Überwiegen in *The Interpreters* noch die ironischen Porträts eines afrikanischen Spießbürgertums, das seine neugewonnenen Privilegien um jeden Preis zu verteidigen versucht und sich dabei hinter einer konservativen Fassade britisch-kolonialer Wohlanständigkeit verschanzt, zeichnet *Season of Anomy* (1973; *Zeit der Gesetzlosigkeit*, 1977) ein stellenweise geradezu apokalyptisches Bild einer vom Bürgerkriegsterror zerrissenen Nation. S. hatte sich bereits in seinem Gefängnistagebuch *The Man Died* (1972; *Der Mann ist tot*, 1979) intensiv mit den Pogromen im islamisch geprägten Norden Nigerias befasst, denen vor Ausbruch des Biafra-Krieges tausende ostnigerianische Ibos zum Opfer fielen; in *Season of Anomy* porträtiert S. dieses traumatische Kapitel nigerianischer Zeitgeschichte als einen sorgfältig geplanten, politisch motivierten Massenmord, mit dem ein »Kartell« aus Agrarunternehmern, traditionellen Herrschern und Militärs seine Herrschaft aufrechtzuerhalten versucht. Mit der sozialistisch inspirierten Reform-Gemeinde von Aiyéró stellt S. den Machenschaften des »Kartells« einen utopischen Gemeinschaftsentwurf gegenüber, der traditionelle religiöse Rituale mit der bewussten Teilhabe an der modernen Welt verbindet, ohne jedoch den Ausbruch der politisch inszenierten Gewalt verhindern zu können. – In späteren Prosawerken wendet sich S. verstärkt autobiographischen Themen zu: In *Aké: The Years of Childhood* (1981; *Aké. Eine Kindheit*, 1986) entwirft er ein Porträt des Künstlers als Kind und zeichnet die kulturellen Traditionen der Yoruba nach, die sein späteres Werk so nachhaltig prägen sollten; in *Ìsarà: A Voyage Around »Essay«* (1989; *Ìsarà. Eine Reise rund um den Vater*, 1994) beschäftigt er sich mit dem Leben seines Vaters, der sich als junger Lehrer zusammen mit anderen Protagonisten einer sich herausbildenden afrikanischen Mittelklasse in den 1930er Jahren für einen sozialen und kulturellen Wandel einsetzt und dabei mit engstirnigen afrikanischen Traditionalisten und anmaßenden europäischen Kolonialadministratoren in Konflikt gerät; und in *Ibadan: The Penkelemes Years* (1994) schildert er seine Lehr- und Wanderjahre in London und Paris sowie die legendären Anfänge seiner Theaterarbeit im Nigeria der frühen 1960er Jahre.

Zum umfangreichen Werk S.s gehören auch mehrere Gedichtbände. Während manche der frühen Gedichte in *Idanre and Other Poems* (1967) und *A Shuttle in the Crypt* (1972) mit ihrer dichten, teilweise geradezu privaten Symbolik bis an die Grenze der sprachlichen Kommunikationsmöglichkeiten gehen, wendet sich S. in *Ogun Abibiman* (1976), einem auf dem Hintergrund des Befreiungskrieges in Rhodesien entstandenen Langgedicht, historisch-politischen Themen zu. Die mit der Synthese von Ogun und Chaka, dem legendären südafrikanischen Zulu-General, beschworene panafrikanische Befreiungsvision hebt vor allem auf den Kampf gegen Kolonialismus und Rassismus ab und übergeht die autoritären Züge der Gewaltherrschaft Chakas. In späteren Gedichten, z. B. in *Mandela's Earth and Other Poems* (1989), setzt sich S. jedoch nicht nur mit dem Apartheid-Regime in Südafrika, sondern auch mit der »Kultur der Gewalt« in verschiedenen nachkolonialen Gesellschaften Afrikas und der Notwendigkeit eines demokratischen Wandels auseinander. – In den 1980er-90er Jahren wurde S. – nicht zuletzt in Folge seiner Medienpräsenz als Literatur-Nobelpreisträger – zu einem der bekanntesten Intellektuellen Afrikas, dessen öffentliches Engagement gegen die Militärdiktatur in Nigeria und für eine demokratische Erneuerung des nachkolonialen Afrika auch in seinen Theaterstücken zum Ausdruck kommt. Bereits in der Brechts *Dreigroschenoper* nachempfundenen *Opera Wonyosi* (1977) und in *Requiem for a Futurologist* (1983) spielen sozial- und gesellschaftskritische Themen eine zentrale Rolle; in Stücken wie *From Zia, With Love* und *The Beatification of Area Boy* (1995) erweist sich S. vollends als kompromissloser Kritiker autoritärer Gesellschaftsverhältnisse, der sich allerdings nicht pädagogisch-belehrend an sein Publikum wendet, sondern eine sinnlich-opulente Form des Theaters entwickelt, die sich grotesker Komik und politischer Satire ebenso bedient wie ritueller Tänze oder zeitgenössischer Rap-Musik. Der in der Literaturkritik gelegentlich formulierte Vorwurf, S. zeichne ein allzu pessimistisches Bild des zeitgenössischen Afrika und lasse klare Lösungsperspektiven für die von ihm benannten Probleme vermissen, kann so kaum überzeugen: S.s zähes Festhalten an zivilgesellschaftlichen Normen und seine hartnäckige Weigerung, Korruption, Militärdiktatur und politische Gewalt als afrikanische Normalität hinzunehmen, entspringen weder zynischer Resignation noch politischem Fatalismus, sondern der beharrlichen Hoffnung auf einen demokratischen Neuanfang in Afrika, einer Hoffnung, die auch in S.s politischen Streitschriften der 1990er Jahre wie *The Open Sore of a Continent: A Personal Narrative of the Nigerian Crisis* (1996) und *The Burden of Memory: The Muse of Forgiveness* (1999) zum Ausdruck kommt.

Werkausgaben: Collected Plays. 2 Bde. Oxford 1973–74. – Plays. 2 Bde. London 1998–99. – Stücke. Berlin 1987.

Frank Schulze-Engler

Spark, [Dame] Muriel [Sarah]
Geb. 1. 2. 1918 in Edinburgh; gest. 13. 4. 2006 in Florenz

Muriel Spark gehört zu der Generation von Autor(inn)en, die wie William Golding, Doris Lessing und Iris Murdoch nach 1950 und einer Phase der Dominanz realistischen Erzählens in Großbritannien zu publizieren beginnen. Wie diese stellt sie ethische und philosophisch-religiöse Fragen in den Mittelpunkt und entwickelt experimentellere Erzählweisen. Nach Gedichten, Kurzgeschichten und biographischen Arbeiten erschien 1957 ihr erster Roman, *The Comforters* (*Die Tröster*, 1963). Sie hat über 20 Romane, zahlreiche Kurzgeschichten, ein Bühnenstück, Hörspiele und einige Kindergeschichten veröffentlicht. – S. wuchs in Edinburgh auf, lebte von 1937–44 in Südrhodesien, dann in London, wo sie für die *black propaganda*, nach Kriegsende als Journalistin und Herausgeberin arbeitete. 1954 trat sie zum Katholizismus über, der ihr laut »My Conversion« (1961) und ihrer Autobiographie, *Curriculum Vitae* (1992; *Curriculum Vitae*, 1994), den Weg zur Romanform ebnete.

S.s Werk ist durchzogen von Einbrüchen des Unerwarteten, Unerklärlichen und oft Schrecklichen; es geht um das Wesen von Gut und Böse, um das Transzendente unter der Oberfläche und Grundfragen des Glaubens. Die oft skurrilen, intriganten Figuren spiegeln in satirischer Überzeichnung die Absurdität des Menschlichen und die Vielfalt der Möglichkeiten in einer gottgeordneten Welt. Einbrüche des Übernatürlichen sowie das Fehlen rationaler und psychologischer Erklärungen sind fiktionale Zeichen für deren Unzulänglichkeit. Referenzen auf den politischen, soziokulturellen Hintergrund sind selten, weshalb S. auch als Jane Austens »surreale« Nachfahrin bezeichnet wurde. Zentrales Thema ist ferner die Gefahr der Fehldeutung ethischer Ideale. Ihr wohl erfolgreichster Roman, *The Prime of Miss Jean Brodie* (1961; *Die Blütezeit der Miss Jean Brodie*, 1983), zeigt die Schattenseite einer charismatischen Pädagogin, die meint, gottgleich Ziel und Ausgang allen Tuns zu kennen und darum in das Handeln ihrer Schülerinnen eingreifen zu dürfen. Der Erweiterung des Realitätskonzeptes dient auch die Überschneidung von Fiktion und dargestellter Wirklichkeit. Dazu heißt es in *Loitering with Intent* (1981; *Vorsätzliches Herumlungern*, 1982), dass »die Wahrheit seltsamer als die Fiktion« sei. Diese Überlappung wird auch auf formaler Ebene umgesetzt, wenn in *The Comforters* die Hauptfigur das in der Erzählerrede Dargestellte noch einmal identisch mit dem inneren Ohr aufnimmt, so dass es der Lesende noch einmal liest. Der fiktionale Zweifel an der rationalen Erklärbarkeit der Welt führt zu einer Anlehnung an die analytische Struktur der Detektivgeschichte. In *The Driver's Seat* (1970; *Töte mich*, 1990) sucht die Hauptfigur auf einer Reise ihren Mörder und erzwingt so ihr Schicksal. Mit für S. stiltypischen Rückblenden und Vorgriffen wird die Finalität dieses Genres unterlaufen und die Dialektik von Vorherbestimmtheit und freiem Willen ironisch gespiegelt. Erzählen aus einer zugleich involvierten und distanzierten Perspektive, unverwechselbarer Ton und stilistische Brillanz lakonisch-witziger Pointiertheit haben S. das anhaltende Interesse von Publikum und Kritik gesichert.

Werkausgaben: Collected Poems I. London 1967. – The Complete Short Stories. London 2001.

Aglaja Frodl

Sparschuh, Jens
Geb. 14. 5. 1955 in Chemnitz (Karl-Marx-Stadt/DDR)

In der Titelgeschichte des Erzählbandes *Ich dachte, sie finden uns nicht* (1995/97) gelingt S. ein satirisches Selbstporträt des einsamen Ostberliner Schriftstellers und Ich-Erzählers in einer kleinen Straße »im Norden

Berlins«. An deren roten Backsteinfassaden ›bürgerlicher‹ Gediegenheit seit der Jahrhundertwende macht der bröckelnde Putz, nostalgisch »naturbelassen«, den Stillstand »real existierender Zeit« augenfällig,»darunter der märkische Sand«. Bis sich die Zeit »wendete«: Nur das »Heimarbeiterelend ... einsamer Schöpfungsakte am Schreibtisch« bleibt auch nach der nun einsetzenden Bauwut das gleiche. Die letzten Grünflächen im einstigen Idyll weichen Wohn- und Geschäftshäusern, die ehemaligen »Noch-Bewohner« kommen sich wie »merkwürdig« alte,»unrenovierte« Statisten vor, es herrscht bei rasant steigenden Bodenpreisen das neue ›Nützlichkeitsprinzip‹, als »wäre, was man in vierzig Jahren sorgsam verfallen ließ, nicht mehr zu retten gewesen«. Der Schriftsteller, der sein »Alter ego« ebenfalls ausziehen sieht, bis er sich nur noch als »virtueller« Anwohner empfindet, kann, das täglich wechselnde Bild am Baugerüst gegenüber im Blick, kaum mehr schreiben. Er versucht dennoch, angesichts der robusten Innovation aus dem Westen, »zwischen Wahrheit und Wahrheit« ›immobil‹ zu bleiben.

Damit sind viele Themen des zu keiner Autorengruppe tendierenden S. bereits umrissen. Denn auch in seinem bislang bei Weitem erfolgreichsten Roman *Der Zimmerspringbrunnen* (1995), für den er den Bremer Literaturförderpreis erhielt, ironisiert er hellsichtig die bald danach einsetzende ›Nostalgiewelle‹, sieht aber auch den legitimen Trend zur Identitätsbewahrung nach der untergegangenen DDR. Der seit 1960 in Ostberlin wohnende Autor studierte 1973 bis 1978 Philosophie und Logik in Leningrad. Gerade dort konnte er sich den Zwängen zur ›richtigen Perspektive‹ des sozialistischen Realismus entziehen und sich jenseits von Dada, Surrealismus, aber auch französischem Poststrukturalismus der anderen Prenzlauer-Berg-Poeten der deutschen Aufklärung widmen. Innerhalb dieser bevorzugte er aber auch den subjektbewahrenden Aspekt des Sturm und Drang stärker gegenüber dem dominierenden Rationalismus. So wurde auch seine zweite Werkkomponente, das Hörspiel, vor allem *Ein Nebulo bist du* (1989), für das er den Hörspielpreis der Kriegsblinden 1990 erhielt, noch in Leningrad angefangen. Es steht mit seinem Insistieren auf Kants ›Einbildungskraft‹ beim Zuhörer entgegen der sozialistisch-realistischen Funkdramaturgie in der spätmodernen Tradition von Günter Eich, Ingeborg Bachmann und Wolfgang Hildesheimer. Mit dem Durchschreiten des Labyrinths seelischer Innenräume (wie im Hörspiel *Inwendig*, 1987, wo er im Untertitel eine »Labyrinthgeschichte für Fortgeschrittene« intendiert) sieht er sich ebenfalls dem Subjektivismus innerhalb der Vernunfttradition der Aufklärung verpflichtet. Mit dem im Erzählband eingangs in den Blick gerückten, »märkischen Sand« unter dem Berliner Pflaster nimmt er auch die Fontane-Tradition mit den *Wanderungen durch die Mark Brandenburg* (1882) auf, der er im späteren Roman *Eins zu eins* (2003) mit der Wiederentdeckung sagenumwobener Wendenkultur in der Mark breiten Raum widmet. Hier vermisste die Kritik jedoch die Stringenz der kürzeren Erzähltexte bei aller Gogolschen Skurrilität; der Roman wird als überfrachtetes Konglomerat reziepiert: Ein Erzählstrang besteht aus einer detektivischen Zeitreise auf der Suche nach einem am alten System hängenden, verschwundenen Mitarbeiter, dem Wenden-Nachfahren Wenzel, der seinerseits Wenden-Archäologie bis ins 6. nachchristliche Jahrhundert auf der Suche nach dem sagenumwobenen Heiligtum Rethra betrieb. Hierin eingeflochten wird Zeitkritik in einer in der Schwebe bleibenden Beziehung zwischen der schönen Chefin Cora und dem Mitarbeiter Olaf Gruber, einem Kartographen der alternativen Reisefirma »AndersWandern«.

1983 promovierte S. nach Assistenzjahren an der Humboldt-Universität über *Erkenntnistheoretisch-methodologische Untersuchungen zur heuristischen Ausdrucksfähigkeit aussagenlogischer Beweisbegriffe*. Nach dem experimentellen Romangedicht *Waldwärts* (1985), einer Reise durch die DDR und das Alphabet, folgte die Romantrilogie des nunmehr freien Schriftstellers – *Der große Coup* (1987), *KopfSprung* (1989) und *Der Schneemensch* (1993) – in der Tradition des Bildungsromans. Der im Verhältnis zum dominierenden Goethe zunehmend an Ich-Verlust leidende Eckermann im *Coup* weist zurück auf das Hörspiel *Nebulo*, wo Kant seinen Diener Lampe »abschaffen« will, und weist voraus auf das Thema eines ›menschheitsbeglückenden‹ Lavater und dessen unterdrückten Schreiber Enslin im Roman *Lavaters Maske* (1999). Über dessen Todesumstände recherchiert ein Berliner Schriftsteller auf der Suche nach einem Filmstoff in Zürich, wobei der bundesdeutsche Film- und Literaturbetrieb satirische Züge erhält. Hatte S. noch in der Endphase der DDR die subkulturelle Szene des Prenzlauer Bergs zunehmend befremdet, weil sie zur ›offiziellen inoffiziellen Literatur‹ mutierte, engagierte er sich in den Wendejahren in der Bürgerbewegung, zeitweise als Mitglied im ›Neuen Forum‹. 1992 war S. zu Gastvorlesungen in den USA, bevor ihm, den neugewonnenen Abstand erzählerisch brillant nutzend, die Romansatire *Der Zimmerspringbrunnen* (1995) glückte.

Die melancholische Pikaro-Perspektive zwischen Schwarzwald-Verkäufer-Schulung und Ostberliner Absatzerfolgsgeschichte kraft einsetzender ›Ostalgie‹ gelingt S. aus der Sicht des seit der Wende arbeitslosen Hinrich Lobek, der seinen steilen Aufstieg einer Annonce im Boulevard-Blatt *Hallo Berlin* verdankt: Als Vertreter ausgerechnet des Luxuskonsum-Produkts Zimmerspringbrunnen empfiehlt er sich den Ausbildern im Schwarzwald durch »langjährige Erfahrung im Vertreterbereich«, wo er eben noch »überzeugter Vertreter sozialistischer Ordnung« war. Solche Anspielungen auf Ost- wie Westklischees der Anpassung geben dem Roman seine satirische Schärfe. Hinrich, auf ›Heinrich Faust‹ verweisend, beschwört den Teufel, indem er sein Horoskop konsultiert, und tauscht so die staatliche Realitätskonstruktion gegen die esoterische Wirklichkeitskonstruktion und Irrationalität des neuen Illustriertenniveaus. Die Marktwirtschaft verinnerlicht der Verkäufer derart, dass er im Übereifer des neuen Jobs seine Frau und seinen treuen Hund »Hasse von Rabenhorst«, den er in »Freitag« umtauft, aus der gemeinsamen Wohnung vertreibt. So wird er zum Robinson im Niemandsland zwischen den beiden deutschen Staaten, verdankt aber dem Durst des Hundes, der den Brunnen aussäuft und zerstört, das Hinzufügen einer auf- und untergehenden Platte mit den Umrissen der DDR; sie findet nun bei den DDR-Nostalgikern rasanten Absatz. Zugleich handelt der Roman von den Schwierigkeiten Lobeks, im Nachwendedeutschland heimisch zu werden. Lobek wird zum Schwejk, an dem die Parabel auf die Identitätskrise der Deutschen nach 1989 in abgründiger Komik Gestalt gewinnt. Das kritische Bild der Erfolgsgesellschaft und ihrer Verluste (das neue Produkt des Vertreters heißt Atlantis, und Lobek zeigt die Sprach- und Medienkrise an, indem er oft das Gegenteil dessen sagt, was er meint) spiegelt sich im kometenhaften Aufstieg eines Verkäufers, der zugleich seine Ehe ruiniert. Der listige Untertitel bringt es auf den Nenner: *Ein Heimatroman*, in manchem Heinrich Bölls Erzählverfahren in *Ansichten eines Clowns* vergleichbar, wenn auch in anderer Tonlage. S.s bildintensiver Satiregestus gelingt am ehesten hier und in den Hörspielen und Erzählungen. Sein philosophisch fundiertes Wiederanknüpfen an Gestalten des historischen Bildungsromans und der deutschen Aufklärung gibt seiner Erzählprosa die besondere Qualität eines erst in den späten 1980er Jahren ideologiefrei möglichen Wiedereinmündens in die Tradition der Kulturnation in der Nähe Günter de Bruyns.

Volker Wehdeking

Spee von Langenfeld, Friedrich
Geb. 25. 2. 1591 in Kaiserswerth bei Düsseldorf; gest. 7. 8. 1635 in Trier

»Persönlich kann ich unter Eid bezeugen, daß ich jedenfalls bis jetzt noch keine verurteilte Hexe zum Scheiterhaufen geleitet habe, von der ich unter Berücksichtigung aller Gesichtspunkte aus Überzeugung hätte sagen können, sie sei wirklich schuldig gewesen«, schreibt der Jesuitenpater S. in seiner anonym erschienenen Auseinandersetzung mit der Praxis der Hexenprozesse, *Cautio criminalis, seu de processibus contra sagas liber* (1631): Keine Widerlegung des Hexenglaubens, sondern ein Versuch, »zahllosen Unschuldigen zu helfen«, indem er die Unhaltbarkeit des Rechtsverfahrens bloßstellt und die Obrigkeiten zu grundlegenden Reformen auffordert. Die lateinische Reformschrift ist das einzige größere Werk S.s, das zu seinen Lebzeiten veröffentlicht wurde. Sie hatte freilich keinen unmittelbaren Erfolg, die schrecklichen Verfolgungen gingen weiter, und S. ließ sich aus Köln versetzen, wo man sich im Auftrag des Erzbischofs einer intensiven Hexenjagd hingab und S. selber eben wegen seiner Schrift gefährdet war.

Eigentlich war S., Sohn eines hohen kurkölnischen Beamten, mit anderen Erwartungen in den Jesuitenorden eingetreten: »Indien, mein Vater, und jene fernen Länder haben mir das Herz verwundet«, schrieb er 1617 in einem Gesuch an den Ordensgeneral in Rom. Doch der Wunsch, in der Heidenmission eingesetzt zu werden, wurde nicht erfüllt, das Problem der Ketzer im konfessionell gespaltenen Deutschland schien dringlicher.

S.s Bildungsgang begann in Köln, am Jesuitengymnasium (1601/02–08) und an der Universität (1608–10). Hier schloss er 1610 mit dem Baccalaureat ab und trat in den Jesuitenorden ein. Nach dem Noviziat folgte die übliche Ausbildung: Philosophiestudium (Würzburg, 1612 bis 1615), Lehrtätigkeit (Speyer, Worms und Mainz 1616–19), Studium der Theologie (Mainz, 1619 bis 1623). 1622 wurde er zum Priester geweiht und nach seinem Studienabschluss zur Paderborner Jesuitenuniversität abgeordnet (1623 bis 1626) und gegen Ende des Jahres 1628 mit der Rekatholisierung des Amtes Peine beauftragt. Ein nie aufgeklärter Mordanschlag (1629) beeinträchtigte seine Gesundheit für den Rest seines Lebens. Paderborn, Köln und Trier waren die weiteren Stationen, wobei die Versetzungen – auch die früheren – nicht zuletzt durch Konflikte mit der Ordensobrigkeit hervorgerufen wurden: Gehorsam und Demut gehörten nicht zu den hervorstechendsten Eigenschaften des Jesuitenpaters, der in Trier an einer Infektion starb, die er sich in den Krankenhäusern zugezogen hatte.

Erst 1649 erschienen, nicht ohne Eingriffe der Zensur, seine beiden deutschen Hauptwerke, an die er in seiner Trierer Zeit (1632 bis 1635) letzte Hand angelegt hatte: *Güldenes Tugend-Buch* und *Trutz Nachtigal, oder Geistlichs-Poetisch Lust-Waldlein*. Das erste ist ein Erbauungs- und Exerzitienbuch, das die christlichen Haupttugenden durch Anschauung und Meditation einüben will, das zweite eine Liedersammlung, mit der S. unabhängig von Martin Opitz und anderen protestantischen Literaturreformern »zu einer recht lieblichen Teutschen Poetica die baan« zu zeigen sucht. Es ist allegorisierende geistliche Poesie, die sich durch die poetische Technik der Kontrafaktur Motive und Stilmittel der weltlichen Liebesdichtung der Renaissance und die Tradition der Bukolik dienstbar macht, Poesie, die sinnliche Anschaulichkeit und tiefere (theologische) Bedeutung miteinander verbindet und im Lob Gottes aus der Natur gipfelt: »O mensch ermeß im hertzen dein / Wie wunder muß der Schöpffer sein.«

Werkausgabe: Sämtliche Schriften. Historisch-kritische Ausgabe. Hg. von Theo G. M. van Oorschot. 3 Bde. Bern/München/Tübingen 1968–92.

Volker Meid

Spenser, Edmund

Geb. 1552 (?) in London;
gest. 13. 1. 1599 in London

Edmund Spenser ist vor allem als Verfasser des Epos *The Faerie Queene* (1590, 1596; *Die Feenkönigin*, 1854 [Teilübersetzung]) bekannt. Bereits seine vorausgehenden kleineren Dichtungen machten ihn in den Augen seiner Zeitgenossen jedoch zu einem der bedeutendsten Dichter Englands. Aus vergleichsweise einfachen Verhältnissen stammend, konnte S. mit Hilfe von Stipendien durch den Besuch der Merchant Taylor's School in London und der Pembroke Hall in Cambridge ein Höchstmaß an Bildung im Sinn des Bildungsideals der Renaissance erwerben. In der neueren Kritik gilt seine pastorale Dichtung *The Shepheardes Calendar* (1579), deren 12 ›Eklogen‹ mit den Monatsnamen überschrieben sind, vielfach als Beginn der Blüte der englischen Renaissance-Literatur, die ihren Höhepunkt mit den Dramen Shakespeares fand. Wie in Vergils *Bucolica* dient die Schäferwelt als Einkleidung für Reflexionen über die Liebe, die Politik (in S.s Fall v.a. die anglikanische Kirchenpolitik) und das goldene Zeitalter. Das alltägliche Leben der Schäfer kommt dabei durchaus auch zur Geltung, anders als bei Vergil und seinen italienischen und spanischen Nachahmern. Insbesondere aber ist *The Shepheardes Calendar* ein sprachliches Kunstwerk: Die Eklogen sind rhetorisch durchstrukturiert, S. experimentiert mit verschiedenen Metren und bemüht sich, etwa durch die bewusste Verwendung von sprachlichen Archaismen, um die Schaffung einer englischen Literatursprache.

Auch in anderen Gedichten bedient sich S. der pastoralen Motivik, so in *Daphnaida* (1590) und in *Colin Clout Comes Home Again* (1595). In beiden Gedichten dient der Hintergrund der Schäferwelt als Einkleidung für Geschehnisse in der Welt des Adels bzw. Hofes. Mit der Schäferin Daphne, um die der Schäfer Alcyon in der *Daphnaida* klagt, ist eine im Alter von 19 Jahren verstorbene, reiche Frau aus S.s Bekanntschaft gemeint; und *Colin Clout Comes Home Again* handelt von der Reise S.s nach England und seiner Rückkehr nach Irland in den Jahren 1589 bis 1591. S. war im Jahr 1580 als Sekretär von Lord Arthur Grey, dem *governor general* Irlands, nach Irland übergesiedelt, wo er einen Landsitz erwarb.

In anderen Dichtungen greift S. auf volkssprachliche Vorbilder aus Frankreich und Italien zurück, so in den im Band *Complaints* (1591) abgedruckten Gedichten: S. übersetzt Joaquin du Bellays *Antiquitez de Rome* und andere Dichtungen du Bellays und Petrarcas; er imitiert du Bellay in seinem Gedicht *The Ruines of Time*, in dem er die Klage über den Untergang der römisch-britischen Stadt Verulamium mit der Klage über den Tod des Earl of Leicester verbindet. In *The Teares of the Muses* lässt S. die neun Musen um den seiner Ansicht nach unbefriedigenden Zustand der Literatur und der Künste klagen.

Mit seinem Sonettzyklus *Amoretti* (1595; *Sonette* 1816), den er zusammen mit einem *Epithalamion* veröffentlichte, schließt sich S. einer literarischen Mode an. Konkretes Vorbild war Sir Philip Sidney, der in *Astrophel and Stella* (1591) wie Petrarca seiner Liebe zu einer ebenso tugendhaften wie unerreichbaren Dame in Sonetten Ausdruck gab. Die 89 Sonette der *Amoretti* schildern die Geschichte von S.s Liebe zu Elizabeth Boyle, die er 1594 heiratete. Am Anfang weist die Geliebte den Sprecher zurück, der sich in konventioneller Weise über ihre Grausamkeit beklagt; dann jedoch erhört sie ihn. Das *Epithalamion*, das den Ablauf des Hochzeitstags schildert, interpretiert die Zeremonie der Eheschließung als Ausdruck der kosmischen Harmonie. Wie Petrarca preist S. die Schönheit seiner Geliebten und analysiert seinen eigenen Zustand in kunstvoll gestalteten Bildern; wie bei Sidney verkörpert die Schönheit der Geliebten die Gnade des Himmels und die Harmonie der natürlichen Weltordnung. Da S. anders als Petrarca und Sidney seine Geliebte am Ende heiratet, kann sich in den Sonetten ähnlich wie in Shakespeares Komödien das von neuplatonischen Konzepten geprägte ›elisabethanische Weltbild‹ in einer auf gegenseitiger Liebe gegründeten ehelichen Verbindung ausdrücken.

Ganz der Darstellung einer platonischen bzw. neuplatonischen Liebeskonzeption dienen die *Fowre Hymnes* (1596), die der ›Liebe‹, der ›Schönheit‹, der ›himmlischen Liebe‹ und der ›himmlischen Schönheit‹ gewidmet sind. Wie bei Platon kann die erotische Liebe zu einer Erkenntnis kosmischer Zusammenhänge führen, zumal die verschiedenen Elemente neuplatonischen Vorstellungen entsprechend durch Liebe in Harmonie miteinander zusammengehalten werden. Körperliche Schönheit geht immer auch mit geistiger Schönheit einher, und die Liebe zur Schönheit führt zu einer moralischen Vervollkommnung. Dem Preis irdischer Liebe und Schönheit setzt S. in zwei letzten Hymnen eine Darstellung der durch Christus verkörperten himmlischen Liebe und der kosmischen Ordnung zum Ausdruck kommenden himmlischen Schönheit entgegen; auch diese christlichen Hymnen sind durch platonische Begrifflichkeit geprägt.

Mit *The Faerie Queene* stellt sich S. in die Tradition der antiken Epen Homers und Vergils, aber auch der italienischen Epen Ariosts und Tassos. Vorlage für den erzählerischen Rahmen ist der mittelalterliche arthurische Sagenkreis. Gloriana, die Feenkönigin, sendet sechs Ritter zu Abenteuern aus, die jeweils eine bestimmte Tugend verkörpern und ihr auf ihrer jeweiligen *quest* zum Sieg verhelfen. Die sechs Bücher sind jeweils in 12 *cantos* zu je ca. 50 neunzeiligen Strophen unterteilt. Die gereimte ›Spenser-Strophe‹ ist eine Weiterentwicklung der von italienischen Ependichtern gewählten Vermaße.

Die ersten drei Bücher, die den Tugenden »Holiness«, »Temperance« und »Chastity« gewidmet sind, können als Einheit verstanden werden. Im ersten Buch erringt der ›Rotkreuzritter‹, der später mit St. Georg, dem englischen Nationalheiligen identifiziert wird, einen Sieg gegen die Feinde der durch Una verkörperten wahren Kirche; im zweiten Buch erringt Sir Guyon einen Sieg gegen verschiedene Formen des Übermaßes wie die Wut, die Gier und die Völlerei und zerstört am Ende den ›Garten der Lüste‹. Im dritten Buch verkörpert Britomart, ein weiblicher Ritter, die Keuschheit. Standhaft sucht sie nach dem Ritter Artegall. Gleichzeitig wird von zwei anderen jungen Frauen, Belphoebe und Amoret, erzählt, die für unterschiedliche Aspekte weiblicher Vollkommenheit stehen und exzessive, aber vollkommen ehrenwerte Liebesleidenschaften auf sich ziehen. Die drei Bücher geben mit Hilfe des Motivinventars von Ritterromanzen drei Wertesystemen Ausdruck, die in der Kultur der Renaissance miteinander konkurrierten: der christlichen Tradition, der aristotelischen Wertschätzung des guten Mittelmaßes und der auf Vernunft gegründeten Lebensführung sowie einem platonischen Streben nach einer im transzendenten Bereich liegenden Vollkommenheit. Die Anordnung der Bücher weist darauf hin, wie S. sich eine Harmonisierung dieser Wertsysteme vorstellte: Der christliche Glaube bildet die notwendige Grundlage für weitere ethische Überlegungen; er wird ergänzt durch eine weltliche Vernunft. Eine weitere Stufe der Initiation führt dann zu einer Kultivierung der ›Keuschheit‹, nicht im Sinne einer Negation, sondern einer Sublimation der Leidenschaftlichkeit. – Die Bücher IV bis VI, die der ›Freundschaft‹, der ›Gerechtigkeit‹ und der ›Höfischkeit‹ gewidmet sind, nehmen in stärkerem Maße auf aktuelle Ereignisse Bezug; so werden das Zerwürfnis der Königin mit Sir Walter Raleigh, die Hinrichtung Maria Stuarts und die Niederschlagung irischer Aufstände in allegorischer Form zur Sprache gebracht. Moderne Kritiker sehen in Buch V den Versuch einer Rechtfertigung der brutalen Unterdrückungspolitik Lord Greys in Irland, einer Politik, die S. unterstützte, wie sein Prosatraktat *A View of the Present State of Ireland* (1633, entstanden ca. 1596) deutlich macht. Buch VI rühmt die Tugend der Höfischkeit, die paradoxerweise – ähnlich wie bei Shakespeare – am ehesten außerhalb eines Hofes anzutreffen ist, während am Hof selbst zahlreiche Feinde höfischer Tugenden besiegt werden müssen. – Im Jahr 1609 erschien eine Neuauflage der sechs Bücher der *Faerie Queene*, ergänzt um zwei *cantos*, vorgeblich Teile eines unvollendeten siebten Buches. Diese »Mutability Cantos« schildern den nach konstanten Regeln erfolgenden ständigen Wechsel als Grundbedingung irdischer und kosmischer Existenz. Ob die *Faerie Queene* in der uns vorliegenden Form tatsächlich unvollendet ist, ist umstritten.

Die ostentative Absicht des Dichters der *Faerie Queene* liegt in der Glorifizierung von Königin Elizabeth, als deren Verkörperung die Feenkönigin erscheint. Daneben kann das Gedicht auch als ›britisches Nationalepos‹ gelten. Das Feenreich und dessen Ritter stehen in einer Parallele zu England bzw. den britischen Inseln. S. greift im dritten Buch die von Geoffrey of Monmouth erzählte legendäre britische Geschichte auf; bei ihm erscheint der Tudor-König Henry VII als derjenige, der die mit König Arthur untergegangene britische Herrschaft wieder aufrichtet und die Briten vom Joch der Fremdherrschaft befreit.

Der in der Westminster Abbey neben Chaucer beigesetzte S. wurde von seinen Zeitgenossen als *England's arch-poet* gefeiert. Er wurde bereits im 18. Jahrhundert zum Gegenstand literaturkritischer Untersuchungen und übte erheblichen Einfluss auf die englische Dichtung der Romantik aus. Lord Byron, Percy B. Shelley und John Keats verwendeten die ›Spenser-Strophe‹; Keats' Konzept von Schönheit geht maßgeblich auf S.s (neu-)platonische Vorstellungen zurück.

Werkausgaben: The Faerie Queene. Hg. A.C. Hamilton. London 1977. – The Yale Edition of the Shorter Poems of Edmund Spenser. Hg. W.A. Oram et al. New Haven 1989.

Thomas Kullmann

Sperr, Martin
Geb. 14. 9. 1944 in Steinberg/Niederbayern; gest. 6. 4. 2002 in Landshut

Die Karriere des Dramatikers S. währte nur fünf Jahre: 1966 wurde sein erstes Stück *Jagdszenen aus Niederbayern* am Bremer Theater, der ästhetisch wie politisch avanciertesten deutschen Bühne zu dieser Zeit, uraufgeführt; Anfang 1972 brach er an Gehirnblutungen zusammen. S. leitete die Renaissance des kritisch-realistischen Volksstücks auf dem Theater ein: *Jagdszenen aus Niederbayern* entstand zwei Jahre vor Rainer Werner Fassbinders *Katzelmacher* und fünf Jahre vor den ersten Stücken von Franz Xaver Kroetz, der den Paradigmenwechsel auf die griffige Formel brachte, Horváth sei wichtiger als Brecht. Das neu belebte Genre – parallel wurde neben Horváth auch Marieluise Fleißer wiederentdeckt, die S. zu ihren »Enkeln« rechnete – zeichnete sich aus durch die Hinwendung zum Alltag kleiner Leute, benutzte Umgangssprache oder Dialekt als Dialogsprache und verzichtete auf große politisch-historische Themen, wie sie in den Stücken von Peter Weiss, Rolf Hochhuth oder Heinar Kipphardt abgehandelt wurden. »Das Theater wird immer mehr zur sterilen Ablage unserer unbewältigten Vergangenheit«, kritisierte S. in einer seiner wenigen theoretischen Stellungnahmen. Statt dessen sollten Verhaltensweisen und Denkmuster des sogenannten gesunden Volksempfindens aufgezeigt, soziale Stereotypen und Vorurteile bloßgelegt werden. In knappen Szenen und lakonischen Dialogen werden Dumpfheit und Enge der Provinz ausgestellt: der latente Faschismus und die Aggressivität gegen Minderheiten auf der Seite der Gemeinschaft, aber auch das »Rudelgesetz« (Fleißer) unter den Ausgestoßenen.

Das Dorf Reinöd in *Jagdszenen aus Niederbayern* ist ein Modell: »Die Fabel des Stücks ist von Bayern unabhängig«, erklärte S. Am Sonntagvormittag, nach dem Kirchgang, wird getratscht: Die Zenta weiß vom Zeppo, dass der Abram so Sachen gemacht hat mit Rovo, dem Knecht vom Gruber … Das Urteil über den »abartigen« Homosexuellen steht fest: »Der muss weg.« Eine Kettenreaktion setzt ein, das ganze Dorf beteiligt sich an der Hatz auf Abram. Rovo erhängt sich, im Affekt ersticht Abram die Magd Tonka; am Ende hat man den Schwulen zur Strecke gebracht und kann im Wirtshaus zum gemütlichen Teil übergehen: Die Ordnung ist wieder hergestellt. Der Ausgrenzungsmechanismus wirkt nicht nur bei den Jägern. Es gibt keine Solidarität unter den Verfolgten – Rovo beschimpft Tonka als »Schlampe« und »Hur«, Tonka ihrerseits nennt Abram eine »schwule Drecksau«. An Maria und Barbara wird ein anderer Mechanismus exemplifiziert: Der Gejagte, von der Gemeinschaft in Gnaden wieder aufgenommen, wird sofort zum Jäger.

Das bayerische Milieustück ist trotz der drastischen Realistik frei von Naturalismus. Für die Uraufführung signalisierte der Bühnenbildner Wilfried Minks, typisch für den »Bremer Stil«, mit einer grünen Wand Landleben (und zwei überdimensionale Holzköpfe mit Pfeife setzten einen polemischen Akzent). Die Verfilmung durch Peter Fleischmann 1969, analog zum Theaterstück Auslöser für eine Reihe von kritischen Heimatfilmen, benutzte das Stück als Vorlage und entfernte es aus dem historischen Kontext der Nachkriegszeit: Die Handlung wurde aktualisiert, zu den drangsalierenden Außenseitern im Dorf gehören auch Gastarbeiter und ein Dorf-Beatle. (Der Autor, der als Schauspieler am Kellertheater begann, übernahm im Film die Rolle des Abram, dessen Weichheit, Hilflosigkeit und Leiden er nuanciert darstellte.)

S. ergänzte sein Debüt um zwei Stücke zur *Bayrischen Trilogie*, die im historischen Querschnitt ein Soziogramm der Bundesrepublik zeichnet: *Jagdszenen aus Niederbayern* spielt in einem Dorf 1949 nach der Währungsreform, *Landshuter Erzählungen* (1967) in einer Kleinstadt 1958 zur Zeit des Wirtschaftswunders, *Münchner Freiheit* (1971) in der Großstadt 1969 während der Studentenbewegung. Entsprechend der Entwicklungslinie von der Provinz in die Metropole ändern sich auch die dramatis personae: Bauern und Tagelöhner im ersten Stück, mittelständische Unternehmer und Arbeiter im Mittelteil der Trilogie, Vertreter des Großkapitals und Studenten im letzten Teil. Dies war zugleich eine Bewegung, die S. hinausführte aus dem Volksstück-Genre: Ist in *Landshuter Erzählungen* der rücksichtslose Konkurrenzkampf zweier Bauunternehmer verknüpft mit typischen Volksstück-Motiven – der Kampf zwischen dem alten Patriarchen und seinem Sohn, der eine noch in den Resten brauner Ideologie befangen, während der andere sein Handeln rein materialistisch ausrichtet; die Heirat, die zugleich eine geschäftliche Verbindung ist und zur Fusion zweier Baufirmen führt –, kann man *Münchner Freiheit* als politisches Zeitstück charakterisieren, das unmittelbar auf die Gegenwart reagierte: Der Konflikt um die von der Großbrauerei Posch-Eder im Zusammenspiel mit einer korrupten Stadtverwaltung betriebene Grundstücksspekulation griff Themen der aktuellen Debatte auf. Das Stück geriet unter das Verdikt linker Kritiker, die bemängelten, S. habe keine Form gefunden, um gesellschaftliche Prozesse und ökonomische Kausalitäten aufzuzeigen, er vermische Sozialkritik mit Kolportage. Die Politisierung des Theaters im Zuge der Studentenbewegung, deren Zerfall in *Münchner Freiheit* bereits satirisch gezeichnet wird, verunsicherte auch den Dramatiker S., der »mit Brecht über Brecht hinaus« wollte. Botho Strauß, damals noch Theaterkritiker, sah in S.s Trilogie den Versuch, »eine Art synthetischen Realismus herzustellen, der Analyse und Anschaulichkeit, Darstellung und Demonstration, Sprache und zitiertes Sprechen zu einem Wirklichkeits-Impuls vereinheitlichen will«.

Während *Jagdszenen aus Niederbayern* ins Repertoire des deutschen Gegenwartstheaters einging, war den anderen Stücken der Trilogie kein Erfolg beschieden. S. suchte seine Stoffe fortan in der bayrischen Historie und kehrte damit zum kritischen Volksstück zurück. *Koralle Meier* (1970) erzählt, so der Untertitel, »Die Geschichte einer Privaten«, d. h. einer Prostituierten in einem bayrischen Dorf während der Nazi-Zeit. Er schrieb die Drehbücher zu den Filmen *Mathias Kneißl* (1971) und *Adele Spitzeder* (1972), die authentische Geschichte eines Räubers bzw. einer Betrügerin um die Jahrhundertwende. Besetzungs- und Stablisten der beiden Fernsehproduktionen zeigen, wie sich in jenen Jahren die Wege kreuzten: Schauspieler des Volkstheaters (Ruth Drexel, Hans Brenner, Gustl Bayrhammer) stehen neben Akteuren des Neuen deutschen Films (in *Mathias Kneißl* wirkten u. a. Volker Schlöndorff und Rainer Werner Fassbinder sowie Fassbinder-Schauspieler wie Hanna Schygulla und Kurt Raab mit, Regie führte Reinhard Hauff, bei *Adele Spitzeder* Fassbinders Adlatus Peer Raben). Am Anfang der kurzen Karriere des Dramatikers steht eine Übersetzung, die Furore machte: Für Peter Steins Münchner Inszenierung 1967 schuf S. eine bayrische Version von Edward Bonds *Gerettet*. Nach seiner Krankheit zeitweise berufsunfähig, übersetzte er Stücke ins Bayerische, spielte am Münchner Volkstheater und in kleinen Kellertheatern und arbeitete sein Drehbuch zu dem Theaterstück *Die Spitzeder* (1977) um, für das er mit dem Mülheimer Dramatikerpreis ausgezeichnet wurde.

Michael Töteberg

Stadler, Arnold
Geb. 9. 4. 1954 in Meßkirch

»Das ist ein Ton. Aufrufend, anrufend«. – Hymnisch setzt das Portrait ein, das der (Bodensee)-Regionalist Martin Walser dem bis dahin unbekannten St. aus dem oberschwäbischen Dorf Rast (bei Meßkirch) widmet; hymnisch endet das im *Spiegel* (1994) veröffentlichte Plädoyer, wenn Walser über die schönste Wirkung der Prosatrilogie St.s *Ich war einmal* (1989), *Feuerland* (1992) und *Mein Hund, meine Sau, mein Leben* (1994) in Anspielung auf einen Satz von Marcel Proust notiert: »… daß wir beim Lesen empfinden, wir läsen gar nicht mehr in einem anderen Leben, sondern im eigenen«.

Diese erste nachdrückliche und prominente Empfehlung – der 1999 eine zweite Huldigung folgen sollte – machte St. einer breiten Leserschaft bekannt. Zudem setzte sie ein Zeichen in der Rezeption seines Werks: »Stadler, heißt es, schreibe ›Heimatromane‹ oder ›Provinzromane‹ oder betreibe ›Heimatkunde‹« (Agnes Hüfner). Vor der Prosatrilogie hatte St. lediglich einen Lyrikband veröffentlicht. In *Kein Herz und keine Seele* (1986) thematisiert er »Momente der Einsamkeit, der Vergänglichkeit« und des »schwermütigen Zweifels an den Möglichkeiten überkommener Ästhetik« (Anton Ph. Knittel). Das Buch wurde in der literarischen Öffentlichkeit kaum wahrgenommen. Ähnlich erging es den unter dem Titel *Gedichte aufs Land* (1995) erschienenen und mit Lithographien von Hildegard Pütz illustrierten Epigrammen des Autors. St.s Ruf gründet auf seinem Romanwerk.

Bereits Golo Mann legte für den Romanerstling *Ich war einmal* Walsers Lesart nahe: »Ein Heimatroman, aber kein sehr freundlicher; zwischen Realismus und Satire. Unendlich komisch, aber wahrscheinlich.« Das mit dem Jürgen-Ponto-Preis ausgezeichnete Prosawerk erzählt in der – vom Autor stets favorisierten – Ich-Form von einer schwierigen Kindheit und Jugend im hintersten Winkel Oberschwabens, in dem St. aufgewachsen ist. Es ist die Gegend um das Städtchen Meßkirch, bekannt als »badisch-schwäbisches Sibirien«, »Fleckviehgau« oder als »Geniewinkel«, wie es lakonisch im Roman heißt, aber es ist auch der Heimatboden von Martin Heidegger, »den jeder verehrt, aber keiner liest«. Der Philosoph ist, neben dem Kreenheinstettener Bußprediger Abraham a Sancta Clara, ein immer wiederkehrendes »Gespenst« in St.s Schriften. Auffallend die Parallelen im Leben der Meßkircher Schriftgelehrten St. und Heidegger: Beide wurden katholisch erzogen, beide wandten sich der Theologie zu, beide wollten Priester werden und beide verweigerten am Ende das Amt. St. studierte zunächst katholische Theologie in München, Rom und Freiburg im Breisgau (Abschluss als Diplom-Theologe), anschließend Germanistik in Bonn und Köln. 1986 promovierte er zum Dr. phil. mit der Dissertation *Das Buch der Psalmen und die deutschsprachige Lyrik des 20. Jahrhunderts*. Aus der Beschäftigung mit diesem Thema resultieren auch St.s Übersetzungen der Psalmen aus dem Hebräischen («*Warum toben die Heiden*« und andere Psalmen, 1995; «*Die Menschen lügen. Alle*« und andere Psalmen, 1999).

Die autobiographische Grundierung des »Leporelloalbums voll von sich selbst dementierenden Idyllen« (Gerd-Klaus Kaltenbrunner) *Ich war einmal* verstellte manchem Leser aus »Heideggers enger Welt« (Michael Braun) den Blick für den fiktionalen Gehalt des Textes und führte zur Identifikation des Verfassers mit dem erzählenden Ich. St.s bekenntnishafte Dichtung, die Menschen und Orte beim richtigen Namen nennt, wurde als Schlüsselroman gelesen. In Meßkirch bedeutete das nicht nur Ehre für den Autor: So verweigerte der Bürgermeister dem Büchner-Preisträger von 1999 den Empfang. Der »dokumentarischen« Lesart waren auch die Folgetitel ausgesetzt: *Feuerland* – das Reisebuch des(selben) Erzählers zu patagonischen Verwandten, wobei er dort nur auf die Verlängerung seiner traurigen Heimatgeschichte trifft – und *Mein Hund, meine Sau, mein Leben*, der dritte pikarische Teil der »Theologie der Schrulligkeit«, die erneut in die Kindheit auf dem Lande, aber auch nach Rom führt – aus dem »Theater« Vatikan vertrieben, fristet der ehemalige Priesterseminarist als Grabredner sein Dasein und muss erleben, wie der elterliche Hof versteigert wird. Der problematischen biographistischen Rezeption des Romanwerks – denn obwohl St. andauernd »Ich« sagt, spricht doch stets nur sein Stellvertreter-Ich – gab auch Walsers grandioser Essay Futter. »Schmerz und Erinnerung«, destilliert er aus dem Heidegger-Wort »Der Schmerz als Grundriss des Seins«, das der fünfzehnjährige Schüler des Gymnasiums am Schlossberg in *Ich war einmal* nach einem Vortrag des Philosophen mitschreibt, »sind die Dirigenten, die die Auferstehung der Kindheit in Prosa besorgen«. St.s Erzählen (und Schreiben) deutet Walser als existenziellen Drang zur »Selbstrettung«.

St.s ambitioniertes »Soziogramm eines real existierenden Mikrokosmos« (Dietmar Grieser), zugleich als ein »kritisches Gegenstück zu Heideggers Apologie der Provinz« (Braun) gelesen, wurde auch in der Literaturkritik als individuelle »Abrechnung« aus früher Verletztheit aufgenommen. Eine Rezeption, die inzwischen genauso als »historisch« gilt wie der zweifelhafte Versuch als unseriös, dem zum Akademiker ausgewachsenen Bauernjungen die »Distanz des Intellektuellen« (Knittel) vorzuhalten. Eine solche Rezeption verkennt St.s Autorenschaft. St.s »negative« Poetik gründet nicht in tumben Rachegelüsten, sondern im Unglück: »Unglück ist ihr Nährboden«. Peter Hamm hat die St.-Rezeption um diese Lesart erweitert. Unglück, verstanden im Sinne von Samuel Beckett, der einmal geäußert hat, »nichts sei komischer als das Unglück«. Auch St.s Helden kennen den Boden, der sie nährt. »Das Unglück ist das Kapital aller, die schreiben«, sprudelt es Franz Marinelli aus dem Mund, dem ins vermeintliche Inselparadies Kuba ausweichenden und dort verendenden Wiener Schriftsteller, an dem St. die alte Metamorphose von »Stirb und werde« exemplifiziert (*Eines Tages, vielleicht auch nachts*, 2003). Heimatlob dieser Provenienz schließt romantisierende Vedutenmalerei aus. Die Kombination aus Unglück und Übermut ergibt eine Projektion, die sämtliche Romane St.s charakterisiert: »Arnold Stadlers Bücher sind zum Lachen. Aber das Lachen, das sie auslösen, enthält stets schon sein eigenes Dementi« (Hamm).

Dabei rückt er dem Verzweiflungsvirtuosen Thomas Bernhard nahe, an dessen Infinitesimal-Rhetorik St. deutlich Gefallen zeigt, aber auch am Repetitiven, am Wiederholungszwang und am Selbstzitat, weniger allerdings an dem ins Oratorienhafte hochgeschraubten Stil des Österreichers. St.s parodistischer Erzählstil spaltet gelegentlich die Meinung der Kritik. Von »Undiszipliniertheit« (Martin Ebel) bis hin zum »Prinzip Montage« (Karl-Markus Gauß) war die Rede. St. erzählt nicht linear, an keiner Stelle seiner Prosa, aber auch nicht in seinen Essays (»Johann Peter Hebel. Die Vergänglichkeit«, 1998; »Erbarmen mit dem Seziermesser«, 2000). Er flankiert seine Bücher mit einem »para-erzählerischen Apparat« (Bruno Steiger), bestehend aus Episoden, Rückblenden, Anekdoten, Kalauern, komisch-pathetischen Aufrufen oder kritischen Kommentaren. Damit hievt er seine Kurz- und Hauptsatz-Prosa nicht nur aus dem »Betroffenheitsrahmen« heraus, sondern knüpft – auf seine Weise – an Prämissen des »Modernen Romans« an. Der Versuch, seine Bücher unter Kolportageverdacht zu stellen, wie geschehen, zielt ins Leere. Der Eindruck einer »seltsamen Zerfransung des Themas« (Pia Reinacher), keine ungewöhnliche Reaktion auf St.s Bücher, zumal auf seine letzten Romane *Eines Tages, vielleicht auch nachts* und *Sehnsucht – Versuch über das erste Mal* (2002), ist Teil des schelmischen Bauplans und kann als »provokatorische Leserirritation« verstanden werden.

Der Skeptiker St. reagiert auf das Reizwort ›Heimat‹ nicht nur mit Übermut, auch Trotz ist im Spiel. Diese Haltung gehört zum »Stadler-Ton« (Walser). Die Heimat ist auch in den Passionsgeschichten *Der Tod und ich, wir zwei* (1996), der Lebensroman »zweier Schießbudenfiguren«, und *Ein hinreißender Schrotthändler* (1999) immer noch schwarz, »auch im Sommer, wenn es blühte. Auch die Erwachsenen waren so« (*Mein Hund, meine Sau, mein Leben*). Das Interesse des Erzählers gilt weiterhin dem bekannten Meßkircher Menschenstamm, der auch in Übersee Wurzeln schlägt; der »Hinterwelt« der Landbewohner, die im Schatten des Heubergs oder (nun) des Hotzenwaldes (bei Waldshut) leben; dem »Kuhdorf« Schwackenreute ebenso wie dem »Friedhofshügel am Ende der Welt«. St.s Protagonisten leiden am »falligen Weh«, an Inzucht, Fettsucht, Katholizismus und Melancholie. Ihre wörterlose Sprache besteht aus

Pausen und Unaussprechlichem, aus Schmerzlauten – oder aber aus Schreien. Kein schöner Land, kein Ort nirgends. Der Most hilft vergessen oder aber – ein Spiegel der Neuzeit – die Therapie beim Psychiater.

St.s Unerbittlichkeitsstil, »die Härte, mit der er sagt, wie fürchterlich alles ist« (Andrea Köhler), schließt den Erzähler selbst mit ein. Das ist eine Frage der Glaubwürdigkeit. St.s stellvertretende Ichs zeigen urkomische und zugleich todtraurige Züge und Talente. Es sind »Witzfiguren«, »Wachstumszwerge«, »Bettnässer«, »Stotterer«, »Taugenichtse«, »Sehnsuchtsexistenzialisten« und »Glücksucher«, die »die Welt unter einem Don-Quijote-Blickwinkel und öfter noch unter einem Sancho-Pansa-Blickwinkel wahrnehmen« (Hamm). St. stellt sie bis zur Schamröte bloß, »nur Martin Walser kennt in dieser Hinsicht eine ähnliche Unerbittlichkeit« (Roman Bucheli). Und wie dieser vertraut auch St. auf das Dialektikprogramm von der Überlegenheit des Unterlegenen.

Aber der »Selbstbezichtigungsvirtuose« (Walser) St. zeigt auch tiefes Mitleid, wenn er das Panoptikum seiner Figuren ausbreitet. Das oft zitierte Wort von der »nachgetragenen Liebe« (Gauß) beschreibt diese Haltung am treffendsten. Denn neben den »vielschichtigen Erinnerungen, dem konsekutiven Schmerz der Kindheit« (Knittel), steht die Trauer über das Verschwinden der dörflichen Welt. Kaum anders als »tiefsitzende Liebe zu dieser Heimat« (Hans Bender) lässt sich die Sehnsucht des frühpensionierten Geschichtslehrers in dem Roman *Ein hinreissender Schrotthändler* (1999) nach einer »oberschwäbischen Seele« (ein Brotersatz) deuten. Auf der Autobahn zwischen Köln und Offenburg befällt diesen Heimatlosen aus Kreenheinstetten das doppelte Hungergefühl nach einer »Heimwehseele« – »also jener oberschwäbischen Köstlichkeit in der Form eines erigierten Geschlechtsteils, das hier alle so gerne aßen«. Das Heimweh hört nie auf bei den Armseligen, die ihre Heimat in Richtung Damüls (*Ein hinreissender Schrotthändler*), Lissabon (*Volubilis oder Meine Reisen ans Ende der Welt*, 1999) oder Havanna verlassen (*Eines Tages, vielleicht auch nachts*).

Die durch den Zusammenprall der Vormoderne mit der Moderne ausgelöschte Heimat heraufzubeschwören, das ist die eine Hälfte von St.s andauerndem Heimatprojekt. Die andere Hälfte beschreitet den Weg von der Anklage der glücksresistenten Provinz zur Klage um ihre Zerstörung – eine historische Bruchstelle, die durch den Autor selber geht. »Heimat wird immer weniger«, heißt es in *Ein hinreissender Schrotthändler*. Die Globalisierung hat das »Hinterland des Schmerzes« erreicht. Der Erzähler sieht darin den paradoxen Nachweis, dass »es etwas gab, was bleibt, auch wenn dasselbe verloren war: die Heimat«. Die örtliche ›Raiffeisenbank‹ hilft modernisieren – und stürzt den Mostonkel in Schulden. »Es gab neue Häuser, die keine Geschichte haben«. Eine Welt verschwindet, das »Trotzdemschöne« (Walser). Gegen diesen Prozess des Verschwindens und Vergessens – aber auch der metaphysischen Verlorenheit – schreibt St. an, »fromm und ungläubig, erlösungsbereit und erzverloren« (Köhler). Als Vergegenwärtiger von dem, »was war«.

St. hat sich mit seiner »Education sentimentale« (Lothar Müller), die Glück und Unglück, Liebe und Hass, Leben und Tod umfasst, in der sich ein »regionales Weltgefühl« (Wulf Kirsten) artikuliert, innerhalb von kürzester Zeit in die Literatur der Gegenwart geschrieben. Dennoch geriet St., der sich auch als Herausgeber (*Tohuwabohu. Heiliges und Profanes. Gelesen und wiedergelesen von Arnold Stadler nach dem 11. September 2001*, 2002) zu profilieren beginnt, zuletzt in die Kritik. Auch wenn es ihn und seine Helden zunehmend aus der »Stadler-Provinz im Heideggerland« (Eberhard Falcke) hinaustreibt (in den schwarzen Kontinent in *Ausflug nach Afrika*, 1997; an die Nordseeküste in »*Sehnsucht*« oder in die traurigen Tropen in *Eines Tages, vielleicht auch nachts*), so fällt seinen professionellen Lesern auf, dass es für ihn immer schwerer wird, »aus dem eigenen Erfahrungsstoff immer neue Urszenen und immer neue, von Witz, Paradoxie und schwarzem Humor getränkte Bilder des chronischen Lebensunglücks zu formen«. St. hält, so der Vorwurf, zu starr am »Grundriss seiner Figuren, an Thematik und Motivik seiner Geschichten und auch an seiner Erzählweise« (Braun) fest. In der Wiederholung und Variierung des Repertoires an Stoffen, Themen und Motiven sehen Kritiker die Gefahr, dass er »zum Zitator seines eigenen Werks« (Stefan Tolksdorf) wird oder die »Trivialversion seiner eigenen Bücher« (Falcke) schreibt.

Die Feststellung von Martin Krumbholz, dass St. (in *Eines Tages, vielleicht auch nachts*) »nichts Neues« erzählt, ist genauso richtig, wie die andere, dass man einen »Stadler-Roman nicht wegen des Plots liest«. Damit formuliert er einen Teil von St.s Schreibprogramm. »Wer versucht, einen Plot zu finden, wird erschossen« – der bekannte Satz Mark Twains steht als Kapitelmotto in St.s »Apologia pro vita sua« *Sehnsucht*. Das Motto gilt – wenn wir das recht sehen – für sein ganzes bisher erschienenes Werk. St.s Prosa wird nicht wegen der allerletzten Zoten über »Schröder-Deutschland« (in *Ein hinreissender Schrotthändler*) oder andere Tagesgeschäfte, sondern wegen der wunderbar hellen Sätze gelesen, die seine Bücher enthalten: »Öfter bildet sich eine ganze Existenzdimension in einem einzigen Satz ab«, notiert dazu sein Mentor Walser. Richtig ist aber auch die Feststellung – und das ist der andere Baustein des Schreibprogramms –, dass St. dabei ist, wie Robert Walser, Thomas Bernhard und Martin Walser, »an einem vielfach zerschnittenen Ich-Buch fortzuschreiben. Und man versteht, dass jedes auch noch so winzige Detail … Teil eines Bauplans ist, der ein großes Thema umfasst« (Reinacher).

Siegmund Kopitzki

Stadler, Ernst
Geb. 11. 8. 1883 in Kolmar/Elsass; gest. 30. 10. 1914 in Zaandevorde (Belgien)

Der Reserveoffizier St. fiel schon wenige Wochen nach Kriegsausbruch. Als Ende 1914 auch Georg Trakl im Lazarett an einer Überdosis von Drogen starb, stilisierte der bedeutendste Verlag des derzeit tonangebenden Expressionismus die beiden zusammen mit Georg Heym zum führenden »lyrischen Dreigestirn« am Himmel der neuen Literaturrichtung – eine Einschätzung, die lange als zutreffend galt. Als Künstler ist St. jedoch sicher nicht in diese erste Reihe zu stellen, beeinflusste aber als Mitkämpfer, kreativer und vielfältig tätiger Kritiker die junge Literatur seit der Jahrhundertwende wesentlich. Als Einwohner des 1871 vom Deutschen Reich gewaltsam annektierten Elsass muss er sich von jeher mit den deutsch-französischen Problemen konfrontiert sehen. Die von ihm propagierte Idee vom Elsass als einem Lande mit weltbürgerlicher Funktion versuchte er, in sich zu verwirklichen: Er studierte Germanistik, Romanistik und vergleichende Sprachwissenschaft in Straßburg, dann in München und Oxford, habilitierte sich in Straßburg und vertiefte seine Studien nochmals in Oxford und London. Seine kultur- und literaturpolitischen Ansichten (er förderte in seinen Publikationen u. a. Gottfried Benn, Carl Einstein, Georg Heym, René Schickele, Carl Sternheim, Franz Werfel) waren avantgardistisch. Der vergleichende Sprachwissenschaftler (er war sowohl des Englischen wie des Französischen mächtig), hatte eine aussichtsreiche Universitätslaufbahn vor sich (zuletzt als Professor in Brüssel, 1912 bis 1914; für eine Gastprofessur in Kanada beurlaubt). St. war einer der maßgebenden deutschen und essayistischen Vermittler wesentlicher junger Franzosen; er regte auch seine Freunde zu Übertragungen an. So warb er etwa für Paul Claudel und Romain Rolland und übersetzte selbst Charles Péguy und vor allem noch kurz vor dem Krieg Gedichte von Francis Jammes *(Gebete der Demut)*. Charakteristisch für ihn sind die rhythmischdynamischen Langverse, die breiten Einfluss auf Zeitgenossen und nachkommende Dichter ausübten: inhaltlich mit ihrer franziskanischen Weltfrömmigkeit, formal mit den als neuartig empfundenen, frei sich reimenden und metrisch ungebundenen Versen.

Die eigenen Gedichte dieser letzten Zeit, welche ebenfalls aus Langversen bestehen, sammelte St. in dem schnell berühmt gewordenen Band *Der Aufbruch* (1914). Die literarische Jugend fühlte darin ihre besondere Situation ausgedrückt und begriff diesen Titel als Stichwort für ihren Auftritt. Zugleich verstand sie – in schöpferischem Irrtum – die aus persönlichem Erleben entstandenen Verse St.s als geradezu allgemeingültiges Programm. »Form ist Wollust«, hieß es da, und »Form will mich verschnüren und verengen, / Doch ich will mein Sein in alle Weiten drängen«. Diese Abrechnung St.s mit den Nachahmern Stefan Georges und Hugo von Hofmannsthals, zu denen auch er einmal als Zwanzigjähriger gehört hatte (siehe *Präludien* 1905), wurde von seinen Zeitgenossen anders gedeutet: als grundsätzliche Aufforderung zum Bruch mit überalterten Traditionen und zum Zerstören der leergewordenen Formen, um zum »Wesentlichen« vorzustoßen. Im Gegensatz zur pessimistisch-negativen Grundhaltung der meisten Expressionisten verkörpert so St. eine optimistisch-positive Tendenz, deren befreiende Aufbruchstimmung und jugendlicher Vitalismus erst durch die weitere Entwicklung des Ersten Weltkriegs gebrochen wurde.

Werkausgabe: Dichtungen. Schriften und Briefe. Kritische Ausgabe. Hg. von Klaus Hurlebusch und Karl Ludwig Schneider. München 1983.

Ludwig Dietz

Staël-Holstein, Anne-Louise-Germaine, Baronne de (gen. Madame de Staël)
Geb. 22. 4. 1766 in Paris; gest. 14. 7. 1817 in Paris

Das schriftstellerische Werk Madame de Staëls ist durch eine intensive Zeitgenossenschaft gekennzeichnet: entstanden in der Übergangszeit von der Spätaufklärung zur Romantik reflektieren ihre essayistischen und literarischen Texte historische Erfahrungen, die im Zeichen radikaler Umwälzungen stehen. 1788 erschien ihre erste literaturkritische Arbeit, die *Lettres sur les écrits et le caractère de Jean-Jacques Rousseau* (*Über Rousseaus Charakter und Schriften*, 1789); S. unternimmt hier eine neue, aktualitätsbezogene Rousseau-Lektüre im Kontext der anstehenden gesellschaftspolitischen Veränderungen. Die Französische Revolution wurde von ihr enthusiastisch begrüßt, die politische Entwicklung aus nächster Nähe beobachtet und kommentiert. Als Tochter Neckers, des Genfer Bankiers und Finanzministers unter Ludwig XIV., hatte sie Zugang zu den politischen und intellektuellen Kreisen von Paris. Ihre Erziehung erhielt sie im berühmten Salon der Mutter, in dem bedeutende Vertreter der französischen Aufklärung verkehrten. In ihrem eigenen Salon stand seit 1789 die Konversation zunehmend im Zeichen der Politik. S. war mit dem schwedischen Gesandten, Baron von Staël-Holstein verheiratet, von dem sie sich nach wenigen Jahren trennte. Nach dem Sturz der Monarchie und der Zuspitzung der innenpolitischen Lage im revolutionären Paris zog sich S. mit ihren Kindern auf das Landgut ihres Vaters in Coppet (Schweiz) zurück; dort verfaßte sie u. a. eine Abhandlung über die Leidenschaften und einen *Essai sur les fictions* (»Versuch über die Dichtungen«, den Goethe 1796 für die *Horen* übersetzte). Nach dem Ende der Schreckensherrschaft verteidigte S. die Republik als einzig mögliche postrevolutionäre Staatsform, obgleich sie zu Beginn der Revolution die konstitutionelle Monarchie verteidigt hatte. Von Bonaparte erhoffte sie zunächst die Realisierung der Prinzipien von 1789, insbesondere die Garantie der Meinungsfreiheit. Doch als 1800 ihre literatursoziologische Schrift *De la littérature considérée dans ses rapports avec les institutions sociales* (*Über Literatur in ihren Verhältnissen mit den gesellschaftlichen Einrichtungen*, 1804) erschien, in der sie an Positionen der Aufklärung anknüpft und die gesellschaftliche Verantwortung der Literatur bei der Konsolidierung der Republik fordert, gab ihr die offizielle Literaturkritik polemisch zu verstehen, daß sie als Schriftstellerin, als engagierte Liberale und intellektuelle Frau unerwünscht sei. S. widersetzte sich selbstbewusst dem ihr auferlegten Schweigegebot und machte ihren Salon zum internationalen Treffpunkt der liberalen Opposition. Damit begann die andauernde politische Gegnerschaft zwischen Napoleon und S., die schließlich in einem Verbannungsbefehl gipfelte. Nach dem Erscheinen ihres Briefromans *Delphine* (1802; *Delphine*, 1803) musste sie zunächst Paris, wenig später Frankreich verlassen.

Ihren Salon transferierte S. nach Coppet, wo sich Schriftsteller, Gelehrte, Vertreter der intellektuellen Elite aus ganz Europa einfanden, darunter Benjamin Constant sowie August Wilhelm Schlegel, den S. als Hauslehrer ihrer Kinder und als literarischen Berater engagiert hatte. Coppet wurde zu einem Zentrum intellektueller Geselligkeit, zu einem Ort der Konversation, der Übersetzung, des Kulturaustauschs. Letztlich gestaltete sich das Exil für S. zu einer Chance: Sie unternahm in Begleitung ihrer Kinder und Freunde ausgedehnte Reisen in mehrere europäische Länder, u. a. nach Deutschland. Nach der Abdankung Napoleons kehrte sie nach Paris zurück, verfasste ihre Memoiren sowie die *Considérations sur les principaux événements de la Révolution française* (*Betrachtungen über die vornehmsten Begebenheiten der Französischen Revolution*, 1818), einer der Gründungstexte der revolutionären Geschichtsschreibung.

Vor allem zwei Werke haben S. in ganz Europa berühmt gemacht: der nach der Italien-Reise (1804/05) entstandene Roman *Corinne ou l'Italie* (*Corinna oder Italien*, 1807/08) und der nach den beiden Deutschlandreisen (1803/04; 1807/08) verfasste Essay *De l'Allemagne* (*Über Deutschland*, 1814), der 1810 auf Betreiben Napoleons von der Polizei beschlagnahmt wurde und erst drei Jahre später im Londoner Exil erscheinen konnte. Sowohl *Corinne ou l'Italie* als auch *De l'Allemagne* thematisieren die fundamentale Erfahrung der Differenz. In *Corinne* werden die Darstellung der kulturellen Differenz (Italien) und die der Geschlechterdifferenz aus weiblicher Perspektive so ineinander verwoben, dass sich die Vermittlung der Differenzerfahrung verdoppelt. Das Deutschland-Buch, das zur Zeit der napoleonischen Hegemoniebestrebungen dem französischen Publikum die deutsche Literatur und Kultur zu vermitteln versucht und ein aus französischer Sicht völlig unerwartetes und umso faszinierenderes Deutschlandbild entwirft, steht noch expliziter im Zeichen der Arbeit an der Differenz.

Brunhilde Wehinger

Stagnelius, Erik Johan

Geb. 14. 10. 1793 in Gärdslösa, Öland/ Schweden; gest. 3. 4. 1823 in Stockholm

Trotz seines kurzen Lebens von nur knapp 30 Jahren hat Erik Johan Stagnelius ein umfangreiches, vielgestaltiges und zugleich außerordentlich dichtes Werk hinterlassen, das neben Lyrik auch epische und dramatische Werke umfasst. Vor allem seine Gedichte gehören zum Bedeutendsten, was die schwedische Romantik hervorgebracht hat. Aufgrund seines verschlossenen Charakters und seiner Lebensweise eines Bohemien hat St. zu Lebzeiten nur wenig Beachtung und Anerkennung erfahren. Seine literarischen Arbeiten wurden zunächst als Ausdruck von Überspanntheit eingeschätzt. Erst nach seinem Tod setzte eine intensive Auseinandersetzung mit seinem Werk ein, das bis dahin zum größten Teil noch unveröffentlicht war. Viele seiner Texte lassen sich bis heute nicht mit Sicherheit datieren. Auch gibt es über sein Leben nur wenig zuverlässige Quellen.

Als Sohn eines Pfarrers wurde St. in Gärdslösa, einem kleinen Ort an der Ostküste der Insel Öland, geboren. Bereits im Kindesalter schrieb er erste Gedichte. Die sich früh abzeichnende Begabung wurde durch den Vater gefördert, der ihn vor allem mit der Literatur der klassischen Antike vertraut machte. Zu St.' Lieblingsbüchern gehörten Ovids *Metamorphosen*. 1810 übersiedelte die Familie nach Kalmar, wo der Vater Bischof wurde. Im darauffolgenden Jahr nahm St. ein Theologiestudium in Lund auf, wechselte jedoch schon nach einem Semester nach Uppsala, um dort Jura zu studieren. Bereits in der Studentenzeit machte sich eine schwache Gesundheit bemerkbar, was dazu führte, dass er von den damals üblichen Wehrübungen befreit wurde. Nach dem Examen erhielt St. eine Anstellung als Kanzlist im Kultusministerium in Stockholm. Als Ursache für seinen frühen Tod wird ein Herzfehler oder der übermäßige Konsum von Alkohol und Opium vermutet.

St.' Werk zeugt von einer außerordentlichen Belesenheit, die neben antiken Texten die Literatur des schwedischen Klassizismus, die zeitgenössische Literatur der schwedischen und deutschen Romantik sowie viele Werke der französischen und englischen Literatur umfasst. Als erste Veröffentlichung erschien 1817 das Hexameterepos *Wladimir den Store* (*Wladimir der Große*, 1828), das anonym herausgegeben wurde. Es handelt von dem russischen Fürsten Wladimir, der die christliche oströmische Prinzessin Anna gefangennimmt, sie schließlich heiratet und dann selbst zum Christentum übertritt. In einer visionären und bildreichen Sprache wird der Zwiespalt des Titelhelden zwischen Angst und Hoffnung geschildert. Dieser Zwiespalt findet sich in vielen lyrischen Texten St.' wieder.

1818 stellte er unter dem Titel »Lyriska dikter och elegier« (Lyrische Gedichte und Elegien) eine Auswahl von Gedichten zusammen, die jedoch unabgeschlossen und unveröffentlicht blieb. Die Sammlung zeigt ein breites Spektrum an antiken und neueren lyrischen Formen, welche St. mit sicherem Formbewusstsein beherrschte. Die ersten drei Teile sind betitelt mit »Moraliska, religiösa och patriotiska sånger« (Moralische, religiöse und patriotische Lieder), »Visor, romanser och idyller« (Lieder, Romanzen und Idyllen) und »Erotiska sånger« (Erotische Lieder), zwei weitere Teile enthalten pastorale Gedichte und Elegien. Charakteristisch für St.' Dichtung ist eine Begegnung zwischen dem lyrischen Ich und der Welt, insbesondere der Natur, in der die Welt bzw. die Natur durch eine sehr subjektive Perspektive vermittelt ist, etwa die Perspektive eines Traumes, einer Vision oder einer Erinnerung. Oft verbindet sich dabei der Bereich der Natur mit dem Religiösen oder dem Erotischen. So erscheint dem Ich in den unterschiedlichsten Phänomenen der Natur das Bild der Göttin Amanda, die sein Begehren weckt und sich ihm doch beständig entzieht. Sehr häufig gestaltet St. in seinen Gedichten Augenblicke des Übergangs, etwa des Erwachens oder des Entschwindens einer Vision, in denen eine Verlusterfahrung zum Ausdruck kommt – der Verlust der Kindheit, des Paradieses oder einer ursprünglichen Ideenwelt. Das Ich versinkt jedoch nicht einfach nur in der sich öffnenden Leere, sondern schöpft aus dem Verlust neue Kraft. So endet eines der bekanntesten Gedichte mit den Worten: »Die Nacht ist die Mutter des Tages, das Chaos ist der Nachbar Gottes.«

Das 1821 wiederum anonym erschienene Buch *Liljor i Saron* enthält neben dem gleichnamigen zweiteiligen Gedichtzyklus (*Die Lilien in Saron*, 1851) auch das Drama *Martyrerna* (*Die Märtyrer*, 1853), das die frühe Christenverfolgung in Karthago thematisiert. In dem Gedichtzyklus lässt sich deutlich eine Inspiration durch gnostische und neuplatonische Gedanken erkennen, denen zufolge die Seele die physische Welt als Gefangenschaft erfährt. Als letzte Veröffentlichung zu St.' Lebzeiten folgte 1822 das Drama *Bacchanterna* (*Die Bacchantinnen*, 1851), das vom Opfertod und der Widerauferstehung des Orpheus handelt.

Dietmar Götsch

Stein, Gertrude

Geb. 3. 2. 1874 in Allegheny, Pennsylvania; gest. 27. 7. 1946 in Neuilly-sur-Seine/ Frankreich

»(Eine) Rose ist eine Rose ist eine Rose ist eine Rose«: Gertrude Steins Prosa ist so herausfordernd schlicht, dass die rätselhafte Einfachheit der Sprache ein breites Publikum davon abgehalten hat, ihre Bücher zu lesen. Die zuweilen bewundernd »Mutter der Moderne« (Thornton Wilder) genannte S. ist eines jener literarischen Genies, die trotz ihres überragenden Könnens kein Meisterwerk im literarischen Kanon plazieren konnten. Es ist also für S. und ihr Schaffen durchaus bezeichnend, dass sie vor allem als Verfasserin der wohl »be-

rühmtesten Zeile der amerikanischen Literatur« (Ulla Hahn) in aller Munde ist. Ebenso bezeichnend ist, dass bis heute über den Sinn und die ›richtige‹ Version der ›Gertrudenrose‹ immer wieder gestritten wird. Wieviele Rosen sind es? Eine Rose? Drei Rosen? Vier Rosen? Beinhaltet der Satz eine Aussage, eine Frage, gar eine Gleichung? Die Faszination des Satzes, der in mehreren autorisierten Varianten überliefert ist, liegt wohl auch darin, dass er durch die suggestive Kraft der Wiederholung Leser geradezu dazu auffordert, das Rätsel seiner Bedeutung zu lösen. Ist »Rose« durch die Reduktion auf das Elementare ganz Wort oder ganz Ding? Ist die reine, innerweltliche Gleichsetzung des Gegenstands mit sich selbst Inbegriff einer modernen, gottlosen Welt oder aber zeigt sich in dieser Rose das wahre Sein? Indem S. das Wort von allen metaphorischen Verästelungen befreit, zeigt sie die Rose einzig und allein mit sich selbst identisch. Es ist diese Rückführung auf das Wesentliche, die S.s Sprachexperimente stilbildend werden ließ und die ihren Einfluss auf so wichtige moderne amerikanische Autoren wie Sherwood Anderson, Ernest Hemingway und Richard Wright begründete.

Für das Verständnis der besonderen literarischen Eigenschaften der bedeutenden amerikanischen Sprachkünstlerin scheint der Umstand wichtig, dass ihre erste Sprache Deutsch und ihre zweite Französisch war. S. wurde zwar in den USA in eine wohlhabende deutsch-jüdische Kaufmannsfamilie hineingeboren, mit der sie dann aber in ihrer frühen Kindheit nach Österreich und Frankreich kam, ehe sie in der Schulzeit mit der Familie wieder nach Kalifornien zog. Der Kontakt mit verschiedenen ›Muttersprachen‹ und die Frage der Zugehörigkeit zu einer bestimmten Kultur waren für sie zeitlebens prägend und ebenso bedeutsam wie für andere zentrale Figuren der Moderne (z. B. für die ebenfalls exilierten, mit dem Potential hybrider Herkunft experimentierenden Pablo Picasso, James Joyce oder Ezra Pound). Der Kontakt mit dem kulturell Eigenen als angeeignetem Fremden machte S. früh hellhörig für die Konstruiertheit und Konventionalität des Mediums Sprache. Dazu kam, dass sie in Harvard bei Hugo Münsterberg und William James Psychologie und Philosophie studierte und damit in Berührung mit den Theorien des Pragmatismus kam, die die Welt ebenfalls als eine aus Gewohnheiten und Konventionen konstruierte betrachteten. Nach dem Tod der Eltern folgte S. ihrem Bruder Leo nach Europa. In der Rue de Fleurs 27 in Paris bezogen die beiden eine Wohnung, die bald zum Treffpunkt von Künstlern und Intellektuellen wurde. Von Hause aus mit den nötigen Mitteln ausgestattet, erwarben sich Gertrude und Leo, der Kunstkritiker war, dort eine Sammlung mit zeitgenössischen Werken von Paul Cézanne, Henri Matisse, Picasso u. a., die sie Freunden und der Öffentlichkeit im Rahmen eines *jour fixe* zugänglich machten. Nach einem Streit mit Leo lebte S. ab 1913 mit ihrer Haushälterin, Sekretärin und Geliebten Alice B. Toklas zusammen. S. stand in Paris in besonders engem Kontakt zur künstlerischen Avantgarde. Sie saß Picasso Modell und veröffentlichte einen ersten Essay über seine Malerei. Nach dem Ersten Weltkrieg wurde ihr Salon Mittelpunkt der amerikanischen »Lost Generation«, die sie mit den Ideen und Techniken der europäischen Avantgarde vertraut machte. Eine Vortragsreise durch Amerika in den 1930er Jahren wurde zu einem großen Erfolg, da sie es vermochte, das Publikum für sich und ihr »Projekt Moderne« einzunehmen. Bei Ausbruch des Zweiten Weltkriegs lebte S. wieder in Frankreich, überstand aber mit Hilfe der Nachbarn die Besatzungszeit unbehelligt. Der Krieg öffnete der politisch naiven und in der Unterstützung für Franco und Pétain zuweilen reaktionären S. letztlich die Augen für die Greuel der Zeit. 1946 starb sie in Neuilly-sur-Seine an Krebs.

S. gehört zu den anerkannt großen Sprachkünstlerinnen der klassischen Moderne. Wie bei kaum einer anderen Vertreterin der Avantgarde standen die Eigenheiten des Materials, der Sprache selbst, im Zentrum ihrer Bemühungen für einen neuen, authentischen Ausdruck. Die vom Kubismus angeregte Rückführung der Sprache auf grundlegende Formen trug dazu bei, dass alles Interesse dem Mittel und nicht mehr dem Inhalt des Ausdrucks galt und somit im Vorgriff auf Marshall McLuhan behauptet werden kann, dass bereits bei S. das Medium die Botschaft war. Die Auseinandersetzung mit den Gesetzmäßigkeiten des Mediums verlagerte sich im Laufe ihrer Karriere zwar immer wieder, blieb aber doch konstant im Fokus auf die Reduktion der Sprachmittel und ihre Loslösung aus den Konventionen der Alltagssprache. Ihre Kurzgeschichtensammlung *Three Lives* (1909; *Drei Leben*, 1960) ist noch deutlich naturalistischen Milieustudien verpflichtet, doch überwiegt in der Darstellung der Einfachheit der Charaktere hier schon das Interesse, die Eigenarten der Figurenrede zu stilisieren und zu schematisieren. Der über einen längeren Zeitraum entstandene Roman *The Making of Americans* (*The Making of Americans. Geschichte vom Werdegang einer Familie*, 1989), der 1911 fertiggestellt wurde, aber aufgrund mangelnden Verlegerinteresses erst 1925 erschien, gilt als Stilkompendium ihrer experimentellen Prosa. Hier wird Sprache vollends zum Material abstrakter, kubistischer Wort- und Satzkompositionen. In der anspielungsreich betitelten Lyriksammlung *Tender Buttons* (1914; *Zarte Knöpfe*, 1979) ist der Verzicht auf die herkömmliche Referenzleistung der Sprache noch markanter. Der größte Publikumserfolg war der im ironisch-epigrammatischen Plauderton verfasste Kolportageroman aus Künstlerkreisen *The Autobiography of Alice B. Toklas* (1933; *Die Autobiographie von Alice B. Toklas*, 1955). Das Buch ist ein für S. untypisches Gattungsexperiment, in dem sie die Persona ihrer Partnerin nutzt, um das Genre der Autobiographie hintersinnig zu demontieren. Neben vielen weiteren Romanen sowie Essay- und Gedichtsammlungen verfasste S. auch das Opernlibretto *The Mother of Us All* (1947) und das Kinderbuch *The World Is Round* (1939; *Die Welt ist rund*, 1994), bei dem sich der Satz von der Rose auf einem Baumstamm wiederfindet.

S.s Schaffen ist von all den Paradoxien durchdrungen, die für die klassische Moderne charakteristisch sind. Der demokratische Impuls, der sich in einer angestrebten Gleichheit aller Stilmittel und in einem enthierarchisierten Sprachduktus niederschlägt, wird von einer elitären Haltung begleitet, die ihre Kunst selbst für Eingeweihte oft kryptisch bleiben lässt. Die vielfach beschworene Offenheit ihrer Werke steht im krassen Widerspruch zu deren hermetischer Geschlossenheit. Die verstörende Artifizialität ihrer Prosa bewirkt indes, dass die so dargestellten Dinge in ihrer naiven, magischen Schlichtheit paradoxerweise ganz unverfremdet erscheinen. Auch wenn sich S. selbst als eine »Schriftstellerin für Schriftsteller« bezeichnet hat, lohnt es sich, dem unverstellten Charme der Dinge in ihrer Kunstwelt nachzugehen.

Gerd Hurm

Steinbeck, John [E.]
Geb. 27. 2. 1902 in Salinas, Kalifornien; gest. 20. 12. 1968 in New York

»The great crime I have committed against literature is living too long and writing too much, and not good enough«, schrieb John Steinbeck, einige Jahre bevor ihm 1962 der Nobelpreis für Literatur verliehen wurde. Schon einen Tag nach der Preisvergabe wurde im Leitartikel der *New York Times* die Frage aufgeworfen, ob man wirklich einen Autor ehren wollte, der seine besten Romane vor 30 Jahren geschrieben hätte. Als S. 1968 starb, bis zuletzt umgetrieben von der Sorge, die Qualität der frühen Werke nicht mehr erreichen zu können, hinterließ er über 20 Romane, Erzählungen und Reisebücher, zahlreiche Reportagen, Drehbücher und Theaterstücke. Seine lebenslangen Selbstzweifel standen der öffentlichen Selbstinszenierung als etablierter, schon zu Lebzeiten kanonisierter Autor nicht im Wege.

Seit seiner Kriegsberichterstattung im Zweiten Weltkrieg und seinem Engagement für die Regierung, die ihn 1940 für die Mitarbeit im Foreign Information Service gewann, später dann mit der persönlichen Freundschaft zu Präsident Johnson und mit seinen umstrittenen Stellungnahmen in den Kommunistenprozessen sowie als Befürworter des Vietnamkrieges, verstand sich S. immer auch als Figur des öffentlichen Lebens. Vor allem in den sozialkritischen Romanen der 1930er Jahre, aber auch in seinen späteren amerikabezogenen Werken *Travels with Charley: In Search of America* (1962; *Reise mit Charley*, 1963) und *America and Americans* (1966; *Amerika und die Amerikaner*, 1966) setzte er sich mit der gesellschaftlichen Wirklichkeit des zeitgenössischen Amerika auseinander. Sein Leitfaden war dabei weniger ein ausgeprägtes politisches Bewusstsein als vielmehr ein unerschütterlicher Glaube an die menschliche Integrität, den er auch für die künstlerische Arbeit als maßgeblich ansah: »The writer is delegated to declare and to celebrate man's proven capacity for greatness of heart and spirit – for gallantry in defeat, for courage, compassion and love. In the endless war against weakness and despair, these are the bright rally flags of hope and of emulation« (Rede zur Nobelpreisverleihung, 1962).

Grundsätzliche Zweifel an der Gestaltung der Welt durch Literatur oder überhaupt an den Möglichkeiten der sprachlichen Erfassung der Wirklichkeit waren S. fremd. Selten dachte er systematisch über seine ästhetischen Prinzipien nach. In seinen Aufzeichnungen und Briefen reflektiert er zwar immer wieder den Vorgang des Schreibens und seine Aufgabe als Schriftsteller, setzt sich jedoch mit diesen Themen nicht theoretisch, sondern eher aus der eigenen Erfahrung heraus auseinander. In kaum eines seiner literarischen Werke sind sprachphilosophische oder selbstreflektierende Beobachtungen eingegangen. Einzige Ausnahme ist das Reisetagebuch *Sea of Cortez: A Leisurely Journal of Travel and Research* (1941; *Das Logbuch des Lebens*, 1953), sicherlich eine seiner eigenartigsten Veröffentlichungen, die auf einer Forschungsreise in den mexikanischen Golf von Kalifornien unter Mitarbeit seines engsten Freundes, des Meeresbiologen Ed Ricketts, entstand. Darin entwickelt S. die Idee der »Phalanx«, eine Theorie über Gruppenverhalten und das Individuum als Bestandteil größerer sozialer Einheiten, die schon für die Werke der 1930er Jahre prägend war. Ansonsten steht Schreiben für S. vor allem im Dienst der Geschichte, die erzählt werden will, mit ihrem spannenden Handlungsaufbau und ihren klar umrissenen Figuren, die sich vor dem Hintergrund einer wiedererkennbaren Wirklichkeit bewegen. Da er sich den formalen Herausforderungen der Moderne entzieht und sich einer Form des konventionellen Erzählens verpflichtet, die manchen Kritikern als naiv oder marktgefällig gilt, ist seine literarische Qualität nach wie vor umstritten, obwohl seine Bücher sich in zahlreichen Ländern millionenfach verkaufen und die Verfilmungen seiner Romane *The Grapes of Wrath* (1939; *Früchte des Zorns*, 1940) und *East of Eden* (1952; *Jenseits von Eden*, 1953) ein breites Publikum erreicht haben.

Obwohl S. seit 1945 in New York lebte, spielen mehr als die Hälfte seiner Werke in Südkalifornien, wo er seine Jugend verbrachte. Der regionale Bezug liefert jedoch nur den Hintergrund, vor dem seine zentralen Themen entfaltet werden: die Frage nach Gut und Böse, nach dem menschlichen Handlungsspielraum zwischen diesen beiden Polen und nach der Verantwortung für den Nächsten. Das gilt schon für die ersten ernstzunehmenden Werke, *Tortilla Flat* (1935; *Die Schelme von Tortilla Flat*, 1951) und *The Pastures of Heaven* (1932; *Tal des Himmels*, 1954), aber auch für die politisch engagierten Texte der 1930er Jahre – den Streikroman *In Dubious Battle* (1936; *Stürmische Ernte*, 1955), das »big book« *The Grapes of Wrath*, das von S. sehr geschätzte »little book« *Of Mice and Men* (1937; *Von Mäusen und Menschen*, 1955) – die ihm heftige Angriffe, öffentliche Anfeindungen, sogar Drohungen von Antikommunisten eintrugen. S. verstand sich nie als Sozialist, im Gegenteil, er arbeitete immer wieder die Fragwürdigkeit einseitiger ideologischen Engagements heraus. Anderseits stellte er sich eindeutig auf die Seite der ausgebeuteten Arbeiter. Als überzeugter Befürworter des New Deal bestand er auf der Notwendigkeit von Hilfsmaßnahmen für die Hunderttausenden von verarmten Pachtfarmern, die in den 1930er Jahren vor allem aus Arkansas und Oklahoma nach Kalifornien auswanderten, um dort auf den Obstplantagen Arbeit zu finden, und stattdessen in die soziale Verelendung stürzten. S. recherchierte vor Ort, fuhr in die Hilfslager, sprach mit hungernden Familien, arbeitslosen Männern und Streikführern. *In Dubious Battle* ist das erste Buch, in dem er sich direkt mit diesen Vorgängen auseinandersetzte. Über weite Strecken hat es die provozierende Dringlichkeit und Schonungslosigkeit einer Sozialreportage. *Of Mice and Men* spielt in einem ähnlichen Milieu, rückt aber das persönliche Schicksal zweier Wanderarbeiter in den Vordergrund. Der Traum vom selbstbestimmten Leben scheitert; zwischenmenschliche Verantwortung kann sich unter dem Druck der Verhältnisse nur tragisch entfalten. Dagegen steht in der heiteren Erzählung *Cannery Row* (1945; *Cannery Row. Die Straße der Ölsardinen*, 1946) der Gegenentwurf einer gelungenen Gemeinschaft, die sich auf Toleranz und Solidarität gründet. In *The Grapes of Wrath* entfaltet S. am Beispiel der verarmten Familie Joad ein umfassendes Panorama sozialer Missstände in Kalifornien und zeigt den amerikanischen Traum von der unbegrenzten Ausdehnung nach Westen als zum Scheitern verurteilt. Formal ist der Roman konventionell erzählt, wobei die neutrale Erzählperspektive, die ökonomische Figurenzeichnung und der knappe Stil an Ernest Hemingway erinnern. Ungewöhnlich sind allerdings die Zwischenkapitel, die den Erzählfluss unterbrechen: kurze, oft metaphorisch durchgearbeitete Einschübe, die den Exodus der Familie Joad in einen größeren Zusammenhang einordnen, so dass der Roman an epischer Breite und sozialkritischer Schärfe gewinnt. Daneben hielt S. von seinen späteren Werken nur die kalifornische Familiensaga *East of Eden* für gelungen, die über mehrere Generationen der Familien Trask und Hamilton den Grundkonflikt zwischen Mitmenschlichkeit und dämonisierter Eigenliebe verhandelt und die Frage nach der menschlichen Entscheidungsfreiheit durchspielt.

Neben diesen ehrgeizigen Projekten, die er ohne den intensiven Zuspruch seines Verlegers Pat Covici und ohne die praktische Unterstützung seiner drei Ehefrauen kaum bewältigt hätte, versuchte sich S. mit wechselndem Erfolg in verschiedenen Gattungen, von Parabeln und Allegorien über Broadway-Komödien bis zur Gesellschaftssatire. Er arbeitete über zehn Jahre an einer Übersetzung der mittelenglischen Artusdichtung *Le Morte d'Artur* von Thomas Malory, die seiner Ansicht nach neben der Bibel und William Shakespeare für das ethische Selbstverständnis der westlichen Zivilisation prägend war, kommentierte Bildbände, verfasste Reportagen und Artikel über seine Reisen durch die Vereinigten Staaten, Südamerika, Russland und Europa. In seinen späten Werken entwickelte S. eine zwischen patriotischem Bekenntnis, nostalgischer Kulturkritik und aufmerksamer kritischer Zeitgenossenschaft schwankende Haltung zu seinem Land, die ihm gleichermaßen Freunde und Feinde schaffte und in ihrer Widersprüchlichkeit charakteristisch für sein Lebenswerk ist, wenn man neben den kanonisierten Werken das gesamte Schaffen dieses ungewöhnlich produktiven Autors miteinbezieht.

Annette Pehnt

Steinhöwel, Heinrich
Geb. um 1411 in Weil; gest. 1479 in Ulm

St. gilt als einer der meistgelesenen deutschen Autoren vor Luther. Trotzdem sind nur wenige außerliterarische Zeugnisse über ihn erhalten, so dass sich eine Rekonstruktion seiner Biographie vor allem auf Selbstaussagen in seinem Werk stützen muss. Um 1411/12 in Weil der Stadt als Sohn des Patriziers Heinrich Steinhöwel d. Ä. geboren, wird St. zunächst eine Lateinschule besucht haben, bevor er sich 1429 an der Universität Wien einschrieb und ein erfolgreiches Artes-Studium absolvierte. 1432 erwarb er das Baccalaureat, vier Jahre später den Grad des Magister artium, und im Wintersemester 1437/38 unterrichtete er als Magister regens. In Wien, später auch in Italien, dürfte St. umfangreiche literarische Studien aufgenommen haben. Im Sommer 1438 schrieb er sich als Student des kanonischen Rechts an der Universität Padua ein, studierte dann Medizin und wurde 1443 zum Doctor medicinae promoviert. Ein Jahr zuvor war er in Padua bereits Rektor der Artistenfakultät geworden. 1444 lehrte St. an der Universität Heidelberg Medizin, praktizierte darauf vermutlich in seiner Heimatstadt Weil, bald als Stadtarzt in Esslingen und wechselte 1450 als Stadtarzt nach Ulm. St.s hoher gesellschaftlicher Status in diesem Amt zeigt sich u. a. in seinen Beziehungen zum südwestdeutschen Adel. Seine finanziellen Mittel eröffneten ihm die Möglichkeit, die Gründung der Offizin J. Zainer in Ulm zu initiieren und zu unterstützen. Er starb 1479 und wurde in einer Kapelle am Ulmer Münster, die er selbst gestiftet hatte, beigesetzt.

St.s erstes literarisches Werk, das *Büchlein der Ordnung der Pestilenz*, das wohl um 1446 während einer Pestepidemie in seiner Heimatstadt entstand und als Erstdruck 1473 bei J. Zainer in Ulm erschien, repräsentiert wie seine *Tütsche Cronica* einen eher pragmatischen Texttyp. Die *Cronica* wurde einen Monat nach dem *Pestbüchlein* ebenfalls bei Zainer in Ulm gedruckt und bezeugt die Autorschaft St.s allein durch die Abbildung seines Wappens, zweier gekreuzter Steinhauen, in der Zierleiste zu Beginn des Textes. Die knappe Darstellung der Weltgeschichte in Daten und Fakten stellt eine Übersetzung der anonym überlieferten *Flores temporum* (ca. 1290) dar.

St.s *Apollonius* sowie seine *Griseldis* lassen sich als romanhaft-fiktionale Textgruppe verstehen. Der 1461 entstandene, 1471 bei G. Zainer in Augsburg zum ersten Mal gedruckte Prosaroman *Apollonius* ist eine deutsche Version der »Historia Apollini regis Tyri« aus dem 5. Jahrhundert, wobei St. die Brautwerbung des Apollonius nach zwei lateinischen Bearbeitungen erzählt: dem »Gesta Romanorum« (14. Jahrhundert) und dem »Pantheon« Gottfrieds von Viterbo (1125–1192). In der Vorrede stattet St. die »hystori« mit dem Anspruch historischer Authentizität aus und formuliert seine auch in späteren Werken häufig geäußerte übersetzerische Absicht, die »wißhait« der lateinischen Quellen einem breiten Publikum zugänglich zu machen. Bereits um 1461/1462 übersetzte St. Petrarcas *Griseldis*, eine lateinische Fassung der letzten Novelle aus Boccaccios *Decameron*. Interessant sind die jeweiligen Akzentverschiebungen: Während Boccaccios Erzähler die qualvollen Prüfungen, denen der Marchese Gualtieri seine Frau aussetzt, als Bestialität verurteilt, gelten sie bei Petrarca als Exempel für das unerforschliche Handeln Gottes an den Menschen. St. dagegen stellt das standhafte Verhalten der Griseldis in den Mittelpunkt, wenn er in der Vorrede bemerkt, er habe die Novelle »umb ander frowen manung zuo gedult geseczet«. Der älteste handschriftliche Textzeuge der *Griseldis* stammt aus dem Jahr 1464, 1471 wurde sie bei G. Zainer in Augsburg zum ersten Mal gedruckt, und bereits 1473 erschien bei J. Zainer in Ulm ein repräsentativer, mit mehreren Holzschnitten des »Boccaccio-Meisters« ausgestatteter Neudruck. Dieser präsentiert zugleich zum ersten Mal unter dem Titel *Von den synnrychen erlüchten wyben* St.s deutsche Übersetzung von Boccaccios *De claris mulieribus*. Der Eleonore von Tirol gewidmete Text enthält eine Sammlung von 99 Viten berühmter Frauen, die jeweils als vorbildliche und abschreckende Beispiele dazu dienen sollen, die moralisch-ethische Urteilsfähigkeit der Rezipienten zu schulen. In diesem Sinne ›lehrhaft‹ ist auch St.s in einem Autograph aus dem Jahr 1473 erhaltener *Spiegel menschlichen Lebens*, eine Ständedidaxe, die nach der Vorlage des *Speculum vitae humanae* des Rodericus Zamorensis (1404– 1470) übersetzt ist. Am Beispiel der weltlichen und geistlichen Stände und ihrem »wesen« wird hier vorgeführt, »wie und in woellicher maß der mensch sein leben volfueren sol«.

Die traditionell mit der Fabel verbundene didaktische Funktion übernimmt St. auch für seinen *Esopus*, der um 1476/77 als zweisprachig angelegter und außergewöhnlich aufwendig mit Holzschnitten ausgestatteter Erstdruck bei J. Zainer in Ulm erschien. St. stellt in dieser Sammlung Texte aus Fabelcorpora spätantiken, mittelalterlichen und humanistischen Ursprungs zusammen und gab ihr neben einigen Exempeln aus der *Disciplina clericalis* des Petrus Alphonsi (um 1100) auch verschiedene Fazetien des Humanisten Poggio bei. Zahlreiche deutsche und lateinische Separatdrucke sowie Übersetzungen des *Esopus* zeugen von seinem europaweiten Erfolg, späteren Fabeldichtern, Schwanksammlern und Predigern diente er als wichtige Quelle. Sein didaktischer Nutzen war jedoch umstritten, insbesondere die Erweiterung der Sammlung durch die Fazetien, die »unzuechtigen Bubenstueck«, veranlasste Luther zur Veröffentlichung einer eigenen, purifizierten Fabelsammlung (1530).

St.s Anspruch, ein möglichst breites volkssprachliches Publikum zu erreichen, ist ablesbar an seiner Bevorzugung des neuen Mediums Druck und an seiner Übersetzungspraxis, deren Prinzipien er in der Vorrede des *Esopus* deutlich herausstellt. Um den Voraussetzungen seiner Rezipienten gerecht zu werden, will er seine lateinischen Vorlagen verständlich und sinngemäß, »nit wort uß wort, sunder sin uß sin« übertragen. Eine entgegengesetzte Position vertrat St.s Zeitgenosse Niklas Wyle, der eine Erhaltung der sprachlichen Eigenheiten des Lateinischen im deutschen Übersetzungstext favorisierte. Diesen konträren Übersetzungsprinzipien liegen unterschiedliche Einschätzungen des spezifischen Bildungspotentials des Lateinischen zugrunde, die in der Forschungsdiskussion um die Einordnung St.s als ›Frühhumanist‹ zentrale Bedeutung besitzen.

Werkausgaben: Griseldis. Apollonius von Tyrus. Aus Handschriften hg. von C. Schröder. Leipzig 1873; Boccaccio, De claris mulieribus. Deutsch übersetzt von Stainhöwel. Hg. von K. Drescher. Stuttgart 1895; Der Ulmer Aesop von 1476/77: Aesops Leben und Fabeln sowie Fabeln und Schwänke anderer Herkunft. Hg. u. ins Dt. übers. von Heinrich Steinhöwel. 3 Bde. Ludwigsburg 1992–1995.

Stephanie Altrock

Stendhal (d.i. Marie-Henri Beyle)
Geb. 23. 1. 1783 in Grenoble;
gest. 23. 3. 1842 in Paris

Marie-Henri Beyle, der – neben anderen Pseudonymen – das Pseudonym Stendhal wählte (nach dem Geburtsort des von ihm verehrten Winckelmann), kann unter den großen französischen Romanciers des 19. Jahrhunderts als einer der vielseitigsten gelten, denn neben seinen Romanen, Novellen und poetologischen Streitschriften verfasste er auch musik- und kunstgeschichtliche Werke, Reiseberichte und psychologische Essays. St., Grenzgänger zwischen den Künsten, zwischen Romantik und Realismus, Bonapartismus und Liberalismus, zwischen Frankreich und Italien, ein großer Reisender im napoleonischen Europa, führte ein bewegtes Leben, das Goethe schon 1818 in einem Brief an Zelter (8. 3.) mit den Worten kommentiert hat: »Er scheint einer von den talentvollen Menschen, der als Offizier, Employé oder Spion, wohl auch alles zugleich, durch den Kriegsbesen hin und wider gepeitscht worden.«

St. wurde am 23. Januar 1783 in Grenoble als Sohn eines großbürgerlichen Advokaten geboren. Über seine Kindheit und Jugend, die geprägt waren durch den frühen Verlust seiner Mutter, hat er in seiner 1835/36 entstandenen Autobiographie *Vie de Henry Brulard* (postum 1890; *Leben des Henri Brulard*, 1923) berichtet, in der er sein Leben bis zu seiner Teilnahme am Italienfeldzug 1800 Revue passieren ließ. Aus Italien kehrte er 1802 nach Paris zurück, 1806 bis 1808 hielt er sich, in der französischen Armee mit administrativen Aufgaben betraut, in Deutschland (dazu Manfred Naumann, 2001), 1809 in Wien auf, bevor er 1811 erneut nach Italien aufbrach. In diesen Jahren entdeckte er seine Begeisterung für Musik und bildende Kunst. 1814 erschienen seine teilweise auf Plagiaten beruhenden Musikerbiographien *Vies de Haydn, de Mozart et de Métastase* (vgl. *Briefe über den berühmten Komponisten Joseph Haydn*, 1922). 1823 folgte *Vie de Rossini* (*Rossini*, 1988), 1817 seine *Histoire de la peinture en Italie* (*Geschichte der Malerei in Italien*, o.J.).

1812 hatte St. am Russlandfeldzug der napoleonischen Armeen teilgenommen und war nach der Niederlage in Waterloo und dem Ende des Empire 1814 nach Mailand, dem »schönsten Ort der Welt«, übergesiedelt. Nach ausgedehnten Reisen durch Italien publizierte er 1817 seine Reiseberichte *Rome, Naples et Florence en 1817* (erw. Fassung u.d.T. *Rome, Naples et Florence [1826]*, 1827; *Rom, Neapel und Florenz im Jahre 1817, Römische Spaziergänge*, 1910). Da er wegen seiner Kontakte zu liberalen und patriotischen Kreisen der österreichischen Regierung suspekt war, musste er 1821 Mailand verlassen und kehrte nach Paris zurück, wo 1822 – weitgehend unbeachtet – sein psychologischer Essay *De l'amour* (*Über die Liebe*, 1903) erschien: Reflexionen des zeit seines Lebens in zahlreiche Liebesaffären verstrickten Autors, der seit 1818 Mathilde Dembowsky verehrte – eine Passion, die auch in seinem Erzählwerk Spuren hinterlassen hat.

St., der das napoleonische Europa kennengelernt hatte und dauerhaft bonapartistische Sympathien hegte, der, ursprünglich republikanisch geprägt, die Restaurationsgesellschaft mit ihren ständischen Privilegien und ihrem dominanten Klerus ablehnte, kritisierte deren reaktionären Charakter schon in seinem Roman *Armance ou quelques scènes d'un salon de Paris en 1827* (1827; *Armance oder Einige Szenen aus einem Pariser Salon im Jahre 1827*, 1921), in dem die freilich nur angedeutete Impotenz des adeligen Protagonisten Octave de Malivert, der seine Kusine Armance liebt, die Funktionslosigkeit einer ganzen Klasse symbolisiert. Für den von Victor Hugo postulierten »libéralisme en littérature« hatte St. sich schon 1823/25 in seinen beiden literarischen Streitschriften *Racine et Shakespeare* (*Racine und Shakespeare*, 1980/82) eingesetzt: Anknüpfend an die durch Madame de Staël ausgelöste Romantik-Debatte in Italien und letztlich in Fortführung der *Querelle des anciens et des modernes* postulierte St. hier unter Rekurs auf das Drama eine Überwindung des klassizistischen durch ein romantisches, und das heißt für ihn: ein prinzipiell modernes, also aktualistisches Paradigma (Hans Robert Jauß). Innerhalb des so definierten romantischen Paradigmas gelten ihm Dante und Shakespeare als exemplarische »Romantiker«. Trotz des eher feuilletonistischen und polemischen Charakters der Schrift skizzierte St. hier Merkmale einer nicht-normativen, relativistischen, historisierenden Ästhetik, die sich als konstitutiv für die ästhetische Moderne erweisen sollten.

St., der während der Restaurationsjahre verschiedentlich nach England gereist war und auch für englische Magazine arbeitete, ging 1831 als Konsul nach Civitavecchia im Kirchenstaat, von wo aus er immer wieder nach Rom reiste, das er 1829 in seinen *Promenades dans Rome* (*Römische Spaziergänge*, 1910) in Form eines fiktiven Reisejournals schon einmal literarisch erkundet hatte. Das Epochensyndrom des »ennui«, unter dem er in Civitavecchia litt, veranlasste ihn 1832 zu einer literarischen Selbsterkundung, die postum 1892 u.d.T. *Souvenirs d'égotisme* (*Bekenntnisse eines Egotisten*, 1905) erschien und 1835/36 durch seine autobiographische Schrift *Vie de Henry Brulard* ergänzt wurde. Er griff auf einen Begriff Joseph Addisons zurück– »egotism«/»égotisme« –, um sein Projekt einer objektiven, präzisen Selbstanalyse zu kennzeichnen, welches sich vom autobiographischen Paradigma Jean-Jacques Rousseaus ebensosehr unterschied wie von den *Mémoires d'outre-tombe*, an denen Chateaubriand seinerseits in den Jahren der Julimonarchie arbeitete; bei St. kündigte sich der »Abbau romantischer Subjektivität« (Jauß) an. Seine *Vie de Henry Brulard* werde wohl erst um 1880 ihr Publikum finden, so schrieb St. – eine luzide Prognose, denn in den 1880er Jahren erschienen postum wesentliche Teile seines Werkes, und erst Friedrich Nietzsche und Paul Bourget wussten das Gesamtwerk dieses »letzten großen Psychologen« (Nietzsche über St.) zu würdigen.

1836 ließ St. sich für drei Jahre beurlauben und kehrte aus Italien zurück nach Paris, wo er sein Erzählwerk mit zwei weiteren Romanen und den 1855 postum erschienenen *Chroniques italiennes* (*Chroniken und Novellen*, 1981), die seine Vorliebe für die italienische Renaissance bezeugen, abschloss (u. a. *L'abbesse de Castro*, 1839; *Die Äbtissin von Castro*, 1909). Stark autobiographisch gefärbt ist der unvollendete, 1834 bis 1839 entstandene Roman *Lucien Leuwen* (postum 1855/1894; *Lucien Leuwen*, 1921), die Geschichte der sentimentalen und politischen Desillusionierung des jungen Lucien Leuwen in den ersten Jahren der Julimonarchie. Nach Italien und in die Zeit der napoleonischen Feldzüge versetzt St. die Handlung in *La chartreuse de Parme* (1839; *Kerker und Kirche*, 1845, *Die Kartause von Parma*, 1958). Auch in diesem Roman erzählt er von der »chasse au bonheur«, der für die Sujets seiner Romane typischen Jagd eines unter widrigen politischen Umständen lebenden jungen Mannes – eines exemplarischen »enfant du siècle« – nach dem Glück; als »pursuit of happiness« war dieses Selbstverwirklichungsstreben im späten 18. Jahrhundert zum politischen Programm geworden. Der jugendliche Held Fabrice del Dongo schließt sich aus Überzeugung dem napoleonischen Heer an, erlebt die Schlacht von Waterloo, kehrt enttäuscht nach Parma zurück und schlägt, auf Vermittlung seiner Tante, der Herzogin Sanseverina, die geistliche Laufbahn ein. Liebeshändel führen zu seiner Verhaftung, die Liebe zur Tochter des Kerkermeisters, Clélia Conti, endet tragisch, und Fabrice zieht sich schließlich ins Kloster zurück und stirbt dort.

Nicht nur mit dem facettenreichen Motiv der »chasse au bonheur« knüpft St. an Ideale der Aufklärung an. Vielmehr ist sein Denken insgesamt der Aufklärung stark verhaftet. Dies gilt insbesondere für die Philosophie des Sensualismus sowie der »idéologie«, die in seinem Werk deutliche Spuren hinterlassen haben. Das gilt auch für den sogenannten »beylisme«, den diskreten, hedonistischen, amoralischen, entschieden individualistischen Lebensstil, der an die sensualistische Glückstheorie der Aufklärung wie an den Habitus prominenter ›philosophes‹ wie Voltaire, Diderot und La Mettrie erinnert. Wenngleich St. die zeitgenössischen Liberalen gelegentlich geschmäht hat, ist sein Denken doch unverkennbar freiheitlich ausgerichtet und bewegt sich im Horizont eines aufklärerischen Ideals von individueller und politischer Freiheit.

Nach Civitavecchia zurückgekehrt, setzte St. seine intensive schriftstellerische Tätigkeit fort und begann unter anderem mit der Niederschrift von *Lamiel* (unvollendet, postum 1889; *Amiele*, 1921/24) – die Titelheldin Lamiel verkörpert noch einmal St.s Ideal der luziden, kraftvollen, geistig unabhängigen Frau. – 1841 erlitt St. den ersten, ein Jahr später einen zweiten Schlaganfall, an dessen Folgen er am 23. März 1842 in Paris starb.

Le rouge et le noir. Chronique du XIXe siècle (*Rot und Schwarz*, 1901/08), entstanden 1829/30, gedruckt 1830 während der Julirevolution, bildet den Höhepunkt des St.schen Œuvres. Der Autor hat seinen Roman den ›happy few‹ gewidmet, dem Ideal einer intellektuellen und ästhetischen Elite von ›hommes supérieurs‹ verpflichtet, Ausnahmemenschen vom Format des *uomo virtuoso*, zu denen auch der Held des Romans, Julien Sorel, zählt. Der Roman nimmt einen ›fait divers‹, über den die Presse berichtet hatte, die »Affaire Berthet«, zum Anlass eines kritischen Tableaus der erstarrten Restaurationsgesellschaft. Julien, als Sohn eines Zimmermanns in der Franche-Comté aufgewachsen, wird von einem alles verzehrenden Ehrgeiz angetrieben, gesellschaftlich zu reüssieren. Seinen Aufstieg plant er wie einen militärischen Feldzug gegen die geschlossene Adelsgesellschaft seiner Zeit, machtpolitisch hochgerüstet, wie mehrere Machiavelli und Hobbes entlehnte Motti zu einzelnen Kapiteln andeuten. Am Vorbild des Aufsteigers Napoleon orientiert, von jakobinischer Radikalität – symbolisiert durch die Farbe Rot im Titel des Romans –, sucht er seinen Platz in der hierarchischen Gesellschaft seiner Zeit und wählt aus strategischen Gründen zunächst die kirchliche Laufbahn – darauf spielt die Farbe Schwarz im Titel an. St. löst, so machen schon der Haupttitel und der historiographisch anmutende Untertitel seines Romans und so macht dessen Plot deutlich, sein Postulat einer absolut modernen, d. h. aktualistischen, hier gegenwartskritischen Literatur ein. In dezidierter Abkehr vom romantischen Diskurs sucht er als realistischer Erzähler sein Vorbild in der stilistischen Neutralität und Präzision des Code civil. Dementsprechend wertneutral – gleichwohl mit erheblichem psychologischem Raffinement und feiner Ironie – werden der komplexe und problematische Charakter des Protagonisten, seine irritierende Amoralität beschrieben, die ihn dazu bewegt, seine Stellung als Hauslehrer bei der Familie Rênal zur Verführung der Gattin und Mutter und später seine Anstellung als Privatsekretär eines hochrangigen Pariser Aristokraten zur Verführung von dessen Tochter Mathilde de la Mole zu missbrauchen. Julien, der sich vom priesterlichen Hauslehrer zum Dandy gewandelt hat, steigt, nach der durch eine Schwangerschaft erzwungenen Heirat mit Mathilde in den Adelsstand erhoben, zu höchstem gesellschaftlichen Ansehen auf. Als er freilich von seiner ehemaligen Geliebten, Mme de Rênal, bei seinem Schwiegervater diskreditiert wird, sucht er Rache für sein Declassement. Mme de Rênal überlebt den Mordanschlag, Julien wird zum Tode verurteilt und hingerichtet. Seine Gattin Mathilde, die ihn zum jakobinischen Helden stilisiert hatte, in dem sie den Heroismus ihrer adeligen Vorfahren wiederzufinden glaubte, trägt ihn zu Grabe.

»Différence engendre haine«, »Anderssein erzeugt Hass«, so hatte Julien im Konflikt mit seiner Umwelt schon früh erkannt. Trotz seines äußerlichen Konformismus und Opportunismus erweist sich seine persönliche und soziale Alterität als sozial inakzeptabel, nicht integrierbar, subversiv. Die egalitären Verheißungen von Aufklärung und Französischer Revolution werden als illusionär entlarvt, und diese Desillusionierung erweckt in Julien die Sehnsucht nach dem Tod, der ihm schließlich als gesellschaftliche Sanktion, als Strafe, zuteil wird. In mehr als einer Hinsicht an seiner großen Ambition gescheitert, endet Julien tragisch: Er ist, so hat Erich Auerbach bemerkt, »weit mehr ›Held‹ als die Gestalten Balzacs oder Flauberts«.

Werkausgabe: Werke. 8 Bde. Hg. C.P. Thiede. Berlin 1978–82.

Gisela Schlüter

Sterne, Laurence
Geb. 24. 11. 1713 in Clonmel/Irland; gest. 18. 3. 1768 in London

Bereits zu Lebzeiten von den Londoner und Pariser Salons als exzentrischer Wort-Virtuose gefeiert, erlebte Laurence Sterne im 20. Jahrhundert eine beispiellose Auferstehung – als gleichsam versprengter Pionier der Moderne oder gar der Postmoderne. Kritiker entdeckten in ihm einen Meister radikaler Subjektivierung und Dekonstruktion; Autoren wie Nietzsche und James Joyce, Salman Rushdie und Milan Kundera sahen sich tief in seiner Schuld. Dabei hatte dieser anglikanische Provinz-Geistliche, wie die orthodoxen Interpreten ständig und erbittert wiederholen, mit seinem *Tristram Shandy* an eher konservative Traditionen seiner Zeit angeknüpft. Er hatte gelernt von den *anatomies* und ihrer Kunst des ›*learned wit*‹ (d. h. des parodistischen Umgangs mit pedantischen Wissenssystemen), von den Swiftschen Satiren, der mockheroischen Komik des Cervantes, der saftig-frivolen Rhetorik eines Rabelais. All dies ließ ihn in den Augen der Zeitgenossen offenbar als ein besonders originelles Kind seiner Zeit erscheinen. Dabei war sein Leben kaum exzeptionell zu nennen. Als Sohn eines verarmten Berufssoldaten hatte er eine nomadische Kindheit und eine einsame Internatszeit erlebt, die ihn den Eltern völlig entfremdete. In Cambridge hatte er Theologie studiert (dank eines Stipendiums, welches einst von seinem Urgroßvater, dem Bischof von York, gestiftet worden war). Als ihn die ersten beiden Bände des *Tristram Shandy* 1759 über Nacht berühmt machten, war er schon seit mehr als zwei Jahrzehnten Landpfarrer in Yorkshire, freilich ein Pfarrer mit dem »Hang zur Ausschweifung«, wie ein Vetter mit Blick auf eine Kette amouröser Seitensprünge vermerkte. Der literarische Erfolg versetzte St. endlich in die Lage, 1762 mit seiner Familie nach Toulouse in den

Süden zu ziehen, auf der Flucht vor dem »Hurensohn« – so nennt Tristram, der (in Buch VII) ebenfalls nach Frankreich flieht, den Tod. St. hatte fast sein ganzes Leben an Lungentuberkulose gelitten, an der er, nach zeitweiliger Erholung und weiteren Reisen zwischen England und dem Kontinent, im März 1768 schließlich starb. Die genannten Elemente seiner Biographie, die theologische Karriere ebenso wie die Versuchungen des Fleisches, die militärischen Diskurse und die Begegnung mit der »anderen«, nämlich romanischen Kultur sowie schließlich auch der Umgang mit Krankheit und stetiger Todesgefahr findet der Leser als teilweise radikal verfremdete Leitmotive in seinen beiden Romanen wieder.

Life and Opinions of Tristram Shandy, Gentleman (1759–67; *Leben und Meinungen des Tristram Shandy*, 1999) verspricht eine Autobiographie, die dann aber ironisch zum Scheitern gebracht wird. In dem Versuch, sein eigenes Leben nicht nur zu berichten, sondern obendrein zu erklären, verstrickt sich Tristram zunehmend in seinen ›Digressionen‹ und zwanghaften ›Assoziationen‹ (beides Schlüsselwörter des Textes). Um seine hindernisreiche Geburt und Taufe zu erklären, bedarf es zahlreicher Rückblenden zur Zeugung, zur Karriere der Hebamme, zum Ehevertrag seiner Eltern, zu den skurrilen Theorien seines Vaters, aber auch allgemeiner Exkurse über Embryos, Nasen, Namen, Geburtszangen, Flüche und Knoten usw. Kein Wunder, dass Tristram erst nach vier Bänden geboren ist und dass das abrupte Ende des Romans gar früher als sein Anfang liegt. Dieses Spiel mit der Chronologie, und mit der Zeit überhaupt, ist Aspekt einer beinahe vollkommenen Psychologisierung. Nicht nur John Lockes *Essay Concerning Human Understanding* (den Walter Shandy ständig zitiert), auch St.s Roman entpuppt sich als »a history-book of what passes in a man's own mind« (Bd. II, Kap. 2). Schauplatz ist nicht Shandy Hall oder Südfrankreich, sondern Tristrams Bewusstsein. In dieser Innenwelt aber verlieren die sogenannten Gesetze der Realität ihre Geltung, sowohl die physikalischen als auch die sozialen. Hier sprengen die »wilden Fluten« der Begierde, der Phantasie und der sexuellen Neugier die »Schleusen des Gehirns« (VIII, 5), werden Millionen von »schwimmenden« Gedanken beim leisesten Windhauch der Leidenschaften vom Kurs abgetrieben (III, 9). Die sprichwörtlichen Charaktere der Shandy-Welt erleiden und genießen diese monadische, irrationale Subjektivität. Der Vater Walter, besessen von seinen spitzfindigen Theorien, sieht seine Pläne immer wieder von der Realität widerlegt bzw. überholt – Tristram wächst schneller als das Erziehungsprogramm, welches er für ihn verfasst – und fühlt sich von seinem ein wenig begriffsstutzigen, aber ebenso besessenen Bruder, »meinem Onkel Toby«, regelmäßig missverstanden. Dieser nämlich denkt allein in den Kategorien seines geliebten Kriegshandwerkes, an dessen Ausübung ihn aber eine geheimnisvolle Wunde hindert. Auf seinem kleinen Modell-Schlachtfeld spielt er mit Korporal Trim die gleichzeitigen Kriege Europas nach, bis das Geschick mit dem Frieden von Utrecht auch dem ein Ende setzt und ihn in seinen fatalen Liebesfeldzug gegen die Witwe Wadman treibt.

Naturgemäß wirkt sich eine solche totale Subjektivierung auch auf das Erzählen selber, auf den Umgang mit dem Leser aus. Nicht nur, dass Tristram durch seine zwanghaften Einfälle immer wieder in Digressionen verschlagen wird; er bringt auch den Leser und v.a. die Leserin (»Pray, Madam …«) dazu, mit scheinbar unschuldigen Wörtern (wie »button-hole«, »nose«, »candle«, »sealing-wax« usw.) Heikelstes zu assoziieren. Zwar mag er beteuern: »For by the word *Nose* … – I declare, by that word I mean a Nose, and nothing more or less« (III, 31), kann aber natürlich nicht verhindern, dass die eingeschobene Geschichte von der gewaltigen Nase des Slawkenbergius (Bd. IV) eben doch in einer zweiten, obszönen Bedeutung gelesen wird – im Gegenteil, er drängt dem Leser diese Bedeutung geradezu auf. Wiederum wird hier ein eher beiläufiger Nebengedanke Lockes (von den möglichen ›Unvollkommenheiten‹ der Sprache) fast freudianisch radikalisiert. Wörter, so wird durchgehend demonstriert, sind nicht fest genug, ein und dieselbe Idee verlässlich zu umschreiben; jederzeit können sie sich durch die irrationalen, häufig sexuellen Assoziationen des Erzählers (oder Lesers) »erhitzen« (wie durch Reibung, will Tristrams Metapher sagen). Die kaum verborgenen Subtexte handeln übrigens nur selten von den Freuden der Sexualität, häufiger von ihren Alpträumen – die Angst vor der Impotenz und der Kastration ist in dieser Gesellschaft verwundeter oder bejahrter Männer (einschließlich des versagenden Bullen im allerletzten Kapitel) nie ganz fern. Dennoch wird der Leser nicht einfach mit einer Welt des Scheiterns, der Isolation und Verletztheit konfrontiert. Es fehlt nicht an Kompensationen. Das *hobby-horse* mag ein Sklaventreiber sein, aber es ist auch eine Quelle unerschöpflicher Genüsse. Als Uncle Toby das Projekt seines Modellkrieges im Garten in Angriff nimmt, tut er es mit fast erotischen Gefühlen: »Noch nie war ein Liebhaber zu seiner Geliebten mit mehr Feuer und Ungeduld geeilt, als Toby sich beeilte, um sich dieses Glücks im geheimen zu erfreuen« (II, 5). Beide Brüder können in ihren selbstgeschaffenen Spiel-Räumen wenigstens zeitweise souverän und im Einklang mit sich selbst agieren. Und in manchen kostbaren Sekunden gelingt sogar die – dann meist sprachlose – Kommunikation: im Tanz, in einer Geste oder Berührung, in einem Blick. Die Witwe Wadman weiß das wohl und bringt den Onkel unter einem Vorwand dazu, ihr tief ins Auge zu blicken: »Es war ein Auge voll leiser Winke und sanfter Responsen ... es flüsterte milde wie der letzte Hauch einer Heiligen: ›Könnt Ihr wirklich so ohne alle Pflege leben, Hauptmann Shandy, so allein, ohne einen Busen, Euer Haupt zu betten?‹ Es war ein Auge ... Jedenfalls tat es seine Wirkung« (VIII, 25). Auch Korporal Trim beherrscht diese nonverbale Kunst der Kommunikation. Sein berühmter Hut, den er schwer wie eine Erdscholle zu Boden fallen lässt, sagt über den Tod des Bobby Shandy mehr als Walters gelehrter Monolog: »Nichts hätte das Gefühl der Sterblichkeit (dessen Urbild und Vorläufer der Hut gleichsam war) besser ausdrücken können. Das Auge des Korporals blickte auf ihn wie auf einen Leichnam, und Susannah brach in eine Flut von Tränen aus« (V, 7). Hier beginnt man auch Tristrams scheinbar exzentrische Erzählweise zu verstehen, mit ihren zahllosen Interjektionen, Ausrufezeichen, verschieden langen Gedankenstrichen, typographischen Spielereien. Sie ist »performativ« (Manfred Pfister); die Sprachhandlung, die implizierte Gestik und Mimik, die Dramatisierung sind häufig bedeutsamer als die semantische Ebene. Tristram, der ja eher sein Inneres als eine äußere Handlung ›erzählt‹, enthüllt sich in der dialogischen Aktion. So sind es gerade die Digressionen, die scheinbaren Abschweifungen, die dem Buch »Wärme« verleihen: »Nehmen Sie sie z. B. aus diesem Buch heraus, so können Sie gleich das ganze Buch mitnehmen. Ein einziger kalter Winter wird dann auf jeder Seite liegen. Erstatten Sie sie dem Autor zurück – und schon tritt er wie der Bräutigam hervor« (I, 22). Die Sprache ist bezeichnend. Gerade in den *non-sequiturs* der Digressionen konstituiert sich das Subjekt Tristram in seiner Spontaneität, seiner widersprüchlichen Lebendigkeit, seiner quasi-erotischen Anziehung. Freilich scheint die spektakuläre Intertextualität des *Tristram Shandy* diese These von der Individualisierung der Charaktere zuweilen in Frage zu stellen. Als Walter vom Tod seines Sohnes Bobby erfährt, lässt er jegliche individuelle Emotion von einer Masse fremder Gedanken und Texte ersticken: »Philosophie hat für alles einen schönen Satz, für den Tod aber einen ganzen Vorrat davon; das Unglück war nur, daß sie sich alle auf einmal in meines Vaters Kopf stürzten ... Er nahm sie, wie sie kamen« (V, 3). Nach einer halben Stunde hat Walter seinen toten Sohn völlig vergessen. In zahlreichen Szenen sieht man so die Brüder zu Marionetten reduziert, die nur noch von den Regeln bestimmter Texte (spekulativer oder militärischer) bewegt werden; in dieser Welt der sich multiplizierenden Diskurse droht auch das Subjekt seinen Status als einzig verbliebene Realität zu verlieren. Noch in einem anderen Punkt findet die Postmoderne St.s Roman merkwürdig vertraut. Seine besondere Synthese von Melancholie und Heiterkeit erinnert an eine ähnliche Zweideutigkeit des ausgehenden 20. Jahrhunderts, eine Mischung von skeptischer Nostalgie (über den Verlust so vieler dekonstruierter Gewissheiten) und karnevalesker Lockerung (weil wir in der Welt der Masken und Diskurse neue Freiheit gewinnen). Was, wenn wir nie einen weißen Bären gesehen haben – im Diskurs sind wir frei, ein intensives, subtiles oder sogar sündiges Verhältnis mit einem weißen Bären zu beginnen, wie uns Walter Shandy demonstriert: »EIN WEISSER BÄR! Sehr gut. Habe ich je einen gesehen? … Sollte ich jemals einen gesehen haben? … wenn ich je einen weißen Bären sehen sollte, was würde ich sagen? Wenn ich niemals einen weißen Bären sehen sollte, was dann? Ist der weiße Bär sehenswert? Ist keine Sünde dabei? Ist er besser als ein schwarzer Bär?« (V, 43).

St.s zweites (und letztes) Werk, im Grenzbereich zwischen Reisebericht und Roman angesiedelt, blieb konventioneller. In *A Sentimental Journey through France and Italy, by Mr. Yorick* (1768; *Yoricks empfindsame Reise durch Frankreich und Italien*, 1993) folgt der Erzähler der Chronologie der Reise und dosiert sowohl Digressionen als auch Frivolitäten sehr viel sparsamer. Das Buch wirkt damit eleganter und geschliffener als der *Tristram Shandy*, liest sich heute aber vielleicht ein wenig ›dekadent‹. Eine ungemein verfeinerte Empfindungskunst verbindet sich mit den selbstironischen Plaudereien Yoricks und seinen latent erotischen Interessen zu einer unverwechselbaren Mischung: »Ist das Herz noch warm genug, das tränennasse Tüchlein am Busen trocknen zu lassen?« Die Erzählung ist episodisch, greift scheinbar triviale Begegnungen heraus – die Geste eines Bettlers, die ihn beschämt, die Klage eines Pilgers um einen toten Esel, ein ländliches Fest – Begegnungen, die ihm Einblicke in die französische Wesensart und in die menschliche Psyche überhaupt eröffnen. Höhepunkte bleiben aber die angedeutet amourösen Episoden, die Yorick gemeinsam mit seinem Diener LaFleur besteht und auskostet. Doch geht es hier nicht annähernd so handfest zu wie in Shandy Hall. Häufig schwelgt der Erzähler in zartesten Gefühlsschwingungen, in Situationen, da noch nichts gesagt ist, aber das beiderseitige Erröten, die winzigen Gebärden, die verstohlenen Blickkontakte und Berührungen den Dialog längst eröffnet haben. Manche dieser ›sentimentalen‹ Momente erscheinen geradezu inszeniert, so dass die vorbehaltlose und gefühlsselige Identifizierung der Zeitgenossen heute eher erstaunt. Was die heutigen Leser fasziniert, ist die Selbstironie, mit der der reisende Engländer seine nationale Identität, seinen Narrenstatus und selbst die eigene Leidenschaft für kostbare Tränen und für Mädchen aus dem Volke (Grisetten, Handschuhmacherinnen, Zimmermädchen) betrachtet. – St.s ›empfindsame‹ Reise (so die eigens für die Übersetzung geprägte deutsche Neuschöpfung) wurde zum Vorbild einer neuen Gattung von Reiseberichten und löste eine europäische Mode aus.

Werkausgaben: The Complete Works and Life of Laurence Sterne. Hg. W.L. Cross. 12 Bde. New York 1904. – The Florida Edition. Hg. M. New et al. 3 Bde. Gainsville 1978.

Gerd Stratmann

Sternheim, Carl
Geb. 1. 4. 1878 in Leipzig;
gest. 3. 11. 1942 in Brüssel

In der Nachfolge Jean-Baptiste Molières verstand sich St. als ein »Arzt am Leibe seiner Zeit«, der »mit Sonde und Säge« umzugehen weiß und die »Schäden im Organismus der neuen bürgerlichen Gesellschaft« aufdeckt. Doch stilisiert sich der kompromisslose Kritiker der »Plüschzeit« (Autobiographie *Vorkriegseuropa im Gleichnis meines Lebens*, 1936) zugleich in der Rolle des »Über-Bürgers«. Person und Werk stehen zudem in der zeittypischen Spannung zwischen einem emphatischen Verständnis der erkenntnisstiftenden Leistungen von Kunst und ihrer illusionär-dekorativen Rolle in der alles nivellierenden Konsumgesellschaft des »juste milieu« (*Berlin oder Juste milieu*, 1920; *Tasso oder Kunst des Juste milieu*, 1921). Kind eines jüdischen Bankiers und Zeitungsverlegers und einer protestantischen Leipziger Schneidermeisterstochter, wird St. mit 19 Jahren protestantisch getauft, besteht kurz darauf mühevoll sein Abitur, schreibt sich an den Universitäten München, Göttingen, Leipzig, Jena und Berlin ein (1897 bis 1902), heiratet am 9. 11. 1900 Eugenie Hauth und lässt sich als angehender Schriftsteller zunächst in Weimar nieder. 1902 folgt der Umzug nach Berlin. Als Einjährig-Freiwilliger will St. in einem brandenburgischen Kürassierregiment »im Rahmen strengster Manneszucht sein Gleichgewicht« wiederherstellen. Nach einem halben Jahr wird er als »dienstuntauglich« entlassen. Seine Ehe gerät durch die Bekanntschaft mit Thea Löwenstein (geb. Bauer) in eine Krise. Nach der Scheidung heiraten St. und Thea Bauer 1907. St.s zweite Frau bringt nicht nur ein beträchtliches Erbteil in die Ehe mit, sondern gibt, eigene künstlerische Interessen zurückstellend, dem unstet-labilen, aber höchst ehrgeizigen Ehemann Halt und Ansporn. 1908 baut sich das Ehepaar in einem Park vor den Toren Münchens das Schlösschen »Bellemaison«, das zum Treffpunkt für namhafte Künstler und die »beste Gesellschaft« wird. Nach ersten Dramen-Versuchen St.s (u. a. *Don Juan*, 1908) wird 1911 in Berlin sein »bürgerliches Lustspiel« *Die Hose* unter dem Titel *Der Riese* uraufgeführt. Trotz eines zwiespältig-skandalösen Erfolgs prophezeit der Freund Franz Blei: »Man wird *Die Hose* in hundert Jahren die spirituellste Komödie unserer Zeit nennen.« Drei weitere Komödien »aus dem bürgerlichen Heldenleben« bringen den ersehnten Theaterruhm: Nach dem provokativen Familienstück *Die Kassette* (Uraufführung 1911) sorgen dafür vor allem die Uraufführungen von *Bürger Schippel* (1913) und *Der Snob* (1914) in der Regie von Max Reinhardt. Mit knapp-präzisen Dialogen entwirft St. das soziale Spektrum zeittypischer Mentalitäten und Verhaltensweisen: »Vom Dichter gab es nichts, nur noch von Wirklichkeit hinzuzusetzen.« In ähnlicher Weise konfrontiert St. die illusionistische und verlogene Vorstellungswelt der Zeitgenossen (*Kampf der Metapher!*, 1917) mit dem nüchtern-brutalen Selbstbehauptungswillen seiner »Helden« in den Schauspielen *1913* (1915 veröffentlicht) und *Tabula rasa* (1916) sowie in den Erzählungen (zuerst *Busekow*, 1913) aus der Sammlung *Chronik von des zwanzigsten Jahrhunderts Beginn* (1918). »Die außerordentliche Disziplin, die Kälte, die Geometrie, die Nüchternheit dieses Dichters: das ist trocken saubere Menschenart. Ist einer, der in hartem Holz zu sägen liebt und nicht Laubstreu für Lesekühe schneidet« (Robert Musil, 1914). Während des Ersten Weltkriegs sind Aufführungen von St.s »undeutschen« Stücken verboten, so dass St. Texte anderer Autoren für das Theater bearbeitet und sich verstärkt der Erzählprosa zuwendet (Roman *Europa*, 1919/20).

Bereits 1912 hatte die Familie Deutschland verlassen; in der Nähe von Brüssel bezog sie den Landsitz »Clairecolline«, wo der Kunstkenner St. seine Gemäldesammlung (u. a. Vincent van Gogh, Paul Gauguin, Henri Matisse, Pablo Picasso) erweitert. Erneute Umzüge folgen: nach Uttwil (Schweiz) 1920, in den »Waldhof« bei Radebeul 1922. St. steht in freundschaftlicher Verbindung mit den Malern Frans Masereel und Conrad Felixmüller; er greift nun mit politischen und kulturkritischen Essays und Streitschriften (u. a. in *Die Aktion*) in das Tagesgeschehen ein. Er beklagt die Zerstörung des Individuums durch Kapitalismus und Massengesellschaft und rät den Zeitgenossen, »ihrer eigenen unvergleichlichen Natur (zu) leben.« Obwohl St. weiter als Dramatiker arbeitet (vgl. u. a. *Der Nebbich*, 1922; *Das Fossil*, 1923; *Oscar Wilde*, 1925; *Die Schule von Uznach*, 1926) und er vielfach seine Stücke selbst inszeniert, kann er in den 1920er Jahren kein überzeugendes dramatisches Konzept entwickeln, in dem sich Zeitkritik und »Wirklichkeitsenthusiasmus« verbinden ließen. 1927 scheitert auch seine zweite Ehe. 1928/29 wird St. nach einem schweren geistig-körperlichen Zusammenbruch vorübergehend zu einem Pflegefall. Nach gesundheitlicher Besserung folgt 1930 eine kuriose vierjährige Ehe mit Pamela Wedekind (geb. 1908), dem »Dichterkind«. Bereits 1932 wendet sich die nationalsozialistische Kulturpolitik scharf gegen St., der 1930 seinen Wohnsitz in Brüssel genommen hatte. Als 1933 die Bücher und Theaterstücke des Autors in Deutschland verboten werden, ist St. bald auf finanzielle Hilfe von Freunden angewiesen. Krank und vereinsamt erlebt der entschiedene Kriegsgegner und Feind der Nationalsozialisten noch den Einmarsch der deutschen Truppen in Brüssel, aber nicht mehr den Zusammenbruch des Dritten Reiches. Am 11. 4. 1942 schreibt St. an seine ehemalige Frau Thea: »Ich bin fast immer allein! Aber über alldem steht, daß ich bester Laune – völlig genug vom Leben habe und mein Ende als höchstes Erdengut auch erwarte!«

Werkausgabe: Gesammelte Werke in 6 Bänden. Hg. von Fritz Hofmann. Berlin/Weimar 1963–68.

Jörg Schönert

Stevens, Wallace

Geb. 2. 10. 1879 in Reading, Pennsylvania;
gest. 2. 8. 1955 in Hartford, Connecticut

Obwohl er nicht so spektakulär wie seine Dichterkollegen Ezra Pound und T.S. Eliot mit einer Einzelpublikation – wie *The Cantos* (Pound) oder *The Waste Land* (Eliot) – Berühmtheit gewann, gehört Wallace Stevens zu den herausragenden Lyrikern der ersten Hälfte des 20. Jahrhunderts. Sein Werk bildet einen der wichtigsten Beiträge zur Dichtung des Modernismus, und die in seiner poetologischen Lyrik und seinen poetologischen Essays und Aphorismen hervortretenden Konzepte und Begriffe haben, vielfach auch losgelöst von ihrem ursprünglichen Kontext, Eingang in die Kritik und Dichtungstheorie des 20. Jahrhunderts gefunden (etwa bei Harold Bloom und Frank Kermode).

Ähnlich wie William Carlos Williams, der sein ganzes Leben lang einer beruflichen Tätigkeit als Arzt nachging, die kaum etwas mit seinem dichterischen Schaffen zu tun hatte, verfolgte S., der einer Anwaltsfamilie in Reading entstammte, nach seinem Jurastudium in New York beständig eine Laufbahn als Anwalt einer großen Versicherungsgesellschaft, deren Vizepräsident er 1934 wurde. Seine dichterische Produktion gehört demgegenüber dem Bereich seines Privatlebens an. Für S.' Dichtung war freilich seine erste Zeit an der Harvard University (1898–1901) vor seinem Jurastudium von erheblicher Bedeutung, wurde er dort doch insbesondere von den ästhetischen Theorien des Philosophen und Dichters George Santayana beeinflusst, an den er sich 1952, drei Jahre vor seinem Tod, noch einmal in einem bewegenden Gedicht wenden sollte (»To an Old Philosopher in Rome«).

Wichtig ist für S. auch, dass er familiär aus einem protestantischen Kontext (niederländisch-reformiert, evangelikal-lutherisch) kommt, von dem er sich persönlich schon sehr früh löste. Als Agnostiker suchte er, eine Transzendenz mit den Mitteln der Imagination zu erschließen, die das Äußere und Innere, das Reale und Ideale zu einer Einheit bringt. In seinen 1957 postum veröffentlichten *Adagia* (*Adagia*, 1991) sagt er, dass der Geist sich angesichts des fehlenden Gottesglaubens in einem skeptischen Zeitalter seinen eigenen Schöpfungen und ihrer Offenbarungskraft zuwende. Die Dichtung sei der Religion überlegen, weil sie unabhängig vom Glauben sei. Die dichterische Wahrnehmung, die das Wirkliche (»what is real«) und das Imaginierte (»what is imagined«) vereinige, führe zu »a state of clairvoyant observation«. S. steht hier in der Tradition der Romantiker und Symbolisten, speziell von William Wordsworth, John Keats, Percy Bysshe Shelley, Samuel T. Coleridge, Stéphane Mallarmé und Paul Valéry. Der Durchbruch ins Transzendente gelingt für S. vor allem durch die Metapher: »Metaphor creates a new reality from which the original appears to be unreal.« In Bezug auf eine solche die Wirklichkeit transzendierende Dichtung spielt der Fiktionsbegriff eine große Rolle. S. spricht von »Supreme Fiction«; eine späte Gedichtreihe heißt *Notes toward a Supreme Fiction* (1942).

Sein auf das Transzendente ausgerichteter Dichtungsbegriff lässt S. über den Imagismus hinausgehen, der ihn eine Zeitlang beeinflusste, wie sich z. B. in »Anecdote of the Jar« oder in dem Variationengedicht »Thirteen Ways of Looking at a Blackbird« aus seinem ersten Gedichtband *Harmonium* (1923; erweitert 1931) zeigt. Er unterscheidet sich durch die Betonung der Subjektivität von der extremen Realitätsbezogenheit von William Carlos Williams und dessen Credo »No ideas but in things« (*Paterson*). S. spricht von »the poem of the mind« (»Of Modern Poetry«), dessen Bezug auf Wirklichkeit jedoch unverzichtbar sei. Das bekannteste – wenn auch ein untypisches – Gedicht aus dieser Sammlung ist »Sunday Morning«, das in der Tradition des meditativen Gedichts steht. Am Beispiel einer Frauenfigur, die als Muse verstanden werden kann, veranschaulicht S. hier, wie in einer Situation des Gottesverlusts durch die Rückwendung zum eigenen Ich – »Divinity must live within herself« – ein neuer, unverstellter Blick auf das Leben in seiner Wandelbarkeit und Vergänglichkeit und auf die Geburt der Schönheit aus dem Tode ermöglicht wird. Ein selbstironisch-geistreiches Gegenstück zu diesem elegisch-meditativen Gedicht ist »Le Monocle de mon Oncle«, dessen monologische Anlage von Jules Laforgue beeinflusst ist. Hier wird die Sprache der Religion und der Liebe virtuos ironisiert, und der selbst dandyistisch anmutende Sprecher setzt sich von den »fops of imagination« ab. Er weist mystische Dichtung, die »mystic spouts«, »magic trees« und »balmy boughs« des Barockdichters Henry Vaughan und des Romantikers William Blake ebenso wie die »gold-vermilion fruits« der religiös-christlichen Dichtung Gerard Manley Hopkins' zurück und stilisiert sich selbst in der Rolle eines gelehrten und der Liebe zugewandten Rabbis. Am charakteristischsten für die lyrische Kunst in S.' erstem Band ist ein Gedicht wie »Peter Quince at the Clavier«, in dem sich ein imagistisches Verfahren mit der Präzision einer paradox-apodiktisch formulierenden Gedankenlyrik verbindet. In Umkehrung der konventionellen Sichtweise sagt er etwa, die Schönheit sei nur temporär (»momentary«) im Geist, aber unsterblich (»immortal«) im Fleisch.

S.' zweiter Gedichtband, *Ideas of Order* (1935), trägt insofern einen programmatischen Titel, als der Dichter es zunehmend als seine Aufgabe erkennt, der Welt eine Ordnungsvorstellung aufzuprägen, durch die sie die höchstmögliche Wirklichkeitsqualität gewinnt. Veranschaulicht wird das am Beispiel des Gesangs einer Frau in »The Idea of Order at Key West«, dem bekanntesten Gedicht der Sammlung, welches die See an einem besonderen geographischen Punkt Floridas demiurgisch neu entstehen lässt. Die »blessed rage for order« wird, wie es paradoxal heißt, als Ursprung aller Kunst begriffen. Dass S. kein statisches Wirklichkeitsverständnis hat, zeigt »The Man with a Blue Guitar«, ein Werk, das von einem Picasso-Bild angeregt wurde. Es besteht aus 33 Variationen über ein Thema, in denen die Beziehung zwischen Wirklichkeit und Imagination in immer neuen Abwandlungen virtuos zum Ausdruck gebracht wird. Die Dialektik von Wirklichkeit und Imagination ist das Hauptthema von S.' gesamter Lyrik. In einem Essay von 1942 schreibt er, die Dichtung habe einerseits die Aufgabe, Ordnung im Sinne der Erzeugung sprachlicher und gedanklicher Seinsentwürfe zu stiften, und andererseits müsse sie sich immer neu der Realität stellen, um eine lebendige Kraft zu bleiben.

Der Beitrag, den S. von seinen ersten Sammlungen bis zu *Parts of a World* (1942), *Transport to Summer* (1947) und *The Auroras of Autumn* (1950) zur Literatur des Modernismus geleistet hat, besteht in einer neuartigen Gedankenlyrik, deren zentrale Mittel das paradox-apodiktische logische Urteil und der ständige Prozess der Begriffsanalyse und -definition sind. Die Metapher ist in diesem Kontext von größter Bedeutung, weil sie die Brücke zwischen Wirklichkeit und dichterischer Fiktion bildet. In den *Adagia* schreibt er, es gäbe keine Metapher einer Metapher, und folgert daraus, dass die Realität ein unverzichtbarer Bestandteil jeder Metapher sei. Das Gedicht »Crude Foyer« aus *Transport to Summer* verwirft dementsprechend den bloß intellektuellen Versuch, sich der Wirklichkeit zu bemächtigen. Der Schlüssel zur Wirklichkeit ist, wie es am Schluss in paradoxer Zuspitzung heißt, »the least, minor, vital metaphor«.

Dass sich die Gedichte von S. und die theoretischen Aussagen in seinen Aufsätzen und Aphorismen jederzeit parallelisieren lassen, zeigt die grundsätzliche poetologische Orientierung seiner Lyrik. S.' Gedichte sind immer auch Dichtung über die Dichtung. S. wollte freilich nicht als gesellschaftsferner Ästhet verstanden werden, der sich mit der Dichtung nur um der Dichtung willen beschäftigte. In seinen *Adagia* weist er auf die gesellschaftliche Funktion ›reiner‹ Dichtung hin: »Poetry is a purging of the world's poverty and change and evil and death.« In der Tat bezeugt sich in der Lyrik dieses Dichters eine große geistige und poetische Kraft, die, dem Chaotischen entgegengesetzt, Ordnungsstrukturen entwirft und Wirklichkeit erschließt. Dass diese Lyrik für ihre Leser einen kathartischen Effekt haben mag, sei nicht bestritten. Es ist nur fraglich, ob diejenigen, die dieser Wirkung bedürfen, S.' Dichtung auch lesen.

Werkausgaben: Opus Posthumous. Hg. S.F. Morse. New York 1957. – The Collected Poems of Wallace Stevens. New York 1954.

Wolfgang G. Müller

Stevenson, Robert Louis
Geb. 13. 11. 1850 in Edinburgh;
gest. 3. 12. 1894 auf Upolu, Samoa

In seiner Jugend gerierte sich Robert Louis Stevenson gern als Bohemien und Bürgerschreck. Auch später hatte er für das Respektable und Konventionelle nur wenig übrig. 1880 heiratete St. gegen den Willen seiner Eltern und Freunde eine Amerikanerin, die geschieden, Mutter zweier Kinder und zehn Jahre älter als er selbst war. Während seiner letzten Lebensjahre auf Samoa protestierte er unerschrocken gegen die Politik der dort herrschenden Kolonialmächte, sehr zum Missfallen des britischen Außenministeriums. – Vom puritanischen Christentum seiner tiefgläubigen Eltern blieb bei St. nur die Ethik übrig. Der Agnostiker blieb zeit seines Lebens ein Gewissensmensch, der sein Tun und Lassen einer rigorosen moralischen Prüfung unterzog – wobei er allerdings die Normen seiner Moral neu definierte. Er verwarf die puritanische Fixierung auf Negationen und Verbote, insbesondere die Ächtung der Sexualität: Die wahre Ethik stelle das Handeln, nicht das Vermeiden in den Vordergrund. Auch die Erzählungen St.s behandeln häufig ethische Probleme: einen Loyalitätskonflikt, ein moralisches Dilemma, eine kasuistische Rechtfertigung. Selbst in dem für jugendliche Leser bestimmten Abenteuerroman *Treasure Island* (1883; *Die Schatzinsel*, 1897) tauchen solche Probleme auf. In einer charakteristischen Szene durchsuchen Jim Hawkins und seine Mutter die Seemannstruhe eines Piraten, der ihnen Geld schuldet. Währenddessen befinden sich die Gefährten des Piraten im Anmarsch, die es ebenfalls auf die Truhe abgesehen haben. In dieser lebensgefährlichen Situation zeigt Jims Mutter einen dubiosen moralischen Ehrgeiz. Obwohl die Zeit drängt, beharrt sie darauf, den ihr zustehenden Betrag auf Heller und Pfennig abzuzählen. Sie riskiert ihr Leben und das ihres Sohns, nur um den Piraten ihre Rechtschaffenheit zu demonstrieren. In engem Zusammenhang mit St.s Hang zu ethischen Problemen und Paradoxa steht seine Vorliebe für gemischte und gespaltene Charaktere. *The Strange Case of Dr Jekyll and Mr Hyde* (1886; *Der seltsame Fall des Dr. Jekyll und Mr. Hyde*, 1889) ist das bekannteste, aber keineswegs das einzige Beispiel. – In seinen zahlreichen literaturkritischen Essays kritisiert St. den Realismus, dem sich viele Autoren seiner Zeit, v.a. die französischen, verschrieben hatten. Gegenüber dem moralischen Defätismus, der sich aus dem Determinismus eines Zola ableiten lässt, hält der Moralist St. an dem Prinzip der persönlichen Verantwortung fest. Der Detailhäufung, die mit der minutiösen Darstellung eines bestimmten Milieus verbunden ist, stellt er das künstlerische Prinzip der Selektion entgegen. Seine eigenen erzählerischen Texte halten Abstand zur zeitgenössischen Alltagswirklichkeit. St. schreibt Abenteuergeschichten, die auf entlegenen Inseln spielen, historische Romane, die in vergangenen Jahrhunderten angesiedelt sind, oder allegorische Erzählungen, die um moralisch-psychologische Probleme kreisen und der Spezifika eines bestimmten Milieus nicht bedürfen. Dies bedeutet aber nicht, dass St. eskapistische Schönfärberei betreibt. Die Abkehr vom zeitgenössischen Alltag führt nicht in sonnige Paradiese, sondern in dunkle und problematische Welten. Dies gilt besonders für den späten, in der Südsee spielenden Roman *The Ebb-Tide* (1894; *Die Ebbe*, 1998). In der Anfangsszene des Romans malen sich drei gescheiterte Existenzen, die am Strand von Tahiti herumlungern und dort frieren, ihre Rückkehr nach England in rosigen Farben aus. Das ist die genaue Umkehrung des Eskapismus gewöhnlicher Abenteuerromane des 19. Jahrhunderts. Während es die Helden und Leser dieser Texte aus der bourgeoisen Welt Europas auf exotische Inseln zieht, gehen die Sehnsüchte der drei Männer, die sich dort befinden, in die entgegengesetzte Richtung. – Die Art und Weise, in der St. in *The Ebb-Tide* die Konventionen des Abenteuerromans auf den Kopf stellt, dokumentiert seine Bereitschaft zum literarischen Experiment. Diese Bereitschaft zeigt sich auch darin, wie er mit unterschiedlichen Erzählern und Perspektiven operiert. Die Perspektivenstruktur von *Dr Jekyll and Mr Hyde* z. B. gleicht einem System konzentrischer Kreise, die um das zentrale Geheimnis angeordnet sind. Die Erzählung nähert sich diesem Geheimnis von außen nach innen; sie beginnt mit dem Bericht eines unwissenden Augenzeugen und führt uns erst ganz am Schluss, mit einer Ich-Erzählung Jekylls, ins Zentrum des rätselhaften Geschehens. Ein weiteres Perspektivenexperiment ist der Roman *The Master of Ballantrae* (1888–89; *Der Junker von Ballantrae*, 1924), in dem mehrere unglaubwürdige Erzähler die Geschichte eines Bruderkonfliktes beleuchten (oder auch verdunkeln). Dieser Roman problematisiert neben der Glaubwürdigkeit der narrativen Rede auch deren pragmatischen Aspekt: Es geht nicht nur um das, was eine Erzählung sagt, sondern ebenso um das, was sie tut. Eine Figur des Romans ermordet ihren Feind mit einer Erzählung, eine andere Figur provoziert ihren Zuhörer mit einer Erzählung zu einem Mordversuch. Die Folgen dieser Provokation zeigen noch einmal St.s Vorliebe für moralisch-psychologische Paradoxien: Das Verhältnis zwischen Zuhörer und Erzähler ist nie besser als nach dem Versuch des einen, den anderen zu ermorden.

Werkausgaben: The Works of Robert Louis Stevenson: Tusitala Edition. 35 Bde. London 1923–24. – The Letters. Hg. B. Booth/E. Mehew. 8 Bde. New Haven, CT 1994–95. – Werke. 12 Bde. Zürich 1979.

Burkhard Niederhoff

Stieler, Kaspar
Geb. 25. 3. 1632 in Erfurt;
gest. 24. 6. 1707 in Erfurt

»Ich heisse sie darumb die Geharnschte Venus / weil ich mitten unter denen Rüstungen im offenen Feld-Läger / so wol meine / als anderer guter Freunde / verliebte Gedanken / kurzweilige Begebnüsse / und Erfindungen darinnen erzehle«, schreibt St. in der Vorrede zur *Geharnschten Venus oder Liebes-Lieder im Kriege gedichtet* (1660), die zu den originellsten Liederbüchern des 17. Jahrhunderts gehört, ohne sich jedoch den verschiedenen Traditionen der Liebesdichtung zu verschließen. Im Gegenteil, die römische Liebesdichtung, Martin Opitz, Paul Fleming und Simon Dach, die Manier Philipp von Zesens und der Nürnberger (Georg Philipp Harsdörffer, Johann Klaj) haben ebenso ihre Spuren hinterlassen wie die Drastik und Sensualität der Studentenlyrik und die Schlichtheit des Gesellschaftsliedes. St.s Kunst besteht gerade in der virtuosen – durchaus auch ironischen und parodistischen – Variation, Kombination und Verarbeitung vorgegebener Themen und Motive: die Liebe als Wetzstein des Verstandes (Opitz).

Dass die Lieder »im Kriege gedichtet« worden seien, dieser Hinweis findet seine Bestätigung in St.s Biographie. Zunächst freilich folgt sein Leben traditionellen Bahnen: Der Sohn einer wohlhabenden Apothekerfamilie erhält von 1648 bis 1650 eine standesgemäße akademische Ausbildung an den Universitäten in Leipzig, Erfurt und Gießen, bis er hier wegen eines Duells der Universität verwiesen wird. Er setzt nach einer Zeit als Hauslehrer seine Studien der Medizin, Theologie, Rhetorik und später vor allem der Rechte in Königsberg fort (von 1653 bis 1655). Doch kommt es zu einerweiteren Unterbrechung: St. nimmt als »Auditeur«, eine Art Militärrichter, am schwedisch-brandenburgischen Krieg um Ostpreußen teil (1655 bis 1657), und hier mag manches Lied der Geharnschten Venus entstanden sein (ohne dass man das autobiographische Moment zu überschätzen braucht). Im Verlauf einer ausgedehnten Bildungsreise (1658 bis 1661) nach Holland, Frankreich, Italien und die Schweiz gerät St. noch einmal, und zwar in Frankreich, in Kriegsdienste. Nach einem letzten kurzen Studium der Rechte in Jena erhält er 1662 eine Stelle als Sekretär am Hof des Grafen von Schwarzburg-Rudolstadt in Thüringen und unterstreicht mit seiner Heirat im nächsten Jahr, dass die Wanderzeit ein Ende gefunden hat. Eisenach, Jena, Weimar und eine holsteinische Enklave bei Dessau sind die weiteren Stationen seines Lebens, bis er 1689 den Hofdienst aufgibt und sich als Privatgelehrter in Erfurt niederlässt.

Die literarische Produktion während dieser Jahre im Hof- und Universitätsdienst (St. war für kurze Zeit Sekretär der Universität Jena) ist anderer Art als die Liebeslyrik der Studien- und Kriegszeit. Es entstehen Stücke für die Hoftheater in Rudolstadt (*Rudolstädter Festspiele*, 6 Lustspiele, 1665–67) und Weimar (*Bellemperie*, 1680; *Willmut*, 1680), vor allem aber neben umfänglichen Erbauungsschriften praktische Anweisungen und Handbücher: Rhetoriken und Briefsteller (*Teutsche Sekretariat-Kunst*, 1673; *Der Allzeitfertige Secretarius*, 1679), juristische Kompendien (*Der Teutsche Advocat*, 1678), eine Darstellung des Zeitungswesens (*Zeitungs-Lust und Nutz*, 1695) und schließlich das erste große deutsche Wörterbuch (*Der Teutschen Sprache Stammbaum und Fortwachs / oder Teutscher Sprachschatz*, 1691).

Ungedruckt zu Lebzeiten blieb die *Dichtkunst* (1685), eine umfängliche Poetik in Versen. Sein Ansehen bei den Zeitgenossen gründete sich auf die großen Kompendien; als Dichter der unter einem Pseudonym veröffentlichten *Geharnschten Venus* wurde er erst 1897 identifiziert.

Volker Meid

Stifter, Adalbert
Geb. 23. 10. 1805 in Oberplan/ Böhmerwald; gest. 28. 1. 1868 in Linz

Albert (seit 1818 Adalbert) St. entstammt einer Handwerkerfamilie, in der man Leinen webte und mit Flachs handelte. St.s Leben hat sich im wesentlichen in der europäischen Kernlandschaft zwischen Prag, Passau, Linz und Wien abgespielt; diese Landschaft zwischen Moldau und Donau beherrscht auch das Werk; nur einmal in seinem Leben kommt St. in den Süden (nach Triest); seine Weltanschauung, sein Wesen und Werk erscheinen zutiefst österreichisch, völkerverbindend und insgesamt östlich ausgerichtet. Trotz unverkennbarer zeittypischer Erscheinungsformen tendiert St. ins Überzeitliche; die großen Romane *Der Nachsommer* (1857) und *Witiko* (1865/67) sind literarische Entwürfe gegen die herrschenden politischen und sozialen Strömungen; politische Massenbewegungen. Die einsetzende Verstädterung und die Anzeichen der industriellen Revolution, des beginnenden Maschinen-Zeitalters strahlen nur wie von ferne in sein Werk; wo sie allerdings erfasst werden, wie etwa in den *Wiener Reportagen* (1844), dem *Tandelmarkt* oder den späten *Winterbriefen aus Kirchschlag* (1866), erkennt man nicht nur den naturwissenschaftlich geschulten Beobachter, sondern auch den entschiedenen Zeitkritiker. Naturbegriff und Landschaftsdarstellung in seinem

Werk sind äußerst komplex und durchmessen die aus der späten Romantik bekannten Muster bis hin zum nihilistischen Schauer; es finden sich aber auch Anklänge an die bis ins Utopische gesteigerten real-symbolischen Darstellungsweisen des späten Goethe der *Wanderjahre* – wie jene rätselhaften säkularisierten »Offenbarungslandschaften« in der *Mappe* eindrucksvoll in ihrer Ruhe und Erstarrung. Walter Benjamin hat einmal von einer »geradezu pervers und raffiniert verborgenen Dämonie« der Natur bei St. gesprochen. Die in vielen seiner Texte einbrechenden oder wie selbstverständlich vorhandenen Fremden und »Wilden«, z. B. das »wilde Mädchen« im *Waldbrunnen* (1866), stellen nur den äußersten Rand des Personenspektrums dar, sind doch die Entsagungsfiguren St.s, meist Zurückgekehrte, einzelne, oftmals wie St. selbst kinderlos. Resignierte und Sonderlinge, allesamt fremd und unzeitgemäß in ihrem Glauben, dass in der Versöhnung mit der Natur letztlich eine Entsühnung früher, zumeist durch Leidenschaft erzeugter Schuld, ihre »soziale Bewährung« erreichbar sei.

Die biographischen Spuren im Werk sind vielfältig und nachhaltig, aber selten oberflächenhaft festzumachen. Das gilt für die von der Mutter ererbte Triebhaftigkeit, gegen die er lebenslang angekämpft und angeschrieben hat. Es gilt aber auch für jenes »Zugrunderichtende«, das er zum erstenmal als Zwölfjähriger beim Unfalltod des Vaters unmittelbar miterlebt; das gilt vor allem für sein unglückliches erotisches Schicksal, das seinen Lauf nimmt, als Fanny Greipl seine leidenschaftliche Zuneigung abweist. Die unglückliche Liebe des Studenten zu ihr, 1827 einsetzend, eine schwere Belastung St.s über den frühen Tod Fannys im Jahr 1839 hinaus, ist denn auch vorrangiger Gegenstand der biographischen Arbeiten zu St. Das gilt aber auch für das über Jahrzehnte so Ungewisse berufliche Schicksal. Dabei hatte St. das traditionsreiche Gymnasium des Stifts Kremsmünster, gefördert von Pater Placidius Hall, von 1818 bis 1826 glänzend durchlaufen, sich besonders der antiken Literatur, aber auch der Malerei und Naturkunde gewidmet und als notwendige Voraussetzung für den erstrebten Staatsdienst in Wien mit dem Jurastudium begonnen; in der Tat aber ist die Verstörung durch die nicht erwiderte Liebe zu Fanny Greipl derart, dass sie ihn für Jahre aus der Bahn wirft; weder schließt er das Studium ab (1830), noch hat er, der sich als Hauslehrer über Wasser hält (noch 1843 wird er als Hauslehrer Metternichs Sohn unterrichten), Erfolg bei seinen Bewerbungen. 1837 heiratet er die Modistin Amalie Mohaupt, die Ehe bleibt kinderlos, die beiden Ziehtöchter sterben früh (Josefine 1858 an Tuberkulose, Juliane 1859 durch Selbstmord). Ab 1840 meldet sich der Schriftsteller St. zu Wort, die Malerei tritt zurück, erste Erzählungen erscheinen in Journalen und Taschenbüchern, dann übernimmt der bedeutende Prager Verleger Gustav Heckenast Werk und Betreuung. St. verkehrt in den Wiener Salons, muss sich den Auseinandersetzungen in dem von gegenseitiger Konkurrenz beherrschten Literaturbetrieb stellen, u. a. mit Friedrich Hebbel; er empfindet die heraufziehende bürgerliche Revolution als überfällig, plant einen Robespierre-Roman, wendet sich aber dann von der Revolution ab. Er wirkt pädagogisch und ministerial, zunächst als Schulrat für Oberösterreich, gründet eine Realschule in Linz, dem Wohnsitz, scheidet aber auf eigenen Wunsch 1865 vorzeitig aus dem Schuldienst aus und wird zum Hofrat ernannt.

Seit 1840 entfaltet sich St.s Werk in Schüben. Das ständige, im Falle der *Mappe meines Urgroßvaters* (erstmals 1841) lebenslange, Umarbeiten nennt er »Roden«. Und es erscheinen die Romane, die ihn nach einem halben Jahrhundert des Vergessens seit Beginn des 20. Jahrhunderts zum ›Klassiker‹, zu einem der großen Erzähler nicht nur der deutschsprachigen Literatur bestimmt haben: Mit den *Studien* (1844–50) – der Titel wahrt noch den Bezug zur Romantik wie zur Malerei –, der Zusammenstellung überarbeiteter und in der Urfassung bereits vorliegender Erzählungen, schafft St. den endgültigen Durchbruch. Sie enthalten u. a. *Der Condor* (1840), *Feldblumen* (1841), *Das Haidedorf* (1840), die berühmte und bereits den »anderen St.« zeigende Erzählung *Der Hochwald* (1842), *Die Narrenburg*

(1843). In den 1847 erschienenen Bänden der *Studien* finden sich so bedeutende Erzählungen wie *Brigitta* – eine frühe Sozialutopie und Entwurf weiblicher Selbstbestimmung –, die Studienfassung der *Mappe meines Urgroßvaters*, von der Thematik, der Personengestaltung und Schreibart her sein persönlichstes und zugleich untergründigstes Werk, von suggestivem Appell und dem utopischen Glauben, dass Menschenschicksale von fernhin aufeinander angelegt seien, oder *Abdias*, in der das Problem menschlicher Schuld thematisiert wird. Die 1853 gesammelten Erzählungen *Bunte Steine* sind bis heute St.s bekanntestes Werk; im Vorwort dieser Ausgabe hat sich St. entschieden zu seiner Weltanschauung und Schreibart – das vielzitierte »sanfte Gesetz« – geäußert. Die Sammlung enthält *Granit* (1849), *Bergkrystall* (1845), *Turmahn* (1852), *Katzensilber*, *Bergmilch* (1843) und, vielleicht am nachhaltigsten, die Entsagungsgeschichte *Kalkstein* (1848).

Gipfelpunkt seines Werkes und sein großer Beitrag zum Bildungsroman der bürgerlichen Epoche ist *Der Nachsommer* (1857): Im Rosenhaus begegnen sich alternde und junge Menschen und finden ihr Lebensglück in der Harmonie mit Natur und Kunst. Dies ereignet sich in der nahezu hermetisch abgeschlossenen Alpenwelt des Landguts Asperhof. St. bietet enzyklopädisch das Inventar der bürgerlichen Epoche auf – Gesellschaft, Geschichte, Natur, Kunst, Religion – und ordnet es lückenlos einer auf Einverständnis, Rationalität, Effektivität und künstlerische Wirkung bedachten Humanität unter, die deutlich auf die künstlerisch-philosophischen Weltordnungen des 18. Jahrhunderts zurückweist (Johann Gottfried Herder, Alexander von Humboldt und vor allem Johann Wolfgang Goethe). Die für St.s Alterswerk typische Suche nach menschlicher Sicherheit und Geborgenheit muss dabei zwangsläufig jedes ›draußen‹ ausblenden. Seine edlen, sich vollkommen konfliktfrei darstellenden und souverän über die Schätze der Natur und des Geistes gebietenden »Kunst«-Menschen spielen ein Spiel, das angesichts der wirklichen Gegebenheiten der zweiten Jahrhunderthälfte alle Merkmale einer rückwärtsgewandten Utopie aufweist. St.s letzter Roman *Witiko* (1865/67) scheint dies unwillkürlich zu unterstreichen, wenngleich er an den für das 19. Jahrhundert typischen historischen Roman anknüpft und die Frühzeit der tschechischen Staatsgründung im 12. Jahrhundert behandelt. In diesem Roman, der aufgrund seiner Vielzahl ungewöhnlicher Stilmittel Verwirrung und Kontroversen hervorgerufen hat, entwirft er ein politisches Handlungsmodell, das ganz auf demokratischer Rationalität gegründet ist. Der Versuch einer symbolischen Überwölbung seines Werks in der vierten, der »letzten«, Fassung der *Mappe meines Urgroßvaters* scheitert; die nunmehr zum Roman ausgestaltete Erzählung bleibt Fragment. St. fügt sich am 26. Januar 1868 mit dem Rasiermesser eine tödliche Wunde zu; er stirbt zwei Tage später, ohne noch einmal das Bewusstsein erlangt zu haben. »Die Vollendung der Dichtung mußte dem Leben versagt bleiben, das unter dem gewaltsamen Harmonisierungswunsch am Ende zerbrach« (W. Matz).

Werkausgabe: Werke und Briefe. Historisch-kritische Gesamtausgabe. Hg. von Alfred Doppler und Wolfgang Frühwald. 8 Bde. Stuttgart 1978 ff.

Karl Hotz

Stoker, Bram [= Abraham]
Geb. 8. 11. 1847 in Dublin;
gest. 20. 4. 1912 in London

Nach einer von Krankheit gekennzeichneten Kindheit in Dublin sah Bram Stoker während seines Studiums am Trinity College am 28. 8. 1867 den berühmten Schauspieler Henry Irving am Theatre Royal in Dublin auf der Bühne und war vom Theater wie von der Schauspielkunst Irvings tief beeindruckt. Nach mehreren Begegnungen ermutigte Irving im Jahre 1878 den als Staatsbeamter arbeitenden St. nicht nur zu einer Karriere als Schriftsteller, sondern trug ihm auch den Managerposten seines erst kurz zuvor übernommenen Lyceum Theater in London an – eine Partnerschaft, die 27 Jahre andauerte.

St.s literarisches Werk entstand praktisch in der Freizeit vom Theater: Sein erster Roman, die Romanze *The Snake's Pass* (1890), zentriert sich um den Kampf innerer Leidenschaften und Träume mit gesellschaftlichen Normvorstellungen, ein Thema, das insbesondere St.s Meisterwerk *Dracula* (1897; *Dracula*, 1908) charakterisiert. Obgleich *Dracula* am Ende der Tradition von Schauer- und Vampirliteratur der Romantik und des 19. Jahrhunderts steht, wurde der Roman zu einem ihrer größten Klassiker überhaupt. Vor dem mythisch-historischen Hintergrund transsilvanischer Legenden von Vampiren und der Geschichte des Wallachenprinzen Vlad Tepes, die St. in der British Library und in der Bibliothek von Whitby studierte, gibt St. einen faszinierenden Kommentar zur spätviktorianischen Gesellschaft ab. Zur Diskussion stehen solche zeitgenössischen Zentraldiskurse wie Fortschrittsoptimismus, Technologiegläubigkeit und die Angst vor dem Fremden, vor Degeneration und Dekadenz. Der Roman verhandelt explizit die reaktionären Entartungsthesen Max Nordaus und Cesare Lombrosos abstrus-positivistische Theorien über die Physiognomie und Psychopathologie des Kriminellen. St. rekurriert zudem dezidiert auf die *New-Woman*-Bewegung zum Ende des 19. Jahrhunderts, wobei die dargestellte Vampir-Weiblichkeit sowohl Züge der männermordenden Femme fatale als auch der Prostituierten aufweist. Das Motiv des Vampirismus selbst offenbart in seinen offenkundig sexuellen Konnotationen die Angst vor sich ausbreitenden Geschlechtskrankheiten – eine Feststellung, die durch St.s Syphilistod eine zusätzliche ironische Spitze erhält. In der künstlerisch ausgesprochen eindrucksvollen, multiperspektivischen Anlage des Romans kommt der weiblichen Protagonistin Mina Harker die symbolische Aufgabe zu, das Chaos einzelner Handlungsfragmente, das z. B. aus Tagebucheinträgen, Phonographentranskripten und Zeitungsartikeln besteht, in eine stabile Ordnung zu überführen. Diese ironische Selbstreflexivität der Erzählsituation, das bisweilen durchaus parodistisch übersteigerte, intertextuelle Spiel mit zahllosen Bibelzitaten und die Spannungen, die zwischen den letztlich unabschließbaren Chronologisierungsversuchen des Geschehens und dem vordergründigen Sieg über Dracula bestehenbleiben, machen auf eine Instabilität des Textes aufmerksam, die darauf verweist, dass St. in Antizipation von Sigmund Freud weiß, dass der Sieg der Rationalität über das menschliche Unbewusste durch Verdrängung immer nur ein Pyrrhussieg sein kann. Einerseits entlarvt diese Einsicht die Bemühungen der Vampirjäger nicht selten als Heuchelei und Bigotterie, andererseits markiert das melodramatische Pathos, mit dem St. zuweilen vorgeht, ohne Zweifel auch einen der letzten Rettungsversuche des viktorianischen Wertesystems. – Wie die *Dracula*-Rezeption seit einem Jahrhundert sowohl durch den Film, das Fernsehen, den Tourismus als auch zunehmend durch eine seriöse wissenschaftliche Beschäftigung mit dem Roman jenseits der Trivialliteraturthematik zeigt, sind St.s Roman und sein Protagonist längst selbst zu Mythen geworden. In *Dracula* schafft St. eine psychologische, atmosphärische und v. a. ästhetisch-erzähltechnische Dichte, die er danach in weiteren Schauer- und Abenteuerromanen wie *The Mystery of the Sea: A Novel* (1902), *The Jewel of the Seven Stars* (1903; *Die sieben Finger des Todes*, 1981), *The Lady of the Shroud* (1909; *Das Geheimnis des schimmernden Sarges*, 1982) und *The Lair of the White Worm* (1911; *Das Schloß der Schlange*, 1981) nie wieder erreicht.

Martin Middeke

Stoppard, [Sir] Tom
Geb. 3. 7. 1937 in Zlin/ČSR

Tom Stoppard, als Tomas Straussler geboren, gehört zu den herausragenden Gestalten des britischen Nachkriegsdramas, das er durch eine eigenwillige, ebenso bühnenwirksame wie intellektuell stimulierende Mischung aus Wortwitz, Situationskomik und hohem philosophischen Anspruch wesentlich mitgeprägt hat. Das von ihm formulierte Programm »to end up by contriving the perfect marriage between the play of ideas and farce or perhaps even high comedy« hat er in einer Weise umgesetzt, die ihn sowohl zu einem der meistgespielten als auch im akademischen Bereich am intensivsten diskutierten britischen Gegenwartsdramatiker gemacht hat, dessen Stellenwert 1997 auch durch die Erhebung in den Adelsstand gewürdigt wurde.

Nach einer unruhigen Kindheit, die St. in der Tschechoslowakei, Singapur, Indien und den USA verbrachte, bis die Familie in seinem neunten Lebensjahr nach England umsiedelte, betätigte sich St. zunächst als Journalist und Drehbuchautor (z. B. *Shakespeare in Love*, 1998). 1966 gelang der Durchbruch als Dramatiker mit *Rosencrantz and Guildenstern Are Dead* (*Rosenkranz und Güldenstern*, 1967); St.s eigene Verfilmung wurde 1990 bei den Filmfestspielen von Venedig ausgezeichnet. Die Verbindung von Samuel Becketts *Waiting for Godot* mit Shakespeares *Hamlet* (die beiden Nebenfiguren werden bei St. zu Protagonisten) ist bereits von der für viele seiner Stücke charakteristischen Verknüpfung von Intertextualität und Metadrama geprägt. Die Äußerung der gegenüber Hamlet stärker ins thematische Zentrum gerückten Schauspielerfigur, »every exit [is] an entrance somewhere else«, verweist auf die in der zweiten Hälfte des 20. Jahrhunderts zunehmend an Bedeutung gewinnende Erkenntnis der Verstrickung des Menschen in eine Vielzahl von Sinnsystemen und kulturellen Konstrukten, die die Möglichkeit der Überschreitung des (im weitesten Sinn) Textuellen in Richtung einer letztgültigen Realität radikal in Zweifel zieht. Die Selbstthematisierung des Theaters und die Frage nach dem Verhältnis von Leben und Kunst bzw. Fakt und Fiktion prägen auch spätere Stücke wie *The Real Thing* (1982; *Das einzig Wahre*, 1983) und *Travesties* (1974, *Travesties*; 1976), dessen Einarbeitung von *The Importance of Being Earnest* Berührungspunkte zwischen St. und Oscar Wilde erkennen lässt: Wildes berühmtes Diktum »life imitates art« könnte das Motto für St.s Demonstration der Abhängigkeit der Realitätswahrnehmung von vorgängigen kulturellen Mustern abgeben. *Rosencrantz and Guildenstern Are Dead* zeigt außerdem bereits St.s Vorliebe dafür, weit Auseinanderliegendes und scheinbar Inkompatibles so zu verbinden, dass überraschende Analogien sichtbar werden, etwa zwischen Philosophie und turnerischer Akrobatik in *Jumpers* (1972; *Akrobaten*, 1973) oder Spionage und Quantenphysik in *Hapgood* (1988).

Die Einarbeitung wissenschaftlicher Theorien und die Auseinandersetzung mit philosophischen Fragestellungen wie auch die zahlreichen Verfremdungen des von dem Glauben an eine rational ergründbare Wirklichkeit geleiteten Kriminalgenres – *The Real Inspector Hound* (1968), *After Magritte* (1970), *Jumpers* – sind von der Vorstellung bestimmt, dass »the act of observing« die Realität determiniere (*Hapgood*), und von der hiermit verbundenen Frage nach den Konsequenzen der stand ortgebundenen Perspektivität einer jeglichen Realitätssicht. Seien es nun die persönliche Befangenheit der Theaterkritiker (*Hound*), die Hypothesen von Polizei und Zeugen (*Magritte*) oder die durch literarische Muster gefilterte Konstruktion der eigenen Biographie (*Travesties*) – immer wieder geht es um die hermeneutische Einsicht in die konstitutive Funktion des jeweiligen Vorverständnisses. Der Relativität der Standpunkte trägt auch die Handlungsverlauf und Replikenwechsel bestimmende, von St. auf die Formel »firstly, A; secondly minus A« gebrachte Methode Rechnung, die er wie folgt illustriert: »that particular cube which on one side says for example: ›All Italians are voluble‹ and on the next side says, ›That is a naïve generalisation‹; and then, ›No. It's not. Behind generalisations there must be some sort of basis.‹« – Wenn die Stücke demnach an die Stelle klar fassbarer Gesamtaussagen St. zufolge »a sort of infinite leapfrog« setzen, dann resultiert hieraus dennoch kein beliebiger Relativismus. So nähert sich etwa die in *Travesties* vorgeführte Bocksprunglogik einerseits der in Derridas *différance*-Begriff kulminierenden Einsicht in die Unmöglichkeit der Festschreibung von Bedeutung; andererseits verweist die um moralisch-politische Fragestellungen kreisende Konfrontation von Ästhetizismus und Totalitarismus auf einen jenseits des intellektuellen Spiels liegenden Bereich absoluter Werte, der auch die im engeren Sinne politischen Stücke wie *Dirty Linen* (1976; *Schmutzige Wäsche*, 1977), *Every Good Boy Deserves Favour* (1978; *Hurtig geht es durch Fleiß*, 1981), *Professional Foul* (1978; *Gegen die Spielregeln*, 1979) und *Night and Day* (1978) prägt.

Von den später entstandenen Stücken ist v.a. *Arcadia* (1993; *Arkadien*, 1993) zu nennen, das einen neuen Höhepunkt in St.s Schaffen darstellt. Darin setzt er sich wiederum mit dem Problem der je unterschiedlichen Prämissen folgenden Konstruktion von Wirklichkeit auseinander, diesmal im Spannungsfeld von erkennbarer Ordnung und Gesetzmäßigkeit einerseits und Unvorhersagbarkeit und Irregularität bzw. Chaos andererseits. Erneut werden ganz unterschiedliche Sphären menschlicher Aktivität zueinander in Beziehung gesetzt: Gartenbau und Literatur (klassische Formstrenge vs. romantische Wildheit), Physik und Mathematik (Newtons Weltbild vs. Chaostheorie und Thermodynamik) und nicht zuletzt Sexualität (eheliche Liebe vs. illegitime Beziehungen) als die »attraction Newton left out«. Durch das Alternieren zwischen zwei Zeitebenen (1809 und Gegenwart) kann St. überdies (wie schon in *Travesties*) auf die bei der (Re)Konstruktion von Vergangenheit (v.a. die Ereignisse um Lord Byron, der am Rand der Vergangenheitshandlung agiert, selbst aber nie auftritt) wirksamen vorurteils- und interessegeleiteten Strategien aufmerksam machen und zugleich demonstrieren, wie irrig die Vorstellungen von der Linearität der Zeit und der stetigen Verbesserung der menschlichen Erkenntnisfähigkeiten sind. Das Stück kann insofern auch als Beitrag zur ›Zwei Kulturen‹-Debatte verstanden werden, als hier durch die Verdeutlichung der immer nur bedingten Geltung aller Versuche, eine letztlich unbestimmbar bleibende ›Realität an sich‹ zu fassen (siehe die Auseinandersetzung mit der Quantenmechanik in *Hapgood*), einem von einseitiger (Natur-)Wissenschaftshörigkeit geprägten Weltbild und einem allzu naiven Erkenntnisoptimismus ihre Grenzen aufgezeigt werden.

Alles in allem könnte man das für St. charakteristische Nebeneinander von ›Spiel und Politik‹ (Beate Neumeier), von Erkenntniskritik und Wertkonservatismus auf die Formel ›Perspektivismus ohne Relativismus‹ bringen. Verengt man die ›Postmoderne‹ nicht platt auf eine spielerische *anything goes*-Beliebigkeit, sondern versteht sie wesentlich auch als Auseinandersetzung mit dem Dilemma zwischen der Einsicht in die Pluralität und Relativität vormals als fest gedachter Größen wie ›Wirklichkeit‹ und ›Wahrheit‹ einerseits und der Unhintergehbarkeit ethischer Orientierungen andererseits, dann kann St. als geradezu paradigmatischer postmoderner Autor gelten.

Werkausgabe: Plays. 5 Bde. London 1996ff.

Stefan Glomb

Storm, Theodor

Geb. 14. 9. 1817 in Husum/Schleswig; gest. 4. 7. 1888 in Hademarschen/Holstein

»In Storms Potsdamer Hause ging es her wie in dem öfters von ihm beschriebenen Hause seiner Husumer Großmutter … Das Lämpchen, der Teekessel, dessen Deckel klapperte, die holländische Teekanne daneben«, dies alles, so Theodor Fontane, seien Dinge gewesen, die von dem Besucher Würdigung erwarteten. Die Wohnung des unbesoldeten Assessors St. verweist auf die Bedeutung seiner Heimat, auf seine »Husumerei«. Schleswig mit seinen vorindustriellen Sozialverhältnissen – einem Nebeneinander von selbständigen Städten, adligen Gutsbezirken und freien Bauernschaften – bleibt der lebensweltliche Bezugspunkt für den Poeten und Juristen aus Husum. St. wächst in einer patriarchalisch geordneten Welt als Sohn eines Advokaten auf, studiert in Kiel (1837 und von 1839 bis 1842) und Berlin (von 1838 bis 1839). Während seines zweiten Kieler Studienaufenthalts freundet er sich mit den Brüdern Theodor und Tycho Mommsen an. Mit beiden gibt er das *Liederbuch dreier Freunde* (1843) heraus. Es ist bezeichnend, dass für St., der sich nach dem Studium in Husum als Advokat niederlässt, nicht die Revolution von 1848, sondern die Volkserhebung gegen die Dänen den entscheidenden politischen Bezugspunkt bildet. In dieser Zeit entstehen patriotisch-politische Gedichte. Als 1852 die dänischen Behörden St.s Bestallung als Advokat aufheben, beginnt mit der Anstellung im preußischen Justizdienst ein zwölfjähriges Exil. Erst 1864, nach dem Abzug der Dänen, kann St. in seine geliebte Heimatstadt zurückkehren. Der Justizbeamte lebt an der geographischen Peripherie Deutschlands. Der Lyriker und Novellist tauscht rege Briefe mit Gottfried Keller, Eduard Mörike und Iwan Turgenjew aus, auch besucht er gerne Kollegen und empfängt gelegentlich Besuch. Schon während seiner Potsdamer Zeit lernt St. im engeren literarischen Kreis der Vereine »Tunnel über der Spree« und »Rütli« Franz Theodor Kugler, Theodor Fontane und Paul Heyse kennen.

»Ich bedarf äußerlich der Enge, um innerlich ins Weite zu gehen« (Brief an Hermione von Preuschen vom 21. 9. 1881) – diese Vorliebe für eine provinzielle Beschaulichkeit mit Familienfesten, Leseabenden und Gesangsverein gründet auch in einem Ideal vom harmonischen Menschen, das in der großen unüberschaubaren Welt der Versachlichung überholt zu sein scheint. Für St. gerät die Provinz aber nicht zur patriarchalischen Idylle. Er erfährt ihre Bedrohung und setzt sie in seiner Dichtung um. Vertraut mit der materialistischen Popularphilosophie und als Gegner von Adelsprivilegien und theologischer Orthodoxie, schreibt St. aus dem Widerspruch zwischen intensiver Lebensbejahung und der Empfindung einer anonymen Bedrohung seines Ideals vom harmonischen Menschen. Dies erklärt das Nebeneinander von poetischer Stimmung und der Beschäftigung mit gesellschaftlichen Konflikten im literarischen Werk.

St. sieht sich vor allem als Lyriker, auch wenn ab Ende der 1860er Jahre die novellistischen Arbeiten überwiegen. Dies gilt für alle von ihm benutzten Gattungen, wie ein Blick auf die erste selbständige Buchausgabe *Sommergeschichten und Lieder* (1851) zeigt. Sie vereinigt Prosastücke, Märchenszenen und Gedichte. Reflexionspoesie lehnt er ebenso ab  wie die zeitgenössische Lyrikinflation oder Emanuel Geibels inhaltsleere Formkunst. Die meisten seiner Gedichte sind bestimmten Situationen verpflichtet. Dies gilt für die politischen Gedichte und die zahlreichen Liebesgedichte. In der Nachfolge Joseph Eichendorffs, Heinrich Heines und Eduard Mörikes entsteht eine liedhafte Erlebnislyrik, die immer wieder in meist elegischem Ton Heimat, Familie und Liebe thematisiert. In den besten Gedichten stellt er idyllische Zustände als vergangen oder bedroht dar. Von daher bildet sich das charakteristische Nebeneinander von friedlichem Landschaftsbild und gefährdeter menschlicher Beziehung.

Auch in der Novellistik herrscht zunächst, so in dem ersten großen Erfolg *Immensee* (1849), ein lyrisch-stimmungsvoller Ton, ein Spannungsverhältnis zwischen Vergangenheit und Gegenwart, Idylle und Wirklichkeit. St.s frühe Novellen-Konzeption klammert soziale und politische Zeitfragen aus und will in Anlehnung an eine Definition des zeitgenössischen Literaturhistorikers Georg Gottfried Gervinus der Gegenwart »eine poetische Seite abgewinnen«. So nutzt St. die Provinz und die Vergangenheit als erzählerische Rückzugsfelder. Dabei zeigen aber die »Desillusionsnovellen« (u. a. *Draußen im Heidedorf*, 1872; *Pole Poppenspäler*, 1874; *Hans und Heinz Kirch*, 1882) eine erweiterte sozialpsychologische Dimension. In ihnen wird die Menschen- und Umweltgestaltung gesellschaftlich präzisiert und zugleich an einem humanistischen Menschenbild festgehalten. Dies erscheint in den Novellen als Spannungsverhältnis zwischen demaskierten und poetisierten Konflikten. In den Chroniknovellen (u. a. *Aquis Submersus* und *Renate*, 1878; *Schimmelreiter*, 1888) entsteht eine durch kulturgeschichtliche Details veranschaulichte Welt mit häufig antiklerikaler und antifeudaler Tendenz. Im Gegensatz zum Historismus der Gründerzeit hat Vergangenheit hier zwei Funktionen:

Sie erlaubt nicht nur einen Rückzug in überschaubare und damit erzählbare Verhältnisse, sondern auch aus liberaler Sicht eine Kritik an Adel und Klerus. Die Novellistik zeichnet sich durch ein verknappendes Erzählen aus, das die Raum- und Charaktergestaltung nur andeutet. Der Rahmen hat keine zyklenbildende Funktion. Der vom Autor eingeführte Erzähler oder Chronist schränkt die erzählerische Allwissenheit ein und beschränkt damit auch den Umfang des Erzählten.

St.s stoffliche und thematische Verengung in einer stimmungshaften Lyrik und Novellistik sichern dem Autor eine wachsende Popularität. Ähnlich denen von Gottfried Keller und Conrad Ferdinand Meyer erreichen seine Novellen durch Vorabdrucke in Zeitschriften ein breites bürgerliches Lesepublikum. Die Einschränkung auf Heim und Herd ermöglicht es deutschtümelnden Interpreten, die bereits in einer gewissen Nähe zur späteren Blut- und Boden-Ideologie stehen, den Autor der Heimatkunst zuzuordnen. Nach 1945 erscheint er als unpolitischer Dichter zeitloser Schicksalsnovellen und stimmungshafter Naturlyrik.

Werkausgabe: Sämtliche Werke. Hg. von Karl Ernst Laage und Dieter Lohmeier. 4 Bde. Frankfurt a. M. 1987 ff.

Georg Bollenbeck

Stowe, Harriet Beecher

Geb. 14. 6. 1811 in Litchfield, Connecticut;
gest. 1. 7. 1896 in Hartford, Connecticut

Mehr als eine halbe Million Frauen in Europa, genau 562 448, unterschrieben im Jahr 1855 einen Brief an die Frauen Amerikas, zu Händen von Harriet Beecher Stowe, in dem sie an ihre amerikanischen Schwestern appellierten, sich für die Abschaffung der Sklaverei zu engagieren, wie S. es mit ihrem Roman *Uncle Tom's Cabin* (1852; *Onkel Toms Hütte*, 1852) getan hatte. In 26 ledergebundenen Bänden, die man S. überreichte, dokumentieren diese Unterschriften das überwältigend positive Echo, das das Buch weltweit hervorgerufen hatte. Kein anderer Roman hat jemals eine ähnlich globale, kulturelle Breitenwirkung gehabt: Noch im Erscheinungsjahr 1852 wurden von dem Buch, das zuvor als Fortsetzungsroman in der gegen die Sklaverei gerichteten Zeitschrift *National Era* erschienen war, in den USA 300 000 und in England 1 Million Exemplare verkauft. Im selben Jahr erschienen Übersetzungen in sieben europäische Sprachen. Bis heute ist der Roman, der immer im Druck geblieben ist, in 42 Sprachen übersetzt worden. Schon 1852 wurde die erste Dramatisierung mit großem Erfolg auf die Bühne gebracht. 80 Jahre lang blieb *Uncle Tom's Cabin* das erfolgreichste Stück der Saison im amerikanischen Theater. 500 Schauspieltruppen sollen es in den 1890er Jahren in Szene gesetzt haben. Auch auf vielen europäischen Bühnen wurden Versionen gespielt, und die erste von zahlreichen Verfilmungen stammt bereits aus dem Jahr 1903. Die Bearbeitungen für Bühne und Film hatten ihrerseits starke Rezeptionswirkungen, denn vor allem ihnen verdankt sich das Bild von Onkel Tom als altem Mann (im Buch ist er ein großer, kräftiger Schwarzer mittleren Alters). Auch das negative Stereotyp vom unterwürfigen Schwarzen, mit dem der Name Onkel Tom im 20. Jahrhundert verbunden wurde, missversteht den kulturellen Kontext der Entstehungszeit. Die Wirkkraft des Textes zeigt sich aber auch an der Fülle der negativen fiktionalen Reaktionen, die das Buch hervorrief. Allein in den neun Jahren bis zum amerikanischen Bürgerkrieg erschienen 27 Anti-Onkel-Tom-Romane, die das System der Sklaverei zu rechtfertigen versuchten. Noch heute ist der Nachhall des Textes in den Werken schwarzer und weißer Autorinnen und Autoren zu hören. S. hatte an den Nerv nicht nur ihrer Epoche gerührt.

Als eines von 13 Kindern des charismatischen Geistlichen Lyman Beecher wuchs S. in Connecticut auf. 1832 zog die Familie nach Cincinnati. Am Fluss Ohio gelegen, der die Grenze zwischen dem Sklavereistaat Kentucky und dem sklavenfreien Ohio bildete, war die Stadt damals eines der Zentren der Auseinandersetzung zwischen Befürwortern und Gegnern der Sklaverei; die Beechers gehörten zu den Letzteren. 1836 heiratete S. den Theologieprofessor Calvin Stowe. Trotz einer rasch wachsenden Zahl von Kindern (letztlich sieben), veröffentlichte S., die immer schon literarische Neigungen gehabt hatte, nebenher kürzere Texte. Eine erste Sammlung ihrer Erzählungen erschien 1843 unter dem Titel *The Mayflower*, der an Frühlingsblumen und Pilgerväter gemahnt. 1850 wurde Professor Stowe an das Bowdoin College berufen, und die Familie kehrte nach Neuengland zurück. Die politische Situation in den USA war zu dieser Zeit wegen der Sklavereifrage äußerst angespannt. Das Fugitive Slave Law von 1850 als Teil eines Kompromisspakets zwischen Nord- und Südstaaten machte es auch für die Bewohner sklavenfreier Staaten zur Pflicht, entlaufene Sklaven ihrem Besitzer zurückzugeben, und verbitterte dadurch die Gegner der Sklaverei. Zutiefst empört begann S. eine Geschichte zu schreiben, die sich zu ihrem berühmtesten Roman auswuchs.

Uncle Tom's Cabin spielt in der Erzählgegenwart. Ein Plantagenbesitzer in Kentucky verkauft aus Geldnot und gegen den Willen seiner Frau seinen besten und treuesten Sklaven Tom und den erst fünfjährigen Sohn der Sklavin Eliza an einen Sklavenhändler. Während Eliza vor dem Abtransport mit ihrem Kind flieht, fügt sich Tom in christlicher Demut in sein Schicksal und die Trennung von seiner Familie. Alternierend wird die Flucht Elizas nach Norden, in die Freiheit, und Toms Weg in den tiefen Süden und in immer unerträglichere Verhältnisse erzählt. Sein letzter Besitzer, der brutale Pflanzer Legree, prügelt Tom schließlich zu Tode, ohne ihm allerdings seine christliche Vergebungshaltung nehmen zu können. Der Sohn seines ersten Besitzers, der Tom zurückkaufen will, kommt zu spät und kann ihn nur noch begraben. Schuldbewusst lässt er zu Hause seine Sklaven frei. Wie Charles Dickens ist S. eine Meisterin des sentimentalen Romans; sie appelliert mit Humor und Gefühl an die emotionale Solidarität ihrer Leser. Dabei hat sie zugleich eine (konservativ-)feministische Agenda, denn ihre Kritik an der Sklaverei stützt sie auf die hohen viktorianischen Werte von Familie und Mutterschaft.

Ein System, das Familien auseinanderreißt und Kinder von ihren Müttern trennt, ist zutiefst menschenverachtend. Der eminent politische Roman propagiert als Fundament einer neuen demokratischen Ära mütterliche Liebe und Fürsorge anstelle männlicher Autorität. S. postuliert einen gynokratischen und matriarchalen Gegendiskurs gegen die »patriarchale Institution« Sklaverei; die Herrschaft der Liebe gegen männliches Profitstreben.

Nach dem sensationellen Erfolg von *Uncle Tom's Cabin*, durch den die Autorin allerdings wegen eines für sie ungünstigen Publikationsvertrages nicht reich wurde, war S. eine Person von internationalem Interesse. Europareisen in den Jahren 1853 und 1856 wurden zu Triumphzügen; S. wurde u. a. von Königin Viktoria empfangen. Sie verarbeitete ihre Reiseerfahrungen in *Sunny Memories of Foreign Lands* (1854) und in dem Europaroman *Agnes of Sorrento* (1862). Noch zweimal wandte sie sich dem Thema Sklaverei zu: 1853 in *A Key to Uncle Tom's Cabin* (*Schlüssel zu Onkel Toms Hütte*, 1853), in dem sie dokumentarisches Material über die Sklaverei präsentierte, um sich gegen den Vorwurf fehlender Belege für ihren Text zu verwahren, und in dem Roman *Dred* (1856; *Dred. Eine Erzählung aus den amerikanischen Sümpfen*, 1856). Von ihren vielen weiteren schriftstellerischen Arbeiten sind besonders ihre Neuenglandromane zu erwähnen, *The Minister's Wooing* (1859), *The Pearl of Orr's Island* (1862), *Oldtown Folks* (1869) und *Poganuc People* (1878), in denen sie einen wichtigen Beitrag zur regionalen Literatur leistet. Mit ihrer Ehrenrettung für Lady Byron, die verstorbene Frau des Dichters, erregte S. einen transatlantischen Sturm der Entrüstung. Dem Vorwurf, Lady Byron habe ihren Mann grundlos verlassen, begegnete S. mit dem Hinweis auf Byrons inzestuöse Beziehung zu seiner Halbschwester. Sie legte damit die doppelte Moral ihrer Gesellschaft bloß, die einen Mann trotz seines Verstoßes gegen sexuelle Tabus achtete, während sie die Frau ächtete. Die öffentliche Anfeindung, die ihr von vielen Seiten entgegenschlug, entmutigte sie nicht; sie veröffentlichte sogar eine Langfassung in Buchform, *Lady Byron Vindicated* (1870). Eine Reihe von Gesellschaftsromanen – *My Wife and I* (1871), *Pink and White Tyranny* (1871) und *We and Our Neighbors* (1875; *Wir und unsere Nachbarn*, 1876) – behandeln das Geschlechterverhältnis und die Ehe. Auch hier stellt S. mit ihren positiven Frauenbildern weibliche Machtansprüche. Ihre eher konservative Einstellung zur Ehe hinderte sie nicht, für das Frauenwahlrecht einzutreten. S. starb 85-jährig und hochgeehrt in ihrem Haus in Hartford, in dem heute ein Stowe-Museum untergebracht ist.

Werkausgabe: The Writings. 16 Bde. Cambridge 1896.

Susanne Opfermann

Stramm, August

Geb. 29. 7. 1874 in Münster/Westf.;
gest. 1. 9. 1915 in Horodec (Rußland)

Als Hauptmann der Reserve und Kompagnieführer fiel St. bei einem Sturmangriff in den Rokitnosümpfen, nachdem seine Einheit in vorangegangenen Schlachten schon auf ein Dutzend Leute zusammengeschmolzen war. Nach spätem Studium (mit Promotion über den Weltpostverein zum Dr. phil. 1909) neben dem Beruf höherer Postbeamter in Bremen und Berlin hatte er für seine Dichtungen erst kurz vor Kriegsausbruch bei Herwarth Walden, dem Verleger und Herausgeber der avantgardistischen Zeitschrift *Der Sturm*, Verständnis und Förderung gefunden. Hier wurden zunächst seine dramatischen Versuche gedruckt – *Rudimentär* (1914), *Sancta Susanna* (1914; später vertont von Paul Hindemith) u. a. –, in denen nicht mehr Gestalten, sondern entpersönlichte *Kräfte* (so der Titel eines weiteren Dramas, 1915) sich entfalten und bekämpfen. Rascher und anhaltender aufgenommen wurden seine nicht weniger extremen Verse, Liebes- und Kriegsgedichte der Sammlungen *Du* (1915) und *Tropfblut* (1915, veröffentlicht 1919).

Auf die Ausdruckskraft weniger, oft vereinzelter Wörter konzentriert, wobei Ausdruckswert und -gewalt vor allem durch Kürzung und Deformation ohne Rücksicht auf die Grammatik erneuert werden, ist St.s Versuch der überzeugendste eines durch die Erfahrung des Krieges verschärften, sprachlich radikalen Expressionismus, der ebenso Jugendstil und Symbolismus wie einen noch damit verbundenen Expressionismus – etwa Georg Heyms oder Georg Trakls – verneint. Ein Gedicht wie *Krieggrab* ist charakteristisch für seine Wortkunst – in der Kürze des »Telegramm-Stils« (Wegfall der Artikel etc.), in der Veränderung und Umfunktionierung wichtiger Wörter, in der Parallelisierung dreier Verse und dem Zerbrechen eines ursprünglich vierten Verses, um dessen gleiche Anzahl Wörter isoliert und ausdrucksstark zu stellen: »Stäbe flehen kreuze Arme / Schrift zagt blasses Unbekannt / Blumen frechen Staube schüchtern / Flimmer / tränet / glast /Vergessen«.

Werkausgabe: Die Dichtungen. Hg. von Jeremy Adler. München 1990.

Ludwig Dietz

Strauß, Botho

Geb. 2. 12. 1944 in Naumburg/Saale

St., dessen Bühnenstücke seit Jahrzehnten zu den meistgespielten an deutschen Theatern gehören, ist ein Kristallisationspunkt der Literaturkritik. Sehen die einen in ihm »einen Buchhalter gegenwärtiger und vergangener Moden« (Christian Schultz-Gerstein), der nach dem Scheitern der studentischen Aufklärungsversuche das Irrationale salonfähig macht, so gilt er anderen als »sensibler Realist« (Helmut Schödel), dessen literarische Rätselbilder einer von Wahnsinn bestimmten Wirklichkeit entsprechen.

Geboren als Sohn eines Lebensmittelberaters, besuchte er das Gymnasium in Remscheid und Bad Ems; nach 5 Semestern brach er sein Studium der Germanistik, Theatergeschichte und Soziologie ab – nebenher versuchte er sich als Schauspieler auf Laienbühnen –, um sich als Kritiker und Redakteur bei der Zeitschrift *Theater heute* einen Namen zu machen. Zwischen 1967 und 1970 erlangte er hierbei einige Reputation und Bekanntheit. Den Wechsel vom Kritiker zum Theaterpraktiker vollzog St., als er in den frühen 1970er Jahren als Dramaturg an der Berliner Schaubühne unter Peter Stein arbeitete. Erheblichen Anteil hatte St. z. B. an der bekannten und erfolgreich verfilmten Inszenierung von Maxim Gorkis *Sommergäste*. Sein erstes Theaterstück, *Die Hypochonder* (1972), fand allerdings kaum positive Resonanz. Die in dem Drama vorgeführten verschiedenartigen Angstsituationen, in denen das Publikum vergeblich nach einem Handlungsfaden suchte, wurden von der Kritik als ein esoterisches Verwirrspiel für Eingeweihte abgetan.

Den Geschmack von Publikum und Kritik traf St. dann mit seiner Erzählung *Die Widmung* (1977). Dargestellt wird der innere Leidensweg des Buchhändlers Richard Schroubek, der, verlassen von seiner Geliebten, sich aus seinen normalen sozialen Bezügen löst und sich ganz seinem Schmerz hingibt. Das Verlassensein und Herausgelöstwerden wird zu einer Grundkonstante im Werk des Autors. Auch die Protagonisten der späteren Dramen bewegen sich in geradezu künstlichen Handlungsräumen, die, zwischen Banalität und Exzentrik schwankend, einen klareren Blick auf die Befindlichkeit der Personen erlauben. Vor allem mit der *Widmung* wird St. zu einem herausragenden Literaten der in den späten 1970er Jahren besonders gepflegten sogenannten ›Neuen Innerlichkeit‹.

Seine Dramen *Bekannte Gesichter, gemischte Gefühle* (1975) und *Trilogie des Wiedersehens* (1977) waren – da sie jetzt den Zeitgeist der von Agitprop und Dokument befreiten Kunst widerspiegelten – erste durchschlagende Theatererfolge. Zum besten Stück der Spielzeit 1978/79 wurde seine Szenencollage *Groß und klein* erklärt. Vorgeführt werden die Stationen eines Leidenswegs, den eine junge Frau auf der Suche nach Zuneigung und Geborgenheit in verschiedenen Räumen der gegenwärtigen Gesellschaft durchlebt, um schließlich im Zustand geistiger Verwirrung zu enden. Mit Hans Wolfschütz lässt sich feststellen, dass in den St.-Stücken der 1970er Jahre die Sehnsucht in einer Atmosphäre allgemeiner Erschöpfung »als einziger Lebensantrieb« fungiert und das Passive, das Warten, zur Haupteigenschaft der Personen wird. Auch in *Kalldewey, Farce* (1982) werden Personen vorgestellt, denen es an innerem Halt mangelt; gefühlskalte Menschen lassen keine Hoffnung aufkommen. Zunehmend deutlich wird die Tendenz, Gegenwartsprobleme auf überhistorische, mythische Grundlagen zu beziehen. Die Erzählweise schwankt zwischen Ironie und Melancholie. Das Fehlen einer Fabel sowie einer durchgehenden Problemkonstellation ist charakteristisch. Kaleidoskop- und collageartig sowie mit filmischen Schnitt-Techniken wird das Leiden des Individuums in der Gegenwart vorgeführt.

Den Vorwurf des Esoterischen handelt sich St. dadurch ein, dass er z. B. in *Der Park* (1984) die Grenzen von banalem Alltag und Phantasiewelt aufhebt oder in den Reflexionen *Paare, Passanten* (1981) Versatzstücke aus Philosophie und Bildungsgut eigenwillig vermengt. Im *Park* wollen Oberon und Titania, die St. aus Shakespeares *Sommernachtstraum* geborgt hat, in den nüchternen und beziehungsgestörten Gegenwartsmenschen die verschütteten sinnlichen Energien zu neuem Leben erwecken. Allerdings, am Ende verändern sich nicht die Menschen, sondern die Götter ähneln immer mehr den lustlosen Alltagsmenschen.

Um das Scheitern absoluter Liebe geht es in dem Drama *Die Fremdenführerin* (1986). Während eines Urlaubs in Griechenland verliebt sich ein deutscher Lehrer in die Fremdenführerin, die ihm nicht nur die Ruinen der altgriechischen Kultur erklärt, sondern auch die Gefühlswelt durcheinanderwirbelt. Reagierte hier die

Kritik recht verhalten, so wurde *Die Zeit und das Zimmer* (1988) von Publikum und Feuilleton gleichermaßen begeistert aufgenommen. In unzusammenhängenden Episoden wird das Verhältnis der Geschlechter zwischen Kampf und Nähewunsch vorgeführt. Mythische Gewalten scheinen im *Schlußchor* (1991) das Misslingen der Liebe zu beeinflussen. Ein Mann überrascht eine unbekleidete Frau im Bade und entkommt, als wäre sie die rachedurstige Göttin Diana, ihren tödlichen Nachstellungen nicht. Das Stück bringt zugleich die deutsche Wiedervereinigungsproblematik in drastischer, manchmal allegorischer Weise auf die Bühne. Mythologisierung als Gegenbild zur modernen, von der bewusstseinsbildenden und erotischen Kraft des Mythos verlassenen Welt, das ist auch das zentrale Thema des von den Heimkehr-Gesängen der Odyssee geformten Stückes *Ithaka* (1996) sowie von *Die Ähnlichen* (1998), *Kuss des Vergessens* (1998), *Der Narr und seine Frau heute abend in Pancomedia* (2001) und *Unerwartete Rückkehr* (2002). Die Welt, scheint St. in immer neuen Varianten sagen zu wollen, war einmal besser gedacht, als sie jetzt ist, und sie hat zwar heute nichts Besseres mehr verdient, aber das Bessere irgendwann einmal kennengelernt.

Unter keinem Gattungsbegriff ist der ›Roman‹ *Der junge Mann* (1984) zu fassen. Theoretische Visionen werden mit phantastischen Erzählungen verknüpft, satirische, allegorische und essayistische Momente, die insgesamt sich gegen eine plausible Deutung sperren, fließen ineinander. Spätestens seit dieser merkwürdig-unverständlichen Romanschrift sowie auch dem 80seitigen Gedicht *Erinnerung …* (1985) stehen sich Gegner und Befürworter seines Werkes unversöhnlich gegenüber. Gunter Schäble sprach bereits von einem »Glaubenskrieg« und bezeichnete den Autor als Indiz für die »Wende in der Dichtkunst« zum konservativen Kitsch. Ein zentrales Thema der in regelmäßigem zeitlichen Wechsel zu den Dramen erscheinenden Prosa ist die Unmöglichkeit der Liebe, wie St. es in *Kongreß. Die Kette der Demütigungen* (1989) auf beinahe peinigende Weise vorführt. Wie durch ein Blitzlicht erhellt und stillgestellt wirken die Situationen, in die St. seine Figuren in *Niemand anderes* (1987) und in *Beginnlosigkeit* (1992) stellt. Philosophische und essayistische Reflexionen stehen hier gleichberechtigt neben erzählter Episode und wortwitzigem Aperçu.

Die polemische Kritik an der modernen Zivilisation ist Thema von *Die Fehler der Kopisten* (1997) und setzt fort, was St. 1993 in seinem heftig diskutierten *Spiegel*-Essay *Anschwellender Bocksgesang* kulturkritisch beleuchtet hatte. Seine Klagen über die Sinnentleerung in der Gesellschaft und seine Forderung nach intellektueller Führerschaft der kulturellen Eliten trägt ihm den Vorwurf ein, sein dünkelhaftes Denken sei reaktionär, irrational und antiaufklärerisch. Dem Autor von *Die Nacht mit Alice, als Julia ums Haus schlich* (2003) wird von Volker Hage zwar bescheinigt, er bleibe »der große Zeitgenosse unter den deutschen Gegenwartsautoren«, seine seismographische Prosa fange »scheinbar mühelos die Erschütterungen des Heute und die Vorbeben des Zukünftigen« ein. Doch wird St. mit seinen unzeitgemäßen Betrachtungen über das Ganze, das in immer kleinere, unverständliche Teile zerfällt (*Der Aufstand gegen die sekundäre Welt. Bemerkungen zu einer Ästhetik der Anwesenheit*, 2001), der ihn ehemals huldigenden links-liberalen Kultur-Schickeria endgültig als elitärer Niedergangsdiagnostiker suspekt. Der mit dem Jean-Paul-Preis (1987), dem Georg-Büchner-Preis (1989), dem Berliner Theaterpreis (1993) und dem Lessing-Preis (2001) ausgezeichnete Schriftsteller kann für sich in Anspruch nehmen, der vielleicht umstrittenste, einzelgängerischste und rätselhafteste deutsche Gegenwartsautor zu sein.

Claus Gelfort/Frank Dietschreit

Der Stricker
Erste Hälfte des 13. Jahrhunderts

Wie von vielen mittelalterlichen Autoren sind auch vom St. außer den dichterischen Werken nur wenige Zeugnisse bekannt. So erwähnt der Zeitgenosse Rudolf von Ems im

Literaturexkurs seines Romans *Willehalm von Orlens* (um 1230) den St. lobend mit einem Artusroman (Vers 2230–2233); ein späterer Literaturexkurs in dessen *Alexanderroman* (um 1240), der ihn ebenfalls – unter 17 Autoren – hervorhebt, versieht den Namen des Strickaere mit dem erstaunlichen Zusatz »swenn er wil,... sô macht er guotiu maere« (Vers 3257 f.), ein Hinweis, dass zumindest Rudolf von Ems gerade diejenigen Werke, auf die sich der neuzeitliche literarhistorische Rang des St. gründet, die Verserzählungen (maeren), nicht allzusehr schätzte – evtl. ein aufschlussreicher Einblick in die ästhetischen Wertungen des Mittelalters. Polemisch ist eine dritte Erwähnung des – offenbar populären – St. in Volmars Gedicht »Von den Edelsteinen« (Mitte des 13. Jahrhunderts), weil er nicht an deren magische Kraft glaube.

Aufgrund dieser Nennungen wird die Schaffenszeit des St. auf etwa 1220 bis 1250 angesetzt. Weitere Daten suchte die Forschung aus seinen Schriften zu gewinnen: Seine Sprache weist ihn als Rheinfranken aus; Anspielungen in einzelnen Werken machen indes als hauptsächlichen Wirkungsbereich den oberdeutschen Raum, insbesondere Österreich wahrscheinlich. Der Name »St.«, den er selbst nur einmal nennt (*Frauenehre*), wurde zweifach gedeutet: einmal als Berufsbezeichnung (Seiler oder Fallensteller) des Autors selbst oder seiner Familie oder auch metaphorisch als sprechender (Dichter-)Name im Sinne von ›Worte zusammenfügen‹ oder auch ›durch Worte bestricken‹. Im Anschluss an die zweite Deutung und aufgrund einer Äußerung des St. sieht man ihn als Fahrenden: Er stilisiert sich im Zusammenhang mit seiner Namensnennung als arm, von Gaben (Pferd und Kleidung) abhängig – was im Mittelalter allgemein auf fahrende Dichter zutrifft – falls die Stelle nicht als Bescheidenheitstopos interpretiert werden muss. Dem Status eines Fahrenden widersprechen nicht seine Gelehrsamkeit und seine Kenntnisse in Rechtspraktiken und theologischen Fragen.

In seinen Werken erweist sich der St. als Verfechter der althergebrachten Stände- und Weltordnung, ganz entsprechend dem Zeit- und Mentalitätsgefühl des 13. Jahrhunderts, in welchem immer wieder die Auflösung der traditionellen Werte und Normen beklagt wird. Als Frühwerke des St. gelten seine beiden Romane: eine Neufassung des Rolandsliedes des Pfaffen Konrad, das durch Erweiterung und Ummotivierung zu einem kaiser- und stauferfreundlichen Karls-Epos wurde, und der erwähnte, in der Tradition von Hartmanns *Iwein* stehende höfische Roman *Daniel von dem blüenden tal*, in dem Motive und Handlungsstruktur z.T. so übersteigert sind, dass das Werk heute wie eine Persiflage auf den Typus des Artusromans wirkt. Seine literarisch innovative Leistung beruht indes – in neuzeitlicher Sicht – auf seinen über 160 kleinen Verserzählungen, den maeren, reden, bispeln, Fabeln, Exempeln, die er als Gattungen literaturfähig machte. In ihnen formulierte er sein didaktisches Grundanliegen, die Forderung, den althergebrachten Ordo zu respektieren. Die Stoffe entnahm er dem abendländischen und orientalischen Erzählgut und formte sie durchaus originell gemäß seinen erzieherischen Zwecken zu schwankhaften, belehrenden, allegorischen oder religiös-besinnlichen Geschichten aus, stellte in ihnen Fragen der Sünde und Buße, Laster und Alltagserscheinungen – erstmals auch bei Nicht-Adligen –, von der Trunksucht bis hin zu Eheproblemen, ebenso zur Diskussion wie Moral und Machtmissbrauch des Adels oder allgemein politische Missstände. Er schuf überdies den ersten deutschen Schwankroman, zwölf Abenteuer um die Gestalt des *Pfaffen Amîs*, in dem die Doppelmoral der Kleriker und die Dummheit des einfachen Volkes dargestellt wird. Vielseitig und gewandt in der Handhabung des höfischen Form- und Stilideals, fand der St. sein Publikum an geistlichen und weltlichen Höfen, im Stadtadel und Patriziertum. Seine Nachwirkung war beträchtlich, insgesamt sind fast einhundert Handschriften bekannt.

Werkausgaben: Die Kleindichtung des Strickers. 5 Bde. Hg. von Wolfgang Moelleken. Göppingen 1973–1978; Der Stricker. Verserzählungen. 2 Bde. Hg. von Hanns Fischer, revid. von Johannes Janota. Tübingen, Bd. 1 ⁴1979, Bd. 2 ³1984; Der Stricker.

Erzählungen, Fabeln, Reden. Mhd./Nhd. Hg. von Otfrid Ehrismann. Stuttgart 1992.

Günther Schweikle/Red.

Strindberg, August
Geb. 22. 1. 1849 in Stockholm;
gest. 14. 4. 1912 in Stockholm

Die Metapher der Wanderung, die zunehmend ins Zentrum von August Strindbergs schriftstellerischer Arbeit rückte, ist ein Reflex seines eigenen Lebens als Autor. Keineswegs jedoch ist hierbei an eine geradlinige oder kontinuierliche Bewegung zu denken. Die literarischen Spuren seiner persönlichen und künstlerischen Entwicklung sind die eines unruhig Suchenden, der sich selbst und seine Weltanschauungen in immer neuen Anläufen verwirft und produziert. St.s vielfach thematisierte Modernität ist eng verbunden mit seiner gegen die Zwänge und Strömungen der modernen Massenkultur aufbegehrenden Subjektivität, deren abrupte Positionswechsel und radikale Experimentierfreudigkeit oft auch von seinen Freunden und Förderern mit Befremden aufgenommen wurden.

Der Widerstand gegen die Autorität des Vaters, gegen die Unfreiheiten des bürgerlichen Bildungswegs und die ungerechten Machtverhältnisse innerhalb einer ökonomisch und politisch rückständigen Gesellschaft lenkte die Aufmerksamkeit des erfolglos Studierenden auf Schillers *Räuber* und wurde zum dauerhaften Motor seines Interesses für das Theater. Nach dem zunächst vergeblichen Versuch, sich mit dem historischen Schauspiel *Mäster Olof* (1872; *Meister Olaf*, 1895) als Dramatiker zu etablieren, war es der satirische Gesellschaftsroman *Röda rummet* (1879; *Das rote Zimmer*, 1889), mit dem er die schwedische Literatur aus ihrem idealistischen und spätromantischen Dornröschenschlaf weckte. Die idealistische Ästhetik hatte dem zeitkritischen Kreuzfeuer wenig entgegenzusetzen. Man konzentrierte sich stattdessen auf die Person St.s, der zum *enfant terrible* der konservativen Literaturkritik avancierte. Mit dem Versuch einer »Geschichtsschreibung von unten« (*Svenska folket*, 1881/82; in Auswahl: *Das schwedische Volk*, 1942) sowie der satirischen Bloßstellung des Heldenkultes in *Det nya riket* (1882; Das neue Reich) machte er sich weiterer Tabubrüche schuldig. Die zwischen Sozialismus, Anarchismus und rückwärtsgewandter Kulturkritik changierende Provokation erreichte – zumindest aus Sicht des religiösen Konservatismus – ihren Höhepunkt mit dem ersten Band des Novellenzyklus *Giftas* (1884; *Die Verheirateten*, 1889, später: *Heiraten*), die dem Autor eine Anklage wegen »Gotteslästerung sowie Verspottung der Heiligen Schrift und der Sakramente« eintrug.

St. indes war in einem viel zu hohen Grade Wahrheitssucher, Künstler und Subjektivist, um sich auf Dauer als Galionsfigur oder Märtyrer von einer bestimmten politischen Bewegung oder philosophischen Richtung vereinnahmen zu lassen. Dies gilt auch für seine konservative Einstellung zur Emanzipation der Frau sowie seine vorübergehenden Sympathiebekundungen an die Adresse Friedrich Nietzsches. In den Gärungsprozessen des gesellschaftlichen Umbruchs ebenso wie in den existentiellen und psychischen Krisen seiner eigenen Biographie fand St. das hemmungslos auszubeutende Material einer experimentellen Produktivität, deren Dynamik darauf beruhte, dass sie die Grenzen zwischen Kunst und Wissenschaft, zwischen Ich und Welt nicht mehr anerkannte. Mit seinem autobiographischen Roman *Tjänstekvinnans son* (Teil 1–3, 1886, Teil 4, 1909; *Der Sohn einer Magd*, 1909/10) und mit den naturalistischen Dramen *Fadren* (1887; *Der Vater*, 1888) und *Fröken Julie* (1888; *Fräulein Julie*, 1888) versuchte sich St. ganz bewusst von der nichtauthentischen »Konstruktionsliteratur« zu entfernen. Die Wirklichkeit der auf diese Weise entstehenden neuen Literatur präsentiert sich als Flickenteppich aus Versatzstücken persönlichen Welterlebens und zeitgebundener Wissenschaft, die

sich im fiktionalen Experiment zu immer neuen Mustern fügen.

Die nachträgliche Inszenierung und literarische Reproduktion des eigenen Lebens entwickelte sich mit Werken wie *Le plaidoyer d'un fou* (1895; *Die Beichte eines Thoren*, 1893 [sic!]) und *Inferno* (1897; *Inferno*, 1898) zur Überlebensfrage. Ehestreitigkeiten, finanzielle Sorgen und die zähen Bemühungen um öffentliche Anerkennung bildeten den äußeren Hintergrund der im Zeichen paranoider Ängste stehenden »Inferno-Krise«. Unbeständig ebenso in der Bestimmung seines Aufenthaltsortes (Frankreich, Schweiz, Dänemark, Deutschland) wie in der Wahl eines weltanschaulichen Standpunktes (aufgeklärter Rationalismus, Ideologie der Macht, Antifeminismus, Okkultismus) hatte St. den Rahmen des literarischen Experimentes überschritten und seine schöpferische Wahrheitssuche vorübergehend auf das Feld von Naturwissenschaft und Alchimie verlagert. Der Versuch, als »Poet-Chemiker« die Elementargesetze der Natur zu entschlüsseln, bildet den gravierendsten Wendepunkt in der persönlichen und künstlerischen Entwicklung des Autors.

Die Überwindung der Krise, bezeugt in den tagebuchartigen Aufzeichnungen von *Inferno* und *Légendes* (1897; *Legenden*, 1899), vollzog sich im wieder erstarkenden Prozess schriftstellerischer Selbst- und Weltdarstellung. Das bevorzugte Verfahren der symbolisierenden Dokumentation individueller Lebenswirklichkeit verband sich mit den synkretistischen Mustern einer religiösen Wirklichkeitsbeschreibung, in deren Mittelpunkt die Themen Schuld und Leiden rückten. Bemüht um die Konfiguration von Strukturen der Sinnhaftigkeit im Labyrinth der fragmentierten Existenz entwickelte St. für seine späten Dramen die Stationentechnik. In *Till Damaskus* (I–III, 1898–1904; *Nach Damaskus*, 1912), der für die Bühne eingerichteten Abbildung seiner eigenen »Infernowanderung«, ersetzt er die lineare Handlungsstruktur des klassischen Dramas durch ein diskontinuierliches und zugleich zyklisch geordnetes Arrangement symbolträchtiger Einzelszenen. Die schon hier angelegte Transzendierung des persönlichen Erfahrungshorizontes in Richtung auf das Universale wurde in *Ett drömspel* (1902; *Ein Traumspiel*, 1903) vollendet. Eine surreale Landschaft, zusammengefügt aus wechselnden Szenerien, die in sich selbst und untereinander nach dem »zusammenhanglose[n], doch scheinbar logische[n] Muster des Traumes« (Vorwort) arrangiert wurden, entfaltet sich zum Panorama der menschlichen Existenz mit ihren seelischen Kümmernissen und Abgründen, ihren unerfüllten Idealen und Banalitäten. Als höchste Instanz dieser traumhaften Wirklichkeit gibt der Verfasser das Bewusstsein des Träumers aus, das »keine Geheimnisse, keine Inkonsequenz, keine Skrupel, kein Gesetz« kenne. »Es ist schade um die Menschen!« lautet die leitmotivische Formel, mit der die Tochter des Gottes Indra die Grundstimmung dieses schmerzerfüllten Traumbewusstseins zusammenfasst.

Den umgekehrten Weg der Reduktion, der Konzentration auf ein einzelnes, in sich selbst bedeutungsvolles Motiv, beschritt St. mit seinen durch die Struktur der Kammermusik inspirierten Kammerspielen. Charakteristisch für *Spöksonaten* (1907; *Gespenstersonate*, 1908) ebenso wie für die anderen Stücke dieser Werkgruppe, die der Autor für das von ihm gegründete »Intime Theater« produzierte, ist die Verbindung suggestiver Traumsymbolik mit einer psychologisch-analytischen, häufig auch auf nonverbale Mittel zurückgreifenden Enthüllungstechnik im Stile Ibsens. In seinem letzten Drama *Stora landsvägen* (1909; *Die große Landstraße*, 1912) richtete St. den symbolisch verfremdenden Fokus noch einmal auf die Stationen seines eigenen Lebens. An der »letzten Pforte« gibt sich der Jäger – Protagonist und fiktionales Ich des Autors – mit einem vieldeutigen Bekenntnis in die »Hand des Herrn«: »O segne mich, der litt am meisten – / der litt am meisten unterm Schmerz, / nicht sein zu können, der er wollte sein.«

Hatten die konservativen Kräfte im Blick auf die religiöse Ausrichtung der Nach-Inferno-Produktion eine Entpolitisierung der Dichtung St.s erhofft, so wurden sie gründlich enttäuscht. In den satirischen Romanen *Gö-*

tiska rummen (1904; *Die gotischen Zimmer*, 1904) und *Svarta fanor* (1907; *Schwarze Fahnen*, 1908) wandte er sich mit erneuter Angriffslust und ohne Rücksicht auf frühere Allianzen gegen die Repräsentanten der politischen, gesellschaftlichen und kulturellen Reaktion. Eine Serie antichauvinistischer und pazifistischer Zeitungsartikel bildete den Auftakt der sogenannten St.-Fehde, die bis zum Tode des Dichters andauerte und in deren Verlauf er – noch weithin belächelt als Swedenborg-Adept und Verfasser der mystischen Enzyklopädie *En blå bok* (1907–12; *Ein Blaubuch*, 1908–21) – das Kunststück vollbrachte, sein öffentliches Lebenswerk als gefeierter Sympathieträger der schwedischen Arbeiterbewegung zu beschließen.

Kein Schriftsteller der Zeit um die Wende zum 20. Jahrhundert hat so konsequent mit der Illusion aufgeräumt, dass die Kunst die Möglichkeit habe, die Subjektivität zu überspringen und die Wirklichkeit im direkten Zugriff, gleichsam fotografisch exakt, abzubilden. Die Würdigung St.s als Wegbereiter des antimimetischen Theaters vom Expressionismus bis hin zum absurden Drama und zur Postmoderne greift jedoch zu kurz. Sein gewaltiges Werk vereinigt und antizipiert die verschiedenen Strömungen einer sich auf dem Felde der Weltanschauungen zunehmend individualisierenden Gesellschaft. Als Synkretist und Experimentator auf den unterschiedlichsten Gebieten von Kunst und Wissenschaft ist er der Exponent eines Bemühens, das bis zum gegenwärtigen Zeitpunkt an Aktualität nichts eingebüßt hat. Es entspricht der existentiellen Notwendigkeit und Freiheit einer permanenten Sinnkonstruktion des Einzelnen, dem es auferlegt ist, sich – sei es denkend oder handelnd – einen Weg durch das Unwegsame zu bahnen, eine Rationalität gegen die Zufälligkeit aufzurichten und ein vorläufiges Ganzes aus Fragmenten zu bilden.

Werkausgaben: Strindbergs Werke. Unter Mitwirkung d. Übers. E. Schering vom Autor selbst veranstaltet. 47 Bde. Leipzig/München 1902–30. – Werke in zeitlicher Folge. Frankfurter Ausgabe. Hg. A. Gundlach. Frankfurt a. M. 1984–92.

Ulrike-Christine Sander

Strittmatter, Erwin
Geb. 14. 8. 1912 in Spremberg; gest. 31. 1. 1994 in Dollgow/Gransee

St.s berühmtester und in viele Sprachen übersetzter Roman *Ole Bienkopp* (1963) – mit dem sprechenden Namen ist zugleich ein Typus und Menschenschlag benannt, dem der Autor fortan treu bleiben wird – war zunächst nach seinem Erscheinen durchaus umstritten und lag inhaltlich, von der Botschaft her, wie auch formal quer zu den damals noch verpflichtenden Gesetzen des sog. ›sozialistischen Realismus‹: Ole Bienkopp als ein Menschentypus jenseits der DDR-Wirklichkeit oder doch in deren Nische; der Sonderling in der großen mecklenburgisch-niedersächsischen Tradition eines Fritz Reuter und Wilhelm Raabe; und selbst Uwe Johnsons Figuren besitzen Spuren dieser Erzähllinie. Die Auseinandersetzung und der letztliche Erfolg des Autors bedeutete zugleich so etwas wie eine Zäsur und eine frühe und partielle Öffnung der Literaturkritik. Und in der Tat erscheinen die Aufbaujahre 1952 bis 1959 (Erzählzeit) hier lebensnaher und nachvollziehbarer – und bar jeden verordneten Kadergeistes – als im kontemporären und ebenso zur Schulpflichtlektüre erhobenen Roman *Die Aula* von Hermann Kant. So kann es kaum verwundern, dass St. von nun an zum erklärten Lieblingsschriftsteller, zu *dem* ›volkstümlichen‹ Erzähler in der DDR wurde, ein ideologisch besetztes Genre, das es doch eigentlich gar nicht hätte geben dürfen. Hohe Ehrungen und politische Anerkennung (mehrmals Staatspreisträger) mit den damit verbundenen Privilegien folgten. St.s Erfolg und seine Wertschätzung haben nach der Vereinigung eher noch zugenommen, insofern sich die Leserschaft der ehemaligen DDR angesichts dieses Autors und seiner Schreibart der Unterschiede beider Kulturnationen und Lesekulturen bewusst wird (vgl. *Der Laden*, 1983/1987/1993). St.s Romane und die Geschichte seines Erfolges belegen aber auch ein literatursoziologisches innerliterarisches Phänomen, das man bei der wissenschaftlichen Betrachtung der DDR-Literatur in der BRD ganz übersehen hatte, weil es kaum in die ideologische Diskussion passte: das Eingreifen des Ländlichen in die Literatur der DDR und das Fortleben bestimmter binnendeutscher Erzähltraditionen. Und wenn es zutrifft, dass sich St.s Figuren von ihrer Bodenständigkeit und ihrem Heimatsyndrom in Richtung einer generellen Problematisierung des Individuellen bis zum Schutzraum des Verschrobenen, Unzeitgemäßen und Sonderlinghaften hin – modellhaft vorgeführt an der Künstlerexistenz – entwickeln, ist wiederum die Erzähltradition des poetischen Realismus, Adalbert Stifter, Gottfried Keller und Wilhelm Raabe zumal, präsent, und St.s Äußerung, dass »zu jeder Arbeit eine bestimmte Art von Poetisierung« gehöre, kann deshalb durchaus als eine Art Standortbestimmung seines Schreibens bezeichnet werden. Damit ist aber auch die ästhetische Problematik einer solchermaßen relativ ungebrochenen Tradierung – auch der von St. immer wieder bemühte und bis zum Kalauer hin strapazierte Humor gehört ja durchaus in diese Linie – mit angesprochen. Jene nahezu exzessive Erzählerreflexion, wie sie der späte Raabe in den *Akten* oder im *Odfeld* durchspielt, fehlt in den epischen Großwerken St.s, nicht aber in den sog. ›Kleingeschichten‹, die als virtuose Fingerübungen und poetologische Keimzellen zu betrachten sind und von der damaligen Kritik auch sofort so verstanden wurden. Wenn gesagt wurde, dass mit dem dritten Teil des *Wundertäters* (1966) und besonders mit der Trilogie *Der Laden* zunehmend Selbstreflexion, Kommentar und offene Schreibweise die Struktur und das Erzählgefüge bestimmen, so bedarf das der Einschränkung, insofern diese Erzählmittel immer perspektivisch eingebunden und an die biographischen Strukturlinien angepasst bleiben (z. B. Esau Matts Geschichte im *Laden*).

Was die biographische und manchmal ans Autobiographische anspielende Präsentation von Lebensgeschichten über mehrere Generationen betrifft, so erinnert St.s Verfahren, besonders im Einbeziehen lokal-realistischer Versatzstücke und in der Sprachkomik, an Kempowski, in der Urwüchsigkeit und Derbheit, die auch Zoten nicht scheut, an Oskar Maria Graf. St. selbst beruft sich gerne auf den großen Knut Hamsun – gemeinsam und bestimmend ist die Hochschätzung der epischen Wirklichkeit, jenes Moment, das immer wieder für Missverständnisse, aber gerade auch für den hohen Grad an Identifikation für den DDR-Leser verantwortlich ist. Im dritten Band des *Wundertäters* (1978) wird u. a. die Vergewaltigung einer jungen Frau durch einen Rotarmisten geschildert, ein absolutes Tabu in der DDR, weshalb die Auflage zunächst von der Armee konfisziert wurde; es macht aber anschaulich, dass das Wir-Gefühl, das sich für die damaligen Leser einstellte, nachprüfbare Gründe hat; ebenso entspricht die an dem ausbleibenden gesellschaftlichen Eingreifen der Figuren ablesbare Desillusionierung durchaus der gelebten Wirklichkeit in der DDR seit den 1970er Jahren. Allerdings weichen auch die erst 1990 veröffentlichten Tagebuchaufzeichnungen (*Die Lage in den Lüften*, 1973–1980) in der Reflexion der eigenen Selbstzensur und des stillschweigenden Nischendaseins kaum erheblich vom gängigen Intellektuellenmuster in diesen Jahren ab; die Rolle des Dissidenten oder Oppositionellen geht mit St.s Selbstverständnis und seinen literarischen Anfängen nicht zusammen.

St.s dramatischer Erstling *Katzgraben* (1953) wurde von Bertolt Brecht bearbeitet, beachtet sein Theaterstück *Die Holländerbraut* (1960), sein vielgelesenes Jugendbuch *Tinko* (Flüchtlingsschicksale in der frühen DDR – ein Reizthema) wurde sogar verfilmt; mit dem ersten Teil des *Wundertäters* (1957) wäre beinahe der erste bedeutende Beitrag der DDR-Literatur in der BRD gelungen, wenn nicht St.s Haltung zum Bau der Mauer (1961) das Vorhaben gestoppt hätte. Der anhaltende Erfolg seines jüngsten Romanprojekts *Der Laden*, insbesondere Teil III, die zahlreichen Lesereisen des Autors in den neuen (seinen ›alten‹) Bundesländern scheinen zu bestätigen, dass St. in der intellektuellen Zurücknahme, der mitunter deftigen Tonlage, dem Wechsel der Personenrede, seinem volksnahen Optimismus gerade für seine Landsleute ein Stück poetische Lebenshilfe bedeutete, ohne dass er deshalb schon zum Philosophen stilisiert werden müsste; für die Leser im Westen scheinen es vor allem das Provinziell-Exotische und die Innensicht der Verhältnisse in der ehemaligen DDR zu sein, die ihm den Erfolg sichern.

So nah am ›richtigen Leben‹ sich dieses Erzählen auch gibt, so wenig darf man die ans Manieristische grenzende Kunstmäßigkeit des szenischen und personengebundenen Erzählens übersehen; der ›Perspektiventrick‹ – ein Kind und dann Jugendlicher tritt als Erzähler auf – deckt freilich die ästhetische Seite seines Anspruchs, eine »mecklenburgisch-ländliche Comedie humaine«, eine Naturgeschichte des 20. Jahrhunderts aus dem Blickwinkel derer von unten zu bieten, kaum hinreichend ab. Den poetologisch anderen Autor zeigen die 3/4 *hundert Kleingeschichten* oder die *Nachtigall-Geschichten* (1989): versiert, vertraut mit den Techniken modernen Erzählens, Kabinettstücke gerade auch für den mündlichen Vortrag; St. selbst ist wegen seiner artistisch-komödiantischen Vortragsweise, neuerdings wegen seines philosophisch-meditativen Stils berühmt. Und nicht nur Stanislaus Büdner (im *Wundertäter*) ist – trotz seines »Entfalls«, womit St. die besondere Weise der Teilhabe der Figur an gesellschaftlicher Entfremdung benennt, bestrebt, »das große Wundern aus der Kindheit in sein Leben zurückzuholen«, diese »Wunderstruktur« bestimmt auch die autobiographischen Erzählungen *Die blaue Nachtigall oder Der Anfang von etwas* (1972) oder die kleine Skizze *Maiwind* aus dem *Schulzenhofer Kramkalender* (1966). St.s poetische Bedeutung liegt begründet in der spezifischen Form und Funktion des ›diktionalen‹ Erzählens (Sprechstil) und der Tendenz zum Figurenroman mit deutlichem Bezug zu volkstümlichen Motiven, z. B. das Dümmlingsmotiv aus dem Volksmärchen oder der romantische Wiederkehrer. Ungeachtet der von der Literaturkritik immer wieder hervorgehobenen Wandlungsfähigkeit und der Entwicklung seines Erzählens, bleibt die Anbindung dieses Werks an die kreatürliche Erfahrung – der wie fragwürdig auch immer zu interpretierende Zusammenhang des Menschen mit der Natur, so wie es im Bild vom Weinstock in einem Brief (1971) formuliert ist: »Diesen Weinstock vom Inneren dieses Weinstocks her beschreiben – das mußt du schaffen! – Denn der Weinstock mit seinen suchenden Ranken war für mich etwas Kreatürliches«.

Ein spezifisches Phänomen des Epikers St. ist das Fortschreiben »angefangener Werke« über Jahrzehnte; so bereits beim *Wundertäter* (1957/ 1973/1980), so dann auch beim *Laden*, durch dessen Fernsehverfilmung St. auch in den alten Bundesländern einem breiten Publikum bekannt wurde. Ein Jahr nach seinem Tod am 31. 1. 1994 gibt seine Frau, die bekannte Lyrikerin Eva St., 1995 eine Art Erinnerungsbuch heraus: *Vor der Verwandlung*. Lew Kopelew hat im Vorwort zu den *Schönsten Geschichten* St.s (1996) den zukunftsweisenden Satz geschrieben: »Erwin Strittmatter ist nicht nur ein ›DDR-Schriftsteller‹ (und der ohne Frage bedeutendste der Niederlausitz – K.H.) gewesen, sondern er ist und bleibt ein deutscher, ein europäischer Dichter, ein Erzähler für alle Zeiten.«

Karl Hotz

Stuckrad-Barre, Benjamin von
Geb. 27. 1. 1975 in Bremen

In einer im April 2000 in der Wochenzeitung *Die Zeit* erschienenen Polemik hat Maxim Biller die sogenannten Pop-Literaten der 1990er Jahre als die »schlimmsten, verschwiegensten aller Systemopportunisten« und ihre Texte als »Schlappschwanz-Literatur« kritisiert, die einen »Kurs der totalen Affirmation« verfolge. Im Zielpunkt dieser Polemik, deren Argumente bereits gegen die Popliteraten der späten 1960er Jahre (Rolf Dieter Brinkmann, Hubert Fichte) in Stellung gebracht worden sind, stand neben Christian Kracht der bei Erscheinen seines ersten Romans gerade zwanzigjährige Pastorsohn St. Offenbar stellen rascher Publikationsrhythmus, Flüchtigkeit und das virtuose Spiel auf der Klaviatur der modernen Massenmedien die Grenzen eines tradierten Literaturbegriffs in Frage, der medien- und kulturkritische, innehaltende Reflexion zu den Wesensmerkmalen ernstzunehmenden Schreibens rechnet. Durch permanenten Medienwechsel – Presse, Buch, Fernsehen, Live-veranstaltungen und Compact-Discs – und die Vervielfältigung seiner Texte in Zeitschriftenkolumnen, Musikkritiken, Fernsehshows, Buchpublikationen, in zwischen Comedy und Performance angelegten Lesungen, die wiederum in Buchform (*Transkript*, 2001) und Audioproduktionen umgesetzt werden (*Liverecordings*, 1999; *Bootleg*, 2000; *Voicerecorder*, 2001; *B. v. Stuckrad-Barre trifft Brahms*, 2002; *Autodiscographie*, 2003), betreibt St. eine multimediale Autorschaft, die die medialen und ökonomischen Möglichkeiten der Gegenwart zu Mitteln ihrer Darstellung macht und von der kommerzieller Erfolg und persönliche Prominenz zweifellos profitieren. Nicht zuletzt bestätigen St.s Lese-Performances das publizistische Label ›Popliteratur‹ durch Zuhörerzahlen, die ihn zum Popstar unter den deutschsprachigen Literaten der zweiten Hälfte der 1990er Jahre machten.

St.s diverse Tätigkeiten als Redakteur des Musik-Magazins *Rolling Stone* (1995–1996), Produktmanager der Plattenfirma »Motor Music« (1996– 1997), Redakteur der Fernsehshow *Privatfernsehen* (1997), Gagschreiber der »Harald-Schmidt-Show« (1998), Beiträger der Zeitungen und Zeitschriften *Stern, Die Woche, taz* und *jetzt*, als Redakteur des Berliner Büros der *Frankfurter Allgemeinen Zeitung* (bis 2000) und Moderator einer eigenen Fernsehshow des Musiksenders »mtv« (2001) sind nicht nur Stationen eines praktizierenden Medien-Virtuosen, sondern auch Bedingungen einer literarischen Produktion, die sich ständig auf Kommunikations- und Medialisierungsweisen der Gegenwart bezieht. Der literarischen Öffentlichkeit wurde St. vor allem durch seinen auflagenstarken, 2003 von Gregor Schnitzler verfilmten Roman *Soloalbum* (1998) bekannt. Der Liebeskummer des Ich-Erzählers, eines von seiner Freundin verlassenen jungen Pop-Musikkritikers, wird darin zum narrativen Ausgangspunkt einer archivierenden Bestandsaufnahme medialer Kommunikationsprozesse und sozialer Milieus (von Galerievernissagen bis zu Studentenparties). Das Verfahren einer ›enzyklopädischen‹ Inventarisierung, das sich häufig in Assoziationsketten und Katalogen – von szene- und milieutypischen Attributen, Verhaltensweisen und Phraseologismen bis zu den Bildkommentaren der BILD-Zeitungs-Pin-ups – dokumentiert, verdeutlicht ein poetologisches Programm, dem es um die möglichst präzise, nicht von vornherein durch ›kritische‹ Distanznahme beeinträchtigte Beschreibung und Inszenierung aktueller Lebenswelten geht.

Wie *Soloalbum* bringen auch die nachfolgenden Texte und Textsammlungen St. die Popmusik als ästhetisches Leitmedium einer nicht nachträglich-aufarbeitenden, sondern strikt gegenwärtigen Schreibweise ins Spiel: *Livealbum* (1999) erzählt von der Lesereise eines Autors, die erneut Anlass zur beschreibenden Sichtung deutscher Schauplätze der literarischen Szene- und Alltagskultur gibt. *Remix* (1999) versammelt überarbeitete bzw. erweiterte Erzähltexte, Kritiken und Kommentare, die St. zwischen 1996 und 1999 meist in Tages- und Wochenzeitungen (*Frankfurter Allgemeine Zeitung, Die Woche, Welt am Sonntag*), Nachrichten- und Unterhaltungsmagazinen (*Stern, Allegra*) veröffentlicht hat. Den spielerischen Umgang mit der eigenen Autor-Präsenz im fiktionalen Text, den schon *Soloalbum* über die Erzählerfigur vollzieht, nimmt *Livealbum* mit der verwirrenden Interferenz zwischen fiktivem Ich und ›realem‹ Autor in gesteigerter Form wieder auf. In der metonymischen Verschaltung von Autor und Erzähler, von Leben, fiktionalem Text und medialer Inszenierung wird das vermeintlich Authentische als konstruktiver Effekt erkennbar, dessen Mechanismen St. etwa in einem Dramolett in der Sammlung *Blackbox – Unerwartete Systemfehler* (2000; Kap. »Krankenakte Dankeanke«) virtuos und anspielungsreich offenlegt. Der witzigen Montage von Zitaten und Formaten, die St. betreibt, gelingt es, mediale Beobachtungsverhältnisse selbst beobachtbar zu machen, denen er sich als Autor auch selbst aussetzt und denen er ausgesetzt wird.

Die Nähe und Transformation zwischen journalistischem und literarischem Schreiben prägt ebenfalls den 2002 erschienenen Band *Deutsches Theater*, eine Sammlung von meist zuvor veröffentlichten Erfahrungsberichten,

Homestories und Interviews, die gegenwärtig prominente Themen und Personen schriftlich und nicht zuletzt fotografisch vorzugsweise von ihrer ›anderen‹, nichtrepräsentativen Seite zeigt. Das enzyklopädische Verfahren einer inventarisierenden Beschreibung der bundesrepublikanischen Gegenwart setzt diese prinzipiell unabschließbare Sammlung von Texten und Fotos am konsequentesten um, indem sie zugleich die vielfältigen Formen der (Selbst-)Inszenierung von Personen, Orten und Ereignissen (z. B. »Länderspiel«) hintergeht und als solche transparent macht.

Anders als die Texte und Fotomontagen eines Rainald Goetz, dessen »Geschichte der Gegenwart« stets auf die performative Erzeugung des realen Moments zielt, schreiben St.s Texte an dieser Geschichte im Sinne einer Phänomenologie der ›Oberfläche‹ mit, als die Gegenwart sich »rein äußerlich« präsentiert (*Remix*) und jenseits derer sich kein archimedischer Punkt zu erkennen gibt: »Es gibt ja nichts anderes als die Oberfläche.« Insofern sind seine multimedial inszenierten und veröffentlichten Texte als Fortschreibungen jener Poetik des literarischen Pop zu verstehen, die Rolf Dieter Brinkmann bereits 1969 so formuliert: »Die Beschränkung auf die Oberfläche führt zum Gebrauch der Oberfläche und zu einer Ästhetik, die alltäglich wird.«

Christoph Deupmann

Styron, William

Geb. 11. 6. 1925 in Newport News, Virginia; gest. 1. 11. 2006 in Martha's Vineyard, Massachusetts

Obwohl William Styron seit Jahrzehnten nicht mehr im amerikanischen Süden lebt, liegen die Inspirationsquellen seiner Erzählkunst primär in der dort verbrachten Kindheit und Jugend. Das tragische Weltbild des einzigen Sohnes eines Schiffbauingenieurs und einer sehr musikalischen Mutter ist durch die schmerzliche Kindheitserfahrung der Todeskrankheit der geliebten Mutter geprägt worden. Dies ist erst in der aus der traumatischen Erinnerung schöpfenden Novelle *A Tidewater Morning* (1987) und in der Analyse seiner pathologischen Depression in *Darkness Visible* (1990; *Sturz in die Nacht*, 1991) offenkundig geworden. Diese Texte werfen weiteres Licht auf die autobiographischen Impulse in seinem Erzählwerk. Sie wurden inzwischen vom besten Kenner der Manuskripte des Autors, James L.W. West III, in einer umfangreichen Biographie erschlossen.

Nach nur mittelmäßigen Schulerfolgen an einer Internatsschule und am Davidson College fand der inzwischen ins Marinekorps eingezogene S. an der Duke University eine Heimstätte. Dort erfuhr er nach Kriegsende die Förderung William Blackburns, der für viele künftige Autoren als Mentor fungierte, und veröffentlichte erste Beiträge in der Studentenzeitschrift *Archive*. S.s schlechtes Verhältnis zu seiner Stiefmutter, das im Porträt von Helen Loftis in seinem Romanerstling *Lie Down in Darkness* (1951; *Geborgen im Schoße der Nacht*, 1957) seinen Niederschlag fand, und eine Fehldiagnose von Militärärzten, die er später im Bühnenstück *In the Clap Shack* (1972) bloßstellte, illustrieren S.s Neigung, Erfahrungen verhältnismäßig direkt in seine Werke einzubringen.

Unverkennbar ist an S.s Roman *Lie Down in Darkness*, der die Erzähltradition des Südens weiterzuführen verspricht, die Dankesschuld gegenüber William Faulkners *The Sound and the Fury* und *As I Lay Dying*. Wohl wurden die spezifischen Unterschiede zwischen S.s Geschichte vom Zerfall einer Familie durch Untreue, Eifersucht und pervertierte Liebe und dem Faulknerschen Vorbild erkannt, da sich im Schicksal der Loftis-Familie nicht – wie im Geschick der Compsons – ein für die ganze Region symbolischer Vorgang vollzieht. In der retrospektiven Analyse der Vorgeschichte während des Begräbnistages von Peyton Loftis wird im Gegensatz zum ›Prä-Text‹ auch in der Religiosität der Schwarzen kein Gegengewicht zum Nihilismus der Hauptakteure geboten. Doch sind die Faulknerschen Echos in der Manuskriptfassung, die inzwischen unter dem Titel *Inheritance of Night* als Faksimile vorliegt, und in Figurenkonstellation und Monologtechnik noch deutlicher. Die fiebrige Sexualität und poetische Bildsprache von Peytons Bewusstseinsmonolog vor ihrem Suizid verraten darüber hinaus die intertextuelle Beziehung zu James Joyces *Ulysses*.

In der Novelle *The Long March* (1953; *Der lange Marsch*, 1962), die auf S.s Erfahrungen während seiner militärischen Ausbildung fußt, gestaltete er den Konflikt zwischen zwei ungleichen Offizieren in Parallele zum Schicksal tragischer griechischer Helden. Mit seinem langen Roman *Set This House on Fire* (1960; *Und legte Feuer an dies Haus*, 1961) enttäuschte S. dann viele Leser, die darin statt einer Weiterführung der Erzähltradition des Südens ein Buch vorfanden, das selbstkritisch die Schwächen der amerikanischen Gesellschaft aufdeckte und eine pessimistische Einschätzung ihrer kulturellen Entwicklung lieferte. Die Bewältigung von schockierenden Erfahrungen in Sambuco, Italien, durch Künstler aus den Südstaaten involviert eine unbarmherzige Bloßstellung von korrumpierten Repräsentanten der Neuen Welt und fragwürdigen Künstlerexistenzen. Wohl wird in der retrospektiven Rekonstruktion der Ereignisse und des Elends der Menschen im Tramonti-Tal die Erinnerung an die schwere Bürde der Versklavung im amerikanischen Süden wachgerufen, doch steht der Roman, der auch S.s eigene Italienerfahrung verarbeitet, in der Tradition des europäischen Existentialismus (Albert Camus). Man kann in dem Buch eine satirische Abwandlung des Schemas des Detektivromans sehen, sicherlich aber auch S.s Versuch, sich von den übermächtigen erzählkünstlerischen Vorbildern aus dem Süden der USA zu befreien.

Als sich S. nach mehrjährigen historischen Studien in *The Confessions of Nat Turner* (1967; *Die Bekenntnisse des Nat Turner*, 1968) an die Darstellung der Erlebnisperspektive des Anführers einer berühmten Sklavenrevolte (1831) wagte, löste er damit eine heftige Polemik aus, die durch die schweren Rassenunruhen während der Rezeption des Textes verschärft wurde. Gegen den Vorwurf, er habe historisches Material verfälscht und die geschichtliche Persönlichkeit Turners rassistisch verzeichnet und statt einer Identifikationsfigur für die Schwarzen ein neurotisches Individuum präsentiert, das vom Verlangen nach einer weißen Frau beherrscht werde, hat sich der Autor, der sein Werk als »meditation on history« versteht, mit dem Hinweis auf die poetische Freiheit des Schriftstellers gewehrt. Er hatte für den Roman in einem zeitgenössischen Dokument eine schmale textliche Basis, profitierte für seine Arbeit jedoch auch von den Erzählungen seiner Großmutter über ihre Erfahrungen in North Carolina in der Zeit vor und während des Bürgerkriegs ebenso wie von dem halbjährigen engen Kontakt mit James Baldwin, seinem Gast in Roxbury, Connecticut, der seinerseits die heftigen Gefühle seines Großvaters als Sklave geschildert hatte. Während eine ästhetische Beurteilung des internationalen Bestsellers durch die polemische Debatte damals praktisch unterbunden wurde, galt die Diskussion seither den Vorzügen beziehungsweise Schwächen der gewählten Stimm- und Stillage des schwarzen Protagonisten und der Struktur des Textes, der in Rückblenden das ganze Leben Turners ausleuchtet. Seither wurden ferner die allgemeinmenschlichen Züge an Nat Turner gegenüber den rassischen und historischen Komponenten herausgearbeitet und sein Verhalten individualpsychologisch mit Schockerlebnissen während seiner Kindheit (Zeugenschaft bei der Vergewaltigung seiner Mutter durch einen Aufseher usw.) verknüpft. Auch literarische Modelle wurden genannt (wie Marguerite Yourcenars *Mémoires d'Hadrien*), die S. in der Beibehaltung der literarischen Technik bestärkten.

Nach dem Abbruch seiner Arbeit an dem unvollendet gebliebenen Kriegsroman »The Way of the Warrior« und nach mäßigem Erfolg mit einigen Dramen fand S. in der Thematik des Holocaust ein kongeniales Thema. Nach eingehender Lektüre der Memoiren von Überlebenden von Konzentrationslagern und ihren Schergen und der erschütternden Erfahrung eines Besuches in Auschwitz fühlte sich S. imstande, die Perspektive einer dem Grauen des Todeslagers entkommenen jungen Polin,

Sophie Zawistowska, einzunehmen und sie selbst in *Sophie's Choice* (1979; *Sophies Wahl*, 1980) in der Ich-Form erzählen zu lassen. Mit der Wahl eines Alter ego, eines aus dem Süden der USA stammenden jungen Verlagslektors und Schriftstellers (Stingo) als Rezipienten der Bekenntnisse der traumatisierten Nicht-Jüdin, die verzweifelt eine Beziehung zum Lagerkommandanten Höss zu entwickeln suchte, errichtet er eine tragfähige Brücke für den Leser. So soll dieser das schier Unfassbare des Leides und der Unmenschlichkeit begreifen. Durch Stingos Erbschaft – sein materieller Wohlstand ist eine späte Folge der Sklaverei – ist das Leiden in den europäischen KZs zugleich mit der Schuld von Generationen weißer Sklavenhalter verknüpft, womit die Allgegenwart des Unrechts und des Bösen in der menschlichen Gesellschaft dokumentiert wird. Diese bedrückende Einsicht erwächst aus Stingos Erinnerung an die Gespräche mit der von ihm 1947 leidenschaftlich begehrten Sophie und an seine Zeugenrolle in ihrer konfliktreichen Beziehung zu ihrem Partner in Brooklyn, dem zu psychotischen Zuständen und sadistischen Vorwürfen neigenden Nathan. Sophies Schuldgefühle als Folge der schrecklichen Wahl, die ihr ein abgestumpfter SS-Scherge zwischen ihren beiden Kindern auferlegte, mündeten in ihrem Selbstmord gemeinsam mit Nathan. Trotz massiver Kritik nicht nur jüdischer Intellektueller an der Zeichnung Nathans, die antisemitischen Tendenzen Vorschub leiste, und an der Verquickung von Horror und Sexkomik im Zusammenhang mit Stingos post-pubertärer Beziehungssuche war der Roman äußerst erfolgreich. Er hat in Alan Pakulas Verfilmung mit Meryl Streep eine kongeniale Umschrift in ein anderes Medium gefunden. S., der sich in dem Essayband *This Quiet Dust and Other Writings* (1982; *Nur diese Handvoll Staub und anderes aus meiner Feder*, 1985) und in Interviews erschüttert zum Phänomen der Todeslager äußerte, wurde in Frankreich trotz der radikalen Kritik von André Bleikasten als Humanist gewürdigt, als er selbst mit tiefen Depressionen zu kämpfen hatte.

1990 veröffentlichte S. nach drei analytischen Erzählungen über folgenreiche Kindheits- und Jugenderfahrungen eine sehr offene Beschreibung seiner tiefen Depression, die von Medizinern ebenso gewürdigt wurde wie von vielen Leidensgenossen: *Darkness Visible* (*Sturz in die Nacht*, 1991), das Spätwerk eines Erzählkünstlers, der immer wieder tragische Grunderfahrungen effektvoll gestaltet hat.

Waldemar Zacharasiewicz

Sue, Eugène (eigtl. Marie-Joseph Sue)

Geb. 10. 12. 1804 (genannt werden auch 20. 1. 1804 und 26. 1. 1804) in Paris; gest. 3. 8. 1857 in Annecy

Eugène Sue, Sohn eines Arztes, war selbst Militärarzt und lebte dank einer Erbschaft seit 1829 als freier Schriftsteller. In Anlehnung an den bewunderten Seefahrtsroman *The Red Rover* (1827) von James Fenimore Cooper und auf der Basis eigener Erfahrungen – er war nach Asien, Afrika und Amerika gereist –, angeregt auch durch die Marinegemälde Théodore Gudins, schrieb er außerordentlich erfolgreiche Erzählungen und Romane über die Seefahrt. Die ersten Erzählungen »El gitano« und »Kernok«, die unter dem Titel *Plik et Plok* (1831; *Plick und Plock*, 1834) erschienen, sowie die Romane *Atar-Gull* (1831; *Atar-Gull*, 1838) und *La salamandre. Roman maritime* (1832; *Der Salamander. Ein Roman aus dem Seeleben*, 1832) beeindruckten mit lebendigen Schilderungen des exotischen Milieus der Seefahrer und pittoresken Beschreibungen ferner Küsten. S. schrieb auch historische Schauer- (*Latréaumont*, 1837; *Latréaumont*, 1838, *Der Fluch der Leidenschaft*, 1892) und Sittenromane (*Mathilde. Mémoires d'une jeune femme*, 1841; *Mathilde. Memoiren einer jungen Frau*, 1845). In den Jahren 1842 bis 1843 veröffentlichte er in der Zeitung *Le Journal des Débats* den Roman *Les mystères de Paris* (1842/43; *Die Geheimnisse von Paris*, 1843) – den ersten Fortsetzungsroman im Zeitungsfeuilleton.

Darin verband er eine spannende Abenteuerhandlung, die vor allem in der Pariser

Unterwelt spielt und in dunklen Straßen, überfüllten Gefängnissen und zwielichtigen Spelunken angesiedelt ist, mit sozialreformerischen Ideen. Der als Arbeiter verkleidete Rodolphe, der Thronfolger von Gerolstein, kämpft in Paris mit körperlichem Einsatz gegen Verbrecher und beschützt insbesondere eine junge Frau, die ins Unglück gestürzt ist und in der der Held schließlich die eigene Tochter erkennt. Der Roman beruht auf einem letztlich konservativen und naiven manichäischen Gesellschaftsbild. Die plakative Gegenüberstellung eines tugendhaften Vertreters der Oberschicht und der weitgehend verderbten Vertreter der Unterschicht wurde S. immer wieder vorgeworfen. Er entwickelt in *Les mystères de Paris* allerdings auch Reformansätze – so macht er Vorschläge für die Reform des Strafvollzugs und entwirft eine Musterfarm, auf der sich die moralisch Gefallenen bessern und eine neue Lebensperspektive finden können. Aufgrund seiner – auch sprachlich – genauen Schilderungen der Unterschicht gilt S. als einer der Begründer des literarischen Realismus. Seine Schilderungen haben ungezählte Nachahmer angeregt.

S., dessen Dramen ohne Erfolg blieben, schrieb weiter Feuilletonromane, in denen er gleichzeitig seine sozialreformerischen Gedanken weiterentwickelte und die Bedürfnisse seines sensationshungrigen Publikums befriedigte: u. a. *Le juif errant* (1844–45; *Der ewige Jude*, 1845) und *Les sept péchés capitaux* (1847–49; *Die sieben Todsünden*, 1929). 1850 vertrat er als republikanischer Abgeordneter die sozialrevolutionäre Richtung und setzte sich für die Ideen Charles Fouriers und Pierre Joseph Proudhons ein. Aufgrund seines Protests gegen den Staatsstreich Louis Napoléons wurde er 1851 als Gegner des Kaiserreichs aus Paris verbannt. Sein letzter Roman *Les mystères du peuple ou histoire d'une famille de prolétaires à travers les âges* (1849–57; *Die Geheimnisse des Volkes oder Geschichte einer Proletarierfamilie durch die Zeitalter*, 1850), den er für sein wichtigstes Werk hielt, illustriert die historiographischen Thesen Augustin Thierrys, nach denen der Klassengegensatz nichts als die Fortsetzung der Unterwerfung der Gallier durch die Römer und später durch die Franken sei. S. vertrat darüber hinaus die Auffassung, dass nur durch eine Revolution der unteren Klassen eine positive gesellschaftliche Veränderung zu erwarten sei. Er starb kurz nach Abschluss des Romans in Annecy.

Werkausgabe: Sämtliche Werke. 114 Bde. Leipzig 1847–55.

Rolf Lohse

Süskind, Patrick
Geb. 26. 3. 1949 in Amberg

Über den Bestseller-Autor und international renommierten Schriftsteller ein farbiges Persönlichkeitsportrait zu skizzieren, scheint ein von vornherein aussichtsloses Unterfangen. Denn S. gilt zu Recht als ein Schriftsteller mit Tarnkappe, der alle Spuren, die von seinen Büchern auf ihren Autor zurückweisen, systematisch verwischt hat. Was wir kennen, sind wenige dürre Fakten, einige Fotos und nicht einmal eine handvoll Interviews, in denen sich S. in ironischen Selbstkommentierungen und provozierenden Äußerungen eher verbirgt, als dass er etwas von sich preisgibt.

Was wir einigermaßen zweifelsfrei wissen, ist dies: S. wurde am 26. März 1949 als zweiter Sohn des Schriftstellers, Journalisten und Sprachkritikers Wilhelm Emanuel S. (*Aus dem Wörterbuch des Unmenschen*, 1957) in Amberg am Starnberger See geboren. Er studierte ab 1968 in München und Aix-en-Provence, unter anderem Mittlere und Neue Geschichte, und erwarb 1974 in München mit einer Arbeit über George Bernard Shaw den Magistergrad. Er schlug sich seitdem als freier Autor mehr schlecht als recht in Paris durch, bis er mit seinem Monodram *Der Kontrabaß* (uraufgeführt 1981 in München) einen Theaterhit landete und 1985 mit seinem ersten (und bis heute einzigen) Roman *Das Parfum* einen spektakulären Erfolg bei der Kritik wie beim breiten Lesepublikum erzielte. Der Literaturbetrieb, die Medien und eine neugierige Öffentlichkeit wollten nun immer dringlicher Auskunft über den geheimnisumwitterten Autor und seine literarischen Ambitionen – doch S. entzog und verweigerte sich mit rigoroser Konsequenz.

Will man dem Menschen hinter seinen Büchern auf die Spur kommen, bleibt derzeit nur der prekäre Weg einer biographischen Spurensuche im literarischen Werk. S.s Mittelpunktfiguren sind fast durchweg Außenseiter und egomane Sonderlinge, die dem Leben in Hassliebe gegenüberstehen und die innerlich zerrissen sind zwischen Liebessehnsucht und Menschenscheu, zwischen Allmachtsphantasien und Weltflucht. Die Galerie exzentrischer S.-Figuren als literarische Spiegelung des Autors zu deuten, wäre vermessen, wenn S. sich nicht auch in seinen seltenen Interviews und Selbstkommentaren als übersensibler und berührungsängstlicher Außenseiter zu erkennen gegeben hätte, der »den größten Teil [s]eines Lebens in immer kleiner werdenden Zimmern verbringt, die zu verlassen [ihm] immer schwerer fällt« (so 1981); und wenn sich S. nicht im Drehbuch zu dem Helmut-Dietl-Film »Rossini« (1996) in der Figur des Schriftstellers Jakob Windisch – Autor des Bestsellers »Loreley. Die Geschichte einer Hexe« – selbst porträtiert und auf bissige Weise ironisiert hätte. Der öffentlichkeitsscheue Erfolgsschriftsteller Windisch ist zwar auch ein häufiger Gast im Nobel-Restaurant »Rossini«, doch er speist stets allein in einem Séparée und gilt bei seinen Freunden als »neurotischer Misanthrop« und »Hysteriker«. Windisch ist in die schöne Serafina verliebt, doch als diese ihm endlich eine »wunderbare Nacht« in Aussicht stellt, ist er dieser Nähe nicht gewachsen und versucht, ihr zu entfliehen: »Erleben? Ich will nichts erleben! Ich bin Schriftsteller ... io scribo ... non vivo ... bitte keinen Realismus ... Serafina!«

Näher als mit solchen interpretatorischen Rückschlüssen kann man der schwierigen Persönlichkeit des Autors derzeit kaum kommen – es sei denn, S. lüftet irgendwann sein Inkognito, was er immerhin für seinen 70. Geburtstag, im Jahr 2019, vorsichtig in Aussicht gestellt hat.

So unscharf und nebelhaft das Bild des Autors S. bleibt, so farbig und scharf konturiert sind die Zentralfiguren seiner Bücher. Im *Kontrabaß* (1981), dem Mitte der 1980er Jahre meistgespielten deutschen Theaterstück, stellt S. einen Musiker auf die Bühne, der in langatmigen Tiraden über sein Schicksal lamentiert und voller Widersprüche und Komplexe steckt. Er hadert mit seinem Instrument, das ihn zur missachteten Randfigur des Orchesters macht, und personalisiert es zugleich als schwierigen Lebenspartner. Er ordnet sich im Beruf wie im Leben willig Autoritäten unter und probt in seiner Phantasie den Aufstand gegen alle Hierarchien. Er liebt eine Sopranistin, aber nur aus sicherer Ferne, und er ist ein Künstler, der in seinem kleinbürgerlichen Horizont steckenbleibt. Doch das alles rückt ihn keineswegs weg vom Zuschauer; es macht im Gegenteil gerade den literarischen Reiz dieses Monodrams aus, dass der Zuschauer in den peinlich-komischen Selbstentblößungen des Kontrabassisten eigene Erfahrungen wiedererkennt, die gerne verdrängt werden und die man im Theater in befreiendem Lachen zulassen kann.

Ganz anders ist es um den monströsen Helden des *Parfum* bestellt, der sich als hässlicher Gnom und kaltblütiger Schwerverbrecher jeder Identifikation von vornherein verweigert. Doch was machte diesen düsteren Krimi aus dem vorrevolutionären Frankreich, dem sein Autor nur einen Absatz von wenigen 1000 Exemplaren vorausgesagt hatte, zum spektakulärsten deutschen Buchereignis der 1980er Jahre? Man muss in diese Jahre zurückgehen, um die Frage beantworten zu können, in eine Zeit, in der die literarische Kultur von der sogenannten Suhrkamp-Belletristik beherrscht war: von modernistischen Formexperimenten und depressiven Selbstbespiegelungen, die von der Kritik hoch gelobt wurden, für die sich aber immer weniger Leser interessierten. Inmitten dieser anämischen literarischen Spätmoderne erschien 1985 ein Roman, der in provozierend altertümlicher Weise zu erzählen anhub:

»Im 18. Jahrhundert lebte in Frankreich ein Mann, der zu den genialsten und abscheulichsten Gestalten dieser an genialen und abscheulichen Gestalten nicht armen Epoche gehörte. Seine Geschichte soll hier erzählt werden. Er hieß Jean-Baptiste Grenouille, und wenn sein Name im Gegensatz zu den Namen anderer genialer Scheusale, wie etwa de Sades, Saint-Just, Fouchés, Bonapartes usw., heute in Vergessenheit geraten ist, so deshalb, ... weil sich sein Genie und sein einziger Ehrgeiz auf ein Gebiet beschränkte, welches in der Geschichte keine Spuren hinterläßt: auf das flüchtige Reich der Gerüche.«

Und nun geschah das Überraschende: Die Literaturkritik brach keineswegs ihren Stab über diesen epigonalen Erzählstil, der so offenkundig Kleist und E. T. A. Hoffmann nachgeschrieben war, sondern feierte *Das Parfum* als Geniestreich und literarischen Befreiungsschlag, als Meilenstein einer postmodernen Erneuerung der deutschen Literatur. Denn die meisten Kritiker sahen sofort, dass die Anlehnungen an vormoderne Erzählformen ironische und parodistische Zitate waren, die mit subtilen semantischen Bezügen korrespondierten. Marcel Reich-Ranicki erkannte als erster die politische Parabolik des so spannend und süffig zu lesenden Romans, der hinter dem Widerling Grenouille, der die Bevölkerung von Grasse in einen wahnhaften Taumel versetzt, die finstere Figur des Massenverführers Adolf Hitler durchscheinen lässt. Die formalen und thematischen Bezüge des *Parfum* zum deutschen Entwicklungsroman, zur Genieästhetik und zum modernen Kunstbegriff wurden allerdings erst in den Folgejahren nach und nach entdeckt. Wenn sich S. selbst einmal als desillusionierten Aufklärer, als »ein von den Zeitläuften überrumpelter 68er« charakterisiert, so weist das auf die für ihn wohl zentrale Darstellungsabsicht hin: die Kritik am naiven anthropologischen Optimismus der Aufklärung, vor allem angesichts der Erfahrungen des Hitler-Faschismus. Grenouille ist der Antitypus zum »Naturguten« Rousseaus, er ist die Verkörperung des »Naturbösen«: »Er war«, heißt es im 4. Kapitel des Romans über ihn, »von Beginn an ein Scheusal. Er entschied sich für das Leben aus reinem Trotz und aus reiner Boshaftigkeit«. Auch diese Thematik aber bleibt in die eindrucksvoll vielstimmige Textur des Romans eingewoben, die S. bis heute kein postmoderner Autor nachgemacht hat.

S.s spätere Erzählungen »Die Taube« (1987) und »Die Geschichte von Herrn Sommer« (1991) kreisen um halb skurrile, halb tragische Außenseiterfiguren, die auf der Flucht vor dem Leben sind. Beide Bücher werden in ihrer atmosphärischen Dichte, schwebenden Ironie und literarischen Qualität unterschätzt, weil immer nur am Roman gemessen. Ebenso qualitativ unterbewertet werden S.s Drehbücher zu *Monaco Franze* (1984), *Kir Royal* (1986) und *Rossini* (1996), in denen S. die traditionellen Grenzen von Unterhaltung und anspruchsvoller Literatur souverän überspielt. Auch zu diesen Texten gibt es so gut wie keine Autorenkommentare, die uns S.s schriftstellerische Intentionen erschließen könnten. Es scheint, als habe sich S. bei seinem konsequenten »Wegtauchen« als Autor eine Forderung Umberto Ecos an den postmodernen Autor zu eigen gemacht, »das Zeitliche (zu) segnen, nachdem er geschrieben hat, damit er die Eigenbewegung des Textes nicht stört« (Nachschrift zum *Namen der Rose*) – allerdings in einer glücklicherweise lebensschonenden Variante.

Ronald Schneider

Suttner, Bertha von (Ps. B. Oulot, Jemand)
Geb. 9. 6. 1843 in Prag;
gest. 21. 6. 1914 in Wien

Mehr als die Hälfte ihrer zweiunddreißigjährigen schriftstellerischen Tätigkeit widmete die geborene Gräfin Kinsky von Chinic und Tettau der Friedensidee – ein Engagement, das zehn Jahre vor ihrem Tod mit der Verleihung des Friedensnobelpreises gekrönt wurde. Der Durchbruch gelang ihr allerdings mit einem fiktionalen Text: Der zweibändige Roman *Die Waffen nieder!* (1889) wurde in sechzehn Sprachen übersetzt und später gleich zwei Mal (1916 und 1952 unter dem Titel *Herz der Welt*) verfilmt. Trotz dieses Paukenschlags, mit dem S. den internationalen Ruf als ›Friedensbertha‹

erhielt und wichtige Teile außerparlamentarischer Oppositionsbewegungen im Europa um die Jahrhundertwende formierte, galt sie in literarischen Kreisen eher als Randfigur. In der Tat sind wenig literaturwissenschaftliche Abhandlungen zu ihrem Werk erschienen, das zu Lebzeiten veröffentlichte Gesamtwerk ist bis heute nicht neu aufgelegt worden.

Nachdem S. erfolglos eine Karriere als Sängerin angestrebt hatte, bekleidete sie zuerst eine Stellung als Gouvernante für die Töchter der Familie von Suttner in Wien, danach arbeitete sie für eine kurze Zeit als Sekretärin und Hausdame des Industriellen Alfred Nobel in Paris. 1875 heiratete sie heimlich den jüngsten Sohn der Suttner-Familie. Unter anderem aus Geldmangel verließ das junge Paar Europa, um die kommenden neun Jahre in Georgien zu verbringen. Dort fangen sie und ihr Ehemann Baron Arthur Gundaccar von Suttner an, schriftstellerisch tätig zu werden, bieten Zeitschriften und Zeitungen Manuskripte an, und vor allem S. hat als Autorin naturalistischer Gesellschaftsromane großen Erfolg. Die Abgeschiedenheit nutzt sie, sich in das neue Denken zu vertiefen, das das ferne Europa intellektuell beschäftigt. Insbesondere die Abstammungslehre von Charles Darwin und deren Anwendung in den Geschichtswissenschaften, etwa bei Henry Thomas Buckle, schärfte S.s kritischen Blick auf eine moderne Gesellschaft, in der Fortschritt und Gewalt sich zusammenfinden und eine unheilvolle Zukunft versprechen. S.s Erfolg ist aber vor allem dadurch zu erklären, dass sie in den meist anonym oder unter Pseudonym erschienenen Romanen wie *Inventarium einer Seele* (1883), *Daniela Dormes* (1885) und *Es Löwos* (1885) ihren Fortschrittsglauben propagierte. Überdies strotzen die Texte von einem Aggressionspotential, mit dem S. gegen den Feudalismus, der trotz Einzug der Moderne weiterhin in Europa vorherrscht, anschreibt. Dieser blockiere die für die Zeit prägenden intellektuellen und emanzipatorischen Schübe. Gegen die Regeln der Konvenienz konnte die Baronin wohl nur verstoßen, weil sie im kaukasischen ›Exil‹ Distanz vom Klerikalismus des österreichischen Adels gewonnen hatte.

Voller Ironie schreibt sie in *Highlife* (1886): »An der Welt etwas ändern wollen – welch ein Frevel! Eine Welt, die so schön, so ordnungsgemäß, so harmonisch, so traditionsgeheiligt und vorsehensgeleitet ist!« Beim Hofadel herrsche ein »seliges Nichtwissen all der Dinge, die das Jahrhundert bewegen.« Das Bedürfnis, sich dem neuen Denken zu öffnen und sich von aristokratischen Konventionen zu befreien, sollte sich nach ihrer Rückkehr nach Mitteleuropa radikalisieren.

In die europäische Kulturszene zurückgekehrt, wurden der mittlerweile etablierten Schriftstellerin gleich mehrere Hindernisse in den Weg gelegt: Politisches Schreiben war auch Ende des 19. Jahrhunderts suspekt, und wenn es zumal aus der Feder einer Frau stammte, wurde die Rezeption noch dürrer. Es ging die kuriose Anekdote, dass S. »als Dame« abgeraten wurde, ihr eigenes (anonym erschienenes) Buch zu lesen. Wie vielen ihrer damaligen Kollegen und Kolleginnen stellte auch sie sich auf die Marktmechanismen ein, variierte ihre Erzählmuster je nach Nachfrage, Hauptsache ihre Romane erzeugten Wirkung. Fiktion hatte ihrer Ansicht nach »höhere Pflichten …, als die, beschäftigungslosen Leuten eine langweilige Stunde zu vertreiben; ein Buch soll zum Denken anregen, – sei es ein Fachwerk, ein Roman oder eine Dichtung im strengsten Sinne«. Aus diesem Grund ›tarnte‹ sie ihre Ende der 1880er Jahre entwickelte Friedensbotschaft als Roman. *Die Waffen nieder!* ist ein Liebesroman und vermittelt das, was sie bereits sporadisch in theoretischen Abhandlungen zur europäischen Friedensbewegung verkündete, auf anderer, einfühlsamerer Ebene. Mit diesem literarischen Text legt S. eine der Lebenslügen der ›Belle Époque‹ frei, nämlich, dass der Krieg zwar als Naturereignis zu betrachten sei, Blut und Unrat jedoch aus dem Blickfeld der guten Gesellschaft entfernt werden solle.

Die Waffen nieder! erzählt die fiktive Lebensgeschichte der österreichischen Gräfin Martha, die zwei Ehemänner durch kriegerische Auseinandersetzungen verliert und dadurch zur Pazifistin wird. Frei nach Darwin und Buckle stuft sie den Krieg als niedrigste

Evolutionsstufe in der Menschheitsgeschichte ein. Der Roman wird durch einen zeittypischen Konversationsstil mit naturalistischen Einlagen, den Schlachtfeldszenen, die abschrecken sollten, dominiert. Stellenweise wirkt die aufklärerische Gestik der Dialoge jedoch zu durchsichtig und platt: »›Das bloße Wort Haß‹, begann ich ... ›Ist dir verhaßt? Du hast recht. Solange dieses Gefühl nicht recht- und ehrlos gemacht wird, solange gibt es keine menschliche Menschheit.‹« Die Wirkung der Erziehungsmethoden war aber phänomenal und nach der Veröffentlichung betrat S. selbstsicher die politische Arena der k.u.k. Donaumonarchie und des Wilhelminischen Deutschlands. Mit ihrer Diplomatie und Überredungsgabe erreichte sie einen Berühmtheitsstatus, machte sich als Organisatorin von internationalen Friedenskongressen einen großen Namen und stand als Herausgeberin der Zeitschrift *Die Waffen nieder!* (1892–1899) an der Wiege einer paneuropäischen Bewegung, die Carl von Ossietzky später – keineswegs abwertend – den »unpolitischen Pazifismus« nannte.

Einige Kritiker haben dem Buch *Die Waffen nieder!* eine gleiche Breitenwirkung wie dem 1852 auf deutsch erschienenen Roman *Onkel Toms Hütte* der Amerikanerin Harriet Beecher-Stowe zugesprochen. Trotz ihres Ruhmes fand S. wenig Zuspruch unter Schriftstellerkollegen, wenn es um ihr literarisches Talent ging. Überliefert ist eine Notiz von dem von ihr verehrten Leo Tolstoi: »Abends *Die Waffen nieder* gelesen, bis zu Ende. Gut formuliert. Man spürt die tiefe Überzeugung, aber unbegabt.« Karl Kraus und mit ihm die Wiener Kaffeehausliteraten störten sich nicht nur an der fehlenden Ästhetik, sondern ließen keine Gelegenheit aus, gegen die ›weibischen‹ Ideen zu agieren. 1892 schrieb Rainer Maria Rilke als Jüngling: »*Es gibt kein Waffen nieder, / Weil's keinen Frieden ohne Waffen gibt!*«

Mit ihren dem Pazifismus gewidmeten Texten entfernte sie sich zunehmend vom literarischen Diskurs, wobei die Belletristik die Propaganda des Friedensgedankens erst ermöglicht hat. Dieser Rückzug wurde aber dadurch kompensiert, dass sie 1905 als erste Frau den Friedensnobelpreis empfing, was ihr weiteres Wirken erleichterte. Aber trotz Gründung und Unterstützung von Friedensvereinen blieben ihr die meisten Türen der Herrschenden in Europa verschlossen, weil diese sich einem fatalen Patriotismus verschrieben hatten, der zum Kriegsabgrund führen sollte. Die Ironie der Geschichte wollte es, dass S. etwa eine Woche vor Ausbruch des Ersten Weltkriegs, vor dem sie in aller Welt unüberhörbar gewarnt und wogegen sie mit Mitteln der Diplomatie gewirkt hatte, starb.

Werkausgabe: Gesammelte Schriften in 12 Bänden. Dresden o. J. [1906–1907].

Gerrit-Jan Berendse

Svevo, Italo
(d. i. Aron Hector Schmitz)

Geb. 19. 12. 1861 in Triest; gest. 13. 9. 1928 Motta di Livenza, Treviso

Italo Svevo gilt neben Marcel Proust, James Joyce, Franz Kafka und Robert Musil als einer der großen Erzähler der Moderne. Im damals österreichischen Triest geboren, wurde ihm jedoch erst spät literarische Anerkennung zuteil, zumal eine Rezeption in Italien durch seine jüdischen Wurzeln und jene Mittelstellung zwischen den Kulturen erschwert wurde, die er in seinem Pseudonym Italo Svevo (»italischer Schwabe«) zum Ausdruck brachte. Nach dem Internatsbesuch bei Würzburg und einer kaufmännischen Ausbildung war S. zunächst Bankangestellter in seiner Heimatstadt und verfasste erste Erzählungen. Die literarische Öffentlichkeit ignorierte den 1892 auf eigene Kosten gedruckten Roman *Una vita* (*Ein Leben*, 1962) ebenso wie das zweite Werk *Senilità* (1898; *Ein Mann wird älter*, 1960). So musste die Literatur für S. eine Freizeitbeschäftigung bleiben, und er trat 1899 als Teilhaber in die Farbenfabrik seines Schwie-

gervaters ein, für die er Frankreich und England bereiste. Von Joyce, den er um 1906 bei seinen Englischstunden kennenlernte, wurde er zu weiteren literarischen Arbeiten ermutigt. Doch auch *La coscienza di Zeno* (1923; *Zeno Cosini*, 1959) blieb in Italien weitgehend unbemerkt. Erst eine Rezension Eugenio Montales und die von Joyce 1927 angeregte französische Übersetzung machten den verkannten Autor, der schon im folgenden Jahr bei einem Autounfall ums Leben kam, auch in seiner Heimat berühmt.

Sein erster Roman trug im Entwurf von 1889 den charakteristischen Titel »Un inetto« (Ein Lebensuntüchtiger) – in seinem gesamten Œuvre variierte S. das Thema entscheidungsschwacher, neurotischer Figuren, die sich in der modernen Gesellschaft nicht behaupten können. Alfonso Nitti, ein kleiner, aus der Provinz stammender Bankangestellter mit literarischen Ambitionen, ist der Protagonist von *Una vita*. Anstatt die kurze Liebesbeziehung mit der Tochter des Bankdirektors als unverhoffte Gelegenheit zum sozialen Aufstieg zu begreifen, verlässt Nitti Triest und findet bei seiner Rückkehr die Geliebte als Verlobte eines anderen wieder und sich selbst beruflich auf eine unbedeutende Position zurückgesetzt. Einem Duell entgeht er durch die Flucht in den Selbstmord. Als genauso willensschwach erweist sich Emilio Brentani in *Senilità*: Verfasser eines inzwischen vergessenen Romans, fristet er ein Leben in grauer Monotonie, bis er der Sinnlichkeit der jungen frivolen Angiolina verfällt. Nach dem Scheitern dieser quälenden Beziehung schließt der Mittdreißiger gleichsam mit dem Leben ab: »Wie ein Alter lebte er von der Erinnerung an die Jugend.« In Abkehr vom veristischen Erzählen verlagerte S. den Handlungsschauplatz in das Bewusstsein seiner Figuren und entwickelte dabei ein Interesse an der Psychoanalyse, das für *La coscienza di Zeno*, sein Meisterwerk, zentral wurde: Der Roman präsentiert sich als Lebensbericht, den Zeno im Zuge einer Psychotherapie abfassen soll und in dem er die Versäumnisse und Missgeschicke seines Lebens distanziert und mit zum Teil heiterer Selbstironie schildert, etwa die vergeblichen Versuche, sich das Rauchen abzugewöhnen. Die komisch anmutenden Lebenserfahrungen dieses willensschwachen Hypochonders haben ein ernstes Gegenbild in der als krisenhaft empfundenen Epoche, für die Zeno einen luziden Blick besitzt und deren endgültige ›Reinigung‹ er im abschließenden, auf März 1916 datierten Tagebucheintrag in der düsteren Vision einer Explosion des Erdballs ausmalt.

Werkausgabe: Gesammelte Werke in Einzelausgaben. 7 Bde. Hg. C. Magris. Reinbek 1983–87.

Wilhelm Graeber

Swift, Jonathan
Geb. 30. 11. 1667 in Dublin;
gest. 19. 10. 1745 in Dublin

Jonathan Swift ist ein Autor, der seine Leser zu polarisieren pflegt, im Laufe der Wirkungsgeschichte ebenso heftig angegriffen wie mitfühlend verteidigt. Selten wurden Leben und Werk eines Autors genauer unter die Lupe genommen, und selten waren die Urteile über Leben und Werk mehr von Mutmaßungen bestimmt. Die Zahl der Publikationen ist inzwischen auch für den Fachgelehrten kaum noch überschaubar, und doch lautet das Adjektiv, das S. am genauesten beschreibt, nach 250 Jahren immer noch ›rätselhaft‹. S. pflegte Vexierspiel und Mystifikation in seinem persönlichen Habitus, und die Denkfiguren, zu denen er am häufigsten Zuflucht nahm, sind Unbestimmtheit, Ironie und Paradox. – Die Lebensgeschichte S.s lässt sich als irisches Leben bezeichnen, das durch englische Episoden unterbrochen wurde. In Irland, dem »Land der Sklaven und Sümpfe«, fühlte sich der anglophile Sohn englischstämmiger Eltern zeitlebens als Verbannter, der bis zu seiner Ernennung zum Dechanten von St. Patrick in Dublin 1713 vergeblich auf eine Karriere in der anglikanischen Kirche hoffte. Gleichwohl wurde der ›exilierte‹ S. den Iren seit seinem Einsatz für die konstitutionelle Freiheit ihres Landes in der Kontroverse um das Woodsche Patent (»A Letter to the Whole People of Ireland«, 1724) der ›hibernische Patriot‹. Der englische

Vizekönig dieser Jahre, John Lord Carteret, soll auf die Frage, wie er Irland habe regieren können, geantwortet haben: »I pleased Dr. Swift«, und in seiner Wiedergabe des lateinischen Epitaphs fasste William Butler Yeats die aus irischer Sicht grundlegende Lebensleistung S.s zusammen: »He served human liberty.« – Nach der Ausbildung an der Kilkenny Grammar School wechselte S. 1682 zum Studium an das Trinity College in Dublin. Dessen scholastisch geprägtes Curriculum veranlasste ihn, seine akademischen Pflichten zu vernachlässigen, so dass er 1686 den Grad eines Bachelor of Arts nur *speciali gratia* erwarb. Mit dem Ausbruch des Bürgerkriegs floh S. 1689 vor den Unruhen nach England. Dort trat er als Sekretär in die Dienste des Diplomaten Sir William Temple, der zwar zurückgezogen auf seinem Landsitz Moor Park in Surrey lebte, aber nach wie vor dem seit 1688 regierenden Wilhelm von Oranien als Ratgeber zur Verfügung stand. S. diente Sir William mit Unterbrechungen bis zu Temples Tod im Januar 1699. Diese Zeit ermöglichte ihm nicht nur, seinen literarischen Neigungen – Poesie, Geschichte, Reiseliteratur – nachzugehen, sie lehrte ihn auch den furchtlosen Umgang mit den Granden von Kirche und Staat sowie den Größen der Literatur (*The Examiner*, 1710–11; *The Conduct of the Allies*, 1711; »The Windsor Prophecy«, 1711; »A Satirical Elegy on the Death of a late Famous General«, 1722; »On Poetry: A Rapsody«, 1733). In Moor Park begegnete S. der jungen Esther Johnson, seiner Stella (1681–1728). Er wurde Stellas Lehrer, später ihr Mentor und Freund. Ob er bei aller Liebe, die die Beziehung auch ausgezeichnet hat (*Journal to Stella*, 1710–13; *Tagebuch in Briefen an Stella*, 1866/67), mit ihr verheiratet war, ist ungeklärt. Sicher ist, dass S. dieser »wahrsten, tugendhaftesten und wertvollsten Freundin« seines Lebens (»On the Death of Mrs. Johnson«, 1728) in empfindsamen Geburtstagsgedichten (»Stella's Birthday«, 1727) ein bleibendes Denkmal gesetzt hat. – In die Zeit auf Moor Park fiel auch die Entscheidung für den Priesterberuf (1694/95). Obwohl diese Entscheidung ebensosehr im Bedürfnis nach materieller Absicherung durch eine kirchliche Pfründe verwurzelt ist wie im Motiv der Berufung, ist unbestritten, dass S. seine Aufgaben als Priester zeitlebens ernst nahm. Er versammelte seinen Haushalt regelmäßig zum Gebet und predigte seiner Gemeinde die Grundsätze eines einfachen, vernunftbestimmten und karitativen Christentums (»A Letter to a Young Gentleman, Lately Enter'd into Holy Orders«, 1720). Theologische Kontroversen waren ihm ein Greuel, und als Amtsträger sah er seine Aufgabe darin, die Institution der *Established Church* zu stärken (*Thoughts on Religion*, 1765). Diese Position erklärt S.s Bemühungen um die Abschaffung von Kirchensteuern in den Jahren 1707–09 ebenso wie seine Intoleranz gegenüber Katholizismus und Dissentertum. – Nicht zuletzt brachen während der Zeit auf Moor Park die ersten Symptome der Ménièreschen Krankheit bei S. aus, die Schwerhörigkeit und Drehschwindel hervorruft und ihn zeitlebens in Intervallen heimsuchte. Diese Krankheit ist auch die Ursache für die geistige Umnachtung S.s, die ihn drei Jahre vor seinem Tode in die Obhut einer *Lunacy Commission* überstellte.

Obwohl S. in seinem Leben also viele Rollen spielte, hat keine ihn so ausgefüllt wie die des Satirikers. In seinem vielleicht bekanntesten Gedicht (*Verses on the Death of Dr. Swift*, 1731), dessen La Rochefoucauld entlehnte egoistische Psychologie *Gulliver's Travels* (1726; *Des Capitains Lemuel Gulliver Reisen*, 1727) in mancher Hinsicht komplementiert, ließ er den Sprecher des »Rose-Tavern-Monologs« diese Eigencharakteristik vortragen: »Perhaps I may allow, the Dean / Had too much Satyr in his Vein; / And seem'd determin'd not to starve it, / Because no Age could more deserve it« (Z. 455–58). – Als Satiriker war S. von einer aggressiven Intention literarischen Sprechens bestimmt, die nie dem Laster im Individuum, immer aber dem lasterhaften Individuum galt; auch war S. von dem Wunsch besessen, die, mit denen er stritt, in größtmögliches Unrecht zu setzen, »die Welt zu quälen, nicht zu unterhalten«. Als Schwester der Peitho ist S.s Satire eine Spielart der Überredung; ihr Ziel ist nie ästhetisches Wohlgefallen, sondern mehr noch als die Erweckung von Reformabsichten die von Scham- und Schuldgefühlen. – S. begegnete dem Ideologieverdacht, dem alle Satiriker ausgesetzt sind, mit einer Strategie, die die personifizierten Torheiten und Laster sich selbst ans Messer liefern ließ. Statt seine Narren und Schurken mit der ideologischen Keule des Satirikers zu ›erledigen‹, ließ er sie sich selbst den Prozess machen, sich selbst geistig und/oder moralisch ›vernichten‹. Keine Satire setzt diesen ›Freitod‹ anschaulicher in Szene als die *Predictions for the Year 1708* (1708; *Wundersames Prognosticon oder Prophezeiung Was in diesem 1708 Jahr geschehen soll*, 1708), in denen S. unter dem Pseudonym Bickerstaff den Astrologen Partridge (»Irgendetwas wird irgendwann irgendwo schon passieren«) mit der eigenen Methode zu Tode reimte. – Diese Jiu-Jitsu-Technik, des Gegners Waffen gegen ihn selbst zu wenden, ist bereits in den frühesten Satiren ausgebildet, so etwa in *The Battle of the Books* (1704; *Die Schlacht zwischen den alten und modernen Büchern*, 1967), mit der S. seinem Patron, der sich in einer Streitfrage der *Querelle des Anciens et des Modernes* kompromittiert hatte, zu Hilfe eilte und in der er die Kritik des ›antiken‹ Sir William Temple an der modernen Fortschrittsgläubigkeit ins Bild setzte. An ihrem Ende sind die *moderni* gebrandmarkt als von Natur aus aggressive Habenichtse, die vom Geist, der stets verneint, getrieben werden und deren Taten, entgegen ihrem Anspruch, für das Wohl der Menschheit belanglos sind. – Noch schonungsloser ist das mit *The Battle of the Books* veröffentlichte *A Tale of a Tub* (1704; *Ein Tonnenmärchen*, 1967), das in etwa drei gleichgewichtige Teile zerfällt, Vorspann (A), religiöse Allegorie (B) und Exkurse (C), die durch den ›Erzähler‹, einen modernen Gossenliteraten, zusammengehalten werden. Die religiöse Allegorie beschreibt die Geschichte der christlichen Religion als Chronik fortschreitenden Ungehorsams gegenüber dem Vermächtnis ihres

Stifters, hermeneutische Kasuistik und Irrationalität der Transsubstantiationslehre auf Seiten des Katholizismus etwa sowie den sich auf innere Erleuchtung berufenden ›Wahn-sinn‹ der Schwarmgeisterei, wie ihn zahlreiche postreformatorische Religionsgemeinschaften in England vorlebten. Präliminarien und Exkurse, S.s ›kreativer‹ Ausdruck für die moderne Unfähigkeit, zur Sache zu sprechen, spinnen neben der religiösen Allegorie eine zweite ›Geschichte‹, deren Themen denen der Parabel korrespondieren. Sie propagieren neuzeitliche Alternativen wie Solipsismus und Innovationssucht, Negation und Destruktion, Inversion der Werte und Anderssein um jeden Preis. Als ›fertiges‹ Buch ist *A Tale of a Tub* eine *creatio ex nihilo*, bei der ein ›Un‹-buch aus Nichts entsteht, dessen ›Schöpfer‹ in den (Un-)Tiefen seiner Seiten verschwindet. S. pariert den Anspruch von Grub Street, Bücher *schreiben* zu können, mit dem paradoxen Gegen-›Beweis‹, dass in Grub Street bestenfalls Bücher *gemacht* werden, Bücher als physische Gegenstände. Nicht nur kommt *A Tale of a Tub*, Sinnbild ohne Schlüssel und Geschichte ohne Sinn, ans Ende, weil alles gesagt *ist*, sondern weil es nie etwas zu sagen *gab*. – Mit *Gulliver's Travels* vollendete S. das satirische Programm, das er in *A Tale of a Tub* begonnen hatte. Wenn *A Tale of a Tub* seine Anatomie der »zahlreichen und groben Verderbtheit in Religion und Gelehrsamkeit« darstellt, ist *Gulliver's Travels* S.s satirische Vivisektion menschlicher Triebkräfte, die nach seinem Urteil die Geschichte neuzeitlicher Politik (Bücher I und II) und Wissenschaft (Buch III) geleitet haben. Während dreier Reisen lässt S. (s)einen allegorischen Repräsentanten, den *homme moyen* Gulliver, ausgestattet mit Neugier und Bildungshunger, im Buche der Geschichte lesen. In der Geschichte begegnet Gulliver dem Menschen und seinen Werken. An den Werken ›er-fährt‹ er den geistigen und moralischen Zustand des Menschen, das Gefälle von menschlichem Anspruch und geschichtlicher Leistung. Allein die Geschichte lehrt Gulliver-Jedermann nichts. Erst sein Herr im Land der Pferde (Buch IV) setzt Gulliver ›ein Licht auf‹. Die Bücher I–III bilden im Gesamtplan also eine Einheit; Buch IV steht für sich. Die Bücher I–III liefern das Anschauungsmaterial für das satirische Urteil zur Irrationalität des Menschen (Buch IV). – Wie Gullivers ›Fall‹ am Ende vor Augen führt, nutzen die Menschen aus Hochmut ihre Möglichkeiten nicht, ja sie erheben sogar Maßstäbe zur Richtschnur ihres Handelns, die ihrer Natur nicht angemessen sind. Wer wie die orthodoxe Anthropologie den Menschen für ein vernünftiges Geschöpf hält, erweist ihm keinen Gefallen, misst ihn außerhalb der Voraussetzungen, unter denen er angetreten und nach denen sein Handeln zu beurteilen ist. Wie sich an Gullivers ›Fall‹ herausstellt, ist Gulliver, nicht S., ›verrückt‹ nach Vernunft, und so bleibt bei *Gulliver's Travels*, wie in *A Tale of a Tub*, ein Rest von Unbehagen, das ausdrücklich nicht in der strukturellen Unfähigkeit des Paradoxons gründet, Stellung zu beziehen. Schließlich führen in beiden Werken ›Ver-rückte‹ das große Wort, Erzähler, die nicht ›recht bei Trost‹, ja von allem ›guten Geist‹ verlassen sind. Der Normenkollaps scheint vollkommen. Wo steht S.?

Diese Frage bleibt auch in den aufwühlenden skatologischen Gedichten der 1730er Jahre, vorab in den aufeinander bezogenen, Innenwelt wie Außensicht vermittelnden »A Beautiful Young Nymph Going to Bed« (1734) und »The Lady's Dressing Room« (1732), ebenso unbeantwortet wie in der eschatologischen (Schreckens-)Vision von »On the Day of Judgement« (ca. 1731), in der ein indifferenter Weltenlenker das Jüngste Gericht ausfallen lässt, weil die Menschheit kein Urteil verdient, und *last but not least* in der Satire, die alle analytischen Fähigkeiten paralysiert, *A Modest Proposal* (1729; *Bescheidener Vorschlag*, 1967), mit der S. sein letztes Wort zur irischen Frage verkündete. *A Modest Proposal* ist ein nach der klassischen Gerichtsrede komponierter ›ökonomischer‹ Traktat, der die ausbeuterische englische Wirtschaftspolitik gegenüber Irland in gleicher Weise auf die Anklagebank setzte wie die irische Lethargie angesichts des eigenen Schicksals. Im ökonometrischen Kalkül des Sprechers erscheint das merkantilistische Prinzip, »People are the riches of a nation«, das zwischen Rohstoff und Produktionsmittel scheidet, aufgehoben und das irische Volk aufgerufen, die einzige ihm verbleibende Aussicht auf (Über)leben im Tod der eigenen Kinder zu suchen. – Bekanntlich vertreten Paradoxa keine Positionen; sie beziehen nie Stellung, und sie sind niemandem verpflichtet. Ihre einzige Funktion ist zu schockieren, zu verwirren und zu überraschen; herrschende Meinungen und Normen in Frage zu stellen und zu weiterem Nachdenken aufzufordern. So gesehen bleibt der Dechant von St. Patrick ein Autor für jede und alle Zeit.

Werkausgaben: The Prose Works. Hg. H. Davis. 16 Bde. Oxford 1939–68. – The Poems. Hg. H. Williams. 3 Bde. Oxford 1966 [1958]. – The Correspondence. Hg. D. Woolley. 4 Bde. Frankfurt a. M. 1999 f. – Ausgewählte Werke. Hg. A. Schlösser. 3 Bde. Berlin/Weimar 1967.

Hermann J. Real

Swinburne, Algernon Charles
Geb. 5. 4. 1837 in London;
gest. 10. 4. 1909 in Putney, London

Über kaum einen Dichter des 19. Jahrhunderts gehen die zeitgenössischen und die späteren Meinungen so auseinander wie über Algernon Charles Swinburne. Allein die plakative Verunglimpfung des Dichters als »Mr. Swineborn« (Herr Schweinegeboren) in *Punch* (10. 11. 1866) illustriert anschaulich den Konflikt des Viktorianers mit den moralischen und literarischen Standards seiner Zeitgenossen. S., der aufgrund seiner kühnen prosodischen Innovationen und der revolutionären Freizügigkeit, mit der er den Körper, die Sinne und abweichende sexuelle Ausrichtungen ins Zentrum seiner Werke stellte, zum *enfant terrible* seiner Zeit wurde, gilt zahlreichen Kritikern heutzutage aus denselben Gründen als einer der bedeutendsten Lyriker der zweiten Hälfte des 19. Jahrhunderts. Eine Erklärung für S.s poetisch und moralisch radikale Haltungen ist in seiner Biographie zu suchen. Der Dichter verbrachte seine Kindheit auf der Isle of Wight und auf dem Landsitz seines Großvaters in Northumberland. Dort entdeckte er seine lebenslange Vorliebe für das Meer, die deutlich in seinen späten Gedichten zutage tritt. Da S. einer wohlhabenden aristokratischen Familie entstammte, konnte er sich auch nach einem 1860 aus ungeklärten Gründen abgebrochenen Studium in Eton und am Balliol College Oxford ungehindert seiner literarischen Karriere widmen und seinen Neigungen zum Sadomasochismus nachgehen. S.s exzessive Lebensführung beschäftigte Kritiker über die Maßen. Sein umfangreiches, aus Lyrik, Dramen, Briefen, dem postum erschienenen Romanfragment *Lesbia Brandon* (1952) und zahlreichen Studien zur Literaturkritik bestehendes Werk wurde darüber als bloßer Ausdruck seiner skandalösen Tendenzen oder als monotone, mit manierierten Kunst- und Stilmitteln überladene Imitation seiner Vorbilder wahrgenommen. Erst nach dem Ersten Weltkrieg wurde S. als führender viktorianischer Kritiker gewürdigt, der die englische Literatur dem Einfluss der französischen Symbolisten öffnete, und als wichtiger Vertreter des Präraffaelismus und Ästhetizismus anerkannt, der sich in seinen Schriften gegen die didaktische und moralische Zweckbindung der Kunst wandte und somit Vorbild für spätere Dichter wurde.

S.s erstes großes Werk, das Drama *Atalanta in Calydon* (1865; *Atalanta in Calydon*, 1877), ist ein Versuch, die griechische Tragödie bzw. den Hellenismus seiner Zeitgenossen wie Matthew Arnold nachzuahmen. Es besticht durch hohe metrische Virtuosität und beweist umfassende (im Selbststudium erworbene) Kenntnisse literarischer Traditionen wie der griechischen Mythologie, des elisabethanischen Dramas und biblischer Texte. Doch erst in Oxford begegnete S. den bedeutendsten prägenden Einflüssen auf sein Leben und Werk. So traf er 1857 William Morris, Edward Burne-Jones und Dante Gabriel Rossetti, mit dem ihn eine lebenslange Freundschaft verband, schloss sich ihnen an und nahm den präraphaelitischen Mediävalismus und Ästhetizismus in sein Repertoire auf. Außerdem lernte er ein Jahr später Richard Monckton Milnes (den späteren Lord Houghton) kennen, der ihn mit den Werken des Marquis de Sade vertraut machte – eine Lektüre, die bei S. auf fruchtbaren Boden fiel. Diese literarischen Einflüsse verarbeitete S. in den 1866, 1878 und 1889 erschienenen Gedichtsammlungen *Poems and Ballads* (*Gedichte und Balladen*, 1910), deren erster Band einen literarischen Skandal auslöste. Die erotisch-sadistischen Motive, der unverhüllte Paganismus und die hemmungslose Sinnlichkeit dieses Bands zementierten einerseits seinen Ruf als blasphemisch-obszöner, subversiver Rebell, wurden andererseits jedoch als revolutionäre Auflehnung gegen die puritanisch geprägten gesellschaftlichen Konventionen und gegen die gängigen Anstandsauffassungen von der jungen Generation begeistert gefeiert. S.s radikaler Republikanismus und Antitheismus, die sich unter Einfluss seines Tutors John Nichol, seines französischen Dichterkollegen Victor Hugo und des im englischen Exil lebenden Giuseppe Mazzini, dem er 1867 begegnete, beständig verstärkten, kommen in den in Italien verfassten *Songs Before Sunrise* (1871; *Lieder vor Sonnenaufgang*, 1912) zum Ausdruck, in denen er den Katholizismus verdammt, das Italien des Risorgimento feiert und die Freiheit und Autonomie eines jeden Menschen beschwört. Der zweite Band der *Poems and Ballads*, weniger sinnlich als der erste, wurde mit seiner Dichtung der Erinnerung und des Bedauerns, mit seinen die poetische Tradition würdigenden Texten und mit Gedichten, die das Familienglück in den Mittelpunkt rücken, zum Erfolg bei Kritikern und Publikum.

Auch als Literaturkritiker, dessen Hauptinteresse den Dramatikern der Renaissance galt, veröffentlichte S. zahlreiche erfolgreiche und deutlich von persönlichen Vorlieben gefärbte Studien wie die Monographie über *William Blake* (1868), *A Study of Shakespeare* (1880) und *Essays and Studies* (1875). Seine nach dem Vorbild Shakespeares verfasste Maria-Stuart-Trilogie, *Chastelard* (1865; *Chastelard*, 1873), *Bothwell* (1874) und *Mary Stuart* (1881), etablierte ihn hingegen nicht, wie erhofft, als erfolgreichen Dramatiker. S.s unglückliche Liebe zu seiner Kusine Mary Gordon trug Mitte der 1870er Jahre dazu bei, dass er seine Neigungen immer selbstzerstörerischer ohne Rücksicht auf seine Gesundheit auslebte, bis er 1877 nach wiederholten Alkoholexzessen und vermutlich epileptischen Anfällen einen völligen Zusammenbruch erlitt. Erst dem Rechtsanwalt und Literaturkritiker Theodor Watts Dunton gelang es, S.s Verfall aufzuhalten. Unter seinem Einfluss wandelte sich S. vom Provokateur zu einem an bürgerliche Normen angepassten Gentleman, der sogar von Königin Victoria für das Amt des *Poet Laureate* (Hofdichter) in Erwägung gezogen wurde. Eine Fülle an Gedichten, vom romantischen Epos über sentimentale Kindergedichte bis hin zu Texten, für die eine neuartige Verbundenheit mit der Natur kennzeichnend ist, entstand in dieser Zeit. Doch abgesehen von seinem letzten Erfolg, der Verserzählung »Tristram of Lyonesse« (1882), einer originellen Neufassung der Tristan-Sage, und der Tragödie *Mario Faliero* (1885), verfasste S. seine bedeutendsten Werke in der ersten Lebenshälfte.

Werkausgabe: The Complete Works. Bonchurch Edition. Hg. E. Gosse/T.J. Wise. 20 Bde. London 1925–27.

Silke Binias

Synge, John Millington

Geb. 16. 4. 1871 in Rathfarnham bei Dublin; gest. 24. 3. 1909 in Dublin

John Millington Synge ist einer der führenden irischen Dramatiker des 20. Jahrhunderts. Er studierte zunächst in Dublin Musiktheorie, ging dann 1893 nach Deutschland, um Vorlesungen über Musik zu hören, zog jedoch ein Jahr später nach Paris und nahm an der Sorbonne das Romanistik-Studium auf. Er arbeitete als Literaturkritiker und machte 1896 die Bekanntschaft des Dichters W.B. Yeats, der ihn zu einem Aufenthalt auf den entlegenen Aran-Inseln an Irlands Westküste anregte (1898–1902) und seine Begeisterung für die Irische Renaissance weckte. Die Eindrücke von einer quasi-archaischen Lebenswelt, die er dort sammelte, gingen in den frühen Einakter *Riders to the Sea* ein. S.s Dramen entstanden innerhalb von nur sieben Jahren (1903–09) und umfassen sechs Stücke, von denen das letzte, *Deirdre of the Sorrows* (1910), unrevidiert blieb.

Das Hauptereignis seines ersten Stücks, *In the Shadow of the Glen* (1903; *Die Nebelschlucht*, 1935), ist der vorgetäuschte Tod eines alternden Ehemanns, der seine junge Frau und ihren Liebhaber in eine Falle lockt. Bereits in diesem Stück benutzt S. eine Sprache, die er als Nachahmung der Sprache irischer Bauern versteht und die – in stilisierter Form ihre eigene Poesie entfaltend – für sein gesamtes dramatisches Werk charakteristisch ist. In seinem zweiten Stück, *Riders to the Sea* (1904; *Reiter ans Meer*, 1961) schildert S. das Leben der Fischer auf den Aran-Inseln. Die Männer leben in dem Bewusstsein, bald sterben zu müssen, während ihren Familien nur die Trauer bleibt. Doch die Männer sind nicht davon abzubringen, sich immer wieder den Herausforderungen des Meeres zu stellen. Ihr Fatalismus lässt keinen Raum für den Einfluss der Kirche. Nur das Meer scheint aktiv zu sein; die Männer erscheinen als bloße Opfer. Die langen Regieanweisungen des Stücks verraten seine Nähe zum Naturalismus. Die wenigen erwähnten Gegenstände zeigen die Armut der Insulaner. Auf den baumlosen Inseln sind ein paar Bretter eine Kostbarkeit und ein paar fehlende Nägel führen zu Problemen. Die kärglichen Besitztümer sind oft Souvenirs von seltenen Besuchen auf dem Festland oder Erinnerungsstücke an ertrunkene Familienmitglieder. Trotzdem empfinden die Insulaner ihre Existenz nicht als sinnlos, weil sie ihnen erlaubt, in Selbstachtung zu leben und zu sterben.

The Well of the Saints (1905; *Die Quelle der Heiligen*, 1906) ist ein Schwank und erzählt die Erlebnisse zweier blinder Bettler, die so lange zufrieden leben, bis ihnen am heiligen Brunnen die Möglichkeit gegeben wird, das Augenlicht wiederzuerhalten. Dadurch wird ihnen die Illusion genommen, stattliche, schöne Menschen zu sein, was sie in eine Identitätskrise stürzt, bis ihr Augenlicht wieder erlischt und sie sich eine neue illusorische Identität aufbauen. Als ihnen nochmals das Augenlicht geschenkt werden soll, laufen sie in Panik davon. – In *The Tinker's Wedding* (1909; *Kesselflickers Hochzeit*, 1964) macht S. eine Gemeinschaft zum Thema, die aufgrund ihrer sozialen Ausgrenzung Züge einer ursprünglichen Identität bewahrt hat. Vor allem haben diese ›Zigeuner‹ wenig Respekt vor der kirchlichen Autorität. Dies wird deutlich, als eine junge Frau den Wunsch äußert, durch einen Priester getraut zu werden, und dies in ihrer Gruppe auf Unverständnis stößt, da man nicht glauben will, dass Gesetze und Rituale zu einer besseren Ehe führen. Letztlich scheitert das Vorhaben an der Geldgier des Priesters. Wie sehr sich die *tinkers* durch das Verhalten des Priesters in ihrer Ehre verletzt fühlen, zeigt sich darin, dass sie ihn daraufhin fast umbringen. Das Stück ist als Satire auf den irischen Klerus verstanden worden.

The Playboy of the Western World (1907; *Der Held der westlichen Welt*, 1967) handelt von dem jungen Bauern Christy Mahon, der glaubt, seinen tyrannischen Vater im Streit erschlagen zu haben, und in einem entlegenen Dorf Zuflucht sucht. Besonders von den jungen Frauen wird er dort bereitwillig aufgenommen. Im Grunde ein schüchterner Junge, wird er von seinen Zuhörerinnen zum Helden gemacht. Indem sie ihm die Worte in den Mund legen, erfinden sie seine Geschichte neu. Zwar entfernt sie sich von der Wahrheit, wird aber als Geschichte dadurch immer besser. Wie der Protagonist macht auch seine Verlobte Pegeen eine Transformation durch. Christys »poet's talking« setzt in ihr, die wegen ihrer scharfen Zunge gefürchtet ist, Glücksgefühl und Zärtlichkeit frei. Das ganze Dorf blüht auf und wird von nie gekannter Lebensfreude erfasst. Dann aber erscheint der verletzte, aber keineswegs tote Vater Christys und verprügelt seinen Sohn. Dieser verliert dadurch mit einem Schlag sein Prestige und wird von den Bewohnern gedemütigt. Daran ändert sich auch nichts, als Christy in einem weiteren Kampf seinen Vater erneut erschlägt. Am Ende befreit ihn sein immer noch vitaler Vater, und sie verlassen gemeinsam das Dorf.

S.s letztes Stück, *Deirdre of the Sorrows* (1910), nimmt eine Liebesgeschichte aus der irischen Mythologie auf. Nach einer kurzen Phase des Glücks werden Deirdre und ihr Geliebter Naisi von dem alten König, Deirdres Ehemann, durch Verrat in eine Falle gelockt. Auch in ihrer unvollendeten Form gilt diese Tragödie als der Höhepunkt von S.s Sprachkunst.

Wie Yeats und Lady Gregory entdeckt S. im irischen Westen, in sozial isolierten Gemeinschaften des Landes und in seinen Mythen verschüttete Züge einer genuin irischen Identität. S. zeigt, wie diese archaischen Gemeinschaften durchaus Ordnung und Würde haben. Dies ist insofern wichtig, als die Iren seit dem 16. Jahrhundert in der englischen Literatur traditionellerweise als Säufer, Maulhelden oder halb-tierische Bauern dargestellt werden. Als Mitbegründer des irischen Nationaltheaters, des *Abbey Theatre*, leitet S. aus der Rückbesinnung auf das vor-britische Irland die Verpflichtung ab, anders als frühere irische Dramatiker nicht für die Londoner Bühnen, sondern für das irische Theater und über irische Themen zu arbeiten. Während diese irische Identität bei Yeats und Lady Gregory potentiell emanzipatorische Züge trägt, wird sie bei S. durchaus ambig dargestellt. Dies wird auch in den frühen Aufführungen des *Playboy of the Western World* in Irland und den USA so empfunden, die zu Unruhen führen. Heute wird dieses Stück auch als Satire auf die Haltung der irischen Gesellschaft gegenüber den Dichtern der *Irish Renaissance* verstanden. Durch seine Aktivität gelingt es Christy, die Dorfgemeinschaft aus ihrer dumpfen Angst zu befreien und ihr ein neues Lebensgefühl zu vermitteln, und sie macht ihn zu ihrem Helden. Doch sie lässt ihn fallen, als seine Geschichte ihr nicht mehr schmeichelt, und ihm bleibt nur die Rolle des Außenseiters.

Werkausgaben: Collected Works. Hg. R. Skelton. 4 Bde. Oxford 1962–68. – Complete Plays. Hg. T.R. Henn. London 1981.

Viktor Link

Szabó, Magda
Geb. 5. 10. 1917 in Debrecen/Ungarn; gest. 19. 11. 2007 in Kerepes bei Budapest

In ihrer Heimat ist Magda Szabó, die *grande dame* der ungarischen Gegenwartsprosa, einem engeren Kreis auch als Lyrikerin und Übersetzerin u. a. von Shakespeare, Galsworthy und Mariana Alcoforado (1640–1723) bekannt. Dasselbe gilt für die Literaturhistorikerin Sz. und ihre innovative Interpretation ungarischer Klassiker. Ein breiteres Publikum kennt sie als erfolgreiche Bühnenautorin, die für ihre Dramen bevorzugt Figuren in Entscheidungssituationen der Nationalgeschichte wählt. Was sie zur in Ungarn meistgelesenen Schriftstellerin und darüber hinaus zur international renommierten Autorin macht, ist ihr erzählerisches Werk. Es umfasst ein gutes Dutzend in fast dreißig Sprachen übersetzter Romane, zwei Bände Erzählungen sowie mehrere Kinder- und Jugendbücher.

In der Mehrzahl ihrer Romane beschreibt Sz. vor dem Hintergrund der an politischen und sozialen Umbrüchen reichen Entwicklung Ungarns im 20. Jh. das Schicksal von Familien oder den Lebensweg einzelner Frauengestalten. Sie schildert deren psychisch-existentielle Gefährdung im Konflikt zwischen Rolle und Persönlichkeitsstruktur, tradiertem Familiensinn und realer Vereinsamung, zwischen alten und neuen Werten, individuell gelebter und öffentlich propagierter Moral. Als eine der ersten in der traditionellen Prosaliteratur Ungarns verwendet Sz. moderne Erzähltechniken wie Perspektivenwechsel, Auflösung von Zeitebenen, Rückblende und inneren Monolog.

Sz.s Ethos, ihr Weltbild und selbst ihre Geschichtsauffassung sind vom Geist des calvinistischen Protestantismus geprägt, den ihr das bildungsbürgerliche Elternhaus, die Schule und die Traditionen ihrer Vaterstadt Debrecen vermitteln. 1935–1940 studiert sie an der dortigen Universität lateinische und ungarische Philologie für das Lehramt an höheren Schulen und promoviert 1940 zum Dr. phil. Nach fünf Jahren Lehrtätigkeit an Protestantischen Mädchengymnasien in Ostungarn, übersiedelt sie 1945 nach Budapest und arbeitet bis Anfang 1950 im Ministerium für Bildungswesen. Nach ihrer Entlassung aus politischen Gründen kehrt sie in den Schuldienst zurück und unterrichtet, da ihr die Lehrerlaubnis für das Gymnasium verweigert wird, an Grundschulen. Seit 1959 widmet sich Sz. als freiberufliche Autorin ganz der literarischen Arbeit.

Dem erfolgreichen Debut in den späten 1940er Jahren mit zwei Gedichtbänden folgen unter der stalinistischen Rákosi-Diktatur lange Jahre erzwungenen Schweigens. Um nicht »an der Bitterkeit der eigenen Verse zu ersticken«, wechselt sie die Gattung und schreibt in »wütendem Zorn« ihre beiden ersten Romane – zunächst freilich nur für die Schublade. Ihre Veröffentlichung wird erst zu Beginn der Kádár-Ära (1956–1988) möglich. 1958 erscheint der Roman *Freskó* (*Das Fresko*, 1960), der von der Kritik begeistert aufgenommen wird; die Autorin wird als Nachfolgerin der großen Margit Kaffka (1880–1918) gefeiert. 1959 folgen *Az öz* (*Die andere Esther*, 1961) und *Disznótor* (*Das Schlachtfest*, 1960), dann bis 1969 vier weitere Romane.  Dass Sz. überraschend schnell auch im Westen publiziert wird, verdankt sie der Empfehlung Hermann Hesses. Als dieser 1960 nach Lektüre einer Probeübersetzung aus dem *Fresko* rät: »Kaufen Sie diese Autorin, sie ist ein Goldfisch«, erwirbt der Insel-Verlag die deutschen Übersetzungsrechte für das ganze zukünftige Prosawerk. Damit öffnet sich für Sz. – über die deutsche Übersetzung – der Zugang zum gesamten westlichen Literaturmarkt.

Von 1970 bis 1980 entstehen die historischen Dramen, darunter die Trilogie um König Béla IV., eine Herrschergestalt aus dem 13. Jh., und die beiden bedeutendsten biographischen Prosawerke: *Ókút* (1970; *Alter Brunnen*) vergegenwärtigt die eigene Kindheit Sz.'s, *Régimódi történet* (1977; *Eine altmodische Geschichte*, 1987) ist das zum Gesellschafts- und Epochenroman ausgeweitete Porträt ihrer Mutter und deren Familie. Nach den Erzählungen und zwei Romanen der 1980er Jahre erscheint 1990 *A pillanat (Creusias)* (Der Augenblick), in dem Sz. Vergils *Aeneis* neu erzählt. Bei ihr überlebt nicht Aeneas, sondern Creusa den Untergang Trojas. Sie erschlägt ihren Gatten, der ihr zu feige und zu schwach erscheint, um den Ruhm Trojas zu retten und in Italien das neue Reich zu gründen, und übernimmt selbst die Rolle des Heroen.

Kathrin Sitzler

Szczypiorski, Andrzej

Geb. 3. 2. 1928 in Warschau; gest. 16. 5. 2000 in Warschau

Andrzej Szczypiorskis mit nationalen und internationalen Preisen ausgezeichnetes literarisches Werk ist überwiegend der Aussöhnung von Deutschen, Polen und Juden gewidmet. Seine Romane und Erzählungen spielen oft vor dem Hintergrund des von den Deutschen besetzten Polen und in der Nachkriegszeit Volkspolens. S. interessieren die Gründe und Motive, die den Menschen zur falschen Zeugenaussage veranlassen oder dazu, sich skrupellos und opportunistisch zu verhalten und Gewaltverbrechen zu begehen. Die widersprüchlichen psychischen Dispositionen sowohl von Tätern und Mitläufern wie auch von Opfern schildert S. ohne Pathos. Verhalten und Schicksal des Individuums setzt er in eine Beziehung zu den historischen und zeitgenössischen politischen Ereignissen; dabei werden die Auswirkungen von Geschichtsereignissen auf das Einzelschicksal deutlich.

Für den Roman *Msza za miasto Arras* (1971; *Eine Messe für die Stadt Arras*, 1979), der von religiösem Fanatismus, Judenpogromen und Ketzer- und Hexenverfolgungen in der französischen Handelsstadt Arras nach einer Hungersnot und Pestepidemie im 15. Jahrhundert handelt, wurde S. 1972 mit dem Preis des polnischen PEN-Clubs ausgezeichnet. In *I ominęli Emaus* (1974; *Und sie gingen an Emmaus vorbei*, 1976, *Der Teufel im Graben*, 1995), einem Kriminalroman mit philosophischen Reflexionen, zeigt S., wie alptraumhafte KZ-Erlebnisse während der deutschen Besetzung Polens das bewusste Erleben der Gegenwart unmöglich machen. Seine Internierung nach der Verhängung des Kriegsrechts im Dezember 1981 verarbeitete S. in *Z notatnika stanu wojennego* (1983; *Notizen vom Kriegszustand*) und *Z notatnika stanu rzeczy* (1987; *Notizen zum Stand der Dinge*, 1990).

Sein literarisches Schaffen wurde von deutschen Rezipienten intensiver aufgenommen als in Polen selbst. Besonders bekannt in Deutschland wurde der Roman *Początek* (1986; *Die schöne Frau Seidenman*, 1988), in dem ineinander verschränkte Geschichten um die Protagonistin Irma Seidenman, die Witwe eines jüdischen Arztes, erzählt werden. Die Handlung spielt in Warschau und erstreckt sich von der Vorkriegszeit bis in die 1960er Jahre. Vordergründig werden individuelle Verhaltensweisen polnischer, jüdischer und deutscher Figuren während der deutschen Besatzungszeit geschildert, die von der skrupellosen Erpressung von Juden bis zur Bereitschaft reichen, jüdische Kinder zu retten und sie in katholischen Klöstern zu erziehen. Nicht ausgespart werden der Antisemitismus und die Diskriminierung jüdischer Mitmenschen in Volkspolen, insbesondere im Jahr 1968 während einer antisemitischen und antiintellektuellen Kampagne.

Noc, dzień i noc (1991; *Nacht, Tag und Nacht*, 1991) führt vor, wie geschürte Gefühle – Angst, Misstrauen, Hass und Neid – den Menschen zum Komplizen einer despotischen Macht und zum Mittäter machen. Der Roman zählt zu den Texten S.s, die sich mit der Geschichte Nachkriegspolens auseinandersetzen. Der Roman *Gra z ogniem* (1999; *Feuerspiele*, 2000) zeigt anhand verschiedener Einzelschicksale, wie sich Überlebensgeschichten des Zweiten Weltkriegs noch in der Gegenwart auswirken.

Georg Mrugalla

Szymborska, Wisława
Geb. 2. 7. 1923 in Bnin bei Poznań/Polen

»Es gibt keine dringenderen Fragen / als die naiven Fragen.« – Mit dieser Schlusspointe ihres Gedichts »Schylek wieku« (»Das Ende eines Jahrhunderts«) verweist Wisława Szymborska auf zwei Konstanten ihrer Dichtung – auf den Vorrang der Frage, hinter der die Antwort immer zurückstehen muss, sowie auf die Bedeutung des Kleinen und Banalen, das zumeist übersehen wird, weil es ohnehin schon als bekannt und damit uninteressant gilt. S. veröffentlichte 1945, unmittelbar nach dem Ende des Zweiten Weltkriegs, ihre ersten Gedichte in Krakauer Zeitschriften. Sie ist damit in eine männliche Domäne vorgedrungen, denn die polnische Lyrik nicht nur der Nachkriegszeit ist geprägt von Namen wie Julian Przyboś, Tadeusz Różewicz, Zbigniew Herbert u. a., und hat sich dort einen Platz ganz vorne erkämpft. S.s frühes Werk ist nicht frei von Zugeständnissen an die ideologische Doktrin des Sozialistischen Realismus, die auch der polnischen Literatur der frühen 1950er Jahre auferlegt wurde; allerdings hat sie es von Anfang an verstanden bei allen ästhetischen Zwängen, ihre eigene Sprache zu finden, die spätestens ab dem Band *Wołanie do Yeti*, 1957 (Rufe an Yeti) nicht zu überhören ist. Die Buchveröffentlichungen der folgenden Jahrzehnte ergeben ein kleines, aber umso gewichtigeres Werk.

Distanz und Enthaltsamkeit kennzeichnen auch die weitere Biographie der Autorin – 1966 tritt sie aus der Polnischen Vereinigten Arbeiterpartei aus, wenige Jahre später gibt sie ihre Stellung bei einer renommierten Krakauer Literaturzeitschrift auf, wo sie jahrzehntelang die Abteilung Lyrik betreut und ihre Leseeindrücke veröffentlicht hatte. Während des Kriegszustands von 1981 und in der Zeit danach galt S. als eine Autorität der Opposition und war auch an der Gründung eines neuen, nichtkonformen Autorenverbands beteiligt. Ihr Werk lässt sich keiner literarischen Strömung oder Gruppierung zuordnen, es steht für sich, ist zeitlos und zeitgemäß und hat seit seinen Anfängen nichts von seiner Popularität

eingebüßt. S.s Leserschaft ist international, ihre Texte sind in mehr als ein Dutzend Sprachen übersetzt, und zu den vielen nationalen Auszeichnungen sind große internationale Preise und der Nobelpreis 1996 hinzugekommen.

Ausgangspunkt der poetischen Reflexion S.s ist das Staunen angesichts einer Welt, die ganz anders ist, als man sie aus der alltäglichen Wahrnehmung kennt, wenn man sie nur auf die richtige Weise befragt. Dabei zeigt sich, dass diese Art des Fragens nie auf eine definitive Antwort rechnen kann, weil Frage und Antwort immer in einem nichtproportionalen Verhältnis stehen – auf ›große‹ Fragen weiß diese Dichtung nur ›kleine‹ Antworten. Ungeachtet dessen kommen in S.s Lyrik die ›großen‹ Anliegen der Welt und des Menschen zur Sprache, die Frage nach dem Sinn des Fortschritts, nach den Chancen der Humanität am Ende des 20. Jahrhunderts, nach der Verantwortlichkeit des Einzelnen für die Geschichte. Skeptisch ist die Autorin in Bezug auf geschlossene Systeme, die für alles eine Antwort haben – die Einzigartigkeit der Phänomene des Lebens entzieht sich der Aufhebung ins Allgemeine, die Ausnahme bestätigt nicht die Regel, sondern beweist deren Unmöglichkeit. Das menschliche Leben ist zufällig, unsicher und undurchschaubar, es wird aber in jedem Fall bejaht und in seiner Irrationalität jeder rationalistischen Ausdeutung vorgezogen. So übernimmt S.s Lyrik immer wieder die Funktion einer ›Arche‹, die das Individuelle und Zufällige, das Mögliche und das Spielerische bewahrt und überleben lässt in einer erdrückenden Flut von faktischer Realität.

Ihre Dichtung steht in der Tradition einer auf das ›Ganze‹ zielenden philosophischen Lyrik, wenngleich sie diese ›ewigen‹ Themen immer mit Ironie und Humor beleuchtet und in Verbindung mit dem Kleinen und Banalen bringt. Sie basiert auf der Überzeugung, dass die Sprache Träger von Bedeutungen ist, die in der Welt außerhalb der Dichtung Gültigkeit haben; eine moderne oder postmoderne Skepsis an der Sprache selbst sind ihr fremd. Was die Klarheit ihres Ausdrucks, die leichte Fasslichkeit ihrer Bilder und die Transparenz ihrer Konzepte betrifft, so hat man diese Lyrik immer wieder als ›klassisch‹ bezeichnet; der Verzicht auf das sprachliche Experiment, das Beharren auf der Interpunktion und der Pointe am Schluss, der Einsatz von Konzept und Fabel sind zusätzliche Elemente, die für den konventionellen Charakter dieser Lyrik sprechen. Demgegenüber stehen deutlich moderne Züge, wie der Verzicht auf Reim und Rhythmus, Anleihen bei der Umgangssprache sowie den verschiedensten Fachsprachen, die Aufsplitterung der auktorialen Perspektive in viele Rollen-Ichs, die zeigen, wie zeitgemäßer Ausdruck mit Traditionsverbundenheit zu vereinbaren ist.

Alois Woldan

Tabucchi, Antonio

Geb. 24. 9. 1943 in Pisa/ Italien

Der italienische Erzähler, Essayist und Literaturwissenschaftler Antonio Tabucchi zählt zu den meistgelesenen Schriftstellern seines Landes. Nach dem Literaturstudium in Pisa, das er mit einer Untersuchung zum portugiesischen Surrealismus abschloss, prägten verschiedene Reisen nach Paris und Lissabon seinen literarischen Weg, wobei Fernando Pessoa eine besonders nachhaltige Wirkung auf ihn ausübte, die sich in Übersetzungen und Studien zum Werk des portugiesischen Autors niederschlug. T. lehrte portugiesische Sprache und Literatur zunächst in Bologna und Genua, bevor er an die Universität Siena wechselte. Seit seinem ersten Roman, *Piazza d'Italia* (1975; *Piazza d'Italia*, 1998), hat der mit einer Portugiesin verheiratete T., der einen Teil des Jahres schreibend in seiner Wahlheimat Lissabon verbringt, zahlreiche Romane, Erzählungen, Essays und Studien zur portugiesischen Literatur verfasst.

Zu T.s bekanntesten Werken zählt *Sostiene Pereira* (1994; *Erklärt Pereira*, 1995), ein historischer Roman, der in Lissabon während der Salazar-Diktatur situiert ist, zugleich aber auch ein Bildungsroman, in dessen Verlauf der bejahrte Journalist Pereira seine persönliche Trauer über den Tod seiner Frau überwindet, indem er nach dem gewaltsamen Tod eines jungen Kommunisten seine gesellschaftliche Aufgabe erkennt und mutig akzeptiert. Mit der Frage nach dem politischen Engagement des Intellektuellen greift der Roman ein zentrales Thema des italienischen Neorealismus auf und schafft in Pereira ein Sinnbild für die Verteidigung der Informationsfreiheit unter einem totalitären Regime.

In geradezu obsessiver Weise beschäftigt sich T. mit der Widersprüchlichkeit der Realität. Die acht narratologischen Experimente von *Il gioco del rovescio* (1981; *Das Umkehrspiel*, 2000) variieren die Erfahrung, »daß ein bestimmtes Ding so, aber auch anders war«. In dem anspielungsreichen Vexierspiel führt der Autor seinem Leser die gegenseitige Durchdringung von Fiktion und Wirklichkeit vor Augen. Ein eindringliches Sinnbild der letztlich nicht greifbaren Realität zeichnet auch der Detektivroman *Il filo dell'orizzonte* (1986; *Der Rand des Horizonts*, 1988). Für Spino, den Angestellten eines Leichenschauhauses, der eine unbekannte Leiche nicht ihrer Anonymität überlassen will, entpuppen sich die Nachforschungen zunehmend als Suche nach der eigenen Identität. Bei seiner Aufklärungsarbeit gelangt er zu der Ahnung, dass sich die Wahrheit wie der titelgebende Rand des Horizonts jedem Versuch der Annäherung entzieht.

Die Suche nach dem Anderen gerät auch in *La testa perduta di Damasceno Monteiro* (1997; *Der verschwundene Kopf des Damasceno Monteiro*, 1997) zur Suche nach dem Selbst, denn nachdem der Journalist Firmino die Identität des Toten und den Tathergang rekonstruiert hat, werden die letzten Kapitel des Romans von einer Diskussion mit dem Anwalt Don Fernando bestimmt, in deren Folge Firmino seine eigene Postion überdenkt, das Thema seiner literatur-

wissenschaftlichen Dissertation neu formuliert und schließlich etwas über den Respekt gegenüber marginalisierten Menschen lernt.

Mit Hilfe der als »Stilübung« bezeichneten Briefsammlung *Si sta facendo sempre più tardi* (2001; *Es wird immer später*, 2002), deren autoreferentiellen Charakter der Autor ausdrücklich hervorhob, habe er sich Klarheit über sich selbst verschaffen wollen. Eine gemeinsame Erkenntnis, die aus den 16 an Frauen adressierten Briefen älterer Männer klingt, ist die Irreversibilität der Zeit, an der jeder Versuch der Vergangenheitsrekonstruktion scheitern muss. Während dieses Werk vor allem durch seine sprachliche Virtuosität besticht, beruht die Wirkung von *Tristano muore* (2004; *Tristano stirbt*, 2005) auf der Verschmelzung von individuellem und kollektivem Schicksal, von Gegenwart und Vergangenheit, von Traum und Wirklichkeit. So liest sich der als Lebensrückblick abgefasste Monolog des unter Morphium sterbenden Tristano als ein Spektrum nicht nur der italienischen Geschichte des 20. Jahrhunderts, sondern darüber hinaus als anspielungsreicher Blick auf die westliche Zivilisation und ihre gegenwärtige Krise.

Die an intertextuellen Bezügen reichen Erzählungen und Romane, deren Stil bisweilen verspielt anmutet, spiegeln das ausgeprägte kulturhistorische Interesse und das entschiedene gesellschaftskritische Engagement dieses Autors von europäischem Format, der mit hohen nationalen und internationalen Literaturpreisen sowie französischen und portugiesischen Orden ausgezeichnet wurde.

Wilhelm Graeber

Tagore, Rabīndranāth
Geb. 7. 5. 1861 in Kalkutta;
gest. 7. 8. 1941 in Kalkutta

Rabīndranāth Tagore (Ṭhākur) entstammte einer sehr reichen und gebildeten indischen Familie. Er erhielt eine umfassende Bildung, vor allem Kenntnisse in der Literatur, Musik und bildenden Kunst. Mit acht Jahren schrieb er – in bengalischer Sprache – erste Gedichte, mit zwölf eine dramatische Ballade. Kurz danach wurde sein erster Lyrik-Band gedruckt. 1878 reiste T. nach England, um dort Jura zu studieren. Die Briefe, die er an die Familie schrieb, vermitteln ein lebendiges Bild von der englischen Gesellschaft und lassen sein literarisches Talent erkennen. 1880 kehrte er nach Indien zurück, ohne sein Studium beendet zu haben.

In der Folgezeit wurde er in Kalkutta vorwiegend durch seine Gedichte und Lieder bekannt. Die bedeutendsten Lyrikbände dieser Periode sind *Prabhātsaṅgīt* (1883; *Morgengesänge*) und *Mānasī* (1890; *Herzensdame*). T.s Poesie zeichnet sich durch eine immense Vielfalt lyrischer Formen und Themen aus. In den sinnenhaft-berauschenden Versen jener Zeit findet eine tiefe Liebe zur Welt und zum Leben ihren Ausdruck. Auch auf dem Gebiet der Prosa entstanden bedeutende Werke. T. war der erste, der psychologisch-realistische Erzählungen in bengalischer Sprache schrieb. Zu nennen sind hier insbesondere sein erster großer Roman *Cokher bāli* (1901; *Sandkörnchen im Auge*, 1968) und die Novelle *Naṣṭa nīṛ* (1901; *Das zerstörte Nest*, 1989). Im Zentrum dieser Prosawerke stehen Frauen, die unter starren gesellschaftlichen Konventionen und der mangelnden Sensibilität ihrer Ehemänner leiden.

Im selben Jahr, in dem *Cokher bāli* und *Naṣṭa nīṛ* erschienen, gründete T. in dem etwa 150 km von Kalkutta entfernten Dorf Śāntiniketan eine Schule. Ziel war es, ein Modell für eine bessere Pädagogik zu schaffen. Dabei wollte T. zum einen an traditionelle Formen der Wissensvermittlung an Kinder anknüpfen, andererseits ging es ihm darum, die intellektuellen und künstlerischen Begabungen der Schüler stärker zu fördern, als dies im kolonialen Bildungssystem seiner Zeit der Fall war. Später kam zu der Schule noch eine Universität hinzu; Śāntiniketan wurde zu einem Begegnungszentrum von Intellektuellen und Künstlern aus allen Teilen der Welt.

Das erste Jahrzehnt des 20. Jahrhunderts war auch die Zeit, in der sich T. am stärksten in politische Tagesfragen einmischte. 1905 plante der britische Vizekönig Lord Curzon, die Provinz Bengalen in einen westlichen Teil mit hinduistischer und einen östlichen mit muslimischer Mehrheit zu teilen. Dies löste Massenproteste von einer bis dahin unbekannten Intensität aus. T. sympathisierte mit dieser Protestbewegung und schrieb patriotische Lieder, die von der bengalischen Bevölkerung mit großer Begeisterung aufgenommen wurden. Als der Widerstand gegen die britische Kolonialmacht jedoch immer mehr in Gewalt umschlug, zog sich T. enttäuscht zurück.

In dieser Zeit entstanden einige der bedeutendsten Werke T.s. In dem Roman *Gorā* (1910; *Gora*, 1982) setzt sich T. mit der brahmanischen Orthodoxie auseinander. Der Protagonist Gorā verteidigt als fanatischer Kämpfer für den orthodoxen Hinduismus alle Kastentabus und Vorschriften. Am Ende erfährt er, dass er selbst kein Hindu ist, sondern ein europäisches Waisenkind, das von einer Brahmanenfamilie aufgenommen wurde. Viel Beachtung fanden auch zwei Dramen aus dieser Periode. *Rājā* (1910; *Der König*, 1919) und *Ḍākghar* (1912; *Das Postamt*, 1990) werden als die ersten symbolischen Stücke in Bengalen angesehen. Sie sind auch die einzigen Dramen T.s mit explizit religiösem Gehalt. Auch die Lyrik jener Jahre ist stark von religiöser Thematik bestimmt. Am bekanntesten wurde der Gedichtband *Gītāñjali* (*Liedopfer*), der 1910 erschien. Der Tradition des bengalischen Vishnuismus folgend, tritt der Mensch in ein Zwiegespräch mit Gott; die Sehnsucht nach der Vereinigung mit dem Göttlichen bringt T. in kunstvollen und zugleich liedhaft-einfachen Versen zum Ausdruck.

Anlässlich einer England-Reise im Jahr 1912 übersetzte T. bengalische Gedichte aus *Gītāñjali* und anderen Lyrik-Bänden ins Englische. Er zeigte sie dem Maler William Rothenstein, der sie wiederum an William Butler Yeats weitergab. Yeats zeigte sich sehr beeindruckt von der Spiritualität und Poesie der Gedichte und setzte sich dafür ein, dass noch im selben Jahr eine Auswahl unter dem Titel *Gitanjali* in London erschien. Die englische *Gitanjali*-Ausgabe fand so schnell Verbreitung,

dass auch das Nobelpreis-Komitee auf den indischen Dichter aufmerksam wurde: Am 13. November 1913 wurde bekanntgegeben, dass T. als erster Asiate die begehrte Literaturauszeichnung zugesprochen bekam. Damit war T. auf einen Schlag weltberühmt. Vor allem in Deutschland fand er viele Leser; 1914 erschien unter dem Titel *Hohe Lieder* eine Übersetzung der englischen *Gitanjali*-Ausgabe. Als T. 1921 zum erstenmal nach Deutschland reiste, bereitete man ihm einen begeisterten Empfang.

Heute wird der T.-Kult der 1920er Jahre kritisch betrachtet. Das konservative deutsche Bürgertum, das durch die Niederlage im Ersten Weltkrieg und die Abdankung des Kaisers tief verunsichert war, erwartete von T. eine neue Orientierung. Sein würdevolles Auftreten und sein Charisma bewirkten, dass viele in ihm einen spirituellen Führer sahen. T. hatte dies nie beabsichtigt, unternahm aber auch nicht genug, um dem entgegenzusteuern. So entstand in der Zeit der Weimarer Republik ein T.-Bild, das bis heute nachwirkt. Problematisch und philologisch sehr fragwürdig sind auch die deutschen Übersetzungen der Werke der damaligen Zeit, die zumeist auf englischen Übersetzungen beruhen. Erst seit Mitte der 1980er Jahre entstanden Direktübersetzungen der bengalischen Originaltexte ins Deutsche.

Die Verleihung des Nobelpreises veränderte T.s Leben beträchtlich. Er erhielt Einladungen aus allen Teilen der Welt und hielt Vorträge über literarische, philosophische und politische Themen. Doch blieb er auch nach 1913 ein äußerst kreativer Künstler. Die Anregungen, die T. auf seinen Reisen erhielt, veränderten seine Werke, insbesondere seine Dichtung. Er experimentierte mit freieren poetischen Formen, schrieb ungereimte Lyrik und Prosa-Gedichte. Die religiöse Thematik geriet in den Hintergrund. Dafür entstanden nunmehr Natur- und Liebesgedichte. Auch schrieb T. weiterhin Dramen – zu nennen ist hier insbesondere *Raktakarabī* (1926; *Roter Oleander*).

Und auch auf dem Gebiet der Prosa entstanden bedeutende Werke wie *Ghare bāire* (1916; *Das Heim und die Welt*, 1920), *Caturaṅga* (1916; *Vier Teile*, 1985) oder *Śeṣer kabitā* (1929; *Das letzte Gedicht*, 1985). Im Alter von 67 Jahren begann T. zu zeichnen und zu malen; es entstanden mehr als 2000 Bilder, die von Kunsthistorikern als originell und wertvoll angesehen werden.

In seiner Heimat Bengalen werden die etwa 2250 Lieder besonders geschätzt, für die er Text und Melodie verfasst hat. Sie sind in einer Weise zum Bestandteil der bengalischen Kultur geworden, für die es in Europa keinen Vergleich gibt. Es sind vor allem diese Lieder, die T. zum bedeutendsten indischen Dichter der Moderne machen.

Christian Weiß

Talmud
5. bis 8. Jahrhundert

Als Talmud, d. h. »Lehre« (vom hebräischen »lamád«, »lernen, studieren«), werden zwei verschiedene, allerdings in Form und Inhalt eng verwandte Werke des rabbinischen Judentums bezeichnet: der Jerusalemer (oder »palästinische«) und der babylonische T. Beide präsentieren sich formal als Kommentare (Gemara) zu Teilen der *Mischna*, des um 200 n. Chr. abgeschlossenen Kodex rabbinischen Rechts. Sie sprengen aber diesen Rahmen, indem sie sich durch assoziative Aufnahme und Diskussion weiteren, umfangreichen Traditionsmaterials oft weit von dem jeweils behandelten Text der *Mischna* entfernen. In weiten Teilen haben die T. im dadurch eher Kompendien- als Kommentarcharakter. Sie stellen all das zusammen, was die Schriftgelehrten der ersten Jahrhunderte n. Chr. in den jüdischen Zentren der Antike diskutiert und überliefert haben. Die Sprache der älteren verarbeiteten Quellen ist Hebräisch (wie die *Mischna*, mit vielen griechischen Lehnwörtern), die jüngeren Schichten sind in galiläischem bzw. babylonischem Aramäisch verfasst.

Das gelehrte Zentrum des spätantiken Israel, aus dem nach längeren und unabgeschlossenen Redaktionsprozessen in der ersten Hälfte des 5. Jahrhunderts der Jerusalemer T. hervorging, war die galiläische Stadt Tiberias; ferner haben die Schulen in Sepphoris und in der Hafenstadt Caesarea zu seinen Traditionen beigetragen. Die Ansiedlung in Jerusalem dagegen war den Juden seit dem Ende des letzten Aufstands gegen die römische Besatzung (132–135) verboten. Der Name »Jerusalemer« T. geht daher wohl auf das frühe Mittelalter zurück, als dort wieder eine rabbinische Akademie gegründet werden konnte, deren Lehrgrundlage dieser T. war. Ein anderer verbreiteter Name, »T. der Söhne des Westens«, spiegelt die Perspektive der jüdischen Diaspora im Osten wider. Sie begann zur gleichen Zeit im Zweistromland, vor allem in den Städten Sura, Nehardea und Pumbedita, ihre Traditionen zu sammeln und sie in ihrem Bezug zur *Mischna* zu entfalten. Das Ergebnis, der babylonische T., wurde erst im Verlauf des 8. Jahrhunderts abgeschlossen. Als das weit umfangreichere Kompendium jüdischer Gelehrsamkeit verdrängte er das Studium des Jerusalemer T.s in den aufstrebenden jüdischen Zentren Nordafrikas und Europas und wurde schließlich sogar im Lande Israel zur maßgeblichen Autorität in allen Fragen der Lehre. Der Jerusalemer T. wurde zwar von einzelnen Gelehrten weiterhin studiert, gehörte aber im Mittelalter nicht zum offiziellen Lehrstoff der jüdischen Schulen.

Ein Hauptgrund für den Siegeszug des babylonischen T.s war sein Anspruch, die gesamte jüdische Überlieferung seiner Zeit umfassend zu berücksichtigen. Während der Jerusalemer T. überwiegend aus Traditionen und Diskussionen des religiös begründeten Rechts (Halacha) besteht und nur zu einem geringen Teil aus erzählenden oder erbaulichen Stoffen (Aggada), ist das Verhältnis im babylonischen T. umgekehrt: Legenden, Sprichwörter, Gleichnisse, Wundergeschichten und ähnliches wurden in viel größerem Umfang aufgenommen. Hinzu kommen auch lange schriftauslegende Sequenzen, während die palästinischen Akademien der Interpretation der Hebräischen Bibel eigene

Werke außerhalb des T.s gewidmet hatten (*Midrasch*).

Der babylonische T. prägte die Lebensformen und das Selbstverständnis der mittelalterlichen jüdischen Gemeinden. Angriffe auf das Judentum richteten sich daher zugleich gegen den T. Seit dem 13. Jahrhundert kam es zu Zwangsdisputationen (1240 Paris; 1263 Barcelona), Konfiskationen hebräischer Handschriften und T.-Verbrennungen, zunächst in Frankreich, dann auch in Spanien und Rom.

Nach der Zerstörung der jüdischen Zentren Frankreichs und Deutschlands im Gefolge der Kreuzzüge sowie der Vertreibung der Juden aus Spanien und Portugal verlagerte sich der Schwerpunkt talmudischer Gelehrsamkeit nach Osteuropa. Besonders in Polen-Litauen entstanden im 16. Jahrhundert blühende T.-Schulen, u. a. in Krakau, Lublin und Lemberg. Im 17. und 18. Jahrhundert entwickelte sich Wilna zu einem weit ausstrahlenden Zentrum der T.-Gelehrsamkeit. Konkurrierende innerjüdische Bewegungen, insbesondere der Chassidismus und die beginnende jüdische Aufklärung, stellten seit dem 18. Jahrhundert auf je verschiedene Weise die Autorität des T.s in Frage.

Heute sind beide T.im im Judentum als Gegenstand religiösen Lernens und als wichtiger Teil des kulturellen Erbes lebendig. Sie sind darüber hinaus Quellen ersten Ranges für die Erforschung der jüdischen Kultur- und Geistesgeschichte.

Ausgaben: Der babylonische Talmud. Übers. L. Goldschmidt. Berlin 1929–36 (12 Bde., mehrfach nachgedr.). – Der babylonische Talmud. Übers. R. Mayer. München 1963 (Auswahl). – Der Talmud. Einführung, Texte, Erläuterungen. Hg. G. Stemberger. München ²1987. – Übersetzung des Talmud Yerushalmi, Hg. M. Hengel u. a. Tübingen 1983ff. (bisher 23 Bde.). – Der Jerusalemer Talmud. Sieben ausgewählte Kapitel. Übers. H.-J. Becker. Stuttgart 1995.

Hans-Jürgen Becker

Tammsaare, Anton Hansen
Geb. 30. 1. 1878 in Albu/Estland; gest. 1. 3. 1940 in Tallinn

Der in einer kinderreichen Bauernfamilie in Nordestland geborene Anton Hansen Tammsaare stammte aus ärmlichen Verhältnissen und konnte seine Schulzeit nach diversen Unterbrechungen erst 1903 mit dem Abitur beenden. Danach arbeitete er als Journalist und nahm 1907 ein Jurastudium in Tartu auf, das er 1911 wegen einer Tuberkulose-Erkrankung abbrechen musste. Nach Kuren unter anderem im Kaukasus lebte T. ab 1919 als freier Schriftsteller in Tallinn, nachdem er seit 1900 realistische Dorfprosa publiziert und 1907 sein erstes Buch veröffentlicht hatte. Obwohl T. sich vom öffentlichen literarischen Leben weitgehend fernhielt und sich allenfalls mit philosophischen Essays an gesellschaftlichen Diskussionen beteiligte, stieg er schnell zur unangefochtenen intellektuellen Autorität Estlands auf. Er wurde durch Übersetzungen in über 30 Sprachen weit über die Grenzen seines Landes hinaus bekannt und war vor Ausbruch des Zweiten Weltkriegs ein ernsthafter Kandidat für den Literaturnobelpreis. 1978 wurde sein 100. Geburtstag unter der offiziellen Schirmherrschaft der UNESCO gefeiert.

In den technisch ausgefeilten Kurzgeschichten und Novellen überwog zunächst ein naturalistisch anmutender Realismus mit unübersehbaren impressionistischen Elementen. Teilweise behandelt T. hier die Ereignisse der Revolution von 1905, seine Studienzeit und Kuraufenthalte. Mit dem Drama *Juudit* (1921), das den biblischen Stoff dahingehend verfremdete, dass die Titelheldin den feindlichen Heerführer tatsächlich leidenschaftlich liebt und die vermeintliche Liebe zum eigenen Volk nur als Vorwand für die Durchsetzung ihrer eigenen egoistischen Ziele benutzt, wechselte der Autor erfolgreich in ein neues Genre und markierte damit den Übergang in seine künstlerisch reifste Schaffensperiode. Den Auftakt dazu bildete der kurze und unkonventionelle Roman *Kõrboja peremees* (1922; *Der Bauer von Kõrboja*, 1958), der in psychologischer

Konzentriertheit die sich als unmöglich erweisende Liebe zwischen einer wohlhabenden Bauerntochter und dem linkischen Sohn des kümmerlichen Nachbarhofs seziert und zugleich ein Bild vom Landleben des frühen 20. Jahrhunderts entwirft.

Den Höhepunkt seines Schaffens erreichte der Autor mit der monumentalen Pentalogie *Tõde ja õigus* (1926–33; Wahrheit und Recht, dt. in 4 Bänden: *Wargamäe, Indrek, Karins Liebe* und *Rückkehr nach Wargamäe*, 1938–41; Neuübers. mit zusätzlichem 5. Bd.: *Wenn der Sturm schweigt*, 1970–89). Auf über 2300 Seiten wird hier im Stil des klassischen Bildungsromans das Leben in Estland zwischen ca. 1870 und 1930 geschildert. Der Autor selbst hat das Werk allegorisch folgendermaßen zusammengefasst: Im ersten Teil geht es um den Streit des Menschen mit dem Land, hier werden die mühselige Bewirtschaftung eines Hofs, die Trockenlegung des Landes, aber auch die Streitereien mit den Nachbarn beschrieben. Der zweite Teil thematisiert den Streit mit Gott: Der zur tragenden Figur der Pentalogie werdende Sohn des Hofes geht in die Stadt, erwirbt Wissen und Wahrheit und befreit sich von althergebrachten Dogmen wie z. B. dem christlichen Glauben. Der dritte Teil beinhaltet den Streit mit der Gesellschaft, denn hier wird das Revolutionsjahr 1905 mit seinen Hoffnungen und den bald folgenden Enttäuschungen dargestellt. Im vierten Teil geht es um den Kampf mit sich selbst, exemplifiziert an einer zerbrechenden Ehe im modernen Stadtleben der 1920er Jahre. Der fünfte Band schließlich führt den resignierten Helden aufs Land zurück, wo er in der Bewirtschaftung des Hofes und der Wiederentdeckung einer alten Liebe eine neue Sinngebung sucht. Trotz der epischen Breite ist der Roman eine kurzweilige, humorvolle, vielseitige und tiefsinnige Darstellung der gesamten estnischen Gesellschaftsgeschichte, in deren Vordergrund die ausgefeilte psychologische Behandlung ethischer Fragestellungen steht.

T. publizierte danach noch drei weitere Romane: *Elu ja armastus* (1934; Leben und Liebe) thematisiert die Sinnsuche eines Geschäftsmannes in der Ehe mit einem armen Mädchen; *Ma armastasin sakslast* (1935; Ich liebte eine Deutsche, 1977) schildert die unglückliche Liebe eines estnischen Studenten zu einer Deutschen aus besserem Hause; *Põrgupõhja uus vanapagan* (1939; Satan mit gefälschtem Paß, 1959) ist eine paradoxe Parabel über die Mühsal menschlichen Handelns auf Erden und zugleich über die Absurdität von dessen religiöser Verklärung. In dem absurden Theaterstück *Kuningal on külm* (1936; Dem König ist kalt) warnt der Autor vor – damals auch in Estland virulenten – Totalitarismustendenzen. Ferner hat T. Übersetzungen aus dem Englischen (John Galsworthy, Sir Walter Scott, Oscar Wilde) und Russischen (Fedor Dostoevskij, Ivan Gončarov) angefertigt.

Werkauswahl: Die lebenden Puppen. Prosa. München 1979.

Cornelius Hasselblatt

Tanizaki Jun'ichirō
Geb. 24. 7. 1886 in Tōkyō;
gest. 30. 7. 1965 in Yugawara

Tanizaki Jun'ichirōs literarisches Schaffen umspannt gut sechseinhalb Jahrzehnte, vom Erscheinen seiner ersten, aufsehenerregenden Erzählung »Shisei« (1910; »Tätowierkunst«, 1925, »Tätowierung«, 1960) bis zum Roman *Fūten rōjin nikki* (1962; *Tagebuch eines alten Narren*, 1966) und Erzählungen und Essays aus den 1960er Jahren. T. gilt als der große Ästhetizist der japanischen Literatur, als von Erotik und Nostalgie getriebener, dem *l'art pour l'art* verpflichteter Erzähler, dessen künstlerisches Universum von der Sehnsucht nach dem Westen ebenso bestimmt ist wie von der Suche nach dem Orient, einem exotischen China und einem archaischen Japan.

T., der eine behütete, verwöhnte Kindheit verlebte, verfügte über eine breite Bildung sowohl in der japanischen und der klassischen chinesischen wie auch in der europäischen Literatur. Bereits während seines Studiums an der Kaiserlichen Universität in Tōkyō (ab 1908) begann er zu schreiben und gründete eine literarische Zeitschrift. Seinen Lebensunterhalt verdiente er fortan mit seiner Literatur; trotz guter Einkünfte war er aufgrund seines luxuriösen Lebensstils oftmals in finanziellen Schwierigkeiten. Seine drei Ehen beschäftigten auch die japanische Öffentlichkeit.

In den ersten publizierten Erzählungen zeigt sich T.s Vertrautheit mit Symbolisten wie Edgar Allan Poe, Charles Baudelaire und Oscar Wilde. Typisch für den Dämonismus des frühen T. in Dramen und Erzählungen ist die Figur der schönen Frau mit grausamen Zügen, verstrickt in ein subtiles Machtspiel des Herrschens und Beherrschtwerdens vor dem Hintergrund von Exotismus, Pathologischem und Abgründigem. T. war ein brillanter Stilist, dessen Urbanität und mit Groteskem gewürzter Schönheitssinn in Kontrast zu dem weithin vorherrschenden literarischen Naturalismus der 1920er Jahre stand. Im Roman *Chijin no ai* (1925; *Naomi oder eine unersättliche Liebe*, 1970) zeichnet der Autor ein von Ironie getränktes Porträt einer *amour fou* zwischen einem 28-jährigen Ingenieur und einem 15-jährigen Serviermädchen. Er ist zugleich eine tragikomische Erzählung von Glanz und Lächerlichkeit kultureller Anverwandlungen, vom erfundenen Okzident, um japanische Phantasien auszuleben. Nach seiner Übersiedlung in die westjapanische Region um Kyōto, Ōsaka und Kōbe nach dem großen Erdbeben von Tōkyō im Jahre 1923 entdeckt T., durchaus beeinflusst vom Zeitgeist, die Qualitäten eines traditionsgeleiteten, vermeintlich autochthonen japanischen Lebensstils.

Seine Neuorientierung spiegelt sich im Roman *Tade kuu mushi* (1928/29; *Insel der Puppen*, 1957) wider, der Geschichte eines Mannes aus Tōkyō, dessen Ehe mit einer ›verwestlichten‹ Frau im Scheitern begriffen ist und der in Ōsaka das alte Japan entdeckt, das er zur neuen Heimat seines Herzens macht. Effektvoll setzt der Autor in diesem meisterhaft komplex gestalteten Roman das Bunraku-Puppentheater als Spiegel und Erkenntnismodell ein. Ein Musterbeispiel für T.s Interesse an entlegenen Stoffen und sein narratives Geschick ist der historische Roman *Bushūkō hiwa* (1935; *Die geheime Geschichte des Fürsten von Musashi*, 1994), die Geschichte eines berühmten Heerführers aus dem 16. Jahrhundert, an dem ihn nicht etwa kriegerische Groß- oder Schandtaten, sondern dessen abnormes Triebleben interessiert. Eines der erfolgreichsten Werke T.s ist die mehrfach verfilmte, auch für Oper und Bunraku-Puppentheater bearbeitete Novelle *Shunkin-shō* (1933; »Biographie der Frühlingsharfe«, 1960), die Geschichte der schönen, blinden und grausamen Koto-Lehrerin Shunkin und ihres Dieners Sasuke, die Anklänge an Erzählungen von Arthur Schnitzler und Thomas Hardy aufweist.

Einen weiteren Schaffenshöhepunkt bildet der Roman *Sasameyuki* (1943–48; *Die Schwestern Makioka*, 1964) mit Anklängen an den Klassiker *Genji monogatari* (*Die Geschichte vom Prinzen Genji*), den Tanizaki gleich zweimal ins moderne Japanisch übertragen hat. Der Roman wurde jedoch auch durch die Familie seiner Frau Matsuko inspiriert, die er 1935 geheiratet hatte. Er schildert die Geschicke einer im finanziellen Abstieg begriffenen großbürgerlichen Familie. Den roten Faden der Erzählung bildet die Suche nach einem Mann für eine der vier Töchter. Im In- und Ausland erregte T.s Roman *Kagi* (1956; *Der Schlüssel*, 1961) großes Aufsehen – ein formal zwischen Tagebuch und Briefroman angesiedeltes Werk, das von einem älteren Gelehrten handelt, der sich mit allen Mitteln bemüht, angesichts seiner schwindenden Manneskraft seine elf Jahre jüngere Frau zur Komplizin seiner Sucht nach erotischer Erregung zu machen, an der er schließlich zugrunde geht. Auch T.s letzter großer Roman thematisiert auf kühne Weise Sexualität und Erotik im Alter.

T.s umfangreiches Œuvre, das seit den 1920er Jahren in zahlreichen Werkausgaben mit bis zu 30 Bänden vorliegt, enthält neben Film-Drehbüchern und Memoiren auch zahlreiche Essays, darunter *In'ei raisan* (1939; *Lob des Schattens*, 1987), in dem er in stetiger Kontrastierung zum Okzident seine Vorstellung eines japanischen Schönheitssinns darlegt. T., dem höchste nationale Ehrungen zuteil wurden und der mehrfach für den Nobelpreis vorgeschlagen wurde, gilt als der japanische Autor des 20. Jahrhunderts, der wie kein anderer menschliches Begehren in all seinen ironischen, gewaltsamen, pathetischen und komischen Aspekten ästhetisch überzeugend gestaltet hat.

Irmela Hijiya-Kirschnereit

Tasso, Torquato
Geb. 11. 3. 1544 in Sorrent;
gest. 25. 4. 1595 in Rom

Sein Vater Bernardo ließ Torquato Tasso von Jesuiten in Neapel erziehen und nahm ihn 1554 mit nach Rom. Zwei Jahre später folgte T. dem Vater an den Hof des Herzogs von Urbino, danach begleitete er ihn nach Venedig. Das 1560 begonnene Jurastudium in Padua und Bologna soll T. weniger fasziniert haben als die Dichtkunst. 1565 wurde er in den Dienst des Kardinals Luigi d'Este in Ferrara aufgenommen, wo das Schäferdrama *Aminta* (1573) entstand. T.s Jugendwerk *Il Rinaldo* (1562; *Rinaldo*) gehört der Gattung des Ritterepos an und stellt einen frühen Versuch des Dichters dar, Ludovico Ariosts berühmtem *Orlando Furioso* nachzueifern und die epische Dichtkunst dem Zeitgeschmack sowie den poetischen Idealen des 16. Jahrhunderts anzugleichen. Die Leitthematik von Liebe und Ehre wird in einer Serie von episodenhaft gereihten Abenteuern um den Hof Karls des Großen, den Ritter Rinaldo, die schöne Clarice, den Zauberer Malagigi und den Heidenkönig Mambrino immer wieder neu gestaltet.

Sein Hauptwerk *La Gerusalemme liberata* (*Das befreite Jerusalem*, 1626) vollendete T. 1575. Das Epos schildert in 20 Gesängen die Auseinandersetzung zwischen Heiden und Christen während der Kreuzzüge, genauer während des ersten Kreuzzugs (1096–99), wobei sich das fiktive Handlungsgeschehen weitgehend vom historischen Kontext gelöst hat, obwohl einige historische Figuren in die poetische Darstellung integriert sind. An die Seite des christlichen Heerführers Gottfried von Bouillon, in der Erzählung Goffredo genannt, treten die Helden Rinaldo und Tancredi, die sich durch Mut und vielfältige ritterliche Tugenden auszeichnen. Es ist entscheidend, dass T.s Dichtung keine Schwarz-weiß-Malerei zugunsten der christlichen Ritter betreibt. Vielmehr verkörpern auch die »heidnischen« Kämpfer ritterlich-heroische Ideale und gewinnen dadurch die Sympathien der abendländischen Leser. Die herausragende Bedeutung des Werks äußert sich nicht zuletzt darin, dass es in der späteren Wirkungsgeschichte als Vorlage für zahlreiche Opern und Singspiele diente (z.B. für Claudio Monteverdi und Georg Friedrich Händel). T.s Kunst der epischen Gestaltung erreicht ihren Höhepunkt in der Schilderung individueller Konfrontationen und tragischer Konflikte, wie etwa des Zweikampfes zwischen Tancredi und Clorinda, der Tochter eines Äthiopierfürsten und einer weißen Sklavin. Tancredi, der Clorinda wegen ihrer schwarzen Rüstung nicht erkannt hat, ahnt nicht, dass er mit einer Frau kämpft, und tötet die Geliebte. Nach ihrem Tod wird er zum Melancholiker und damit zum Prototyp einer Gestalt und eines Diskurses, der die neuzeitliche Kulturgeschichte entscheidend geprägt hat.

Zwischen T.s Biographie und seiner literarischen Figur Tancredi sind in der Rezeptionsgeschichte immer wieder Vergleiche gezogen worden, denn auch T. selbst war psychisch labil. Nach Überfällen durch Höflinge 1576 und einem weiteren brutalen Anschlag im Jahr 1577 soll er unter heftigen Verfolgungsängsten und Wahnvorstellungen gelitten haben. Jedenfalls bezichtigte er sich bei der Inquisition selbst der Häresie und wurde im Gefängnis des Herzogs festgehalten. Nach einem Fluchtversuch 1579 wurde er im Irrenhaus von Ferrara interniert, aber auf die Fürsprache von Papst und Kaiser hin 1586 wieder freigelassen. T. starb am 25. 4. 1595, einen Tag, bevor ihm (wie zuvor Petrarca) die Ehre zuteil werden sollte, in Rom durch Papst Clemens VIII. zum *poeta laureatus* gekrönt zu werden.

Das Erscheinen von *Gerusalemme liberata* löste eine rege, teilweise polemisch geführte literarische Debatte aus. Während Camillo Pellegrino T.s Werk in einem Beitrag von 1584 höher schätzte als den *Orlando Furioso* des Ariost, verteidigte Leonardo Salviati von der Florentiner Akademie Ariosts Dichtung im selben Jahr als das gelungenere Werk. T. selbst schaltete sich in diese dichtungstheoretische Kontroverse mit der *Apologia in difesa della Gerusalemme liberata* (1585; *Apologie zur Verteidigung des Befreiten Jerusalem*) ein und unternahm in den folgenden Jahren den Versuch, sein Werk grundlegend umzugestalten, um seine poetische Intention zu präzisieren. Eine inhaltlich und stilistisch stark veränderte Fassung des Epos bildet *La Gerusalemme conquistata* (1593; *Das eroberte Jerusalem*), die deutlicher nach dem antiken Vorbild Homers modelliert ist und 24 Gesänge umfasst. Auch T.s gattungspoetologische Reflexion in den *Discorsi del poema eroico* (1594; *Diskurse über das heroische Gedicht*) belegt eindringlich den hohen Stellenwert, den das Versepos im 16. Jahrhundert genoss und im Fahrwasser der erstaunlichen Wirkungsgeschichte von *Gerusalemme liberata* bis zu John Miltons *Paradise Lost* und darüber hinaus beibehalten sollte.

Werkausgabe: Werke und Briefe. München 1978.

Annette Simonis

Die Erzählungen aus Tausendundeiner Nacht

Seit 1704 in Paris der erste Band der von Antoine Galland ins Französische übersetzten Sammlung *Alf laila wa-laila* (*Tausendundeine Nacht*) erschien, wurde das Werk zu einem integralen Bestandteil auch der europäischen Literatur. Es erlangte im 18. und 19. Jahrhundert eine enorme Popularität und Wirkung, ohne die die Geschichte der modernen europäischen Literatur anders verlaufen wäre. Hinzu kommt, dass im Laufe der europäischen Beschäftigung mit den *Erzählungen aus Tausendundeiner Nacht* auch neue Texte Eingang in das Corpus fanden: Viele Erzählungen lassen sich nicht in arabischen Handschriften nachweisen, und neuere arabische Fassungen solcher Erzählungen entpuppen sich nicht selten als (Rück-)Übersetzungen aus europäischen Sprachen.

Die kreative Anverwandlung der arabischen Erzählungen entspricht durchaus dem Geist des Werks, das von Anfang an offen war, so dass weder der Begriff des Originals noch das Kriterium der Vollständigkeit greifen. Einen normgebenden Urtext hat es ebenso wenig gegeben wie historisch fassbare Autoren, Kompilatoren oder Redaktoren. Die Rahmenerzählung um König Schahriyar und Scheherazade wurde von einer persischen Vorlage ins Arabische übersetzt; die Struktur der durch eine Rahmenerzählung verbundenen Erzählungen ist indischen Ursprungs. Die einzelnen Erzählungen lassen sich unter anderem auf persische, indische, chinesische und griechische Vorbilder zurückführen und enthalten Motive und Gedanken aus dem Hinduismus, dem Buddhismus, dem Christentum und dem Judentum. Erste arabische Fassungen der Geschichten, die häufig mit einer »islamischen Firnis« überzogen wurden, sind wahrscheinlich im 8. oder 9. Jahrhundert entstanden. Ein großer Teil der späteren arabischen Erzählungen ist eine wichtige Quelle für die Sozialgeschichte der Arabischen Welt im Mittelalter und in der Frühen Neuzeit, vor allem des Milieus urbaner Unterschichten. Entsprechend ihrer vielfältigen Herkunft unterscheiden sich die einzelnen Erzählungen hinsichtlich ihres Inhalts wie auch ihres Umfangs und ihres sprachlichen Charakters. Kurze Anekdoten stehen neben Zyklen epischen Ausmaßes, Fabeln und Parabeln neben Heldenepen und mystisch frommen Legenden, Zoten und Schwänke neben romantischen Liebesgeschichten und rätselhaften Kriminalgeschichten; immer wieder sind einzelne Verse oder längere Gedichte in den Text eingestreut. Märchen im engeren Sinne oder gar explizit für Kinder verfasste Märchen sind die wenigsten der Erzählungen.

Die dem Werk eigene, nie abgeschlossene Entstehungsgeschichte setzte sich in Europa fort. Die europäischen Übersetzer bearbeiteten den Text teilweise so stark, dass sie fast als deren Autoren gelten können. So entstand ein breites Spektrum von Gallands dem Geschmack der französischen Salons angepasster Fassung über Richard Francis Burtons ins Vulgäre spielender viktorianischer Version bis zu den ungezählten Kinderausgaben. Nicht zuletzt der große kommerzielle Erfolg hat Verleger angespornt, die dem Titel entsprechende Zahl an Erzählungen zu erreichen, obwohl die Angabe nicht wörtlich zu nehmen ist, sondern für ›unvorstellbar viel‹ steht. So setzte eine regelrechte Jagd nach Handschriften ein, und oft wurde auch bewusst gefälscht. Schon Galland lies sich von Hanna Diab, einem syrischen Christen, Geschichten erzählen, um den in seiner Handschrift vorhandenen Bestand zu ergänzen: Die heute zu den populärsten Erzählungen der Sammlung gehörenden Geschichten »Aladdin und die Wunderlampe« und »Ali Baba und die vierzig Räuber« zählen dazu.

Das Werk war nie Teil des anerkannten Kanons der arabischen Literatur, sondern hatte den Rang von volkstümlicher Trivialliteratur inne, nicht zuletzt, weil es in weiten Teilen in einem dem mündlichen Vortrag geschuldetem Mittelarabisch und nicht im klassischen Hocharabisch verfasst ist. Sein Ansehen in der arabischen Welt änderte sich erst im 20. Jahrhundert. Heute gelten die *Erzählungen aus Tausendundeiner Nacht* wegen ihrer zyklischen Struktur und den ineinander verschachtelten Varianten gerade den experimentellen arabischen Schriftstellern als Brücke zwischen dem arabischen kulturellen Erbe und postmodernem Erzählen.

Der Einfluss des Werks auf die europäische Literatur ist so umfassend, dass er im Einzelnen kaum zu benennen ist; ungezählte Nachahmungen wurden schon im 18. Jahrhundert veröffentlicht. Marcel Proust spricht im letzten Band von *À la recherche du temps perdu* von seiner Absicht, »etwas wie ein ›Tausendundeine Nacht‹ zu schreiben«. Sein wie diese gegen den Tod erzählender Roman sei »›arabische Märchenerzählung[en]‹ [...] einer andern Epoche«. Die ineinander geschachtelten und sich oft gegenseitig kommentierenden Geschichten wurden für Autoren wie Jorge Luis Borges zu Schlüsseltexten.

Andreas Pflitsch

Tennyson, [Lord] Alfred
Geb. 6. 8. 1809 in Somersby, Lincolnshire; gest. 6. 10. 1892 in Aldworth, Surrey

Alfred Tennyson war im viktorianischen England eine nationale Institution: 1850 wird er nach William Wordsworths Tod *Poet Laureate*; er ist, v.a. aufgrund des im selben Jahr publizierten langen Gedichts *In Memoriam A.H.H.* (*In Memoriam*, 1899), der Lieblingsdichter der Königin; 1883 wird er in den erblichen Adelsstand erhoben und 1892 mit größerem Prunk in Westminster Abbey bestattet als je ein Literat vor oder nach ihm. Seine Popularität bei den Viktorianern hat indessen seiner späteren Reputation geschadet: Im 20. Jahrhundert gilt T. aufgrund seiner realitätsfernen Stoffe, seines (vermeintlichen) Desinteresses an sozialen und politischen Fragen und seiner konservativen und imperialistischen Ansichten vielfach als Inbegriff einer verachteten großbürgerlichen Kultur. In der Tat vermittelt sein umfangreiches dichterisches Werk einen umfassenden Einblick in die Komplexität der bürgerlichen Gedankenwelt und die in dieser Welt verhandelten weltanschaulichen und gesellschaftlichen Diskurse.

Bereits die frühen Gedichte des Pfarrerssohns, der von 1827–31 in Cambridge studierte, zeugen von T.s weitgespannten Interessen ebenso wie von seiner Tendenz, imaginativ in fremde, nur literarisch vermittelte Welten auszubrechen; zu diesen Gedichten gehören »The Ganges«, »Timbuctoo« (das 1829 einen Preis gewann), »Recollections of the Arabian Nights« und »The Sea-fairies«, eine Variation des Sirenenmotivs aus der Odyssee. Deren Titelheld bricht in dem neben Homer auch von Dante inspirierten, 1833 verfassten Gedicht »Ulysses« nach seiner Rückkehr nach Ithaka in neue unbekannte Welten auf. Dieser in *blank verse* (dem bereits von William

Shakespeare und John Milton verwandten ungereimten jambischen Sprechvers) gehaltene Monolog ist ein Beispiel für den schon von Zeitgenossen gerühmten *ventriloquism* (Bauchrednerei), mit dem der 24-jährige Dichter die unstillbare Lebensgier des alternden und welterfahrenen griechischen Helden zum Ausdruck zu bringen vermag. Wie sein Zeitgenosse Robert Browning wird T. immer wieder dichterische Monologe verfassen, die historischen, mythologischen oder frei imaginierten Personen in den Mund gelegt sind; charakteristische Beispiele sind »Oenone«, »St Simeon Stylites«, »Tithonus«. Gelegentlich, so im Fall von »Locksley Hall«, wird ein solcher Monolog von Kritikern des 20. Jahrhunderts als autobiographisch missverstanden. Zeitgenössische Rezensenten erkannten hingegen, dass die Klagen des jungen Mannes in »Locksley Hall« (dessen Lebensumstände von denen T.s erheblich abweichen) über die verschmähte Liebe zu seiner Kusine und die Ungerechtigkeit sozialer Konventionen kein individuelles Schicksal spiegeln, sondern das Geschichtsbewusstsein und das Ungenügen an der Gegenwart wiedergeben, die die europäische Welt der 1830er Jahre kennzeichnen. 1886 wird T. »Locksley Hall Sixty Years After« verfassen, eine Fortsetzung, in der der nunmehr 80-jährige Sprecher des ersten Gedichts seinem Enkel die Verderbnis der nunmehr erreichten Zeit auseinandersetzt.

»Ulysses« und »Locksley Hall« wurden 1842 in dem Band *Poems* veröffentlicht, der T. die Anerkennung der Kritik brachte und 1845 eine staatliche Pension eintrug, die ihn unmittelbarer finanzieller Sorgen enthob. Andere Gedichte des Bandes wie »The Gardener's Daughter« und »Edwin Morris«, die von Begegnungen von Künstlern mit Angehörigen des ›einfachen Volks‹ handeln, hat T. unter dem Titel »English Idyls« zusammengefasst; mit dieser Gattungsbezeichnung stellt sich T. in die Tradition der Idyllen (›kleine Bilder‹ bzw. ›Kleinepen‹) Theokrits. In anderen Gedichten greift T. die Tradition der Balladenform auf, so in »The Lady of Shalott«, das von einer Dame handelt, die zurückgezogen lebt und die Welt nur durch einen Spiegel wahrnimmt, bis sie trotz eines über ihr lastenden Fluches den Ausflug in die reale Welt wagt, dabei aber umkommt. Die Geschichte lässt sich als Veranschaulichung des Gegensatzes von Kunst und Leben deuten, den T. bereits in »The Palace of Art« thematisiert hatte. Angesiedelt ist das Geschehen in der fiktiven Welt des arthurischen Sagenkreises, der T. Stoff für viele weitere Gedichte geben wird, v.a. für die monumentalen *Idylls of the King* (1859–85). Wie andere ›arthurische‹ Gedichte T.s diente »The Lady of Shalott« als Thema für Maler der präraphaelitischen Tradition, so für ein berühmtes Gemälde von John William Waterhouse. – In dem Kleinepos *The Princess* (1847) geht es um ein in der viktorianischen Zeit vieldiskutiertes Thema: die Erziehung und Bildung von Frauen und die jeweiligen Rollen von Frauen und Männern in der Gesellschaft. Erzählt wird aus einer fiktiven mittelalterlichen Welt, in der sich eine Prinzessin mit gleichgesinnten jungen Frauen in eine abgeschiedene Region zurückzieht und dort eine Universität für Frauen gründet. Ein junger mit der Prinzessin verlobter Prinz dringt mit Freunden in diese Frauenwelt ein und bringt diese in Unordnung; nach einer Reihe abenteuerlicher Vorgänge heiraten Prinz und Prinzessin und erfüllen viktorianischem Verständnis entsprechend ihre jeweiligen von der Natur vorgegebenen gleichwertigen, aber unterschiedlichen Geschlechterrollen.

Einen autobiographischen Ausgangspunkt, den plötzlichen Tod von T.s Freund Arthur H. Hallam im Jahr 1833, hat die bei seinen Zeitgenossen vielleicht bekannteste Dichtung T.s, *In Memoriam A.H.H.* Der Anspruch dieses Gedichts, der thematisch an die Tradition der englischen Elegie von Milton bis Shelley anknüpft, geht jedoch weit über den ursprünglichen Anlass hinaus: In knapp 3000 in vierzeiligen Strophen angeordneten Versen stellt T. umfangreiche Betrachtungen über Leben, Tod und Ewigkeit, Liebe und Erkenntnis, Sinn und Sinnlosigkeit des Lebens sowie Gerechtigkeit und Unrecht in der Natur an. Viele Zeitgenossen, die wie T. unter dem Eindruck naturwissenschaftlicher Erkenntnisse und sozialer Unruhen an den christlichen Glaubenslehren zu zweifeln begannen, sahen in *In Memoriam* einen Ausdruck ihrer eigenen existentiellen Ungewissheit. – Als das formal und inhaltlich ehrgeizigste Gedicht T.s ist *Maud: A Monodrama* (1855; *Maud*, 1891) anzusehen. Es handelt sich um eine Serie dramatischer Monologe eines Sprechers, der als Erbe einer alten Familie seine Kusine Maud liebt, die sich jedoch nach anfänglicher Erwiderung der Liebe unter dem Einfluss ihres Bruders, der sich einen reicheren Mann als Schwager wünscht, wieder von ihrem Vetter abwendet. Der verzweifelte Sprecher tötet den Bruder in einem Duell und wird wahnsinnig, bis ihm die Aussicht auf einen heldenhaften Einsatz für das Vaterland im Krimkrieg einen neuen Lebensinhalt gibt. Die stark wechselnden Stimmungen des Sprechers, die Sehnsucht, Träumereien, Angst, Wut, Euphorie, Resignation, Verzweiflung und Wahnsinn umfassen, finden in sehr verschiedenen metrischen Formen einen adäquaten sprachlichen Ausdruck. In dem liebeskranken und verzweifelnden Gedichtsprecher schafft T. (der seit 1850 glücklich mit Emily Sellwood verheiratet war) eine *persona*, die wie der Sprecher von »Locksley Hall« Stimmungen Ausdruck gibt, die sich auf die Zeitumstände in einem allgemeinen Sinn zurückführen lassen. So illustriert die Kriegsbegeisterung des Sprechers offensichtlich die Haltung einer Gesellschaft, die durch ein destruktives Engagement wie den Krimkrieg das Fehlen positiver, gemeinsamer Ziele zu kompensieren sucht.

Als weiteres Hauptwerk T.s sind die zwölfteiligen *Idylls of the King* (1859–85; *Königsidyllen*, 1885?) anzusehen, die Geschichten des arthurischen Sagenkreises in flüssig zu lesenden, der Umgangssprache angelehnten *blank verse* nacherzählen. Die 1859 publizierten ersten vier Teile (*Enid*, *Vivien*, *Elaine* und *Guinevere*) geben, wie die Überschriften bereits anzeigen, die Geschehnisse aus den Perspektiven der beteiligten Frauenfiguren wieder. T. lässt ritterliche Aktivitäten wie Zweikämpfe und Turniere weitgehend außer Acht und konzentriert sich ganz auf die persönliche Ebene, die Thematik von Liebe und Eheleben. Die vier Heldinnen verkörpern vier von T. und seinen Leserinnen und Lesern wohl als zeitlos angesehene Frauentypen: Die dem viktorianischen Ideal entsprechende Enid ist die treue, erfindungsreiche Ehefrau, die ihrem Mann Geraint trotz dessen kleinlichem Misstrauen bedingungslos zur Seite steht; Vivien verkörpert das Gegenteil, die *femme fatale*, die den klugen, aber vertrauensseligen Merlin umgarnt, dessen Geheimnis auskundschaftet und dieses dann skrupellos für eigene Zwecke ausnutzt; Elaine wiederum geht an ihrer unerwiderten Liebe zu dem ebenso unerreichbaren wie unwürdigen Ritter Lancelot zugrunde; Guinevere schließlich macht Arthurs Projekt eines idealen Hoflebens durch ihren Ehebruch mit Lancelot zunichte, bereut und büßt ihre Verfehlung jedoch in angemessener Weise. In den Jahren 1869, 1871/72 und schließlich 1885 ergänzte T. diese Dichtungen durch weitere *Idylls*, die andere Teile der Arthursage wie die Gralssuche und die Niederlage Arthurs gegen Modred und seine Entrückung zum Inhalt haben. T. wollte das vollständige zwölfteilige, der Erinnerung an Prinz Albert gewidmete Werk als Allegorie der durch Arthur verkörperten idealen menschlichen Seele in Auseinandersetzung mit den Versuchungen der sinnlichen Welt verstanden wissen.

Unter den Werken der zweiten Lebenshälfte T.s verdienen daneben v.a. die 1864 publizierten, auch als »Idylls of the Hearth« bezeichneten Erzählgedichte Erwähnung, so die bei Zeitgenossen T.s außerordentlich populäre Dichtung »Enoch Arden«, die von einem einfachen, anständigen Seemann handelt, der eine Familie gründet und vorbildlich für diese sorgt, dann jedoch zu einer längeren Fahrt aufbricht. Als er nach zehn Jahren noch nicht zurückgekehrt ist, entschließt sich seine Frau Annie, Enochs früheren Rivalen Philip zu heiraten. Enoch, der nach einem Schiffbruch auf einer Südseeinsel gestrandet war, kehrt erst danach zurück und verzichtet aus Liebe zu seiner Frau und seinen Kindern darauf, sich zu erkennen zu geben. Andere Spätwerke zeigen T. als Patrioten und Imperialisten, der etwa in »The Defense of Lucknow« (1879) das heldenhafte Ausharren der Engländer in einer von einer Übermacht von Aufständischen belagerten Festung während der indischen *Mutiny* von 1857 feiert. Vielfach als schlechthin vollendet gepriesen wurde das Todesgedicht »Crossing the Bar« (1889), das unter bewusster Verwendung ›heidnischer‹ Bildlichkeit einer christlichen Jenseitshoffnung Ausdruck gibt.

Werkausgaben: The Poems. Hg. C. Ricks. 3 Bde. Harlow 1987 [1969]. – Enoch Arden und andere Dichtungen. Leipzig 1925.

Thomas Kullmann

Terc, Abram
(d. i. Andrej Sinjavskij)
Geb. 6. 10. 1925 in Moskau; gest. 25. 2. 1997 in Paris

Schicksal und Werk des Literaturwissenschaftlers Andrej Sinjavskij und des Autors Abram Terc sind aufs engste mit der sowjetischen Geschichte im 20. Jahrhundert verbunden. S. wächst in der Familie eines Parteifunktionärs auf. Nach einem Philologiestudium ist er anerkannter Literaturwissenschaftler an der Moskauer Staatsuniversität und dem Institut für Weltliteratur (Akademie der Wissenschaften). Nachdem sein Vater 1951 im Zuge einer Parteisäuberung verhaftet wurde und gebrochen aus dem Gefängnis zurückgekehrt ist, beginnt S. Mitte der 1950er Jahre ein Doppelleben: Er schreibt Erzählungen, von denen er genau weiß, dass sie trotz der Liberalisierung nach Stalins Tod (1953) wegen des satirischen Inhalts und der experimentellen Form nicht erscheinen können. 1956 gibt er zum ersten Mal Texte in den Westen, die dort von 1959 an unter dem Pseudonym Abram Terc erscheinen. Erst sechs Jahre später gelingt es dem KGB, die Identität von T. zu ermitteln. 1965 wird S. verhaftet und zu sieben Jahren Lagerhaft verurteilt. Der erste politische Prozess seit Stalins Tod erregt im In- und Ausland Aufsehen, weil S. ausschließlich aufgrund seines literarischen Werks angeklagt wird. 1971 wird er vorzeitig entlassen; er emigriert 1973 nach Paris, wo er an der Sorbonne russische Literatur lehrt und zusammen mit seiner Frau die Emigrantenzeitschrift *Sintaksis* (Syntax) herausgibt. Für seine literarischen Werke behält er auch nach der Emigration das Pseudonym T. bei.

T.' Werk ist nicht primär politisch; er selbst betont, seine Differenzen mit dem Regime seien stilistischer Art. So besteht sein literarisches Vergehen in einer konsequenten Missachtung der Doktrin des Sozialistischen Realismus und der Forderung, leicht verständliche Literatur zu schreiben. Seine Prosa ist von einer Phantastik geprägt, in der sich die Darstellung des sowjetischen Alltags, Satire und metaphysische Phänomene ineinanderschieben. Historischer Hintergrund des Kurzromans »Sud idet« (1960; »Der Prozeß beginnt«, 1966) sind die Schauprozesse gegen jüdische Ärzte in den 1950er Jahren. T. stellt den Richter Globov und dessen Familie in den Mittelpunkt und zeigt subtil die Verflechtung von Privatem und Politischem. Doch je ›menschlicher‹ Globov mit seinen familiären Problemen erscheint, desto monströser wird seine Rolle als zutiefst überzeugter Richter des Regimes. Alle Handlungselemente sind durch die Frage nach dem Verhältnis von Zweck und Mitteln verbunden. So gründet z. B. Globovs Sohn Sereža einen Geheimbund, um den Kommunismus ausschließlich mit gewaltlosen Mitteln durchzusetzen. Sereža wird denunziert und sein Vater verhindert seine Verurteilung nicht. T. nimmt seinen eigenen Prozess vorweg, wenn der Erzähler des Romans am Ende wegen seines Buchs ins Lager deportiert wird.

Die auch in »Sud idet« vorhandenen phantastischen und grotesken Elemente treten in T.' Erzählungen noch deutlicher hervor. Themen sind z. B. das Leid von Außenseitern und der auf sie ausgeübte Anpassungsdruck, dargestellt am Schicksal eines Außerirdischen in Moskau (»Pchenc«, 1966; »Pchenz«, 1967), die Alltagskonflikte in einer sowjetischen Gemeinschaftswohnung, die allerdings nach Meinung des Erzählers von Dämonen bevölkert ist (»Kvartirantki«, 1961; »Die Mieter«, 1967), Verfolgung und Verfolgungswahn (»Ja i ty«, 1961; »Du und ich«, 1967) sowie Determination und Seelenwanderung (»Gololedica«, 1961; »Glatteis«, 1967). Durch eine verrätselte, fragmentarische Erzählweise hat die Realität der Erzählungen einen ›zweiten Boden‹; so wird z. B. in »Kvartirantki« nur die eine Hälfte des Dialoges zwischen einem neuen und einem alten Mieter wiedergegeben, wodurch offen bleibt, ob es sich um Phantastik oder Wahnsinn handelt. Häufig sind die Erzähler Schriftsteller, so dass Literatur und Schreiben zumindest untergeordnete oder sogar, wie in »Grafomany« (1961; »Die Graphomanen«, 1967) Hauptthemen sind. T.' wohl bekanntester Roman *Ljubimov* (1964; *Ljubimow*, 1969) schildert den Versuch, in einer isolierten Stadt den Kommunismus zu errichten. Der Fahrradmechaniker Tichomirov erwirbt hypnotische Kräfte und reißt die Macht in Ljubimov an sich. Er erklärt die Unabhängigkeit der Stadt, schafft das Geld ab, kontrolliert die Gedanken der Menschen und lässt sie die schlechte Gegenwart in einem rosigen Licht sehen. Als Tichomirovs Kräfte schwinden, greift das Militär der Zentralregierung ein und zerstört die Stadt. Neben der Staatssatire ist *Ljubimov* auch eine Satire auf die Auftragsliteratur des sozialistischen Realismus, denn der von Tichomirov beauftragte Stadtchronist Savelij Kus'mič Proferansov ist seiner Aufgabe offensichtlich nicht gewachsen.

Während der Lagerhaft nutzt T. die Korrespondenz mit seiner Frau, um seine schriftstellerische Tätigkeit fortzusetzen. Nach seiner Entlassung stellt er aus Ausschnitten seiner Briefe an sie das Buch *Golos iz chora* (1973; *Eine Stimme im Chor*, 1974*)* zusammen. Aus seinen eigenen Reflexionen über Literatur, Kunst und Philosophie, knappen Situationsschilderungen sowie Äußerungen seiner Mithäftlinge komponiert er ein eindringliches Geflecht, das sich jeder Gattungsbestimmung entzieht. Obwohl es keine durchgehende Handlung gibt, entsteht im Aufeinanderprall der z. T. gegensätzlichen Textfragmente (intellektuelle Überlegungen vs. drastisch-volkssprachliche Äußerungen) ein dichtes Bild des Lagers und der ›inneren Biographie‹ T.s. Auch die beiden unorthodoxen Literaturstudien *Progulki s Puškinom* (1975; *Promenaden mit Puschkin*, 1977) und *V teni Gogolja* (1975; *Im Schatten Gogols*, 1979) gehen auf das Material der Lagerbriefe zurück. Die schon im Pariser Exil geschriebene, E.T.A. Hoffmann gewidmete Erzählung *Kroška Cores* (1980; *Klein Zores*, 1982) ist der Lebensrückblick von Klein Zores Sinjavskij, der schreibend um seine Identität ringt und sich mit seiner Mitschuld am Tod seiner fünf Halbbrüder auseinandersetzt. Die Erzählung ist voller komplexer Metaphorik und allegorischer Anspielungen auf die Entwicklung der Sowjetunion, die kaum vollständig aufgelöst werden können. Im Zentrum steht die Frage nach Schuld und Verantwortung des Schriftstellers.

Während die Verwendung des Namens Sinjavskij in *Kroška Cores* im Wesentlichen Spiel ist, stellt T. im Roman *Spokojnoj noči* (1984; *Gute Nacht*, 1985) sein eigenes Leben bis zur Emigration dar. Das Buch ist keine traditionelle Autobiographie, sondern begibt sich immer wieder in den Bereich des Fiktionalen, so z. B. wenn Verhöre als Szenen eines absurden Dramas dargestellt werden. Auch in der Emigration ist T. nicht bereit, seine ästhetische Freiheit politischen Interessen unterzuordnen, und gerät so in Konflikt zu konservativen Emigrationskreisen. Sein Werk ist durchdrungen von Ironie, stilistischen und erzähltechnischen Experimenten sowie einer Relativierung der Realität; trotz religiöser Ansätze ist es frei von jeder didaktischen Tendenz – eine Besonderheit in der russischen Literatur auch des 20. Jahrhunderts.

Werkausgabe: Das Verfahren läuft. Die Werke des Abram Terz bis 1965. Hg. S. Geier. Frankfurt a. M. 2002.

Ulrike Lange

Terenz

Geb. um 195 v. Chr. in Nordafrika; gest. nach 159 v. Chr.

»Hört mir zulieb jetzt meinen Wunsch wohlwollend an. / *Die Schwiegermutter* (*Hecyra*) bring ich wieder, die ich nie in Ruh / Vorführen konnte: so bestürmt sie Mißgeschick. / Dies Mißgeschick wird eure Kennerschaft sofort / Abwehren, wenn sie unserem Fleiß zu Hilfe kommt. / Als ich zuerst sie spielte, hat Faustkämpferruhm, / Der Freunde Drang und Eifer und der Frauen Geschrei, / Seiltänzer dann, auf die man sehnlichst wartete, / Verschuldet, daß ich vor der Zeit der Bühne wich. / Dem alten Brauche folg ich bei dem neuen Stück: / Ich wage den Versuch und bring es abermals. / Im ersten Akt gefall ich; da verbreitet sich / Der Ruf, daß Fechter kämpfen; flugs läuft alles Volk / Dorthin, man tobt, schreit, zankt sich um die Plätze, daß / Ich meinen Platz zu behaupten nicht im Stande war.« Mit diesen Worten blickt Terenz im Prolog (Vv. 28–42) zur dritten Aufführung seiner Komödie *Hecyra* (*Schwiegermutter*) zurück auf das missliche Schicksal, das schon zweimal es vereitelte, dass das Stück bis zum Ende durchgespielt werden konnte. Das Publikum zog derbere Formen der Belustigung einer Komödiendarbietung vor. Die *Hecyra* sollte allerdings T.s einziger Misserfolg auf der komischen Bühne Roms bleiben. Mit seinen fünf übrigen Komödien errang er einen Erfolg nach dem anderen. Vom *Eunuchus* ist überliefert, dass T. für das Stück das höchste jemals bezahlte Honorar erhalten habe. Die große literarische Begabung des jungen T., der als Sklave aus Nordafrika (vielleicht Karthago) nach Rom verschleppt worden war, wurde früh von seinem Herrn Terentius Lucanus erkannt, dessen Namen er als Freigelassener tragen sollte. Er gab ihn frei, und T. fand bald Zugang zu den führenden Männern Roms, vor allem zu dem Kreis um Publius Cornelius Scipio, in dem griechische Kultur und Literatur gepflegt wurde. Von den Neidern des erfolgreichen Bühnenautors, insbesondere von einem gewissen Luscius Lanuvinus, wurde denn auch T. der Vorwurf gemacht, »er habe plötzlich sich gewandt zur Bühnenkunst, / Der Freunde Geist vertrauend, nicht der eignen Kraft« (Prolog des *Heautontimorumenos*, Vv. 23 f.); er fungiere also nur als Strohmann seiner einflussreichen, literarisch interessierten Förderer, die nach den gesellschaftlichen Normen nicht selbst unter ihrem eigenen Namen Komödien schreiben konnten. Zwischen den Jahren 166–160 brachte T. sechs Stücke auf die Bühne, die alle erhalten sind: *Andria* (*Das Mädchen von Andros*, 166), *Hecyra* (*Die Schwiegermutter,* 165, 2. Aufführung an den Leichenspielen für Aemilius Paullus 160, 3. Aufführung ebenfalls 160), *Heautontimorumenos* (*Der Selbstquäler*, 163), *Eunuchus* (*Der Eunuch*, 161), *Phormio* (161), *Adelphoe* (*Die Brüder*, an den Leichspielen für Aemilius Paullus 160). 159 habe sich T., so Sueton in seiner Biographie, auf eine Bildungsreise nach Griechenland begeben, von der er nicht mehr zurückkehrte.

Schon die Titel der Komödien verweisen darauf, dass T. seine Stoffe der griechischen Komödie, den Autoren der sog. Neuen Komödie des 3. Jh.s v. Chr. entlehnte. *Hecyra* und *Phormio* basieren auf Vorlagen des Apollodoros von Karystos, die übrigen vier Stücke gehen auf Menander, den wichtigsten Komödiendichter des Hellenismus zurück. Ein direkter Vergleich zwischen Original und Bearbeitung ist leider nicht möglich, da die Vorlagen nicht erhalten sind. T. stellt jedoch im Unterschied zu Plautus seinen Stücken Prologe in eigener Sache voran, in denen er auch darüber spricht, wie er mit den griechischen Vorbildern umgegangen ist: Bereits im Prolog der *Andria* rechtfertigt er sich gegen Vorwürfe, er habe Szenen oder Szenenteile aus anderen Komödien in seine Hauptvorlage eingearbeitet (*contaminari*). T. kontert, dass es einzig und allein darauf ankomme, ob ein Stück gut oder schlecht geschrieben sei. Der Grund, der hinter diesen poetologischen Auseinandersetzungen steht, dürfte auch in handfesten materiellen Interessen der Dichter und Schauspielgruppen zu sehen sein: Offensichtlich galt es als geschäftsschädigend, wenn man mehrere, bisher noch nicht übersetzte griechische Originale kontaminierte, da man so für ein einziges neues

Stück zu viel Material verbrauchte. Denn publikumswirksame griechische Stücke standen nicht unbegrenzt zur Verfügung. Zudem muss man, wie der Prolog des *Eunuchus* (Vv. 19–28) verdeutlicht, mit einer Art Copyright der Schauspieltruppen für lateinische Übersetzungen rechnen, die sich in ihrem Besitz befanden und über die sie eifersüchtig wachten.

T. scheint sich jedoch noch größere Freiheiten im Umgang mit den griechischen Originalen herausgenommen zu haben. Donat, ein spätantiker Kommentator des T., weist darauf hin, dass die ersten 20 Verse der *Andria* völlig auf T. allein zurückgingen und dass er im *Eunuchus* (Vv. 539–614) einen Monolog des Originals zu einem Dialog umgeschrieben habe. Man wird also – wie im Falle des Plautus – auch bei T. annehmen müssen, dass der Dichter sich zwar an einer Hauptvorlage orientierte, dass er aber bei der Ausgestaltung im Einzelnen, auch bei der Charakterisierung der Personen oder gar der Handlungsentwicklung mit der größten dichterischen Freiheit vorging. Dies hat weitreichende methodische Konsequenzen: Gesteht man dem römischen Dichter diese Freiheiten bei der Bearbeitung einer griechischen Komödie zu, dürfte es unmöglich sein, auf der Basis der lateinischen Komödie das verlorene griechische Original im Wesentlichen zu rekonstruieren.

Wie in der griechischen Neuen Komödie des Menander und Apollodor und wie bei Plautus sind die Charaktere, die *dramatis personae* der Komödien des T. stereotyp. Unter dem Gesichtspunkt ihrer sozialen Stellung lassen sich drei Hauptgruppen ausmachen: Auf der einen Seite steht die Familie, vertreten durch das Familienoberhaupt (*pater familias*), der zumeist hart, erzürnt und geizig ist, den verliebten jungen Herrn (*adulescens*) und die Mutter (*matrona*). Die familiäre Ordnung wird gestört durch Außenseiter der Gesellschaft, normalerweise durch einen Zuhälter oder eine Zuhälterin (*leno/lena*), die berufsbedingt geldgierig, verschlagen und skrupellos sind, und durch die Hetäre, in die der junge Mann aus gutem Hause verliebt ist. Dazwischen steht die Gruppe, die zwischen diesen beiden Seiten hin- und herpendelt und zwischen ihnen vermittelt: der trickreiche Sklave (*servus fallax*), der die amourösen Botengänge für den jungen Herrn erledigt, und die Parasiten, die sich an einen wohlhabenden Mann anhängen und ihm mit ihren Kontakten zur Halbwelt dienen können. Auch die übrigen komischen Charaktere lassen sich diesen Gruppen zuordnen: Der ernsthafte Pädagoge gehört zur Familie, der prahlerische Offizier (*miles gloriosus*) genauso wie der schon aus den Komödien des Aristophanes bekannte Denunziant (*sycophanta*) zu den Störenfrieden.

Die Handlungskonzeption (*mythos, fabula, plot*) einer idealtypischen Komödie des Plautus oder T. ergibt sich nun aus den Beziehungen oder Kollisionen zwischen diesen drei Gruppen: Die familiäre Ordnung wird durch das Fehlverhalten, ein amouröses Abenteuer eines Familienmitglieds, zumeist des jungen Mannes, gestört. Ziel der Handlung ist es, die innerfamiliäre Störung zu beseitigen. Dies kann mit einem zweiten Handlungsstrang verbunden sein, der in der schon aus Euripides bekannten Wiedererkennung (*anagnórisis*) und dem damit verbundenen Happy-End gipfelt. So entpuppt sich mit Hilfe von Wiedererkennungszeichen (*gnōrísmata*) die Hetäre, in die der junge Mann verliebt ist, als ein Mädchen aus bestem Hause, so dass einer gut bürgerlichen Ehe nichts im Wege steht. Neben der Wiedererkennung ist vor allem die Intrige ein die Struktur der Komödien bestimmendes Element. Der Handlungsablauf der *Andria* verdeutlicht dies in besonderem Maße: Da der alte Simo die Verbindung seines Sohnes Pamphilus mit einer Hetäre aus Samos namens Glycerium beenden will, gibt der Alte vor, wolle seinen Sohn mit der Tochter seines Freundes Chremes verheiraten. In einer Reihe von Gegenintrigen versucht der listige Sklave des jungen Pamphilus, seinem jungen Herrn die ungewollte Ehe zu ersparen. Doch die verwirrten Fäden der zwischenmenschlichen Beziehungen können erst durch das Erscheinen eines Mannes aus Andros, der gleichsam in die Rolle des *deus ex machina* schlüpft, entwirrt werden. Es stellt sich heraus (Anagnorisis), dass Glycerium die Tochter des Chremes ist, so dass die ganz anders gemeinte Intrige des Vaters zu Beginn der Handlung unter anderen Vorzeichen tatsächlich zum Ziel führt.

Im Gegensatz zu Plautus vermeidet T. eine derbe Bühnenhandlung und verlegt das Spiel der Wirrungen und Irrungen eher ins Innere der Personen. Besonders die *Hecyra*, die ja zweimal der publikumswirksameren Konkurrenz von Seiltänzern und Gladiatoren weichen musste, kann dies verdeutlichen: Der junge Pamphilus muss nach dem Geheiß des Vaters gegen seinen Willen eine gewisse Philumena ehelichen. Da er jedoch in eine andere Frau namens Bacchis verliebt ist, berührt er seine junge Frau nicht. Als diese einem Kind das Leben schenkt, nimmt er, um nicht den Spott der ganzen Stadt auf sich und seine Frau zu ziehen, die Vaterschaft auf sich. Von Philumena erfährt er, dass sie vor neun Monaten nachts vergewaltigt worden sei. Ein Wiedererkennungszeichen entwirrt auch dieses Mal die Fäden: Pamphilus hatte seiner Geliebten Bacchis einen Ring geschenkt, den Philumena als den ihren erkennt, der ihr bei der Vergewaltigung vom Finger gezogen worden war. Pamphilus entpuppt sich also selbst als der Vater des Kindes. Das Verhalten aller am Geschehen Beteiligten ist von gegenseitigem menschlichen Respekt und von Achtung geprägt: Pamphilus nimmt Rücksicht auf die missliche Lage seiner Frau und tritt ohne Bedenken die Vaterschaft an, Bacchis, die Hetäre, setzt sich mit selbstlosem Einsatz für die Aufklärung der Vergewaltigung ein, obwohl sie damit ihren Geliebten verliert. Eine edle Hetäre namens Thais spielt auch im *Eunuchus* eine Rolle. Wie sein großes Vorbild Menander schreibt auch T., wie das Beispiel der edlen Dirne zeigt, gegen Rollenklischees an: Hinter einer unehrenhaften Stellung oder Profession kann sich durchaus ein edler, humaner Charakter verbergen.

Humanität ist denn auch eine Vorstellung, die man gemeinhin mit den Komödien des T. verbindet. Zum geflügelten Wort ist der Ausspruch des Chremes im *Heautontimorumenos* (V. 77) geworden: »homo sum: humani nil a me alienum puto.« (»Mensch bin ich: nichts Menschliches, so meine ich, ist mir fremd«).

Indes ist gerade diese Komödie am wenigsten vom Ideal der Menschlichkeit geprägt, vielmehr lässt T. ein wahres Feuerwerk an Intrigen vor unseren Augen ablaufen, die am Ende zu einer völligen Rollenvertauschung führen. Chremes, der sein *homo sum* dem sich selbst quälenden Menedemus gegenüber zu Beginn des Stücks geäußert hat, ist am Ende der, der nach dem Verwirrspiel zum Selbstquäler geworden ist.

Zu den bekanntesten Stücken des T. gehören sicherlich die *Adelphen*: Im Mittelpunkt der Komödie stehen zwei Brüderpaare: die in ihren Anschauungen grundverschiedenen Alten, der liberale Städter Micio und der sittenstrenge Landbewohner Demea auf der einen Seite, auf der anderen die Söhne des Demea, Ctesipho, der auf dem Land bei seinem Vater lebt, und Aeschinus, der von seinem Onkel Micio adoptiert worden ist und das Leben eines verwöhnten Städters führt. Aeschinus hat schon vor geraumer Zeit Pamphila, die Tochter einer attischen Bürgerin namens Sostrata verführt. Da sie ein Kind von ihm erwartet, verspricht er ihr die Ehe. Ctesipho, den sein Vater für einen Ausbund von Tugendhaftigkeit hält, verliebt sich in eine Hetäre namens Bacchis. Aeschinus entführt sie für ihn, da Ctesipho aus Angst vor dem Vater sich nicht traut, zu seinen Gefühlen zu stehen. Sostrata und Pamphila fühlen sich nun ihrerseits von Aeschinus hintergangen und schalten Hegio, einen nahen Verwandten, als Vermittler ein. Die Verwirrungen und das Intrigenspiel, die aus dieser Situation entstehen, sind jedoch nur eine Seite der Komödie. Die komische Handlung hat vor allem den Zweck, die Darstellung der zwei grundverschiedenen Lebenshaltungen der Brüder Demea und Micio, der ländlichen Strenge und konservativen Haltung des Demea und der urbanen Liberalität des Micio, zu tragen. Die Prinzipien, nach denen Micio seinen Adoptivsohn erzieht, sind Verständnis und Humanität sowie Offenheit im Umgang miteinander (Vv. 50–59). Demea dagegen hat sein Leben stets nach den altrömischen Idealen der Sparsamkeit, Arbeit, Enthaltsamkeit ausgerichtet (Vv. 861ff.). Da er auch Gefahr läuft, noch seinen zweiten Sohn

Ctesipho an den attraktiveren Bruder zu verlieren, fasst er den Entschluss, Micio mit den eigenen Waffen zu schlagen (Vv. 877ff.). Demea gibt sich noch liberaler als Micio. Er erinnert den widerstrebenden Micio an seine Grundsätze, verkuppelt ihn mit der alten Sostrata, verlangt von ihm, dass er Hegio mit einem Landgut ausstatte und zu allem Überdruss auch noch den Sklaven Syrus freilasse. Und siehe da: Aeschinus und Ctesipho wählen sich Demea als künftigen Erzieher, da der besser wisse, was den beiden Jungen fromme, und Demea gestattet Ctesipho schließlich sogar, seine Geliebte mit aufs Land zu nehmen. Allzu große Liberalität in der Erziehung stellt sich also als Prinzipienlosigkeit heraus; Micio, der anfangs als positive Kontrastfigur zu dem mürrischen Demea erschien, ist am Ende eine lächerliche Gestalt. Falsche und wahre Humanität in den zwischenmenschlichen Beziehungen werden mit psychologischem Scharfsinn analysiert.

Während Plautus in seinen Komödien ein Feuerwerk voller sprachlicher Neuschöpfungen, derben Formulierungen und überraschenden Wendungen in der Art des Aristophanes abbrennt, ist T. der Meister einer urbanen, gepflegten und ausgefeilten Sprache und Diktion. Die sprachliche Eleganz, verbunden mit einem den Gebildeten ansprechenden Inhalt, ließen ihn denn auch bald zu einem Klassiker der römischen Literatur werden. Caesar (nach anderer Deutung Cicero) lobt seinen eleganten, glatten und humorvollen Stil, dem allerdings der Biss und der Schwung eines Caecilius fehle, und bezeichnet T. als »halben Menander« (*dimidiatus Menander*). Varro preist die Kunst der Charakterisierung in den Komödien des T., Horaz (*Epistula* 2, 1, 59) lobt seine literarische Meisterschaft (*ars*). T. fand auch bald Eingang in den Kanon der Schulautoren und wurde häufig kommentiert (Donat, Eugraphius). Da er auch von den Kirchenvätern sehr geschätzt war, erfreute er sich im Mittelalter höchster Beliebtheit. Die Nonne Hrotsvith von Gandersheim verfasste im 10. Jh. sechs stark an Terenz orientierte Dramen in rhythmisierter lateinischer Prosa, um T.' Stoffe, die sie als nicht vereinbar mit einer christlichen Lebenshaltung ansah, zu ersetzen. Auf der komischen Bühne der Neuzeit wurde T. vor allem durch Molière aufgegriffen: *L'école des maris* (1661) geht in großen Teilen auf die *Adelphen* zurück, *Les Fourberies de Scapin* (1667) basiert auf dem *Phormio*. Ein interessantes Rezeptionszeugnis aus dem 20. Jh. stellt Thornton Wilders Roman *The Woman of Andros* (1930) dar, der auf die *Andria* des T. zurückgeht. Wilder stellt in den Mittelpunkt seines Werkes die Humanität der Komödie des T., die er allerdings vor einem christlichen Hintergrund zu einem dogmatischen Moralismus übersteigert, den Komödienstoff zur Liebestragödie umformend.

Ausgabe: Antike Komödien. Hg. W. Ludwig. 2 Bde. München 1966 [Übers.].

Bernhard Zimmermann

Thackeray, William Makepeace
Geb. 18. 7. 1811 in Kalkutta;
gest. 24. 12. 1863 in London

Nichts deutet im Werdegang von William Makepeace Thackeray darauf hin, dass er zu einem der großen viktorianischen Romanautoren werden sollte. Emotionale Verarmung bedrohte ihn sowohl im frühen Kindesalter, als er, das Schicksal der in anglo-indischen Kolonien geborenen Söhne teilend, von der Mutter getrennt wurde (der Vater war schon früh gestorben), um in England die Schule zu besuchen, als auch nach wenigen Ehejahren, deren Glück der Ausbruch einer Geisteskrankheit seiner Frau beendete. Intellektuelle Unterforderung kennzeichnete seine Schulzeit: *Public school* (Charterhouse) und Universität (Trinity College Cambridge) empfand Th. keineswegs als anregend und fördernd. Finanzielle Not schließlich, teils durch eine indische Bankenkrise, teils durch Th.s Müßiggang und Spielleidenschaft herbeigeführt, ließ keine Muße für geduldiges Arbeiten am Werk. Th. übernahm ab 1833 journalistische Arbeiten in London und veröffentlichte bald in den angesehenen Periodika *Fraser's Magazine* (seit 1835) und *Punch* (seit 1842). Diese Arbeiten machten Th. zum beliebten Autor, und mit *Vanity Fair, or, A Novel Without a Hero* (1848; *Jahrmarkt der Eitelkeit: Ein Roman ohne Held*, 1849) wurde er zu einer berühmten öffentlichen Persönlichkeit. Obwohl ihm ein Familienleben versagt blieb und kräftezehrende Krankheiten die zweite Lebenshälfte überschatteten, schätzte sich Th. wegen seiner schriftstellerischen Erfolge, seines sehr guten Verhältnisses zu den geliebten Töchtern, eines reichen gesellschaftlichen Lebens und zahlreicher Vortrags- und Erholungsreisen als zufrieden ein.

Die aus Geldnot eingeschlagene schriftstellerische Karriere begann mit humoristischer Kurzprosa, die ihren Effekt aus der Wahl exzentrischer Erzählperspektiven gewinnt. Die Leserschaft schätzte Th.s Technik, aus der Sicht beschränkter Figuren wie der des Bediensteten James Yellowplush, des Gesellschaftslöwen George Savage Fitz-Boodle und des Künstlers Michael Angelo Titmarsh die zeitgenössische Gesellschaft karikiert darzustellen. In *Fraser's Magazine* veröffentlichte Th. »The Yellowplush Papers« (1837/38), später Bestandteil von *The Yellowplush Correspondence* (1852; *Die Memoiren des Mr. C.J. Yellowplush, ehedem Lakai in vielen vornehmen Familien*, 1958), die das Treiben der ›besseren Gesellschaft‹ aus der Sicht der Dienerschaft analysieren. In jener Zeit entstand auch Reiseprosa wie die (wenig bemerkenswerten) Impressionen des Reisenden M.A. Titmarsh in *The Paris Sketch Book* (1840) und *The Irish Sketch Book* (1843; *Irländische Zustände, geschildert von M.A. Titmarsh*, 1845). Die 53teilige *Punch*-Serie »The Snobs of England, by One of Themselves« (1846/47) wurde in überarbeiteter Form zu *The Book of Snobs* (1848; *Die Snobs: Humoristische Bilder aus Alt-England*, 1851); diese Texte ließen die konservative Gesellschaft Londons auf Distanz zu Th. gehen, da er hier über eine Reihe satirischer Porträts den Abstand zwischen viktorianischer Moral und sozialer Praxis allzu offenkundig machte. In den Jahren 1859–62 bewies der späte Th. noch einmal als Herausgeber des sich gut verkaufenden *Cornhill Magazine* seine glückliche journalistische Hand. – Als ersten (kommerziell wenig erfolgreichen) Roman legte Th. *The Luck of Barry Lyndon: A Romance of the Last Century* (1844; *Die Memoiren des Junkers Barry Lyndon*, 1953) vor, der auf der Grundlage einer Gaunerbiographie und vor dem Hintergrund anti-irischer Propaganda in der Ich-Form von den Taten eines militärischen und amourösen irischen Abenteurers berichtet. Dabei breitet dieser Kriminelle seine Erfolge so selbstgefällig aus, dass aus der Sprache dummer Eitelkeit auf die Verantwortungslosigkeit und moralische Verderbtheit dieses Mannes (und der Iren überhaupt) geschlossen werden muss.

Th., der auch über beträchtliches Talent als Zeichner verfügte und die meisten seiner Veröffentlichungen selbst illustrierte, hatte sich als Autor stets gegenüber Charles Dickens zu definieren. Er übernahm die von Dickens geschaffenen Publikationsformen der Zeitschriftenserie und des in monatlichen Folgen erscheinenden Fortsetzungsromans. Inhaltlich aber setzte er Dickens' oft phantastischen und melodramatischen Handlungen eine – wechselnd in satirischem, ironischem oder parodistischem Ton gehaltene – realistische Bestandsaufnahme des Lebens, oft unter Verzicht auf Handlungsreichtum, entgegen. Fremd war Th. Dickens' engagiertes Eintreten für radikale soziale Reformen: Th.s Erzähler treten nicht als überzeugte Künder der Wahrheit auf; vielmehr sind sie sich der Subjektivität ihrer Sicht der Dinge bewusst und erheben keinen Anspruch auf verbindliche moralische Autorität. Th.s skeptische Erzähler bringen ihre Figuren immer wieder in durchaus Dickenssche heldisch-romanhafte Posen, nur um sie dann aber durch die Handlung auf die menschliche Ebene finanzieller Motive, unglücklicher Verstrickungen und körperlicher und charakterlicher Unzulänglichkeiten zurückzuführen.

Mit *Vanity Fair* – zuerst 1847/48 als 19teilige Serie veröffentlicht – legte Th. den ersten Roman unter eigenem

Namen vor. Detailreich und historisch genau zeichnet dieser Text ein Panorama der jüngeren Vergangenheit, zugleich aber stellt er in der erfundenen Handlung zwei für die viktorianische Gegenwart typische Lebensoptionen einander gegenüber: Die bloß in materiellen Kategorien kalkulierende Becky Sharp wird vermögend, aber nicht glücklich; Amelia Sedley, der mangelnde Intelligenz und ein weiches Herz alle Strategien des Aufstiegs unmöglich machen, endet arm, aber nicht ohne Chance auf Glück. Bei welcher der beiden Frauengestalten die Sympathie des Erzählers liegt, bleibt unentschieden; als Kritiker wie Bewunderer seiner Gestalten zugleich kann er ihnen nicht überlegen sein. Die letzte Folge des Romans zieht denn auch – unerhört für einen viktorianischen Roman – kein Resümee durch eine Konstellation, die ›poetische Gerechtigkeit‹ ins Werk setzte; vielmehr endet die Handlung unentschieden an einem Punkt vorübergehender Ruhe. Zuvor hat der Erzähler und »Manager of the Performance« die Handlung in Parallelen und Gegensätzen sowie in den Kontexten von Gefühl und gesellschaftlichen Rahmenbedingungen arrangiert, so dass über ein dichtes Muster von Verweisen das Treiben der Figuren aus der Erzählung hinaus ins allgemein Gültige weist und auch die Leserschaft mit einschließt. Mit *Vanity Fair* lässt Th. die auf moralischen Sicherheiten bestehende Welt des viktorianischen Romans hinter sich: Dass die Wahrheit nicht so einfach ist, wie die Moralisten behaupten, ist Ergebnis jeder genauen Lektüre dieses Romans.

Th.s nächster, 1848–50 in 24 Folgen erschienener, autobiographisch gefärbter Bildungsroman *The History of Pendennis: His Fortunes and Misfortunes, His Friends and His Greatest Enemy* (1848–50; *Die Geschichte von Arthur Pendennis, seinen Freuden und Leiden, seinen Freunden und seinem größten Feind*, 1849–51) vernachlässigt Handlungsentwicklung zugunsten von Figurenzeichnung und Ausbreitung eines Gesellschaftspanoramas. Nur die abgeklärte Reife der Erzählerfigur hält die Fülle vornehmlich Londoner Szenen zusammen, indem sie die erinnerte Welt um die Pole ›häusliche Tugend‹ und ›weltliche Versuchung‹ gliedert, zwischen denen sich der Held bei seiner doppelten Entwicklung zum Romanautor und Gentleman entscheiden muss. Die Qualitäten seines Vorbilds, Henry Fieldings *Tom Jones* (1749), erreicht der Roman seiner ästhetischen Konventionalität wegen keineswegs; dennoch ist *Pendennis* anderen zeitgenössischen Bildungsromanen durch seine intensive Auseinandersetzung mit der Frage überlegen, wie der Künstler aus der Erfahrung der Wirklichkeit Wahrheit gewinnen kann und welchen Anspruch die Gesellschaft auf diese künstlerische Erkenntnisleistung hat.

Den Zwängen serieller Veröffentlichungsformen entzog sich Th. mit dem Werk *The History of Henry Esmond, Esq., a Colonel in the Service of Her Majesty Q. Anne, Written by Himself* (1852; *Geschichte des Heinrich Esmond. Von ihm selbst geschrieben*, 1852). In diesem nach den Konventionen der Autobiographie geschriebenen historischen Bildungsroman muss sich der Held zwischen zwei Frauen, Beatrix und Rachel, entscheiden, die in schematischer Gegensätzlichkeit Kälte und (leider völlig unerotische) Herzenswärme verkörpern. Obwohl Esmonds Lebensweg mit großer historischer Sorgfalt im für die viktorianische Zeit schon so fernen 18. Jahrhundert angesiedelt wird, betont der Roman das zeitlose private Dilemma des Helden. Die Wahl einer solchen Mischform aus historischem Roman und einer auf das allgemein Menschliche abhebenden Erzählung soll auf die Wandelbarkeit auch der scheinbar ›ewigen‹ moralischen Grundsätze aufmerksam machen. Wer einem allen gepredigten Verbindlichkeiten gegenüber skeptischen Erzähler, der die eigene Subjektivität durch seine Erfahrung von geschichtlicher Relativität begründet, gerne folgt, wird zu *Henry Esmond* greifen und hier nicht nur mit dem Porträt einer faszinierenden Frauenfigur, der tragischen Beatrix, belohnt, sondern auch mit einer als prozesshaft begriffenen geschichtsabhängigen Wertewelt und entsprechenden Reflexionen über den wahren Gentleman. Von seiner Fortführung der Familiengeschichte der Esmonds, *The Virginians: A Tale of the Last Century* (1857–59; *Die Virginier. Eine Geschichte aus dem vergangenen*

Jahrhundert, 1953), einem formal nur locker organisierten Roman, hielt Th. selbst wenig. Der moralische Grundkonflikt ist hier in das Amerika der Revolutionszeit mit seiner Opposition von amerikanischer Unschuld und europäischer Verderbtheit transportiert.

In den späten Romanen *The Newcomes: Memoirs of a Most Respectable Family* (1853–55; *Die Newcomes: Geschichte einer sehr achtbaren Familie*, 1854–56) und *The Virginians* kultiviert Th. sein vom damaligen Publikum geschätztes Talent, wenig Handlung mit zahlreichen Reflexionen zu verknüpfen. *The Newcomes*, wieder zuerst als 23teiliger Fortsetzungsroman veröffentlicht, reflektiert in der Gestalt des Clive Newcome Th.s Auffassung von Kunst und in der Gestalt des Erzählers die Gründe für die menschliche Vorliebe für die Vergangenheit. Solche Überlegungen werden an einer Familiengeschichte festgemacht, in der soziale Mobilität und das Streben nach Reichtum jede historische Identität gefährden. Egoismus ersetzt die alten gesellschaftlichen Tugenden, Geld die Familienehre, und die Gegenwart ist durch Heuchelei und Herzlosigkeit gekennzeichnet. Unter diesen Umständen kann nur ein ironisches *happy ending*, angesiedelt im Bereich der Fabel, gelingen. Unvergessen bleibt in diesem Panorama die Figur des Colonel Newcome, der demonstriert, dass man in einer materialistisch orientierten Gesellschaft zwar als Gentleman leben kann, dabei aber Opfer dieser Gesellschaft wird; ebenso bleibt in Erinnerung die zwiespältig angelegte Ethel Newcome, die materiellen Wohlstand für sich zwar erstrebt, im Prinzip aber verachtet.

Wie die meisten Romanautoren des englischen 19. Jahrhunderts war Th. Moralist; im Zusammenhang mit der viktorianischen Suche nach Definitionen wahrer Männlichkeit wollte er ein der Gegenwart gerecht werdendes Konzept des Gentleman entwickeln. Im Gegensatz zu den Konventionen seiner Zeit zeichnet die Mehrzahl seiner Texte aber kein eindeutiges Bild von Gut und Böse; eher sind sie als Experimente der Wahrnehmung angelegt, die den Leser mit unterschiedlichen moralischen Sichtweisen konfrontieren und zu einer eigenen Stellungnahme herausfordern. Zu diesem neuartigen Vorgehen befähigte Th. sein früh im Journalismus eingeübter kritischer Blick auf die Gesellschaft seiner Zeit, der ihm die Einsicht vermittelte, dass Standpunkte immer nur relativ gültig sind. Diese distanzierte Sicht der unübersichtlichen Verhältnisse in der Gesellschaft und ihrer Geschichte stößt – und hier liegt der unvergleichliche Unterhaltungswert Th.s – nicht zu den großen ethischen Fragen vor, sondern konzentriert sich auf die Beschreibung der Oberfläche, des Verhaltens von Charakteren. Charakterzeichnung erweist sich damit als heuristisches Verfahren zur Annäherung an moralische Maßstäbe.

Nicht alles, was Th. schrieb, hat überdauert. Die frühen Arbeiten bleiben thematisch und geschmacklich zu zeitbezogen, um heute noch wichtig zu sein; *The Virginians* fehlt innerer Zusammenhalt und künstlerische Struktur. Erinnert aber werden *Vanity Fair* und *Pendennis* ihres relativierenden Erzählers und ihrer skeptischen Zeichnung gemischter Figuren wegen; zugleich führen diese Texte den historischen Roman auf eine Ebene, die diese Gattung zum Zeugen gegen den allgemeinen Gültigkeitsanspruch der viktorianischen Moral macht. Th. teilt freilich mit vielen heute vergessenen Autor/innen des englischen 19. Jahrhunderts das Schicksal radikal veränderter literarischer Maßstäbe. So war *The Newcomes* zu seiner Zeit Th.s populärster Roman; unter dem Einfluss einer auf ökonomischer Formung des Stoffes bestehenden formalistischen Literaturkritik wird dieser Text aber heute als abschreckendes Beispiel für viktorianische Exkursfreude abgewertet. Wer jedoch ein wenig Geduld mitbringt, wird *The Newcomes* als beziehungsreiches und faszinierendes soziales, moralisches und emotionales Porträt des englischen 19. Jahrhunderts lesen.

Werkausgaben: The Oxford Thackeray. Hg. G. Saintsbury. 17 Bde. London 1908. – The [Garland] Thackeray Edition. Hg. P. Shillingsburg. New York, 1989–96, dann Ann Arbor 1996ff. [erste textkritische Ausgabe].

Stephan Kohl

Thoma, Ludwig

Geb. 21. 1. 1867 in Oberammergau; gest. 26. 8. 1921 auf der Tuften bei Rottach am Tegernsee

Fast alle Werke Th.s wurden auch als Verfilmungen große Publikumserfolge und krönten ihn zum bayrisch-münchner Heimat- und Regionaldichter. Seine Beliebtheit resultiert vor allem aus der vermeintlichen Echtheit der naturalistischen Milieuschilderungen des bäuerlichen Lebens und der kleinbürgerlichen Moral. Sowohl in seinen Romanen (*Andreas Vöst*, 1906 und *Der Wittiber*, 1911) als auch in seinen zahlreichen Komödien knüpft er mit Humor, Satire, politischer Kritik und antipreußischen Ressentiments an lokale Literaturtraditionen an. Nach seinem Tod fiel sein Nachlass per Testament an Maidi von Liebermann mit der Auflage, dass der Münchner Pädagoge und Professor Hofmiller die Manuskripte ordnen sollte. Alle Schriften blieben jedoch bis 1957 so gut wie unangetastet in Th.s Wohnsitz auf der Tuften am Tegernsee, da Maidi bis zu ihrem Tode keinen Zutritt gewährte. Erst danach kamen alle Nachlassdokumente in die Handschriftensammlung der Stadtbibliothek München, darunter der Roman *Wittiber* (in zehn blauen Schulheften), Ledernotizbücher, auch aus der Zeit seines Stadelheimer Gefängnisaufenthaltes, sowie 97 polemische Aufsätze für den *Miesbacher Anzeiger* aus den beiden letzten Lebensjahren und ein Roman-Fragment mit dem Titel *Münchnerinnen*. Th. hatte eine besondere Vorliebe für edles Papier und schrieb oft auf handgeschöpften Blättern. Er wurde als fünftes von acht Kindern eines königlichen Oberförsters in Oberammergau geboren. Seine frühe Kindheit verbrachte er bis 1873 in der Vorderriß, wo seine Eltern nebenbei einen Gastbetrieb führten. Nach dem Tod des Vaters und einer schweren Erkrankung der Mutter (1874) bekommt er einen Vormund und besucht in Landstuhl (Pfalz), wo er bei seinem Onkel wohnt, die Lateinschule. 1877 wird er Zögling im Internat in Neuburg an der Donau, später in der Studienanstalt zu Burghausen. Der dortige Religionslehrer Professor Faltermeier diente ihm als Vorlage für die Figur des Professor Falkenberg in den *Lausbubengeschichten*. 1879 bis 1885 besucht er das königliche Wilhelmsgymnasium in München, 1885/86 verbringt er in der königlichen Studienanstalt Landshut und gerät im Jahr seiner »Maturität« (1886) wegen nächtlicher Bübereien mit der Polizei in Konflikt. Zuerst studiert Th. in Aschaffenburg Forstwissenschaften, wechselt jedoch nach München zur Jurisprudenz, setzt 1888 bis 1890 sein Studium in Erlangen fort, wo er 1891 seine Approbation zum Dr. Jur. erlangt. Bis 1893 ist er als Rechtspraktikant am Königlichen Amtsgericht in Traunstein tätig, danach beim Stadtmagistrat in München. 1894 legt er die Prüfung für den höheren Justiz- und Verwaltungsdienst ab und erlangt die Zulassung zur Rechtsanwaltschaft beim Amtsgericht Dachau. Während dieser Zeit lernt Th. einen Redakteur der *Augsburger Abendzeitung* kennen, der es ihm ermöglicht, in der belletristischen Beilage zu veröffentlichen. Ab 1895 publiziert er auch Geschichten im *Sammler*. In Dachau wird er Mitglied im Radfahrer-Verein »Stellwagen«, dort lernt er die Honoratioren der Stadt kennen. Ab 1896 schreibt er auch für die Zeitschrift *Jugend*. 1897 eröffnet Th. eine eigene Kanzlei in München und beginnt mit der Arbeit an seinem ersten dramatischen Werk, dem Lustspiel *Witwen*. Im selben Jahr erscheint auch sein erstes Buch *Agricola. Bauerngeschichten*. Er findet Anschluss an die 1886 von Albert Langen gegründete satirische Zeitschrift *Simplicissimus*, für die er bis zu seinem Tod ca. 800 Beiträge liefert, oft unter dem Pseudonym Peter Schlemihl, und bei der er ab 1900 Redakteur und ab 1906 Mitgesellschafter wird.

Nach Beendigung seines Lustspiels *Witwen*, das bei den Münchner Bühnen abgelehnt und erst 1958 uraufgeführt wurde, verkauft er seine Anwaltspraxis und versucht, von der Schriftstellerei zu leben. 1901, nach Beendigung der Komödie *Die Medaille*, macht er in Berlin Bekanntschaft mit dem Kabarett »Überbrettl« Ernst von Wolzogens und verpflichtet sich vertraglich zur Mitarbeit. In Wien schließt er Bekanntschaft mit Karl Kraus und findet Anschluss an die Berliner Gesellschaft. Er lernt Hermann Sudermann, in München Maximilan Harden und Ludwig Ganghofer und in Paris Auguste Rodin kennen. Am 19. 10. 1902 findet die Uraufführung der *Lokalbahn* im Königlichen Residenztheater in München und später in der Wiener Hofburg statt. Es bedeutete seinen Durchbruch am Theater, laut Kritiken hat er einen Sieg errungen; »durch die kühn erreichte Verpflanzung von Kraftausdrücken auf die Hofbühne« habe er das Publikum mit »prickelnd angenehmem Schauder übergossen«. 1903 beginnt er mit der Niederschrift seines ersten Romans *Andreas Vöst*, einem Stoff aus seinen Rechtsanwaltsakten. Es geht um die Rechtsstreitigkeiten eines Bauern mit einem katholischen Pfarrer. In naturalistischer Unmittelbarkeit und bayerischer Mundart schildert das Werk ein Michael-Kohlhaas-Schicksal. Als Liebhaber von Forst, Wald und Natur pachtet Th. zusammen mit Albert Langen ein Jagdrevier in Garmisch, lernt in Nürnberg die Sektfabrikanten-Tochter Maria (Maidi) Feist-Belmont, die spätere Maidi von Liebermann kennen. Nach einer Radtour von Genf über Marseille, Tunis nach Italien verfasst er 1904 in Finsterwald die *Lausbubengeschichten*. Der evangelische Oberkirchenrat stellt eine Strafanzeige gegen ihn wegen seines Gedichts *An die Sittlichkeitsprediger in Köln am Rheine*, das Th. anlässlich der »Allgemeinen Konferenz der deutschen Sittlichkeitsvereine« und des »Internationalen Kongresses zur Bekämpfung der unsittlichen Literatur« im *Simplizissimus* veröffentlicht. Wegen »Beleidigung und der öffentlichen Beschimpfung einer Einrichtung der christlichen Kirche mittels Presse« wird er trotz Berufung gegen das Urteil zu einer Gefängnisstrafe von 6 Wochen verurteilt, die er vom 16. 10. bis 27. 11. 1906 im Stadelheim bei München verbüßt.

1907 erscheint das erste Heft der Zeitschrift *März*, für die er bis 1917 ca. 200 Beiträge liefert und deren Mitgesellschafter er wird. Er heiratet Marion – die Tänzerin Marietta di Rigardo –, baut ein Bauernhaus auf der Tuften bei Rottach-Egern am Tegernsee und unternimmt zahlreiche Italien-Reisen. Im Münchner Hotel »Bayerischer Hof« liest er vor großem Publikum aus seinen *Kleinstadtgeschichten* und arbeitet am ersten Brief eines Bayerischen Landtagsabgeordneten (bis 1914 verfasst er 41 ›Filser-Briefe‹). In der Uraufführung der Komödie *Moral* am 24. 11. 1908 im Münchner Schauspielhaus »schwemmt unbändiges Gelächter alle kritischen Anfechtungen hinweg«: Die Polizei stellt das sorgfältig geführte Tagebuch einer Dame von zweifelhaftem Ruf sicher, Madame Ninon de Hauteville, und darin findet man die Namen der Mitglieder der Honoratioren der Stadt und Mitglieder des »Sittlichkeitsvereins für eheliche Treue«. Madame erhält ein Schweigegeld, der moralische Schein kann gewahrt werden.

1910 wird neben seiner Arbeit am Roman *Der Wittiber* der Einakter *Säuglingsheim* im Oberbayerischen Bauerntheater am Tegernsee uraufgeführt. Als er vom Ehebruch seiner Frau Marion erfährt, will er sich duellieren, bleibt aber auch nach der Scheidung mit Marion in engem Kontakt. 1912 findet die Uraufführung des Volksstücks *Magdalena*, Geschichte eines Bauernmädchens, einer bayerischen »Emilia Galotti«, im kleinen Theater zu Berlin statt: »Sein größtes Drama. Gebaut … mit dem was man seit Menschen wie Gerhart Hauptmann … bauen heißt«. 1913 veröffentlicht er zusammen mit Georg Queri das *Bayernbuch* (100 bayerische Autoren eines Jahrtausends). Bei Ausbruch des Ersten Weltkrieges meldet Th. sich zum Sanitätsdienst, wird an der Westfront eingesetzt, ebenso an der Ostfront in Galizien und Russland, erhält das Eiserne Kreuz II. Klasse und erkrankt in Brest-Litowsk an der Ruhr.

Nach seiner Heimkehr treibt er Studien zu einem Roman aus dem Jahre 1705 und diversen Theaterstücken. 1917 erscheint *Altaich. Eine heitere Sommergeschichte*, und er beginnt mit der Niederschrift der *Erinnerungen*. Er schließt sich der deutschen Vaterlandspartei an und spricht auf Versammlungen in der Berliner Philharmonie und im Münchener Löwenbräukeller. 1918 Arbeit an der Altmünchner Novelle *Lola Montez* und erste Ideen für den Roman *Der Ruepp*. Er trifft Maidi von Liebermann wieder und trennt sich endgültig von Marion. Nach den Uraufführungen von *Gelähmte Schwingen* und *Waldfrieden* im Residenz-Theater verbietet die Regierung Eisner die Aufführung von Thoma-Stücken im Nationaltheater. Als Mitglied des Tegernseer Corps-Philister-Vereins knüpft er Verbindungen zum *Miesbacher Anzeiger*, als dessen Mitarbeiter er bis 1921 etwa 170 anonyme Beiträge liefert, in denen er gegen die Berliner Regierung und gegen Juden mit antisemitischen Parolen vorgeht. Als 1920 Ludwig Ganghofer stirbt und am Tegernsee begraben wird, erwirbt sich Th. seinen Grabplatz daneben. Die allgemeine politische Lage und die Aussichtslosigkeit, Maidi von Liebermann heiraten zu können, führen zu schweren Depressionen des an Magenkrebs Erkrankten. Nach einer Operation stirbt Th. 1921 in seinem Haus am Tegernsee.

Werkausgabe: Gesammelte Werke. 7 Bde. 1922. Erw. 8 Bde. 1956.

Gabriele Riedel

Thomas, Dylan [Marlais]

Geb. 27. 10. 1914 in Swansea, Wales; gest. 9. 11. 1953 in New York

Alles war früh bei Dylan Thomas: erster Erfolg mit 19, Ehe mit 22, internationaler Ruhm mit 32 und Tod mit 39 Jahren. Sein Versuch, ein Bohemienleben zwischen Wales und London bzw. Vortragsreisen in den USA zu führen, endete in Koma und Alkoholvergiftung. Stets in Geldnöten, arbeitete Th. als Reporter, Hörspiel-, Drehbuchschreiber und Vortragskünstler. Entscheidend prägte ihn das Erlebnis des Zweiten Weltkrieges in London; seine Gedichte, Prosa und dramatischen Arbeiten lassen sich in die Zeit vor und nach dem Krieg einteilen. Mit *Eighteen Poems* (1934) erregte er das Aufsehen von Edith Sitwell und wurde als Surrealist eingeschätzt. In Wirklichkeit folgten die frühen Gedichte einer strengen metaphorischen Logik, die immer wieder ihr Hauptthema umkreiste: die dialektische Einheit von Leben oder Sexualität und Tod. Th. hatte seine Bilder bei William Blake gefunden. Er hatte sich ein eigenes Wörterbuch mit klangvollen und mehrdeutigen Bildern angelegt und entwickelte ein Gedicht aus vielen Vorfassungen, die er in kleinen Notizbüchern sammelte. Die metaphorische Verschlüsselung seiner Texte erlaubte Th., Metaphysisches, Psychologisches und Masturbatorisches frei zu mischen, ohne dass sein Publikum Anstoß nahm. Doch die zunehmende Überfüllung mit Bildern und Klängen hatte auch ihren Preis: Schon 1935 klagte er in einem Brief an Pamela Johnson über die Künstlichkeit dieser Schreibweise, bezeichnete sich als Wortverdreher statt Dichter. Den Abschluss dieser Phase lieferte er mit einer furiosen Selbstparodie (zugleich komisch-heroischer Autobiographie) namens »Altarwise by Owl-Light« (1936). Zugleich trat mit Ehe, Vaterschaft und Todeserfahrungen die soziale Realität in sein Schreiben ein. Er begann, für Presse, Radio und Film zu arbeiten. Die Bilderflut ordnete sich zunehmend zu Szenen, Landschaften und Handlungen. Die Rhythmen und Strophen wurden offener und freier, die Kritiker ordneten Th. jetzt einem Neuromantizismus zu: *Country Sleep* (1952) enthält Gedichte, die sich so lesen lassen. Doch der naturalistische Tenor von Geburt, Kopulation und Tod blieb ohne religiösen Ausweg. Stand Th. in den 1930er Jahren gegen die politische Lyrik der Auden-Gruppe, geriet er jetzt in Gegensatz zu T.S. Eliot und seinen religiösen Quartetten. Sein Publikum lag eher bei der Jugend, seine Position in der Rebellion und Boheme, obwohl diese immer mehr durch die Medien fixiert wurde. Einem breiteren Publikum wurde er auch durch das Hörspiel *Under Milk Wood* (1953; *Unter dem Milchwald*, 1954) bekannt, das liebevoll die Bewohner eines walisischen Dorfes karikiert. Seine surrealistischen Kurzgeschichten in *The Map of Love* (1939) und das Romanfragment *Adventures in the Skin Trade* (1955) zeigen weitere humoristische Entwicklungsmöglichkeiten auf, die durch den frühen Tod abgebrochen wurden. Heute finden sich von Th. eine handvoll Gedichte in fast allen Anthologien. Trotz vieler Freundschaften blieb er eher ein Außenseiter unter den britischen Lyrikern. In Deutschland machten ihn die kongenialen Übersetzungen von Erich Fried bekannt.

Werkausgaben: Collected Poems. London 1977. – Collected Letters. Hg. P. Ferris. London 1985. – The Prose Writing. Hg. L. Peach. Basingstoke/Totowa 1988. – The Broadcasts. Hg. R. Maud. London 1991. – The Complete Screenplays. Hg. J. Ackerman. New York 1997. – Gesammelte Gedichte. Hg. K. Martens. München 1991ff.

Wolfgang Karrer

Thoreau, Henry David
Geb. 12. 7. 1817 in Concord, Massachusetts; gest. 6. 5. 1862 in Concord

Am 4. Juli 1845 zieht Henry David Thoreau in eine Holzhütte, die er sich unter den Bäumen am Walden Pond, etwa drei Kilometer von seiner Heimatstadt Concord entfernt, gebaut hat, und lebt dort zwei Jahre und zwei Monate. Während dieser Zeit wird er bei einem seiner zahlreichen Concord-Besuche für eine Nacht ins Gefängnis eingesperrt; aus Protest gegen den Krieg mit Mexiko (1846–48), den die USA seiner Ansicht nach vor allem zur Unterstützung der Sklavenhalter führten, hatte er sich geweigert, Steuern zu zahlen. Das Leben im Wald und die Nacht im Gefängnis verarbeitet er anschließend in Werken, die heute als Klassiker gelten: *Walden, or Life in the Woods* (1854; *Walden*, 1897) und *Resistance to Civil Government* (1849; *Über die Pflicht zum Ungehorsam gegen den Staat*, 1966), besser bekannt unter dem Titel *Civil Disobedience*. *Walden* beschreibt das Experiment eines einfachen, naturnahen Lebens abseits gesellschaftlicher Zwänge; *Resistance to Civil Government* begründet die Pflicht zum Ungehorsam gegenüber einem Staat, der sich zum Handlanger unmoralischer Interessen macht und seine Bürger zwingt, ihr Gewissen außer Kraft zu setzen.

Anderthalb Jahrhunderte nach Th.s Experiment am Walden Pond, im Juni 1998, wird in Concord im Beisein des amerikanischen Präsidenten das Thoreau Institute eingeweiht, eine Einrichtung, die – von der ältesten einem einzelnen Autor gewidmeten literarischen Gesellschaft der USA getragen – das Leben und Werk Th.s erforscht. In seiner Ansprache erinnert Bill Clinton an T.s Zivilcourage sowie sein Experiment eines Lebens im Einklang mit der Natur und stellt beides in die Nachfolge der Gefechte von Lexington und Concord im April 1775, des blutigen Vorspiels zum amerikanischen Unabhängigkeitskrieg. Zugleich hebt er den Blick über die Gefilde des amerikanischen Patriotismus hinaus ins Welthistorische, indem er die Bedeutung Th.scher Gedanken für Mahatma Gandhi, Martin Luther King und Nelson Mandela betont.

Ein großer Amerikaner und zugleich ein Inspirator gewaltloser Befreiungsbewegungen in aller Welt! Den meisten Zeitgenossen – und vermutlich auch Th. selbst – würden die Haare zu Berge stehen angesichts des Kults, der Concord und den benachbarten Walden-See zu einer Wallfahrtsstätte für zig-tausend Touristen pro Jahr hat werden lassen. Den Nachbarn galt er lange Zeit als Sonderling und Taugenichts. In seinem 1862 veröffentlichten Nachruf konstatiert Ralph Waldo Emerson, der führende Kopf der Transzendentalisten und langjähriger Mentor und Freund, von einem Mann dieses Kalibers hätte man

mehr erwartet: Statt Bohnen anzubauen, sich in den Wäldern herumzutreiben und Heidelbeeren zu sammeln, hätte der Harvard-Absolvent etwas für Amerika bewegen können. Der scharfsinnige James Russell Lowell ging noch weiter und sah in Th.s Schriften die romantisch-narzisstische Regression des Aussteigers, die skandalöserweise von ihrem Autor in eine heroische Selbststilisierung umgemünzt wurde. Die spätere Rezeption ist über diese Art von Kritik hinweggegangen; sie hat *Resistance to Civil Government* zur ›Bibel‹ gewaltfreier Widerstandsbewegungen sowie *Walden* zusammen mit Th.s Erstling, *A Week on the Concord and Merrimack Rivers* (1849), und dem vielbändigen *Journal* zu zentralen Dokumenten des Individualismus und der radikalen ökologischen Bewegung (»deep ecology«) gemacht. Dabei hat Lowell einen wichtigen Aspekt von Th.s Denken richtig erfasst: In dessen Zentrum steht der Einzelne mit seinem Gewissen und seinen Bedürfnissen, das, was Emerson die ›Unendlichkeit des privaten Individuums‹ nannte. Eine Hauptschwierigkeit für den damaligen wie den heutigen Leser liegt nun darin zu begreifen, wie dieser entschiedene Individualismus und diese scheinbare Regression in den Schoß der Natur gesellschaftlich und politisch wirksam werden können. Denn nichts weniger beansprucht Th. Im Tagebuch, das mittlerweile von vielen Lesern höher geschätzt wird als *Walden*, notiert er, wann immer wir einen Vogel hörten, seien wir jung und erführen den Frühling; wo wir auf ihn lauschten, befänden wir uns in einer Neuen Welt, in einem freien Land, und die Pforten des Himmels stünden uns offen.

Sentimental-romantischer Schwulst? In den 1830er und 40er Jahren wimmelt es in den USA von Reformern; da gibt es kaum einen Gebildeten – so Emerson 1840 in einem Brief an Thomas Carlyle –, der nicht mit dem Entwurf einer neuen Gesellschaft in der Westentasche herumliefe. Vielerorts werden Kommunen gegründet, von denen einige (insbesondere Fruitlands und Brook Farm) dem Transzendentalismus verpflichtet sind. Th.s Hütte am Walden Pond fügt sich in dieses Bild als Versuch einer ›Ein-Mann-Kommune‹. Der Rückzug in die Wälder soll eine Position ermöglichen, von der aus die Gesellschaft kritisch analysiert und belehrt werden kann. Schon die geringe Distanz zur Stadt, die stets in Hör- und Reichweite ist, signalisiert Verbundenheit mit der Zivilisation, und mit dem scheinbar zufälligen Einzug in die Hütte am 4. Juli, dem Unabhängigkeitstag der USA, stellt Th. sich in die Nachfolge der Kolonisten und ihres welthistorischen Befreiungsakts.

Die Bilanz des ›Lebens im Wald‹ ist komplex. Den Glücksmomenten in der Natur steht die über weite Strecken vernichtende Diagnose einer Zivilisation gegenüber, deren vermeintliche Errungenschaften sich als hochgradig zerstörerisch erweisen. Technologie, Industrialisierung, Eigentum, Konsum und Markt haben uns von der Natur und von unseren wahren Bedürfnissen abgeschnitten. Witzig und böse nimmt Th. das ganze Arsenal dessen aufs Korn, was marxistische Theorie auf den Begriff der sekundären Bedürfnisse bringt. Weder die Eisenbahn noch der Telegraph noch die Fabriken, weder das einst von Thomas Jefferson und Benjamin Franklin propagierte Junktim von Eigentum und Glück noch der von der Nationalökonomie à la Adam Smith gepriesene Markt haben uns weitergebracht, rastlos jagen wir Konsumgütern und Statussymbolen nach, die uns von einer erfolgs- und fortschrittsgläubigen Ideologie als erstrebenswert vorgegaukelt werden. Im Bau der Hütte, in Wanderungen und Naturbeobachtungen, in der Anlage eines Bohnenfelds zeichnen sich die Umrisse einer alternativen Ökonomik ab, bei das Ich sich zurücknimmt zugunsten einer bescheiden-dankbaren Einstellung zur Natur. Im Sinne Emersons, allerdings im Unterschied zu dem zur abstrakten Reflexion neigenden Meister mit ausgesprochen praktischen Akzenten, veranschaulicht Th. das Wechselspiel von Selbstvertrauen und Selbstrücknahme: Wir sind ganz wir selbst, wenn wir nicht an uns denken, sondern uns mit allen Sinnen dem Wunder der Schöpfung in uns und um uns herum öffnen.

Stilistisch glänzend, mit einer großen Variationsbreite von sarkastischer Publikumsbeschimpfung, burlesker Selbstheroisierung, quasi-wissenschaftlichem Traktat, berückender Naturschilderung und Meditation, beanspruchen die 18 locker am Zyklus der Jahreszeiten orientierten Essays von *Walden* nicht, irgendein Problem zu lösen. Wie bei Emerson ist die Wahl des Genres (Essay = Versuch) programmatisch insofern, als in erster Linie Fragen aufgeworfen und Antworten höchstens vorläufig angeboten werden. Selbst das Walden-Experiment wird nicht als Patentrezept gepriesen und zur Nachahmung empfohlen; schließlich brach Th. es nach gut zwei Jahren ab, vielleicht weil – wie er gegen Ende des Buches trocken und flapsig bemerkt – noch einige weitere Leben auf ihn warteten. Die Fragen aber haben es in sich; sie wirken mit großer Kraft auf Gebieten nach, die auf den ersten Blick wenig miteinander zu tun haben. Die Versöhnung von Mensch und Natur steht auch noch im Mittelpunkt der heutigen Suche nach einer Vermittlung von Ökonomie und Ökologie. Die bisweilen abstoßende Verherrlichung Th.s als Naturapostel und ›Grüner Heiliger‹ sollte nicht den Blick für seine im besten Sinne radikale Vision eines menschlichen Subjekts verstellen, das sich, statt die Natur auszubeuten und zu kontrollieren, ihr nachbarschaftlich zugesellt und sich mit allen Sinnen ihrem Reichtum öffnet. Diese Vision hat neben der ökonomischen eine ästhetische Seite. Th. meint, die Welt um uns herum sei schon ohne unser Zutun ein Kunstwerk, das zufällige Geräusch beispielsweise der Blätter und Vögel, aber auch der Telegraphendrähte im Wind könne bereits als Musik wahrgenommen werden – ein Gedanke, der mit äußerster Konsequenz etwa in der avantgardistischen Ästhetik des Th.-Fans John Cage umgesetzt wird: Nicht darauf kommt es an, Gedanken in Töne zu setzen; Komponieren sollte uns vielmehr die Sinne schärfen für die Musik, die ohne unser Zutun ständig um uns ist. Die politisch-sozialen Konsequenzen von Th.s Individualismus wurden bereits angedeutet, nachzutragen ist indes der innere Zusammenhang von Naturverständnis und Politik. Th. gehörte wie die meisten Transzendentalisten zu den Abolitionisten, den entschiedenen Gegnern der Sklaverei. Seine Steuerverweigerung reiht sich ein in eine Kette von Aktivitäten zugunsten entlaufener Sklaven und gegen die Sympathisanten der Sklaverei in den Nordstaaten (deren Industrie von den billigen Rohstoffen der Südstaaten-Plantagen profitierte). Das Gewissen als Richtschnur des Handelns macht nicht nur ein Sklavenhaltersystem, es macht im Idealfall jeden Staat überflüssig, sind wir doch durch die Stimme in uns und die Wahrnehmung der Natur um uns mit einem göttlichen Prinzip verbunden. Wer den Vogel hört, braucht keine institutionalisierte Herrschaft.

In solchen Überlegungen zeigt sich der utopische Zug eines Denkens, das bei aller lebenspraktischen Ausrichtung das Risiko von Luftschlössern nicht scheut. Wendell Berry, der führende Apologet einer ökologisch ausgerichteten, ›sanften‹ Landwirtschaft, hat Th.s Bohnenfeld ins Reich der Träume verwiesen, und Bill Clinton folgt Berry, wenn er in seiner Festansprache fragt, welche Relevanz dieses Experiment für eine Bevölkerung von 260 Millionen habe, die es allein in den USA zu versorgen gelte. Das antinomische, alle sozialen Normen und Konventionen aus den Angeln hebende Plädoyer für das Gewissen als oberster moralischer Instanz setzt eine metaphysische Einheit oder zumindest Harmonie am Grunde alles Lebendigen voraus, die sich nicht überprüfen lässt. Folgen nicht auch Terroristen ihrer inneren Stimme, können sie sich mit ihrem Ressentiment gegen die Regierung gar auf Th. berufen? Immerhin gehörte Gewaltlosigkeit nicht zu dessen obersten Prinzipien; einen militanten Abolitionisten wie John Brown feierte er als Märtyrer. Schwer zu sagen, wie Th. auf solche Einwände reagieren würde. Wie der Rummel, der alljährlich in Concord veranstaltet wird, belegen sie die anhaltende Virulenz eines Werks, das Poesie und sprachliche Kraft auf einzigartige Weise mit radikalem Denken verbindet und – darin Benjamin Franklins *Autobiography* vergleichbar – vielen zu einer persönlichen, lebensverändernden Offenbarung geworden ist.

Werkausgaben: The Writings of Henry David Thoreau. Hg. W. Harding u. a. Princeton 1971ff. – Correspondence. Hg. W. Harding/C. Bode. New York 1958. – Writings. 20 Bde. Boston und New York 1906.

Dieter Schulz

Tibull
Geb. kurz vor 50 v. Chr.; gest. 19 v. Chr.

Tibull hat zwei Bücher *Elegien* geschrieben; das erste umfasst zehn, das zweite sechs Gedichte. Die Elegie kennt in der Antike seit frühester Zeit recht verschiedene Inhalte: Aufruf zum Kampf, Lehren der Lebensweisheit oder der Staatsführung, aber auch Ausdruck persönlicher Empfindung. Gemeinsam ist allen elegischen Gedichten die Verwendung des Versmaßes, des sog. Elegischen Distichons aus Hexameter und Pentameter. Auch T. hat außer den Liebeselegien, die man als dem Genus der subjektiv-erotischen Elegie zugehörig anzusetzen pflegt, wofür die griechische Literatur keine vergleichbaren Stücke bietet, Gedichte anderen Inhaltes in seine Bücher aufgenommen. Die Elegie 1, 7 besingt den Ruhm und den Triumph seines Gönners M. Valerius Messalla Corvinus, den dieser auf seinem Feldzug in Aquitanien errungen hat, bei dem T. mitgekämpft hatte, und seinen Feldzug in den östlichen Reichsteilen. Im zehnten Gedicht des ersten Buches gibt der Dichter seiner Friedenssehnsucht Ausdruck; in der Beschreibung des Glücks der Zeit vor dem Aufkommen von Kriegen entwickelt er tief berührende Bilder. Im zweiten Buch ist eine Elegie (2, 2) an den Freund Cornutus anlässlich von dessen Geburtstag gerichtet, worin diesem die Erfüllung seines Wunsches nach Vermählung verheißen wird, und ein Preisgedicht auf den Sohn des Messalla, Messalinus (2, 5), der Hüter der Weissagungen der Sibylle geworden war; diese hatte bereits, wie ausgeführt wird, Aeneas von der Gründung Roms durch Romulus gekündet. So möchte jetzt, hofft der Dichter, nach den schlimmen Vorzeichen beim Tode Caesars, ein gesegnetes Jahr herankommen. Mit besonderer Innigkeit hat T. in 2, 1 ein ländliches Fest geschildert, das vom Opfer am Vormittag bis zu ausgelassenem Treiben am Abend führt. Bekannt geworden ist T. freilich hauptsächlich durch seine Liebesdichtung.

Nach den Angaben in Ovids Literaturkatalog (*Tristien* 4, 10) folgt er damit dem Dichter und Freund Vergils, Cornelius Gallus, dessen Elegien uns verloren sind, und geht Properz und Ovid voran. So dürfte er etwas älter als Properz gewesen sein. Im ersten Buch, das auch drei Elegien auf einen Knaben namens Marathus enthält, lautet der Name seiner Geliebten Delia, die damit mit demselben Beinamen wie die Diana, die Schwester des Apoll, benannt ist (der Name wird freilich auch anders gedeutet). Im zweiten Buch wird von der Liebe zu einer Nemesis (*némesis*, Rache) gesprochen. Charakteristisch für T.s Liebeselegien ist aber nun die Einbeziehung zweier weiterer großer Themenbereiche, die bei den anderen Elegikern so überhaupt nicht auftreten. Der eine umfasst das bäuerliche Leben auf dem Lande. T.s Wünsche gehen dahin, mit seiner Geliebten als Landmann die Erfüllung wahren Glückes zu finden. Er selbst ist bereit, die harte damit verbundene Arbeit zu leisten, sieht aber mit Freude die ihm auch auf bescheidenem Besitz, der ihm von den großen Gütern seiner Vorfahren – T. gehörte dem Ritterstand an – verblieben ist, noch erwachsenden Erträge: »Ich möchte die Reichen verachten und ebenso auch den Hunger« (1, 1, 78). Wie ersichtlich, handelt es sich um ein Leben in Bescheidenheit, ja, wie es der Dichter selbst nennt, Armut, die freilich alles Lebensnotwendige in auskömmlichem Umfang bietet. Entsprechend werden Reichtümer und die Wege, sie zu erwerben, abgelehnt: T. spricht gegen den Krieg, in dem er den Ursprung vielen, fast allen Übels erblickt, und auch gegen den Handel über See. Ein zweiter Themenkreis ist das Festhalten an der angestammten und überkommenen Religiosität. Die Elegien erblicken einen Zusammenhang zwischen gläubiger Verehrung der bäuerlichen Gottheiten und der Fruchtbarkeit von Land und Herden. Dabei sind es, mit Ausnahme der Ceres, der Göttin des Pflanzenwachstums und vornehmlich des Getreides, und des Weingottes Bacchus, nicht die olympischen Götter, sondern die ländlichen, die der Hirten und Herden: Pales und Silvanus; der Hüter des Gartens, Priap; die Laren und Penaten. Gegenüber Ovids aufgeklärter, teilweise spöttischer, teilweise ironischer Behandlung der Götterwelt sind T. alle solche Regungen völlig fremd, auch wenn er von volkstümlichen und abergläubischen Vorstellungen spricht; er kann ohne jede Beimischung von religiöser oder philosophischer Überheblichkeit von Zauberinnen sprechen, die ihm bei der Erfüllung seiner Liebe behilflich sind (1, 2, 3 ff.), oder solche Frauen wie die Kupplerin verwünschen, die ihm mit ihren geheimen Handlungen entgegenstehen (1, 5, 49). Er rühmt sich selbst, durch eine Reihe von magischen Mitteln Delias Gesundheit wiederhergestellt zu haben (1, 5, 9 ff.), wie er, als krank auf Korfu zurückblieb und Messalla auf dem Feldzug in den Osten nicht weiter begleiten konnte, sich daran erinnern, dass Delia immer günstige Zeichen für seine Rückkehr erhielt, während er selbst ängstlich nach Gründen suchte, die ihm der Vogelflug oder ein Aberglaube an die Hand gaben, um noch nicht abfahren zu können. So ist er, wenn ihm Heimkehr beschieden ist, auch bereit, die entsprechenden Opfer zu bringen, und Delia soll ihre der Isis gegebenen Gelübde einlösen. – Es ist gleichsam eine für das jeweilige Gedicht gewählte Verschiebung der Gewichte, ob das Landleben, die fromme Götterverehrung oder die Liebesklage und Liebessehnsucht im Vordergrund steht, vielleicht das ganze Gedicht beherrscht. So wird auch beim Gedicht über das ländliche Fest das Liebesmotiv in allgemeiner, nicht auf den Dichter selbst bezogener Weise eingebracht, und gleichartig behandelt findet es sich auch in dem Hoffnungsbild des Friedens.

Eine von Ovid, vornehmlich aber auch von Properz abweichende Aufnahme des griechischen Mythos ist für T. charakteristisch. Auch T. kennt ihn in vollem Umfang, aber er dient nicht dazu, das Bild der Geliebten und der eigenen Liebe durch den Rückgriff auf die Heroenzeit zu überhöhen. Ein besonderer Anlass, die Aeneassage in elegischem Stil wiederzugeben, liegt in dem genannten Gedicht auf Messalinus wegen des von ihm übernommenen Amtes vor. Ganz allein für sich selbst hat T. die Vorstellung vom Eintritt in die Unterwelt in der dritten Elegie des ersten Buches entwickelt, wo in dem auf Korfu krank Liegenden in seinen Fieberphantasien die Bilder seines Todes und des Hinabgelangens in dessen Reich aufsteigen. Während er glaubt, dass Venus selbst ihn als ihren treuen Diener auf die elysischen Gefilde führen werde, erweckt er doch auch die Bilder von den Schauerlichkeiten der Unterwelt, der Furie Tisiphone, des Höllenhundes Kerberos und der unvergänglichen Strafen der Frevler, die sich gegen die Götter vergangen haben, Ixion, Tityos, Tantalos und die Danaiden, welche, gegen die Gebote der Venus verstoßend, die Liebe missachtet haben.

Gerade an dieser Elegie lässt sich nun aber auch das Überspringen dieses Themas der Liebe zu seinem entgegengesetzten Pol, dem Tod, beobachten. Auch der Gedanke an den Tod findet sich bei den anderen Elegikern nicht in irgendwie vergleichbarer Weise. Schon die erste Elegie T.s aber, die eine Art programmatischen Charakter besitzt, weist ihn auf. Nachdem T. dort bekräftigt, dass ihm an Reichtum und auch an Waffenruhm, der dem Messalla gebühre, nichts liege, fährt er, an Delia gewendet, fort (1, 1, 59 f.):»Dich möchte ich anschauen, wenn mir die letzte Stunde gekommen ist, mit ermattender Hand möchte ich dich im Sterben halten.« Er malt sich dann seine Bestattung aus, die unter der regen Anteilnahme von jungen Menschen beiderlei Geschlechtes vor sich geht. Das Bild schließt mit dem Wunsch des Dichters, dass Delia in der Bezeigung ihrer Trauer nicht zu weit gehen möge: Locken und Wangen soll sie schonen.

Obwohl nun T.s Wünschen auch von Delia manche Hindernisse entgegengesetzt werden und Liebesklagen neben dem Ausmalen eines erhofften Liebesglückes zusammen mit Delia weiten Raum einnehmen, ist die Grundstimmung im Nemesisbuch fühlbar eine andere. Die Klagen richten sich hier in hohem Maße wie gegen die Geldgier der Geliebten so gegen den reichen Nebenbuhler, den T. bis in den Tod hinein verwünscht. Er möchte jetzt selbst reich sein, um Nemesis prachtvolle Geschenke machen zu können (2, 3, 49 ff.), ja die Liebe treibt ihn zu der Versicherung (2, 4, 53), dass er sogar bereit sei, das väterliche Erbe zu verkaufen, wenn Nemesis, um ihren Aufwand zu befriedigen, dazu den Befehl gebe. Selbst sein Dichtertum verwirft er (2, 4, 15 ff.), da es ihm keinen Zugang zu der Geliebten verschafft. Als Gegenbilder treten hier die glücklichen alten Zeiten auf, in denen nicht nur keine Widerstände gegen die Liebe vorhanden waren, sondern man sich ihr, von Amor bewegt, im schattigen Tal hingab. Aber sie verschwinden hinter seinem gegenwärtigen Zustand, der durch heißere, verzehrendere Leidenschaft, der Qualen, die unentrinnbar sind, gekennzeichnet ist und sich damit von den Delia gegenüber geäußerten Gefühlen abhebt. T. gibt ihm (2, 4, 3 ff.) so Ausdruck:»Aber mir wird eine niederdrückende Knechtschaft zuerteilt, und ich werde in Ketten gehalten, und niemals lockert mir Armen Amor die Fesseln, und er brennt mich, sei es, daß ich es verdient habe oder einen Fehler beging. Ich werde von Brand versengt; wehe, du grausames Mädchen, entferne die Fackeln!« Ja, T. möchte lieber die härtesten Unbilden der Natur als die Qual dieser ihn Tag und Nacht peinigenden Liebe ertragen. Die Wogen seiner Leidenschaft sind so stark, dass diese selbst in dem Festgedicht für Messalinus Einlass findet. Er wünscht, dass Apoll keine Pfeile und Bogen hätte, wenn so auch Amor ohne Waffe wäre, mit denen er ja nur Leid anrichte. Er sei davon betroffen und nun schon ein Jahr krank. Es ist jedoch eine solche Krankheit, dass er sie pflegt, sich sogar an ihr erfreut. Nemesis ist sein einziger Gedanke, sie allein gibt ihm auch seine Gedichte ein. Aber er bittet sie gleichwohl um Schonung. Noch dringlicher erfolgt dies in der Elegie 2, 6, seiner letzten, in welcher er sie bei den Gebeinen ihrer aus dem Fenster zu Tode gestürzten kleinen Schwester, die er auch im Grabe noch verehrt, um Milde bittet.

Dieses Gedicht erweckt den Eindruck, nicht vollendet zu sein, und es verwundert bei der vielfach zum Ausdruck kommenden Todesnähe nicht zu hören, dass der Dichter jung verstorben ist. Wir verdanken die Möglichkeit der Ermittlung seines Todesjahres einem zeitgenössischen Epigrammatiker, dem Domitius Marsus, der von dem wohl im gleichen Jahr erfolgenden Tode Vergils und T.s in zwei Distichen folgendermaßen sich hören lässt: »Auch dich, Tibull, hat ein ungerechter Tod noch als jungen Mann zu den Elysischen Gefilden als Begleiter für Vergil gesandt, damit es niemanden mehr gäbe, der zärtliche Liebe in Elegien klagend ertönen lasse oder in kraftvollem Versmaß Kriege der Könige besinge.« Für Vergil ist das Todesjahr 19 v. Chr. gesichert, und damit ist auch das Lebensende T.s gegeben. Solche Synchronismen sind zwar in der Antike beliebt (am bekanntesten ist vielleicht die Angabe, dass der Brand des Artemistempels in Ephesos in der gleichen Nacht erfolgte, in der Alexander der Große geboren wurde), und man wird solchen Nachrichten daher nicht unbesehen trauen. Aber hier liegt der Umstand vor, dass das Ereignis zu Lebzeiten des Epigrammatikers vor sich ging, so dass es keinen Grund zum Zweifel daran gibt. Von da aus gelangt man, wenn T. als »junger Mann« (*iuvenis*) bezeichnet werden kann, zum Ansatz seines ungefähren Geburtsjahres. Die im Epigramm angegebene Charakteristik der Dichtungen zeigt, dass auch die Antike schon die Liebeselegien als wesentliche Leistung des Dichters angesehen hat, die damit einen Gegensatz zu Vergils Heldendichtung darstellen.

Dies dem ganzen Corpus Tibullianum in den Handschriften vorangestellte Epigramm und ein knapper Lebensabriss, der folgt, stammen aus dem verlorengegangenen Werk Suetons *Über die Dichter*. T., so heißt es dort, nehme nach dem Urteil vieler Männer den ersten Platz unter den Elegikern ein. Das entspricht dem Urteil Quintilians (inst. 10, 1, 93), dem T. als am meisten makellos und elegant erscheint, obwohl er anschließend zugibt, dass andere den Properz vorziehen. Horaz hat T.s Liebesklagen zu mildern gesucht (Ode 1, 33); die Liebeselegie entsprach seinem Wesen nicht, das auf die Wahrung der Persönlichkeit in allen Lebenslagen und des Vermeidens des Verlierens seiner selbst ausgerichtet war. Aber er stellt in seiner Selbstsicherheit andererseits, in den *Briefen* (1, 4), T. ein Zeugnis für feinen literarischen Geschmack aus. Damit bestätigt eine weitere zeitgenössische Stimme die vorgeführte antike Bewertung. Am bekanntesten ist vielleicht Ovids Elegie in den *Amores* (3, 9), in welcher er T.s Tod beklagt und ihn seinerseits in das Elysische Tal zu den vorangegangenen Dichtern Catull und Calvus eintreten lässt. Betrachtet man heute das Verhältnis der Elegiker Properz und Ovid zu T., so unterscheidet sich dieser wesentlich schon durch seine mit der Liebesklage verbundene Thematik von ihnen. Er findet einzigartige Töne der Zuneigung zu dem einfachen bäuerlichen Leben auf dem Boden Italiens. Sie entsprechen seiner tiefen Sehnsucht nach Frieden und nach der Geborgenheit in einem naturverbundenen Dasein. Die innerlich aufrichtige Religiosität, die in der herkömmlichen Verehrung der zu diesem Leben gehörigen Gottheiten zum Ausdruck kommt, ist gleichsam nur eine andere Ansichtsseite derselben geistigen Wesensart. Aber T. wählt nicht nur andere Themen in

Verbindung mit dem Ausdruck seiner Liebe. Seine Kunst besteht darin, dass er die Themen in feinen Schwüngen entfaltet, sie teils nahezu unmerklich ineinander übergehen lässt, teils auch schroff voneinander abhebt und bald dem einen, bald dem anderen größeren Raum gewährt. Dies sanfte Gleiten der Vorstellungen und Stimmungen, die erfrischende Fülle der Bilder, die immer auch von Empfindungen durchdrungen sind, die wohltuende Reinheit des jeweiligen besungenen Gefühls verleihen seinen Dichtungen jenen unvergleichlichen Zauber, der neben den empfindsamen deutschen Dichtern des Göttinger »Hainbunds« gerade auch Goethe und Mörike berührt hat.

Ausgabe: Liebeselegien. Hg. G. Luck. Zürich 1996 [lat.-dt.].

Hans-Otto Kröner

Tieck, Ludwig
Geb. 31. 5. 1773 in Berlin;
gest. 28. 4. 1853 in Berlin

T. ist als Klassiker kein lebendiger Bestandteil der heute gelesenen Literatur. Dass sein Name am geläufigsten blieb in Verbindung mit der maßgeblichen deutschen Shakespeare-Übersetzung, zu der er strenggenommen keine Zeile beitrug, die er vielmehr, nach August Wilhelm Schlegels Rückzug, als Redaktor und Herausgeber zu Ende geführt hat (von 1825 bis 1833), liefert dafür nur eine letzte Bestätigung. Die Nachwelt stufte ihn, der nach Goethes Tod als der repräsentative Schriftsteller der deutschen Literatur galt und noch bei seinem Tode von Friedrich Hebbel als »König der Romantik« gefeiert wurde, als ein Talent minderen Ranges ein. Das Urteil des Literarhistorikers Friedrich Gundolf – »Er fing an als Unterhaltungsschriftsteller niedrigen Niveaus, er hörte auf als Literaturgreis und Unterhaltungsschriftsteller hohen Niveaus« (1929) – hält noch im Lob die Herablassung, ja Verachtung fest. Man bewunderte den wendigen, witternden Nachahmer der jeweils virulenten Zeitströmung, der es von der Schauerliteratur seiner Anfänge bis zur Behandlung der Frauenemanzipation in der *Vittoria Accorombona* (1840) immer mit der Aktualität hielt. Man respektierte den geschickten Zweitverwerter alter Stoffe und Formen, der sich elisabethanische Schauspiele, deutsche Volksmärchen und Volksbücher, mittelalterliche Gedichte und Epen gleichermaßen produktiv zunutze machte; schätzte nicht zuletzt den bahnbrechenden Literaturvermittler, Übersetzer (Miguel Cervantes' *Don Quijote*, von 1799 bis 1801) und verdienstvollen Editor (u. a. der Werke von Wilhelm Heinrich Wackenroder, Novalis, Maler Müller, Heinrich von Kleist und Jakob Michael Reinhold Lenz). Aber den Rang eines eigenständig schöpferischen Autors sprach man ihm bis in die jüngste Zeit immer wieder ab. Mit seinen weitgespannten Interessen, seiner umfassenden Belesenheit, der nervösen Unrast seiner so aufnahmesüchtigen wie labilen Psyche war T. der erste »moderne« Dichter der deutschen Literatur – Eigenschaften, auf die vor allem Arno Schmidt hinwies.

Geboren als Sohn eines gebildeten Handwerkers, kam er bereits in früher Jugend mit der Welt des Theaters in Berührung; den größten Schauspieler, der je die Bühne nicht betrat, hat ihn Clemens Brentano genannt. Berlin, durch Friedrich II. zu einem Zentrum der Aufklärung geworden, hat ihn entscheidend geprägt. T. war ein Großstadtmensch, dessen Werk durch und durch urbane Züge trägt – noch seine Naturbegeisterung, seine frühromantische Landschaftsdichtung entstammen poetischer Einbildungskraft. Mit seinen seit 1821 erscheinenden Novellen, aber auch schon mit vielen der frühen Werke erschloss er der Dichtung den Alltag des modernen Lebens, die Atmosphäre der Stadt. Dem behenden, gewitzt-distanzierten, ironischen Tonfall – der Meister des Gesprächstons war ein weitgerühmter Rezitator eigener und fremder Texte –, der aufs Raffinierteste das Bekenntnis mit der Konversation zu mischen weiß, begegnen wir schon in den präromantischen Erzählungen, die er von 1794 bis 1798 für den populären Almanach *Straußfedern* des Berliner Verlegers und spätaufklärerischen Literaturpapstes Friedrich Nicolai verfasst hat. Gerade seine schriftstellerischen Anfänge, die Jahre zwischen 1789 und 1796, als er noch (aber nicht nur) in die Schule der Trivialliteratur ging und um Geld schrieb, hat man T. später immer besonders angekreidet.

Dass der Frühreife, der seinen Lehrern August Ferdinand Bernhardt und Friedrich Eberhard Rambach bei der Ausarbeitung von Sensationsromanen half, in knapp fünf Jahren ein gutes Dutzend Dramen und zwei Schauerromane neben vielem anderem verfasste, wenig später aber zum Mitbegründer der Romantik wurde, um im Alter dann die Gesellschaftskunst der Novelle in Deutschland heimisch zu machen – diesem verschlungenen Hin und Her ließ sich keine Entwicklung, kein Reifeprozess abgewinnen. Die Literaturwissenschaft verfiel auf den Ausweg, nur die Werke der romantischen Jahre (von 1796 bis 1804) gelten zu lassen. Zweifellos war dies T.s glücklichste Zeit, als er, im Mittelpunkt eines großen Kreises von Freunden (u. a. Novalis, August Wilhelm und Friedrich Schlegel, Henrik Steffens, Wilhelm Heinrich Wackenroder) stehend, jene Resonanz des Gesprächs und der wechselseitigen Anregung fand, die er zum Schreiben als Stimulans benötigte. In schneller Folge entstanden jene Werke, die noch heute seinen Ruhm ausmachen: die ironisch-satirischen Märchenspiele (*Der gestiefelte Kater*, 1797; *Ritter Blaubart*, 1797), in deren Verkehrungsprinzip auch zeitkritische Bezüge durchklingen; die teils holzschnitthaft-naiv stilisierten, teils dämonisch-abgründigen Volksbuchbearbeitungen und Märchenerzählungen (*Der blonde Eckbert*, 1797; *Der Runenberg*, 1804); schließlich die Lesedramen *Leben und Tod der heiligen Genoveva* (1799) und *Kaiser Octavianus* (1804), in denen Friedrich Schlegels Programm einer »progressiven, romantischen Universalpoesie« vielleicht am reinsten, gewiss aber auch am blassesten verwirklicht ist.

Blutleer wirkt heute auch der Roman *Franz Sternbalds Wanderungen* (1798), dem neben Wackenroders *Herzensergießungen* wegweisenden Text für die romantische Mittelaltersehnsucht und Kunstreligion: »Wenn alle Menschen Künstler wären oder Kunst verstänen, wenn sie das reine Gemüt nicht beflecken und im Gewühl des Lebens abängstigen dürften, so wären doch gewiß alle um vieles glücklicher. Dann hätten sie die Freiheit und die Ruhe, die wahrhaftig die größte Seligkeit sind.« Die Wirklichkeit T.s sah anders aus. Die Abhängigkeit von Verlegern und Publikum, von Freunden und Mäzenen machten den ständig in Geldnöten Schwebenden, wohl auch über seine Verhältnisse Lebenden, zum »Freibeuter der Gesellschaft« (Heinz Hillmann). »Jener fröhliche Leichtsinn« – so schrieb er während seiner Lebenskrise, als er am Sinn aller Kunst zweifelte, am 16. 12. 1803 an Friedrich Schlegel –, »in welchem ich mich doch nur eingelernt hatte, ist mir eigentlich sehr unnatürlich, von meiner frühesten Kindheit hängt mein Gemüth zu einer schwärmerischen Melankolie und je älter ich werde, je mehr tritt meine Kindheit entwickelt wieder in mir hervor.« Dass das Dämonische ans Alltägliche angrenzt, das Seltsamste mit dem Gewöhnlichen sich mischt, hatte T. früh erfahren und es als eine Poetik des Wunderbaren zu erfassen und zu gestalten versucht.

Zeitweise wurden die Depressionen in den Jahren zwischen 1803 und 1818 so stark, dass sie den Schaffensdrang völlig lähmten. In dieser krisenhaften Situation nahm er das Angebot seines Freundes Wilhelm von Burgsdorff an und übersiedelte im Herbst 1802 in die ländliche Einsamkeit der Mark Brandenburg, nach Ziebingen. Dort lernte er – seit 1798 mit Amalie Alberti verheiratet – die »Gräfin«, Henriette von Finckenstein, kennen, die ihm Geliebte, Muse und Mäzenin in einem ist und fortan mit seiner Familie lebt. Bis 1819 blieb Ziebingen sein Wohnsitz, unterbrochen durch Reisen nach München (1804, von 1808 bis 1810), Rom (1805/1806), Wien (1808), Prag (1813), London und Paris (1817). In diesen Jahren vollzog sich der entscheidende Wandel seines Werks – ein Wandel, für den, neben den Anregungen durch den Ziebinger Kreis, die

Freundschaft mit dem Philosophen Karl Wilhelm Ferdinand Solger von ausschlaggebender Bedeutung war. Den pathologischen Nihilismus seines Frühwerks (*William Lovell*, 1795/96) lernte er, wenn nicht zu überwinden, so doch in wissender Ironie, der Selbstaufhebung des Endlichen, zu bannen. Der Ziebinger Kreis, dem er in den Rahmengesprächen des *Phantasus* (1812–16), einer Sammlung seiner romantischen Erzählungen und Spiele, ein bleibendes Denkmal gesetzt hat, wurde mit seiner Gesprächskultur und literarischen Geselligkeit auch zur Keimzelle von T.s Novellistik.

1819 zog er nach Dresden. Als Hofrat und Dramaturg des Theaters (ab 1825) nahm er bald eine zentrale Stellung im kulturellen Leben der Stadt ein. Seine Leseabende, die er wie ein Dichterfürst zelebrierte, lockten Gäste aus nah und fern an. Auch als Schriftsteller gewann er nun endlich die Reputation und Ausstrahlung, die ihn beim Lesepublikum bekannt und populär machten. 1821 erschienen die beiden ersten Novellen (*Der Geheimnisvolle, Die Gemälde*), denen bis 1841 noch über dreißig weitere folgten (darunter 1838 *Des Lebens Überfluß*, das Meisterstück von seiner Hand): »Ich bilde mir ein, eigentlich unter uns diese Dichtart erst aufzubringen, indem ich das Wunderbare in die sonst alltäglichen Umstände und Verhältnisse lege.« Seine Novellen, die den Zeitgenossen zum Vorbild für die Gattung wurden, spiegeln thematisch wie stilistisch die ganze Physiognomie der biedermeierlichen Gesellschaft wider. Charakteristisch für T.s Novellenkunst ist das ironische Changieren zwischen den Standpunkten, das »begebenheitliche« Interesse der Konversation, dem es nicht um Überzeugungen, sondern um die Form, das Spiel geht.

1842 folgte T. einem Ruf des preußischen Königs Friedrich Wilhelm IV, auf Dauer wieder in seine Heimatstadt Berlin überzusiedeln. Mit der Einladung verband der König den Wunsch und die Aufgabe, Musteraufführungen auf der Bühne des Potsdamer Neuen Palais in Szene zu setzen. Theatergeschichte gemacht hat von diesen Aufführungen nur die Inszenierung von Shakespeares *Sommernachtstraum* mit der Bühnenmusik von Felix Mendelssohn Bartholdy (1843). Geschrieben hat T. nach der letzten, noch in Dresden entstandenen Novelle *Waldeinsamkeit* (1840) nichts mehr.

Die letzten Lebensjahre des Alternden waren von Einsamkeit, Resignation und fortschreitender Krankheit bestimmt. Auf die Revolution von 1848 reagierte er mit Unverständnis, ja Verbitterung. Er verstand die Zeit nicht mehr, die über ihn hinwegging. Robert Minder hat als die beiden Pole von T.s Leben und Werk »Partizipation« und »Mystifikation« benannt: »Mit jener ist echte, volle Hingabe an ein Ereignis gemeint; mit dieser eine limitierte Teilnahme, die der Lust an Nachahmung und der Gabe mimischer Brillanz entspringt.« Von den frühesten Versuchen noch des Schülers bis zu dem großen, bedeutenden Altersroman *Vittoria Accorombona* (1840) zieht sich eine »Einheit von Enthusiasmus und Ironie« (Robert Minder). In diesem Sinne ist T. in allen Wandlungen, in allen Masken und Wendungen, immer Romantiker geblieben – auch dort noch, wo sein Werk schon an den heraufdämmernden Realismus einer neuen Zeit grenzt.

Werkausgaben: Schriften in 12 Bänden. Hg. von Manfred Frank u. a. Frankfurt a. M. 1985 ff. (noch nicht abgeschlossen); Schriften. 28 Bde. Berlin 1828–1854.

Uwe Schweikert

Timm, Uwe
Geb. 30. 3. 1940 in Hamburg

T. ist ein charmanter Erzähler, ein lebensfroher Humanist. Bis heute glaubt er unbeirrt an die Macht des geschriebenen Wortes. Als einem der letzten Repräsentanten dieser vom Aussterben bedrohten Spezies deutscher Intellektueller ist es T. gelungen, sich geistig und literarisch weiterzuentwickeln. Während der »Marsch durch die Institutionen« für viele seiner Weggefährten aus der Studentenbewegung auf Chefetagen oder in Ministerialbüros endete, während sich andere »Achtundsechziger«

der Politischen Rechten zuwandten oder mit der Deutschen Kommunistischen Partei verstummten, konnte sich T. allen Trends und historischen Zäsuren zum Trotz intellektueller Erstarrung entziehen. Dialektik und Epikureertum bewahrten ihn vor politischer Konversion und Eskapismus, so dass aus einem Protagonisten des Sozialistischen Deutschen Studentenbundes und einem Wortführer der DKP nahestehender Zeitschriften und Verlage ein kritischer Chronist der Bundesrepublik und ihrer schwarzweißroten Wurzeln geworden ist. Wie kaum ein anderer deutschsprachiger Autor verquickt T. Fakten und Fiktion zu unterhaltsamen Geschichten, zu deutschen Dioramen.

Drei Jahre bevor 1971 im Hamburger Verlag Neue Presse sein Buchdebüt *Widersprüche* erschien, hatte der Germanistikstudent T. in *Maiengrün und Maienrot. Frühlingslieder von Hamburg linksliterarisch* ein kämpferisches Gedicht veröffentlicht. Der Parole vom Tod der Literatur hielt er die aufklärerische Kraft politischer Lyrik entgegen und prangerte 1969, Seite an Seite mit Versen von Erich Fried, Nicolas Born, Guntram Vesper und F. C. Delius, historische Widersprüche sowohl in der DDR als auch in der BRD an. Aus den 1920er Jahren hatte das Herausgeberkollektiv des Quer-Verlages den Begriff »Agitprop« reanimiert. T. forderte in einem programmatischen Text die Veränderung der Wirklichkeit durch Sprache. Wissen ist Macht, Macht ist Wissen: Nach einer Kürschnerlehre hatte der gebürtige Hamburger auf dem »Braunschweig-Kolleg« 1963 das Abitur nachgeholt. Anschließend studierte er Philosophie und Germanistik. Er trat in den Sozialistischen Deutschen Studentenbund ein und publizierte gemeinsam mit seiner späteren Frau, der Übersetzerin Dagmar Ploetz, in Arnfried Astels *Literarischen Heften* (vormals »Lyrische Hefte«). Mit seinen frühen Gedichten zielte T. auf den Mythos der »Stunde Null«. Die Entnazifizierung war eine Farce gewesen, ehemalige Nationalsozialisten hatten in Justiz, Politik, Wirtschaft und Wissenschaft bald schon wieder führende Positionen besetzt. Erst die Studentenbewegung und ihre Autoren setzten der kollektiven Verdrängung jüngster deutscher Geschichte ein Ende. Bewusst holzschnitthaft plakatierten T. und die »Wortgruppe München« gesellschaftliche Widersprüche und ihre historischen Ursachen, wobei sich nach T.s bislang jüngster Veröffentlichung *Am Beispiel meines Bruders* (2003) neue autobiographische Bezüge ergeben. Es galt für die Autoren der Studentenrevolte auch, familiäre Schuld abzutragen. Unter anderem aus ihrer Auseinandersetzung mit staatlicher Autorität und den Kriegsverbrechen der Väter (und älteren Brüder) entstand, zeitgleich zu unzähligen Verlags- und Zeitschriftengründungen, die Idee zur »AutorenEdition«. Erklärtes Ziel ihrer Herausgeber Gerd Fuchs, Heinar Kipphardt und T. war es, einem großen Leserkreis »anschaulich und unterhaltsam« mittels Literatur »gesellschaftliche Probleme« zu verdeutlichen.

Nach seiner Promotion über das Absurde bei Albert Camus erschien 1974 T.s erster Roman, *Heißer Sommer*. Erzählerisch auf hohem Niveau schildert er darin die Erfahrungen des Germanistikstudenten Ulrich Krause, für den der Tod Benno Ohnesorgs wie für viele seiner Generation zum Schlüsselerlebnis wird. Im Zentrum des Romans steht das Verhältnis von Individuum und Kollektiv – Joints, Freie Liebe und Hölderlin contra Grundsatzdiskussionen, WG-Erfahrungen und dogmatische »Seminarmarxisten«. T.s Versuch, den traditionellen Entwicklungsroman mit neuen Inhalten zu beleben, war erfolgreich.

Sechs Jahre später schrieb T. die Thematik aus *Heißer Sommer* in *Kerbels Flucht* fort. Christian Kerbel hat sich weder für die Kollektividee noch für den Marsch durch die Institutionen entschieden. Er schlägt sich als Taxifahrer durch. Ergänzt durch fiktive Dokumente und die Sichtweise Dritter, erzählen Kerbels autobiographische Notizen von der Dissoziation seiner Persönlichkeit. Gebildet trägt der Gescheiterte seine politische Frustration und seine private Misere zur Schau. Werther, Lenz und Wannseegrab; verzweifelte Liebe, Lebensüberdruss und Freitod. Von seiner Freundin verlassen und an seiner Dissertation gescheitert, rast Kerbel in eine Polizeikontrolle und wird im Zuge einer Rasterfahndung nach Terroristen erschossen. *Kerbels Flucht* ist eine raffinierte Collage aus Literaturzitaten. Sie zeichnet darüber hinaus ein genaues Bild bundesdeutscher Wirklichkeit Ende der 1970er, Anfang der 1980er Jahre. Der Mai '68 endete in einem deutschen Herbst, viele Individuen scheiterten an ihren Träumen vom Kollektiv.

Zwei Jahre vor *Kerbels Flucht* war T. 1978 mit *Morenga* ein grandioser historischer Roman zu »Deutsch-Südwestafrika« gelungen. Bis dahin unveröffentlichte Dokumente und erdichtete Figuren wie der Pferdedoktor Johannes Gottschalk montierte T. meisterhaft zum Historienbild des deutschen Völkermordes an Hereros und Namas. Im Mittelpunkt der Romanhandlung steht der Widerstand des Stammesführers Morenga gegen die deutschen »Schutztruppen«. Ein einzelner widersetzt sich der kollektiven Übermacht eines Besatzungsheeres, das rund 70000 Schwarze, darunter Frauen und Kinder, planvoll in den Tod geschickt und auf afrikanischem Boden die ersten deutschen Konzentrationslager errichtet hat. Mit seinem dichten literarischen Gewebe aus nüchternen Fakten und phantasievoller Erzählweise gehört *Morenga* zu einem der wesentlichen historischen Romane des ausgehenden 20. Jahrhunderts. – Mit *Der Mann auf dem Hochrad* wechselte T. 1984 Technik und Tonfall. Heiter-ironisch erzählt er die Geschichte des Tierpräparators und Fahrradpioniers Franz Schröder. Dabei gelingt ihm eine amüsante Parabel auf den durchaus beirrbaren Glauben an technischen Fortschritt.

Ein Suchender wie Ulrich Krause aus *Heißer Sommer*, ein Verzweifelnder wie Christian Kerbel aus *Kerbels Flucht*, doch auch ein Neugieriger wie Franz Schröder, der *Mann auf dem Hochrad*, ist T.s Romanfigur Wagner aus *Der Schlangenbaum* (1986). Diese flieht aus einer privaten Krise heraus nach Lateinamerika. Gleich zu Beginn des Romans erweist sich das Zufluchtsland für den Hamburger Ingenieur jedoch als bedrohlich. Erste Eindrücke und Erlebnisse auf dem fremden Kontinent entsprechen keineswegs seinen Vorstellungen. Aus den vielfältigen Irritationen seiner Romanfigur sowie durch verschiedene Vordeutungen entwickelt T. eine erzählerische Spannung, die in den Fiebervisionen und Bürgerkriegsbildern am Ende des Romans ihren Höhepunkt findet. In nur wenigen Tagen erzählter Zeit verwickelt Timm seinen Protagonisten in einen dramatischen Konflikt. Mitteleuropäische Denkstrukturen und die Narben seiner privaten Krise stoßen auf brisante Probleme eines Drittweltlandes, auf Widersprüche von Ökonomie und Ökologie.

Nach nicht sonderlich gelungenen Aufzeichnungen aus Rom veröffentlichte T. 1991 mit seinem Roman *Kopfjäger* die Geschichte eines gewitzten Schiebers. Es geht um Lug und Trug im Wirtschaftsleben, um Fressen und Gefressenwerden. Einem großen Lesepublikum wurde T. mit Kindergeschichten, durch verschiedene Filmdrehbücher, etwa zur Boxlegende Bubi Scholz, vor allem aber mit seinem Roman über die *Entdeckung der Currywurst* (1993) bekannt. Am Einzelschicksal große Zusammenhänge sinnlich verständlich zu machen, das sind der Anspruch und das Verdienst des Erzählers T. Wie kein anderer bundesdeutscher Gegenwartsautor vermag er, allen erzähltechnischen Experimenten gegenüber offen, Handlung und historische Bezüge an einzelnen Erzählfiguren festzumachen und diese anhand von sinnlichen Wahrnehmungen dem Leser zu vermitteln. T.s herrliche Geschichte der Wurstbraterin Lena Brücker, seine Rahmenerzählung von der Einsamkeit des Alterns und seine Binnengeschichte von Lust und Liebe einer jungen Frau gegen Ende des Zweiten Weltkriegs, ist eine faszinierende Rückbesinnung auf die uralte Kunst des Erzählens: Da wird vorausgegriffen und zurückerinnert, Menschen werden uns vor Augen geführt, Lebensräume und Arbeitsplätze geschildert, und aus all dem entsteht ein sprachlich faszinierendes Bild von Hamburg zwischen Zerstörung und Wiederaufbau.

Wichtig ist T. die Erzählbarkeit von Geschichten in Zeiten der Bilderflut. Nicht, dass der Drehbuchautor etwas gegen Bilder hätte, ganz im Gegenteil, doch Sache des Romanciers ist es, Wirklichkeit in Sprachbildern zu vermitteln. So wie uns Heinrich Böll oder

Wolfgang Koeppen Trümmerzeit und Wirtschaftswunder literarisch enthüllt haben, führt T. mit *Johannisnacht* (1996) ins Berlin brodelnder Christo-Euphorie, abgewickelter Intelligenz und ekstatischer Technorhythmen – in eine von Baustellen entstellte Hauptstadt voller Sieger und Verlierer. Anders als Nachrichten, Pressefotos oder Fernsehberichte erzählt T. Zeitgeschichte anhand fiktiver Einzelschicksale und Charaktere. Eigentlich will seine autobiographisch angelegte Romanfigur lediglich einen Zeitschriftenartikel über die Kulturgeschichte der Kartoffel schreiben, doch während der Recherchen in Berlin verliert er sich in unzähligen Begegnungen. Als Mosaik ergeben sie ein Bild Berlins im Sommer 1995.

In seinem Erzählband *Nicht morgen, nicht gestern* (1999) widmet sich T. in Rollenprosa der Sicht jener Menschen, die sich in der Regel nicht literarisch äußern, deren Schicksal die Tagespresse keine Bedeutung schenkt. Zwei Paare, die sich spontan trennen, um ihre Gefühle vor einer alptraumhaften Zukunft zu bewahren, ein junger Hacker, der einem Ausländerkind den lebensrettenden Krankenhausplatz besorgt, und eine alte Pelznäherin, die ihren Mantel zur Autobiographie wendet. Es sind meist kurze Augenblicke, die Biographien in völlig neue Bahnen lenken – im Leben wie in der Literatur. Diese Momente beschreibt T. einfühlsam und mit großer Genauigkeit. Er verleiht jenen, die literarisch stimmlos sind, Sprache.

Wie schon in der *Entdeckung der Currywurst* thematisiert T. in *Rot* das Altern. Seit »Der Mensch erscheint im Holozän« von Max Frisch ist *Rot* die wohl eindrucksvollste Auseinandersetzung mit dem Älterwerden. Von einigen Passagen liebestoller Herrenprosa abgesehen, hält darin ein Jazzkritiker, Ex-Animateur und Beerdigungsredner eine furiose Leichenrede auf sich selbst. Kein Pathos, keine Larmoyanz, stattdessen eine Liebesgeschichte und ein lebensfroher Nachruf auf seine Ansichten, sein Suchen, sein Hoffen und damit eine Rückschau auf viele Romanfiguren T.s, von *Heißer Sommer* bis *Johannisnacht*.

Der Protagonist von T.s jüngstem Buch ist nicht frei erfunden. *Am Beispiel meines Bruders* erzählt von der Verführbarkeit durch Macht. Das Schicksal des SS-Mannes Karl Heinz Timm steht exemplarisch für den fatalen Sog kollektiver Gewalt. Von *Morenga* bis *Rot* – T.s literarisches Gesamtwerk veranschaulicht an schillernden Romanfiguren hundert Jahre deutsche Geschichte.

Michael Bauer

Tirso de Molina
(d. i. Fray Gabriel Téllez)
Geb. 9. 3. 1584 (1581?) in Madrid;
gest. 12. 3. 1648 in Soria

Gabriel Téllez alias Tirso de Molina gehört mit Lope de Vega und Calderón zum Dreigestirn am spanischen Theaterhimmel des Siglo de oro. Er ist durch die erste Dramatisierung des Don Juan-Stoffes (deren Verfasserschaft aber immer wieder angezweifelt wurde) in die Literaturgeschichte eingegangen. Insgesamt schrieb er rund 300 Stücke, von denen etwa 50 erhalten sind. T. wurde 1601 Mercedariermönch und lebte von 1606 bis 1615 in einem Kloster in Toledo, wo er auch Lope de Vega kennenlernte. 1616 bis 1618 war er auf Santo Domingo (Haiti) und lebte anschließend vor allem in Madrid, bevor er 1625 seine Kontakte zum Hof abbrechen und die Stadt verlassen musste. Dem hohen Klerus missfiel sein dramatisches Engagement: Er wurde aufgrund des profanen und unmoralischen Charakters seiner Texte sanktioniert. 1632 wurde er Chronist seines Ordens, 1634 konnte er in die spanische Hauptstadt zurückkehren, 1645 ging er als Prior in ein Kloster nahe Sorias am oberen Duero.

Das bereits 1624 in Madrid uraufgeführte Schauspiel in drei Akten *El burlador de Sevilla y convidado de piedra* (1630; *Don Juan – Der Verführer von Sevilla und der steinerne Gast*, 1976) zeigt in der Zeit der Gegenreformation und eines erstarkten, die alten Normen missachtenden Jungadels einen triebhaften Vertreter dieses Standes, der das sexuelle Abenteuer sucht und gleichzeitig alle ihm vertrauenden Personen belügt und verspottet. Im durch die

Inquisition bestimmten Spanien bot der Don Juan-Stoff dem Publikum den Reiz, eine erotische Abenteuergeschichte unter dem Vorwand moralischer Erbauung und Warnung zu lesen. Die Dynamik des Stückes entsteht aus der Spannung zwischen einer Gesellschaft, die die Ehre der Frauen auf die voreheliche Jungfräulichkeit reduzierte und die der Männer einzig in der Treue ihrer Braut sah, sowie der Begierde und dem Spott des Don Juan. Nach dem Strukturmodell von Begierde – Verführung – Enttäuschung (»desenganho«) erschleicht sich Don Juan in den literarischen Konstellationen der Staatsaktion, der Pastorale, des Mantel-und-Degen-Stücks sowie der bäuerlicher Farce das Vertrauen von vier Frauen. Dies geschieht nicht durch körperliche Anziehung, sondern im Fall der sozial tiefergestellten Frauen durch Heiratsversprechen bzw. im Fall der Adligen durch eine falsche, maskierte Identität. Die Handlung erreicht ihren Höhepunkt im Moment, als Don Juan in seiner Hybris so weit geht, die Steinfigur eines von ihm getöteten Komturs zu verspotten. Damit tastet er göttliche Rechte an; er wird von der Statue gerichtet und muss die Höllenfahrt in die ewige Verdammnis antreten. Neben dem Faustoff ist der Don Juan-Mythos sicherlich der bekannteste in der europäischen Literatur: Über die italienische Comedia dell'arte gelangte der Stoff zu Molière, der aus dem reinen Triebmenschen einen räsonierenden Libertin macht. In Mozart/Da Pontes Oper *Don Giovanni* erlangte er Weltrum, bevor ihm im 19. Jahrhundert José Zorilla unter christlich-didaktischer Zielsetzung am Ende sogar Erlösung und Popularität in ganz Spanien zukommen ließ. Durch Bearbeitungen unter anderem von Charles Baudelaire, Max Frisch, Jean Anouilh und Peter Handke entstand letztendlich ein Don Juan der Moderne; Denker wie Ernst Bloch, Ortega y Gasset und Albert Camus haben sich mit dem Don Juan-Mythos beschäftigt.

In den meisten Komödien T.s triumphiert die weibliche List über männliche Gutmütigkeit oder Tölpelhaftigkeit, etwa in *La villana de vallecas* (1627; *Gelegenheit macht Diebe*, 1964). Die volkstümliche Verkleidungskomödie *Don Gil de las calzas verdes* (1635; *Don Gil von den grünen Hosen*, 1977) hatte beim zeitgenössischen Publikum keinen Erfolg. Lope de Vega bezeichnete das heute bekannteste unter den Intrigenstücken T.s gar als »albernes Werk«. Die listige Doña Juana versucht, ihren Geliebten Don Martín wiederzuerlangen, und schlüpft dafür in eine Männerrolle.

Nach einem teilweise verwirrenden Maskenspiel verhindert Juana die wirtschaftlich motivierte Hochzeit ihres Geliebten und gewinnt diesen zurück. Mit der Sammlung *Los cigarrales de Toledo* (1621) gelingt T. eine Sitten- und Gesellschaftsschilderung im Stile von Boccaccios *Decamerone*, während *La prudencia en la mujer* (1634) als sein bestes historisches Stück gilt. Der Mercedariermönch schrieb auch Werke religiösen Charakters: In *El condenado por desconfiado* (1635; *Der Kleinmütige*, 1953) wird ein Einsiedler nach zehnjähriger Buße mit der Möglichkeit seiner eigenen Verdammnis konfrontiert. *Deleytar aprovechando* (1635) weist strukturelle Parallelen zu *Los cigarrales de Toledo* auf, jedoch ist die Leichtigkeit einem tief religiösen Charakter gewichen. In *Marta la piadosa o la beata enamorada* (1636; *Die fromme Marta*, 1870) gelingt dem Mönch eine der einfühlsamsten Frauencharakterisierungen seiner Zeit.

David Freudenthal

Tišma, Aleksandar
Geb. 16. 1. 1924 in Horgoš, Vojvodina/Serbien; gest. 16. 2. 2003 in Novi Sad

Die ersten Erzählbände *Krivice* (1961; Schuld) und *Nasilje* (1965; Gewalt) von Aleksandar Tišma benennen lange vor seinen großen Romanen Schuld und Unschuld, Gewalt und Ohnmacht als die Achsen seines literarischen Koordinatensystems, das eine skeptische Lebensauffassung abbildet, die an den Existenzialismus und Nihilismus erinnert. Sie ist Resultat von T.s persönlicher Erfahrung, der sich als Sohn eines Serben und einer jüdischen Ungarin während des Zweiten Weltkriegs vor möglichen Verfolgungen schützen musste. Geographische Koordinate ist die Vojvodina, Heimat von Serben, Ungarn und Deutschen christlichen oder jüdischen Glaubens, mit ihrem Zentrum Novi Sad, das im Zweiten Weltkrieg zu einem Mikrokosmos zügelloser Gewalt wurde. Mit unbarmherzig rationalem Blick fängt T. in seinem aus vier Romanen und einem Erzählband bestehenden »Pentateuch« (T.) unvorstellbare Gewaltszenen ein, durch die der Mensch sich seiner Nichtigkeit bewusst wird und erkennen muss, dass er durch seine Fähigkeit zu denken per se schuldbeladen ist.

In *Knjiga o Blamu* (1972; *Das Buch Blam*, 1995), dem ersten Roman des »Pentateuch«, analysiert T. in einer eindrucksvollen psychologischen Studie das quälende Schuldgefühl des Juden Blam, der als einziger seiner Familie den Zweiten Weltkrieg überlebt hat. Die verschlungene Erzählkonzeption, die Blams sprunghaften Gedankengängen und Träumen folgt, findet eine Steigerung im nächsten Roman *Upotreba Čoveka* (1976; *Der Gebrauch des Menschen*, 1991), T.s Meisterwerk. Protagonisten sind zwei serbische Jungen und ein jüdisches Mädchen, in deren düstere Gedankenwelt der Erzähler kurz vor Ausbruch des Zweiten Weltkriegs bis zu ihrem frühen Tod abwechselnd eindringt. Die Geschichte vom Sterben der drei befreundeten Schüler, die im Krieg auf unterschiedliche Weise als menschliches Kriegsmaterial missbraucht werden, ist eingebettet in das traurige Schicksal ihrer Deutschlehrerin; permanent wird diese Erzählung über die Freunde durch reportageartige Einschübe über Dinge oder Ereignisse aus ihrem Leben unterbrochen. Auf diese Weise wirkt dieser Roman wie ein Kaleidoskop, in dem der Mensch als Spielball einer nicht begreifbaren, grausamen Macht dargestellt wird.

Dass diese Macht auch in Friedenszeiten wirkt, zeigt T. mit dem Roman *Vere i zavere* (1983; *Treue und Verrat*, 1999): Ein Serbe gerät während des Zweiten Weltkriegs in eine Spirale der Gewalt, aus der er sich bis weit in die Nachkriegszeit nicht befreien kann. Dies ermöglicht ihm erst der Freitod eines Freundes, den jener anstelle eines gemeinsam geplanten Mordes wählt. Der Freitod ist die eindringliche Mahnung, auf das Gewissen zu hören, um nicht, wie der Jude Lamian, Protagonist des Romans *Kapo* (1987; *Kapo*, 1999), an Schuldgefühlen zu zerbrechen. Lamian hat sich während seiner Internierung in Auschwitz als Kapo an vielen Frauen, unter ihnen auch eine Jüdin, vergangen, um seinen eigenen Überlebenswillen zu stärken. Vier Jahrzehnte später sucht er vergeblich diese Jüdin, um von ihr Vergebung zu erlangen. Mit *Kapo* löst T. die Grenze zwischen Opfer und Täter vollkommen auf. Zugleich verdeutlicht er, dass selbst ein Opfer, das aus unerträglichem Leid zum Täter wird, kein Vergeben finden kann. Die Erzählung *Škola bezboštništva* aus dem gleichnamigen Erzählband (1978; *Die Schule der Gottlosigkeit*, 1993) schließt diesen Gedankengang und damit auch den »Pentateuch«. Geschildert wird ein bestialischer Folterakt, den ein vorher unscheinbarer Mann im Krieg für die Geheimpolizei aus Minderwertigkeitsgefühlen verübt. Diese Gewalttat wird zur Lehrstunde der Gottlosigkeit, denn der Folterer wird zum Herrn über Leben und Tod, über dem kein Gott steht, der ihm vergeben oder der ihn strafen könnte.

Wie in diesen fünf Werken konzentriert sich T. auch in allen weiteren Erzählungen und Romanen, etwa in dem späten Roman *Koje volimo* (1990; *Die wir lieben*, 1996), der in der Halbwelt der Prostituierten spielt, stets auf gewöhnliche Menschen, die aus Angst oder aus unerfüllten Sehnsüchten Schuld auf sich laden. Das Besondere an T.s Figuren ist, dass sie real und menschlich wirken, was den Leser zwingt, sich selbst mit Gewalt und Schuld zu befassen. Für sein Werk erhielt T. zahlreiche Auszeichnungen, darunter auch den Leipziger Buchpreis zur Europäischen Völkerverständigung (1996). Im ehemaligen Jugoslawien war er durch seine realistisch-pessimistische Weltsicht lange Zeit ein ungeliebter Autor, dessen Ausreiseanträge regelmäßig abgelehnt wurden. Erst seit den 1980er Jahren erfuhr T. nationale und internationale Anerkennung. Von

1984 bis zu seinem Tod war er aktives Mitglied der Serbischen Akademie der Künste und Wissenschaften.

Dajana Bajković

Tjutčev, Fedor
Geb. 5. 12. 1803 in Ovstug, Gouvernement Orel/Russland; gest. 27. 7. 1873 in Carskoe Selo

Der Lyriker Fedor Tjutčev war adliger Herkunft und hatte als junger Mann literarische Kontakte in Moskau, wo er studierte, und später in St. Petersburg, wo er seine erste Beamtenstellung am Kollegium für auswärtige Angelegenheiten innehatte. 1822 verließ er aber Russland und ging nach München an die dortige Gesandtschaft. Über 20 Jahre (bis 1844) lebte er überwiegend in Deutschland, lernte Friedrich Schelling und Heinrich Heine kennen, betrachtete sein Dichten freilich allenfalls als Nebenbeschäftigung. Später war er im St. Petersburger Außenministerium als Zensor tätig. Gewisse Aufmerksamkeit in Russland erlangte er erstmals 1836, als in der Zeitschrift *Sovremennik* (Der Zeitgenosse) 16 Gedichte von ihm gedruckt wurden. Die Texte waren jedoch nur mit den Initialen gezeichnet, die Person hinter diesem Kürzel war nur wenigen bekannt. Für breitere Anerkennung sorgte später unter anderem Ivan Turgenev, der 1854 einen Band mit 92 Gedichten T.s herausbrachte (*Stichotvorenija*, Gedichte).

Eine zweite Gedichtsammlung folgte erst 1868 (unter demselben Titel). Zentrale Aspekte seiner Poetik und seiner Weltsicht sind bereits in Gedichten der 1830er Jahre enthalten. Am berühmtesten ist »Silentium!« (1830; »Silentium!«), wo das Ich die Unmöglichkeit formuliert, sein Innerstes einem anderen mitzuteilen, verdichtet in dem berühmten Satz »Der ausgesprochene Gedanke ist eine Lüge«. Das Seelenleben wird als eine ganze Welt von »geheimnisvoll-zauberhaften Gedanken« beschrieben, während die Außenwelt mit ihrem Lärmen und ihrem Tageslicht dieses Innenleben zu übertönen und zu überstrahlen droht. Daher ist der Text auch ein Appell, die Versenkung in die Innenwelt immer aufs neue zu versuchen. Das Gedicht »Son na more« (1833; »Traum auf dem Meer«) ist die Gestaltung einer solchen Innenwelt. Der Blick nach innen wird ausgelöst durch ein konkretes Naturerleben, eine Erfahrung der elementaren Kräfte während einer stürmischen Bootsfahrt. Die Kräfte offenbaren sich als »Chaos von Klängen«, von dem der Traum des Ich getragen wird. Dem träumenden Ich tut sich eine ganze Welt auf, über der es selbst wie ein Schöpfer steht – eine prächtige Welt mit grünen Landschaften und hellem Himmel, mit Gärten, Palästen, bunten Menschenmengen und vielfältigen Geschöpfen.

Neu gegenüber der älteren Romantik ist dabei der Gedanke, dass das Naturerleben es ermöglicht, in der Vision die Begrenztheit der normalen Wahrnehmungsfähigkeit zu überwinden, und dass auf der Grundlage des Chaotischen, Amorphen, das Geformte, die Schöpfung, entsteht. In der eigentlichen Naturlyrik T.s, die in seinem Schaffen breiten Raum einnimmt, ist die Nacht, das Dunkle, das Chaos hinter der Schönheit der Naturerscheinungen, oft eher beängstigend. In seiner Gedankenlyrik sind poetologische Themen eher selten zu finden, häufiger sind allgemein menschliche, philosophische Themen, in deren  Nachbarschaft sich eine größere Zahl von Liebesgedichten findet, besonders bekannt ist etwa »Poslednjaja ljubov'« (ca. 1854; »Letzte Liebe«). Obgleich T. überhaupt erst Beachtung fand, nachdem die Romantik vom Realismus abgelöst worden war und politisch-soziale Themen die literarische Diskussion dominierten, setzte er sich letztlich durch und gilt heute als einer der großen Dichter des 19. Jahrhunderts.

Werkausgabe: Im Meeresrauschen klingt ein Lied. Ausgewählte Gedichte. Russisch und deutsch. Hg./ Übers. L. Müller. Dresden 2003.

Frank Göbler

Toer, Pramoedya Ananta
Geb. 6. 2. 1925 in Blora, Java/Indonesien; gest. 30. 4. 2006 in Bogor, nahe Jakarta

Die Werke des bedeutendsten Romanciers Indonesiens Pramoedya Ananta Toer, die in zahlreiche Sprachen übersetzt und international durch zahlreiche Auszeichnungen gewürdigt wurden, waren in seiner Heimat bis 1996 ausnahmslos verboten. Der Autor selbst, der mehrfach für den Nobelpreis für Literatur nominiert war, war in den 1960er und 70er Jahren 14 Jahre lang in Gefängnissen und Lagern inhaftiert und lebte anschließend während zweier Jahrzehnte unter Hausarrest in Jakarta.

Nach seiner Schulausbildung in Blora, Surabaya und Jakarta arbeitete P. zunächst als Journalist. Als Teilnehmer am Unabhängigkeitskampf gegen die Holländer, die die kolonialen Verhältnisse der Vorkriegszeit wieder herstellen wollten, wurde P. 1947 erstmals verhaftet. Nach der Haftentlassung Ende 1949 machte er sich rasch einen Namen als Schriftsteller. Anfang der 1950er Jahre arbeitete er unter anderem als Autor und Redakteur für *The Voice of Free Indonesia*. 1953 reiste P. nach Holland, 1956 und 1958 besuchte er die VR China, ebenfalls 1958 auch die UdSSR. 1959 wurde er zum stellvertretenden Vorsitzenden der linksorientierten indonesischen Kulturorganisation LEKRA gewählt. 1962 bis 1965 war P. Redakteur der Zeitschrift *Lentera* (Laterne), außerdem lehrte er an der Literarischen Fakultät der Universität Res Publica Jakarta und an einer Journalistischen Akademie. Nachdem er wegen einer Protestschrift gegen die Verfolgung von Auslandschinesen 1960 unter der Regierung Sukarnos erneut inhaftiert worden war, wurde P. 1965 nach dem angeblich kommunistischen Putschversuch vom 30. 9. – nun unter Suharto – erneut verhaftet. Einen Prozess gab es nicht; P. kam erst Ende 1979 wieder frei.

P. war einer der prominentesten Vertreter der »Angkatan '45«, der Generation von 1945, die das Ende der holländischen Kolonialherrschaft, die japanische Besatzung und den indonesischen Freiheitskampf aktiv miterlebte – Erfahrungen, die sich in P.s Werk niederschlugen, das sich zunächst hauptsächlich mit den Ereignissen der Revolution (*Perburuan*, 1950; *Spiel mit dem Leben*, 1990) und den Anfangsjahren der Republik beschäftigt und oft autobiographisch geprägt ist. Mit den frühen Werken, die z. T. in der Zeit der ersten Inhaftierung entstanden, trat P. für Gerechtigkeit und Solidarität vor allem mit den unteren Bevölkerungsschichten ein. Neben der Not und Verzweiflung der einfachen Menschen im Land (u. a. in den Kurzgeschichten *Percikan Revolusi*, 1950; Splitter der Revolution) beschäftigte ihn – etwa in den Essays *Mereka yang dilumpuhkan* (1951; Die Paralysierten) – auch das eigene Erleben der niederländischen Gefangenschaft. Das Schicksal entlassener Strafgefangener beschreibt P. in der Erzählsammlung *Subuh* (1950; Morgenröte). Die darin gestellte Frage nach der Verantwortung und Schuld des Einzelnen angesichts des Chaos nach der Revolution behandelt auch der Roman *Keluarga Gerilya* (1950; *Die Familie der Partisanen*, 1997), in dem drei Brüder ihren Vater töten, weil der sie als Aktivisten der Untergrundbewegung zu denunzieren droht. Zwei der Brüder fallen im Kampf, Sa'aman wird verhaftet und zum Tode verurteilt. In langen Dialogen, Monologen und inneren Monologen klagen die Protagonisten stellvertretend für Millionen Indonesier, die ihr Leben, ihre Gesundheit, ihre Familie oder ihre Heimat verloren haben, den Krieg und das damit verbundene Morden an. Seine eigene Rückkehr aus der Haft, die furchtbaren Lebensbedingungen nach dem Befreiungskrieg und die völlige Verarmung auch der eigenen Familie thematisieren der Roman *Bukan Pasar Malam* (1951; *Mensch für Mensch*, 1993) und die Kurzgeschichtensammlung *Cerita dari Blora* (1952; Geschichten aus Blora, dt. z. T. in *Das ungewollte Leben*, 1966).

In den danach entstandenen Werken (z. B. in *Korupsi*, 1954; Korruption) zeigt sich zunehmend P.s Enttäuschung über die politische Entwicklung Indonesiens nach Erlangung der Unabhängigkeit, die zu verstärktem sozialen und politischen Engagement führt und ihn, auch im Zusammenhang mit den Chinareisen, mit dem Kommunismus sympathisieren lässt.

Nach seiner zweiten Inhaftierung 1960 wandte sich P. zunehmend der indonesischen Geschichte und ihren herausragenden Persönlichkeiten zu; so erschien 1962 ein zweibändiges Werk über die Nationalheldin Kartini (*Panggil aku Kartini saja*; Nennt mich einfach Kartini), und so beschäftigte er sich vor und insbesondere auch während der dritten Haftzeit intensiv mit dem Journalisten Tirto Adhi Soerjo, einem Wegbereiter der indonesischen Unabhängigkeit. Erst ab 1973 durfte P. wieder literarisch arbeiten; innerhalb nur eines Jahres schrieb er einen vierbändigen Roman über das Leben des Javaners Minke, der deutlich die Züge Tirto Adhi Soerjos trägt. Die kurz nach P.s Entlassung veröffentlichten beiden ersten Bände, *Bumi Manusia* (1980; *Garten der Menschheit*, 1984) und *Anak Semua Bansa* (1980; *Kind aller Völker*, 1990), waren ein sensationeller Erfolg. Das Regime verbot 1981 beide Werke und gleich nach deren Erscheinen auch die weiteren Bände *Jejak Langkah* (1985; *Spur der Schritte*, 1998) und *Rumah Kaca* (1988; *Haus aus Glas*, 2003) mit der Begründung, sie enthielten kommunistisches Gedankengut. Das Zentralthema der vier Bände ist jedoch das Erwachen des indonesischen Nationalismus um die Wende zum 20. Jahrhundert und die Überwindung der durch Rassismus, Kolonialismus und Feudalismus bedingten Zerrissenheit der indonesischen Nation. 1988 erschien in Buchform auch der Roman *Gadis Pantai* (*Die Braut des Bendoro*, 1995), der zuerst 1962 als Zeitschriften-Feuilleton gedruckt wurde und als eines der besten Werke P.s gilt. In den 1990er Jahren publizierte er *Nyanyi Sunyi Seorang Bisu* (2 Bde., 1995; *Stilles Lied eines Stummen*, 2000) – Aufzeichnungen über den Alltag auf der Gefangeneninsel Buru und Briefe an seine Familie – und *Arus Balik* (1995; *Gezeitenwende*), einen zu Beginn des 16. Jahrhunderts spielenden historischen Roman über die Ankunft der Kolonialmächte und die Eroberung der in sich zerstrittenen Inselwelt Indonesiens.

Diethelm Hofstra/Red.

Tolkien, J[ohn] R[onald] R[euel]
Geb. 3. 1. 1892 in Bloemfontein/ Südafrika; gest. 2. 9. 1973 in Bournemouth

Die Aufgabe eines Künstlers, so J.R.R. Tolkien, bestehe darin, als *sub-creator* eine Sekundärwelt zu schaffen, die es erlaubt, im Vertrauten das Wunderbare zu sehen und so Wahrheiten über die Primärwelt zu erkennen. In seinem literarischen Werk gelang es T., der als Begründer der modernen *fantasy*-Literatur gilt, mit dem Kosmos von Mittelerde eine solche Welt zu beschreiben, die durch ihre Geschlossenheit zu überzeugen weiß. Insbesondere sein bekanntester und bereits zweimal verfilmter (1978 und 2001ff.) Roman, *The Lord of the Rings* (1954–55; *Der Herr der Ringe*, 1969 und 2000), der in T.s fiktionaler Chronologie am spätesten angesiedelt ist, erzielt erzählerische Tiefe v.a. durch die intertextuellen Verweise auf eine mythische Vergangenheit der erzählten Welt und die Durchkonstruiertheit der in ihr gesprochenen Sprachen.

Obwohl T. sich bereits zu seiner Schulzeit für reale und fiktive Sprachen begeisterte, ist es das Erlebnis der Somme-Offensive, das T. dazu veranlasste, 1917 im Lazarett mit dem Entwurf einer ›Mythologie für England‹ zu beginnen, die den Kern dessen bildet, was postum als *The Silmarillion* (1977; *Das Silmarillion*, 1978) veröffentlicht wurde, und damit seinen erfundenen Sprachen eine plausible Sprachgeschichte zu geben. Nach dem Krieg und zweijähriger Mitarbeit am *New English Dictionary* führte ihn seine akademische Laufbahn von Oxford zum Aufbau der englischen Fakultät nach Leeds, wo er mit E.V. Gordon *Sir Gawain and the Green Knight* (1925) edierte, und wieder zurück nach Oxford, wo er 1925 eine Professur für Altenglisch antrat und in den ›Inklings‹, zu denen u. a. C.S. Lewis und Charles Williams zählten, Zuhörer und Kritiker für

seine Geschichten fand. Die Veröffentlichung des als Kinderbuch konzipierten *The Hobbit* (1937; *Der kleine Hobbit*, 1974) machte T. schlagartig berühmt, und nur auf das Drängen des Verlegers hin – der *The Silmarillion* ablehnte – schrieb er 1937–49 *The Lord of the Rings*, das zugleich Fortsetzung und Integration von *The Hobbit* in den im *Silmarillion* angelegten Kosmos bildet. – T.s Mittelerde-Erzählungen, zu denen auch eine Vielzahl von Fragmenten und Skizzen gehört, die T.s Sohn Christopher als *History of Middle-Earth* (1983ff.) herausgibt, weisen, neben dem Schauplatz, verschiedene Gemeinsamkeiten auf: Sie schildern eine mit mythischen Wesen bevölkerte Welt von deren Erschaffung an, die durch einen ausgeprägten Gut-Böse-Dualismus gekennzeichnet ist. Die mit Motiven und Erzählformen aus nordischen Sagen durchzogenen Erzählungen greifen Themen auf, die durch T.s Katholizismus geprägt, jedoch nie allegorisch zu verstehen sind, wie den Fall durch Überheblichkeit und die korrumpierende Wirkung der Macht. Die elaborierteste Darstellung erfolgt in *The Lord of the Rings*, das durch die Strukturierung des Personals und die Anlage der Handlung die Notwendigkeit der individuellen Entscheidung auch der physisch kleinsten Mitglieder der phantastischen Gesellschaft – der Hobbits – vor Augen führt: In zwei Handlungssträngen wird neben der Rückkehr und Einsetzung des siegreichen Königs auch die *quest* der ›kleinen‹ Hobbits erzählt, die durch ihren Leidensweg den Sieg des Königs ermöglichen. Diese ›Eukatastrophe‹ ist kennzeichnend für die meisten Mittelerde-Erzählungen und verbindet diese mit Werken wie *Farmer Giles of Ham* (1949; *Die Geschichte vom Bauern Giles und dem Drachen*, 1974), *Smith of Wootton Major* (1967; *Der Schmied von Großholzingen*, 1975) und »Leaf by Niggle« (1945; »Blatt von Tüftler«, 1975), das in fiktionaler Form T.s in *On Fairy-Stories* (1938/ 1945; *Über Märchen*, 1982) dargelegte christliche Poetik inszeniert. – Bereits Ende der 1960er Jahre avancierte *The Lord of the Rings* – als Allegorie gegen den Kalten Krieg missverstanden – zum Kultbuch der alternativen Bewegung. Durch die Popularität von T.s Werken etablierte sich nicht nur die *fantasy*-Literatur als eigenständiges Genre, bewirkte auch neue Formen der Auseinandersetzung mit fiktionalen Themen (insbesondere das Rollenspiel).

Werkausgaben: The Letters. Hg. H. Carpenter. London 1981. – Briefe. Stuttgart 1991.

Klaudia Seibel

Toller, Ernst
Geb. 1. 12. 1893 in Samotschin/Posen; gest. 22. 5. 1939 in New York

»Wer keine Kraft zum Traum hat, hat keine Kraft zum Leben«, lässt T. die Titelfigur seiner Skandal- und Erfolgstragödie *Hinkemann* (1923) sagen, bevor sie resigniert einen Strick knüpft, um sich zu erhängen. Als literarisches Motiv ist der Freitod in seinem ganzen Werk von zentraler Bedeutung. Der Autor selbst nahm sich im Alter von 45 Jahren in einem New Yorker Hotel das Leben – wie viele dieser expressionistischen Generation zermürbt von langen Jahren der Gefangenschaft, Verfolgung, Diffamierung und des Exils. Die ohnehin stets von Zweifeln angefochtene Kraft zum Traum von einer friedlichen, freiheitlichen und brüderlichen Menschengemeinschaft, für dessen Verwirklichung T. seine ganze Existenz einsetzte und der während der Münchener Räterepublik wenige Wochen lang Realität zu werden schien, hatte sich mit den Möglichkeiten zum wirksamen Widerstand gegen das Hitler-Regime erschöpft.

In den Ersten Weltkrieg war er – wie so viele seiner Altersgenossen – mit vaterländischer Begeisterung als Freiwilliger gezogen, aber den Deutschnationalen galt er bald als einer jener »Literaturjuden«, von deren »Einfluß man die deutsche Literatur befreien müsse« (Adolf Bartels). Im Theaterleben der Weimarer Republik avancierte er dennoch zum erfolgreichsten Dramatiker deutscher Sprache. Und auch als Lyriker fand er, vor allem mit dem *Schwalbenbuch* von 1923, die Sympathien eines breiten Publikums. Zur legendären Gestalt, zum Held und Märtyrer der gescheiterten Revolution von 1918/19, an der der Jurastudent sich als Mitglied der USPD in München führend beteiligt hatte, machte ihn die Aufführung seines dramatischen Erstlings *Die Wandlung* in Berlin, nachdem er wenige Monate vorher, im Juli 1919, zu fünf Jahren Festungshaft verurteilt worden war. Das messianisch hochgestimmte Pathos dieses expressionistischen Stationendramas aus dem sozialistischen Geiste Gustav Landauers ruft zur Geburt eines neuen, aus dem gegenwärtigen Zustand der Selbstentfremdung befreiten Menschen auf. Die Revolutionierung des Herzens, darauf zielt der argumentative Aufbau des Stücks, hat aller revolutionären Praxis voranzugehen, soll diese nicht zu blindem, gewalttätigem Aktionismus verkommen. Die Botschaft des zweiten, im November 1920 uraufgeführten Dramas *Masse-Mensch*, einer »Tragödie«, der die Enttäuschung über den unglücklichen Verlauf der Revolution deutlich eingeschrieben ist, lautet ähnlich. Die revolutionäre Heldin will sich nicht mit Hilfe von Gewalt aus dem Gefängnis befreien lassen. Sie stirbt, damit das Prinzip der Gewaltlosigkeit weiterlebt. In dem Drama *Die Maschinenstürmer* (1922) erschlägt das aufgehetzte Volk am Ende seinen friedliebenden Führer.

T.s Gefängnisjahre waren eine Zeit literarisch produktiver Trauerarbeit um die verlorenen Revolutionshoffnungen. Das Scheitern utopischer Entwürfe an der Wirklichkeit, schockhaft plötzliche Erkenntnisgewinne und Wandlungserlebnisse, die tragischen Verstrickungen des politisch Handelnden in Schuld, die menschliche Unzulänglichkeit der Revolutionäre, das Fortleben deutscher Untertanen-Mentalität und Wilhelminischer Machtstrukturen in der Republik, die Gefangenschaft als Anlass zur Justizkritik und zugleich als existentielle Metapher, das sind charakteristische Motive in T.s Werk, auch noch nach der Haftentlassung im Juli 1924. Das 1927 von Erwin Piscator zum kurzlebigen Theatererfolg geführte Zeitstück *Hoppla, wir leben* markiert den Stilwechsel von einer expressiven Sprache der Gefühle zu dokumentarischer Sachlichkeit. Mit dem ehemaligen Revolutionär Karl Thomas, der sich nach sieben Jahren Nervenheilanstalt in der veränderten Welt der »Roaring Twenties« nicht mehr zurechtfindet und an der Normalität ihrer verlogenen Fröhlichkeiten zweifelt, spiegelte der Autor auch etwas von der eigenen Situation in Berlin.

Man hat T. treffend einen »deutschen Danton« genannt. Er war ein genialer mitreißender Redner, ein linker, von Frauen umschwärmter Star der Weimarer Republik, ein Genießer, dessen Lebenswandel allen puritanischen Kommunisten ein Ärgernis sein musste, und zugleich ein von Resignation gequälter Melancholiker. Von 1924 bis zum Ende seines Lebens unternahm er zahlreiche Vortragsreisen: als Ankläger deutscher Justiz, als pazifistischer Prediger fern aller parteipolitischen Bindungen, als Warner vor dem Faschismus. 1933 erschien sein wohl bedeutendstes Werk, die Autobiographie *Eine Jugend in Deutschland*. In den Jahren des Exils häuften sich indes die politischen, literarischen und privaten Misserfolge. Der vormals berühmte Autor war in den Vereinigten Staaten ein unbekannter Mann. Sein letztes Drama, *Pastor Hall* (1939), die Geschichte eines Einzelgängers, der sich gegen die Diktatur Hitlers auflehnt, ein Dokument auch quälender Selbstzweifel, wurde von keinem Theater mehr angenommen.

Werkausgabe: Gesammelte Werke. Hg. von Wolfgang Frühwald und John M. Spalek. 5 Bde. München 1978.

Thomas Anz

Tolstaja, Tat'jana
Geb. 3. 5. 1951 in Leningrad

Sie stieg auf wie ein Stern, um sich Mitte der 1990er Jahre literarisch zurückzuziehen und nur noch publizistisch zu äußern. Dass ihr ein inneres Gleichgewicht wichtiger sei als literarischer Ruhm, äußerte sie bereits 1989 in einem Interview in den USA. Dort liest sie an der University of Princeton Russische Literatur, hat ihren Wohnsitz in Moskau jedoch beibehalten. – Tat'jana Tolstajas 1983 erschienene Debüterzählungen »Na zolotom krylce sideli ...« und »Svidanie s pticej« (»Saßen auf goldenen Stufen ...« bzw. »Rendezvous mit einem Vogel«, 1989) machten sie in der russischen Literaturszene schlagartig bekannt. Internationale Aufmerksamkeit erzielte sie spätestens mit der Veröffentlichung ihrer ersten Werkausgabe 1987. Die Faszination ihrer Werke gründet nicht auf den Themen, die eher in der Tradition der Alltagsprosa Jurij Trifonovs stehen, sondern auf einer Sprache und Intonation, die an den russischen Symbolismus erinnert. Ein verträumt-romantischer, spielerisch-frecher, schwebender Erzählton, Paradoxien und Details verleihen dem Erzählten einen das Sujet überschreitenden Übersinn.

Blau-rosa Wolken ferner Erinnerungen wie in »Milaja Šura« (1985; »Liebe Schura«, 1989), hellblaue Nebel und weiße Segel wie in »Ogon' i pyl'« (1986; »Feuer und Staub«, 1989) verbinden sich zu einer Farbsymbolik des Sinnlichen und Fernen. Gegenstände, Erscheinungen und Abstrakta werden durch verblüffende sprachliche Bilder verlebendigt; so das Phänomen der Zeit als »goldene Dame« oder »strenger Arzt« im Alter, als »zuflüsternde Stimme der Zukunft« oder »großer warmer Mast« der Erwachsenenzeit. Träume und Tagträume, Phantasie- und Illusionswelten dominieren das reale Geschehen; der Raum der Kindheit mit den verzauberten Gärten und verwunschenen Zimmern scheint grenzenlos und wird erst durch den Einbruch der traumverweigernden Realität entzaubert. Noch 1988 sieht die Autorin ihr Werk als romantischen Protest gegen den Zynismus. Indes widerspiegeln schon ihre frühen Erzählungen die ständige Auseinandersetzung zwischen Sehnsucht und nüchterner Lebensannahme: Liebe erfüllt sich nie, Idylle wird gebrochen, Mythen werden ironisch hinterfragt und Phantasiewelten zertrümmert. Sehnsuchts- und Fluchtmotive wie das ›andere Leben‹ als Topos des Inselmythos und die Zeit als alles verändernde, schicksalhafte Kraft verstärken die elegisch-melancholische Diktion. Im *Tod* als Möglichkeit des Fortlebens in einer anderen Existenz wird der Romantik-Bezug erinnert.

Nachdrücklich wendet sich T. gegen die »krankhafte Erhöhung« der Literatur als Erziehungsinstrument und macht es sich mit Beginn der 1990er Jahre zunehmend zum ästhetischen Programm, tradierte Mythen und messianistische Utopien sowie jegliche Form von Realitätsflucht zu dekonstruieren. So wird der nationale Erlösergedanke von Puškins Wiedergeburt in der Novelle *Limpopo* (1991) im absurden Raum der sowjetischen Wirklichkeit parodiert und in der Kurzerzählung »Sjužet« (1993) neben dem Lenin-Mythos zertrümmert. Dennoch versteht sich T. nicht als Vertreterin russischen postmodernen Erzählens und beharrt auf der Botschaft und der Idee als Grundprinzip ihres Schreibens. Sie verwahrt sich wiederholt gegen Einordnungsversuche ihrer Prosa in literarische Gruppierungen oder ideologische Bewegungen, so auch die feministische. Eine geschlechtsspezifische Intention verneint sie, der Schriftsteller sei im Idealfall androgyn. Sexualität erscheint ironisiert als verhasstes und beschämendes, selten bejahtes Körpergefühl. Die Fülle der sowjetischen Frauenschicksale, die am Konflikt zwischen der Hingabe an die Idee und der Hingabe an den Mann im Sinne doppelter Persönlichkeitsaufgabe scheitern, macht ihr Werk dennoch zu einem unverwechselbaren Zeugnis des Geschlechterdiskurses in Russland.

Christina Parnell

Tolstoj, Lev
Geb. 9. 9. 1828 in Jasnaja Poljana, Gouvernement Tula/Russland; gest. 20. 11. 1910 in Astapovo, Gouvernement Tambow

Graf Lev Tolstoj entstammte einem alten Adelsgeschlecht. Er verlor früh seine Eltern und wurde auf dem Landgut Jasnaja Poljana von Hauslehrern erzogen. 1841 siedelte T. nach Kazan' um, wo er 1844 in die Universität eintrat. 1847 brach er das Studium ab, um nach einer Phase unsteten Lebens 1851 in den Kaukasus zu reisen, wo er bis 1853 – zunächst als Freiwilliger – Kriegsdienst leistete und erste größere literarische Projekte in Angriff nahm. Zu veröffentlichen begann er in der berühmten Zeitschrift *Sovremennik* (Der Zeitgenosse), die den ersten Teil einer autobiographischen Trilogie druckte. 1855 nahm er als Offizier im belagerten Sevastopol' am Krimkrieg teil. Großes Aufsehen erregte er 1855 mit der Veröffentlichung der »Sevastopol'skie rasszkazy« (1855; »Sevastopoler Erzählungen«), die mit rückhaltloser Offenheit den Kriegsalltag darstellen.

Nachdem er sich 1855 in St. Petersburg niedergelassen hatte, nahm er Kontakt zu Schriftstellerkreisen auf. 1857 unternahm er seine erste Auslandsreise, die ihn unter anderem in die Schweiz und nach Frankreich führte. In Paris wurde er Augenzeuge einer Hinrichtung mit der Guillotine, die ihn tief erschütterte und lebenslang zum entschiedenen Gegner der Todesstrafe werden ließ. Die Schweizer Eindrücke finden Niederschlag in der Erzählung »Ljucern« (1857; »Luzern«), der wenig später die Erzählung »Tri smerti« (1859; »Drei Tode«) und der Roman »Semejnoe sčasťe« (1859; »Familienglück«) folgten. Der Roman markiert den Wechsel vom *Sovremennik* zu der konservativen Zeitschrift *Russkij vestnik* (Russischer Bote) und wurde eher verhalten aufgenommen. T. zog sich danach vom gesellschaftlichen Leben zurück und lebte fortan überwiegend auf seinem Landgut in Jasnaja Poljana, wo er eine Schule für Bauern einrichtete, sich mit pädagogischen Studien befasste und eine pädagogische Zeitschrift (*Jasnaja Poljana*) herausgab. Nach der Heirat mit Sof'ja Andreevna Bers (1862) wurde Jasnaja Poljana Sitz der rasch wachsenden Familie T.s.

Die Jahre 1863 bis 1869 sind die Entstehungszeit des Romans *Vojna i mir* (1868/69; *Krieg und Frieden*, 1885), einer breiten Darstellung der russischen Gesellschaft vor dem Hintergrund der napoleonischen Kriege, die zu einem ungeheuren Erfolg wurde. Anfang der 1870er Jahre nahm T. einen weiteren historischen Roman in Angriff, der in der Zeit Peters des Großen spielen sollte. Das Projekt ließ er aber bald fallen, um sich wieder pädagogischer Arbeit zu widmen. In diesem Zusammenhang entstand eine größere Zahl von Lesetexten – Erzählungen, die unter anderem auf Volksmärchen und Fabeln zurückgriffen. Mitte der 1870er Jahre schrieb er dann seinen zweiten großen Gesellschaftsroman in Form eines Familienromans mit einer Ehebruchsproblematik im Zentrum: *Anna Karenina* (1876/77; *Anna Karenina*, 1885). Der Übergang zu den 1880er Jahren war im Leben des immer wieder von Selbstzweifeln gequälten T.  eine schwere Krisenzeit, in der er sich von seinem eigenen literarischen Schaffen distanzierte, Dichtung nur noch als ethische Kunst gelten ließ und sich in verschiedenen Abhandlungen mit Fragen der Philosophie und Theologie auseinandersetzte. T. machte sich in der Folge einiges von der Lebensweise der einfachen Bauern zu eigen, ging zur Feldarbeit und nahm eine religiöse Haltung ein. Zur Form des großen Romans kehrte er erst in den 1890er Jahren zurück.

Voskresenie (1899; *Auferstehung*, 1899) folgte einigen kleineren Arbeiten, darunter den vielbeachteten Erzählungen »Smert' Ivana Il'iča« (1886; »Der Tod des Iwan Ilitsch«, 1887) und »Krejcerova sonata« (1891; »Die Kreutzersonate«, 1890) sowie dem naturalistischen Bauerndrama »Vlast' ťmy« (1886; »Die Macht der Finsternis«, 1887). *Voskresenie* entwickelt die Idee einer im irdischen Leben des einzelnen Menschen vollzogenen Auferstehung, die darin besteht, das Streben nach sinnlichen Genüssen zu überwinden und zu einer am Geistigen orientierten Lebensführung zu gelangen. Exemplarisch wird dieser Prozess an dem Fürsten Nechljudov gezeigt, durch dessen Schuld seine frühere Geliebte Katjuša Maslova zur Prostituierten wurde, aber auch an dieser selbst, die – wiederum durch Nechljudov – schließlich ihre geistige Läuterung erfährt. Die zentrale Handlung ist wiederum eingebettet in ein breites Gesellschaftsbild, mit zahlreichen exemplarischen Einzelbiographien, mit Kritik an Justiz und Strafvollzug, Verwaltung, Militär, Kirche etc. Die Kritik am russisch-orthodoxen Klerus hat mit zu T.s Exkommunizierung 1901 beigetragen. In die 1890er Jahre fällt auch die Veröffentlichung von »Chozjain i rabotnik« (1895; »Herr und Knecht«, 1895), einer weiteren Erzählung über den Tod. Von den nach der Jahrhundertwende abgeschlossenen Werken sind die Erzählung »Chadži-Murat« (1912; »Chadschi Murat«, 1912), die noch einmal in den Kaukasus der 1850er Jahre führt, und das Drama »Živoj trup« (1911; »Der lebende Leichnam«, 1911) besonders hervorzuheben. In seinen letzten Lebensjahren pflegte T. Kontakte mit Autoren der jüngeren Generation wie Anton Čechov und Maksim Gor'kij, die die Tradition des realistischen Erzählens fortführten. Spannungen innerhalb der eigenen Familie waren der Anlass, dass T. im November 1911 Jasnaja Poljana heimlich verließ. Er starb wenige Wochen später auf der Bahnstation Astapovo.

Kennzeichnend für T.s autobiographische Trilogie ist eine Verbindung von lyrischer Erinnerung und distanziert analytischem Blick auf die eigene Kindheit, wobei als Mittel der Distanzierung schon die Verwendung eines fiktiven Namens und die Abwandlung einiger biographischer Fakten dienen. Vor allem aber zeigt sich die kritische Distanz des Erzählers zu sich selbst in der Analyse der eigenen psychischen Vorgänge und in der moralischen Wertung, der er nicht nur die Figuren seiner Umgebung, sondern auch sich selbst unterwirft. Der erste Teil der Trilogie beschreibt eine Umbruchphase, den Abschied von der weitgehend sorglosen Kindheit, den Tod der Mutter. Er stellt das vertraute Leben auf dem Land dem fremden in der Stadt gegenüber und weist schon voraus auf den Verlust der Geborgenheit im idyllischen Familienleben, der Gegenstand des zweiten Teils ist. Der Junge Nikolen'ka wird hier mit neuen Personen und Lebensbereichen konfrontiert und erfährt diese Erweiterung seines Erfahrungshorizonts überwiegend als negativ, als Bedrohung oder Einengung seiner Person. Am Ende stehen der Tod der Großmutter und das Grübeln über den eigenen Tod. Im dritten Teil dominieren die Versuche des Heranwachsenden, ein eigenes Wertesystem zu entwickeln, bei dem ethisch-moralische Ideale erste Priorität haben. Er stößt dabei an die Grenzen seiner eigenen Ansprüche und betrachtet sich ebenso kritisch wie seine Mitmenschen. Das Scheitern bei der ersten Universitätsprüfung beschließt diesen Teil. T. betrachtet in der autobiographischen Trilogie die Welt nicht allein von außen, es geht ihm vielmehr auch und zuerst um die Innenwelt seiner Hauptfigur. Er zeigt die äußere Erscheinung und die psychischen Vorgänge in ihrem Spannungsverhältnis und verdeutlicht damit die Notwendigkeit, die Oberfläche des Äußeren von Personen und konventionellen Verhaltensweisen zu durchdringen. Insofern hat es eine gewisse Logik, dass er den Blick zuerst auf die eigene Person richtet. Von der breiten Gesellschaftsdarstellung, die T.s große Romane kennzeichnet, sind daher nur Ansätze zu erkennen.

Der Tod, der schon in den Sevastopoler Erzählungen und der autobiographischen Trilogie ein wichtiges Thema darstellt, rückt in der Erzählung »Tri smerti« ganz ins Zentrum. Er wird betrachtet unter dem Blickwinkel einer Gegenüberstellung zweier Konzepte, die im Denken T.s einen fundamentalen Konflikt bedingen: Natur und Zivilisation. Bezeichnend für T.s künstlerische Methode ist es, dass er zwar deutlich Position bezieht, die eigentliche Erzählung jedoch nicht nur als Illustration dieser Position versteht, sondern in ihr die Problematik erheblich vertieft. Dabei ist die Anlage der Erzählung durchaus als gleichnishaft zu bezeichnen. Den Tod einer adligen Dame, eines einfachen Bauern und eines Baumes stellt T. einander gegenüber: Die Dame ist der Natur entfremdet, sie ist verlogen, vom Leben in der Gesellschaft verdorben und hat von der Religion eine mehr oder weniger formale Vorstellung; entsprechend ist ihr Tod qualvoll, sie gibt sich ganz ihrem Schmerz und ihrer Todesangst hin. Der Bauer steht der Natur näher, er kennt durch seine tägliche Arbeit den ewigen Kreislauf von Werden und Vergehen; er stirbt im Einklang mit diesem Gesetz ruhig und ergeben. Das Ideal aber, dem der Bauer immerhin relativ nahekommt, ist der Baum, der fest eingebunden ist in die Natur, in der Leben und Sterben einander bedingen und nicht zu trennen sind.

Vojna i mir ist zugleich historischer Roman und Familienroman. In seinem Zentrum stehen zwei Familien, die Rostovs und die Bolkonskijs, um die zahlreiche weitere Familien gruppiert sind. Zu den Nebenfiguren gehören auch einige historische Persönlichkeiten, die zumeist negativ geschildert sind, mit Ausnahme des Generals Kutuzov, der in der Deutung T.s die eigene Ohnmacht erkennt und den Kräften der Geschichte ihren Lauf lässt. Die Handlung setzt 1805 ein. Der Leser wird in das Leben der Petersburger Adelsfamilien eingeführt und mit den drei Hauptfiguren bekannt gemacht: Pierre Bezuchov, illegitimer Sohn eines hohen Würdenträgers unter Katharina II, Nataša, Tochter des Grafen Rostov, und Andrej Bolkonskij, Sohn eines militärisch strengen Fürsten. Pierre ist mit der Familie Rostov entfernt verwandt und freundschaftlich verbunden. Weiterhin sind Andrej und Pierre befreundet, deren Charaktere aber sehr unterschiedlich sind: Pierre ist von rückhaltloser Offenheit, dabei aber nicht naiv, sondern ein Grübler und Skeptiker. Sein Lebenswandel ist leichtsinnig, und es fehlt ihm an Willenskraft. Andrej hingegen ist ernst und diszipliniert. Im ersten Band wird Pierre von seinem sterbenden Vater als rechtmäßiger Erbe eingesetzt. Seine unsichere Position in der Gesellschaft ist damit plötzlich geklärt, zugleich wird er jedoch zu einem begehrten Heiratsobjekt und gerät in die Fänge der *femme fatale* Hélène Kuragina. Andrej Bolkonskij muss wegen militärischer Verpflichtungen seine schwangere Frau Liza bei seinem Vater zurücklassen; sie stirbt bei der Geburt eines Sohnes. Einen Höhepunkt am Ende des ersten Bandes stellen die Verwundung Andrejs in der Schlacht bei Austerlitz und seine persönliche Begegnung mit Napoleon dar. Die Nähe des Todes hat bei Andrej, der zuvor ein glühender Bewunderer Napoleons war, einen Sinneswandel bewirkt; er erkennt nun die Nichtigkeit des Individuums.

Der zweite Band umfasst die Jahre 1806 bis 1812. Pierre schließt sich den Freimaurern an. Andrej begegnet – einige Jahre nach dem Tod seiner Frau – Nataša Rostova und wirbt um sie. Zur Heirat kommt es jedoch nicht, da Andrej sich dem Willen seines Vaters beugen muss, der eine Wartezeit von einem Jahr fordert. Der dritte Band enthält die Schilderung der Schlacht von Borodino, in der die Russen von Napoleon vernichtend geschlagen werden und in deren Folge Kutuzov den Franzosen Moskau überlässt. Am Ende dieses Bandes begegnen sich Nataša und Andrej wieder. Nataša hatte zuvor dem Werben Anatolij Kuragins, Pierres Schwager, nachgegeben und in eine abenteuerliche Flucht eingewilligt, die Pierre in letzter Sekunde verhinderte. Später entdeckt Nataša unter den Kriegsopfern, die nach Moskau strömen, den tödlich verwundeten Andrej. Ehe er stirbt, kann Nataša ihn ihrer Reue und Liebe versichern, und er versöhnt sich mit ihr. Pierre bleibt in der Stadt zurück, erlebt den Brand von Moskau und plant ein Attentat auf Napoleon, das er jedoch nicht ausführt; schließlich gerät er in Gefangenschaft. An Anfang des vierten Bandes stellt T. die Begegnung Pierres mit dem Bauern Platon Karataev, der T.s Ideal eines naturverbundenen Lebens und darüber hinaus das Konzept einer Existenz im Einklang mit dem ganzen Kosmos verkörpert. Die Begegnung eröffnet Pierre den Sinn des Lebens und beendet eine lange Phase des Suchens und Irrens. Der Hauptteil schließt mit der Aussicht auf zwei Heiraten: Nataša wird, nachdem sie die Trauer um Andrej überwunden hat, Pierre heiraten, Andrejs Schwester Mar'ja wird Nikolaj Rostov heiraten, so dass eine Verbindung der beiden Familien doch noch zustande kommt.

Im Epilog wird das Familienleben von Pierre und Nataša dargestellt: Nataša hat sich vom schlanken, kapriziösen jungen Mädchen zu einer füligen Hausfrau und Mutter von vier Kindern gewandelt und geht – T.s Ideal entsprechend – ganz in dieser Rolle auf. Über Pierre erfährt man, dass er aktiv am gesellschaftlichen Leben teilnimmt und zu den Initiatoren einer regierungskritischen Vereinigung gehört – ein Hinweis darauf, dass Pierre ursprünglich als Dekabrist konzipiert war. Sowohl die Darstellung des historischen Geschehens als auch die geschichtsphilosophischen Exkurse formulieren eine indirekte Kritik an der traditionellen Richtung der Geschichtswissenschaften, die insbesondere die Bedeutung großer Persönlichkeiten in der Geschichte herausstreicht. Die Vorstellung von der Größe des Individuums bekämpft T. mit Vehemenz, er konstatiert gar, dass historische Persönlichkeiten keinerlei Werte repräsentieren, sondern mit Hilfe von Titeln, Uniformen etc. nur die Illusion fiktiver Werte erzeugen, während die Geschichte selbst ihren eigenen Gesetzen folgt. Als Familienroman hat das Werk mit Nataša Rostova eine Zentralfigur, die Lebenskraft und Freude repräsentiert und deshalb von allen geliebt wird. Sie ist in gewisser Weise die Entsprechung Moskaus in der anderen Schicht des Romans. In der Tat zeigen beide Schichten des Romans die Verletzung und Wiederherstellung dessen, was im Russischen das Wort »mir« umfasst: Frieden, Ruhe, Gemeinschaft, Harmonie.

Anna Karenina war zunächst als Ehebruchsgeschichte geplant, T. hat dann aber dem ursprünglichen Handlungsstrang einen komplementären hinzugefügt, der vom ersten weitgehend unabhängig ist und lediglich thematische Bezüge zu jenem aufweist. Der Geschichte um Anna Karenina, ihren Ehemann Karenin und ihren Liebhaber Vronskij wurde die Geschichte um Konstantin Levin und Kitty Oblonskaja gegenübergestellt. Die Ausweitung zum Gesellschaftsroman erfolgt durch die Erweiterung des Personals und das Einfügen zahlreicher Episoden. Die Idee der Familie verknüpft die beiden Handlungsstränge, sie bildet das übergeordnete Thema, das den Bedeutungsaufbau des Werkes bestimmt. Die Familie Oblonskij, in die T. zunächst einführt, bildet das Bindeglied zwischen den beiden Haupthandlungen. Stepan Oblonskij ist der Bruder von Anna Karenina und gleichaltriger Freund Konstantin Levins. Seine Frau Dar'ja (Dolly) ist die Schwester von Katerina (Kitty) Ščerbackaja, die Levin später heiraten wird, mit ihrer Schwägerin Anna ist sie zugleich befreundet. Das erste Buch erfüllt die Funktion einer Exposition, in der alle wesentlichen Figuren außer Karenin eingeführt und die Beziehungen zwischen ihnen dargestellt werden.

Der Konflikt, der die Ausgangssituation bestimmt, ist ein Ehebruch Stepan Oblonskijs und die anschließende Weigerung seiner Frau, weiter mit ihm unter einem Dach zu leben.

Anna Karenina soll als Vermittlerin fungieren. Ehe es dazu kommt, setzt aber die Levin-Handlung ein, in die anfangs auch Vronskij verwickelt ist. Levin ist ein ernster junger Mann, der das gesellschaftliche Leben nicht sehr schätzt und der die Verwirklichung des Liebesglücks in Ehe und Familie sieht. Vronskij hingegen, der jung, schön und reich ist und von den jungen Damen entsprechend bewundert wird, liebt zwar die Frauen, denkt aber nicht ans Heiraten, sondern nur an sein Vergnügen. Levin ist in die 18-jährige Kitty Ščerbackaja verliebt, wartet jedoch so lange mit seinem Heiratsantrag, bis Vronskij auf die Szene getreten ist und Kitty ihn seinetwegen zurückweist. Kitty wird ebenfalls enttäuscht, da Vronskijs Interesse plötzlich ganz von Anna gefangen ist, deren Bekanntschaft er zufällig am Bahnhof macht. Die Beziehungen dieser beiden treten nun in den Vordergrund; bereits die erste Begegnung trägt Züge von Schicksalhaftigkeit. T. setzt Signale, die auf eine Unausweichlichkeit der Folgen der Begegnung hinweisen, auch wenn diese noch völlig unklar sind. Am Ende gerät Anna durch die Beziehung mit Vronskij in eine derart ausweglose Situation, dass sie sich vor einen Zug stürzt. Durch die beiden Bahnhofsszenen werden Anfang und Ende der Anna-Vronskij-Handlung miteinander verklammert. Eine Folge düsterer Vorausdeutungen, die den ganzen Roman durchzieht, zeigt, dass die Beziehung zwar unausweichlich wie eine Naturgewalt ist, dass aber Glück und Verderben in ihr untrennbar miteinander verbunden sind. Diese Entwicklung wird auch psychologisch und gesellschaftlich motiviert: Nachdem Anna und Vronskij erkennen, dass sie füreinander bestimmt sind, will Vronskij sich zunächst nicht mit den Konsequenzen auseinandersetzen, während Anna um ihre Pflichten ihrem ungeliebten Mann und ihrem Sohn gegenüber weiß. Nachdem sie von Vronskij schwanger wird, ist er es, der sie zur Trennung von ihrer Familie drängt. Was beide nicht klar genug voraussehen, ist, dass Anna sich dadurch in einem Maße gesellschaftlich isoliert, das zu ertragen sie nicht imstande ist. Vronskijs Bereitschaft, die Beziehung mit Anna zu legalisieren, scheitert an der Weigerung Karenins. Die Liebenden entschließen sich, dennoch wie Eheleute zusammenzuleben, zeitweise im Ausland, zeitweise auf dem Landgut Vronskijs, der wegen des Skandals seinen Offiziersdienst quittiert hat. Als die vereinsamte Anna sich immer fester an Vronskij klammert und ihn mit Anfällen grundloser Eifersucht quält, beginnt er sich von ihr abzuwenden. Damit aber ist für Anna die Situation ausweglos geworden. Doch auch für Vronskij bedeutet diese Entwicklung die Zerstörung seines Lebens, da er alles auf diese Beziehung außerhalb der gesellschaftlichen Ordnung gesetzt hat.

T. hat dem Roman ein Zitat aus dem Alten Testament vorangestellt: »Die Rache ist mein, ich will vergelten«. »Rache« verweist auf »Schuld«, und in der Tat macht Anna sich im Sinne von T.s Familienethik schuldig, wenngleich der Autor sich bemüht, ihr Vergehen so verständlich und nachvollziehbar wie möglich darzustellen. Für die Sympathielenkung zugunsten Annas ist die Charakterisierung Karenins als gefühlskalter Pedant, der auch äußerlich abstoßend wirkt und dem das öffentliche Ansehen Vorrang vor allen Emotionen hat, ein wichtiger Baustein. Der Handlungsstrang um Levin und Kitty veranschaulicht eine komplementäre Entwicklung, die zwar keineswegs idealisiert ist, aber doch den sittlich guten Weg repräsentiert. Anna und Levin repräsentieren gegensätzliche Lösungen für die Problematik, die in der Gesellschaft begründet liegt. Nach der Auffassung T.s sind die Kennzeichen der modernen Zivilisation der Individualismus, die Entwurzelung und die Entfremdung des Menschen vom Ganzen des Lebens. Anna geht den Weg des modernen Menschen zuende, sie lebt ganz der Erfüllung des individuellen Glücks und zerstört sich dadurch selbst. Levin hingegen sieht sowohl die Problematik als auch den Weg, sie zu überwinden – in der Verwirklichung der Idee der Familie, auch wenn diese Lösung für ihn letztlich zwiespältig bleibt.

Die Erzählung »Smert' Ivana Il'iča« ist im Milieu der höheren Beamtenschaft angesiedelt. Ivan Il'ič hat eine hohe Stellung beim Justizministerium inne, er ist Mitte vierzig, befindet sich auf dem Höhepunkt seiner Karriere und denkt keineswegs ans Sterben. Sein Tod kommt nicht plötzlich, vielmehr geht ihm ein dreimonatiger Prozess des Leidens voraus, der dem Sterbenden – neben dem physischen Leiden und der Unversöhnlichkeit mit dem Tod – unerwartete und höchst unangenehme Einsichten in die wahren Verhältnisse seines Lebens beschert. Erst ganz am Schluss überwindet Ivan Il'ič in einem Moment der Erleuchtung seine Todesfurcht und damit den Tod selbst. Die Erzählung schildert, wie Ivan Il'ič sich bewusst wird, dass er durch seine Krankheit seinen Mitmenschen lästig wird. Nur sein kleiner Sohn zeigt echtes Mitleid, und nur der Diener Gerasim, ein kraftvoller junger Bauernbursche, zeigt ihm gegenüber ein natürliches Verhalten. Als Ivan Il'ič nach dem Sinn seines bisherigen Lebens fragt, gelangt er zu der Überzeugung, dass er in Beruf und Familienleben nur sich selbst betrogen hat. Diese Erkenntnis mündet in seine letzte Krise. Die Versöhnung mit dem Leben ist nicht mehr möglich, nur im letzten Moment die Versöhnung mit dem Tod.

Werkausgabe: Gesammelte Werke. 20 Bde. Hg. E. Dieckmann/G. Dudek. Berlin 1967–86.

Frank Göbler

Tomasi di Lampedusa, Giuseppe
Geb. 23. 12. 1896 in Palermo, Sizilien; gest. 1957 in Rom

Der Name Giuseppe Tomasi di Lampedusa ist mit einem einzigen Roman – *Il gattopardo* (1958; *Der Leopard*, 1959, *Der Gattopardo*, 2004) – und mit dessen Verfilmung durch Luchino Visconti im Jahr 1963 verknüpft. Der Fürst von Lampedusa und Herzog von Palma di Montechiaro war der letzte Nachkomme einer ehemals vornehmen sizilianischen Familie, die ihrem Niedergang entgegensah. T. verbrachte seine Kindheit und Jugend in Palermo, in einer gehobenen und kultivierten Umgebung. An diese Zeit erinnerte er sich später in seinem unbekannt gebliebenen Werk *Ricordi d'infanzia* (1955; dt. in: *Die Sirene. Er-*

zählungen, 1961), in dem er über häufige Reisen nach Paris, vor allem aber über die Aufenthalte in der Villa Santa Margherita Belice berichtet. Die Besuche in Frankreich ermöglichten es ihm, Französisch zu lernen; daneben beherrschte er Englisch, Deutsch und Russisch. Während des Ersten Weltkrieges kämpfte T. als Offizier und wurde von den Österreichern sogar zweimal in Kriegsgefangenschaft genommen. In den folgenden Jahren reiste er durch Europa und lernte seine Frau, Alessandra Wolff Stomersee, kennen. Allerdings führten Unstimmigkeiten zwischen Schwiegertochter und Schwiegermutter zu einer langjährigen Fernbeziehung, die erst mit dem Tod der Letzteren endete. Nach dem Zweiten Weltkrieg zog das Paar in eine Wohnung in Palermo, die zum wichtigen Treffpunkt für Literaten und Intellektuelle der Stadt wurde. Dort dozierte T. über englische Literatur und bewies seine beeindruckenden Kenntnisse auch der französischen Literatur sowie der Geschichte.

Vielleicht wurde T. von diesem lebhaften intellektuellen Klima angespornt, seinen ersten und wichtigsten Roman zu schreiben. Während der Abfassung von *Il gattopardo* schrieb T. außerdem Erzählungen, Essays über französische und englische Literatur und einen weiteren Roman, der allerdings nie vollendet wurde: *I gattini ciechi* (1961; »Aufstieg eines Pächters«, in: *Die Sirene*, 1961). Eine plötzliche Erkrankung verhinderte die Überarbeitung des Werks. Trotz der Bemühungen des Autors erschien *Il gattopardo* erst nach seinem Tod, wobei sich die Veröffentlichung als recht abenteuerlich erwies: Das Manuskript wurde anfangs von mehreren Verlagshäusern abgelehnt, darunter wurde insbesondere die Absage von Elio Vittorini berühmt, der als Lektor für den Verlag Einaudi arbeitete. Schließlich geriet der Roman durch Elena Croce in die Hände Giorgio Bassanis, der sich um eine später scharf kritisierte Revision des Romans und sein Erscheinen bemühte. *Il gattopardo* wurde in kürzester Zeit einer der größten Publikumserfolge der Nachkriegszeit in Italien. Der Enthusiasmus der Leser wurde auch von der Kritik geteilt und 1959 mit der Verleihung einer der wichtigsten italienischen Literaturpreise, dem Premio Strega, entsprechend gewürdigt.

Il gattopardo zeigt den Verfall der adligen Familie Salina. Im Hintergrund wird die politische Lage in Italien geschildert: die Landung Garibaldis mit den Tausenden, die Entstehung der italienischen Einheit, die Änderungen der bürokratischen System, die ersten Wahlen usw. Obwohl die politischen Ereignisse der Zeitgeschichte im Hintergrund bleiben, kann der Untergang der Familie als Allegorie des zeitgenössischen Italiens verstanden werden. Der Neffe des Fürsten Tancredi verkörpert die neue Generation. »Wenn wir wollen, daß alles so bleibt wie es ist, muß sich alles ändern«, sagt Tancredi seinem Onkel. Seine Verlobung mit einer Vertreterin der Bourgeoisie bedarf der Intervention des Onkels; das Treffen mit Angelicas Vater, Calogero Sedara, und die Erstellung eines Heiratsvertrages wird von ihm mit dem Schlucken einer Kröte verglichen. Während Tancredi mit seiner Verlobung die neue politische Situation zu seinen Gunsten nutzt, lehnt der Fürst von Salina das Angebot des demokratischen Staates ab, Senator zu werden. Der Verfall der Familie folgt einem nach den Regeln des sizilianischen Fatalismus unausweichlichen Prozess. Die Leoparden, die die Familie in ihrem Wappen führt, müssen nun Schakalen und Hyänen weichen. Mit subtiler Ironie, durchdrungen von einem Hauch von Nostalgie, erzählt der letzte Vertreter dieser adligen Familie von dem Anbruch neuer Zeiten, vom Ende der Aristokratie und der patriarchalischen Tradition.

Alessia Angiolini

Tommaseo, Niccolò
Geb. 9. 10. 1802 in Sebenico (Šibenik)/Dalmatien; gest. 1. 5. 1874 in Florenz

Niccolò Tommaseo, der in seinem äußerst bewegten Leben ein thematisch sehr breit gestreutes Werk schuf, studierte Rechtswissenschaften in seiner Geburtsstadt, in Split und in Padua, wo er 1822 promovierte. In Mailand, lernte er Alessandro Manzoni und andere Schriftsteller im Umkreis der italienischen Romantik kennen. Von 1825 bis 1833 wirkte er dort als Rezensent bei der Zeitschrift *Antologia*. 1827 zog er nach Florenz, wo er das *Nuovo dizionario dei sinonimi della lingua italiana* (1830), sein italienisches Synonym-Wörterbuch, herausgab. Wegen eines Artikels in *Antologia*, in dem er sich gegen die österreichische Herrschaft in Italien wandte, musste er 1834 ins Exil gehen, zunächst nach Paris und 1838 nach Korsika. T. veröffentlichte die Abhandlung *Dell'educazione* (1834) und die politische Schrift *Dell'Italia* (1835), es folgten ein Kommentar zu Dantes *Divina Commedia* (1837) und zwei Bände mit Gesandtschaftsberichten zur Geschichte Frankreichs im 16. Jahrhundert (1838).

Nach einer Amnestie der österreichischen Regierung lebte er 1839 bis 1849 in Venedig. 1840 veröffentlichte er dort den psychologischen Roman *Fede e bellezza* (1840; *Treue und Schönheit*, 1845), der das – im programmatischen Titel angekündigte – Spannungsverhältnis zwischen Moralität und Ästhetik entfaltet und zu den wegbereitenden Texten der italienischen Dekadenz zählt. T. publizierte weiterhin die vier Bände seiner *Nuovi scritti* (1839–40), ein *Dizionario estetico* (1840), *Studi filosofici* (1840), *Scintille* (1841; *Funken*), die ganz in romantischer Tradition stehende Sammlung von italienischen, dalmatischen, korsischen und griechischen Volksliedern *Canti popolari toscani, corsi, illirici, greci* (1841–42), seine *Studi critici* (1843) und die Briefe des korsischen Patrioten Pasquale de'Paoli (*Lettere di Pasquale de'Paoli*, 1846). Eine Rede zur Pressefreiheit brachte ihn 1846 erneut ins Visier der österreichischen Behörden. Er wurde verhaftet, jedoch im Zuge der von Daniele Manin geführten Erhebung im März 1848 aus dem Gefängnis befreit und zum Unterrichtsminister der provisorischen Regierung der Republik Venedig ernannt. Katholische Gesinnung und das Bekenntnis zur liberalen und nationalen Partei waren für ihn kein Widerspruch. Als die Republik im August 1849 von Österreich belagert und besiegt wurde, ging T. nach Korfu ins Exil, wo er nach einer Krankheit erblindete. T. zog 1854 nach Turin und heiratete. Von 1859 bis zu seinem Tod lebte er in Florenz; dort arbeitete er gemeinsam mit Bernardo Bellini das vierbändige Wörterbuch der italienischen Sprache aus, das *Dizionario della lingua italiana* (1858–79).

Neben politischen, pädagogischen, literarhistorischen und linguistischen Arbeiten publizierte er Gedichte (*Confessioni*, 1836; *Poesie*, 1872) und historische Erzählungen (»Sacco di Lucca 14 giugno 1314«, 1834; Die Eroberung Luccas; »Il duca d'Atene«, 1836; Der Fürst von Athen; und »L'assedio di Tortona«, 1844; Die Belagerung Tortonas), die mit historischen Themen nationalromantische Lesererwartungen erfüllen, sich jedoch in Hinsicht auf den Stil Schreibweisen annähern, die als brechungsreich modern gelten und insofern als Texte einer Umbruchsepoche gewertet werden.

Rolf Lohse

Torberg, Friedrich (d. i. Friedrich Kantor-Berg)
Geb. 16. 9. 1908 in Wien; gest. 10. 11. 1979 in Wien

T. war eine maßgebende Stimme im österreichischen Kulturleben der Nachkriegszeit. Nach einem Germanistik-Studium in Prag wurde der außergewöhnlich sportliche Intellektuelle Journalist. 1938 emigrierte er in die Schweiz, dann nach Frankreich, er wurde Freiwilliger der tschechoslowakischen Armee; 1940 floh er in die USA. Emigrantenschicksale und die Leidensgeschichte des jüdischen Volkes sollten später die zentralen Themen seiner Romane werden (*Hier bin ich, mein Vater*, 1948; *Golems Wiederkehr*, 1968; die Romanbiographie *Süßkind von Trimberg*, 1972). 1951 kehrte er nach Wien zurück und wurde dort Herausgeber (1954–65) der Zeitschrift *Forum*, die als politisch-kulturelle Plattform eine dezidiert antikommunistische Linie vertrat. In diesem Zusammenhang erlangte T. eine zwiespältige Berühmtheit, weil er sich massiv gegen jede Brecht-Aufführung in Wien aussprach (»Brecht-Boykott«). Er bestimmte als Theaterkritiker, Essayist und Feuilletonist – er sah sich in der Nachfolge von Karl Kraus – das Wiener und das österreichische Theatergeschehen nach dem Zweiten Weltkrieg entscheidend mit.

Hervorgetreten war T. zunächst mit Lyrik und dem Roman *Der Schüler Gerber hat absolviert* (1930), der die Konfrontation eines Jugendlichen mit der verständnislosen Autorität eines Lehrers, der ihn in den Tod treibt, auf einfühlsame Weise erzählt. Mit diesem Roman schrieb sich der 22-jährige T. in die Literaturgeschichte ein. Der Sportroman *Die Mannschaft* (1935) trägt stark autobiographische Züge und ist neben Kasimir Edschmids *Sport um Gagaly* (1927) eines der wenigen Beispiele einer lesenswerten Sportliteratur.

T. war ein leidenschaftlicher Sammler und Überlieferer jüdischer Anekdoten, die er vor allem in *Die Tante Jolesch oder Der Untergang des Abendlandes in Anekdoten* (1975) mit großem Erfolg publizierte. T. gehörte zu den Autoren, die die Tradition des Wiener Kaffeehausliteraten fortsetzten. Mehr oder weniger sind alle seine Bücher vor dem Hintergrund des Cafes entstanden, vor allem vor dem des Cafes Herrenhof. »Der Begriff Herrenhof ist das Substrat aller Einzelkaffeehäuser der Welt«, schopenhauerte er. Vier Titel sind es, die sich mit dem Lebensstil der »Kaffeehausinsassen« ausschließlich befassen: »Kaffeehaus ist überall, Traktat über das Wiener Kaffeehaus« (beides in *Die Tante Jolesch oder Der Untergang des Abendlandes in Anekdoten*), dann »Ergänzungen zum Kaffeehaus« (in *Die Erben der Tante Jolesch*, 1978) und »Kaffeehaus war überall«, ganz dem Herrenhof zugedacht.

Für T. folgte in Wien die Wirklichkeit der Legende und nicht die Legende der Wirklichkeit. Dies gilt im besonderen Maße für das Kaffeehaus. Er machte wiederholt auf den bedeutenden Anteil der jüdischen Intellektuellen und auf die Rolle des jüdischen Witzes im Zusammenhang mit dieser Wiener Institution aufmerksam. Die angeführten Titel sind Anekdotensammlungen, in denen das Leben im Kaffeehaus und dessen Hauptakteure gegenwärtig bleiben. Sie haben den Charakter einer anekdotischen Ethnologie der Kaffeehausbewohner. Das Ende der legendären Kaffeehauszeit machte T. auch den notwendigen Untergang des Abendlandes verständlich. Er erklärte ihn aus dem Mangel an Käuzen, Originalen und Sonderlingen, mit denen auch der Spleen abhandengekommen ist. T.s platonische Idee vom Kaffeehaus wird geprägt durch den Wunsch, dem Unkonventionellen und Unangepassten eine Behausung zu geben, das Abendland vor dem Untergang, vor dem Verstand durch den Spleen zu retten.

Werkausgabe: Gesammelte Werke in Einzelausgaben. München/Wien 1962 ff.

Helmut Bachmaier

Torga, Miguel (eigtl. Adolfo Correia da Rocha)

Geb. 12. 8. 1907 in São Martinho de Anta/Portugal;
gest. 17. 1. 1995 in Coimbra

Adolfo Correia da Rocha verstand sich als iberischer Schriftsteller und Dichter. Er begründete die Wahl seines Pseudonyms mit den Worten: »Die Torga ist eine Pflanze aus Trásos-Montes, ein Heidekraut von der Farbe des Weins mit sehr festen, harten Wurzeln, die zwischen den Felsen sitzen. So wie ich hart bin und meine Wurzeln in harten, spröden Felsen habe. Miguel Torga ist ein iberischer Name, typisch für unsere Halbinsel.« Den Vornamen Miguel wählte er als Hommage an die spanischen Schriftsteller Miguel de Cervantes und Miguel de Unamuno. Die Eltern schickten ihn ins Priesterseminar nach Lamego, das er jedoch nach einem Jahr verließ, um zu einem Onkel nach Brasilien zu gehen, wo er auf dessen Fazenda arbeitete. Der Onkel erkannte seine Begabung und schickte ihn auf das Leopoldina-Lyzeum. Von dort kehrte er 1925 nach Portugal zurück, schloss seine Schulausbildung ab und studierte mit Hilfe der finanziellen Unterstützung des Onkels von 1928 bis 1933 in Coimbra Medizin. 1927 beteiligte er sich an der Gründung der Zeitschrift *Presença*, einem Sprachrohr des Modernismus.

Noch während des Studiums veröffentlichte er – unter seinem bürgerlichen Namen – seine ersten Gedichtbände *Ansiedade* (1928; Unruhe) und *Rampa* (1930; Schiefe Ebene) sowie sein erstes Prosawerk *Pão ázimo* (1931; Ungesäuertes Brot). Beide Gedichtbände waren sofort vergriffen. 1930 trennte sich T. von der Gruppe um die *Presença*. Versuche, sich anderen Dichtergruppen um die Zeitschriften *Sinal* und *Manifesto* anzuschließen, scheiterten. Er beschloss, aus Gründen der poetischen Authentizität und um sich selbst treu zu bleiben, allein zu arbeiten, und wurde so zum eher kantigen Einzelgänger. Dennoch blieb T.s lyrischer Stil in seiner Diskursivität und seinem Appellcharakter dem der *Presença* verpflichtet. Nach dem Studium ließ er sich zunächst als Arzt in Leiria nieder und siedelte 1939 um des Kontakts mit den Druckereien willen – er verlegte viele seiner Bücher selbst – nach Coimbra über, wo er bis zu seinem Tode praktizierte. Einerseits sparsam bis zum Geiz, behandelte er andererseits zahlreiche seiner ärmeren Patienten kostenlos. Politisch stand er stets in Opposition. Trotz mehrfacher Verhaftungen und Beschlagnahmungen seiner Bücher durch den Geheimdienst des Salazarregimes mochte er nicht ins Exil gehen, weil er sich seiner Heimat zu sehr verbunden fühlte. Als man ihn nach der Nelkenrevolution vom 25. April 1974 aufforderte, einer der Linksparteien beizutreten, lehnte er ab. Den Vertrag von Maastricht betrachtete er als Schande für Europa.

Es folgten noch zwei Gedichtbände und ein Prosawerk unter seinem Orthonym, bevor er 1934 für den Beginn seines bedeutenderen literarischen Schaffens das erste Mal sein Pseudonym verwandte. Insgesamt erschienen 94 kurze Erzählungen, zwei Romane, das große fünfbändige, z. T. autobiographisch geprägte erzählerische Werk *A criação do mundo* (1937–80; *Die Erschaffung der Welt*, 1991), drei Theaterstücke, zwei Bände mit Aufsätzen und Vorträgen sowie 15 Gedichtsammlungen und als vielleicht interessanteste literarische Leistung 16 Bände eines Tagebuchs, die unter anderem über 700 Gedichte enthalten und ein facettenreiches und vielseitiges Bild Portugals zeichnen. Die Sammlung *Bichos* (1940; *Tiere*, 1989) gehört zu seinen erfolgreichsten Büchern. Darin erzählt T. aus der Sicht der Tiere von Leid und Entwürdigung, die sie durch den Menschen erfahren. Die Erzählungen der Sammlung *Montanha* (1941, überarb. 1986; *Gebirge*, 1990) spielen in seiner engeren Heimat, sind aber dennoch keine Heimatdichtung. In kunstvoller Sprache erzählen sie Geschichten, die an griechische Tragödien erinnern; sie schildern den zerstörerischen Einfluss der modernen, städtischen Zivilisation auf die der Natur verbundene Dorfgemeinschaft. Der Roman *O Senhor Ventura* (1943; *Senhor Ventura*, 1992), T.s phantasievollste Schöpfung, erzählt von Aufstieg und Fall des alentejanischen Bauernjungen Ventura – der Titel ist programmatisch, »Ventura« ist sprachlich mit »Abenteuer« verwandt – im fernen Osten, seiner Entwicklung vom einfachen Soldaten zum Waffen- und Drogenhändler. In seinem zweiten Roman *Vindima* (1945; *Weinlese*, 1965) schildert T. den Aufbruch von 40 Dorfbewohnern aus einer kargen Bergregion in fruchtbare, wärmere Gebiete, in denen Wein angebaut wird. Obwohl sie wissen, dass sie dort harte Arbeit erwartet, feiern sie den Aufbruch wie ein Fest, weil er die Öde ihrer ärmlichen Existenz unterbricht.

T. erhielt zahlreiche portugiesische und internationale literarische Auszeichnungen, unter anderem 1981 den Montaigne-Preis der Alfred Toepfer Stiftung FVS Hamburg.

Kurt Scharf

Tournier, Michel
Geb. 19. 12. 1924 in Paris

Michel Tournier zählt mit Marguerite Yourcenar zu den Autoren, die seit Ende der 1960er Jahre nach Möglichkeiten anspruchsvollen Erzählens jenseits der durch den Nouveau roman vorgegebenen formalen Experimente suchten und die durch die Einbeziehung gesellschaftlicher Aspekte für eine Rehabilitation der *fabula*, des Erzählkerns, sorgten. Auf diese Weise entstanden Romane, die auch bei einem breiteren Publikum Anklang finden konnten.

T. entstammt dem Pariser Bildungsbürgertum. Seine Eltern sind Germanisten und machen ihren Sohn früh mit der deutschen Sprache und Kultur bekannt. T. beschreibt sich selbst als kränkliches Kind und mittelmäßigen Schüler. Nach dem Abitur studiert er in Paris und Tübingen Philosophie. Nach vier Jahren in der schwäbischen Universitätsstadt kehrt er nach Frankreich zurück und meldet sich zur Staatsprüfung (Agrégation) an. Nachdem er diese nicht besteht, zerschlagen sich seine Hoffnungen auf eine universitäre Laufbahn, und er arbeitet in den kommenden Jahren vor allem für den Rundfunk, wo er etwa eine Sendung zur Photographie betreut. Später folgen Tätigkeiten in den bedeutenden Verlagshäusern Plon und Gallimard. Parallel dazu entsteht T.s erster Roman *Vendredi ou les limbes du Pacifique* (1967; *Freitag oder im Schoß des Pazifik*, 1968), der sofort mit dem Romanpreis der Académie française ausgezeichnet wird. Nur drei Jahre später erscheint *Le roi des aulnes* (1970; *Der Erlkönig*, 1972), der mit dem Prix Goncourt ausgezeichnet wird und T.s Bedeutung für die französische Gegenwartsliteratur nachhaltig dokumentiert. Seit 1972 ist T. Mitglied der Académie Goncourt. Ab Ende der 1970er Jahre wendet er sich vermehrt erzählerischen Kurzformen und autobiographisch geprägten Novellen zu.

Die beiden ersten Romane weisen signifikante Parallelen auf: Es handelt sich jeweils um Bildungsromane, in denen ein Außenseiter unter schwersten äußeren Bedingungen seinen Weg finden muss. Dieser Weg wird nicht nur in dem Bericht eines auktorialen Erzählers thematisiert, sondern auch in personalen Erzählsequenzen. In den Romanen werden zudem bedeutende Mythen aufgegriffen und aktualisiert. Während in *Vendredi ou les limbes du Pacifique* in erster Linie der Robinson-Stoff und biblische Motive aus der Genesis von Bedeutung sind, greifen in *Le roi des aulnes* vor allem die Sage vom Erlkönig und der Mythos des Christusträgers (Christophorus) ineinander und verstärken sich in höchst suggestiver Weise. Im Zentrum von *Le roi des aulnes* steht der Automechaniker Abel Tiffauges, der von seiner Geliebten Rachel, kurz bevor sie ihn verlässt, als »ogre« (Menschenfresser) bezeichnet wird. Mit dem Begriff des »Menschenfressers« verbindet sie den Vorwurf einer bestialischen, lediglich auf Triebbefriedigung gerichteten Sexualität, die insbesondere die weiblichen Bedürfnisse negiert. Im Laufe des Romans erhält die Bezeichnung zahlreiche Nebenbedeutungen, die sich allesamt auf Charaktereigenschaften der Hauptfigur beziehen, jedoch nicht nur deren Sexualität, sondern ihr Sozialverhalten insgesamt betreffen. »Menschenfresser« ist Tiffauges bereits in Paris durch sein obsessives Interesse an Kindern, denen er vor den Schulen auflauert, um sich ihnen zu nähern. Dieses Verhalten wird argwöhnisch beobachtet, nur die Mobilmachung im September 1939 verhindert einen Prozess gegen Tiffauges, der eingezogen wird und bald in deutsche Kriegsgefangenschaft gerät. In der weiten Landschaft Ostpreußens erfährt Tiffauges eine Einheit mit der Natur: Nachdem er rasch das Vertrauen der Wachsoldaten gewinnt, ist es ihm erlaubt, das Lager zu verlassen und lange Spaziergänge in der verlassenen Gegend zu unternehmen. Auf einem dieser Ausgänge lernt er den Oberförster kennen, der die Rominter Heide, das Jagdrevier Görings, pflegt. Über ihn ergibt sich für Tiffauges die Möglichkeit, als Helfer in der Ordensburg Kaltenborn, einem Napola (Nationalpolitisches Erziehungslager), zu arbeiten. Tiffauges kommt insbesondere die Aufgabe zu, in den einsamen Dörfern des hohen Nordostens geeignete blonde Knaben für die harte Ausbildung zu Jungmannen zu rekrutieren, weshalb er von den Dorfbewohnern als »Menschenfresser von Kaltenborn« bezeichnet wird. Wie der Erlkönig in Goethes gleichnamiger Ballade versucht Tiffauges mit Sanftmut, zur Not aber mit Gewalt geeignete Zöglinge für die Anstalt zu gewinnen. Als die sowjetische Armee anrückt, stirbt Tiffauges auf der Flucht gemeinsam mit einem jüdischen Jungen, den er retten wollte. T.s Roman zeigt, dass der Doppelcharakter des Erlkönigs, der verführt und verdirbt, nicht nur eine Charaktereigenschaft des Protagonisten ist, sondern auch als ein Merkmal totalitärer Regimes gelten muss, bei denen die ästhetische Inszenierung die menschenverachtende Praxis verschleiern soll.

Florian Henke

Trakl, Georg
Geb. 3. 2. 1887 in Salzburg; gest. 4. 11. 1914 in Krakau

»Wer mag er gewesen sein?«, fragte sich Rainer Maria Rilke, als T. – wahrscheinlich durch Selbstmord – so früh gestorben war. Wie sein Werk, entzieht sich auch die Person des Lyrikers der Mitteilbarkeit: Verschlossen, düster, einsam, verrätselt und voller Leiderfahrung, so war er als Mensch: »Gleichsam auf seine Pausen aufgebaut, ein paar Einfriedungen um das grenzenlos Wortlose: so stehen seine Zeilen da« (Rilke). Der Versuch, sich zum Leben zu bringen, ohne wirklich lebensfähig zu sein, und zur Sprache zu bringen, was sich der Sprache entzieht, so ließe sich das Paradox von Leben und Werk auf eine Formel bringen. T. stammte aus gutbürgerlichem Elternhaus (der Vater war Eisenhändler), scheiterte aber gänzlich an den bürgerlichen Realitäten. Die Schule wird abgebrochen, der Beruf als Pharmazeut nur sporadisch ausgeübt; die Kriegserfahrung 1914 (Schlacht bei Grodek, über die er eines seiner bekanntesten Gedichte schreibt) stürzt ihn in den Wahnsinn, freilich entschieden gefördert durch die schon früh ausgeprägte Drogen- und Alkoholsucht; einer Kokainvergiftung erliegt er wenig später, nachdem er schon einige Selbstmordversuche unternommen hatte. Zur Schwester Margarethe, die namenlos immer wieder in den Gedichten auftaucht, unterhielt er ein inzestuöses Verhältnis. Freunde machte er sich nur wenige; die wenigen aber standen zu ihm. Vorab Ludwig von Ficker, den T. 1912 kennenlernte und der seine Gedichte von da an regelmäßig in seiner Zeitschrift *Der Brenner* publizierte. Er war es auch, der dem Umhergetriebenen, meist Mittellosen Zuflucht bot und den Lebensunterhalt besorgte.

»Es ist ein so namenloses Unglück, wenn einem die Welt entzweibricht«, notierte T. im Jahr 1913. Das mit dieser Erfahrung verbundene Leid ist das Grundmotiv der Dichtung, die Martin Heidegger als »ein einziges Gedicht« deklariert hat (auch die wenige Prosa, die T. schrieb, ist durchweg lyrisch). Freilich betrifft dies kaum die frühe Lyrik, die zwischen 1906 und 1910 anzusetzen ist. Sie ist z. T. banal, romantisch sentimental, vordergründig und bevorzugt strenge Formen (u. a. das Sonett). Erst die spätere Lyrik gewinnt die für T. typische Eigenheit: Aus wenigen, miteinander verflochtenen Bildgefügen, die in immer neuen Variationen und Konfigurationen erscheinen, häufig fremdartig dunkel wirken und überraschende Farbmotive bevorzugen, entsteht das Bild der zerbrochenen Welt und des leidenden Menschen in ihr. Charles Baudelaire, der poète maudit, war der entscheidende poetische Anreger, Friedrich Nietzsche, der Künder des Untergangs und des Wertverlusts, der philosophische. Auch in der Form »zerbricht« T. seine späte Lyrik in zunehmendem Maße und sucht so die adäquate Gestaltung ihres Inhalts. Allerdings steht der zerbrochenen Welt die Suche nach – freilich – unerfüllter transzendenter Geborgenheit gegenüber. In den Leitgestalten des Knaben, auch als Kaspar Hauser, des Kindes, der Schwester, Helians, Christus', des Engels und Gottes selbst beschwört die Lyrik die überzeitlich rettenden Mächte: »Ein Schatten bin ich ferne finsteren Dörfern. / Gottes Schweigen / Trank ich aus dem Brunnen des Hains«. *Offenbarung und Untergang* heißt eines seiner späten Prosagedichte, die beiden Pole der Dichtung T.s benennend.

Es besteht Unsicherheit darüber, ob T.s Lyrik aus letztlich unentzifferbaren poetischen Chiffren besteht, T. also einer der ausgeprägtesten rein intuitiv dichtenden Künstler war, oder ob er sehr bewusst angeordnet, seine Variationen nach strengem Strukturgesetz gebaut hat. Der Entstehungsprozess der Gedichte lässt verfolgen, dass T. fast immer von beobachtbaren Realitätsdetails, die z. T. romantisch verklärt sind, ausgeht und sie dann im weiteren Arbeitsprozess »verfremdet«, so lange, bis sie sozusagen sprachlos geworden sind.

Werkausgabe: Dichtungen und Briefe. Historisch-kritische Ausgabe. Hg. von Walther Killy und Hans Szklenar. 2 Bde. Salzburg ²1987.

Jan Knopf

Tranströmer, Tomas
Geb. 15. 4. 1931 in Stockholm

»Das Erwachen ist ein Fallschirmsprung aus dem Traum. / Frei vom erstickenden Wirbel, sinkt / der Reisende der grünen Zone des Morgens entgegen.« Mit diesen Zeilen beginnt »Preludium« (»Präludium«), das erste Gedicht in Tomas Tranströmers Debütsammlung *17 dikter* (1954; *17 Gedichte*, 1997). In ihnen zeigt sich bereits eine Besonderheit von T.s Lyrik, nämlich die metaphorische Gestaltung von Phänomenen des Übergangs, hier des Erwachens als eines Fallschirmsprungs, oder von Augenblicken plötzlicher Einsicht. Die Debütsammlung wurde seinerzeit von dem Kritiker Jan Stenkvist »als beispielloser Durchbruch« gefeiert. Inzwischen gehören T.s durchweg schmale, aber sehr konzentrierte Gedichtbände nicht nur zu den bedeutendsten Werken der schwedischen Gegenwartslyrik, sondern haben auch über die Landesgrenzen hinaus eine große Wirkung entfaltet. T.s Gedichte wurden in über 50 Sprachen übersetzt und sind nicht zuletzt in Amerika und Deutschland lebhaft rezipiert worden. Zu den zahlreichen Auszeichnungen, die ihr Autor erhielt, gehört etwa der Petrarca-Preis (1981).

T. wuchs in Stockholm auf. Nach dem Studium der Psychologie war er zunächst am psychotechnischen Institut der Stockholmer Universität, danach in einer Anstalt für kriminelle Jugendliche und schließlich bei der Arbeitsvermittlung tätig. Bereits in seiner Schulzeit las er intensiv Gedichte. Zu seinen wichtigsten Inspirationsquellen gehören die französischen Surrealisten, T.S. Eliot, Friedrich Hölderlin und schwedische Modernisten wie Harry Martinson und Gunnar Ekelöf, aber auch Texte der Mystik, insbesondere von Meister Eckhard und Nicolaus von Kues. Wie bei den Letzteren gehen die sprachlichen und gedanklichen Bewegungen von T.s Gedichten häufig von ganz alltäglichen und profanen Phänomenen aus, um dann eine Transformation der Alltagsgegenstände zu leisten. Aufschlussreich für seine dichterische Verfahrensweise ist eine Äußerung T.s von 1969: »Meine Gedichte sind Orte der Begegnung. Sie wollen eine plötzliche Verbindung stiften zwischen Teilen der Wirklichkeit, die die konventionellen Sprachen und Sichtweisen für gewöhnlich getrennt halten. [...] Die konventionellen Sprachen und Sichtweisen sind notwendig, wenn es darum geht, mit der Welt umzugehen – abgegrenzte, konkrete Ziele zu erreichen. Aber in den wichtigsten Augenblicken im Leben haben wir je erfahren, daß sie nicht halten. Wenn sie uns ganz dominieren, führt der Weg zu Kontaktlosigkeit und Zerstörung. In der Poesie sehe ich unter anderem einen Gegenzug gegen eine solche Entwicklung. Die Gedichte sind aktive Meditationen, die nicht in den Schlaf wiegen, sondern wecken wollen.«

Dichtung im Sinne T.s stellt also eine Gegenbewegung zu der auf Klarheit und Eindeutigkeit bedachten konventionellen Sprache dar, die ihre Berechtigung hat, um bestimmte Ziele zu erreichen, die aber, sofern sie kein Gegenwicht bekommt, immer die Gefahr mit sich bringt, den Spielraum von Erfahrung und Bedeutung massiv einzuschränken. Zu den Begegnungen, die T.s Gedichte stiften, gehören die erwähnten Erfahrungen von Alltäglichem und Mystischem sowie wechselseitige Bezüge von Natur und Technik. In ihnen gestalten sich aber auch Auseinandersetzungen mit lyrischen Formen der Antike unter modernen Bedingungen oder Begegnungen mit der Geschichte und – etwa in den Gedichten »Schubertiana« aus *Sanningsbarriären* (1978; *Die Wahrheitsbarriere*, 1981) und »Vermeer« aus *För levande och döda* (1989; *Für Lebende und Tote*, 1993) – mit anderen Künsten. T. geht es vornehmlich darum, die Phänomene selbst sprechen zu lassen. In *17 dikter* wurde zugunsten eines Er noch ganz auf ein Ich als Träger der lyrischen Erfahrung verzichtet. Auch wenn in den späteren Gedichtsbänden häufiger ein Ich erscheint, geht es weniger um subjektives Erleben als vielmehr um ein Ich im Dienste einer Öffnung von Erfahrungen. So heißt es in dem Titelgedicht von *Den halvfärdiga himlen* (1962; *Der halbfertige Himmel*, 1997): »Jeder Mensch eine halboffene Tür, die in ein Zimmer für alle führt.«

1990 erlitt T. infolge einer Hirnblutung einen Schlaganfall, der nicht nur zur Lähmung seiner rechten Körperseite führte, sondern auch sein Sprachzentrum beeinträchtigte. Zwar versteht er jedes Wort, doch ist sein Sprechvermögen stark eingeschränkt. Während er zuvor häufig sehr lange Gedichte mit komplexen Bildfolgen verfasst hatte, wandte er sich in dem nach Franz Liszts Klavierstück »Trauergondel Nr. 2« benannten Band *Sorgegondolen* (1996; *Die Trauergondel*, 1996) und in *Den stora gåtan* (2004; *Das große Rätsel*, 2005) lyrischen Kurzformen, darunter auch Haiku-Gedichten, zu. Neben seiner Lyrik hat Tranströmer auch eine knappe Selbstbiographie über seine Jugendzeit verfasst, die nach einem seiner Gedichte den Titel *Minnena ser mig* (1993; *Die Erinnerungen sehen mich*, 1999) trägt.

Dietmar Götsch

Der Traum der roten Kammer (Honglou meng)

Kein anderes Werk der chinesischen Literatur genießt mehr Prestige und hat mehr begeisterte Leser als *Honglou meng* (1792; *Der Traum der roten Kammer*, 1932). Hinsichtlich seiner Komplexität und Vielschichtigkeit sowie des Charismas seiner Hauptfiguren darf *Honglou meng* sicherlich als das herausragende Meisterwerk des chinesischen Romans gelten. Er ist gleichermaßen ein sentimentaler Liebeswie ein geistig-spiritueller Bildungsroman, ebensosehr buddhistisch-daoistisches Lehrstück wie säkulares Gesellschaftstableau und ein ›symbolistisches‹ wie ein ›realistisches‹ Prosawerk.

Im Mittelpunkt der im frühen 18. Jahrhundert spielenden Handlung steht der weitverzweigte Klan der vornehmen Familie Jia. Diese lebt in der Hauptstadt Peking in zwei luxuriösen Residenzen, zu denen ein weitläufiger Garten gehört. Der Sohn des Hauses und Hoffnungsträger der Familie, Baoyu, ist ein überaus begabter und empfindsamer Junge. In seinem Mund wurde bei der Geburt ein ominöser Jadestein gefunden. Er verliebt sich in seine zarte, fragile Cousine Lin Daiyu, die allerdings aufgrund himmlischer Vorbestimmung nie seine Frau werden kann. Sie ist vielmehr dazu ausersehen, mit ihren Tränen eine karmische Schuld abzubüßen und frühzeitig an Liebeskummer zugrunde zu gehen. Baoyu wird getäuscht, statt mit Daiyu wird er mit der ungleich lebenstüchtigeren, aber weniger subtilen Xue Baochai verheiratet. Daiyu stirbt in der Folge, und Baoyu wird durch diese Erfahrung seiner Illusionen beraubt; er entsagt der Welt und wird buddhistischer Mönch.

Die Welt des *Honglou meng* wird von weiblichen Instanzen dominiert, während die Kontrastwelt der Männer korrupt, dekadent und unfähig erscheint. Der Klan wird von Großmutter Jia, der »Matriarchin«, befehligt, an deren Seite die gerissene Wang Xifeng eigenmächtig die Tagesgeschäfte abwickelt. Letztere verantwortet auch den Korruptionsskandal, durch den schließlich der plötzliche Status- und Besitzverlust des Klans bewirkt wird. Jia Baoyu ist der verwöhnte Liebling der Frauenwelt. Ihm wird das Sonderrecht gewährt, bei den Mädchen des Klans und deren Zofen, den »Zwölf Schönen«, im großen Garten zu wohnen. Die Darstellung des Zusammenlebens der in dieser abgeschlossenen, so künstlerischen wie künstlichen Welt Heranwachsenden macht den Hauptteil des Romans, der die Kapitel 23 bis 80 umfasst, aus. Die Schatten der Erwachsenenwelt, deren Zwänge und Begierden, dringen schließlich immer tiefer in dieses flüchtige Idyll ein und zerstören es unweigerlich.

Der Roman wurde erstmals 1792 anonym unter dem Titel *Honglou meng* in 120 Kapiteln veröffentlicht. Die beiden Herausgeber dieser Ausgabe behaupten in ihren Vorworten, sie hätten ein an sich unvollständiges Manuskript durch zusammengekaufte Fragmente ergänzen können. Diese Erklärung ist zu Recht in Zweifel gezogen worden, denn es sind seither über ein Dutzend frühe Handabschriften des

Romans entdeckt worden, die durchwegs nur 80 Kapitel umfassen, also unvollständig sind. Die Echtheit der letzten 40 Kapitel gilt auch deshalb als fragwürdig, weil die Weiterführung der Handlung teilweise nicht den Intentionen des Autors, soweit sie aus den vorderen 80 Kapiteln abzuleiten sind, entsprach. Dennoch sind die Fortsetzungskapitel für das allgemeine Lesepublikum längst zu einem integralen Bestandteil des Romans geworden. Die Manuskriptversionen, von denen die früheste auf 1754 datiert wird, tragen alle den Titel *Shitou ji* (Aufzeichnung des Steins), wurden offenbar im Freundeskreis des Autors herumgereicht und enthalten teilweise umfangreiche Randkommentare dieser Erstleserschaft. Als mutmaßlicher Autor zumindest des Hauptteils gilt Cao Xueqin (ca. 1715–63). Von ihm sind trotz seiner Abstammung von einer illustren Familie nur wenige Lebensdaten bekannt. Obwohl er den Roman wohl als eine verfremdete Autobiographie konzipiert hatte, sollte der Autor keinesfalls mit seinem Protagonisten, der Kunstfigur Baoyu, gleichgesetzt werden. Caos Familie scheint – ähnlich wie die Familie Jia im Roman – aus der kaiserlichen Gunst in tiefe Armut gefallen zu sein, Cao wurde darüber zum Trinker. Er war ein exzellenter Dichter, wie die vielen vorzüglichen Verse im Roman belegen. Er scheint auch ein begabter Maler gewesen zu sein und zeitweise von der Malerei gelebt zu haben. Sein Roman zeigt ihn zudem als hochgebildeten Literaten und unkonventionellen Freigeist. Um *Honglou meng* entstand bereits im späten 19. Jahrhundert ein »Rot-Studien« (»Hongxue«) genannter Zweig der Gelehrsamkeit, der sich vor allem mit Fragen der Textgeschichte, der Autorschaft und mit allegorischen Deutungsversuchen befasste.

Ausgabe: The Story of the Stone. 5 Bde. Übers. D. Hawkes/J. Minford. Harmondsworth 1973–82.

Roland Altenburger

Traven, B.
Geb. 25. 2. 1882 (?) in San Francisco (?); gest. 26. 3. 1969 in Mexico City

»Die Biographie eines schöpferischen Menschen ist ganz und gar unwichtig.« Die früheste Spur, die das Leben des Mannes, der dies (1926) schrieb, aktenkundig hinterlassen hat, ist nicht eine Geburtsurkunde, sondern der *Neue Theater-Almanach* für das Jahr 1908. Hier wird für die Saison 1907/08 ein gewisser Ret Marut (höchstwahrscheinlich ein Pseudonym) als Schauspieler und Regisseur am Stadttheater Essen aufgeführt. Nach wenig glanzvoller Bühnenlaufbahn, hauptsächlich in der Provinz, aber auch am renommierten Düsseldorfer Schauspielhaus, tritt er ab 1917 mit der radikal-anarchistischen Zeitschrift *Der Ziegelbrenner* (München) vor die literarische Öffentlichkeit, in der er bereits seit 1912 als Verfasser von Kurzgeschichten und Erzählungen bekannt geworden war. Als das wilhelminische Deutschland, zu dessen heftigem Kritiker der Journalist und Erzähler Marut sich profiliert hatte, zusammenbricht, beteiligt er sich an der bayerischen Räteregierung als Zensor und treibende Kraft hinter der »Sozialisierung der Presse«. Am 1. Mai 1919 wird er auf der Straße festgenommen und vor ein Schnellgericht gestellt. Er entkommt jedoch – so hat er es jedenfalls selbst dargestellt – Minuten, bevor ein zigarettenrauchender Leutnant der Weißen Garde das Todesurteil ausgesprochen hätte. Von da an ist Ret Marut im Untergrund – erst im Sommer 1924 taucht er wieder auf, im tropischen Busch an der karibischen Küste Mexikos in der Nähe des Erdölhafens Tampico. Von hier aus schickt er der Büchergilde Gutenberg die Romane und Erzählungen, größtenteils über Mexiko, die ihn über Nacht unter dem Namen »B. Traven« berühmt und bald weltberühmt machen sollten: *Die Baumwollpflücker* (1926), *Das Totenschiff* (1926), *Der Schatz der Sierra Madre* (1927), *Der Busch* (1928), *Die Brücke im Dschungel* (1929) und dann vor allem die sechs Bände der »Mahagoni-Serie«, welche die Ausbeutung der Indios in den Holzfäller-Lagern Südmexikos mit krassem Detail beschreiben (von *Der Karren*, 1931, bis

Ein General kommt aus dem Dschungel, 1940). Als seine »Herzensbrüder« und als die »Proletarier« der Neuen Welt hat T. die Indianer gern bezeichnet, und tatsächlich ist jede Seite seiner mexikanischen Romane nicht nur mit persönlicher Sympathie mit der Urbevölkerung geschrieben, sondern darüber hinaus auch mit scharfem Blick für die politische, soziale und kulturelle Umwälzung, die T. von dieser ausgehen sieht, nämlich seit der Revolution von 1910, die für ihn noch längst nicht abgeschlossen ist. Die »Mahagoni-Serie« wird so das Epos vom Befreiungskampf der indianischen Bevölkerung – aber nicht nur dieser, vielmehr ist sie parabolisch auch die Darstellung der Befreiung der Unterdrückten jeden politischen Systems. Das ist den Nationalsozialisten nicht verborgen geblieben, die T. im Mai 1933 gleich auf die erste ihrer Schwarzen Listen setzten.

Wenn schon Ret Marut, selbst als Publizist, persönlich die Öffentlichkeit mied und dadurch in den Ruf des Mysteriösen kam, so wurde der Name »B. Traven«, bereits seit Mitte der 1920er Jahre, geradezu gleichbedeutend mit ›geheimnisumwittert‹. Vom größten literarischen Geheimnis der Moderne zu sprechen, hat sich eingebürgert. Wer war der Mann mit dem merkwürdigen Schriftstellernamen, der in Lateinamerika deutsche Bestseller schrieb und behauptete, gebürtiger Amerikaner englischer Muttersprache zu sein? Während Presse und Literaturkritik daran herumrätselten, lebte der Autor, »el Gringo«, in Mexiko – zuerst, bis etwa 1930, in einem baufälligen Holzhaus im Dschungel im Hinterland des Staates Tamaulipas, dann im damals noch dörflichen Acapulco, wo er eine bescheidene Obstfarm bewirtschaftete, schließlich seit seiner Heirat (1957) in Mexico City, wo er sich allerdings schon seit den 1920er Jahren zwischen seinen häufigen Expeditionen in den mexikanischen Südstaat Chiapas oft aufgehalten hatte. »Traven Torsvan« – so nannte er sich im Privatleben – ließ sich nicht ausräuchern. Als Luis Spota ihn 1948 in einer berühmten Reportage in der Illustrierten *Manana* als den weltweit gesuchten »B. Traven« identifizierte, ließ T., in die Enge getrieben, allenfalls verlauten, er habe T. »Material« geliefert. An der Verfilmung seiner Romane, zuerst *Der Schatz der Sierra Madre* (1948), beteiligte er sich als Berater unter dem Namen Hai Croves, wobei er sich als Beauftragter des Autors ausgab. Als er 1969 in seinem Stadthaus in Mexico City starb, waren seine Bücher in mehr als zwei Dutzend Sprachen und, wie es heißt, in ca. 25 Millionen Exemplaren verbreitet. Aber wer der Mann war, dessen Asche von einem Sportflugzeug über den Regenwäldern am Rio Jataté in der Nähe der guatemaltekischen Grenze verstreut wurde, woher er stammte, warum er ein Leben im Verborgenen, ja auf der Flucht führte, ist bis heute ein Geheimnis geblieben. War er Jack London oder Ambrose Bierce oder Arthur Breisky? Ein Hohenzollernspross oder ein Theologiestudent aus Cincinnati oder ein Schlosserlehrling aus Schwiebus bei Posen? Ein Millionär mit schlechtem Gewissen oder ein Farmersohn aus dem Mittleren Westen oder das Kind eines Theater-Impresarios aus San Francisco? Die meisten dieser Spekulationen, die das Gespräch lange Zeit bestimmten, sind hinfällig geworden durch die linguistische Analyse eines Traven-Tonbandes, die die gesprochene Sprache T.s als Nordniedersächsisch (Raum Hamburg-Lübeck) erweist. Offen bleibt allerdings noch die Frage: Hat er sein Geheimnis mit ins Grab genommen – oder hat er selbst nicht gewusst, wer er war?

Werkausgabe: Werkausgabe. Hg. von Edgar Paßler. Frankfurt a. M. 1977–82.

Karl S. Guthke

Trifonov, Jurij
Geb. am 28. 8. 1925 in Moskau;
gest. am 28. 3. 1981 in Moskau

Jurij Trifonovs Vater, der von Donkosaken abstammte, als Berufsrevolutionär an der Revolution von 1905 teilnahm und nach Sibirien verbannt wurde, organisierte 1917 im Auftrag Lenins die Rote Garde in Petrograd und gehörte später zur sowjetischen Funktionärselite; auf Geheiß Stalins wurde er 1937 verhaftet und 1938 erschossen. Die Mutter, die aus einer jüdischen Bolschewikenfamilie stammte, kam für acht Jahre ins Straflager. T. wuchs bei der Großmutter auf. Im Krieg evakuiert, machte er 1942 in Taschkent Abitur, arbeitete danach in Moskauer Flugzeugfabriken. 1944 bis 1949 studierte er am Moskauer Literaturinstitut. Erste Erzählungen veröffentlichte er 1947. Der Roman *Studenty* (1950; *Studenten*, 1952), seine Diplomarbeit am Literaturinstitut, wurde mit einem Stalinpreis 3. Klasse ausgezeichnet. Der Roman *Utolenie žaždy* (1963; *Durst*, 1965), der in Turkmenien spielt, lässt die Liberalisierungstendenzen der Chruschtschow-Zeit nur zaghaft erkennen. Der Roman fand wenig Beachtung und ist wie das gesamte Frühwerk heute zu Recht vergessen.

In der Studie *Otblesk kostra* (1965; *Widerschein des Feuers*, 1979) dokumentiert T. die Tätigkeit seines Vaters während der Revolution in Petrograd und während des Bürgerkriegs in Südrussland. Auf dessen weiteres Schicksal ließ die Zensur nur karge Hinweise zu, T. behandelte das Thema später ausführlich. Der umfangreiche, auf gründliche Recherchen gestützte historische Roman *Neterpenie* (1973; *Ungeduld* 1975, *Zeit der Ungeduld*, 1975) handelt von den Terroristen der Narodnaja wolja (Volkswille), die das reformunfähige autokratische System überwinden, etwas gerechteres Neues schaffen wollten und deshalb 1881 den Zaren ermordeten. Sowjetische Leser verstanden die unausgesprochene Botschaft: Eine mit Gewalt realisierte Sozialutopie gebiert Terrorherrschaft. Im Westen, wo das Thema Terrorismus Aktualität gewann, richtete sich das Augenmerk darauf, wie eine auf radikale Veränderungen eingeschworene Jugend sich zum Terrorismus verleiten lässt.

Zum wichtigsten sowjetischen Schriftsteller der 1970er Jahre, der auch weltweit Anerkennung fand, wurde T. durch seine Darstellung der Moskauer Intelligenzija, durch die analytischen Schilderungen des Privatlebens und der Alltagswelt und die häufige Verknüpfung der Miseren mit der politisch heiklen Vorgeschichte. In einem Zyklus von fünf kürzeren Romanen geht es um Lebenskrisen und Ehedramen, Angepasste und Unangepasste, Karrieristen und gescheiterte Existenzen. Nüchtern und mit psychologischer Tiefe wird das Leben in der Sowjetgesellschaft geschildert, in der Egoismus, Rücksichtslosigkeit und Habgier vorherrschten und alle Zukunftsversprechen vergessen waren.

Die Werktitel sind geradezu Chiffren: In *Obmen* (1969; *Der Tausch*, 1974) spekuliert eine Frau auf den Tod der Schwiegermutter und drängt sie zum Wohnungstausch. Um in der sowjetischen Wohnungsnot die eigene Situation zu verbessern, brauchte man Ellbogen, nicht Herz. In *Predvaritel'nye itogi* (1970; *Zwischenbilanz*, 1974) zieht ein 48-jähriger Schriftsteller Bilanz. Brotarbeiten sichern sein Auskommen, die großen Pläne sind entrückt. Sein Verhältnis zu Frau und Sohn ist zerrüttet, die Weisheiten der als allmächtig gepriesenen Ideologie helfen im Leben nicht weiter. In *Dolgoe proščanie* (1971; *Langer Abschied*, 1975) wird eine junge Schauspielerin von der Mutter gedrängt, alles der Karriere zu opfern. Lange hält ihr Widerstreben, doch dann nimmt alles seinen Lauf: ein Stelldichein mit einem Würdenträger, die Beziehung zu einem Erfolgsautor, der Abschied von ihrem Freund, dem erfolglosen Literaten, mit dem sie so viele Träume verbunden hatten. In *Drugaja žizn'* (1976; *Das andere Leben*, 1976) rekapituliert eine Frau ihre gescheiterte Ehe. Ihr Mann hatte in stiller »Nicht-Übereinstimmung« mit den Verhältnissen gelebt, immer mehr berufliche Schwierigkeiten bekommen und in Parapsychologie und Okkultismus Zuflucht gesucht. Nach seinem Tod sucht sie ein anderes Leben und bleibt doch in Gedanken oft beim vergangenen, das Bild der unabhängigen Persönlichkeit weicht nicht. *Dom na naberežnoj* (1976; *Das Haus an der Moskwa*, 1977, *Das Haus an der Uferstraße*, 1990) führt in das luxuriöse Haus an der Uferstraße, in dem T.s Familie bis 1937 wohnte. Dort lebten die Familien hoher Funktionäre, während die Masse in den Gemeinschaftswohnungen der benachbarten Bruchbuden hausen musste. So auch der Erzähler, der sich an aufregende Kindheitserlebnisse mit Freunden in jenem Haus erinnert, denen er in den 1950er und 70er Jahren auf der Karriereleiter wiederbegegnet. Menschliche Abgründe und systembedingte Niederträchtigkeiten potenzieren sich und ergeben ein Bild von der Lebenswirklichkeit des Homo sovieticus, wie es differenzierter kaum gezeichnet werden kann.

In dem Roman *Starik* (1978; *Starik*, 1980, *Der Alte*, 1980) weitet T. die Rückblenden und Perspektivenwechsel aus, um aus der Sicht eines alten Mannes, der in einer typischen russischen Großfamilie lebt, auf den Bürgerkrieg, die Niederwerfung der Kosaken zurückzublicken. Für den Alten ist das schon historische Geschehen lebendiger als die Gegenwart. Denkverbote und Verdrängungen stellen seiner Erinnerung immer wieder Fallen, doch er will den Tragödien und Zweifeln von einst auf den Grund gehen. Den Enkeln des greisen Revolutionärs sind dessen Ideale und Erlebnisse gleichgültig, sie interessieren nicht Revolution und Bürgerkrieg, sondern all die Alltagsfragen, die das sowjetische Leben bestimmten. Die Erinnerungsarbeit strukturiert den Roman, dabei haben Vergangenheit und Gegenwart gleiches Gewicht. Beide Ebenen sind von nicht nachlassender erzählerischer Intensität. Erwähnt sei, dass T. mit der Ehrenrettung der grausam verfolgten Kosaken ein politisches Tabu brach.

T.s letzter Roman *Vremja i mesto* (1981; *Zeit und Ort*, 1982) und der unvollendete Roman *Izčesnovenie* (1987; *Das Verschwinden*, 1989) erschienen postum mit vielen Zensureingriffen (die deutsche Übersetzung bringt den vollständigen Text). In dem Schriftsteller Antipov, dem Helden von *Zeit und Ort*, und seinem Doppelgänger, dem Erzähler des Romans, erkennt man den Autor. Seine Lebensgeschichte entspricht der Antipovs: der Vater als »Volksfeind« erschossen, die Mutter acht Jahre inhaftiert, Kindheit in Moskau, während des Krieges Evakuierung nach Mittelasien, Arbeit in einem Moskauer Rüstungsbetrieb, Studium am Literaturinstitut, Beginn der Schriftstellerkarriere am Ende der Stalin-Zeit, Ehe- und Partnerschaftsprobleme, neue Ehe, langwierige Selbstfindung. Der Strom der Zeit ist das wesentlichste Strukturelement des Romans, der aus dreizehn Novellen besteht. Mit Zeitsprüngen und Rückblenden, aber im Wesentlichen chronologisch folgen sie dem Prinzip der »durchbrochenen Linie« und ergeben einen Bewusstseinsroman. Der Roman ist T.s Lebensbilanz und sein bedeutendstes Werk.

In dem in den 1970er Jahren entstandenen Romantorso *Izčesnovenie* kommt der 17-jährige Igor während des Krieges nach Moskau zurück, um in einem Rüstungsbetrieb zu arbeiten. Die Erinnerungen an die Kindheit führen zum Haus an der Uferstraße, wo er als 12-Jähriger die letzten Wochen vor der Verhaftung seines Vaters erlebt hat: die Unruhe und die sorgenvollen Gespräche der Erwachsenen, die sich den sprunghaft zunehmenden Terror zu erklären versuchen, die immer gespenstischere Atmosphäre im Haus, in dem allnächtlich jemand verhaftet wird. Wie in seinem gesamten Schaffen bietet T. auch hier weder Enthüllungen noch Anklagen, sondern Geschichten, die für sich selbst sprechen.

Sein letztes Werk ist ein Zyklus von sieben Erzählungen: *Oprokinutyj dom* (1981; *Das umgestürzte Haus*, 1983; nur drei der sieben Texte findet man ohne die Zensureingriffe, vgl. *Sinn und Form*, 1982, H. 1). Der Zyklus kann auch als Roman »in punktierter Linie« wie *Vremja i mesto* gelesen werden. T. nimmt Erinnerungen an Auslandsaufenthalte zum Anlass, Erfahrungen seines Lebens zusammenzufassen: Erinnerungen an das Leben in der Lüge, das ihn Jahre gekostet hat; an die ewigen Themen, die sich als beständiger erwiesen haben denn eiserne Dogmen; an eine russische Vita, die ihm in Sizilien erzählt wird – überraschende Nähe zu seinen Vorfahren, aber ein entgegengesetztes Schicksal, dessen Ende jedoch ebenfalls eine Gewaltherrscherclique bestimmt; Erinnerungen an eine Begegnung mit Marc Chagall, die in die 1950er Jahre zurückführt, als moderne Kunst in der Sowjetunion verboten war; an eine Begegnung mit einem ehemaligen Freund, der ihn aus Opportunismus verraten hat; an eine Reise nach Finnland, wo er Spuren seines Vaters findet und ein Stück der eigenen Kindheit entdeckt. Selbstfindung und Lebensbilanz kreuzen sich in diesem Zyklus; er ist ein vorzeitiges Alterswerk, mit allen Vorzügen der T.schen Erzählweise und der Melancholie eines unverhofft letzten Rückblicks.

Werkausgabe: Ausgewählte Werke. 4 Bde. Berlin 1983.

Eckhard Thiele

Troll, Thaddäus (d. i. Hans Bayer)
Geb. 18. 3. 1914 in Stuttgart-Bad Cannstatt; gest. 5. 7. 1980 in Stuttgart

»›Er hat niemandem Furcht eingeflößt.‹ Könnte man diese üble Nachrede auch auf Thaddäus Troll anwenden, wahrlich, er wäre postum mit seinem Leben zufrieden.« So schließt T. seinen *Nachruf zu Lebzeiten*, der bei seiner Beerdigung am 9. 7. 1980 den Trauergästen ausgehändigt wurde. Walter Jens modifiziert dies in ein »niemandem, außer denen, die Grund hatten, diesen sehr leisen, aber eben deshalb unabweisbaren Ankläger zu fürchten«. Und Grund hatten – trotz der großen Toleranz, die T. auszeichnete – einige, vor allem Täter und Mitläufer des Dritten Reiches, diejenigen, die geschwiegen hatten, wobei er sich selbst nicht ausnahm von Anklage und Kritik. Das Bewusstsein, nicht mutig genug zum aktiven Widerstand gewesen zu sein, »trieb ihn in eine zuweilen fast selbstzerstörerische Hypochondrie, so daß das Gebot ›Liebe deinen Nächsten wie dich selbst‹ für ihn geradezu ironisch klang«, heißt es im *Nachruf zu Lebzeiten*. Kein Wunder also, dass seine Sympathie für die rebellische Jugend so groß war, kein Wunder auch, dass sein Engagement nach dem Krieg dem Anprangern von Intoleranz im Allgemeinen und der Anklage von »Erinnerungslosen« vom Schlage eines Hans Filbinger im Besonderen galt. Diese Aversion gegen Faschismus, gegen jegliche Art von Unfreiheit und Unterdrückung war jedoch keineswegs ein Nachkriegsprodukt, sondern schon von jeher in seinem Wesen verankert, verstärkt durch die Erziehung im Elternhaus – er war Sohn eines Handwerksmeisters – und durch sein Studium der Germanistik, der Kunstgeschichte und der Theater- und Zeitungswissenschaften, das ihn nach Tübingen, München, Halle und Leipzig führte (Promotion 1938).

Nach Krieg und englischer Gefangenschaft ließ er sich in Stuttgart nieder, zunächst als Redakteur der satirischen Zeitschrift *Das Wespennest*, dann – von 1948 an – als freier Schriftsteller. Und als solchen gab es ihn sozusagen gleich zweimal: Unter seinem bürgerlichen Namen verfasste er Theaterkritiken und Essays für Stuttgarter Zeitungen und Texte für das Düsseldorfer Kabarett *Kom(m)ödchen*; zusammen mit seiner Frau Susanne Ulrici veröffentlichte er Bücher wie *Wohl bekomms* (1957), *Und dazu guten Appetit* (1961) oder *Wie man sich bettet* (1968), deren Themen seiner unpietistischen »Genüßlichkeit« entsprachen. Als Thaddäus Troll folgte er der früh gewonnenen Einsicht, »daß der Schreibende stärkere Wirkungen erzielen kann, wenn er ernste Dinge ins Heitere verfremdet«. Seinen größten Erfolg hatte er mit *Deutschland deine Schwaben* (1968; neu bearbeitet unter dem Titel *Deutschland deine Schwaben im neuen Anzügle*, 1978). Weitere Bücher über Schwaben und die Verwendung des schwäbischen Dialekts – auch in seinem Gedichtband *O Heimatland* (1976) – haben dazu geführt, dass T. das Etikett ›Mundartdichter‹ und ›Heimatdichter‹ angeheftet wurde. Fälschlicherweise, denn T.s Texte sind in Wahrheit Satiren, die Engstirnigkeit und Duckmäusertum entlarven wollen, indem sie vordergründig Gemütlichkeit und Behäbigkeit des bürgerlichen Milieus darstellen. Der Dialekt ist hierbei – ebenso wie seine Wortspiele und seine oft beißende Ironie – ein Stilmittel, das im Dienst der Entlarvung steht, keineswegs Element der Verharmlosung. Besonders deutlich wird dies in dem Stück *Der Entaklemmer* (1976), einer Übertragung von Molières *Geizigem* in den schwäbischen Dialekt und in die Stuttgarter Bürgerwelt des Jahres 1875, die der kritischen Schärfe des Originals in nichts nachsteht.

Überhaupt waren der sorgfältige Umgang mit der Sprache und das Bemühen, das richtige Adjektiv, das passende Bild, die bessere Formulierung zu finden, von großer Wichtigkeit für T.s Schaffen: »Er liebte die Sprache als Handwerkszeug«, wie er selbst schrieb, und hatte, wie Walter Jens es formulierte, hierin »ein absolutes Gehör«. Das ist in allen seinen Werken spürbar, ob sie nun Alltägliches zum Thema haben oder Zeit- und Gesellschaftskritisches wie die Erzählung *Der Tafelspitz*, in der Missstände in Industrie und Kirche offengelegt werden mit Hilfe eines wundertätigen Stückes Fleisch. Hier zeigt sich stärker als in den meisten anderen Texten der politische Schriftsteller T. Sein Engagement in diesem Bereich beschränkte sich jedoch nicht auf rein Literarisches. So war T. z. B. im Rahmen der Sozialdemokratischen Wählerinitiative der 1960er und 70er Jahre tätig und entzog sich auch anderen öffentlichen Aufgaben nicht: Er war Gründungsmitglied des Verbandes deutscher Schriftsteller und von 1968 bis 1977 Vorsitzender des VS-Landesverbandes Baden-Württemberg. – Er starb an einer Überdosis Schlaftabletten.

Marianne Meid

Tucholsky, Kurt

Geb. 9. 1. 1890 in Berlin;
gest. 21. 12. 1935 in Hindaås (Schweden)

Er hat die erste deutsche Republik nur um eine kurze Zeitspanne überlebt. Am 21. Dezember 1935 begeht er, nach quälender Krankheit und mehreren schweren Operationen, im schwedischen Hindaås Selbstmord. Den Bruch mit seiner deutschen Existenz, mit dem er in selbstauferlegtem Schweigen und der Weigerung schließlich, deutsche Zeitungen zu lesen, nicht weniger Konsequenz bewies als in den Schriften, die seinen Ruhm begründeten, hatte er schon früher vollzogen. Seine Übersiedlung nach Schweden, in dem er sich im Sommer 1929 ein Haus gemietet hatte, bedeutete den Abschied von einem Land, auf dessen politische und kulturelle Entwicklung einzuwirken er nach der Wahl Hindenburgs zum Präsidenten »der deutschen Republik, die es nun wohl nicht mehr lange sein wird«, und nach dem Tod seines Mentors und *Weltbühnen*-Herausgebers Siegfried Jacobsen im Dezember 1926 immer geringere und endlich gar keine Veranlassung mehr sah. Deutschland, das er schon 1924 verlassen hatte, um als Korrespondent der *Weltbühne* und der *Vossischen Zeitung* nach Paris zu gehen, war ihm, wie er an Maximilian Harden schrieb, »kein sehr freundlicher Boden«. »Wenn man nicht eitel und nicht rechthaberisch ist, macht das wenig Spaß, was ich da tun mußte – es sei denn, man fühlte die Sendung in sich. Und davon ist 1927 nicht gerade die Rede.«

Dieser Entwicklung, die von vielen Freunden und Gleichgesinnten als Verrat an der gemeinsamen demokratischen Sache und als unverzeihliche Resignation angesehen wurde, war ein immer entscheidenderes Eintreten für die noch junge Republik vorausgegangen, das ihn zuletzt, als die nationalkonservative bis völkische Reaktion immer offener und ungehinderter hervortrat, auch zur Unterstützung kommunistischer Positionen führte. Doch der Grundbestand seiner Überzeugungen zeichnet sich schon ab, noch ehe der Krieg der wilhelminischen Welt ein Ende bereitet. Die 1907 unter dem Titel *Märchen* in der satirischen Zeitschrift *Ulk* erschienene Erstveröffentlichung des Siebzehnjährigen deutet das Thema schon an, das in der Folgezeit nicht nur ihn beschäftigen wird – die Unverträglichkeit emanzipatorischen Geistes mit etablierter Macht. 1911 beginnt der einundzwanzigjährige Jurastudent seine journalistische Karriere mit Beiträgen und Gedichten für den sozialdemokratischen *Vorwärts*. Seit 1913 ist er fester Mitarbeiter der Berliner Wochenschrift *Die Weltbühne*, die sich damals noch *Die Schaubühne* nannte, und in der er in den 1920er Jahren »die gesamte deutsche Linke in des Wortes weitester Bedeutung zu Wort kommen sollte«. Von sich selber bemerkte er rückblickend, dass er sich »vom Jahre 1913 bis zum Jahre 1930 als Pacifist schärfster Richtung in Deutschland betätigt« habe. In der Stetigkeit dieser Haltung liegt auch zu einem guten Teil der einheitliche Impetus seiner zeit- und kulturkritischen Polemik beschlossen. Sie entsteht gleichsam im Handgemenge mit dem Gegner, den ewig Gestrigen, die sich einem besseren, freiheitlicheren

Deutschland entgegenstemmten. »Wenn sich der Verfasser mit offenen Armen in die Zeit gestürzt hat, so sah er nicht, wie der Historiker in hundert Jahren sehen wird … Er war den Dingen so nahe, daß sie ihn schnitten und er sie schlagen konnte.« An dem Satiriker, dessen Geistesgegenwart auf die Situation berechnet war, lag es nicht, dass die Gegner bald überhand nahmen. Es lassen sich mit T.s Werk – von den *Frommen Gesängen* (1919) bis zu *Deutschland, Deutschland über alles* (1929) – die entscheidenden Wendepunkte und Fehlentwicklungen der Weimarer Nachkriegsgesellschaft diagnostizieren, es ist jedoch gerade in seiner stilistischen Brillanz und zunehmenden Schärfe selber auch ein Indiz dafür, dass politischer Borniertheit und nationalmilitaristischem Wiederholungszwang mit den Mitteln einer perennierenden Invektive allein nicht beizukommen war. Sein *Deutschland, Deutschland, über alles*, zu dem John Heartfield die Photomontagen beigesteuert hatte, war nicht nur dem politischen Gegner ein Ärgernis. Der Autor, schrieb Herbert Jhering, erreichte damit »das Gegenteil seiner Absichten«. Unbeachtet bleibt dabei, dass die nationalen Affekte und deutschtümelnden Ressentiments, die T. so treffsicher attackiert hatte, nicht nur den enttäuschten Aufklärer, sondern in einer tieferen Schicht auch den intellektuellen Außenseiter und Angehörigen einer in ihrem Bürgerrecht bedrohten Minderheit herausfordern musste.

Unnachgiebiger fällt Walter Benjamins Abrechnung mit den »linken Melancholikern« und »linksliberalen Publizisten vom Schlage der Kästner, Mehring und Tucholsky« aus, deren Haltung »überhaupt keine politische Aktion« entspreche. »Die Verwandlung des politischen Kampfes aus einem Zwang zur Entscheidung in einen Gegenstand des Vergnügens aus einem Produktionsmittel in einem Konsumartikel – das ist der letzte Schlager dieser Literatur.« Solche Polemik, die *nach* dem Ende der Weimarer Republik zur Einsicht gelangt, wie man »als Produzent seine Solidarität mit dem Proletariat erfährt«, sieht darüber hinweg, dass der ihnen abverlangte dezionistische Sprung in die politische Praxis diese Autoren um eben die Wirkungsmöglichkeit gebracht hätte, zu der sie ihrer Herkunft, ihrer Erfahrung und ihrer Stellung im literarischen Prozess nach befähigt waren. Unter denen, die sich zur Republik bekannten, waren es außer ihnen nur wenige, die gegen die Vergesslichkeit, soziales Unrecht, Militarismus, Zensur und gegen die Skandale einer rechtslastigen Justiz ihre Stimme erhoben.

Erfolg bedeutete nicht schon Wirkung. Der hellsichtige Beobachter – »ich bin ausgezeichnet, wenn ich einer noch dumpfen Masseneinsicht Ausdruck geben kann« – wusste sehr gut, mit welcher Fatalität seine Position als Aufklärer belastet war. Was, 1912, als »Kämpfen – aber mit Freuen! – Dreinhauen – aber mit Lachen!« (*Rheinsberg*) begonnen hatte, war längst zu einer Verpflichtung geworden, die er seiner Hoffnung auf eine weniger zerrissene Welt schuldig zu sein glaubte. »Nichts ist schwerer … als sich in offenem Gegensatz zu seiner Zeit zu befinden und laut zu sagen: Nein.« Aber »immer und immer wieder raffen wir uns auf«. Öffentliches, zu einem negativen Zeitalter Nein zu sagendes Ich und privates Ich trennten sich immer mehr, und eben darin war er seiner Zeit stärker verbunden, als ihm selber bewusst sein konnte. Er war nicht bereit, sein Leben, seine innere Biographie mit seiner professionellen Existenz zu vermengen. So sind seine vielen Pseudonyme, unter deren bekanntesten, seinen eigenen Namen hinzuzählend, er als fünffacher Akteur der *Weltbühne* auftrat (*Mit fünf PS*), mehr als ein reizvolles und allzu häufige Nennung ein und desselben Namens vermeidendes Versteckspiel. Es ist auch ein Spiel mit der Eigenschaftslosigkeit, hinter der sich »das sich umgrenzende Ich« (Gottfried Benn) mit seiner »Sehnsucht nach Erfüllung« um so sicherer verbergen konnte. Hinter allem stand – wie in anderen Formen bei Bert Brecht, Robert Musil, aber auch auf der Rechten – eine Suche nach Identität, die im Chaos der zersplitterten Lebensmasse der Nachkriegszeit am wenigsten zu finden war. T.s Uneigentlichkeit, seine Selbstdistanzierung haben es in der Nachwirkung leicht gemacht, sich vom unerschrockenen Kämpfer für den Sozialismus bis zum besinnlichen »Meister der kleinen Form« ein jeweils passendes Bild des Schriftstellers zurechtzulegen. Sein Hinweis auf die »heitere Schizophrenie« seines Spiels mit den Pseudonymen sollte jedoch davor bewahren, seine Produktivität nur aus dem Anlass der Tageserfordernisse heraus verstehen zu wollen. Er selber hebt hervor, dass er seine Anerkennung als Autor einer, wie er in Abgrenzung zu seinem publizistischen Œuvre formuliert, literarischen Arbeit verdankte. *Rheinsberg. Ein Bilderbuch für Verliebte* (1912) brachte es noch in Weimarer Zeit auf eine Auflage von einhundertzwanzigtausend Exemplaren. 1927 erscheint *Ein Pyrenäenbuch*, das 1925 anlässlich einer Reise nach Südfrankreich und Spanien entstand. Es ist, abgesehen von den massenpsychologisch inspirierten Betrachtungen des Kapitels über den Wallfahrtsort Lourdes, »darin mehr von meiner Welt als von den Pyrenäen die Rede«. Ebenso wie *Schloß Gripsholm* (1931) sind diese selbständigen Buchveröffentlichungen auf eine Ausnahmesituation bezogen. Unter dem Eindruck des Ortswechsels und des Abstands zum »lächerlich lauten Getriebe« scheint am ehesten ein Ausgleich der zwiespältigen Lebensansprüche zu gelingen. »Ich komme immer mehr dahinter, daß es falsch ist, nicht *sein* Leben zu leben«, notierte er 1924. Doch die Hoffnung auf eine gelassene, kontemplative, dem Daseinskampf enthobene Existenz, Nachklang Schopenhauerscher Philosophie, ist nicht zu verwirklichen. »Warum bleiben wir eigentlich nicht hier«, heißt es beim Abschied von der Urlaubsidylle in *Schloß Gripsholm*? »Nein, damit ist es nichts.« Denn »ist man für immer da, dann muß man teilnehmen«.

Werkausgabe: Gesammelte Werke. Hg. von Mary Gerold-Tucholsky und Fritz J. Raddatz. 10 Bde. Reinbek bei Hamburg 1979.

Bernd Weyergraf

Tschechow, Anton
↗ Čechov, Anton

Turgenev, Ivan
Geb. 9. 11. 1818 in Orel/Russland;
gest. 3. 9. 1883 in Bougival bei Paris

Ivan Turgenev stammte aus einer wohlhabenden Gutsbesitzerfamilie, die 1827 von ihrem Landgut nach Moskau übersiedelte. Nach Besuch der Universitäten in Moskau und St. Petersburg ging T. 1838 nach Berlin, um Philosophie und Klassische Philologie zu studieren. 1841 kehrte er nach Moskau zurück, machte literarische Bekanntschaften und schloss Freundschaft mit dem einflussreichen Literaturkritiker Visarion Belinskij. Nach Versuchen in romantischer Lyrik und Versepik veröffentlichte er erstmals 1844 eine Prosaerzählung. Ihr folgten ab 1847 Einzelveröffentlichungen aus den *Zapiski ochotnika* (1852; *Aufzeichnungen eines Jägers*, 1854), einem Zyklus von Erzählungen, die sich an die ›natürliche Schule‹ anlehnten und dem Autor breite Beachtung verschafften.  Geringeren Widerhall fanden seine dramatischen Versuche der 1840er Jahre, die erst Jahrzehnte später den Weg auf die Bühne fanden. 1854 wurde er ständiger Mitarbeiter der Zeitschrift *Sovremennik* (Der Zeitgenosse), in der er bereits zuvor publiziert hatte und in der er nun in Aufsätzen und Rezensionen die Prinzipien des Realismus vertrat.

Allmählich fand er zu größeren Prosaformen, darunter die Erzählung »Mumu« (1854; »Mumu«, 1864), die das in den *Zapiski ochotnika* dominierende Thema der Leibeigenschaft fortführt. Die Reihe seiner insgesamt sechs Romane wird mit *Rudin* (1856; *Rudin*, 1869) eröffnet; ihm folgten *Dvorjanskoe gnezdo* (1859; *Ein Adelsnest*, 1862), *Nakanune* (1859; *Am Vorabend*, 1871), *Otcy i deti* (1862; *Väter und Söhne*, 1869), *Dym* (1867; *Rauch*, 1867) und *Nov'* (1877; *Neuland*, 1877), die T. zum wichtigsten Vertreter des russischen Realismus neben Fedor Dostoevskij und Lev Tolstoj machten. Unter seinen Novellen sind

»Asja« (1858; »Asja«, 1869), »Pervaja ljubov'« (1860; »Erste Liebe«, 1864), »Vešnye vody« (1872; »Frühlingsfluten«, 1872) und »Pesn' toržestvujuščej ljubvi« (1881; »Das Lied der triumphierenden Liebe«, 1884) besonders hervorzuheben. Gesondert stehen seine dem Spätwerk zugehörenden, thematisch wie formal überaus vielfältigen Prosaminiaturen *Stichotvorenija v proze* (1882; *Gedichte in Prosa*, 1883), die aufgrund ihrer meisterhaften rhetorischen und kompositorischen Durchformung bisweilen als Krönung seines Schaffens angesehen werden. Der eigentlichen Überschrift gemäß (»Senilia«) spielen darin Fragen nach Alter und Tod eine wichtige Rolle, wobei T.s pessimistische, von der Philosophie Arthur Schopenhauers geprägte Grundhaltung deutlicher als anderswo zum Ausdruck kommt. Bereits 1843 hatte T. in Frankreich die Opernsängerin Pauline Viardot kennengelernt, zu der er eine intensive und dauerhafte Freundschaft entwickelte. 20 Jahre später ließ er sich in Baden-Baden bei den Viardots nieder, übersiedelte mit ihnen 1871 nach Frankreich, zunächst nach Paris, später nach Bougival, wo die drei eine Villa erworben hatten. Seine Heimat besuchte T. ab 1863 nur noch sporadisch, zuletzt 1881.

Die erste Erzählung der *Zapiski ochotnika*, die im Druck erschien, war »Chor' i Kalinyč« (1847; »Chor und Kalinytsch«, 1854), in der zwei befreundete Bauern mit ihren gegensätzlichen Lebenseinstellungen vorgestellt werden. T. arbeitet mit der für die ›physiologische Skizze‹ typischen sujetlosen, beschreibenden Erzählstruktur. Erst nachdem der Text von der Öffentlichkeit positiv aufgenommen worden war, schrieb Turgenev die gut zwanzig weiteren Erzählungen, die in dem Band von 1852 zusammengefasst wurden. Verbunden sind sie durch den Ich-Erzähler, einen Gutsbesitzer, der als Jäger verschiedene russische Landschaften durchstreift. Dabei wirken die Landschaftsschilderungen ebenso einheitsstiftend wie das gemeinsame Thema: die soziale und geistige Situation des niederen Landadels und der leibeigenen Bauern.

»Mesjac v derevne« (1855; »Ein Monat auf dem Lande«, 1931) ist T.s einziges abendfüllendes Stück mit Fünfaktaufbau. Im Zentrum steht die noch relativ junge, frustrierte Gutsbesitzergattin Natal'ja Petrovna, die sich nicht nur einen Hausfreund hält, sondern auch durch eine kurze Leidenschaft für den jugendlichen Hauslehrer ihres Sohnes in eine vermeintliche Konkurrenzsituation mit der 17-jährigen Pflegetochter Vera gerät und diese halb bewusst in eine Heirat mit einem alten, lächerlichen Gutsnachbarn treibt. Als eines der ersten russischen Dramen, die den Ansprüchen des Realismus genügen, ist »Mesjac v derevne« in struktureller Hinsicht sehr innovativ: Die konflikträchtige Konstellation wird zunächst nur angedeutet, muss unter einer Oberfläche scheinbar belangloser Konversation erahnt werden. Die Figuren, die im Mittelpunkt stehen, sind nicht eindeutig und ein für allemal definiert. Das Geschehen wird ins Innere der Figuren verlagert, der Dialog gerät zum Spiegel der Bewusstseinsvorgänge der Figuren. So erscheint der Text in mehrfacher Hinsicht als Vorläufer der Stücke Anton Čechovs, sogar der Gattungsbegriff Komödie wird hier insofern in ähnlichem Sinne verwendet, als »Mesjac v derevne« von den kläglichen Versuchen der Figuren handelt, sich selbst zu entrinnen. Ihnen fehlt es an Größe und ihren Konflikten an innerer Notwendigkeit, um tragisch wirken zu können, aber sie sind auch zu differenziert dargestellt, um in ihrem Leiden komisch zu sein. Komisch ist allenfalls die Unangemessenheit ihres Verhaltens. Insofern wäre das Stück am ehesten als Tragikomödie zu bezeichnen, was auch T.s Menschenbild entspricht und seiner Auffassung von der tragikomischen Natur des Daseins.

Dvorjanskoe gnezdo verbindet eine Familien- und Liebeshandlung mit aktuellen gesellschaftlich-politischen Fragen. Das Geschehen wird vermittelt durch einen allwissenden Erzähler, der sich meist im Hintergrund hält, um den Anschein objektiver Darstellung zu erwecken. Im Zentrum steht der etwas über 30-jährige Adlige Fedor Lavreckij, der im Frühjahr 1842 aus dem Ausland zurückkehrt, wo seine ihm untreu gewordene Ehefrau einen skandalösen Lebenswandel in Künstlerkreisen führt.

Es kommt zu einer vorsichtigen Annäherung zwischen Lavreckij und der jungen Liza; die Nachricht vom angeblichen Tod der Frau Lavreckijs lässt sogar die Hoffnung auf eine Heirat aufkeimen, diese zerschlägt sich jedoch, als die Ehefrau plötzlich in Erscheinung tritt und Lavreckij um Verzeihung bittet. Dieser folgt den Mahnungen der tief religiösen Liza, seine reuige Ehefrau nicht zurückzuweisen. Ein Zusammenleben erweist sich freilich als unmöglich, und Lavreckij zieht sich enttäuscht auf sein Landgut zurück, während Liza in ein Kloster eintritt.

Man hat die Figur Lavreckijs interpretiert als Verkörperung der Zerrissenheit der russischen Gesellschaft, insbesondere der Generation, die sich im Laufe der 1840er Jahre in die Lager der Slavophilen und Westler aufspaltete. Lavreckij ist das Produkt schwankender und unklarer Bildungskonzepte. Infolge seiner Erziehung sowie seiner Erfahrungen im Ausland ist er erfüllt von Skepsis gegenüber den westlichen Neigungen der vornehmen Gesellschaft, gegenüber den importierten Reformideen, die wie Moden wechseln. Stattdessen glaubt er an eine Erneuerung Russlands im Einklang mit dem Wesen des russischen Volkes. In seinem Glauben an die »Wahrheit des Volkes« stimmen seine Anschauungen mit denen Lizas überein. Was sie trennt, ist Lizas Frömmigkeit, da Lavreckij auch in religiösen Dingen Skeptiker ist. Zwar gelingt es ihnen, diese Kluft für einen kurzen Augenblick des Glücks zu überbrücken – umso härter trifft sie dann die Rückkehr von Lavreckijs Ehefrau. Für Liza bedeutet sie die gerechte Strafe für ihr Streben nach persönlichem Glück, das ihr an sich schon als Sünde erscheint. Die tendenziell slavophile Haltung Lavreckijs ist nicht in einem programmatischen Sinne zu interpretieren; T., selbst liberal eingestellt und dem Westen sehr zugetan war, entwickelt in der Gestalt seines Protagonisten eine bestimmte ideologische Problematik, die eher für die 1840er Jahre kennzeichnend und bei Erscheinen des Romans bereits überholt war.

Otcy i deti, T.s bekanntester Roman, führt dagegen mitten in die Problematik der Zeit und veranschaulicht die ideologischen Kontroversen als Generationskonflikt. Das Geschehen des Romans ist in der aktuellen Gegenwart angesiedelt und entwickelt sich um die Figuren des jungen Adligen Arkadij Kirsanov sowie seines Freundes Bazarov, eines aus einfachen Verhältnissen stammenden Medizinstudenten. Während eines Aufenthalts in der Gouvernementstadt lernen die Freunde die junge, verwitwete Gutsbesitzerin Odincova kennen, die sie beide fasziniert. Bazarov, der Prototyp des russischen Nihilisten, entwickelt ernstere Gefühle, die aber nicht erwidert werden. Er zieht sich zurück, provoziert bei Arkadijs Vater einen Konflikt, der in ein – allerdings glimpflich verlaufendes – Duell mündet, infiziert sich schließlich bei der Untersuchung einer Leiche mit Typhus und stirbt wenig später. Bazarov ist die meistdiskutierte Romanfigur T.s. Er definiert seinen Nihilismus in dem Sinne, dass er die bestehende Gesellschaftsordnung sowie die ihr zugrundeliegende Wertordnung ablehnt. Er leugnet jegliche Autoritäten und vorgefassten Meinungen, sieht die Welt nach streng materialistischen Maßstäben, ist überzeugt, dass sich sittliche Krankheiten durch Verbesserung der gesellschaftlichen Verhältnisse heilen lassen, hält Kunst für nutzlos und reduziert die Liebe auf ihre physiologischen Aspekte. Hierin wird er dann aber durch seine Gefühle für die Odincova widerlegt, und nachdem sie ihn abweist, verfällt er in Langeweile und Lebensekel.

Die Meinungen über Bazarov, die nach Erscheinen des Romans geäußert wurden, gehen diametral auseinander – einig war man sich nur in der Ablehnung der Figur. Die konservative Kritik sah in ihm eine Idealisierung der jungen Revolutionäre, die fortschrittliche deren parodistische Verunglimpfung. Die Reaktionen belegen T.s Kunst, den eigenen ideologischen Standort hinter einer scheinbar objektiven Darstellung verschwinden zu lassen.

Werkausgabe: Gesammelte Werke in Einzelbänden. 10 Bde. Hg. K. Dornacher. Berlin 1994.

Frank Göbler

Turrini, Peter
Geb. 26. 9. 1944 in St. Margarethen/Kärnten

»Im Unterschied zur Ersten Republik, deren Schriftsteller mit wenigen Ausnahmen aus dem Bürgertum stammten, ... stammt die Schriftstellergeneration der Zweiten Republik, der ich mich zugehörig fühle, zum überwiegenden Teil von Handwerkern, Bauern, Arbeitern ab. Und sie stammt in der Regel aus der Provinz, aus den Kleinstädten, aus den Dörfern und ging beinahe geschlossen, Mitte bis Ende der sechziger Jahre nach Wien. ... Wir sind Kinder der postfaschistischen Provinz, und wir tragen diese Wunden, wie unterschiedlich wir auch schreiben und wohin wir auch gehen mögen, ein Leben lang mit uns.« T.s Beschreibung der kollektiven Geburt einer Intellektuellengeneration aus dem Geiste des Proletariats und der Auflehnung gegen das Weiterwirken (allenfalls verdrängter) ideologischer Residuen des Faschismus in der österreichischen Nachkriegsgesellschaft offenbart in nuce den entscheidenden Antrieb einer heterogenen Gruppe von Schriftstellern, zu denen auch Peter Handke und Wolfgang Bauer gehörten. Unter ihnen kann T. als der wandel- und streitbarste gelten. Seine Dramen, Klassikerbearbeitungen, Romane, Gedichte, Film- und Fernsehdrehbücher, allesamt lesbar als »ungehaltene Reden über das eigene Land«, lassen an der politischen Positionierung T.s sowie an dessen Interpretation der Rolle des öffentlich agierenden Intellektuellen ebensowenig Zweifel wie die zahlreichen Reden, Interventionen, Pamphlete und Polemiken zu unterschiedlichsten Themen und Anlässen. Wie kaum ein anderer verkörpert er den linksintellektuellen Künstler als politischen Aktivisten und moralisches Gewissen. Zugleich sorgen seine literarischen wie politischen Äußerungen zum Heimatland regelmäßig für Empörung und bringen ihm den Ruf des Nestbeschmutzers ein. Jede sprachliche Äußerung ist bei T. auf ein Außen, ein Zuhörerkollektiv gerichtet, dessen Solidarisierung er zu erreichen versucht, indem er auch »für die, die nie ins Theater gingen«, schreibt und spricht (Ch. Nöstlinger). Als »exoterischer Schriftsteller«, beharrlich und kämpferisch Werte wie Freiheit und gesellschaftliche Gerechtigkeit verteidigend, begreift T. sich als Vermittler zwischen den Gegenständen und dem Denken des Einzelnen. Der Konstituierung einer ›Solidargemeinschaft der Machtlosen‹ mit den Mitteln der Kunst liegt das Bestreben zugrunde, »uns das, was wir wissen, zu sagen, so daß wir erfahren, daß auch der andere es weiß« (E. Jelinek).

Als Sohn eines aus Italien eingewanderten Kunsttischlers und einer österreichischen Mutter, aufgewachsen in Maria Saal, legt T. 1963 in Klagenfurt die Matura ab. In den folgenden Jahren verdingt er sich als Holzfäller, Stahlarbeiter, Magazineur, Soldat, Werbetexter, Hoteldirektor, Diskussionsredner, PEN-Vorstandsmitglied und Schauspieler. Nach einer Zeit des selbstgewählten Exils in Deutschland, das für T., wie für viele literarische Wegbegleiter, notwendig war, da »diese Literatur, die eine aufschreiende war, in Österreich keinen Platz hatte«, kehrt er Anfang der 1970er Jahre zurück und lebt seitdem als freier Schriftsteller in Wien und Retz. T. ist heute der meistgespielte Bühnenautor Österreichs. Seine Stücke wurden in zahlreiche Sprachen übersetzt. Er erhielt unter anderem den Gerhart-Hauptmann-Preis der Freien Volksbühne Berlin (1981) und den Preis des Festival International du Théâtre Maubeuge (1990). Den durch Jörg Haider verliehenen Kärntner Landesorden lehnte er ab.

Schlagartige Bekanntheit erlangt T. mit dem mundartlichen Einakter *Rozznjogd* (1971), mit dem der damals 27-Jährige seinem »barocken Weltekel« angesichts entfremdeter Lebensverhältnisse in einer moralisch depravierten Gesellschaft aggressiv Ausdruck verlieh: Die Protagonisten, wie häufig bei T. eher repräsentative Typen als psychologisch entwickelte Figuren, entledigen sich beim Rendezvous auf einer Müllhalde der deformierenden Zeichen der Zivilisation – Accessoires, Haar- und Zahnprothesen, Kleider – und überwinden so die äußerlich aufgezwungene Entfremdung. Die zurückeroberte, im leidenschaftlich-animalischen Liebesakt bezeugte

Intimität wird jäh zerstört, als hinzukommende Rattenjäger die Liebenden erschießen. Auch die Distanz zwischen Bühne und Zuschauern wird aufgehoben – die Jäger halten diese für ein Rudel Ratten und feuern in das Auditorium. Die verstörende Einbeziehung des Zuschauers als harsche Kritik an der passiv-konsumierenden Haltung des Bildungsbürgers rückt T.s Theaterdebüt in die Nähe zeitgenössischer Kunsthappenings. Auch der als »Volksstück« deklarierte Einakter *sauschlachten* (1972) provoziert mit aggressiven Ausdrucksmitteln, einer kalkulierten Schockdramaturgie und einer anarchistischen Grundhaltung einen Theaterskandal. Die derb-archaischen Verhältnisse in einer Dorfgemeinschaft führen bei einem jungen Bauern zur Tierwerdung, als letztes Ausdrucksmittel bleibt ihm ein schweinisches Grunzen. Konsequenz dieser Verhaltensabweichung ist der Ausschluss durch die Gemeinschaft, die ihn nun »wie ein Schwein behandelt«, schlachtet und verzehrt. Diese zynische Logik war ebenso Anlass für Protest wie die drastische szenische Darstellung der Tat.

Wie sein zeitgleich erscheinender erster Roman *Erlebnisse in der Mundhöhle* (1972) – experimentelles Sprachkunstwerk und »belletristische Wittgenstein-Interpretation« – lassen die Komödien-Adaptionen *Der tollste Tag, frei nach Beaumarchais* (1972) und *Die Wirtin, frei nach Goldoni* (1973) einen Wandel in der literarischen Konzeption erkennen: Es setzt eine Entwicklung von der anarchischen Provokation zu einer strukturierten Enthüllungsdramaturgie ein, die Abkehr vom Nihilismus des Frühwerks zu einem Projekt materialistischer Bewusstseinsbildung mit den Mitteln des Theaters. Was auf den ersten Blick wie eine Verfälschung der Klassiker erscheint, wird ausweisbar als deren neorealistische, marxistische Berichtigung. Zynismus weicht der Hoffnung darauf, »daß der menschliche körper nicht bei den schultern aufhört und daß die rübe nicht nur zum fressen da ist«. Dabei erhebt T. nicht den Anspruch, Verkünder ewiger Wahrheiten zu sein, vielmehr begreift er sein Schreiben als Forum für die Verhandlung aktueller Fragen, als zeitgebundenes Material für die Anregung kritischen Denkens. Seine Stücke sind »jetzt wichtig und morgen papier«. Es bleibt jedoch bei der Forderung nach einem »Theater der fortgesetzten Geschmacklosigkeit«, nach Theater als »Ort der Störung und Zerstörung«, an dem es möglich sein wird, Dinge anders zu sehen und »etwas Neues zu denken«. 1976 erschließt sich T. mit dem Fernsehen ein breitenwirksames Medium, als er mit Wilhelm Pevny das Szenario zum sechsteiligen Fernsehspiel *Alpensaga* entwirft, der realistischen Geschichte einer Bergbauernfamilie von der Jahrhundertwende bis zum Ende des Zweiten Weltkriegs. Aufwendig recherchiert und sozialgeschichtlich fundiert entwirft *Alpensaga* ein Panorama der gesellschaftlichen und ökonomischen Umbrüche der Zeit und avanciert zum Publikumserfolg. Der innovative und anspruchsvolle Versuch kritischer Aneignung von »Heimatgeschichte« im Massenmedium Fernsehen bedeutete den Beginn »einer neuen Ära des deutschen Fernsehspiels«. 1977 werden Pevny und T. in Monte Carlo mit der Silbernen Nymphe für das beste TV-Drehbuch ausgezeichnet.

Mit dem Lyrikband *Ein paar Schritte zurück* (1980) begibt sich T. auf die Spuren der eigenen Sozialisation am Rande der Gesellschaft – im Spannungsfeld scheiternder Kommunikation mit dem Vater, der Übermacht der Mutter und pubertärer Identitätssuche. Durchgängiger Topos der tagebuchähnlichen Lyrik ist der Umstand sozialer Außenseiterschaft infolge der fremdländischen Herkunft des »nicht vorzeigbaren« Vaters, der als unzulänglich empfundenen Konstitution des eigenen »übergewichtigen Körpers« und der schweigenden Ablehnung durch die allgegenwärtigen reaktionären »Stammtischbewohner«. Es findet sich in diesem Milieu die Keimzelle der politischen Orientierung T.s, seine Tendenz zu den Unterprivilegierten, Randständigen und Ausgeschlossenen, weil er als »grundsätzlich Heimatloser« am Dorfrand »eine Spur von Zugehörigkeit gefunden« hat. T. versteht die literarische Arbeit als Versuch, »der menschlichen, der materiellen und der kulturellen Deklassierung der Arbeiterschaft entgegenzuwirken«. Die bürgerliche Gesellschaft wurde in Österreich unter Verlust der kulturellen und ideologischen Identität erkauft, »der Arbeiter hat das Denken – und das Wehren und Streiten gehörten auch zum Denken – den Funktionären überlassen«. Aufgabe der Kunst ist es, den Arbeiter wieder zum Denken zu bringen.

Die Demaskierung der Prominenz aus Gesellschaft und Politik in *Die Bürger* (1982) ist ebenso Teil dieser Aufklärungsarbeit – unbarmherzig wird das klassenspezifisch gestörte Verhältnis zur Sprache als Unfähigkeit zu authentischer Kommunikation bloßgestellt – wie das begeistert aufgenommene Stück *Die Minderleister* (1988), das am Beispiel eines Stahlarbeiters die andere Seite gesellschaftlich begründeter Sprachlosigkeit in Szene setzt. Als Parabel auf das »Verschwinden der Arbeiterklasse als historische Klasse« inszeniert das Stück im Gestus engagierter Parteinahme die Arbeiter als »Schlachtvieh der Geschichte«. Einem ähnlichen Antrieb folgt die Fernsehserie *Die Arbeitersaga* (1988). Das antiklerikale Kolportagestück *Tod und Teufel* (1990) führt zu einer Strafanzeige aufgebrachter Katholiken und zum Boykott durch die Mehrheit der Schauspieler des Wiener Burgtheaters. Es zeigt den Passionsweg eines Pfarrers auf der Suche nach einer authentischen Erfahrung der gesellschaftlich banalisierten Sünde. Auf den Stationen seines Leidensweges muss er erkennen, dass nicht in den verfemten Milieus die Sünde ihre Heimstatt hat, sondern in der Mitte der Gesellschaft. Als Akt der Sühne lässt er sich an einer Schrankwand kreuzigen – doch die erhoffte Erlösung bleibt aus. Als Anregung zu einer alternativen, kirchenfernen Form der Christlichkeit, deren Überwindung nur »der leidenschaftliche Kampf um die Wiederherstellung seiner Würde« herbeiführen kann, blieb das Stück umstritten.

Nach einer Phase, in der sich T. – auch angesichts des Endes des Sozialismus, dessen Utopien er sich, bei aller Kritik an Entwicklungen des Realsozialismus, verbunden fühlte – hauptsächlich seiner Rolle als öffentlicher Intellektueller mittels kritischer Interventionen widmet, veröffentlicht er weniger agitatorische, vielmehr gelassen karikierende Stücke:

Die Schlacht um Wien (1995), in der Gott das Scheitern der Schöpfung erfahren und das misslungene ›Experiment der Zivilisation‹ vorzeitig beenden muss, oder *Die Eröffnung* (2000) – sprachlich virtuose Hommage an das Theater als einzigem Ort, an dem man »das Leben überleben« kann, weil dort das Ordnung stiftende Prinzip der Wiederholbarkeit herrscht. Einigen der jüngsten Stücke, wie etwa *Die Liebe in Madagaskar* (1998), *Da Ponte in Santa Fe* (2002) oder dem Libretto *Der Riese von Steinfeld* (2002), die T.s Leitmotiv der Suche nach »dem wahren Leben im Falschen« variieren, war seitens der Kritik ein gewisser Hang zum (Sozial-)Kitsch und eine zu wenig differenzierte, plakative Larmoyanz beschieden worden. Der Hang zur Typisierung der Figuren wird hingegen immer häufiger als nicht länger zeitgemäßes Mittel der Dramatik, als inadäquates Instrument einer Kritik an den Verhältnissen abgelehnt. Die dialektischen Skizzen des »Alltags der Unterdrückung« mit den Mitteln linker Rhetorik und dem Anspruch auf parabolische Gemeingültigkeit sowie die Rolle des Künstlers als repräsentative Moralinstanz werden nicht selten als anachronistisch in Frage gestellt. Sein moralischer Rigorismus und die Freude an der polemischen Auseinandersetzung sind gleichwohl verantwortlich dafür, dass T. auch heute eine der wichtigsten intellektuellen Stimmen in den öffentlichen Debatten Österreichs darstellt.

Werkausgabe: Lesebuch. Hg. von Silke Hassler und Klaus Siblewski. München 1999.

Sebastian Scholz

Tutuola, Amos
Geb. 1920 in Abeokuta/Nigeria; gest. 8. 6. 1997 in Ibadan

Amos Tutuolas Roman *The Palm-Wine Drinkard* (1952; *Der Palmweintrinker*, 1955) war eine literarische Sensation. Britische Autoren und Kritiker wie Dylan Thomas und V. S. Pritchard priesen die phantastische Erzählung, fasziniert vom Einfallsreichtum, der Bildhaftigkeit, der unkonventionellen Schreibweise T.s, der nur als Handwerker (Schmied, Lagerist) tätig gewesen war. In der nigerianischen Kritik ist T.s gesamtes Werk hingegen auf heftige Kritik gestoßen, weil sein eigenwilliges Englisch nur die Vorurteile von der Primitivität der Afrikaner bestätige und dem Ruf Nigerias schade. Die Rezeption T.s blieb dauerhaft zwiespältig. Als 1973 eine amerikanische Bibliothek anbot, T.s Manuskripte für ihre Autographensammlung zu erwerben, ging ein Aufschrei durch die intellektuelle Öffentlichkeit Nigerias: Der neoimperialistische Ausverkauf nationaler Kulturgüter wurde beschworen. Noch 1995, als das Royal Court Theatre (London) eine von T. und Bode Sowande erarbeitete Bühnenversion von *My Life in the Bush of Ghosts* als Festivalbeitrag auswählte, wurden heftige Proteste gegen das »Primitivismus«-Image laut.

T. hat in seinen Erzählungen – auf *The Palm-Wine Drinkard* folgten *My Life in the Bush of Ghosts* (1954; *Mein Leben im Busch der Geister*, 1991), *The Brave African Huntress* (1958), *The Witch-Herbalist of the Remote Town* (1981), *The Wild Hunter in the Bush of Ghosts* (1982, 1989) und *Pauper, Brawler, and Slanderer* (1987) – Motive aus der Yoruba-Mythologie und der oralen Erzähltradition aufgegriffen, die Episodenstruktur der *extended folktale* genutzt und mit eigenwilligen Wortschöpfungen (wie »television-handed ghostess«) modernistische Verfremdungseffekte erzielt. Als 40 Jahre später T.s Landsmann Ben Okri ähnliche Erzähltechniken in *The Famished Road* (1991) verwendete, stand die Kritik sofort mit dem lobenden Etikett »afrikanischer magischer Realismus« bereit. Zu T.s Zeiten war dieser Terminus noch nicht erfunden, aber die wunderbare Reise des Palmweintrinkers durch mythische Landschaften, auf der er sich vom parasitären Säufer zum Kulturheros mausert, oder die Questreise des Helden von *The Bush of Ghosts*, die Abenteuer der *African Huntress*, die sich gegen Männerkonkurrenz durchsetzt, weisen die wesentlichen Merkmale des Magischen Realismus auf. Die zahlreichen Mutproben von T.s Helden können sozialpsychologisch als Initiationsriten gedeutet werden, die den Übergang der Macht von einer Generation auf die nächste symbolisieren. Wenn der Trinker den Herrscher der »roten Stadt« stürzt, die »unwiederbringliche Himmelsstadt« zerstört oder an den etablierten Herrschaftsstrukturen vorbei zum König gewählt wird, kann das mytho-historisch gedeutet werden als Indiz für einen realen politischen Machtwechsel durch Invasion von außen oder durch eine soziale Revolution. T.s Sprachgebrauch ist originell. Er übersetzt idiomatische Yoruba-Redewendungen in unidiomatisches Englisch, missachtet Grundregeln der Grammatik und schafft so ein ethnisiertes Idiom des *Yorubanglish*, das die linguistische und kulturelle Spezifik seines Volkes zum Ausdruck bringt.

Eckhard Breitinger

Twain, Mark
↗ Mark Twain

Ugrešić, Dubravka
Geb. 27. 3. 1949 in Kutina/Kroatien

In ihrem selbstbestimmten Exil in den USA und den Niederlanden ist Dubravka Ugrešić in den 1990er Jahren zur bekanntesten und eigenwilligsten Prosaautorin des ehemaligen Jugoslawien geworden. Sie publiziert in wichtigen europäischen Zeitungen (z. B. *Die Zeit*), ihre Bücher erscheinen in zahlreichen Sprachen und erhielten 1996 und 1997 internationale Auszeichnungen. – U. stammt aus Slawonien, eine jener kroatischen Landschaften, wo auch eine serbische Minderheit lebt und sich die Probleme des neuen kroatischen Nationalstaats schon früh abzeichnen. U. studiert ab 1968 in Zagreb Komparatistik und Russische Philologie, mit einer Abschlussarbeit über zeitgenössische russische Prosa, und bekommt 1974 eine Stelle als wissenschaftliche Mitarbeiterin am Institut für Literaturtheorie. Literarisch tritt sie zunächst mit Kinderbüchern hervor, dann 1978 mit dem dreiteiligen Skizzenbuch *Poza za prozu* (Eine Pose für die Prosa), in dem die Ich-Erzählerin die verschiedensten Erzählstile ausprobiert, um die Liebe eines Mannes zu gewinnen. Hier zeigen sich bereits die Konstanten von U.s Prosa: Witz und Selbstironie; die stete Thematisierung des kreativen Schreibprozesses; fließende Grenzen zwischen Realem und Fiktivem. Ein Spiel mit literarischen Konventionen ist auch U.s Sammlung *Život je bajka* (1983; Das Leben ist ein Märchen): Berühmte Erzählungen von Gogol', Tolstoj, Lewis Carroll u. a. werden in eigene Texte um- und eingearbeitet.

In ihrem ersten Roman, *Štefica Cvek u raljami života* (1981; Des Alleinseins müde ..., 1984, wörtl.: ... in den Fängen des Lebens), macht die Schreibmaschine/ Nähmaschine aus ›Stoff‹ und ›Erzählfäden‹ ›Patchwork‹-Prosa: Vermischt mit Nähanleitungen, Schönheits- und Haushaltstips und Versatzstücken aus Groschenromanen erzählt U. die Suche einer jungen Frau nach Liebe – leicht geschriebene ›Frauen‹literatur voller Sprach- und Situationskomik. Ein Insiderbuch im doppelten Sinne ist U.s zweiter Roman *Forsiranje romana-reke* (1988; *Der goldene Finger*, 1993, wörtl.: Die Überwindung des roman-fleuve), eine raffiniert komponierte, spritzig geschriebene Persiflage auf Spionagegeschichten, erotisches Reigenspiel und die Eitelkeiten und Intrigen des internationalen Literatur(wissenschafts)betriebs. Gleichzeitig spielt der Roman in der für westliche Leser fremden Welt der osteuropäischen Intelligenzia, Zensur und Geheimdienste. U. erhält dafür 1989 den wichtigsten jugoslawischen – jetzt serbischen – Literaturpreis NIN als erste Autorin überhaupt.

Aber im Sommer 1991 zerfällt Jugoslawien, der Krieg bricht aus. U. fährt von einer Einladung in Amsterdam nicht nach Zagreb zurück, sondern gleich in die USA, wo sie im Frühjahr 1992 eine Gastdozentur wahrnimmt. In dieser Zeit entsteht aus der kleinen Kolumne, die sie täglich für eine Amsterdamer Zeitung schreibt, ihr *Američki fikcionar* (1993; *My American fictionary*, 1994): ein poetisches Patchwork-Wörterbuch aus Impressionen und Reflexionen, Schreiben als Überlebenshilfe in einer neuen und faszinierenden Welt, in der täglich verwirrende Kriegsmeldungen eintreffen. – Zurück in ihrer Heimat (1992) fühlt sich U. fremd: Sie gehört zu jenen Intellektuellen, die ihre jugoslawische Identität nicht einfach gegen nationalstaatlichen Patriotismus austauschen können. Angesichts der Kriegsgrausamkeiten auf allen Seiten und der nationalistischen Verzerrungen und Zensurmaßnahmen in Kroatien nimmt sie publizistisch Stellung. Prompt wird sie vom polemischen Wochenblatt *Globus* als eine von fünf »Hexen« und »Verräterinnen« gebrandmarkt, denen man Illoyalität, zu viele Publikationen und Aufenthalte im Ausland, ethnische Nicht-Reinheit, Serbenfreundlichkeit – einige sind mit Serben verheiratet – vorwirft. Neben den Publizistinnen Rada Iveković, Vesna Kesić und Jelena Lovrić gehört auch die Prosaautorin Slavenka Drakulić (geb. 1949) zu ihnen. Wie U. arbeitet sie für westliche Zeitungen, hielt sich lange in den USA auf und wechselte von unpolitischer Prosa zu kämpferischer Stellungnahme. U. bündelt ihren kämpferischen Protest in der Essay- und Glossensammlung *Kultura laži* (*Die Kultur der Lüge,* 1995). Unverblümt, zornig, sarkastisch zeigt sie auf den kroatischen und serbischen Nationalfaschismus, auf Propagandalügen, Jugo-Machismo, volksverdummenden Folklorekitsch, den geistigen Verrat ihrer Schriftstellerkollegen, Geschichtsklitterung und kollektive Amnesie.

1993 hat U. Kroatien den Rücken gekehrt, ihre Stellung an der Universität aufgegeben. Sie lebt 1994 eine Zeitlang auf Einladung des DAAD in Berlin, dann wieder in Amsterdam, wo sie eine Gastdozentur erhält. Sie hat sich in der Atmosphäre des Exils eingerichtet, und dazu entstehen wieder Romane, *Muzej bezujetne predaje,* 1997 (*Das Museum der bedingungslosen Kapitulation,* 1998) und *Ministarstvo Boli* (2004; *Das Ministerium der Schmerzen,* 2005). U. braucht diese Freiheit; Einengungen ideologischer, literaturtheoretischer oder nationaler Art mag sie nicht, weder die Etikettierungen ›feministisch‹ oder ›postmodernistisch‹ noch die Einordnung als ›kroatische Autorin‹. Ihren kulturellen Hintergrund nennt sie »euro-amerikanisch«, sie ist Teil der ex-jugoslawischen Diaspora.

Petra Rehder

Uhland, Ludwig
Geb. 26. 4. 1787 in Tübingen;
gest. 13. 11. 1862 in Tübingen

Der Tod des »Volksdichters«, als der er in der Flut der Glückwünsche zu seinem 75. Geburtstag ungefähr ein halbes Jahr zuvor häufig angesprochen wird, demonstriert noch einmal das Ausmaß seiner Beliebtheit quer durch die sozialen Schichten. Gedenkfeiern finden in ganz Deutschland statt. Bei der Beerdigung folgen nahezu tausend Trauergäste – viele von ihnen mit einem eigens bereitgestellten Sonderzug aus Stuttgart angereist – dem mit zwölf Lorbeerkränzen geschmückten Sarg. Dass sich unter ihnen jedoch kein einziger Vertreter der Regierung befindet, ist symptomatisch für einen Lebensweg, dessen wiederholte Konfrontationen mit der Macht zugleich wichtige Stationen der gescheiterten deutschen Freiheitsbewegung in der ersten Hälfte des 19. Jahrhunderts bezeichnen, als deren Symbolfigur U. seinen Zeitgenossen weithin erscheint.

Die Familie zählt bereits in der zweiten Generation zum höheren Tübinger Universitätsbürgertum. Dem Wunsch des Vaters entsprechend – er ist juristischer Beirat des akademischen Senats – nimmt U. 1805 in seiner Heimatstadt das Studium der Rechte auf. Eine Mitte 1810 im Anschluss an die Promotion unternommene, etwa achtmonatige Reise nach Paris nutzt er freilich weniger zur fachlichen Weiterbildung als im Sinne seiner poetischen und philologischen Neigungen. Während der Zugehörigkeit zu einem Kreis literarisch ambitionierter Kommilitonen, darunter Justinus Kerner, der zeitlebens sein enger Freund bleibt, hatte er damit begonnen, die früh einsetzende Lyrik, gemäß dem romantischen Programm einer kunstbewussten Rekonstruktion von Naivität, am Muster des Volkslieds, der »objektiven, alten, einfachen Poesie«, auszurichten, neben dem er jedoch auch komplizierte Formen souverän beherrscht. Für die Entstehung

Uhland

seiner plastischen (sagen-)geschichtlichen Balladen ist die Lektüre mittelalterlicher Handschriften in der Bibliothèque Nationale von maßgeblichem Einfluss. Die erste, sehr selbstkritisch ausgewählte Sammlung von U.s *Gedichten* (1815) markiert zugleich das, von ihm selbst gelegentlich mit der politischen Restauration in Verbindung gebrachte, Ende seiner kontinuierlichen dichterischen Produktivität, die danach nur noch während zweier kurzer Phasen, 1829 und vor allem 1834, einsetzt. Bis zu seinem Tod erzielt die Ausgabe nicht weniger als 60 Auflagen – einige Raubdrucke kommen noch hinzu – und hält damit (neben Heinrich Heines *Buch der Lieder*) den Verkaufsrekord des Jahrhunderts.

Nach seiner Rückkehr aus Paris und einer kurzen Tätigkeit als Advokat in Tübingen nimmt er die unbezahlte Stelle des zweiten Sekretärs im Stuttgarter Justizministerium an. Da er es ablehnt, die für den Monarchen bestimmten Vorlagen beschönigend zu manipulieren, bleiben Reibereien mit den Vorgesetzten nicht aus. Trotz seiner misslichen finanziellen Lage – als er sich 1814 erneut als Advokat niederlässt, kehrt die lakonische Notiz »Geldnot« in seinem Tagebuch oft wieder – verzichtet U. während der dem Wiener Kongress folgenden knapp vierjährigen Auseinandersetzungen um eine neue württembergische Verfassung auf jedes der ihm zwischenzeitlich angebotenen Staatsämter, weil er dem seit Mitte 1817 ohne Verfassung regierenden König keinen Eid schwören möchte. Der im gleichen Jahr erschienene Zyklus *Vaterländische Gedichte* weist durch sein gegen fürstliche Gnadenerweise gerichtetes Insistieren auf dem politischen Mitbestimmungsrecht des Volkes über den unmittelbaren Anlass auf das emanzipatorische Thema der Lyrik des Vormärz voraus. Auch die beiden historischen Dramen *Ernst, Herzog von Schwaben* (1817) und *Ludwig der Baier* (1818) erinnern angesichts der deutschen Kleinstaaterei, in der sich »innen nichts gehellt« hat, an die uneingelösten Hoffnungen der Befreiungskriege auf nationale Einheit, Freiheit und Rechtsstaatlichkeit.

1819 wird U. in die verfassunggebende württembergische Ständeversammlung gewählt. Bis zu seinem freiwilligen Ausscheiden sieben Jahre später gehört er dem Landtag an. Parallel dazu erfolgt seine Hinwendung zur Germanistik, die den umfangreichsten Teil seines Gesamtwerks prägt. Obschon er mit einer wissenschaftsgeschichtlich noch immer bedeutsamen Monographie über *Walther von der Vogelweide* (1822) Aufmerksamkeit erregt, gilt sein Hauptinteresse nicht der individuellen Kunst, sondern der Erforschung anonymer Überlieferungen von »Mythus, Sage, Volksgesang«, die »jenseits der Literatur im buchstäblichen Sinne liegen« und ihm daher besonders geeignet erscheinen, »das Wesen des dichterisch schaffenden und bildenden Volksgeistes kennenzulernen«. Eine außerordentliche Professur für deutsche Sprache und Literatur in Tübingen hat er allerdings nur drei Jahre lang inne. Als der König 1833 in den Landtag gewählten Beamten den zur Wahrnehmung ihres Mandats erforderlichen Urlaub verweigert, reicht U. ein Gesuch »um Entlassung aus dem Staatsdienst« ein, dem Wilhelm I., so sein eigenhändiger Vermerk, »sehr gerne« nachkommt, »da er als Professor ganz unnütz war«. Der von der Pariser Julirevolution von 1830 ausgehende Auftrieb der liberalen Opposition in Deutschland währt allerdings nur kurz: 1838 verzichtet U. auf eine neue Kandidatur. Als Privatgelehrter befasst er sich insbesondere mit der kommentierten, textkritischen Edition *Alter hoch- und niederdeutscher Volkslieder* (1844/45), deren Quellenstudium zahlreiche Reisen erforderlich macht.

Im Revolutionsjahr 1848 kehrt U., dessen »Bescheidenheit, Einfachheit« (so Annette von Droste-Hülshoff) und Wortkargheit viele Zeitgenossen bezeugen, wiederum »nur als Freiwilliger, als Bürger, als einer aus dem Volke« ein drittes Mal in die Politik zurück, die, wie er klagt, für seine Arbeit »eine Reihe der besten Jahre verdorben« habe. Als Abgeordneter des Wahlkreises Tübingen-Rottenburg sitzt er, schon vorher der Vertreter Württembergs im Ausschuss zur Ausarbeitung eines bundesstaatlichen Verfassungsentwurfs, in dem ersten gesamtdeutschen Parlament der Frankfurter Paulskirche, wo er sich für eine »demokratische« Legitimation der künftigen

Reichsgewalt engagiert. Obgleich er die auf Druck vor allem Preußens und Österreichs zustandegekommene Verlegung der Volksvertretung nach Stuttgart nicht befürwortet, nimmt er auch an den dortigen Sessionen teil. Bei ihrer gewaltsamen Auflösung durch württembergisches Militär Mitte Juni 1849 geht er an der Spitze der protestierenden Abgeordneten.

U. vergisst diese Erfahrung nicht. Ende 1853 lehnt er Alexander von Humboldt gegenüber den höchsten preußischen Orden, »Pour le merite«, ab, da er »mit literarischen und politischen Grundsätzen, die ich niemals verleugnet habe, in unlösbaren Widerspruch geraten würde, wenn ich in die mir zugedachte, zugleich mit einer Standeserhöhung verbundene Ehrenstelle eintreten wollte, während solche, mit denen ich in vielem und wichtigem zusammengegangen bin, weil sie in der letzten Zerrüttung weiterschritten, dem Verluste der Heimat, Freiheit und bürgerlichen Ehre, selbst dem Todesurteil verfallen sind«.

Werkausgabe: Werke. Hg. von Hartmut Fröschle und Walter Scheffler. 4 Bde. München 1980–84.

Hans-Rüdiger Schwab

Ullmann, Regina

Geb. 14. 12. 1884 in St. Gallen (Schweiz); gest. 6. 1. 1961 in Ebersberg/Oberbayern

Am 8. November 1926, knapp zwei Monate vor seinem Tod, warb Rainer Maria Rilke in einem Brief an Georg Reinhart um finanzielle Hilfe für U., deren Rang und Eigenart er durch die Spannung zweier Namen bezeichnete: »Es handelt sich ... um eine Dichterin, die sich in der Erzählung *Von einem alten Wirtshausschild* (in ihr ganz besonders), indem sie ihre Mängel selbst einer intensiven und genialischen Noth des Ausdrucks dienstbar machte, eine Prosa geschaffen hat, die man künftig, neben Texte Büchners oder Claudius' in Anthologien einstellen wird«. Dass sich Rilkes Prophezeiung nicht erfüllte – U. ist bis heute weitgehend unbekannt – spricht nicht gegen sein Urteil.

Die Tochter Richard Ullmanns, eines früh verstorbenen (1889) jüdischen Kaufmanns österreichischer Nationalität und seiner aus Ulm gebürtigen Frau Hedwig, geb. Neuberger, wuchs mit ihrer älteren Schwester Helene in St. Gallen auf. U. war ein langsames, retardiertes Kind mit Sprech- und Schreibschwierigkeiten, das zunächst eine Privatschule für gehemmte Kinder besuchte. Ihr geistiges »Erweckungserlebnis« und die Grundfigur ihrer poetischen Produktivität hat sie später in der Erzählung *Goldener Griffel* geschildert: ein durch Phantasie beflügeltes, plötzliches, wie traumhaftes Gelingen da, wo sie bisher versagt hatte. Rilke hat von der »Diktathaftigkeit« ihres Schaffens gesprochen.

1902 zieht die Familie nach München, wo U. mit längeren Unterbrechungen bis 1936 immer wieder gewohnt hat, allein oder zusammen mit der so dominierenden, behütenden, in ihren poetischen Neigungen fördernden Mutter, an die sie bis zu deren Tod (1938) gebunden blieb. Ihre Liebesbeziehungen scheiterten. 1906 und 1908 wurden ihre ledigen Töchter Gerad und Camilla geboren, die bei Pflegeeltern und in Pensionaten aufwuchsen (die Väter waren der Wirtschaftswissenschaftler Hanns Dorn und der Psychiater Otto Groß); 1911 konvertierte sie unter dem Einfluss von Ludwig und Anna Derleth zum Katholizismus. Versuche, ihre Existenz durch einen bürgerlichen Beruf zu sichern, schlugen fehl. Eine Gärtnerlehre in Burghausen (1915/16) brach sie ab, die Werkstatt für Wachsgießerei, die sie zeitweise betrieb (1929), gab sie bald wieder auf. So blieb sie auf die finanzielle Unterstützung von Mutter, Freunden, Mäzenen angewiesen. 1935 wurde U. aus der Reichsschrifttumskammer ausgeschlossen. Anfang des folgenden Jahres zog sie mit der Mutter zunächst nach Österreich, dann, nach deren Tod und der Besetzung des Landes durch deutsche Truppen, in ihre Heimat St. Gallen, wo sie seitdem in dem von Ordensschwestern geleiteten Marienheim gelebt hat. In der letzten Zeit ihrer Krankheit (Sklerose und Darmkrebs) hat die Tochter Camilla sie bei sich aufgenommen und in Eglharting bei Kirchseeon gepflegt.

Die Aufbrüche und Aufschwünge von Reisen, Wohnungswechseln, Besuchen bei Freunden waren für das Schaffen U.s wichtig, ebenso ihr großer und prominenter Freundeskreis, u. a. Lou Andreas-Salomé, Felix Braun, Carl Jacob Burckhardt, Hans Carossa, Eva Cassirer, Carl und Maria Caspar-Filser, Ellen Delp, Wilhelm Hausenstein, Hermann Hesse, Editha Klipstein, Thomas Mann, Max Picard, Karl Wolfskehl, Nanny Wunderly-Volkart. Hervorgehoben werden muss die besondere Bedeutung Rilkes, den U. 1912 kennenlernte. Vier Jahre vorher hatte sie ihm die erste Veröffentlichung, die dramatische Dichtung *Feldpredigt*, zugeschickt. »Daß ich Ihnen doch so recht überzeugend sagen könnte, was Schönes Sie da gemacht haben« (3. 9. 1908), antwortete er. Fortan hat er die Dichterin als Freund und Förderer begleitet, vermittelte wichtige Bekanntschaften, Verlagskontakte, finanzielle Hilfen, schrieb das Geleitwort zu ihrem zweiten Buch *Von der Erde des Lebens*, in dem er U.s dichterische Welt als »durchaus unedierte Welt« charakterisiert, war ein scharfsinniger und behutsamer Kritiker ihrer Arbeiten. Die Erzählung *Von einem alten Wirtshausschild* (1920) feierte er als Sieg und gleichsam als das Meisterstück seines Dichterlehrlings: zur Diktathaftigkeit ihrer Produktion sei »das Gelingen der Arbeit hinzugekommen, die Beherrschung dessen, was in diesem Göttlichen beherrschbar ist und beherrscht sein will« (an Eva Cassirer, 16. 12. 1920).

U. war Erzählerin, auch dann noch, wenn sie Lyrik verfasste. Ihre mündliche Erzählgabe ist vielfach bezeugt: »Sie erzählten so behutsam und genau, wie ich das nie gehört hatte«, sprach sie Burckhardt in der Einführung zu einem Leseabend an; das trifft auch für ihre geschriebenen Geschichten zu, die in verschiedenen Sammlungen erschienen: *Die Landstraße* (1921); *Die Barockkirche* (1925), *Vom Brot der Stillen* (1931), *Der Apfel in der Kirche* (1934), *Der Engelskranz* (1942), *Schwarze Kerze* (1954). Sie kommen mit einem Minimum an Stoff und Handlung aus und spielen meist im ländlichen Raum oder in kleinen Städten. Ihre Protagonisten sind vor allem Kinder und Greise, einsame, beschädigte, geschlagene Menschen. Immer wieder greift sie Schlüsselerlebnisse aus der eigenen Kindheit auf. Das Gefühl eines Mangels, eines isolierenden Defekts ist ein Hauptantrieb der Erzählungen, die ihn gleichsam als leere Mitte umkreisen, ihm erliegen, ihn zu heilen suchen: »Denn es ist von Anfang an, von Geburt an etwas nicht in mir, etwas was die andern alle haben« (U. an Nanny Wunderly-Volkart, 22. Juni 1927). Ihre Figuren sind in sich gefangen bis in die kleinsten Bewegungen: »Und er hörte das Tappen der Taubenfüße und würde am liebsten das innere Gatterchen aufgemacht haben, wenn das nicht eine gar so ungewöhnliche Handlung für ihn gewesen wäre. Man ist eben immer an sich gebunden, und jede menschliche Handlung ist, wenn man so will, einem vorgeschrieben« (*Das Hochwasser*), U. hat sich als pädagogische Schriftstellerin (in der Nachfolge Pestalozzis und Gotthelfs) gefühlt und ihre Freunde durch ihr lehrhaftes Wesen belustigt und irritiert. Aber was kann Moral gegen solche Sätze noch ausrichten?

Werkausgabe: Erzählungen, Prosastücke, Gedichte. Hg. von Friedhelm Kemp. 2 Bde. München 1978.

Ursula Naumann

Unamuno, Miguel de

Geb. 29. 9. 1864 in Bilbao/Spanien; gest. 31. 12. 1936 in Salamanca

1880 bis 1885 studierte Miguel de Unamuno an der Universität Madrid, ab 1891 war er Professor für Altgriechisch an der Universität Salamanca, 1914 wurde er durch Primo de Rivera aus dem Amt des Rektors der Universität entlassen, ging 1924 ins Exil nach Fuerteventura, dann nach Hendaya und Paris. 1931 kehrte er nach Salamanca zurück.

Der wohl markanteste Zug in U.s schriftstellerischem Werdegang ist ein Moment des Widerspruchs, das im Wechsel heterogener politischer Positionierungen ebenso greifbar wird wie im Nebeneinander gegensätzlicher literarisch-philosophischer Einstellungen. Movens seines Schreibens ist ein ironisch-kritisches Prinzip, das, in teils witziger, teils polemischer Manier, zur Gewohnheit verfestigte Denkweisen unterläuft und gegen jegliche Form intellektueller Konformität Einspruch erhebt. Bestimmend für U.s Frühwerk ist ein kulturkritischer Ansatz in der Nachfolge Søren Kierkegaards und Friedrich Nietzsches, der sich vor allem in antinomischen Begriffspaaren (Leben/Erstarrung, Innen/Außen, Wirklichkeit/Imagination) entfaltet und U. mit der Generación de '98 verbindet, jener im Rückblick auf das Krisenjahr 1898 sich formierenden Autorengruppe der 1910er und 1920er Jahre, der neben U. Azorin, Antonio Machado, Pío Baroja, Ramón del Valle-Inclán und Ramiro de Maeztu angehören.

In den frühen Skizzen *En torno al casticismo* (1895) und *La crisis del patriotismo* (1896) zeichnet sich die Idee einer jenseits der Alternative von europäischer Assimilation und Nationalismus aus der Sprache gewonnenen gesellschaftlichen Erneuerung ab. Der Essay *El sentimiento trágico de la vida* (1914; *Das tragische Lebensgefühl*, 1925) entwickelt ein kulturphilosophisches Konzept, das, an die Entwürfe Henri Bergsons und Georg Simmels erinnernd, die Situation des modernen Menschen insofern als eine ›tragische‹ bestimmt, als sie auf einer grundlegenden Diskrepanz beruhe. Eben jene Fähigkeit, die die Spezifik des menschlichen Verhaltens ausmacht, das begriffliche Denken, erweist sich als zweiseitig: Indem sie dem Menschen reflexive Einsicht in seine Lage eröffnet, führt sie ihn zugleich dazu, sich umso tiefer in die Zerrissenheit seiner Existenz zu verstricken.

In seinem Kommentar zu *Don Quijote* (*Vida de Don Quijote y Sancho*, 1905), der eine moderne Umschrift von Cervantes' Roman darstellt, sympathisiert U. nicht nur defensiv mit der ingeniösen Verrücktheit des verspäteten Ritters. Der ›Caballero de la triste figura‹ avanciert zu einer paradigmatischen Gestalt, die als Antwort auf das ›sentimiento tragico‹ der neuzeitlich-modernen Erfahrung zu lesen ist: In der burlesken Verschränkung von Wirklichkeit und Fiktion wird die donquijoteske ›imaginación‹ zu einem Vehikel der Überschreitung, das die moderne Realitätsverunsicherung zugleich ausstellt und überwindet.

Auch in den Romanen äußert sich der in den Essays zu bemerkende, zwischen ironischer und reflexiver Geste wechselnde Ton. In *Niebla* (1914; *Nebel*, 1926) analysiert U. die Problematik existentieller Ungewissheit an der Lebenskrise des Romanhelden Augusto Pérez. Dabei tritt die eher konventionelle Liebesgeschichte der Romanhandlung mehr und mehr zurück hinter den profilierten Erzählerkommentaren und Reflexionen der Hauptfigur. Die Überlegungen Augustos umkreisen die Problematik des Identitäts- und Realitätsverlusts, die im Rekurs auf philosophische Modelle (Descartes, Pascal, Kant) und literarische Vorlagen (Cervantes, Calderón) erörtert wird. Der Text gelangt dabei zu immer gewagteren erzählerischen Experimenten, die die konventionelle Narration überschreiten und im Zusammentreffen des Helden mit seinem Autor ihren Höhepunkt finden. Indem U. so die Differenz von Realität und Fiktion problematisiert und sie in die Fiktion einführt, eröffnet er eine unabschließbare Bewegung der Reflexion, in der die genannte Differenz stets aufs neue in sich selbst vorkommt. So ist es konsequent, wenn der Romanheld seinem Autor, der mit herrscherlicher Gebärde Augustos Tod beschlossen hat, das trotzige Fazit entgegenhält, er könne mit mehr Recht Wirklichkeit beanspruchen als U.

Das Prinzip der paradoxen Verkehrung bildet auch die Grundfigur der Erzählung *San Manuel Bueno, mártir* (1933; *San Manuel Bueno, Märtyrer*, 1987). Hinter dem Nimbus des Heiligen, den der Priester Manuel schon zu Lebzeiten umgibt, verbirgt sich ein ›tragisches‹ Geheimnis: der paradoxe Sachverhalt, dass das Zeugnis der ›guten Werke‹, das Manuel erbringt, nicht der ›bona fides‹, sondern einem tiefen Atheismus entspringt. Dieser Widerspruch, der Manuel zum Kämpfer auf verlorenem Posten werden lässt, knüpft an die Fiktionsproblematik aus *Niebla* insofern an, als die vorgetäuschte Identität des Frommen, der im guten Werk seinen Glauben erweist, nicht einfach als Betrug entlarvt wird, sondern ein Eigengewicht erhält, das die Idee einer festen Identität, eines ›wahren‹ Manuel, unterläuft. *San Manuel Bueno* nimmt zugleich Motive der frühen Essayistik wieder auf: das Tragikkonzept wie die Spanien/Moderne-Problematik. Steht doch der Märtyrer ohne Glauben auch für eine Gesellschaft, die jenseits von Katholizismus und monarchischer Tradition einen Ort in der Moderne sucht. Auch U.s Essays wie seine Lyrik halten einen noch kaum erschlossenen Fundus an Schreibweisen und Ideen bereit, die auf ihre Wiederentdeckung in einer neueren U.-Renaissance warten.

Werkausgabe: Gesammelte Werke. 4 Bde. Hg. O. Buek. Wien 1933.

Linda Simonis

Under, Marie

Geb. 27. 3. 1883 in Tallinn/Estland; gest. 25. 9. 1980 in Stockholm

Die bedeutendste estnische Lyrikerin des 20. Jahrhunderts besuchte von 1891 bis 1900 eine deutsche Schule in Tallinn und unternahm ihre ersten dichterischen Versuche in deutscher Sprache, die in Estland bis ins frühe 20. Jahrhundert hinein die Sprache der herrschenden Oberschicht war. Erst nach Kontakten mit estnischen Intellektuellen in der Redaktion einer Tallinner Zeitung wechselte Marie Under zum Estnischen und publizierte erste Gedichte, doch dauerte es noch bis 1917, ehe ihr Debütband *Sonetid* (Sonette) erschien. Im gleichen Jahr war sie als Vorsitzende der modernistischen Gruppierung Siuru maßgeblich an der Propagierung von moderner Literatur beteiligt. Dem vielbeachteten Debüt folgten rasch weitere Gedichtbände, so dass die Autorin in den 1920er und 1930er Jahren zur führenden lyrischen Autorität des Landes aufstieg. Gleichzeitig trat sie als Übersetzerin von Lyrik und Dramen aus dem Deutschen (Franz Grillparzer, Friedrich Schiller), Französischen (Charles Baudelaire, Maurice Maeterlinck), Norwegischen (Henrik Ibsen) und Russischen (Michail Lermontov) hervor. 1944 emigrierte U. nach Schweden. Sie war Ehrenmitglied in zahlreichen internationalen Vereinigungen (u. a. im Londoner PEN-Club, 1937, und im Finnischen Schriftstellerverband, 1963) und mehrmals Kandidatin für den Literaturnobelpreis.

U.s frühe Gedichtsammlungen, neben *Sonetid* noch *Eelõitseng* (1918; Vorblüte) und *Sinine puri* (1918; Das blaue Segel), stachen durch ihre kraftvolle Lebensbejahung und souveräne Beherrschung komplizierter Formen hervor. Es handelt sich um Naturlyrik, die Frühling und Sommer farbenfroh schildert, und Liebeslyrik, die für die damalige Zeit neuartige erotische und bisweilen ekstatische Färbungen aufwies. In den frühen 1920er Jahren traten nach der Beschäftigung mit der zeitgenössischen deutschen Dichtung, von der sie eine Übersetzungsanthologie publiziert hatte, starke expressionistische Elemente in den Sammlungen *Verivalla* (1920; Klaffende Wunde) und *Pärisosa* (1923; Das Erbe) hinzu. Die zunächst streng persönliche Lyrik öffnete sich nun gesellschaftlichen Strömungen und enthielt z. B. mit Klagen über den Krieg auch pazifistische Elemente. Diese Entwicklung setzte sich in den folgenden Bänden, *Hääl varjust* (1927; Stimme aus dem Schatten), *Rõõm ühest ilusast päevast* (1929; Freude über einen schönen Tag), *Lageda teava all* (1930; Unter freiem Himmel) und *Kivi südamelt* (1935; Ein Stein vom Herzen), fort, in denen das persönlich-spontane Element zugunsten allgemeinmenschlicher Erfahrungen und der Suche nach dem Glück in einer zutiefst unglücklichen Welt in den Hintergrund tritt. Parallel dazu verfasste U. auch Balladen mit Motiven aus der estnischen Folklore (*Õnnevarjutus*, 1929; Glücksfinsternis).

Aufsehen erregte ihr Gedichtband *Mureliku suuga* (1942; Mit sorgenvollem Mund), der als eine der wenigen literarischen Neuerscheinungen während der deutschen Besatzungszeit in Estland erschien und unter anderem die bedrückende Lage des estnischen Volkes sowie die kurz zuvor erfolgten sowjetischen Deportationen behandelt. Die im Exil entstanden Sammlungen *Sädemed tuhas*

(1954; Funken in der Asche) und *Ääremail* (1963; In Grenzgefilden) beschränkten sich keineswegs auf die Klage über den Verlust der Heimat, sondern waren gleichzeitig in ihrer teilweisen Rückkehr zu schlichteren Formen Fortsetzung und Abschluss eines gereiften Œuvres.

Werkauswahl: Stimme aus dem Schatten. Gedichte. Freiburg i.Br. 1949.

Cornelius Hasselblatt

Undset, Sigrid
Geb. 20. 5. 1882 in Kalundborg/ Dänemark; gest. 10. 6. 1949 in Lillehammer/Norwegen

Das Bedürfnis, »freiwillig etwas oder jemandem zu dienen, das man höher schätzt als sich selbst«, bildet den Grundstock vieler fiktional entwickelter Konflikte in Sigrid Undsets Werken, aber auch ein Motto ihres Lebens. Es verrät eine Ambivalenz von hohem ethischem Anspruch und Autoritätsgläubigkeit, die ihr Werk nicht unumstritten erscheinen lässt. Ruhm und Erfolg hat sie erlangt wie keine zweite norwegische Schriftstellerin: Sie schrieb über 30 Bücher – Novellen, Romane, Essays –, die ihr internationale Anerkennung verschafften. Den Höhepunkt ihrer Karriere stellte die Verleihung des Nobelpreises für Literatur für die beiden Mittelalterromanzyklen *Kristin Lavransdatter* (1920–22; *Kristin Lavranstochter*, 1926/27) und *Olav Audunssøn* (1925–27; *Olav Audunssohn*, 1928/29) im Jahre 1928 dar. Doch schon Zeitgenossen standen ihrem traditionell realistischen Stil, ihrer Skepsis gegenüber Emanzipation und Fortschritt sowie ihren religiösen Idealen nicht vorbehaltlos gegenüber. – Bestimmend für ihr Leben waren vor allem drei Faktoren, die gleichzeitig drei Lebensphasen umreißen: zum ersten die Beziehung zum Vater, einem bedeutenden Archäologen, den sie schon im Alter von elf Jahren verlor, ein Ereignis, das dem Erinnerungsbuch *Elleve aar* (1934; Elf Jahre) seinen Titel verlieh. Der frühe Tod des Versorgers hinterließ die Familie in finanziellen Schwierigkeiten, so dass U. nach dem Schulabschluss zunächst 10 Jahre als Sekretärin arbeitete, bevor sie mit dem Roman *Fru Martha Oulie* (1907; *Frau Martha Oulie*, 1998) debütierte. Zum zweiten die Doppelrolle als Mutter dreier Kinder, die sie weitgehend allein großzog, und als Autorin, deren literarische Produktivität über Jahre hinweg auf die Nachtstunden verwiesen war. Und schließlich der katholische Glaube, zu dem sie 1924 konvertierte, weil er ihr als ein Lösungsangebot für die Konflikte ihres Lebens erschien.

Innermenschliche Konflikte der überwiegend weiblichen Protagonisten bestimmen den Handlungsgang ihrer fiktionalen Werke. Sei es der Antagonismus von Treue und Leidenschaft in ihrem Debütroman, das Dilemma von Künstlertum, Mutterschaft und Liebe in ihrem Rom-Roman *Jenny* (1911; *Jenny*, 1921) oder von ethischer Verpflichtung und Selbstverwirklichung (*Ida Elisabeth*, 1932; *Ida Elisabeth*, 1934): U.s Romane reflektieren Identitätskonzeptionen, in denen widersprüchliche Ideale einander gegenüberstehen, die sich als erotisches Begehren und Freiheitsstreben zusammenfassen lassen. Da U. diese Persönlichkeitsproblematik für transhistorisch erachtet, bestimmt sie auch ihre, nicht zuletzt durch das sorgfältig recherchierte historische Kolorit berühmten, historischen Romane. Mit der Titelfigur der im 13. Jh. spielenden Trilogie *Kristin Lavransdatter* gelingt ihr das komplexeste psychologische Figurenporträt. In den 1930er Jahren tritt sie mit Artikeln und Hagiographien vermehrt auch als katholische Schriftstellerin hervor und engagiert sich als Essayistin und als Vorsitzende des norwegischen Schriftstellerverbandes vehement gegen die Norwegen okkupierenden Nationalsozialisten, die sie ins Exil nach Amerika trieben.

Annegret Heitmann

Ungaretti, Giuseppe

Geb. 10. 2. 1888 in Alexandria/Ägypten; gest. 1./2. 6. 1970 in Mailand

Giuseppe Ungaretti, dessen Familie aus Lucca stammte, wuchs in Alexandria auf. Sein in Ägypten begonnenes Studium setzte er 1912 in Paris fort, wo er unter anderem Henri Bergsons Vorlesungen an der Sorbonne besuchte und mit den wichtigsten Vertretern der Avantgarde (Apollinaire, Picasso, den italienischen Futuristen) verkehrte. 1914 zog er nach Italien, um sich als Befürworter der italienischen Kriegsbeteiligung freiwillig zu melden. Die Erlebnisse des Stellungskrieges an der Karst- und an der Champagnefront prägten sein Leben für immer. Nach dem Krieg kehrte er nach Paris zurück, wo er Jeanne Dupoix heiratete, mit der er 1921 nach Rom übersiedelte. Er schrieb für Mussolinis Zeitung *Il Popolo d'Italia* und bekam eine Anstellung beim Außenministerium. Von Anfang an war er ein Anhänger des Faschismus und blieb es bis zum Ende des Regimes. 1931 wurde er Mitarbeiter der *Gazzetta del Popolo* und 1936 bis 1942 unterrichtete er Italienische Literaturwissenschaft an der Universität São Paulo in Brasilien. In dieser Zeit starb sein neunjähriger Sohn. Als U. nach Italien zurückging, wurde er zum »Accademico d'Italia« (Ehrenmitglied des faschistischen Kulturorgans) ernannt und erhielt den Lehrstuhl für Italienische Literaturwissenschaft an der Universität Rom. Die letzten Lebensjahre waren von mehreren Reisen und Auszeichnungen begleitet.

1915 erschienen U.s erste Gedichte in der Zeitschrift *Lacerba*, ein Jahr danach die erste Sammlung *Il porto sepolto* (Der versunkene Hafen). Die erweiterte Fassung der Sammlung mit dem Titel *Allegria di naufragi* (1919; Heiterkeit der Schiffbrüche) wurde auch später immer wieder ergänzt und umbenannt (*Il porto sepolto*, 1923, mit einem Vorwort von Mussolini) – bis zum letzten Titel *L'allegria* (1931; Die Freude, 1993) und zur endgültigen Ausgabe von 1942. Weitere Gedichtsammlungen sind *Sentimento del tempo* (1933, 1936, 1943; Zeitgefühl, 1991), *Il dolore* (1947; Der Schmerz), *La terra promessa* (1950; Das verheißene Land, 1968), *Un grido e paesaggi* (1952; Ein Schrei und Landschaften) und *Il taccuino del vecchio* (1960; Das Merkbuch des Alten, 1968). 1969 erschien die Gesamtausgabe von U.s Gedichten, *Vita d'un uomo. Tutte le poesie* (Ich suche ein unschuldiges Land. Gesammelte Gedichte, 1988). Postum wurden gesammelte Aufsätze unter dem Titel *Vita d'un uomo. Saggi e interventi* (Ein Menschenleben, 1991–2001) veröffentlicht. U. übersetzte auch Texte, etwa von Shakespeare, Racine, Góngora, Blake und Mallarmé.

Schon mit *L'allegria*, deren Gedichte als Tagebucheinträge aus der Zeit des Ersten Weltkriegs geordnet sind, zeigt sich U.s Suche nach der ursprünglichen Ausdrucksfähigkeit des poetischen Worts. Gerade aus der Grenzerfahrung des Krieges, die den Menschen ständig mit dem Tod konfrontiert, entsteht die Wiederentdeckung und Aufwertung des Lebens und seiner elementaren Grundsätze (vgl. »Morgenfrühe« (»Mattina«): »Ich erleuchte mich / aus Unermeßlichem«). Der gemeinsame Überlebenskampf führt die Soldaten dazu, sich zu verbrüdern: Diese »fratellanza« – Kameradschaft und Solidarität – ist eines der Leitmotive des frühen U., ebenso wie die Unsicherheit und Vergänglichkeit der menschlichen Existenz (vgl. »Soldaten« (»Soldati«): »So / wie im Herbst / am Baum / Blatt um Blatt«). Für solche traumatisch besetzten Inhalte eignete sich die Sprache der lyrischen Tradition und der Rhetorik nicht mehr, das Wort musste auf das Wesentliche reduziert werden: In der Kargheit besteht laut U. die Chance einer neuen Ausdruckskraft.

Die Absage an alle früheren poetischen Erfahrungen führte zur Ablehnung der traditionellen Metrik und zur Zersplitterung des Verses. Logische Verbindungselemente und Interpunktion verschwinden und hinterlassen leere Stellen und Pausen im Fluss des poetischen Diskurses: Fragmente und Bilder reihen sich aneinander aufgrund von analogischen Prozessen. *Sentimento del tempo* stellt jedoch eine gewisse Rückkehr zur Tradition (v. a. zu Petrarca und Leopardi) und insbesondere zu konventionelleren Versformen und zu komplexeren syntaktischen Strukturen dar. Das autobiographische und subjektive Element rückt in den Hintergrund, und im thematischen Fokus steht hier eine objektivere, universelle Erfahrung. Wegen ihrer Suche nach einer ›reinen Poesie‹, ihrer gehobenen Sprache und ihrer komplizierten Bilder und Analogien wurde diese Sammlung zum Vorbild für den entstehenden Hermetismus. *Il dolore* teilt mit *L'allegria* den Tagebuchcharakter: Der erste Teil (»Giorno per giorno«) ist dem verstorbenen Sohn gewidmet, im zweiten Teil (»Roma occupata«) kommt die Betroffenheit wegen der nationalsozialistischen Besetzung Roms zum Ausdruck. In den darauf folgenden Sammlungen verstärkt sich der Hang zu einem gezierten, barocken Stil. U.s Gedichte wurden unter anderem von Ingeborg Bachmann (*Gedichte*, 1961) und Paul Celan (*Das verheißene Land. Das Merkbuch des Alten*, 1968) übersetzt.

Werkausgaben: Ich suche ein unschuldiges Land. Gesammelte Gedichte. München 1988. – Vita d'un uomo. Ein Menschenleben. 4 Bde. Hg. A. Baader. München 1991–2001.

Tatiana Bisanti

Updike, John [Hoyer]

Geb. 18. 3. 1932 in Shillington, Pennsylvania

John Updike, der aus einer Kleinstadt in Pennsylvania stammt und in Harvard und ein Jahr in Oxford studierte, gehört wie Philip Roth zu der kleinen Gruppe hochgebildeter Schriftsteller des Ostens der USA, deren Erzählen weitgehend an die realistische Tradition anschließt und postmodernem Gedankengut und Formexperimenten zumindest in den ersten Schaffensphasen abhold ist. U. veröffentlichte seine erste Kurzgeschichte, »Friends from Philadelphia«, 1954 in *The New Yorker*, arbeitete einige Zeit in der Redaktion dieser Zeitschrift mit und blieb ihr auch nach seinem Umzug von New York nach Ipswich, Massachusetts, verbunden. U. hat als Lyriker, Essayist und vor allem als Erzähler ein außerordentlich umfangreiches, vielseitiges und qualitätsvolles schriftstellerisches Werk geschaffen. Seine eigene realistisch-mimetische Position als Künstler drückt sich auch in seinen kritischen Schriften aus, etwa wenn er an einem der mit Raffinement geschriebenen fiktionsironischen Romane Italo Calvinos bemängelt, er sei lediglich »involuntarily real« und »intellectually achieved«. In einer anderen Calvino-Besprechung formuliert er seine eigene ›humanistische‹ Poetik. Diejenige Erzählkunst lehnt er ab, die sich zu weit von »the home base of all humanism« entfernt, von »the single, simple human life that we all more or less lead, with its crude elementals of nurture and appetite, love and competition, the sunshine of well-being and the inevitable night of death«. In diesem Sinne definiert U. seine Aufgabe als Erzähler: die fiktionale Gestaltung der Schicksale und der Beziehungen von nicht über das Normalmaß hinausreichenden Menschen in ihrem Eingebundensein in den spezifischen sozialen und kulturellen Kontext der amerikanischen Gegenwart. Als herausragendes Zeugnis muss in diesem Zusammenhang U.s Rabbit-Tetralogie gelten.

Bei dieser Roman-Sequenz handelt es sich im Verhältnis zu Textfolgen (»sequels«) anderer Autoren um eine innovatorische Leistung, wie schon der Blick auf einige elementare Daten erkennen lässt. Die Romane erscheinen im Zehnjahrestakt und behandeln in ihren zeitgeschichtlichen Porträts auch inhaltlich die jeweilige Dekade im Leben der zentralen Jedermann-Figur Harry Angstrom (»Rabbit«) – ein amerikanischer Nachfolger von James Joyces Leopold Bloom: *Rabbit, Run* (*Hasenherz*, 1962) erschien 1960 und bezieht sich u. a. auf politische Ereignisse wie das Treffen zwischen Präsident Eisenhower und Premierminister Harold Macmillan sowie den chinesisch-tibetanischen Konflikt mit der Flucht des Dalai Lama. *Rabbit Redux* (*Unter dem Astronautenmond*, 1972) kam 1971 heraus und nimmt Bezug auf Ereignisse wie den Vietnamkrieg und die amerikanische Mondlandung. Der dritte Roman der Folge, *Rabbit Is Rich* (*Bessere Verhältnisse*, 1983), erschien 1981 und bezieht sich u. a. auf die Energiekrise 1979, den Geisel-Konflikt mit dem Iran und die russische Intervention in Afghanistan. Das letzte Werk der Sequenz, *Rabbit at Rest* (*Rabbit in Ruhe*, 1992), wurde 1990 veröffentlicht. Ein Ereignis, das es leitmotivisch aufgreift, ist das Flugzeugunglück von Lockerbie. Die historischen, politischen und kulturellen Ereignisse und Fakten stehen nicht im Vordergrund der Romane, sie sind aber als Kontext ständig präsent. Im Zentrum steht vielmehr die Darstellung der Lebensabschnitte des Protagonisten Rabbit, wobei es allerdings zu aufschlussreichen Parallelen kommt. Das Verschwinden des Dalai Lama im ersten Roman entspricht Rabbits Versuch, aus seiner Ehe auszubrechen. Das Chaos von Rabbits Leben im zweiten Roman mit seinen Beziehungen zu einem Hippiemädchen und einem schwarzen Politaktivisten findet eine Entsprechung im Vietnamkrieg und der gesellschaftlichen Revolution Ende der 1960er Jahre. In *Rabbit Is Rich* kommt es zu einer Parallelisierung von Rabbits Konflikt mit seinem Sohn Nelson und der Geisel-Krise mit dem Iran, welche die Carter-Regierung belastete. Ähnlich entsprechen sich in *Rabbit at Rest* die Lockerbie-Katastrophe und das Challenger-Unglück, »the disgrace of the decade«, auf der einen Seite und Rabbits physischer Kollaps auf der anderen. In diesem Roman lässt U. das Privat-Persönliche und das Öffentlich-Politische einander geradezu überexplizit entsprechen, wenn er Rabbit mit Abscheu an seinen Ehebruch mit Thelma denken lässt und zugleich an Nixon und Watergate sowie die für Amerikaner demütigenden Appelle, Energie zu sparen: »It was like another sad thing to remember, the time when Nixon, with Watergate leaking out all around him, during one of the oil crunches went on television to tell us [...].«

Die zeitgeschichtlichen Referenzen erfolgen in dem Roman in der Regel beiläufig durch Hinweise auf Radiosendungen, Zeitungslektüre oder Unterhaltungen. Hinzu kommen zahllose Bezüge zu Sportereignissen, Popmusiktiteln usw. Die gesamte Kultur Amerikas von 40 Nachkriegsjahren wird hier evoziert, aber nicht in dem Sinne, dass U. ein Sittengemälde oder eine Zeitdokumentation liefert. Die Kultur der amerikanischen Welt ist in Harry Angstroms Leben ebenso selbstverständlich präsent, wie sie es im realen Leben auch ist. Und insofern ist die Rabbit-Tetralogie im wahrsten Sinne des Wortes ein Kulturzeugnis. Ein markanter Punkt, in dem das spezifisch Amerikanische dieses Werks greifbar wird, sind die leitmotivischen Bezüge auf den Sport, speziell Basketball, in dem sich Rabbit als Jugendlicher und junger Mann ausgezeichnet hatte. Das durch die sportlichen Leistungen verheißene erfolgreiche Berufs- und Privatleben ist ausgeblieben. Symbolisch dafür steht der Doppelsinn des Wortes »run«, das im Titel des ersten Werks der Folge erscheint. Es bezieht sich einerseits auf die kämpferischen Leistungen des jungen Rabbit beim Sport und andererseits auf seine zahllosen Versuche, aus seiner bürgerlichen Existenz auszubrechen und in Freiheitsräume vorzudringen, die allesamt scheitern. Hier spielen – wie in U.s Werk insgesamt – auch religiöse Aspekte eine Rolle. Angstrom lebt in einer gottverlassenen Welt. Versuche, einen Sinn zu finden, bleiben ergebnislos. Die Analogie zur puritanischen Pilgerschaft in John Bunyans *Pilgrim's Progress* wird während Rabbits erstem Fluchtversuch in Ortsnamen deutlich: Bird in Hand, Paradise, Intercourse, Mt Airy. Über der fiktiven Stadt Brewer, in der Rabbit lebt, liegt ein immer wieder erwähnter Berg mit dem ominösen Namen Mt Judge. Das Basketballspiel taucht auch signifikant in der Darstellung von Rabbits körperlichem Verfall im letzten Teil der Tetralogie auf: Der schwer herzkranke Protagonist schädigt seine Gesundheit ernsthaft, als er sich zu einem Spiel mit Kindern hinreißen lässt.

Ein weiteres für die Kultur des Amerika der letzten Dekaden charakteristisches Thema zeigt sich in Rabbits Obsession mit dem Sex. Darin hat man einen Ersatz für den verlorenen christlichen Gott gesehen. Man sollte sich allerdings davor hüten, die Sexualthematik in U.s Werk nur allegorisch zu deuten. Für Rabbit ist es von elementarer Bedeutung, dass ihm seine Geliebte Ruth in *Rabbit, Run* eine Art der sexuellen Befriedigung verschafft, die seine Frau Janice ihm versagt. Von ebenso existentieller Bedeutung ist der letzte Geschlechtsakt für Rabbit in *Rabbit at Rest*, den er mit seiner Schwiegertochter Pru vollzieht. Hier nimmt das Wort »Herz« eine charakteristische Doppeldeutigkeit an: Es verweist auf das schwer geschädigte Herz des vorzeitig gealterten Mannes und gleichzeitig auf sein Sündenbewusstsein: »he is watchful of his heart, his accomplice in sin«.

Eine charakteristische Eigenschaft der Rabbit-Tetralogie ist die im Erzählablauf vollzogene präzise Vergegenwärtigung des lokalen Milieus der durchschnittlichen amerikanischen Stadt Brewer. Rabbit fragt sich in *Rabbit, Run*, wieso das unerklärliche Gebundensein an »this town, a dull suburb of a third-rate city« eine Bedingung seiner Existenz ist, »the center and index of a universe«. Das Geheimnis des Ortes hängt unlöslich mit dem Geheimnis der Identität zusammen. Rabbit beobachtet die Stadt nicht nur in ihrem jeweils gegenwärtigen Zustand; vom zweiten Teil der Tetralogie an ist er auch Zeuge des Wandels, und zunehmend vermischt sich seine Beobachtung mit seiner Erinnerung daran, was früher war. Hier zeigt sich eine andere als die naturalistische Interdependenz von Charakter und sozialer Umwelt. Ein Charakter wie Harry existiert nur im Kontext des jeweiligen amerikanischen Milieus, in das er gehört.

Neben der Rabbit-Tetralogie, die sich, von einigen Passagen abgesehen, auf eine Figur, den Protagonisten Harry Angstrom, konzentriert, gibt es einen anderen Romantyp bei U., der Beziehungen zwischen zwei oder mehr Paaren ins Zentrum stellt. Ein Ansatz dazu findet sich in *Rabbit Is Rich*, wo es bei einem Urlaub in der Karibik zu einem Partnertausch zwischen Ehepaaren kommt. Das wichtigste Werk U.s, das die Beziehungen mehrerer Paare darstellt, ist *Couples* (1968; *Ehepaare*, 1969), ein erotischer Roman, ein ›Reigen‹ von Liebesbeziehungen, in dem sich alles um den Gott Eros dreht. Durch seine ironische Spiegelungstechnik, die subtile Verwendung von Symbolik und Mythologie und durch raffinierte intertextualistische Verfahren (Anspielungen u. a. auf Tristan und Isolde, Abélard und Eloïse, Nathaniel Hawthornes *The Blithedale Romance*, Henry James' *The Golden Bowl*) hebt sich der Roman deutlich von pornographischer Literatur ab. Eine Beziehungsanalyse, die auf zwei Ehepaare bezogen ist, leistet *Marry Me: A Romance* (1976; *Heirate mich! Eine Romanze*, 1978). Der Roman bezeugt U.s Fähigkeit, die Beziehungssehnsüchte und -ängste seiner Figuren bis ins kleinste Detail darzustellen. Dass ein Ausbrechen aus den einmal eingegangenen Bindungen nicht möglich ist, wird durch die ironische Handlungsführung verdeutlicht. Die Kunst dieses Romans besteht zu einem großen Teil in der Dialoggestaltung, in der sich die endlose Gesprächs- und Argumentationsbereitschaft der Figuren manifestiert. Ein weiterer wichtiger Eheroman U.s ist *A Month of Sundays* (1975; *Der Sonntagsmonat*, 1976), der als Roman über das Schreiben eines Romans, dessen Protagonist der Autor ist, metafiktionale Züge trägt und mit seinen vielfältigen Bezügen auf Hawthornes *The Scarlet Letter* intertextualistisch konzipiert ist. Der Bezug auf Hawthorne weitet sich durch zwei spätere Werke, die sich ebenfalls an *The Scarlet Letter* anlehnen, zu einer Trilogie aus, *Roger's Version* (1986; *Das Gottesprogramm*, 1988) und *S.* (1988; *S.*, 1989). *Roger's Version* verrät durch metafiktionale Elemente und eine raffinierte intertextuelle Struktur den Einfluss der Postmoderne und gewinnt durch die Diskussion theologischer Fragen (Karl Barth, Søren Kierkegaard usw.) eine zuvor bei U. unbekannte intellektuelle Tiefe. Mit *S.*, einem humorvollen Briefroman mit einer weiblichen Heldenfigur, wollte U., wie er erklärte, die feministischen Kritiker seiner vielfach maskulin orientierten Werke besänftigen. U.s Tendenz, sich vom Realismus seiner früheren Werke zu lösen, zeigt sich u. a. in *The Witches of Eastwick* (1984; *Die Hexen von Eastwick*, 1989), einem Experiment mit der Erzählform des magischen Realismus (»magic realism«), und *The Coup* (1978; *Der Coup*, 1981), der Autobiographie eines fiktiven afrikanischen Präsidenten und Diktators mit vielen komischen, ironischen und satirischen Momenten, welche die westlich-amerikanische Zivilisation genauso wie das nach dem Tod der afrikanischen Götter geistig-moralische Vakuum auf dem schwarzen Kontinent kritisiert.

Werkausgaben: Collected Poems: 1953–1993. New York 1993. – Hugging the Shore: Essays and Criticism. New York 1984.

Wolfgang G. Müller

V

Valentin, Karl
(d. i. Valentin Ludwig Fey)
Geb. 4. 6. 1882 in München;
gest. 9. 2. 1948 in München

Bertolt Brecht: »Dieser Mensch ist ein durchaus komplizierter, blutiger Witz.« Alfred Kerr: »Woraus besteht er? Aus drei Dingen. Aus Körperspaß. Aus geistigem Spaß. Und aus gewollter Geistlosigkeit.« Kurt Tucholsky: »Ein selten trauriger, unirdischer, maßlos lustiger Komiker, der links denkt.« Alfred Polgar: »Sein Humor, eine wunderliche Mischung aus Schwachsinn und Tiefsinn, ist metaphysische Clownerie.« Franz Blei: »Er ist das erleidende Schlachtfeld des Kampfes zwischen Logik und Sprache.« Anton Kuh: »Voll Respekt die Hochdeutschwelt hinanblickend.« Samuel Beckett: »Ich habe viel und voll Trauer gelacht« (1937). Adolf Hitler: »Er ist nicht nur ein Komiker aus Leidenschaft, er ist dazu geboren.« Und noch einmal Brecht: »Eine der eindringlichsten Figuren der Zeit«. Karl Valentin: »Also, was die da wieder ois über mich zsammgschriebn ham!«

Aufgewachsen ist der Sohn eines Möbeltransporteurs in der ländlich geprägten, zu München eingemeindeten Au, die er als rothaariger »Fey-Deifi« verunsicherte: mit ihren proletarisierten, stadtbekannt streitsüchtigen Kleinbürgern, ihren Originalen, ihrer Bürger- und Feuerwehr, ihren Festen und Festivitäten, ihren Vereinen und ihrer Leidenschaft fürs Laien- und Marionettentheater, ein unerschöpfliches thematisches Reservoir, aus dem V. zeitlebens schöpfen konnte. Der Schule, dieser »Zuchthausstrafe«, schloss sich eine Schreinerlehre an (von 1897 bis 1899) samt dreijähriger Berufsausbildung, was V. später befähigte, seine vielfältigen Requisiten und Apparate selbst herzustellen. Doch dann verwirklichte er, was er als 14-Jähriger beschlossen hatte: es dem berühmten Gesangshumoristen Karl Maxstadt nachzutun, und besuchte die Variete-Schule in München (1902). Der Tod des Vaters setzte seinem Engagement als Couplet-Sänger ein Ende. V. wurde genötigt, den väterlichen Betrieb zu übernehmen, den er schließlich unter Verlusten verkaufen musste (1906). Das übriggebliebene Geld steckte er in sein selbstgebautes, sechs Zentner schweres Orchestrion (mit dem sich 27 Instrumente gleichzeitig spielen ließen) und ging als Musical-Fantast Charles Fey auf Tournee nach Leipzig, Halle, Berlin (1907). Verarmt kehrte er nach lauter Misserfolgen nach München zurück, wo er sich in Gastwirtschaften und als »Nachstandler« in Volkssängerlokalen mit Pfennig-Gagen durchschlug.

Mit der Ablösung von der eher musikorientierten Volkssängerkonvention erfolgte der Durchbruch: Ins Zentrum rückte V. den gesprochenen Text, seinen zaundünnen Körper von 55 Kilogramm, den er mit Maske und Kostüm kalkuliert ausstattete, und ausgewählte Requisiten, denen er eine dramaturgisch eigengewichtige Funktion beimaß. An die bekannte Volkssängerbühne, den »Frankfurter Hof«, engagiert, brillierte V. mit Nonsens-Monologen wie *Das Aquarium* (mit dem Finale: »Ich nehm den Fisch und trag ihn in die Isar und tu ihn ertränken«) oder *Im Gärtnertheater* (mit dem Beginn: »Ich weiß nicht mehr genau, war es gestern oder wars im vierten Stock«). Am »Frankfurter Hof« lernte er Liesl Karlstadt kennen (1911), die seine ideale, weil für alle Rollen einsetzbare Partnerin wurde. Zur gleichen Zeit heiratete er Gisela

Royes, mit der er bereits zwei Töchter hatte. Sie durfte ihm nach seinen Angaben die Kostüme schneidern; dass seine Familie seine Vorstellungen besuchte, wünschte er nicht. Die vielfältigen Szenen von Ehen in seinen Sketchen sind ihre Bankrotterklärung: Die Braut *Im Photoatelier* setzt ihren Fuß auf den frisch Angetrauten – allemal schlechter als der schlechte Mann kommt die Frau dabei weg. Dralle Damen mochte V. am liebsten (die Schönheit einer Frau fange erst bei zwei Zentnern an), eine große Sammlung mit schweinösen Photographien ist verbürgt. Mit Liesl Karlstadt trat er zum ersten Mal im *Alpensängerterzett* auf, einer parodistischen Attacke auf die zahlreichen Pseudo-Tiroler Sängervereinigungen (»Vater, packs Gebirg zsamm, dann gehn ma«). Eine bildungsbürgerlich kanonisierte hohe Literatur samt ihrem Kunstbetrieb wird umfunktioniert und verlächerlicht: Goethes *Faust* (*Theaterbetrieb*), Schillers *Glocke* und die akustisch untermalten Rundfunkdichterlesungen (*Im Senderaum*), Heines *Lorelei* (*Die Loreley*). Das Kunstlied und dessen Vortrag wird als Hinterzimmerkunst bloßgestellt: *Die vier Jahreszeiten*, deren Abbruch das Publikum erzwingt, oder *Das Lied vom Sonntag*, das vom Kläffen eines Köters begleitet wird. Verspottet wird der »moderne Krampf« der zeitgenössischen Kunst (*Expressionistischer Gesang; Das futuristische Couplet*), zerstört der Anspruch aufs geschlossene Kunstwerk: zahlreich die Texte, die über den Anfang nicht hinauskommen (*Die Uhr von Loewe*), nicht zu Ende gebracht werden (*Der Zithervirtuose*, mit dem nie endenden Refrain der »Liebesperlen«, wieder von vorn anfangen (*Buchbinder Wanninger; Der Umzug; Interessante Unterhaltung*), in einer eher seichten Pointe auslaufen oder unvermittelt enden.

Obschon in seiner Destruktion und Subversion der Avantgarde zugehörig, hat V. sich dem Kunstbetrieb der avantgardistischen Zentren München und Berlin entzogen (»literarische Vorbilder: keine«). Einmal jährlich ließ er sich durch Rauppachs Schmachtfetzen *Der Müller und sein Kind* (1835) anrühren, Bücher soll er derer dreizehn besessen haben, darunter drei eigene, einige Adressbücher und Kurt Schwitters' *Anna Blume*. V. ängstigte sich vor jeder Form der Veränderung: Nur dreimal gastierte er im Ausland (Wien, Zürich, 1923/24), sein Zentrum blieb München und Berlin, wo er seine größten Erfolge feierte, hauptsächlich im »Kabarett der Komiker« (ab 1924). Zur größten Zugnummer wurde *Tingeltangel* (*Orchesterprobe* u. a. Titel), der auf den Kopf gestellte Varieté-Betrieb. Neben den kleinbürgerlichen Kleinkünstlern sind es die kleinen Warenproduzenten, Kleinhändler und Käufer, die V. darstellt, deren Verunsicherung, Orientierungslosigkeit und Ohnmacht gegenüber einer wachsenden Kapitalisierung, Technisierung und Anonymisierung sie in Konfliktsituationen scheitern lassen. Die versuchte Anpassung in Sprache und Verhalten missrät in einer gebrochenen Komik, welche die sozial-kritischen Elemente nicht zu verdecken vermag (*Buchbinder Wanninger* u.v.a.). Inszeniert und versinnlicht wird eine maskierte Sprachphilosophie: Alltägliche Situationen werden so zerdacht, zerfragt und zerredet, Wörter hinter-, über- und unterfragt, dass das Selbstverständliche aufhört, es zu sein (*Semmelknödeln* u.v.a.).

Wird das Absurde hier nur gestreift, so wird es in anderen Texten vorherrschend (*Das Christbaumbrettl; Der Weltuntergang; Vereinsrede; Familiensorgen*). Dem leidenschaftlichen Hypochonder V. geriet der Alltag zur Bedrohung: lebenslang geplagt von einem schweren Asthma, von Unfallängsten (der Chauffeur durfte nie schneller als 40 km/h fahren), Schluck- und Ansteckungsphobien (V. vollzog den Handschlag mit zwei Fingern). Die Tücke des Objekts, das sich verselbständigt und querlegt, stört und verstört (*Der verhexte Notenständer; Der reparierte Scheinwerfer*). Die Angst vor Veränderungen führte V. dazu, Altmünchner Bilder (Postkarten, Fotos) systematisch zu sammeln (ab ca. 1925). Er sammelte an gegen die »Amerikanisierung« und die Zerstörung des Münchner Stadtbildes und bot seine Riesensammlung später Hitler für 100000 RM zum Kauf an (um einen Film drehen zu können).

V.s Geschichtsbild war simpel: »Das war noch eine gute alte Zeit bis 1914, dann ist der

Saustall losgangen.« So wurde er nicht müde, das zu beschwören, was er unter »guter alter Zeit« verstand, etwa in seinen Militärstücken, die, *Das Brillantfeuerwerk* ausgenommen, nicht in der Gegenwart angesiedelt sind (*Die Raubritter vor München*; *Ritter Unkenstein*). Der Konservatismus hinderte V. nicht daran, sich der modernsten Medien früh und konsequent zu bedienen: des Films und des Rundfunks. Viele seiner Interpretationen liegen als Höraufnahmen vor (von 413 Repertoirenummern V.s soll allerdings nur etwas mehr als ein Drittel veröffentlicht sein, Erwin Münz). 37 Filmdokumente mit V. sind erhalten, 26 davon sind V.-Filme, ca. 25 Filmdokumente gelten als verloren. Nur zum Teil sind die Stumm- (von 1912/13 bis 1929) und Tonfilme (von 1932 bis 1941) Verfilmungen der bekanntesten Sketche (darunter auch *Der Firmling*; »wahrscheinlich der beste deutsche Film«, Herbert Achternbusch). Drei Filme sind besonders hervorzuheben: die surreale Stummfilmgroteske *Mysterien eines Frisiersalons* (1922 oder 1923, Regie: Erich Engel und Bertolt Brecht), *Der Sonderling* (1929, Regie: Walter Jerven), ein Schneidergeselle, dem im Finale seine Selbstmordversuche kläglich missraten, und *Die Erbschaft* (1936, Regie: Jacob Geis), der von der Nazizensur wegen »Elendstendenzen« verboten wurde.

V.s suggestive Darstellungskraft machte ihn einmalig: sein minimaler gestischer, mimischer und stimmlicher Aufwand (»Komik ohne Fett«, Wilhelm Hausenstein), seine distanzierende, anti-illusionistische, improvisationsoffene Spielweise, die nie vergessen lässt, dass Rollen gespielt werden (im *Großfeuer* wird einfach der Feuerventilator ausgeschaltet); was Wunder, dass Brecht den V. fasziniert ausstudierte. Seine Spitzengagen steckte V. nur allzuoft in Projekte, deren Erfolg ausblieb, so in sein aufwendiges »Panoptikum«, das »originellste Museum der Welt« – ein Lach- und Gruselkeller, 122 Objekte, von der zerronnenen Schneeplastik bis zur kompletten mittelalterlichen Folterkammer mit Hexenpeitschung (1934/35). Später wurde es V.s »Ritterspelunke« einverleibt: Panoptikum, Kneipenkeller und Kabarett waren endlich an einem Ort vereint (Eröffnung 17. 7. 1939); Annemarie Fischer war die neue Partnerin, mit der er im *Ritter Unkenstein* auftrat.

Von den Nationalsozialisten wurde V. geduldet, aber nicht gefördert. 1940 betrugen seine jährlichen Einnahmen noch 27 600 RM, von 1941 bis 1944 nur mehr jährlich 800 RM. Für die *Münchener Feldpost* schrieb V. in den letzten Kriegsjahren pro Monat seine hintersinnigen Artikel. Fünf Jahre trat er nicht mehr auf (von 1942 bis 1947), schrieb aber unentwegt. Die Texte bezogen sich stärker auf die Gegenwart (*Die Geldentwertung*), nahmen politisch Stellung (*Vater und Sohn über den Krieg*: »Die Arbeiter werden von den Kapitalisten überlistet«). Parteimitglied war V. nicht gewesen (aus »Angst« wäre er schon beigetreten, aber es habe ihn nie jemand gefragt). Nach dem Krieg zerschlugen sich seine neuen Pläne: Der Rundfunk und die Hörer boykottierten ihn (»schickt's den Deppen hoam«), nur wenige Sendungen und Auftritte folgten (wiederum mit der Karlstadt). Am 31. 1. 1948 trat er ein letztes Mal auf, hungerschwach und von einer tödlichen Erkältung geschüttelt. Am Rosenmontag ist er gestorben, am Aschermittwoch wurde er beigesetzt. Hinterlassen hat er ein »multimediales Gesamtkunstwerk« (Helmut Bachmaier). In seinem Nachtkasterl fand man neben verschiedenen Tabletten und Rauchwaren einen Kanonenschlag der Marke »Phönix«.

Werkausgabe: Sämtliche Werke in 8 Bänden und 1 Erg.-Band. Hg. von Helmut Bachmaier und Manfred Faust. München/Zürich 1991–1997.

Dirk Mende

Valera y Alcalá Galiano, Juan
Geb. 18. 10. 1824 in Cabra, Cordoba/Spanien, gest. 18. 4. 1905 in Madrid

Wie kaum ein anderer spanischer Autor war Juan Valera eine öffentliche Person, deren zahllose Äußerungen der Mit- und Nachwelt einen hinlänglich eindeutigen Eindruck von seiner Haltung zur Literatur, Politik und Geschichte hätten geben können. Zwar steht er als Schriftsteller und Diplomat für eine Position der Mitte und der Mäßigung, doch klaren Zuordnungen versteht er sich stets zu entziehen. Einerseits verteidigt er einen liberalen Katholizismus gegen reaktionäre Strömungen, wie sie die spanische Kirche besonders mit dem Namen des ultramontanen Dogmatikers Donoso Cortés verbindet. Andererseits betrachtet er die Entwicklung des bürgerlichen Gemeinwesens in der Restaurationsepoche mit zunehmendem Widerwillen – zu sehr erfüllt ihn die Sorge vor einer gewaltsamen Revolution, die er unausweichlich kommen sieht. So versteht sich der zum Bürger gewandelte Aristokrat als ein Konservativer, der jedoch angesichts der von ihm als desolat empfundenen sozialen Zustände Widerstand für berechtigt hält. V.s Leben bewegt sich zwischen Literatur und Diplomatie, Ästhetik und Politik. Nach einem Studium der Philosophie (1837–40) und der Rechtswissenschaft (1846) macht er erste Erfahrungen als Diplomat an der spanischen Gesandtschaft in Neapel. Immer wieder treibt es ihn fortan in andere Metropolen; Stationen seiner Karriere sind Rio de Janeiro, Lissabon, Washington, Brüssel und Wien. Nach 1895 zieht er sich aus dem öffentlichen Leben zurück, zehn Jahre später stirbt er nach völliger Erblindung.

Weit mehr als seine scharfsinnigen Studien über den historischen Niedergang Spaniens, Rezensionen über die klassische und zeitgenössische spanische Literatur und Aufsätze zur neueren Philosophie und Geschichte haben ihm vor allem seine Romane einen Platz in der spanischen Literaturgeschichte gesichert. Zu den wichtigsten Romanen gehören *Pepita Jiménez* (1874; *Pepita Jimenez*, 1882), *Las ilusiones del doctor Faustino* (1875; *Die Illusionen des Doktor Faustino*, 1885), *Doña Luz* (1878/79), *Juanita la Larga* (1895; *Juanita la Larga*, 1962), *Genio y figura* (1897; *Wesen und Gestalt*) und *Morsamor* (1898). Auch hier setzt sich die Spannung zwischen konservativer Besonnenheit und skeptisch-pessimistischer Weltbetrachtung fort.

V. begibt sich in eine Distanz zu seinen Figuren, deren Zweifel an absoluten Wahrheiten vom Erzähler mit Belustigung und Sympathie zugleich vermerkt wird. Die zumeist tragischen Protagonisten wie der Priesterseminarist Don Luis, der Provinzakademiker Faustino oder der abenteuersuchende Mönch Miguel de Zuheros sind romantischen Blendungen unterlegen, wo eher Nüchternheit und Verstand geboten wären. Befangen in Gegensätzen zwischen der Poesie des Herzens und der Prosa der Verhältnisse, einem genügsamen Leben und dem Wunsch, Großes zu vollbringen, haben sie wenigstens zwei Seelen in ihrer Brust. Dem auch von V. gehegten Ideal bürgerlicher Ehe und gesicherter Lebensentwürfe stehen hier jene Gefährdungen entgegen, die Individuen daran hindern, den Standpunkt liberaler Bürgerlichkeit einzunehmen und zur Mitte ihres Selbst zu gelangen.

Kian-Harald Karimi

Valéry, Paul

Geb. 30. 10. 1871 in Sète/Frankreich;
gest. 20. 7. 1945 in Paris

Wie kaum ein anderer Autor erstaunt Paul Valéry durch die Vielfalt der Arbeits- und Wissensfelder, auf denen er sich betätigte. Von Hause aus Jurist, verfasst er schon früh lyrische Gedichte in der Nachfolge Paul Verlaines und Stéphane Mallarmés, beginnt 1894 ein philosophisches Tagebuch zu führen, das er jahrzehntelang fortsetzt, nimmt neben seiner lyrischen Produktion ein ambitioniertes Romanprojekt in Angriff, betreibt ein privates, autodidaktisches Studium der Mathematik, erörtert in verschiedenen Abhandlungen theoretische Probleme der Philosophie, Wissenschaft und Kunst, tritt in den 1910er und 20er Jahren als zeitkritischer Essayist und publizistischer Autor hervor und arbeitet schließlich an Entwürfen zu einem modernen Faustdrama (*Mon Faust. Ébauches*, 1941; *Mein Faust. Fragmente*, 1948).

Dabei beginnt V.s Werdegang wenig spektakulär: Nach einem Jurastudium (1889–94) führt er in Paris verschiedene publizistische Arbeiten aus, für das Ministère de la Guerre und den Verleger Édouard Lebey. Nachdem er in den Jahren 1894 bis 1900 bereits einen Namen als Lyriker und, seit der Veröffentlichung von *La soirée avec Monsieur Teste* (1896; *Der Abend mit M. Teste*, 1926), auch als Romancier erworben hat, folgt ab 1900 eine Periode literarischen Schweigens, die V. erst 1917 mit der Publikation des Gedichts *La jeune parque* (1917; *Die junge Parze*, 1921) durchbricht. 1924 wird V. zum Präsidenten des PEN-Clubs ernannt; 1925 in die Académie française gewählt (*Discours de réception*, 1927). In der Folge erhält er eine Vielzahl von öffentlichen und kulturellen Funktionen, unter anderem die Leitung der kulturellen Sektion der Exposition universelle 1936 und ab 1937 einen Lehrstuhl für Poetik am Collège de France.

V.s Lyrik – eine charakteristische Auswahl bietet die Sammlung *Charmes* (1926; *Gedichte* 1925) – ist vor allem als Versuch einer Revision der Poetik der *poésie pure* zu begreifen. Lyrisches Schreiben bedeutet für V. die bewusste, technisch ausgefeilte Durchdringung des ästhetischen Materials, die Suche nach der prägnanten Form, die weniger im punktuellen Akt der Inspiration entstehe als vielmehr aus genauen und reflektierten Formentscheidungen hervorgehe. Diese ›Poetik der Form‹ erklärt auch, warum V., im Unterschied zu anderen modernen Lyrikern, in seinen Gedichten nicht eine freiere, der Prosa angenäherte Schreibweise verwendet, sondern die strengeren metrischen Muster der Tradition, z. B. die Odenformen des 17. Jahrhunderts, als Medium seiner ›exercices poétiques‹ wählt. Was die Themen und Genres seiner Lyrik betrifft, ist – neben Variationen der Natur- und Liebeslyrik – vor allem V.s Aktualisierung des poetologischen Gedichts in der Tradition Charles Baudelaires und Mallarmés hervorzuheben (vgl. *Le vin perdu* und *Aurore*). Dieser gedanklich-reflexive Einschlag, der V.s lyrisches Schreiben bestimmt, kennzeichnet auch sein Romanprojekt. In *Monsieur Teste*, als Gespräch des Erzählers mit der Romanfigur angelegt, bieten die Rudimente äußerer Handlung nur die Folie eines inneren Geschehens, das ganz auf das sich selbst beobachtende Bewusstsein und den Vorgang der Reflexion konzentriert ist. M. Teste fungiert dabei als Alter ego des Erzählers, als Figur, die zwischen der idealen Verkörperung moderner Intellektualität und deren Parodie ironisch in der Schwebe bleibt.

V.s theoretische Überlegungen reichen indes über die poetologische Selbstreflexion des Dichters hinaus. Ihn beschäftigt das Problem der Kunst in einem weiteren Sinne, deren Beziehung zur Philosophie wie zu den kulturellen Wissensformen und Techniken. Dieses Nachdenken äußert sich besonders in dem kunstphilosophischen Dialog *Eupalinos ou l'architecte* (1923; *Eupalinos oder Über die Architektur*, 1927) und den Studien über Leonardo da Vinci, *Introduction à la méthode de Léonard de Vinci* (1895; *Über Leonardo da Vinci*, 1924) und *Note et digression* (1919; Anmerkung und Abschweifung), die V. zunächst in Aufsatzform, später (1933) in einer Monographie publizierte. Hauptmotiv ist der Gedanke, dass philosophisches, ästhetisches und technisches Vermögen des Menschen in spezifischer Weise zusammenwirken, um kulturelle Produktionen hervorzubringen. Verweist schon der antike Architekt Eupalinos, als Handwerker und Künstler, auf diese Idee, ist es in der Folge insbesondere der *uomo universale* Leonardo, der für V. zum Prototyp des zugleich handwerklich-technisch, philosophisch und ästhetisch tätigen Menschen wird. In einer mehr persönlichen, aber nicht minder intensiven Form entfaltet V. sein Nachdenken über Kunst in den *Cahiers* (1973; *Hefte*, 1987), jenen tagebuchförmigen Aufzeichnungen, in denen er Ideen zu den verschiedensten wissenschaftlichen und poetischen Problemen festhält und die er bis zu seinem Tod fortsetzt. Beeindruckend ist nicht zuletzt die Fülle, Reichweite und Heterogenität der Motive, die V. in jenen Notizen ausbreitet: Neben Spekulationen über philosophische (Subjektivität, Kontingenz, Wirklichkeit/Traum) und mathematische Probleme stehen Beobachtungen über unscheinbare, alltägliche Dinge. Schließlich enthalten auch die zeitkritischen Essays bemerkenswerte Ansätze, die das Problem einer politisch-kulturellen Funktion des Schreibens umkreisen.

Werkausgabe: Werke. 7 Bde. Hg. J. Schmidt-Radefeldt/K. A. Blüher. Frankfurt a. M. 1990–95.

Linda Simonis

Vallejo, César
Geb. 16. 3.(?)1892 in Santiago de Chuco/Kuba; gest. 15. 4. 1938 in Paris

»Ich bewunderte seine erschütternde Dichtung und ich hatte Ehrfurcht vor seinem Leben voller Schmerz, Ehrlichkeit, Hunger und Rebellion. Ich [...] halte ihn für einen der größten Dichter unserer Sprache«, schrieb der kubanische Autor Nicolás Guillén über den peruanischen Dichter César Vallejo. V. hat eine Reihe von Erzählungen, Berichte über seine Reisen in die UdSSR, poetologische Schriften sowie den sozialkritischen Roman *El tungsteno* (1931; *Wolfram für die Yankees*, 1961) über die Ausbeutung der Arbeiter in den peruanischen Minen hinterlassen. Doch die Zeiten überdauert haben vor allem seine Gedichte. Bei wenigen Schriftstellern sind tragisches Leben und Dichtung so eng verknüpft wie bei V.; zugleich überwindet er aber alles bloß Biographische und wendet es ins allgemein bzw. konkret Menschliche.

Bereits die einleitenden Verse in V.s erstem Gedichtband *Los heraldos negros* (1919; *Die schwarzen Boten*, 2000) enthalten jene tragische Dimension, die für seine Lyrik bestimmend bleibt: »Es gibt Schläge im Leben, so stark ... Ich weiß es nicht! / Schläge wie von Gottes Haß, als habe vor ihnen / der Schlick alles Erlittenen / Lachen in der Seele gebildet ... Ich weiß nicht!« Der Band fasst die bis dahin verstreut publizierten und einige weitere frühe Gedichte zusammen. Er bildet keine thematische Einheit. Neben Liebesgedichten stehen solche zur Stadterfahrung, zu Fragmenten der Inkakultur im Alltagsleben und zu philosophischen Fragen. Auch stilistisch ist er sehr vielfältig, wobei ein Bogen vom hispanoamerikanischen Modernismo und vom Symbolismus zu den Avantgardebewegungen geschlagen wird. Auffallend ist hier aber bereits die große Zahl christlicher Metaphern und Allegorien, die als Indiz für die philosophische Krise des von Gott verlassenen modernen Menschen stehen. Der zweite und zugleich letzte zu Lebzeiten erschienene Gedichtband *Trilce* (1922; *Trilce*, 1998) entstand größtenteils im Gefängnis – V. war 1920 wegen angeblicher Anstiftung zu einer Revolte für einige Monate inhaftiert worden. Der Band wirkt durch seinen hohen Abstraktionsgrad inhaltlich geschlossener und ist stilistisch radikaler, verzichtet er doch auf ein regelmäßiges Versmaß und Reime. Der Einfluss indigener Kultur geht nun über die Thematik des Elends und des Unrechts gegenüber den Unterdrückten hinaus und schlägt sich in der Sprache nieder. Gleichzeitig werden die christlichen Metaphern beibehalten. Zahlreiche Neologismen, seltene Wörter des regionalen Sprachgebrauchs sowie Elemente der indigenen Sprache machen *Trilce* zu einem in Teilen noch immer unentschlüsselten Werk, das nichtsdestotrotz erheblichen Einfluss auf die spätere lateinamerikanische Lyrik hatte.

Nach V.s Tod gab seine Witwe die Gedichte aus dem Nachlass unter dem Titel *Poemas humanos* (1939; *Menschliche Gedichte*, 1998) heraus. Ein Teil dieser Gedichte, der inhaltlich selbständige Spanien-Zyklus *España, aparta de mí este cáliz* (»Spanien, nimm diesen Kelch von mir«, in: *Akzente* 6, 1985), wurde 1940 in einem eigenen Band veröffentlicht. Thematisch findet in den Gedichten aus dem Nachlass eine Verschiebung statt, die den Tod noch stärker als zuvor in den Mittelpunkt rückt, aber in einer Art Gegenbewegung auch das konkret Politische, die Notwendigkeit der Befreiung und die Frage der kulturellen Identität sowie deren drohenden Verlust im Exil betont. Vor allem im Spanien-Zyklus verarbeitet V. seine politischen Auffassungen und Ideale: Engagement, Solidarität sowie eine bei ihm von indigenen kommunitaristischen Vorstellungen geprägte kommunistische Utopie stehen im Zentrum seiner Dichtung. Zwar behält er in den späteren Gedichten die freien Versformen zumeist bei, doch löst er sich – auch im Zuge seiner bewussten Abgrenzung von den Avantgardebewegungen und insbesondere vom Surrealismus – von den hermetischen Metaphern seines Frühwerks. Die stärker politisch konturierte Dichtung der späten postum veröffentlichten Gedichte und hier insbesondere des Spanien-Zyklus ist weiterhin mit der Suche nach neuen, dem jeweiligen Sujet angemessenen lyrischen Ausdrucksformen verbunden. Das unterscheidet sie von jeder Art Agitprop-Literatur. V.s Bedeutung für die lateinamerikanische Dichtung ist erst seit den 1960er Jahren gestiegen, als er von einer neuen Generation von Lyrikern rezipiert wurde. Heute gilt er zu Recht als einer der herausragenden Dichter des Subkontinentes, dessen komplexes lyrisches Werk vollständig weder entschlüsselt worden ist noch werden kann.

Werkausgabe: Werke. Aachen 1998.

Friedhelm Schmidt-Welle

Vargas Llosa, Mario
Geb. 28. 3. 1936 in Arequipa/Peru

Wie viele seiner großen lateinamerikanischen Schriftstellerkollegen schrieb auch der Peruaner Mario Vargas Llosa den größten Teil seines Werks im europäischen Exil. Vielleicht ist gerade diese Distanz die Voraussetzung für die messerscharfen Analysen gesellschaftlicher Zustände seines Heimatlandes, die vor allem die ersten drei Romane kennzeichnen, mit denen V.L. zu internationaler Berühmtheit gelangte.

Schauplatz seines literarischen Debüts *La ciudad y los perros* (Barcelona 1962/Lima 1965; *Die Stadt und die Hunde*, 1966) ist die Kadettenanstalt »Colegio Militar Leoncio Prado« in Lima, die der Autor aus eigener Erfahrung kannte, da er hier zwei Jahre lang selbst Zögling gewesen war. Mit seiner schonungslosen Entlarvung perfider Machtmechanismen, gegen die sich letztlich keiner aufzulehnen wagt und denen die Schwachen fast ausnahmslos zum Opfer fallen, rührte V.L. an ein Tabu und löste in Peru heftige Reaktionen aus, die in der öffentlichen Verbrennung aller greifbaren Exemplare des Buchs gipfelten. Nicht zuletzt aber überraschte V.L. auch mit der sprachlichen und erzähltechnischen Gestaltung des Romans, wie beispielsweise mit der Verwendung von Slang. Die Handlung, die die Initiation heranwachsender Menschen zum Thema hat, weist über den Mikrokosmos der Kadettenanstalt hinaus auf die insgesamt von Gewalt und Korruption bestimmte peruanische Gesellschaft.

In seinem zweiten Roman *La casa verde* (1966; *Das grüne Haus*, 1968), setzt V.L. den eingeschlagenen Weg fort, weitet jedoch den Inhalt sowohl in zeitlicher als auch in räumlicher Hinsicht aus. Wieder ist die Handlung, die weitgehend von einem im nordperuanischen Piura gelegenen Bordell ihren Ausgang nimmt, Anlass zu genauer sozialer Analyse, die jedoch von einer stark pessimistisch-deterministischen Grundhaltung des Autors geprägt ist. Formal aber geht das auf fünf verschiedenen Ebenen spielende Werk über seinen Vorgänger hinaus. Aus einem die erzählerische Linearität sprengenden Kaleidoskop zahlreicher Hinweise und Andeutungen hat der Leser quasi detektivisch die Zusammenhänge zu entschlüsseln, denn hinter dem Eindruck des Chaotischen verbirgt sich eine streng systematische Ordnung. Jeder Textteil stützt den anderen. Über die Entstehungsgeschichte und mögliche Auslegungswege von *La casa verde* gibt der Autor, der selbst sein eifrigster Interpret ist, in *Historia secreta de una novela* (1972; *Geheime Geschichte eines Romans*, 1992) Auskunft. V.L. hat sein fiktionales stets durch ein umfangreiches essayistisches Werk begleitet. In einer seiner wichtigsten kritischen Abhandlungen, *La orgía perpetua. Flaubert y Madame Bovary* (1978; *Die ewige Orgie. Flaubert und Madame Bovary*, 1980), bekennt er sich nachdrücklich zum Vorbild Flauberts.

Auch in seinem dritten Roman *Conversación en la catedral* (1969; *Die andere Seite des*

Lebens, 1976, *Gespräch in der Kathedrale*, 1984) thematisiert V.L. das Scheitern sowohl der handelnden Personen als auch das kollektive Versagen des peruanischen Establishments während der Diktatur unter General Odriá in der Zeit von 1948 bis 1956, die dem Autor aus eigenem Erleben bekannt ist. Stilistisch überbietet dieses Epos die beiden vorangegangenen noch um einiges. In einem dialogisch gehaltenen Konstrukt, bei dem sich verschiedene Gespräche überlappen oder parallel zueinander stehen und in das rund 70 Figuren integriert wurden, sind in diesem »totalen Roman« die Handlungsfäden so angelegt, dass der Leser aus ihnen ein Gesamtpanorama der damaligen öffentlichen wie privaten (peruanischen) Kultur zu rekonstruieren in der Lage ist.

Auf diese drei sozialkritisch intendierten und sprachlich ambitionierten Romane folgte in den 1970er Jahren eine humorvollere und erzähltechnisch weniger anspruchsvolle Belletristik. *Pantaleón y las visitadoras* (1973; *Der Hauptmann und sein Frauenbataillon*, 1974) wendet den in *La ciudad y los perros* behandelten Themenkomplex des Militärs ins Groteske und schafft in der Person des Hauptmanns Pantaleón Pantoja einen tragikomischen Helden, mit dessen Geschichte um das von ihm organisierte mobile Soldatenbordell eine bitterböse Satire auf den lateinamerikanischen Machismo gegeben wird. V.L. demontiert den Mythos vom harten Kämpfer und gibt ihn der Lächerlichkeit preis. Komische Effekte ergeben sich insbesondere dadurch, dass der Hauptmann, der privat in einem aus Mutter, Ehefrau und Tochter bestehenden Frauenhaushalt lebt, für das von ihm tabuisierte Thema der Sexualität, mit dem er dienstlich konfrontiert ist, auf militärischen Jargon zurückgreift.

Auch der folgende Roman *La tía Julia y el escritor* (1977; *Tante Julia und der Lohnschreiber*, 1979, *Tante Julia und der Kunstschreiber*, 1988) zeugt von V.L.s Sinn für Komik. Abwechselnd werden die Geschichten, die der Serienschreiber Camacho für das Radio verfasst, mit dem Geschehen um den Nachwuchsschriftsteller Varguitas und dessen sehr viel älterer Tante Julia, die er am Ende heiraten wird, kontrastiert. In dem Maße, wie Varguitas zu seinem eigenen Stil findet, verheddert sich Camacho zusehends in seinen Fiktionen, bis er sie schließlich nicht mehr von der Realität zu unterscheiden vermag. Obwohl es in dem unterhaltsam geschriebenen Buch eigentlich um eine Auseinandersetzung mit dem kreativen Prozess des Schreibens geht, sorgte es für einen Skandal, weil sich sowohl ein bolivianischer Radioautor als auch V.L.s geschiedene Ehefrau (und Tante) Julia Urquidi verunglimpft fühlten.

Vielleicht sind die beiden biographischen Romane der 1980er Jahre deshalb noch deutlicher durch V.L.s Auseinandersetzung mit der Dialektik von Fiktion und Realität geprägt. Vorlage für *La guerra del fin del mundo* (1981; *Der Krieg am Ende der Welt*, 1982) ist *Os sertões* (1902; *Das wilde Landesinnere*) des Brasilianers Euclides Rodrigues Pimenta da Cunha, in dem dieser über die Gründung einer Art Gottesstaat durch den religiösen Fanatiker Antonio Maciels im Nordosten Brasiliens gegen Ende des 19. Jahrhunderts sowie über dessen blutige Niederschlagung durch das Militär berichtet. V.L. überlässt es dem Leser, anhand verschiedener Lebensläufe ein multiperspektivisches Ganzes zu erkennen, und ermöglicht mit einem Querschnitt durch die sozialen Schichten ein Panorama des damaligen Brasiliens. Ähnlich zurückhaltend rekonstruiert er in *Historia de Mayta* (1984; *Maytas Geschichte*, 1986) das Leben des Trotzkisten Alejandro Mayta und dessen revolutionärer Aktivitäten im Peru der 1950er Jahre. Aus teilweise stark widersprüchlichen Erinnerungen von Maytas alten Weggefährten entsteht nach und nach eine biographische Version, »so, wie sie gewesen sein könnte«. Als der Erzähler am Ende des Buchs den realen Mayta trifft, muss er feststellen, dass dieser nur partiell dem von ihm rekonstruierten Bild entspricht.

Der Roman *El hablador* (1987; *Der Geschichtenerzähler*, 1990) ist V.L.s Kommentar zur Welle der »indigenistischen Literatur« in Lateinamerika. Auf zwei gegeneinander gesetzten Ebenen thematisiert er das Problem sprachlicher und kultureller Vermittlung – in interkultureller Hinsicht, aber auch in Bezug auf den Schriftsteller und sein Publikum. Er erteilt letztlich den Versuchen vieler seiner Kollegen, auf den Weg der abendländischen Literaturtradition gänzlich zu verzichten und sich so dem indigenistischen Kulturgut bewahrend und vermittelnd zu nähern, eine Absage, stellt zugleich aber auch fest, dass ein moderner Schriftsteller niemals die identitätsstiftende Funktion eines traditionellen indianischen Geschichtenerzählers haben kann. Entsprechend greift V.L. mit seinen beiden Kriminalromanen um den dunkelhäutigen Gendarmen Lituma bewusst auf konventionelle Narrativik zurück: *Quién mató a Palomino Molero?* (1986; *Wer hat Palomino Molero umgebracht?*, 1988) hat die Aufklärung des grausamen Verbrechens an einem jungen Bolerosänger zum Gegenstand und zeigt insbesondere deutlich, wie aus Unrecht Recht und aus Recht Unrecht wird. Dieser in gewissem Gegensatz zum traditionellen »Whodunit« pessimistische Topos der ganz alltäglichen Rechtsverdrehung ist typisch für lateinamerikanische Exemplare des Genres.

In *Lituma en los Andes* (1993; *Tod in den Anden*, 1996) hat der strafversetzte Korporal Lituma einen weiteren Auftritt. In einem kleinen Dorf im Gebirge soll er das unerklärliche Verschwinden von drei Personen aufklären. Wie bereits in seinen frühen Romanen zeigt V.L., dass die Menschen einem unerbittlichen Schicksal hoffnungslos unterlegen sind, wobei zwischen Naturgewalt, gesellschaftlicher Unterdrückung und Bedrohung etwa durch Terrorismus nicht unterschieden wird. Mit *Elogio de la madrastra* (1988; *Lob der Schwiegermutter*, 1989) schrieb V.L. eine moderne peruanische Variante des antiken Lukreziastoffes und zugleich einen der wenigen erotischen Romane der lateinamerikanischen Literatur. In der ganz im Sinne klassischer Rhetorik gehaltenen Eloge kündigt sich dem aufmerksamen Leser im Geschehen um eine scheinbar harmonische Familie schon frühzeitig das böse Ende an. Der diabolische junge Alfonso verführt seine Stiefmutter, die ihrem Gatten in Liebe zugetan ist, sorgt dann dafür, dass sein Vater auf das Verhältnis aufmerksam wird und seine Ehefrau zu verstoßen gezwungen ist. Die Handlung wird durch die Besprechung von berühmten Gemälden der Kunstgeschichte unterbrochen, womit eine Gleichsetzung von Erotik und Kunst evoziert wird. Zugleich geht es, wie immer in V.L.s Werk, um das schwierige Verhältnis von Wahrheit und deren Darstellung.

Gabriele Eschweiler

Varnhagen, Rahel
Geb. 19. 5. 1771 in Berlin;
gest. 7. 3. 1833 in Berlin

»Es wird mir nie einkommen, daß ich ein Schlemihl und eine Jüdin bin; da es mir nach langen Jahren und dem vielen Denken drüber nicht bekannt wird, so werd ich's auch nie recht wissen.« Hellsichtig hat V. in dieser Äußerung an ihren ersten Korrespondenten David Veit 1793 ihr Schicksal benannt. Schlemihl und Jüdin – diese Verbindung blieb ihr existentielles Trauma. Als Frau und Jüdin war sie doppelt ausgeschlossen, einem zweifachen Paria-Dasein ausgeliefert: der Ghettoisierung durch die Gesellschaft und der bürgerlichen Entmündigung im Hause. Sie gehörte zu jener Generation romantischer Frauen, die nicht nur eine Emanzipation der Gefühle, sondern menschliche Gleichstellung für sich forderten, aber doch erfahren mussten, dass Sensibilität zwar als freischwebendes erotisches Zahlungsmittel valutiert, gesellschaftliche Anerkennung aber einzig auf dem »bürgerlichen Amboß« einer standesgemäßen Heirat verliehen wurde.

V. wurde als Tochter des zu Wohlstand gekommenen jüdischen Kaufmanns und Bankiers Levin geboren. Ihre Bildung war selbsterworben; der anarchische, rebellische Zug ihres Denkens, Fühlens und Schreibens mag hier seine Wurzeln haben. Seit Anfang der 1790er Jahre traf sich in ihrem Dachstübchen im elterlichen Haus die intellektuelle und literarische »jeunesse dorée« Berlins, ein sozialer Raum des freien und gesellgen Miteinander, außerhalb der hierarchisch-ständischen Gesellschaft: »Statt mit wenigen über weniges zu sprechen, spricht Rahel mit allen über alles« (Hannah Arendt). Ihr Talent lag im Gespräch, in der Geselligkeit im umfassend frühromantischen Sinn. Sie wirkte allein durch die Faszination ihrer Person, durch ihr pädagogisch-erotisches Geschick, mit dem sie Männer der unterschiedlichsten Klassen und Begabungen erweckte – eine »moralische Hebamme« nannte sie Prinz Louis Ferdinand von Preußen. Dabei besaß sie ein ausgeprägtes Selbstbewusstsein, einen scharfen, sondernden Intellekt: »Ich bin *so* einzig, als die größte Erscheinung dieser Erde. Der größte Künstler, Philosoph oder Dichter ist nicht über mir. Wir sind vom selben Element. Im selben Rang, und gehören zusammen. Und der den andern ausschließen wollte, schließt nur sich aus. Mir aber war das *Leben* angewiesen.« Zweimal versuchte sie, den Makel ihrer »infamen Geburt« durch Liebesbeziehungen zu Angehörigen des Adels zu nobilitieren; zweimal wurde sie verlassen – »Schicksalsprügel, wovon die Flecke nicht vergehen«. 1808, zwei Jahre nachdem durch Preußens Niederlage gegen Napoleon das Geschäft ihrer Brüder und damit auch das Leben der Geschwister in Bedrängnisse geraten war, lernte sie Karl August Varnhagen (1785–1858) kennen. Der um vieles jüngere Diplomat im Dienste Preußens und Schriftsteller wurde ihr Kind, Schüler und Liebhaber, später der sie vergötternde Prophet, Chronist und Herausgeber. Zugleich mit der 1814 erfolgten Heirat trat sie zum Christentum über und ließ sich auf den Namen Friederike taufen – und blieb doch unter aller Schminke der Assimilation bis an ihr Lebensende Schlemihl und Jüdin. Sie begleitete ihre Mann 1814/15 zum Wiener Kongress. Von 1816 bis 1819 lebte sie in Karlsruhe, wo Varnhagen preußischer Geschäftsträger am badischen Hof war. Nach seiner Abberufung – hinter der man den neu aufflammenden Antisemitismus vermuten darf – lebte sie seit Oktober 1819 wieder in Berlin. Jetzt entfaltete sie, als Gattin eines Mannes von Reputation, in ihrem Salon eine weithin ausstrahlende gesellschaftliche Wirksamkeit. Sie trat in Wort und Tat für Goethe, aber auch für die sozialrevolutionären Utopien der Saint-Simonisten ein, verkehrte freundschaftlich mit dem jungen Heinrich Heine, aber auch weiterhin mit dem ultrakonservativen Metternich-Vertrauten Friedrich von Gentz.

Als sie starb, hinterließ sie kein Werk im Sinne der literarischen Übereinkunft. Ihr Werk besteht – neben (bisher nur in Auszügen gedruckten) Tagebüchern – ausschließlich aus Briefen, deren Zahl über 6000 beträgt, die sie mit fast 300 Korrespondenten wechselte und die bisher nur zum Teil und unzuverlässig veröffentlicht wurden. Anders als im Falle Bettine von Arnims, die persönliche Zeugnisse zu Briefromanen komponiert und damit literarisch stilisiert hat, sind V.s Briefe ungezählte private Äußerungen, von deren wahrer Form und Originalität erstmals die textkritische Gesamtausgabe des Briefwechsels mit ihrer wichtigsten Freundin Pauline Wiesel einen ungeschminkten Eindruck vermittelt. V.s Bedeutung liegt in der Exzentrik, mit der sie die Begrenzungen der literarischen Normen überschritt, in der Radikalität, mit der sie den eigenen Blick in Sprache umsetzte. »Mein Leben soll zu Briefen werden«, hat sie selbst einmal bekannt. Was und wie sie es schreibt, ist leidenschaftlich-offen bis zum Schamlosen, ja Ordinären, lebendig und dabei voller Witz und Klatsch, immer aber originell und spontan – abgerissene Gedanken eines unendlichen Gesprächs, Bruchstücke einer großen Konfession und eines grenzloses Mitteilungsbedürfnisses.

Werkausgaben: Briefwechsel mit Ludwig Robert. Hg. von Consolina Vigliero. München 2001; Briefwechsel mit Pauline Wiesel. Hg. von B. Hahn. München 1997; Gesammelte Werke. Hg. von K. Feilchenfeldt, U. Schweikert und R. E. Steiner. 10 Bde. München 1983; Briefwechsel. 4 Bde. Hg. von F. Kemp. München ²1979.

Uwe Schweikert

Vazov, Ivan M.
Geb. 27. 6. 1850 in Sopot/Bulgarien; gest. 22. 9. 1921 in Sofia

Ivan Minchov Vazov gehört zu den Schriftstellern, die einen großen Beitrag für die Europäisierung der bulgarischen Literatur am Ende des 19. Jahrhunderts, nach 500-jähriger osmanischer Herrschaft, geleistet haben. Kurz vor und nach der Befreiung Bulgariens (1878) waren zwar erste Ansätze bürgerlicher Literatur vorhanden, was den Bulgaren jedoch fehlte, war der Anschluss an den modernen Kulturprozess. V. hat diese Lücke geschlossen und entwickelte sich zum allgemein anerkannten Dichterfürsten seines Landes.

Der Sohn eines nationalbewussten Kaufmannes wurde in Sopot, einer kleinen Stadt im Balkangebirge, geboren. Nach einer Ausbildung zum Lehrer ging er nach Rumänien, um Wirtschaftswissenschaft zu studieren. Dort wurde er vom revolutionären Kampf des Volkes gegen das türkische Feudaljoch mitgerissen und reifte zum Patrioten und Demokraten. In Rumänien entwickelte V., durch den Einfluss der bulgarischen Immigranten, auch seine schriftstellerischen Fähigkeiten. Er besang den Aprilaufstand 1876 und die Befreiung Bulgariens im Russisch-Türkischen Krieg 1877/78 durch Russland, dem er sich stets eng verbunden fühlte. Den nationalen Befreiungskämpfen und ihren demokratischen Idealen widmete er später seine künstlerisch bedeutsamsten Erzählungen, die sich durch eine farbige Sprache und lebensvolle Charaktere auszeichnen. Als lyrischer Ausdruck des wachsenden Nationalbewusstseins, des Idealismus und der Tugenden des bulgarischen Volkes entstanden zugleich zahlreiche Gedichte. V.s berühmtester Roman *Pod igoto* (1889/90; *Unter dem Joch*, 1969), der heute noch als Basis- und Pflichtlektüre jedes Bulgaren gilt, schildert die Vorbereitung, den Ausbruch und die Niederschlagung des Aprilaufstandes, des größten Aufstandes in der Geschichte der Befreiung Bulgariens. Er basiert teilweise auf historischen Quellen und drückt vor allem das Pathos der Epoche, den heroischen Aufstieg der Volksmassen aus. Darüber hinaus stellt er den Alltag der Menschen im damaligen Bulgarien dar.

Nach der Befreiung 1878 kehrte V. nach Bulgarien zurück. Er beteiligte sich aktiv sowohl am kulturellen als auch am politischen Leben. Als Redakteur der Zeitung *Narodnij glas* kämpfte er über fünf Jahre gegen die Suspendierung der neuen bulgarischen Verfassung. 1881 wurde er zum Vorsitzenden der wissenschaftlichen Literaturgesellschaft gewählt; 1882 gründete er als Chefredakteur die erste literaturwissenschaftliche Zeitschrift Bulgariens, *Nauka*. Neben seinem historisch begründeten gesellschaftlichen Optimismus entwickelte V. eine sehr kritische Einstellung in Bezug auf die Trägheit der Reformen im Land. In zahlreichen Gedichten, Romanen und Komödien setzte er sich, oft satirisch, unmittelbar mit den politischen und moralischen Unzulänglichkeiten der neuen bulgarischen Gesellschaft auseinander. Aus den 1890er Jahren stammen kritisch-realistische Erzählungen, die seine Enttäuschung und Verzweiflung über die Zustände in Bulgarien zum Ausdruck bringen. Die Misere des Volkes, die Niederlage Bulgariens im Ersten Weltkrieg und die nationale Katastrophe nahmen einen wichtigen Platz sowohl in V.s Prosa als auch in seiner späteren Dichtung ein. Trotzdem behielt V. seine positive Einstellung bei: Auf den Krieg reagierte er mit drei Gedichtsammlungen, in denen er die Tapferkeit und Opferbereitschaft der bulgarischen Soldaten lobte. Immer wieder setzte sich V. auch mit der Schönheit der bulgarischen Landschaft auseinander: Zahlreiche lyrische Werke zeichneten umfängliche Naturbilder.

V. wurde von der bulgarischen Volksdichtung, von den russischen Realisten und den französischen Romantikern beeinflusst. Er entfaltete seine kulturellen und literarischen Kenntnisse zunächst auf lyrischem Gebiet, dann – nach der Befreiung des Landes – im Versepos und Kurzepos, in der Novelle, im Zeit- und historischen Roman, im bürgerlichen und historischen Trauerspiel in der Komödie, dem Feuilleton, der Skizze und der Reisebeschreibung. V. leistete Bahnbrechendes für die Entwicklung nahezu aller Genres und insbesondere für die Durchsetzung des Realismus in der noch jungen neubulgarischen Literatur. Er bestand auf der gesellschaftlichen Funktion von Literatur, wurde aber aufgrund seiner künstlerischen Positionen oft heftig von der nachkommenden Schriftstellergeneration kritisiert. Er starb im Alter von 71 Jahren, ein Jahr, nachdem er zum »Volksdichter« ernannt worden war.

Miglena Hristozova

Veden
Ca. 2. Hälfte des 2. Jahrtausends bis 5. Jahrhundert v. Chr.

Das Sanskritwort »Veda« bedeutet eigentlich »Wissen«, »religiöse Lehre«. Die *Veden* sind eine Gruppe von Texten, die am Anfang der schriftlich überlieferten Literatur Indiens stehen. Sie geben Auskunft über die religiösen Vorstellungen der indoeuropäischen Stämme von Nomaden und Halbnomaden, die im 2. Jahrtausend v. Chr. von Nordwesten her in Indien einwanderten und sich selbst als Arya, die Edlen, bezeichneten, womit sie sich von der Urbevölkerung begrifflich abgrenzten. Zugleich liefern die *Veden* uns viele Hinweise auf andere Aspekte des Lebens, der Kultur sowie zur sozialen und politischen Organisation dieser Stämme. Mit Blick auf diese Texte wird die Zeit von der Mitte des 2. Jahrtausends bis etwa zum 5. Jahrhundert v. Chr. die »vedische Epoche« genannt. Im Mittelpunkt der in der vedischen Literatur dokumentierten Religion stand das Opfer an die Götter, um von diesen bestimmte, auf das eigene Wohl bezogene Wünsche erfüllt zu bekommen.

Die erste Schicht des vedischen Schrifttums bilden die vier *Samhitas* (Sammlungen). Die älteste Samhita ist der *Rigveda* (*Veda der Verse*), der aus 1028 Preishymnen besteht. Entstanden ist er wahrscheinlich in der zweiten Hälfte des 2. Jahrtausends v. Chr. Die Sprache des *Rigveda* ist eine ältere Form des Sanskrit, der Literatur- und Gelehrtensprache des alten Indien. Die Hymnen sind an diverse Gottheiten, einige auch an Könige und Dämonen, gerichtet. Im *Rigveda* findet sich überdies ein Hymnus, in dem unter anderem der Mythos vom Ursprung des brahmanischen Gesellschaftsmodells der vier Stände (Priester, Krieger, Produzenten, Diener) wiedergegeben wird; diese Stände sollen aus der Zerstückelung des Urriesen Purusha durch die Götter in einem Opferritual hervorgegangen sein, bei dem auch andere wesentliche Elemente von Erde und Kosmos erschaffen wurden. Der *Rigveda* ist das früheste Zeugnis des altindischen Schrifttums überhaupt. Allerdings wurde er viele Jahrhunderte lang nur mündlich tradiert und vermutlich erst im Mittelalter schriftlich niedergelegt.

Zu den drei *Veden*, die nach althergebrachter Auffassung das »dreifache Wissen« darstellen, gehören außerdem der *Yajurveda* (*Veda der Opfersprüche*), in welchem die beim Vollzug des Opfers zu rezitierenden Formeln gesammelt sind, und der *Samaveda* (*Veda der Melodien*), der dem während des Opfers darzubietenden liturgischen Gesang gewidmet ist. Der *Atharvaveda*, der hauptsächlich Zaubersprüche enthält, wurde erst in späterer Zeit von der brahmanischen Tradition als vierter *Veda* anerkannt. Die Abfassung der *Veden* wird bestimmten Rishis, mythischen Sehern und Weisen, zugeschrieben, die sie »erschaut« haben sollen, so dass sie als Shruti, göttliche Offenbarung, gelten – im Unterschied zu späteren Texten, die als Smriti, Erinnerung, d. h. die von Menschen überlieferte Tradition, angesehen werden. Die tatsächlichen Verfasser der *Veden* sind nicht bekannt, doch handelte es sich wohl um bestimmte Priester- und Dichterfamilien.

Auf die *Veden* folgen weitere Textgruppen, die Teile der Shruti bilden, wobei die einzelnen Werke zumeist einem der *Veden* zugeordnet werden. Die älteste Schicht bilden die *Brahmanas*, die sich vor allem mit der Deutung, Erklärung und Ausführung des Opfers befassen. Zeitlich etwas später, ungefähr zwischen dem 8. und 6. Jahrhundert v. Chr., sind die *Upanishaden* (Geheimlehren) anzusetzen, in denen bereits neue, eher philosophische Ideen und Gedankengänge wie z. B. die Vorstellungen zum Verhältnis von Weltseele und

Individualseele oder die Lehre von der Seelenwanderung und Tatvergeltung niedergelegt sind. Letzterer zufolge sind Lebensführung und Verhalten ausschlaggebend dafür, ob man in einem günstigen oder ungünstigen sozialen und sonstigen Umfeld wiedergeboren wird.

Die vedische Literatur umfasst darüber hinaus Schriften, die sich mit Ritualistik, Astronomie, Phonetik, Metrik, Etymologie und Grammatik beschäftigen. Diese werden als *Vedangas* (*Glieder des Veda*) bezeichnet und bereits der Smriti zugerechnet. Zu ihnen gehören auch die *Dharmasutra* (*Leitfaden des Dharma*) genannten Texte, wobei der Begriff Dharma Recht, Ordnung, Sitte und Religion bedeuten kann. Sie entstanden in der Periode zwischen dem 6. und 3. Jahrhundert v. Chr. und haben sowohl religiöse Gebote als auch Fragen des weltlichen Rechts zum Gegenstand. Das Studium der *Veden* soll den Angehörigen der drei oberen Stände und die Lehre derselben nur dem höchsten Stand, also den Brahmanen, d. h. den Priestern und Ritualspezialisten, vorbehalten bleiben. Obwohl die *Veden* bis heute als grundlegende Texte des Hinduismus gelten, haben sie für die praktische Religiosität der Hindus weitgehend an Bedeutung verloren.

Ausgaben: Der Rigveda. 4 Bde. Hg. K.F. Geldner. Cambridge 1951–57. – Älteste indische Dichtung und Prosa: Vedische Hymnen, Legenden, Zauberlieder, philosophische und ritualistische Lehren. Hg. K. Mylius. Leipzig 1978.

Fred Virkus

Vega, Lope de
Geb. 25. 11. 1562 in Madrid;
gest. 27. 8. 1635 in Madrid

Sein vollständiger Name war Lope Félix de Vega Carpio, seine Zeitgenossen nannten ihn jedoch »Fénix de los Ingenios« (Fenix der Kunstgriffe) und »Monstruo de la Naturaleza« (Monstrum der Natur). Sein Leben ist nicht weniger interessant als sein bestes Werk: 1588 wurde er wegen beleidigender Schriften über die Familie Osorio, die gegen sein Liebesverhältnis zu ihrer Tochter waren, vor Gericht gestellt und für acht Jahre aus Madrid verbannt. Dessen ungeachtet kam er jedoch kurze Zeit später nach Madrid zurück, um Isabel de Urbina zu entführen. Wenige Tage nach ihrer Hochzeit verließ er die Stadt wieder, als Freiwilliger einer erfolglosen Expedition der Armada, die er als offizieller Dichter begleitete. 1590 zog er mit seiner Frau nach Valencia um, wo sie 1595 starb. 1598 heiratete er Juana de Guardo, führte aber daneben eine langjährige, 1595 begonnene Liebesbeziehung mit der Schauspielerin Micaela de Luján weiter, lebte abwechselnd in Sevilla und Toledo und später in Madrid, wo seine zweite Frau 1613 starb. Obwohl er im darauffolgenden Jahr zum Priester geweiht wurde, hatte er noch zahlreiche weitere Liebesabenteuer, unter anderem mit der verheirateten Marta de Nevares Santoyo. Ihr Tod im Jahr 1632 und die Entführung seiner Tochter durch einen Kammerherrn des Königs zwei Jahre später – die die von ihm verübte Entführung seiner ersten Frau widerspiegelte – sowie wirtschaftliche Schwierigkeiten verdunkelten seine letzten Jahre. Nach seinem Tod 1635 fanden eindrucksvolle Trauerfeiern statt, an denen ganz Madrid Anteil nahm. Er wurde in der Iglesia de San Sebastián beigesetzt; die genaue Stelle seines Grabes ist aber nicht bekannt.

Bereits zu Lebzeiten war V. äußerst populär. Der Ausdruck »Es de Lope« (Es ist von Lope) wurde verwendet, um Dinge von einer unbestrittenen Qualität zu bezeichnen. Doch er hatte auch Rivalen, darunter Luis de Góngora y Argote und Juan Ruiz de Alarcón. Mit Ausnahme der sogenannten Novela picaresca, des Schelmenromans, pflegte V. alle in seiner Zeit gebräuchlichen Gattungen. Seine Sonette, die den größten Teil seines Werkes ausmachen, gelten gemeinsam mit jenen von Góngora und Francisco de Quevedo als die besten der spanischen Literatur. V.s Prosa umfasst unter anderem *La Arcadia* (1598), *El peregrino en su patria* (1604; *Der Pilger in seiner Heimat*, 1824) und *La Dorotea* (1632; *Dorotea. Ein dramatischer Roman*, o.J.), in dem die Erinnerungen an seine Liebe zu Elena Osorio eine große Rolle spielen; narrative Lyrik findet sich z.B. in *La Dragontea* (1598), *La corona trágica* (1627; Die tragische Krone) und in *Jerusalén conquistada* (1609; Das eroberte Jerusalem), in dem er versuchte, Torquato Tassos *Gerusalemme liberata* zu imitieren.

Andere wichtige Werke sind *El laurel de Apolo* (1630; Der Lorbeer des Apoll), ein kritischer Überblick über die Schriftsteller seiner Zeit, und vor allem *El arte nuevo de hacer comedias en este tiempo* (1609; Die neue Kunst des Komödienschreibens in unserer Zeit), worin V. seine Ideen über das Drama niederlegte, etwa über die Notwendigkeit eines Kompromisses zwischen Klassizismus und dem Geschmack des Publikums durch alternierenden Gebrauch von tragischen und komischen Elementen, sowie Empfehlungen über Dichtung und die Gestaltung der Charaktere gab. V. erneuerte die Comedia und legte deren endgültige Gestalt fest: die Beschränkung auf drei Akte, die freie Verwendung der Versmaße, die Gestaltung der »Gracioso«-Figur, die einen wirksamen Kontrast zur Figur seines Herren bildet, sowie die Einführung der sogenannten Ehrenstücke, in denen die verlorene Ehre gerächt wird. V. missachtete somit die aristotelischen Vorschriften, denen sich seine Zeitgenossen verpflichtet fühlten. Ihm zufolge kann »jedes lange Werk, es sei Komödie oder Tragödie« (Germán Bleiberg) eine Comedia sein.

V.s bedeutendster Beitrag zur spanischen Literatur ist sein dramatisches Werk, das nach eigener Aussage aus rund 1800 Einzelwerken bestand, viele davon in lediglich 24 Stunden geschrieben. Nur etwa 500 davon sind bis heute erhalten geblieben. Sie sind von einer überragenden Leichtigkeit in der Exposition des jeweiligen Themas; ihr Schwerpunkt liegt auf der Entwicklung der Handlung, weniger auf psychologischen Charakterzeichnungen. V. fand seine Inspiration in der Nationalgeschichte, der Mythologie und der Volksdichtung. Unter Verwendung von deren Stoffen schrieb er »Comedias de costumbres« (Sittenstücke) – u.a. *El perro del hortelano* (1618; Liebe und Neid oder Des Gärtners Hund, 1941) –, deren Themen der Romancero (Volksballade) entstammen, ferner Pastoriles (Schäferspiele) und Autos sacramentales (Fronleichnamsspiele), Werke mit religiösem Thema, die sich vom Intellektualismus Pedro Calderón de la Barcas absetzten, vor allem aber historische Comedias, deren Themen er in der klassischen Geschichte fand – darunter *La grandeza de Alejandro* (1620; Die Größe Alexanders), *Contra el valor no hay desdicha* (1638; Gegen den Mut gibt es kein Unglück) und *El esclavo de Roma* (1617; Der Sklave von Rom) – bzw. in der Geschichte Spaniens – u.a. *El último godo* (1647; Der letzte Gote), *El casamiento en la muerte* (1604; Die Heirat im Tod), *El mejor alcalde, el rey* (1635; Der beste Bürgermeister, der König) und *El remedio en la desdicha* (1620; Das Gegenmittel im Unglück). Zu dieser letzten Gruppe gehören seine drei wichtigsten und bekanntesten Stücke *El caballero de Olmedo* (1641; Der Ritter vom Mirakel, 1937), *Fuente Ovejuna* (1619; Das Dorf Fuente Ovejuna, 1963), über die von dem König versöhnte Revolte des Volkes gegen eine illegitime und grausame Autorität im Rahmen des »Guerra de Sucesión« (1474–76), und *Peribáñez y el comendador de Ocaña* (1614; Das Weib des Anderen, 1937), ein Ehrenstück, in dem ein Bauer, der einen Adligen tötet, um die Ehre seiner Frau zu verteidigen, vom König begnadigt und in den Adelsstand erhoben wird. V.s Respekt gegenüber der königlichen Macht und sein Vertrauen in deren Gerechtigkeit, die die Theaterstücke vertreten, machte ihn am Königshof populär. Sein Verständnis für seine Mitmenschen, für das Volk, mit dem er sich identifizierte, sowie die schlichte Sprache machten seine Stücke unter den einfachen Menschen beliebt. Mit seinen Comedias schuf er das treffendste Bild der spanischen Gesellschaft des 17. Jahrhunderts.

Werkausgabe: Ausgewählte Werke. 12 Bde. Hg. H. Schlegel. Darmstadt 1960–75.

Patricio Pron

Veli (Kanık), Orhan
Geb. 13. 4. 1914 in Istanbul;
gest. 14. 11. 1950 in Istanbul

Als ob es Ironie des Schicksals wäre, sollte ausgerechnet einer der unkonventionellsten türkischen Dichter des 20. Jahrhunderts eine Richtung begründen, die für die nachfolgenden Generationen junger Autor/innen wegweisend wurde. Orhan Veli ist ein Poet des Lakonischen; in seinen Kommentaren zu literarischen Strömungen der 1920er Jahre lässt er keinen Zweifel daran, dass er vom Surrealismus und Dadaismus im Sinne von Louis Aragon und André Breton beeinflusst ist. Als er 1941 gemeinsam mit Oktay Rifat (1914–88) und Melih Cevdet Anday (geb. 1915) Gedichte unter dem Titel *Garip* (Fremdartig) veröffentlichte, provozierte er mit der Einfachheit seiner Sprache, mit Wortwitz und Spontaneität; er verstieß bewusst gegen die Tradition und warf, wie schon vor ihm Nâzım Hikmet, überkommenen poetologischen Ballast und sämtliche Regeln der Diwan-Lyrik über Bord. Von Hikmet allerdings grenzte er sich ausdrücklich ab, da er nicht nur dessen Pathos, sondern auch dessen dezidiertes Eintreten für eine sozialistische Utopie ablehnte. Eine Auswahl aus dem Gesamtwerk V.s wurde 1985 von Yüksel Pazarkaya auf türkisch und deutsch herausgeben (*Garip*; Fremdartig).

V.s Vater war Musiker; 1925 zog die Familie von Istanbul nach Ankara, Hauptstadt seit 1923. Dort setzte V. seinen Schulbesuch fort, studierte ab 1933, nun wieder in Istanbul, Philosophie und sicherte seinen Lebensunterhalt durch eine Hilfslehrertätigkeit am Galatasaray Lisesi, einer Eliteschule, in der Französisch Unterrichtssprache war. 1936 brach er das Studium ab und wurde Beamter bei der Generaldirektion der Post in Ankara; eine einprägsame Reflexion dieser Tätigkeit, der er sich nur wenige Jahre widmete, sind die Zeilen »Wir Beamten / Um neun, um zwölf, um fünf / Sind wir unter uns auf den Straßen. / So hat Gott unser Leben eingerichtet. / Entweder warten wir auf die Feierabendglocke / Oder auf den Monatsanfang«. V. beschreibt schmucklos und nüchtern den Alltag, und vielleicht wurde sein Gedicht »Istanbul'u Dinliyorum« (»Ich höre Istanbul«) deshalb berühmt, weil es ganz unpathetisch, sachlich und emotional unterkühlt, den Blick auf die Metropole am Bosporus richtet. Ähnlich wie bei Bertolt Brecht wird der vom Autor beabsichtigte Effekt der Ernüchterung vom Publikum – sei es beim Lesen, sei es, wenn das Gedicht in der Öffentlichkeit rezitiert wird – nicht mehr wahrgenommen und macht der Freude am Spiel mit der Phantasie Platz; obgleich der Autor Gefühlsregungen nur andeutet, wird das Gedicht Anlass für sentimentales Erinnern.

1941 bis 1944 leistete V. seinen Militärdienst, 1945 bis 1947 war er als literarischer Übersetzer für das Türkische Erziehungsministerium tätig. Er schrieb für verschiedene Zeitschriften, etwa für *Varlık* (Die Existenz), und in rascher Folge erschienen seine Gedichtbände, unter anderem *Vazgeçemedim* (1945; Worauf ich nicht verzichten kann) und *Yenisi* (1947; Neues). 1949 gründete er eine eigene Zeitschrift, *Yaprak* (Das Blatt), ein Forum für Kurzgeschichten, Rezensionen und Lyrik – für Texte, die er zum großen Teil selbst verfasste. Er starb im Alter von 36 Jahren nach einem Sturz in eine Baugrube; der frühe Tod dürfte zur Idealisierung dieses kompromisslosen Dichters beigetragen haben, der die Poesie vom Kopf auf die Füße stellte.

Monika Carbe

Vera, Yvonne
Geb. 19. 9. 1964 in Bulawayo/Rhodesien [heute Simbabwe];
gest. 7. 4. 2005 in Toronto/Kanada

Yvonne Vera ist die international bekannteste Autorin Simbabwes und eine der kreativsten und profiliertesten Schriftstellerinnen des afrikanischen Kontinents. In Rhodesien aufgewachsen, absolviert sie in Toronto das Studium der Anglistik, Kunstgeschichte und Filmwissenschaft und leitete die Nationalgalerie in ihrem Heimatort. Nach einer Kurzgeschichtensammlung, *Why Don't You Carve Other Animals* (1992; Seelen im

Exil, 1997), hat sie mehrere Romane veröffentlicht. Den zum Schweigen gebrachten Frauen Simbabwes ihre Stimme wiederzugeben, ist eine zentrale, die Thematik ihrer Texte bestimmende Schreibmotivation. V.s Stil ist als lyrische Prosa zu bezeichnen. Sie verwebt in ihren Texten diverse Erzählerstimmen und Zeitebenen zu komplexen Strukturen, in denen sich Realität wie Identität erst herausbilden. Zugleich rücken Inhalt und Geschehen zugunsten der Sprache in den Hintergrund. Die Autorin schafft eine metaphorische, nahezu lyrische Diktion, die in der anglophonen Literatur ihrer Region einzigartig ist und Vergleiche mit Autoren wie Ben Okri und Michael Ondaatje nahegelegt hat. Dabei ist die englische Sprache für V. kein Instrument der Unterdrückung mehr, sondern ein schöpferisch zu nutzendes Medium geistiger Unabhängigkeit und ihre innovative Aneignung ein subversiver postkolonialer Akt. Die Autorin sucht nach einem genuinen Ausdruck für ihre sich wandelnde Welt und gibt den einstmals Kolonisierten die Macht über die Sprache und damit über ihr Schicksal zurück.

Ihr erster Roman, *Nehanda* (1993; *Nehanda*, 2000), erzählt von der Titelheldin, die den ersten Aufstand der Bevölkerung gegen die englische Kolonialmacht im Jahre 1897/98 anführte. V. will darin das vorkoloniale Bewusstsein ihres Volkes erforschen, ihm eine komplexere Identität als die geben, die ihm von den Kolonisatoren zugestanden wurde. Die Suche nach der Selbstfindung und nach einer Verortung der Identität steht auch in V.s zweitem Roman, *Without a Name* (1994; *Eine Frau ohne Namen*, 1997), im Mittelpunkt. Dessen vordergründige Handlung spielt während des Unabhängigkeitskampfes im Jahre 1977, und wie das Land sucht auch die Protagonistin Mazvita einen (Neu-)Anfang. Dies führt sie vom Land in die Stadt und in mehrere Beziehungen; sie findet auch ein gewisses Maß an Freiheit, jedoch keine Autonomie, und scheitert schließlich an ihren eigenen Ansprüchen. Nicht der endgültige Erfolg der Suche interessiert V., sondern die Geltendmachung des Anspruchs auf Selbsterkundung und Selbstverwirklichung. Der preisgekrönte Roman *Under the Tongue* (1996) ist das erste afrikanische Werk, das den sexuellen Missbrauch in einer Familie thematisiert. Hier zeigt V. die Verflechtungen sozialer und familiärer Gewalt, von Abhängigkeit und Verdrängung auf. Die Autorin zollt ihren Figuren Respekt; die poetische Suggestionskraft ihres Erzählens gibt ihnen die Möglichkeit, ihren eigenen Raum zu schaffen und die Autorität über ihr Leben zurückzuerobern.

Katrin Berndt

Verga, Giovanni
Geb. vermutl. 31. 8. 1840 in Aci bei Catania, Sizilien;
gest. 27. 1. 1922 in Catania

Giovanni Verga wurde mit seinen Erzählungen und Romanen zum bedeutendsten Autor des ›verismo‹, der italienischen Variante des Naturalismus. Für seine schriftstellerischen Ambitionen hatte der Sohn eines sizilianischen Grundbesitzers das Jurastudium in Catania abgebrochen und ab 1865 fast drei Jahrzehnte in den literarischen Zentren Norditaliens verbracht. Nachdem er sich zunächst erfolgreich, aber ohne künstlerische Befriedigung, mit Liebesromanen am Geschmack eines städtischen Publikums orientiert hatte, lernte er Gustave Flauberts und Émile Zolas Romanästhetik kennen und entwickelte daraus eine eigene Form realistischen Erzählens, mit der er – aus der räumlichen Distanz – authentisch wirkende Schicksale seiner sizilianischen Heimat erschuf. Doch mit der Rückkehr nach Catania 1894 versiegte seine schriftstellerische Kreativität, zumal die naturalistische Strömung in diesen Jahren abebbte, und V. verfiel zunehmend einem düsteren Pessimismus. In seinen letzten Lebensjahren schloss er sich nationalistischen und antipazifistischen Bewegungen an; für die notleidende sizilianische Bevölkerung, von der er so eindringlich erzählt hatte, brachte er hingegen weder ein tieferes Verständnis noch ein soziales Engagement auf.

Da seine Familie seinen Aufenthalt auf

dem italienischen Festland finanziell unterstützte, fühlte sich V. zu schnellem literarischen Erfolg verpflichtet. Der ersehnte Durchbruch gelang ihm mit dem kurzen sentimentalen Briefroman *Storia di una capinera* (1871; Geschichte einer Nonne), in dem er die Geschichte der unglücklichen Liebe Marias erzählt: Von ihrer Stiefmutter zu einem Leben hinter Klostermauern gezwungen, erfährt die junge Nonne von der Heirat des geliebten Mannes und stirbt in seelischer Verwirrung. V. interessierte an dem Sujet weniger die naheliegende Sozialkritik als eine intensive Gefühlsdarstellung, mit der er den Geschmack der mondänen Leserschaft traf. Seinen individuellen Stil fand er erst mit der thematischen Rückbesinnung auf die archaische Welt Siziliens.

Seine ab 1880 erschienenen Meisterwerke handeln von Liebe und Hass, von Eifersucht und verletzter Ehre. In der Novellensammlung *Vita dei campi* (1880; Sizilianische Novellen, 1955) lehnt sich V. erstmals an narrative Verfahren französischer Naturalisten an und betont seinen Anspruch auf Sachlichkeit und Authentizität sowie das Bemühen um Wahrheit (»essere vero«). Seine künstlerischen Vorstellungen legte er, außer in privaten Briefen, vor allem im Vorwort zur ersten Novelle, »L'amante di Gramigna« (»Die Geliebte Gramignas«), dar: Der Leser sollte sich »der nackten und reinen Begebenheit« unmittelbar gegenübergestellt sehen; wenn die Hand des Künstlers vollkommen unsichtbar bliebe, hätte sich das Kunstwerk scheinbar selbst hervorgebracht. Zu den bekanntesten Novellen der Sammlung zählt »Cavalleria rusticana« (»Bauernehre«), die der gleichnamigen Oper von Pietro Mascagni als Vorlage diente. Sie handelt von der Rache des jungen Turiddu, der während seines Militärdienstes von der Verlobten Lola verlassen wird und seine gekränkte Ehre durch Lolas Verführung wiederherzustellen sucht; damit verletzt er jedoch die Mannesehre seines Rivalen Alfio, der nach denselben archaischen Gesetzen Genugtuung verlangt und Turiddu zu einem tödlichen Duell herausfordert. Die Leidenschaften in den Novellen besitzen eine Schicksalhaftigkeit, die die Figuren nichts entgegenzusetzen vermögen.

Mit einem fünfteiligen Romanzyklus wollte V. in einem sozial- und sittengeschichtlichen Erklärungsversuch unter dem Titel *I vinti* (Die Besiegten) quer durch alle sozialen Schichten die zerstörerische Kraft des Gewinnstrebens und des Fortschritts aufdecken. Allerdings vollendete er nur zwei dieser Werke, darunter sein bedeutendstes, *I Malavoglia* (1881; Die Malavoglia, 1940). Die in Armut lebende Fischerfamilie beschleunigt mit dem Versuch, durch den Handel mit einer Schiffsladung Lupinen ihre Situation zu verbessern, den eigenen Niedergang. In einem Unwetter sinkt das Schiff samt Besatzung, und als Folge weiterer Unglücksfälle werden die Familienmitglieder zerstreut und ihre Hütte verkauft. Mit seiner Erfindung eines »choralen Erzählers« verwirklicht V. sein Ideal größtmöglicher Unmittelbarkeit, denn die Ereignisse werden aus der Sicht des Dorfkollektivs geschildert, das dieser Familientragödie aus großer Nähe und doch mitleidlos beiwohnt. Eine mit sizilianischen Elementen, mit Redensarten und Sprichwörtern durchsetzte Kunstsprache verstärkt den Eindruck von Authentizität. Auch V.s zweiter Roman ist ein Meisterwerk: Der Handlanger *Mastro-don Gesualdo* (1889; *Mastro-don Gesualdo*, 1955) hat sich durch Fleiß und Entbehrungen zu Reichtum emporgearbeitet und in der Hoffnung auf soziale Anerkennung eine Frau aus verarmtem Adel geheiratet, doch scheitert diese Ehe ebenso wie später die von ihm verfügte und mit hohem Aufwand finanzierte Verbindung seiner unehelichen Tochter mit einem Grafen. Aufstiegs- und Besitzstreben sowie das Ringen um den Familienerhalt erscheinen als zerstörerische Triebkräfte des menschlichen Handelns und bringen eine tiefe Skepsis gegenüber gesellschaftlichen Entwicklungen zum Ausdruck, der V. nach diesen beiden Romanen nur noch wenig hinzuzufügen hatte.

Wilhelm Graeber

Vergil

Geb. 15. 10. 70 v. Chr. in Andes bei Mantua; gest. 21. 9. 19 v. Chr. in Brundisium

Vergil wurde in die Zeit der römischen Bürgerkriege hineingeboren, die endgültig erst mit dem Sieg des Caesar Octavianus, des nachmaligen Augustus, bei Actium im Jahre 31 v. Chr. ein Ende fanden. Das Miterleben dieser Zeit hat V. geprägt, dessen Anliegen in seiner ganzen Dichtung der Lobpreis eines Friedens ist, der in Gerechtigkeit, Frömmigkeit und der geordneten Bewältigung der Aufgaben des Menschenlebens verwirklicht wird. Als Verkünder dieses Ideals konnte V. mit seinen Werken zum Dichter der Römer werden. Über das Leben V.s sind wir durch die auf den bedeutenden Grammatiker des 4. Jh.s n. Chr., Donatus, zurückgehende Biographie gut unterrichtet. Donat konnte auf der Biographie Suetons fußen, die in dessen verlorener Schrift *Über die Dichter* stand; als Sekretär Hadrians hatte dieser Zugang zu den Archiven, wie z. B. auch an der Vita des Horaz sichtbar wird. Danach ist sein Name »Vergilius«, wie er auch inschriftlich belegt ist, während Virgilius erst seit dem 5. Jh. auftritt. Dieser Familienname ist, ebenso wie der Beiname »Maro«, etruskischen Ursprungs, ohne dass man deswegen auf etruskische Abstammung schließen müsste. Ohne Zweifel war V. römischer Bürger. Seine Mutter Magia Polla trägt dagegen wahrscheinlich einen oskischen Namen. Die Familie kann nicht unvermögend gewesen sein, denn der Sohn wurde zunächst nach Cremona, dann, nach Anlegen der Männertoga im Jahr 55, nach Mailand, schließlich nach Rom zur Ausbildung in der Rhetorik geschickt, die damals den Zugang zu allen für die Öffentlichkeit bedeutungsvollen Tätigkeiten erschloss. Er war im 21. Lebensjahr, als der Bürgerkrieg ausbrach, den Caesar gegen den Senat vom Januar 49 an führte. Es liegt auf der Hand, dass mit der Flucht aller maßgeblichen Beamten auch das Gerichtswesen zum Erliegen kam, wie das schon zur Zeit der sullanisch-marianischen Wirren eingetreten war. Nun finden sich in einer kleinen Sammlung von Gedichten mit dem Namen *Catalepton* (»Auf zierliche Art«), die im Corpus Vergilianum überliefert ist, zwei ganz kleine Gedichte, die man heutzutage im Allgemeinen für echt vergilisch hält, das 5. und das 8. Im 5. wird ein Abschied von der Rhetorik in Hinkjamben dichterisch zum Ausdruck gebracht, den man als autobiographisches Zeugnis deutet. Statt weiterer Beschäftigung mit dem rednerischen Schwulst will sich der Dichter der Philosophie Epikurs zuwenden und hat in einem berühmten Vertreter der Schule namens Siro seinen Lehrer gefunden. Vier Verse schließen sich an, in denen auch die Musen verabschiedet werden, obwohl V. die Wahrheit eingesteht: »Ihr seid süß gewesen.«

Für römische Dichtung ist einerseits von grundlegender Bedeutung, dass es die griechische Dichtung in allen ihren wesentlichen Formen und jeweils in hervorragenden Werken gab. Ebenso bedeutsam ist es auf der anderen Seite, dass die Römer das Streben besaßen, es den Griechen in der eigenen Sprache gleichzutun, ja, sie womöglich zu übertreffen. Drei Werke sind es, durch die der Mantuaner seinen über die Zeiten hin leuchtenden Ruhm erlangt. V. wählt sich für sein erstes Werk, die Gedichtsammlung der *Bukoliká*, den hellenistischen Dichter Theokrit zum Vorbild, aber diesen nun nicht im ganzen Umfang seines vielfältigen Werkes, sondern nur in einer Gattung, der Hirtendichtung. Diese ist durch Theokrit erst literarisch geworden, erlangt dann aber im Grunde ihre Ausstrahlung auf die abendländischen Nationalliteraturen durch V., der von Theokrit ausgehend das Buch seiner zehn Hirtengedichte schrieb, die zumeist Eklogen, Einzelgedichte, genannt werden. Im Vergleich mit Theokrit tritt V.s ganz anderes Dichten deutlich hervor. Zu den frühesten Stücken gehört die zweite der zehn Eklogen, die von dem Zyklopengedicht Theokrits (eid. 11) angeregt ist. Dieser hatte mit der Darstellung des in die Galatea verliebten Polyphem, der ein Musterbeispiel für einen ungeschickten Liebhaber ist, seinen Freund Nikias von verfehlter Liebe heilen wollen. Am Bilde von dessen Verhalten, das typische Züge eines plumpen Verliebten in Lächeln erregender

Weise überspitzt, sollte Nikias sich eines angemessenen Abstandes bewusst werden, den er von seinem gleichsam karikierten Selbst einzunehmen hatte, und sich dadurch von seiner Leidenschaft befreien. V.s Hirte Corydon hegt eine unerfüllbare Leidenschaft, die von ihr bewegten Gefühle quellen über und ergießen sich, da er sangesbegabt ist, in dem reichen Strom seiner Lieder. Der Dichter selbst jedoch empfindet und leidet mit seiner Gestalt mit, und auch der Hörer soll sich gleichfalls von diesem Fluss der Seelenregungen tragen lassen, dessen Wert nicht in dem Bericht des Erreichens eines äußeren Zieles, sondern in dem Reichtum sich organisch entfaltender Stimmungen besteht.

Dreierlei gewinnt die römische Dichtung durch die Eklogen V.s. Erstens gelingt es ihm, eine Vielzahl bisher in anderen Literaturformen gepflegter Gattungen so umzuschmelzen, dass sie in der Welt der naturverbundenen Hirten leben können. Das Sibyllinische Gedicht von der Geburt des Kindes in der 4. Ekloge, der Weltgeschichtsmythos in der 6., das Zaubergedicht in der 8.; die Elegie wird umgewandelt in der 10. Ekloge, Totenklage und Verkündigung der Vergöttlichung, Apotheose, in der 5., schließlich Lobpreis der Herrschenden in der 1. Sodann: In die Gedichte wird dabei, sowohl in der angemessenen Weise in jedem einzelnen als auch im Zusammenklang des zehngliedrigen Buches, die ganze Welt mitfühlend und verständnisinnig in das Land der Hirten einbezogen. Schließlich schaffte V. darüber hinaus eine eigene dichterische Welt, die den Namen Arkadien erhält. Sie ist so umfassend, dass sie sogar das Historisch-Wirkliche des Römischen verwandelt in sich tragen und es seinem Wesen nach zum Ausdruck bringen kann. Dazu gehört das tief in V.s Schicksal eingreifende Ereignis der Landverteilung an die Veteranen der Bürgerkriege in den Jahren 41/40, bei dem er wahrscheinlich sein väterliches Gut verlor; für seinen Vater und die Seinen wird Aufnahme auf Siros Landgut bei Neapel als neuer Heimat im *Catalepton* 8 erbeten. Als Retter wird der junge Herrscher in der ersten Ekloge gepriesen. Die Eklogen selbst sprechen freilich von den Vorgängen in dichterisch so umgestalteter Art und Weise, dass die seit frühester Zeit versuchte Rückführung auf Autobiographisches zu keinen gesicherten Ergebnissen kommt. Das Historisch-Reale ist eben, von Kunst verwandelt, Bestandteil der Welt der Hirten geworden. In diesem geistigen Raum sind dann die großen Nachfolger V.s in den europäischen Nationalliteraturen, Sannazaro, Garcilaso, Cervantes, Lope de Vega, Sir Philip Sidney, Edmund Spenser, Honoré d'Urfé und viele andere, so auch noch Martin Opitz eingetreten.

Das schmale Werk von 829 Versen insgesamt ist im Laufe des Jahres 42–39 gereift. Erst der 28-Jährige also bringt etwas hervor, das er selbst der Veröffentlichung für wert hält, das ihm aber sofort Freunde in den höchsten Kreisen Roms gewinnt. Wenn er im Jahre 38 dem, der dann sein größter Gönner geworden ist, Maecenas, den jungen Horaz als einen Dichter, der seines Kreises würdig ist, empfehlen kann, muss er bereits eine hohe Vertrauensstellung innegehabt haben, auch deswegen schon, weil er danach den Auftrag zur Abfassung der *Georgica* erhält. In diesem folgenden Werk bleibt der Bereich dichterischer Kunst, die gewonnene geistige Landschaft, nicht auf das Leben der Hirten bei Mantua oder in Arkadien beschränkt. Italien als Bauernland, und das ist für V. das Land der Römer, wird als ganzes, künstlerisch durchdrungen, in ihm besungen und wird damit zur umfassenderen geistigen Welt V.s. Die *Georgica* sind in vier Bücher gegliedert, die in aufsteigender Stufenfolge das Landleben rühmen: Buch 1 ist dem Ackerbau, Buch 2 dem Weinbau, Buch 3 der Viehzucht und Buch 4 der Bienenzucht gewidmet. Schloss er sich in den Eklogen an hellenistische Dichtung an, so hier an frühgriechische, Hesiods *Werke und Tage*. Die neuere Forschung ist darauf gekommen, dass bei aller Übernahme aus Hesiod, Arat und Fachschriftstellern des Landbaus V. kein Lehrbuch geben will, sondern eine Sinndeutung des Lebens. Es lässt sich dies am leichtesten an den inhaltlichen Höhepunkten des Werkes zeigen, die man früher fälschlich als Exkurse betrachtet hat, auf die in Wirklichkeit aber die jeweils vorangehenden Teile zustreben. Die Arbeit des Landmannes bei der Bestellung des Ackers ist sehr hart. Aber (1, 121ff.) »der Vater (Juppiter) selbst wollte, daß das Verfahren des Ackerbaus nicht leicht ist […] er machte den Geist der Menschen durch Sorgen scharf […], und es sollte die Notwendigkeit die verschiedenen Künste durch Nachdenken allmählich mit Schlägen zuwege bringen […]. Alles hat die arge Mühsal besiegt und das in harten Umständen drängende Bedürfnis.« Die Mühsal der Bauern ist V. also voll bewusst. Aber indem er sie in eine höhere, in die gottgewollte Ordnung hineinstellt, kann sie der Mensch bejahen, wenn er diese als solche erkennt, d. h. fromm ist. Das ist *pius*, die Eigenschaft, auf welche die Römer vor anderen Qualitäten Anspruch erhoben. Am bekanntesten ist das Lob Italiens (2, 136–176): »Kein Land der Welt kann mit ihm an Reichtum in Wettstreit treten. Hier ist ewiger Frühling und Sommer in Monaten, in denen er nicht geläufig ist. Zweimal ist das Vieh trächtig, zweimal trägt der Obstbaum Früchte«; und nach einigen Zeilen: »Gegrüßet seist du, große Mutter der Früchte, Land des Saturn, große Mutter du von Männern.« Mit diesem Lobpreis bringt V. zum Ausdruck, dass auch in der Gegenwart noch in Italien das Goldene Zeitalter fortwährt. Anderen Charakter tragen die beiden deutenden Szenen des dritten und vierten Buches. Am Ende des Buches über die Viehzucht findet sich der Hinweis auf die Erscheinung des Todes, der den Menschen zutiefst ergreifen muss. Sie wird am Sterben der Herden in der sog. Norischen Viehseuche dargestellt (3, 478–566); aber im Verfolge des Unglücks geht der Dichter örtlich und dem Kreis der Betroffenen nach schließlich weit über die Haustiere hinaus und umgreift alle Lebewesen, sogar die Menschen. Während Lukrez aber sein Werk im 6. Buch mit der Pest des Jahres 430 beendet, besingt V. im 4. Buch die Erneuerung des Lebens, indem er berichtet, wie Aristaeus die ihm durch Krankheit verlorenen Bienen durch göttliche Hilfe wiederzugewinnen vermag (4, 281–558). Eingewoben in diese Erzählung ist der Mythos von Orpheus und Eurydike, der in bildender Kunst und Musik schon in der Antike, vor allem aber seit der Renaissance immer wieder neu gestaltet worden ist. Es wäre verfehlt anzunehmen, dass die Einzelheiten in der Darstellung der Sache bedeutungslos wären. Auch wenn man diesbezüglich sogar Fehler nachgewiesen hat, so zeigt doch jeder Abschnitt, wie eng V. dem Leben des Bauern aus Kenntnis dieser Aufgaben heraus verbunden ist und wie genau er beobachtet hat. Nur sind diese Angaben, wie richtig gesehen worden ist, nicht der Sinn und Zweck des Werkes. Die behandelten Gegenstände erhalten in V.s Darstellung Symbolcharakter. Wichtig ist daran zu sehen, dass sich V. spätestens in diesem Werk klar erkennbar von der epikureischen Philosophie gelöst hat, die alles dem Zufall anheimstellt und das Wirken der Götter im Bereich der Menschen abstreitet. Vielmehr wird die Welt der *Georgica* V.s von Juppiter und auch anderen göttlichen Wesen gelenkt. Hier wird aber auch eine weitere Grundüberzeugung V.s und damit Quelle seines Schaffens deutlich, seine Religiösität. Wie das erste Buch nach der Widmung die dem Landleben zugehörigen Götter in ihrer Gesamtheit anruft (1, 5–23), so wird am Anfang des zweiten Buches dem insbesondere für den Weinbau zuständigen Bacchus Lob gesungen. Auch die beiden folgenden Bücher beziehen an ihrem Anfang und in ihrer Durchführung die Götter mit ein. Darüber hinaus erhält aber der Caesar Octavian bereits im Prooemium des ersten Buches eine besondere Huldigung, und zu Beginn des dritten Buches wird ihm sogar ein enkomiastisches Epos versprochen, das den Ruhm seiner Taten verkünden soll. Damit ist an herausragenden Stellen auch in diesem Werk die historische römische Gegenwart einbezogen, so wie es erzählend am Ende des ersten Buches mit der Darstellung des Bürgerkrieges und dem Lobpreis seines Überwinders, des jungen Caesar, erfolgt. – V. hat die *Georgica* dem Princeps, der nach dem Sieg über Antonius und Cleopatra bei Actium den Osten neu geordnet hatte, nach seiner Rückkehr im Jahre 29, von Maecenas abgelöst, an vier Tagen in Atella vorgelesen. Mit Recht darf man darin eine außergewöhnliche Ehrung erblicken. Umso stärker musste der Princeps, den Vorstellungen seiner Zeit entsprechend, den Wunsch haben, nun in einem Epos seine Taten von V. verherrlicht zu sehen.

Es kann als höchste Weisheit des Dichtergenies V.s angesehen werden, wie er diese Aufgabe gelöst hat; anders, als sie sich der im Jahre 27 vom Senat mit dem Ehrennamen Augustus Ausgezeichnete vorgestellt hatte, dem noch Horaz in seinem Brief an ihn (epist. 2, 1) das Ansinnen, von ihm in einem Heldengedicht verewigt zu werden, in bescheidener Weise abschlägig beantwortet. V. hat in seinen letzten Lebensjahren von 29–19 mit der *Aeneis* aber ein Werk geschaffen, das für jeden Römer als Deutung seiner Stellung in der Welt und als Lebensauftrag aufgenommen werden konnte. Entscheidend dafür war auch hier wieder die Umgestaltungskraft des Dichters, der die höchste vorangegangene Dichtung übernahm, durchdrang und wandelte. Aus den beiden Epen Homers, *Ilias* und *Odyssee*, wird die Entwicklung der Handlung auf den einen Helden, Aeneas, übertragen: Irrfahrten führen ihn mit den Seinen (Buch 1–6) in die wahre Heimat zurück – der Sage nach stammten die Troer aus Italien (Aen. 7, 240–242) – wie Odysseus auf Irrfahrten schließlich nach Ithaka heimkommt. In harten Kämpfen muss diese aber erst errungen werden (Buch 7–12); entscheidend dafür ist der Sieg des Aeneas über Turnus, wie Achill den Hektor bezwingt. V. übertrifft also Homer schon durch die Konzentration des Geschehens auf den einen Helden. Aber mehr noch: Odysseus gewinnt durch die Rache an den Freiern sein für Spätere seit längstem verschollenes Königreich wieder; und es ist eine kleine Insel unter so vielen, wie sie von Griechen besiedelt waren. Aeneas begründet ein Reich, das bis in die Gegenwart des Dichters dauert, ja in ihr erst seine wahre Entfaltung gefunden hat und den ganzen bekannten Erdkreis umfasst. Überdies wird in den Zusammenhang des Aufenthaltes des Helden in Karthago (Buch 1–4) das bedeutendste Epos der hellenistischen Zeit, die *Argonautica* des Apollonios Rhodios, ebenso eingearbeitet, wie Arat neben Hesiod in die *Georgica* eingegangen ist. So, wie im großen der Wettstreit mit Homer aufgenommen wird, so auch im einzelnen Buch, in den Episoden, in den Motiven und den Worten. Das erste Buch setzt nach dem Prooemium an dem Punkte ein, der den entscheidenden Schritt nach vorne, zum Ende der Mühen, bringen soll und dann in überraschender Weise dazu dient, die Vergangenheit einzuholen: Die Fahrt von Sizilien führt nämlich nicht nach Italien, sondern der Seesturm verschlägt die Flotte des Aeneas nach Karthago, wo die Trojaner von Dido aufgenommen werden. Der schon nahezu fertigen, mit hochragenden Tempeln bereits geschmückten Stadt, die Roms stärkste Gegnerin werden sollte, stehen dann im 8. Buch die bescheidenen Hütten gegenüber, welche an der Stelle der späteren Hauptstadt der Welt errichtet sind. Wie aus diesem Gegensatz das römische Selbstgefühl seine Bestätigung erfahren konnte, das sich auf das Wachsen des Staates aus kleinen Anfängen durch die Tugenden von Ausdauer und Ertragen von Mühen gründete, so ist auch im ersten Buch durch die Einbeziehung der Götter dem starken religiösen Empfinden Rechnung getragen. Angesichts des von Juno veranlassten Seesturms befragt die Mutter des Aeneas, Venus, ihren Vater Juppiter, ob er seine Absichten, Aeneas zum Stammvater der weltbeherrschenden Römer werden zu lassen, geändert habe. Er antwortet ihr mit der Enthüllung der Geschichte bis zur Gründung Roms durch Romulus und seiner Verheißung: »Ihnen habe ich ein Reich ohne Ende gegeben« (Aen. 1, 279: »imperium sine fine dedi«). Der Gegensatz zu seiner Gemahlin Juno, die in dem Rutuler Turnus den bedeutendsten Feind des Aeneas und zu gleicher Zeit seinen Rivalen um die Hand der Tochter des Königs Latinus, Lavinia, unterstützt, wird erst im zwölften Buch aufgehoben, in dem zwischen beiden Göttern eine Art Vertrag geschlossen wird, der das neue Volk der Römer aus der Verbindung der Troer mit den Latinern hervorgehen lässt.

Zwei Bezüge des ersten Buches sind hier genannt worden. Es gehört zu den Vollkommenheiten der *Aeneis*, dass die Zahl der Bezüge aller Teile des Werkes zueinander kaum auszumachen ist. So bahnt sich etwa auch am Ende des ersten Buches die Liebe der Königin Karthagos zu Aeneas an, der sie am Ende des vierten Buches erliegen wird. Sie veranlasst Dido dazu, ihren Gast zu bitten, sein Schicksal zu erzählen, wodurch der Rückblick auf die Vergangenheit eröffnet wird. Aeneas beginnt mit den von tiefem Leid geprägten Worten: »Unsäglichen Schmerz zu erneuern gebietest du, Königin« (2, 1 »infandum, regina, iubes renovare dolorem«), und erzählt im zweiten Buch seine Erlebnisse und Taten bei der Eroberung Trojas durch die Griechen, welche das hölzerne Pferd gezimmert haben, und wie er schließlich auf göttlichen Befehl aus der brennenden Stadt flieht, den Vater auf den Schultern, den Sohn an der Hand. Der vergeblichen Verteidigung der Heimatstadt hat V. die weite Fahrt auf dem Meer im dritten Buch zur Seite gestellt, bei dem das Ziel nach göttlicher Verkündigung zwar bekannt, aber der Weg eine Suche war. So ist mit der großen, den Apologen des Odysseus bei den Phäaken nachgebildeten Erzählung die Gegenwart wieder erreicht. Hochbedeutsam ist schon in dieser ersten Triade, dass die Verehrung der Götter und die Bemühungen, ihren Willen zu erforschen, um danach zu handeln, die entscheidenden Impulse für die Unternehmungen des Helden und der zu ihm Gehörigen geben. Juppiter herrscht, im Schicksalsspruch des *fatum* seinen Willen verkündend, über alle einzelnen Götter, deren Macht vieles zu tun erlaubt, ohne dass doch die entscheidenden Schritte des Schicksalslaufes dadurch behindert werden. Das erweist sich gleich im folgenden vierten Buch, in dem Aeneas der Verbindung mit Dido auf zweimalige Mahnung des von Juppiter gesandten Merkur hin entsagt und heimlich mit seinen Schiffen entflieht. Er hat damit das Heil der ihm Anvertrauten und den Willen des Schicksals über das eigene Glück gestellt. Er darf nun, nach Sizilien zurückkommend, noch einmal dort anfangen, von wo aus ihn schicksalsgemäß ein Seesturm in eine schwere Prüfung geführt hatte. Hier wird ein weiterer Grundpfeiler des dichterischen Schaffens V.s mit Händen greifbar: Wesen und Ereignisse, Taten und Leiden seiner Personen sind sowohl Darstellung als auch Bild und, mehr noch, Symbol. Aeneas hat eine lange, in der Außenwelt vor sich gehende Fahrt zu bestehen, aber sie ist auch ein innerer Weg zur Vollkommenheit, die in der vollständigen Erfüllung der *fata* besteht. Damit ist Aeneas gleichzeitig überhöhende Symbolgestalt für Augustus, ohne dass dadurch die Einmaligkeit ihres jeweiligen persönlichen Wirkens in der Geschichte aufgehoben wäre.

So schließt mit dem vierten Buch die erste Tetrade, denn auch danach ist die *Aeneis* gegliedert, und lässt mit dem fünften Buch die zweite, die der Vorbereitung für die Entscheidungskämpfe, beginnen. Wieder in Sizilien knüpft Aeneas mit den Leichenspielen zu Ehren seines Vaters erneut an der Vergangenheit an, die für ihn gleichzeitig ein Tor zur göttlichen Welt darstellt. Erst die Erschütterung seines Gemütes aber, als die trojanischen Frauen, durch die von Juno gesandte Iris dazu angestiftet, die Schiffe in Brand gesetzt haben, öffnet seine Seele für die Erscheinung seines Vaters in der Nacht, der zu ihm auf Geheiß Juppiters kommt und ihm die nächsten Schritte auf seinem Wege vorzeichnet. Nur mit kriegstüchtiger Mannschaft soll Aeneas, dem Rat seines älteren Freundes Nautes folgend, nach Italien aufbrechen. Bevor er aber nach Latium kommt, solle er seinen Vater unter Führung der Sibylle durch den Eingang zur Unterwelt am Avernersee aufsuchen. Er, Anchises, lebe auf den Gefilden der Seligen und werde Aeneas seine Nachkommenschaft und die Stadt zeigen, die ihm zuteil werden solle. Die Hinwendung zum verstorbenen Vater eröffnet also die Zukunft, die vor den Toten offenliegt, wie andererseits das im Rahmen der Leichenspiele aufgeführte »Trojaspiel« bis in V.s Lebenszeit vorausweist. Das sechste Buch ist zweifellos das berühmteste der *Aeneis* wegen der Unterweltsbe schreibung, die Dante die Möglichkeit gegeben hat, in der *Divina Commedia* V. zum Führer für sich durch Hölle und Fegefeuer (bis zum 27. Gesang) zu wählen. V. geht mit diesem Abstieg des Helden in das Reich des Todes weit über Homers Totenbeschwörung hinaus, er bietet mit dem Zug der Römer der nach der Lebenszeit des Aeneas kommenden Jahrhunderte, der sog. Heldenschau (6, 756–853) bis in die Gegenwart einen weiteren Durchblick, der wie die genannte

Rede des Juppiter im ersten Buch (1, 257–296) und die Darstellung der Schlacht bei Actium (8, 628–731) bis in seine eigene Lebenszeit hineinführt; einiges wird dann im Schlussausblick (12, 830–840) noch hinzugefügt. Mit den italischen Ahnherren des trojanischen Volkes und der langen Reihe der römischen Helden ist dann Mythologisches und Nationales, Herrscherlob und Preis des Römertums überhaupt eine unauflösliche Verbindung eingegangen; hier findet sich auch (658–853) die einzigartige Wesensbeschreibung des Römertums: »Du, Römer, denke daran, mit Befehlsgewalt die Völker zu lenken – das ist, was du vermagst –, und Ordnung dem Frieden aufzuerlegen, Unterworfene zu schonen und Übermütige niederzukämpfen.«

Die der *Ilias* entsprechende Hälfte der *Aeneis*, die Kriegshandlungen, in rechter Weise zu würdigen, wird dem modernen Menschen schwerer. Die Ankömmlinge bitten im siebten Buch zunächst durch einen Gesandten den König Latinus um einen Sitz für die Götter ihrer Väter, deren Abstammung von Juppiter betont wird, und für sich selbst um Lebensmöglichkeit. Der König sagt nicht nur die Ansiedelungsmöglichkeit zu, sondern will auch, einem Seherspruch folgend, seine Tochter Lavinia mit Aeneas ehelich verbinden. Da die Königin Amata dies verhindern möchte, die einen von ihr selbst gewählten Schwiegersohn, Turnus, ausersehen hat, entwickelt sich auf Betreiben der Juno, die die Furie Allekto aus der Unterwelt hervorkommen lässt, um Verwirrung zu stiften, der Krieg der Italiker gegen die Trojaner. Von Bedeutung für die Auffassung V.s ist, dass Juno das *fatum* kennt, durch das Aeneas Lavinia als Gemahlin und die Herrschaft in Latium zugesprochen ist (7, 313f.); aber sie will trotzdem das Eintreten dieses Ereignisses aufgrund ihres Zornes gegen die Trojaner (1, 11) selbst um den Preis von Strömen vergossenen Blutes hinauszögern. Damit ist auch an dieser Stelle ein Vorausblick auf das Geschehen gegeben, der sich mit den vorangehenden und folgenden zu einer Kette zusammenschließt, welche den Leser leitet. Aeneas ist danach also, wie die Römer in allen späteren Kriegen, der Angegriffene und führt entsprechend ein *bellum iustum*, einen gerechten Krieg. Dazu kommt es durch das Nichteinhalten von ausgemachten Bedingungen, der Abmachung, was *pax* eigentlich heißt. Weniger ist mit dem Wort all das gegeben, was im Deutschen bei »Frieden« mitklingt. Möglich wird das Übel durch das Wirken eines dämonischen Wesens der Unterwelt; stärker kann sich kaum ein Dichter innerlich von dem Krieg absetzen, während es doch zugleich für seinen Helden eine Notwendigkeit bedeutet, dem erteilten Auftrag zu folgen und Schwerstes zu bestehen. Das Buch, das den aus mannigfacher, von der Furie angestifteter Verwirrung entstehenden Krieg beginnen lässt, schließt mit einem Katalog der italischen Truppen, die gegen Aeneas und die Trojaner aufgeboten werden, analog zu dem Schiffskatalog in der *Ilias*. Hier war die erwünschte Gelegenheit gegeben, die Völker Italiens zu nennen und sie durch ihre Tracht und Bewaffnung zu charakterisieren. Deutlich sieht man daran, dass V. in der zweiten Werkhälfte auf eine Vielzahl von örtlichen Überlieferungen Rücksicht nehmen musste. Man kann nicht genug bewundern, wie er sie in seine Dichtung aufgenommen und eingegliedert hat.

Im Gegenzug zu dem Aufgebot der Italiker musste Aeneas versuchen, in der neuen Heimat Bundesgenossen zu gewinnen; darüber berichtet das 8. Buch. Er findet diese in den Arkadern unter ihrem König Euander, deren Wohnplatz die Stelle des künftigen Rom ist. Mit anderen Worten: Rom selbst kommt ihm zur Hilfe; ihm begegnet dort auch der Stammvater der Potitier, das Haus der Pinarier und die Kultgemeinschaft der Salier, durch welche gleichzeitig die ältesten Vertreter der römischen Religionsausübung bezeichnet sind. Dass sie sich auf die Seite des Aeneas stellen, verbürgt symbolisch dessen Sieg und die künftige Entwicklung Roms, wo sie ihren Platz haben werden; zudem kann Aeneas, von dem Sohn des Euander, Pallas, geführt, die Etrusker auf seine Seite bringen. Aber auch von der Ebene der Götter her erhält Aeneas Hilfe. Venus bittet Vulcan, ihrem Sohn eine Rüstung zu schmieden, wie sie Thetis für Achill erbeten hat. Aber während dessen Schild das Leben der Welt in schönster Arbeit wiedergibt, sind auf dem Schild des Aeneas wichtigste Ereignisse der römischen Geschichte dargestellt, am bedeutsamsten der Seesieg bei Actium aus dem Jahre 31 v. Chr., an dem der nachmalige Augustus Antonius und Cleopatra besiegte und damit die Weltherrschaft errang. Mit dem Schluss dieser Tetrade sind also alle Voraussetzungen für den Entscheidungskampf gegeben, der sich in der dritten Tetrade dann in vier charakteristischen Stufen vollzieht. Das neunte Buch schildert die Kämpfe in Abwesenheit des Aeneas, bei der sich zwar die beiden jungen Helden Nisus und Euryalus durch einen nächtlichen Überfall auf das feindliche Lager auszeichnen, diesen aber mit dem Leben bezahlen, während es andererseits bei dem Sturm der Italiker nur mit äußerster Mühe gelingt, das Lager zu halten. Die Gesamtlage befindet sich also auf dem tiefsten Punkt.

Das zehnte Buch wird mit einer Götterversammlung eingeleitet, als deren Ergebnis nach verschiedenen Streitereien Juppiter erklärt, dass an diesem Kampftage der Fortuna ihr Lauf gelassen werden solle. Damit ist gegenseitigem Morden Tor und Tür geöffnet. Das Eingreifen des Aeneas, der den Tod des von Turnus erschlagenen Pallas rächen will, hätte zur Überwindung des Turnus geführt, wenn Juno nicht ihren Schützling gerettet hätte. Immerhin können die Trojaner sich als Sieger in der Feldschlacht ansehen und nunmehr auf die Stadt des Latinus vorrücken. Die verschiedenen hierauf bezüglichen Vorgänge schildert das elfte Buch. Im zwölften Buch wird zunächst ein Zweikampf zwischen Aeneas und Turnus vertraglich vereinbart, der aber durch das Geschoss des Tolumnius und den Beginn neuer Feindseligkeiten verhindert wird. Aeneas wird durch einen Pfeilschuss verwundet und muss daher für eine Weile aus dem Kampfgeschehen ausscheiden, wodurch Turnus zum letzten Mal die Trojaner siegreich zurückzudrängen vermag. Der Rückbezug auf den Beginn der Tetrade ist deutlich: alles hängt von Aeneas ab. An dieser Stelle greift Venus ein, lässt den Pfeil aus der Wunde des Aeneas herausziehen und das Blut stillen, damit Aeneas wieder in den Kampf eintreten kann. Aeneas besiegt schließlich Turnus, nachdem Juppiter und Juno die Übereinstimmung darin gefunden haben, dass die Verbindung der Trojaner und Latiner zu dem neuen Volk der Römer mit lateinischer Sprache führen soll und dass das Volk alle anderen an frommer Götterverehrung übertreffen wird. Turnus bittet, am Boden liegend, zwar um sein Leben, aber Aeneas erblickt an ihm das Wehrgehenk des Pallas und tötet ihn als Vergeltung für dessen Tod.

Göttliche und menschliche Ebene greifen ineinander, geistige Überlegenheit und fromme Erfüllung des *fatum* bestimmen das Handeln des Aeneas, so dass er den vollen Sieg erringen kann; das mythische Ereignis wird gleichzeitig zum Symbol der historischen Entwicklung. Auf höchster Stufe sind Religion, Moral und aus männlicher Tapferkeit entspringende Leistung, verwirklichte *virtus*, in dem Helden verbunden, der damit Inbegriff des Römertums wird. So konnte die *Aeneis* das Epos der Römer werden, über Grenzen und Zeiten hinweg bei den Völkern und Generationen Maß für dichterische Vollendung sein und bleiben.

Ausgabe: Aeneis. Hg. J. u. M. Götte. Düsseldorf/Zürich [8]1994 [lat.-dt.].

Hans-Otto Kröner

Veríssimo, Érico Lopes

Geb. 17. 12. 1905 in Cruz Alta/Brasilien; gest. 28. 11. 1975 in Porto Alegre

Der bedeutendste Romancier des brasilianischen Südens stammt aus einer Provinzstadt in Rio Grande do Sul; sein wichtigstes Thema ist die Geschichte und Kultur seiner Heimat. Érico Veríssimo schrieb in einem einfachen, leicht fasslichen Stil und pflegte eine eingängige Darstellungsweise mit bildhaften Schilderungen und lebendigen Charakteren. Auf diese Weise schuf er fesselnde Erzählungen, von denen mehrere verfilmt wurden. V. arbeitete zunächst als Angestellter einer Bank, später in einer Apotheke. 1929 veröffentlichte er in Zeitschriften seine ersten literarischen

Texte. 1930 siedelte er nach Porto Alegre über, wo er eine Stelle in der Redaktion der *Revista do Globo* fand.

Von V.s erstem Buch *Fantoches* (1932; Marionetten) mit Erzählungen und Theaterstücken wurden nur vierhundert Exemplare verkauft. Erfolgreicher war sein erster Roman *Clarissa* (1933). Für den zweiten Roman *Música ao longe* (1934; Musik in der Ferne) erhielt er bereits eine literarische Auszeichnung. Mit seiner 1934 erschienenen Übersetzung von Aldous Huxleys *Point Counter Point* und seinem ebenfalls mit einem Literaturpreis bedachten Roman *Caminhos cruzados* (1935; Wege, die sich kreuzen) handelte er sich von der Staatspolizei den Vorwurf ein, Kommunist zu sein. 1936 begann er mit der Veröffentlichung von Kinderbüchern. Ein Radioprogramm zur Vorstellung von Literatur für Kinder musste V. bald wieder aufgeben, da er sich weigerte, die Beiträge vorab der Zensur vorzulegen. Sein erster internationaler Erfolg wurde der Roman *Olhai os lírios do campo* (1938; Die Lilien auf dem Felde. Ein Arztroman, 1974). Ab 1939 arbeitete er für den Verlag Globo, fand daneben aber noch Zeit, den Roman *Saga* (1940; Saga) zu verfassen. 1941 führte ihn eine dreimonatige Vortragsreise auf Einladung des State Department in die USA. 1942 erschien eine Sammlung verschiedener Texte V.s in einem Verlag, der von den Inhabern der *Revista do Globo* geschaffen worden war, um dem Regime möglicherweise nicht genehme Texte zu veröffentlichen. Im folgenden Jahr publizierte er dort den Roman *O resto é silêncio* (1943; Der Rest ist Schweigen) und provozierte damit den Zorn von Staat und Kirche. V. siedelte deshalb in die USA über, las am Mills College, Oakland, Kalifornien über brasilianische Literatur und erhielt dort 1944 die Ehrendoktorwürde.

Nachdem er 1945 in seine Heimat zurückgekehrt war, begann er 1947 sein mehr als 2200 Seiten umfassendes Hauptwerk, die Trilogie *O tempo e o vento*, bestehend aus den Romanen *O continente* (1949; Die Zeit und der Wind, 1954), *O retrato* (1951; Das Bildnis des Rodrigo Cambará*, 1955) und *O arqipélago* (1961; Der Archipel). 1953 übernahm er die Leitung der Kulturabteilung der Organisation Amerikanischer Staaten (OAS) in Washington. Im Folgejahr wurde er für sein Gesamtwerk von der brasilianischen Akademie für Literatur ausgezeichnet und veröffentlichte den Kurzroman *Noite* (1954; Nacht, 1956). Seine Funktion in der OAS führte ihn in verschiedene lateinamerikanische Länder. Eine Frucht dieser Reisetätigkeit ist unter anderem das Buch *México* (1957; Mexiko. Land der Gegensätze, 1958). In der Folge publizierte er noch drei Romane: *O senhor embaixador* (1965; Seine Exzellenz der Botschafter, 1969), *O prisioneiro* (1967; Der Gefangene) und eines seiner interessantesten Werke, *Incidente em Antares* (1971; Zwischenfall in Antares), in dem er Gesellschaftskritik mit phantastischen Elementen verbindet.

Kurt Scharf

Verlaine, Paul
Geb. 30. 3. 1844 in Metz;
gest. 8. 1. 1896 in Paris

Der als Bohemien bekannt gewordene Lyriker Paul Verlaine verbringt seine Jugend in Metz, Montpellier und Paris, wo er 1864 am Lycée Condorcet sein Abitur macht und anschließend als Angestellter bei der Stadtverwaltung arbeitet. Zwei Jahre nach der Hochzeit verlässt V. seine Frau Mathilde Mauté de Fleurville, um mit dem Dichter Arthur Rimbaud zusammenzuleben. Zwischen 1871 und 1873 reisen beide gemeinsam durch Europa, bis V. bei einem Aufenthalt in Belgien auf Rimbaud  schießt, nachdem dieser gedroht hat, ihn zu verlassen, und eine Haftstrafe verbüßen muss. Dem Alkohol verfallen, kehrt er 1875 nach Paris zurück, wo er bis zu seinem Tod unter elenden Bedingungen in Armut lebt.

V.s *Poèmes saturniens* (1866; Saturnische Gedichte, 1922) sind noch deutlich unter dem Einfluss der Lyrik der Parnassier verfasst und folgen einer die Form aufwertenden *l'art pour l'art*-Ästhetik, die auf strengen Kompositionsformen basiert. Zugleich finden sich aber bereits Motive aus dem Themenkreis der Großstadt-Gesellschaft, die auf den Einfluss von Charles Baudelaire und dessen *Les fleurs du mal* schließen lassen. Zwischen diesen beiden Polen entwickelt V. eine stark musikalisierende Dichtung, die über Reim, Binnenreim, Vokalwiederholungen sowie Alliterationen und Anaphern auch klangliche Bezüge stiftet. In seinem 1874 entstandenen Programmgedicht »L'art poétique« (»Die Dichtkunst«) macht er ausdrücklich die Musikalität zum Zentrum seiner Poetik. Formal setzt V. auf die Versstruktur des Impair, des Ungleichsilbigen. Er verwendet bevorzugt heteronome Verse mit ungerader Silbenzahl, die auch innerhalb einer Strophe wechseln können, um den Rhythmus von einer apriorischen Fixierung beim Sprechen zu befreien und damit das Unbestimmte und Vage der erzeugten Bilder auch rhythmisch zu betonen.

Der 1866 bis 1868 entstandene Gedichtzyklus *Fêtes galantes* (1869; *Galante Feste*, 1988) thematisiert unter Bezugnahme auf Gemälde Jean Antoine Watteaus, Walter Paters und Jean-Honoré Fragonards melancholisch-bukolische Rokoko-Szenerien. Die liedhaften Kurzstrophen evozieren eine melancholische, traumhafte Atmosphäre, die häufig zugleich durch Zerbrechlichkeit, Transitorik und Hinfälligkeit konterkariert wird. Das Schlussgedicht »Colloque sentimentale« (»Wehmütige Zwiesprache«) spitzt den klagenden Impetus zu und lässt die Sammlung im Ausdruck trauernden Bedauerns ausklingen: »Die Hoffnung floh, besiegt, zum Wolkengrau.« Im 21 Gedichte umfassenden Zyklus *La bonne chanson* (1870; *Das gute Lied*, 1988) verzichtet V. auf die klassizistische Anschaulichkeit der *Fêtes galantes*, um zu einer emotionaleren, persönlicheren Lyrik zu finden, die in teils ungewöhnlicher Interpunktion den Themenschwerpunkt der Liebe und des augenblicklichen Glücks umkreist.

Der 1874 erschienene Zyklus *Romances sans paroles* (*Lieder ohne Worte*, 1988) hingegen versammelt Gedichte aus der Phase des Zusammenlebens mit Rimbaud. Das lyrische Ich schildert in melancholisch-selbstmitleidigem Ton in monotonen, ungeraden Versen seine Verlassenheit. Feinsinnige syntaktische Abweichungen, gesteigerte Musikalität und die leitmotivische Wiederholung der Reime kennzeichnen die im Stil impressionistischer Malerei gehaltene Lyrik, welche die Bezüge über klangliche Assoziation stiftet. In *Sagesse* (1881; *Weisheit*, 1922) thematisiert V. die während des Gefängnisaufenthalts vollzogene Rückkehr zum Katholizismus. Religiöse Motive dominieren die Sammlung, die formal wieder die klassischen Formen von Alexandriner und Sonett verwendet und mystizistische Züge aufweist. Der heterogene Zyklus *Jadis et Naguère* (1885; *Einst und Jüngst*, 1922) nimmt erneut die leichte Rokoko-Atmosphäre der *Fêtes galantes* auf; so ist z. B. ein einaktiges Schäferspiel mit Watteauscher Parkkulisse integriert. Zudem enthält der Zyklus Gedichte, die in realistisch-dissonanten Bildern Endzeitlichkeit und Verfall bekunden, wie das »Sonnet boiteux« (»Hinkendes Sonett«), in dem V. ein grelles Bild der Metropole London entwirft, die er 1872 mit Rimbaud besucht hat.

Neben der Lyrik verfasst V. die *Poètes maudites* (1884, 1888; *Die verfemten Dichter*, 1922), sechs biographische, pathetisch wertende Studien über zeitgenössische Dichter wie Stéphane Mallarmé und Rimbaud, sowie die 1893 erschienene Prosaschrift *Mes prisons* (*Meine Gefängnisse*, 1922), in der er seinen Gefängnisaufenthalt beschreibt.

Werkausgabe: Gesammelte Werke in zwei Bänden. Hg. S. Zweig. Leipzig 1922.

Katrin Fischer-Junghölter

Verne, Jules

Geb. 8. 2. 1828 in Nantes/Frankreich; gest. 24. 3. 1905 in Amiens

»Jules Verne war der letzte seherische Schriftsteller. Was er ersann, ist Wirklichkeit geworden«, befand Eugène Ionesco. Doch das ist nicht richtig; V. ist vielmehr ein Autor, der in seinen Romanen – verwachsen in der traditionellen Literatur – seine Zeit mit ihren technischen Errungenschaften und Ideen phantasievoll vervollkommnend widerspiegelt. Während seines Jurastudiums in Paris lernt V. Alexandre Dumas père kennen und schreibt unter dessen Einfluss Bühnenstücke, Opernlibretti und Novellen, allerdings ohne Erfolg. Seinen Lebensunterhalt verdient er sich zunächst als Sekretär am Théâtre-Lyrique und danach unter anderem als Börsenmakler. 1857 heiratet er Honorine-Anne-Hébé Morel, eine junge Witwe mit zwei Töchtern. 1861 schließt V. Freundschaft mit dem Physiker Félix Tournachon (bekannt unter dem Pseudonym »Nadar«), der an der Entwicklung des Fesselballons arbeitet. V. lässt sich von dessen Ideen begeistern und beginnt 1863, mit Unterstützung des Verlegers Pierre Jules Hetzel, der auch Victor Hugo, Honoré de Balzac und Émile Zola publiziert, phantastisch-pseudowissenschaftliche Romane zu schreiben – Vorläufer der Science-fiction-Literatur, von denen er in dieser ersten Schaffensperiode zahlreiche verfasst: *Cinq semaines en ballon* (1863; *Fünf Wochen im Ballon*, 1875) etwa, in dem eine Forschungsreise im Heißluftballon von Sansibar bis in den Senegal geschildert und V.s Ansicht von der Überlegenheit der weißen Rasse deutlich wird.

Auch sein Sensationserfolg *Voyage au centre de la terre* (1865; *Reise zum Mittelpunkt der Erde*, 1875), der die Abenteuer des Geologieprofessors Lidenbrock schildert, der in einen Vulkan steigt, um das Innere der Erde zu erforschen, entsteht in dieser Zeit, ebenso *De la terre à la lune* (1865; *Von der Erde zum Mond*, 1875). Hier wird ein Mondfahrzeug von einer Kanone ins All geschossen. Es verfehlt jedoch den Erdtrabanten und kann ihn lediglich umkreisen. Die Idee ist nicht neu: Schon in *Orlando Furioso* (1516) von Ariost sowie in Cyrano de Bergeracs *Les états et empires de la lune* (1657) und *L'histoire comique des états et empires du soleil* (1662) finden sich ähnliche Phantasien. In *Vingt mille lieues sous les mers* (1869; *20.000 Meilen unter dem Meer*, 1875) zeigt sich, dass V.s Glaube an den technischen Fortschritt inzwischen gebrochen ist und er nun auch dessen Bedrohlichkeit erkennt: Im Unterseeboot »Nautilus« lernen einige Besatzungsmitglieder der »Abraham Lincoln«, die in See gestochen war, um ein Meeresungeheuer zu suchen, als Gefangene des sein technisches Wissen missbrauchenden Kapitäns Nemo die Unterwasserwelt kennen. Vorläufer eines U-Bootes sind längst erfunden, und auf der Weltausstellung 1867 können die Besucher in einem trockengelegten Aquarium wie auf dem Meeresgrund spazieren. V. bezieht seine Anregungen also aus dem Wissensstand der Gegenwart, über den er – als eifriger Sammler von Zeitungsartikeln zu technischen Themen – bestens informiert ist.

Er nimmt technische Erfindungen nicht vorweg, sondern denkt sie phantasievoll weiter.

In seiner zweiten Schaffensperiode schreibt V. utopisch-exotische Abenteuerromane, darunter sein bekanntestes Werk *Le tour du monde en 80 jours* (1873; *Reise um die Erde in 80 Tagen*, 1875). In diesem ebenso humorvollen wie gesellschaftskritischen Roman umrundet Phileas Fogg mit seinem Diener die Welt per Schiff, Bahn und Elefant, umso eine Wette zu gewinnen. *Mathias Sandorf* (1885; *Mathias Sandorf*, 1887), ein weiterer Abenteuerroman, beginnt im Triest des Jahres 1867, wo drei Männer, die Ungarn von der Herrschaft Österreichs befreien wollten, zum Tode verurteilt werden, ihrem Schicksal aber entkommen. Hier zeigt V. sich politisch.

Insgesamt schreibt V. ca. 100 Romane, die in 133 Sprachen übersetzt werden. Eigentlich für Jugendliche gedacht, werden sie auch von technisch interessierten Erwachsenen gelesen. V. gilt als erster Autor von Fortsetzungsromanen und der – in billigen, illustrierten Ausgaben erscheinenden – Massenliteratur. Mehrere seiner Bücher werden verfilmt. Sein Gesamtwerk erscheint in 82 Bänden zwischen 1878 und 1910. Spätere Ausgaben und Übersetzungen sind häufig dem Werk abträglichen Kürzungen unterworfen. 2005, zu seinem 100. Todestag, erfährt V. auch in Deutschland eine Renaissance: Neben einer Biografie von

Volker Deh erscheint eine Neuübersetzung des unvollendeten Manuskripts von *La chasse au météore* (1908; *Die Jagd auf den Meteor*).

Sein geistig verwirrter Neffe schießt ihm 1886 ins Bein, er kann danach nur noch mühsam gehen. Außerdem leidet V. in seinem letzten Lebensabschnitt an Schwerhörigkeit, woran sein einziger Telefonierversuch scheitert. Nur einmal unternimmt er eine Autofahrt, die er, der literarische Fortschrittsdenker, wegen der hohen Geschwindigkeit als beängstigend empfindet.

Werkausgabe: Collection Jules Verne. 100 Bde. Berlin/Herrsching 1984ff.

Sabine Witt

Verwey, Albert
Geb. 15. 5. 1865 in Amsterdam; gest. 8. 3. 1937 in Noordwijk

Neben Willem Kloos, seinem um sechs Jahre älteren Mentor, ist Albert Verwey der bekannteste Vertreter der »Beweging van Tachtig« (Bewegung der Achtziger), wie man die Gruppe von Schriftstellern und Literaturkritikern bezeichnet, die sich formlos um die 1885 gegründete Zeitschrift *De Nieuwe Gids* (Der neue Führer) versammelte und von der man sagt, dass sie die niederländische Literatur an die ästhetische Moderne herangeführt habe. Nicht nur war V. von früher Jugend an ein äußerst produktiver Lyriker. Darüber hinaus hat er das poetische und philosophische Konzept der »Tachtigers« am griffigsten formuliert und literaturgeschichtlich begründet. Und nicht zuletzt war er der »Tachtiger«, der den Anschluss an die europäische Moderne auch persönlich am überzeugendsten eingelöst hat. V. pflegte den Kontakt mit symbolistischen Autoren in Belgien (August Vermeylen, Karel van de Woestijne),

England (Ernest Dowson) und Frankreich (Henri de Régnier). Aber vor allem unterhielt er eine ebenso intensive wie problematische Beziehung zu Stefan George und dem George-Kreis (v.a. Karl Wolfskehl und Friedrich Gundolf): Obwohl der liberal denkende V. Georges missionarisches Pathos – sein »intolerantes Profetisches« – und dessen Affinität zu den ontischen Grundlagen des nationalistischen Denkens nie geteilt hat, litt er stärker unter dem politisch motivierten Bruch der Freundschaft im Jahr 1919 als dieser und hat dies auch in Gedichten und einer Erinnerungsschrift – *Mijn verhouding tot Stefan George* (1934; *Meine Beziehung zu Stefan George*, 1936) – dokumentiert.

Schon als Schüler interessierte sich V. sehr für Kunst und Literatur. Er lernte im Selbststudium alte Sprachen, las sich in die Weltliteratur ein, schrieb Gedichte und übersetzte Texte der von ihm verehrten britischen Romantiker Lord Byron und Percy Bysshe Shelley. Dennoch strebte der Sohn eines wohlhabenden Amsterdamer Möbelschreiners zunächst eine bürgerliche Laufbahn als Kaufmann oder Jurist an. Erst unter dem Einfluss von Kloos, der den belesenen und engagierten 20-Jährigen 1885 als Redakteur und Mitherausgeber zum *Nieuwe Gids* holte, gab V. seine Stelle als Bürokaufmann, die er 1882 angetreten hatte, auf und machte Literatur und Kulturkritik zu seinem Hauptberuf.

In einem mehrteiligen programmatischen Artikel – »Toen de gids werd opgericht« (1885/87; Wie der Gids gegründet wurde) – hat V. das Kunst- und Literaturverständnis des *Nieuwe Gids* theoretisch begründet. Darin spricht er sich für eine sensitivistische oder symbolistische Ästhetik aus, die nicht – wie Goethe und der Klassizismus – vom Objekt ausgeht, sondern von der subjektiven Wahrnehmung, und die den subjektiven Anteil an der künstlerischen Gestaltung nicht nur – wie Flaubert und der Impressionismus – als Filter der Wirklichkeit begreift, sondern als sich selbst genügendes Prinzip absolut setzt. In der »verbeelding«, die im Niederländischen sowohl das Phänomen der Einbildung oder Vorstellung als auch deren Darstellung bezeichnet, lösen sich für V.s »Empfindungsdichter der Zukunft« die Gegenstände in ihre Wahrnehmungs- und Erscheinungsformen auf, und gewinnen ästhetische Reize wie Farbe, Form, Rhythmus und Klang eine eigene, autonome Bedeutung.

Nach der Hochzeit mit Kitty van Vloten, der Tochter des Spinoza-Herausgebers Johannes van Vloten, emanzipierte sich V. von dem schwierigen und impulsiven Kloos und verließ die Redaktion des *Nieuwe Gids* 1890. Den Anspruch, das geistige und kulturelle Leben in den Niederlanden aktiv mit zu beeinflussen, verfolgte er aber weiter: Gemeinsam mit einem anderen »Tachtiger«, Lodewijk van Deyssel, gründete er 1894 die *Tweemaandelijksch Tijdschrift* (Zweimonatszeitschrift), die 1902 in *De XXe Eeuw* (Das 20. Jahrhundert) umbenannt wurde und deren Ziel es war, eine Alternative zum naturalistischen Kunstkonzept zu entwickeln. Von 1905 bis 1919 gab V. die Kulturzeitschrift *De Beweging* (Die Bewegung) heraus, die auch avantgardistischen Autoren wie dem jungen Dada-Dichter, Architekten, Maler und Vordenker der De Stijl-Gruppe um Piet Mondriaan, Theo van Doesburg, ein Forum bot. 1924 wurde V., der sich auch mit literaturgeschichtlichen Essays über Autoren wie Hendrick Laurenszoon Spieg(h)el, Willem Bilderdijk und Everhardus Johannes Potgieter sowie als Herausgeber des niederländischen Barockdichters Joost van den Vondel in philologischen Kreisen einen Namen gemacht hatte, als außerordentlicher Professor für Literatur an die Universität Leiden berufen, wo er bis 1935 lehrte.

Wenngleich V. als Kritiker und Theoretiker den künstlerischen Wert von »inleving« (Einfühlung) und »ontroering« (Empfindung, Ergreifung) über den von Wirklichkeitssinn und Vernunft setzte, sind die Gedichte, die er selbst geschrieben hat, Programmgedichte. Es sind stilisierte Texte, die keiner spontanen poetischen Eingebung folgen, sondern eine Aussage thetisch zuspitzen. In seinen Gedichten – angefangen bei seinem Debüt, das er 1885 unter dem der griechischen Mythologie entlehnten Titel *Persephone* veröffentlichte, über *Aarde* (1896; Erde), *Jacoba van Beieren* (1902),

Het zichtbaar geheim (1915; Das sichtbare Geheimnis), *Het zwaardjaar* (1916; Das Schwertjahr) und *De weg van het licht* (1922; Der Weg des Lichts) bis zu *Het lijden aan de tijd* (1936; Das Leiden an der Zeit) – ist das Grundmotiv die Dichtung selbst. Sie kreisen um die Rolle, die V. dem Dichter als geistigem Führer einer Sprachgemeinschaft zuschreibt. Dazu bedient er sich traditioneller Formen wie der klassischen Eloge, des mittelalterlichen Versepos und Sonetts oder der barocken Allegorie. »Ich bin ein Dichter und der Schönheit Sohn«, beginnt ein Sonett, in dem V. ausführt, dass die gebundene, »schöne« Sprache der Poesie auch dann Trost und Freude vermittle, wenn sie vom Leiden handle: »Mein Lachen und mein Leid sind beide schön.« Weil das niederländische Wort »schoon«, das V. im Original benutzt, sowohl »schön« als auch »rein« bedeutet, wertet die poetische Sprache ihren Gegenstand ihm zufolge nicht nur auf, sondern »reinigt« ihn außerdem. Sowohl die Schlichtheit als auch die Mehrdeutigkeit der Aussage sind für V. typisch – Aspekte, die in Übersetzungen seiner Gedichte leider verlorengehen.

Barbara Lersch-Schumacher

Vesper, Bernward
Geb. 1. 8. 1938 in Gifhorn;
gest. 15. 5. 1971 in Hamburg

Als im Sommer 1977, wenige Wochen vor dem »deutschen Herbst« und den bis heute ungeklärten Ereignissen in der Landesvollzugsanstalt Stuttgart-Stammheim, V.s Fragment gebliebener Romanessay *Die Reise* erschien, ahnten wohl wenige, dass diese nachgelassene Autobiographie zum Schlüsselwerk für das Verständnis einer ganzen Generation, die sich in der außerparlamentarischen Opposition befunden hatte, werden sollte. V. war ein Sohn des prominenten nationalsozialistischen Schriftstellers und Lyrikers Will Vesper. Seine Kindheit und Jugend verbrachte er auf dem am Südrand der Lüneburger Heide gelegenen Gut Triangel. Nach dem Abitur machte er zunächst eine Lehre als Verlagsbuchhändler, ehe er von 1961 bis 1964 in Tübingen, danach in Berlin Germanistik und Soziologie studierte. In Tübingen lernte er auch die Pfarrerstochter Gudrun Ensslin kennen, mit der er bis 1968 zusammenlebte. V. konnte sich, in seinen politischen Überzeugungen wie in seinen schriftstellerischen Versuchen, zunächst nur schwer von seinem Vater lösen, für dessen Werke er noch 1963 einen Verleger suchte. Im Zuge der entstehenden studentischen Protestbewegung radikalisierte sich seine politische Haltung seit Mitte der 1960er Jahre. Bereits 1964 veröffentlichte er gemeinsam mit Gudrun Ensslin das Buch *Gegen den Tod. Stimmen deutscher Schriftsteller gegen die Atombombe*. Anlässlich der Bundestagswahl 1965 engagierte er sich im Wahlkontor der deutschen Schriftsteller für die SPD. 1966 gründete er die *Voltaire Flugschriften*, 1968 die *Edition Voltaire* als publizistisches Forum der Außerparlamentarischen Opposition (APO). Die Trennung von Gudrun Ensslin markierte den persönlichen, die Entstehung der Roten Armee Fraktion (RAF) den politischen Bruch in seinem Leben. Den Weg der militanten Linken in die »Gespensterarmee« des Terrorismus wollte er nicht gehen; er floh in den Ausweg der Droge. Am 21. 2. 1971 wurde er nach Gewalttätigkeiten infolge Drogeneinflusses und Alkoholsucht in das Nervenkrankenhaus Haar bei München eingeliefert, von dort Anfang März auf eigenen Wunsch in die Universitäts-Nervenklinik Hamburg-Eppendorf verlegt, wo er am 15. 5. 1971 Selbstmord beging.

Der Romanessay *Die Reise* entstand von 1969 bis 1971 und beschreibt eine »Geisterreise ins Ich und in die Vergangenheit«. V. unternimmt in diesem Buch in Form einer Individualarchäologie eine radikale Erkundung seiner selbst, seiner Herkunft, seiner Psyche und der bundesrepublikanischen Wirklichkeit. Er und sein Leser ›reisen‹ dabei auf drei einander kaum verbundenen Ebenen, die sich collagehaft ineinanderschieben und die immer wieder durch Zeichnungen, Traumprotokolle, Zitate aus Zeitungen, ästhetische und politische Überlegungen unterbrochen sind. Die erste Ebene ist die »Rückerinnerung« (im Buch »Einfacher Bericht« genannt) an die eigene Kindheit, deren ländlich behütete Idylle sich ihm als die Einübung in ein Terrorsystem enthüllt; an den überlebensgroß-autoritären Vater, dessen Bild sich mit dem des Führers zu einer negativen Identifikationsfigur verwischt. Die zweite Ebene gehört der realen Reise in der Zeit der Niederschrift, als die APO zerbricht und V. ruhelos durch Europa irrt. Die dritte Ebene, als Kontrapunkt des Textes, gilt dem Trip, dem Eintauchen in die künstlichen Paradiese des Rauschgifts (Passagen einer assoziativ-wuchernden Sprache der Verrücktheit, von wilder Schönheit, aber auch beklemmend durch ihre Nähe zu Gottfried Benn, gar zu Ernst Jünger). Die Kontinuität des Faschismus über das Jahr 1945 hinaus, das Erbe der Väter als Last der Söhne – selten wurde der Verblendungszusammenhang deutscher Geschichte so deutlich wie an V.s Buch und Person. Es macht die verzweifelte Radikalität dieses Buches aus, dass sein Autor Literatur als Harakiri betreibt. Hier hat einer schreibend sein Leben aufs Spiel gesetzt – und verloren.

Uwe Schweikert

Vian, Boris
Geb. 10. 3. 1920 in Ville d'Avray/ Frankreich; gest. 23. 6. 1959 in Paris

Das Epitheton »Prinz von Saint-Germain« (Klaus Völker) verweist auf die zentrale Rolle, die das Multitalent Boris Vian in der Pariser Literaturszene der Nachkriegszeit spielte. Aus einer Diphtherieerkrankung hatte V. eine Herzmuskellähmung davongetragen, die ihn noch stärker als viele seiner Generation, die mit dem Gefühl lebten, ihre Jugend durch die Kriegsjahre eingebüßt zu haben, im Bewusstsein der zeitlichen Begrenztheit seines Daseins zu einem beschleunigten Lebensrhythmus bewog. Das Schaffen des Ingenieurs, Bastlers, Jazztrompeters, Romanciers, Erzählers, Essayisten, Dramatikers, Übersetzers, Librettisten, Drehbuchautors, Schauspielers, Lyrikers, Chansonniers, Kritikers und Musikproduzenten ist eng mit den soziokulturellen Verhältnissen des Stadtteils Saint-Germain-des-

Prés – seinen Bars, Cabarets, Verlagshäusern und Literaten – verbunden.

Quantitativ betrachtet, dominieren die zehn Romane und Hunderte von Gedichten und Chansons, die er für verschiedene Interpreten verfasste, das Werk V.s. Der phantastische Liebesroman *L'écume des jours* (1947; *Chloé*, 1964) und einige nonkonformistische Chansons wie »La java des bombes atomiques« (1956; »Der Atombombenwalzer«) und »Le déserteur« (1954; »Der Deserteur«), das wohl bekannteste moderne antimilitaristische Chanson, gehören heute zu den Klassikern der populären französischen Kultur des 20. Jahrhunderts. Dem Existentialismus ist V., der im Kreis um Jean-Paul Sartre – für dessen Zeitschrift *Les Temps modernes* er als Kolumnist tätig war – verkehrte, nur bedingt zuzurechnen; er setzte vielfach surrealistische Elemente ein, etwa kuriose technische Erfindungen und Konstruktionen sowie Sequenzen, die zwischen Traum und Realität die Schwebe halten. Provokation und aggressiver oder spielerischer Unernst, aber auch die Darstellung existentieller Bedrohung durch elementare Symbole wie Feuer und Wasser oder eine kafkaesk anmutende Raummetaphorik sind Charakteristika seines Œuvres. Der Abenteuerroman *L'automne à Pékin* (1947; *Herbst in Peking*, 1965) antizipierte mit seiner seriellen, quasi musikalischen Anlage, die Handlungsbeginn und -ausgang offenlässt, kompositorische Verfahren, die später der Nouveau roman und OuLiPo erprobten. Wie in allen unter seinem eigenen Namen veröffentlichten Romanen entwarf V. auch im letzten, *L'arrache cœur* (1953; *Der Herzausreißer*, 1966) – der Geschichte eines Psychoanalytikers, der sich durch die Aneignung der Leidenschaften seiner Patienten psychisch bereichern will –, eine Fiktion, die sich in deutlicher Distanz zur Wirklichkeit bewegt, deren Phantastik jedoch wesentlich pessimistischer ausfällt als die der vorhergehenden Texte. Die Satire auf die Psychoanalyse traf genauso den Zeitgeist wie frühere Parodien auf Sartre und Albert Camus bzw. deren Werke.

Seinen größten kommerziellen Erfolg verdankte der Autor seinen vier unter dem Pseudonym Vernon Sullivan veröffentlichten Kriminalromanen im Stil der – ihm durch seine Übersetzungen Raymond Chandlers vertrauten – série noire: *J'irai cracher sur vos tombes* (1946; *Ich werde auf eure Gräber spucken*, 1979), *Les morts ont tous la même peau* (1947; *Tote haben alle dieselbe Haut*, 1980), *Et on tuera tous les affreux* (1948; *Wir werden alle Fiesen killen*, 1981) und *Elles se rendent pas compte* (1950; *Die kapieren nicht*, 1980). Den – nach der Ablehnung mehrerer Manuskripte getroffenen – Entschluss, sich in diesem Genre, unter Überbietung alles an ›sex and crime‹ Dagewesenen, zu versuchen, hatte die Mode amerikanischer Romane, besonders von Ernest Hemingway und William Faulkner, in Frankreich bestärkt. Die Sensationslust eines breiten Publikums schürte V., indem er sich als Übersetzer des amerikanischen Autors Vernon Sullivan ausgab und dessen literarische Innovationen im Vorwort des ersten Bandes rühmte. Die 1947 wegen Sittengefährdung erhobene Anklage hatte 1949 das Verkaufsverbot des ersten Sullivan-Romans zur Folge, das auch den Absatz der Fortsetzungsbände minderte und die Haupteinnahmequelle des Autors versiegen ließ.

Aus gesundheitlichen Gründen zum Rückzug aus seiner Jazztrompeterkarriere gezwungen und aus finanziellen Erwägungen vom Roman abgekommen, konzentrierte sich V. fortan auf seine – bisweilen recht polemisch betriebene – Musikkritikertätigkeit sowie auf Bühnentexte. Dem absurden Theater in der parabelhaften Ausprägung Eugène Ionescos steht die Tragigroteske *Les bâtisseurs d'empire ou le Schmürz* (1959; *Die Reichsgründer*, 1961) nahe, in der undefinierbarer Lärm bei einer Familie Panikreaktionen in Form von Flucht und hasserfüllter Brutalität gegenüber dem Schmürz – einer unförmigen Lumpengestalt – hervorruft, anstatt einen reflexiven Prozess in der Absicht einzuleiten, die Situation zu bewältigen. Seit 1952 war V. Mitglied des Collège de Pataphysique, einer Schriftstellergruppe, die sich im Zeichen des surrealistischen Ahnherrn Alfred Jarry zusammenfand und der auch Raymond Queneau und Ionesco angehörten. 1955 debütierte V. als Chansonnier, dessen Sprechgesang erst postum Kultstatus erlangte, nachdem zahlreiche seiner Chansons in der Interpretation von Henri Salvador, Mouloudji, Magali Noël, Serge Reggiani u. a. bekannt geworden waren. In den späten 1960er Jahren kam es zu einer Vian-Renaissance, in der eine von der Jugend getragene Protestbewegung sich einen Autor aneignete, der 20 Jahre zuvor als Chronist einer ebensolchen Bewegung gewirkt hatte, wovon das *Manuel de Saint-Germain-des-Prés* (postum 1974; *Handbuch Saint-Germain-des-Prés*) sowie Kurzfilme zeugen, an denen V. mitwirkte.

Werkausgaben: Boris Vian. 17 Bde. Hg. K. Völker. Frankfurt a. M. 1979–89.

Michaela Weiß

Vicente, Gil
Geb. ca. 1465 in Portugal;
gest. zwischen 1536 und 1540

Der Dramatiker und Lyriker Gil Vicente gilt gemeinhin als der Vater des portugiesischen und des spanischen Dramas. Auch wenn die Existenz des dramatischen Genres auf der iberischen Halbinsel bereits vor V. belegt ist, muss hervorgehoben werden, dass er als erster systematisch ein umfangreiches Werk vorlegte, das auch schriftlich fixiert und nicht nur, wie bis dahin üblich, mündlich weitergegeben wurde. Unter der Protektion von D. Leonor und D. João III. diente er der Krone und verfasste zwischen 1502 und 1536 über 40 Theaterstücke in spanischer und portugiesischer Sprache, die er bei verschiedenen Gelegenheiten am Hof zur Aufführung brachte. Dank verstreuter Publikationen, vor allem aber dank der von seinem Sohn Luís 1562 zusammengestellten Gesamtausgabe, ist ein Großteil dieser Texte bis heute überliefert.

V. entwickelte für die iberische Halbinsel neue dramatische Formen, die Vorbilder aus der oralen Tradition mit klassischen bzw. internationalen Einflüssen verbanden. Sein Werk lässt sich grob einteilen in die »autos pastoris« (Schäferspiele), »autos de moralidade« (Moralspiele), »farsas« (Komödien), »autos cavaleirescos« (Ritterspiele) und »alegorias« (Allegorien). V. war ein genauer Beobachter und großer Satiriker: In seinen Stücken porträtierte – und karikierte – er facettenreich die portugiesische Gesellschaft des 16. Jahrhunderts, übte Kritik an den herrschenden Sitten und manifestierte seine religiösen Vorstellungen. Hierzu machte er häufig Gebrauch von charakterlich festgelegten Stereotypen (der Bauer, der Kleriker, der Jude, der Narr), die sowohl die herrschende Meinung des Volkes als auch die des Hofes widerspiegeln konnten. Neben diesen menschlichen Figuren finden sich in seinen Stücken zudem allegorische Personifizierungen, biblische oder mythologische Gestalten und theologische Figuren (Teufel, Engel). V.s Auswahl der Themen und Figuren belegt seinen hohen Bildungsstand und umfangreiche Kenntnisse der vorherrschenden Ideen seiner Zeit, die auch heute noch recht genaue Rückschlüsse auf die kulturellen Gegebenheiten im Portugal des frühen 16. Jahrhunderts erlauben. Der sprachliche Stil seiner Stücke ist vorwiegend einfach und direkt; in seinen »farsas« macht er zudem Gebrauch von unterschiedlichen sprachlichen Registern, die der Darstellung der Rassen- und Klassenunterschiede dienten und zudem komische Effekte erzielten.

V.s Werk ist ausgesprochen umfangreich. Zu seinen bekanntesten Stücken zählt der *Auto da Índia* (1509; Spiel von Indien), eine Komödie, die die schwierige Situation des Mutterlandes und der portugiesischen Familien durch die systematischen Entdeckungsreisen nach Indien thematisiert. Die Trilogie der *Autos da barca* (*Barca do inferno*, 1516; Spiel von der Höllenbarke; *Barca do purgatório*, 1518; Spiel von der Barke des Fegefeuers; *Barca da glória*, 1519; Spiel von der Barke der Seligkeit), Moralspiele, in denen allegorisch die menschlichen Laster dargestellt werden, gilt als der Höhepunkt seines Schaffens. Als meisterhaftes Stück religiösen Inhalts kann der *Auto da alma* (1518; Spiel von der Seele) hervorgehoben werden, der die Vergänglichkeit des Menschen und seine Zerrissenheit zwischen dem Guten und dem Bösen inszeniert, während die Komödien *Quem tem farelos?* (1515; Wer prahlt?),

Auto de Mofina Mendes (1515; Spiel von Mofina Mendes) und *Auto de Inês Pereira* (1523; Spiel von Inês Pereira) als herausragende Beispiele für V.s ausgeprägte Begabung für Themen aus dem alltäglichen Leben des Volkes gesehen werden können. Die Einbeziehung des Moralisch-Symbolischen und eine raffinierte, zeitlose Komik verleihen diesen Stücken zudem Tiefe. In seiner Lyrik wendet sich V. vorwiegend traditionellen Formen und Themen zu. Seine religiöse Lyrik beispielsweise ist von den mittelalterlichen *Cantigas de Santa Maria* inspiriert; seine Liebeslyrik reflektiert jedoch auch internationale Quellen und Einflüsse, wie z. B. Petrarca.

In seiner Gesamtheit markiert V.s Werk die Schnittstelle von Mittelalter und Renaissance in Portugal. Während er in den gewählten Genres und der poetischen Form noch ganz den traditionellen Vorbildern verhaftet bleibt, bewegt er sich auf der inhaltlichen Ebene stark auf ein kritisch-moralisches Weltbild zu, das den Menschen und sein bewusstes Tun in den Mittelpunkt stellt. V.s Verdienst liegt zudem in der Tatsache, dass er die bis dahin üblichen Stereotypen auf der Bühne zumindest in einigen seiner Stücke durch individualisierte Personen ersetzte und den Dramen dadurch eine psychologische Komponente verlieh.

Andrea-Eva Smolka

Villon, François (eigtl. François de Montcorbier o. des Loges)
Geb. 1431 oder 1432 in Paris; gest. nach 1463

François Villon, der sich im späten Mittelalter von der höfischen Literatur und deren idealisierender Darstellung abwandte, gilt seit dem 19. Jahrhundert als erster ›verfemter Dichter‹, als gesellschaftlicher Außenseiter, der respektlos mit seiner Epoche abrechnete. Sprachlicher Erfindungsreichtum, gepaart mit der Beherrschung verschiedener Stilregister, macht den lebendigen Ton seiner Lyrik aus. Lange wurde seine Dichtung als Erlebnislyrik betrachtet, was jedoch anachronistisch den Rekurs des Dichters auf Gattungskonventionen und die zeitgenössische Literatur verkannte. Leben und Werk wurden in der Rezeption – oft spekulativ – miteinander verquickt: Das in seiner ganzen Bedeutung schwer zu erschließende Werk diente zur Erklärung des Lebens des Autors und umgekehrt. Dabei ist über das Leben V.s wenig bekannt; ungefähr zehn Erwähnungen einer Person dieses Namens finden sich in Dokumenten aus dem Zeitraum zwischen 1449 und 1463. Den Namen V. übernahm François de Montcorbier oder des Loges von seinem Gönner, dem Kaplan Guillaume de V. Die Aufnahme als Baccalaureus an der Pariser Artisten-Fakultät ist genauso belegt wie der Magisterabschluss. Die Beteiligung an einer Messerstecherei, bei der ein Priester getötet wurde, zwang V. zur Flucht aus Paris. Zeitweise hielt er sich am Hof in Blois auf, wo einige panegyrische Gedichte zum Lob von Charles d'Orléans und dessen Geschlecht entstanden. Einige Jahre später wurde er der Komplizenschaft beim Einbruch in ein Kloster angeklagt, aber auf Initiative der Sorbonne aus der Haft entlassen. Die Verwicklung in Handgreiflichkeiten, bei denen der päpstliche Notar verletzt wurde, zog die Verurteilung zum Tod am Galgen nach sich. Nachdem das Todesurteil in eine zehnjährige Verbannung aus Paris umgewandelt worden war, verschwand V. 1463 – ohne weitere Spuren zu hinterlassen.

Ob der historisch nachgewiesene V. jedoch wirklich der Autor ist oder ob sich ein Jurist der *basoche*, der schreibenden Zunft eines Gerichtshofs, hinter dessen Maske verbarg, konnte nicht endgültig geklärt werden. Noch im 15. und besonders im 16. Jahrhundert erschienen zahlreiche Ausgaben seiner Werke, bis im 17. Jahrhundert angesichts des strengen klassischen Ideals V.s Dichtung als burlesk und obszön verworfen wurde. Im 19. und 20. Jahrhundert dokumentierten verschiedene kritische Ausgaben die Fortschritte, die Philologie beim Vergleich der Handschriften machte. Die Argotgedichte, in denen sich der Autor des Jargons der *coquillards*, der zeitgenössischen Verbrecherbanden, bediente, geben noch heute linguistische Rätsel auf und fehlen in den meisten Editionen.

Die beiden Testamente, die zusammen über 2000 Verse zählen, *Le grant testament V. et le petit* (1489; *Das große und das kleine Testament*, 1907), sind das Hauptwerk des Autors. *Le petit testament* – auch *Le lais* (Das Legat) genannt – entstand, wie aus dem ersten Vers hervorgeht, 1456. Es ist strukturell vollständig homogen, besteht aus 40 achtsilbigen Achtzeilern mit dem Reim ababbcbc. Das lyrische Ich bedenkt darin in unkonventioneller – meist sarkastisch-spöttischer – Weise eine Vielzahl von Personen mit materiellen und ideellen Erbstücken, die oft Episoden der gemeinsamen Vergangenheit oder Personencharakteristika evozieren. Die Floskeln des Testaments werden konsequent verwendet, und die Konkretheit der Vermächtnisse schafft epochales und lokales Kolorit. Das fünf Jahre später entstandene *Grant testament* ist sowohl formal als auch im Ton wesentlich heterogener. Auch hier dominiert die obengenannte, für die Ballade typische Strophenform; daneben finden sich jedoch dem ›Letzten Willen‹ thematisch verwandte Gedichte, zumeist Balladen – teilweise in Zehnsilbern verfasst – und Rondeaux, die bevorzugt von der Vergänglichkeit und der Daseinsfreude handeln. Die Rahmenfiktion ist insofern zugespitzt, als das lyrische Ich vorgibt, im Sterben zu liegen, so dass sich die Berechtigung zu einer drastischen Ausdrucksweise aus dieser Grenzsituation ergibt. Die persönliche Polemik ist wesentlich schärfer, wie sich eingangs in der blasphemischen Fürbitte für den Bischof von Orléans, der V. gefangenhielt, zeigt. Der Grundton ist über weite Strecken auch melancholisch, geprägt vom Bewusstsein der Schuld für ein verfehltes Leben und der Trauer über verlorene Freundschaften. Das lyrische Ich geißelt die Falschheit der Frauen und setzt bewusst Akzente gegen die höfische und neuplatonische Liebeskonzeption. Es verfügt das Arrangement seines Begräbnisses sowie den Grabspruch in deutlicher Stilisierung zur zeitkritischen gesellschaftlichen Randexistenz. Noch in der an die Mitmenschen gerichteten Bitte um Verzeihung wird mit Grobheiten nicht gespart. Laut der Ballade, die gleich einem Epilog das Testament beschließt, gilt Amor, die personifizierte Liebe der hohen Literatur, als ›Todesursache‹, was angesichts des derben Realismus ironisch zu verstehen ist.

Das wohl bekannteste, vielfach übersetzte und vertonte Gedicht V.s ist »L'épitaphe V.«, auch »La ballade des pendus« (entstanden um 1463; »Ballade der Gehenkten«, 1907) genannt. In dem makabren, stark religiös gefärbten Rollengedicht wendet sich das Kollektiv der Leichname vom Galgen aus an die Lebenden und lässt die *conditio humana* durch Schuld und Tod bestimmt erscheinen. Harte Kontraste sind für die Dichtung V.s charakteristisch. »Magister, Vagant, Gauner, Dichter, Räuber, Spötter, Sänger, Liebhaber, Verschollener, als die zweifellos faszinierendste Gestalt unter den unsterblich gewordenen Poeten und Rebellen« avancierte V. im 20. Jahrhundert über die Literatur – etwa bei Paul Verlaine und Bertolt Brecht – und das Chanson – etwa bei Georges Brassens und Léo Ferré – hinaus auch zum »Ahnherrn der Liedermacher« (Hartmut Huff).

Werkausgabe: Das Kleine und das Große Testament. Frz./dt. Hg. F.-R. Hausmann. Stuttgart 1988.

Michaela Weiß

Vischer, Friedrich Theodor

Geb. 30. 6. 1807 in Ludwigsburg; gest. 14. 9. 1887 in Gmunden

»Das Leben ist eine Fußreise mit einem Dorn oder Nagel im Stiefel.« Unterwegs ins geliebte Venedig (seiner 10. Italienreise) erliegt V. den Tücken eines verdorbenen Pilzgerichts, ohnehin geschwächt durch den Personenkult zu seinem 80. Geburtstag, der in Stuttgart als eine Art Volksfest zelebriert wurde, das dem »großen Repetenten deutscher Nation für alles Schöne und Gute, Rechte und Wahre« galt (Gottfried Keller). Als Professor für Ästhetik, Deutsche Literatur und Redeübungen predigt V. vom Katheder am Stuttgarter Polytechnikum. Auch wenn er über Bürstenbinderei lesen würde, hätte er solche Vorlesungen besucht, beichtet ein Hörer. Was hat V. dazu gesagt, war eine gängige Frage, wem nach Wegweisung verlangte. Nichts, wozu er sich nicht geäußert hätte: als Literat und Philosoph, Kunst- und Literaturwissenschaftler, Journalist und Politiker, Essayist und Briefeschreiber. Und allzeit »in Gefechtstellung«: aufbegehrt gegen die Religion, die Kirche, die Pietisten, gewettert gegen Linke und Franzosen, Frauen und Sittenverfall, Mode und tote Gelehrsamkeit, angedonnert gegen Tierquäler und Vaterlandsfeinde, Feiglinge und »Fußflegeleien auf der Eisenbahn«, Lebensmittelverfälschungen und die Geldsackgesinnung der Gründerzeit. V.s Schriften werden zu Waffen-»Gängen«, das Leben zur Schlacht. Je stärker ihm die Zornesader im Zickzack über die Schläfe hüpft, um so wortmächtiger schreibt er, 1.65 m klein und auf dem linken Auge seit der 1848er Revolution mählich erblindet: ironisch, sarkastisch, zynisch. Die öffentlichen Vorträge des universellen Eigenbrötlers sind überfüllt: Vor 3000 Menschen spricht er über Shakespeare, die königliche Familie zu seinen Füßen. Ratlos in seinem Leben, rastlos in seinem Schaffen (»Arbeit! Arbeit!« die vorletzten Worte, auch sterbend noch strebend) versteht er sich als »Geteilter«, schwankend zwischen Poesie und Wissenschaft, auch wenn er die Philosophie über die Kunst stellt. Das reiche Lebenswerk wird gesichtet: Die Studien zu *Goethes Faust* erscheinen (1875), die Essaysammlung *Altes und Neues* (1881/82/89) mit seiner autobiographischen Skizze (*Mein Lebensgang*), seinem Hymnus auf die Karikatur, die er mit einer Begrifflichkeit analysiert, die bisher der hohen Kunst vorbehalten war, sowie seine Reflexionen über den *Traum* und *Das Symbol* mit so lichtvollen Sätzen wie: »Einst geglaubtes Mythisches, ohne sächlichen Glauben, doch mit lebendiger Rückversetzung in diesen Glauben an- und aufgenommen als freies ästhetisches, doch nicht leeres, sondern sinnvolles Scheinbild, ist symbolisch zu nennen.« In *Mode und Cynismus* (1878) versammelt V. seine Artikel für die rechte und wider die falsche Anziehung (Tracht contra Mode) und dem, was sie verdeckt, heraushebt oder entblößt (»Keinen oder einen schlechten Hintern zu haben, ist immer ein ästhetisches Unglück«).

An Literatur präsentiert er die Auswahl seiner zahlreichen Gedichte, *Lyrische Gänge* (1882), eine Art poetisches Bekenntnisbuch aus allen Phasen seines Lebens, das im Schwäbischen wurzelt, von V. gegenüber dem gekünstelten Norddeutschen als das Naive und Genuine aufgewertet, ohne sich den kritischen Blick auf die Schwaben zu verstellen (»Summa: Völklein, schwer zu begreifen, Gutes und Schlimmes verknäuelt wie kaum irgendwo«). Vielgespielt, *Nicht Ia. Schwäbisches Lustspiel* (1884), ein evangelisches Pfarrhaus im März 1848, wo V. als »Lumpen« verspottet, was auch er mal zu sein dachte: Republikaner. Und schließlich sein literarisches Hauptwerk: *Auch Einer. Eine Reisebekanntschaft* (1878), ein komischer Roman, der sich auch als Selbstporträt lesen lässt, als »monumentaler Monolog« (G. Keller), modern in seiner Formlosigkeit, »alle Begriffe führen ja eben ins Ratlose.« Eine Rahmenhandlung, die eine selbständige Erzählung einfasst (*Der Besuch. Eine Pfahldorfgeschichte*) und beschlossen wird durch ein Tagebuch, das von brillanten Einfällen über Gott, die Welt und die Halbwelt nur so funkelt, geschrieben von einem genialischen Sonderling, der Hauptfigur, der eine Theorie der »Tücke des Objekts« entwirft (V.s berühmteste Wortprägung, der er, wie sein Schöpfer, in der Praxis dauernd erliegt, verdammt zu feurigem Katarrh, höllischen Hühneraugen, sauenden Schreibfedern, verhexten Hemdknöpfchen – quicke Teufelsbrut, die im »unteren Stockwerk« menschlicher Existenz hämisch haust und ihr idealisches »oberes Stockwerk« unterminiert und zerstört. V. entwirft eine ganze Kulturtheorie aus dem Katarrh, schreibt Geschichte vom Alltag, vom Körper aus, als Leidensgeschichte. Sie wird nicht mehr wie von Hegel verstanden als objektive Entfaltung des Weltgeistes, der Zufall schlägt zu. Er will es, dass V. »ein Hühnerauge, das jeder Beschreibung spottet«, den Eintritt in den Deutsch-Französischen Krieg (1870/71) sabotiert, den er, als »von V.« vom württembergischen König geadelt, in seiner Rede *Der Krieg und die Künste* (1872) als Voraussetzung fürs große

Kunstwerk nobilitert. Einst hieß es »Ich bin links«, jetzt aber »Ich bin kein Demokrat«, da V. ins wilhelminische Kaiserreich einschwenkt, als er die deutsche Einheit verwirklicht sieht, für die er sich immer verkämpft hatte. Marx verspottet ihn als »Vergil Wilhelm I«, Nietzsche als »Bildungsphilister«. Vor seinem Ruf ans Polytechnikum (seit 1866) lehrt V. in Tübingen (»auch nur ein Misthaufen«), dessen Universität er nach Stuttgart verlegen will. Seine *Epigramme aus Baden-Baden* erscheinen anonym (1867), hexametrische Kanonaden gegen den Kulturzerfall (»Heute verjodeln die Söhne ums Geld ihr tirolisches Heimweh«). Kritik an seiner Arbeit vermag V. nur zu ertragen, wenn er sie selbst formuliert.

Noch in Stuttgart legt er die *Kritik meiner Ästhetik* vor (1873), die seinem enzyklopädisch-philosophischen Hauptwerk gilt, *Ästhetik oder Wissenschaft des Schönen* (1846–57, 9 Teilbände), in der er sämtliche Künste in unzähligen Paragrafen streng, aber vergeblich zu systematisieren versucht und in einfühlenden Anmerkungen erläutert – ein vielschichtiger Steinbruch, voller vergrabner Kostbarkeiten. In Zürich schließt er seine *Ästhetik* ab, wo er am Polytechnikum lehrt (seit 1855) und mit Gottfried Keller Umgang pflegt. Goethes »Faust I« gilt ihm als Meisterwerk der deutschen Literatur, »Faust II« hingegen als »halbkindisches Altersprodukt« eines »Allegorientrödlers und Geheimnistüftlers«, gegen das er aus »erkrankter Liebe« die sprühende Parodie seines *Faust. Der Tragödie 3. Teil* setzt (1862, umgearbeitet 1886), in dem er, unter dem Pseudonym »Mystifizinsky«, den wabernden Tiefsinn als Unsinn und Schwachsinn bloßstellen möchte und die Deutungen der Deuter, die »Stoff-« und »Sinnhuber«, desgleichen. Zum 100. Geburtstag Schillers hält V. in Zürich die Gedenkrede (1859) – Shakespeare (den er auch übersetzt hat), Goethe, Schiller, Hölderlin, Jean Paul, Mörike und Uhland, immer wieder setzt er sich mit ihnen auseinander. Im 1. Heft der Neuen Folge der *Kritischen Gänge* (»hier spricht sich ein Riese an Geist aus«, Rudolf Steiner) erscheint *Eine Reise* (1860); V.s längster Essay, eine Mischung aus politischer Reflexion, Kunst- und Naturbetrachtung, im 2. Heft dann sein großer Essay über Hamlet, der als melancholischer Zauderer neben dem tatendurstigen Faust V. als Identifikationsfigur dient.

Robert, der Sohn, wird 1847 geboren, der den Vater nach dessen Tode in Neuauflagen und Neuerscheinungen noch einmal auferstehen lässt. V. wünscht sich einen »Buben, der allen Pfaffen ins Gesicht scheißt«. Die Ehe mit Thekla Heinzel, für beide ein Abgrund (Heirat 1844, Trennung 1855). Fortan haust V. nur noch mit Hund (Xanthos u. a.) und Katze (113 Kosenamen). Für den Wahlkreis Reutlingen-Urach zieht V. (1848/49) ins Frankfurter Paulskirchenparlament (wegen der Zugluft und anderer Unbill »ein Lokal wie vom Satan erfunden«), um dem »Kultur- und Hämorrhoidalvolk« der Deutschen aufzuhelfen. Schwerpunkte seiner Arbeit: Kirchenpolitik und Volksbewaffnung (V. ist Hauptmann der Tübinger Bürgerwehr). Die Grundsätze von Freiheit und Volkssouveränität unterwirft er bald dem Ziel der nationalen Einigung. Der einzige mehrheitsfähige Antrag in seinem »Marterjahr«: die Aufhebung der Spielbank in Baden-Baden. Zwar erhält V. in Tübingen endlich eine ordentliche Professur, doch seine Antrittsvorlesung (1845) mit ihrem Bekenntnis zum Pantheismus und der Versicherung, allein »der Wahrheit treu zu folgen«, seinen Feinden einen Kampf ohne Rücksichten zu liefern und der Jugend sein »Herzblut einzuschenken«, derlei gerät zum Skandal und führt zum zweijährigen Lehrverbot des »Dieners des Teufels«, so seine Feinde. Die Aufsatzsammlung der *Kritischen Gänge* erscheint (1844) und die Habilitationsschrift *Über das Erhabene und Komische* (1836), die er nicht als Gegensatz, sondern als Verkehrungsverhältnis bedenkt. Harmonieren Erscheinung und Idee, so bildet sich das Schöne, überwiegt die Idee und schwindet die sinnliche Erscheinung, so entsteht das Erhabene, umgekehrt das Komische. Eine einjährige Reise durch Italien und Griechenland lässt ihn, »neugeschaffen«, wissen, »was klassisch ist«, und den hellen und heiteren Süden zum Gegenbild des trüben und traurigen Norden werden (*Briefe aus Italien*, 1839).

Erste Erzählungen und Gedichte werden im *Jahrbuch schwäbischer Dichter und Novellisten* gedruckt (1836), ein Erfindungsbuch wird angelegt, in das er seine literarischen Pläne, seine Ein- und Ausfälle notiert (»Einen Gott glauben ist der wahre Atheismus«). In Arnold Ruges *Hallischen Jahrbüchern* verteidigt V. *Das Leben Jesu* von David Friedrich Strauß (*Dr. Strauß und die Wirtemberger*, 1838). Die wissenschaftliche, nicht die theologische Laufbahn wird angestrebt. V. hält Vorlesungen am Tübinger Stift über Goethe, erwirbt den theologischen Doktortitel (1832), beginnt sein Vikariat in Horrheim (1830), predigt, tauft, traut, aber nicht der Kirche und dem Christentum immer weniger. Studiert »Hegel und immer Hegel«. Die lebenslange Freundschaft mit Eduard Mörike beginnt, ihr Briefwechsel wird zum kostbaren literarischen Zwiegespräch. Aufgenommen ins Tübinger Stift, studiert V., den Melancholie umfängt und Selbstmordgedanken umtreiben, Theologie (1827–30), Philosophie und Philologie (1825–27), nachdem er die Klosterschule in Blaubeuren in »beständigem Krieg gegen die Klostergesetze« erfolgreich absolviert hatte (1821–25), die begabte Schüler umsonst auf das Theologie-Studium vorbereitete. Strauß, ebenfalls Zögling dieses Männerbundes, über seinen Freund Fritz, mit dem er später in blitzgescheitem brieflichen Schlagabtausch stehen wird:»Der Fritz ergreift die Feder, / Die Muse zieht vom Leder, / Dacht' ich in meinem Sinn, / Da legt er's wieder hin.« Zwei schaurig-komische Mordlieder im Bänkelsängerton (1825/29), die V. unter dem Pseudonym »Schartenmayer« aushecht, werden landauf landab gesungen und rezitiert (»Oh verehrtes Publikum, / Bring doch keine Kinder um«).

Das Gymnasium in Stuttgart wird besucht (ab 1814), wohin die Familie zieht, als der Vater stirbt und sich der Berufswunsch des Knaben, Maler zu werden, zerschlägt, weil das Geld fehlt. Aus seiner Kinderzeit freute ihn nichts so sehr als eine Arche Noah, die er zum Christtag bekam.»Das Menschenleben sollte lieber umgekehrt laufen: als Greis zur Welt kommen, in die vollen, kraftgefüllten Mannesjahre, dann in die hoffnungsgeschwellte Jugend hineinwachsen, endlich als Kind einschlummern und statt in Mutterschoß in Erdenschoß sinken.«

Werkausgabe: Ausgewählte Werke in 8 Teilen. Hg. von Theodor Kappstein. Leipzig 1919.

Dirk Mende

Vittorini, Elio
Geb. 23. 7. 1908 in Syrakus, Sizilien; gest. 12. 2. 1966 in Mailand

Der 1908 in Syrakus als Sohn eines Eisenbahners geborene Elio Vittorini machte sich nicht nur als Autor von Romanen und Erzählungen, sondern auch als Übersetzer, Journalist und Herausgeber einen Namen. Nach seiner auf Sizilien verbrachten Kindheit unternimmt V. 1921 seine erste Reise auf das italienische Festland, wo er Mailand und Florenz besucht. 1924 bricht er seine technische Ausbildung ab, um sich ganz seinen Vorlieben für Kunst und Literatur zu widmen. Seinen Lebensunterhalt verdient er sich dennoch zunächst bei einem Bauunternehmen in Gorizia. Beeindruckt von der Lektüre von Curzio Malapartes *L'Italia barbara* (1925), tritt der junge V. in Kontakt mit dem faschistisch orientierten Literaten und veröffentlicht Aufsätze in der von Malaparte herausgegeben faschistischen Zeitschrift *La conquista dello stato*. 1929 zieht er nach Florenz, wo er zunächst Druckfahnen der Tageszeitung *La Nazione* korrigiert. Tendiert V. in den frühen 1920er Jahren zu einem linksgerichteten Faschismus, publiziert er bereits 1927 für die Literaturzeitschrift *Solaria*, einem unparteiischen europäisch ausgerichteten Organ. Diese ideologische Spannung bestimmt über Jahre hin auch sein literarisches Werk. 1927 heiratet V. Rosa Quasimodo, die Schwester des Dichters Salvatore Quasimodo. Aus der Ehe, die 1950 annulliert wird, gehen zwei Kinder hervor. 1931 erscheint V.s erster Erzählband *Piccola Borghesia*. 1932 bekommt er zusammen mit Virgilio Lilli den Literaturpreis »Diario di viaggio in Sardegna« für sein Werk *Sardegna come un'infanzia*. Weiterhin betätigt er sich als Übersetzer von D.H. Lawrence, und 1933/34 werden erste Teile seines Romans *Il garofano rosso* (*Die rote Nelke*, 1951) in *Solaria* abgedruckt, fallen jedoch der faschistischen Zensur zum Opfer. Der Roman erscheint erst 1948 bei Mondadori in Mailand in Buchform.

1936 entsteht das Romanfragment *Erica e i suoi fratelli* (*Erica und ihre Geschwister*, 1984), in dem V. das Erwachsenwerden eines jungen Mädchens beschreibt, das mit seinen Geschwistern von den Eltern verlassen wurde. Die Niederschrift des Romans wird jedoch durch den Ausbruch des spanischen Bürgerkrieges unterbrochen. V. hegt den Plan, auf der Seite der Republikaner in den Spanischen Bürgerkrieg einzutreten, wird 1936 von der faschistischen Partei ausgeschlossen und engagiert sich mit Ausbruch des Zweiten Weltkriegs in der italienischen Widerstandsbewegung. Er beginnt für die kommunistische Zeitschrift *L'Unità* zu schreiben, dessen Chefredakteur er 1945 wird. 1941 tritt er in die italienische Kommunistische Partei (PCI) ein. Nach dem Waffenstillstand vom 8. 9. 1943 beginnt V. in seinem Versteck den neorealistischen Roman *Uomini e no* (*Dennoch Menschen*, 1963), in dem es um die italienischen Widerstandskämpfer geht.

1945 bis 1947 leitet V. die Kulturzeitschrift *Politecnico*, die sich unter anderem mit dem Verhältnis von Literatur und Politik befasst. Diesbezüglich entsprechen V.s Ansichten nicht denen der kommunistischen Partei, so dass es 1947 in *Politecnico* zu einer brieflichen Auseinandersetzung zwischen V. und dem kommunistischen Politiker Palmiro Togliatti und in der Folge zum Austritt V.s aus der Partei kommt. Bereits 1937 beginnt V. seinen wohl bekanntesten Roman *Conversazione in Sicilia* (*Tränen im Wein*, 1944, *Gespräch in Sizilien*, 1948) zu schreiben, der zunächst 1937/38 unter dem Titel *Nome e Lagrime* (Namen und Tränen) in der Zeitschrift *Letteratura* abgedruckt wird. Getrieben von einer »abstrakten Wut«, begibt sich der 30-jährige Silvestro auf eine mythische Kindheitssuche in das heimatliche Sizilien, um sich seiner Rolle in der Welt zu besinnen. Sind die autobiographischen Elemente vielen Werken V.s gemein, zeichnet sich dieser Roman zudem durch seine sprachliche Kunstfertigkeit und seinen symbolisch-metaphorischen Erzählstil aus. In den Jahren 1947/48 arbeitet V. an den *Donne in Sicilia* (*Die Frauen von Messina*, 1965), einem Roman über das Leben der sizilianischen Frauen nach Kriegsende. Neben einem weiteren Romanprojekt, *Le città del mondo*, bleibt das 1957 erschienene *Diario in pubblico* (*Offenes Tagebuch*, 1959) zu erwähnen, das als Bindeglied zwischen Autor und Werk angesehen werden kann und V.s Position eines engagierten Schriftstellers erklärt.

1959 gründet V. gemeinsam mit Italo Calvino die Zeitschrift *Il Menabò*, setzt sich fortan für junge Schriftsteller ein und unterstützt das Projekt einer europäischen Literaturzeitschrift. Am 12. 2. 1966 stirbt er schwer krank in Mailand. In Italien zählt sein Werk zu den Klassikern der modernen Literatur, in Deutschland dagegen bleibt er – mit Ausnahme des Romans *Gespräch in Sizilien* – wenig rezipiert.

Rotraud von Kulessa

Voltaire
(d. i. François Marie Arouet)
Geb. 21. 11. 1694 in Paris;
gest. 30. 5. 1778 in Paris

Voltaires Leben umfasst die Zeit Ludwig XIV. bis zum Vorabend der Revolution, also die Zeit der Aufklärung, das »Siècle des lumières«, das auch als »Siècle de Voltaire« bezeichnet wird. V. war Schriftsteller, Philosoph, Historiker, Geschäftsmann, und er arbeitete an der Enzyklopädie mit. Außerdem schrieb er etwa 20.000 Briefe, die besonders in der neueren Forschung zum Verständnis und zur Erhellung des Gesamtwerkes herangezogen werden. Der Vater war ein wohlhabender Notar, der dem Sohn bei den Jesuiten im Collège Louis-le Grand eine umfassende Bildung angedeihen ließ und ihn zwang, ein Jurastudium aufzunehmen. So erwarb V. Kenntnisse und schloss Bekanntschaften, die ihm in seinem Leben äußerst nützlich sein sollten. Er verkehrte in freigeistigen Zirkeln und kam in

Kontakt mit oppositionellen Gedanken der Frühaufklärung. Schon mit seinen ersten literarischen Veröffentlichungen in den Jahren 1710 bis 1717 forderte V. die Herrschenden seiner Zeit heraus, verfasste Spottgedichte auf hohe Persönlichkeiten und wurde 1717 in der Bastille inhaftiert. Dort begann er mit der Arbeit an einem Epos über Heinrich IV., das als *Henriade* 1717 (*Henriade*) veröffentlicht wurde und mit dem V. diese literarische Form in Frankreich einführte. Aus der Haft wurde er durch das Einschreiten einflussreicher Gönner nach einem knappen Jahr entlassen.

Erste literarische Erfolge hatte er unter anderem mit der Tragödie *Œdipe* (1719; *Oedipus*), die unter dem zum ersten Mal benutzten Pseudonym »Monsieur de Voltaire« erschien. Als Theaterautor (u. a. *Zaïre*, 1732; *Zaire, ein Trauerspiel*; *Mahomet*, 1742; *Mahomet der Prophet*) hielt V. sich in der Nachfolge von Corneille und Racine an die Regeln der klassischen Theatertheorie, ganz so, wie das Publikum es von ihm erwartete, und benutzte die klassische Form zur Vermittlung seiner Botschaften, was auch zu finanziellem Erfolg führte. Nach der Aufführung von drei Stücken anlässlich der Hochzeit Ludwigs XV. erhielt er ab 1725 eine erste jährliche Rente aus der Kasse des jungen Königs. Nach weiteren Querelen mit hochgestellten Persönlichkeiten musste er von 1726 bis 1729 nach England ins Exil gehen. 1731 erschien nach Schwierigkeiten mit der Zensur *L'histoire de Charles II* (*Die Geschichte Karls II*). In seinen historischen Werken (es folgten *Le siècle de Louis XIV*, 1751; *Das Jahrhundert Ludwigs XIV*; *Abrégé de l'histoire universelle*, 1753; *Abriß der Weltgeschichte*; *Histoire de l'empire de Russie sous Pierre-Le Grand*, 1759–1763; *Geschichte des russischen Reiches unter der Regierung Peters des Großen*) gab V. der Historiographie, die bis dahin hauptsächlich als Kriegsberichterstattung, Kirchengeschichte und Darstellung von Staatsaktionen verstanden wurde, eine neue Dimension. V. nannte Tatsachen, berücksichtigte Technik, Handel und Industrie, berichtete über historische Ereignisse, kulturelle und künstlerische Leistungen und von den Verdiensten und Versäumnissen der Herrschenden. Diese »Säkularisierung« der Geschichtsschreibung hat dazu beigetragen, die Disziplin zu Beginn des 19. Jahrhunderts als eigenständige Wissenschaft zu etablieren.

V. erregte das Interesse an außereuropäischen Kulturen durch seine Darstellung der zivilisatorischen und kulturellen Leistungen anderer Völker (wie in *Essais sur les mœurs et l'esprit des nations depuis Charlemagne à nos jours*, 1756; *Über den Geist und die Sitten der Nationen*). 1734 wurden die *Lettres philosophiques* (*Philosophische Briefe*) heimlich gedruckt und illegal veröffentlicht. Darin berichtet V. von der relativ großen geistigen Freiheit und der sozialen Mobilität in der englischen Gesellschaft, in der Religion Privatangelegenheit ist. Er beschreibt die Arbeit des Parlaments und die Gesetzgebung (und greift damit die Prinzipien des absolutistischen Staates in Frankreich an), stellt führende englische Persönlichkeiten vor und entdeckt Shakespeare für die Franzosen. Die *Lettres philosophiques* wurden sofort nach ihrem Erscheinen verboten. V. konnte sich der Verhaftung nur durch die Flucht auf den Landsitz der Marquise du Châtelet entziehen. Bis zu ihrem Tod (1748) erarbeitete er dort seine naturwissenschaftlich-mathematischen und historisch-politischen Grundlagen. Zusammen mit der Marquise du Châtelet, die Newtons Hauptwerk *Philosophia naturalis principia matematica* ins Französische übersetzte, machte er die Franzosen und den Kontinent mit der Kosmologie Newtons bekannt (in seinem Werk *Élements de la philosophie de Newton*, 1738; *Metaphysik des Newtons, oder Betrachtungen des Herrn von Leibniz und des Newtons*). 1745 wurde er zum Historiographen Frankreichs ernannt und 1746 in die Académie française aufgenommen.

Die Jahre 1750 bis 1753 verbrachte V. als Gast Friedrichs II. in Preußen. Hier begann er die Arbeit an einer geplanten Universalgeschichte. Es entstanden ein Gedicht über das

Erdbeben von Lissabon (1756) und die ersten Artikel des *Dictionnaire philosophique portatif* (1752; *Philosophisches Wörterbuch*). Nach seiner Rückkehr nahm er ständigen Wohnsitz in der Schweiz am Genfer See, wo er Häuser und den Landsitz Ferney erwarb. Er betätigte sich als Wohltäter und Landwirt. Als Gutsherr trat er für bessere Lebensbedingungen der abhängigen Landbevölkerung ein, und er sah sich als Anwalt der Verfolgten. In dieser Zeit entstanden Theaterstücke, Erzählungen, Lehrgedichte, Dialoge und Satiren. Er schrieb gegen Fanatismus und Aberglauben und gegen die Kirche, die sich zur Durchsetzung ihrer Interessen weltlicher Macht bediente. Er wandte sich gegen Justizirrtümer, Unvernunft und Ungerechtigkeit. 1759 erschien *Candide ou l'optimise* (*Candide oder der Optimismus* bzw. *Candide oder die beste Welt*). In dem philosophischen Roman widerlegt V. die Leibnizsche These von dieser Welt als der besten aller Welten. *Candide* ist die meistgelesene Erzählung V.s, die seinen weltliterarischen Erfolg begründete. 1778 reiste V. nach Paris, erlebte die Aufführung der Tragödie *Irène* (Irene) und wurde als Vorkämpfer von Toleranz und Rechtssicherheit umjubelt. Er erlitt einen Zusammenbruch und starb am 30. Mai.

V. verkörpert viele Aspekte eines modernen Menschen. Er musste im Exil in England leben und lernte die Sprache seines Gastlandes (die *Lettres philosophiques* wurden 1733 zuerst auf Englisch veröffentlicht); er kämpfte sein Leben lang für Freiheiten wie Briefgeheimnis, Rechtssicherheit und Freiheit der Religionsausübung, die heute selbstverständlich sind. Sein Denken war geschult an Locke und Newton, er hatte großes Interesse an gesellschaftlichen Problemen und belegte seine Folgerungen und Forderungen mit nachprüfbaren Fakten. Er war aufgrund seiner frühen literarischen Erfolge und seiner Erbschaft ein wohlhabender Mann, vermehrte sein Vermögen durch Spekulationen an der Börse erheblich und sicherte damit seine persönliche Freiheit vom Mäzenatentum. Er war viele Jahre mit einer klugen Frau liiert und bedachte typisch weibliche Verhaltensweisen mit Spott. Die »Modernität« V.s hat immer heftige Ablehnung oder große Zustimmung ausgelöst. Die Rezeption seines Denkens spiegelte immer auch den Zeitgeist. V. ist nach wie vor präsent. Seine Werke weisen ihn als Zeitkritiker und als glänzenden Erzähler aus, seine Denkweise lässt sich auf Probleme der modernen Zeit anwenden, sie ist die Grundlage für die Klarheit und Schönheit seiner Sprache.

Rita Wöbcke

Voß, Johann Heinrich
Geb. 20. 2. 1751 in Sommerstorf bei Waren/Mecklenburg;
gest. 29. 3. 1826 in Heidelberg

»Er ist vielleicht, nach Lessing, der größte Bürger in der deutschen Literatur« (Heinrich Heine). Sein »ländliches Gedicht in drei Idyllen« »Luise«, entstanden zwischen 1782 und 1794, beschreibt die patriarchalisch geordnete Welt eines protestantischen Pfarrhauses. Es gilt als Hohelied der bürgerlichen Familie. V. muss sich seine Zugehörigkeit zum Bürgertum freilich mühsam über Bildung und Schriftstellerei erkämpfen. Er entstammt einer Leibeigenenfamilie in Mecklenburg. Sein bereits freier Vater ist Gastwirt und Zolleinnehmer. Erfahrungen drückender Armut prägen seine Jugend. Den zielstrebigen Aufstieg in die Bildungsintelligenz ermöglicht ein Studium der Theologie und vor allem der klassischen Philologie in Göttingen (ab 1772).

V. nutzt seine Kompetenz in dieser Wissenschaft in den folgenden Jahren systematisch zum eigenen Aufstieg und Ruhm in der literarischen Öffentlichkeit: als umstrittener Experte für Fragen der Metrik, als erster Übersetzer Homers, als Übersetzer Vergils und in seinen an diesem und an Theokrit geschulten Idyllen. Eine

idealisierte Sicht der antiken Klassik setzt V. gegen die absolutistisch geprägte Ständeordnung seiner Zeit, die er kritisiert.

In Göttingen wird er Mitglied des Hainbundes – zusammen mit u. a. Heinrich Christian Bote, Ludwig Hölty, Johann Martin Miller, den Brüdern Christian und Friedrich Leopold Stolberg. »Der Bund geht auf Freiheit«, verwirklicht in einer von der Gesellschaft separierten freien Kommunikation weniger Auserwählter. Nicht zufällig wird er in einem »Eichengrund« beschworen. Die Verehrung des Germanentums und die Ablehnung alles »Welschen« eint die Freunde. Die Entfernung von der Stadt und ein gemeinsames Milchtrinken symbolisieren die Zuwendung zur Natur und zum freilich verklärten »Volk«. Als Herausgeber des Göttinger und später des Hamburger *Musenalmanachs* (1775) ist V. in der literarischen Öffentlichkeit außerordentlich erfolgreich. Seinen sozialen Status sichert er durch eine Stelle als Schulrektor ab: 1778 in Otterndorf bei Cuxhaven, von 1782 bis 1802 in Eutin. V. ist sein Leben lang ein Aufklärer – auch in seinen Idyllen, die zum Teil für die Gattung neue sozialkritische Tendenzen enthalten. Er befürwortet selbst nach der Hinrichtung des Königs grundsätzlich die Französische Revolution. In seinen letzten Jahren wird er in Jena und Heidelberg folgerichtig zum engagierten Streiter gegen Romantik, Katholizismus, Mystizismus und politische Restauration (u. a. *Wie ward Fritz Stolberg ein Unfreier?*, 1819, gerichtet gegen die Konversion des ehemaligen Freundes zum Katholizismus).

Werkausgaben: Ausgewählte Werke. Hg. von Adrian Hummel. Göttingen 1996; Sämtliche Gedichte. 6 Bde. Neudruck Bern 1969; Sämtliche poetischen Werke. Leipzig 1835.

Hans-Gerd Winter

Voznesenskij, Andrej
Geb. 12. 5. 1933 in Moskau

»Wahrscheinlich ist Poesie in unserem Zeitalter das, was dem Standard, dem Fließband, entgegensteht und was der menschlichen Seele in dieser Hinsicht ein Gegengewicht zu bieten vermag.« Andrej Voznesenskijs Äußerung, mit der er sich als einziger russischer Gast in Walter Höllerers berühmtem »Literarischen Colloquium« in (West-)Berlin 1967 profilierte, bezeichnet den Standpunkt des Aufrührers gegen die Selbstgewissheit einer Generation und einer Ideologie, ohne sie jedoch offen anzugehen. Zusammen mit Lyrikern wie Evgenij Evtušenko und Bella Achmadulina gehörte er zu den sowjetischen ›Beatniks‹, die ihre Lyrik vor Tausenden von Zuhörern im Stadion oder anderen öffentlichen Räumen per Megaphon verbreiteten. Diese auf Russisch sogenannte »èstradnaja lirika«, am besten wohl mit »Arena-Lyrik« zu übersetzen, war folglich keine Lyrik der Innerlichkeit und der leisen Töne, sondern laut, rhythmisch und provokant: »Rock / 'n' / Roll – / an die Wand die Sandalen! / Rum / in'n / Mund – / Gesichter wie Neon. / Heult die Musik / Skandale, / Swingt die Trompete / wie ein Python« (*Rok-n-roll*, 1961; *Trompetenpart*, 2005). V.s Dichtung setzte das literarische »Tauwetter« nach Stalins Tod mit anderen Mitteln fort.

V. schloss Ende der 1950er Jahre die Moskauer Hochschule für Architektur ab. Alsbald wandte er sich der Wortkunst zu – erste Gedichtbände waren *Parabola* (1960; *Bahn der Parabel*, 1963) und *Mozaika* (1960; *Mosaik*) – und transformierte, wie oft bemerkt worden ist, Prinzipien der Architektur und der bildenden Kunst in seine Dichtung, sei es in Themen und Motive, sei es in die Metaphorik, sei es schließlich in Formen konkreter oder visueller Poesie. Ein Beispiel ist der Titel einer Gedichtsammlung von 1991 *Россiя. Poesia* (»Rossija. Poesia«, Russland. Poesia), bei dem Formgleichheiten der russischen und der lateinischen Schrift unter Nutzung der bis 1917 geltenden Rechtschreibung verfremdend offengelegt werden, um das Thema auch graphisch zu vermitteln. Die innere Struktur der Gedichte und Poeme bzw. der mit Hilfe von Gedichtbänden zu größeren Einheiten zusammengeschlossenen frühen Texte weist eine Dynamik auf, die mehrfach Anlass zu Adaptionen für das Theater, z. B. als Märchenspiel,

Rock-Oper oder Oratorium, gewesen ist. Zu nennen sind weitere Gedichtbände aus V.s Œuvre wie *40 liričeskich otstuplenij iz poėmy treogol'naja gruša* (1962; *Dreieckige Birne. 30 lyrische Abschweifungen*, 1963), *Antimiry* (1964; *Antiwelten*, 1967), *Achillesovo serdce* (1966; *Achillesherz*), *Ten' zvuka* (1970; *Schatten eines Lauts*, 1976), in denen V. allmählich auch zu leiseren Tönen findet, gleichzeitig aber in russischer Tradition moralische Positionen vertritt und die Rolle der Kunst bzw. des Künstlers betont. Zunächst liefert der technische Fortschritt die Stichworte, später dann wendet sich V. auch christlichen Motiven zu. Viele Gedichte insbesondere der Anfangszeit kreisen um den Zweiten Weltkrieg.

V. veröffentlichte bemerkenswerte Memoiren unter dem Titel *Mne četyrnadcat' let* (1980; *Begegnungen mit Pasternak*, 1984), in denen er nicht nur seine Bekanntschaft mit Boris Pasternak panegyrisch thematisiert, sondern gleichzeitig auch die literarischen Bezugspunkte seiner Lyrik benennt: die 1920er Jahre, den russischen Futurismus, Vladimir Majakovskij, Aleksej Kručenych und eben Pasternak. Dessen früher Lyrik ist V. mit seinen hyperbolischen Metaphern, den gesuchten und oft geradezu gewaltsam empfundenen Reimen sowie den Wortspielen eng verbunden.

Ulrich Steltner

Vring, Georg von der
Geb. 30. 12. 1889 in Brake/Oldenburg; gest. 1. 3. 1968 in München

Obwohl das geistige Umfeld seiner Wahlheimat München den Norddeutschen sicher stark geprägt hat, ist V. schreibend doch immer den Kindheitserlebnissen an der Niederweser verhaftet geblieben. »Ich möchte glauben, daß ein Schattenbild der heimatlichen Landschaft, ein Schatten meiner selbst, Schattenbilder der Menschen, die ich geliebt und verloren habe, in meinen Gedicht- und Prosabüchern zu sehen sind.« Lange schwankte der junge Lehrerseminarist zwischen den Begabungen des Malers und des Schriftstellers. Er nahm Urlaub vom Lehrerberuf, um in Berlin auf der Kunstschule zu studieren. Doch das Schreiben ließ ihn nicht los. Ein erstes Gedichtbändchen, *Muscheln*, erschien 1913 im Selbstverlag. In den Ersten Weltkrieg zog er als »guter Soldat wider Willen«, die allgemeine Kriegsbegeisterung teilte er nicht. Die meisten seiner Jugendfreunde fielen, er selber geriet schwer verwundet in Gefangenschaft. Das tiefgreifende Erlebnis dieser Jahre fand im Antikriegsroman *Soldat Suhren* (1927) seinen Niederschlag. Die Arbeit an dem Werk und dessen großer Erfolg bedeutete auch die endgültige Hinwendung zur Schriftstellerei. Er quittierte 1928 den Schuldienst (seit 1918 arbeitete er als Zeichenlehrer in Jever) und lebte fortan als freier Autor im Süden. Im Erfolgskreis des *Soldat Suhren* wurde V. in den 30er Jahren vor allem als Erzähler zur Kenntnis genommen. Immer wieder griff er schwermütige und phantastische Themen seiner niederdeutschen Heimat auf (*Der Schritt über die Schwelle*, 1933; *Einfache Menschen*, 1933; *Die Spur im Hafen*, 1936). Den Nazis war er verdächtig, zwei seiner Bücher durften nicht erscheinen. Für den Broterwerb schrieb V. für Zeitschriften mehrere Fortsetzungsromane, die auch als Bücher erschienen. Mehr und mehr wandte er sich der Lyrik zu, mit der er erst allmählich sein Publikum fand (*Das Blumenbuch*, 1933; *Die Lieder des Georg von der Vring*, 1939; *Oktoberrose*, 1942). Man rechnete ihn zu den Naturlyrikern. Auch in den »naiven« volksliedhaften Gedichten kehren Motive der heimatlichen Landschaft wieder. Dem Blick des Malers verdanken die Gedichte dabei »ihre sinnliche Fülle, das Überwiegen des Wahrnehmbaren vor dem gedanklichen, die Lust an der Farbe« (Günter Eich). Er siedelte nach München über. Hier entstand das Alterswerk von Gedichten, in denen sich die introvertierten Erfahrungen einer melancholischen Altersexistenz spiegeln (*Der Schwan*, 1961; *Der Mann am Fenster*, 1964; *Gesang im Schnee*, 1967). Zudem arbeitete V. an Übersetzungen (*Englisch Horn*, 1953), betreute Gedichtanthologien und schrieb für den Rundfunk.

Horst Ohde

wa Thiong'o, Ngugi
↗ Ngugi wa Thiong'o

Wackenroder, Wilhelm Heinrich
Geb. 13. 7. 1773 in Berlin;
gest. 13. 2. 1798 in Berlin

Wir kennen die Gestalt des Frühverstorbenen nur aus der verklärenden Sicht des überlebenden Freundes Ludwig Tieck: »Sein Gemüt war fromm und rein, und von einer echten durchaus kindlichen Religiosität geläutert ... Die Kunst und die Poesie und Musik erfüllten sein ganzes Leben.« Von ahnungsvoller, prophetischer Natur sei er gewesen; weltfremd den Geschäften des gewöhnlichen Alltags entrückt. Tiecks Stilisierung scheint das Bild des Menschen W. bis zur Unkenntlichkeit verzeichnet, ihn zum Abklatsch seines schwärmerischen Klosterbruders aufgeschminkt zu haben. Dagegen zeigen ihn die Reisebriefe an die Eltern als einen nüchtern abwägenden, sicher urteilenden Beobachter, dessen Kenntnisse und Interessen sich auf alle Bereiche des bürgerlichen Lebens, auch auf Handwerk und Industrie erstrecken. Es ist schwer auseinanderzuhalten, was hier Verstellung, was Bekenntnis, was davon Dichtung, was Wahrheit ist. W. entstammte der bürgerlichen Oberschicht Preußens. Sein Vater war Kriegsrat und Justizbürgermeister in Berlin. Sein Elternhaus wird von Tieck als eng und streng beschrieben. Der Vater hatte das einzige Kind für die Rechtslaufbahn bestimmt. W. und Tieck lernten sich auf der Schule kennen. Tieck war von Natur aus Schauspieler, Exzentriker, wendig und witternd im Aufgreifen der irrationalistischen Zeitströmung. Dies muss den elegisch zwischen Pflicht und Neigung schwankenden W. angezogen und fasziniert haben. Die Freundschaft der beiden Heranwachsenden jedenfalls hat in der deutschen Literatur Epoche gemacht. Ihr Bund bezeichnet die Geburtsstunde der Romantik. Gemeinsam studieren sie im Sommer 1793 in Erlangen, im Winter 1793/94 in Göttingen. Neben der ungeliebten Jurisprudenz betrieb W. in dieser Zeit auch Studien zur mittelalterlichen deutschen Literatur, beschäftigte sich mit Malerei und Musik. Im Herbst 1794 beorderte ihn der Vater zur Ableistung des Gerichtsreferendariats nach Berlin zurück. Von Erlangen aus unternahmen W. und Tieck mehrere Ausflüge und Wanderungen in die nähere und fernere Umgebung Frankens, die zum Vorbild aller späteren romantischen Kunstreisen wurden. Sie besuchten Nürnberg und lernten erstmals eine noch weitgehend mittelalterlich gebliebene Stadt kennen; reisten nach Bamberg, wo sie dem zeremonialen Gepränge des katholischen Gottesdienstes erlagen; sahen auf Schloss Pommersfelden Gemälde der italienischen Renaissance im Original; machten schließlich ihre berühmt gewordene Pfingstreise nach Bayreuth und ins Fichtelgebirge, wo sie der noch unverstädterten Natur begegneten.

Die Verherrlichung des deutschen Mittelalters, der katholischen Kirchenmusik, Albrecht Dürers und Raffaels – dies sind die Chiffren einer rückwärts gewandten Sehnsucht, zu sich W.s Kunstfrömmigkeit in seinem schmalen Werk verklären sollte. Tieck hat die Schriften seines Freundes – Erzählungen, Gedichte, kunstbetrachtende Reflexionen und Berichte – gesammelt, wohl teilweise auch redigiert und, ganz im Sinne der romantischen Gemeinschaftsproduktion, mit eigenen Beiträgen ergänzt zum Druck gebracht (anonym die *Herzensergießungen eines kunstliebenden Klosterbruders*, 1797; mit Nennung des Verfassers die *Phantasien über die Kunst für Freunde der Kunst*, 1799). Die *Herzensergießungen* sind das erste bedeutende Zeugnis der literarischen Frühromantik. W. war der erste jener von nun an zahllosen Künstler der bürgerlichen Moderne, der im Alltag das Auseinanderbrechen von Ideal und Wirklichkeit erfuhr und der sich diesem Zwiespalt durch eine Flucht in das eigene Innere entzog. Beispielhaft hat er diesen Bruch in seiner Erzählung *Das merkwürdige musikalische Leben des Tonkünstlers Joseph Berglinger* (1797) gestaltet. Weil Berglinger die Welt als ungenügend erlebt, gilt seine Liebe und Sehnsucht der reinen, der religiös geoffenbarten Kunst. An diesem Zwiespalt scheint sich auch W.s Leben zerrieben zu haben: Er starb – so erinnert Tieck sich 1847 – »endlich am Nervenfieber, eigentlicher fast an der Angst vor dem Examen, so sehr hatten ihn die Vorarbeiten dazu aufgeregt, weil er von den Rechten gar nichts verstand«.

Werkausgabe: Sämtliche Werke und Briefe. Historisch-kritische Ausgabe. Hg. von Silvio Vietta und Richard Littlejohns. 2 Bde. Heidelberg 1991.

Uwe Schweikert

Wagner, Heinrich Leopold

Geb. 19. 2. 1747 in Straßburg; gest. 4. 3. 1779 in Frankfurt a. M.

Für Johann Wolfgang Goethe (*Dichtung und Wahrheit*, 1811–13) ist er »von keinen außerordentlichen Gaben«, aber »ein Strebender«. Für die Nachwelt »durfte er in dem Frankfurter genialen Kreise als dienendes Glied aus- und eingehen« (Erich Schmidt). Goethe wirft ihm vor, er habe das Sujet der Gretchen-Tragödie im ersten Teil des *Faust* plagiiert. Der Tadel bezieht sich auf W.s Trauerspiel *Die Kindermörderin* (1776). Von heute aus gesehen, wirkt er lächerlich, da das Stück eine gänzlich andere Gestaltungs- und Wirkungsabsicht hat. Es befasst sich mit einem damals brisanten, sozialgeschichtlich wie literarisch bedeutsamen Thema: dem Kindesmord. Der Jurist W. nimmt Bezug auf die aufklärerischen Bestrebungen zur Reform des archaischen Strafrechts, das für Kindesmörderinnen Enthauptung vorsieht. Zugleich nutzt W. wie die anderen Stürmer und Dränger, die dieses Thema bearbeiten, es zu einem radikalen Angriff auf eine Gesellschaftsordnung, welche die Voraussetzungen für Kindesmorde schafft und straft, ohne die sozialen Bedingungen zu reflektieren. Diese Straftat wird nämlich in der Regel von ledigen Frauen begangen, die von Männern höherer Stände geschwängert werden. Während diese bei einer Verführung mit Folgen nur ein geringes Risiko eingehen, weil sie aufgrund des Standesunterschieds selten belangt werden können, droht den Frauen und ihren Eltern lebenslange Entehrung. Literarisch revolutionär sind die Darstellung fast aller wichtigen städtischen Stände im Trauerspiel, der Bruch mit ästhetischen Konventionen (die Bordellszene), der Umbau des nach aristotelischen Regeln gestalteten Dramas (u. a. Einstieg mit dem Konflikt statt mit einer Exposition). Diese Neuerungen behindern eine Aufführung und eine Breitenwirkung in der literarischen Öffentlichkeit. Eine den Schluss zum Guten wendende Bearbeitung *Evchen Humbrecht oder Ihr Mütter merkts Euch* (1779) ist nach dem Eingeständnis des Autors der Versuch, den »Stoff so zu modifizieren, daß er auch in unsern delikaten tugendlallenden Zeiten auf unsrer sogenannten gereinigten Bühne mit Ehren erscheinen sollte«.

W. ist der Sohn eines Frankfurter Kaufmanns. Straßburg, dessen Milieu im Stück lebendig dargestellt wird, ist auch die Stadt, in der der Jurastudent zum Autor wird. Er schließt sich der durch Christian Gotthilf Salzmann und Jakob Michael Reinhold Lenz begründeten »Deutschen Gesellschaft« und dem Freundeskreis der Stürmer und Dränger an. Er veröffentlicht den Roman *Leben und Tod Sebastian Sillig*s (1776) und ein zweites größeres Drama, *Die Reue nach der Tat* (1775). Seine den *Werther* verteidigende Farce *Prometheus, Deukalion und die Rezensenten* (1775) führt zum Bruch mit Goethe aufgrund von Anspielungen auf dessen Treffen mit dem Weimarer Prinzen in Mainz. Ein wichtiges Verdienst W.s ist die Übersetzung von Louis-Sébastien Merciers antiklassizistischer Programmschrift *Neuer Versuch über die Schauspielkunst* (1776). Die schlechte finanzielle Lage zwingt W. 1773/74 zur Annahme einer Hofmeisterstelle beim Präsidenten Gränderode in Saarbrücken, nach dessen politischem Scheitern er des Landes verwiesen wird – eine nachdrückliche Erfahrung mit den engen Grenzen der Ständegesellschaft. Nach dem Doktorexamen 1776 in Straßburg ergreift W. in Frankfurt a. M. den Beruf des Advokaten. Erst die Naturalisten und später Peter Hacks mit seiner Bearbeitung der *Kindermörderin* (1963) erkennen die Verdienste dieses Autors, der schon mit 32 Jahren stirbt. Er steht – neben Jakob Michael Reinhold Lenz – aufgrund der Verschränkung von Sozialkritik und offener Dramenform in seiner Zeit einzigartig da, stellt aber schon zu Lebzeiten fest, man habe sein Werk »verstümmelt, verhunzt, eignen Koth hineingeschissen«.

Hans-Gerd Winter

Wagner, Richard
Geb. 22. 5. 1813 in Leipzig;
gest. 12. 2. 1883 in Venedig

In einem Selbstporträt aus dem Jahre 1851 bezeichnet W. sich als Schriftsteller wider Willen. »Verhaßt« ist ihm »das schriftstellerische Wesen und die Not«, die ihn zum Autor gemacht haben (*Eine Mitteilung an meine Freunde*, 1851). Diese Widerwilligkeit des Schreibenden, die »wie ein Schatten« auf den Schriften liegt, entging dem scharfsichtigen Blick seines Freundes Friedrich Nietzsche nicht, dem es vorkam, »als ob der Künstler des begrifflichen Demonstrierens sich schämte« (*Richard Wagner in Bayreuth*, 1876). W. sah sich zeit seines Lebens veranlasst, seinen Kunstanspruch in weitschweifigen Abhandlungen zu begründen und zu rechtfertigen. Sein Verhältnis zur Theorie war gebrochen: Er beschimpfte sie als »intellektuell« und »lebensfern« und brauchte sie zur Selbstvergewisserung und Rechtfertigung.

Nach dem Tod seines Vaters, des Polizeiaktuars Friedrich W., der sechs Monate nach der Geburt des Kindes starb, wuchs W. mit seiner Mutter und seinem Stiefvater, dem Schauspieler, Schriftsteller und Porträtmaler Ludwig Geyer auf, den er später als seinen »geistigen Vater« bezeichnete. Trotz abgebrochener Schulausbildung wurde W. 1831 an der Leipziger Universität immatrikuliert, wo er seine musikalische Ausbildung erheilt. Während er sich in seinen Frühschriften aus der Zeit als Chor- und Musikdirektor in Würzburg, Magdeburg, Königsberg und Riga (1834 bis 1839) und in den journalistischen Artikeln der Pariser Jahre (1839 bis 1842) vorwiegend auf musikalisch-ästhetische Fragen konzentrierte, entwickelte er seit der Revolutionszeit 1848/49 umfassende Perspektiven auf eine »künstlerische Gestaltung der Gesellschaft« (*Mein Leben*, 1870). Seit 1843 wirkte er als königlich-sächsischer Kapellmeister in Dresden. Von der Vision einer ästhetisch-schöpferischen Revolution geleitet, kämpft er im Mai 1849 in flammenden Reden für die Umwandlung der bestehenden gesellschaftlichen und politischen Strukturen. »Vernichtet sei der Wahn, der den Menschen untertan macht seinem eigenen Werke, dem Eigentume« (*Die Revolution*, 1849).

Steckbrieflich verfolgt, lebte W. nach dem Scheitern der Revolution im Exil in Zürich (1849 bis 1858), wo er in den sog. »Kunstschriften« die von Pierre Joseph Proudhon, Wilhelm Weitling und Ludwig Feuerbach inspirierte Kritik an den herrschenden Eigentums- und Machtverhältnissen in Verbindung mit seinen ehrgeizigen künstlerischen Plänen zu einer mythologischen Erlösungslehre entwickelte. W. setzt sich zum Ziel, den Mythos, dem er im idealisierten Vorbild der griechischen Tragödie sinnstiftende und integrative Funktionen zuschreibt, als Organon einer »miteinander verketteten Volksgenossenschaft« im *Kunstwerk der Zukunft* (1849) wiederzubeleben. Seine schwärmerische Hoffnung beruht auf dem Glauben an ein völkisches Bewusstsein, das die politischen, ökonomischen und weltanschaulichen Gegensätze überwölbt und sich mit Hilfe der Kunst praktisch verwirklichen soll. »Denn«, so verspricht W., »im Kunstwerk werden wir eins sein!« Die Notwendigkeit der Mythologisierung des Denkens und der Ästhetisierung der Politik erklärt er damit, dass »Staatsweisheit«, Wissenschaft und Philosophie der gesellschaftlichen Widersprüche eher hervorbringen als überwinden helfen. *Kunst und Revolution* (1849) sind, wie er in dem so betitelten Aufsatz erklärt, untrennbar miteinander verknüpft. Künstlerischer Gestaltungswille soll an die Stelle von Politik im Sinne eines regelgeleiteten Interessenausgleichs treten.

Ein von Schellings Naturphilosophie inspirierter Antirationalismus bildet das Rückgrad seiner Mythologie. Mit der dezidierten Absage an die Möglichkeit rationaler Erkenntnis wird die Autorität des Künstlers begründet, Wahrheiten zu offenbaren, die als zeitlos, natürlich und allgemeingültig hypostasiert werden. W. fordert die »Versinnlichung des Verstandes«, in deren Vollzug die Menschheit von ihrer Selbstentfremdung durch die Vernunft befreit werde. »Im Drama«, so heißt es in *Oper und Drama* (1851), »müssen wir Wissende werden durch das Gefühl.«

Für den Musikdramatiker erforderte die »Gefühlswerdung des Verstandes« die Darstellung einer unmittelbar sinnfälligen Handlung durch das Ineinandergreifen von Dichtung, Musik und szenischer Aktion im Gesamtkunstwerk. W. nahm sich seit dem *Fliegenden Holländer* (1841) ausnahmslos Überlieferungen aus der mittelalterlichen Sagenwelt zur Grundlage seiner von ihm selbst geschriebenen Opernlibretti. 1845 vollendete er *Tannhäuser*, 1848 *Lohengrin*, 1859 *Tristan und Isolde*, 1867 *Die Meistersinger*, 1874 *Der Ring des Nibelungen* und 1881 *Parsifal*. Die epischen Werke wurden auf ihre Grundmotive reduziert, um das »von aller Konvention losgelöste Reinmenschliche« durch suggestive Bildhaftigkeit zu vergegenwärtigen. Mit der einschlägigen Fachliteratur zur griechischen Mythologie und mittelalterlichen Literatur bestens vertraut, versuchte W. den Mythos künstlich wiederherzustellen, nachdem die historischen Bedingungen seiner Wirkung vergangen waren.

Wie seine weltanschaulichen Schriften kreisen auch W.s Musikdramen um das Problem der Erlösung. Sein Hauptwerk, die Tetralogie *Der Ring des Nibelungen*, ist in seiner mythologisierenden Struktur ein sozialkritisches Zeitbild, die Allegorie einer verfallsgeschichtlichen Vision vom notwendigen Untergang der bürgerlich-kapitalistischen Welt. Sie enthält W.s revolutionär aufgeladene, frühsozialistisch und religionskritisch geprägte Zivilisationskritik, zugleich aber auch die mythologisierende Flucht aus der zunehmend sich komplizierenden Welt in die vermeintlich heilbringende Natur. Im *Ring* habe, so bekundete W. nach Fertigstellung der Dichtung, seine »ganze« Weltanschauung ihren vollendetsten künstlerischen Ausdruck gefunden«.

Alle Musikdramen haben ihre eigene dichterische Sprache, einen je eigenen Versbau und Ton. Um größte Knappheit und Bildlichkeit des Ausdrucks zu erreichen, verwendete der Librettist W. Elemente aus verschiedenen Dialekten, Archaismen und verbale Neubildungen. Der für den *Ring* charakteristische Stabreim dient sowohl der Rhythmisierung der Sprache als auch ihrer Anpassung an das mythologisierende Sujet und korrespondiert zugleich mit der Syntax der Musik, deren Charakteristikum die Technik des Leitmotivs ist. Für sich genommen, erscheinen W.s monotone Lautmalereien und Vokalisierungen häufig schwer erträglich. Sie kommen jedoch der Singbarkeit des Textes entgegen. Die Flexibilität seiner Sprachkunst und die Vielfalt seiner poetischen Mittel werden, aufs ganze gesehen, dem musikdramatischen Zweck gerecht. Sein intimstes Kunstwerk, das auf wenige Szenen verdichtete Drama *Tristan und Isolde*, konstituiert sich nicht im Dialog der Personen, sondern als ein von der Liebes- und Todessehnsucht bestimmter innerer Vorgang. Während das Delirium ihrer Gefühle Tristan und Isolde verstummen lässt und die Musik als die »Kunst des tönenden Schweigens« zur Entfaltung kommt, schwingt sich die Sprache in »Isoldes

Liebestod« zu Zeilen von lyrischer Intensität auf: »Mild und leise/wie er lächelt ...«

In dem 1850 erstveröffentlichten Pamphlet *Das Judentum in der Musik* protestierte W. durch gezielte Irrationalisierung der Judenfrage gegen den liberalen Emanzipationsgedanken. Der Artikel, in dem sich bereits die Idee einer antisemitisch geprägten völkischen Ersatzreligion abzuzeichnen beginnt, ist ein frühes Dokument des modernen Antisemitismus in Deutschland. In der zweiten Ausgabe der Schrift 1869 erwägt W. »eine gewaltsame Auswerfung des zersetzenden fremden Elements«. W.s Judenfeindschaft zeigt aufs deutlichste den totalitären Charakter einer Mythologie, die im Zeichen völkischer Einheit die Auslöschung des jeweils Anderen fordert.

In seiner zweiten Lebenshälfte fand der desillusionierte Revolutionär in Arthur Schopenhauers Willensmetaphysik die Welterklärung, die seiner resignativen Stimmungslage entsprach. Die Missstände der Zeit werden nun als metaphysisches Geheimnis verklärt, das unabänderlich »in der Gewaltsamkeit der Urelemente« verankert sei. Auch W.s späte Kunsttheorie lässt nichts mehr von den früheren euphorischen Glücksversprechen spüren. Im Zeichen der »Erkenntnis der Hinfälligkeit der Welt« liegt die Funktion der Kunst nurmehr in der trostspendenden Verklärung des tragischen Bewusstseins. Sein Anspruch, »den Kern der Religion zu retten«, ist die Neuauflage einer schon immer kunstreligiös gestimmten Mythologie – jetzt allerdings unter affirmativem Vorzeichen (*Religion und Kunst*, 1880). Der »übergelaufene Rebell« (Th. W. Adorno) fand 1864 die Gunst des Bayernkönigs Ludwig II., der ihm mit dem Bau des Bayreuthers Festspielhauses die Verwirklichung seiner ehrgeizigen künstlerischen Pläne ermöglichte. In seinen zur Belehrung des bayrischen Königs gedachten Schriften und den Beiträge für die seit 1878 erscheinenden *Bayreuther Blätter* vermischen sich Ästhetizismus und sozialdarwinistischer Biologismus zu einem rassenmythologischen Ideal deutscher Identitätsstiftung, das W. dem »Verfall der Rassen« entgegenstellte. »So ist die Kunst des Dichters zur Politik geworden: Keiner kann dichten, ohne zu politisieren« (*Oper und Drama*, 1851). Der zu den unverrückbaren Grundfesten seines Denkens gehörende Wahlspruch erklärt die fatale politische Wirkung, die W.s Mythologie in der Folgezeit zeitigte.

Werkausgabe: Gesammelte Schriften und Dichtungen. 10 Bde. Leipzig 1871–83; Sämtliche Werke. Hg. von Carl Dahlhaus in Verbindung mit der Bayerischen Akademie der Schönen Künste. München/Mainz 1970 ff.

Andrea Mork

Waiblinger, Wilhelm
Geb. 21. 11. 1804 in Heilbronn; gest. 17. 1. 1830 in Rom

Er verstand es, stets unverstanden zu sein, und seiner Dichtung blieb dieses Geschick lange bewahrt, während man seine Biographie eher begreifen kann. Als früh verstorbenes ›enfant terrible‹ mit eben gereiftem Werk spukt W. durch die Literaturgeschichte. Hochgesteckte Pläne standen am Anfang: Er hält sich für William Shakespeare, will seine Person als neuen Werther darstellen, Theoderich, Raffael, Sickingen, Trenck, Hölderlin werden ihm nebeneinander zum Gegenstand von großen Dichtungen: »Ich kann nicht leben, wenn ich keinen Wahnsinnigen schildre«. Mit starken Worten formuliert der Exzentriker seine Bekenntnisse in Briefen und im Tagebuch, das unter Freunden zirkuliert, 1823 zum Verlag angeboten wird. Daneben schreibt er Gedichte im klassizistischen Stil jener Künstler, bei denen er in Stuttgart verkehrt: Friedrich von Matthisson, Johann Heinrich von Dannecker u. a. Doch er legt sich mit diesen Gönnern an, steht mit Gustav Schwab im offenen Streit, kritisiert die Institutionen und fällt dann im Tübinger Stift unter besondere Aufsicht; enge Freunde wie Eduard Mörike distanzieren sich mit der Zeit von ihm. Mit der Literatursatire *Drei Tage in der Unterwelt* (1826) verabschiedet sich W. von der Heimat und geht nach Italien. Sein Leben im Süden verläuft ruhelos, er findet hier kaum Freunde, greift seine deutschen Landsleute sogar öffentlich an. W. lebt in großer Armut, führt eine wilde Ehe mit einer Römerin, reist 1828/1829 nach Süditalien und Sizilien. Der Einzelgänger und Außenseiter stirbt verarmt an Schwindsucht.

W.s ausgeprägter Subjektivismus trübt keineswegs seinen Blick für die Realitäten: Während ihn seine Begegnungen mit Friedrich Hölderlin zum *Hyperion*-Roman *Phaëthon* (1823) inspirieren, beobachtet er das Vorbild fast klinisch, so dass *Hölderlins Leben, Dichtung und Wahnsinn* (1831) noch heute als vorzügliche Pathographie gilt. Mit der Egozentrik seiner Themen korrespondierte schon bald die virtuose Beherrschung traditioneller Formen; sein Wahrnehmungsvermögen strebte über die gewohnten Perspektiven hinaus und erlaubte deswegen gestalterische Rückgriffe auf tradierte Muster immer seltener. Seine »Absicht, eine vollkommen lebhafte, feurige, wahre und anschauliche Schilderung« zu geben, ist in seinen *Blüthen der Muse aus Rom* (1827) und den beiden *Taschenbüchern aus Italien und Griechenland* (1828/ 29) vielfach gelungen: W.s subjektive und perspektivenreiche Realistik führt von den Dingen aus zu neuen Erkenntnissen; der allwissende Autor ist (mitsamt den großen Themen) aufgegeben. »Meine Schilderung soll recht ins Einzelne hineingehen, denn das Ganze selbst kann ich Ihnen nicht geben«. Dabei steht neben erlebten Eindrücken so viel Abenteuerliches und Phantastisches, dass seine Autobiographik als zweifelhaft (und seine stete Egozentrik als fiktiv) erscheint: Thema der realistischen Stoffe ist die Unsicherheit des Menschen; ihm tritt die Welt zerstreut, flüchtig entgegen, als Bild im Kaleidoskop, eine Welt, die bald kopfsteht, bald in Träume übergeht.

Werkausgabe: Werke und Briefe. Hg. von Hans Köninger. 6 Bde. Stuttgart 1980–88.

Hans-Ulrich Simon

Walcott, Derek
Geb. 23. 1. 1930 in Castries, St. Lucia, Karibik

Derek Walcott kommt aus einem künstlerisch talentierten Elternhaus afrikanisch-europäischer Abstammung. Aufgrund der Muttersprache Englisch und der Zugehörigkeit zur methodistischen Kirche nahm die Familie im mehrheitlich frankophonen, katholischen St. Lucia eine Randposition ein. W. und sein Zwillingsbruder Roderick wurden indirekt, aber nachhaltig von ihrem früh verstorbenen Vater geprägt, der Gedichte geschrieben und gemalt hatte; ihre Mutter inszenierte als Lehrerin an der lokalen Methodistenschule Shakespeare-Stücke. Stark beeinflusst wurde W. zudem von einem Freund des Vaters, dem Maler Harold Simmons, und seine Ambitionen als Maler hat W. nie ganz aufgegeben, obwohl er ein eher amateurhaft begabter Aquarell-Maler geblieben ist. Dass seine literarische Begabung ungleich größer war, zeichnete sich früh ab: Schon mit 18 Jahren veröffentlichte W. seinen ersten Gedichtband, *25 Poems* (1948), zwei Jahre später kamen drei Stücke in St. Lucia zur Aufführung, die teilweise von der BBC übertragen wurden. W. studierte Englisch, Französisch und Latein am University College of the West Indies in Jamaika (1950–54), unterrichtete an höheren Schulen in Grenada, St. Lucia und Jamaika und war als Mitarbeiter bei diversen Zeitschriften, u. a. als Feuilletonist des *Trinidad Guardian*, tätig. Während seiner Jahre in Trinidad war er hauptsächlich als Gründungsleiter des Trinidad Theatre Workshop in Port-of-Spain beschäftigt (1959–76). W. übersiedelte 1981 in die USA, wo er mehrere Gastprofessuren wahrnahm und v. a. in Boston lebte. Seit den 1990er Jahren verbringt er den größten Teil seiner Zeit wieder in St. Lucia, wo er mithilfe des Nobelpreis-Geldes ein Kulturzentrum gegründet hat. Der Preis, der ihn endgültig weltweit bekanntmachte, wurde ihm 1992 verliehen; seine bei dem Anlass gehaltene Rede, die eine Standortbestimmung des karibischen Autors formuliert, erschien unter dem Titel *The Antilles: Fragments of Epic Memory* im gleichen Jahr.

W. ist geprägt von den insularen karibischen Kulturen mit ihren charakteristisch multiethnischen Ursprüngen und den damit verknüpften Dilemmata gemischter Abstammung, ungewisser Herkunft und gekappter Wurzeln. Die Plantagenkulturen der Karibik, die auf der Arbeitskraft der aus Afrika verschleppten Sklaven und später aus Südasien angeworbenen Vertragsarbeiter gründeten, waren bruchstückhaft verkürzt und weit verstreut, charakterisiert durch das, was W. als ›Amnesie‹ oder Abwesenheit historischer Kontinuität und cartesianischer Linearität bezeichnet. Künstlerische Kreativität – schon nach quantitativer Produktivität ein Phänomen erst in jüngerer Zeit – entfaltete sich im Kontext importierter europäischer Traditionen, die in der merkantilistischen Welt vor Ort keinen adäquaten Nährboden fanden. Die Distanz zwischen den formenden und deformierenden Kulturen der kolonialen Zentren und der Natur der Karibik als eines Archipels von ›Nationen‹, die kaum miteinander kommunizieren konnten, brachte W. dazu, die Grundsituation des karibischen Menschen als die eines Crusoe oder ›Schiffbrüchigen‹ bzw. ›Ausgesetzten‹ zu betrachten, der in einer Welt ohne historischen Rückhalt die psychische Krise der Anomie erlebt. Die Titel zweier Gedichtbände, *The Castaway* (1965) und *The Gulf* (1969), deuten W.s Auffassung ebenso an wie der des wegweisenden Essays »The Figure of Crusoe« (1965), der zusammen mit anderen wichtigen Überlegungen zur Kunst, Dichtung, Kultur, zum Drama, zur Geschichte und Gesellschaft in der Sammlung *What the Twilight Says* (1998) nachgedruckt ist. Die negative Ausgangslage enthält aber ein Entdeckungs- und Erfindungspotential, das die Kreativität und das Identitätsverständnis des Dichters zur Entfaltung kommen lässt. Für W. ist die ›Neue Welt‹ die Welt Adams und neuer ›grüner‹ Anfänge. ›Identität‹ ist für W. allerdings nicht vorrangig eine Frage der Ethnizität oder Rasse im Sinne des psychotischen Zustands, den Frantz Fanon in dem kolonialismusbedingten Minderwertigkeits- bzw. Überlegenheitskomplex verortet. Anders als Theoretiker und Autoren in der Tradition der Négritude, welche die ›Herrschaftssprache‹ Englisch verwandten, um eine afrikanische Tradition – in Afrika oder in der Neuen Welt – zum Ausdruck zu bringen, akzeptiert W. sein ›Mulatten‹-Erbe und bringt die gesamte westliche Tradition durch Anverwandlung in den karibischen Kontext. Seine Essays »The Muse of History« (1976) und »What the Twilight Says« (1970) formulieren diese Position besonders schlüssig, und sein Drama *Pantomime* (1980), das die Konstellation des Crusoe/Friday-Mythos umkehrt, demonstriert, wie unterschiedliche Rassen eine koexistentielle Basis finden können. Mythos ist wichtiger als Geschichte, die moralische und universale Imagination wichtiger als politische und partikuläre Ideologie. Die Landschaft, gerade in der Verbindung von Meer und Inseln, stellt die zentrale, strukturbildende Sinnbildlichkeit seiner Gedichte und vieler seiner Stücke dar. Mit der unerschöpflichen Gabe, der Natur immer wieder neue Metaphern abzugewinnen, verknüpft er das Lokale mit dem Universalen, das Menschliche mit dem Natürlichen, wie in der meisterhaften (4000 Zeilen langen) autobiographischen Gedichtsequenz *Another Life* (1973), in der er anhand seiner Kindheitserinnerungen und eindringlicher Reflexionen die Wurzeln seiner künstlerischen Erfahrung und die einer Künstlergeneration, die sich der Erkundung der karibischen Heimat widmete, sondiert und die aufreibenden Zwänge, die ihn zur Übersiedlung aus der Karibik in die USA trieben, erörtert. Die Episodenstruktur der Sequenz, die zwischen der Ich- und Er-Form alterniert, reflektiert Gestaltungsprinzipien des Dramatikers W. In *Another Life* bezieht W. sich wie häufig in seiner Dichtung auf andere Autoren, sieht sich als Teil einer internationalen Gemeinschaft von engagierten Künstlern, die sich politischer Unterdrückung und kultureller Ideologie widersetzen, und verwendet die Vorstellung vom Schreiben als einer Schatzkammer der Metaphorik, selbst auf das Wirken der Natur, der Landschaft oder der Erinnerung angewandt werden kann.

Der Drang zur Unmittelbarkeit des Ausdrucks, der sich in W.s passionierter Malerei niederschlägt, zeigt sich auch in seinem unermüdlichen Engagement als Leiter des Trinidad Theatre Workshop, der eine maßgebliche Rolle in der Entfaltung und Förderung des karibischen Dramas spielte und durch Theatertourneen dafür sorgte, dass es einem internationalen Publikum nahegebracht wurde. Viele seiner Stücke wurden für diese Truppe geschrieben, und sie offerieren ein gemischtes Figuren-Ensemble aus der Folklore, kreolischer Sprache und Mündlichkeit, Musik und Tanz. W.s beachtlichsten Werke in dieser Hinsicht sind *Dream on Monkey Mountain* (1970; *Der Traum auf dem Affenberg*, 1993), *Ti-Jean and His Brothers* (1970) und die Rastafari-Satire *O Babylon!* (1978). Das letztgenannte Stück ist ein Musical, wie auch *The Joker of Seville* (1978), eine Adaptation des klassischen spanischen Dramas von Tirso de Molina. Eine radikalere Adaptation ist die Kombination karibischer Szenerie und klassisch-antiker Mythologie in der Bühnenversion *The Odyssey* (1993). Viele seiner Stücke gehen dem Verhältnis zwischen ethnischer Identität und politischer Macht nach, insbesondere *The Haitian Trilogy* (2002), welche die früheren Stücke *Henri Christophe* (1950), *Drums and Colours* (1958) und *The Haitian Earth* (1984) zusammenführt.

W. vertritt eher eine konservative Moderne als eine radikal-experimentelle Avantgarde. Seine frühesten Verse zeigen den Einfluss von W.B. Yeats, Thomas Hardy und den *Metaphysical Poets*; es gibt oft einen auf Alfred Tennyson zurückverweisenden Grundton und eine deutliche Affinität mit Dichtern wie Saint-John Perse, die das Postulat einer der Erfahrung der Neuen Welt gerecht werdenden Poetik artikuliert haben. Gleichgültig ob er sich vorgegebener metrischer Muster oder des Freiverses bedient, W. erweist sich als ein Meister der Verskunst, der von vorbildlichen Dichtern der westlichen Tradition viel gelernt hat. Er besitzt ein ausgeprägtes Bewusstsein von der (auch politisch) verantwortungsvollen Rolle des Dichters, Zeugnis abzulegen von der Natur des Menschen und der Universalität der Kultur, und es ist bezeichnend, dass er zu seinen engsten Freunden gleichgesinnte Lyriker wie Seamus Heaney (Nordirland), Edouard Glissant (Martinique) und den – inzwischen verstorbenen – Iosif Brodskij (UdSSR/USA) zählt. W.s Stil ist gewöhnlich inkantatorisch und hat einen leicht melancholischen Zug trotz seines immer wieder aufblitzenden Witzes und Humors. In den Sammlungen seiner mittleren Schaffensphase, während der er mehr Zeit in den USA verbrachte und sich mit dem Fehlschlag der Begründung eines Nationaltheaters in der anglophonen Karibik abfinden musste, konnte man ihn gegen Versuche schwarzer Nationalisten, die Volkskultur eines anti-kolonialen Analphabetentums zu glorifizieren, Stellung beziehen sehen. Von daher erklärt sich der gereizt-verärgerte Ton und die direktere Sprechweise in *Sea Grapes* (1976) und anderen Gedichten der 1970er Jahre, eine Tendenz, die sich freilich schon in einer so frühen Sammlung wie *In a Green Night: Poems 1948–1960* (1962) angekündigt hatte. Den Höhepunkt des Bandes *The Star-Apple Kingdom* (1980; *Das Königreich des Sternapfels*, 1989) bildet die elfteilige Sequenz »The Schooner Flight«, die autobiographische Züge in einer Erzählung über die Seefahrt eines Mulatten durch die Karibik integriert. Die Gedichte der Sammlung setzen sich mit politischer Korruption ebenso wie mit dem Wesen menschlicher Grausamkeit und Überlebensfähigkeit auseinander. Viele der Gedichte in *The Fortunate Traveller* (1981) und *The Arkansas Testament* (1987) gehen auf kulturelle Parallelen und Kontraste ein (Norden und Süden, Europa und die Neue Welt, Schwarze und Juden, insulare Karibik und kontinentale USA, Römisches Reich und Nazi-Deutschland, ›hier‹ und ›anderswo‹), und alle versuchen, die verhängnisvolle Spaltung der Identität (die ›Erbsünde‹), die durch das falsche Bewusstsein einer Rassenidentität verursacht worden ist, zu heilen. W. definiert die eigene Persönlichkeit aufs neue in der liebevollen Erkundung karibischer Landschaften, wie etwa in den 54 eklogenartigen Gedichten der Sequenz *Midsummer* (1984; *Mittsommer*, 2001) und in *The Bounty* (1997). W.s Rückkehr in die Karibik und die wiederaufgenommene Malerei finden ihren Niederschlag in der – selber illustrierten – ›Quest-Erzählung‹ *Tiepolo's Hound* (2000), die zwei Lebensberichte miteinander verschränkt: über den Werdegang des karibischen Malers Camille Pisarro und die Suche des Dichters nach dem Gemälde eines venezianischen Malers. Wieder werden die Karibik und Europa nebeneinandergestellt, wie auch in *Omeros* (1990; *Omeros*, 1995), einem Gedicht epischen Ausmaßes, das als der Höhepunkt in W.s Schaffen angesehen werden kann. In diesem Werk, dessen Versform (*terza rima*) und spirituelle Sensibilität dem Beispiel Dantes verpflichtet sind, rückt W. Figuren ins Zentrum, die den unglückseligen Liebenden und Kriegern des Kampfes um Troja nachgebildet sind und einen Archipel bewohnen, der als das Neue-Welt-Pendant zur Aegis in Homers Griechenland erscheint. In einem poetischen Duktus unerschöpflicher lyrischer Dynamik voller Witz, Metaphorik und Sensualität verwendet *Omeros* das epische Konzept des Reisens, um die vielen Gesichter der karibischen Kultur – historisch, ethnisch, mythisch – zur Anschauung zu bringen. Das Gedicht vereinigt verschiedene Kulturtraditionen (afro-karibische Volkskultur, anglo-irischer Kolonialismus, griechische und danteske Epik) in seiner Intertextualität und repräsentiert zugleich W.s subtilsten Versuch, literarische Expressivität mit den Rhythmen und Modulationen kreolischer Mündlichkeit zu verschmelzen.

Werkausgaben: Collected Poems 1948–1984. London 1986. – Erzählungen von den Inseln: Gedichte. München 1993 [Auswahl]. – What the Twilight Says: Essays. New York 1998.

Gordon Collier

Walker, Alice [Malsenior]
Geb. 9. 2. 1944 in Eatonton, Georgia

In der imposanten Reihe zeitgenössischer afro-amerikanischer Autorinnen nimmt Alice Walker neben Toni Morrison einen herausgehobenen Platz ein. Sie zeigte sich von Beginn ihrer Karriere an als eine besonders experimentierfreudige, politisch und sozial engagierte Autorin, die in vielen Textsorten zu Hause ist. Ihr Publikumserfolg erreichte mit der Veröffentlichung des Romans *The Color Purple* (1982; *Die Farbe Lila*, 1984), der Verleihung des Pulitzer Preises und des National Book Award 1983 für dieses Buch und seiner Verfilmung durch Steven Spielberg 1985 einen ungewöhnlichen Höhepunkt.

Als Kind einfacher Eltern geboren (ihr Vater war Farmer und Gelegenheitsarbeiter), schloss W. 1961 ihre Schulbildung ab, bevor sie mit einem Förderstipendium zwei Jahre am Spelman College in Atlanta und bis 1965 am Sarah Lawrence College studierte. Als Studentin verbrachte sie einen Sommer in Afrika, verliebte sich dort, wurde schwanger und trug sich vor der schließlich vorgenommenen Abtreibung mit Selbstmordgedanken. Nachdem sie in New Yorks Lower East Side für das Sozialamt gearbeitet hatte, kehrte sie 1967 verheiratet in den Süden zurück. Ihr Mann, ein jüdischer Rechtsanwalt, engagierte sich mit W. zusammen intensiv bei Bürgerrechtsaktivitäten in Jackson, Mississippi. Unter dem Druck von Rassismus und schwarzer Militanz wurde die Ehe aber schließlich freundschaftlich gelöst, bevor W. 1977 zusammen mit der einzigen Tochter nach Kalifornien zog.

W.s erste Veröffentlichung war eine Kurzgeschichte, »To Hell with Dying« (1967), mit deutlich biographischem Bezug, aus der sie 1988 ein illustriertes Kinderbuch machte. Auch ihr erster Gedichtband, *Once* (1968), thematisiert persönliche Erfahrungen in Afrika und in den USA. Sie ließ dieser weitere Lyriksammlungen folgen – darunter die eindrucksvolle *Revolutionary Petunias and Other Poems* (1973) – und gab ab 1991 ihre gesammelten Gedichte heraus. W.s schriftstellerische Reputation beruht aber im Wesentlichen auf ihrem umfangreichen Erzählwerk, ergänzt durch einige markante Essays. W.s erster Roman, *The Third Life of Grange Copeland* (1970; *Das dritte Leben des Grange Copeland*, 1988), ist eine der eindring-

lichsten Darstellungen des ländlichen Südens in der amerikanischen Literatur und erinnert an Erskine Caldwells oder Ernest J. Gaines' ähnlich gestaltete Milieustudien. Der Roman erzählt die Geschichte einer schwarzen Familie über drei Generationen zwischen 1920 und 1960 in Georgia und nimmt die systemimmanente Ausbeutung schwarzer »sharecropper« (an der Ernte beteiligter Landpächter) sowie die Auswirkungen des so entstehenden Drucks auf Familie, Ehe und Kinder in den Blick. Grange Copeland, vom weißen Landbesitzer ständig gedemütigt, schlägt seine Frau Margaret und ignoriert seinen Sohn Brownfield. Zunächst findet er noch zeitweiliges Vergessen bei der Prostituierten Josie, sucht aber schließlich in der Flucht nach Norden einen Ausweg. Nach dem Selbstmord der Mutter entwickelt sich Brownfields Leben nach ähnlichen Mustern: wirtschaftliche Abhängigkeit, Misshandlung der eigenen Familie und, nach der unerhörten Rebellion seiner Frau Mem, schließlich sogar ihre Ermordung. Nachdem Grange im Norden genügend Geld gespart hat, kehrt er als gewandelter Mensch in den Süden zurück, heiratet Josie, kauft sich Haus und Land und versucht, die neue Sicherheit quasi als sein »drittes Leben« an die Enkelin Ruth weiterzugeben. Als Brownfield dies verhindern will, erschießt Grange ihn und opfert sich so für die besseren Chancen von Ruth, die sich auch im Bürgerrechtskampf engagiert. Die Lernprozesse der Protagonisten sind der realutopische Fluchtpunkt des Romans. W. artikuliert hier Postulate eines neuen Geschlechter- und Gruppenverständnisses kühner und pointierter, als ihr dies in ihrem zweiten Roman *Meridian* (1976; *Meridian*, 1993) gelingen sollte. Dieser behandelt die Solidarität von politisch aktiven jungen Menschen sowohl innerhalb ihrer eigenen Gruppe als auch über Geschlechter- und Rassengrenzen hinweg. Ihre Initiationsreise lässt Meridian Hill mehrere Verwandlungen durchlaufen, sowohl was die Klärung ihrer Beziehung zu Mutter, Kirche, Studiengefährten und dem Geliebten Truman Hill anbelangt, als auch mit Blick auf den Stellenwert von Kunst in einer politisch bewegten Zeit. Formal weist der Text insgesamt eine poetisch assoziativ gestaltete Erzählstruktur auf.

W. verbreiterte ihr thematisches Spektrum noch weiter in der kurzen Erzählform. Schon mit *In Love and Trouble: Stories of Black Women* (1973; *Roselily. 13 Liebesgeschichten*, 1986) legte sie eine beeindruckend vielseitige Reihe von Kurzgeschichten vor, die schwarze Frauen in materieller, sozialer oder emotionaler Bedrängnis zeigen, dabei aber auch ihre Fähigkeit zur Selbstbehauptung oder zum Kompromiss demonstrieren. W. bevorzugt hier geschlossene, tektonisch klare Erzählformen. Ihr zweiter Band mit Erzählungen, *You Can't Keep a Good Woman Down* (1981; *Freu dich nicht zu früh! 14 radikale Geschichten*, 1987), signalisiert schon im Titel die Widerstandsfähigkeit von Frauen. Formal nähern sich die Texte bloßen Entwürfen – sowohl in der drastischen Verkürzung der Aussage wie in »The Lover«, »Elethia«, »Porn«, »Coming Apart« als auch in den längeren Skizzen wie »Advancing Luna – and Ida B. Wells« und »Source«. Die Texte wenden sich brisanten Themen zu, so etwa den Rachegelüsten missbrauchter Frauen, der Ausbeutung von Musikerinnen, den sexuellen Wünschen und der Desintegration von Frauen, aber auch den Konflikten zwischen politischem Engagement und Sexismus. Der experimentelle, nahezu dekonstruktivistische Umgang mit dem Genre der Kurzgeschichte steht bei diesen Texten im Dienste feministischer Anliegen.

Die beste Rezeption bei Kritik und Lesepublikum erzielte W. zweifellos mit ihrem dritten Roman, *The Color Purple*. Umgangssprache tritt hier mit der bewusst schlicht gehaltenen Erzählstimme der Briefschreiberin Celie in den Vordergrund und wird mit den hochsprachlichen Briefen der Schwester Nettie kontrastiert. Der Dialekt des ländlichen schwarzen Südens gewinnt in seinen sparsam pointierten Bildern und Redewendungen eine unerhört anschauliche Ausdruckskraft. In ihrer kühnen Aneignung des Genres des Briefromans (dem Prototyp der westeuropäischen bürgerlichen Erzählform) macht W. die Briefform, als Ausdruck des Mangels an unmittelbarer Kommunikation, hier zum Sinnbild der

Vereinsamung von Celie als entmündigter und ausgebeuteter Frau. Die schon mit 14 Jahren sexuell missbrauchte, als zweifache Mutter an den kinderreichen Witwer Albert verkaufte Protagonistin wendet sich nach der Trennung von ihrer Schwester verzweifelt mit ihren Briefen an Gott. Die Anrede »Dear God« markiert das Fehlen anderer Gesprächspartner der Kindfrau, die ihrem gefühllosen Mann (von ihr nur als »Mr. –« bezeichnet) den Haushalt führen muss. Erst mit dem Auftauchen der Blues-Sängerin Shug Avery, Alberts früherer Geliebten, findet Celies Existenz neuen Sinn: Die erwachende und erwiderte Liebe zu Shug führt über das zaghafte Anwachsen ihres Selbstwertgefühls, die Trennung von »Mr. –« und das Ausüben eines Berufes bis zu einem neuen, autonomen Selbstverständnis der Protagonistin. Diese wird darüber hinaus am bewusst märchenhaft gestalteten Romanende durch eine Erbschaft und die Wiedervereinigung mit der Schwester belohnt. Neben Celies Selbstfindung verfolgt der Roman noch weitere exemplarische Geschichten von Frauen, so etwa die der starken, unbeugsamen Sofia, die Alberts Sohn Harpo bändigt und eine zehnjährige Gefängnisstrafe übersteht (für die Beleidigung des weißen Bürgermeisters), die der schwachen, noch zu formenden Squeak, Harpos Freundin und Helferin, und schließlich die von Nettie, die als Missionarsfrau in Afrika eine neue Welt bei den Olinkas erfährt.

Mit dem Roman *Possessing the Secret of Joy* (1992; *Sie hüten das Geheimnis des Glücks*, 1993), der den Nettie-Olinka Handlungsstrang aus *The Color Purple* fortführt, nahm W. wieder verstärkt ihr Interesse für Afrika auf. Ihre engagierte Parteinahme gegen die weibliche Beschneidung gibt dem Text einen bitteren, polemisch-missionarischen Ton. W. vertiefte ihr Engagement gegen die Klitorisbeschneidung als patriarchalisch motivierte Zerstörung weiblicher Sexualität schließlich auch durch ihre Mitarbeit an dem Dokumentarfilm *Warrior Masks*. Ganz anders geartet ist ihr vierter Roman, *The Temple of My Familiar* (1989; *Im Tempel meines Herzens*, 1990) – ein weltgeschichtlich-mythisch aufgeladener Versuch, an drei Paarbeziehungen unter Einbezug von Motiven wie Kosmologie, Seelenwanderung und Weltreligionen eine Neugewichtung des weiblichen Geschlechts zu propagieren. Das labyrinthisch ungeordnete und inhaltlich überfrachtete Buch dürfte das am wenigsten überzeugende Erzählwerk der Autorin sein. Was die Thematisierung von Sexualität und Spiritualität vor einem parabelhaft kosmologischen Welttheater mit exotischem Schauplatz angeht, macht ihm höchstens der Roman *By the Light of My Father's Smile* (1998; *Das Lächeln der Vergebung*, 1999) Konkurrenz, der in Mexikos Bergen unter einem Mischvolk aus Indios und geflohenen Schwarzen spielt.

Von unbestritten hohem literarischen Rang ist dagegen die Sammlung von Essays, Reden und Rezensionen aus den Jahren 1966–1982, die unter dem Titel *In Search of Our Mothers' Gardens* (1983; *Auf der Suche nach dem Garten unserer Mütter*, 1987) erschien. Der Titel spricht, wie mehrere Beiträge im Band, die Schwierigkeiten des praktischen und künstlerischen Überlebens von schwarzen Frauen in Amerika an; sein Wortlaut bezieht sich auf das konkrete Beispiel der eigenen Mutter, die u. a. in Gartenarbeit einen unbefriedigenden Ersatz für ihre kreativen Impulse suchen musste. So wie Alltagsnöte das Potential von Frauen verschütteten, deckten falsche Erziehung und ein einseitiger Kanon die literarischen Vorbilder zu, die W. zur Orientierung gebraucht hätte. Im Zentrum ihrer militanten Forderung nach einer eigenen (schwarzen wie weiblichen) Geschichte und literarischen Tradition (von ihr auch als »womanism« im Gegensatz zum weißen Feminismus definiert) steht die Entdeckung von Zora Neale Hurston, der mehrere Essays gewidmet sind und für deren Reetablierung im Kanon W. mit der Hurston-Textanthologie *I Love Myself When I Am Laughing* (1979) einen wichtigen Beitrag leistete.

Klaus Ensslen

Wallace, [Richard Horatio] Edgar
Geb. 1. 4. 1875 in Greenwich/England;
gest. 10. 2. 1932 in Hollywood

Edgar Allan Poe rühmte an der Kurzgeschichte, dass man sie »at one sitting« lesen könne; von Edgar Wallace lässt sich mit nur geringer Übertreibung sagen, dass er ganze Romane »at one sitting« schrieb. Die daraus resultierenden Mängel in Handlungsführung und Charakterisierung veranlassten Kritiker seiner über 170 Bücher mitunter, W.s Erfindungsreichtum zu unterschätzen. Dieser verwendet meist keine Serienhelden und auch nicht die hochgebildeten Amateurdetektive, die im englischen Detektivroman vor dem Zweiten Weltkrieg häufig als Protagonisten auftreten. Stattdessen finden sich bei ihm Polizisten, deren Fähigkeiten das Maß des Glaubhaften selten überschreiten. Einige seiner Schurken weisen eine Tendenz zum Monströsen auf (so in *The Angel of Terror*, 1922; *Der Engel des Schreckens*, 1931), wohingegen andere seiner Verbrecher sogar mit sympathischen Zügen versehen sind, wie etwa in *The Joker* (1926; *Der Joker*, 1931) und *The Ringer* (1926 Theaterstück, 1927 Romanfassung; *Der Hexer*, 1927). W. greift in seinen Thrillern zwar auf die traditionellen wirkungsästhetischen Rezepte melodramatischer Gattungen zurück, indem er *action* und Sentimentalität, Kampf für den Sieg des Guten und die Rettung der verfolgten Unschuld verbindet; er riskiert es jedoch entgegen den Gepflogenheiten damaliger Kriminalliteratur, gelegentlich die Grenzen des Phantastischen zu streifen (siehe etwa *The Fellowship of the Frog*, 1923; *Der Frosch mit der Maske*, 1930).

Hauptfigur der in Afrika spielenden Erzählungen W.s, deren erster Band, *Sanders of the River*, 1911 erschien (*Sanders vom Strom*, 1929), ist der unscheinbare Bezirksamtmann Sanders; zu ihrem Inventar gehören außerdem der weltfremde Leutnant Bones und der schwarze Häuptling Bosambo, der an der langen Leine von Sanders wirken darf. Die Problematik des Kolonialismus spart W. aus; sein Afrika ist ein von einem benevolenten Despoten geschickt regiertes Lilliput, dessen kindliche, aber keineswegs harmlose Bewohner einer festen Hand bedürfen und vom Leser aus humoristischer Distanz beobachtet werden können. – In seinen späteren Lebensjahren betätigte sich W. mit Erfolg als Dramatiker; er starb, als er in Hollywood das Drehbuch für den Film K<small>ING</small> K<small>ONG</small> zu schreiben beabsichtigte.

Als uneheliches Kind zweier Schauspieler geboren und zur Adoption freigegeben, wurde er von einer Londoner Fischhändlerfamilie aufgezogen. Nach dem Besuch der Grundschule trat W. als 18-Jähriger in die Armee ein, die ihn in Südafrika stationierte. Während des Burenkriegs von 1899 wurde er Korrespondent, doch entließ ihn sein Arbeitgeber, die *Daily Mail*, als er sich wegen einiger seiner Berichte mit Schadensersatzforderungen konfrontiert sah. W., der zweimal verheiratet war und fünf Kinder hatte, hing einem Lebensstil an, für den selbst seine hohen Einkünfte nicht ausreichten. In England schwand seine Popularität nach dem Zweiten Weltkrieg; in der Bundesrepublik Deutschland erreichte sie in der Nachkriegszeit ein erstaunliches Ausmaß. Adenauer zählte W. zu seinen Lieblingsautoren und besaß von diesem mehr Werke als von jedem anderen Schriftsteller; bildungsbürgerlichen Missmut über W. repräsentiert dagegen die Feststellung des marxistischen Philosophen Ernst Bloch, es sei besonders leicht, von W. nicht gefesselt zu sein. Die Verfilmungen der Thriller W.s füllten die Kinos der 1960er Jahre und gehören bis heute zum Standardrepertoire deutscher Fernsehsender.

Eberhard Späth

Wallraff, Günter
Geb. 1. 10. 1942 in Burscheid bei Köln

»Nicht Literatur als Kunst, sondern Wirklichkeit! Die Wirklichkeit hat noch immer größere und durchschlagendere Aussagekraft und Wirkungsmöglichkeit, ist für die Mehrheit der Bevölkerung erkennbar, nachvollziehbar und führt eher zu Konsequenzen als die Phantasie des Dichters.« Mit diesem Bekenntnis über seinen eigenen Standort, vorgetragen als Grundsatzreferat auf der ersten Tagung des »Werkkreises Literatur der Arbeitswelt« im Jahr 1970, umreißt W. treffend seine literarisch-journalistischen Vorhaben. Der Erfolg seines im Herbst 1985 veröffentlichten Buches *Ganz unten*, in dem W., verkleidet als Türke Ali, alle Formen der Ausbeutung und Erniedrigung ausländischer Arbeiter am eigenen Leib zu spüren bekommt, scheint ihm Recht zu geben; es wurde der größte Bucherfolg der Nachkriegszeit. Innerhalb von vier Monaten wurden fast zwei Millionen Exemplare verkauft, ganz neue Leserschichten bestürmten die Buchhandlungen, sie wollten aus erster Hand etwas über Leben und Arbeit der ausländischen Arbeiter in der Bundesrepublik erfahren.

Nach dem Besuch des Gymnasiums ergriff W., Sohn eines Kölner Ford-Arbeiters und einer Fabrikantentochter, den Beruf des Buchhändlers. Seine Kriegsdienstverweigerung wurde nicht anerkannt. Aus der Bundeswehr wurde er jedoch bald wegen andauerndem und radikalem Protest als wehrdienstuntaugliche, »abnorme Persönlichkeit« entlassen. Danach nahm er verschiedene Jobs in Großbetrieben an und sammelte dort den Stoff für seine ersten Berichte.

Die Methode, die W. anwandte, war immer dieselbe: die der Verkleidung, der Verstellung, der Maske, um der Wahrheit und Wirklichkeit auf die Spur zu kommen. Kein Schriftsteller hat so oft die Gerichte bemüht; ungewöhnlich für einen Literaten, jedes seiner Werke ist durch eidesstattliche Erklärungen und juristische Prüfungen abgesichert, dennoch blieb keine seiner Veröffentlichungen ohne gerichtliche Nachspiele. Gegen die Anklage antwortete W. mit einem Angriff: »Die Methode, die ich wählte, war geringfügig im Verhältnis zu den rechtsbeugenden Maßnahmen und illegalen Erprobungen, die ich damit aufdeckte.« Seine ersten aufsehenerregenden Reportagen beschrieben die unmenschlichen Arbeitsbedingungen in Großbetrieben (*Wir brauchen dich. Als Arbeiter in deutschen Großbetrieben*, 1966; *13 unerwünschte Reportagen*, 1972); ebensowenig verschonte er mit seinen Nachstellungen die unzugängliche und isolierte Welt der Chefetagen und fürstlichen Häuser (*Ihr da oben – wir da unten*, zusammen mit Bernt Engelmann, 1973); und schließlich enthüllte er – getarnt als Journalist Hans Esser – die sensationsgierige und wahrheitsverkrümmende Berichterstattung der *BILD*-Zeitung (*Der Aufmacher. Der Mann, der bei ›Bild‹ Hans Esser war*, 1977; *Zeugen der Anklage. Die ›Bild‹-Beschreibung wird fortgesetzt*, 1979).

W. hat in der Bundesrepublik eine Gattung wiederbelebt, die nur sehr schwache Traditionen in Deutschland hat, den republikanischen Enthüllungs-Journalismus. Er fühlt sich der dokumentarischen Tatsachenliteratur verpflichtet. Obwohl W. zur Gruppe 61 gehörte und später Mitbegründer des »Werkkreises Literatur der Arbeitswelt« wurde, hat er sich stets geweigert, als Schriftsteller zu firmieren: »Schreiben ist für mich belegen. Als Autor bin ich Utopist. Kunst ist die Dramatik der Wirklichkeit, aber ich gehöre nicht zur Literaturszene.« W. will bewegen, aufrütteln, nachdenklich stimmen. So sind auch seine Aktionen zu verstehen, wie zum Beispiel sein Protest gegen die griechische Militärjunta im Sommer 1974. W. kettete sich auf dem Syntagma-Platz in Athen an einen Laternenpfahl und verteilte antifaschistische Flugblätter, bis ihn die Polizei unter Anwendung von Gewalt ins Gefängnis abschleppte.

Wo immer Unrecht in der Welt herrscht, W. versucht, zur Stelle zu sein: in der Türkei, in Tschetschenien, in Afghanistan – zusammengefasst hat er seine jüngsten Erfahrungen in einem Band von *Reportagen und neuen Aufsätzen* im Jahr 2002. Grunderfahrung seines Schreibens ist das persönliche Erleben; er muss sich erst selbst den Gefahren, Demütigungen und Unterdrückungen aussetzen, bevor er zur Feder greift und darüber berichtet. W. will Authentizität, denn nur so kann er nach seinem eigenen Selbstverständnis als radikaler Moralist auf das soziale Gewissen der Nation einwirken. Ideologische und literarische Einordnungen weist W. zurück: »Es widerstrebt mir, mich auf eine Ideologie festzulegen. Ich brauche immer die gegenläufige Erfahrung. Überall kommt man mir mit Marx, und immer häufiger werde ich an Egon Erwin Kisch gemessen. Ich brauche doch meine eigenen Rollenerlebnisse, um die eigenen Vorurteile widerlegen zu können.« Ein Rollenerlebnis besonderer Art hängt W. seit dem Ende der DDR und der Öffnung der Stasi-Archive nach. Immer wieder taucht der Verdacht auf, er habe als inoffizieller Mitarbeiter für die Staatssicherheit gearbeitet. W. weist dies strikt zurück, er habe in der DDR »nur die Archive genutzt, bin aber nie selbst benützt worden«.

Lerke von Saalfeld

Walser, Martin
Geb. 24. 3. 1927 in Wasserburg am Bodensee

Was haben der Bodensee und der Pazifik gemeinsam? Besonders ähnlich sind sie sich nicht, und doch spielen beide wichtige Rollen im Werk eines Mannes, der auszog, um einer der bedeutendsten Schriftsteller der Nachkriegszeit zu werden. Seiner Herkunft schämt sich W. nicht, im Gegenteil. Wenn man ihn reden hört, weiß man, woher er kommt, und das merkt man auch, wenn man seine Werke liest. Doch sind seine Stoffe, gleichwohl in der Region verankert und auf nationale Themen bezogen, solche, die man als welthaltig bezeichnen kann. W. ähnelt darin dem großen Romancier des 19. Jahrhunderts, Theodor Fontane. Was dem einen die Mark Brandenburg und Großbritannien waren, sind dem anderen die Bodensee-Region und die USA.

An Umfang und Breite der literarischen Tätigkeit nach 1945 kann sich unter den bekannteren Autoren wohl nur noch Günter Grass mit W. messen. Neben der Prosa, für die W. vor allem bekannt ist, finden sich Hörspiele, Dramen, Gedichte, Reden, Aufsätze, Artikel, wissenschaftliche Abhandlungen, Übersetzungen, Drehbücher und herausgegebene Werke. Dabei ist W. immer einer der streitbarsten Autoren deutscher Sprache gewesen. Aufregung über seine Werke gab es bereits in der Anfangszeit, und es gab sie zuletzt 2002 anlässlich der Veröffentlichung von *Tod eines Kritikers*, ein Roman, der sich satirisch mit der Rolle der Medien in der Gesellschaft auseinandersetzt.

W. wuchs in seinem Geburtsort Wasserburg auf. 1938 starb sein Vater. Wie sehr dies den Jungen geprägt hat, lässt sich an dem stark autobiographisch eingefärbten Roman *Ein springender Brunnen* von 1998 ablesen. Nach dem Besuch der Lindauer Oberschule wechselte W. 1943 an das dortige Gymnasium und schloss 1946 mit dem Abitur ab. Während der Schulzeit wurde er für Kriegsdienste herangezogen und geriet in Gefangenschaft. Nach dem Abitur studierte W. Literatur, Geschichte und Philosophie, 1947 bis 1948 in Regensburg und anschließend in Tübingen. 1951 promovierte er dort mit einer Arbeit über Franz Kafka. *Beschreibung einer Form. Versuch über Kafka* erschien 1961 im Druck.

Von 1949 bis 1957 wohnte W. in Stuttgart, arbeitete als Redakteur und Reporter für den Süddeutschen Rundfunk. 1950 heiratete er Käthe Neuner-Jehle, 1952 wurde die erste von vier Töchtern, Franziska, geboren. Von 1953 an gehörte W. zur Gruppe 47, der von Hans Werner Richter initiierten Literatenvereinigung. 1955 gewann er den Preis der Gruppe für die Erzählung *Templones Ende*, sie ist in W.s erster Buchveröffentlichung enthalten, die im selben Jahr herauskam: *Ein Flugzeug über dem Haus und andere Geschichten*. 1957 zog W. nach Friedrichshafen, also zurück an den Bodensee, und machte sich dort als freier Schriftsteller selbständig. 1968 siedelte er ins nahegelegene Überlingen-Nußdorf über. Er hat verschiedentlich, insbesondere in den 1970er und 1980er Jahren, Gastprofessuren in den USA wahrgenommen. So bilden beispielsweise die Erfahrungen seines Aufenthalts an der renommierten University of California in Berkeley 1983 den Hintergrund für den 1985 veröffentlichten Roman *Brandung*. W. ist Mitglied der Akademie der Künste Berlin, der Deutschen Akademie für Sprache und Dichtung Darmstadt, der Sächsischen Akademie der Künste, des PEN-Clubs und des Verbands deutscher Schriftsteller. Zu seinen zahlreichen Preisen und Auszeichnungen gehören der Gerhart-Hauptmann-Preis (1962), der Georg-Büchner-Preis (1981), der Große Literaturpreis der Bayerischen Akademie der Schönen Künste (1990) und der Friedenspreis des Deutschen Buchhandels (1998).

Bereits in seiner ersten Buchpublikation *Ein Flugzeug über dem Haus* von 1955 sind wichtige Merkmale von W.s Prosa zu beobachten. An den Geschichten lässt sich allerdings noch deutlich der Einfluss Franz Kafkas ablesen. Geschildert werden Situationen, die alltäglich zu sein scheinen und doch jede Alltagslogik außer Kraft setzen. Meist wird aus der die Glaubwürdigkeit des Erzählten einschränkenden Ich-Perspektive berichtet. Die den Band eröffnende Titelgeschichte schildert einen Nachmittag im Garten eines villenähnlichen Hauses, gefeiert wird der Geburtstag der Tochter. Als die Jugendlichen von der Frau des Hauses allein gelassen werden, brechen archaische Verhaltensmuster durch. Zunächst sieht der Erzähler sich und die anderen Jungen von den Mädchen bedroht. Nachdem aber ein alter Mann, Großonkel des Geburtstagskindes Birga, die Jungen zu »Mitleid« auffordert und zugleich als »Wölfe« bezeichnet, geschieht eine Verwandlung. Die Verhältnisse kehren sich um, die Mädchen werden nun bedroht, und Birga wirft dem alten Mann vor, sie »ausgeliefert« zu haben. Der Lärm eines Flugzeugs initiiert den Angriff der Jungen, die nun »Herr über den Garten, das Haus und die Mädchen« werden. Die Geschichte schließt mit der Bemerkung, der Großvater weine aus seinem Mansardenfenster »in die Zukunft hinein«.

Unschwer ist eine ausgefeilte Symbolik erkennbar. Die Hitze des Nachmittags deutet auf die des Geschehens. Der Garten ist der Raum zwischen Zivilisation (Haus) und roher Natur, doch das domestizierende Element hält nur vor, bis die Jungen ihre Möglichkeiten begreifen. Das Flugzeug, der »Koloß aus Stahl«, lässt sich als Symbol für die fortschreitende Technisierung der Gesellschaft lesen, die hier auch mit Dehumanisierung gleichgesetzt werden kann, und es ist zugleich ein ins Groteske gesteigerter Phallus, eine von zahlreichen sexuellen Konnotationen. Man kann vermuten, dass W. hier Kritik an gesellschaftlichen Entwicklungen (Technisierung, die Vernachlässigung der Kinder durch die offenkundig reichen Erwachsenen) mit Kritik an Rollenstereotypen verbinden will – seit dem 18. Jahrhundert gilt der Mann als das aktive und die Frau als das passive Geschlecht, Frauen waren den Männern in Ehe und Gesellschaft untergeordnet.

In seinem ersten Roman *Ehen in Philippsburg* von 1957 wird W.s Gesellschaftskritik konkreter. Die Schilderung des sozialen Aufstiegs von Hans Beumann spiegelt kritisch die Verhältnisse der Wirtschaftswunderzeit – hinter der Fassade der Philippsburger guten Gesellschaft verbergen sich Machtspiele, Korruption und Untreue. Zugleich wird deutlich, dass W. sein bestimmendes Thema gefunden hat: Er führt an den Figuren vor, wie dünn der Firnis der Zivilisation ist. Dabei reduziert W. seine Figuren nicht auf bestimmte Eigenschaften und die Handlung auf monokausale Zusammenhänge. W.s Helden sind Täter und Opfer zugleich, sie werden von ihren mehr oder weniger verborgenen Wünschen und Sehnsüchten getrieben. W. greift damit Erkenntnisse der modernen Psychoanalyse auf, die in seinem Werk bis heute weiterwirken, etwa dem folgenden Aphorismus von 2003: »Es würde genügen, mit sich selbst übereinzustimmen, um gesund zu sein. Aber man wäre dann unfähig, etwas wahrzunehmen« (*Meßmers Reisen*).

Der illusionslose Blick des Illusionisten führt zu der charakteristischen Mischung von Sympathie und Abscheu, die viele der Figuren beim Leser erzeugen, etwa das Ehepaar Ellen und Sylvio Kern in dem Roman *Ohne einander* (1993). Insbesondere die Bedeutung der Sexualität im Rollenspiel der Geschlechter und der gesellschaftlichen Funktionen wird von W.

immer wieder deutlich herausgearbeitet und mit Macht, die Menschen über andere ausüben, in Verbindung gebracht. In der Anlage der Romane orientiert sich W. an verschiedenen Autoren (etwa Marcel Proust), ohne sie zu kopieren – es entstehen komplexe Psychogramme und Handlungsgefüge, denen die Kritik wohl nicht zuletzt deshalb oft mit Unverständnis und mit dem Einfordern traditioneller Erzählweisen begegnet ist. Wichtige Hinweise zu seinen Vorbildern und dem eigenen poetischen Verfahren hat W. in seinen Frankfurter Poetik-Vorlesungen gegeben, die 1981 unter dem Titel *Selbstbewußtsein und Ironie* veröffentlicht wurden.

Manchen seiner Protagonisten bleibt W. über mehrere Romane treu, so Anselm Kristlein in *Halbzeit* (1960), *Das Einhorn* (1966) und *Der Sturz* (1973), Franz Horn in *Jenseits der Liebe* (1976) und *Der Brief an Lord Liszt* (1982), Helmut Halm in *Ein fliehendes Pferd* (1978) und *Brandung* (1985), Gottlieb Zürn in *Seelenarbeit* (1979), *Das Schwanenhaus* (1980) und *Jagd* (1988), oder auch dem Alter ego Meßmer aus den Aphorismensammlungen *Meßmers Gedanken* (1985) und *Meßmers Reisen* (2003). Die Figur wird witzigerweise als Gastprofessor Tassilo Herbert Meßmer in *Brandung* erinnert, dem parallel zur ersten Aphorismensammlung publizierten Roman. W.s Werk ist ein dichtes Gewebe – um nicht zu sagen: ein Dschungel – von Verweisungszusammenhängen, die zweifellos genauerer Untersuchung bedürften.

Eines der bestimmenden Themen in W.s Werk ist von Beginn an die Auseinandersetzung mit der deutschen Geschichte, vor allem mit der Zeit des Nationalsozialismus, dem Holocaust und der deutschen Teilung. In vielen Prosawerken, etwa in dem Roman *Halbzeit*, ist die Kritik an der fehlenden Aufarbeitung der Nazivergangenheit Bestandteil der Handlung. In den Stücken der Deutschen Chronik indes steht sie im Mittelpunkt: Als erstes zeigt *Eiche und Angora* von 1962, wie die Täter der NS-Zeit weitermachen, als sei nichts gewesen. Die Opfer der Vergangenheit – hier stellvertretend der im Lager durch Medikamenteneinnahme kastrierte Alois Grübel und seine Frau – sind auch die Opfer der Gegenwart. In *Der schwarze Schwan* von 1964 haben zwei ehemalige KZ-Ärzte auf unterschiedlichen Wegen zu ihrem alten Beruf zurückgefunden. Sie können ihre Schuld verdrängen, doch ihre Kinder schaffen es nicht, sich damit abzufinden. Diese beiden Stücke werden wegweisend für die Auseinandersetzung mit der Schuld der älteren Generation im Theater der 1960er Jahre. Bis zum dritten Teil der Deutschen Chronik vergehen drei Jahrzehnte: *Kaschmir in Parching* (1995) zeigt, dass die Erinnerung an die Geschichte nunmehr zwischen Verdrängen und Ritualisierung pendelt.

In seiner vieldiskutierten und nach Meinung der jüngeren Forschung von vielen falsch verstandenen Rede zur Verleihung des Friedenspreises des Deutschen Buchhandels von 1998 hat W. die Frage der Ritualisierung neu gestellt, sie auf die Auseinandersetzung mit dem Holocaust und mit der 1989/90 überwundenen deutschen Teilung bezogen. W. geht von der Anerkennung der Schuld des Massenmordes an den Juden aus, plädiert aber für eine individuelle Auseinandersetzung damit und kritisiert jene »Intellektuellen, die sie uns vorhalten«. Der Autor stellt die provokante Frage, ob sie »dadurch, daß sie uns die Schande vorhalten, eine Sekunde lang der Illusion verfallen, sie hätten sich, weil sie wieder im grausamen Erinnerungsdienst gearbeitet haben, ein wenig entschuldigt, seien für einen Augenblick sogar näher bei den Opfern als bei den Tätern?« Die Seite der Täter zu verlassen ist für W. undenkbar – dies spricht gegen die seinerzeit stark verbreitete Auffassung, W. versuche, die Schuld der Deutschen am Holocaust zu relativieren. In der Friedenspreisrede geht es auch um die Folgen der Teilung – W. plädiert zum Schluss für die Freilassung eines ehemaligen DDR-Spions. Die Problematik von Menschen, die glauben, ihrem Staat zu dienen und von diesem zu Spionagezwecken instrumentalisiert werden, war bereits 1987 Gegenstand der Novelle *Dorle und Wolf*. Vor 1989 hat sich W. auch verschiedentlich in Reden und Aufsätzen für ein Ende der Teilung stark gemacht; und die individuellen, psychischen Folgen der Trennung in BRD und DDR hat er wenig später beispielhaft in dem Roman *Die Verteidigung der Kindheit* (1991) dargestellt.

Den bisher größten Skandal um W. löste 2002 ein offener Brief Frank Schirrmachers in der *Frankfurter Allgemeinen Zeitung* aus, in dem Schirrmacher begründete, weshalb die *FAZ* W.s neuen Roman *Tod eines Kritikers* nicht zum Vorabdruck annehmen würde. Der *FAZ*-Mitherausgeber warf W. vor, den Kritiker Marcel Reich-Ranicki mit der Titelfigur des Romans nicht nur karikiert, sondern verunglimpft zu haben. Der offene Brief steigert sich bis zum versteckten Vorwurf, W. habe klischeehaft auf die jüdische Abstammung Reich-Ranickis angespielt und folglich einen antisemitischen Roman geschrieben. Im Feuilleton tobte ein heftiges Gefecht der Kritiker, das erst an Substanz gewann, als der Roman veröffentlicht und damit jedem zugänglich wurde. Jüngere Publikationen der Forschung haben Schirrmachers Vorwurf entkräftet und als Versuch dargestellt, den einstigen Ziehvater Reich-Ranicki mit allen Mitteln zu verteidigen.

Ein populäres Missverständnis in der Auseinandersetzung mit W. dürfte sein, dass man ihn als einen Autor betrachtet, dem es um ›deutsche‹ Themen geht. Dabei handeln zum Beispiel *Ein springender Brunnen* und die Friedenspreis-Rede nicht primär über den Nationalsozialismus, sondern über Fragen der Schuld, des Gewissens und des Erinnerns. W. hat 2002 in einem *Spiegel*-Interview betont, er sei gegen nichts so empfindlich wie gegen Machtausübung, da sei ihm eine Gallenkolik lieber. Diese Eigenschaft teilt er mit vielen seiner Figuren. Neben dem komplementären Verhältnis von Bodensee und USA, Region und Welt sind Individuum und Gesellschaft zu nennen, wobei dieser Autor im Zweifelsfalle immer die Position des Individuums einnimmt, des Entrechteten, des Machtlosen. W. zeigt die Zwänge, denen wir alle ausgesetzt sind, mit einer grundsätzlichen Sympathie für das Versagen dessen, der den Zwängen nicht standhalten kann, und einer Antipathie gegen jenen, der seine Macht über andere missbraucht. Meistens haben, ganz wie im wirklichen Leben, W.s Figuren ein bisschen von beidem. Das macht sein Werk so menschlich und so notwendig.

Stefan Neuhaus

Walser, Robert
Geb. 15. 4. 1878 in Biel;
gest. 25. 12. 1956 in Herisau/Aargau

»Der Roman, woran ich weiter und weiter schreibe, bleibt immer derselbe und dürfte als ein mannigfaltig zerschnittenes Ich-Buch bezeichnet werden können.« W. wuchs in einer großen Familie als siebentes von acht Kindern auf. Kein Wunder, dass ihm nur eine nachlässige Erziehung zuteil wurde. Die Mittel reichten nicht aus, um dem Sohn eines Buchbinders und Kaufmanns eine gehobene berufliche Karriere zu ermöglichen. Nach dem Progymnasium absolvierte er eine Banklehre. Auch sonst kümmerte man sich nicht sehr um ihn. Der autobiographische Züge tragende Simon sagt im Roman *Geschwister Tanner* (1906), er sei als Kind immer sehr gern krank gewesen, weil er von der Mutter verhätschelt werden wollte. Seine seelisch labile Mutter hatte aber mit ihren Depressionen genug zu tun. Sein Vater war von robuster Statur; er konnte Armut und Demütigungen ruhig und gelassen wegstecken. W. hatte von beiden etwas geerbt. Nach seiner Tätigkeit als Bank- und Büroangestellter ging er für ein Jahr nach Stuttgart zu seinem Bruder Karl, dem Maler. Er war es, der W. auf den Geschmack am selbständigen Leben brachte. Seine Pläne, in Stuttgart Schauspieler zu werden, scheiterten. Danach hatte er acht Jahre in Zürich, mal hier mal dort, gearbeitet, meist für wenig Lohn, als Commis oder Diener, als Angestellter in einer Nähmaschinenfabrik, als Assistent bei einem Erfinder, u. a. auch 1903 als Gehilfe des Ingenieurs Dubler in Wädenswil am Zürichsee. Die Erlebnisse dort lieferten ihm den Stoff zu seinem Roman *Der*

Walser, Robert

Gehülfe (1908). Wie sein erstes Buch, *Fritz Kochers Aufsätze* von 1904, ist auch dieser Roman aus der für W. typischen Perspektive eines unscheinbaren jungen Mannes erzählt, dem bisweilen der Schalk aus den Augen blitzt. »Stets betrachtete ich mit großer Lust die Pracht und den Glanz; mich selbst jedoch wünschte ich von jeher in einen ruhigen, bescheidenheitsreichen Hintergrund zurückgestellt, um von hier aus in das helle Leuchten mit frohen Augen hinein- und hinaufzuschauen.« Die Helden seiner allesamt autobiographischen Romane und Prosastücke können nichts verlieren, sie sind besitzlos. Dafür aber haben sie die Freiheit, mit ihrer Existenz zu experimentieren. W. und seine Figuren sind trotz oder gerade wegen der öffentlichen Missachtung in erhöhtem Maß unvoreingenommen beobachtend, staunend und erlebnishungrig zugleich.

Welch energischer Ton, mit dem W. 1905 seinen Aufbruch nach Berlin untermalt! »Eine Stadt, wo der rauhe, böse Lebenskampf regiert, habe ich nötig. Eine solche Stadt wird mir guttun, wird mich beleben. Eine solche Stadt wird mir zum Bewusstsein bringen, dass ich vielleicht nicht gänzlich ohne gute Eigenschaften bin. In Berlin werde ich in kürzerer oder längerer Zeit zu meinem wahrhaften Vergnügen erfahren, was die Welt von mir will und was ich meinerseits von ihr zu wollen habe.« Wie recht er hatte! 1905 reiste er seinem Bruder Karl nach Berlin nach. Erfüllt von kühnen Hoffnungen, begannen für ihn produktive Jahre. Er arbeitete an den Zeitungen *Die neue Rundschau, Die Schaubühne, Die Zukunft* mit, lernte Max Liebermann, Max Slevogt und Gerhart Hauptmann kennen. Sechs Romane schrieb er hier, wovon allerdings nur drei erhalten sind. Nacheinander entstanden *Geschwister Tanner* (1906) – in nur sechs Wochen niedergeschrieben –, *Der Gehülfe* (1908) und *Jakob von Gunten* (1909). Was die Welt von ihm wollte, musste er aber auch recht bald schmerzlich erfahren. Alle Romane waren klägliche Misserfolge. Er schrieb zu eigenwillig, zu persönlich, wollte keine der en vogue befindlichen Schreibmanieren übernehmen, nannte als Wahlverwandte vielmehr Jakob Michael Reinhold Lenz, Clemens Brentano, Heinrich von Kleist und Nikolaus Lenau. Bruno Cassirer, bei dem seine Romane erschienen und der ihn erst förderte, stutzte mit der Zeit über diesen linkischen, trockenen Schweizer, der sich keine Spur anpassungswillig zeigte, und wandte sich schließlich ab von ihm. Jugendlich unbekümmert war W. nach Berlin gegangen, herb und verbittert kehrte er 1913 heim, krank im Innern, ohne Zuversicht und ohne Glauben an die Menschen. In Biel nahm er zu seiner Schwester Lisa, die wie er unverheiratet geblieben war, wieder ein enges, vertrauliches Verhältnis auf. Auf weiten Spaziergängen in der freien Natur fand er wieder zu sich. Poetischer Ertrag davon waren viele kleine Prosastücke, die er in Zeitungen veröffentlichte. Die Bieler Jahre waren für ihn nach eigener Angabe die glücklichsten seines Lebens. Er machte sich die Natur bewusst. Ohne weltfremde Sentimentalität beschreibt er den Wald, die Bäume, die Blumen, war glücklich über seine Betrachtungen und genoss es, sich bewegen zu können. »Was schreien und keifen möchte, ist ausgeschlossen. Vielmehr ist jedes einzelne Wesen, indem es sich dicht ans andere lehnt, vollauf gesättigt und still vergnügt. Sie vertragen sich gut, da sie einander beleben und ergänzen.« Wie weit sind davon hastige, vielbeschäftigte Menschen entfernt! Seiner Eigenart blieb W. treu, er wollte unter allen Umständen nur sich selbst gehören, keine Macht und Not brachte ihn davon ab. Er wusste aber auch, dass er nach bürgerlichen Maßstäben ein Müßiggänger war; er spöttelte oft in diesem Sinn über sich. Wie seine Schriftstellerei, war sein Leben ein einziges Experimentieren. Bewegung war ihm wichtig. So vagabundierte er von Stadt zu Stadt, von Quartier zu Quartier, von Stellung zu Stellung. Da er keinen Besitz, nicht einmal Bücher hatte, fiel ihm das Nomadisieren leicht. Mit der Sprache stellte er Versuche an, auch um sich die muntere Entdeckerfreude wachzuhalten. Immer blieb er den unbeachtet am Rande liegenden, existierenden Dingen und Menschen seines unmittelbar nächsten Erfahrungskreises zugetan. Seine Prosastücke sind ihm, wie er sagt, »Alltagsvertiefungsversuche«. »Was habe ich anderes in der Poesie getan, als alles, was mir ins Auge

fiel, wortreich darzustellen, verwundert zu bereden und angenehme Gedanken und Empfindungen damit zu verknüpfen?«
1921 siedelte W. nach Bern über. Nach vielen Jahren mühsam behaupteter Dichterfreiheit musste er nun wieder untergeordnete Lohnarbeiten annehmen. Auch wechselte er hier wieder häufig seine Wohnungen, fünfzehnmal in sechs Jahren. Sein seelischer Zustand begann sich wieder zu verschlechtern, Angst und Halluzinationen peinigten ihn. Seine Schriftstellerei fiel ihm auf einmal schwer, der Schwung von früher erlahmte, die schöpferische Glut war am Erlöschen. In winzigster Schrift und mit Bleistift schrieb er kaum entzifferbar, nur noch für sich. »In den letzten Berner Jahren quälten mich wüste Träume: Donner, Geschrei, würgende Halsgriffe, halluzinatorische Stimmen, so daß ich oft laut rufend erwachte.«
1929 ging er schließlich in die Heilanstalt Waldau. Vorher hatte er aber noch seine Schwester um ihre Meinung zu diesem Entschluss gebeten. Insgeheim wollte er zu ihr nach Bellelay ziehen. Da sie aber schwieg, fügte er sich ihrem unausgedrückten Willen. In Waldau schrieb er nur noch wenig, 1933 nach der Überweisung nach Herisau nichts mehr. W. war ein unauffälliger, geduldiger Insasse, der keinerlei Ansprüche mehr an das Leben stellte. Er verschloss sich in sich selbst und war bei aller Bescheidenheit unnahbar und wenig gesprächig. Nur seiner Schwester Lisa und seinem späten Freund Carl Seelig, der 1944 die Vormundschaft über ihn übernahm und W.s Werk als Herausgeber betreute, öffnete er sich noch. Zu ihm sagte er am Ende seines Lebens: »Wenn ich nochmals von vorne beginnen könnte, würde ich mich bemühen, das Subjektive konsequent auszuschalten und so zu schreiben, daß es dem Volk gut tut. Ich habe mich zu sehr emanzipiert. Ich will mit dem Volk leben und mit ihm verschwinden.« W. starb auf einem einsamen Spaziergang.

Werkausgabe: Das Gesamtwerk. Hg. von Jochen Greven. Genf/Hamburg 1972.

Gunther Pix/Red.

Waltari, Mika
Geb. 19. 9. 1908 in Helsinki;
gest. 16. 8. 1979 in Helsinki

Von der zeitgenössischen Kritik und bis vor kurzem auch von der Literaturwissenschaft eher herablassend behandelt, ist Mika Waltari zugleich einer der international bekanntesten und meistübersetzten finnischen Schriftsteller. Nach dem Abitur begann er 1926, nach eigenen Worten durch den Pfarrerberuf seines frühverstorbenen Vaters und eines Onkels »erblich vorbelastet«, ein Theologiestudium, wechselte jedoch nach einer Glaubenskrise zur Philosophie und Literaturwissenschaft und legte 1929 die Magisterprüfung ab. Abgesehen von kurzen Anstellungen beim Finnischen Rundfunk (1937–38) und bei einer Wochenzeitschrift (1936–38) war er danach als freier Schriftsteller, Übersetzer und Literaturkritiker tätig. Sein Gesamtwerk umfasst 29 Romane, 15 sogenannte Kurzromane, vier Novellensammlungen, sechs Lyrikbände, 26 Schauspiele, zwei Märchenbücher sowie mehrere Hörspiele, Filmdrehbücher und Sachbücher.

W. veröffentlichte schon als 17-Jähriger eine rasch in Vergessenheit geratene religiöse Erzählung, der religiöse Gedichte und – unter dem Pseudonym Kristian Korppi – Horrorgeschichten folgten. Gleichzeitig fand er Zugang zum avantgardistischen Kreis um die Literaturzeitschrift *Tulenkantajat* (Feuerträger) und veröffentlichte 1928 gemeinsam mit Olavi Paavolainen, einem der führenden Vertreter der Gruppe, den von Maschinenromantik, Großstadtverherrlichung und Fernweh geprägten Gedichtband *Valtatiet* (Die Hauptverkehrsadern). Der Roman *Suuri illusioni* (Die große Illusion), der im selben Jahr erschien, machte ihn vorübergehend zum Kultautor der urbanen, kosmopolitisch orientierten jungen Elite, deren Lebensgefühl er präzise einfing. Von da an verstand sich W. als Berufsschriftsteller; tatsächlich gelang es ihm, mit seiner literarischen Tätigkeit nicht nur seine eigene Familie zu ernähren, sondern auch Verwandte finanziell zu unterstützen. Dies setzte eine nicht abreißende Textproduktion voraus; dabei legte W. 1931 mit dem Roman *Appelsiininsiemen* (Der Orangenkern) ein Werk vor, das als Zeitbild und in der Personenschilderung tiefgründiger und reifer war als sein Erstling. Allerdings geriet er bald in den Ruf eines oberflächlichen Vielschreibers, obgleich er den wahren Umfang seines Schaffens zu verbergen suchte, indem er unter verschiedenen Pseudonymen publizierte. Die verächtliche Kritik insbesondere aus dem ehemaligen Kreis der »Feuerträger« verletzte ihn nachhaltig; umso mehr erfüllte es ihn mit Genugtuung, als er 1936 bei einem Literaturwettbewerb mit den anonym eingereichten Kurzromanen *Vieras mies tuli taloon* (*Ein Fremdling kam auf den Hof*, 1938) und *Ei koskaan huomispäivää* (»Nie mehr ein Morgen«, in: *Man nennt es Liebe*, 1968) sowohl den ersten als auch den zweiten Preis gewann. Ein skandinavischer Kriminalromanwettbewerb wiederum gab ihm 1939 den Anstoß, sich in diesem Genre zu versuchen. Der Roman *Kuka murhasi rouva Skrofin?* (*Warum haben Sie Frau Kroll ermordet*, 1943; *Die Blutspur*, 1963), der ihm den Sieg im finnischen Teilwettbewerb einbrachte und noch 2004 zum beliebtesten finnischen Kriminalroman aller Zeiten gewählt wurde, bildet den Auftakt zu einer dreiteiligen Serie über Kommissar Palmu, die auch verfilmt wurde.

Was W.s Romane der 1930er Jahre aus der finnischen Literatur dieser Zeit heraushebt, ist die Konzentration auf den Schauplatz Helsinki und auf das zeitgenössische städtische Leben. In den Kriegsjahren befasste sich W. zunehmend mit Stoffen aus der finnischen Geschichte, so etwa in *Kaarina Maununtytär* (1942; *Karin Magnustochter*, 1943). Unmittelbar nach dem Krieg erschien der Roman, der seinen Weltruhm begründete: *Sinuhe egyptiläinen* (1945; *Sinuhe, der Ägypter*, 1948), die Geschichte eines Arztes aus dem 14. Jahrhundert v. Chr., der in den Glaubenskrieg zwischen dem Pharao Echnathon und den Ammon-Priestern verwickelt wird. Der 1954 in den USA verfilmte Roman wurde von der Kritik einerseits als Versuch gewertet, der unbefriedigenden Nachkriegsrealität in eine unverfängliche Vergangenheit zu entfliehen, andererseits wurde er aber auch als Allegorie auf den Weltkrieg gelesen. Auch die sieben weiteren historischen Romane, die W. zwischen 1945 und 1964 veröffentlichte, thematisieren den Widerspruch zwischen Ideal und Realität, speziell in der Beziehung von Macht und Religion, und sind an historischen Wendepunkten angesiedelt; so spielt etwa der 1952 erschienene Roman *Johannes Angelos* (*Der dunkle Engel*, 1954) zur Zeit der Eroberung Konstantinopels 1453, und für sein letztes Werk *Ihmiskunnan viholliset* (1964; *Minutus, der Römer*, 1965) wählte W. die Jahre der Christenverfolgung in Rom als zeitlichen Hintergrund. Geschichte ist für W. unaufhörliche Wiederholung, immer wieder gibt es Kriege und Verfolgungen – und immer wieder überleben Güte und Toleranz. So stehen seine historischen Romane ungeachtet des sorgfältig gestalteten Zeitkolorits in »organischer Verbindung zur Grundschicht universaler Humanität« (Markku Envall).

Gabriele Schrey-Vasara

Walther von der Vogelweide
Um 1200

Im Reiserechnungsbuch des Passauer Bischofs Wolfger von Erla ist zum Martinstag (11. 11. 1203) ein »Waltherus cantor de Vogelweide« als Empfänger eines Geldgeschenks für einen Pelzrock aufgeführt. Dies ist das einzige, auf einen deutschen Lyriker des Hochmittelalters als »Dichter« bezogene urkundliche Zeugnis, zugleich das einzige sichere Datum aus W.s Leben. Nach eigenem Bekunden lernte er »ze ôsterrîche« »singen unde sagen«. Mehr ist über seine Herkunft nicht zu erfahren. Literarhistorische Spekulation hat zwar einige Geburtsorte propagiert, vor allem im Layener Ried im Grödnertal (Südtirol; vgl. das Denkmal auf dem »Walther-Platz« in Bozen), ohne andere Basis als den politisch-national fundierten Enthusiasmus des 19. Jahrhunderts. Für eine regionale Fixierung müsste erst zu klären sein, ob W.s Beiname ein Herkunftsoder ein Künstlername ist. Auch die frühere ständische Einordnung W.s als »ritterbürtig«-

kann sich nicht auf Belege aus W.s Zeit stützen. Er selbst hebt nie auf Geburtsadel ab, sondern stets nur auf Gesinnungs- und Handlungsadel: »sô bin ich doch, swie nider ich sî, der werden ein!« Er war also wohl ein fahrender Sänger unbekannter Herkunft, der an weltlichen und geistlichen Höfen um Brot sang.

Weitere Lebensdaten können aus seiner politischen Lyrik erschlossen werden, die in der mittelhochdeutschen Dichtung etwas Neues darstellt: W. entwickelte aus der älteren, von Spervogel vertretenen moralisch-belehrenden Spruchdichtung ein poetisch-publizistisches Organ, mit dem er zu den politischen und geistigen Streitpunkten seiner Zeit z. T. scharf Stellung bezog. Die ältesten Sprüche fallen wohl ins Jahr 1198, in dem, nach dem Tode Kaiser Heinrichs VI., die Nachfolgekontroversen zwischen dem Staufer Philipp von Schwaben und dem Welfen Otto von Poitou einer ersten Entscheidung zustrebten. W. war in diesem Jahr, nach dem Tod seines bisherigen Gönners, des Herzogs Friedrich, von Österreich in den Westen des Reiches gezogen und hatte offenbar am Hof des staufischen Thronprätendenten Philipp Aufnahme gefunden. Die frühen Sprüche, die er als Philipps zunächst engagierter Parteigänger verfasste, wurden auch seine bekanntesten, z. B. der sog. Reichston: *Ich saz ûf eime steine* (die Miniaturen zu W.s Liedercorpus in den beiden illustrierten Minnesanghandschriften setzen diesen Eingangstopos ins Bild um) oder der *Magdeburger Weihnachtsspruch* (sog. 1. Philippston). Aus der staufischen Parteinahme resultierte wohl auch W.s lebenslange Frontstellung gegen Papst Innozenz III., welcher Otto, den Gegenspieler Philipps, favorisiert hatte. W. polemisierte aber nicht nur gegen Papst und Kurie (wofür ihn Thomasin von Zerklaere tadelt), sondern bald auch gegen Philipp und nach dessen Tode (1208) auch gegen den Nachfolger, Otto IV., dem er sich zunächst als höchstem Repräsentanten des Reichs zugewandt hatte. Alle Kritik ging von dem Idealbild eines weltlichen und geistlichen Herrschertums aus, mit dessen Würde W. die machtpolitischen oder materiellen Interessenhändel und die oft kleinlichen Machenschaften unvereinbar hielt. Eine Verletzung des Herrscherideals sah er auch in der mangelnden »milte« (Freigebigkeit), in der Gleichgültigkeit gegenüber der materiellen Not der nachgeordneten Schichten. Humorvoll, grimmig oder ätzend ficht W. hier auch für eigene Belange, für seine eigene Versorgung, bis ihm schließlich Friedrich II. ein nicht näher bestimmbares Lehen verlieh (um 1220). Gekämpft hatte er lange auch um die erneute Aufnahme an dem »wünneclîchen hof ze Wiene« Leopolds VI., der ihm aus unbekannten Gründen versperrt blieb. Als weitere fürstliche Gönner nennt er den Landgrafen Hermann von Thüringen, den Markgrafen Dietrich von Meißen, Herzog Bernhard von Kärnten, Graf Diether von Katzenellenbogen, Erzbischof Engelbert von Köln, nach denen meist auch ein bestimmter Lied-Ton genannt wird.

W. war nicht nur der bedeutendste mittelhochdeutsche Sangspruchdichter, er war auch der vielseitigste und bis heute am stärksten lebendig gebliebene Minnesänger. Er hatte im Stil Reinmars des Alten zu dichten angefangen, dem er einen zweistrophigen preisenden und zugleich kritischen Nachruf widmete. Gegen Reinmars ihm prätentiös erscheinende Leidensminne mit ihrem Absolutheitsanspruch vertrat W. eine neue Minnekonzeption, die Minne auf Gegenseitigkeit, nicht durch Unterwerfung (»wip«-Strophen mit der Gegenüberstellung von ständischer und menschlicher Würde). Noch radikaler löste er sich von der Hohe-Minne-Tradition in den Mädchenliedern (auch als »Lieder der niederen Minne« bezeichnet). Ausgetragen wurden die gegensätzlichen Auffassungen vom rechten Frauenpreis in der sog. Reinmar-Walther Fehde, in welcher W. Lieder Reinmars parodierte oder übertrumpfte (z. B. in *Ir sult sprechen willekomen*).

W. gestaltete auch religiöse Themen, in radikaler Skepsis etwa *Vil wol gelobter got*, weiter einen Marienleich und Kreuzzugslieder als politische Mahnungen an Kaiser und Papst, schließlich mutmaßlich das sog. *Palästina-Lied*, zu dem die einzige, wohl authentische Melodie W.s überliefert ist. Die *Elegie*, ein resignierter Lebensrückblick, steht wohl am Ende seines Schaffens gegen 1230. Nach einer Notiz in einer Handschrift aus der Mitte des 14. Jahrhunderts soll W. im Kreuzgang des Würzburger Neumünsters begraben sein, wo ein neuzeitliches Denkmal mit einem Lobspruch Hugos von Trimberg an ihn erinnert.

W. war schon im Mittelalter allgemein als der größte deutsche Lyriker anerkannt, wie zahlreiche Nennungen bei zeitgenössischen und späteren Dichtern verraten. Dies belegt auch die relativ reiche handschriftliche Überlieferung. Seine Hochschätzung hat sich ununterbrochen erhalten. Die Meistersinger zählten ihn zu ihren Zwölf Alten Meistern. An der Wende vom Mittelalter zur Neuzeit kreuzen sich zwei Rezeptionsstränge: Bei dem Meistersinger-Historiographen Cyriacus Spangenberg (um 1600) ist nur noch sein Name (in unsicherer Fassung) bekannt. Zur selben Zeit beginnt aber mit dem Schweizer Rechtshistoriker Melchior Goldast die Neubelebung des Wissens um W.s Werk unmittelbar aus der handschriftlichen Überlieferung (Handschrift C).

Werkausgabe: Gesamtwerk. In gleichartiger Reimübersetzung von Helmut Schwaning. Bad Mergentheim 1983.

Günther Schweikle/Red.

Wander, Maxie
(d. i. Elfriede Brunner)

Geb. 3. 1. 1933 in Wien;
gest. 21. 11. 1977 in Kleinmachnow/Berlin

»Wie soll eine Gesellschaft weiterkommen, die nicht mehr in Frage stellt, nicht mehr verändern will, Risiken scheut? Da hätten wir doch den lieben Gott und die Dogmen unserer Großeltern übernehmen können. Zweifeln, Forschen, Fragen, das sind alles Dinge, die uns abhandengekommen sind« – beklagt die 32-jährige Rosi in W.s *Guten Morgen, du Schöne. Protokolle nach Tonband* (1977). Rosi ist Sekretärin, verheiratet, hat ein Kind und ist eine von neunzehn Stimmen, die im Protokollband der in Wien geborenen Autorin souverän und offen ihren konfliktreichen Alltag kritisch reflektieren. Bei der Auswahl ihrer Gesprächspartnerinnen habe W. nicht nach »äußerer Dramatik« gesucht, jedes Leben sei »hinreichend interessant, um anderen mitgeteilt zu werden«. Entstehen konnten die Protokolle nur, weil sie zuhören wollte. Was so überzeugend einfach klingt, trägt im Grunde ein ganzes Spektrum rezeptorischer und analytischer Prozesse in sich. Zielt auf die Kunst zur Präzision beobachteter Details, zeugt von situativem Gespür, vom Mut zur gesellschaftlichen Bestandsaufnahme. *Guten Morgen, du Schöne* signalisiert ein literarisches Ereignis, das über den Kontext der DDR-Literatur hinaus große Resonanz erfährt und die Grenzen des Dokumentarischen in bisher unbekannt souveräner Weise überschreitet. Die soziale und politische Geschichte des Landes, das sich DDR nennt, wird im Spektrum der ausgewählten und sensibel redigierten Frauenporträts nicht nur dokumentiert. Indem W. die Struktur der Interviews monologisiert, ihre Fragen ausspart, ergibt sich eine Dichte der Textstruktur, die an die der Erzählung erinnert. Der Spannungsbogen des Erzählstroms in dieser nonfiktionalen Prosa fesselt, regt zur Identifikation an. Zwei Jahre zuvor betritt zwar Sarah Kirsch (1935) mit *Die Pantherfrau. Fünf unfrisierte Erzählungen aus dem Kassetten-Recorder* bereits literarisches Neuland und löst kontroverse Debatten über die Grenzen der Literatur aus. »Unfrisiert« heißt für Kirsch, die »Sprechstruktur« des erzählenden Ich mit der darin enthaltenen Spontaneität und dem Bilderreichtum zu bewahren. Gerade im Dialekt – für beide Autorinnen ein wesentlicher Bestandteil von Authentizität – schwingen Emotionen, Körperliches mit. Den subjektiven Anteil am Auto-Porträt leugnet Kirsch nicht, schließlich steht auf dem Vorspann eines Films auch, »wer den Schnitt geleistet hat«. Erst W. aber gelingt es, mit ihren dokumentarischen

Mitteln an der Politisierung von Literatur mitzuwirken und ein in Jahrhunderten verfestigtes gesellschaftliches Verständnis vom Autor aufzubrechen, der als Stellvertreter einer sozialen Gruppe agiert, die selbst noch nicht im direkten und vollen Wortsinn »mündig« ist. Die Porträts von Frauen zwischen sechzehn und zweiundneunzig Jahren, aus verschiedenen sozialen Schichten und familiären Konstellationen bezeichnen einen »Glücksfall«, sie wirken wie ein Multiplikator, schaffen einen Dialograum, in dem das »Vorgefühl von einer Gemeinschaft, deren Gesetze Anteilnahme, Selbstachtung, Vertrauen und Freundlichkeit wären«, ahnbar wird.

W.s Form der Protokollliteratur markiert neben dem Phantastischen Anfang der 1970er Jahre ein verändertes Bewusstsein im literarischen Kanon. Protokolle, Reportagen und Berichte sprengen die Definitionen des Literarischen. Techniken der Montage und Collage erweitern wiederum die poetologischen Möglichkeiten dieser Textsorten. In der Gattung der Dokumentarprosa begründen vor allem DDR-Autorinnen neue Formen, um das gewachsene Selbstverständnis von Frauen im real existierenden Sozialismus anhand von Sexualität und Weiblichkeit, Karriere und Familie, Träumen und Utopien literarisch zu reflektieren. Die Schwierigkeit, »ich« zu sagen, wird nicht als Privatsache begriffen, sondern als Teilnahme des Einzelnen am öffentlichen Diskurs. Oder wie es Christa Wolf in ihren *Frankfurter Poetik-Vorlesungen* ausdrückt: »Wie schnell wird Sprach-losigkeit zu Ich-losigkeit.« Während mit Irina Liebmanns *Berliner Mietshaus* (1983) diese Entwicklung innerhalb der DDR-Literatur erfolgreich fortgesetzt wird – indem die hundertjährige Geschichte eines Mietshauses aus den spannungsreichen Geschichten seiner Mieter skizziert wird –, gelingt es den Bänden *Männerprotokolle* von Christine Müller (1985) sowie den als »freimütige Protokolle« charakterisierten *Männerbekanntschaften* (1986) von Christine Lambrecht nicht, an W.s Erfolg anzuknüpfen.

W. wächst im »roten« Arbeiterbezirk Hernals im Wien der 1930er Jahre auf, verlässt ohne Abitur die Schule und arbeitet als Fabrikarbeiterin und Sekretärin. Als sie 1958 mit ihrem Mann, dem Schriftsteller Fred Wander, in die DDR übersiedelt, bestimmen zwar Hausarbeit und Kindererziehung – die Tochter Kathrin wird 1957 geboren, 1963 kommt das Adoptivkind Roberto dazu, 1966 der Sohn Daniel – den Alltag. Allmählich regiert jedoch das Schreiben den täglichen Rhythmus: »Unter dem starken Druck meiner Ideen kann ich plötzlich, was ich nie zustande brachte: alles liegen- und stehenlassen und arbeiten!« Zugleich versucht W., ihren »fremden« Blick auf den Alltag mit der Familie, mit Freunden und Nachbarn sowie bei ihren Reisen ins heimatliche Wien oder nach Paris zu bewahren, Gesehenes schriftlich zu reflektieren. Erst in der Rolle der wachen, aufmerksamen Beobachterin, die zuhört und im Du auch die eigenen Abgründe von »nicht gelebtem Leben« aufspürt, fühlt sie sich in ihrer Ganzheit als Mensch bedeutsam. W. übt eine Form von Gesellschaftskritik, die wenig spektakulär ist. Ihr Blick fokussiert den einzelnen im sozialen Gefüge, oft nimmt sie sich selbst zum Ausgangspunkt, wenn sie von »Ersatzhandlungen« spricht, die darin bestehen, »heimlich aus dem Fenster zu schauen und auszukundschaften, was der Nachbar macht ... Weil wir nämlich nicht mehr fähig sind, mit den Bewohnern unserer Straße richtigen Umgang zu pflegen, mit ihnen zu reden«.

Seit Mitte der 1950er Jahre ambitionierte Fotografin, schärft sie auch in diesem Medium ihren Blick für Momentaufnahmen und Details. Nachzulesen in den postum erschienenen Tagebuchaufzeichnungen und Briefen *Ein Leben ist nicht genug* (1990). »Die Augen sind ein Instrument des Teufels!«, ist in ihrer *Siebentagefibel* – eine Mappe mit Kommentaren zu Zitaten der Weltliteratur –, die sie zwanzigjährig als »Lehrbuch über das Leben« anlegt, zu lesen: »Unterlegen wir nicht dem gerade Geschehen verschiedenartige Erinnerungen, Gedanken, Zweifel, Spott, Entzücken, wie hundert alte belichtete Filme?«

Eine Auswahl der *Tagebücher und Briefe* (1978) W.s erscheinen nach ihrem frühen Tod 1977 in stark gekürzter und zeitlich veränderter Form, da es der Herausgeber Fred Wander für »notwendig« erachtet. Den Zeitraum zwischen 1968 und 1977 umfassend, ist darin auch die Entstehungsgeschichte der Frauenporträts aus *Guten Morgen, du Schöne* dokumentiert. Nochmals durchbricht diese Publikation tabuisiertes Terrain, da sie den mutigen Kampf einer jungen Frau mit ihrer Krebserkrankung dokumentiert, die knapp vierzigjährig bilanziert: »Was hast du getan? Hast gelebt, als hättest du tausend Jahre Zeit. Wozu war dein Leben gut, und wie wird es weitergehen?« W.s Nachlass enthält eine Vielzahl von Aufzeichnungen, zu deren Veröffentlichung es nicht mehr kommen konnte bzw. sollte, weil die Autorin es nicht wollte. Neben Tagebucheintragungen und Briefen, Berichten und Notizen plante sie weitere Protokollbände mit Männern und Kindern, an denen sie bis zuletzt arbeitete. »Kennst Du nicht ein brauchbares Mannsbild, das gerne erzählt und nicht gar zuviel schwindelt ... Ich muss mit Arbeitern reden, mit Männern, die ihre Lage noch nicht durchschaut haben und tief im ›Patriarchat‹ stecken.«

Carola Opitz-Wiemers

Wang Anyi
Geb. 6. 3. 1954 in Nanjing/China

Wang Anyi lebt seit 1955 in Shanghai, der Geburtsstadt ihrer Mutter Ru Zhijuan (1925–98), die selbst eine bekannte Schriftstellerin war und maßgeblich zur Entwicklung einer eigenständigen Frauenliteratur in China beigetragen hat. 1969 erwarb W. den Mittelschulabschluss, konnte ihre Ausbildung aber nicht fortsetzen. Einerseits war der Schulbetrieb zu jener Zeit aufgrund der Kulturrevolution allgemein eingeschränkt, andererseits war sie familiär belastet, weil ihr Vater 1958 als Rechtsabweichler klassifiziert worden war. So konnte sie nicht studieren, sondern wurde 16-jährig als eine von vielen jungen Intellektuellen aufs Land verschickt, um von den Bauern zu lernen. Bereits 1973 konnte sie die ihr zugeteilte Landkommune wieder verlassen, um in einer lokalen Theatertruppe den Part der Cellistin zu übernehmen. Erst 1978, nach dem Ende der Kulturrevolution, kehrte W. nach Shanghai zurück und wurde Mitherausgeberin der Zeitschrift *Ertong shidai* (Kindheit).

Seit 1980 ist sie Mitglied im chinesischen Schriftstellerverband, 1983 nahm sie zusammen mit ihrer Mutter an einem amerikanischen universitären Schriftstellerprogramm teil. W. gehört zu den meistgelesenen Autor/innen der postmaoistischen Zeit; sie hat mit unbequemen Themen und Fragestellungen während der 1980er Jahre maßgeblich zur Liberalisierung der nationalen Kulturszene beigetragen. Seit Mitte der 1990er Jahre experimentiert sie zunehmend mit Traditionsanschlüssen, die verstärkt auf die kulturelle Konfektionierung weiblicher Subjektivität abheben, während sie davor eher an den psychologischen, gesellschaftlichen und historischen Implikationen verhinderter bzw. unvollendeter weiblicher Subjekt-Konstitution interessiert gewesen war.

In ihrer frühen Prosa reflektiert W. überwiegend persönliche Erfahrungen während der 1960er und 70er Jahre. Mit detailfreudigen Beschreibungen der Alltagsfreuden und -nöte von Durchschnittsmenschen kartographiert sie kollektive Seelenlandschaften, in denen einzelne Akteure nach Orientierung und Erfüllung ihrer individuellen Sehnsüchte streben. In unkomplizierter Diktion werden dabei die großen existentiellen Denkfiguren von Natur, Geschichte und Kultur heruntergebrochen auf ein Maß allgemein zugänglicher Reflexion. W.s erster größerer Roman *Liushijiu jie chuzhongsheng* (1984; Mittlere Reife 1969) beginnt mit Schilderungen der Entdeckung des Ich-Bewusstseins ihrer Protagonistin Wenwen. In einfachen, unspektakulären Bildern wird erzählt, wie das Alter ego der Autorin Kindheit, Adoleszenz und die Geburt des ersten Kindes vor dem Hintergrund der großen Krisen der revolutionären Ära wie Rechtsabweichlerkampagne, »Großen Sprung nach vorn«, Hungersnot und Kulturrevolution durchlebt und wie es unter den verschiedenen Zwängen bzw. Anstürmen der Außenwelt doch nie aufhört, seiner Identität nachzuforschen. Ähnlich verfährt W. in einer international bekannt gewordenen

Trilogie von Liebesgeschichten (1986/87), die dem Thema der Entdeckung weiblicher Sexualität gewidmet sind.

Daneben richtet sie in dieser ersten Schaffensphase ihren Blick auf die Unterschiede zwischen ländlichen und städtischen Konventionen weiblicher Identitätsbildung. Ihre preisgekrönten Novellen *Liushi* (1982; Unwiederbringlich) und *Xiao Baozhuang* (1985; »Das Kleine Dorf Bao«, 1988) handeln von den alltäglichen Lebensumständen, Kränkungen und Frustrationen gewöhnlicher Shanghaier Hinterhof-Bewohner über einen Zeitraum von 40 schwierigen Jahren hinweg bzw. vom Festhalten der Landbevölkerung an ihren traditionellen Werten und Dominanzverhältnissen. Auch später kommt W. auf dieses Thema zurück: In der Novelle *Zimeimen* (1996; Schwestern) gewinnt sie dieser starren Traditionstreue eine nahezu konstruktive Dimension ab, indem sie auf die ursprüngliche Funktion einzelner ritueller Praktiken und deren mangelhaften oder gänzlich fehlenden Ersatz im kollektiven Gedächtnis der Moderne aufmerksam macht. Der gleichzeitig entstandene Roman *Changhen ge* (1996; Lied der ewigen Trauer) enthüllt hingegen die leeren Rituale der Shanghaier Stadtkultur, in der die Bewohner durch Konsumgüter und romantische Träume die harten Realitäten der urbanen Existenz – Armut, Egoismus, Einsamkeit, Altern – verdecken, bis diese die Oberhand gewinnen und die Subjekte vernichten.

Neben weiteren Romanen und Erzählungen bis zum 2003 erschienenen Roman *Tao zhi yaoyao* (Jung ist der Pfirsichbaum) hat W. Essays, Briefe, Zeitungsartikel, Reiseaufzeichnungen, Literaturkritiken und Memoiren veröffentlicht. Unter ihren Film-Drehbüchern ist FENGYUE (1996; TEMPTRESS MOON, 1996) hervorzuheben, eine mythologisch strukturierte Familiensaga der Republikzeit, die von Regisseur Chen Kaige realisiert wurde.

Andrea Riemenschnitter

Wang Meng
Geb. 15. 10. 1934 in Shatan bei Peking

»Ich möchte Sie lediglich darum ersuchen, einen aufrechten, gestrengen Artikel zu schreiben und mich darin mit Ihrer Kritik völlig zu verreißen! Nach den Erfahrungen der letzten Jahrzehnte weiß ich genau, sobald jemand von Ihnen kritisiert worden ist, wird er beliebt im ganzen Land, sein Name erschüttert den Erdball!«

Dieses Zitat aus der Kurzgeschichte »Gegenseitige Hilfe« aus dem Sammelband *Weixing xiaoshuo xuan* (1982; Kleines Gerede, 1985) kann als schriftstellerisches Resümee der Lebenserfahrung Wang Mengs angesehen werden, verfasst nach seiner zweiten Rehabilitierung 1979. Es zeugt vom ungebrochenen Humor sowie vom politischen Pragmatismus des Autors, der bereits als 13-Jähriger aus Überzeugung in die Kommunistische Partei Chinas eingetreten war, der aber schon 1957 wegen seiner in der im Jahr zuvor verfassten Erzählung *Zuzhibu laile ge nianqingren* (1956; *Der Neuling in der Organisationsabteilung*, 1980) ironisch präsentierten Kritik an den bürokratischen Auswüchsen des Systems als Rechtsabweichler gebrandmarkt wurde und bis 1977 Schreibverbot hatte. Zwischen 1958 und 1962 wurde W. zur körperlichen Arbeit aufs Land geschickt und ging nach seiner ersten Rehabilitierung 1963 in die weit von Peking entfernten Westgebiete der »Uigurischen Autonomen Region« Xinjiang. Auch hier verstand es W., das Beste aus der jeweiligen Lebenssituation zu machen, und übersetzte uigurische Literatur ins Chinesische.

Ab 1975 arbeitete er als Übersetzer und Redakteur bei der Vereinigung der Kulturschaffenden Xinjiangs. Ab 1978 begann er wieder, Erzählungen zu schreiben und zu veröffentlichen, so etwa »Xiang chunhui« (»Zur Frühlingssonne«), »Zui baogui de« (»Das Teuerste«) und »Guangming« (»Das Licht«). Jetzt erst – mit den Erzählungen »Bu li« (»Mit bolschewistischem Gruß«), »Ye de yan« (»Das Auge der Nacht«) und »Fengzhen piaodai« (»Die Drachenschnur«) – begann die eigentlich literarisch relevante Phase W.s. Nun bot das Experimentieren mit der Form, der Versuch, die Technik des *stream of consciousness* (yishiliu) in die Erzählliteratur der VR China einzuführen, den Anlass für eine landesweite Kampagne der (Literatur-)kritik. Doch wurden seine Werke jetzt in viele, nicht nur europäische Sprachen übersetzt. W. wurde berühmt auf dem ganzen »Erdball«, wenngleich nicht unbedingt »beliebt im [eigenen] Land«. Und doch avancierte er 1985 zum Vizepräsidenten des chinesischen Schriftstellerverbandes und 1986 sogar zum Kulturminister.

Die 1989 veröffentlichte Erzählung *Jiangying de xizhou* (»Zäher Brei«, in: *Politische Literatur in China 1991–92*, 1994), in der er in der für ihn so typisch ironischen Weise Systemkritik betreibt, löste einmal mehr eine landesweite Debatte aus. Am Beispiel der »Essensreform« einer Familie thematisiert W. in der Erzählung exemplarisch Wesen und Unwesen von Reformen, die sich in der Praxis oft als kontraproduktiv herausstellen, indem sie eine unüberschaubare Kettenreaktion in ein starres System bringen. Wieder wird die Organisationsstruktur, diesmal der Familie, in ihrer bürokratischen Hilflosigkeit entlarvt. Die Parallele zum Erstlingswerk *Zuzhibu laile ge nianqingren* ist nicht nur im Hinblick auf das Thema evident. Auch die Reaktionsmechanismen des Systems sind ähnlich, wenngleich die Auswirkungen für den systemtreuen und doch zugleich sarkastischen Autor nicht mehr so fatal waren wie noch 1957. Doch fiel die Publikation genau in das Jahr 1989, als am Tiananmen die Demokratiebewegung niedergeschlagen wurde. W., doch mehr aufmüpfiger Schriftsteller als linientreuer Politiker, büßte zwar seine öffentlichen Funktionen ein, überstand die Zeiten der Repression aber unbeschadet als Privatier und konnte weiterhin schreiben: zunächst literaturwissenschaftliche Studien wie zum »Traum der Roten Kammer« (erschienen 1992), doch dann auch wieder Erzählungen.

Werkausgabe: Das Auge der Nacht. Erzählungen. Berlin/Weimar 1987.

Richard Trappl

Wassermann, Jakob
Geb. 10. 3. 1873 in Fürth;
gest. 1. 1. 1934 in Altaussee/Steiermark

Als er starb, war W. – unter den literarisch angesehenen Autoren des Kaiserreichs und der Weimarer Republik einer der vielgelesenen, auch international berühmt – praktisch bankrott. Immense Summen nämlich hatte sich Julie Wassermann-Speyer (1876–1963), seine erste Frau, durch Serien von Prozessen von ihm zu erstreiten vermocht; jetzt konnte W. nicht mehr zahlen, denn in Deutschland wurden seine Bücher nur noch unterm Ladentisch gehandelt, und die ausländischen Tantiemen reichten nicht aus. Die glänzende Karriere endete in Düsternis – und musste W. nicht fürchten, dass auch manche seiner Leser, gerade junge, auf Erneuerung hoffende, Hitler zugelaufen waren? War seinem Lebensmut mit dem 30. Januar 1933 nicht der Grund zerstört worden, nämlich in Deutschland geachtet zu sein als Jude, der Deutscher ist? Schon der Essay *Das Los der Juden* (1904), hervorgerufen durch die Pogrome in Osteuropa, war von schweren Zweifeln durchzogen. *Mein Weg als Deutscher und Jude* (1921), entstanden unter dem Eindruck der drohend umlaufenden Devise, dass die Juden schuld an Krieg und Niederlage seien, zog eine erste Bilanz, die erschreckend war und doch von Hoffnung bestimmt; es dürfte kein Zufall sein, dass dieser Text zwischen 1922 und 1984 nicht wieder gedruckt wurde. Und mit den 1931/33 geschriebenen, z. T. in Zeitschriften veröffentlichten *Selbstbetrachtungen*, als Buch 1933 zu W.s 60. Geburtstag von seinem alten Verlag S. Fischer herausgebracht, war noch einmal deutlich geworden, welch ein ungewöhnlicher Autor nun verfemt wurde. Wegen eines Abschnitts, in dem W. Deutschland als Herd des Antisemitismus bezeichnet hatte, wurde er aus der Preußischen Akademie der Künste ausgeschlossen, rund drei Wochen, nachdem er selbst seinen Rücktritt erklärt hatte.

Erstmals hatte W. 1897 Aufmerksamkeit erregt durch seinen nach Thematik und Durchführung ungewöhnlichen Roman *Die Juden von Zirndorf*. Der chronikartige erste

Teil (»Vorspiel«) handelt von dem Zug der Fürther Juden, dem vermeintlichen Messias Sabbatai Zewi entgegen, und von der Gründung Zirndorfs; der Roman selbst erzählt aus dem Leben des messianisch gestimmten jungen Zirndorfers Agathon Geyer in der modernen Großstadt. Dies ist ein erstes Beispiel für W.s Kunsttendenz, zwischen unverbundenen Erzählhandlungen oder divergierenden Handlungssträngen Zusammenhänge herzustellen. Moritz Heimann hat das Buch eindringlichstreng gewürdigt und dadurch die Verbindung mit S. Fischer angebahnt. Schon der nächste Roman, in dem auch jener Agathon Geyer noch einmal kurz auftaucht (und stirbt), erschien bei Fischer: *Die Geschichte der jungen Renate Fuchs* (1901). Begonnen hatte W. mit kleinen Erzählungen in der *Jugend* und in Albert Langens *Simplicissimus*, dessen Redakteur er, vermittelt durch Ernst von Wolzogen, für zwei Jahre war. 1896 war bei Langen auch sein erstes Buch erschienen, von dem er sich später distanzierte: *Melusine. Ein Liebesroman*. 1898 zog W. als Theaterreferent für die *Frankfurter Zeitung* nach Wien, wo er bald zum Freundeskreis von Beer-Hofmann, Arthur Schnitzler, Hugo von Hofmannsthal zählte; 1901 heiratete er. Das folgende Jahrzehnt war bestimmt von Erzählexperimenten, das meiste wurde vernichtet oder ad acta gelegt, erstaunlich ist dennoch die Menge des Gedruckten. Es erschienen die Romane *Der Moloch* (1903), *Alexander in Babylon* (1905), der Novellenband *Die Schwestern* (1906); die letzten beiden von großer stilistischer Kühnheit, ihnen gelten Hofmannsthals *Unterhaltungen über ein neues Buch* (1906). Dem Ziel, seine unglückliche Kindheit – die Mutter war schon 1882 gestorben – und Jugend in Autobiographie und Roman hinter sich zu bringen, galt das *Engelhart Ratgeber*-Projekt; W. rief den schon fertigen Text aus der Setzerei zurück und versteckte ihn als Fortsetzungsroman in der *Deutschen Roman-Bibliothek* (1907). Jahrelang arbeitete er an einer anderen Variante seines Lebensthemas, der Geschichte von Kaspar Hauser, dem Findling; das erfolgreiche Buch erschien 1908: *Caspar Hauser oder Die Trägheit des Herzens*. 1910 wurde der Roman *Die Masken Erwin Rei-*

ners veröffentlicht, im Jahr darauf die Novellensammlung *Der goldene Spiegel*, Reflex auch der Geselligkeit des Wiener Freundeskreises, 1913 ein kleiner Roman (ursprünglich als erster einer Zehner-Serie): *Der Mann von vierzig Jahren*. W. gehörte nicht zu den Autoren, die einen einheitlichen persönlichen Stil ausbildeten, er erfand immer neue Möglichkeiten, verwickelte Geschichten zu erzählen, in manchem wurde er Wegbereiter; so wies etwa Franz Pfemfert 1911 in der *Aktion* enthusiastisch auf den expressionistisch verstandenen *Alexander in Babylon* (geschrieben 1905) hin.

»Gegen Wassermanns Romane ließe sich sagen, daß sie zu romanhaft, allzu interessant seien«, so 1935 Thomas Mann, befreundet mit W. seit der legendären *Simplicissimus*-Zeit. Der gewiss zutreffende Einwand macht freilich auch klar, dass sehr viel erzähltes Leben in diesen Büchern steckt. Das gilt vornehmlich für den zweibändigen Roman *Christian Wahnschaffe* (1919), in dem noch einmal, reich facettiert, die entschwundene Welt des Europa vor 1914 aufscheint. W., »ein Räuber wie alle geborenen Erzähler«, schleppe darin zugleich aber eine »ethische Überlast« mit sich, die abzuwerfen Moritz Heimann in seiner Rezension rät, dem noch vor dem Krieg fertiggestellten, in der Kriegszeit dann vielgelesenen Roman aus W.s fränkischer Heimat, *Das Gänsemännchen* (1915), gewidmet war.

1915 hatte W. die Schriftstellerin Marta Karlweis (1889–1965) kennengelernt, die später seine zweite Frau wurde; ab 1919 lebte er mit ihr in Altaussee. In diesem Refugium entstand *Mein Weg als Deutscher und Jude* (Ferruccio Busoni gewidmet). In Altaussee, von wo aus er häufig auf Reisen ging, schrieb W. auch den vierbändigen Zyklus *Der Wendekreis* (1920/1924), *Laudin und die Seinen* (1925), den Roman der komplizierten Auflösung einer bürgerlichen Ehe, und sein berühmtestes Buch: *Der Fall Maurizius* (1928), wieder eine Art Doppelroman; neben der Aufklärung des Kriminalfalls geht es um die Begegnung den Roman beherrschenden Figur Gregor Warschauer-Waremme – hinter dem man Rudolf Borchardt erkennen kann – mit dem sechzehnjährigen Etzel Andergast. W. schätzte solche jugendlichen Helden, die noch voller Möglichkeiten stecken; 1926 hatte er die im Würzburg der Hexenprozesse spielende kleine Erzählung *Der Aufruhr um den Junker Ernst* veröffentlicht, in welcher der fünfzehnjährige Junker alle Welt durch rettende Geschichten bezaubert. In seiner *Unterhaltung mit dem Leser über die Zukunft des Knaben Etzel* (ein Vortrag, gedruckt in der *Neuen Freien Presse*, 1929) lässt W. seinen Helden älter werden, so dass er in den nächsten Doppelroman eintreten kann: *Etzel Andergast* (1931), dessen zweite wichtige Figur, der Arzt Joseph Kerkhoven, in W.s letzten fertiggestellten Roman übergeht: *Joseph Kerkhovens dritte Existenz* (postum 1934 bei Querido, Amsterdam), nochmals ein Doppelroman. Das Mittelstück, die Aufzeichnung des Patienten Alexander Herzog, ursprünglich wohl als selbständiges Buch geplant, stellt die letzte Autobiographie W.s dar: *Ganna oder Die Wahnwelt*, ein höchst unterhaltsamer, stilistisch konzentrierter, witzigböser Roman für sich. Noch im Dezember 1933 schloss W. mit Fritz Landshoff für Querido den Vertrag über ein nächstes Buch ab: Geplant war, schon seit 1926, ein Roman in Dialogform: *Ahasver*, Aufzeichnungen sind überliefert.

In W.s späten Romanen wechselt raffiniert dialogisches Erzählen unvermutet mit essayistischem; dahinter steht die vom Erzähler W. immer schon praktizierte Übung, sich zu wundern, Ratschläge zu geben, Fragen zu stellen. Seine Essays sind gesammelt in den Bänden *Die Kunst der Erzählung* (1904), *Der Literat oder Mythos und Persönlichkeit* (1910), *Imaginäre Brücken* (1921), *Gestalt und Humanität* (1924), *Lebensdienst* (1928). In seinen Nachrufen auf Freunde kommt behutsampräzis, ohne jede Indiskretion Persönlichstes zur Sprache: *In memoriam Ferruccio Busoni* (1925), *Hofmannsthal der Freund* (1930), *Erinnerung an Arthur Schnitzler* (1932 in der *Neuen Rundschau*) und die Schilderung Moritz Heimanns in den *Selbstbetrachtungen*.

Werkausgaben: Gesammelte Werke [in Einzelausgaben]. Berlin 1924–1931; Sammlung: Deutscher und Jude. Reden und Schriften 1904–1933. Hg. u. m. einem Kommentar versehen von Dierk Rodewald.

Mit einem Geleitwort von Hilde Spiel. Heidelberg 1984.

Dierk Rodewald

Waugh, Evelyn [Arthur St. John]
Geb. 28. 10. 1903 in London;
gest. 10. 4. 1966 in Taunton, Somerset

Evelyn Waugh, zweiter Sohn des Verlegers Arthur Waugh und jüngerer Bruder des populären Schriftstellers Alec Waugh, war einer der ungewöhnlichsten Autoren des 20. Jahrhunderts, ein gesellschaftlicher und literarischer Außenseiter, dessen Leben und Werk gleichermaßen überschwängliche Bewunderung wie schockierte Ablehnung auslöste. Viele sehen in ihm einen der brillantesten Schriftsteller und größten Satiriker seiner Zeit, während andere ihn für einen verbitterten Romantiker, reaktionären Zyniker, arroganten Dandy oder verhinderten Aristokraten halten, der in seinen Werken den Verlust eines traditionellen Wertesystems beklagte und einer elitären, aristokratischen Gesellschaftsordnung nachtrauerte. W. nennt man gern in einem Atemzug mit seinem lebenslangen Freund Graham Greene, da beide zum Katholizismus konvertierten und religiöse Themen behandelten. W.s Konversion (1930) wird in ihren Auswirkungen auf seine Schriften indes leicht überbewertet, zumal gerade katholische Kritiker manche seiner späteren Werke als anti-katholisch einstufen.

Seine zumeist glückliche Jugend bis zum Ende seines Geschichtsstudiums am Oxforder Hertford College (1924) schildert W. in seiner Autobiographie *A Little Learning* (1964). Die fünf folgenden Jahre bezeichnet er hingegen als die schrecklichsten seines Lebens: Seine Arbeit als Lehrer führt zu einem (halbherzigen) Selbstmordversuch, und seine Frau Evelyn (!) verlässt ihn 1929 nach nur einjähriger Ehe. Nach der Annullierung seiner ersten Ehe (1936) heiratet W. Laura Herbert, hat mit 34 Jahren erstmals einen festen Wohnsitz und schon bald – obwohl er Kinder als störend empfindet – drei Söhne und drei Töchter. Nach Kriegsende zieht er sich aufs Land zurück, um sich als exzentrischer Gutsbesitzer von der für ihn unerträglich gewordenen modernen Welt abzuschotten. Persönlichen Enttäuschungen der 1920er Jahre stehen erste literarische Erfolge gegenüber. Sein Buch über den Maler-Dichter Dante Gabriel Rossetti (*Rossetti: His Life and Works*, 1928) wird positiv aufgenommen, und sein erster Roman *Decline and Fall* (1928; *Auf der schiefen Ebene*, 1953) macht ihn über Nacht berühmt. Wie auch in *Vile Bodies* (1930; *Aber das Fleisch ist schwach*, 1959) karikiert W. hier die gehobene Londoner Gesellschaft der *Roaring Twenties*, deren *Bright Young Things* sich sinnlosen, ausschweifenden Vergnügungen hingeben, um ihre innere Leere und Orientierungslosigkeit zu überwinden. Mit *A Handful of Dust* (1934; *Eine Handvoll Staub*, 1936), das als sein bestes frühes Werk gilt, kann sich W. endgültig als Romancier etablieren. Inmitten einer Fülle von komischen Situationen behandelt er darin ein ernstes Thema, die Fragwürdigkeit menschlicher Existenz in einer Gesellschaft ohne Religion. Bis in die ersten Kriegsjahre hinein folgen bissige, gesellschaftskritische Werke über den Kolonialismus (*Black Mischief*, 1932; *Schwarzes Unheil*, 1938), die Sensationsgier der Boulevardpresse (*Scoop*, 1938; *Die große Meldung*, 1953) und den Patriotismus der Churchill-Ära (*Put Out More Flags*, 1942; *Mit Glanz und Gloria*, 1987). Charakteristika der Satiren W.s, denen die englische Literatur wesentliche Impulse verdankt, sind novellenhafte Knappheit, farcenhafte, teils makabre Elemente, ein ökonomisch-distanzierter Stil und geschliffene Dialoge sowie exzentrische Typen in komischen, oft burlesken Situationen. Pointierte Porträts exzentrischer Vertreter einer dekadenten Gesellschaft zeichnet W. auch in seinen Kurzgeschichten, die in den Sammelbänden *Mr. Loveday's Little Outing* (1936; *Kleiner Abendspaziergang*, 1959) und *Work Suspended* (1942) erscheinen. – Von 1926 an ist W. zudem als Journalist und Kriegsberichterstatter tätig und unternimmt ausgedehnte Reisen nach Afrika, in den Nahen Osten, nach Süd- und Mittelamerika sowie Italien, Ungarn und Mexiko. Seine vielfältigen Eindrücke und Erfahrungen spiegeln sich nicht nur in Artikeln, sondern auch in eigenständigen Reiseberichten wie *Remote People* (1931) und *Waugh in Abyssinia* (1936), die sich teils in gekürzter Fassung in der Sammlung *When the Going Was Good* (1946; *Als das Reisen noch schön war*, 1949) wiederfinden. 1935 erscheint *Edmund Campion* (*Saat im Sturm*, 1938), seine preisgekrönte Biographie über den elisabethanischen Jesuiten und Märtyrer.

W.s Nachkriegsromane gelten als ernsthaft und ambitioniert, die Figuren sind mit psychologischer Tiefe gezeichnet. Sein Meisterwerk *Brideshead Revisited* (1945; *Wiedersehen mit Brideshead*, 1947) bringt ihm Weltruhm und Einladungen nach Amerika ein und wird 1981 als TV-Serie verfilmt. Im Mittelpunkt des autobiographisch geprägten Romans steht die katholische Adelsfamilie Marchmain, auf deren Niedergang der Ich-Erzähler Charles Ryder, der sich der unbeschwerten Tage mit seinem Freund Lord Sebastian in Oxford, Brideshead und Venedig erinnert, gegen Kriegsende zurückblickt. Mit *The Loved One: An Anglo-American Tragedy* (1948; *Tod in Hollywood*, 1950) knüpft W. an seine bissigen Vorkriegssatiren an. Die makabre Schilderung der Beerdigungsriten auf dem Luxusfriedhof »Flüsternde Haine« prangert den Infantilismus der amerikanischen Gesellschaft an, den W. auf seinen Vortragsreisen kennengelernt hatte. Dem historischen Roman *Helena* (1950) folgt die Trilogie *Sword of Honour* (1965; *Ohne Furcht und Tadel*, 1979), in deren Bänden *Men at Arms* (1952), *Officers and Gentlemen* (1955) und *Unconditional Surrender* (1961) er seine Kriegserfahrungen als Offizier bei den Marinelandungstruppen und Kommandotrupps auf Kreta und in Jugoslawien verarbeitet. – In seinen letzten Jahren flüchtet sich W. immer mehr in eine vergangene Welt und kehrt zu seinen literarischen Wurzeln zurück. Er beginnt seine Autobiographie, schreibt die Reiseberichte *The Holy Places* (1952) und *Tourist in Africa* (1960) sowie eine Biographie über seinen Freund, den Theologen und Bibelübersetzer Ronald Knox (*The Life of the Right Reverend Ronald Knox*, 1959). W.s private Situation spiegelt sich in der bizarren Erzählung *The Or-*

deal of Gilbert Pinfold (1957; *Gilbert Pinfolds Höllenfahrt*, 1957), in der ein heruntergekommener, alkoholkranker und lebensmüder Katholik von Halluzinationen und Selbstzweifeln gequält wird. Seine Tagebücher (*Diaries*, 1976) und Briefe bestätigen dieses Selbstporträt. Zutiefst enttäuscht über das Zweite Vatikanische Konzil, durch das er die Gesellschaft endgültig ihre traditionellen Werte über Bord werfen sah, stirbt er verbittert mit nur 62 Jahren.

Werkausgaben: The Letters. Hg. M. Amory. Harmondsworth 1995 [1980]. – The Essays, Articles and Reviews. Hg. D. Gallagher. London 1983. – The Complete Short Stories and Selected Drawings. Hg. A.P. Slater. London 1998.

Friedrich-K. Unterweg

Weckherlin, Georg Rodolf

Geb. 14. 9. 1584 in Stuttgart; gest. 13. 2. 1653 in London

»Denen ich jung bekandt gewesen / die wissen wol / daß ich vor dreyssig / ja mehr dan vierzig Jahren / unserer Sprach Reichthumb und Zierlichkeit den Frembden durch meine Gedichte für augen geleget«, mit diesen Worten erinnert W. die Leser seiner *Gaistlichen und Weltlichen Gedichte* (1641/1648) an seine geschichtliche Bedeutung, daran, dass er am Anfang der neuen deutschen Kunstdichtung in der Nachfolge der europäischen Renaissanceliteraturen gestanden habe. Dass ihm diese Erinnerung notwendig erschien, hat mit dem ungewöhnlichen Lebenslauf des Hofmanns und Dichters zu tun.

W. stammte aus einer württembergischen Beamtenfamilie. Seine Ausbildung am Stuttgarter Pädagogium und an der Universität und dem »Collegium illustre« in Tübingen bereitete ihn auf den Hofdienst vor. Zunächst, von 1606 bis 1615, hielt er sich im Gefolge württembergischer Diplomaten im Ausland auf, in Frankreich, Italien und vor allem England. Hier lernte er Elizabeth Raworth kennen, Tochter des Stadtschreibers von Dover, die er 1616 heiratete.

Als W. 1616 zum Sekretär und Hofhistoriographen des württembergischen Herzogs ernannt wurde, kamen ihm nicht nur seine ausgezeichneten Sprachkenntnisse zugute, sondern auch die literarischen und kulturellen Anregungen, die er im Ausland empfangen hatte. In seiner Position als Hofdichter, wie man sein Amt bezeichnen darf, hatte er die Aufgabe, prunkvolle Hoffeste zu planen und in Beschreibungen festzuhalten. Diese aufwendig illustrierten Manifestationen protestantischer höfischer Kultur enthielten von der ersten Beschreibung an (*Triumf Newlich bey der F. kindtauf zu Stutgart gehalten*, 1616) Beispiele seiner Lyrik. Vorbild war die französische Renaissancedichtung: Die Pierre de Ronsard verpflichteten Oden mit ihren langen Satzbögen, ihrer Gleichnis- und Metaphernsprache und ihrem rhetorischen Gestus verwirklichen zum erstenmal den hohen dichterischen Stil in der neueren deutschen Dichtung. W.s gesammelte *Oden und Gesänge* erschienen 1618–19, blieben jedoch folgenlos für die literarische Entwicklung in Deutschland.

Dass diese Leistungen wenig Beachtung fanden, hat seinen Grund nicht nur in dem überwältigenden Erfolg der Reform von Martin Opitz, sondern ebensosehr in W.s Lebensweg, der ihn 1619, kurz nach dem Erscheinen der *Oden und Gesänge*, nach England führte. Damit waren seine Wirkungsmöglichkeiten in Deutschland begrenzt, zumal ihn seine berufliche Tätigkeit immer fester an England band. Zwar stand er zunächst noch in württembergischen und dann in pfälzischen Diensten (am Hof des exilierten »Winterkönigs« Friedrich V.), doch trat er 1626 in englische Dienste, auch hier – als Sekretär des für auswärtige Angelegenheiten zuständigen Staatssekretärs – bemüht, der protestantischen Sache zu nützen.

Als W. dann 1641 und 1648 alte und neue Beispiele seiner kunstvollen Oden, Eklogen und Sonette veröffentlichte, war die Entwicklung endgültig über ihn hinweggegangen. Seine an romanischen Vorbildern geschulten metrischen Vorstellungen – Silbenzählung ohne regelmäßige Alternation – galten als antiquiert. Gleichwohl zeigen ihn die späten

Sammlungen als Lyriker von großer Sprachkraft, dem über den höfisch-»zierlichen« oder petrarkistisch-preziösen Ton hinaus vielfältige, auch derb-volkstümliche Ausdrucksmöglichkeiten zur Verfügung stehen. Kaum ihresgleichen in der deutschen Lyrik des 17. Jahrhunderts haben seine politischen Gedichte, die ihn als leidenschaftlichen Verfechter der deutschen – das heißt für ihn der protestantischen – Sache offenbaren: Er war im Ausland zum aggressiven politischen Dichter und Kommentator deutscher Verhältnisse geworden.

Nach dem Ausbruch des englischen Bürgerkriegs bewarb sich W., der schon 1630 eingebürgert worden war, bei verschiedenen protestantischen Mächten um eine Anstellung, ohne Erfolg. Er stellte sich im Verlauf des Bürgerkriegs auf die Seite des Parlaments und wurde 1644 Sekretär für auswärtige Angelegenheiten. Nach der Hinrichtung des Königs (1649) reichte er seinen Rücktritt ein, wurde jedoch noch einmal, 1652, für kurze Zeit als Assistent seines Nachfolgers, des Dichters John Milton, in den Dienst zurückberufen.

Werkausgabe: Gedichte. Hg. von Hermann Fischer. 3 Bde. Tübingen 1894–1907, Nachdruck Darmstadt 1968.

Volker Meid

Wedekind, Frank
Geb. 24. 7. 1864 in Hannover;
gest. 9. 3. 1918 in München

Im Frühjahr 1909 fragt der Goethebund in Dresden bei W. an, ob er nicht bei einem Vortragsabend »einige Lieder zur Gitarre« singen könne. Der grimmige Entwurf des Absagebriefes verweist auf W.s Dilemma: Als »Bänkelsänger«, als »Spaßmacher und Hanswurst« (Brief vom 6. 8. 1901 an M. Zickel) wird er vom Publikum bejubelt und von den Zensurbehörden geduldet, jedoch nicht als ein Dramatiker anerkannt, der sich »der Bewältigung ernster ethischer und künstlerischer Aufgaben widmet«. Obwohl 1906 – in Max Reinhardts Inszenierung – endlich die Kindertragödie *Frühlings Erwachen* (bereits 1891 veröffentlicht) uraufgeführt werden konnte und ihm den Durchbruch brachte, lag W. immer noch in einem aufreibenden Kampf mit der Zensur, die Anstoß an seinen »unsittlichen« Texten nahm. Er beklagte sich über Regisseure und Schauspieler, die sein dramaturgisches Konzept nicht begriffen, und über das Publikum, das ihn nur als zynischen Provokateur der »bürgerlichen Moral« und als skandalösen Propheten der »Emanzipation des Fleisches«, der missachteten und unterdrückten Sexualität verstand. Doch lässt der Lebenslauf hinter dem Bohemien auch den Habitus des Bürgers, hinter dem »Genußmenschen« den Moralisten erkennen.

W.s Vater, Ersatz-Abgeordneter des Frankfurter Paulskirchen-Parlaments, war 1849 als Arzt in die Vereinigten Staaten ausgewandert und hatte dort die Schauspielerin Emilie Kammerer geheiratet, deren Vater »als ungarischer Mausefallenhändler angefangen«, als politischer Verschwörer 1830 auf der Festung Hohenasperg eingesessen und dort die Phosphorstreichhölzer erfunden hatte, dann »eine chemische Fabrik in Zürich« gründete und 1857 in »vollkommener Geistesumnachtung« im Irrenhaus starb (*Autobiographisches*). Benjamin Franklin W. wuchs auf dem Schloss Lenzburg im Schweizer Kanton Aargau auf, das der Familie seit 1872 gehörte. Bereits als Gymnasiast schreibt er Gedichte und szenische Entwürfe, vielfach mit parodistischer Brillanz und zum Lobpreis sinnlicher Liebe, mitunter auch mit obszönen und blasphemischen Akzenten (Entwürfe zum *Neuen Vaterunser*, 1891 als Privatdruck). Nach dem Abitur folgen erste Universitätssemester in Lausanne und München, wo W. 1884 auf Geheiß des Vaters Jura belegt, doch vor allem seinen Neigungen zur Literatur, bildenden Kunst und Musik nachgeht. 1886 sperrt der Vater die finanziellen Zuwendungen für den »Bummelstudenten«, der sich nun sein Geld als Vorsteher des »Reklame- und Preßbüros« der aufstrebenden Züricher Firma Maggi verdienen muss. Durch den Freund Karl Henckell findet W. 1887 Kontakt zu dem Züricher Literatenkreis »Das junge Deutschland« um Gerhart Hauptmann, dann reist er für ein halbes Jahr als Sekretär mit dem Zirkus Herzog. Nach dem Tod des Vaters 1888 kann W. über sein Erbteil verfügen. Er vertieft die Verbindungen zu anderen Schriftstellern und knüpft neue Kontakte in den Zentren des Literaturgeschehens, in Berlin und München (1889 bis 1891). Im Dezember 1891 siedelt er nach Paris über, führt dort bis 1895 das Leben eines Bohemiens und beginnt mit der Arbeit an *Die Büchse der Pandora*. Eine Monstertragödie in fünf Akten, die später zu dem zweiteiligen Lulu-Drama *Der Erdgeist* (1895) und *Die Büchse der Pandora* (Erstdruck 1902) erweitert wird. Der Verleger August Langen gewinnt W. als ständigen Mitarbeiter für seine satirische Zeitschrift *Simplicissimus* (erstmals April 1896) und bindet den Autor mit Vorschüssen an seinen Verlag. Neben der »Lohnsklavenarbeit« (23. 12. 1897, an H. R. Weinhöppel) für Langens Zeitschrift verdient W. sein Geld als Dramaturg, Regisseur und Schauspieler. Die *Simplicissimus*-Gedichte zur Palästina-Reise Wilhelms II. führen zur Anklage wegen Beleidigung der kaiserlichen Majestät (Oktober 1898). Nach der Flucht ins Ausland stellt W. sich im Juni 1899 den Behörden, wird verurteilt und nach einem halben Jahr Festungshaft im März 1900 entlassen. Er gilt nun als Skandalautor. Stets in Geldnot, arbeitet er weiter als Schauspieler und schließt sich im April 1901 dem gerade gegründeten Münchener Kabarett der »Elf Scharfrichter« an. Die allabendlichen Auftritte mit eigenen Liedern, Balladen und Satiren prägen sein Bild in der Öffentlichkeit: »ein scharf geschnittener Kopf mit Cäsarenprofil, die Stirn unheilverheißend gesenkt«; »nasal, scharf, schallend« singt W. zur Laute, krümmt sich »in vielsagenden Pausen … unter den eigenen Hintergedanken. Er ertrug nur schwer sich selbst und fast nicht mehr sein Publikum« (Heinrich Mann). In dem satirischen Einakter *Der Kammersänger* (1899) und dem Hochstapler-Drama *Der Marquis von Keith* (1901) hat W. das Verhältnis von Kunst und Kommerz analysiert. In den Tragikomödien *So ist das Leben* (Uraufführung 1902; später als *König Nicolo*) und *Hidalla* (1904; später als *Karl Hetmann, der Zwergriese*) stellt er die Diskrepanz zwischen dem weltverbessernden Anspruch seiner Bühnenwerke und dem Missverständnis der Öffentlichkeit dar. 1904 wurde die Buchausgabe der *Büchse der Pandora* beschlagnahmt. Wiederholt hat W. versucht, seine Absichten durch Bearbeitungen und Ergänzungen seiner Stücke dem Publikum verständlicher oder die Texte für die Zensur unangreifbar zu machen.

Aus seiner Theater-Erfahrung entsteht ein dramaturgisches Konzept, das sich gegen den naturalistischen Stil der Stücke Gerhart Hauptmanns wendet. Nach der Berliner Erstaufführung des *Erdgeist* schreibt Friedrich Kayssler 1902 begeistert an W.: »Sie haben die naturalistische Bestie der Wahrscheinlichkeit erwürgt und das spielerische Element auf die Bühne gebracht.« Obwohl W. seine Kompositionselemente aus »dem Schutthaufen der Ästhetik« des 19. Jahrhunderts nimmt, weist er mit seinen »schräg überschnittenen Dialogen« (Theodor W. Adorno) auf das absurde Theater der Surrealisten voraus und entkleidet seine kolportagehaften Geschichten durch die groteske Kombination ihrer Elemente aller schematisierten Stofflichkeit. Nicht immer gelingt dieses Verfahren (vgl. etwa *Musik*, 1908; *Schloß Wetterstein*, 1910; *Franziska*, 1912), doch setzen sich Autoren wie Karl Kraus (im Kampf gegen die Kriminalisierung der Kunst aus Gründen der »Sittlichkeit«) und Regisseure wie Max Reinhardt für W. ein. 1908, zwei Jahre nach der Heirat mit der Schauspielerin Tilly Newes und gemeinsamen Theater-Engagements, nimmt W. seinen Wohnsitz in München und gilt nun als einer der Protagonisten des literarischen Lebens. Zu Ehren seines 50. Geburtstags beginnt 1914 das Deutsche Theater in Berlin einen Zyklus seines dramatischen Werks, der mit dem Beginn des Ersten Weltkriegs abgebrochen wird. Die Kriegsjahre bringen mit den Dramen *Bismarck* (1916) und *Herakles* (1917) zu dem vertrauten Wedekind-Thema vom Kampf der Geschlechter, von der vitalisierenden und zugleich tödlichen Kraft des Eros eine neue Perspektive in der Satire auf politischen Machtrausch, blindwütigen Militarismus und zerstörerisches Heldentum. Das Ende des Weltkriegs erlebt der Autor nicht mehr; er stirbt an den Folgen einer Operation, die ein »Leben als Krüppel« verhindern sollte. Die Beisetzung W.s auf dem Münchner Waldfriedhof gerät zu einem lebenden Bild aus dem grotesken Szenarium seiner Dramen. Bertolt Brecht, der als Schriftsteller viel von W. lernte und die »enorme Lebendigkeit dieses Menschen« bewunderte, notiert in sein Tagebuch: »Sie standen ratlos in Zylinderhüten / Wie um ein Geieraas. Verstörte Raben. / Und ob sie (Tränen schwitzend) sich bemühten: / Sie konnten diesen Gaukler nicht begraben.« Über W., der als Dramatiker »an der Grenze der Zeiten« (Theodor W. Adorno) keine eindeutigen Konturen gewann, setzte sich die anti-illusionistische Tradition des deutschen Theaters von J. M. R. Lenz, Christian D. Grabbe und Georg Büchner fort zu Carl Sternheim, Georg Kaiser, Bertolt Brecht, Friedrich Dürrenmatt und Rainer W. Fassbinder. Zudem gaben W.s vieldiskutierte Lulu-Dramen die Vorlage für Ereignisse in der Filmgeschichte (Georg W. Pabsts Stummfilm *Die Büchse der Pandora*, 1928/29) und auf der Opernbühne (Alban Bergs *Lulu*, 1935).

Werkausgabe: Gesammelte Werke. 9 Bde. München 1912–21.

Jörg Schönert

Weerth, Georg Ludwig

Geb. 17. 2. 1822 in Detmold;
gest. 30. 7. 1856 in Havanna

»Kein schöner Ding ist auf der Welt, als seine Feinde zu beißen« – ein Gedichttitel, der – als Selbstaussage verstanden – vielfältigen Aufschluss über W.s Lebenshaltung, Schreibabsichten und literarische Technik zu geben vermag und zugleich Nähe und Differenz zu Heinrich Heine kennzeichnet: Negation der deutschen Verhältnisse und Religionskritik, Literatur als ›Waffe‹ und Satire als Methode heißt bei W. nämlich seit den 1840er Jahren politisches Engagement als Kommunist, sei es als Kurier, Redner oder Delegierter des Bundes der Kommunisten, sei es als Korrespondent, Redakteur oder Schriftsteller; heißt klassenkämpferischer Gestus seiner Literatur, heißt selbstbewusste und aggressive Adels- und Bürgersatire (*Leben und Taten des berühmten Ritters Schnapphahnski*, 1848/49; *Humoristische Skizzen aus dem deutschen Handelsleben*, 1845–48). In diesem Kontext ist auch der vielzitierte Satz von Friedrich Engels zu verstehen: W. sei der »erste und bedeutendste Dichter des deutschen Proletariats«.

Die antipietistische, soziale Atmosphäre im elterlichen Pfarrhaus, der Kaufmannsberuf mit seinen kapitalistischen Praktiken und die Tradition der Romantik, das Vorbild Heinrich Heine einerseits sowie Ludwig Feuerbach, die »wahren Sozialisten«, Karl Marx und Friedrich Engels als politische »Lehrmeister« andererseits, beeinflussen widersprüchlich W.s Werdegang; pointiert ausgedrückt: W. als romantisierender Realist (*Fragment eines Romans*, 1843–47) und als hedonistischer Kommunist (*Proklamation an die Frauen*, 1849).

Besonders geprägt wird W.s politisch-literarische Entwicklung durch seinen Aufenthalt in England (1843–45), dem damaligen ökonomischen Zentrum der Welt. In Bradford wurde W. in seinem Beruf als Kaufmann in einem Textilunternehmen mit der hochentwickelten industriellen Produktion konfrontiert und erwarb zugleich mit Hilfe seines Freundes Engels umfangreiche Kenntnisse in der ökonomischen Theorie. Durch den engen Kontakt zu einem Armenarzt sowie zu den Chartisten, mit deren Führer Robert Owen er ebenfalls befreundet war, erlebte er sehr direkt die soziale Not, aber auch das politische Bewusstsein und die Kampfbereitschaft des englischen Proletariats. Er lernte »alles Elend, aber auch alle Mittel, es zu heben«, kennen (Brief vom 12. 1. 1845). W. zählte sich selbst zu den »Lumpen-Kommunisten« (19. 7. 1845), wurde Mitglied im »Bund der Gerechten« und später im »Bund der Kommunisten«.

England bedeutet für W. auch einen Neuanfang in der literarischen Produktion: Neben mythologischer Gedankenlyrik (*Die Natur*, 1845; *Die Industrie*, 1845 – das Janusgesicht der Göttin Industrie) stehen mit zunehmender politischer Erfahrung volksliedhafte soziale Gedichte (*Lieder aus Lancashire*, 1845/46), in denen soziale Mitleidshaltung, aber auch klassenkämpferische Töne anklingen – die englischen Arbeiter als »wilde, zorn'ge Kerle« in revolutionärer Haltung und internationaler Solidarität mit dem schlesischen Weberaufstand (1844). In den *Skizzen aus dem sozialen und politischen Leben der Briten* (1843–49) legt W. eine literarisch-wissenschaftliche Mischform vor, in der sich Stilformen von Heinrich Heines *Reisebildern* und Friedrich Engels' *Lage der arbeitenden Klasse* miteinander verbinden und die mit ihrer Montage von feuilletonistischen Reiseberichten, Großstadtschilderungen, erzählenden Abschnitten, dokumentarischen Reportagen, Geschichtsschreibung und soziologischer Analyse am Anfang der literarischen Moderne und zugleich der sozialistischen Literatur steht. Die Vielschichtigkeit von subjektiven Eindrücken, proletarischer Perspektive (*Das Blumenfest der englischen Arbeiter*) und wissenschaftlicher Untersuchung entspricht der Vieldimensionalität der entwickelten kapitalistischen Gesellschaftsformation und verweist zugleich auf einen besonderen Leserbezug.

1846 verlegte W. seine Kaufmannstätigkeit nach Brüssel und arbeitete dort eng mit Marx und Engels zusammen; 1847 hielt er »im Namen der Arbeiter« eine vielbeachtete Rede auf dem Brüsseler Freihandelskongress und nahm am zweiten Kongress des Bundes der Kommunisten teil. Als dessen Delegierter ging er im Februar 1848 nach Paris – »Diese Revolution wird die Gestalt der Erde ändern – und das ist auch nötig!« (11. 3. 1848) –, im März eilte er nach Köln. Seine Erfahrungen mit der kapitalistischen Produktionsweise und den proletarischen Lebensverhältnissen sowie sein enger Kontakt zur englischen Arbeiterbewegung bilden die Basis für sein politisches Verhalten in der 1848er Revolution und für seine Arbeit als Redakteur zusammen mit Marx, Engels und Ferdinand Freiligrath an der *Neuen Rheinischen Zeitung* (1848/1849). Neben seinen politischen Artikeln und Übersetzungen vor allem zu England kommentiert er mit seinen spöttischen Gedichten (*Heuler und Wühler*, 1848; *Ich wollt, ich wär Polizeiminister*, 1848), den ca. dreißig Feuilletons und den Gesellschaftssatiren gegen Adel und Bürgertum die Revolutionsereignisse, indem er seine politischen Gegner der Lächerlichkeit preisgibt und scharfe Kritik an den Halbheiten der Revolution übt.

Mit ihrer Verfremdungstechnik (Kommentieren und Zitieren, Montage und desillusionierender Kontrast) und ihrer offenen Form sind W.s Feuilletons, Essays und Reiseberichte, seine *Skizzen* und der erste deutsche Feuilletonroman *Schnapphahnski* frühe Beispiele einer politisch eingreifenden Literatur, die »robuste Sinnlichkeit und Fleischeslust« (Engels), »frivoles Lachen« gegen Bigotterie, Sexualtabus und Körperfeindlichkeit stellt, im Blick »ein Zeitalter der Menschlichkeit und des Genusses«. Als sich W.s Hoffnungen mit der Niederlage der Revolution nicht erfüllten, resignierte er: »An Revolutionen in Deutschland glaube ich nun einmal nicht« (2. 6. 1850). Angewidert wandte er sich von dem Deutschland der Restauration ab und gab, entsprechend seinem engagierten Literaturverständnis, seine Schriftstellertätigkeit auf; als Kaufmann auf weiten Reisen schrieb er nur noch Briefe – allerdings sehr ausführlich und anschaulich. In einer Zeit, in der »Gelb-Veiglein, Rosen und Tränen ... wieder an der Tagesordnung« waren (28. 3. 1851), zog er es vor, in der Öffentlichkeit zu schweigen: »Jetzt schreiben! Wofür? Wenn die Weltgeschichte den Leuten die Hälse bricht, da ist die Feder überflüssig« (10. 6. 1851). 1856 starb W. im Alter von 34 Jahren während einer Geschäftsreise nach den westindischen Inseln in Havanna am Gelbfieber.

Werkausgaben: »Nur unsereiner wandert mager durch sein Jahrhundert«. Ein Georg-Weerth-Lesebuch. Hg. von Michael Vogt. Bielefeld 1996; Vergessene Texte. Werkauswahl. Hg. von Jürgen W. Goette u. a. Köln 1975 f.; Sämtliche Werke. Hg. von Bruno Kaiser. 5 Bde. Berlin 1956 f.

Florian Vaßen

Weinert, Erich
Geb. 4. 8. 1890 in Magdeburg;
gest. 20. 4. 1953 in Berlin (DDR)

»Keine Feier ohne Weinert« meinte einmal spöttisch ein Schriftstellerkollege W.s Ende der 1920er Jahre und spielte darauf an, dass W. als Rezitator mit politisch-satirischer Lyrik beinahe täglich auf zahllosen Versammlungen und politischen Großkundgebungen, vor allem der KPD, auftrat und sogar mit einem eigenen Programm auf Tournee ging. Diese sogenannten »Weinert-Abende« im gesamten deutschen Sprachgebiet machten den ›Sprechdichter‹, der in der Weimarer Republik »weit über zweitausendmal an der Rampe gestanden« hat, quer durch alle Schichten, vor allem jedoch beim proletarischen Publikum, zu einer populären Persönlichkeit. Seine »gutpointierten, populären Reimereien« (Max Herrmann-Neiße) entstanden oft innerhalb weniger Stunden und kommentierten massenwirksam das (politische) Tagesgeschehen. W. zog satirische, parodistische Gedichte, mit denen er anklagte und zum politischen Kampf aufforderte, dem referierenden Vortrag vor: »Das Gedicht ermöglicht es, die Stimmung des Tages in eine kürzere Formel zu fassen, das Thema in übersichtlicher Gedrängtheit und die politische Quintessenz unmißdeutbarer darzustellen.« Oft veränderte W. von Abend zu Abend die Gedichte, passte sie dem jeweiligen Publikum und Umfeld an, so »daß manche Gedichte nach mehreren Wiederholungen eine völlige Umgestaltung erfahren hatten«. »Zeitgedichte als Zeitgeschichte« oder als eine »gelegenheitspoetische Chronik der Weimarer Zeit« wurden W.s ›Reimereien‹ bezeichnet, von denen einige zudem auf Schallplatten erschienen, jedoch nur vereinzelt in Buchform publiziert wurden (z. B. *Der verborgene Zeitspiegel, Der Gottesgnadenhecht und andere Abfälle*, beide 1923; *Affentheater. Politische Gedichte*, 1925; *Politische Gedichte*, 1928). Anfang der 1930er Jahre wurde W. unter anderem wegen »Aufreizung zum Klassenhaß« angeklagt und durfte in der Folge des Prozesses mehrere Monate lang in Preußen seine Gedichte nicht mehr vortragen; möglich wurde dies durch ein nur für ihn ausgeklügeltes Gesetz, das als »Lex Weinert« in die Justizgeschichte einging.

1924 hatte W. in der »Revue Roter Rummel« die ersten massenwirksamen politischen Auftritte »an der Rampe« vor proletarischem Publikum: Klaus Neukrantz und Erwin Piscator entwickelten zur Reichstagswahl eine neue Propagandaform, in der Hunderte von Laiendarstellern in der äußeren Form der bürgerlichen Revue auftraten und agierten. W. schloss sich 1924 der KPD an (Eintritt 1929) und schrieb nun nicht nur regelmäßig für über 40 linksbürgerliche oppositionelle Zeitungen und Zeitschriften wie *Die Weltbühne, Simplicissimus, Der Montag Morgen, Der Drache, Lachen links, Eulenspiegel, Roter Pfeffer*, sondern auch für die kommunistische *Rote Fahne, AIZ, Arbeiterstimme* oder den *Knüppel*. Für die Agitproptruppe »Der Rote Wedding« verfasste W. das von Hanns Eisler vertonte Auftrittslied »Der Rote Wedding«, das bald zu einem der verbreitetsten antifaschistischen Kampflieder wurde.

Der Ingenieurssohn W. wuchs im Magdeburger Arbeitermilieu auf, absolvierte nach wenigen Jahren Schule eine Lehre in einer Maschinenfabrik, ehe er an der Kunstgewerbeschule Magdeburg und an der Königlichen Kunstschule Berlin studierte. Als freischaffender Maler, Graphiker und Buchillustrator verdiente W. seinen Unterhalt, war als Soldat im Ersten Weltkrieg und schlug sich nach dem Krieg als Zeichenlehrer und Schauspieler durch. W., der autodidaktisch mit Geschichte, Sprachen und vor allem Literatur vertraut wurde, veröffentlichte 1921 seine ersten Gedichte in der linksbürgerlichen Magdeburger Kunst-Zeitschrift *Die Kugel*. Im gleichen Jahr debütierte W. in Hans Reimanns Leipziger Kabarett »Die Retorte«. Neben Beiträgen von Walter Mehring, Max Herrmann-Neiße und Joachim Ringelnatz dominierten W.s Gedichte die Programme. 1923 verließ er »Die Retorte«, weil sie ihm zu »pseudoradikal« geworden war. Am Berliner Kabarett »Küka« (»Künstler-Kaffee«) feierte er von nun an zusammen mit Schriftstellern und Künstlern wie Werner Finck, Erich Mühsam, Karl Schnog, Annemarie Hase oder Li Holms – seiner späteren Frau

– so lange große Erfolge, bis ihm der Besitzer des Hauses, ein ehemaliger Major, wegen seines Gedichts »Der Kriegerverein feiert Denkmalsweihe« Hausverbot erteilte. Auch in den Berliner literarisch-politischen Kabaretts »Die Rampe« und »Die Wespen« trat W. gelegentlich in den 1920er Jahren auf.

Durch eine Tournee in der Schweiz entkam W. 1933 der Verhaftung durch SA-Truppen, die bei der Stürmung seiner Berliner Wohnung sein gesamtes literarisches Archiv mit vielen ungedruckten Texten zerstörten: u. a. frühe Dramen, über 2000 Gedichte, Erzählungen, politische Revuen, Aufsätze und Glossen. W. blieb in der Schweiz, zog nach Paris und hielt sich bis 1935 im Saargebiet auf, wo er auf vielen Veranstaltungen gegen den Terror der Nationalsozialisten kämpfte und überzeugt war: »Und wir werden wieder an der Rampe stehen. Mitten im Roten Berlin!« W. emigrierte nach Moskau, wo er unter anderem an einem deutschsprachigen Sender des Moskauer Rundfunks arbeitete. 1937 reiste W. nach Spanien, nahm am Internationalen Schriftstellerkongress teil und kämpfte als Mitglied der Internationalen Brigaden gegen das Franco-Regime, schrieb Frontberichte und Reportagen, veranstaltete Liederabende und hielt Vorträge in Lazaretten (vgl. das »Spanienbuch« *Camaradas*, 1951). Auf der Reise nach Moskau wurde W. 1939 in Frankreich verhaftet und im Konzentrationslager St. Cyprien interniert, wo sämtliche Aufzeichnungen über Spanien verlorengingen. Zurück in Moskau versuchte W., über den Rundfunk zu wirken, und arbeitete an Übersetzungen und Nachdichtungen der Werke von Michail Lermontow, Taras Schewtschenko oder Wladimir Majakowski. Nach dem deutschen Überfall auf die Sowjetunion war W. unter anderem mit Willi Bredel und Walter Ulbricht propagandistisch in der Roten Armee tätig und versuchte sowohl durch Aufrufe und Gedichte, die er selbst in Lautsprecher an der Front sprach, als auch durch millionenfach verbreitete Flugblattgedichte, die Soldaten der Wehrmacht zur Beendigung des Krieges, zur Sabotage und zum Bruch mit Hitler zu bewegen (*An die deutschen Soldaten. Gedichte.* 2 Teile, 1942/43; *Memento Stalingrad*, 1951). 1943 wurde W. zum Präsidenten des »Nationalkomitees Freies Deutschland« berufen. Nach seiner Rückkehr nach Deutschland im Jahre 1946 wirkte er bis zu seinem Tod in vielen hohen Funktionen, etwa als Vizepräsident der Zentralverwaltung für Volksbildung in der sowjetischen Besatzungszone oder als Gründungsmitglied der Deutschen Akademie der Künste.

Werkausgaben: Gesammelte Werke. 10 Bde. Hg. im Auftrage der Deutschen Akademie der Künste (DDR) von Li Weinert unter Mitarbeit von Ursula Münchow bzw. Alfred Kantorowicz. Berlin (Ost) 1955–1960; Gesammelte Gedichte. 7 Bde. Hg. von der Akademie der Künste der DDR unter Mitarbeit von Li Weinert u. a. Berlin (Ost)/Weimar 1970–1987.

Alexander Reck

Weinheber, Josef
Geb. 9. 3. 1892 in Wien;
gest. 8. 4. 1945 in Kirchstetten bei Wien

Auf dem Höhepunkt seines Schaffens und im Zenit seines Ruhmes im Deutschen Reich (und in Österreich, das 1938 ins Reich »heimkehrte«) Ende der 1930er Jahre fühlte sich W. Stefan George überlegen, Rainer Maria Rilke ebenbürtig, Friedrich Hölderlin verwandt, und er zählte Sappho, Alkaios, Horaz und Michelangelo zu seinen Ahnen. Damit sind die Hauptkomponenten des lyrischen Schaffens, die er in seinem Selbstverständnis immer wieder hervorhob, angedeutet; zu ergänzen sind sie, mit besonderem Gewicht, durch den Verweis auf sein bewusst zur Schau getragenes und gelebtes Wienertum.

Das Wienertum W.s darf jedoch nicht in eins gesetzt werden mit der Erinnerung an Kaffeehaus-Literatur oder an Namen wie Hugo von Hofmannsthal, Arthur Schnitzler oder Robert Musil. W.s Herkunftsmilieu war das kleinstbürgerlich-proletarische des Vorstadtbezirkes Ottakring, die Mischung aus Gasthaus- und Weinbauernszene und angrenzendem Arbeiterelend. Sein Vater war Kellner, die Mutter Weißnäherin, die Familie zerrüttet. Als Kleinkind kam W. schon in eine »Knabenkorrektionsanstalt«, nach dem Tod des Vaters ins Waisenhaus, das ihm immerhin die Chance der Gymnasialbildung eröffnete; mit 12 Jahren war er Vollwaise, den Abschluss des Gymnasiums erreichte er nicht, er wurde 1911 Postbeamter in untergeordneter Stellung und blieb es bis 1932. Im Waisenhaus-Gymnasium dürfte W.s neuromantisch-idealistische Vorstellung vom Künstler und Dichter geprägt worden sein (*Das Waisenhaus*, autobiographischer Roman, 1924). Im Visionsdrama *Genie* (1918, Erstveröffentlichung 1980), markanter Schlusspunkt der Jugendentwicklung, übernimmt am Ende der Dichter den göttlichen Auftrag, die »suchenden Seelen« zur »geklärten Menschlichkeit« zu führen.

Man muss sich die Sozialisationsvoraussetzungen in Erinnerung rufen, um die Spannungen in W.s Werk und Leben zu verstehen: einerseits der Anspruch, als Dichter für den Menschen schlechthin zu sprechen, im hohen Stil der Sonettenkränze, der Oden und Hymnen von *Adel und Untergang* (1934 – der Durchbruch zum Ruhm), *Späte Krone* (1936), *Zwischen Göttern und Dämonen* (1938); andererseits die meisterhafte Adaption der Vielfalt heimatlicher Töne (*Wien wörtlich*, 1935) und der Gelegenheitsformen der Kalendergedichte (*O Mensch, gib acht*, 1937). Noch stärker ausgeprägt als das Sendungsbewusstsein ist beim reifen W. das der handwerklichen Könnerschaft. Sprachkünstler zu sein, begreift er zeitweilig als eine dem Dichter überlegene Position. Die dauernde Beschäftigung mit den technischen Fragen des Gedichts und mit den klassischen Formen verbindet sich mit dem Interesse an sprachtheoretischen Erörterungen zur Lyrik. Sprachauffassung und Poetik sind dabei wesentlich bestimmt durch Karl Kraus; W. vertritt eine Mystik des Lautes (*Ode an die Buchstaben*) und des Wortes und einen Kult der (Mutter-)Sprache (*An die Göttin des Wortes; Hymnus auf die deutsche Sprache*). Über die Nachgestaltung des Wesens von Eindrücken, z. B. der Klangcharakteristik von Musikinstrumenten (*Kammermusik*, 1939), gelangt er folgerichtig zur Thematisierung der Sprache und der Gedichtformen selbst (*Hier ist das Wort*, postum 1947). Es geht ihm dabei um die gestalterische Herausarbeitung dessen, was er für die Substanz der Dinge hält, in der dichtenden Sprache.

W.s lyrisches Werk zeigt eine außerordentliche Spannweite, da sich grundsätzlich nichts Seiendes der Gestaltung entzieht. Vom Spruch und vom Volksliedton über Mundartgedichte bis zum hohen Stil der Oden und Hymnen reicht sein Repertoire, die kompliziertesten Formen der Gedichttradition eingeschlossen, von Anfang an begleitet von Gelegenheitsgedichten jeder Art (z. B. für einen Zahnärztekongress, zum ›Anschluss‹ Österreichs an Hitler-Deutschland der *Hymnus auf die Heimkehr*, (1938), zum Führer-Geburtstag, zum Jubiläum der Wiener Philharmoniker etc.). Er wollte, wie Karl Kraus, Bewahrer der Sprache und der überlieferten Formen sein und wandte sich ostentativ gegen die Richtungen der Moderne, in denen er Sprachzerfall diagnostizierte, gegen den Expressionismus ebenso wie gegen die Blut-und-Boden-Mode und gegen die Gebrauchslyrik (*Über den Unfug der Gebrauchslyrik*, 1931), die ihre Gegenstände nur beredet, nicht aus dem Sprachmaterial gestaltet. »Gestaltung« ist der Kernbegriff seiner Poetik. W. war schon in den 1920er Jahren so überzeugt, dem Wesen der Lyrik auf der Spur zu sein, dass er äußerte, er wolle nicht ein Lyriker sein, sondern *der* Lyriker – »Weinheber und Lyrik sind ein- und dasselbe«.

Die Hauptthemen seiner Gedichte, im Jugendwerk schon angelegt, erfahren charakteristische Verschiebungen. Die Geschlechterbeziehung, von Otto Weininger und Kraus beeinflusst, wird seit den 1920er Jahren symbolisch transformiert zum Verhältnis zwischen dem männlich-heldischen Dichtergeist und der weiblichen Sprache, der Sprache als Göttin, die allein ein Liebesgedicht wert sei. In den 1930er Jahren tritt die heroische Einsamkeit des Künstlers und damit des Geistes in einer entgötterten Welt in den Vordergrund, das »nackt Menschliche«, begleitet von Endzeitgefühlen, vom Motiv der Nacht und der Selbstbehauptung des Künstlers im äußeren Untergang. Der Sprachverfall steht ihm für den Verfall der Welt.

W. war ein unpolitischer Mensch, soziale

und tagespolitische Fragen interessierten ihn viel weniger als die metaphysischen Probleme der Existenz. Dennoch holte ihn die Politik, die er als Ausdruck der »verrotteten Zeit« verachtete, ein. Vom Österreich der Zwischenkriegszeit erwartete er nichts, wohl aber von der »Bewegung«: 1931 trat er dem österreichischen Ableger der NSDAP bei und wurde zu einer Hauptfigur des »Bundes deutscher Schriftsteller in Österreich«, der literarischen Vorhut der ›Anschluss‹-Befürworter. Unbeschadet der unbestreitbaren Wirkung seiner Lyrik auf Zuhörer und Leser ermöglichten ihm die Parteibeziehungen den Durchbruch in Deutschland, sie verschafften ihm den Mozartpreis der Goethestiftung (1936) und eine Reihe weiterer Ehrungen nach dem ›Anschluss‹. Er diente den Nazis als Aushängeschild, feierte aus Opportunismus Parteigrößen, Autobahnbau und soldatische Haltung, mokierte sich über die beflissenen Parteidichter im »Altreich«, wähnte sich erhaben über die Politik – im Hauptberuf eigentlich Denker, sagte er von sich, – und bejammerte im Freundeskreis die Gleichschaltung Österreichs, zu der er beigetragen hatte. Seine Unberechenbarkeit, gesteigert durch die inzwischen chronische Trunksucht, das Schwanken zwischen Selbstwertgefühl und Zerknirschung, »Reichs«-Hirngespinsten und Katastrophenstimmung – das alles findet in den selbstanklägerischen Bekenntnis-Gedichten der 1940er Jahre, die freilich nicht mehr zu seinen Lebzeiten erschienen sind, seine metaphysische Verbrämung: vermeintliche Rettung im Heroismus des einzigen und letzten Dichters, der eigentlich nur einer einzigen ›Herrin‹ – der Sprache – dienen wollte. Schon 1940, im Gedicht *Als ich noch lebte …* (Erstveröffentlichung in *Hier ist das Wort*, 1947), spricht er von sich als von einem Toten, der allerdings im Wort fortlebe. Nach außen blieb er der loyale, geehrte, angesehene Dichter, der 1944 an der Wiener Universität Vorlesungen zum Thema *Die Sprache* halten durfte. Als das NS-Regime zusammenbrach, hat W. sich umgebracht, am 8. April 1945.

Werkausgabe: Sämtliche Werke. Hg. von Josef Nadler. 5 Bde. Salzburg 1953 ff. Neu hg. von Friedrich Jenaczek (mit Kommentar). 1972 ff.

Albert Berger

Weise, Christian
Geb. 30. 4. 1642 in Zittau; gest. 21. 10. 1708 in Zittau

»Die Schule ist ein schattichter Ort / da man dem rechten Lichte gar selten nahe kömt«, heißt es bedeutsam in W.s Widmung zu seinem *Zittauischen Theatrum Wie solches Anno MDCLXXXII. praesentiret worden* (1683). Es hat, schreibt Gotthold Ephraim Lessing am 14. Juli 1773 über das darin enthaltene Stück *Von dem Neapolitanischen Haupt-Rebellen Masaniello*, »ganz den freien Shakespearschen Gang«, man werde, »des pedantischen Frostes ungeachtet, der darin herrscht, hin und wieder Funken von Shakespearschem Genie finden«. Schule und Shakespeare? Lessings Bruder Karl jedenfalls ist skeptisch: »Warum ihn gleich mit Shakespear vergleichen?« (24. 8. 1773). W. besuchte zunächst das Zittauer Gymnasium, an dem sein Vater lehrte, studierte dann ab 1660 an der Leipziger Universität Theologie und Philosophie, später vor allem Geschichts-, Politik- und Rechtswissenschaft. Nebenbei schrieb er Gedichte gegen Bezahlung, und diese Erzeugnisse des »Miethpoeten« bildeten die Grundlage seiner ersten Gedichtsammlung *Der grünenden Jugend überflüssige Gedancken* (1668), von der er sich später distanzierte, weil sie wohl nicht den wünschenswerten moralischen Ernst besaß. Stilistisch entsprechen die Lieder mit ihrem leichten, geselligen, der Alltagssprache nahen Ton aber durchaus den poetologischen Vorstellungen seiner *Curiösen Gedancken Von Deutschen Versen* (1692): »Welche Construction in prosä nicht gelitten wird / die sol man auch in Versen darvon lassen.«

Nach seiner Magisterpromotion (1663) hielt er Vorlesungen in mehreren Fachgebieten – Rhetorik, Ethik, Politik, Geschichte und Poetik –, doch seine Bemühungen um eine Professur blieben ohne Erfolg. So wurde der

Schritt von der Theorie in die Praxis möglich, der W.s Bildungsprogramm entscheidend prägte: Er erhielt die Gelegenheit, sich als Sekretär am Hof des ersten Ministers von Sachsen-Weißenfels in Halle mit absolutistischer Verwaltungspraxis und höfischer Politik vertraut zu machen (von 1668 bis 1670). 1670 wurde er als Professor der Politik, Rhetorik und Poesie an das Gymnasium illustre Augusteum in Weißenfels berufen, eine Art Ritterakademie, die junge Adelige für eine Beamtenkarriere im absolutistischen Staat ausbildete.

Literarische und pädagogische Interessen verbinden sich. Das zeigt sich zunächst in seiner satirischen Erzählprosa, mit der er die Gattung des »politischen Romans« begründet: W. propagiert hier ein auf Erfahrung, Klugheit und Selbsterkenntnis basierendes Bildungsideal, das den Weg zu einem glücklichen und erfolgreichen Leben im absolutistischen Staat zu bereiten sucht (*Die drey ärgsten Ertz-Narren in der gantzen Welt*, 1672; *Die Drey Klügsten Leute ...*, 1675; *Der Politische Näscher*, 1678; *Kurtzer Bericht vom Politischen Näscher / wie nehmlich Dergleichen Bücher sollen gelesen / und ... nachgemacht werden*, 1680). Die rhetorische Grundlegung seiner literaturpädagogischen Bemühungen leistet W. mit dem *Politischen Redner* (1677) und zahlreichen ergänzenden »politischen«, poetischen und rhetorischen Lehrbüchern, die es sich zur Aufgabe machen, die rhetorische Tradition der Antike mit den Erfordernissen der politischen Praxis im Absolutismus zu vereinbaren.

Mit der Berufung zum Rektor des Gymnasiums seiner Heimatstadt Zittau im Jahr 1678 erhielt W. die Möglichkeit, auch das Theater in seine pädagogische Praxis einzubeziehen. Er verfasste etwa sechzig Stücke für die jährlichen Aufführungen des Zittauer Schultheaters (»erstlich etwas Geistliches aus der Bibel / darnach was Politisches aus einer curiösen Historie / letztlich ein freyes Gedichte«, d. h. ein Lustspiel). Die personenreichen Stücke – jeder Schüler sollte mitspielen – verwenden durchweg Prosa, auch die Trauerspiele, muss doch die Rede »gewißlich dem Menschlichen Leben ähnlich seyn«. Die Forderung nach Lebensnähe ließ sich am unproblematischsten in den Lustspielen erfüllen (z. B. *Bäurischer Machiavellus*, 1679; *Tobias und die Schwalbe*, 1682; *Schau-Spiel Vom Niederländischen Bauer*, 1685; *Die unvergnügte Seele*, 1688; *Vom verfolgten Lateiner*, 1696), bei einem Stück wie dem *Trauer-Spiel Von dem Neapolitanischen Haupt-Rebellen Masaniello* allerdings führt sie zu einer gewissen Zwiespältigkeit: Demonstriert die eigentliche Handlung, dass der Aufstand des unterdrückten Volkes verständlich (wenn auch grundsätzlich verwerflich) ist, so bestätigen die Rahmentexte die gottgewollte hierarchische Ordnung. Damit korrespondiert eine tieferliegende Spannung, die W.s Werk durchzieht und seine Stellung zwischen Barock und Aufklärung bezeichnet: die Spannung zwischen dem innerweltlich erfolgsorientierten »politischen« Lebensideal und den Forderungen des christlichen Glaubens.

W. starb 1708 in Zittau, nachdem er insgesamt – so rechnete sein Nachfolger die Gesamtzahl seiner Schüler aus – »12808 Untergebene / darunter 1 Grafe / 5 Barones / 92 Adliche Söhne /1709 auswärtiger und grossentheils ausländischer vornehmer Eltern Kinder« unterrichtet hatte.

Werkausgabe: Sämtliche Werke. Hg. von John D. Lindberg u. a. Berlin/NewYork 1971 ff.

Volker Meid

Weisenborn, Günther
Geb. 10. 7. 1902 in Velbert;
gest. 26. 3. 1969 in Berlin (West)

Theater und Widerstand – an diesen beiden Linien sind Leben und Werk W.s ausgerichtet; wo sie sich kreuzen, war er erfolgreich. *Die Illegalen*, W.s Stück über die Arbeit einer Widerstandsgruppe gegen den Nationalsozialismus, wird 1946 auf über einhundert Bühnen in den vier Besatzungszonen aufgeführt, das Stück ist das Theaterereignis der Saison. W. will damit öffentliche Anerkennung für die Widerstandsgruppen erreichen, die bei der Bevölkerung auf Unverständnis und Ressentiments stoßen. »Wir Überlebenden haben als

Instrument der Toten die sehr konkrete Verpflichtung, Denkmäler für die Dahingegangenen in die Gegenwart zu setzen.« In den westlichen Besatzungszonen kommt noch im selben Jahr Carl Zuckmayers *Des Teufels General* – ein Nazi-Offizier in glänzender Uniform – auf die Bühne und bereitet dem Erfolg der *Illegalen* ein Ende. Zuckmayers Stück bietet den zahlreichen Mitläufern des Nazi-Systems eine angenehmere Identifikationsfigur und eine Entlastung. Am Schicksal dieser beiden Stücke manifestiert sich ein Stück Nachkriegsgeschichte und die beginnende Restauration: *Die Illegalen* sind heute vergessen, Zuckmayer ist Schullektüre.

In Velbert am Rhein als Sohn eines Kaufmanns geboren, beginnt W. seine Theaterkarriere schon als Schüler. Während seines Studiums der Medizin und der Germanistik schreibt er Theaterkritiken und arbeitet ab 1922 in den verschiedensten Funktionen an der Theatern der Region. 1928 hat der 26-Jährige mit dem Stück *U-Boot S 4* seinen ersten Erfolg als Dramatiker. W.s Bühnenerstling wird gleichzeitig in Berlin, Stuttgart Oldenburg und Bonn aufgeführt. Dieses Antikriegsstück, das Rüstung und Profitinteressen auf Kosten der kleinen Leute aufdeckt, arbeitet mit expressionistischen Mitteln, z. B. der Montagetechnik. – Seine Erlebnisse als Postreiter in Argentinien, wo er 1930 einige Monate lebt, verarbeitet W. in seinem Roman *Die Furie* (1937). Anfang der 1930er Jahre verfasste er mehrere Hörspiele und dramatisiert 1931 gemeinsam mit Gunther Stark, dem Dramaturgen der Berliner Volksbühne, Gorkis Roman *Die Mutter*. Brecht findet Interesse an dem Projekt und regt eine neue Fassung an, an der auch Hanns Eisler beteiligt ist. Diese Lehrstückversion der *Mutter* wird 1932 uraufgeführt. W.s Mitarbeit daran gerät in Vergessenheit, Brechts Einfluss allerdings ist auch in W.s späterer Theaterarbeit spürbar. Die Uraufführung seines Stücks *Warum lacht Frau Balsam*, das er gemeinsam mit Richard Hülsenbeck verfasst, wird 1933 von der SA gesprengt und gleich darauf verboten.

W. schreibt unter Pseudonym weiter: *Die Neuberin* (1935), sein Stück über die Wanderbühnenprinzipalin des 18. Jahrhunderts, wird allein in Berlin 256 Mal aufgeführt. 1936 ist W. Lokalreporter in New York, aber schon 1937 kehrt er aus diesem zweiten kurzen Exil zurück. Heinrich George stellt ihn als Chefdramaturg am Berliner Schiller-Theater ein, außerdem arbeitet er seit 1941 in der Informationsabteilung des Großdeutschen Rundfunks. Seine literarischen Arbeiten von 1933 bis 1940 sind vordergründig unpolitisch. Der Roman *Das Mädchen von Fanö* (1935), eine Seefahrerromanze, deren kraftvolle Sprache der der nationalsozialistischen Literatur gleicht, wird 1941 in Starbesetzung verfilmt. W. agiert im Kulturbereich wie ein Repräsentant des Nazi-Systems, insgeheim aber nutzt er seinen Einfluss beim Rundfunk für Widerstandsarbeit. Er schließt sich der Schulze-Boysen-Harnack-Gruppe, der sogenannten »Roten Kapelle«, an. 1942 werden er und seine Frau verhaftet und wegen Vorbereitung von Hochverrat zum Tode verurteilt, das Urteil wird jedoch nicht vollstreckt. W. ist Häftling in verschiedenen Gefängnissen, zuletzt in Luckau bei Berlin, und wird bei Kriegsende für kurze Zeit Bürgermeister dieses Ortes. Nach seiner Befreiung beschreibt er den Gefängnisalltag mit Verhören, Begegnungen mit Mitgefangenen, Zwangsarbeit. Sein Gefängnistagebuch *Memorial* (1948) besteht aus einer Montage dieser Gefängniserlebnisse und der Erinnerungen an glücklichere Zeiten, die er als Gefangener aufzeichnete.

Nach dem Krieg gründet W. die Zeitschrift *Ulenspiegel* und wird Vorsitzender des Schutzverbandes deutscher Schriftsteller; er ist in dieser Funktion neben Ricarda Huch Organisator des letzten gesamtdeutschen Schriftstellerkongresses 1947 in Berlin. Zu diesem Anlass – kurz vor ihrem Tod – übergibt Ricarda Huch W. Dokumente aus dem Widerstand, die sie gesammelt hatte, mit der Bitte, sie zu ergänzen und zu veröffentlichen. So erscheint 1953 der Band *Der lautlose Aufstand*. Die dort zusammengetragenen Briefe, Tagebuchnotizen, Flugblätter, Gestapo-Statistiken, Geheimberichte etc. vermitteln ein Bild von den verschiedenen Gruppen und Formen des Widerstands. Schon im Sommer 1945 werden v. a.

Berlin zahlreiche Theater wiedereröffnet oder neu gegründet, und W. nimmt als Chefdramaturg am Hebbeltheater seine Theaterarbeit wieder auf. Er schreibt zeitkritische Stücke, weiterhin im epischen Stil Brechts, und fordert in seiner Rede zur *Erneuerung des Theaters 1945* ein engagiertes, politisches Theater. Sein Stück *Babel* über den Fluch des Kapitalismus, geschrieben im Gefängnis, kommt 1947 zur Aufführung
1951 ziehen die Weisenborns nach Hamburg. W. wird Dramaturg der Kammerspiele, er gründet die »Lektürenbühne« und entwickelt darauf aufbauend sein Konzept einer »ortlosen Dramaturgie«, einer Aufführungspraxis, die mit einem Minimum an Requisiten und Bühnenbild auskommt und so alle Konzentration auf die Dialoge lenkt. Er macht aus der materiellen Not der Nachkriegszeit eine Tugend:»Die Dekoration wird gesprochen«, dem Publikum somit Phantasie und Mitarbeit abverlangt. Ein typisches Beispiel für die »ortlose Dramaturgie« sind die *Drei ehrenwerten Herren* (1951), eine Komödie über einen ehemaligen politischen Gefangenen, der einen Mitläufer des Nationalsozialismus als Bürgermeister ablösen soll.

Von W.s Romanen seien nur die beiden Nachkriegswerke erwähnt. *Der dritte Blick* und der Bonn-Roman *Auf Sand gebaut*, beide 1956 erschienen, richten sich gegen restaurative Tendenzen, gegen Wiederbewaffnung und gegen die Macht der Konzerne. In den Jahren vor seinem Tod engagiert sich W. weiterhin als Theaterschaffender und Sozialist und äußert sich zu aktuellen Fragen. Seine *Göttinger Kantate* gegen den Atomtod wird 1958 in einer Inszenierung von Erwin Piscator auf dem Stuttgarter SPD-Parteitag aufgeführt.

Ute Hechtfischer

Weiß, Ernst
Geb. 28. 8. 1882 in Brunn/Mähren;
gest. 14. 6. 1940 in Paris

W. hat wie kein anderer Autor seine eigentliche Profession zum Thema seines literarischen Werks gemacht: Der Arzt als Held und dessen Konflikte zwischen Wissenschaft und Ethik, Schuld und Sühne (jedoch ohne christliche Wertung), Eros und Thanatos.

Der Sohn eines jüdischen Tuchhändlers studierte Medizin in Prag und Wien, wo er 1908 promovierte und sich anschließend in Bern und Berlin bei bekannten Größen der Zeit ganz der Chirurgie widmete. 1911 kehrte er nach Wien zurück, arbeitete in der chirurgischen Abteilung des Wiedner Hospitals, war mit Arthur Schnitzler und Albert Ehrenstein befreundet und befand sich trotz unermüdlicher Tätigkeit stets in finanziellen Nöten. Eine Lungenkrankheit zwang ihn zur Aufgabe seiner Stellung, und da er sich keinen Sanatoriumsaufenthalt leisten konnte, reiste er als Schiffsarzt bis nach Japan und Indien. Sein erster Roman (*Die Galeere*, 1913) deutet schon zahlreiche Motive der späteren Werke an. Ein Röntgenarzt, der seine bahnbrechenden Experimente gegen die emotionalen Abhängigkeiten in Hinblick auf die Geliebte und die Eltern skrupellos durchzusetzen weiß, erliegt dem Strahlentod. W., den man gerne als Freudschüler gesehen hat – nachweislich hat er ihn in Wien nicht gehört –, scheint das Geschlechterverhältnis vielmehr an Otto Weiningers *Geschlecht und Charakter* auszurichten. Die Frau als dämonische Verführerin steht dem heroischen Streben des Mannes im Wege und gelangt nur dann zu eigenem Wert, wenn sie männliche Verhaltensweisen zu kopieren versucht. So in *Der Kampf* (1916, Neufassung unter dem Titel *Franziska*, 1919), wo eine Klavierlehrerin eine Pianistenkarriere erkämpft.

Die Erlebnisse des Ersten Weltkriegs – W. war Regimentsarzt in der Etappe und an der Ostfront – verarbeitete W. in dem Gedichtzyklus *Das Versöhnungsfest* (1920). Er mystifiziert darin den Krieg, den er ohnehin als Bestätigung seines pessimistischen Weltbildes sieht, als Kampf mit dem »Gegengott«, mit Schicksalsmächten und Dämonen, und erweist sich, wie auch z. T. in seinen frühen Romanen, den Expressionisten verwandt. Realistische Einblicke in das Grauen des Krieges erhält man dagegen im Roman *Mensch gegen Mensch* (1919), der die Fronterlebnisse eines

Sanitäters schildert und von Alfred Döblin als »wahrer Höllenbreughel« gelobt wurde. In seinen wenigen Dramen fällt W. hinter diese Position zurück. Zwar gilt *Tanja* (1919) als Revolutionsdrama, jedoch benutzt W. die russischen Revolutionswirren eher als Kulisse für das verzweifelte Verhältnis einer ehemaligen Prostituierten zu einem Anarchisten. Das Stück hatte zeitbedingt einigen Erfolg. Die Tragikomödie *Olympia* (1923) ist im Bordellmilieu angesiedelt: Ein tugendhafter Mann versucht, eine Prostituierte zu »erretten«.

Bereits 1913 hatte W. Franz Kafka kennengelernt, der für W. Romankorrekturen übernahm; W. vermittelte in Sachen Felice Bauer. Dessen Einfluss – vermischt mit Freuds Traumtheorie – macht sich am deutlichsten in dem Roman *Die Feuerprobe* (1923, Zweitfassung 1929) bemerkbar, der den Angsttraum eines Mannes von der Ermordung seiner eigenen Frau, die Einflüsse einer traumatischen Vaterfigur und die Läuterung durch eine visionäre Feuersbrunst beschreibt: eine »Confession, als Rettung meiner selbst«. 1921 war W. von Prag nach Berlin umgesiedelt, nachdem er bereits 1919 endgültig seine ärztliche Tätigkeit aufgegeben hatte. Er schrieb, nicht zuletzt aus finanziellen Gründen, kleinere Essays für die *Prager Presse* und das *Prager Tagblatt*, ab 1924 Rezensionen für den *Berliner Börsen-Courier*. In diesen Beiträgen artikulieren sich seine Enttäuschungen über die Gegenwart. W., der Welt vor 1914 verhaftet, vermisste den »glanzvollen Hof«, sprach vom »poversten Zeitalter, das die Weltgeschichte gesehen hat.« Er plädierte für die Rückbesinnung auf geistige Größen, für *Das Unverlierbare* (1928) – so der Titel einer Essaysammlung, in der nicht ohne Pathos Goethe, Cervantes, Kleist, Balzac u. a. ›vergöttert‹ werden. Mit seinem Erfolg als Schriftsteller unzufrieden, lehnte es W. jedoch nach wie vor ab, sich zeitgeschichtlichen Problemen zu stellen. In der Art eines Bildungsromans steht das elegisch geschilderte Leben eines verarmten Adligen, der zum Industriearbeiter wird (*Boetius von Orlamünde*, 1928), im Mittelpunkt jenes Werks, das W. im gleichen Jahr den Literaturpreis der Olympiade von Amsterdam (für die Beschreibung der Pferdedressur) und 1930 den Adalbert-Stifter-Preis der Stadt Prag einbrachte. In diesen Jahren beschäftigte sich W. mit einigen Neufassungen älterer Romane. Seine Erzählungen (*Dämonenzug*, 1928, vollständige Ausgabe *Die Erzählungen*, 1982) zeigen einen Autor, der sich vermehrt einer Sachlichkeit zuwendet, der nach eigenem Bekunden nunmehr Krankenbeschreibungen als die einzige Schule des Schreibens gelten lässt, dabei jedoch nach wie vor eine Neigung zu auch sprachlich überzogenen drastischen Szenarien zeigt. Dies gilt auch für den Roman *Georg Letham. Arzt und Mörder* (1931): Einem Arzt, wegen Mordes an seiner Frau auf eine tropische Sträflingsinsel verbannt, gelingt es, das dort herrschende Gelbfieber zu besiegen, ganz im Sinne einer Metaphorik der Seelenreinigung und der Vorstellung, der Mensch könne nur in extremen Situationen an Wert gewinnen.

1933 verließ W. Berlin und ging nach Paris, wo er, in winzigen Hotelzimmern hausend und um Unterstützungen bettelnd – er bekam Hilfe von Thomas Mann und Stefan Zweig und stand ohne sein Wissen schon auf der Liste der USA-Visumsanwärter – gegen Depressionen und Krankheit schreibend ankämpfte. Das politische Klima in den letzten Jahren der Weimarer Republik wird subtil erfasst in *Der Gefängnisarzt oder die Vaterlosen* (1934). Ein übermächtiger Vater, der seinen Sohn – beide Ärzte – auch beruflich ausbeutet, wird im Roman *Der arme Verschwender* (1936) dargestellt; *Der Verführer* (1938) beschwört noch einmal die Aura der Donaumonarchie, den Glanz »der trotz allem schönen und lobenswerten Welt von 1913« herauf, den Aufstieg eines Schusterlehrlings zum Elégant aristokratischer Kreise schildernd. 1938 entstand jener Roman, der, mit fünfundzwanzigjähriger Verspätung erschienen (*Der Augenzeuge*, 1963), ursprünglich für einen amerikanischen Autorenwettbewerb gedacht, die Wiederentdeckung des Autors einleitete. Dieser Roman – wieder ein Arzt-Roman, in der Ich-Form erzählt, – beschreibt als fiktive Autobiographie die Heilung eines »A. H., Gefreiten des bayerischen Regiments List, Ordonnanz beim Regimentsstab«, von seiner »hysterischen Blindheit« und die anschließende Bedrohung des Arztes (es finden sich erste Schilderungen eines Konzentrationslagers), der die Krankenpapiere den neuen Machthabern ausliefern muss, dabei aber die Ambivalenz von Schuld und Faszination spürt. 1940, am Tag des Einmarsches deutscher Truppen in Paris, nahm sich W. das Leben. Sein Werk wurde stets sehr zwiespältig bewertet. Heinrich Mann urteilte: »Die Werke des Dichters Ernst Weiß weiten das Herz, da sie das Gebiet des Menschen erweitern: nach unten zu Tier und Tiefe, nach oben zum Geist.«

Werkausgabe: Gesammelte Werke. Hg. von Peter Engel und Volker Michels. 16 Bde. Frankfurt a. M. 1982.

Oliver Riedel

Weiss, Peter

Geb. 8. 11. 1916 in Nowawes bei Potsdam; gest. 10. 5. 1982 in Stockholm

Der Vater ist Textilfabrikant, die Mutter war vor ihrer – zweiten – Ehe Schauspielerin am Max-Reinhardt-Theater in Berlin. Zusammen mit seinen Schwestern und Stiefbrüdern wächst W. in Bremer und Berliner Villen der 1920er Jahre auf, doch in seiner späteren Erinnerung herrscht in dem großbürgerlichen Milieu immer eine beklemmende Atmosphäre. Die kaufmännische Welt des Vaters bleibt dem Sohn fremd, und er will sich nicht als Nachfolger verstehen. Dass auch die Mutter seinen Anspruch auf künstlerische Selbstverwirklichung nicht anerkennt, empfindet der junge W. als belastende Herausforderung, muss er doch seine ästhetische Produktion – zunächst die Malerei – nicht nur gegen die Widrigkeiten der Zeitläufe verteidigen, sondern auch gegen die Lebens- und Arbeitsvorstellungen seiner Eltern.

Die Familie emigriert 1934 nach London, weil der Vater Jude ist. Doch die politischen Gründe des Aufbruchs werden von einem tragischen Ereignis überschattet: W.s jüngste Schwester stirbt kurz vor der Abreise an den Folgen eines Autounfalls. Der 17-Jährige versucht, in der Malerei die traumatische Erfahrung zu verarbeiten. Bilder im Stil des magischen Realismus entstehen.

Als die Eltern 1936 von London nach Böhmen übersiedeln – der Vater kann sich geschäftlich in England nicht halten – setzt W. seine Aufnahme in die Prager Kunstakademie durch, ist aber zwei Jahre später durch den Einmarsch der Deutschen in die Tschechoslowakei gezwungen, seine Ausbildung abzubrechen und den Eltern nach Schweden zu folgen. Während er im Sommer des Jahres 1936, den er bei dem verehrten Hermann Hesse im Tessin verbringt, sich zum ersten Mal in seiner künstlerischen Tätigkeit bestätigt fühlt, vernichtet die Mutter, die allein den Umzug nach Schweden vorbereitet, aus einer Panik heraus die düsteren Bilder ihres Sohnes, die er zurückgelassen hatte.

Im Schweden der 1940er Jahre bleibt W., als junger und unbekannter Maler erfolglos und ohne rechte Orientierung, darauf angewiesen, in der väterlichen Fabrik zu arbeiten und im elterlichen Haus in Alingsaås zu wohnen. Doch immer wieder versucht er, sich in Stockholm niederzulassen, ein Atelier einzurichten, selbst wenn er am Rande des Existenzminimums lebt. Hier hat er freundschaftlichen Kontakt zu anderen Emigranten, die ihn in seiner künstlerischen Arbeit und seinem Unabhängigkeitsstreben unterstützen. 1944 heiratet W. eine schwedische Malerin, im gleichen Jahr kommt eine Tochter zur Welt; neue Abhängigkeiten entstehen.

Seine ersten schriftstellerischen Versuche (in schwedischer Sprache) finden nur ein begrenztes Echo (*Von Insel zu Insel*, 1947; *Die Besiegten*, 1948; *Dokument I/Der Vogelfreie*, 1949; *Das Duell*, 1953). 1947 kommt W. als Reporter einer schwedischen Zeitung nach Deutschland. Nüchtern, ohne Ranküne, letztlich unberührt von den ehemaligen Bindungen an das Land seiner Kindheit, schildert er das Nachkriegselend. An eine Rückkehr

denkt er nicht (seit 1945 ist er schwedischer Staatsbürger). Erst lange nach seinem Tod (2000) wurde sein 1956 entstandener Roman *Die Situation* veröffentlicht, sein letztes Buch in schwedischer Sprache. W. räumt darin gleichsam autobiographisch auf: inszeniert ein Bewusstseins-Theater seiner umbrechenden Künstlerschaft, voller Selbstzweifel und mit pathetischem Bekenntnis zu einer rigoros gelebten Moderne, und immer auf der Suche nach einem lebbaren Ort. Ein biographisch interessanter, literarisch misslungener Text.

Danach aber beginnt er endgültig, sich die Sprache seiner Jugend zurückzuerobern, in der er bereits 1952 das Prosastück *Der Schatten des Körpers des Kutschers* geschrieben hatte. Er kultiviert in seinen Texten zeitweise die sprachliche Anstrengung als besonderen Stil: in komplizierter Grammatik bei einfachem Vokabular und einer durchgehenden Fixierung auf die bloße Beschreibung der Realien. Dann wird, nachdem das Manuskript von mehreren deutschen Verlagen abgelehnt worden war, *Der Schatten des Körpers des Kutschers* 1960 im Suhrkamp Verlag veröffentlicht, und die Kritik wird aufmerksam auf diese avantgardistische Prosa, die nicht ganz zu Recht dem »nouveau roman« zugeschlagen wurde. Der Text zeigt, wie W. seine visuelle Begabung (er hat in den 1950er Jahren auch experimentelle Filme gedreht) in Schrift umsetzt. Zwei Aspekte kennzeichnen das Werk vor der Politisierung des Autors Mitte der 1960er Jahre: die Bedeutung des Traums, des Unbewussten (in der Tradition des Surrealismus) und die formale Strenge, nüchterne Diktion, häufig mit einem Sinn fürs Groteske, Komische (*Wie dem Herrn Mockinpott das Leiden ausgetrieben wurde*, 1968; *Nacht mit Gästen*, 1963).

Nach dem Tod der Eltern (1959) schreibt W. sich gleichsam frei. *Abschied von den Eltern* (1961) und *Fluchtpunkt* (1962), autobiographische Romane, welche die Verwirrung des jungen W., Kindheit und Jugend bis zur schwedische Exil, als einen ständigen Abnabelungsversuch von den »Portalfiguren« seines Lebens beschreiben, machen ihn einem breiten Lesepublikum bekannt. *Fluchtpunkt* schließt mit der endgültigen Entscheidung, allen Widrigkeiten zum Trotz sich zur künstlerischen Existenz zu bekennen: »An diesem Abend, im Frühjahr 1947, auf dem Seinedamm in Paris, im Alter von dreißig Jahren, sah ich, daß es sich auf der Erde leben und arbeiten ließ und daß ich teilhaben konnte an einem Austausch von Gedanken, der ringsum stattfand, an kein Land gebunden.«

In den Texten, Bildern (auch Collagen zu eigenen Texten) und Filmen der 1950er Jahre werden die Schuldgefühle, die das gegen die Eltern behauptete Bohèmeleben und das Scheitern der eigenen Familie erzeugen (seine Ehe wurde 1947 geschieden), zunehmend aufgehoben in einem psychoanalytischen Begreifen des libidinösen, sadomasochistischen Beziehungsgeflechts zwischen Mann und Frau, Eltern und Kind. Die aufgeladene Thematik wird allerdings immer in einer kühl-artifiziellen Distanz vorgetragen. Anfang der 1950er Jahre unterzieht sich W. einer psychoanalytischen Behandlung, und trotz seiner später geäußerten Kritik daran bleibt seine Produktion von ihren Erkenntnissen geprägt – dem surrealistischen Kunstverständnis verwandt (*Der große Traum des Briefträgers Cheval*, 1960). Die fast kontinuierliche Tagebuchführung, die W. betreibt (*Kopenhagener Journal*, Notizbücher 1960–1981), dient neben dem Stoffsammeln wesentlich der Selbstvergewisserung und der Beschreibung der eigenen seelischen Verfassung. Das Thema der Schuld wird bald allgemeiner gefasst: als Schuld des »Bessergestellten« gegenüber den Ausgebeuteten (W. hat sich immer wieder als ›Proletarier‹ zu deuten versucht), und des »Davongekommenen« gegenüber denen, die in den Vernichtungslagern der Nazis ermordet wurden. Das »Um-Schreiben« der eigenen Biographie – zunächst in selbstanalytischer Erinnerung, schließlich im fiktiven Ich der *Ästhetik des Widerstands* (1971–1981) – wird zur literarischen Antwort auf den haltlosen Zustand, ohne gesicherte Identität zu leben. Als *Meine Ortschaft* hat W. 1965 nicht eine der zahlreichen Stationen seines Lebens bezeichnet, sondern Auschwitz, dem er entkam.

Der Durchbruch zum internationalen Erfolg findet mit dem Drama *Die Verfolgung und Ermordung Jean Paul Marats, dargestellt durch die Schauspieltruppe des Hospizes zu Charenton unter Anleitung des Herrn de Sade* statt, das 1964 in Berlin uraufgeführt wird. Bei der (mehrmaligen) Textüberarbeitung ändert sich die Beurteilung der beiden Antagonisten durch den Autor: seine Sympathie verschiebt sich vom zögernden Intellektuellen Sade, der die unverantwortliche Kunstproduktion, den selbstinszenierten Lustgewinn, die Beherrschung der Imagination verkörpert, zu Marat, dem Märtyrer der Revolution, der die radikale, (selbst-)zerstörerische soziale Verantwortung lebt. W. selbst hat in den 1950er Jahren gerade in seiner Filmarbeit soziales Engagement und avantgardistische Kunstpraxis zu verbinden gesucht (*Im Namen des Gesetzes* – Film über jugendliche Strafgefangene, 1956).

In den *10 Arbeitspunkten eines Autors in der geteilten Welt* (1965) bekennt sich W. zum Sozialismus, und von nun an schaltet er sich mit politischen Statements in die öffentlichen intellektuellen Diskussionen ein, wird in beiden Teilen Deutschlands gespielt, gelesen, diskutiert. Sein Engagement (er wird Mitglied der schwedischen KP, steht später dem Eurokommunismus nahe) macht ihn manchmal allzu nachsichtig gegenüber den Schwächen und Verbrechen im linken Lager, wenngleich er sie durchaus zu registrieren vermag. Sein politisches Denken ist vom Moralismus bestimmt, Machtfragen gegenüber negativ. Sowohl sein antiimperialistisches Dokumentartheater (*Gesang vom lusitanischen Popanz*, 1967; über den portugiesischen Kolonialismus in Afrika; und der *Viet Nam-Diskurs*, 1968) als auch seine Dramen über die Rolle des Intellektuellen zwischen Kunst und Politik (*Trotzki im Exil*, 1970, und *Hölderlin*, 1971) zeugen von einer (häufig plakativen) moralisch-politischen Parteinahme für die aufbegehrenden Unterdrückten der Geschichte, der Opfer der Macht. Während das Marat/de Sade-Stück auf Europas Bühnen gefeiert wurde, arbeitete W. an einem anderen Theaterkomplex, dem wie ein Palimpsest Dantes *Göttliche Komödie* zugrunde lag: einem »dreiteiligen Drama divina commedia« (Peter Weiss). Dessen 1964 entstandener Teil *Inferno* (erschienen erst 2003) war angelegt als eine große Collage aus Stoffen, die ihm der Dantesche Text und die eigene Biographie im Spannungsfeld des Nationalsozialismus und der bundesrepublikanischen Gegenwart lieferte. In dieses Spannungsfeld gehörte die zögerliche Auseinandersetzung der deutschen Öffentlichkeit mit dem systematischen Judenmord des nationalsozialistischen Deutschland. Sie wurde dann in Gang gesetzt durch den großen ersten Auschwitz-Prozess (20. Dezember 1963 bis 20. August 1965) in Frankfurt am Main. An ihm hat W. einige Male teilgenommen. Damals schrieb er *Meine Ortschaft*. Dem so bezeichneten Auschwitz war der »Paradiso«-Teil des »Drama divina commedia« gewidmet. Aus ihm entstand schließlich das Oratorium *Die Ermittlung* (1965). Es überzeugt durch seine erschreckende Sachlichkeit, den Verzicht auf Pathos, die Rhythmisierung der Dialoge zwischen Tätern, Opfern, Richtern und Anklägern. Das Stück, das wegen seines Themas als unspielbar und unangemessen eingeschätzt wurde, hat nach seiner Uraufführung an zugleich 25 west- und ostdeutschen Orten die Kritik durchaus beeindruckt.

W.' Arbeit am und für das Theater (häufig zusammen mit seiner zweiten Frau Gunilla Palmstierna als Bühnen- und Kostümbildnerin) wird zum Problem, als Anfang der 1970er Jahre der Grundkonsens unter den Linken zerbricht und die Bereitschaft für dokumentarische Aufklärung und Agitation schwindet. Ein Rückzug in die »Innerlichkeit«, wie er die Literatur der 1970er Jahre prägt, ist für W., der aus der beharrlichen Beschäftigung mit der eigenen Gefühlswelt aufgebrochen in weltpolitische Themen war, nicht annehmbar. Er beginnt – nunmehr 50-jährig – ein Romanprojekt über den antifaschistischen deutschen Widerstand, das die Bedingungen des Scheiterns zum Thema macht: die Geschichte der deutschen Linken als Geschichte signifikanter Niederlagen. Autobiographische Daten des Autors, Stationen und Begegnungen seines Lebens werden zu einer »Wunschbiographie« verdichtet mit Merkmalen »typischer« Biographien von Sozialisten und Kommunisten in den 1930 und 40er Jahren zu einem abstrakten proletarischen »Ich«, das als Verkörperung der politischen wie der künstlerischen Verantwortung gegenüber einem geschichtsphilosophischen Auftrag funktioniert: der umfassenden Selbstbefreiung der Unterdrückten.

W.' identifikatorischer Umgang mit historischen Dokumenten, aus denen die *Ästhetik des Widerstands* zusammengesetzt ist, wird durch den abweisenden, bürokratisch auflistenden, verschachtelten Stil einer (Selbst-)Kritik unterzogen. Die Widersprüche seines Werks und Lebens: Einfühlung und Distanz, sich heraushalten/einmischen, proklamieren/befragen finden hier ihren zwiespältigen, ungelösten Ausdruck im Kontrast zwischen Inhalt und Form des monumentalen, das tausendseitigen Werks. W. hat an seiner »summa« zehn Jahre gearbeitet, zeitweise sehr krank und von der Angst gequält, er könne es nicht mehr vollenden. In den *Notizbüchern*, die sein Leben und Schaffen begleitet haben, ist auch diese Zeit festgehalten: seine recherchierende, gleichsam wissenschaftliche Arbeitsweise, sein Stockholmer Alltag, seine Reisen und Freundschaften, seine Freude an der 1972 geborenen Tochter Nadja und seine politischen Auseinandersetzungen und Stellungnahmen. Es ist eine unwillkürlich schonungslose Darstellung der eigenen Empfindlichkeiten und Irrtümer, wobei auch hier das Bedürfnis nach Selbstvergewisserung auffällt.

Das Werk von W. formuliert in exemplarischer Weise die Entwicklung von individualistischer Selbstanalyse zu politischem Bewusstsein und Engagement. Noch der Titel seines letzten großen »Romans«, *Die Ästhetik des Widerstands*, zeugt von dem Versuch, Politik und Kunst zu vermitteln, aber auch die fortdauernde Spaltung zwischen beiden Größen schreibend auszutragen. Der rigorose Moralismus seiner Äußerungen, auch das hartnäckige Festhalten an geschichtsphilosophischen und marxistischen Kategorien, die für seinen Humanismus verbindlich blieben, verschafften ihm und seinem Werk nicht nur in der literarischen Öffentlichkeit immer wieder Gehör. Er wurde ein in beiden Teilen seines Herkunftslandes kontrovers diskutierter Autor, der sich lieber angreifbar machte, als in seinen Stellungnahmen Kompromisse einzugehen. Kurz vor seinem Tod wollte W. noch nach Berlin übersiedeln.

Werkausgabe: Werke in 6 Bänden. Hg. vom Suhrkamp Verlag in Zusammenarbeit mit Gunilla Palmstierna-Weiss. Frankfurt a. M. 1991.

Genia Schulz/Red.

Wellershoff, Dieter
Geb. 3. 11. 1925 in Neuß/Niederrhein

»Ich hätte vieles andere werden können: Arzt, Psychotherapeut, Tanzlehrer, Philosophieprofessor, Architekt, Verbrecher, Kriminalbeamter, Geisteskranker, und vielleicht bin ich das auf mittelbare Weise alles geworden, indem ich Schriftsteller geworden bin. Das, was man schließlich wird, begrenzt und formt unbestimmte offene Möglichkeiten, und wenn man nicht ganz in seiner Identität versteinern will, dann müssen sie verändert darin aufgehoben sein.« Schreiben und Lesen sind für W. motiviert durch einen »Wunsch nach mehr Leben, nach einer Ausweitung der Existenz, der unbefriedigt bliebe durch Harmonisierungen, in denen die Bewegung zur Ruhe kommen soll«. Gelegentlich führe der anarchische Antrieb den Schriftsteller dazu, eigene »kriminelle Instinkte auszuleben« (*Erkenntnisglück und Egotrip*, 1979). Biographische Erfahrungen gehen in diese Argumentation ein. W. erlebt das Scheitern des kollektiven »Allmachtstraumes« des Faschismus. Diese Erfahrung begründet bei ihm – wie bei einem Großteil seiner Generation – eine »Ohne-mich-Haltung«, die er nach eigenem Eingeständnis bis heute nur schwer überwinden kann. »Das Kollektiv war der offenbar gewordene Wahnsinn, die Selbstentfremdung. Was galt, war das eigene Leben.«

W. wird als Sohn eines Kreisbaumeisters geboren. 1943 meldet sich der Gymnasiast freiwillig zum Militär. Nach einem »Zustand halben Gestorbenseins« im Krieg ergreift er die Chance, »frei gehen zu können«. Zielstrebig studiert er 1947–1952 Germanistik, Psychologie und Kunstgeschichte in Bonn. Seine Promotionsarbeit gilt Gottfried Benn, dem er als »Phänotyp dieser Stunde« 1958 eine erfolgreiche zweite Publikation widmet. Benns Witwe überträgt W. die Werkedition ihres verstorbenen Ehegatten (1959–1961). Eine krisenhafte Phase des noch »Unbewiesenen« wird beendet durch Familiengründung und die Annahme des Wissenschafts-, später auch Literaturlektorats bei Kiepenheuer & Witsch (1959). W. baut eine Reader-Reihe, die erfolgreiche *Neue wissenschaftliche Bibliothek*, auf. 1960 liest er bei der Gruppe 47. 1965 stellt er junge Autoren (u. a. Günter Herburger, Rolf Dieter Brinkmann, Nicolas Born, Günter Seuren) unter dem missverständlichen, aber damals provokanten Etikett des ›neuen Realismus‹ vor. Nach Hörspielen veröffentlicht W. 1966 seinen ersten Roman *Ein schöner Tag*. Dieser erzählt zwei Wochen aus dem Alltag einer Kölner Familie. Ihre Mitglieder legen sich selbst einen Zwang zur Scheinidylle auf, verheimlichen eigene Wünsche und Aggressionen. Ausbruchsversuche scheitern und befestigen dadurch die lähmende gegenseitige Bindung. W. erzählt diese Geschichte im Präsens mit der Detailgenauigkeit eines »soziologischen Realismus« (Heinrich Vormweg). 1970 gibt W. seine berufliche Bindung an den Verlag teilweise, schließlich ganz auf, wohnt aber weiterhin in Köln. Als nunmehr freier Schriftsteller nutzt er die Möglichkeiten von Funk und Fernsehen (Hörspiele, ab 1974 Fernsehspiele). Ferner publiziert er Essays, Gespräche, Romane, Erzählungen, ein Drama, ein Opernskript, wenige Gedichte.

Gegenüber dem »Aktionismus« der Protestbewegung Ende der 1960er Jahre, welcher der Literatur »nichts anderes mehr erlauben wollte als die direkte Vorbereitung politischer Praxis«, beharrt W. entsprechend seiner Lebenserfahrung auf dem Thematisieren des »Privaten«: »Das Individuelle ist Abdruck des Allgemeinen, aber zugleich dessen Kritik. Denn indem kenntlich wird, daß eine Verhaltensstilisierung die menschlichen Möglichkeiten einschränkt, verdirbt und verzerrt, zeugt sie gegen die menschliche Praxis, die auf Kosten des unterdrückten Lebens funktioniert.« Entsprechend sieht W. »in der Subjektivität des Autors die konstituierende Kraft. Aus seiner inneren Aufmerksamkeitsrichtung, seinem besonderen Blick, müssen die Formen als Suchmuster für neue Erfahrungen entstehen, in denen auch andere Menschen jenseits ihrer Gewohnheiten sich erkennen können.« Entsprechend setzt sich W. in zahlreichen Essays für eine von Erfahrungen gelenkte Literatur ein.

Nach *Ein schöner Tag* thematisiert W. die Neurosen und Schizophrenien von gesellschaftlichen Außenseitern: z. B. in *Die Schattengrenze* (1969). 1972 schildert er einen gehetzten Kriminellen in *Einladung an alle*, 1977 einen psychisch und sozial sich deklassierenden Intellektuellen in *Die Schönheit des Schimpansen*. Seit den 1980er Jahren geht es W. um die Verirrungen ›normaler‹ Menschen, zum Beispiel in *Die Sirene* (1980) eines unter Selbstdisziplinierung und Verdrängungen leidenden Hochschullehrers, der schließlich statt des Wagnisses doch wieder die Routine wählt; in *Der Sieger nimmt alles* (1983) eines Unternehmers, der Allmachtsphantasien zunächst eher produktiv, später immer destruktiver auslebt. Der »besondere Blick« des Autors führt W. zunächst zu einer sehr experimentellen Schreibweise, die stark vom Nouveau roman beeinflusst ist. Sie ist am kunstvollsten in *Die Schattengrenze* entwickelt. Später weicht sie einfacheren und klareren Bauformen. *Die Arbeit des Lebens* (1985), *Der Ernstfall* (1995) und *Blick auf einen fernen Berg* (1991) greifen Erfahrungen des eigenen Lebens auf und versuchen sie in generationstypische Zusammenhänge einzuordnen. *Blick auf einen fernen Berg* erweitert die Erfahrung der persönlichen Betroffenheit durch den Tod des Bruders zu seiner sehr grundsätzlichen Auseinandersetzung mit der Endlichkeit des Lebens. *Der Liebeswunsch* (2000) thematisiert in kunstvoll figurenspezifischer Perspektive die Spiele von Bindung und Trennung zwischen den Geschlechtern, welche in existentiellen Ernst umschlagen.

Werkausgabe: Werke. 6 Bde. Hg. v. Keith Bullivant. Köln 1996–1997.

Hans-Gerd Winter

Wells, H[erbert] G[eorg]

Geb. 21. 9. 1866 in Bromley, Kent; gest. 13. 8. 1946 in London

Der als Schriftsteller überaus produktive H.G. Wells entstammte ärmlichen kleinbürgerlichen Verhältnissen, die sein Schaffen prägten. Sein Vater war ein erfolgloser Ladeninhaber; die Mutter sicherte als Hausdame in einem Herrenhaus den Lebensunterhalt. W. brach Lehrjahre bei einem Tuchhändler, einem Drogisten und wieder bei einem Tuchhändler frustriert ab und bildete sich durch umfangreiche Lektüre selbständig weiter. 1883 kam er an einer *grammar school* als Schüler und Hilfslehrer unter und war in den Naturwissenschaften so erfolgreich, dass er ein Stipendium für das spätere Royal College of Science in South Kensington bekam (1884–87). Zu seinen Lehrern zählte Thomas Henry Huxley, ein engagierter Verteidiger der Darwinschen Evolutionstheorie. W. verließ das College zunächst ohne Abschluss, erlangte aber nach weiteren Jahren als Schullehrer 1890 einen *Bachelor of Science* in Zoologie (erst mit 78 Jahren erwarb er auch einen naturwissenschaftlichen Doktortitel). Neben einer Anstellung am University Tutorial College in London arbeitete er als Wissenschaftsjournalist und entschied sich Mitte der 1890er Jahre für eine hauptberufliche Laufbahn als Schriftsteller. – An fiktionaler Literatur verfasste W. zuerst Kurzgeschichten. Er gilt als wichtiger britischer Vertreter des Genres Ende des 19. und Anfang des 20. Jahrhunderts. Seine bekannteste Geschichte, »The Country of the Blind« (1904; »Das Land der Blinden«, 1976), ironisiert im Szenario einer verlorenen Zivilisation das Sprichwort, im Land der Blinden sei der Einäugige König.

Noch in den 1890er Jahren veröffentlichte W. auch seine ersten Science-fiction-Romane, die heute der bekannteste Teil seines Œuvres sind, nicht zuletzt dank vieler Verfilmungen und anderer Adaptionen. W. selbst bezeichnete sie als »wissenschaftliche Romanzen«, im Gegensatz zu realistischen, im Hier und Jetzt angesiedelten Romanen im engeren Sinn. Auch die phantastischen Ereignisse von W.' *scientific romances* sind jedoch stets aus dem aktuellen Stand der Naturwissenschaften extrapoliert, nehmen ihren Ausgang von alltäglichen Situationen und kommentieren zeitgenössische gesellschaftliche Entwicklungen. *The Time Machine* (1895; *Die Zeitmaschine*, 1904) basiert auf einer aktuellen Diskussion um die vierte Dimension und entwirft ein Bild negativer Evolution. Ein Zeitreisender stößt mit einer selbstkonstruierten Maschine (einem Novum in der Tradition der imaginären Zeitreise) in eine ferne Zukunft vor, in der sich aus den sozialen Klassen des späten 19. Jahrhunderts zwei verschiedene Spezies entwickelt haben: Den aus der Arbeiterklasse hervorgegangenen Morlocks dienen die dekadent-ästhetischen Eloi als Nahrungsquelle. In noch fernerer Zukunft erlebt der Zeitreisende das endgültige Verschwinden der Menschheit und den Wärmetod der Erde. Andere frühe Romanzen weisen die ethischen Grenzen wissenschaftlichen Strebens auf. In *The Island of Doctor Moreau* (1896; *Doktor Moreaus Insel*, 1904) macht sich ein Wissenschaftler zum Gott und versucht die Evolution zu beschleunigen, indem er Tiere durch Vivisektion in menschenähnliche Geschöpfe verwandelt. In *The Invisible Man* (1897; *Der Unsichtbare*, 1911) entdeckt ein Chemiker eine Substanz, die ihn unsichtbar macht. Sein Wissen verleiht ihm Macht, stößt ihn aber in völlige soziale Isolation, und der groteske Außenseiter wird schließlich anarchisch-kriminell. Joseph Conrad bewunderte den Roman und widmete W. 1907 seinen Anarchisten-Roman *The Secret Agent*. *The War of the Worlds* (1898; *Der Krieg der Welten*, 1901) schildert eine brutale Invasion Englands durch wissenschaftlich-emotionslose Marsianer, über die W. die Fortschrittsgläubigkeit, aber auch den Imperialismus seiner Zeit kritisiert. Eine amerikanische Hörspieladaption von Orson Welles löste 1938 eine Massenpanik aus. In *The First Men in the Moon* (1901; *Die ersten Menschen*

im Mond, 1905) töten insektenähnliche Mondbewohner den Wissenschaftler Cavor aus Angst vor weiteren Besuchen kriegerischer und besitzergreifender Erdlinge. Auch in nichtfiktionalen Werken (*Anticipations*, 1901; *Mankind in the Making*, 1903; *A Modern Utopia*, 1905) spekulierte W. bereits Anfang des 20. Jahrhunderts über die zukünftige Entwicklung der menschlichen Spezies und Gesellschaft.

W.s fiktionale Prosa hatte ein zweites Standbein mit tragikomischen, realistischen Gesellschaftsromanen, die im Kleinbürgermilieu angesiedelt sind und autobiographische Erfahrungen verarbeiten. *Love and Mr. Lewisham* (1900) rekurriert auf W.' Jahre als Hilfslehrer und Student. *Kipps* (1905; *Kipps*, 1982) schildert das Schicksal eines Tuchhändlergehilfen, dem überraschend ein Erbe zufällt, der den sozialen Aufstieg aber nicht schafft, weil er das in höheren Kreisen geforderte Verhalten nicht erlernt. *Tono-Bungay* (1909; *Der Traum*, 1927) beschreibt aus Sicht eines Wissenschaftlers den gesellschaftlichen Aufstieg und Fall seines Onkels, des Apothekers Ponderevo, der durch ein wirkungsloses Tonikum zu großem Wohlstand kommt, dann aber im kapitalistischen System scheitert. In *The History of Mr. Polly* (1910; *Mr. Polly steigt aus*, 1993) kann sich ein Ladeninhaber erst aus seiner trostlosen Existenz befreien, als ein Feuer sein Geschäft zerstört und es ihm ermöglicht, ein Leben jenseits gesellschaftlicher Zwänge zu führen. Ein Skandalerfolg wurde *Ann Veronica* (1909), in dem sich im Kontext der *New Woman*-Bewegung eine Frau das Recht nimmt, gegen alle Konventionen mit dem Mann zu leben, den sie liebt. Das Recht auf freie Liebe beanspruchte W. auch für sich selbst; er verließ seine erste Frau und hatte während seiner zweiten Ehe mehrere Liebschaften, u. a. mit der Autorin Rebecca West.

W.' Romane waren bis etwa 1910 populär, lösten bei den Kritikern aber gespaltene Reaktionen aus. Heftige Kritik traf W.' Romanschaffen ab den 1920er Jahren, das auf Kosten künstlerischer Strukturiertheit zunehmend zum Vehikel für seine sozialen und politischen Prophezeiungen wurde. Mit Henry James, einem langjährigen Freund, entzweite sich W. 1915 in einem Streit über die Funktion des Romans als Kunst um ihrer selbst willen bzw., wie W. glaubte, als nützliche Kunst zur Verbreitung von Ideen. Die Modernisten sahen in W. einen technisch konservativen und inhaltlich zu materialistischen Romancier (Virginia Woolf: »Modern Fiction«, 1925). – Außer in thesenhaften Romanen verbreitete W. seine Gedanken in zahlreichen Traktaten und Sachbüchern. Besonders wichtig war ihm seine Mission für eine bessere Zukunft der Menschheit, etwa in einem Weltstaat unter der Führung sozial verantwortlicher Industrieller. Der Erste Weltkrieg, während dessen er im Propagandaministerium tätig war, war für W. einerseits der Krieg, der alle künftigen Kriege beenden würde (*The War That Will End War*, 1914), andererseits ein Krieg, der Patriotismus erforderte (so der Roman *Mr. Britling Sees It Through*, 1916). Der Weltverbesserung widmete sich W. nach dem Krieg in einem großen Projekt der Massenerziehung durch Sachbücher wie *The Outline of History* (1920) und *The Science of Life* (1930, mit Julian Huxley). Während des Zweiten Weltkriegs war W. an der Formulierung einer Erklärung der Menschenrechte beteiligt; dieser Krieg löste bei ihm aber einen tiefen Pessimismus aus, der eines seiner letzten Bücher prägt, *Mind at the End of Its Tether* (1945; *Der Geist am Ende seiner Möglichkeiten*, 1946). Das 1934 erschienene *Experiment in Autobiography* vermittelt Einblicke in W.' heterogenes, aber immer engagiertes Denken, das er aufgrund seines streitbaren Temperaments nie institutionell verankern konnte; aus der sozialistischen Fabian Society z. B. trat W. 1908 nach nur sechs Jahren wieder aus, ohne sich aber von sozialistischen Prinzipien zu verabschieden.

Werkausgaben: The Works of H.G. Wells. Atlantic Edition. 28 Bde. London 1924–27. – The Works of H.G. Wells. Essex Edition. 24 Bde. London 1926/27.

Barbara Korte

Welty, Eudora [Alice]
Geb. 13. 4. 1909 in Jackson, Mississippi; gest. 23. 7. 2001 in Jackson

Während viele nordamerikanische Schriftsteller Eudora Weltys feinfühliger und wandlungsfähiger Erzählprosa als mustergültig Tribut zollten, genoss sie in Europa lange nur unter Kennern das verdiente Ansehen. Ihre Fähigkeit, in ihren Erzählungen und Romanen eine Vielfalt sehr unterschiedlicher Stimmen zum Sprechen zu bringen, ist ein Grund dafür, dass sie nur allmählich Übersetzer gewann; erst ihre Autobiographie *One Writer's Beginnings* (1984; *Eine Stimme finden*, 1990) fand breitere Resonanz. Dabei fehlt ihren Memoiren jene Dramatik, die man in biographischen Zeugnissen erwartet. Im Vordergrund stehen nicht intim-private Erfahrungen, sondern die Porträts ihrer charakterlich gegensätzlichen Eltern. Obwohl W. großzügig Interviews gewährte, hat sie sich dem Drängen prospektiver Biographen ganz entzogen und einschlägige Projekte scheitern lassen.

Als Kind von aus West Virginia bzw. Ohio nach Mississippi zugewanderten Eltern war W. für die Rolle der nicht ganz integrierten und daher umso aufmerksameren Beobachterin prädestiniert. In klassisch gewordenen Essays (z. B. »Place in Fiction«) hat sie die Bedeutung des regionalen Nährbodens für ihre Erzählkunst hervorgehoben. Ihre vor Beginn der schriftstellerischen Laufbahn durchgeführten Reisen durch Mississippi auf der Suche nach Bildmotiven belegen ihr Gespür für den signifikanten Augenblick, und ihre Dokumentarphotos sollten für etliche ihrer Erzählungen (ab 1936) die Inspiration für Situationen und Schauplätze liefern. So entwirft sie ein reiches Panorama des ländlichen und kleinstädtischen Mississippi, wobei sie das ganze demographische Spektrum berücksichtigt. Der gerade in Mississippi damals rigorosen Trennung der Rassen zum Trotz verleiht sie schwarzen Charakteren Vitalität und Würde. Dies gilt etwa für die uralte Granny, die in »A Worn Path« keine Mühe scheut, um Medizin für ihren Enkel zu beschaffen, oder für den Jazz-Musiker in »Powerhouse«. Während sie in den ersten Sammlungen von Erzählungen – *A Curtain of Green* (1941; z. T. *Ein Wohltätigkeitsbesuch. Erzählungen*, 1983) und *The Wide Net* (1943; *Der purpurrote Hut und andere Erzählungen*, 1986) – Dialoge überzeugend einfängt und Sitten und Gebräuche präzise schildert, geht sie weit über eine realistische Wiedergabe von Lokalkolorit hinaus. Angesichts der Fragmentierung der Impressionen und der Auslotung tieferer Bewusstseinsschichten steht ihr Erzählwerk dem Modernismus nahe, wurde wegen ihrer Vorliebe für groteske Figuren und Situationen und der Prominenz von Gewaltakten aber rasch mit dem Etikett »Southern Gothic« ausgestattet. Ihre schier chamäleonhafte Wandlungsfähigkeit qualifiziert sie dabei für die Keatssche Kategorie der »negative capability«, während ihre regional verwurzelte Erzählkunst Themen von universellem Charakter erschließt.

In dem Roman *Delta Wedding* (1946; *Die Hochzeit*, 1962) und ihrem Alterswerk *Losing Battles* (1970) gestaltet sie den Konflikt zwischen den Ansprüchen des Einzelnen und denen des Kollektivs sowie das Ringen von Außenseitern um Autonomie und ihr Aufbegehren gegen die völlige Integration in die Sippe. Die Gefährdung der scheinbaren Pastorale in *Delta Wedding* wird in den Erfahrungen mehrerer weiblicher Figuren spürbar, in deren Gefühlswelt W. eintaucht. Vor dieser poetisch getönten Darstellung der Plantagenidylle verknüpfte sie in *The Robber Bridegroom* (1942; *Der Räuberbräutigam*, 1987) märchenhafte Elemente (Brüder Grimm) mit historischen Details aus der Pionierzeit und regionalem Humor in einem hybriden Text.

Während sozialkritische Töne nur gedämpft anklingen – die Not bettelarmer Pächter und der Niedergang von Patrizierfamilien werden selten thematisiert – gewinnen in W.s Erzählungen Rituale der Fruchtbarkeit symbolische Funktion. Die lebensbejahende Grundeinstellung manifestiert sich auch bei der Zeichnung des Ringens darbender Farmer im kargen Hügelland im Nordosten Mississippis mit Unbilden der Witterung und der wirtschaftlichen Depression. Von ihrer ersten Erzählung, »Death of a Traveling Salesman«, an hat W. das Triviale und Lokale, das in idiomatischen Phrasen und präzise beschriebenen Gebräuchen vermittelt wird, immer wieder durch den Bezug auf mythische Figuren und Situationen überhöht. Kann man in dieser Erzählung z. B. in Sonny unschwer eine Prometheusfigur erkennen, so ist W.s ambitioniertestes Werk, der Kurzgeschichtenzyklus *The Golden Apples* (1949; *Die goldenen Äpfel*, 1992), strukturell durch den eigenwilligen Synkretismus überkommener Mythen geprägt. Die sieben verknüpften Erzählungen mit ihren unterschiedlichen Erzähltechniken und miteinander verwobenen keltischen und antiken Mythen lassen eine eindeutige Gleichsetzung von bestimmten Figuren mit mythischen Vorbildern nicht zu. Sie eignen sich für die Analyse aus feministischem Blickwinkel, einem wichtigen Anliegen in der neueren Forschung. Von der Kritik wird W.s Kosmos einhellig schon lange als »a woman's world« bestimmt, wobei man ihre kreative Auseinandersetzung mit den gesellschaftlichen Konventionen ihres Raumes betont, ihre Umdeutung des Heroischen und die neue Auffassung von der Rolle des Geschlechts für Künstler und Kunst hervorhebt. In diesem Zusammenhang ist W.s Dankesschuld gegenüber älteren Erzählerinnen, aber auch der modernistischen Fiktion Virginia Woolfs, Katherine Anne Porters und ihrer langjährigen Freundin Elizabeth Bowens unbestritten.

Die humoristische Erzähltradition der »tall tales« (Aufschneidergeschichten) des alten Südens variiert dagegen der Kurzroman *The Ponder Heart* (1954; *Mein Onkel Daniel*, 1958). Darin brilliert W. in einer Form, deren Möglichkeiten sie schon effektvoll in einigen Erzählungen genutzt hatte, in denen das alltagssprachliche Register von geschwätzigen Monologsprecherinnen präzise eingefangen war. Eine andere Seite ihrer Kunst ist – wie in den Erzählungen von *The Wide Net* – in *The Bride of the Innisfallen and Other Stories* (1955) erkennbar, wo feinfühlige amerikanische Europa-Reisende Eindrücke von fremden Schauplätzen und Schicksalen gewinnen. Typischer für W.s Kunst sind jedoch Erzählungen, die die kollektive Erfahrung in der eigenen Region ausloten (»Kin«). Bemerkenswert ist auch die vom Mord am schwarzen Bürgerrechtskämpfer Medgar Evers in Jackson inspirierte Geschichte »Where Is the Voice Coming From?« (1963).

Nach vielbeachteten Rezensionen und Essays, u. a. über die schriftstellerische Verantwortung (»Must the Novelist Crusade?«, 1965), legte W. nochmals zwei fiktionale Meisterleistungen vor. *The Optimist's Daughter* (1972; *Die Tochter des Optimisten*, 1973) nützt einerseits wiederum das humoristische Potential, das im Zusammenprall von Vertretern unterschiedlicher sozialer Schichten liegt (hier die gute Gesellschaft von Mount Salus, dort die einfachen Chisoms aus Texas) – der verwitwete Clinton McKelva hat ganz unstandesgemäß die etwas vulgäre junge Fay geheiratet, und ihre Sippe schockiert bei seinem Begräbnis die gute Gesellschaft. Andererseits wird dem Leser die leidvolle Erfahrung von Laurel McKelva Hand erschlossen, die retrospektiv die spannungsreiche Beziehung zwischen ihren Eltern überdenkt. Wie die selbst verwitwete Laurel in einer nächtlichen, sie von der Last der Vergangenheit befreienden Meditation begreift, hatte diese Beziehung in der tödlichen Krankheit ihrer Mutter die schwerste Bewährungsprobe zu bestehen. Schafft W. damit ein berührendes, gelungenes Beispiel für die Darstellungskraft modernistischen Erzählens, so experimentiert sie in *Losing Battles* erfolgreich mit der radikalen Reduktion von Innenschau. Durch Verzicht auf eine Erzählerstimme, die mehr bietet als die konkret-anschauliche Beschreibung des Schauplatzes, ist der Leser ganz auf die Stimmen der Sippenmitglieder und der wenigen Außenseiter bei der Geburtstagsfeier einer Matriarchin angewiesen. Die turbulenten Ereignisse während des Festtages und die recht abenteuerlichen Erfahrungen mit der Vergangenheit sind Gegenstand lebhafter Gespräche, die imstande scheinen, den Fluss der Zeit vorübergehend zu stauen. Trotz der Armut der Betroffenen und der in den Erzählungen fassbaren Tragik vermittelt W. ein Gefühl von idyllischem Sinnenreiz und kollektiver Lebensfreude bei der rituellen Bestätigung des Vertrauten. Dabei entbehrt der Konflikt zwischen der Sippe einerseits und fortschritts- und bildungsgläubigen Reformern andererseits nicht tragischer Töne, die freilich durch groteske Situationskomik in ihrer Bitterkeit gemildert werden. Dass W. das leidvolle Scheitern und die Auflösung engster persönlicher Bande zum Ausgangspunkt für neue Zuversicht macht und andererseits die tiefe Enttäuschung des Einzelnen im festlichen Treiben offenbart, lässt sich als Altersweisheit deuten. Dass eine solche Konvergenz in der Stimmungslage und Weltsicht mit konträren erzähltechnischen Mitteln erreicht wird, bestätigt nochmals ihre außergewöhnliche Wandlungsfähigkeit und künstlerische Meisterschaft.

Werkausgaben: Complete Novels. New York 1998. – Stories, Essays, & Memoir. New York 1998.

Waldemar Zacharasiewicz

Werfel, Franz
Geb. 10. 9. 1890 in Prag;
gest. 26. 8. 1945 in Beverly Hills (USA)

Als W. 1945 einem Herzinfarkt erlag, ließ ihn seine Frau wunschgemäß in Smoking und Seidenhemd begraben, weltlich also, was angesichts der stark ausgeprägten religiösen Thematik seines Werkes verwundern mag. W.s Wende zum Religiösen, zum Christlichen und zum Jüdischen, war keineswegs durch seine Kindheit vorgeprägt. Als Sohn eines Prager Kaufmanns geboren, wuchs er im deutschjüdischen Kulturraum der Moldau-Metropole auf, unter anderem befreundet mit Max Brod und Franz Kafka. Nach einer kurzen Lehre als Spediteur erhielt er den Alibiposten eines Lektors im avantgardistischen, um die Literatur des Expressionismus verdienten Kurt-Wolff-Verlag, der ihm für die üppige Eigenproduktion reichlich Zeit ließ. Angetreten als hymnisch-pathetischer Lyriker in der Nachfolge des amerikanischen Naturlyrikers Walt Whitman (*Der Weltfreund*, 1912; *Wir sind*, 1913; *Einander*, 1915; *Der Gerichtstag*, 1919), verlagerte sich der Schwerpunkt seines Schaffens zunehmend auf die Dramen- und Romanproduktion. Nach symbolisch-expressiven Ideendramen (*Die Mittagsgöttin*, 1919; *Spiegelmensch*, 1921; *Bocksgesang*, 1922; *Schweiger*, 1922) wandte W. sich der Gestaltung historischer Ereignisse und Charaktere zu (weltlich: *Juarez und Maximilian*, 1924; religiös-chiliastisch: *Paulus unter den Juden*, 1926; *Das Reich Gottes in Böhmen*, 1930; *Der Weg der Verheißung*, 1937). Seine Novellen und Romane nehmen zwar auch ihren Ausgang von der expressionistischen Mode, stehen z. T. unter dem Einfluss der Psychoanalyse (*Nicht der Mörder, der Ermordete ist schuldig*, 1920; *Der Tod des Kleinbürgers*, 1926; *Der Abiturientag*, 1928) und verschmähen keineswegs reißerische Effekte. Seit ihm, dem Musikfreund und glühenden Verdi-Verehrer, mit seinem Verdi-Roman (*Verdi. Roman der Oper*, 1924) der Durchbruch als Romancier gelang, hat W. stets eingängige Psychologie und effektvolles Szenarium verbunden, etwa in seinem umfangreichsten Roman *Barbara oder die Frömmigkeit* (1929), in dem die realistisch geschilderten Weltkriegserfahrungen, die untergründige Bindung an das alte Österreich und die dezidierte Zivilisationskritik einander die Waage halten, oder im Epos über den Freiheitskampf der Armenier, *Die vierzig Tage des Musa Dagh* (1933), oder im Legendenroman *Das Lied von Bernadette* (1941) – ein Grund auch dafür, dass sein Werk bei den Zunftleuten in Misskredit gefallen ist. Neben schwer erträglicher, gefühlsgeladener und rhetorischer Suada enthält sein Werk freilich auch sprachlich virtuose Glanzstücke, so Teile des Romans *Der veruntreute Himmel* (1939), so Partien des Fragment gebliebenen antifaschistischen Romans *Cella oder die Überwinder* (1938/39).

Nach Jahren schriftstellerischen Erfolgs traf auch ihn, der inzwischen mit der berühmten Femme fatale Alma Mahler-Gropius verheiratet war, das Desaster der nationalsozialistischen Machtübernahme mit voller Wucht.

Beim Anschluss Österreichs hielt sich der reisefreudige W. gerade in Italien auf. Die nächsten Jahre verbrachte er im Exil, mit den Stationen Mailand, Zürich, Paris, London, Vichy und Marseille. Nach einer abenteuerlichen Flucht über die Pyrenäen gelang ihm von Portugal aus die Überfahrt nach New York (1940). Bekannt ist W.s Gelübde in Lourdes: wenn die Flucht nach Amerika gelänge, wolle er der Heiligen Bernadette zu Ehren ein Buch schreiben. Umgehend löste W. sein Versprechen ein; der sofort einsetzende Erfolg des Romans (*Das Lied von Bernadette*, 1941) überraschte den Autor selbst. Nach Zwischenaufenthalten in New York, Los Angeles und Santa Barbara erwarb W. ein Haus in Beverly Hills.

W. war als Schriftsteller ungeheuer fruchtbar. Außer fünfzehn Dramen, zahlreichen Novellen, neun vollendeten und zwei unvollendeten Romanen (Frucht seiner Italienaufenthalte: *Die Geschwister von Neapel*, 1931; seiner Reisen in den Vorderen Orient: *Höret die Stimme. Jeremias*, 1937) hat er eine Fülle von essayistischen Arbeiten verfasst. Im Zentrum seines literarischen und denkerischen Werkes stehen Probleme des Glaubens und der Kampf gegen den Zerfall der Werte – eine in der ersten Jahrhunderthälfte herrschende Thematik, die er ganz im Sinne des christlichen Glaubens diskutiert. Unverkennbar ist W.s Annäherung an die katholische Kirche. Ohne je offiziell zu ihr überzutreten oder sich taufen zu lassen, ringt er doch in zahlreichen Aufsätzen und Aphorismen (*Zwischen oben und unten*, Essay, 1946) um seine Synthese aus Judentum und Christentum, in denen er, der Sinnenmensch, europäische Kultur und Tradition am bildkräftigsten ausgedrückt sieht. W.s Hang, das irdische Geschehen metaphysisch zu verankern, stört in zunehmendem Maße die stilistische Einheit seiner Werke. Sinnliche Anschauung und kritische Reflexion gehen allmählich unter im Strom abstrakter Leerformeln und verblasener Rhetorik. Diese Einwände gelten auch für seinen letzten, in den USA entstandenen Monumentalroman, *Stern der Ungeborenen* (1946), in dem W. eine Bilanz der Menschheitsentwicklung zieht. Vom Anspruch her als moderne *Divina Commedia* geplant, tendiert das Opus doch eher zur Science Fiction. Neben grandiosen Partien gibt es auch hier wieder poetisch-denkerische Durststrecken, ein Charakteristikum für W.s schwungvolle, jedoch unkritische Schreibweise. Bestes Produkt der Spätzeit ist zweifellos die Komödie *Jakobowsky und der Oberst* (1945), in der W. mit souveräner Ironie das moderne Ahasverschicksal zweier weltanschaulich grundverschiedener Emigranten gestaltet, in der Überzeugung, dass eines fernen Tages auch die religiösen Gegensätze sich finden, »wie die Parallelen im Unendlichen«.

Werkausgabe: Gesammelte Werke in Einzelbänden. Hg. von Adolf D. Klarmann. Frankfurt a. M. 1948–67.

Gunter E. Grimm

Wergeland, Henrik Arnold
Geb. 17. 6. 1808 in Kristiansand/Norwegen;
gest. 12. 7. 1845 in Kristiania, heute Oslo

Im Korsett europäischer Epocheneinteilung nimmt sich Henrik Wergeland wie ein Fabeltier aus. Sein Werk setzt sich aus Elementen zusammen, die man gewöhnlich unterschiedlichen literarischen Epochen zuschreibt. Neben aufklärerischer Volkserziehung findet sich dunkle romantische Ironie, tagespolitisch engagierte Dichtung steht empfindsamer Naturlyrik zur Seite. Dies hat mit Norwegens besonderer Situation im 19. Jahrhundert zu tun: Als Folge der napoleonischen Kriege wurde es 1814 nach über 400 Jahren aus dem dänischen Königreich gelöst und in eine Union mit Schweden gezwungen. Errungen wurden jedoch ein eigenes Parlament und ein fortschrittliches Grundgesetz. Die publizistischen und literarischen Fehden hatten in dieser Zeit des nationalen Neubeginns den Charakter eines Kampfes um die Definition einer eigenen, neu zu schaffenden nationalen Identität. Sollte man sich – wie die Vertreter der sogenannten »Intelligenzpartei« meinten – weiter an Dänemark orientieren, d. h. an einer international ausgerichteten bürgerlichen

Bildungskultur, oder sollte man einen genuin norwegischen Weg suchen, wie es die Partei der »Patrioten« forderte? Bei einer Bevölkerung, die zu 90 Prozent dem Bauernstand angehörte, bedeutete Letzteres eine rousseauistische Beschwörung des Naturwüchsigen und Ursprünglichen, die Hand in Hand mit der Abkehr von den klassizistischen Geschmackskonventionen ging.

W., dessen Vater Nikolai W. zu den Männern gehörte, die das Grundgesetz ausgearbeitet hatten, war zeitlebens Bannerträger der »Patrioten«. Mit zahllosen Artikeln und Reden, mit politischen Fabeln, mit Arbeiten zur Geschichte Norwegens, mit der Herausgabe von Zeitschriften für Gesellschaftsschichten jenseits des bürgerlichen Bildungsmonopols agierte er immer im Dienst liberal-republikanischer Meinungsbildung. Ästhetisches und politisches Bekenntnis lagen nicht weit auseinander. So dienten auch seine 27 dramatischen Arbeiten – darunter z. B. die Farce *Stockholmsfareren* (1837; Der Stockholmsfahrer) oder die Tragödie *Den indiske Cholera* (1835; Die indische Cholera) – überwiegend dem Zweck, seine freiheitliche Überzeugung zu propagieren. So sehr diese Stücke seine Zeitgenossen aufrührten, sind sie heute nur noch für ein Expertenpublikum interessant. In den Kanon der norwegischen Literatur hat sich W. dagegen mit seiner mal ekstatischen, mal melancholischen, gleichzeitig wortgewaltigen und verspielten Lyrik eingeschrieben. Obgleich im europäischen Zusammenhang bereits etabliert, war die freie Behandlung der literarischen Norm und die wilde Metaphorik von W.s erster Gedichtsammlung *Digte. Første Ring* (1829; Gedichte. Erster Ring) in Norwegen epochemachend und brachte die Traditionalisten gegen ihn auf, was eine jahrelange, erbittert geführte literarische Fehde mit seinem Intimfeind Johan Sebastian Welhaven zur Folge hatte.

W.s frühe Texte, allen voran das Epos *Skabelsen, Mennesket og Messias* (1830; Die Schöpfung, der Mensch und Messias), waren noch von geschichtsphilosophischem Optimismus und romantischem Vertrauen in eine gütige Allnatur geprägt. Im Spätwerk hingegen ist die Anrufung der Natur als Trösterin und Beschützerin nicht mehr als eine poetische Geste. Der Verlust metaphysischer Gewissheit ist besonders in seinen oft ironisch gebrochenen Gedichten greifbar, die er auf dem Kranken- und Sterbebett verfasste. Unverändert blieb jedoch der Übermut, mit dem er poetische Bilder kreierte. In dem einzigartigen *Jan van Huysums Blomsterstykke* (1840; Jan van Huysums Blumenstück) etwa werden weit auseinanderliegende Bildsphären kombiniert und in einer Art *stream of consciousness* ständig zu neuen Bildern und Assoziationen weitergetragen. Besonders durch den frei experimentierenden Stil des Spätwerks bereitete W. die Moderne in der norwegischen Literatur vor. So war er mit seinen *Sujetter for Versemagere* (1841; Sujets für Versmacher) »vielleicht überhaupt der erste« (Heinrich Detering) in Europa, der Prosagedichte veröffentlichte.

Nicht einmal 40 Jahre alt, starb W. 1845 an Tuberkulose. Finanziellen Erfolg konnte er bei der kleinen Bildungsschicht des Ein-Millionen-Volkes nicht erlangen. Auch politisch wurde W. angegriffen. Dass er 1840 eine Stelle als Reichsarchivar des schwedischen Königs annahm, erschien vielen seiner Mitstreiter als Verrat an der nationalen Sache. Sein Bemühen, Religionsfreiheit für Juden im Grundgesetz zu verankern, trug erst sechs Jahre nach seinem Tod Früchte. Nach dem gescheiterten Gesetzesvorschlag von 1839 hatte er in den Gedichtzyklen *Jøden* (1842; Der Jude) und *Jødinden* (1844; Die Jüdin) weiterhin für seine Vision geworben. Trotz der Niederlagen zu Lebzeiten ist er eine Ikone Norwegens geworden. Deutlichstes Zeichen seines nationalen Status ist das Henrik-Wergeland-Haus in Eidsvoll, das 2005 anlässlich der 100-jährigen Selbständigkeit Norwegens eröffnet wurde. Es soll norwegische Politikgeschichte und aktuelle Herausforderungen der Demokratie vermitteln; W. schien der geeignete Patron zu sein.

Joachim Schiedermair

Werner, Friedrich Ludwig Zacharias
Geb. 18. 11. 1768 in Königsberg; gest. 17. 1. 1823 in Wien

»Saugrob« soll Goethe geworden sein – so berichtet Wilhelm von Humboldt –, als W. Ende 1808 während des Mittagessens ein Sonett über Genua »auf seine abscheuliche Weise« (Henrik Steffens) vordeklamierte und darin den Mond am italienischen Himmel mit einer Hostie verglich. »Ich hasse«, rief Goethe wutentbrannt, »diese schiefe Religiosität ... Sie haben mir meine Mahlzeit verdorben.« Einige Monate zuvor hatte Goethe W.s Werk *Wanda, Königin der Sarmaten* (gedruckt 1810) in Weimar uraufgeführt und den Autor schon länger wohlwollend protegiert. Nach dem Eklat des Jahres 1808 kam es vorübergehend wieder zur Versöhnung, so dass Goethe W.s »Tragödie in einem Akt« *Der vierundzwanzigste Februar* (entstanden um 1809, gedruckt 1815), zu der er ihn angeregt hatte, 1810 am Hoftheater in Weimar auf die Bühne brachte. Bei der Aufführung – laut Achim von Arnim war es »das trefflichste und darstellbarste Werk« des Autors – sollen einige Personen »vor Entsetzen den Athem verloren« haben. Goethe wurde kritisiert, verteidigte das Werk jedoch mit den – zweideutigen – Worten »man trinkt ja nicht immer Wein, man trinkt auch einmal Branntwein.« W.s Drama wurde Vorbild für das im 19. Jahrhundert populäre Genre des Schicksalsdramas.

In Thematik wie Problematik ist W.s Werk der Romantik verbunden, ja für viele Zeitgenossen galt der Autor als Romantiker ›reinsten Wassers‹. W. blieb jedoch ein Außenseiter, der aus dem Kreis der Romantiker nur mit E. T. A. Hoffmann und August Wilhelm Schlegel engeren persönlichen Kontakt hatte. Er schloss sich keiner Schule an, lebte und liebte die Extreme, was dazu führte, dass sich zahlreiche Legenden um ihn rankten, dass er angefeindet und verleumdet wurde. W. verkehrte an Fürstenhöfen und in literarischen Salons, war Gast deutscher, polnischer und ungarischer Adelsfamilien, stellte aber gleichzeitig – bis 1805 dreimal verheiratet und dreimal geschieden – Küchenmägden und Kammerzofen nach, lebte mit einer Dirne und schwärmte für eine Nonne. »Er war Aufklärer und Romantiker, Rationalist und Mystiker, Protestant und Katholik, Freimaurer und Weltpriester« (Koziełek).

Nach einem abgebrochenen Studium der Jurisprudenz und Kameralistik an der Universität Königsberg war W. zwischen 1793 und 1806 in untergeordneten Stellungen in verschiedenen polnischen Departmentsverwaltungen tätig, wo er auch seinen Freund Johann Jakob Mnioch kennenlernte, der ihn zum Freimaurertum brachte. Als Lyriker bis heute kaum beachtet, erlangte er durch seine Dramen *Das Kreuz an der Ostsee* (1806) und das Doppeldrama *Die Söhne des Thales* (Teil 1: *Die Templer auf Cypern*, Teil 2: *Die Kreuzesbrüder*, 1803/04), das Iffland 1807 in Berlin aufführte, einige Aufmerksamkeit. In Iffland hatte W. einen Mentor gefunden, der sich für ihn einsetzte und schon 1806 *Martin Luther oder Die Weihe der Kraft* (1807) – Iffland selbst spielte die Rolle des Luthers – zu dessen größtem Bühnenerfolg gemacht hatte. »Geschichte und speziell deutsche Nationalgeschichte waren [W.s] Stoff; Liebe ereignete sich in ihren Höhen und Tiefen zwischen Caritas und Sexualität, aber die höhere triumphierte stets; Karfunkel und blaue Hyazinthen leuchteten als vielbedeutsame Symbole auf; über heidnische Riten und Mythen siegte die Allgewalt des Christentums, aber nicht, ohne daß Liebende als Märtyrer verzückt starben; Blitze straften und Heilige erschienen verklärt« (Gerhard Schulz).

1810 trat der ostpreußische Protestant W. in Rom, wo er von 1809 bis 1813 lebte, zum katholischen Glauben über; Worte aus Goethes *Wahlverwandtschaften* hätten ihn »katholisch gemacht«, schrieb er 1811 an den Dichterfürsten nach Weimar. 1814 besuchte W. in Aschaffenburg das Priesterseminar und empfing die Priesterweihe. Von nun an machte W. in Wien – auch während des Wiener Kongresses – und Niederösterreich als erfolgreicher Kanzelprediger von sich reden, wurde Ehrendomherr am Hof des Fürstbischofs und Mitglied des Redemptoristenordens.

Werkausgaben: Aus seinem handschriftlichen Nachlasse hg. von seinen Freunden. 15 Bde. Grimma [um 1840/41] [Titelaufl.: Sämmtliche Werke, um 1840/41]; Dramen. Hg. von Paul Kluckhohn. Leipzig 1937, Neudruck Darmstadt 1964; Briefe des Dichters Friedrich Ludwig Zacharias Werner. Hg. von Oswald Floeck. 2 Bde. München 1914; Die Tagebücher des Dichters Zacharias Werner. Hg. und erläutert von Oswald Floeck. 2 Bde. Stuttgart 1939/40.

Alexander Reck

Wernher der Gartenaere
Zweite Hälfte des 13. Jahrhunderts

Ein kleines Meisterwerk der spätmittelalterlichen Verserzählung von nicht einmal 2000 Versen tritt in die Fußstapfen der Großepiker Gottfried von Straßburg, Wolfram von Eschenbach und Hartmann von Aue. Freilich sind die großen Entwürfe des *aventiure*-Romans ausgeführt, nun stehen, am Ausgang des Mittelalters, moralisch-didaktische, an biblischen Themen und Motiven orientierte epische Kleinformen im Vordergrund. So auch die Fabel vom verlorenen Sohn, die dem *Meier Helmbrecht* zugrunde liegt. Von seinem Autor wissen wir wenig. Er entstammt dem bairisch-österreichischen Sprachraum (Inn-Viertel) und hat seinen Versroman zwischen 1250 und 1280 für seine adelige Zuhörerschaft verfasst. Die wie die heroische Heldendichtung ironisch von lebhaften Dialogen durchzogene Story: Der jugendliche Held der Erzählung, Meier Helmbrecht, verachtet den Stand seines Vaters, eines begüterten Bauern; er verlässt den väterlichen Hof, um hochmütig eine neue ständische Identität anzunehmen: die eines vollendeten Ritters. Der nun folgende Handlungsablauf folgt dem volkstümlich-sprichwörtlich gewordenen »Hochmut kommt vor dem Fall«.

Meier Helmbrecht durchläuft keineswegs den Komment einer höfisch-ritterlichen Erziehung, sondern gerät in die üble Gesellschaft von Spießgesellen (mit sprechenden Namen wie »Lemberslint«, »Kuefraz« und »Müschenkelch«), die plündernd, raubend und brandschatzend durch die Lande ziehen. Als angemaßtes Symbol seiner neuen ständischen Identität trägt er auf seinem offenen lockigen Haar (Adelsprivileg auch dies) eine kostbare Federhaube, die u. a. den antiken Äneas zeigt, der seinen Vater aus dem brennenden Troja rettet, dann die Söhne Etzels, die aus Trotz gegenüber dem Vater ihr Leben verlieren, eine Taube, Sinnbild unberührter Tugend und der Sittsamkeit, sowie einen Sperber, der vergeblich mit dem stärkeren, wendigeren und schnelleren Falken um die Beute streitet. W. hat mit seiner Beschreibung der Haube Meier Helmbrechts ein umfassendes Bildarsenal der Ritterlichkeit, der Treue gegenüber dem Vater, der Bescheidenheit und der Anmaßung als mahnendes Sinnbild ausgebreitet.

Schließlich kehrt Meier Helmbrecht im Schmuck seiner Haube als Symbol seiner neuen ständischen Identität als lautstarker Großprotz an den Hof seines Vaters zurück, um sich als vollendeter Ritter bewundern zu lassen. Unmissverständlich äußert er seine Verachtung des Bauernstandes gegenüber seinen Eltern. Seine Schwester Gotelint will er ebenfalls an den neuen Segnungen teilhaben lassen und sieht sie als Braut für einen seiner Raub- und Saufkumpane vor. Eine prächtige Hochzeitstafel wird vorbereitet, mit deren Schilderung W. peinlich genau das höfische Tafelzeremoniell kopiert. Die Beute aus den Raubzügen wird so verprasst. Als die Wogen der Begeisterung, der Trunkenheit und Freude am höchsten gehen, taucht der Richter, auf der Suche nach den Verbrechern (Mord, Raub, Landfriedensbruch), mit seiner Truppe auf, setzt die Hochzeitsgesellschaft gefangen, lässt Meier Helmbrechts Kumpane sofort hängen, während dieser selbst mit dem Leben noch einmal davonkommt, dafür aber geblendet und verstümmelt wird.

Blind und humpelnd schleppt er sich nach Hause, in der Hoffnung auf Gnade, Erbarmen und Obdach. Aber sein Vater verflucht ihn und weist ihn vom Hof: »Dein Amt ist der Pflug«. Rat- und rastlos irrt Meier Helmbrecht durch die Lande, bis er an einen Bauern gerät, den er ausgeplündert hat. Der erkennt ihn und hängt ihn am nächsten Baum auf, Meier Helmbrecht baumelt über seiner Haube, einstiges

Symbol seiner angemaßten Ritterlichkeit, die zertreten und zerfetzt am Boden liegt. Ist mit diesem kleinen Versroman Realismus in die spätmittelalterliche Literatur eingetreten? Ein wenig ja. Der gebildete und belesene Autor des *Meier Helmbrecht* hat seinen Stoff in der spätmittelalterlichen sozialen Wirklichkeit gefunden. Negative Karrieren wie die des Meier Helmbrecht mag es dutzendweise gegeben haben. Der Autor durchbricht damit die idealen Schemata des hochhöfischen Romans (Artusdichtung, Parzivalstoff u. a. m.). Aber er bindet seine Erzählung mit Hilfe der Bibelanspielung zurück in die gerechte Ordnung des christlichen Kosmos, in der die Gerechtigkeit ihren festen Ort hat (Landfrieden) und alle Handlungen des Menschen der gottgewollten Gerechtigkeit unterliegen. Ein kleines Stück weit freilich ist der Autor auch auf dem Weg in die frühbürgerliche Novellistik der europäischen Literaturen, insbesondere Italiens.

Werkausgabe: Helmbrecht. Mittelhochdeutscher Text und Übertragung. Hg. und übersetzt von Helmut Brackert, Winfried Frey und Dieter Seitz. Frankfurt a. M. 1972.

Bernd Lutz

Weyrauch, Wolfgang

Geb. 15. 10. 1904 in Königsberg; gest. am 7. 11. 1980 in Darmstadt

Die Disziplin eines Thomas Mann blieb ihm zeitlebens fremd. W. war ein unruhiger und ein beunruhigender Schriftsteller. Er wollte keine Endgültigkeiten vermitteln, sondern im Sinne Bertolt Brechts Fragen aufwerfen. Die verschiedenen Phasen seines Lebens und Schreibens betrachtete er als Versuche. Manches blieb Fragment, in seinem Werk wie auch in seiner Biographie. Rückblickend schrieb W.: »Aller Anfang ist schwer. Wie schwierig aber ist er, wenn er von einem selber handelt. … Ich meine, man bleibt, wenn es um einen selber geht, im Fragment stecken. Das hört sich negativ an, ist aber gar nicht so negativ, weil ja sozusagen alles, was heute in der Literatur geschieht – in der Literatur und durch die Literatur – fragmentarisch ist. Wie denn sonst? Den fragmentarischen Zuständen kann man bloß fragmentarisch begegnen. – Der Schriftsteller ist ein Fragensteller. Ich jedenfalls bin einer – oder versuche doch einer zu sein.«

Neben W.s Werk werfen vor allem seine biographischen Selbstauskünfte Fragen auf. So machte er sich nach Kriegsende nicht nur um vier Jahre jünger, auch sein Studium der Germanistik, Romanistik und Geschichte in Frankfurt am Main ist im Universitätsarchiv nicht dokumentiert. Feststeht, dass er in Königsberg geboren wurde und mit seinen Eltern im Alter von anderthalb Jahren nach Frankfurt zog. Sein Vater, Friedrich Gustav Weyrauch, ließ sich dort als ›Regierungs-Landmesser und Kultur-Ingenieur‹ registrieren. 1901 hatte er seine Braut Anna Scherer in Wiesbaden geheiratet und war mit ihr nach Ostpreußen gezogen. Die Familie kehrt bald schon nach Hessen zurück. Sohn Wolfgang wächst in Sachsenhausen auf. Dort besucht er die Volksschule und anschließend das Kaiser-Wilhelm-Gymnasium. Anfänglich scheint sich der Heranwachsende dem bürgerlichen Milieu des Stadtviertels anzupassen. Mehr noch, er tritt einer deutschnationalen Jugendgruppe bei. Bald schon wächst allerdings der Widerstand des Jungen gegen die Welt seiner Eltern, insbesondere gegen die des Vaters. Von dessen biederer Stumpfheit versucht sich W. Jahre später in Prosaarbeiten wie »Die Ehe« zu lösen. Sein literarischer Befreiungsversuch erschien 1929 in der Anthologie *24 neue deutsche Erzähler*, Seite an Seite mit Texten von Joseph Roth, Erich Kästner, Anna Seghers, Ernst Toller, Ödön von Horváth und Marieluise Fleißer. Diesem Versuch als Nachwuchsschriftsteller folgte 1933 ein Intermezzo als Redakteur des *Berliner Tageblatts*, später als Lektor des »Deutschen Verlages« und des »Payne Verlages« in Leipzig.

W. ließ sich nicht festlegen. Er blieb in Deutschland und publizierte. Statt rassistische oder kriegsverherrlichende Propaganda zu schreiben, beschränkte sich W. mit der von Alfred Kubin illustrierten Legende *Der Main* (1934), mit seinem Roman *Strudel und Quell*

(1938) sowie mit der im Jahr des Angriffs auf Polen erschienenen *Inselgeschichte* auf vage Psychologie und Märchenhaft-Mythisches. Als 1943 sein Erzählband *Das Liebespaar* erschien, provozierten die darin geschilderten Zweifel eines Fronturlaubers die nationalsozialistische Buchkritik. W. wurde Soldat und kam in sowjetische Kriegsgefangenschaft. Er begann, Gedichte zu schreiben – Literatur als Akt der Selbstbefreiung, wie schon »Die Ehe«. W. hatte schon 1940/41 unter anderem Texte von Luise Rinser und einer gewissen »Irmgard Kern« alias Irmgard Keun veröffentlicht. Nach seiner Entlassung aus der Kriegsgefangenschaft gab W. bis 1948 die satirische Wochenschrift *Ulenspiegel* heraus. Nationalsozialismus und Krieg hatten aus dem duldsamen Taktierer einen überzeugten Antifaschisten und Pazifisten gemacht. Voraussetzung sowohl für den politischen wie für den literarischen Neuanfang war, so W., eine neue Sprache, ein sprachlicher ›Kahlschlag‹. Von einer künftigen Literatur forderte er im programmatischen Nachwort seiner Prosaanthologie *Tausend Gramm*: »Kahlschläger fangen in Sprache, Substanz und Konzeption, von vorn an.« Doch jene »Kahlschläger« blieben in Adenauer-Deutschland eine Minderheit, die ›Stunde Null‹ eine Illusion.

Lyrik, Prosa und Hörspiel W.s sind großteils dichterische Montagen aus Monologen und Dialogen – literarische Collagen aus Gefühls- und Bewusstseinssegmenten verschiedener Handlungsträger. Sein Ideal war fortan ein künstlerisches Produkt, das sowohl formal als auch moralisch aufs Ganze zielt. Um diesem selbst erhobenen Anspruch gerecht zu werden, beschritt W. literarisch immer neue Wege, zog er in Zweifel, stellte in Frage, experimentierte. Martin Walser fasste zusammen: »Weyrauch ist von allen mir bekannten Hörspielautoren der radikalste. Was er handeln und leiden läßt, handelt und leidet lediglich als Stimme.« Für W. waren Hörspiele »poetische Aktion« und »akustische Szenerien«. Außerdem ernährten sie die Autorinnen und Autoren im Nachkriegsdeutschland.

W. verließ Berlin und zog mit seiner Frau Margot 1950 erst nach Worpswede, zwei Jahre später nach Hamburg. Der Herausgeber, Hörspielautor, Rowohlt-Lektor und Lyriker wurde zum leidenschaftlichen Literaturvermittler. Zu seinen literarischen Entdeckungen gehören so unterschiedliche Schriftsteller wie Kuno Raeber oder Kathrine von Hutten, Friederike Roth, Ludwig Fels oder Peter Hamm, Arno Schmidt, den er Alfred Andersch empfahl, Wolf Wondratschek und Gabriele Wohmann. 1968 wurde W. Initiator des in seiner Wahlheimat Darmstadt vergebenen Leonce-und-Lena-Preises für neue deutsche Lyrik.

Schreiben war für W. mehr als ein Akt individueller Befreiung. Seine Prosa sollte Graffito sein, seine Lyrik eine Waffe gegen Gleichgültigkeit und Unrecht: »Ich glaube, daß die Literatur nicht dazu da ist, die Verwundungen und die Vergiftungen, die uns von den entmenschlichenden Unmenschen beigebracht werden, zu ertragen, zu verdecken oder wegzuzaubern. Guttun, nutzen, helfen – das meine ich und ich meine gleichzeitig: sichtbar machen, befreien, in Frage stellen.«

Werkausgabe: Atom und Aloe. Gesammelte Gedichte. Hg. von Hans Bender. Frankfurt a. M. 1987.

Michael Bauer

Wezel, Johann Carl

Geb. 31. 10. 1747 in Sondershausen/ Thüringen;
gest. 28. 1. 1819 in Sondershausen

Als der Schriftsteller Jonas Ludwig von Hess in den 90er Jahren des 18. Jahrhunderts auf seinen »Durchflügen durch Deutschland« das kleine Residenzstädtchen Sondershausen am Harz besuchte, interessierte er sich dort vor allem für den skurrilen bauwütigen Kleinfürsten und daneben für einen anderen Sonderling, den er so charakterisiert: »Er lebt völlig einsam, flieht die Spur alles dessen was Mensch heißt, geht nie bei Tage aus, nur des Nachts wagt er sich hervor, und streift bis zum grauen Morgen in den Wäldern herum. Er genießt nichts als dünnen Caffe und abgebrühte Kartoffeln. Bei Hofe kennt man ihn nur unter dem Namen des übergeschnappten Gelehrten.« Allein seine Biographie hätte W., von dem Hess hier spricht, für eine reiche Wirkungsgeschichte prädestiniert: Hofmeister, Dichter und zuletzt geisteskrank – die Parallelen zu Friedrich Hölderlin sind offensichtlich. Doch der Vergleich hinkt. Die äußeren Daten und die soziale Biographie beider haben zwar manches gemeinsam. Und als W. sich nach dem Manifestwerden der Krankheit in seinen Geburtsort zurückgezogen hatte, wurde die interessierte Öffentlichkeit wie bei Hölderlin mit Nachrichten von seinem Zustand versorgt, bis zu seinem Tode. Aber danach verlor sich das Interesse rasch, zu sehr waren W.s Arbeiten auf die Positionen der Spätaufklärung und ihre Widersprüche bezogen gewesen: Die humoristische *Lebensgeschichte Tobias Knauts des Weisen* (1773–76) demonstriert den Lebenslauf eines Sonderlings nach den Prinzipien des französischen Materialismus. In der bissigen Satire *Belphegor (1776)* fand Arno Schmidt 1961 den »ehrwürdigsten Gott-, Welt- und Menschenhaß« am Werk, der allem Vertrauen in die Perfektibilität des Individuums und allem Glauben an eine Reform der von gnadenlosem Kampf aller gegen alle geprägten Verhältnisse spottet. Und der *Robinson Krusoe* von 1780 lässt die Utopie des harmonischen Gemeinwesens im Chaos enden. Selbst der auf den ersten Blick versöhnliche Schluss von W.s wichtigstem Werk, dem heiter gestimmten, komischen Roman *Herrmann und Ulrike* (1780), wird ironisch in Frage gestellt. Einseitigen Pessimismus warfen ihm seine Kritiker vor, unter ihnen Christoph Martin Wieland, der ihm andererseits das Talent bescheinigt hatte, der »deutsche Fielding« zu werden. Doch die radikale Skepsis, die W.s Schriften durchzieht, ist nicht einfach ein taktischer Fehler, vermeidbar durch Mäßigung und Kultivierung, wie Wieland riet; sie ergibt sich vielmehr fast zwangsläufig aus der Konfrontation von W.s ehrgeizigen Ansprüchen (angeblich habe ihm vorgeschwebt, der »Homer des Romans« zu werden) mit einer Marktlage, die einer zu großen Zahl freier Schriftsteller nur wenige Chancen zur Etablierung bot. Der in beengten Verhältnissen als Sohn des fürstlichen Reisemundkochs aufgewachsene W. hatte ein feines Sensorium für soziale Diskriminierung und war letztlich den harten Existenzbedingungen des entwickelten Literaturbetriebs nicht gewachsen. Sein Zeitgenosse von Hess diagnostizierte: »Wezel war damals ein junger, feuriger, ehrsüchtiger Kopf, der sich das: aut Caesar aut nihil, zum Wahlspruche genommen zu haben schien. Dieser Druck, den das missgünstige Urteil des großen (Wieland) und anderer kleinern Meister seinen Leidenschaften beybrachte, die Dürftigkeit seiner Jugend, die seinen gewaltsamen Flug hemmte, und verschiedene Wirbeleyen, die er mit Menschen und Buchhändlern hatte, klemmten seine verwegene Seele. Er ward mißmüthig, barsch, kaustisch. Er konnte sich zwischen Menschenliebe und Menschenhaß nicht unbeschädigt durchwinden.« Für die Beobachter seines mehr als 30-jährigen Dämmerzustandes war W. der »arme Mann«. Ein auch nur bescheidener Nachruhm blieb ihm jedoch, anders als dem »armen Hölderlin«, versagt – zu Unrecht, denn kaum ein Autor der späten Aufklärung hat wie er die »Dialektik der Aufklärung« mit solch unerbittlich scharfem Blick literarisch verarbeitet und analysiert.

Werkausgaben: Gesamtausgabe in 8 Bänden. Hg. von Klaus Manger. Heidelberg 1977 ff.; Kritische Schriften. In Faks.dr. hg. mit einem Nachwort und Anmerkungen von Albert R. Schmidt. Stuttgart 1971.

Georg Braungart

Wharton, Edith
Geb. 24. 1. 1862 in New York; gest. 11. 8. 1937 in Saint-Brice Sous-Forêt/Frankreich

»Das Leben ist die traurigste Sache von der Welt, mit Ausnahme des Todes.« Dieses Motiv durchzieht nicht nur fast das gesamte literarische Œuvre Edith Whartons, es verweist auch auf ihre einzigartige Stellung unter den amerikanischen Schriftstellerinnen und gibt einen Hinweis darauf, weshalb die Reaktionen

auf ihr Werk bis heute widersprüchlich sind. W. verachtete die großbürgerlichen Verhältnisse, unter denen sie in New York aufgewachsen war, und ihre Entwicklung als Schriftstellerin war ein bewusster Versuch, sich von ihrer Herkunft zu distanzieren. Dennoch sollte eben jene soziale Schicht der Fokus ihrer besten Werke werden. Getreu der Forderung ihres Freundes und literarischen Mentors Henry James, sie solle beim Schreiben nur die ihr vertraute Welt darstellen, schildern W.s Geschichten und Romane die New Yorker Gesellschaft am Ende des 19. und am Anfang des 20. Jahrhunderts, und das Hauptsignum dieser Gesellschaft ist die Erstickung der weiblichen Kreativität. Es ist daher nicht überraschend, dass W.s Werk trotz der beinahe einhelligen Meinung, dass seine literarische Qualität oft stark schwanke, in letzter Zeit wachsendes Interesse erfahren hat.

In ihren besten Werken wie *The House of Mirth* (1905; *Haus der Freude*, 1988) und *The Age of Innocence* (1920; *Amerikanische Romanze*, 1939, *Im Himmel weint man nicht*, 1951) kombiniert W. eine naturalistisch-pessimistische Weltsicht mit einem fesselnden realistischen Erzählstil. Diese Werke erfreuten sich aufgrund ihrer schriftstellerischen Ausgereiftheit höchsten Lobes von Seiten der Kritik und großer Beliebtheit bei der Leserschaft, eine Tatsache, welche W. in ästhetischen Konflikt mit der aufkommenden modernistischen Auffassung brachte, derzufolge die Grundhaltung des Künstlers dem Geschmack der ›Massen‹ entgegengesetzt sein müsse. W.s Erfolg – sie war die wohl meistgelesene Autorin der ersten Hälfte des 20. Jahrhunderts – beeinflusste sicher auch ihre Meinung über die wichtigste literarische Strömung dieser Zeit, den Modernismus. W. lehnte experimentelle Formen der Prosa konsequent ab. Neben ihren mehr als 20 Romanen und Novellen verfasste sie zwischen 1902 und 1937 über 80 Kurzgeschichten, mehrere Bücher über Architektur sowie ein bedeutendes Korpus an literaturtheoretischen Schriften.

W.s Ruf als Schriftstellerin blieb nicht von den zwiespältigen Reaktionen verschont, welche eine Mischung aus Genialität, schriftstellerischem Können und Publikumswirksamkeit mit sich bringt. Sie wurde so oft ›wiederentdeckt‹, dass es schwierig ist zu entscheiden, welche dieser Wiederentdeckungen ihr Werk am ehesten definiert. Zu ihren Lebzeiten wurde sie für jene Eigenschaften kritisiert, auf die sich ihr Ruhm gründete: ihren Schreibstil, ihre Themenwahl, die scheinbar elitäre Fokussierung auf die New Yorker Oberschicht, ihren Intellektualismus und ihr zurückhaltendes Wesen, ihre Darstellung von Frauen, die angebliche Ähnlichkeit ihrer Werke mit denen von Henry James, ihre Auswanderung aus den Vereinigten Staaten und ihren Pessimismus. »Erwartet Mrs. Wharton, daß wir uns in einer Galerie erwärmen, in der solch klirrende Kälte herrscht?« fragte Katherine Mansfield im *Athenaeum* und sprach damit aus, was viele als W.s überaus distanzierten und sezierenden Blick auf die Gesellschaft kritisierten. Blake Nevius, der Verfasser von W.s erster Biographie, entdeckte einen thematischen Schwerpunkt in W.s negativer Weltsicht, nämlich »das Schauspiel, welches eine edle und großmütige Seele bietet, die durch Umstände (welche sie ironischerweise selbst verschuldet hat) in der Beziehung zu einer niedrigeren Seele gefangen ist«. Spätere Kritiker brachten diese Weltsicht mit W.s unglücklicher Ehe in Verbindung und machten auch auf W.s gespanntes Verhältnis zu ihren New Yorker Ursprüngen und zu ihrer amerikanischen Herkunft aufmerksam, welche sie durch ihre spätere Auswanderung hinter sich zu lassen versuchte.

Kritiker haben W. oft als »novelist of manners«, als Autorin von literarischen Sittengemälden, in der Nachfolge von Jane Austen, Honoré de Balzac und William Makepeace Thackeray gesehen. In der Tat nannte W. Jane Austen und besonders deren Roman *Emma* als wichtige Einflussfaktoren. Gleichzeitig beschäftigte sie sich jedoch auch intensiv mit den wissenschaftlichen Theorien ihrer Zeit (Darwinismus, Sozialdarwinismus usw.), die sie eher mit dem deterministischen Denken und Werk von naturalistischen Autoren wie etwa Theodore Dreiser verbinden. W. kombinierte in ihrer Prosa viele verschiedene literarische Genres wie den Sittenroman, den naturalistischen Roman oder gar den sentimentalen Roman; sie tat dies manchmal sehr erfolgreich, wie in *The House of Mirth* und *The Age of Innocence*, manchmal auch weniger, wie z. B. in *The Glimpses of the Moon* (1922; *Der flüchtige Schimmer des Mondes*, 1995). Von der Kritik wird W.s Stil meist als konservativ und den literarischen Konventionen des 19. Jahrhunderts verhaftet eingestuft, eine Einschätzung, welche die meisten von W.s eigenen literaturtheoretischen Aussagen zu unterstützen scheinen. W. wurde ferner oft dafür kritisiert, dass ihre Art zu schreiben zu sehr jener von Henry James gleiche, obwohl sie dessen Vorliebe für »complexity of design« und die Vielschichtigkeit der Handlung nicht teilte.

In *The House of Mirth* z. B. kombiniert sie den literarischen Realismus von Austens *Emma* mit dem Naturalismus von Dreisers Roman *Sister Carrie*, um so gleichzeitig die Abhängigkeit wie auch die Eigenständigkeit ihrer Protagonistin Lily Bart darzustellen. Lily ist eine ausgesprochene Schönheit, aber verwaist und daher von der Gunst der New Yorker »high society« abhängig. Um ihren sozialen Abstieg zu verhindern, muss sie einen wohlhabenden Bräutigam finden, doch scheitert sie bei ihren diversen Versuchen, einen Gatten aus der Oberschicht zu finden, sowohl an der Unvereinbarkeit ihres Wesens mit den Wertvorstellungen der Reichen und Mächtigen als auch an der Oberflächlichkeit und Korrumpiertheit eben jener Gesellschaft, der sie sich zugehörig fühlt. Mit Lily Bart hat W. eine Figur geschaffen, die ihre Umgebung durch ihre Anmut und ihren Stil beeinflusst, die aber dennoch an dieser Gesellschaft und ihrem eigenen Bedürfnis nach gesellschaftlicher Anerkennung zugrunde geht. Die einzige aufrichtige Beziehung, die Lily eingeht, jene mit dem Rechtsanwalt Lawrence Selden, scheitert u. a. an ihrer Unfähigkeit, dem falschen Glanz des von ihr bevorzugten sozialen Milieus abzuschwören. Was *The House of Mirth* freilich davor bewahrt, nichts weiter als ein pessimistisches Porträt einer dekadenten und ohnedies aussterbenden Klasse zu sein, ist die ambivalente Rolle Lily Barts innerhalb dieser Gesellschaft und die Art und Weise, wie Lily selbst in ihrem gesellschaftlichen Niedergang noch ein Maß an Vornehmheit, Anstand und moralischen Überzeugungen behält. Es sind gerade diese Eigenschaften, welche besonders für eine weibliche Hauptfigur wichtig waren, da sie sie von ihrem Status als bloßem Objekt auf dem gesellschaftlichen Heiratsmarkt entrückten.

In *The Age of Innocence*, W.s bekanntestem Roman, zeichnet die Schriftstellerin das faszinierende Porträt eines Mannes, der zwischen der Loyalität zu seiner reichen Familie und seinen persönlichen Neigungen gespalten ist. Der Protagonist Newland Archer, ein junger Rechtsanwalt, muss sich zwischen der Heirat mit der reichen May Welland und seiner leidenschaftlichen Beziehung zu Mays Cousine, der Gräfin Ellen Oleska, entscheiden. Ellen ist, um ihrer unglücklichen Ehe mit einem polnischen Adligen zu entkommen, nach New York geflohen, und Archers Versuche, ihr in der New Yorker Gesellschaft zu einer legitimen gesellschaftlichen Stellung zu verhelfen, sowie seine sich daraus entwickelnde Liebe bilden den Handlungskern des Werkes. Wenn Archer am Ende des Romans Ellen dennoch zurückweist, so steht er mit Lawrence Selden aus *The House of Mirth* und mit der Figur des Waythorne aus W.s Kurzgeschichte »The Other Two« in einer Reihe von schwachen und schwer durchschaubaren männlichen Charakteren, deren Leidenschaft und Hingabe hinter ihren tiefschürfenden Überlegungen zur Ehe und zur Rolle der Frau in der Gesellschaft zurückbleiben. Archers Zurückweisung von Ellen wird von W. weitestgehend mit Ironie behandelt, einer Ironie, die am offensten in W.s Schilderung der gesellschaftlichen Oberschicht und deren Gefangensein in den Zwängen von Reichtum und Macht zutage tritt.

W.s beste Werke handeln von neuen sozialen Entwicklungen im Bereich des Ehe- und Privatlebens. In den Kurzgeschichten »The

Other Two« und »Souls Belated« modifiziert sie beispielsweise radikal jene Grundregel des Sitten- und Gesellschaftsromans, wonach die Handlung mit der Heirat der Protagonisten zu enden habe, und setzte die Ehescheidung ins Zentrum dieser Erzählungen. Doch trotz W.s beständiger Bemühungen, neues gesellschaftliches und kulturelles Terrain literarisch zu erkunden, zeichnete erst die feministische Literaturkritik der 1980er Jahre ein differenziertes Porträt dieses literarischen »Engels der Verheerung«, wie James sie nannte. Das Bild von W. als einer herzlosen Vivisektorin einer degenerierten gesellschaftlichen Schicht ist aufgrund eines neuen Verständnisses ihrer persönlichen Lebensgeschichte und ihrer eigenen literaturtheoretischen Aussagen grundlegend revidiert worden.

Werkausgaben: The Uncollected Critical Writings. Hg. F. Wegener. Princeton, NJ, 1996. – The Letters of Edith Wharton. Hg. R.W.B. Lewis et al. London 1988. – The Collected Short Stories of Edith Wharton. Hg. R.W.B. Lewis. New York 1968. – Meistererzählungen. Zürich 1994.

Anne-Marie Scholz

White, Patrick [Victor Martindale]
Geb. 28. 5. 1912 in London;
gest. 30. 9. 1990 in Sydney

Als Sohn eines australischen Großgrundbesitzers der vierten Siedlergeneration wuchs Patrick White in Sydney auf und ging wegen seiner Asthma-Anfälle als Internatsschüler im ländlichen Moss Vale mit 13 Jahren nach England, wo er das Cheltenham College (Gloucester) besuchte. Nach einer Zwischenzeit als *jackeroo* (ungelernter Arbeiter) auf Schaffarmen seiner Verwandtschaft und ersten Versuchen als Erzähler kehrte W. nach England zurück, um 1929–31 moderne Sprachen am King's College in Cambridge zu studieren. In den 1930er Jahren lebte er in London, verkehrte mit Künstlern wie Francis Bacon und Henry Moore, frönte seiner Theaterleidenschaft und schrieb Stücke. Aus dieser Zeit stammen auch die von W.B. Yeats beeinflussten Gedichte der Sammlung *The Ploughman and Other Poems* (1935). W. bereiste mehrmals Deutschland und Frankreich sowie kurz vor Ausbruch des Zweiten Weltkriegs die USA, wo sein erster Roman, *Happy Valley* (1939), erschien, der in der für den Australienmythos untypischen Kälte der Snowy Mountains spielt. Dort schrieb er auch den Roman *The Living and the Dead* (1941), der auf seinen Erfahrungen im gefühlsarmen England basiert. Während des Krieges war W. als Offizier im Nachrichtendienst der britischen Luftwaffe in Nordafrika und Griechenland stationiert. In der Wüste studierte er Berichte über die ersten Erforschungen des australischen Binnenlandes, dachte über den Größenwahn Hitlers nach und befreundete sich mit Manoly Lascaris, der W. nach Australien begleitete und bis zu dessen Tod sein Lebensgefährte blieb. Das Paar wohnte zunächst in Castle Hill (einem Vorort Sydneys, der als ›Sarsaparilla‹ in Erzählungen, Stücken und Romanen W.s wiederkehrt) und widmeten sich der Landwirtschaft. Später zogen sie von dem zunehmend verstädterten Castle Hill an den Centennial Park in der Innenstadt. W. erhielt 1973 als erster Australier den Literatur-Nobelpreis für ›eine episch-psychologische Erzählkunst, die der Literatur einen neuen Kontinent erschlossen hat‹. Im Jahr zuvor hatte W. gegen den Bau eines Sportstadiums in einer historischen Parklandschaft demonstriert und angefangen, sich (kultur-) politisch zu engagieren. Mit dem Nobelpreis-Geld stiftete er den *Patrick White Prize* für angehende Schriftsteller. Er trat entschieden für eine neue australische Verfassung und die republikanische Unabhängigkeit ein und nahm 1988 am Protestmarsch gegen die rassistische Verlogenheit der 200-Jahr-Feier teil. Dieses Auftreten W.s als Persönlichkeit des öffentlichen Lebens löste eine lange Phase der Zurückgezogenheit ab, während der er Australien gegenüber höchst zwiespältige Gefühle der Entfremdung wie der Zugehörigkeit empfunden hatte.

Dieser Kampf mit der eigenen australischen Identität kam vorwiegend in seinen Werken zum Ausdruck und besaß eine konkrete sozialpolitische Dimension, die aber im Rahmen seiner dynamischen Leitideen vom allgemein Menschlichen blieb. Wenn dem Nobelpreisträger attestiert wird, dass er einen ›neuen Kontinent‹ literarisch ans Licht der Welt gebracht hat, übersieht man, dass es eine ganze Reihe hervorragender australischer Schriftsteller vor ihm gab. Im Übrigen ist der Kontinent, der von W. ins Blickfeld gerückt wird, nicht zuletzt einer der Wüstenlandschaften und der Unverwüstlichkeit der menschlichen Psyche. Obgleich W. – nach zögerlicher Anerkennung seines Werks – inzwischen weithin als Australiens größter Schriftsteller gilt, ist er durchaus eine umstrittene Figur geblieben: zum einen, weil er sich deutlich von der nationalistisch getönten Tradition eines trocken-farblosen Realismus in den Künsten absetzte; zum anderen, weil er mit seinem metaphysisch-psychologischen Realismus dem postmodernen Literaturverständnis nicht gerade entgegenkam. Der verbissen kultivierten Gleichmacherei des australischen Temperaments fiel es schwer, die Unbehagen stiftende kreative Radikalität W.s zu ertragen, geschweige denn, sie in ihrem ganzen Ausmaß zu begreifen. W.s Werke schöpfen in ihrer Psychologie und Erzählstruktur aus elementaren Gegensätzen: Intellekt vs. Intuition, Künstlertum vs. Kleinbürgertum, individuelle Freiheit vs. soziale Normierung, das beharrliche Nachleben der Toten gegenüber dem geistigen Tod der Lebenden und zudem – wie in *The Tree of Man* (1955; *Zur Ruhe kam der Baum des Menschen nie*, 1957) – das Ungewöhnliche hinter dem Gewöhnlichen. Dass W. – mit seinem scharfen Blick für satirisches Potential und seinem akribischen Sinn für Aufrichtigkeit einerseits und für Verlogenheit und Selbsttäuschung andererseits – das Gewöhnliche des menschlichen Lebens so genau schildert, ehe er überhaupt zum verborgenen Transzendentalen gelangt, bezeugt die Tatsache, dass er auf seine Art ein Realist ersten Grades ist. Sein wohl bekanntester Roman, *Voss* (1957; *Voss*, 1958), ist ebenso wie *The Tree of Man* panoramisch-geschichtlich verankert: In beiden Romanen nimmt die australische Landschaft der Vergangenheit eine zentrale Rolle ein. *The Tree of Man* erzählt die Lebensgeschichte von Stan und Amy Parker, schlichten, wortkargen Figuren, die um die Wende vom 19. zum 20. Jahrhundert dem Busch eine eigene pastorale Existenz abtrotzen und poetische Augenblicke der Erleuchtung erleben. *Voss* stellt den Drang eines deutschen (Ludwig Leichhardt nachgebildeten) Forschers zur Selbstverwirklichung durch Selbstzerstörung in der Pionierzeit Australiens dar. Der selbstherrliche Glaube der Titelfigur an die Machbarkeit seiner Vorhaben führt ihm im Verlauf seiner qualvollen Durchquerung des Kontinents zunächst zu seiner Liebe zu der in der ›Zivilisation‹ wartenden Laura Trevelyan (eine der wunderbarsten Liebesgeschichten der Weltliteratur, die sich ganz auf die leidenschaftliche, den Aborigine-Praktiken ähnelnde telepathische Kommunikation der beiden Wahlverwandten konzentriert) und schließlich zur Demut vor der äußeren urtümlichen wie der inneren Landschaft von Geist und Psyche.

Die mittlere Schaffensperiode W.s erreichte ihren Höhepunkt in *Riders in the Chariot* (1961; *Die im feurigen Wagen*, 1969), einem Roman, in dem er seine tiefe Sympathie für das Leiden der Juden unter der Nazi-Herrschaft bekundet und das spießbürgerliche Leben in den australischen Vorstädten der Nachkriegszeit bloßstellt. Die treibende Kraft der glatten Oberflächlichkeit dieses Lebens kann nur dadurch bewahrt werden, dass der Emigrant Himmelfarb, ein in einer Glühlampenfabrik arbeitender jüdischer Intellektueller, aus Spott ans Kreuz geschlagen wird. Himmelfarb und drei weitere Visionäre erfahren eben wegen ihres Außenseitertums eine Art Erlösung (so hat auch W. selbst seinen eigenen Platz in der australischen Gesellschaft empfunden). Wenn biblische, mythische und sogar kabbalistische Momente den symbolischen Grundstock dieser moralischen Allegorie bilden, sind es im nächsten Roman, *The Solid Mandala* (1966; *Die ungleichen Brüder*, 1978), die alchemistisch-tiefenpsychologischen Theorien C. G. Jungs.

Die besten Romane W.s sind nach eigener Einschätzung *The Aunt's Story* (1948), *The Solid Mandala* und *The Twyborn Affair* (1979; *Die Twyborn-Affäre*, 1986), drei Werke, die seine ehrgeizigsten Studien zur menschlichen

Identität (besonders im Sinne des Psychischen und des Sexuellen) darstellen. The Aunt's Story zelebriert anhand der Odyssee von Theodora Goodman die Befreiung des menschlichen Geistes durch die Kreativität und ist erzähltechnisch das komplexeste von W.s Werken. Im Gegensatz dazu scheint The Solid Mandala der strukturell einfachste Roman zu sein, bedient er sich doch des gleichen knapp sezierenden Erzählstils und selbstentlarvenden Dialogs wie die Geschichten der Sammlung The Burnt Ones (1964; Die Verbrannten, 1982): Ebenso wie in diesen Geschichten spielen fundamentale Gegensätze eine dominante Rolle, wiederum (wie in Riders und in vielen der Kurzgeschichten wie »Clay« oder »Down at the Dump«) ist das bloßgestellte geistige Klima der dumpfe Konformismus der Vorstadt, welche die Erwartungen und kreativen Bestrebungen der ungleichen Zwillinge Arthur (ein ungezügelter, intuitiv begabter, optimistisch eingestellter ›Geistesgestörter‹) und Waldo (ein gehemmter, die Vernunft verherrlichender, destruktiv zynischer Genauigkeitsfanatiker) im Keime erstickt. Nicht von ungefähr lässt sich dieser Roman als Selbstporträt der beiden voneinander abhängigen, weiblichen/ männlichen Seiten der Psyche des Autors verstehen.

Der Künstler, der mit seinem sezierenden Auge ›tötet‹, um zu kreieren, ist Thema des nächsten Romans, The Vivisector (1970; Der Maler, 1972). Die Flucht W.s von der Peripherie ins Zentrum Sydneys liegt kurz vor dieser Schilderung der kultivierten Großstadt. – Das rücksichtslose Leben der 86-jährigen Elizabeth Hunter wird in The Eye of the Storm (1973; Im Auge des Sturms, 1974) durch eindringliche Rückblicke von ihrem Sterbebett aus resümiert. Nach der Rettung vor einem Orkan scheint für die alte Frau, die ihr hasserfülltes Dasein als eine Art Puzzle erfahren hat, ein Moment des Friedens auf. Eine ›postkoloniale‹ Thematik behandelt der Roman A Fringe of Leaves (1976; Der Lendenschurz, 1982): Er verarbeitet das tatsächliche Schicksal von Mrs. Eliza Fraser, die 1836 Schiffbruch erlitt, unter Aborigines überlebte und von einem Sträfling gerettet wurde, um schließlich nackt wie Eva wieder in der Zivilisation aufzutauchen. Darauf folgte die kühl-phantasmagorische Auslotung der sexuell gespaltenen Persönlichkeit von Eudoxia/Eddie/Eadith Twyborn (›zweifach geboren‹) in The Twyborn Affair (1979; Die Twyborn-Affäre, 1986). Hinter der meisterhaften Schilderung von lesbischen, homosexuellen, heterosexuellen und bisexuellen Neigungen verbirgt sich der psychische Werdegang des zutiefst gespaltenen Autors, der sein Leben lang aus diesen Identitätsbrüchen reichhaltige Erkenntnisse hervorbrachte. In seinem letzten Roman, Memoirs of Many in One (1986; Dolly Formosa und die Auserwählten. Die Memoiren der Alex Xenophon Demirijian Gray, 1988), sowie in den Geschichten und Novellen der Sammlungen The Cockatoos (1974) und Three Uneasy Pieces (1987) wird diese Thematik weiter verfolgt und verfeinert.

In ihrem Spiel mit der Rätselhaftigkeit des menschlichen Wesens berührt sich W.s Autobiographie Flaws in the Glass: A Self-Portrait (1981; Risse im Spiegel. Ein Selbstporträt, 1994) aufs engste mit seinen Romanen, versteckt sie doch ebenso viel, wie sie preisgibt. Von seinen Stücken wurden The Ham Funeral (1961), The Season at Sarsaparilla (1962), A Cheery Soul (1963) und Night on Bald Mountain (1964) in dem Band Four Plays (1965) gesammelt. Alle seinen Bühnenwerke behandeln mit Prägnanz und dramentechnischer Stilsicherheit im kleineren Rahmen Themen wie Askese und Sinnlichkeit, Sein und Schein im politischen Leben und im kleinstädtischen Alltag und zeigen wie seine narrativen und autobiographischen Werke W.s Begabung für die Gesellschaftskomödie, die auch vor farcenhaften Zügen und entfesselter Derbheit nicht zurückschreckt. War W.s erste Liebe die Bühne, so ging er doch vornehmlich als Romancier in die Literaturgeschichte ein – in der Tradition des psychologisch-realistischen Romans ist er Fedor Dostoevskij und William Faulkner ebenbürtig. Kein englischsprachiger Schriftsteller des 20. Jahrhunderts entwickelte – unter Einbeziehung archetypisch-symbolischer Züge – einen so eigentümlichen Erzählstil, um die für das menschliche Dasein charakteristischen Konflikte in ihrer ganzen Komplexität zu fiktionalisieren.

Gordon Collier

Whitman, Walt
Geb. 31. 5. 1819 in West Hills, New York; gest. 26. 3. 1892 in Camden, New Jersey

Zu der von F.O. Matthiessen als »American Renaissance« bezeichneten ersten Blütezeit amerikanischer Literatur zwischen 1850 und 1855 gehört auch Walt Whitmans *Leaves of Grass* (Grashalme, 1889). Der schmale Gedichtband, der 1855 kurz nach dem amerikanischen Unabhängigkeitstag in 200 Exemplaren anonym im Selbstverlag erschien, enthält ein Porträt des Autors, das ihn mit breitrandigem Hut, Bart, offenem Hemd, in unternehmungslustiger Pose zeigt, ein programmatisches Vorwort, das erklärt, Amerika an sich sei das größte Gedicht, und zwölf titellose Gedichte in freien Versen, die mit der Zeile »I celebrate myself« beginnen und mit der Zeile »death is great as life« enden. W. schrieb nicht nur einige positive Selbstrezensionen, sondern sandte sein Werk auch an Ralph Waldo Emerson; den Antwortbrief mit den berühmten Worten »I greet you at the beginning of a great career« benutzte W. in vielfältiger Weise zur Eigenwerbung, u. a. druckte er ihn im Anhang zur zweiten Auflage von *Leaves of Grass* ab.

Der Autor, der sich im ersten Gedicht des Bandes, das schließlich »Song of Myself« heißen wird, als »Walt Whitman, an American, one of the roughs, a kosmos« bezeichnet, wurde in West Hills auf Long Island geboren, wuchs in Brooklyn auf, betätigte sich als Drucker, Lehrer, Zimmermann, Verfasser von Leitartikeln, Rezensent, Redner und Politiker. Ein dreimonatiger Aufenthalt in New Orleans bleibt geheimnisumwoben. Die frühen Jahre seit 1838 in Brooklyn und New York bezeichnete W. selbst als entscheidende Einflüsse, wobei er nicht nur die Vielzahl und Vielfalt der Menschen, sondern auch den Einfluss der französischen und italienischen Oper besonders betonte. Während des Bürgerkrieges arbeitete W. als Freiwilliger in Armeekrankenhäusern in Washington, DC. Einen Posten im Indian Department verlor er, weil ein Vorgesetzter den Gedichtband *Leaves of Grass*, auf den er zufällig gestoßen war, als unmoralisch empfand; Freunde besorgten ihm daraufhin eine andere Stelle, die er 1873 nach einem Schlaganfall aufgeben musste. Den Rest seines Lebens verbrachte W. – mit der Ausnahme von Reisen in die Rocky Mountains, nach Kanada und nach Boston – in Camden, New Jersey, wo er der Mittelpunkt eines liberalen literarischen Zirkels wurde. Horace Traubel fungierte in der Rolle eines Eckermann, die homoerotische Beziehung zu dem Kutscher Peter Doyle, die in einer Reihe von Briefen dokumentiert ist, irritierte die Mitwelt. W. blieb in den USA lange umstritten, wenn er auch Verehrer wie W.D. O'Connor hatte, der ihn als »good gray poet« gesellschaftsfähig machen wollte. Als einflussreicher erwies sich eine Ausgabe ausgewählter Gedichte, die William Michael Rossetti 1868 in London herausbrachte und die die englischen Leser, darunter auch Alfred Tennyson, begeisterte. Den endgültigen Durchbruch erfuhr W., als die neue Lyrik, die sich zwischen 1912 und 1922 in Amerika etablierte, ihn als Vorbild für ihre Erneuerungsbemühungen feierte.

W.s Hauptwerk ist die Sammlung *Leaves of Grass*, die er in einem unablässigen Schaffensprozess, der seine menschliche und künstlerische Entwicklung getreulich spiegelt, von Auflage zu Auflage änderte und erweiterte; die neunte Auflage, als »deathbed edition« bezeichnet, enthält schließlich 383 Gedichte. Daneben veröffentlichte W. zwei Prosabände, 1871 das Pamphlet *Democratic Vistas* (Demokratische Ausblicke, 1922), in dem er unter dem Eindruck des Bürgerkrieges und der materialistischen Nachkriegszeit seine Auffassung von Demokratie darlegte: Demokratie besteht für ihn aus zwei Komponenten,

dem Individualismus, der einen isolierenden Effekt habe, und einer zusammenbindenden Liebe zwischen Männern, die W. als Grundlage echter Demokratie ansieht. *Specimen Days* (1882; *Tagebuch. 1862–1864, 1876–1882*, 1946) enthält die persönlichen Aufzeichnungen W.s, der als aufmerksamer Beobachter an politischen Ereignissen und am täglichen Leben teilnimmt.

Nach einem von Horace Traubel überlieferten Ausspruch hat W. *Leaves of Grass* als ein »gigantisches Sprachexperiment« bezeichnet. Wenn sich bei W. auch durchaus hohes Pathos und rhetorischer Überschwang finden, so war er doch überzeugt, dass im Zeichen einer fortschreitenden Demokratisierung der Literatur nur der Rückgriff auf die gesprochene Sprache des amerikanischen Volkes die notwendige Spracherneuerung ermögliche, eine Forderung, die er in dem frühen Pamphlet *An American Primer* erhoben und in *Leaves of Grass* verwirklicht hat. Neben dem »barbaric yawp«, der die amerikanische Literatur aus ihrer kolonialen Abhängigkeit befreite, ist es der Freivers, in dem W. einen eigenständigen Ausdruck gefunden und in der amerikanischen Lyrik durchgesetzt hat. Seine unregelmäßigen Zeilen haben oft die Form der enjambementlosen Langzeile, die eine Sinneinheit umfasst und in der Aneinanderreihung sich zum aufzählenden Katalog ausweitet.

Auch in thematischer Hinsicht hat W. die amerikanische Lyrik revolutioniert. Mit seiner Überzeugung, dass Amerika selbst das größte Gedicht sei, artikulierte er ein Selbstbewusstsein, das nicht das Kulturdefizit, die Leere der Neuen Welt, beklagt, sondern an den poetischen Genius Amerikas glaubt. W.s Gedichte besingen deshalb den einfachen Menschen in seinen vielfältigen Erscheinungen, die elementaren Landschaften, aber auch das städtische Amerika, das er optimistisch bejahte. Charakteristisch ist die Überzeugung, dass auch einfache Dinge poetische Sujets abgeben; »a leaf of grass is no less than the journeywork of the stars«, weil es genauso den Kosmos spiegelt. Am revolutionärsten und für die zeitgenössische Leserschaft wohl am schockierendsten war W.s Einbeziehung sexueller Themen.

Schon in der zweiten Auflage von *Leaves of Grass* legte er in einem offenen Brief an den »Freund und Meister« Emerson ein Programm zur nationalen Identitätsfindung vor, das eine »überzeugte, kraftvolle, unerschrockene Berücksichtigung der Sexualität« einschließt. W.s Überlegungen und Gedichtentwürfe der folgenden Jahre führten zu zwei neuen Gedichtgruppen, *Enfans d'Adam* und *Calamus*, die er gegen Emersons inständiges Bitten in die dritte Auflage einfügte. Während die erste Gruppe »amative love« zwischen Mann und Frau besingt, verherrlicht die zweite Gruppe »manly love«, die er mit einem Begriff aus der Phrenologie als »adhesiveness«, als zusammenbindende Liebe, bezeichnet und als Grundlage für eine neue Demokratie verstanden wissen will. W.s homoerotische Lyrik hat stark auf Allen Ginsberg gewirkt, der sich u. a. als literarischer Nachfahre von W. sieht.

W.s Berührung mit dem amerikanischen Bürgerkrieg fand ihren Niederschlag in dem Band *Drum-Taps* (1865) mit Gedichten, die das Leiden der Verwundeten, die Gefühle von Trauer und Verlust beschreiben; außerdem enthält der Band W.s Elegie auf den Tod von Abraham Lincoln, »When Lilacs Last in the Dooryard Bloom'd«, die in strukturierender, um die Dreiheit von »lilac and star and bird« kreisender Symbolik die Emotionen des Sprechers von anfänglicher Trauer zur Hinnahme des Todes nachzeichnet und schließlich in eine überindividuelle Versöhnung mit dem Faktum Tod mündet.

W.s Hauptthema ist jedoch zweifelsohne der Dichter selbst, das Ich, das sich selbst feiert (»I celebrate myself«). Dieses Ich ist zwar einerseits ein isoliertes Ego, andererseits aber auch ein Ego, das sich der Masse bewusst ist, das sich an die Mit-Menschheit (»his fellowhumanists«) wendet, ja, das die Identifikation seiner selbst mit dem Kosmos sucht. Der lange »Song of Myself« kreist in rhapsodischen Abschnitten um diese Ausweitung des persönlichen in ein kosmisches Bewusstsein, das Auflösung und Einheit, Individuum und Mit-Menschheit umfasst; komprimierter erscheint das Thema in dem Gedicht »A Noiseless Patient Spider« (1871), das im Motiv der Spinne – welches auch bei Edward Taylor und Robert Frost der Beschreibung der menschlichen Situation dient – die Überzeugung artikuliert, dass es der Dichterseele gelingt, in den grenzenlosen Ozeanen des Raumes Brücken zu schlagen und Sphären zu verbinden.

Werkausgaben: Complete Poetry and Collected Prose. Hg. J. Kaplan. New York 1982. – Leaves of Grass: A Textual Variorum of the Printed Poems. Hg. S. Bradley. New York 1980. – The Collected Writings of Walt Whitman. 22 Bde. Hg. G.W. Allen et al. New York 1961–84. – Walt Whitmans Werk. Hamburg 1956.

Volker Bischoff

Wickram, Georg

Geb. um 1505 in Colmar; gest. vor 1562 in Burkheim am Rhein

Er habe »ein groß unnd schwer leger gehapt / in welchem ich ein semlich groß hauptwe erlitten / so groß / das ich vor schmertzen mein selbs gar nit befunden«, klagt W. 1555 im Vorwort zu seinem *Irr Reittend Bilger*, und beim Dichten sei er »noch sehr bloed gewesen«. Nach solch matten Worten verstummt einer der produktivsten und vielseitigsten Autoren des 16. Jahrhunderts, dem vor allem sein zu der Zeit »einmaliger Antrieb zu selbständiger Romanerfindung« die in der Literaturwissenschaft gängige Titulierung als »Begründer des deutschen Prosaromans« eingetragen hat.

Nicht nur an der Veränderung seines Sujets, auch in der immer prägnanter herausgearbeiteten frühbürgerlichen Mentalität lässt sich eine konsequente Entwicklung W.s zum konzeptiven Ideologen des frühen Bürgertums ablesen. Geht es im *Galmy* (1539) noch um eine höfisch-ritterliche Geschichte von Liebe und Heirat, in *Gabriotto und Reinhart* (1551) um die gedoppelte Liebe edler Jünglinge zu hochadligen Damen mit allseits tragisch-tödlichem Ausgang, so stellt der *Goldfaden* (verfasst 1554, gedruckt 1557) dagegen einen armen Hirtenjungen in den Mittelpunkt, der durch Glücksfälle, aber auch durch enormen Fleiß und aufopferungsvolle Treue nicht nur zum Gatten einer gräflichen Tochter, sondern selbst zum Grafen aufsteigt.

Vollends zum »Karriereroman« gerät der *Knabenspiegel* (1554). Der sittsame Bauernsohn Friedbert, ein wahrer »Tugendbold«, avanciert bei Hofe zum Kanzler, während der junge Adlige Wilbaldus aufgrund seines lotterlichen Lebenswandels folgerichtig und in schöner Gegenbildlichkeit zum Schweinehirten absteigt, nach reumütiger Einkehr allerdings wieder zu Hause aufgenommen wird (in einer poetologisch bedeutsamen, das ideologische Programm dieses Romans verteidigenden Rechtfertigungsschrift, dem fingierten *Dialog vom ungeratnen Sohn*, 1555, besteht W. auf dem Realitätsgehalt eines solchen Schicksals). Neben der Demonstration belohnter Tugend enthält der *Knabenspiegel* zugleich ein Erziehungsprogramm für die Jugend, in dem Fleiß und Demut, Sparsamkeit und Arbeit als positive Werte ausgestellt werden – eine Mischung aus protestantischem Arbeitsethos und puritanischer Moral.

W.s letzter Roman, *Von Guåtenn vnd Bösen Nachbaurn* (1556), entwirft schließlich ein umfassendes Panorama frühbürgerlicher Alltagsideologie. Über drei Generationen finden Handelskapitalisten und Gewerbetreibende zu einem freundschaftlich-ökonomischen Bündnis, das zudem mit mehreren Eheschließungen gefestigt wird: Wirtschaftliche Prosperität und private Idylle bedingen und ergänzen sich. Durch treue Hilfsbereitschaft und frommen Fleiß entsteht so in der Fiktion eine gute Nachbarschaft, die Schutz vor den Fährnissen des Handelslebens bietet, die ökonomische Konkurrenz in eine Kooperation transformiert und die nicht zuletzt einen Hort der gegenseitigen geistlichen Erbauung abgibt. Zentriert ist diese harmonische Gemeinschaft der Guten um rührige Arbeit, die dem einzelnen nicht nur ein ansehnliches Einkommen garantiert und sozialen Aufstieg ermöglicht, sondern darüber hinaus im reformiert-calvinistischen Sinne als geistliche Bestimmung des Menschen gedacht wird: »Wie dann das gantz menschlich geschlecht / zuå unruå geboren und erschaffen ist / ein yeder muåß nach Gottes Ordnung sein arbeit und lauff volbringen.«

In diesem fiktionalen Entwurf artikuliert sich die Ideologie des Bürgertums im 16. Jahrhundert, aber es scheint darin auch die soziale und biographische Situation seines Autors auf. Wahrscheinlich 1505 als Sohn des Colmarer Patriziers und Ratsvorsitzenden Conrad W. geboren, hat W. zunächst mit dem Makel einer unehelichen Geburt zu kämpfen, so dass er erst 1546 nach der Erbschaft eines Hauses das Bürgerrecht in seiner Vaterstadt erwerben kann. Ohne schulische oder wissenschaftliche Bildung eignet er sich autodidaktisch Literatur unterschiedlicher Provenienz an und nennt sich dann stolz »Tichter und Buerger«. Neben seiner Tätigkeit als Ratsdiener leitet er schon zu Beginn der 1530er Jahre die bürgerlichen Schauspiele der Stadt. 1546 gründet und leitet er nach dem Ankauf der (für die Geschichte der mittelalterlichen Lyrik, vor allem des Meistersangs bedeutende, etwa 1450 entstandene) Colmarer Liederhandschrift eine Meistersingerschule. Und dann gelingt ihm ein weiterer sozialer Aufstieg: Ab Anfang 1555 zeichnet er die Vorworte seiner Schriften mit »Jorg Wickram Stattschreiber zuå Burckhaim«. Vor allem aber dichtet er unermüdlich, darin vergleichbar mit Hans Sachs, der ihn zwar an Quantität übertrifft, der sich aber nie an Romanen versucht hat. W. verfasst biblische Dramen und Fastnachtspiele, satirische und didaktische Schriften, Meisterlieder und eine Bearbeitung der *Metamorphosen* des Ovid, erfindet Lieder- »Töne« und illustriert seine Schriften zum Teil selbst. Nicht zuletzt im *Rollwagenbuchlin* (1555), einer Sammlung von Schwänken, zeigt sich noch einmal die W. eigene Intention, Unterhaltung und Moral, Narratio und Didaxe zu verbinden: Zur Ermunterung der »schweren Melancolischen Gemuter« habe er »kurtzweilige schwencke und bossen« zusammengebracht, die gleichwohl angetan seien, ein »züchtig und erbar« Gespräch zu fördern.

So spricht in allen Werken W.s der strebsame und fromme Bürger des 16. Jahrhunderts, der die für diesen Stand zentralen Momente des Denkens zeigt: Aufstieg, Leistung, Arbeit, Warentausch, Konkurrenz, Risiko, Einsamkeit; der gegen diese alltäglichen Kümmernisse gleichwohl Utopien von Freundschaft, Liebe und Vertrauen setzt, die immer in ungebrochener Gläubigkeit und protestantischer Moral aufgehoben bleiben: »Darumb hab ich … gedicht / das wir armen madensack und misthauffen / ein wenig uns darinn ersehen und bedechten / was wir gewesen / was wir sind / und was wir werden mussen«.

Werkausgabe: Sämtliche Werke. Hg. von Hans-Georg Roloff. 12 Bde. Berlin 1967–73.

Hans-Jürgen Bachorski

Widmer, Urs
Geb. 21. 5. 1938 in Basel

Das ominöse Jahr spielt für ihn in doppelter Hinsicht eine zentrale Rolle. »Ich war 1968 schon dreißig, mir begann man also schon nicht zu trauen. Aber '68 hat mich dennoch voll erwischt. Ich habe die Ziele von '68 unterstützt, solange sie nicht fundamentalistisch waren, rein ideologisch, und solange sie ohne Gewalt durchgesetzt werden sollten.« Nach dem Studium der Germanistik, Romanistik und Geschichte in Basel, Montpellier und Paris, das er zwei Jahre zuvor mit einer Promotion über die deutsche Nachkriegsprosa abgeschlossen hatte, ist der Sohn eines Gymnasiallehrers und Übersetzers zu dieser Zeit bei Suhrkamp tätig, seiner zweiten Station als Verlagslektor. Als der Versuch fehlschlägt, das Unternehmen, wo doch gleichsam »Gebrauchsanweisungen für die '68er-Revolte herausgegeben« wurden, im Sinne von »gesellschaftlicher Transparenz, Mitbestimmung, Basisdemokratie« zu reformieren, gründet W. mit anderen entlassenen Kollegen den genossenschaftlich organisierten »Verlag der Autoren«. Unter dem Einfluss der Freundschaft mit H. C. Artmann veröffentlicht er parallel dazu seine erste Erzählung, *Alois*, nachdem er zuvor »schon halbe Ewigkeiten lang versucht« hatte, »so etwas wie Schriftsteller zu werden … Und das Buch ist ein Kind von 1968«.

Dieser Auftakt antizipiert vielfach Grundtendenzen eines eminent fleißigen Autors, die er bis heute weiter entfaltet und modifiziert. Eine ironische Auseinandersetzung mit Trivialmythen der Moderne oder die Kluft zwischen der Realität und ihrer verwegenen Überschreitung gehören ebenso dazu wie die Aufsplitterung der narrativen Grundsituation in verschiedene Perspektiven und Handlungsfäden. Gegen die Diskreditierung der Phantasie wehrt sich W. mit irrwitzigen Geschichten voll skurriler Erfindungen. Eineinhalb Jahrzehnte hindurch steht seine Fabulierfreude dabei im Bann von Formexperimenten der Avantgarde, bevor er sich, was auch der wachsenden Verbreitung seiner Texte zugute kommt, mit der Erzählung *Liebesnacht* (1982) einem weniger labyrinthischen Stil zuwendet.

In der Simulation findet das Leben vieler von W.s Helden statt. Wiederkehrendes Motiv in seiner erzählenden Prosa ist daher das der Ausfahrt rund um die Welt (u. a. *Indianersommer*, 1985; *Der Kongreß der Paläolepidopterologen*, 1989; *Liebesbrief für Mary*, 1993). Mittels der Einbildungskraft führen solche Expeditionen aus einem schalen Alltag zu exotischen Orten der Sehnsucht. Dem entspricht eine Vorliebe für das Spiel mit Formen wie dem Märchen, dem Abenteuer- oder (in *Die gestohlene Schöpfung*, 1984) dem »action-Roman«. Als »eine in einer Erzählung versteckte Poetik« kann *Das Paradies des Vergessens* (1990) gelesen werden: Nicht das »Wunderbare« selbst kann im Text gegenwärtig sein, sondern, bedingt durch den Verlust des Originals, lediglich die »Erinnerung« daran. In ihr freilich besteht jenes »Mehr an Leben«, das »gute Literatur ... immer ... in die Welt hinein(zu)bringen« vermag.

Eine Synthese von Tiefsinn und Leichthändigkeit ist zum Markenzeichen W.s geworden: »Wer nur beisst, hat Unrecht. Liebe zu den Menschen und den Dingen hilft auch der Kritik an ihnen.« Was sich locker liest (und selten ohne burlesken Übermut abgeht), bleibt in seiner eigenwilligen Logik daher allemal irritierend. »Mein Lachen ist zur einen Hälfte Utopie und zur anderen Hälfte der verzweifelte Versuch, die Schrecken auszuhalten. Politisch ist insofern jede Zeile von mir, als sie eine Lebenshaltung zeigt, eine Glückshoffnung.«

Dies gilt auch für existentielle Themen: Gerade angesichts der Überzeugung, die Welt sei eine ununterbrochene Abfolge von Katastrophen und der eigene Tod eine davon, inszeniert W. gern eine schräge Feier der Daseinslust (so etwa in dem Roman *Das enge Land*, 1981, oder manchen Geschichten des Bandes *Vor uns die Sintflut*, 1998).

Den vorläufigen Höhepunkt seiner Kunst bildet die Erzählung *Der blaue Siphon* (1992), wo Zeitreise und Kindheitserinnerung auf märchenhafte Weise in virtuosen Mehrfachspiegelungen kombiniert werden. Auf die allgegenwärtige Realität des Krieges reagiert W. hier mit dem surrealen Glückstraum einer kurzzeitig versöhnten Welt. Als Grundmuster des in der Schilderung unterschiedlicher Dunkelheiten weit ausgreifenden Romans *Im Kongo* (1996) scheint immer wieder Joseph Conrads Erzählung *Herz der Finsternis* durch, die W. vier Jahre zuvor übersetzt hatte. Die beiden jüngsten Romane sind privat unterfüttert. Zwischen Abgründigkeit und Komik balanciert *Der Geliebte der Mutter* (2000) asymmetrisch die Geschichten eines unerfüllten Lebens und einer Großkarriere aus. In *Das Buch des Vaters* (2004) wird das familiäre Thema fortgesetzt.

Mit seinem in den *Grazer Poetikvorlesungen* (1991) preisgegebenen Ziel, ursprünglich der erste Autor seines Landes nach Hartmann von Aue sein zu wollen, der sich nicht kritisch mit der Schweiz beschäftigt, ist W. »glorios gescheitert«. Im Gegenteil, er macht die schwierige Heimat nicht nur bereits von den frühen Romanen an zum Fluchtpunkt (*Die Forschungsreise*, 1974; *Schweizer Geschichten*, 1975; *Die gelben Männer*, 1976), sondern setzt sich mit ihr auch in zahlreichen Kolumnen auseinander (*Auf, auf ihr Hirten! Die Kuh haut ab!* 1998; *Das Geld, die Arbeit, die Angst, das Glück*, 2002). Stücke wie *Frölicher – ein Fest* (1991) und *Jeanmaire – ein Stück Schweiz* (1992) thematisieren am Beispiel konkreter Personen historische und gegenwärtige Fragwürdigkeiten der Schweiz.

Die Arbeiten für das Theater aus der Frankfurter Zeit – 1984 kehrt W. nach Zürich zurück, wo er bis vor kurzem auch Dozent an der renommierten ETH war – stehen dagegen noch ganz in der Tradition des antiautoritären Kabaretts und der Satire (mit Übergängen zur Klamotte). Seine Helden sind nicht zufällig Slapstick-Komiker (*Stan und Ollie in Deutschland*, 1979), clowneske Stadtstreicher (*Nepal*, 1977) oder Maulhelden (*Züst oder die Aufschneider*, 1981), welche die in der bürgerlichen Welt herrschenden Zustände ad absurdum führen. Lange arbeitet W. auch als Regisseur gern mit kleinen Bühnen zusammen. Zum europaweiten Kassenschlager hingegen wird *Top Dogs* (1996), ein »Königsdrama« aus der Welt der Großkonzerne. Bisher gutverdienende Spitzen-Manager erfahren mit ihrer Entlassung den Terror der Ökonomie am eigenen Leibe. »Die neue, sich globalisierende Wirtschaft hat, meine ich, kryptofaschistische Tendenzen. Hierarchisch, ja militärisch strukturierte Konzerne vertreten Ideale wie das ›Siegen‹, die ›Gesundheit‹, die Verachtung der Schwachen, die Härte gegen sich selber und andere, den bedingungslosen Einsatz – das sind die Ideale des Faschismus.« Gerade in der vergnüglich gebrochenen Darstellung solcher Wirklichkeiten spiegelt sich W.s Idee vom Theater als »sozialem Ort …, an dem die Dinge verhandelt werden, die uns betreffen.«

Hans-Rüdiger Schwab

Wiechert, Ernst

Geb. 18. 5. 1887 in Kleinort/Ostpreußen; gest. 24. 8. 1950 in Uerikon (Schweiz)

»Den Toten zum Gedächtnis, den Lebenden zur Schande, den Kommenden zur Mahnung«, hat W. 1946 seine Erfahrung im Konzentrationslager Buchenwald unter dem Titel *Der Totenwald* vorgelegt. Noch 1945 war der erste Band des Familien- und Dorf-Romans *Die Jeromin-Kinder* erschienen (2. Bd. 1947), den zeitgenössische Kritiker neben die *Buddenbrooks* stellten. Zusammen mit der *Rede an die deutsche Jugend* (1945) im Münchner Schauspielhaus, die breiteste Aufnahme fand, bilden diese Bücher die Grundlage für den großen Ruhm W.s während der sogenannten Trümmerzeit. Kein Exilant – er war im Reich geblieben und hatte sich den Verhältnissen gestellt –; doch zweifelsfrei Antifaschist und damit ein unwiderlegbarer Beweis für die – von Emigranten bestrittene – Existenz einer »inneren« Emigration; mit einer Sprache, die man auch die letzten 12 Jahre gehört hatte und der man nicht entfremdet war: nämlich der des Wegs nach innen, den so viele in dieser Zeit gegangen waren; mit einem der wenigen großen Romane, den ein im Reichsgebiet gebliebener Schriftsteller heimlich geschrieben hat: Damit ist W. nach 1945 die Verkörperung eines ersehnten Alibis, ein Bild des »besseren« Deutschen, mit dem sich viele identifizieren können oder wollen, die das ›Dritte Reich‹ sowohl bejaht wie abgelehnt hatten. So bekennt W. etwa im *Totenwald*, es habe nicht an Gelegenheiten gefehlt, »bei denen eine unbeugsame Haltung ein Nein gefordert hätte, indes er sich zu einem widerwilligen Ja bequemte«. Diese Aspekte der Person und des Werks verdrängten zunächst, dass W. auch im ›Dritten Reich‹ ein vor allem von der Jugend verehrter Autor war – ein Umstand, ohne den er nicht nach drei Monaten wieder aus dem KZ entlassen worden wäre –, dessen Bücher systemstabilisierend wirkten (und sogar für die KZ-Bücherei zugelassen waren).

Freilich hatte sich W. von seinen ersten Romanen (*Der Wald*, 1920; *Der Totenwolf*, 1924), deren Helden – wie er ehemalige Weltkriegs-Offiziere – eine rechtsradikale gegenrevolutionäre Haltung vertreten und eigentlich Wegbereiter des nationalistischen Irrationalismus sind, längst distanziert, sich und seine Protagonisten inzwischen auf Ideale jenseits der Gegenwart festgelegt. Aufgewachsen in der Einsamkeit ostpreußischer Wälder, dann in Königsberg, in Berlin, bis 1933 Gymnasiallehrer, seither als freier Schriftsteller in der Nähe Münchens, wandte er sich hier von Anfang an öffentlich – vor der Münchener Studentenschaft schon im Juli 1933 und nochmals 1935 – gegen Fremdbestimmung und Machtmissbrauch; doch erst sein Eintreten für Martin Niemöller und gegen dessen Verhaftung führte dann im Mai 1938 zur Einweisung ins KZ und zur anschließenden Gestapo-Aufsicht.

W.s unzweideutige Haltung unterscheidet sich damit von der vieler, die ebenfalls zur »inneren Emigration« zu rechnen sind, nicht zuletzt dadurch, dass er sein Leben eingesetzt hatte; nicht besteht dieser Unterschied allerdings in seinem literarischen Werk: Es wurde wie das anderer von den Nazis benutzt, und es ließ sich auch benutzen, und keineswegs nur, um dem heimlichen Protest Konservativer ein – ungefährliches – Ventil zu geben, sondern weil es zahlreiche Elemente der völkisch-konservativen Blut-und-Boden-Romantik tradiert. Bezeichnenderweise wurde nach W.s KZ-Zeit die Publikation seiner bisherigen Werke nicht verboten (darunter die besonders erfolgreichen Romane *Die Magd des Jürgen Doskocil*, 1932, und *Die Majorin*, 1934). Sogar ein neuer Roman *Das einfache Leben* (1939) konnte erscheinen. Dessen Hauptgestalt Korvettenkapitän von Orla findet aus der »verwirrten Zeit« des Nachkriegs, der »roten Revolte« und dem »sinnlosen Chaos einer nur auf eigenen Vorteil gestellten Zivilisation ... heim in ein von Wind und Wasser, Wald und Tieren umgrenztes, einfaches, arbeitsreiches Leben ... an den Grenzen des Reiches«; und sein Sohn wird beschrieben als »aufrecht, klar, ganz der neuen der Zukunft zugewandten Jugend unserer Zeit angehörig«. So gibt die Verlagswerbung 1939 nicht unangemessen Inhalte des *Einfachen Lebens* wieder und dokumentiert, wie der Roman von damaligen Lesern zwar als Widerstandsdichtung aufgefasst werden konnte, weil er mit der Darstellung humanistischer Werte gegen den Nationalsozialismus sensibilisierte, und gleichwohl von diesem dienstbar zu machen war. Bis zum Untergang des Nazi-Regimes erreichte W.s Gesamtwerk deshalb eine Auflage von über einer Million.

W.s moralische Integrität wurde nicht bestritten; aber die Ablehnung, die seine Vermittlung eines antimodernen und anti-emanzipatorischen Lebenssinns, der als Flucht aus der Zeit erschien, was er als Zeitlosigkeit der Dichtung verstand, schon durch die *Rede an die deutsche Jugend* gerade bei der jungen Generation hervorrief, verletzte W. tief. »Wenn Hitler morgen wieder käme, so würden ihn 60 bis 80 Prozent mit offenen Armen aufnehmen«, folgerte er 1946 in seiner Enttäuschung, »nie wieder will ich zu Deutschland sprechen, auch nicht zur deutschen Jugend«. Auch *Jahre und Zeiten* (1949) – Erinnerungen, die an den Rückblick *Wälder und Menschen* (1936) anschließen und bis in die Gegenwart führen – drücken seine Resignation aus. 1948 emigrierte er deshalb in die Schweiz. Gleichwohl setzt auch sein letzter Roman *Missa sine nomine* (1950) die Linie der bisherigen Romane fort. Ihre Thematik und Sprache verloren indessen als typischer Ausdruck deutscher Innerlichkeit stetig an Resonanz; und die große Leserschaft zerfiel noch in den 50er Jahren.

Werkausgabe: Sämtliche Werke. 10 Bde. München 1957.

Ludwig Dietz

Wieland, Christoph Martin
Geb. 5. 9. 1733 in Oberholzheim bei Biberach; gest. 20. 1. 1813 in Weimar

»W. war in der Nähe von Biberach, einer kleinen Reichsstadt in Schwaben, 1733 geboren. Sein Vater, ein evangelischer Geistlicher, gab ihm eine sorgfältige Erziehung und legte bei ihm den ersten Grund der Schulkenntnisse. Hierauf ward er nach Kloster Bergen an der Elbe gesendet, wo eine Erziehungs- und Lehranstalt, unter der Aufsicht des wahrhaft frommen Abtes Steinmetz, in gutem Rufe stand. Von da begab er sich auf die Universität zu Tübingen, sodann lebte er einige Zeit als Hauslehrer in Bern, ward aber bald nach Zürich zu Bodmern gezogen, den man in Süddeutschland, wie Gleimen nachher in Norddeutschland, die Hebamme des Genies nennen konnte. Dort überließ er sich ganz der Lust, welche das Selbsthervorbringen der Jugend verschafft, wenn das Talent unter freundlicher Anleitung sich ausbildet, ohne dass die höheren Forderungen der Kritik dabei zur Sprache

kommen. Doch entwuchs er bald jenen Verhältnissen, kehrte in seine Vaterstadt zurück, und ward von nun an sein eigner Lehrer und Bildner, indem er auf das rastloseste seine literarisch-poetische Neigung fortsetzte.« In der biographischen Skizze der Lehr- und Wanderjahre W.s streicht Goethe – in seinem Nachruf *Zu brüderlichem Andenken W.s* (1813) – den Einfluss heraus, den Bodmer auf den jungen W. in seiner Tübinger Studienzeit (1750 bis 1752), vor allem jedoch in den Jahren, die er in der Schweiz verbrachte (1752 bis 1760), ausübte. Nach dem Motto, dass die Dichtung Magd der Religion sein sollte, hatte sich W. durch moralisierende Dichtungen Zutritt bei Bodmer verschafft und ließ sich von diesem in seine literarische Fehde gegen Johann Christoph Gottsched und die Anakreontik einspannen. Die Empörung jedoch, die W.s unter Bodmers Einfluss entstandene Schrift *Empfindungen eines Christen* (1757) in aufgeklärten literarischen Kreisen hervorrief, veranlasste ihn, sich aus der zu starken Abhängigkeit von Bodmer zu lösen. »Wenn ich nicht impertinenter Urteile zu gewohnt wäre, so müßte ich mich ärgern, daß irgend ein ehrbarer Mensch mich der insektenmäßigen Kleinheit fähig halten kann, der Waffenträger eines Chef de Secte oder etwas dergl. zu sein.« Der Brief W.s an den Freund Johann Georg Zimmermann (20. 3. 1759) zeigt das Streben nach geistiger Unabhängigkeit und ist ein erstes Zeichen jener ›angeborenen Liberalität‹, die Goethe an W. so schätzte. Der Versuch, sich von Bodmers Einfluss zu befreien, wurde durch W.s Liebe zu der Philosophin Julie Bondely verstärkt und durch die Wahl zum Ratsherren (später Kanzleidirektor) in Biberach, die ihm finanzielle Unabhängigkeit verschaffte, möglich gemacht. Die Verlobung mit J. Bondely wurde jedoch bald gelöst; 1765 heiratete W. eine Biberacher Bürgerstochter.

In den Biberacher Jahren (1760 bis 1769) übte einen entscheidenden Einfluss auf W. der Kreis um den Grafen Stadion aus, einem freigeistigen Adligen. Die Gespräche, die er in der Bibliothek im Schloss zu Warthausen mit Frank und Sophie La Roche, seiner Jugendliebe, führte, sowie das Studium der französischen und vor allem der antiken Literatur waren entscheidende Anregungen. In den Romanen *Don Sylvio* (1764) und *Die Geschichte des Agathon* (1766/1767) ließ er die religiöse Schwärmerei des Pietismus endgültig hinter sich und orientierte sich – vor allem im *Agathon* – an antiken Paradigmen. Insbesondere Xenophons Bildungsroman, die *Kyrupädie* (*Die Erziehung des Kyros*), war literarisches Vorbild: Die *Geschichte des Agathon*, das unvollendete Heldengedicht *Cyrus* (1756/57) und die »Geschichte in Dialogen« *Araspes und Panthea* (1758) sind durch Xenophons Werk angeregt. Auch für W.s weiteres literarisches Schaffen blieb Xenophon ein ständiger Bezugspunkt. Neben der *Kyrupädie* ist vor allem das *Symposion* zu nennen, das W. aufgrund des dialogischen Charakters und der literarischen Möglichkeiten, die diese Form bietet, faszinierte. In der Versdichtung *Musarion oder die Philosophie der Grazien* (1768) und dem *Neuen Amadis* (1771), einem Versepos mit einer verschlungenen und motivreichen Handlungsführung sowie ironischen Selbstreflexionen des Erzählers, kommt Laurence Sternes Einfluss deutlich zum Tragen. In den Übersetzungen von 22 Dramen Shakespeares, die Lessings ungeteilten Beifall fanden, brachte W. den englischen Dramatiker dem deutschen Publikum nahe. Schon in diesen Übertragungen ließ sich W. – wie später in seinen Übersetzungen antiker Autoren – von dem Bestreben leiten, dem Publikum den *Sinn* eines Textes zu vermitteln, indem er den fremdsprachigen Autor in unsere Zeit herüberzuholen versuchte und nicht eine möglichst große Genauigkeit in der Wiedergabe des Originals erstreben wollte.

Die literarischen Erfolge dieser Jahre brachten W. den Ruf als Philosophieprofessor nach Erfurt (1769). Einige populärphilosophische Abhandlungen und *Der Goldne Spiegel* (1772), eine Art Staatsroman und Fürstenspiegel, in dem wie im *Agathon* noch der Einfluss von Xenophons *Kyrupädie* zu greifen ist, sind die literarischen Produkte dieser Zeit, die W. zwar nicht, wie erhofft, die Berufung nach Wien, wohl aber die als Prinzenerzieher nach Weimar einbrachten. Von 1772 bis 1775 betätigte sich W. als Erzieher von Carl August, danach zog er sich auf sein Landgut bei Oßmannstädt nahe Weimar zurück, um sich ganz seinen neuen literarischen Projekten zu widmen. In seinem Nachruf hebt Goethe insbesondere die von W. gegründete Zeitschrift *Teutscher Merkur* (1773, von 1778–1810 *Neuer Teutscher Merkur*) hervor, die er als Leitfaden der Literaturgeschichte dieser Jahre bezeichnet. W.s sämtliche Schriften – mit Ausnahme der Übersetzungen – erschienen in diesem Organ; Autoren wie Goethe, Schiller und Herder konnte W. als Mitarbeiter gewinnen. Kein anderes Unternehmen wirkte nach dem Zeugnis der Zeitgenossen mehr stilbildend, keines weckte in höherem Maße das ästhetische Urteil und den literarischen Geschmack eines breiteren Publikums als W.s Zeitschrift.

Literarische Ergebnisse der Weimarer Zeit sind einerseits die großen Romane (*Geschichte der Abderiten*, 1774; *Peregrinus Proteus*, 1791; *Agathodämon*, 1791; *Aristipp und seine Zeitgenossen*, 1800–1802), andrerseits die Übersetzungen griechischer und römischer Klassiker: die *Episteln* und *Satiren* des Horaz (1782, 1786), die Werke Lukians (1788/89), Ciceros Briefwechsel (1800 ff.), der *Ion* und die *Helena* des attischen Tragikers Euripides und schließlich die *Ritter*, *Wolken* und *Vögel* des Komödiendichters Aristophanes. Goethe – wiederum in seinem Nachruf – hat den unterschiedlichen paradigmatischen Wert, den die griechischen und römischen Autoren für W.s literarisches Werk und seine Poetik darstellten, klar analysiert: Die Griechen seien für W. »in ihrer Mäßigung und Reinheit … höchst schätzbare Muster«; der dialogische Charakter der griechischen Texte habe W.s offenes, jeder Doktrin abholde Verständnis von Literatur in hohem Maße geprägt. Darüber hinaus entsprächen die problematischen Charaktere, die die Griechen entworfen hätten, und das (populär-)philosophische Substrat vieler ihrer Texte durchaus W.s Wesen. Insbesondere das Heitere der griechischen Literatur habe W. jedoch angezogen, so dass es kein Zufall sei, dass er als einen Geistesverwandten den Spötter Lukian ins Deutsche übertragen habe. »War er jedoch mit den Griechen durch Geschmack nah verwandt, so war er es mit den Römern noch mehr durch Gesinnung. … er findet, wie er sich den Griechen gewissermaßen nur andichtete, unter den Römern wirklich seinesgleichen. Horaz hat viel ähnliches von ihm selbst; selbst kunstreich, selbst Hof- und Weltmann ist er ein verständiger Beurteiler des Lebens und der Kunst; Cicero, Philosoph, Redner, Staatsmann, tätiger Bürger, und beide aus unscheinbaren Anfängen zu großen Würden und Ehren gelangt.« Insbesondere Horaz war für W.s Schriftstellerei von entscheidender Bedeutung. Eine Schlüsselstelle für seine Poetik ist seine Interpretation von Vers 242 der *Dichtkunst* (*Ars poetica*) des Horaz. Den Satz »Die Kunst liegt im Zusammenfügen und Verbinden der Worte«, so die wörtliche Übersetzung, überträgt W. mit »so viel kommt auf die Kunst des Mischens an«. Gerade W.s großer Briefroman *Aristipp* zeigt diese *Poetik des Mischens* in aller Klarheit: Dialog und Brief in der Großform einer Romanhandlung, Reisebericht und Elemente des Fürstenspiegels, historisches Panorama und Liebesroman: eine Vielzahl von Einzelelementen gehen eine in Harmonie stehende neue Einheit ein, die traditionellen Gattungen bleiben transparent, sind jedoch in einer neuen Form im Hegelschen Sinne aufgehoben.

W. gehörte zeitlebens zu den gefeiertsten und umstrittensten Autoren: Bereits 1773 zündeten sich die Mitglieder des Göttinger Hain-Bundes ihre Pfeifen mit W.s Schriften an, und von seiten der Romantiker sah er sich mancher Anfeindung ausgesetzt, während Lessing (1767) den *Agathon* als »den ersten und einzigen Roman für den denkenden Kopf, von klassischem Geschmack« rühmt. Goethe selbst ist Zeuge für das zwiespältige Verhältnis der Zeitgenossen zu W.: Während er noch 1774 W.s Singspiel *Alceste* in seiner Farce *Götter, Helden und Wieland* beißendem Spott aussetzte, erkannte er später uneingeschränkt W.s Verdienste um die deutsche Literatur an. In seinem Nachruf auf W., jedoch auch schon 1795 in seiner Abhandlung *Literarischer Sansculottismus*, betont Goethe mit Nachdruck, in welchem Maße W. den literarischen Geschmack des zeitgenössischen Publikums, aber auch die zeitgenössische Literatur überhaupt geprägt habe.

Gegen die Verkennung W.s wendet sich auch Arno Schmidt (1958), der W. vor seinen »oberflächlichen Lesern« zu verteidigen versucht. »Natürlich war Wieland nervös, wie nur je ein Intellektueller, zappelig im Kaffeerausch – Alkohol trank er nie. Aber eben das zusammen mit einem blitzartig arbeitenden Gehirn / ... / ergibt dann das Feuerpulver seiner Prosa, die nur dem oberflächlichen Leser weitschweifig erscheinen kann.«

Werkausgabe: Werke in 12 Bänden. Frankfurt a. M. 1986 ff.

Bernhard Zimmermann

Wilde, Oscar
Geb. 16. 10. 1854 in Dublin;
gest. 30. 11. 1900 in Paris

»The first duty in life is to be as artificial as possible. What the second duty is no one has as yet discovered.« Lebensphilosophie und Kunstprogramm Oscar Wildes finden in einem Aphorismus wie diesem ihren prägnantesten Ausdruck. Als Zeitgenosse Nietzsches macht W. das Bonmot zum Medium einer Umwertung aller Werte: *duty*, ein Kernbegriff viktorianischer Ethik, wird – respektlos zweckentfremdet – für einen ungeniert amoralischen Ästhetizismus vereinnahmt. Dass dies auf so spielerisch-unterhaltsame Weise geschieht, führt leicht dazu, die Tragweite derartiger Äußerungen zu unterschätzen. Doch wenn W. in einem berühmten Diktum behauptet, das Leben imitiere die Kunst weit mehr als die Kunst das Leben (»The Decay of Lying«, 1891), so erwächst diese paradoxe Umkehrung der aristotelischen Mimesis ganz folgerichtig aus der Einsicht in eine Krise der Repräsentation ausgangs des 19. Jahrhunderts, die W. scharfsichtig wie kaum ein zweiter diagnostiziert hat. Seine Antwort, das Programm einer sich selbst reflektierenden, metatextuellen Literatur (»The Critic as Artist«, 1891) nimmt Positionen der Moderne und sogar Postmoderne vorweg und ist in W.s besten Arbeiten (z. B. *The Importance of Being Earnest*, 1895; *Bunbury, oder: Die Bedeutung ernst zu sein*, 1930) künstlerisch umgesetzt. Mit seinen bewusst auf Effekt kalkulierten Kabinettstückchen wirbt W. um die Gunst eines bürgerlichen Publikums, dessen moralische und ästhetische Normen er ständig desavouiert. Dieser Balanceakt zwischen Provokation und Anpassung ist bestimmend für Leben und Werk dieses Autors und findet am Zenith einer glänzenden Laufbahn mit der Enthüllung und Aburteilung von W.s Homosexualität sein jähes Ende.

Geboren wird W. 1854 in großbürgerlichen Verhältnissen. Der Vater ist ein berühmter Arzt, der für seine Verdienste geadelt wird, allerdings auch ein notorischer Schwerenöter; die Mutter eine bekannte Literatin, die einen Salon unterhält und unter dem Pseudonym ›Speranza‹ für die irische Unabhängigkeit schreibt. Nach standesgemäßer Privatschulerziehung nimmt W. 1871 das Studium der klassischen Philologie auf, zunächst am Trinity College, Dublin. Drei Jahre später wechselt er nach Oxford, wo er nicht nur als Gräzist und brillanter Redner, sondern auch bereits als exzentrischer Dandy und Ästhet auf sich aufmerksam macht. Die Grundlagen seines Schönheitskults bezieht er von akademischen Lehrern wie John Ruskin und v.a. Walter Pater, dessen *Studies in the History of the Renaissance* er als »the holy writ of beauty« preist. Anders als seine Mentoren kultiviert W. seinen Ästhetizismus auch im äußeren Habitus: Sein Kostüm – Samtjacke, Lilie oder Sonnenblume am Revers, Kniehosen und Seidenstrümpfe – wird zum Markenzeichen. Zwar gewinnt er bereits als Student mit seinem Erzählgedicht »Ravenna« den angesehenen Newdigate Prize for Poetry (1878), doch beruht seine frühe Zelebrität weit weniger auf tatsächlichen literarischen Leistungen (den epigonalen *Poems*, 1881, oder dem schwerfälligen Melodram *Vera; or the Nihilists*, 1880) als auf seiner bewusst exaltierten Selbstinszenierung, die ihn zu einer Lieblingszielscheibe der Karikaturisten und zum Vorbild einer Opernfigur, Bunthorne, in Gilbert und Sullivans *Patience* (1881) macht. Gewissermaßen als der ›echte Bunthorne‹ begibt sich W. 1881–82 auf eine von dem New Yorker Produzenten der Oper organisierte Vorlesungstournee durch 125 amerikanische Städte. Die Einnahmen ermöglichen ihm einen längeren Aufenthalt in Paris, wo er mit führenden Vertretern der literarischen und künstlerischen Avantgarde wie Paul Verlaine, Émile Zola und Edgar Dégas zusammentrifft. 1884 heiratet er Constance Lloyd, die hübsche, aber eher unbedarfte Tochter eines irischen Anwalts. Aus der Ehe gehen zwei Söhne hervor (1885 und 1886). Um seinen aufwendigen Hausstand zu finanzieren, übernimmt er zeitweise die Herausgeberschaft der Zeitschrift *Woman's World*. Neben einem zweiten erfolglosen Drama (*The Duchess of Padua*, 1883) und einer Reihe von Kunstmärchen (*The Happy Prince and Other Tales*, 1888; *Der glückliche Prinz und andere Märchen*, 1928) entstehen bis Ende der 1880er Jahre vorwiegend literarische Gelegenheitsarbeiten.

Erst der Erfolg von *The Picture of Dorian Gray* (1890; *Das Bildnis des Dorian Gray*, 1907) macht W. von solchem Broterwerb unabhängig. Der Roman um den schönen jungen Mann, der auf der Suche nach einem ›Neuen Hedonismus‹ seine Seele und schließlich auf höchst melodramatische Weise sein Leben verliert, bündelt die Elemente des ästhetischen Lebensprogramms zu einer prägnanten Parabel. Er ist so etwas wie das literarische Vermächtnis der englischen *Décadence* und jener spätviktorianischen Subkultur, zu deren Bezeichnung das noch junge Medizinerwort ›homosexuell‹ sich eben erst einzubürgern begann. Und das, obwohl der Roman Homosexualität nicht eigentlich thematisiert, sondern eher durch Aussparung suggeriert. Die zeitgenössische Kritik machte sich trotzdem ihren Reim – genau wie fünf Jahre später die Justiz. W., der vermutlich seit 1886 sexuelle Beziehungen zu Männern unterhielt, traf 1891 auf seine *grande passion*, den jungen Lord Alfred Douglas, genannt ›Bosie‹. W.s Ehe bestand offiziell weiter, doch die Beziehung zu ›Bosie‹ bildete in den nun folgenden Jahren seiner größten Erfolge seinen eigentlichen Lebensmittelpunkt.

Anfang 1892 brachte *Lady Windermere's Fan* (*Lady Windermeres Fächer*, 1902) W. den Durchbruch als Dramatiker. In Aufbau und Personenkonstellation folgt das Stück gängigen Mustern der französischen Gesellschaftskomödie und des einheimischen *problem play* (Arthur W. Pinero), garniert diese aber mit dem unverwechselbaren W.schen *wit* des Dandys Lord Darlington (»I can resist everything except temptation.«). Auf eine ähnliche Mischung setzt W. in zwei weiteren Salonkomödien, *A Woman of No Importance* (1893; *Eine Frau ohne Bedeutung*, 1902) und *An Ideal Husband* (1895; *Ein idealer Gatte*, 1903). Daneben experimentiert er aber auch in völlig anderem Stil: Das auf Französisch verfasste Versdrama *Salomé* (1896; *Salome*, 1903), eine stark erotisierte Version des biblischen Stoffes, die 1905 von Richard Strauss zur Oper vertont wurde, frönt einem an Maurice Maeterlinck gemahnenden Symbolismus. Die geplante Londoner Aufführung, mit Sarah Bernhardt in der Titelrolle, scheiterte am Verbot des Zensors. Mit den berühmten Illustrationen Aubrey Beardsleys versehen, erschien das Stück 1893 in englischer Übersetzung.

W.s unbestrittenes Meisterwerk und ein triumphaler Lacherfolg bei der Premiere im Februar 1895 ist *The Importance of Being Earnest,* »A Trivial Comedy for Serious People«. Von der Unentschlossenheit der drei früheren Komödien ist hier nichts mehr zu spüren. Anstatt die dramatischen und gesellschaftlichen Konventionen seiner Zeit zu erfüllen, führt W. sie parodierend vor. In einer halsbrecherisch virtuosen Verwechslungskomödie erschafft er eine gänzlich von (männlichen wie weiblichen) Dandies beherrschte Kunstwelt, in der die Prätentionen viktorianischen Ernstes zum Spielball frivoler Sprachartistik werden. Zum Lebensglück, so die Grundidee des Stücks, kann nur Ernst verhelfen – und zwar in doppelter Ausfertigung, denn beide Heldinnen, Cecily und Gwendoline, haben es sich in den Kopf gesetzt, nur einen Mann dieses Namens lieben zu können. Alles in diesem Stück ist spiegelglatte Oberfläche. Genüsslich zelebriert W. den Sieg der Ästhetik über die Ethik, der – stets eleganten – Form über den Inhalt, der Wörter über die Bedeutung. Nur wenige Tage nach der Premiere schlägt die Realität, über die die Komödie so mühelos triumphiert, gnadenlos zurück. Bosies Vater, der Marquess of Queensberry, dem die Beziehung seines Sohnes zu W. schon lange ein Dorn im Auge ist, schickt diesem eine Karte, auf der er ihn als ›Somdomiten‹ (sic!) beschimpft. Kaum weniger fanatisch als sein Vater, stachelt Bosie W. an, den Marquess wegen Verleumdung zu verklagen. »In Deinem hasserfüllten Krieg gegen Deinen Vater war ich Euch beiden Schild und Waffe zugleich«, schreibt W. später in *De Profundis* (1905; *De Profundis*, 1905). Der Prozess endet mit Queensberrys Freispruch. Dafür wird Wilde nun selber angeklagt und aufgrund der Aussagen von Zeugen aus dem Strichermilieu wegen Sodomie zu zwei Jahren Gefängnis verurteilt. Der Prozess kommt einer öffentlichen Hinrichtung gleich. W. wird zur Unperson. Seine Bücher verschwinden aus den Regalen. Seine Stücke werden abgesetzt. Der Untergang ihres brillanten Wortführers beendet die kurze Blüte der englischen *Décadence*. W.s Jünger gehen auf Distanz; manche fliehen sogar außer Landes. Nach Verbüßung der vollen zwei Jahre kommt W. frei. Geschieden, krank, bankrott, geächtet, nimmt er den Namen des ruhelosen Wanderers Melmoth aus Charles Maturins Schauerroman an. Noch im Gefängnis vollendet er die rührselige »Ballad of Reading Gaol« (1898; »Die Ballade vom Zuchthaus zu Reading«, 1903) und die große Lebensbilanz und Abrechnung mit dem Geliebten (*De Profundis*, 1905). Danach entsteht nichts mehr. Am 30. November 1900 verstirbt W., der sich am Vorabend noch katholisch hat taufen lassen, in einem offiziell als zehntklassig eingestuften Pariser Hotel an Enzephalitis.

Er habe, so W. zu André Gide, nur sein Talent in sein Werk gesteckt, sein Genie hingegen in sein Leben. Unwiederbringlich ist der Teil dieses Lebens, in dem W.s Genie nach Auffassung seiner Zeitgenossen am vollkommensten zur Geltung kam: seine Konversation. Einer, der es wissen musste, Max Beerbohm, hielt ihn in dieser Disziplin für den unerreichten Großmeister: »Oscar was the greatest of them all – the most spontaneous and yet the most polished.«

Werkausgaben: Collected Edition of the Works of Oscar Wilde. Hg. Robert Ross. 15 Bde. London 1969 [1908]. – Oscar Wilde. Hg. I. Murray. Oxford 1989. – Complete Works. Hg. M. Holland. London 1994.

Andreas Höfele

Wilder, Thornton
Geb. 17. 4. 1897 in Madison, Wisconsin; gest. 7. 12. 1975 in Hamden, Connecticut

Als Thornton Wilder 1957 der Friedenspreis des deutschen Buchhandels überreicht wurde, führte er in seiner Rede »Kultur in einer Demokratie« an, dass es das Ziel aller künstlerischen Tätigkeit sein müsse, »neue Mythen, neue Metaphern und neue Bilder zu schaffen und den neuen Stand der Würde aufzuzeigen, in den der Mensch getreten ist«. In seinem eigenen literarischen Schaffen löste W., der als Begründer des epischen Theaters in Amerika und neben Bertolt Brecht auf internationaler Ebene als dessen Hauptvertreter angesehen wird, diese Forderung durch die Abkehr von realistischen Dramenkonzeptionen ein. Vor allem in seinen zu den Klassikern des modernen amerikanischen Dramas zählenden Stücken *Our Town* (1938; *Unsere kleine Stadt*, 1939) und *The Skin of Our Teeth* (1942; *Wir sind noch einmal davongekommen*, 1944), die beide mit dem Pulitzer Preis ausgezeichnet wurden und W. zu Weltruhm verhalfen, suchte er dieser Programmatik weniger durch neue Inhalte als durch illusionszerstörende Darstellungsverfahren wie direkte Publikumsansprachen, das Aus-der-Rolle-Fallen der Figuren oder extrem reduzierte Bühnenbilder gerecht zu werden. Im Gegensatz zu Brecht, der mit ähnlichen Mitteln der Verfremdung die Zuschauer zu einer kritischen Haltung gegenüber der historisch-gesellschaftlichen Wirklichkeit auffordern wollte, verfolgte W. das Ziel, dem die Wirklichkeit bloß nachahmenden Schauspiel auf der Guckkastenbühne seine Unverbindlichkeit zu nehmen, unmittelbares Miterleben an individuellen Ereignissen zu verhindern und dadurch den Blick der Zuschauer auf das anthropologisch Universale zu lenken. Nicht besondere Ereignisse wurden dargestellt, sondern Grundsituationen des Alltags, die – unabhängig von ihrem historischen und kulturellen Kontext – universell sind und den Menschen Orientierung vermitteln. W.s didaktisches Ziel war es, dass der Zuschauer selbst das scheinbar Triviale aus der Distanz als Teil einer größeren bedeutungsvollen Ordnung erkennt und dem Alltäglichen als dem Allgemeinmenschlichen eine neue, erbauende Würde abgewinnt.

W.s Auslandsaufenthalte beeinflussten sein literarisches Schaffen stark. Schon als Kind verbrachte er einige Jahre in China. Nach Abschluss seiner universitären Ausbildung in Italien und Amerika begann W. seine berufliche Laufbahn als Lehrer an der berühmten Schule von Lawrenceville und als Dozent an der Universität Chicago. Während des Zweiten Weltkriegs war er Offizier beim amerikanischen Luftwaffenstab in Nordafrika und Italien; 1951–52 bekleidete er eine Professur an der Harvard University.

Neben seiner Tätigkeit als Literaturwissenschaftler (W. beschäftigte sich vor allem mit den Werken von James Joyce, Johann Wolfgang Goethe und Lope de Vega) fing er Ende der 1920er Jahre an, Romane und Dramen zu schreiben. Nicht zuletzt bedingt durch seine zahlreichen Reisen in Europa und durch seine große Belesenheit (W. trug den Spitznamen »The Library«) war W.s literarisches Schaffen geprägt durch einen beständigen Rekurs auf die abendländische Kultur, was schon früh Kritiker auf den Plan rief, die seine Werke für zu wenig amerikanisch hielten. Vor allem seine Romane *The Cabala* (1926; *Die Cabala*, 1929), *The Woman of Andros* (1930; *Die Frau von Andros*, 1931) und *The Ides of March* (1948; *Die Iden des März*, 1949) – in Letzterem wird durch eine Vielzahl fiktiver Dokumente ein multiperspektivisches Bild Cäsars evoziert – sowie sein Drama *The Alcestiad* (1955; *Die Alkestiade*, 1957) sind durchzogen von antiken Schauplätzen, Stoffen und Motiven. Neben *The Ides of March* ist W.s bekanntester Roman *The Bridge of San Luis Rey* (1927; *Die Brücke von San Luis Rey*, 1929), für den er seinen ersten Pulitzer Preis erhielt. In diesem episodenhaft strukturierten Roman geht es um den Einsturz einer peruanischen Brücke im Jahre 1714 und um die Frage nach Zufall oder göttlicher Vorbestimmtheit, der ein Pater anhand der Lebensgeschichten der fünf bei dieser Katastrophe tödlich verunglückten Menschen nachgeht. Drei weitere Romane, *Heaven's My Destination* (1935; *Dem Himmel bin ich auserkoren*, 1935), *The Eighth Day* (1967; *Der achte Schöpfungstag*, 1968) sowie W.s Alterswerk *Theophilus North* (1973; *Theophilus North oder ein Heiliger wider Willen*, 1974) entstammen der amerikanischen Gegenwart und stellen Auseinandersetzungen mit dem christlichen Gedankengut dar.

Trotz der weltweiten Rezeption seines Erzählwerks nahm W. auf die Entwicklung des amerikanischen Romans keinen prägenden Einfluss. Sein Vermächtnis waren vielmehr seine Theaterstücke, die im Hinblick auf die formalen Darstellungsverfahren die moderne Bühne revolutionierten. Beeinflusst von der Experimentierfreudigkeit des europäischen Theaters der 1920er und 30er Jahre, führte W.s Weg über zahlreiche »Drei-Minuten-Spiele« (1928 unter dem Titel *The Angel That Troubled the Waters* erschienen) und Einakter (*The Long Christmas Dinner and Other Plays in One Act*, 1931), in denen sein späteres dramatisches Werk in allen wesentlichen Ausprägungen bereits vorgezeichnet ist. Die programmatisch postulierte Lenkung des Zuschauerblicks auf das anthropologisch Universale kommt formal in der Simultandarstellung von Vergangenem und Gegenwärtigem, der Kontinuität des Schauplatzes sowie der archetypischen Figurendarstellung zum Ausdruck. So wird in *The Long Christmas Dinner* (*Das lange Weihnachtsmahl*, 1954), dessen Stoff Paul Hindemith 1960 in einer Oper verarbeitete, das Leben und Sterben einer Familie über einen Zeitraum von 90 Jahren als Montage einzelner Weihnachtsfeiern zu einem einzigen langen Mahl komprimiert, bei dem immer wieder neue Familienmitglieder durch die allegorischen Pforten des Lebens und des Todes zu beiden Seiten der Bühne treten. Durch den großen Kontrast von Spielzeit und dargestellter Zeit wird dem Zuschauer die Schnelllebigkeit der Zeit bewusst; das einzig Konstante sind die Gespräche bei Tisch, die in denselben Worten immer wieder um dieselben Themen kreisen. In *Our Town*, W.s erstem abendfüllenden Stück, werden die gleichbleibend wiederkehrenden Grundmuster menschlicher Existenz wie Alltag, Familie, Geburt, Jugend, Heirat, Alter und Tod in drei Akten am Beispiel einer amerikanischen Kleinstadt und aus der Rückschau durch einen Spielleiter präsentiert. Die Einführung dieses »stage manager«, den W. auch gerne selbst spielte, ist von vielen als sein bedeutendster Beitrag zur Entwicklung neuer dramatischer Darstellungstechniken angesehen worden. Die klassische Form des allein aus Handlung und Dialog bestehenden abbildenden Dramas wird durch diese spielexterne Figur aufgebrochen und in Richtung einer überwiegend deutenden Darstellung gelenkt. Der »stage manager« dirigiert das Spiel: Er charakterisiert die Figuren, unterbricht und kommentiert die Handlung, spricht die Zuschauer an, übernimmt selbst kleine Nebenrollen, arrangiert die Requisiten und greift im dritten Akt in das Geschehen ein, als er dem Wunsch der toten Emily nachkommt, einen einzigen Tag ihres Lebens noch einmal erleben zu dürfen. Bei dieser Gelegenheit erkennt Emily die Blindheit der Menschen, die sich der Einmaligkeit und des Glücks des alltäglichen Lebens nicht bewusst sind.

In *The Skin of Our Teeth*, einem der wichtigsten Stücke des zeitgenössischen Theaters überhaupt, das Brecht als erstes amerikanisches Drama im Berliner Ensemble spielen ließ, erweitert sich die Darstellung des zeitlos Universalen in allegorischer Form auf die gesamte Menschheitsgeschichte. Die archetypische Familie Antrobus überlebt im Jahr 1942 in New Jersey nacheinander die Katastrophen der Eiszeit, der Sintflut und des Krieges, die nicht als einmalige, sondern als immer wieder mögliche, die Menschheit bedrohende, aber letztlich überwindbare Katastrophen präsentiert werden. Durch die Überlagerung verschiedener Zeit- und Handlungsebenen – es ist gleichzeitig von Dinosauriern und der Erfindung des Rades, von Eiszeit und Wirtschaftskrise die Rede – werden traditionelle, teleologische Zeitkonzeptionen aufgehoben. Die daraus resultierende Entindividualisierung und Enthistorisierung des Geschehens sowie die Bedeutung des Immer-Wiederkehrenden kommen auch im Schluss zum Ausdruck, kehrt doch die Handlung zu ihrem Ausgangspunkt zurück. Diese experimentellen Darstellungsverfahren in W.s Stücken – seine Komödie *The Matchmaker* (1954; *Die Heiratsvermittlerin*, 1957), die in der Musical-Fassung *Hello, Dolly!* 1963 ein Welterfolg wurde, fällt hier aus dem Rahmen – sind Ausdruck eines Weltbildes, das Geschichte als zyklische Wiederkehr festgelegter Grundsituationen und den Menschen als unveränderliche Größe begreift, der trotz seiner Schwächen aus allen Krisensituationen immer wieder gerettet wird. Das christliche Fundament dieses Weltbildes offenbart sich dabei in der Auffassung, dass alles Geschehen in eine von Gott gelenkte kosmische Ordnung eingebettet ist.

W.s lebensbejahende, harmonisierende und von einem Urvertrauen in den Menschen zeugende Dramen wurden insbesondere im Nachkriegsdeutschland mit großem Erfolg gespielt und hatten wesentlichen Anteil an der Entwicklung des deutschen Theaters. In den USA jedoch wurden sie lange Zeit vergleichsweise gering geschätzt und haben wenig traditionsbildend gewirkt. Dies lässt sich zum einen durch die Dominanz realistischer bzw. expressionistischer Stilformen in den Dramen so bedeutender Autoren wie Eugene O'Neill, Tennessee Williams und Arthur Miller erklären, die die amerikanische Theaterszene lange beherrschten. Zum anderen ist W.s konservative Ideologie einer sich gleichbleibenden *conditio humana* im fortschrittsgläubigen, das individuelle Erfolgsstreben des Einzelnen propagierenden Amerika auf harsche Kritik gestoßen. Ihm wurde vorgeworfen, die Probleme der Zeit zu verdrängen und ein realitätsfernes, fatalistisches Weltbild zu entwerfen. Das uneinheitliche Bild der Rezeptionsgeschichte von W.s dramatischem Werk ist denn auch vor dem Hintergrund seiner Verbindung von formaler Innovation und ideologischer Traditionalität zu sehen. Bei aller Kritik an seinem Weltbild, das wesentliche Grundannahmen unserer Zeit, wie z. B. die der grundsätzlichen Veränderbarkeit der Welt und der Möglichkeit der Beeinflussung dieses Wandels durch den Menschen, ausschließt, darf jedoch das innovative Potential von W.s Dramenkonzeption für die formale Entwicklung des Theaters im 20. Jahrhundert nicht in Vergessenheit geraten.

Werkausgaben: The Collected Short Plays of Thornton Wilder. Hg. D. Gallup/A.T. Wilder. 2 Bde. New York 1997f. – Three Plays. New York 1998.

Carola Surkamp

Wildermuth, Ottilie

Geb. 22. 2. 1817 in Rottenburg am Neckar; gest. 12. 7. 1877 in Tübingen

Die Kaiserin von Österreich, die holländische Königin und der württembergische König, die Schriftsteller Ludwig Uhland, Jeremias Gotthelf und Adalbert Stifter, die namhaften Literaturhistoriker Robert Eduard Prutz und August Friedrich Christian Vilmar und der Philosoph Friedrich Wilhelm Joseph von Schelling – sie alle lasen und schätzten sie. W. gehörte seit ihren ersten Publikationen in Cottas *Morgenblatt für gebildete Leser* und seit dem unerwarteten Erfolg ihres ersten Sammelbandes *Bilder und Geschichten aus dem schwäbischen Leben* (1852) zu einer bekannten, von Zeitschriftenredaktionen und Verlagen umworbenen Schriftstellerin, deren Werke in zahlreiche Sprachen übersetzt wurden.

Schelling erinnerte sich bei der Lektüre an seine Jugendzeit in Württemberg und schreibt 1854 an W.: »Nun aber sey kein Augenblick versäumt, Ihnen zu sagen, daß ich Lieblicheres – nicht bloß in vielen Jahren nicht, sondern nicht leicht *jemals* gelesen als diese Erzählungen.« Justinus Kerner, mit dem die junge W. – seine »herzliche Freundin« – seit 1854 in regem und innigem Briefkontakt stand, bekam den Brief zu Gesicht und notierte dazu: »Fasse für den spät'sten Samen / Diesen Brief in Glas u. Rahmen.« Der Samen ging auf: Weit über hundert Erzählungen erschienen in Zeitschriften, Büchern (etwa *Aus dem Frauenleben*, 2 Bde., 1855–57 oder *Lebensräthsel, gelöste und ungelöste*, 1863) und schon bald in mehrbändigen Werkausgaben. W. übersetzte und war vor allem auf dem Gebiet der Jugendliteratur außerordentlich produktiv. Ihre Jugendschriften (22 Bände) erschienen bis in die 1930er Jahre in hohen Auflagen in immer neuen Zusammenstellungen und Ausgaben, so dass der *Berliner Börsen-Courier* W. in einem Artikel anlässlich ihres 100. Geburtstages als »die bekannteste und beliebteste Jugendschriftstellerin« bezeichnen konnte, »die unsere Literatur bisher kennt.«

Die gefragte W. war sich jedoch bewusst, dass die schnelle Produktion der Erzählungen ihrer Phantasie Grenzen setzte und sie Handlungsschablonen und Erzählmuster zu Hilfe nehmen musste. Wie sie selbst ihre Schriftstellerei einschätzt, beschreibt sie Adalbert Stifter: »Sie nehmen an, daß ich wie Sie die Kunst über alles liebe; wohl liebe ich sie, wie Licht und Luft, wie Blumen und Sonnenschein; aber ich kann nicht sagen, daß es Liebe zur Kunst war, die mich bewogen zu schreiben, ich hätte nie gewagt zu denken, dass mir nur ein Plätzchen auf ihrer Tempelschwelle gebühre, – es war Liebe zum Leben, zum Leben in seinen einfach schönen Erscheinungen.«

Ihre überwiegend für ein weibliches und jugendliches Publikum geschriebenen Erzählungen spielen meist in ihrer schwäbischen Heimat; die zum Kleinen und Einfachen neigenden Geschichten erzählen von Natur und Landschaft, von den Anschauungen und Lebensverhältnissen in den Familien des kleinstädtischen und ländlichen Bürgertums Altwürttembergs. Das soziale Feld, in dem W. ihre Charaktere fand, ist jedoch weit: In ihren Jugendgeschichten sind es oft Außenseiter der Gesellschaft, Personen aus niederen sozialen Schichten, Menschen anderer Rasse, anderen Glaubens. Es war durchaus ein Ziel von W.s Erzählungen, in der bürgerlichen Gesellschaft bestehende Vorurteile abzubauen oder der

Geringschätzung bestimmter Randgruppen entgegenzuwirken. Ihre jugendlichen Helden machen zwar oft ihr Glück, jedoch nicht aus eigener Kraft, sondern durch ihr Vertrauen auf Gott, der alles richtig macht und lenkt – die Erziehung zu christlichem Leben ist sicherlich eines der Ziele, die W. mit ihren Werken verfolgte. Von anderen Jugendschriftstellern der Zeit unterscheidet sie ihre realistische Beobachtungsgabe: »Immer wieder schildert W. die in der zweiten Hälfte des 19. Jahrhunderts unter Handwerkern, Tagelöhnern und Kleinbürgern in Deutschland herrschende große Armut, macht sie anschaulich, wie häufig auch Kreise des Bürgertums von Verarmung und Verelendung bedroht waren. Nicht von ungefähr verwendet W. das Motiv der Auswanderung nach Amerika so oft.« (Promies).

Der äußere Rahmen von W.s Leben ist gewöhnlich und unspektakulär. Abgesehen von kleineren Reisen waren es drei am Neckar gelegene Orte, in denen W. lebte: Die 1817 in Rottenburg geborene Ottilie Rooschüz wuchs in Schillers Geburtsstadt Marbach auf und verbrachte nach der Heirat mit dem Lehrer Johann David W. im Jahre 1843 den Großteil ihres Lebens in Tübingen, wo das Ehepaar vielfältige Kontakte zu Wissenschaftlern und Schriftstellern pflegte. Ungewöhnlich für ein Mädchen der damaligen Zeit war jedoch, dass ihre Familie, in der Geselligkeit und Künste eine große Rolle spielten, es ihr ermöglichte, sich sprachliche Fähigkeiten (Latein, Englisch, Französisch) und literarische Kenntnisse anzueignen.

Die Arbeit im Haushalt, Familie und Kindererziehung – sie hatte fünf Kinder, von denen zwei bereits früh starben – und ihre Tätigkeit als erfolgreiche, vielgefragte Schriftstellerin ließen W. immer wieder daran zweifeln, ob sie der Doppelbelastung standhalten könne: »Ob ein Weib soll Bücher schreiben / Oder soll sie's lassen bleiben«. Doch W. schrieb weiter. Das Ansehen als Schwabens meistgelesene Schriftstellerin hatte jedoch auch seine Schattenseiten: Der seit 1860 an Gelenkrheumatismus erkrankten und von einem Nervenleiden geplagten W. machten die vielen ungebetenen Besucher zunehmend zu schaffen. 1876 schreibt sie an ihre Tochter: »Allerlei Geläuf u. Wandel, konnte gestern mein Mittagsschläfchen nicht machen weil ein Pfarrer aus Lübek mich vor dem Schnellzug noch verehren wollte.« 1877 starb Ottilie W. an den Folgen eines Schlaganfalls in Tübingen. Zehn Jahre später errichtete man ihr in der Universitätsstadt am Neckar ein Denkmal, das die Aufschrift trägt: »Ottilie Wildermuth gewidmet von deutschen Frauen. 1887.«

Werkausgaben: Werke. Erste Gesammt-Ausgabe. 8 Bde. Stuttgart 1862; Jugendschriften. 22 Bde. Stuttgart (Bd. 1–16) bzw. Stuttgart/Berlin/Leipzig (Bd. 17–22) [1871–1900]; Gesammelte Werke. Hg. von Adelheid Wildermuth. 10 Bde. Stuttgart/Berlin u. a. 1892–1894; Verehrte Freundin! Wo sind Sie? Justinus Kerners Briefwechsel mit Ottilie Wildermuth 1853–1862. Neu hg. von Rosemarie Wildermuth. Weinsberg u. a. 1996.

Alexander Reck

Williams, Tennessee
[Thomas Lanier Williams]
Geb. 26. 3. 1911 in Columbus, Mississippi; gest. 25. 2. 1983 in New York

Als einer der wenigen amerikanischen Dramatiker von weltliterarischer Bedeutung steht Tennessee Williams auf einer Stufe mit Eugene O'Neill, Arthur Miller und Edward Albee. Innerhalb dieser Gruppe ist er allerdings der einzige Autor aus den Südstaaten. Diese regionale Prägung erklärt viele seiner markanten Themen und Motive wie gesellschaftliches Außenseitertum, die verhängnisvollen Auswirkungen romantisierend-nostalgischer Vergangenheitsverklärung, Dekadenz, der Konflikt zwischen materialistischem Realitätssinn und idealisiertem Lustprinzip, Heimatlosigkeit und kompensatorische Suche nach Schutzräumen sowie die strukturelle Gewalt erzwungener Anpassung an normative Vorgaben. Darüber hinaus gründet sich die zentrale Stellung seiner Theaterstücke im Kanon amerikanischer Bühnenwerke auf W.' Bedeutung als Bühnenpraktiker und Dramentheoretiker. In dieser Hinsicht ist vor allem seine Modifikation realistischer Darstellungskonventionen durch die eigenwillige Adaption von Techniken des symbolistischen, expressionistischen und, in bescheidenerem Umfang, auch des epischen und absurden Theaters von Bedeutung. Die Tatsache, dass W. in seinen Werken obsessiv auf Grundkonstellationen und Versatzstücke der eigenen Biographie wie ödipale Familienstrukturen, intime Bruder-Schwester-Beziehungen oder auch die Traumatisierung durch regionale Entwurzelung Bezug nimmt, verstellt gelegentlich den Blick auf die eigentlich kulturanalytische Leistung seiner Dramen. W. nutzt biographische Komponenten stets als Ausgangspunkt und Medium zur Analyse repräsentativer sozialer oder kollektivpsychologischer Strukturen, um somit zu einer literarischen Typologie amerikanischer Mentalität beizutragen. Hierbei gilt sein besonderes Augenmerk historischen, regionalen und geschlechtsgebundenen Varianten. Obgleich er in seiner fast ein halbes Jahrhundert (von den späten 1930er bis zu den frühen 1980er Jahren) umspannenden Karriere über 70 Dramen verfasst hat, verdankt sich sein Ruf im Wesentlichen drei großen Bühnendichtungen aus einer einzigen Schaffensperiode: The Glass Menagerie (1944; Die Glasmenagerie, 1947), A Streetcar Named Desire (1947; Endstation Sehnsucht, 1949) und Cat on a Hot Tin Roof (1955; Die Katze auf dem heißen Blechdach, 1956). Es ist vor allem die ungebrochene Popularität dieser drei Stücke, aus der sich auch die Tatsache erklärt, dass W. bis in die aktuelle Gegenwart in Deutschland der am häufigsten aufgeführte amerikanische Dramatiker geblieben ist.

Im Zentrum von The Glass Menagerie, dem ersten Theaterstück, mit dem W. das Broadway-Publikum für sich gewinnt, steht eine explosive Dreierbeziehung zwischen Amanda Wingfield und ihren erwachsenen Kindern Laura und Tom. Wie in allen psychologischen Dramen W.' kommt auch hier dem Raum eine situations- und figurencharakterisierende Funktion zu. In diesem Fall suggeriert seine hermetische Enge klaustrophobische Ängste, Fluchtträume und sprachlose Aggressivität. Das Schauspiel setzt in der Folge

schmerzhafte Desillusionierungsprozesse in Szene, aus denen aber kein Protagonist wirkliche Selbsterkenntnis gewinnt oder eine wahrhaftigere Lebensführung ableiten kann. Seine Lebendigkeit bezieht das Stück aus der Differenz zwischen männlichen und weiblichen Konfliktlösungsstrategien, denen allerdings ein Element selbstzerstörerischer Verdrängung gemeinsam ist. Während die Männer – Tom, sein Arbeitskollege Jim, der Vater der Familie, der diese vor Jahren verlassen hat – ihr Heil in äußerlicher Rastlosigkeit suchen, treten die Frauen als Repräsentantinnen der häuslichen Sphäre und der kulturellen Überlieferung die Flucht aus der Wirklichkeit in Phantasiewelten an. Wo Jim als eitel-lautsprecherischer Vertreter eines zeittypischen borniert-aggressiven Materialismus und Konformitätsdrucks zur besonderen Zielscheibe auktorialer Ironie wird, bewahren Laura und Amanda, durch ihre Phantasie zugleich in ihrem Handeln paralysiert und vor Verletzungen geschützt, ihre Würde gerade wegen ihrer transparenten Zerbrechlichkeit. Vor dem Hintergrund eines Landes, das im Gefolge der großen Weltwirtschaftskrise durch soziale Not und eskapistische Amüsierlust gekennzeichnet ist, erhält das Drama eine zusätzliche zeitgeschichtliche Bedeutungsebene. Es ist zugleich ambivalente Klage über eine Welt der Selbsttäuschung und Wirklichkeitsflucht und bitterer Abgesang auf nationale Reinheits- und Unschuldsphantasien. W. hat dabei aber in Regieanweisungen und Selbstinterpretationen viel Wert auf seine programmatische Charakterisierung des Stücks als autobiographisch eingefärbtes, um lyrische Elemente angereichertes Erinnerungsstück (»memory play«) gelegt. Bei den Erinnerungen der höchst unzuverlässigen Erzählerfigur Tom handelt es sich indes letztlich nur um selektiv gefilterte Wahrnehmungen, um nachträgliche Bearbeitungen eines Schuldigen, um einen Ausdruck des Wunsches nach Kontrolle und Dominanz durch ästhetische Überformung der Vergangenheit.

In späteren Bühnenstücken vollzieht W. die Wendung von einer verdeckten hin zu einer offenen Darstellung von Gewalt und Sexualität. In *A Streetcar Named Desire* inszeniert W. zwei Aspekte seiner (unbewussten) Persönlichkeitsstruktur als einander feindlich gegenüberstehendes Protagonistenpaar. Bedeutsamer ist freilich, dass er den Gegensatz der beiden Figuren Blanche Dubois und Stanley Kowalski zusätzlich zur Entfaltung eines vielschichtigen Konfliktes nutzt. So steht ihr Kampf zugleich für den Kampf zwischen den Geschlechtern, zwischen zwei Zeitkonzeptionen (rückwärtsgewandte, geschichtsverklärende Nostalgie/progressiver Zukunftsoptimismus), zwei sozialen Subkulturen (alte Südstaatenaristokratie/osteuropäisches Immigrantentum), zwei Wertesystemen (Kunst und Kultur/Materialismus), zwei psychischen Profilen (neurotische Hypersensibilität/Insensibilität) und zwei unterschiedlichen körpersprachlichen Verhaltensmustern (zwanghafte Selbstverhüllung/exzessive Selbstentblößung). Der Kampf beider um die Dominanz über Blanches Schwester Stella, über kulturelle Deutungsansprüche sowie über definitorische Bestimmungen amerikanischer Identität endet in einem mit schonungsloser Brutalität inszenierten Showdown: Mit dem Instinkt eines Jägers zerstört Stanley zuerst Blanches Reputation, danach ihre körperliche Unversehrtheit durch Vergewaltigung und schließlich auch noch durch Leugnung des Verbrechens ihre psychische Gesundheit. Das Stück endet mit Blanches Abtransport in ein staatliches Irrenhaus. Doch Stanleys Sieg ist derjenige einer hohl-banalen Welt oberflächlicher Männlichkeitsrituale, der jegliches moralische Zentrum fehlt, und folglich schließt das Drama mit einer Perspektive von außergewöhnlicher Bitterkeit. Zwar werden Fassaden ein- und Masken abgerissen, Selbststilisierungen als Lügengespinste enttarnt, heilende Wirkungen jedoch oder auch nur Selbsterkenntnis bleiben gänzlich aus. In ihrer spannungsreichen Mischung von anachronistischer Prüderie und unkonventioneller Promiskuität, sexuellem Begehren (Eros) und Todessehnsucht (Thanatos), hat W. mit Blanche Dubois eine der großen Frauenfiguren im Drama des 20. Jahrhunderts geschaffen. Diese steht gleichsam im Spannungsfeld zwischen der Wahrheit des Scheins (auch im Sinne der subversiven Kraft der Kunst) und der Un- oder Halbwahrheit der bloßen Fakten. Die Figur wurde so zur facettenreichen nationalen Ikone, an der sich männliche Sexualphantasien und weibliche Erlösungshoffnungen kristallisieren konnten. Die Schlussworte, mit denen sie sich aus dem Drama verabschiedet (»Whoever you are – I have always depended on the kindness of strangers«), sind als Allgemeingut in den Zitatenschatz einer Nation eingegangen, die die Erfahrung ursprünglicher Fremdheit und die Konzeption des Sündenbock-Opfers tief in ihr kulturelles Gedächtnis eingeschrieben hat. Als »America's *Hamlet*« (Philip C. Kolin) offeriert W.' Meisterwerk zudem mit der gleichzeitigen Glorifizierung und Dämonisierung der Sexualität eine tiefschürfende Analyse der puritanischen Grundlagen spezifisch amerikanischer Obsessionen.

Das chronologisch letzte Werk in der Trias der großen Dramen, obgleich im kommerziellen Sinne eines der erfolgreichsten, ist unter ästhetischen Gesichtspunkten das wohl am wenigsten gelungen. In *Cat on a Hot Tin Roof* nimmt W. aufgrund weitgehender Zugeständnisse an die Rezeptionserwartungen seines Publikums Einbußen an Komplexität und Bedeutungsvielfalt bewusst in Kauf. So greift er etwa auf melodramatische Techniken zurück, beugt sich der Konvention der poetischen Gerechtigkeit und wählt einen realistischen Darstellungsmodus sowie ein hohes, an den Film angelehntes Aufführungstempo. Es ist auch das einzige Drama, das am Ende – zumindest in der zweiten, der sogenannten »Broadway«-Version – eindeutig zwischen Siegern und Verlierern unterscheidet und in einer optimistisch-versöhnlichen Atmosphäre ausklingt. Wieder stehen Desillusionierung und die Zerstörung von Lebenslügen im Mittelpunkt des Dramengeschehens, doch werden diesmal kathartische Effekte und die erlösende Kraft der Liebe betont. Viele der markanten Charakteristika der Blanche Dubois finden sich überraschenderweise in der Figur des Brick Pollitt wieder: Flucht in eine Tagtraumwelt, Romantisierung unkonventioneller Lebensentwürfe, Suche nach sexueller Identität sowie die katalysatorische Wirkung auf das gesellschaftliche Umfeld. Die Inszenierung eines zweifachen radikalen Wandels in seiner Verhaltensweise – in Akt II von der Vermeidung eines Konflikts zur Konfrontation mit dem Vater, in Akt III von der Konfrontation zur Unterwerfung unter die Ehefrau Maggie – leidet freilich unter nicht unerheblichen Unstimmigkeiten und mangelnder Plausibilität. Weder ist der plötzliche Wandel in Weltsicht und Verhalten hinreichend motiviert, noch kann der Verzicht auf Selbstbehauptung als eine Art Reifungsprozess vermittelt werden. Somit entwickelt sich, entgegen der ursprünglichen Konzeption, Maggie (»the cat«), auf deren prekäre Situation der Titel anspielt, zur eigentlichen Heldin des Bühnenwerks. Deutlicher erkennbar als in den früheren Dramen werden hingegen die Adaption existentialistischen Gedankenguts (Schlüsselformulierung: »the charm of the defeated«) und das Thema der Homoerotik etwa in Bricks Beziehung zu seinem Jugendfreund Skipper.

Gemeinsames Kennzeichen aller drei Hauptwerke ist es, dass sie vorrangig gescheiterte Kommunikationsprozesse im Spannungsfeld von Unfähigkeit zur Artikulation und Fehldeutungen in Szene setzen. Folglich gewinnen in diesen Stücken die figurencharakterisierende Funktion symbolisch aufgeladener Requisiten und körpersprachliche Gesten an Bedeutung. In der Entwicklung des amerikanischen Dramas leiten die drei bekanntesten und populärsten Werke im W.-Kanon damit eine ebenso neuartige wie folgenreiche sexuelle Kodierung bzw. Erotisierung körperlicher Präsenz ein. Zudem exemplifizieren besonders *Glass Menagerie* und *Streetcar* mustergültig W.' dramentheoretische Konzeption eines »plastic theatre«, in deren Zentrum die Ergänzung des gesprochenen Texts durch optische und akustische Mittel wie Beleuchtung und Musik steht. Unter den weniger populären Dramen kommt dem Experimentalwerk *Camino Real* (1953; *Camino Real*, 1954), innerhalb des Spätwerks dem Zweiakter *The Two-Character Play* (1967) eine jeweils prominente Bedeutung zu. Der Rückgriff auf elaborierte intertextuelle Verweissysteme und auf dezidiert anti-realistische Darstellungstechniken führt in beiden Texten zu einer anspruchsvollen poetologischen Ausdeutung eines existentiellen Konflikts, in der z. T. Elemente des Dramas der Postmoderne antizipiert werden. In ihrer Gesamtheit freilich leiden die Bühnenwerke ab den späteren 1950er Jahren deutlich unter einem allzu einsinnigen Symbolgebrauch und unter dramaturgischer Effekthascherei.

Angesichts seiner herausragenden Bedeutung für die Geschichte des amerikanischen Theaters treten W.' Leistungen auf dem Feld der Lyrik und Erzählprosa in den Hintergrund. Einige seiner früheren Kurzgeschichten dürfen freilich ein hohes Maß an thematischer und formaler Originalität für sich beanspruchen. Die Kurzgeschichte »One Arm« (1948) etwa, im Kern eine leidenschaftliche Anklage gegen die Todesstrafe, experimentiert mit innovativen Techniken zur Darstellung von reduktivem Raum und beschleunigter Zeit. Zudem verbindet die Geschichte satirische Medien- und Sozialkritik mit poetologischer Selbstanalyse und einer für den entstehungsgeschichtlichen Kontext erstaunlich offenen und tabulosen Darstellung von homosexuellem Begehren. Demgegenüber schildert die Geschichte »The Vine« (1948) mit analytischem Blick und unter Problematisierung von zeittypischen Männlichkeitskonzeptionen die Entwicklung einer heterosexuellen Ehe hin zu Entfremdung, Gleichgültigkeit und Sprachlosigkeit. Seit sich W. in seiner späteren Lebensphase offen zu seiner Homosexualität bekannt hatte, verlagerte sich ein Teil des literaturkritischen Interesses darauf, homosexuellen Subtexten in seinen Werken nachzuspüren. Mit jüngeren Forschungsansätzen auf den Gebieten der »Gay« und »Gender Studies« eröffnet sich auch die Möglichkeit, im Hinblick auf geschlechtliche Kodifizierungen und Aspekte des »gender crossing« neue Fragen an das Œuvre zu richten.

Als Theaterpraktiker und Dramentheoretiker hat W. trotz seiner erstrangigen Stellung keine eigene Schule begründet. Dennoch leben seine thematischen Schwerpunkte und dramentechnischen Experimente als künstlerisches Vermächtnis im zeitgenössischen amerikanischen Drama fort: Edward Albees Familiendramen oder David Mamets Bühnen-Parabeln über Macht und Kontrolle sind bewusste Weiterentwicklungen dramatischer Formen, die durch W. nachhaltig und bis heute entscheidend geprägt wurden.

Werkausgaben: Collected Stories. New York 1985. – The Theater of Tennessee Williams. New York 1971–1981.

Werner Reinhart

Williams, William Carlos
Geb. 17. 9. 1883 in Rutherford, New Jersey; gest. 4. 3. 1963 in Rutherford

Obwohl er von einem britischen Vater und einer französisch und spanisch sprechenden Mutter abstammte, war William Carlos Williams ›amerikanischer‹ als seine eher kosmopolitischen Dichterkollegen Ezra Pound und T.S. Eliot. Er blieb fest mit seiner Heimatstadt Rutherford verbunden, wo er aufwuchs und nach seinem Medizinstudium an den Universitäten Pennsylvania und Leipzig und einer praktischen Ausbildung an New Yorker Kliniken bis 1951 als Arzt praktizierte. Sein Beruf ist für seine Dichtung insofern von beträchtlicher Bedeutung, als sich das große Interesse des Arztes am Körperlichen auch in seinen Gedichten manifestiert. W. war zeitlebens mit Ezra Pound befreundet, der ihn am Anfang seiner dichterischen Laufbahn speziell beim Versbau und im Stil zum Bruch mit der traditionellen Dichtung ermutigte. W. gehörte eigentlich nicht zu den Imagisten, aber viele seiner besten Gedichte folgen imagistischen Prinzipien. In den frühen 1930er Jahren vereinnahmte Louis Zukofsky W. für die von ihm begründete Bewegung des »Objectivism«, die sich als eine Weiterentwicklung des Imagismus verstand und dem Gedicht Dingqualität zuerkannte, d. h. die ontologische Eigenschaft eines Objekts, das in sich und für sich existiert.

Wenn W.' Dichtung auch intensiv auf die amerikanische Welt und Wirklichkeit ausgerichtet ist – T.S. Eliots auf die kanonische Literatur des Abendlands bezogenes Traditionsbewusstsein war ihm fremd –, ist er in seiner deutlichen Anlehnung an die visuelle Kunst seines Zeitalters doch in hohem Maße international orientiert. Bei keinem anderen modernistischen Dichter tritt die für die Epoche generell charakteristische Wechselbeziehung zwischen bildender und sprachlicher Kunst markanter hervor. So ist die berühmte Armory Show in New York im Jahre 1913, eine große Ausstellung moderner europäischer Kunst, für ihn wie für seine amerikanischen avantgardistischen Zeitgenossen von nicht zu überschätzender Bedeutung. Die künstlerischen Prinzipien, die in W.' Dichtung wirksam werden, lassen sich in Analogie zu Entwicklungen der modernen Bildkunst kennzeichnen.

So lässt sich z. B. W.' radikale Hinwendung zu gewöhnlichen, alltäglichen und auch hässlichen Gegenständen als Sujets der Dichtung zu Marcel Duchamps »objets trouvés« und Tendenzen im Dadaismus, Kubismus und Konstruktivismus in Beziehung setzen. Die dynamisch-prozessuale Eigenschaft vieler Gedichte bei W. findet eine Entsprechung nicht nur in Ezra Pounds energetisch-dynamisch konzipiertem Gedichtverständnis (»Vorticism«), sondern auch in Wassily Kandinskys expressivem Farbverständnis. Die intensiven Wechselbeziehungen zwischen bildender Kunst und Dichtung zeigen sich in der analogen Wahrnehmungsweise bzw. Objektdarstellung in W.' Gedichten und kubistischen Gemälden, welche die traditionelle Perspektivierung negieren. So lassen sich Juan Gris' Bild »Rosen« mit W.' Gedicht »The Rose« und Charles Demuths Gemälde »Tuberoses« mit W.' »The Pot of Flowers« parallelisieren. Die dissoziative Präsentationsweise des Gedichts »Nantucket«, die Einzeleindrücke von einem Zimmer aus jeweils unterschiedlichen Blickwinkeln zusammenführt, entspricht den Stilleben von Juan Gris, die verschiedene perspektivische Ansichten eines Gegenstands in einem

Bild vereinigen, was wie beim Dichter zu einer gesteigerten Wirklichkeitswahrnehmung führt. Ein bekanntes Beispiel für den Weg vom Gedicht zum Bild ist Charles Demuths Gemälde »I Saw the Figure 5 in Gold«, eine Hommage an W.' Gedicht »The Great Figure«. In Bezug auf das Zentralproblem der modernistischen Kunst und Dichtung, das Verhältnis von Repräsentation und Abstraktion, hat man auch Bilder und Photographien von Charles Sheeler und Alfred Stieglitz mit W.' Gedichten korreliert. Die innovative dichterische Leistung W.' lässt sich nicht ohne eine Berücksichtigung der revolutionären Bewegungen in der bildenden Kunst würdigen, die zur Zeit des Modernismus auf beiden Seiten des Atlantiks entstanden. Ein Beispiel ist das bekannte Bild von René Magritte, das eine braune Pfeife vor einem cremefarbenen Hintergrund darstellt. Unter der Pfeife stehen die Worte: »Ceci n'est pas une pipe« (»Das ist keine Pfeife«). W.' berühmtestes – ursprünglich titelloses – Gedicht »The Red Wheelbarrow« könnte einen entsprechenden Zusatz erhalten wie »Das ist keine rote Schubkarre, das ist ein Gedicht«. Dieses Beispiel weist einige der Eigenschaften von W.' Lyrik auf, die deutlich machen, dass W. nicht Techniken aus der Malerei in Dichtung zu übertragen versucht, sondern mit eigenen, genuin sprachlichen Mitteln operiert: »so much depends / upon // a red wheel / barrow // glazed with rain / water // beside the white / chickens«. Das Gedicht ist radikal objektbezogen. Der Gegenstand ist aus seinen lebensweltlichen Bezügen – aus der Welt des Bauernhofs – herausgelöst und damit in seiner mimetischen Qualität eingeschränkt. Auf metaphorische Ausdrücke wird fast ganz verzichtet. Mit großer Wirkung bedient sich W. metrischer Besonderheiten und der visuellen Anordnung der Wörter auf der Seite. Das zeigt sich besonders in den Komposita »wheel barrow« und »rain water«, die jeweils durch den Verssprung in ihre Einzelteile aufgelöst werden, was den Blick des Betrachters/Lesers von einem gegenständlichen Detail zu einem anderen gleiten lässt. Der Text lässt die Wirklichkeit in einer neuen Weise wahrnehmen, welche über eine mimetische Wiedergabe hinaus-

reicht. Das zeigt sich speziell in dem Farbkontrast von rot und weiß. Wichtig ist, dass W. die einzige Metapher seines Gedichts – »glazed« – benutzt, um den Effekt der Farbe seines Objekts zu intensivieren. Die rote Schubkarre neben den weißen Hühnern wird gerade in dem Moment wahrgenommen, in dem der Regen aufgehört hat und die Oberfläche des Objekts noch von Nässe glänzt. Dieser Moment, in dem die Schönheit des Gegenstands aufleuchtet, kann als eine Epiphanie aufgefasst werden. Die Epiphanie ist ein konstitutives Element der Objektlyrik von W. Sie erscheint z. B. selbst in einem Gedicht mit einem ganz und gar unpoetischen Sujet wie »Between Walls«, das sich auf den hässlichen Hinterhof einer Klinik bezieht, »where / nothing / will grow«. Auch hier wird eine ästhetische Erfahrung gemacht, wenn die Scherben einer zerbrochenen Flasche aus der Asche hervorleuchten. Das Verb »shine« gehört zum Vokabular der Epiphanie, die bei W., etwa in der Darstellung eines Sonnenaufgangs in dem Gedicht »Dawn«, auch in voll ausgebildeter Form auftritt. Die Sprache der Epiphanie transzendiert die Referentialität von W.' Objektlyrik. »The Red Wheelbarrow« zeigt auch, dass sich W. vom traditionellen Vers gelöst hat. Er zählt nicht Silben oder Betonungen, sondern verwendet freie rhythmische Gruppen, die von Gedicht zu Gedicht wechseln und jeweils neue Funktionen erfüllen. Im Bau der ›Strophen‹ von »The Red Wheelbarrow« kann man in der Folge von einem längeren und einem kürzeren Vers in jeder ›Strophe‹ eine poetisch-optische Entsprechung zu einer Schubkarre sehen. An derartigen ikonischen Sprachverwendungen ist diese Lyrik, die in so hohem Maße objektbezogen ist, ungemein reich. In »To a Poor Old Woman«, das eine pflaumenkauende alte Frau darstellt, werden solche mimetisch-ikonischen Effekte durch die Wiederholung des Satzes »They taste good to her« bei gleichzeitiger Verschiebung des Zeilenendes erzeugt. Hier wird der Prozess des genießerischen Schmeckens der Früchte abgebildet. In der Verwendung derartiger verskünstlerischer Mittel ist W. absolut innovativ und leistet hierin selbst unter den Imagisten Pionierarbeit.

W.' Leistung liegt vor allem in seinem früheren lyrischen Werk, das 1934 unter dem Titel *The Collected Poems 1921-1931* von der Objectivist Press herausgegeben wurde. Zu seinen bedeutenden Gedichten gehören »Shoot It Jimmy«, der Monolog eines Jazzmusikers, der auf seinen Auftritt wartet (mit effektvoller rhythmisch-synkopierter Versgestaltung), »The Yachts«, eine meisterhafte visuell-imagistische Studie mit großem Bedeutungspotential, und »By the Road to the Contagious Hospital«, ein Gedicht, das sich wirkungsvoll in einer Schwebe zwischen objektivistischer Naturstudie und symbolistischer Präsentation befindet. W. hat auch mit anderen Gattungen experimentiert, z. B. mit dem Prosagedicht, etwa in *Kora in Hell* (1920; *Kore in der Hölle*, 1988), und mit erzählerischen und dramatischen Formen. Einen wichtigen Einblick in sein Leben und Werk ermöglicht *The Autobiography of William Carlos Williams* (1951; *Die Autobiographie*, 1994), die mit ihrer spontanen, das mündliche amerikanische Idiom nachgestaltenden Wiedergabe einen eigenen künstlerischen Wert hat, aber auch als ein bedeutendes kulturhistorisches Dokument gelten muss.

Innerhalb der amerikanischen Literatur- und Kulturgeschichte ist das von W. lange geplante und in den 1940er und frühen 1950er Jahren entstandene »long poem« *Paterson* (5 Bücher, 1946-58; *Paterson*, 1970) von besonderer Bedeutung, ein spezifisch amerikanisches Gegenstück zu den in übernationale kulturelle Zusammenhänge eingebetteten langen Gedichten Eliots (*The Waste Land*) und Pounds (*The Cantos*). *Paterson* ist ein Ausdruck von W.' Welt- und Wirklichkeitsverständnis. Am Beispiel der Stadt Paterson, die für W.' Heimatstadt Rutherford steht, wird in einer Darstellung, die zwischen mythischer Beschwörung und intensiver, geradezu physischer Kontaktaufnahme mit der Landschaft und den Menschen wechselt, amerikanisches Leben gefeiert. In seiner bekenntnishaft-ekstatischen Darbietungsform, die auch W.' künstlerisches Credo »No ideas but in things« zum Ausdruck bringt, steht das Werk in der Nachfolge von Walt Whitmans *Leaves of Grass*.

Werkausgabe: The Collected Poems of William Carlos Williams. 2 Bde. New York 1986.

Wolfgang G. Müller

Wilson, [Sir] Angus [Frank Johnstone-]

Geb. 11. 8. 1913 in Bexhill, Sussex; gest. 31. 5. 1991 in Bury, Suffolk

Angus Wilson zählt zu den bedeutendsten britischen Romanautoren der 1950er bis 1970er Jahre; sein weit in das vorige Jahrhundert zurückspiegelndes Bild vom Leben der englischen Mittelklasse ist häufig satirisch intoniert und psychologisch lotend zugleich. Eine Lebenskrise bewegte W., der Bibliothekar am Britischen Museum war, 1946 zum Schreiben von Kurzgeschichten. Auch seine frühen Romane handeln von schweren persönlichen Krisen. Im Erstlingsroman *Hemlock and After* (1952) endet der Konflikt eines liberalen Schriftstellers – für die damalige Zeit riskant mit der auch das weitere Werk durchziehenden Thematik der Homosexualität verknüpft – noch in Resignation und Freitod, wie überhaupt in W.s Romanen das Ideal einer *vita activa* stets nur partiell verwirklicht werden kann. So vermag in seinem erfolgreichsten Werk, *Anglo-Saxon Attitudes* (1956; *Späte Entdeckungen*, 1957), ein Mediävistik-Professor sein auf Unehrlichkeit und Verdrängung gestelltes Leben beruflich neu zu regeln, während die Familie, in Lebenslügen gefangen, das Herzstück einer viel weiteren skurrilen Welt von *Englishness* symbolisiert. – Seit den 1960er Jahren bemühte sich W., sein Verwurzeltsein in realistischen Erzähltraditionen des 19. Jahrhunderts mit nun als produktiv verstandenen Potentialen modernistischen Schreibens im Bereich von Perspektivierung und Allegorisierung in Einklang zu bringen. Dies führte zu einer Romankunst, die auf ironische Multiperspektivik, Stilimitationen und parodistische Verfremdungen setzt. In *No Laughing Matter* (1967; *Kein Grund zum Lachen*, 1969), einer ironischen Absage an den Typus der Galsworthyschen Familiensaga, gründen W.s Neuerungen auf einem konsequent eingelösten Verständnis von Figur und Handlung als psychologisches, soziales und ästhetisch dem Drama nachempfundenes Rollenspiel, wobei die erzählte Welt gewissermaßen auf die Bühne eines England-in-der-Welt-Theaters gestellt erscheint. – Kunstvolle Intertextualität und Theatralik stehen in den späten Romanen im Dienste dichten Allegorisierens. *As If By Magic* (1973; *Wie durch Magie*, 1975) verortet England vielsagend in einer grotesk-widersprüchlichen postkolonialen Welt, während *Setting the World on Fire* (1980; *Brüchiges Eis*, 1982) eine Art künstlerisch-philosophisches Fazit darstellt: Das Leben für die Kunst und die Kunst zu leben werden hier mit Wanderung auf dünnem Eis assoziiert – eine beunruhigende Erkenntnis, zu der bereits der Protagonist seines ersten Romans gelangt war. – Thematischen Kontinuitäten stehen beachtliche formale Experimente zur Seite. Konventionell im Erzählerverhalten führten W.s Anstrengungen, die theatralisch-performativen Quellen von Mimesis für seine Kunst neu zu erschließen, zu Romanen modernistisch anmutender Komplexität. Deren Offenheit ist auch Ausdruck des skeptischen liberalen Humanismus ihres Autors, der sich als Moralist ohne didaktisierendes Anliegen verstand, denn »everything in me is enjoyment of what I disapprove.«

Hans Jochen Sander

Wittenwîler, Heinrich
Um 1400

»So mügt irs haben für ein mär / sprach Hainreich Wittenweylär« – damit beschließt der Autor die Einleitung zu seinem satirischen Versroman (9700 Reimverse), dem er den Titel *Der Ringk* gab und diesen als zweifache Allegorie deutet: einmal im Sinne von »orbis« (Weltkreis, Kompendium), zum anderen als Fingerring, dessen Edelstein für gute Lehren stehe. – Das Werk handelt von Werbung, Verlobung und Hochzeit der Bauerntölpel Bertschi Triefnas und Mätzli Rüerenzumph und endet mit Krieg und Untergang des Dorfes Lappenhausen, dem Bertschi (wie später Simplicius) als Einsiedler in den Schwarzwald entkommt. Die manchmal derb, ja zotig erzählte Geschichte ist in drei unter dem Signum der »vanitas« stehende Bereiche gegliedert: Lebensführung, Morallehre, Verhalten in Kriegs- und Notzeiten. Eingestreut sind mit parodistischer Tendenz eine Reihe didaktischer Passagen wie eine Einführung in Frauendienst und Liebeskunst, eine Minneallegorie, ein Schüler-Spiegel, eine Christen-, Gesundheits-, Tugend- und Haushaltslehre, eine Tischzucht u. a. Das Werk ist eine Weltsatire, angesiedelt auf bäurischem Felde, jedoch nicht gegen Bauern, sondern allgemein gegen menschliche Schwächen gerichtet. Es stellt sich ironisch in die Tradition der mittelhochdeutschen Artus- und Heldenepik; aus dem Minnesang greift es Motive, Posen und Pathos in persiflierender Übersteigerung auf. Nicht von ungefähr tritt Neidhart, der Initiator des höfischen Gegensangs, in der Einleitung auf. Das Werk vereinigt zwei Strömungen der spätmittelhochdeutschen Literatur in sich: Lehrhaftigkeit und Grotesk-Schwankhaftes, und weist in diesem Sinne voraus auf die Narrenliteratur des 16. Jahrhunderts, welche um 1500 mit Sebastian Brants *Narrenschiff* einsetzt, wie dieses mit negativen Beispielen argumentierend. Literarische Vorlage ist der anonyme Schwank *Metzen hochzît* (nach 1300). – *Der Ringk* ist nur in einer einzigen Handschrift (Pergament) aus dem Jahr 1410 (heute in Meiningen) erhalten. Sie ist nach Anregungen des Autors recht originell gestaltet: Der Texteintrag ist von roten und grünen Linien begleitet, welche jeweils die ernsten und burlesken Partien bezeichnen. Die Eingangs-Initiale D umschließt das stilisierte Brustbild eines Gelehrten, der einen Ring in Händen hält.

Der Autor ist nicht sicher fassbar, obwohl in der Zeit um 1400 auch Zeugnisse zur Literarhistorie keine Seltenheit mehr sind. Zwei urkundlich bezeugte Personen werden in der Forschung für den Dichter gehalten: Meister Heinrich von Wittenwiler, zwischen 1387 und 1395 in Konstanz als notarius und advocatus curie constantiensis nachweisbar, und neuerdings (und eher) ein Heinrich Wittenwiler, gen. Müller aus Wängi im Thurgau, bezeugt zwischen 1395 und 1426, als Einwohner von Lichtensteig (Toggenburg) sogar bis 1436 fassbar. Für diesen werden die Mundart und die in der Dichtung durchscheinende Vertrautheit mit der Lichtensteiger Gegend geltend gemacht. Das Werk dieses Epikers steht aufgrund der singulären Überlieferung ähnlich vereinzelt in der Literaturlandschaft des 15. Jahrhunderts wie das des Lyrikers Oswald von Wolkenstein. Von literarischen Fortwirkungen ist nichts bekannt.

Günther Schweikle/Red.

Wohmann, Gabriele
Geb. 21. 5. 1932 in Darmstadt

Wenn in der Erzählung *Scherben* (aus *Paarlauf*, 1978) die Vertreterin Gisela Geller, von einer Geschäftsreise zurückgekehrt, leichte Veränderungen in der Wohnung bemerkt, einen gewissen »Entfremdungseindruck« empfindet, kurz darauf kleine Glassplitter im Mund fühlt und der Mann ihre aufkommenden Ängste für absurd erklärt, dann hat der Leser so etwas wie ein Grundmuster vieler Geschichten und Kurzszenen der W. vor sich: An alltäglich Zufälligem wird offenbar, wie sich die Partner auseinandergelebt haben, wie sie aneinander vorbeireden und sich über ihre tatsächliche Situation hinwegzumogeln suchen. Man hat der in einem evangelischen Pfarrhaus geborenen und von dessen Milieu wesentlich geprägten Autorin bisweilen vorgehalten, in ihrem umfangreichen Werk – W. ist eine der produktivsten Autorinnen der Gegenwart mit bisher weit über einem Dutzend Romanen, u. a. *Ernste Absicht*, 1970; *Schönes Gehege*, 1975; *Frühherbst in Badenweiler*, 1978; *Ach wie gut, daß niemand weiß*, 1980; mehreren hundert Erzählungen, Kurzgeschichten, Skizzen und Szenen (die ersten hat sie noch unter ihrem Mädchennamen Guyot veröffentlicht), dazu zahlreichen Hör- und Fernsehspielen, mehreren Gedichtbänden, im lyrischen Duktus der Kurzprosa verwandt, und ihr Schreiben reflektierenden essayistischen Arbeiten und Werkkommentaren – würden die immer gleichen Themen und Motive variiert: das Leiden in und an der Familie, die Ehe als Beziehungskatastrophe, das Älterwerden als »ein stetiger Seelenselbstmord«, eine Pathologie des Alltagslebens der Gegenwart mithin in satirisch-parodistischer oder grotesk-zynischer Überzeichnung (das sog. »Wohmannisieren«); letztlich aber bleibe eine derartige Demaskierung und Demontage der trügerischen, zumeist bürgerlich-intellektuellen Idyllen gesellschaftlich und politisch folgenlos.

Eine solche Betrachtungsweise unterschätzt die schriftstellerischen Antriebe der W. ebenso wie ihr durchgehendes ästhetisches Engagement: Die vielfältigen und nuancierten Aufzeichnungen und Momentaufnahmen aus dem Innenleben unserer Gesellschaft sind, wo sie den einzelnen betreffen, nicht selten zugleich säkular-christliche und existentielle Analysen und, wo sie Phänomene wie das Weiterleben faschistoider Denk- und Empfindungsweisen, die massiven Verdrängungsversuche der Vergangenheit oder die rigide soziale Ausgrenzung von Fremdartigem aufzeigen und zumeist am Sprachverhalten aufdecken, durchaus politisch zu nennen. Und auch das »weibliche Schreiben«, ein weiterer Topos, auf den sie gerne festgelegt wird, ist für W. nicht nur Mittel der Selbsterfahrung (*Gegenangriff*, 1972; *Entziehung*, 1974), sondern zugleich ein Anschreiben gegen die alltäglichen Formen der »Krankheit zum Tode«, ist nicht selten sogar persönlich wie kollektiv schuldhaft besetzte ›Trauerarbeit‹ – »Todesspielarten zu Lebzeiten« hat sie einmal ihr Schreiben genannt (vgl. u. a. *Ich lese. Ich schreibe. Auskunft für Leser und Schreiben müssen*). Die Momente von partieller Glückserfahrung und utopischer Hoffnung erscheinen zumeist als »Rufe aus der Kindheit«: im erfüllten, dann sich zum Schmerz auswachsenden Verhältnis zu den Eltern, besonders der Mutter (*Abschied für länger*, 1965; *Ausflug mit der Mutter*, 1976) und der spontanen Parteinahme für das kindliche Dasein; ein Protest der eher leisen Töne gegen alles Geregelte und alle verordneten Erziehungs- und Ideologiekonzepte (*Der Fall*

Rufus, 1971; *Paulinchen*, 1974). Zwar finden sich immer wieder biographische Spuren in ihrem Werk, doch sind diese sowohl von der ästhetischen, erzählerisch mehrfach gebrochenen Darbietungsweise wie von der literarisch kryptischen Zitationsweise her zumeist änigmatisch und mehrdeutig.

Inzwischen sind ihre *Gesammelten Erzählungen aus dreißig Jahren* erschienen, 1987 hat sie mit *Der Flötenton* ihren ›Endzeitroman‹ geschrieben. Die mehrfach ausgezeichnete Autorin wurde zu ihrem 65. Geburtstag mit dem Großen Bundesverdienstkreuz geehrt. *Ein russischer Sommer* heißen ihre Erzählungen, die im Erscheinungsjahr 1988 die zweite Auflage erreichen. Satirisch-burlesk die »Ehegeschichten« *Das Salz bitte* (1992), die Autorin ist in ihrem gewohnten Genre und Stil. 1998 erscheinen die W.schen »Weihnachtsgeschichten« unter dem nichts Gutes verheißenden Titel *Bleibt doch über Weihnachten*. Amüsant, hintergründig, umgangssprachlich locker die Geschichten mit dem bezüglichen Titel *Frauen machens am späten Nachmittag* (2000). Eine der Geschichten endet mit der ebenso banal-trivialen wie tröstlichen Erkenntnis: »Wir waren auch mal jung, oder? Vernünftig sein kann man dann lang genug.«

Karl Hotz

Wolf, Christa
Geb. 18. 3. 1929 in Landsberg/Warthe, heute Gorzów/Wielpolski

Sie kommt aus dem Kleinbürgertum. Der Vater besaß in Landsberg ein kleines Geschäft, ihre Kindheit blieb von den Schrecken des Nationalsozialismus und des Kriegs weitgehend verschont, ein Alltag in der »Volksgemeinschaft«. Im Januar 1945 muss die Familie mit den großen Flüchtlingstrecks Richtung Westen ziehen. Das Verlassen der Heimat, die Konfrontation mit Elend, Gewalt und Tod bedeutet für die 16-Jährige das Ende der Kindheit. In Mecklenburg wird sie nach Kriegsende als Schreibkraft eines Bürgermeisters eingestellt, besucht die Oberschule, macht 1949 – im Gründungsjahr der DDR – das Abitur und tritt in die SED ein, identifiziert sich mit den Idealen des neuen Staats und seiner Partei. Während ihrer Studienzeit heiratet sie den Essayisten Gerhard Wolf (1951), mit dem sie teilweise zusammenarbeitet (Anthologien, Filmdrehbücher). Zwei Töchter (1952 und 1956 geboren) gehen aus der Ehe hervor.

Schon während des Germanistikstudiums in Jena und Leipzig, das sie 1953 bei Hans Mayer mit einer Arbeit über *Probleme des Realismus bei Hans Fallada* abschließt, setzt W. als Literaturkritikerin ihre frisch erworbenen Seminarkenntnisse um. Maßstab ihres Urteils ist die damals noch herrschende Ästhetik von Georg Lukács, sind die kunstfremden Normen des Sozialistischen Realismus. Sie schätzt an Anna Seghers, mit der sie seit den 1950er Jahren befreundet ist, die politisch standfeste, psychologisch motivierte Erzählweise, und orientiert sich an Seghers' Theorie der literarischen Produktion, in der die aktive Rolle des Autors betont wird. »Literatur und Wirklichkeit stehen sich nicht gegenüber wie Spiegel und das, was gespiegelt wird. Sie sind ineinander verschmolzen im Bewußtsein des Autors. Der Autor nämlich ist ein wichtiger Mensch«, steht in W.s Essay *Lesen und Schreiben* von 1972. In den 1950er Jahren ist W. als wissenschaftliche Mitarbeiterin beim Schriftstellerverband (bis 1977 Mitglied des Vorstands) tätig, Redakteurin der Verbandszeitschrift *Neue Deutsche Literatur* und Cheflektorin des Jugendbuchverlags »Neues Leben«. Ihre erste eigene literarische Arbeit, die *Moskauer Novelle* (1961), hat sie später selbst kritisch kommentiert und sich vorgeworfen, darin die wesentlichen Konflikte jener Jahre (so auch Stalinismus und »Entstalinisierung«) ausgeblendet zu haben zugunsten literarischer Klischees im Dienste der Ideologie (*Über Sinn und Unsinn von Naivität*, 1974).

1959, im Rahmen des »Bitterfelder Weges«, als die Partei die Künstler auffordert, sich in

Fabriken und landwirtschaftlichen Produktionsgenossenschaften Kenntnisse von der Wirklichkeit der Arbeitswelt zu verschaffen, hospitiert W. als Lektorin des Mitteldeutschen Verlags Halle in einer Waggonfabrik, und nimmt an »Zirkeln Schreibender Arbeiter« beratend teil. Die Erfahrungen, die sie im Betriebsalltag gewinnt, gehen in eine Geschichte ein, in der das Scheitern einer Liebe mit dem Mauerbau 1961 verknüpft wird: *Der geteilte Himmel* (1963) ist der erste Roman, der als spezifische DDR-Prosa weltweit Anerkennung findet. Wenngleich stilistisch dem bürgerlichen Realismus des 19. Jahrhunderts verpflichtet, ist der Text dennoch ein Novum, weil er die moralische Bewertung gesellschaftlicher Verhaltensweisen (z. B. der Republikflucht) mit einer psychologischen Differenzierung verbindet, die das bis dahin in der DDR-Literatur geläufige Schema von Gut und Böse durchbricht.

Es scheint eine Bilderbuchkarriere zu werden: die Autorin – sie lebt jetzt mit ihrer Familie in Berlin – ist als freie Schriftstellerin anerkannt, wird zwischen 1963 und 1967 (dem VI. und VII. Parteitag) Kandidatin des ZK der SED, ist Mitglied des PEN-Zentrums der DDR, erhält Auszeichnungen und Reiseerlaubnis in die Bundesrepublik (u. a. 1964 zum Besuch des Auschwitz-Prozesses in Frankfurt a. M.). Aber schon im Dezember 1965 auf dem II. Plenum des ZK der SED stößt sie mit ihrem Diskussionsbeitrag, der mehr Erfahrung und Wirklichkeit, weniger »Typik« in der Literatur fordert, auf Kritik. Weniger spektakuläre Zurückweisung als kleinliche Bevormundung verringern zunehmend ihren Enthusiasmus. So kann man ihrem 1966 entstandenen (erst 1972 im Westen veröffentlichten) Porträt Ingeborg Bachmanns an vielen Stellen die Formulierung der eigenen Situation ablesen: »Kühnheit? Wo hätten wir sie zu suchen, bei eingestandenem Rückzug vor Übermächten, bei eingestandener Ohnmacht gegenüber dem Fremderwerden ihrer Welt? In den Eingeständnissen selbst? Gewiß, da sie nicht aus Routine, nicht freiwillig gegeben werden. Mehr aber noch im Widerstand. Nicht kampflos weicht sie zurück, nicht widerspruchslos verstummt sie, nicht resignierend räumt sie das Feld. Wahrhaben, was ist – wahrmachen, was sein soll. Mehr Dichtung sich nie zum Ziel setzen können« (*Die zumutbare Wahrheit. Prosa der Ingeborg Bachmann*).

Als 1968 ihr zweiter Roman *Nachdenken über Christa T.* erscheint, stößt er in der DDR weitgehend auf Ablehnung und Befremden. Dem Text, der das Leben einer verstorbenen Freundin zu rekonstruieren und im Erinnern aufzubewahren sucht, ist als Motto ein Satz Johannes R. Bechers vorangestellt: »Was ist das: Dieses Zu-sich-selber-Kommen des Menschen?« Die Frage wird im Roman höchst ambivalent ›beantwortet‹: der frühe Tod der Hauptfigur wird angesichts der Unmöglichkeit, die eigenen Empfindungen mit den gesellschaftlichen Ansprüchen zu vereinbaren, zur Herausforderung von Fortschrittsoptimismus und normiertem Menschenbild. Christa T. – in vielem der Autorin verwandt – zeichnet sich durch eine leise, aber bestimmte Verweigerung aus gegenüber dem ›Mitmachen‹ – sei es im nationalsozialistischen Alltag, sei es beim Aufbau einer sozialistischen Gesellschaftsordnung. Die Ideale werden zunehmend von der Wirklichkeit im ›real existierenden Sozialismus‹ in Frage gestellt, wenn nicht zersetzt.

Auch mit dem nächsten Roman *Kindheitsmuster*, der nach eigenen Erzählungen 1976 erscheint, bewegt sich die Autorin außerhalb der gängigen Bahnen. Auf mehreren stilistisch unterschiedenen Erzählebenen rekonstruiert sie wie für eine kollektive Psychoanalyse ihre Kindheit im Nationalsozialismus und zeigt, wie die damals eingeübten und verinnerlichten Erziehungsmuster im Verhalten der jetzt Erwachsenen (der »Aufbaugeneration«) unwillkürlich weiterwirken. Die historisch-politische Zäsur zwischen Faschismus und Sozialismus ist von psychischen Kontinuitäten überlagert, die das Handeln und die Gefühle der Menschen oft stärker beeinflussen als der verordnete Neubeginn. »Das Vergangene ist nicht tot, es ist nicht einmal vergangen« (W. Faulkner) beginnt der Roman, den die Autorin ihren beiden Töchtern gewidmet hat; Prosa als »authentische Sprache der Erinnerung«, übersetzte Erfahrung.

Durch die Ausbürgerung Wolf Biermanns wird das Jahr 1976 in der DDR zum kulturellen und kulturpolitischen Einschnitt. W. gehört zu den ersten Unterzeichnern einer Protestpetition (dem »Offenen Brief« vom 17.11.1976), welche die Partei bald zum Anlass nimmt, missliebige Künstler und Schriftsteller zu reglementieren, kaltzustellen oder ebenfalls auszuweisen. W. geht auf »innere Distanz«.

Sie befasst sich (angeregt durch die gerade in Gang gekommene feministische Diskussion und durch das neu erwachte Interesse an der Romantik) mit dem Werk und Leben der Karoline von Günderrode, an der sie die gesellschaftliche Widerstandskraft und die persönliche Tragik herausstellt, die in dem Unvermögen und der Weigerung liegt, sich mit der Realität zu arrangieren. Unter dem Titel *Der Schatten eines Traumes* gibt sie 1979 Günderrodes Schriften heraus, begleitet von einem einfühlsam-identifikatorischen Essay. Die politische Brisanz ihrer Beschäftigung gerade mit dem Romantikerkreis ist unverkennbar; W. sieht in ihm den »Versuch eines gesellschaftlichen Experiments einer kleinen progressiven Gruppe, die dann, nachdem die Gesellschaft sich ihr gegenüber Totalität und ablehnend verhalten hat, restriktiv in jeder Hinsicht, unter diesem Druck auseinanderbricht und in verschiedene Richtungen hin sich zurückzieht«. Im Rahmen dieser Studien entsteht der Prosatext *Kein Ort. Nirgends* (1979). In einem statuarischen, den Fortschritt der Handlung mehr aufhaltenden als vorantreibenden Stil wird eine fiktive Begegnung zwischen der Günderrode und Heinrich von Kleist geschildert, die tiefe Vereinsamung der beiden Einzelgänger – jeder von ihnen wird Jahre später den Freitod wählen –, deren Gefühle wie abgeschnitten von der Außenwelt scheinen. Kraft einer geheimen Seelenverwandtschaft können sie einen Augenblick lang ein imaginatives Verständnis, eine freilich brüchige Solidarität füreinander formulieren. Neben diesem Ausbruch nach Innen, den die beiden Schriftsteller gegen die Gesellschaft betreiben, geht es der Autorin um die besonderen Bedingungen einer weiblichen Existenz als Künstlerin und Intellektuelle, die sie an der Günderrode, aber auch an Bettine von Arnim reflektiert (*Nun ja! Das nächste Leben geht aber heute an. Ein Brief über die Bettine*, 1980). Auch in ihrer Frankfurter Poetikvorlesung 1982 behandelt sie die Frage nach einem spezifisch weiblichen Weltbild und einer weiblichen Ästhetik, inspiriert von feministischen Theorien, die seit Mitte der 1970er Jahre im Gespräch sind.

Angeregt durch die Lektüre der *Orestie* von Aischylos, der Inszenierung von Peter Stein an der Westberliner Schaubühne und einer Griechenlandreise beginnt sie 1980, sich mit der Kassandrafigur auseinanderzusetzen. Die Antike dient in der Erzählung *Kassandra* als Folie: an der Seherin, deren Untergangsprophezeiung dazu verdammt ist, nicht gehört zu werden, entwickelt die Autorin die Rolle der Frau als Kontrastbild zur männlichen Rationalität, die auf kriegerische Vernichtung hinausläuft. Kassandra verkörpert aber auch die (vergebliche) Seherkraft der Kunst angesichts der totalen Bedrohung, in der der Leser die weltpolitischen und atomaren Gefahren von heute erkennt. Mit diesem Text hat sich W. in die aktuelle Diskussion um Frieden und Abrüstung eingemischt und diese Thematik mit der Situation einer von der patriarchalischen Gesellschaft unterdrückten Frau verknüpft. In den *Voraussetzungen einer Erzählung: Kassandra*, die sie 1982 an der Frankfurter Universität als Gastdozentin vorträgt, ist das ganze Spektrum ihrer Arbeit unter den Anspruch gestellt, »gegen das unheimliche Wirken von Entfremdungserscheinungen auch in der Ästhetik, auch in der Kunst« anzuschreiben. Bewusst knüpft sie damit an die früheren Ideale an. Ihr Schreiben hat sich indessen von eingeschränkten DDR-Problematik gelöst, ohne die eigene Geschichte zu verleugnen. Deutlich ist der persönliche Blick profiliert: fast immer hat sie die Perspektive einer Frau am Rand des Todes beschrieben, aus der heraus die Gesellschaft betrachtet wird: im *Geteilten Himmel* ebenso wie in *Nachdenken über Christa T.*, in *Kein Ort. Nirgends* oder der Erzählung *Kassandra*, die vor dem Haus Agamemnons ihren Erinnerungsmonolog beginnt: »Mit dieser Erzählung gehe ich in den Tod.«

Mit der ›Wende‹ in der DDR, dem Fall der Grenze zwischen Ost und West am 9. November 1989 und der Wiedervereinigung der beiden deutschen Staaten 1990 bricht neben der Hoffnung ›auf bessere Zeiten‹ gerade auch bei der Aufbaugeneration die Trauer über das große Misslingen des Experiments ›Sozialismus‹ durch. »Immer scheinen die unzumutbaren Forderungen sich auf Versäumnisse in ungelebten Lebenszonen zu beziehen, die nicht ohne weiteres durch nachgelebtes Leben auffüllbar sind« (*Störfall*). Moralität und Integrität, womit sich eine zurückhaltend und gleichzeitig präsente gesellschaftliche Rolle einnehmen ließ, werden nun hinterfragt. *Was bleibt* – ein 1979 geschriebener und 1990 veröffentlichter Text – entfacht unter den Literaturkritikern im Westen erneut eine Auseinandersetzung über die »Gesinnungsästhetik« der Autorin, ihre politische Glaubwürdigkeit und ästhetische Qualität.

Schon der Text von 1986, *Störfall – Nachrichten eines Tages*, der persönliche Gedanken und Gefühle anlässlich einer technologischen Katastrophe notiert: dem Unfall des Atomkraftwerks Tschernobyl in der damaligen Sowjetunion, begleitet von den telefonischen Nachrichten über das Gelingen einer Gehirnoperation des Bruders, wurde in Ost und West viel gelesen, dabei aber auch einer grundsätzlichen literarischen Kritik unterzogen. Im Jahrzehnt nach dem Zusammenbruch der DDR hat deren exponierteste Schriftstellerin einen einzigen längeren poetischen Text geschrieben: *Medea. Stimmen* (1996). Zuvor war unter dem Titel *Auf dem Weg nach Tabou* (1994) eine Sammlung mit kleinen Texten, Artikeln und Aufsätzen herausgekommen; die 1990 erschienene, heftig diskutierte Erzählung *Was bleibt* war schon Ende der 1970er Jahre entstanden und für die Publikation gründlich bearbeitet worden.

W. setzt gegen des Euripides' »Medea«, die ihre Kinder mordet, die mythische Medea ins Recht, die ihre Kinder rettet. In der mehrstimmigen Rollenprosa dieses Buchs konterkariert W. die vom Mann okkupierte Kultur, die »eine Angst vor dem Weiblichen, vor der Frau« entwickelt habe – so W. in der Rede »Von Kassandra zu Medea« anlässlich der Verleihung des Ehrendoktorats der Universität Turin, 1994 abgedruckt in *Hierzulande Andernorts*. Darin stehen auch drei Texte mit unterschiedlichen Erzählansätzen: »Begegnungen Third Street«, »Wüstenfahrt« und »Im Stein«. Die beiden ersten verarbeiten kalifornische Erfahrungen und Erlebnisse vom Anfang der 1990er Jahre, als W. Getty-Stipendiatin in Los Angeles war; die letzte, die eine Operation beschreibt, wirkt wie eine große Wörterkaskade, aber diese Kaskade ist erstarrt – der Titel *Im Stein* bezeichnet sie, möglicherweise absichtsvoll, sehr genau.

Die Erzählung *Leibhaftig* (2002) setzt sich noch einmal mit der Aporie einer sozialistisch geprägten gesellschaftlichen und einer selbstbestimmten individuellen Existenz gegen Ende der DDR auseinander. Mustergültig führt diese Spannung der umfangreiche Band *Ein Tag im Jahr. 1960–2000* (2003) vor: Vierzig Jahre lang hat W. darin jeweils am 27. September eines Jahres Tagebuch geführt – das disziplinierte und faszinierende Gesamtbild einer Schriftstellerin, der nichts wichtiger war, als sich und ihrem tief humanen Menschenbild treu zu bleiben. Das belegt eindrucksvoll auch der biographische Band *Eine Biographie in Bildern und Texten* (2004). Eine produktive Auseinandersetzung mit den Stärken und Schwächen des Gesamtwerks – das durchgehaltene Motiv der gemäßigten Klage und angepassten Melancholie als Erzählhaltung – zeigt eine weiterwirkende Herausforderung, die das zumindest historische Interesse an der international bekanntesten zeitgenössischen deutschsprachigen Autorin wachhält.

Werkausgaben: Christa Wolf – Anna Seghers: Das dicht besetzte Leben. Briefe, Gespräche und Essays. Hg. von Angela Drescher. Berlin 2003; Werke in 12 Bänden. Hg. von Sonja Hilzinger. München 1999–2001; Monsieur – wir finden uns wieder. Briefe 1968–1984. Briefwechsel mit Franz Fühmann. Hg. von Angela Drescher. Berlin 1995; Christa Wolf –

Brigitte Reimann: Sei gegrüßt und lebe. Eine Freundschaft in Briefen 1964–1973. Berlin 1993.

Genia Schulz/Red.

Wolf, Friedrich
Geb. 23. 12. 1888 in Neuwied;
gest. 5. 10. 1953 in Lehnitz

In W.s Bauernkriegsdrama *Der Arme Konrad* (1924) ziehen die Bauern des »Bundschuh« während einer Aufführung des *Ehrsamen Narrengerichts* aus ihren Narrenpritschen die Schwerter und beginnen aus dem Spiel heraus den bewaffneten Aufstand. Es ist dies eine Schlüsselszene zum Verständnis von W.s Kunstkonzept: Die Szene wird zum Tribunal, die Kunst ist Waffe im Kampf der Klassen und der Dichter Trommler neben der Fahne. Kein anderer Dramatiker seiner Zeit hat dem politischen Gegenwartsstück so zum Erfolg verholfen wie W. Kein anderer hat die »Einheit des Mannes und seines Werkes« (Lion Feuchtwanger) so zur Grundlage des literarischen Erfolgs machen können wie W.

In ersten, expressionistisch geprägten Dramen verarbeitet der einstige Truppenarzt seine Wandlung zum Kriegsgegner. Er entwirft revolutionäre Utopien mit antizivilisatorischer und anarchistischer Tendenz. Seine praktische Beteiligung am »Kampf im Kohlenpott« gegen den Kapp-Putsch, sein Aufenthalt in der syndikalistischen Siedlergemeinschaft Barkenhoff bei Worpswede, seine Tätigkeit als Arzt für Naturheilkunde und Homöopathie im schwäbischen Hechingen: alles wird umgehend literarisch verarbeitet. Mit dem 1924 uraufgeführten *Armen Konrad* beginnt seine Karriere als erfolgreicher Bühnenautor. Populär wird er auch durch seine aufklärenden Vorträge als Sozialmediziner und Sexualhygieniker, durch seine knalligen Gesundheitsbroschüren mit Titeln wie: *Dein Magen ist kein Vergnügungslokal, sondern Kraftzentrale* und vor allem durch sein großes Volksgesundheitsbuch, *Die Natur als Arzt und Helfer* (1928).

Während seiner Jahre in Stuttgart von 1927 bis 1933 entwickelt sich W. zu einer der wichtigsten Symbolfiguren der Arbeiteröffentlichkeit. Er tritt der KPD bei und wirbt als faszinierender Redner für ihre Ziele. Er experimentiert mit den neuen Medien, hält Rundfunkvorträge, schreibt Hörspiele, propagiert den Arbeiterfilm, gründet und leitet den »Spieltrupp Südwest«, für den er Agitpropstücke schreibt (*Bauer Baetz*, 1932). Er hält den für die proletarische Kulturpolitik folgenreichen Vortrag mit dem apodiktischen Titel: *Kunst ist Waffe! Eine Feststellung* (1928). Sein zweifelsohne populärstes Bühnenstück wird *Cyankali* (1929), das die Folgen des Abtreibungsparagraphen 218 drastisch schildert und den politischen Kampf um seine Abschaffung beflügelt. Als W. wenig später unter dem – unrichtigen – Vorwurf der ärztlichen Beihilfe zur Abtreibung verhaftet wird, beginnt eine nationale Solidaritätskampagne für seine Freilassung.

Als Kommunist, Erfolgsautor, medizinischer Aufklärer und Jude war W. für die Nationalsozialisten eine negative, aber schwer angreifbare Symbolfigur. Mit seiner Flucht ins Exil konnte er sich 1933 einer Verhaftung entziehen. W. versuchte vergeblich, sich den Internationalen Brigaden in Spanien anzuschließen; am 1. September 1939 wurde er als »gefährlicher Ausländer« von den Franzosen verhaftet und ins Straflager Le Vernet eingeliefert. Die Verleihung der sowjetischen Staatsbürgerschaft ermöglichte ihm die Übersiedlung in die UdSSR.

Es blieb W. keine Zeit mehr, seine Theorie und Praxis des Arbeitertheaters systematisch weiterzuentwickeln, seine eher am bürgerlichen Theater orientierte, auf Identifikation und Katharsis setzende Dramenform zu differenzieren. So ging W.s Wirkung weniger von seinen theoretischen Einsichten zum sozialistischen Theater als von seiner Fähigkeit aus, brennende Themen schnell zu ergreifenden Zeitstücken zu verarbeiten. In der Zeit nach 1945 war *Professor Mamlock* (1933) das erste antifaschistische Exildrama, das Stück schlechthin zur nationalsozialistischen Machtergreifung. Sein Sohn Konrad W. drehte 1960 den gleichnamigen DEFA-Film.

Nach seiner Rückkehr aus der UdSSR übernahm W. wichtige Funktionen im kulturellen Leben der damaligen DDR. Seine literarischen Erfolge aus der Zeit der Weimarer Republik wiederholten sich indes nicht. Obwohl er zu Gegenwartsproblemen des sozialistischen Aufbaus (*Bürgermeister Anna*, 1950) und der Restauration des Kapitalismus (*Der Rat der Götter*, 1950, Film) Stellung nahm, blieb W. in der DDR ein hochgeehrter, aber kaum noch gespielter Klassiker des sozialistischen Dramas.

Werkausgabe: Gesammelte Werke in 16 Bänden. Hg. von Else Wolf und Walther Pollatschek. Berlin 1960.

Michael Kienzle

Wolf, Ror (Ps. Raoul Tranchirer)
Geb. 29. 6. 1932 in Saalfeld/Thüringen

»Am Ende einer Verwirrung sprangen zwei Männer vom Dach eines Hauses herab. Der eine fiel auf die Straße, wo er sich unter die Menge mischte. Der andere stürzte in einen Kanal und schwamm durch das schwarze Wasser zum gegenüberliegenden Ufer. Einem Schleppkahn, an dem er vorbeikam, rief er ein lautes Grüß Gott zu. Aber nun geschah etwas, womit niemand an dieser Stelle gerechnet hatte, in diesem schweren trägen dick in die Dunkelheit hineinfließenden Moment. Das ist eine trotz ihres blutigen Ausgangs eigentlich doch recht hübsche Geschichte.«

Wie diese ließen sich ihrer hochkomprimierten Kürze wegen auch viele andere des Artisten W. (hier aus *Mehrere Männer*, 1987) vollständig zitieren. Auch diese anderen zeigen, ohne dass sich die schockähnliche Wirkung der kurzen Geschichten je minderte, eine stets ähnliche Grundstruktur, zeigen das Geheimnis seines Erfolges wie auch die Wurzel der noch immer geringen Popularität seines Œuvres: Denn der Autor, die eingefleischten Leseerwartungen stets unerfüllt an den Leser zurückspielend, überschüttet ihn gleichzeitig mit spannungsgeladenen Ungeheuerlichkeiten. Deren Ort und Ursprung liegt, ungewohnt und ungewohnt konsequent, jedoch nicht in irgendeiner außersprachlichen Wirklichkeit, sondern – ausschließlich – auf den mit Bleistift oder Computer beschreibbaren Flächen von Papier, einer im Doppelsinn des Worts beschreibbaren Materie. Denn allerorten wird auch der Akt des Erzählens, des puren Hinschreibens als sich selbst gänzlich genügend herausgestellt und thematisch gemacht; das Eingangsbeispiel bereits zeigt es hinreichend.

Die schier obsessionelle Lust am Verfügen über die Kraft von Einzelwörtern, über die ihnen innewohnende sowohl aufpeitschende wie kalmierende Bildkraft, über ihre tiefinneren Vokal- und Konsonantenklänge beherrscht das in vielfältige Gattungen ausgelegte Werk W.s: Gleichsam als ästhetischer Nerv des Œuvres ist sie es, die das Wechselspiel seiner Wort-, Bild- und Ton-Collagen regiert, sie regiert dies nicht nur stärker als all die für gewöhnlich erwarteten »echten Anliegen«, »raunenden Botschaften und dampfenden Bedeutungen« (so W. bereits 1968; 1992 anlässlich der Verleihung des Bremer Literaturpreises variiert er: »Das Hochfeierliche, das Schwerpathetische ist mir nicht nur fremd, es ist nach meinen Erfahrungen immer auch das Falsche und zwar das geradezu donnernd Falsche gewesen«) – diese Lust dominiert vielmehr absolut.

Die Poetologie W.s, als deren Lehrer die Iren James Joyce und Samuel Beckett, nicht zuletzt auch der deutsche Arno Schmidt fungierten, lässt sich, beispielhaft, auch aus einer der den Prosatexten oft beigegebenen Bildcollagen ersehen. Gleich eingangs in dem bereits zitierten Werk *Mehrere Männer* findet sich ein Klebebild, das, im rechten oberen Drittel – und dort nicht nur formal herausstechend – das naturwissenschaftliche Dokument einer totalen Sonnenfinsternis fixiert. Jenseits und unterhalb ihrer gestikulieren, halb exaltiert, halb in sich versunken, mehrere Männer in nicht verbindbaren Gruppen, ohne ersichtlichen Grund; hie und da scheint Nacht oder schweres Gewitter zu herrschen; ganz im Dunkel indes bleibt der zusammenhangstiftende Kern der disparat zueinandergefügten Montageelemente. Der jedoch findet sich – exemplarisch für das artistische Verfahren W.s insgesamt – in jenem Klebeausschnitt des total geschwärzten Glutballs unseres Zentralgestirns. Dessen Anwesenheit wird auf diese Weise, und zwar dramatisch, erst deutlich, durch seine Abwesenheit, durch präzise, hier astronomisch begründete, Aussparung! Für das Auge desto erregender sichtbar sind indes die unberechenbaren Fackeln, die Ritzen und Buckel der flammenden Corona.

Für den Leser W.s hieße das in den Worten des Autors: »Er soll mit den Bewegungen der Sprache die Ritzen und Buckel der Realität nachfahren, die mikrobisch und monströs, bizarr und banal, konkret und phantastisch zugleich ist.« Bewegungen der Sprache – mithin auch unserer eigenen in all ihrem Aufputz – spiegelt das W.sche Werk als eine – den Kern konstitutionell nie erreichende – Dauerbewegung ab. Hierin weniger, wie oft unterstellt, als Surrealist, sondern vielmehr als weit fortgeschrittener Realist wäre W. zu erkennen, vertraute man sich seinen aufweckenden künstlerischen Verfahren an. Präzis und verallgemeinerbar werden diese von der artverwandten Schriftstellerin Brigitte Kronauer erfasst: »Wie ein dekoratives Baugerüst um ein fehlendes Haus stehen die spannungssteigernden Apparaturen und Floskeln zum Fabrizieren ungeheuerlicher Vorfälle und spektakulärer Biografien um die eigentliche, angekündigte, aber gewissenhaft entfernte Handlung herum.«

Lediglich W.s frühste, 1958 in der Frankfurter Studentenzeitung *Diskus* erschienene Prosaarbeit – ab 1959 ist der Literatur-, Soziologie- und Philosophiestudent dort Feuilletonredakteur – zeigt noch Spuren einer konventionellen Handlung; in der rasch darauf folgenden zweiten Textfassung (ebenfalls 1958, erschienen jedoch erst 1969 in *Dankeschön. Nichts zu danken*) sind diese bereits getilgt. Mit dem ersten großen Roman, der mit den vertrauten Erzählmodalitäten auch hinsichtlich der Zeitstrukturen bricht (*Fortsetzung des Berichts*, 1967), gewinnt W. bereits eine erste, exklusive Lesergemeinde. Das Phänomen Fußball übte eine besondere Faszination auf W. aus (*Punkt ist Punkt. Fußball-Spiele*, 1971; *Die heiße Luft der Spiele*, 1980; *Der Ball ist rund*, 1987). Im Nachwort zu *Das nächste Spiel ist immer das schwerste* (1982) heißt es: »Die Welt ist zwar kein Fußball, aber im Fußball findet sich eine ganze Menge Welt.« Das Hauptwerk seiner poetischen Produktion – ungeschlagen bislang *Pilzer und Pelzer. Eine Abenteuerserie* (1967) –, doch auch seine Moritaten (*Mein Famili*, 1968), zahlreiche Hörspiele (zuerst *Der Chinese am Fenster*, 1970) bis hin zur großen Legende von *Leben und Tod des Kornettisten Bix Beiderbecke aus Nord Amerika* (1986) führten rasch zu sich häufenden Preisungen, teils in Form monetärer Auszeichnungen, teils in Form analytischer Essays. Zuletzt erschienen *Siebenundvierzig Ausschweifungen* unter dem Titel *Zwei oder drei Jahre später* (2003).

Die Leser bleiben nach wie vor hochgefordert; eine Werkausgabe (seit 1991, in Einzelbänden) kann den Nachvollzug der W.schen Arbeit, und ihre Lust daran, nunmehr sichern. W.s große Hilfs- und Ratgeberkompendien von A–Z, publiziert unter dem Pseudonym Raoul Tranchirer, bilden in immer neuen Variationen (1983, 1990, 1994 und 1999) einen eigenständig spektakulären Werkmittelpunkt.

Bettina Clausen

Wolfe, Thomas
Geb. 3. 10. 1900 in Asheville, North Carolina;
gest. 15. 9. 1938 in Baltimore, Maryland

Zeit seines Lebens ist Thomas Wolfe auf der fieberhaften Suche nach einem verlorengegangenen »Weltganzen«, das er in der Erinnerung vermeint wieder-holen zu können. In einer tiefgehenden Wirklichkeitserfassung, die er im kreativen Prozess des Schreibens zu erfahren hofft, glaubt er, den Prozess der Erinnerung auslösen zu können und so jenes »vergessene« Bewusstsein wiederzuerlangen. Ein unermüdlicher Drang, Erlebtes aufs Papier zu bringen, kennzeichnet sein Leben und Werk, so als könne er der Wirklichkeit nur im Schreiben habhaft werden, als könne er selber nur schreibend existieren. W.s Werk ist untrennbar mit seiner Biographie verbunden, und der Rückgriff des Autors auf den scheinbar unerschöpfbaren Schatz seiner eigenen Erfahrungen kann wohl als sein »Markenzeichen« gelten. Seine vier Romane *Look Homeward, Angel* (1929; *Schau heimwärts, Engel!*, 1932), *Of Time and the River* (1935; *Von Zeit und Strom*, 1936), *The Web and the Rock* (1939; *Strom des Lebens*, 1941) und *You Can't Go Home Again* (1940; *Es führt kein Weg zurück*, 1942) sind als Teil eines großen Epos zu sehen und bilden fortlaufende fiktionalisierte Autobiographien, die trotz allfälliger Namensänderungen ein und dieselbe Geschichte erzählen, jene des Autors selbst.

W. wächst in Asheville, North Carolina, als achtes Kind von Julia und W.O. Wolfe auf. Seine Kindheit wird getrübt durch die unzähligen Konflikte seiner Eltern. Als seine sehr dominante, geschäftstüchtige Mutter eine Fremdenpension kauft, zieht sie mit dem erst sechsjährigen Tom dort ein; im hektischen Treiben des mütterlichen Betriebs bleibt wenig Zeit für Zuwendung. Persönliche Anerkennung erfährt W. erstmals von seiner Lehrerin Margaret Roberts während seiner Jahre in der North State Fitting School. Als die erste, die das kreative Potential ihres talentierten Schülers erkennt, wird sie zu einer wichtigen Bezugsperson. Die klassische Ausbildung an der Privatschule kommt W. an der University of North Carolina, Chapel Hill, zugute. Dort beginnt er seine (allerdings glücklose) Karriere als Dramatiker, die er dann an der Harvard University bei George P. Baker in dem bekannten »Workshop 47« fortsetzt. Nach Abschluss seines Studiums übernimmt er Lehraufträge am Washington Square College in New York City, doch die kulturelle Vielfalt in der Einwanderermetropole Amerikas überfordert den Südstaatler aus dem provinziellen Asheville. Ernüchtert von seinen Misserfolgen als Dramatiker macht er sich auf nach Europa und begibt sich auf die Suche nach neuem Material für seine Texte. Seine insgesamt sieben Reisen nach Europa (vor allem nach England, Frankreich und Deutschland, welches er durch sein väterliches Erbe als geistige Heimat betrachtet) tragen wesentlich zur Entwicklung seines kulturellen Bewusstseins und Selbstverständnisses bei, was in seinen Romanen deutlich ablesbar wird: in deren »europäischen Kapiteln« versteht W. sich als moderner Jason, der in die Alte Welt zieht, um das »verlorene« Amerika wiederzufinden.

Das Entstehen seines erfolgreichen Erstlingsromans *Look Homeward, Angel* verdankt W. größtenteils einer Zufallsbekanntschaft: Aline Bernstein – renommierte Kostüm- und Bühnenbildnerin der New Yorker Theaterszene, jüdischer Abstammung, verheiratet und fast 20 Jahre älter als er – lernt der zukünftige Schriftsteller auf der Heimfahrt seiner ersten Europareise 1925 kennen. Sehr bald wird sie zu W.s Mentorin, Muse und Geliebten, erkennt seinen Hang zur Überschwenglichkeit und rät ihm – überzeugt von W.s schriftstellerischem Talent – nicht nur, das Genre zu wechseln, sondern auch, seine eigene Biographie künstlerisch festzuhalten. Monatelang verbringen die beiden unzählige Stunden mit dem Austausch ihrer Kindheitserinnerungen, und so beginnt W. schließlich, seine eigene (und auch Alines) Geschichte niederzuschreiben. *Look Homeward, Angel* ist der erste Band von W.s »Geschichte vom begrabenen Leben« – und er ist »A.B.« gewidmet. Der Roman erzählt die Kindheit von Eugene Gant (W.s Alter ego) in der Kleinstadt Altamont und zeichnet das in sich unvereinbare kulturelle »Doppelerbe« seines ruhelosen Vaters aus dem Norden und seiner im Süden tief verwurzelten Mutter nach. Eugene selbst wird zum Träger des Konflikts und zur Verkörperung Amerikas: Als »ewiger Wanderer« fühlt er sich berufen, seinem unbändigen Verlangen, Unbekanntes zu erforschen, nachzugeben, aus dem Gewebe des Südens auszubrechen und in der Ferne (vorerst im Norden Amerikas, später in Europa) das Gelobte Land zu finden. In dem Roman werden satirische Porträts einer beengenden Provinzstadt ebenso überzeugend dargestellt wie das Gefühl der inneren Zerrissenheit des Protagonisten, die jene autobiographischen Erlebnisse der Unsicherheit und Heimatlosigkeit des kleinen Tom widerspiegeln, die ihn ein Leben lang begleiten und die vielfach verantwortlich sind für die verzerrte Wahrnehmung seines Umfelds, dem er mit latentem Misstrauen begegnet.

Nach dem großen Erfolg seines ersten Romans scheint *Of Time and the River* den hohen Erwartungshaltungen seiner Leser und Kritiker nicht gerecht zu werden. Im Vordergrund stehe zwar eindeutig der Anspruch, »Amerika« zu schreiben, doch, so meinen manche, scheitere dieses ambitionierte Projekt einerseits an inhaltlichen, andererseits an formalen Inkonsistenzen. In der Manier Walt Whitmans sieht W. sich als den repräsentativen Amerikaner, dessen persönliche Geschichte (sein Ausbruch aus dem als beengend-provinziell empfundenen Süden, die ›Flucht‹ in die Metropolen des Nordens, schließlich die Suche nach nationaler Identität in Europa) die nationale Geschichte offenbare. W. wird dem demokratischen Pathos jedoch nicht gerecht: In der Darstellung der multikulturellen Gesellschaft im traditionellen Einwandererland Amerika gerät er allzu leicht in das Fahrwasser xenophober Tendenzen, und so widersprechen sich das Zelebrieren der Vielfalt amerikanischen Lebens und die nativistische, keineswegs vorurteilsfreie Darstellung des national oder ethnisch Anderen. Auch setzt sich W. trotz langwieriger, von seinem ersten Herausgeber Max Perkins geforderter Überarbeitungen über formale Grenzen hinweg: Herkömmliche Erzählschemata werden ignoriert, immer wieder vereinnahmt der Autor Erzähler und Erzähltes, so dass Autor, Erzähler und Protagonist miteinander vermischt werden oder zumindest nicht immer klar differenzierbar sind. Doch trotz dieser Mängel zeugt der Roman von W.s brillanter Erzählkunst. Aspekte amerikanischer und europäischer Kultur werden miteinander verglichen, kontrastiert und definiert, und so bietet dieser Bildungsroman als kulturhistorisches Dokument Amerikas eine Fundgrube zur Analyse nationaler, ethnischer, regionaler und sozialer Stereotypen.

Das Zusammenspiel von Identität und Alterität findet in dem Romanfragment *The Good Child's River* (1991) seine Fortsetzung. Einerseits wird dort Aline Bernsteins (fiktionalisiert als Esther) Leben erzählt, andererseits dokumentiert der Text jedoch auch W.s Auseinandersetzung mit seinen Vorbehalten gegenüber der jüdischen Kultur, die er nach persönlichem Kontakt mit dem ihm bislang so Fremden auf seine Art zu revidieren weiß. Das Buch offenbart sich so als aufschlussreiches Aufeinandertreffen von Alines und seiner eigenen Geschichte bzw. jener ihrer Vorfahren. Seine konkrete persönliche Beziehung zu Aline verarbeitet W. dann ausführlich in *The Web and the Rock*. Der postum erschienene Band dokumentiert nicht nur W.s (fiktionalisiert diesmal als George Webber) Verpflichtung gegenüber seiner Muse, sondern auch durch sein eigenes Misstrauen verursachten Missverständnisse, die den Protagonisten schließlich nach Europa fliehen lassen. Dort gelangt er zu jener Erkenntnis, die dann Motto und Titel seines vierten autobiographischen Romans wird. *You Can't Go Home Again* erzählt von W.s Einsicht, dass Vergangenes nicht wiederholbar ist: Verloren scheinen nicht nur seine adoleszenten Vorstellungen von der einstigen geistigen Heimat Deutschland, das sich nun in den Wirren des Naziregimes verfangen hat; verloren scheint vor allem auch seine eigentliche Heimat, der nun prosperierende amerikanische Süden, der mit dem Süden seiner Kindheit nur noch wenig gemein hat. Der dieser Einsicht folgende vermeintliche Blick nach vorne auf ein ›neues‹ Amerika erweist sich jedoch wiederum als Rückgriff auf die Vergangenheit: Durch die Konzeption Amerikas als Hoffnungsträger erweckt W. den europäischen Mythos der Neuen Welt zu neuem Leben.

W.s ›literarische Heimkehr‹ in den Süden bezeugt *The Hills Beyond* (1941; *Hinter jenen Bergen*, 1956), das von der Besiedlung North Carolinas erzählt und sich dabei auf Geschichten seiner eigenen Vorfahren und auch populärer historischer Figuren (Daniel Boone, Davy Crockett) stützt. Das Romanfragment verrät W.s kritische und dennoch enge Verbundenheit mit seinem Südstaatenerbe, aber auch sein progressives historiographisches Verständnis: Er glaubt nicht an die Authentizität der Darstellung in Geschichtsbüchern, vielmehr vertraut er der »oral history« als einzig verlässlicher Quelle vergangener Zeit. Die in The Complete Short Stories of Thomas Wolfe (1987) gesammelten Erzählungen beweisen schließlich nicht nur W.s Talent als Kurzgeschichtenerzähler, sondern dokumentieren auch die ihm häufig abgesprochene Fähigkeit, sich für die Außenwelt zu sensibilisieren. Wie William Faulkner hat W. sich sein eigenes literarisches Universum geschaffen: Charaktere aus seinen Romanwelten kommen auch in seiner Kurzprosa zu Wort und erlangen dort autonome und überzeugende Existenz. Die noch zu erwartenden Publikationen aus dem schier unerschöpflichen Nachlass dürften als weitere in das Gesamtwerk zu integrierende Mosaiksteine das »Weiterleben« dieses rastlos produktiven Autors sichern.

Bettina Thurner

Wolfram von Eschenbach
Um 1200

»Laien munt nie baz gesprach«, so wird W. um 1210 von Wirnt von Grafenberg, dem Verfasser eines Artusromans (*Wigalois*), gepriesen. Trotz seines unbestrittenen literarischen Ranges ist von W.s Leben wenig bekannt. Es gibt kein einziges urkundliches Zeugnis. Er bezeichnet sich selbst als »ritter«: »Schildes ambet ist mîn art« (»das Schildamt ist meine Bestimmung«). Aus seinem Beinamen und geographischen Angaben in seinen Werken lässt sich schließen, dass er aus Franken stammte. Heute wird allgemein Wolframs-Eschenbach (südwestl. Nürnberg, diese Namensform seit 1917) als W.s Herkunftsort angenommen. Nach Andeutungen im *Parzival* war er verheiratet und hatte (laut *Willehalm*) eine Tochter. Er nimmt in seinen Werken u. a. Bezug auf die Herren von Dürne, auf deren Burgsitz Wildenberg (bei Amorbach; der Name der Gralsburg, Munsalvaesche; »mont sauvage«, könnte darauf anspielen) er das 5. Buch seines *Parzival* vollendet haben dürfte, auf die Grafen von Wertheim und vor allem auf Landgraf Hermann I. von Thüringen.

Geschaffen hat W. drei epische Werke: den *Parzival*, einen Doppelroman in 16 nach den Hauptgestalten strukturierten Büchern mit zwei Helden: der Titelgestalt, welche eine Entwicklung vom außerhöfischen Dümmling über den vollendeten Artusritter zum Herrn des utopischen Gralsreiches durchläuft, und mit einer Kontrastfigur, Gawan, der sich von Anfang an als idealer Ritter behauptet und sich nur im Bereich der Minne, in welchem Parzival rasch und traumwandlerisch zum Ziel gelangt, noch zu bewähren hat. Mit Parzivals Halbbruder Feirefiz, der gegen Ende des Romans Gawan als komplementäre Gestalt ablöst, kommt zum Okzident der Haupthandlung der damals zweite bekannte Weltkreis, der Orient, wieder ins Spiel, der schon in der Vorgeschichte für Parzivals Vater bestimmend war. So umfassend wie der geographische Horizont sind auch die ethischen Dimensionen des Werkes, das ein breites Spektrum menschlicher Schicksale, Irrungen und Bewährungen vorführt. W. kleidet die Fabel in einen metaphernreichen (sog. »geblümten«) Sprachstil, durchsetzt mit einem eigenwilligen, oft skurrilen Humor. Er verarbeitete eine Fülle zeitgenössischen Wissens, vor dem die Frage, ob W. ein »illiteratus« gewesen sei, verfehlt erscheint, auch wenn sie sich auf einen aus dem Zusammenhang gerissenen, doch wohl ironisch gemeinten Vers (»ich enkan deheinen buochstab«) stützt. W. bezieht sich außerdem z. T. kritisch, z. T. ironisch auf zeitgenössische Dichter wie Heinrich von Veldeke, Hartmann von Aue, Walther von der Vogelweide, Neidhart. Überlegungen, ob er auch gegen Gottfried von Straßburg polemisierte, bleiben spekulativ. – Der *Parzival* gibt der Forschung zahlreiche Probleme auf, u. a. das Verhältnis zum gleich angelegten, unvollendeten *Perceval* Chrestiens de Troyes, von welchem sich W. ausdrücklich distanziert, wogegen er sich auf einen sonst nirgends bezeugten Gewährsmann Kyot beruft, ferner die Schuld (oder die Sünden) des Haupthelden, das Gralsproblem.

Nach einer vom Landgrafen Hermann vermittelten Vorlage schuf W. das Epos *Willehalm*, unvollendet abgebrochen vielleicht nach dem Tode des Auftraggebers (1217). Im Mittelpunkt des in der Karolingerzeit spielenden Heidenkriegsromans stehen der Markgraf Willehalm und seine Frau Gyburg, eine getaufte Heidin. Dieses Werk setzt sich von früheren Heidenkampfgeschichten v.a. durch die Vertiefung und Problematisierung des christlich-heidnischen Gegensatzes ab, welcher in der berühmten Toleranzmahnung gipfelt, die nicht von ungefähr der getauften Heidin Gyburg in den Mund gelegt ist – evtl. eine Kritik an abendländischer Selbstüberhebung.

Bis ins Spätmittelalter wird W. als Hauptwerk ein dritter Roman (in Strophen), der *Titurel*, zugeschrieben, eine Geschichte des Gralsgeschlechtes, in dessen Zentrum die Kinder-Minnetragödie um Sigune und Tschionatulander steht. Hugo von Montfort preist ihn (um 1400) als »aller teutsch ein bluom«, Jakob Püterich von Reichertshausen nennt ihn in seinem *Ehrenbrief* (um 1460) das »haubt ab teutschen puechen«. Dieser bairische Landrichter und Literaturliebhaber berichtet überdies, er habe W.s Grab in Eschenbach gesehen. Im *Titurel* findet sich als weiterer Beiname W.s »von Blienfelden«: dies ein Ort (Pleinfeld), der wie Eschenbach zum Lehensbereich der Wertheimer Grafen gehörte. Da W. im *Titurel* als älterer Mann erscheint, könnte er im Alter an diesem Ort gewohnt haben. Seit Lachmann wird dieses Werk einem Albrecht (manche meinen »von Scharfenberg«) zugeschrieben, der sich in den letzten 400 Strophen (von insgesamt 6300) zu Wort meldet. W. werden nur zwei gesondert überlieferte Episoden, die sog. Titurelfragmente, belassen. Überliefert sind von W. auch einige Tagelieder; er gilt als Schöpfer des sog. Wächterliedes. W.s Epen übertreffen in der Zahl der Handschriften die seiner Zeitgenossen um ein vielfaches (z. B. 84 Parzival-Handschriften gegenüber 27 von Gottfrieds *Tristan*). Sein Ruhm überdauerte das Mittelalter. Schon 1477 erschienen *Parzival* und *Titurel* als erste mittelhochdeutsche Epen im Druck. Er war und ist die beherrschende Gestalt der mittelhochdeutschen Literaturgeschichte.

Günther Schweikle/Red.

Wolfskehl, Karl
Geb. 17. 9. 1869 in Darmstadt;
gest. 30. 6. 1948 in Bayswater-Auckland (Neuseeland)

»Heute, ein volles Jahr nachdem das, von dem Ihr Euch als von einem Spuk oder Nachtmahr befreit fühlt, mit dem Köstlichsten der Heimat zusammengebrochen ist, hat die Heimat durchaus vergessen, daß es den deutschen Dichter Karl Wolfskehl noch gibt, wahrscheinlich vergessen, daß es ihn je gegeben hat.« Als W. diese ahnungsvollen Zeilen an einen Jugendfreund in Deutschland schrieb, lagen bereits dreizehn Jahre Exil hinter ihm. Ausgestoßen von dem Land, dessen Sprache und Literatur ihm Lebensgrund war, ausgeschlossen aus dem Kulturkreis, dessen Traditionen sein Werk bestimmten, teilte er das Schicksal vieler deutscher Juden seiner Generation: Armut, Isolation, Vergessensein.

W. entstammte einer alteingesessenen, zu Wohlstand und gesellschaftlichem Ansehen gelangten jüdischen Familie. Nach dem Studium der Germanistik in Berlin, Leipzig und Gießen, das er 1893 mit einer Promotion über *Germanische Werbungssagen* abschloss, ließ er sich 1898, mittlerweile verheiratet mit der Kapellmeisterstochter Hanna de Haan, als Privatgelehrter in München nieder. Das väterliche Erbe ermöglichte ihm eine unabhängige, der Dichtung und Forschung gewidmete Existenz. Prägende Bildungseinflüsse hatte der junge W. aus der Lektüre Henrik Ibsens und Friedrich Nietzsches bezogen. Das zukunftsweisende »Erweckungserlebnis« jedoch war die Begegnung mit Stefan George, dem esoterischen Dichter und charismatischen Führer, dessen

Dichtung und Weitsicht »Haltung, Gestus, Niveau der ganzen Zeitrunde ... als Verpflichtung zu einer besonderen, äußerlich von der übrigen Welt kaum getrennten, innerlich aufs strengste eingehaltenen Lebensführung« wirkte. W.s erste Gedichtsammlung *Ulais* (1897) steht im Zeichen Georges, an dessen Verehrung er zeitlebens festhalten sollte. Sie erschien im Verlag der *Blätter für die Kunst*, dem Organ des George-Kreises, für das W. bis 1919 als Mitherausgeber zeichnete. Gemeinsam edierten der »Meister« und der »Mittler« – W. führte dem zurückgezogen lebenden George Friedrich Gundolf und andere Jünger zu – drei Bände *Deutsche Dichtung* (von 1900 bis 1903), die einen neuen Zugang zu Johann Wolfgang Goethe, Jean Paul und Friedrich Hölderlin eröffneten. In einer Zeit, »da die Bücher noch ein Gewand hatten« (Walter Benjamin), konnte der Sammler und Künstlerfreund – u. a. mit Franz Marc, dem Buchillustrator Melchior Lechter, dem Bühnenbildner Emil Preetorius – seinen bibliophilen Neigungen in der Betreuung der Rupprecht-Presse nachgehen. Ein anderer Wesenszug des vielseitig Interessierten, sein »Menschenhunger«, konnte sich in der Schwabinger Künstlerszene entfalten: Sein Ideenreichtum, sein kommunikatives Talent und dionysisches Naturell – nicht zuletzt sein gastliches Haus – bestimmten ihn zum »Zeus« jenes »Wahnmoching«, das seine Freundin Franziska Gräfin von Reventlow in Romanen und Tagebüchern überliefert hat. Allem Okkulten grundsätzlich zugewandt, schloss er sich zeitweilig der »Kosmischen Runde« um Alfred Schuler und Ludwig Klages an, die eine Wiederbelebung antiken Heidentums betrieben und eine obskure Rassentheorie verfochten. W. vermittelte dem Kreis die »Mutterrecht«-Theorie Johann Jakob Bachofens – 1923 edierte er dessen *Autobiographische Rückschau* – und beschwor seinerseits die Idee eines mythischen, jüdische und abendländische Traditionen verbindenden Altertums. Dass W., Mitbegründer der zionistischen Ortsgruppe München (1897), gleichzeitig mit den antisemitischen »Kosmikern« und mit Martin Buber Beziehungen unterhielt, verdeutlicht das durchaus Widersprüchliches einschließende Spektrum seiner Persönlichkeit – und auch die Arglosigkeit eines deutschen Juden vor dem Ersten Weltkrieg. So schloss sein Selbstverständnis als Jude, wie es sich z. B. in dem Aufsatz *Das jüdische Geheimnis* (1913) bekundet, das vorbehaltlose Miteinstimmen in die nationale Begeisterung bei Kriegsausbruch nicht aus. In einem in der *Frankfurter Zeitung* abgedruckten offenen Brief an den Pazifisten Romain Rolland erklärte er den Krieg als »von Gott gewollt«.

Die Nachkriegsinflation – er verlor einen Großteil seines Vermögens – zwang W. zum Broterwerb, dem er zunächst als Privatlehrer in Italien, dann mit journalistischen Arbeiten nachkam. Für die *Frankfurter Zeitung*, die *Münchner Neuesten Nachrichten* und verschiedene Radiozeitschriften verfasste er Rezensionen und Essays, die z. T. in den Aufsatzband *Bild und Gesetz* (1930) aufgenommen wurden. Die literarische Kurzform entsprach einer intellektuellen Unrast, die wissenschaftliche Abhandlungen sowie epische Großformen ausschloss. W. war ein Mann des gesprochenen Wortes, der infolge einer fortschreitenden Augenschwäche und eines Schreibkrampfes in der rechten Hand die meisten Aufsätze und Briefe diktieren musste. Die Briefe aus dem Exil von 1938 bis 1948 entstanden auf diese Weise: »Mit großen, erregten Schritten und wie im Fieber ging er im Zimmer auf und ab, stundenlang, und entrückt« (Margot Rüben). Die Summe seines bisherigen poetischen Schaffens zog W. in dem Band *Der Umkreis* (1927). »Wie von jeher gehen die Gedichte auf dem Schattenpfad, ja die jüngsten frösteln stärker im Schauer, sprechen böser vom Grauen« (Friedrich Wolters). W.s letzte in Deutschland erschienene Gedichtsammlung, *Die Stimme spricht* (1934/36), steht bereits ganz im Zeichen des Grauens, das den »blinden Seher«, als den sich W. unter Anspielung auf Homer gern stilisierte, vor dem aufziehenden Faschismus erfasst hatte. Früher als viele seiner Mitbetroffenen erkannte der zeitlebens Unpolitische die Gefahr. 1933 ging er nach Italien, dessen Kultur er sich tief verbunden fühlte. Fünf Jahre später emigrierte er nach Neuseeland, wo er, »ein sonderbar krauses Halbfossil aus vergangener Welt«, die letzten zehn Jahre seines Lebens verbrachte. Vereinsamt, nahezu erblindet und verarmt, sah er sein Schicksal »unter dem Bilde Hiob«: »Von diesem Bild, keinem Bild, fast einer Rückverwandlung, ist seither alles bestimmt, was ich lebe, was ich schaffe und gestalte.« Es entstanden die Dichtungen *Hiob oder die vier Spiegel*, der *Sang aus dem Exil*. Auf Angebote von Freunden, ihn zu repatriieren, ging er nicht ein. Das ein Jahr vor seinem Tode in Zürich erschienene *Lebenslied mit Abgesang*, *An die Deutschen* verstand er als sein Vermächtnis.

Werkausgabe: Gesammelte Werke. 2 Bde. Hamburg 1960.

Angelika Beck/Red.

Wollstonecraft, Mary

Geb. 27. 4. 1759 in Hoxton bei London; gest. 10. 9. 1797 in London

Dass Mary Wollstonecraft zu einer Ikone der Frauenbewegung werden würde, hätte sie vermutlich selbst überrascht; denn obgleich sie um die Verwirklichung ihrer Ansichten hart kämpfte, war ihr zu Lebzeiten nur geringer Erfolg beschieden. Dennoch kam der spätere Ruhm als bedeutende Feministin insofern nicht von ungefähr, als sich die Auflehnung gegen die zu ihrer Zeit vorherrschende eklatante Benachteiligung von Frauen wie ein roter Faden durch W.s Leben und Werk zieht. Wie schon eine kurze Skizze einiger wesentlicher Ereignisse ihres Lebens zeigt, war W.s Entwicklung von Entschlossenheit und dem Aufbegehren gegen ihr uneinsichtige Konventionen geprägt. Als ihre Schwester Elizabeth nach der Geburt ihres ersten Kindes unter Depressionen litt und es bei ihrem Ehemann nicht mehr auszuhalten glaubte, floh W. kurzerhand mit ihr nach London. Da sie mit ihrer Freundin Fanny Blood und ihren Schwestern zusammenleben wollte, gründete sie eine Schule, die sie dann wenig später dem Ruin überließ, um während der Geburt von Fannys Kind bei ihrer Freundin in Lissabon zu sein.

Als der berühmte romantische Maler Henry Fuseli, der sich erst auf einen Flirt mit ihr eingelassen hatte, sie nicht bei sich und seiner Ehefrau wohnen lassen wollte, brach sie ihre Zelte in London ab und ging im Dezember 1792, inmitten der Schrecken der Französischen Revolution, nach Paris. Vollends glücklich lebte sie dort eine Zeitlang unverheiratet mit dem Amerikaner Gilbert Imlay zusammen, von dem sie 1793 eine Tochter bekam. Als Imlay nachhaltig unter Beweis gestellt hatte, dass er sich nicht mehr für sie interessierte, stürzte sie sich von einer Londoner Brücke in die Themse, wurde aber von einigen Fischern halbtot geborgen. Schließlich heiratete sie mit William Godwin einen Philosophen, der ebenso wie sie selbst prinzipiell gegen die Institution der Ehe eingestellt war; beide hielten es jedoch für wichtiger, dass ihre gemeinsame Tochter Mary, die später Percy B. Shelley heiratete und als Autorin von *Frankenstein* bekannt wurde, nicht wegen unehelicher Geburt gesellschaftliche Nachteile zu erleiden habe.

Bis kurz vor ihrem Tod im Alter von 38 Jahren – sie starb elf Tage nach der Geburt von Mary – lehnte sich W. gegen verschiedene Formen der Diskriminierung auf, wobei sie die Benachteiligung der Frau gegen Ende ihres Lebens immer mehr beschäftigte. Aufgrund des finanziellen Ruins des Vaters musste W., die wie viele andere Frauen aus der Mittelschicht eine recht dürftige Bildung erhalten hatte, selbst für ihren Lebensunterhalt aufkommen. Dabei lernte sie den scharfen Gegensatz zwischen der Rolle einer Frau aus besseren Verhältnissen, für die sie erzogen war, und den verschiedenen gesellschaftlich anerkannten Verdienstmöglichkeiten, die allgemein als erniedrigend empfunden wurden, am eigenen Leibe kennen: Sie war als Lehrerin tätig und arbeitete in verhasster Abhängigkeit als Begleiterin einer reichen Witwe und als Gouvernante, bevor sie die Möglichkeit bekam, ihr Geld als Autorin zu verdienen. Aus der auf ihr erstes, relativ konventionelles Erziehungswerk *Thoughts on the Education of Daughters* (1787) folgenden fruchtbaren Zusammenarbeit mit dem radikalen Verleger Joseph Johnson gingen neben zwei Kinderbüchern viele Gelegenheitsarbeiten, Übersetzungen und Rezensionen hervor, die ebenso zur Erweiterung von W.s Horizont beitrugen wie die Kontakte zu führenden Intellektuellen und Radikalen ihrer Zeit.

Im Dezember 1790 betrat W. eine für Frauen damals sehr ungewöhnliche Bühne, indem sie Edmund Burkes *Reflections on the Revolution of France* (1790) scharf kritisierte. In ihrer Flugschrift *A Vindication of the Rights of Men* (1790; *Verteidigung der Menschenrechte*, 1996) trat W. zudem dezidiert für die Abschaffung der Privilegien der oberen Schichten, die Eröffnung von Aufstiegsmöglichkeiten für begabte Mitglieder der Unterschichten und die politische Gleichstellung aller Bürger ein. In ihrem wohl wichtigsten Werk, *A Vindication of the Rights of Woman* (1792; *Eine Verteidigung der Rechte der Frau*, 1989), schlug W. bahnbrechende Änderungen der Mädchenerziehung vor, um eine grundlegende Veränderung der gesellschaftlichen Stellung von Frauen zu erreichen. Dabei schloss sie insofern an vorherrschende Auffassungen von der gesellschaftlichen Bedeutung von Frauen an, als sie auf die wichtige Funktion verwies, die Mütter durch die Erziehung der Kinder (und künftiger Staatsbürger) erfüllten. Die rechtliche, gesellschaftliche und politische Diskriminierung entsprach W. zufolge zwar den zeitgenössischen Eigenschaften von Frauen, die sie als eitel, dumm, tyrannisch und verantwortungslos charakterisierte; diese negativen Merkmale führte sie aber allein auf deren mangelhafte Erziehung und Sozialisation zurück: Durch die einseitige Betonung von Sensibilität und Gefühl und die fast gänzliche Missachtung kognitiver Fähigkeiten würden Frauen zur Abhängigkeit erzogen, so dass sie zu verantwortungsbewusstem moralischen Verhalten unfähig seien. Um beide Geschlechter zu gleichberechtigten Partnern zu machen, sprach sich W. daher für Koedukation aus. Obgleich W. ihre Erziehungsvorschläge und ihre Gedanken über die Benachteiligung von Frauen weitgehend von der von ihr sehr bewunderten Radikalen Catharine Macaulay übernahm, ging die *Vindication* insofern ansatzweise über Macaulays Vorschläge hinaus, als W. auch politische Rechte für Frauen erwähnte, deren Interessen im Parlament vertreten sein sollten.

W.s Schrift, die mit ihrem Plädoyer für eine verbesserte Erziehung ein weitverbreitetes Thema aufgriff, wurde trotz der unzusammenhängenden, von Wiederholungen geprägten Argumentation zunächst ebenso positiv aufgenommen wie ihr Reisebericht *Letters Written during a Short Residence in Sweden, Norway, and Denmark* (1796; *Reisebriefe aus Südskandinavien*, 1796). Dass die streitbare Autorin bereits kurze Zeit später zum Schreckbild ehrbarer Bürger wurde, ist teils auf den konservativen Umschwung zurückzuführen, der kurz nach der Französischen Revolution das politische und soziale Klima in Großbritannien bestimmte, teils aber auch auf den Versuch Godwins, seiner Frau ein literarisches Denkmal zu setzen. In seiner Biographie *Memoirs of the Author of A Vindication of the Rights of Woman* (1798; *Erinnerungen an Mary Wollstonecraft*, 1799) schilderte Godwin W.s Beziehungen zu Fuseli, Imlay und ihm selbst sowie ihren Selbstmordversuch in einer für damalige Verhältnisse außergewöhnlich freizügigen Weise; er verschwieg nicht einmal ihr uneheliches erstes Kind. Dies schadete dem Ansehen W.s, die daraufhin als Hure abgestempelt wurde; ihr postum veröffentlichtes, teilweise autobiographisches Romanfragment *The Wrongs of Woman; or, Maria* (1798; *Das Unrecht an den Frauen oder Maria. Ein Fragment*, 1993) trug ebenfalls dazu bei, dass ihre Schriften bis zum Ende des 19. Jahrhunderts nur von Sozialreformern und Radikalen zur Kenntnis genommen wurden. Es sollte daher fast zwei Jahrhunderte dauern, bis W. zu einer Ikone der britischen und amerikanischen Frauenbewegung wurde.

Werkausgabe: The Works. Hg. J. Todd/M. Butler. 7 Bde. London 1989.

Vera Nünning

Wondratschek, Wolf
Geb. 14. 8. 1943 in Rudolstadt/Thüringen

Seine ersten Auftritte im Literaturbetrieb der Bundesrepublik wurden prompt mit der Verleihung zweier Literaturpreise honoriert: 1968 erhielt W. den Leonce-und-Lena-Preis, für *Paul oder die Zerstörung eines Hörbeispiels* 1969 den Hörspielpreis der Kriegsblinden. Mit Ton und provokativer Grundhaltung scheint er sehr genau die oppositionelle Stimmung der Studentenbewegungszeit getroffen zu haben. W.s literarisches Schaffen lässt sich unter Berücksichtigung des Gesamtkorpus in verschiedene Phasen einteilen. Zunächst machte er als Autor von Hörspielen und experimenteller Lyrik auf sich aufmerksam. Stets war er darum bemüht, den bundesdeutschen Alltag plakativ darzustellen, auf gegebene Missstände aufmerksam zu machen und Staat und Gesellschaft zu kritisieren, was sich u. a. auch deutlich bei der Dankrede anlässlich der Verleihung des Preises 1968 zeigte.

Der seit 1967 freiberuflich arbeitende Schriftsteller wuchs in Karlsruhe auf und studierte von 1962 bis 1967 Literaturwissenschaft und Philosophie in Heidelberg, Göttingen und Frankfurt a. M., blieb jedoch ohne Abschluss. Das erste Sammelwerk von W., *Früher begann der Tag mit einer Schußwunde* (1969), steht unter dem Eindruck der studentischen Protestbewegung und Subkultur Ende der 1960er Jahre. Ähnlich wie Uwe Brandner oder Peter O. Chotjewitz engagierte sich W. auf politischer Ebene und versuchte, mit seiner Literatur die politische Linke zu unterstützen. Der Wunsch nach gesellschaftlichen Veränderungen fand seine Entsprechung in diversen Neuerungen bezüglich der literarischen Form. »Nur die Sätze zählen. Die Geschichten machen keinen Spaß mehr«, lautet die von W. gegebene Definition seiner Stilprinzipien, und es kommt einer narrativen Verweigerung gleich. Der Autor hat nicht die Absicht, eine traditionell konstruierte Geschichte zu erzählen, sondern versucht, mit knapper Prosa und Satz-Collagen den gewohnten Blick auf die Wirklichkeit zu durchbrechen.

In die zweite Phase seines künstlerischen Schaffens fällt *Omnibus* (1972), ein Buch, das verschiedene Textgattungen – angefangen beim Hörspiel, über nichtrealisierte Filmskripte und »Cartoon« genannte Kurztexte oder Gedichte bis hin zu Feuilletonbeiträgen – in sich vereint. Ein neuer Erzählton fällt hierbei auf: Realität wird konkret und im Blick auf die (eigene) Subjektivität geschildert, womit W. ganz im Trend der sogenannten ›Neuen Subjektivität‹ liegt. In *Chuck's Zimmer* (1974) liefert der Autor mit einer unverhohlenen Orientierung an der Rockmusik neben Versuchen der Selbstfindung, der Darstellung von alternden Freaks und einer Alltags- und Gebrauchslyrik auch eine Abrechnung mit den verbliebenen Linken im Literaturbetrieb (»Langes Gedicht über eine Sekunde«). Die knapp zwei Jahre zwischen *Omnibus* und der Gedichtanthologie haben auffällige Veränderungen im Werk des Autors bewirkt. Der Künstler nutzt eine neue Simplizität, um die von ihm angestrebte Breitenwirkung zu erreichen, was freilich auch das Ende innovativer Sprachexperimente bedeutet. Das wohldurchdachte, aber dennoch zufällig anmutende Sprachspiel wird durch einen klareren, aber auch weitaus aggressiveren Grundton und eine sich bereits in *Omnibus* andeutende Subjektivität verdrängt: »Hinter der fünften Wand begegnet er einer Frau / Sie wünscht sich angefallen zu werden / Breitbeinig wie im Märchen / Und unglaublich obszön / Um ihr Herz das sich nach der Liebe sehnt auf der tätowierten Seele / eines alten kostbaren Teppichs verbluten zu lassen«. Hierin können Leitmotive – Sexualität, Geschlechterbeziehungen, Drogenerfahrungen und amerikanische Vorbilder –, die das Gesamtœuvre prägen, identifiziert werden.

Bis in die frühen 1980er Jahre konnte W. mit seinem literarischen Werk beachtliche Erfolge feiern und erfreute sich ebenso bei Lesern wie Kritikern großer Anerkennung und Beliebtheit. Die im Verlag Zweitausendeins erschienenen Gedichtbände erreichten bis 1981 eine Gesamtauflage von über 100000 Exemplaren. Die beginnenden 1980er Jahre markieren dann eine entscheidende Wende im Werk des Autors. Von der generationstypischen und teilweise ironischen Selbstreflexion verabschiedet sich W., um stattdessen seine Auseinandersetzung mit Männermythen zu forcieren. Er ist z. B. fasziniert vom Boxen – wie er in seinen Reiseberichten und Reportagen *Menschen. Orte. Fäuste. Reportagen und Stories* (1987) zeigt, etwa an Beispielen amerikanischer Schriftsteller wie Malcolm Lowry, Ernest Hemingway und Nelson Algren – oder auch von berühmten Boxern wie Max Schmeling und Norbert Grupe. W.s Publikationen nach *Chuck's Zimmer* fanden bei der Kritik allerdings keinen großen Beifall. Die Rezensenten bemängelten einerseits die Verherrlichung archaischer Männerkulte in *Menschen. Orte. Fäuste*, andererseits beklagten sie den ungewohnt nachlässigen Umgang mit Sprache in *Carmen oder bin ich das Arschloch der achtziger Jahre* (1986).

Noch der mehr als 400 Seiten umfassende Roman *Einer von der Straße* (1991) führte keineswegs zu einer Aussöhnung von Autor und Kritik. Die Geschichte handelt vom Aufstieg des Münchner Kleinkriminellen Gustav Michael »Johnny« Berger zu einer international anerkannten Größe im Hamburger Rotlichtmilieu. Johnny führt ein Dasein, das geprägt ist durch Alkoholexzesse, Macht, Gewalt und Prostitution. Dieser Text beruht auf der Biographie des Münchner Kiezmillionärs Walter Staudinger und entstand als Auftragsarbeit zu dessen 50. Geburtstag. Die Darstellung eines Großkriminellen als heroischem Einzelkämpfer mit Nehmer- und Steherqualitäten ohne jede moralische Bewertung oder Kritik seitens des Schriftstellers stieß auf großen Widerspruch. Wiederum versucht der Autor seine Sympathie mit einem Außenseiter der Gesellschaft, der sich durch Selbstbewusstsein und physische Stärke seine Position im Leben erkämpft, auszudrücken – diesmal mit durchaus traditionellen narrativen Mitteln des realistischen Romans.

Die Rückbesinnung auf Erzähltraditionen zeigt sich noch stärker in W.s Roman *Mara* (2003), denn auch hierbei handelt es sich um einen chronologisch angelegten Prosatext. Außergewöhnlich ist jedoch der Ich-Erzähler, ein Cello, genauer gesagt, »The Mara« von Stradivari. Mit süffisant-ironischem Augenzwinkern berichtet das Musikinstrument aus seinem sehr bewegten dreihundertjährigen Leben. Der Leser erhält einen Einblick in die bescheidene Werkstatt des Instrumentenbauers Antonio Stradivari und erfährt dabei nicht zuletzt interessante Details über die verschiedenen Marotten diverser Cellisten, die alle eine zeitlang im Besitz von »The Mara« waren.

Trotz seines großen Erfolges wurde W. von vielen als bloßer ›Rockpoet‹ abgewertet, wurden seine Werke als ›Stimmungsbücher‹ diskreditiert. Doch spätestens die aktuelle Neuauflage seiner frühen Gedichte unter dem Titel *Gedichte aus Zweitausendeins Jahren* (2004) beweist, dass Marcel Reich-Ranicki mit seiner Einschätzung von 1981, W. sei »ein Klassiker der jungen Generation«, recht behalten hat.

Werner Jung/Nadine Pullen

Woolf, Virginia
Geb. 25. 1. 1882 in London;
gest. 28. 3. 1941 in Rodmell, Sussex

Angesichts von Virginia Woolfs heute unumstrittener Bedeutung ist es kaum mehr nachvollziehbar, dass sie nach ihrem Tod eine Zeitlang viel weniger bekannt war als James Joyce, mit dem sie dieselben Lebensdaten (1882–1941) teilt. Die Renaissance, die W. seit den 1970er Jahren erfuhr, hängt z. T. damit zusammen, dass ihr Werk für die *Gender Studies* besonders interessant ist. W. ist jedoch weit darüber hinaus bedeutsam als modernistische Erzählerin von Weltrang, daneben als Literaturkritikerin und Essayistin sowie allgemein als Kritikerin und Überwinderin viktorianischen Schreibens und Denkens, mit dem sie gleichwohl in mancherlei Hinsicht verbunden bleibt.

W. wird als drittes Kind des Literaten Leslie Stephen und dessen zweiter Frau Julia Duckworth in eine wohlhabende Familie der oberen Mittelschicht geboren. Trotz der aufgeklärten, agnostischen Intellektualität des Vaters ist das Leben der Stephens von den traditionellen patriarchalischen Geschlechterrollen des Viktorianismus bestimmt, deren Abwehr in W.s Werk eine große Rolle spielt. Virginia leidet unter dem zunehmend tyrannischen Vater, lernt aber auch in ihrer aufopferungsvollen Mutter eine Rolle kennen, zu der sie später auf Distanz gehen wird. Nach deren frühem Tod (1895) erleidet W. einen Nervenzusammenbruch und ist – wie ihre Schwester Vanessa – über Jahre inzestuösen Attacken ihrer Halbbrüder George und Gerald ausgesetzt. Im Todesjahr ihres Vaters (1904) begeht sie einen ersten Selbstmordversuch. Als Folge weiterer Nervenprobleme wird W. wiederholt in eine Heilanstalt eingeliefert, wo sie Objekt psychiatrischer Zwangsnormalisierungsversuche wird. Seit 1905 eröffnen sich ihr jedoch neue Perspektiven als Mitglied der »Bloomsbury Group«, einer avantgardistischen Intellektuellen-Vereinigung von Wissenschaftlern, Literaten, Kunstkritikern und Künstlern (u. a. dem Maler und Organisator der postimpressionistischen Londoner Ausstellung von 1910, Roger Fry). Die freidenkerische und auch sexuell freizügige »Bloomsbury Group« trägt entscheidend zu W.s Emanzipation vom prüden Viktorianismus bei (was sich u. a. in einer lesbischen Beziehung zu Vita Sackville-West manifestiert), bietet ihr – wie auch viele Reisen ins europäische Ausland – intellektuelle Anregungen und legt im Kontakt mit der Malerei einen Grund für ihren ›impressionistischen‹ Erzählstil. Seit 1905 ist W. auch in der Öffentlichkeit tätig: anfangs in der Erwachsenenbildung, seit 1914 als Mitglied der sozialistischen Fabian Society, ferner als Streiterin für die Frauenemanzipation, seit 1915 als Romanautorin und ab 1917 als Mitarbeiterin der Hogarth Press, eines Privatverlags, den Leonard Woolf, ihr 1912 geheirateter Mann, leitet und in dem W. selbst mehrere Kurzgeschichten veröffentlicht. Trotz ihrer Erfolge als Autorin, anregender Kontakte mit zeitgenössischen Größen (z. B. mit Sigmund Freud 1939) und öffentlicher Ehrungen (1939 wird ihr das Ehrendoktorat der Universität Liverpool angeboten, das sie jedoch im Einklang mit ihren in *Three Guineas* propagierten Grundsätzen ablehnt) bleibt W.s Allgemeinzustand weithin labil. Der Ausbruch des Zweiten Weltkriegs, die Furcht vor einer deutschen Invasion und das Bombardement Londons, durch das auch ihr Haus schwer beschädigt wird, verstärken ihre Depressionen, so dass sie schließlich angesichts eines befürchteten neuerlichen Nervenzusammenbruchs im südenglischen Fluss Ouse Selbstmord begeht.

W. hinterließ neben ihrem fiktionalen Werk ein umfangreiches nicht-fiktionales Œuvre, das wie bei kaum einem anderen englischen Modernisten zusätzliche Einblicke in Weltsicht und Ästhetik einer Autorenpersönlichkeit erlaubt. Es umfasst neben autobiographischen Schriften (*A Writer's Diary*, 1953, sowie einer sechsbändigen Briefsammlung) und einer Biographie (*Roger Fry: A Biography*, 1940) zahlreiche Rezensionen, Essays und v.a. zwei Monographien, die z. T. ähnliche Themen behandeln und maßgeblich W.s Ruf als Feministin begründet haben: *A Room of One's Own* (1929; *Ein Zimmer für sich allein*, 1978) und *Three Guineas* (1938; *Drei Guineen*, 1978). Ausgehend von der Frage nach der Beziehung zwischen Frausein und literarischer Produktion, kritisiert W. in *A Room of One's Own* die patriarchalische Gesellschaftsordnung, besonders wegen der mangelnden weiblichen Bildungschancen und der allgemein schlechten Entfaltungsmöglichkeiten weiblicher Tätigkeit außerhalb von Heim und Familie, und wirft dieser Ordnung insgesamt die Verursachung von Ungerechtigkeit, Krieg und Unterdrückung vor, aber auch eine Usurpation der Sprache, die diese zu einem problematischen Instrument für weibliches Schreiben macht. Diese Kritik wird durch konstruktive, z. T. utopische Alternativen ergänzt. Hierzu zählen der im Titel geforderte Freiraum für Frauen innerhalb des Hauses, die Beleuchtung einer minoritären, aber doch für künftige Generationen hoffnungsstiftenden Tradition weiblichen Schreibens und die Vorstellung eines neuen Ideals der Modellierung von Geschlechterrollen: Dabei distanziert sich W. ebenso von einem aggressiven Feminismus wie von ty-

pisch männlichen Stereotypen und propagiert stattdessen eine Androgynität, in der die positiven Seiten beider Geschlechter zu einer Synthese gelangen. Diese synthesebildende Missachtung traditioneller Differenzierungen manifestiert sich auch in der Form des Werkes: Wie schon zuvor z. B. in ihrem Essay »Mr Bennett and Mrs Brown« (1924), wo zur Erläuterung moderner Charakterdarstellung eine fiktive, ähnlich schon einmal in einer Kurzgeschichte (»An Unwritten Novel«, 1921) verwendete Szene in einem Eisenbahnabteil dient, vereint W. hier den rationalen, üblicherweise von einer eindeutigen Sprecherinstanz ausgehenden Diskurs des Essays mit fiktionalen Elementen, z. B. auch der Imaginierung einer fiktiven Schwester Shakespeares und der Vermittlung über eine widersprüchliche, dezentrierte Instanz (Mary Beton, Mary Seton, Mary Carmichael). Diese Inszenierungen einer Art *écriture féminine*, zu der auch ein zum Teil assoziativer Sprachgebrauch gehört, setzen sich in *Three Guineas* fort. Erneut dient hier eine quasi-fiktive Vermittlung (Antworten einer weiblichen Gestalt auf diverse Bittbriefe) als Rahmen für eine Abrechnung mit dem Patriarchat, diesmal politisch akzentuiert unter dem Eindruck des Spanischen Bürgerkriegs und des Faschismus in Italien und Deutschland. In diesen aktuellen Entwicklungen sieht W. eine Radikalisierung patriarchalischer Mechanismen, die auch in England und seinen Institutionen spürbar sind. Bei aller Schärfe der Kritik fordert W. – so dokumentieren auch ihre übrigen Schriften – allerdings nie revolutionären Umsturz, sondern vertraut auf reformerische Meliorisierung. Ihre Mäßigung bezieht sich auch – hierin sowohl von Joyce als auch D.H. Lawrence unterschieden – auf die literarische Darstellung des Sexuellen. In diesem Beachten von *decency*, aber auch in ihrem Ästhetizismus und Elitarismus zeigt sie noch unterschwellig Affinitäten zum späten 19. Jahrhundert. Massiv vom Viktorianismus und dem Realismus des 19. Jahrhunderts weicht sie dagegen in ihrer Wirklichkeitsauffassung und Epistemologie ab: Statt des Glaubens an eine objektive Realität, die sich in klar lesbaren äußeren Erscheinungen manifestiert, betont sie, direkt oder indirekt beeinflusst von Freud und Henri Bergson, die inneren Wirklichkeiten. Ihr skeptischer Subjektivismus geht einher mit einem prononcierten Atheismus. Charakteristischerweise für W.s spannungsreiches Weltbild schließt dieser jedoch einen latenten Transzendentalismus nicht aus, demzufolge es jenseits der Welt der Erscheinungen und Einzelschicksale ein verborgenes Muster gebe (»behind the cottonwool is hidden a pattern«, »A Sketch of the Past«, 1939). Die Welt ist zwar oberflächlich nicht so geordnet und klar erkennbar, wie es die Realisten glaubten (»Life is not a series of gig lamps symmetrically arranged«, »Modern Fiction«, 1919), doch ist sie diaphan, besitzt eine ›Wattestruktur‹, durch die eine höhere Wirklichkeit durchscheinen kann (»some real thing behind appearances«, »A Sketch of the Past«). Dies geschieht v.a. in privilegierten, epiphanischen Seinsmomenten (»Moments of Being«, wie W. diese meist von Unscheinbarem ausgelösten Erlebnisse in einem Kurzgeschichtentitel von 1944 nennt), besonders im Kontakt mit anderen Menschen, den Schönheiten der Welt und der Kunst. Die fehlende statische ›Symmetrie‹ der Oberflächenrealität wird auch durch den steten Fluss der Zeit bewirkt, ein für W. zentrales Thema. Dieses Zeitempfinden korreliert mit ihrem Bewusstsein, in eine neue Epoche hineinzuwachsen, deren Schwelle sie in »Mr Bennett and Mrs Brown« im Jahr 1910, dem Todesjahr von Edward VII, ansetzt. Diese neue Welt und W.s subjektivistische und dabei doch allgemeinen Sinnfragen sich öffnende Weltsicht erfordern eine neue Ästhetik und innovative künstlerische Darstellungsmittel, die sich von der Fixierung der Realisten und ›Edwardianer‹ auf materialistisch-empirische Details unterscheiden. Programmatisch ist hier W.s in »Modern Fiction« an ihre Zeitgenossen, die ›Georgianer‹, gerichtetes Plädoyer für die modernistische Bewusstseinsmimesis sowie ihre Ablehnung realistischer, an einem äußeren Plot orientierter Erzählkonventionen. All dies konvergiert in einem Aufruf zum erzählerischen Experiment: »no experiment, even of the wildest – is forbidden«.

In W.s erstem Roman, *The Voyage Out*

(1915; *Die Fahrt hinaus*, 1989), ist hiervon allerdings noch wenig zu spüren. Dieser Bildungsroman schildert meist in auktorialer Erzählmanier die Entwicklung der jungen, lebens- und liebesunerfahrenen Rachel Vinrace. Auf einer Schiffsreise von London nach Südamerika und dort in der fiktiven britischen Kolonie Santa Marina gelangt sie, geleitet von ihrer älteren, erfahrenen Freundin Helen, sowohl zu einer größeren Selbständigkeit und Tiefe im Denken (und vollzieht damit eine ›Ausfahrt‹ bzw. – auch religiöse – Emanzipation vom Viktorianismus) als auch zur Erfahrung in Liebesdingen. Allerdings kommt es zu keinem *happy ending*, da Rachel vor ihrer geplanten Hochzeit an einer mysteriösen Krankheit stirbt. In einer negativen Epiphanie muss ihr Verlobter die Allgegenwart des Leidens erkennen. Statt eines wenig überzeugenden religiösen Trostes bleiben am Ende in für W. paradigmatischer Weise die ästhetische Perzeption (hier: der Natur) und die menschliche Gemeinschaft (hier: der Hotelgäste) als Reste von Positivität. – Die Wendung zum experimentellen modernistischen Erzählen vollzieht W. zuerst in der Short Story (in der fast ganz aus einem inneren Monolog bestehenden Geschichte »The Mark on the Wall« von 1917), in der Gattung des Romans erst in ihrem nach *The Voyage Out* und *Night and Day* (1919; *Nacht und Tag*, 1981) dritten Roman, *Jacob's Room* (1922; *Jacobs Raum*, 1981). Der Diskurs von *Jacob's Room* ist auffallend fragmentarisch, in inkohärent wirkende und häufig mit *camera-eye*-Technik erzählte Segmente zersplittert, die Momentaufnahmen aus der fiktiven Biographie des Jacob Flanders bieten. In ihrer Opazität und Ordnungslosigkeit bilden diese ein Korrelat zur Opazität des menschlichen Charakters und einer chaotischen Wirklichkeit. Wie so oft bei W. endet auch diese Geschichte unglücklich: mit einer Vignette von Jacobs Zimmer, in dem alles so geblieben ist wie bei seinem Auszug in die Schlachtfelder des Ersten Weltkriegs, in dem er, wie man erschließen muss, gefallen ist.

Auch der nächste Roman, *Mrs Dalloway* (1925; *Eine Frau von fünfzig Jahren*, 1928; *Mrs. Dalloway*, 1977), weicht stark vom traditionellen, plot zentrierten Erzählen ab, und auch hier spielt der Erste Weltkrieg eine Rolle: als Ursache für den *shell shock* des Septimus Warren Smith, der schließlich seinen Psychiatern durch einen selbstmörderischen Sprung aus dem Fenster entflieht. Der Roman ist in zwei Stränge geteilt, die thematisch, motivisch und durch Schaltstellen verbunden sind (u. a. durch das Schlagen von Big Ben, das die Zeitthematik des ursprünglich *The Hours* betitelten Textes unterstreicht). Die Haupthandlung beschreibt dabei – ähnlich wie auch Joyces *Ulysses* – einen Tag in einem Großstadtleben: hier im Londoner Alltag der Mrs Dalloway, Ehefrau eines Parlamentariers, die am Abend eine Party geben will, eine ›Opfergabe‹, die sie im Rahmen einer säkularen Ethik ihren Gästen ›darbringen‹ will. Im Gegensatz zur durch den Selbstmord geschlossenen Nebenhandlung um Septimus bleibt die Haupthandlung offen: Sie endet dort, wo ein realistischer Roman erst eigentlich einsetzen würde, nämlich mit der epiphanischen – die Möglichkeit einer künftigen Ehebruchsverwicklung allenfalls andeutenden – Wiederbegegnung (der zweiten an diesem Tag) zwischen Mrs Dalloway und ihrer Jugendliebe Peter Walsh.

Der folgende, dreiteilige Roman, *To the Lighthouse* (1927; *Die Fahrt zum Leuchtturm*, 1931), gehört neben *Mrs Dalloway* mit Recht zu den berühmtesten Erzählwerken W.s. Wieder ist die äußere Handlung auf ein Minimum reduziert: Teil I beschreibt einen ereignislosen Ferientag vor dem Ersten Weltkrieg, den die zehnköpfige Familie des Philosophieprofessors Mr Ramsay und deren Gäste auf einer Hebrideninsel verbringen. Teil II, »Time Passes«, schildert, meist in impressionistischen Naturbildern, das Verstreichen der Zeit bis zum Ende des Kriegs, wobei der Tod Mrs Ramsay buchstäblich nur in Klammern erwähnt wird. Teil III beinhaltet im Wesentlichen die Erfüllung eines Kindheitswunsches eines Ramsay-Sohnes zehn Jahre nach Teil I: die titelgebende Fahrt zum Leuchtturm, auf der sich Spannungen zwischen den Kindern und ihrem patriarchalischen Vater lösen, während parallel dazu die Malerin und ehemalige Freundin Mrs Ramsays, Lily Briscoe, endlich ein Gemälde vollenden kann. Wieder erzählt W. hier innen- und multiperspektivisch, wobei sie thematisch neben der metaästhetischen Frage nach den Möglichkeiten der Wirklichkeitsdarstellung erneut die Komplexe ›leidvolles Bewusstsein der Vergänglichkeit und Augenblickshaftigkeit von Glück‹ und Probleme der Geschlechterrollen und zwischenmenschlicher Kommunikation behandelt.

W.s sechster Roman, *Orlando* (1928; *Orlando. Die Geschichte eines Lebens*, 1929; *Orlando. Eine Biographie*, 1961), ist wie der übernächste, in dem W. ihre perspektivischen Experimente durch ein Erzählen aus der Sicht eines Hundes erweitert (*Flush: A Biography*, 1933; *Flush. Die Geschichte eines berühmten Hundes*, 1934), eine phantastische Biographie: das vom elisabethanischen Zeitalter bis in die Gegenwart reichende Leben einer adeligen Figur, die im Laufe der Geschichte mit wechselnden Geschlechterrollen konfrontiert wird und – als Verkörperung von W.s Androgynitätsideal – das Geschlecht zu wechseln vermag. Mit *The Waves* (1931; *Die Wellen*, 1959) kehrt W. wieder zu ›ernsthaftem‹ Experimentieren zurück. Der Roman, ein poetisch-evokatives Erzählwerk, vermittelt die parallelen Viten von sechs Figuren in stilisierten, durch Naturschilderungen gegliederten Bewusstseinsströmen. Dabei erinnert die konsequent verwendete Multiperspektivität aufgrund der engen Motivverknüpfungen der einzelnen Perspektiven an musikalische Polyphonie. W.s vorletzter Roman, *The Years* (1937; *Die Jahre*, 1954), ist die erneut in einzelnen, nichtteleologisch wirkenden Szenen erzählte Geschichte einer Londoner Familie, der Pargiters. Wiederum ist die äußere Handlung marginal, vielmehr geht es um eine mentalitäts- und sozialhistorische Darstellung der Veränderungen der englischen Gesellschaft zwischen 1880 und der Gegenwart. W.s letzter, postum publizierter Roman, *Between the Acts* (1941; *Zwischen den Akten*, 1963), spielt wie schon *Mrs Dalloway* an einem einzigen Tag, hier des Jahres 1939. Im Landgut Pointz Hall der Familie Oliver wird ein traditionelles Dorffest gefeiert. Dessen Höhepunkt ist die Aufführung eines *pageant*: eines Bilderbogens der englischen Geschichte, bei dem zum letzten Mal bei W. mit dem Viktorianismus abgerechnet wird. Das Kapitel der Gegenwart illustriert die experimentierende Spielleiterin Miss La Trobe, eine *mise en abyme* W.s, durch einen Spiegel, den sie den Zuschauern vorhält. Angesichts des heraufziehenden Zweiten Weltkriegs erscheint die ländliche Festgesellschaft hier quasi als ›Zwischenakt‹ in der Geschichte. Es ist eine Welt, die im nächsten Akt versinken wird – einem Akt, in dem W. selbst jedoch nicht mehr mitspielen wollte.

Werkausgaben: The Works of Virginia Woolf. Uniform Edition. 28 Bde. London 1929ff. – The Complete Shorter Fiction. Hg. S. Dick. London 1985. – Collected Essays. 4 Bde. Hg. L. Woolf. London 1966–67. – The Letters. Hg. N. Nicolson. 6 Bde. London 1975–80. – The Diary. Hg. A.O. Bell. 5 Bde. London 1977–84. – Gesammelte Werke. Hg. K. Reichert. Frankfurt a.M. 1989ff.

Werner Wolf

Wordsworth, William

Geb. 7. 4. 1770 in Cockermouth, Cumberland; gest. 23. 4. 1850 in Rydal Mount, Cumberland

Auch wenn zu seinen Lebzeiten Scott und Byron größere Anerkennung erfuhren, ist William Wordsworth doch als der entscheidende Pionier und Repräsentant der Romantik in England anzusehen. In seinen Gedichten und theoretischen Ausführungen wurden dem relativ zahlreichen an Dichtung interessierten Lesepublikum der Zeit zum ersten Mal romantische Grundvorstellungen vom Künstler und seinem Werk, von der Natur und der Bedeutung gesellschaftlicher Randgruppen, insbesondere Kindern, intensiv präsentiert. Und entsprechend diesen Vorstellungen findet man eine sehr enge Verbindung von literarischem Schaffen und Leben: »He wrote as he lived, and he lived as he wrote«, stellt W.s erster Biograph zutreffend fest. – W. wurde als zweites von fünf Kindern eines als Gutsverwalter amtierenden Rechtsanwalts im nordenglischen Lake District geboren. Er verlebte, wie er selbst meinte, eine glückliche Kindheit, obwohl er schon mit acht Jahren seine Mutter und fünf Jahre später seinen Vater verlor. In der Hawkshead Grammar School, unweit Cockermouth, erhielt er eine gute Erziehung, wurde von einem jungen Lehrer mit der englischen Dichtung des 18. Jahrhunderts vertraut gemacht und hatte v.a. ausgiebig Gelegenheit, die eindrucksvolle Berglandschaft seiner Heimat kennen und lieben zu lernen und im Zusammenhang damit seine dichterische Berufung zu entdecken und zu entwickeln. Das Universitätsstudium am St. John's College in Cambridge nahm er wenig ernst. Anstelle des akademischen Pensums studierte er moderne Fremdsprachen, insbesondere Italienisch, und las, was ihn interessierte. Statt sich auf die Prüfungen vorzubereiten, unternahm er in den letzten großen Ferien mit einem walisischen Freund eine ausgedehnte Wandertour durch die Alpen. Auch nach dem B.A.-Examen, das er Januar 1791 mit mäßigem Erfolg ablegte, zeigte er keine Neigung, einen regulären Beruf anzustreben. Er besuchte London und Wales, kehrte kurz nach Cambridge zurück und ging dann für ein Jahr nach Frankreich, angeblich, um Französisch zu lernen. Während dieser Zeit vertieften sich seine Sympathien für die Französische Revolution, er schloss Freundschaft mit Michel Beaupuy, einem jungen Aristokraten, der die Revolution unterstützte. Mit Annette Vallon, einer Arzttochter aus Bois, hatte er eine Liebesbeziehung. Doch seine Mittellosigkeit und der zwischen England und Frankreich ausbrechende Krieg standen einer Ehe mit ihr, die ihm eine Tochter, Caroline, schenkte, im Wege. Die Bewunderung für die französische Republik erfuhr durch die weiteren politischen Ereignisse eine schmerzliche Enttäuschung und wandelte sich ins Gegenteil.

W.s erste Gedichte, »An Evening Walk« und »Descriptive Sketches«, welche Wanderungen durch den Lake District und durch die Alpen in *heroic couplets* darstellen, erschienen 1793. Nachdem W. 1795 durch das Vermächtnis eines Freundes, den er vorher gepflegt hatte, eine bescheidene wirtschaftliche Unabhängigkeit erhielt, ließ er sich mit seiner Schwester Dorothy, der er »An Evening Walk« gewidmet hatte und die ihm zeit seines Lebens innig verbunden war, in Racedown, Dorset, und später in Alfoxden, Somerset, nieder. Hier erlebte er eine enge Freundschaft mit dem in der Nähe wohnenden Coleridge, die zur Entstehung der 1798 mit Coleridge gemeinsam veröffentlichten *Lyrical Ballads* führte. Diese Sammlung, insbesondere in der erweiterten, nun von W. allein verantworteten zweiten Auflage mit einem eigenen »Preface« (1800), bedeutete eine Wendemarke in der englischen Dichtung. Die zusätzlichen Gedichte hatte W. während eines mehrmonatigen Deutschlandaufenthaltes – die deutsche Romantik galt als führend – geschrieben, als er den strengen Winter 1798/99 mit seiner Schwester v.a. in Goslar verbrachte. Der Titel der Sammlung macht, neben der Bedeutung des Gefühls (*Lyrical*), die Wertschätzung deutlich, welche die Romantiker der Gattung Ballade entgegenbrachten. Balladen waren für sie echte, nicht durch künstliche Konventionen verfälschte Volksdichtung. So steht programmatisch am Anfang der Erstauflage Coleridges »Ancient Mariner«, die Geschichte des alten Seemanns, der sich frevelhaft an der Natur versündigt. In W.s Ballade »Lucy Gray« findet man ein Kind im Mittelpunkt, und in dem balladenartigen Gedicht »We are Seven« geht es um kindliche Weltsicht, das Unvermögen des Kindes, den Tod zu verstehen. Einen Angehörigen einer anderen gesellschaftlichen Randgruppe, einen alten Schäfer im Lake District, behandelt das lange, ›pastorale‹ Gedicht »Michael«, dem W. in der Zweitauflage die prononcierte Schlussposition gibt. An den Anfang stellt er jetzt »Expostulation and Reply«, das die dichterische Kreativität zum Gegenstand hat: Nicht Bücher gäben dem Dichter die notwendige Inspiration, er könne nicht durch willentliche Anstrengung etwas hervorbringen, sondern er müsse sich ›in weiser Passivität‹ für die Kräfte der Natur öffnen. Das Verhältnis des Dichters (bzw. des Menschen) zur Natur in seinen verschiedenen

Entwicklungsstadien wird auch in dem reflektiven Gedicht »Tintern Abbey« dargestellt, das W. während einer Wanderung durch das Wye-Tal im walisischen Grenzland verfasste und als Abschluss der Erstausgabe wählte. In den sogenannten »Lucy Poems« über ein einfaches, naturnahes Mädchen, dem der Dichter in Liebe zugetan ist, kommt W. seinem Ideal der schlichten, ungekünstelten Sprache besonders nahe. Im »Preface«, welches die Neuheit der Gedichte einem an klassische Normen gewöhnten Publikum zu erklären versuchte, findet W. einprägsame Formeln für das romantische Dichtungsverständnis. Für ihn ist der Dichter nicht ein speziell geschulter Wortkünstler, sondern einfach »a man speaking to men«, freilich ein Mensch, der mit besonderer Empfindsamkeit begabt ist, und durch seine Dichtung andere an seinen Erfahrungen teilhaben lassen kann. Gute Dichtung habe wesentlich mit Gefühl zu tun und wird von W. als »spontaneous overflow of powerful feelings« definiert; zugleich auch, da es sich um Sekundäremotionen handelt, als »emotion recollected in tranquillity«. Die Gegenstände, mit denen sich W.s Dichtung vorzugsweise befasst, werden als »incidents and situations from common life« oder als »humble and rustic life« wiedergegeben, und die anzustrebende Sprache ist nach W. nicht eine literarische Sondersprache oder *poetic diction*, vielmehr »a selection of language really used by men«.

Aus Deutschland zurückgekehrt, verbrachte W. mit Dorothy sein weiteres Leben, abgesehen von mehr oder weniger kurzen Unterbrechungen und immer wieder unternommenen ausgedehnten Reisen, in und bei Grasmere im Lake District; 1799–1808 in Dove Cottage, bis 1811 in Allen Bank, dann im Pfarrhaus von Grasmere und schließlich ab 1813 in Rydal Mount. Francis Jeffrey, feindlicher Kritiker der einflussreichen *Edinburgh Review*, prägte deshalb für W., Coleridge und Robert Southey die Bezeichnung *Lake Poets* (der Begriff ›Romanticism‹ wurde erst in der viktorianischen Zeit gebraucht). 1802 heiratete W. Mary Hutchinson, die seit der frühen Schulzeit mit ihm und auch mit Dorothy befreundet war und seine Dichtung bewunderte, und hatte mit ihr fünf Kinder, von denen zwei früh starben.

Die frühen Jahre des neuen Jahrhunderts waren W.s produktivste Zeit, und einige seiner letzten Gedichte erschienen in *Poems, in Two Volumes* (1807). Dazu gehört »To the Cuckoo«, eines der herausragenden romantischen Vogelgedichte, in denen Vögel gepriesen werden, weil sie sich über die Sphäre der körperlichen Begrenztheit erheben und so die Kraft des Geistes und der Phantasie repräsentieren können. In »Resolution and Independence« dient dem Dichter ein behinderter alter Mann, den er auf seiner Wanderung beim Sammeln von Blutegeln trifft, durch seine im Titel angesprochenen Eigenschaften als Vorbild. In den liedhaften Gedichten »I Wandered Lonely as a Cloud« und »The Solitary Reaper« geht es um Begegnungen mit der Natur bzw. einem naturnahen Menschen; beide setzen W.s poetische Formel von »emotion recollected in tranquillity« erkennbar um. Die sogenannte »Immortality Ode«, das meistdiskutierte Gedicht W.s, feiert das Kind, weil es mit dem pränatal erfahrenen Urgrund menschlicher Existenz in einer unmittelbaren Verbindung steht, die beim Erwachsenen verschüttet ist. Beachtung verdienen auch einige in der Form an Milton orientierte Sonette: »Composed upon Westminster Bridge« preist die Metropole überraschenderweise wegen ihrer Verbundenheit mit der Natur; »It Is a Beauteous Evening« betont, ähnlich wie »Tintern Abbey« und die »Immortality Ode«, die begnadeten Fähigkeiten des Kindes; und »The World Is Too Much with Us« hat die Entfremdung des Menschen von der Natur durch die Betriebsamkeit der Welt zum Thema. Während dieser Zeit schloss W. auch die Arbeit an der ersten Fassung des *Prelude* (1850; *Präludium oder Das Reifen eines Dichtergeistes. Ein autobiographisches Gedicht*, 1974) ab, das erst postum, drei Monate nach seinem Tod, veröffentlicht wurde. Im Mittelpunkt dieser 14 Bücher langen, eposhaften Dichtung in Blankversen stehen keine Heroen aus mythischer Vorzeit. W. stellt in der ersten Person seine eigene Entwicklung als Dichter dar, wobei er sich auf prägende Erlebnisse, »spots of time«, konzentriert. Der Titel und der Untertitel, *Or, Growth of a Poet's Mind*, stammen von Dorothy Wordsworth, während der Dichter selbst stets von »the poem of my own life« sprach. In dieser Dichtung, die als Vorspiel für ein noch größeres Werk geplant war, kommen auf der Basis des eigenen Lebenslaufs alle Vorstellungen W.s über die kreative Sensibilität des Dichters und sein Verhältnis zur Natur zum Tragen.

W. betätigte sich auch weiterhin als fleißiger Schreiber, und einige seiner später verfassten Gedichte, wie etwa die Sonette »Mutability« (1822) oder »Scorn Not the Sonnet« (1827), sind ebenfalls als literarische Kunstwerke bemerkenswert. Doch seine eigentlich kreative Phase war nach 1807 zu Ende. Eine Ernennung zum Distributor of Stamps für Westmorland 1813 sicherte seinen Lebensunterhalt, bis ihm 1842 eine Pension ausgesetzt wurde. W.s allgemeine Anerkennung als großer Dichter erfolgte erst relativ spät. 1838 erhielt er die juristische Ehrendoktorwürde der Universität Durham und 1839 die von Oxford. 1842 veröffentlichte W. sein einziges Drama, die wenig bedeutende Blankvers-Tragödie *The Borderers* (*Die Grenzgänger*, 1992), die bereits in Dorset entstanden war. 1843 wurde er als Nachfolger seines Freundes Southey zum *Poet Laureate* ernannt. Während der viktorianischen Epoche erreichte die Verehrung für diesen bedeutenden Dichter, der durch den sittlichen Ernst seiner Botschaft und die intendierte Einfachheit seiner Sprache leicht zum Gegenstand von Spott und Parodien wurde, ihren Höhepunkt. Heute ist die Kritik neben der literarhistorischen Position W.s nicht zuletzt an den Spannungen und Widersprüchen in seinem Werk interessiert.

Werkausgaben: The Poetical Works. Hg. E. de Selincourt/ H. Darbishire. 5 Bde. Oxford 1940–49. – Selected Poems and Prefaces. Hg. J. Stillinger. Boston 1965. – The Letters of William and Dorothy Wordsworth. 5 Bde. Oxford 1967–88.

Raimund Borgmeier

Wright, Richard [Nathaniel]

Geb. 4. 9. 1908 bei Natchez, Mississippi; gest. 28. 11. 1960 in Paris

Was das Selbstverständnis und die thematischen Schwerpunkte seines Werkes anbelangt, verkörpert Richard Wright wie kein anderer afro-amerikanischer Schriftsteller den Umbruch von der Harlem Renaissance der 1920er Jahre zur neuen streitbaren Literatur, die zeitlich den Zweiten Weltkrieg umfasst und mit der Bürgerrechtsbewegung zu Ende geht. In seiner Wertschätzung des mündlichen Erzählens und der Folklore kann man W. als Erben der von Langston Hughes und J.W. Johnson eingeleiteten Aufwertung von Umgangssprache und mündlicher Tradition ansehen. Mit seiner schonungslosen Behandlung von Rassenkonflikten sowie des Aggressionspotentials junger schwarzer Männer nimmt er prophetisch die Militanz und die sozialpsychologischen Anliegen der 1960er Jahre vorweg.

W.s Lebensweg führte aus dem tiefen Süden über Chicago nach New York und endete nach vorübergehendem Anschluss an die Kommunistische Partei sowie der Teilhabe an den Kulturprogrammen der Rooseveltschen New Deal-Reformen schließlich im selbstgesuchten Exil in Paris. W.s Biographie erscheint in vielerlei Hinsicht als exemplarisch für die jüngere afro-amerikanische Geschichte, insofern sich in ihr die demographische Abwanderung von Afro-Amerikanern aus dem ländlichen Süden in die Großstädte und Ghettos des Nordens ebenso widerspiegelt wie der Wandel in ihrem politischen Selbstverständnis, ein Wandel, der von einem ursprünglichen Verharren in reinen Selbstschutzstrategien über die selbstbewusste Formulierung bürgerrechtlicher Ansprüche bis zur Internationalisierung der Forderungen im Zuge der beginnenden Entkolonialisierung afrikanischer Länder reicht. Nach

jugendlichen Gehversuchen von trivialliterarischer Art, wie er sie in seiner Autobiographie beschreibt, setzte W.s ›Lehrzeit‹ – angeregt vom John Reed Club in Chicago – zunächst mit Gedichten in freien Versen ein, die klassenkämpferisches Pathos mit der Sicht der Straße zu verbinden suchen. In seinem erzählenden Werk vermied W. allerdings von Beginn an eine solche eindeutige ideologische Ausrichtung. Schon Mitte der 1930er Jahre schrieb er einen Roman, der aber erst 1963 unter dem Titel *Lawd Today* erscheinen sollte. Mit modernistischen Collagetechniken (wie sie John Dos Passos eingeführt hatte) und unter Einbezug von »Call-and-Response«-Mustern aus der schwarzen mündlichen Tradition beleuchtet der Roman die wirtschaftlich prekäre Lage von schwarzen Postarbeitern in Chicago. Im Kontext dieser allgemeinen Notsituation wird der Protagonist am Ende des Romans mit dem »Wasteland« einer zerrütteten Beziehung und dem eigenen wirtschaftlichen Ruin konfrontiert.

W.s erste Buchveröffentlichung, *Uncle Tom's Children* (1938; *Onkel Toms Kinder*, 1949), fasst vier längere Erzählungen zusammen, die alle verschiedene Formen der Flucht männlicher Figuren aus lebensbedrohlichen Situationen im amerikanischen Süden durchspielen: In »Big Boy Leaves Home« verwandelt sich die sinnliche Lebensfreude von schwarzen Jugendlichen beim Baden durch eine hysterische Weiße jäh in das Schreckensszenario einer Lynchaktion, die den Titelhelden zur Flucht nach Norden treibt. In »Down by the Riverside« endet der Versuch eines Ehemanns, seine schwangere Frau in einem fremden Boot vor einer Flut zu retten, in der Exekution durch die Weißen, während der nach Autonomie durch Besitz strebende schwarze Farmer in »Long Black Song« lieber bewaffnet in seinem brennenden Haus untergeht, als sich seine Frau nehmen und seine Manneswürde absprechen zu lassen. In der abschließenden Erzählung »Fire and Cloud« tritt ein Pfarrer gegen weiße Vereinnahmung und Folterterror die Flucht nach vorn in die politische Aktion eines Protestmarsches an. In einer Neuauflage des Bandes von 1940 verstärkte W. in einer fünften Erzählung (»Bright and Morning Star«) das Motiv des politischen Widerstands mit der heroischen Selbstaufopferung einer schwarzen Mutter für ihren Sohn, der Mitglied der örtlichen Kommunistischen Partei ist. Ein breites Panorama von sozialen Konflikten, eine bluesartige Grundstimmung, die durch Spiritual- und Gospelzitate nicht nur in den Titeln der Geschichten unterstrichen wird, sowie der Buchtitel selber weisen *Uncle Tom's Children* als leidenschaftliche Beschwörung des Lebensgefühls schwarzer Leidens- und Widerstandsgemeinschaften im Süden aus.

Im Hinblick auf Themen wie dem Erleiden von Unterdrückung und dem Aufbegehren gegen diese sollte W.s Hauptwerk, der Roman *Native Son* (1940; *Sohn dieses Landes*, 1941), der schlagartig die Konturen afro-amerikanischer Literatur und ihre Rezeption veränderte, nachhaltig neue Akzente setzen. Denn in der Figur von Bigger Thomas, dem vom Ghettoleben in Chicago geprägten Jugendlichen, sind Frustration und Sehnsucht, Intelligenz und Instinkt, Aggressions- und Fluchttrieb zu einem unerhört neuen Gemisch von widersprüchlichen Handlungsimpulsen vereint. Diese werden von W. zugleich als Symptome des schwarzen Bewusstseins diagnostiziert, in dem sich die selbstzerstörerischen Kräfte der amerikanischen Gesellschaft insgesamt widerspiegeln. Das Anrennen gegen eng gesteckte Grenzen kennzeichnet Bigger Thomas' Verhalten bereits in der Eröffnungsszene, in der er eine Ratte erschlägt, und findet seinen offenkundigsten Ausdruck in seinen gewaltbesetzten Träumen vom Fliegen und von Raubüberfällen, im Aufschneiden vor Gleichaltrigen sowie im lauernden Misstrauen gegen seinen neuen Arbeitgeber Mr. Dalton und das liberale Milieu, das ihm in dessen Tochter Mary und ihrem Liebhaber, dem Kommunisten Jan, entgegentritt. Diese Tendenzen kulminieren in der Tötung Marys, einer unkontrollierten Affekthandlung. Als symbolische Geste offenbart dieser ungewollte Gewaltakt die Eruption des unermesslichen Aggressionspotentials, das in schwarzen Ghettobewohnern schlummert und sich auch gegen Mitglieder der eigenen Gemeinschaft richtet. Kriminalisierung wird dem Leser als zwangsläufige Konsequenz des psychosozialen Drucks, der aus den egoistischen wie rassistischen Strukturen der amerikanischen Gesellschaft herrührt, vor Augen geführt. Nur über die Figur des kommunistischen Rechtsanwalts Max, der Bigger verteidigt, kann die Hoffnungslosigkeit des zum Tode Verurteilten utopisch überschritten werden, indem Max die maßgeblichen gesellschaftlichen Kräfte in den Strukturen und Institutionen Amerikas anprangert und zum Umdenken auffordert. Mit Biggers Mutter, die christlichen Vorstellungen treu bleibt, und mit der beginnenden Auflösung von Biggers Gefühlsverhärtung deutet der Roman aber auch Dimensionen schwarzer Kultur an, die er freilich im Interesse einer Intensivierung stereotyper Bilder weitgehend ausklammert. Bigger soll als menschliches Monster (mit schauerromantischer Zuspitzung, zu der W. häufig neigte) erschrecken und vor dem latenten Gewaltpotential der ganzen Gesellschaft warnen. Wie W. im Vorwort (»How Bigger Was Born«) betonte, war das Buch nicht dazu bestimmt, »die Töchter von Bankern zu Tränen zu rühren«. *Native Son* wurde als »Book of the Month« schnell zum Bestseller und erfuhr durch eine Dramenfassung (unter W.s Mitarbeit) 1941 und durch seine Verfilmung im Jahre 1951 zusätzliche Verbreitung.

Als W.s Autobiographie (*Black Boy*, 1945; *Ich Negerjunge*, 1947) erschien, sorgte der Verlag durch die Abtrennung des letzten Drittels des geplanten Textes – erst 1977 als *American Hunger* (*Schwarzer Hunger*, 1980) in Buchform veröffentlicht – für die Rücknahme von W.s massiver Kritik am städtischen Norden, wenn *Black Boy* mit dem Aufbruch des jungen W. aus den erdrückenden Verhältnissen des Südens in das ›Gelobte Land‹ des Nordens schließt. *Black Boy* stellt nicht nur die Distanz des Autors zur Weltsicht einer Figur wie Bigger Thomas klar, sondern zeigt auch, wie sehr W.s eigenes Streben nach Ausbildung und Literatur immer schon Kunst als individuellen Fluchtweg anvisierte. Unfähig, sich an die Überlebens- und Maskierungstaktik der Schwarzen im rassengetrennten Süden zu gewöhnen, gerät der junge W. beständig in Opposition zu den bestehenden Strukturen und schließt sich allein durch seine Wissbegier zwangsläufig aus der Gesellschaft des Südens aus. W.s Wahrnehmung seiner Eltern und Verwandten ist distanziert und skeptisch, schwarzer Gemeinschaft spricht er gar kulturbildende, ethische Kraft ab, so ausschließlich sieht er sie unter dem erstickenden Druck weißer Kontrolle. Rettung liegt für ihn in der instinktiven Suche nach einer eigenen Stimme, die er – durch Bücher geschult – im Dienste einer Gemeinschaft freier Geister einsetzen wollte. So war auch die Loslösung von den Dogmen der Kommunistischen Partei für W. vorprogrammiert, und nach der Parteidisziplin streifte er auch die Einschränkungen der gesellschaftlichen Normen Amerikas mit Leichtigkeit ab, als er sich 1947 entschloss, mit seiner weißen Frau in der weltoffenen Kunstmetropole Paris zu bleiben.

W.s spätere Erzählwerke fallen deutlich hinter die genannten Texte zurück. Besonders deutlich wird der Kontrast, wenn man *American Hunger* an seinen Vorgänger angliedert, wie in einer Neuausgabe von *Black Boy* geschehen. *The Outsider* (1953; *Der Mörder und die Schuldigen*, 1966) verbindet zwar thematisch originell die Kriminalisierung eines schwarzen Mannes mit der Idee einer atheistisch fundierten Neusetzung von Identität im Sartreschen Sinn sowie der Dostoevskijschen Koppelung von Täter und Detektiv, ist aber letztlich von psychologischer Redundanz und melodramatischen Zuspitzungen gekennzeichnet. *Savage Holiday* (1954) ist eine reißerische Illustration existentialistischer Grundkonzepte im Gewand eines Kriminalromans. *The Long Dream* (1958; *Der lange Traum*, 1960), als erster Teil einer nur fragmentarisch fortgesetzten Romantrilogie konzipiert, führt mit einer Kleinstadt als Bühne für die Initiation des jugendlichen Rex »Fishbelly« Tucker in das Sozialsystem des unreformierten Südens zurück. Psychologisch sehr dicht in der Ausleuchtung schwarzer Figuren aus dem ärmeren wie mittelständischen Milieu, offenbart die Handlung die Abhängigkeit selbst erfolgreicher schwarzer Unternehmer wie Tuckers

Vater von der Macht der Weißen. Thematisch und erzähltechnisch origineller sind die meist kurzen Erzählungen in *Eight Men* (1960; *Der Mann, der nach Chicago ging*, 1961), die aperçuhaft zugespitzte Situationen vorstellen: so etwa das satirische »Man for All Work«, in dem sich ein Schwarzer als Frau verkleiden muss, weil er nur so Arbeit finden kann, oder das symbolistisch überhöhte »The Man Who Lived Underground«, das an Fedor M. Dostoevskij gemahnt und den Boden für Ralph Ellisons *Invisible Man* zu bereiten scheint.

Die Erweiterung von W.s Erfahrungshorizont durch das selbstgewählte Exil schlägt sich stärker in seiner expositorischen Prosa nieder als im Erzählwerk. Während *12 Million Black Voices: A Folk History of the Negro in the United States* (1941; *Wir Neger in Amerika*, 1948) noch als essayistische Vertiefung seiner Auseinandersetzung mit der eigenen kulturellen Herkunft zu verstehen ist und durch die begleitenden Fotos aus der Sammlung der Farm Security Administration eine dichte Reihe von Bilddokumenten und historischen Erinnerungen anbietet, spiegeln sich in W.s späteren Essaybänden die Bemühungen des Autors um die lebendige Aufnahme anderer Kulturen und politischer Verhältnisse: Afrikas in *Black Power* (1954; *Schwarze Macht*, 1956), Spaniens in *Pagan Spain* (1957; *Heidnisches Spanien*, 1958) oder politischer Prozesse in *The Color Curtain* (1956) und *White Man, Listen!* (1957). Im Subtext lassen diese argumentativen Texte bereits Spuren politischer und sozialer Isolation erkennen. Nach jüngsten Recherchen mündete W.s zerrissene persönliche Lage nach der allmählichen Entfremdung von seiner Frau Ellen in die rätselhaften Begleitumstände seines Todes nach einem Klinikaufenthalt, die auf gezielte politische Verfolgung (wenn nicht Eliminierung) von amerikanischer Seite hindeuten.

Klaus Ensslen

Yang Lian

Geb. 22. 2. 1955 in Bern

Yang Lian wurde als Sohn eines Diplomaten in Bern geboren, wuchs aber ab dem ersten Lebensjahr in Peking auf, wo er bis 1988 lebte. Ein Aufenthalt in Neuseeland wurde 1989 überschattet von den Ereignissen auf dem Platz des Himmlischen Friedens. Aufgrund seiner Kritik an der Niederschlagung der Demokratiebewegung hatte er für viele Jahre Einreiseverbot nach China. Als Inhaber eines neuseeländischen Passes und seit 1996 mit Wohnsitz in London sind ihm Besuche und Publikationen in der alten Heimat seit Ende der 1990er Jahre wieder möglich.

Y. ist in erster Linie Lyriker; zwar hat er auch viele wichtige Essays und literaturtheoretische Beiträge verfasst, doch wird er eher über sein dichterisches Werk wahrgenommen. Dabei spielt besonders Deutschland eine wichtige Rolle, wo er wie kein anderer chinesischsprachiger Gegenwartsautor vielfach mit Stipendien ausgezeichnet und durch eine Fülle von Übersetzungen sowie Artikeln auch in Tageszeitungen gewürdigt worden ist. Im englischsprachigen Raum ist er weniger bekannt. Dies dürfte mit der Schwierigkeit seines dichterischen Werks zu tun haben, das bestimmte Eigenheiten aufweist, die im Prozess des Übersetzens leicht ins Pathetische, ja Kitschige umschlagen können. Y. nimmt für sich eine eigene Sprache in Anspruch, die er »Yanglish« nennt. Sie speist sich vor allem aus drei Quellen: aus der chinesischen Tradition des Schamanismus (*Buch der Wandlungen*, *Lieder des Südens*) und neuerdings auch des Buddhismus (Gedichte als Mandala), aus einer westlichen Grammatik, wie der Dichter sie über das Englische und Deutsche kennengelernt hat und zu Zwecken der Rhythmisierung einsetzt, und aus einem privaten Vokabular sowie einem Satz selbstgebildeter (chinesischer) Zeichen. Die Reaktion auf chinesischer Seite ist überwiegend ablehnend, im Westen, der mit experimenteller Dichtung vertraut ist, eher zustimmend. In diesem Zusammenhang spricht Y. gern von einem selbstgewählten Exil.

Kein chinesischer Dichter war bislang so experimentierfreudig und hat so reflektiert geschrieben wie Y. Bei seinen bekanntesten Gedichtzyklen wie »Der Ruhepunkt des Meeres« (1993 begonnen) oder »Der Sonnenmensch« (1994) geht es ihm nicht nur um den kunstvollen Aufbau jedes einzelnen Gedichtes, sondern auch um die strukturelle Verzahnung aller Verse innerhalb eines Zyklus. Dabei kann es wie im Zyklus »Konzentrische Kreise« (1997 begonnen) zu einem Reduktionismus kommen, der die chinesischen bzw. die eigenständig entworfenen Zeichen zu einem eher visuellen als semantischen Ereignis macht, so dass eine Übertragung nur möglich ist, wenn in einer fremden Sprache die Sprach- bzw. Zeichenspiele nachvollzogen werden können. Dies ist ein wesentlicher Grund dafür, warum Y. in seinen theoretischen Überlegungen die Auffassung vertritt, dass jede gelungene Übersetzung seiner Gedichte notwendigerweise zu einem deutschen, englischen usw. Gedicht werden muss.

Y. gehörte ursprünglich in Peking zur Hermetischen Schule (Menglong Shipai), die sich um die (Untergrund-)Zeitschrift *Today* im Rahmen des ersten Pekinger Frühlings (1978–80) gebildet und vielleicht nur noch in Bei Dao einen letzten Vertreter hat. Gleichwohl trägt Y.s Werk von Anfang an Charakteristika, die eine solche Zuschreibung fragwürdig erscheinen lassen. Was ihn mit seiner Generation verbindet, ist die Suche und Frage nach Geschichte, die er im Sinne von Heidegger »ausgraben« möchte. Seine frühen Hymnen widmen sich daher einer archaischen Welt, die er während der Kulturrevolution auf dem Land noch angetroffen hat. Das Bindeglied ist die Auffassung vom Tod, mit dem er als Halbwaise früh in Berührung kam. Die Todesbesessenheit ist daher neben der Besessenheit von Sprache das zweite wichtige Merkmal seines literarischen Werks. Angereichert mit Bildern der Finsternis und des Schreckens, ist die oft unpersönliche ästhetische Welt Y.s bald zum Gegenstand der politischen Kritik in der VR China geworden. In der Kampagne wider »geistige Verschmutzung« wurde sie als dekadent verworfen. Die Publikationsschwierigkeiten, die damals begannen und durch die Ereignisse des 4. Juni 1989 noch vertieft wurden, haben zur Veröffentlichung zweisprachiger Ausgaben im Ausland geführt. Sie sind den seit Ende der 1990er Jahren in der VR China entstandenen »Werkausgaben« vorzuziehen, in denen Y. einer Zensur brisanter Stellen zugestimmt hat.

Wolfgang Kubin

Yeats, W[illiam] B[utler]
Geb. 13. 6. 1865 in Dublin;
gest. 28. 1. 1939 in Cap Martin/Frankreich

W.B. Yeats gehört zu den überragenden englischsprachigen Dichtern des 20. Jahrhunderts. Primär als Lyriker, aber auch als Dramatiker hat er weit über Irland und die eigene Zeit hinaus einen nachhaltigen Einfluss ausgeübt, während sein erzählerisches und essayistisches Werk weniger Beachtung gefunden hat. Die Komplexität seines literarischen Schaffens hängt aufs engste mit einer ausgeprägten Widersprüchlichkeit zusammen. Y. war ein Traditionalist, der sich halb ironisch als »letzten Romantiker« bezeichnete, aber doch auch einen unverwechselbar eigenen Weg ging und dabei der englischsprachigen Moderne wichtige Impulse geben konnte. Er umgab sich einerseits früh mit der Aura des elitären Ästheten und esoterischen Exzentrikers, bewahrte sich andererseits aber bis ins hohe Alter einen spontanen Sinn für die vitalen Bedürfnisse des Menschen. Er erwies sich als ein enorm wandlungsfähiger Autor, der sich schwer literarhistorisch klassifizieren lässt und markante Schaffensphasen durchläuft, aber doch auch eine beträchtliche Kontinuität der poetischen Motive und Methoden entwickelt. Dazu gehören die wiederkehrende Thematik spannungsvoller Dualismen wie Ich und Welt, Leben und Tod, Körper und Seele, Imagination und Realität, Gegenwart und Vergangenheit ebenso wie der Rückgriff auf zentrale Bilder und Symbole (etwa Baum, Vogel, Turm, Meer, Haus), die in nuancen- und kontrastreicher Mehrschichtigkeit einbezogen und von suggestiven Klangmustern getragen werden. Für Y. gab häufig das eigene Leben mit seinen leidenschaftlich ausgetragenen Konflikten entscheidende Anstöße, die er allerdings mithilfe antithetischer Sprecherrollen nach einer ausgeklügelten »Masken«-Doktrin verarbeitete, um die autobiographische Sphäre zu entgrenzen. Ähnlich war er ein der heimischen, zumal ländlichen Umwelt verbundener Visionär, deren besonderer mythisch-magischer Tradition er zugleich eine universale Dimension verlieh. Er trat als zeitkritischer und auch apokalyptisch mahnender Kommentator auf, der gleichwohl aus metaphysischer Überzeugung eine letztlich affirmative Weltanschauung vertrat. In seinem Schaffensprozess bemühte er sich mit konstruktiver Akribie, stilistischer Subtilität, ironischen Manövern und komplexen Strukturen in oft zahlreichen, langjährigen Überarbeitungen um die perfekte Komposition seiner Texte, die nicht selten eine volkstümlich eingängige Einfachheit erreichten.

Y. entstammt einer anglo-irischen, protestantischen Familie mit künstlerischen Ambitionen und wuchs in Dublin, London und im ländlichen Westen Irlands auf. Er kam früh zur Schriftstellerei (sein erstes Buch veröffentlichte er mit 21 Jahren) und gehörte zu Zirkeln

›dekadenter‹ Poeten und zu Geheimbünden okkultistischer Adepten im London der ›Nineties‹, bevor er sich ganz Irland und der Neubelebung seiner autochthonen Tradition zuwandte. Die unerfüllt bleibende Liebe zu der irischen Nationalistin Maud Gonne hatte nicht nur einen nachhaltigen Einfluss auf seine Dichtung, sondern motivierte ihn auch zu langjährigen Aktivitäten in der literarischen Bewegung der *Irish Renaissance*, darunter der Leitung des 1904 mit Lady Gregory und John Millington Synge gegründeten Abbey Theatre, der zentralen Stätte des neuen irischen Dramas. Über die Theaterarbeit hinaus war er in diverse kulturpolitische Kontroversen verwickelt, die ihn gegen das Dubliner Philistertum Stellung beziehen ließen. 1917 heiratete er die Engländerin Georgie Hyde-Rees, deren ›automatisches Schreiben‹ ihn zum Entwurf seines visionären »Systems« inspirierte und so seiner Dichtung einen festeren Bezugsrahmen gab. Die Übernahme eines Senatorenamts im irischen Freistaat (1922) und die Verleihung des Literaturnobelpreises (1923) konsolidierten seine prominente Stellung im kulturellen Leben Irlands und seinen internationalen Status als Autor. Als patriotisch und konservativ eingestellte Persönlichkeit setzte er sich für die Unabhängigkeit Irlands und den Aufbau der neuen Nation ein, rückte Anfang der 1930er Jahre allerdings auch zeitweilig in die Nähe der irischen Faschisten. Die konformistisch-materialistische Entwicklung der westlichen Zivilisation betrachtete er mit großer Skepsis, während er in der zugleich spirituellen und sensuellen Kultur der Landaristokratie und des Bauerntums in Irland eine über die eigene Nation hinaus wegweisende Alternative sah.

Y. hat mit seinem literarischen Werk den bedeutendsten Beitrag zur *Irish Renaissance* geliefert, aber selbst in dem öffentlichsten Teil seines Werks nie den unverwechselbar persönlichen Ansatz aufgegeben und bei allem Engagement immer den Primat der künstlerischen Perfektion betont. Dies gilt insbesondere für seine Lyrik, die man auch nach solchen Kriterien in drei Schaffensphasen einteilt. Das Frühwerk steht im Zeichen des ästhetizistischen Jahrhundertendes mit seiner wehmütig-weltflüchtigen Grundstimmung und seiner Kultivierung der Kunst um der Kunst willen. Y. tendiert hier zu einem lebensfremden Idealismus in träumerisch vagen Projektionen, die aus mystischen wie mythischen Quellen eine zwielichtige Atmosphäre heraufbeschwören. Die elaborierten Texte sind bis zur Sinnverdunkelung formal angereichert, verwenden allerdings auch folkloristische Grundmuster. Sie sollen das Geheimnisvolle und Unergründliche des »verborgenen Lebens« offenbaren, in einer Transzendierung der Wahrnehmungswirklichkeit, die nur in Andeutungen zu vermitteln ist. Schon in *The Wanderings of Oisin* (1889), einer Erzählung um irische Mythen- und Sagengestalten, wendet er sich der gälischen Tradition zu, die in den Sammlungen *The Rose* (1893) und *The Wind Among the Reeds* (1899) weiterverfolgt wird. Die Titelsymbolik in *The Rose* wird dabei in vieldeutigen Konnotationen und strukturbildender Konsistenz auf die Privatsphäre (die Rose als Sinnbild der durch Maud Gonne verkörperten weiblichen Schönheit), die okkulte Tradition (die *rosa mystica* als Chiffre für spirituelle Perfektion) oder Irland (die Rose als verbreitete Metapher für das Land) bezogen. Die autobiographischen Erfahrungen, zumal seiner unglücklichen Liebe, hat Y. in *The Wind Among the Reeds* und den folgenden Bänden oft in der Projektion von Männerfiguren, die verschiedene Seiten seiner selbst verkörpern, dargestellt. Charakteristisch für das Frühwerk sind Gedichte wie »The Lake Isle of Innisfree«, »The Sorrow of Love«, »The Two Trees« oder »The Song of Wandering Aengus«.

In der mittleren Schaffensphase, die vornehmlich mit der Sammlung *Responsibilities* (1914) einsetzt, verlagert Y. die Thematik und ändert den Stil seiner Gedichte. In deutlicher Abwendung vom Frühwerk erkennt Y. nun eine Hauptfunktion der Dichtung in der »Kritik des Lebens«, indem er sich mit der konkreten Umwelt seines Landes in einer turbulenten Übergangszeit auseinandersetzt. Die neue Verantwortlichkeit gilt gleichermaßen dem Erbe der Vorfahren, dem aktuellen Zustand der Gesellschaft und der eigenen Person als Mensch und Künstler. Ein entsprechender Stilwandel zielt gegenüber der artifiziellen Tendenz des Frühwerks auf eine neue Unmittelbarkeit und Einfachheit in offener persönlichen Aussagen, unverblümt kritischen Zeitkommentaren und prosaischen Sprechweisen. Die gleichzeitige Theaterarbeit legt den verstärkten Einsatz dramatischer Techniken nahe: die Form des Dialog-Gedichts, die Strategie ironischer Kontrastierung, ein erweitertes Repertoire von Sprecherrollen. Bedeutende Sammlungen der Zeit sind *The Wild Swans at Coole* (1919) und *Michael Robartes and the Dancer* (1921). In diese Phase gehören Gedichte wie die über Robert Gregory oder »Easter 1916«.

Im Spätwerk der seit den 1920er Jahren entstandenen Gedichte erreicht Y. den Höhepunkt seines lyrischen Schaffens. Das gilt zumal für die Bände *The Tower* (1928; *Der Turm*, 1958) und *The Winding Stair and Other Poems* (1933), die nicht nur eine ungebrochene Alterskreativität zeigen, sondern auch die eigenwillige Modernität eines bemerkenswert wandlungsfähigen Autors. Die Thematik der eigenen Entwicklung, des Umbruchs in Irland und des Weltgeschehens strukturiert er nun mithilfe des in der Prosaschrift *A Vision* (1925, revidiert 1937) entwickelten Systems menschheitsgeschichtlicher Zyklen und universaler Persönlichkeitstypen. Er schöpft dabei aus dem archetypischen Bilderreservoir des kollektiven Unbewussten und sieht das Ich wie die Welt von dynamischen Grundmustern konträrer bzw. komplementärer Art geprägt. Dies betrifft auch das Selbstverständnis des Künstlers, der zur Wesensvervollständigung sein maskenhaftes »Anti-Selbst« benötigt. Die beiden Gedichtbände sind entsprechend nicht nur in sich strukturiert, sondern korrespondieren auch miteinander, insofern der Band mit der Turm-Symbolik auf eine männliche, politische Welt, Bilder des Verfalls und der Sterilität sowie einen bitteren Grundton zielt, während der Band mit der Wendeltreppen-Symbolik auf eine weibliche, künstlerische Welt, Bilder der Regeneration und Sinnlichkeit sowie eine affirmative Grundstimmung abhebt. Diese Phase repräsentieren die besonders komplexen Byzanz-Gedichte, die weitergeführten Coole-Park-Gedichte, die Sequenz »Meditations in Time of Civil War«, »Among School Children«, »Lapis Lazuli« und – als eine Art testamentarisches Credo – »Under Ben Bulben«.

Die Dramen von Y. sind primär poetische Stücke, deren Bühnenwirksamkeit von den imaginativen thematischen Entwürfen und der stilisierten Sprache des Lyrikers abhängt. In der poetischen Erneuerung des Dramas liegt zugleich – über das *Irish Dramatic Movement* hinaus – ihr Verdienst für das englischsprachige Theater der Zeit. Wiederkehrende Merkmale seines dramatischen Schaffens sind die Bevorzugung irischer Schauplätze und historischer oder mythisch entrückter Zeiträume; die Betonung des inneren gegenüber dem äußeren Geschehen und die Einbeziehung einer die Alltagsrealität erfassenden übernatürlichen Macht, die emotionsgeladene Lebenssituationen und elementare Existenzprobleme ins Spiel bringt; eine Vorliebe für die kompakte Kurzform des Einakters; die metrische oder metaphorische Stilisierung der Figurenrede; die aussparend andeutende Reduktion der Bühnenmittel. In den früheren Dramen tendiert Y. dazu, von der Realität auszugehen, um den Bereich des Unwirklichen eindringen zu lassen. So präsentiert er in *The Countess Cathleen* (1892, 1919; *Die Gräfin Cathleen*, 1972) eine Titelheldin, die ihre Seele an Dämonen verkauft, um ihr Volk aus der Hungersnot und vor dem Teufel zu retten, und in *Cathleen ni Houlihan* (1902; *Cathleen ni Houlihan*, 1972) eine Titelheldin, die als Personifikation Irlands zur Rebellion gegen die Fremdherrschaft aufruft. In den seit 1914 entstandenen, vom japanischen No-Theater beeinflussten Stücken siedelt Y. das – meist ritualisierte – Geschehen von vornherein im Bereich des Imaginären an und nähert sich eher umgekehrt der vertrauten Realität. Das gilt etwa für *At the Hawk's Well* (1916; *An der Falkenquelle*, 1972), das erste einer Reihe von Stücken über den sagenumwobenen Cuchulain, der sich hier von der ewiges Leben verleihenden Quelle ablenken lässt und dem Schicksal eines fluchbeladenen Heldentums folgt. Auch in seinem dramatischen Werk blieb Irland und seine autochthone Tradition die maßgebliche Inspirationsquelle von Y.

Werkausgaben: The Collected Works. Hg. R.J. Finneran/ G.M. Harper. London 1989ff. – Werke. Hg. W. Vordtriede. 6 Bde. Neuwied 1970–73.

Eberhard Kreutzer

Yoshimoto, Banana (eigtl. Yoshimoto Mahoko)
Geb. 24. 7. 1964 in Tōkyō

Ende der 1980er Jahre betrat eine junge Generation von Schriftstellerinnen die Bühne der japanischen Literatur, die in ihrem Denken und Schreiben von einer aufblühenden Mädchenkultur in Japan geprägt wurde. Im Zentrum dieser Kultur steht dabei der *shōjo manga* (»Comic für Mädchen«), der in den 1970er Jahren zuerst mehr oder weniger unbemerkt von der breiten Öffentlichkeit eine erstaunliche Dynamik entfaltete. Eine Reihe von Comic-Schriftstellerinnen wie vor allem Hagio Moto, die 1997 neben zwei anderen Autoren mit dem ersten Tezuka-Osamu-Kultur-Preis für Comic-Schriftsteller ausgezeichnet wurde, nutzten den Freiraum, den ihnen der *shōjo manga* mit seinen konventionellen, kitschigen Liebesgeschichten bot, und erfanden phantasievolle Geschichten, die mehr und mehr die Grenzen dieses Genres sprengten. Der *shōjo manga* beeinflusste in den 1980er Jahren auch Film, Theater, Musik und Literatur und bildete das Zentrum einer eigenständigen Mädchenkultur. Dabei entstanden auch literarische Werke junger Frauen, die über die Grenzen der eigenen Subkultur hinaus Beachtung fanden. Zu ihnen gehören u. a. die Lyrikerin Tawara Machi (1962), die seit ihrem überraschend populären ersten Gedichtband, *Sarada kinenbi* (1987; Der Salat-Gedenktag), die Form des alten japanischen Kurzgedichts (*tanka*) mit den Themen und Gefühlen der Mädchenkultur bereichert, und Yamada Eimi (geb. 1959), die vor allem durch die freizügige Beschreibung sexueller Beziehungen bekannt wurde.

Mehr als jeder anderen aber gelang es Banana Yoshimoto, Tochter des bekannten Kritikers und Lyrikers Yoshimoto Takaaki, mit ihrer vom *shōjo manga* geprägten Literatur auch in der literarischen Welt Japans Anerkennung zu finden. Nach ihrem literarischen Debüt mit der Erzählung *Mūnraito shadou* (1988; *Moonlight shadow*, 1992), ihrer Abschlussarbeit im Fach Kunst der Japanischen Universität in Tōkyō, veröffentlichte sie noch im selben Jahr die Erzählung *Kitchin* (1988; *Kitchen*, 1992), mit der sie auf einen Schlag bekannt wurde. Schon in *Kitchin* finden sich alle Elemente einer Yoshimoto-Geschichte wieder: Die teilweise phantastische Handlung, die Auflösung der Kleinfamilie durch Tod oder Scheidung der Eltern, die Behauptung der eigenen Individualität, verkörpert durch eine außergewöhnliche Persönlichkeit im Verwandten- oder Freundeskreis, der Tod als Ausdruck der Unbeständigkeit des Lebens und die sentimentale, asexuelle und andeutungsweise inzestuöse Liebes- und Freundschaftsbeziehung zwischen einer Ich-Erzählerin und einem jüngeren, liebevollen Jungen. Bei Y. fehlt, wie auch im *shōjo manga*, eine als sozial und historisch begriffene Realität. Neben einer Vielzahl von Essays, Gesprächen und Kurzgeschichten veröffentlichte die Autorin auch längere Erzählungen, von denen u. a. *N.P.* (1990; *N.P.*, 1993) und *Tsugumi*, 1989 (*Tsugumi*, 1996), in dessen kapriziöser Hauptfigur Tsugumi sich Y. selbst zu beschreiben versucht hat, ins Deutsche übersetzt wurden.

Reinold Ophüls-Kashima

Yourcenar, Marguerite (eigtl. Marguerite de Crayencour)
Geb. 8. 6. 1903 in Brüssel; gest. 17. 12. 1987 in Bar Harbor/USA

Als erste Frau, die in die Académie française aufgenommen wurde, ist Marguerite Yourcenar vorwiegend durch ihr umfangreiches Prosawerk bekannt, dessen wesentliche Inspirationsquellen die griechisch-römische Welt und die orientalische Philosophie sind.

– Y.s Mutter starb kurz nach der Geburt, worauf sie teils von Privatdozenten, teils von ihrem Vater erzogen wurde, der ihr Latein und Griechisch beibrachte und ihr das Interesse an Reisen und fremden Kulturen vermittelte. Y. lebte in Europa, bis sie 1939 ihrer späteren Lebensgefährtin, Grace Frick, nach Amerika folgte, wo sie bis zu ihrem Tod 1987 lebte und trotz der Entfernung die Bindung zur französischen Kultur und Sprache behielt. In ihrem ersten Roman *Alexis ou le traité du vain combat* (1929; *Alexis oder der vergebliche Kampf*, 1956), der den Einfluss Rainer Maria Rilkes verrät, verlässt der Protagonist Alexis seine Frau und wendet sich einer homosexuellen Beziehung zu. In Y.s Werk sind die Liebesbeziehungen meist unkonventionell, ohne sich jedoch an Trends des Zeitgeists anzupassen.

Aus Y.s Werk ragen vor allem zwei Romane heraus, die durch die Verbindung von Historiographie und Fiktion gekennzeichnet sind. Der erste, *Mémoires d'Hadrien* (1951; *Die Erinnerungen des Kaisers Hadrian*, 1953), ist beinahe auf einen Zufall zurückzuführen: Ein aus der Schweiz wiederaufgetauchter Koffer erinnerte sie an ein Romanprojekt, das sie im Alter von 20 Jahren anlässlich eines Besuches der Villa Adriana bei Rom begonnen hatte. Der unheilbar erkrankte Kaiser Hadrian (reg. 117–138) schreibt an seinen Adoptivenkel, den späteren Mark Aurel. Der Brief in Form eines Lebensrückblicks offenbart Hadrians Persönlichkeit, seinen Stoizismus und sein kluges politisches Handeln. In dem zweiten Roman, der den Prix Fémina erhielt, *L'œuvre au noir* (1968; *Die schwarze Flamme*, 1969) bewegt sich die Hauptperson, Zenon, Arzt, Philosoph und Alchemist im 16. Jh., in einer Zeit des Umbruchs und zugleich der Ignoranz. Diese beeindruckende Romanfigur vereint in sich Aspekte der Persönlichkeit von Paracelsus, Leonardo da Vinci und Erasmus von Rotterdam. Zenon, Metapher für den Menschen auf der Suche, transzendiert das eigene Schicksal. Sein durch Erkenntnisdurst und Mystik geprägtes Handeln ist zutiefst pessimistisch. Angesichts der herrschenden Ignoranz und der dominierenden Dogmen wählt er im Gefängnis den Freitod.

Zwischen 1971 und 1980 widmet sich Y. einem autobiographischen Projekt *Le labyrinthe du monde* (*Das Labyrinth der Welt*, 1984–89), dessen ersten beiden Teile *Souvenirs pieux* (1974) und *Archives du nord* (1977) sich mit ihrer Familienchronik beschäftigen. Der dritte Teil *Quoi? L'éternité* (1988) ist ihrem eigenen Leben gewidmet. Diese Autobiographie illustriert Y.s Auffassung der Ich-Bildung, wonach die Zufälle, die Zeitumstände und die Menschen das Individuum bilden. Ihr Humanismus, ihre immense Bildung und ihre beträchtliche Kultur sind in ihrem ganzen Werk präsent. Es bildet somit eine quasi philosophische Reflexion über die Zeit.

Colette Sarrey-Strack

Yu Hua
Geb. 3. 4. 1960 in Hangzhou/China

Yu Hua wird für seine frühe, Furore machende experimentelle Kurzprosa bewundert, besonders geschätzt wird er jedoch für seine neo-realistischen Romane, in denen er vor dem Hintergrund der wechselvollen chinesischen Geschichte des 20. Jahrhunderts mit beklemmender Authentizität menschlich greifbare Lebensschicksale der »kleinen Leute« erzählt. Wenngleich die beiden Schaffensphasen Y.s in Erzählstil und Fabelentwicklung kaum unterschiedlicher sein könnten, werden sie von der gleichen thematischen Klammer zusammengehalten: von der unbewältigten nationalen Vergangenheit und der menschlichen Neigung zu Grausamkeit und Gewalt. Was Y. seiner Leserschaft vor allem in seinen, von der Kritik als avantgardistisch bezeichneten frühen Kurzgeschichten und Erzählungen zumutet, führt er immer wieder auf seine persönlichen Lebenserfahrungen und die traumatische chinesische Geschichte zurück.

Als Y. in der ostchinesischen Provinz Zhejiang geboren wird, herrscht in der Volksrepublik eine politisch motivierte Hungersnot – mit schätzungsweise bis zu 40 Millionen Opfern die größte seit Menschengedenken. Kurz nach seiner Geburt siedeln die Eltern Y.s in die Kleinstadt Haiyan über, um dort als Ärzte zu arbeiten. Hier erlebt Y. die prägenden Jahre seiner Jugend; sie sind der Fundus seiner schöpferischen Inspiration: das Leben eines Kindes im Krankenhausalltag, umgeben von Krankheit und Tod, von Blut- und Lysolgeruch und von den Totenklagen der Hinterbliebenen aus dem angrenzenden Leichenschauhaus. Die Brutalität und Unmenschlichkeit der »Großen Proletarischen Kulturrevolution« (1966–76) nimmt Y. im Wesentlichen aus der Zuschauerperspektive des auf sich allein gestellten Heranwachsenden wahr. Auf elterlichen Wunsch besucht er die medizinische Hochschule. Fünf Jahre arbeitet er als Zahnarzt, bevor er sich in das Kreiskulturhaus versetzen lässt, mit dem Sammeln folkloristischer Lieder und Geschichten beginnt und sich ausschließlich dem Schreiben und vor allem dem Lesen widmet. War die Lektüre während der Kulturrevolution auf Werke beschränkt, die getreu der von Mao Zedong übernommenen Devise als »Rädchen und Schräubchen im großen Räderwerk des Sozialismus« fungierten, hatten ab den 1980er Jahren Übersetzungen unter anderem von Kawabata Yasunari, Alain Robbe-Grillet, Jorge Luis Borges, Franz Kafka, William Faulkner und Ernest Hemingway sowie moderne und klassische chinesische Texte in der jungen Literaturszene Hochkonjunktur. Spuren exzessiver Auseinandersetzung mit dem modernen westlichen Kanon finden sich bei Y. in absurden, »kafkaesken« Begebenheiten, im Einbruch des Zufälligen, scheinbar Irrationalen und Unvorhersehbaren. Die Protagonisten in seinen Texten sind gefühllose Charaktere, bar jeglicher Moral, die ein irrationales Leben führen.

Nach seinen literarischen Anfängen, z. B. mit der Erzählung *Shiba sui chu men yuan xing* (1987; Mit achtzehn Jahren unterwegs), in der die Konvention des westlichen Bildungsromans ebenso wie die des chinesischen Schwertkämpfer-Romans parodiert wird, oder der Erzählung *Shishi ru yan* (1988; Das Leben ist wie Schall und Rauch), in der die problematische Beziehung von Sprache und Repräsentation reflektiert wird, zieht Y. 1987 nach Peking. In seiner nur fünf Jahre währenden experimentellen Phase (1986–91) zeigt er sich besessen von Aspekten der Körperlichkeit. In *Yi jiu ba liu nian* (1987; Neunzehnhundertsechsundachtzig) schildert er die minutiöse Selbstverstümmelung eines Menschen, den das Gespenst der Vergangenheit umtreibt und für den sich Realität und Vorstellung ununterscheidbar vermischt haben. Die Ästhetisierung von Gewalt in *Xianshi yi zhong* (1988; Eine Art von Wirklichkeit) zwingt den Leser in eine Art voyeuristische Komplizenschaft und lässt die Idee eines Humanismus kollabieren. Y. untergräbt permanent die Lesererwartungen, legt mit dem unbeteiligten Blick einer Kameralinse seine Protagonisten als fragmentierte, unverbundene Entitäten frei und raubt dem Leser auch noch die letzte Illusion eines psychologisch motivierten, personengebundenen Verhaltens.

Y. begründet seinen Wandel hin zu einer realistischen Prosa mit der dialektischen Wechselwirkung von Leben und Schreiben, Wirklichkeit und Fiktion als der treibenden Kraft seiner Kreativität. Der 1991 erschienene Romanerstling *Zai xi yu zhong huhuan* (Schreie im Regen) dokumentiert den Übergang zu einem lakonisch-realistischen Erzählstil, der sich, durchwoben von pikaresken Elementen, einer bewusst einfachen, aber lebendigen Sprache bedient. Mit seinem zweiten Roman *Huozhe* (1992; *Leben!*, 1998), der 1994 von Zhang Yimou verfilmt und in Cannes mit dem Großen Preis der Jury ausgezeichnet wird, setzt die Rezeption im Westen ein. *Huozhe* erzählt die bewegende Lebensgeschichte des Bauern Fugui (wörtl. »Der reiche Edle«), in der Schicksal, Krankheit und Tod die einzigen Konstanten darstellen. Die offensichtliche Brisanz einer solchen Perspektive auf die Vergangenheit hat zu einem Verbot des Films in China geführt. Als Medizinsatire oder aber als dezenter Schelmenroman kann Y.s nächster Roman *Xu Sanguan mai xue ji* (1995; *Der Mann, der sein Blut verkaufte*, 2000) angesehen werden.

Von 1984 bis 1995 hat Y. zwölf Textsammlungen verfasst. Er hat 1998 den Premio Grinzane Cavour und 2002 den Preis der James Joyce Foundation erhalten. Erst nach zehn Jahren legt Y. 2005 seinen vierten Roman *Xiongdi* (Brüder) vor, mit dem er sich endgültig an die Spitze der chinesischen Bestsellerliste schreibt. Der im ersten Band des Romans vermessene Zeitraum umfasst die Kulturrevolution, während der zweite Band die Phase von Reform und Öffnung von 1976 bis in die Gegenwart in den Blick nimmt. Wie schon in früheren Texten entwirft Y. das Panorama dieser beiden ungleichen »Brüder« entlang seiner eigenen Biographie, auch greift er wieder stärker Elemente seiner frühen Kurzprosa auf. Wie der Erzähler seine Figuren dort teilnahmslos über das komplexe Schachbrett der chinesischen Wirklichkeit zieht, so treibt auch die Geschichte die »Brüder« mal mit brachialer Gewalt, mal mit romantischer Geste durchs Leben.

Irmy Schweiger

Zahl, Peter-Paul
Geb. 14. 3. 1944 in Freiburg/Breisgau

Leben und Werk des Schriftstellers Z. sind entscheidend geprägt durch die zehnjährige Haftstrafe, die der Autor zwischen 1972 und 1982 verbüßen musste. Z., seit 1966 Mitglied der Dortmunder Schriftsteller-»Gruppe 61« und seit 1967 Besitzer einer Druckerei und eines Kleinverlages sowie Herausgeber der Literaturzeitschrift *Spartacus*, hatte sich mit großem, zum Teil militantem Engagement an der Außerparlamentarischen Opposition (APO) in Westberlin beteiligt. 1972 war er nach einem Schusswechsel mit der Polizei, bei dem ein Beamter und Z. selber verletzt wurden, festgenommen und in erster Instanz zu vier Jahren, in zweiter Instanz zur Höchststrafe von fünfzehn Jahren Haft verurteilt worden – wegen versuchten Mordes. In seiner Begründung sprach das Gericht unumwunden von der notwendigen Abschreckungsfunktion des Strafmaßes und davon, dass Z. »von einem tiefgreifenden Haß auf unser Staatswesen« ergriffen sei. Kritiker des Gerichts sahen in Strafmaß wie Begründung ein »Gesinnungsurteil«. – Bis zum Zeitpunkt seiner Verurteilung war Z. durch den Erzählungsband *Elf Schritte zu einer Tat* (1968) und den Roman *Von einem der auszog, Geld zu verdienen* (1970) einer begrenzten literarischen Öffentlichkeit als präziser Beobachter eines politisierten Alltagslebens bekannt geworden. Im Gefängnis, zum Teil in verschärfter Isolationshaft (bis Mai 1979), sah sich Z. nunmehr gezwungen, Literatur als »Instrument zum Überleben« zu entdecken und zu nutzen, in einem ganz buchstäblichen Sinne: als ein »Überlebensmittel«, in dem sich die körperlichen und seelischen Schäden der Haftzeit ausdrücken, herausschreien, aber auch verarbeiten und sublimieren ließen. Anhand der Lyrikbände *Schutzimpfung* (1975) und *Alle Türen offen* (1978) sind beispielhaft Produktivität und Problematik einer Dichtung zu verfolgen, deren Gefängnis-Innenwelt nur noch auf vermittelte Weise eine Beziehung zur sozialen Außenwelt herstellen kann. Produktiv ist Z.s Dichtung darin, die Erfahrungen des kriminalisierten und ausgegrenzten Autor-Subjekts durch die Entwicklung einer spezifischen Formensprache zu einem unverwechselbaren Ausdruck kommen zu lassen. Subversivität, Negativität, Uneigentlichkeit und reflektiertes Spiel der Ironie mit Übergängen zu Parodie und Satire kommen immer dort zum Tragen, wo es um Kritik institutioneller Zwänge geht, wo Z.s revolutionäre Phantasie die borniertesten sozialen Zustände konkret und bestimmt in Frage stellt, negiert, bekämpft, um zu ihrer Veränderung beizutragen. Das Dilemma dieser Dichtung aber besteht darin, dass sie, um öffentlich zu wirken, versuchen muss, die subjektiven, persönlichen Erfahrungen des im Gefängnis einsitzenden Autors zu verallgemeinern. Dies geht nicht immer ohne Gewaltsamkeiten und Abstraktionen vor sich, insbesondere dort, wo die Innenwelt des Gefängnisses immer aufs Neue als Modell der gesellschaftlichen Wirklichkeit gedeutet wird. Z. selber hat in theoretischen Erörterungen und kritischen Repliken auf Literaturkritiker immer wieder auf das komplexe Beziehungsgeflecht hingewiesen, das sich zwischen seinen »Knast«-Erfahrungen und deren literarischen Verarbeitungsformen herausgebildet habe. Deutlich beeinflusst von Z.s Haftsituation zeigt sich auch sein Hauptwerk, der Roman

Die Glücklichen. Es ist ein Schelmenroman im ursprünglichen Sinne des Wortes, ein Roman nämlich über Ganoven, Kriminelle und Verbrecher. Erzählt wird von der Einbrecherfamilie Hemmers, die in Berlin-Kreuzberg ihren zwielichtigen Geschäften nachgeht und sich mit der politisch-anarchistischen Szene um 1968 verbindet. Z. knüpft mit diesem Werk an die Tradition eines Genres an, das – bei aller Unterschiedlichkeit der entwickelten Erzählmuster von Grimmelshausens *Simplicius Simplicissimus* bis zu Thomas Manns *Die Bekenntnisse des Hochstaplers Felix Krull* und Günter Grass' *Die Blechtrommel* – über die Jahrhunderte hinweg ein wesentliches Strukturmerkmal sich bewahrt hat: die Perspektive des Außenseiters, die Sicht »von unten«, die Unbürgerlichkeit und Unbehaustheit des Helden. Z. akzentuiert diese Perspektive in seinem Roman als fröhliche Utopie einer kompromisslosen Asozialität, die sich in Abenteuern und Irrfahrten, bei Beutezügen und Ballonflügen, in proletarischen und subkulturellen Milieus phantasievoll und farbig entfaltet. Die politische Szene Berlins rückt ebenso in den Blickpunkt wie studentische Wohngemeinschaften, die Drogenszene oder die Prostitution, bis sich am Ende die verwirrende Vielfalt buchstäblich in Luft auflöst, in eine Jean Paul nachempfundene Ballonfahrt der Protagonisten dieses Romans. So vielfältig das Ensemble der Handlungs- und Ereignisstränge, so vielgestaltig ist auch die Erzählperspektivik organisiert. Dem Roman fehlt – dies erschwert freilich seine Lektüre – der ›rote Faden‹ einer Erzähleranleitung. Stattdessen wird aus verschiedenen Perspektiven erzählt, von denen die des Autors nur eine unter anderen darstellt. Zentrifugal streben die Erzählelemente auseinander, Rankenwerk rückt in den Mittelpunkt, scheinbar Nebensächliches ist breit ausgemalt, barock wird fabuliert, und noch bis in die äußere Gestaltung hinein spürt man die Lust an der Zerstörung traditionell-realistischer Erzählmuster. Zugleich wird auf diese Weise eine Zerstörung von Oberflächen der sozialen Wirklichkeit betrieben: Sie sollen durchsichtig und durchschaubar gemacht werden, so dass die Orientierungen, die sie zu bieten scheinen, ihre verführerische Sicherheit verlieren. Gerade unter diesem Aspekt aber bleibt die didaktische Absicht des Autors gelegentlich spürbar, die sich in politischen Statements, in der spröden Wiedergabe politischer Fakten, in Belehrung, Bewertung und Benotung zu Wort meldet. – Z. hat nach seiner Haftentlassung 1982 zahlreiche Reisen unternommen und ist bei Lesungen seiner Werke verschiedentlich gemeinsam mit Rockbands aufgetreten. Ende der 1980er Jahre machte er mit mehreren Theaterstücken auf sich aufmerksam (u. a. *Fritz, German Hero – oder: Nr. 447 bricht aus!*, 1985; *Erpreßbar – oder: Niemand geht aus diesem Raum ohne Schuld*, 1988), in denen in ironisch-dialektischer Weise das Verhältnis von Staatsautorität und politischem Befreiungskampf thematisiert wird. 1985 hat er seinen Wohnsitz auf Jamaica genommen und seiner neuen Lebenswelt seither in einer Reihe farbiger, spannungsreicher Kriminalromane (u. a. *Der schöne Mann*, 1994; *Nichts wie weg*, 1994; *Teufelsdroge Cannabis*, 1995; *Lauf um dein Leben*, 1996), aber auch in Sachbüchern (*Geheimnisse der karibischen Küche*, 1998; *Jamaika*, 2002) Ausdruck verliehen.

Ralf Schnell

Zaimoglu, Feridun
Geb. 4. 12. 1964 in Bolu/Anatolien

Ein Faustschlag in die Magengrube der political correctness, so wurden der Auftritt des Autors Z. und sein erstes Buch *Kanak Sprak* (1995) empfunden. Die Integrationsbemühungen wurden hier ebenso verhöhnt wie der Fremdenhass; der »Zersetzungskrakeeler«, wie Z. sich selbst nannte, hatte für »Mültikulti« und deutsche »Leitkültür« nur Spott übrig. Hier meldete sich kraftvoll und wortgewaltig, zornig und aggressiv, aber nicht ohne poetischen Reiz eine Stimme, die in das Konzert der bundesdeutschen Gegenwartsliteratur »Misstöne vom Rande der Gesellschaft« (Untertitel) mischte. Als »Malcolm X der Türken« apostrophiert, machte der mit Charisma ausgestattete Autor sich zum Sprecher einer Bewegung, die das Schimpfwort »Kanake« selbstbewusst und mit trotzigem Stolz trägt. In den Zirkeln der Subkultur ebenso präsent wie in TV-Talkshows und im Literaturbetrieb, wurde Z. zum Sprachrohr der türkischen Migranten der zweiten Generation, die in Deutschland geborenen Kinder der dreißig Jahre zuvor ins Land gekommenen Gastarbeiter, in der Türkei als »Deutschländer« verschrien und hierzulande ins soziale Abseits gedrängt. Der Band versammelte Statements u. a. von Kleinkriminellen, Müllkutschern, Arbeitslosen, Zuhältern, Rappern; »Abiturtürken« kommen nicht zu Wort. *Kanak Sprak* schildert eine Welt der Männer, die »Kanakster«; mit *Koppstoff* (1998) lieferte Z. das weibliche Pendant nach, Aussagen von »Kanakas«, einer Friseurin, Gemüseverkäuferin, mehreren Studentinnen, Prostituierten oder, auch dies eine Berufsbezeichnung, einer Anarchistin.

Der frühe Ruhm des Autors Z., Kultfigur und Medienstar, beruhte weitgehend auf einem Missverständnis. *Kanak Sprak* bedient ein soziologisches Interesse an einem exotischen Bezirk unserer vertrauten Großstädte, Einblick in eine community, die einen Untergrund-Kodex und einen eigenen Jargon, »eine Art Creol oder Rotwelsch mit geheimen Codes und Zeichen«, wie der Autor im Vorwort schreibt, geschaffen hat. Mit ihrer eruptiven Rhetorik und dem stakkatohaften Rhythmus, einem Kauderwelsch, das lustvoll alle Regeln der Grammatik und Syntax verletzt und reich an originellen Wortschöpfungen ist, notiert in radikaler Kleinschreibung, entwickeln die Monologe einen suggestiven Sog. »Ihr Reden ist dem Free-Style-Sermon im Rap verwandt, dort wie hier spricht man aus einer Pose heraus.« So unbestreitbar authentisch der Sound ist, mit Dokumentarliteratur sollte *Kanak Sprak* nicht verwechselt werden: Den Begriff »Protokolle« hat Z. mit Anführungszeichen versehen; er hat die Gespräche, wie er im Vorwort erläutert, nicht wörtlich aufgezeichnet oder übersetzt. Z. spricht von einer »Nachdichtung«: Kanak Sprak ist eine Kunstsprache, das Buch ein veritables Stück Literatur.

Abschaum (1997) erzählt in 35 Episoden »die wahre Geschichte von Ertan Ongun«, Kanake, Drogenabhängiger und Gangster aus Kiel, wo Z. seit vielen Jahren lebt. Die typische Karriere eines Kleinkriminellen: vom Bandenmitglied und Kampfsportler zum Dealer und Knastbruder. Ertan habe sein Buch *Kanak Sprak* gelesen, berichtet Z. im Nachwort, und ihn daraufhin angesprochen, »ob ich seine Geschichte aufschreiben wolle: ›Ich geb dir reinen Stoff. Du bist mein Dealer. Geh und verkauf das Zeug!‹« Die Verfilmung durch Lars Becker trug den irreführenden Titel »Kanak Attack«: Von aggressiver Angriffswut ist nichts zu spüren, stattdessen schildert Becker in stilisierter Ästhetik die Rituale der Gangsta-Szene und verlieh ihr einen morbiden Glamour.

›Kanak Sprak‹ wurde zeitweilig zum Modeslang von Jugendlichen und zum Vehikel in Comedy-Shows von echten (Kaya Yanar) wie falschen Türken (Erkan & Stefan); die politische Bewegung, die unter dem Slogan »Kanak Attack« angetreten war und der Z. als role model gedient hatte, zerfiel. Von Anfang an bemüht, nicht in die »Folklore-Falle« zu tappen, entzog sich Z. zunehmend den eindeutigen Zuschreibungen und wahrte eine eigene Position. Keineswegs der »Ethno-Proll«, in dessen Pose er zu Beginn auftrat, mischt er sich in die intellektuellen Debatten der Zeit ein und ist mit Beiträgen in den Feuilletons präsent. Eine Auswahl seiner Essays und Satiren erschien 2001 unter dem Titel *Kopf und Kragen*. Z. erweist sich dabei als geschickter Stratege im Literaturkampf: Er polemisiert gegen die Pop-Literatur, das »Fräuleinwunder« und die »Knabenwindelprosa«, die nichts weiter sei als reaktionäres Kunsthandwerk und Subventionsprosa: »Die meisten dieser Bücher sind Beruhigungstabletten.« Lesungen gestaltet Z. als Performance; gemeinsam mit Günter Senkel schreibt er auch für das Theater, wobei ihre Shakespeare-Bearbeitung *Othello* für Luk Percevals Inszenierung an den Münchner Kammerspielen 2003 für Furore sorgte.

Einen anderen Z. als »the young angry man from the ghetto« zeigt der Briefroman *Liebesmale, scharlachrot* (2000). »Hochverehrter Kumpel, mein lieber Hakan, Sammler der heiligen Vorhäute Christi«, wendet sich Serdar von der Westküste der Türkei an den daheim gebliebenen Freund. Serdar ist in das Haus seiner Eltern geflüchtet, weil ihm in Kiel »die Frauen im Nacken saßen«. »Hör auf mit der Goethe-Nummer«, antwortet ihm Hakan, und tatsächlich ist der Roman eine Werther-Paraphrase, dessen blumig-orientalische Satzgebilde geradezu barock wirken, oft derb-rüpelhaft unterfüttert, die traditionelle Kunst der gegenseitigen Schmähung aufgreifend. Neben der Schilderung seiner Erlebnisse als »Almanci« in der Heimat seiner Väter ist *Liebesmale, scharlachrot* der empfindsame Roman eines Romantikers, der am Schluss die Liebe findet. Ein zynischer Blick, geschult an Michel Houellebecq, auf die »infernalischen Dekadenzen« unserer Zeit prägt dagegen den Roman *German Amok* (2002). Protagonist ist ein erfolgloser Maler (Z. studierte einst Kunst, hatte einige Ausstellungen, konnte sich jedoch nicht durchsetzen), subalternes Mitglied einer obskuren Künstlersekte, die sich um Scharlatane namens »Kunstfotze« und »OPP TIKK« gruppiert hat. Das Buch ist ein wüster verbaler Amoklauf durch das Kulturmilieu der »Drecksstadt« Berlin; die Reise zu einem in die ostdeutsche Provinz veranstalteten Theaterprojekt wird zu einer wahren Heimsuchung. Der Roman mündet in einer mit religiösem Furor vorgetragenen Predigt, die Verdammnis und Jüngstes Gericht prophezeit.

Beide Romane waren literarische Gewaltakte, ambitionierte Versuche in verschiedener Richtung, das Etikett »Kanak Sprak« abzustreifen. Die Kritik reagierte größtenteils ratlos, teilweise verstört; die eigenwillige Sprachbehandlung erinnerte von fern an Arno Schmidt, während die brutale Pornographie selbst die Leser moderner Literatur abschreckte. Die Transformation vom Provokateur und Bürgerschreck zum literarischen Autor gelang Z. mit einem Erzählungsband, der frei ist vom auftrumpfenden Gestus des Großmauls: *Zwölf Gramm Glück* (2004). Die Erzählungen sind zwei Abteilungen zugeordnet: »Diesseits« spielt in westdeutschen Großstädten, »Jenseits« in einem, namentlich nicht genannten, orientalischen Land. »Trauer darüber, dass ich im falschen Leben stecke«, ist das Leitmotiv für die Geschichten aus beiden Kulturen, auch wenn die Rituale der Glaubensgemeinschaften unterschiedliche Ausprägungen haben; doch in der trist-grauen Welt, hier wie dort, vermag Z. homöopathische Glücksspuren aufzufinden. Die erste Erzählung »Fünf klopfende Herzen, wenn die Liebe springt« ist angesiedelt im Hamburger Schanzenviertel, wo Autonome und Polizisten sich gerade auf ihre nächste Auseinandersetzung vorbereiten; der Ich-Erzähler ist Schreibtischtäter, zählt sich zu den »halben Genossen«. Eigentlich hat er seinen Selbstmord schon fest terminiert, aber: »Ich habe mich nicht umgebracht, sie kam dazwischen.« Nicht alle Geschichten sind so zart wie diese, aber alle kreisen um die »Libidoökonomie«. In der letzten Erzählung »Ein Liebesdienst« stellt ein Strichjunge einer Touristin nach, die ihn abweist, aber dann doch zu ihm kommt, weil sie unter Schlaflosigkeit leidet. Der »Mietrüde« erzählt ihr Geschichten – und schläft am Ende glücklich ein. Die Kritik lobte unisono die Virtuosität und Raffinesse der Erzählers Z., der für eine Erzählung des Bandes in Klagenfurt ausgezeichnet wurde. Die *Frankfurter Allgemeine Zeitung* zog das Resümee: »Ein Kanon der deutschsprachigen Literatur des 21. Jahrhunderts wäre, das ist bereits jetzt klar, ohne ihn unvollständig.«

Michael Töteberg

Zamjatin, Evgenij
Geb. 1. 2. 1884 in Lebedjan',
Gouvernement Tambov/Russland;
gest. 10. 3. 1937 in Paris

Für den in der Familie eines Geistlichen geborenen Evgenij Zamjatin aus der südrussischen Provinz war die Übersiedlung in die Hauptstadt St. Petersburg und die Aufnahme des Studiums am dortigen Polytechnikum der äußere Ausdruck seiner auch inneren Lösung aus der Welt des Elternhauses. Er blieb, nicht nur in religiösen Fragen, lebenslang Skeptiker, dem die Suche nach der Perfektion, nach dem entfernten Ziel viel authentischer erschien als die Gewissheit über das Erreichte. So wandte er sich nach kurzem Engagement für die bolschewistische Partei bald wieder von ihr ab, als er sie in einen ähnlichen Dogmatismus verfallen sah, wie er ihn an der Kirche kritisiert hatte. Z. bejahte die Revolution als Aufbrechen einer verkrusteten Gesellschaft, der neuen Ordnung stand er aber eher ablehnend gegenüber, vor allem wenn sie beanspruchte, die »letzte Revolution« zu sein, das Ziel der Geschichte. Sein Ideal fasste er in das Bild vom »Skythen«, dem ruhelosen Nomaden, der sich nirgends, auch in keiner Ideologie, häuslich einrichtet. Der Einfluss von Nietzsche war viel prägender als der von Marx.

Z. begann 1908, Erzählungen zu schreiben; im Hauptberuf war er Schiffbauingenieur, der während des Ersten Weltkriegs in England den Bau für Russland bestimmter Schiffe überwachte. Kurz nach der Revolution kehrte er zurück und widmete sich ganz der Literatur, unter anderem in der Reorganisation des kulturellen und literarischen Lebens. Die als »Serapionsbrüder« bekannt gewordenen Nachwuchsautoren (u.a. Fedin, Kaverin, Lunc, Zoščenko) erfuhren viel Förderung von ihm. Er selbst schrieb eine Reihe von Erzählungen, in denen er seine Englanderfahrungen verarbeitete (»Ostrovitjane«, 1918; »Die Inselbewohner«, 1991; »Lovec čelovekov«, 1917/18; Der Menschenfänger), Suchende im Sinne seiner Skythen porträtierte (»Afrika«, 1916; »Afrika«, 1976; »Sever«, 1922; »Der Norden«, 1967), die verheerenden Folgen des Kriegskommunismus beschrieb (»Peščera«, 1922; »Die Höhle«, 1925; oder komisch: »Mamaj«, 1921; »Mamaj«, 1928). Z. hatte seinen ornamentalen Stil der früheren Jahre zu einem Erzählen weiterentwickelt, in dem einzelne leitmotivisch eingesetzte Bilder z.B. die Figuren so weit charakterisieren, dass sie die Vorstellung dominieren, die dadurch oft grotesk wird. Bisweilen strukturieren Leitmetaphern die ganze Erzählung, wie etwa in »Peščera« das Bild der Eiszeit, das im Winter 1921/22 aus Wohnungen Höhlen macht und aus den Städtern urweltliche Höhlenmenschen, die im Kampf ums Überleben ihre Kultur ablegen müssen. Andere Erzählungen beschreiben das veränderte Leben in der Provinz, parodistisch bisweilen (»Slovo predostavljaet tovariščuČuryginu«, 1927; »Das Wort hat Genosse Tschurygin«, 1967), in der Regel aber selbstironisch (»Iks«, 1927; »X.«, 1967). Z.s bekanntestes Theaterstück *Blocha* (1925; *Der Floh*, 1962) basiert auf einem Sujet von Nikolaj Leskov und wurde seit 1925 mehrere Jahre am Moskauer Künstlertheater gespielt.

Vorsichtshalber nur im Ausland und in Übersetzung veröffentlichte Z. seinen Roman *My* (1924; 1952 vollst. in russischer Sprache; *Wir*, 1958), der als die erste große literarische Anti-Utopie und Anregung für Aldous Huxley und George Orwell gilt. Geschrieben in der Form eines Tagebuchs, erzählt der Roman von der allmählichen Bewusstwerdung des Helden D-503, der als Konstruktionsingenieur eines Raumschiffs von den Rebellen gegen den Einen Staat, den sogenannten Mephi, auf deren Seite gelockt werden soll. Das Ende des Romans ist offen: Zwar ordnet sich D-503 wieder dem Staat unter, denn er ist nicht stark genug, ohne ein System zu leben, die Rebellen aber sind nicht endgültig besiegt. *My* lässt einen Überwachungsstaat mit einer totalitären Ideologie, einer instrumentalisierten Kunst und einem kontrollierten Sexualleben entstehen. Die Mephi setzen dagegen auf Kreativität und Spontaneität, und die Spannung von Ordnung und Chaos, Rationalität und Irrationalität setzt sich bis in den Stil fort. Metaphern aus Mathematik und Technik konkurrieren mit Konzepten aus der Biologie.

Ende der 1920er Jahre war Z.s Konzept des unabhängigen Schriftstellers und sein Engagement für die Freiheit der Literatur der parteinahen Schriftstellerorganisationen RAPP im Wege. Sie setzte eine Pressekampagne gegen ihn und Boris Pil'njak in Gang, während der man sie des Anti-

sowjetismus beschuldigte. Z., der Möglichkeiten zu publizieren und in Redaktionen zu arbeiten beraubt, wandte sich schließlich 1931 in einem Brief mit der Bitte an Stalin, er möge ihn doch so lange ausreisen lassen, bis es wieder möglich sei, »großen Ideen zu dienen, ohne vor kleinen Leuten liebedienern zu müssen«. Durch Maksim Gor'kijs Intervention wurde die Ausreise tatsächlich möglich. Z. ging 1932 nach Paris, dessen Emigrantenkreisen er aber fremd blieb. Er schrieb weiter Prosa und Essays und plante neue Projekte (u. a. für den Film). Seit 1934 ernsthaft krank, starb er 1937 an einem Herzinfarkt. Es blieb den Emigranten und den westlichen Slawisten vorbehalten, Z.s Erbe zu pflegen und zu studieren, denn in der Sowjetunion verschwand sein Name nach der Ausreise aus der Öffentlichkeit. Erst 1986 wurden im Zuge der Perestrojka seine mittlerweile gut edierten Werke den sowjetischen Lesern zugänglich gemacht.

Werkausgabe: Ausgewählte Werke. 4 Bde. Hg. und Nachw. K. Kasper. Leipzig/Weimar 1991.

Norbert Franz

Zech, Paul
Geb. 19. 2. 1881 in Briesen/Westpreußen; gest. 7. 9. 1946 in Buenos Aires

»Schrieb einige Bücher, die niemand lesen will, und Dramen, die kein Theater spielen mag«, summiert Z. 1924 in einer autobiographischen Notiz, meint damit aber wohl nur den wirtschaftlichen Misserfolg. Ein paar seiner Gedichtbücher waren dem entgegen sogar in mehr als einer Auflage erschienen, er hatte 1918 zusammen mit Leonhard Frank den Kleistpreis erhalten und bald wurden auch die Szenen *Das trunkene Schiff* (1924) durch Erwin Piscator in Berlin aufgeführt. Längst zählt er zu den führenden Vertretern des Expressionismus, und seine Geltung wächst nach dessen Ende noch ständig: Allein während der Weimarer Republik bringt es er auf nahezu fünfzig Einzelpublikationen.

Bäuerlicher Herkunft, war er im Industrierevier Wuppertal-Elberfelds aufgewachsen, hatte das Studium an verschiedenen Universitäten abgebrochen und, sozialen Impulsen folgend, 1902 bis 1909 im Bergbau gearbeitet. Das »körperliche Erlebnis im Schacht und vor Rad und Hebel« in den »Industriezentren von Rhein und Ruhr, Belgien und Nordfrankreich« war der »Anstoß zum Gedicht«, so Z. zu einem nochmals erweiterten, jedoch 1933 nicht mehr zustande gekommenen Druck seines bedeutendsten Gedichtbands *Das schwarze Revier* (1909, erweitert 1913, überarbeitet 1922). Die Selbstdarstellung für die berühmte Anthologie *Menschheitsdämmerung* (1920), deren Herausgeber Kurt Pinthus ihm eine herausragende Stellung eingeräumt hatte, nennt die Jahre eines Versuchs, »Kohlenhauer unter Kohlenhauern zu sein«, seine »reichsten«.

Nach einem Aufenthalt in Paris in gewerkschaftlicher Mission lebt er seit 1910 als Redakteur, Werbeleiter, Dramaturg, Bibliothekar meist in Berlin und ist schon vor dem Ersten Weltkrieg eine der bekanntesten Stimmen des sich noch in impressionistisch-symbolistischen Tonarten äußernden Expressionismus; er hat Beiträge in zahlreichen Zeitschriften, u. a. in der *Aktion*, im *Sturm* und in den *Weißen Blättern*, und gibt selbst zusammen mit Hans Ehrenbaum-Degele und Ludwig Meidner seit 1913 *Das neue Pathos* heraus; vielen Verlegern, Herausgebern, Schriftstellern und Künstlern der jüngeren, aber auch der älteren Generation ist er freundschaftlich verbunden.

Großstadt, Industrie (z. B. die Gedichtbücher *Schwarz sind die Wasser der Ruhr*, 1913; *Die eiserne Brücke*, 1914; die Novellen *Der schwarze Baal*, 1917) und Erster Weltkrieg, den Z. als Frontsoldat erlebt (*Vor Cressy an der Marne*, 1918), erfährt und gestaltet er als Gegenwelten eines ersehnten Lebens in der Natur (u. a. die Gedichtbücher *Schollenbruch*, 1912; *Der Wald*, 1920). Wenn auch wiederholt thematisiert, versprechen nicht sozialistische Konzepte und Utopien, sondern nur das »braune Herz der Erde« und ihr »inselhaftes Sein« paradiesische Zukunft. Z. will eine Welt darstellen, »die den Hunger von Millionen aufgerissenen Mäulern notgedrungen stopft und ihren verschwitzten Leib mit Goldplatten kühlt, die den Handelsmarkt aller fünf Erdteile gebieterisch beherrscht, knechtet, ängstigt, Kriege diktiert und Milliardenheere ausrüstet mit den furchtbarsten Waffen«. Es gelingt ihm allerdings nicht, die als neu erkannten Wirklichkeiten in neuen, persönlich gefärbten Formen auszudrücken. Auch seine besten Leistungen wiederholen und assimilieren die Errungenschaften führender Zeitgenossen in Verstechnik, Rhythmus- und Metaphernsprache, insbesondere die Stefan Georges, Rainer Maria Rilkes (über den er 1913 und 1930 Monographien und 1927 ein *Requiem* veröffentlicht), Georg Heyms (den er noch persönlich kannte) und der französischen Moderne (aus der er zahlreiche *Nachdichtungen* vorlegt, u. a. Arthur Rimbaud, Stéphane Mallarmé, Émile Verhaeren). Der ihm befreundete Oskar Loerke, in dessen Nähe man Z.s ›naturmagische‹ Verse sehen mag, hat die Besonderheit Z.s 1920 gültig umschrieben: »Finden wir bei ihm Sangesweisen, so sind sie nicht eigen«; ihm liege »die lineare Form des Sonetts, die unproblematische Quadstrophe«; »Maschinenhalle und Mietshaus« hätten »nur Leben«, aber »keinen Stil«; Z.s Melodie sei »eine Melodie der Dinge« und »seine Biegsamkeiten« seien »nicht die des Vogelhalses, sondern die der Stahlspirale«. Eben die schon seit 1913 neusachliche Tendenzen vorwegnehmenden, auch fachsprachlich präzisen Darstellungen aus der Arbeitswelt (wie in den Sonetten »Fabrikstraße tags«, »Sortiermädchen«, »Fräser«, »Der Hauer«) sind Z.s eigentümlicher Beitrag zur Lyrik in der ersten Hälfte des 20. Jahrhunderts.

Den Berliner Nazis unter Goebbels war Z. früh suspekt – er hatte z. B. 1919 den in Carlo Mierendorffs *Tribunal* stehenden Aufruf an die französische Jugend zu einer europäischen Gemeinschaft unterzeichnet und, obwohl er ein »unpolitischer Dichter« sein wollte, Verse geschrieben wie »Brüder, laßt die Glocke toben, / Rote Fahnen, wir sind oben!« Deshalb war er nach der Machtergreifung Hitlers kurz in Haft und verlässt noch im Sommer 1933 Deutschland. Unter den schwierigen Bedingungen eines unfreundlichen Umfelds – im rechtsorientierten Argentinien ist der deutsche Exilant kein willkommener Gast – fließt gleichwohl die schriftstellerische Produktion ungehemmt weiter; doch kann er nur weniges veröffentlichen: in Leopold Schwarzschilds *Neuem Tage-Buch*, im Moskauer *Das Wort*, in der von ihm mitbegründeten Zeitschrift *Deutsche Blätter* (1943–46, mit dem Untertitel *Für ein europäisches Deutschland, gegen ein deutsches Europa*), die in Chile erscheint und von deutschen Kriegsgefangenen in den USA wegen ihrer undoktrinären Haltung viel gelesen wird. Mühsam hält er sich über Wasser, bereist die ihm *Neue Welt* (so der Titel seiner *Verse der Emigration*, 1939), sie erforschend, Themen aus ihr aufgreifend, gegen das »verruchte Ausgestoßensein« weiterschreibend für eine ersehnte bessere Zeit.

Trotz mehrerer Versuche nach 1945, an die Resonanz auf sein Werk bis 1933 anzuknüpfen (u. a. *Die schwarze Orchidee, Indianische Legenden*, 1947; *Die Sonette vom Bauern*, 1960; die Romane *Deutschland, dein Tänzer ist der Tod*, 1980; *Michael M. irrt durch Buenos Aires*, 1985) blieb die Rezeption des zu seinen Lebzeiten Veröffentlichen und des aus einer Fülle hinterlassener Arbeiten Herausgebenen bis heute in engen Grenzen.

Werkausgaben: Vom schwarzen Revier zur neuen Welt. Gesammelte Gedichte. Hg. von Henry A. Smith. München 1983; Ausgewählte Werke. Hg. von Bert Kasties u. a. Herzogenrath 1998–2001.

Ludwig Dietz

Zei, Alki
Geb. 1925 in Athen

Die Lebensgeschichte von Alki Zei ist repräsentativ für eine ganze Generation griechischer Intellektueller, die wegen ihrer politischen Überzeugungen einen Großteil ihres Lebens in der Illegalität oder auf der Flucht, in der Verbannung oder im Exil verbrachten. Nach ihrer Kindheit auf der Insel Samos studierte Z. an der Philosophischen Fakultät der Athener Universität sowie an der Schauspielabteilung des Athener Konservatoriums. Als junge Frau engagierte sie sich im linken Widerstand gegen die deutsche Besatzung (1941–

44). Nach dem Bürgerkrieg (1944–49) emigrierte sie über Italien und Frankreich 1954 zu ihrem Mann nach Taschkent (Usbekistan), wo zahlreiche griechische Bürgerkriegsflüchtlinge Asyl gefunden hatten. 1957 siedelte das Paar mit der gemeinsamen Tochter nach Moskau über, wo Z. am Filminstitut studierte. 1964 kehrte sie mit ihrer Familie nach Griechenland zurück, floh aber nach dem Militärputsch 1967 aus Furcht vor Repressionen erneut, nun nach Paris. Z. ließ sich 1981 endgültig in Griechenland nieder und lebt seitdem in Athen.

Z. etablierte sich in den 1960er und 70er Jahren zunächst als Jugendbuchautorin. Ihre einfühlsamen Kinderbücher wurden vielfach übersetzt und ausgezeichnet, z. B. *To kaplani tis vitrinas* (1966; *Wildkatze unter Glas*, 1973) und *O megalos peripatos tou Petrou* (1971; *Mit 13 ein Mann*, 1977). Z.s Hauptwerk, das ihr einen wichtigen Platz in der griechischen Nachkriegsprosa einräumt, ist der autobiographische Roman *I aravoniastikia tou Achillea* (1987; *Die Verlobte des Achilles*, 1991). Darin verflicht sie kunstvoll Geschehnisse aus der wechselvollen griechischen und europäischen Geschichte von ca. 1940 bis 1970 mit dem persönlichen Schicksal der Hauptfigur. Der Roman zeichnet sich durch eine raffinierte Erzählstruktur aus: In der Rahmenhandlung schildert eine Erzählerstimme den tristen Alltag der Protagonistin, der sensiblen Eleni, im Pariser Exil: Während der Mai-Unruhen (und der Nachricht von der endgültigen Spaltung der griechischen Kommunistischen Partei) verkehrt sie in Exilantenkreisen und schlägt sich als Filmkomparsin durch. Dieser Handlungsstrang wird durch zahlreiche assoziative Rückblenden unterbrochen, die aus der Perspektive der erlebenden Ich-Erzählerin präsentiert werden. Nach und nach ergänzen sich Szenen aus unterschiedlichen Stationen ihrer wechselvollen Vergangenheit zu einem Mosaik, und die beiden Erzählstränge treffen in der Gegenwart des Jahres 1968 zusammen.

Die Protagonistin durchläuft einen Entwicklungsprozess, sie versucht, sich von politischen und privaten Zwängen zu emanzipieren: Vor dem Hintergrund der politischen Ereignisse spielte sie gleichsam die Rolle einer Statistin auf der Bühne der Geschichte und relativiert nun aus kritischer Distanz linke Heldenlegenden aus der Zeit des Widerstands und des Bürgerkriegs. In den Wirren des Zweiten Weltkriegs heiratete sie den vorbildlichen Genossen Achilles, der sein Leben in den Dienst der Kommunistischen Partei und revolutionärer Ziele gestellt hat und kurz nach der Hochzeit untertauchen musste. Nach diversen Verwicklungen – und einer unbeschwerten Romanze mit einem Studenten in Rom – kommt Eleni nach Taschkent und erlebt dort ihren Mann als einen emotionslosen Parteifunktionär; die Beziehung ist vor allem durch Sprachlosigkeit gekennzeichnet. Die Auseinandersetzungen der Exilkommunisten während des politischen Tauwetters nach Stalins Tod spiegeln sich in ihrem individuellen Schicksal wider. Eleni distanziert sich allmählich vom Dogmatismus Achilles' und stellt die Parteilinie in Frage, gelangt mit ihrer Tochter über Moskau nach Athen und muss nach kurzer Zeit vor der Militärjunta nach Frankreich fliehen. Dort fasst sie den Entschluss, sich endgültig von ihrem Mann zu trennen; ob ihr das tatsächlich gelingt, bleibt offen.

Athanasios Anastasiadis/Sophia Voulgari

Zesen, Philipp von
Geb. 8. 10. 1619 in Priorau bei Dessau; gest. 13. 11. 1689 in Hamburg

»Ach! Gott gebe mir, nach so langem herümschwärmen, endlich einmahl einen festen und gewissen sitz«, lesen wir in einem Brief vom 31. Juli 1674. Der Wunsch ging nicht in Erfüllung, und Z. blieb weiterhin ohne »guhte bestallung von diesem oder jenem Fürsten«. Dabei hatte alles recht hoffnungsvoll begonnen. Z., Sohn eines lutherischen Pfarrers, besuchte zunächst das von dem Grammatiker Christian Gueintz geleitete Gymnasium in Halle (1631 bis 1639) und dann von 1639 bis 1641 die Universität Wittenberg, wo der einflussreiche Augustus Buchner als Professor für Poetik und Rhetorik lehrte. Dessen Anregungen fielen auf fruchtbaren Boden: Z. vertrat Buchners prosodische Vorstellungen – es ging u. a. um die Rechtfertigung daktylischer Verse –, veröffentlichte schon 1640 die erste Auflage seiner Poetik (*Deutscher Helicon*, bis 1656 mehrfach erweitert) und behielt zeit seines Lebens ein Interesse für poetologische Fragen. Nach seinen Studien, die er am 28. 4. 1641 mit dem Magistergrad abschloss, wandte sich Z. nach Hamburg – hier erschien 1642 seine erste größere Liedersammlung (*FrühlingsLust*) – und von da aus in die Niederlande (1642 bis 1648). Er gründete 1642 oder 1643 eine Sprachgesellschaft, die »Teutschgesinnete Genossenschaft«, der er als »Ertzschreinhalter« vorstand, und knüpfte Kontakte zu dem berühmten Elzevier-Verlag, für den er Korrektur- und Übersetzungsarbeiten übernahm. Bei Elzevier erschien auch sein erster Roman, die *Adriatische Rosemund* (1645), die lyrisch-idyllische Seelengeschichte eines liebenden Paares, dessen Glück an der Konfessionsfrage scheitert, ein Werk nicht ohne emblematische und allegorische Züge. Widerstände zeichneten sich aber jetzt schon ab. Sie hatten wohl weniger mit Z.s eigenwilliger Orthographie und seinen Fremdwortverdeutschungen (»Jungfernzwinger«, aber auch »Anschrift«) als mit einem gewissen Neid auf seine literarischen Erfolge zu tun. Die Aufnahme Z.s in die »Fruchtbringende Gesellschaft« führte schließlich zum Eklat, als er die erforderliche Geschmeidigkeit – oder Unterwürfigkeit – im Umgang mit dem fürstlichen Oberhaupt der Sprachgesellschaft vermissen ließ. Er möge sich vorsehen, schrieb ihm Ludwig von Anhalt-Köthen am 26. Mai 1649, »damit er nicht wegen seiner ausschweifenden gedancken den Nahmen des wolsetzenden (Z.s Gesellschaftsname) verliere«, d. h. ausgeschlossen würde. Daraufhin setzte eine Kampagne ein, die man nur als Rufmord bezeichnen kann und die wesentlich dazu beitrug, dass Z. trotz akademischer Ausbildung, literarischen Erfolgen und Nobilitierung (1653) nirgends festen Fuß fassen konnte.

Amsterdam wurde für viele Jahre seine zweite Heimat: 1662 erhielt er das Bürgerrecht, für das er sich mit einer großen *Beschreibung der Stadt Amsterdam* (1664) bedankte. Und hier heiratete er 1672 die achtzehnjährige Maria Beckers aus Stade, die einen »Handel mit Schlesischem Leinwand« anfangen wollte. Der Aufenthalt in der prosperierenden Stadt wurde durch mehrere Reisen ins Baltikum und nach Deutschland unterbrochen, die seine literarischen und beruflichen Pläne fördern sollten.

Die Zwänge, denen sich der unfreiwillige »freie Schriftsteller« ausgesetzt sah, führten zu einem kaum überschaubaren Werk, das umfassende literarische, religiös-erbauliche, historische und mythologische Interessen sichtbar werden lässt (und mit den zahlreichen Übersetzungsarbeiten auf die finanziellen Schwierigkeiten aufmerksam macht). In seinem lyrischen Schaffen nimmt das Lied eine beherrschende Stellung ein. Musikalische Gestaltungsprinzipien dominieren: rhythmische Bereicherung durch Daktylen und Mischformen, Betonung der Klangwirkung durch Binnenreime, Alliterationen und Assonanzen. Eine Summe der lyrischen Arbeiten bietet das *Dichterische Rosen- und Liljentahl* (1670) mit Texten aus verschiedenen Perioden. Den letzten größeren Erfolg erzielte Z. mit dem biblischen Roman *Assenat* (1670) – ein weiterer biblischer Roman (*Simson*, 1679) blieb ohne Resonanz –, einer Josephsgeschichte, die als Darstellung des absolutistischen Staats und seiner Ideologie aus der Perspektive des dienenden Beamtentums zu verstehen ist: Joseph als »lehrbild« für alle »Beamten der Könige und Fürsten«.

Z. freilich blieb der Fürstendienst versagt. In seinen letzten Jahren, als ihm Holland »gantz nicht mehr gefallen« wollte, erlangte Hamburg eine immer wichtigere Stellung in seinem Leben. 1683 oder 1684 siedelte er endgültig nach Hamburg über. Hier starb er auch. Eine Zeitungsanzeige gab später »den Gelehrten und allen Liebhabern guter Bücher« Nachricht, »daß am künfftigen 31 Martii (1690) des weitberühmten Hn. von Zesen Bibliothec / darin allerhand schöne und rare Bücher vorhanden / durch eine öffentliche Auction distrahirt / und an den meistbietenden verkauft werden soll. Der Catalogus ist bey der Fr. Wittwe … zu bekommen.«

Werkausgabe: Sämtliche Werke. Unter Mitwirkung von Ulrich Mache und Volker Meid hg. von Ferdinand van Ingen. Berlin/New York 1970 ff.

Volker Meid

Zhang Ailing
Geb. 30. 9. 1920 (oder 1921) in Shanghai (oder Tianjin); gest. vor dem 8. 9. 1995 in Los Angeles

Als Kind einer prominenten Familie genoss Zhang Ailing, die ab 1922 ihre Kindheit in Tianjin und Peking verbrachte und 1929 mit ihren Eltern nach Shanghai kam, eine ausgezeichnete Ausbildung. Sie wurde sowohl mit der traditionellen Kultur und Literatur Chinas als auch mit westlichen Sprachen und Literaturen vertraut gemacht und erlebte den Aufbruch Chinas in die Moderne in dessen urbanem Zentrum Shanghai. Ihre Mutter war bereits mutig dem Ruf reformerischer Stimmen nach einem neuen Rollenverständnis der Frauen gefolgt; nach ihrer Scheidung ließ sie die Kinder beim morphiumsüchtigen Vater und dessen Konkubine zurück, um trotz ihrer gebundenen Füße allein Europa und die Welt zu bereisen. 1937 verließ Z. die repressiv-traditionalistische väterliche Familie; sie flüchtete nach dem Abschluss einer amerikanischen Missionsschule zu einer Tante mütterlicherseits. 1939 bis 1942 studierte sie in Hongkong und begann danach in Shanghai ihre erfolgreiche Karriere als Schriftstellerin und glamouröser Star der Shanghaier Kulturszene.

Berühmt wurde Z. als 33-Jährige mit der später zum Roman *Yuannü* (1966; Verbitterte Frau) umgeschriebenen, von der Autorin selbst ins Englische übertragenen (*The Rouge of the North*, 1967) und 1991 in der Romanversion verfilmten Novelle *Jinsuo ji* (1943; *Das Goldene Joch*, 1995), in der sie das Schicksal einer von der patriarchalischen Tradition um ihre Jugend betrogenen jungen Frau beschreibt, die als Mutter ihre Opferrolle gleichsam an die nächste Generation weitervererbt, obwohl diese sich durch Flucht in die Moderne zu retten sucht. Auch andere Novellen aus ihrer ersten Schaffensperiode, wie *Chenxiang xie: di yi lu xiang* (1943; Stummel von Räucherstäbchen: das erste Rauchgefäß), *Qingcheng zhi lian* (1944; Liebe in der gestürzten Stadt) und *Fengsuo* (1943; Ausgangssperre, 1998) waren überaus erfolgreich und gelten als Meisterwerke einer urbanen Ästhetik, die in den späten 1930er und 40er Jahren Geschichte und kollektives Unbewusstes der internationalen Metropolen Shanghai und Hongkong in symbolischer Verdichtung zu erfassen suchte.

In den 1950er Jahren wandte sich Z. mit ihrem Roman *Yang ge* (1955; *Das Reispflanzerlied*, 1956) ausnahmsweise auch einem regionalistischen Diskurs zu, indem sie eine Zeitungsnotiz über einen Bauernaufstand zu einer psychologisch wie moralisch tiefgründigen Studie über revolutionären Enthusiasmus und dessen verheerende Folgen auf dem Land verarbeitete. Obwohl nicht ohne sozialkritische Obertöne, ist Z.s Prosa eher unpolitisch. Ihr Interesse ist vorrangig auf die tiefenpsychologische Betrachtung alltäglicher Konfigurationen menschlichen Handelns und existentieller Krisen im Spannungsfeld der antagonistischen Beziehungen zwischen Geschlechtern, Generationen, Ideologien und Kulturen gerichtet. Viele ihrer Novellen und Romane wurden von namhaften Regisseuren verfilmt. Ihr Schaffen hat darüber hinaus mehrere berühmte Schriftstellerinnen zu weiteren Erkundungen in der von ihr eingeschlagenen Richtung einer Gefühlsgeschichte der Moderne angeregt, darunter auch die international bekannte Shanghaier Autorin Wang Anyi.

Aufgrund ihres bewegten Lebens als moderne Nomadin wurde Z. inzwischen selbst zur Legende: Sie ist Protagonistin zahlreicher Filme, Dramen und literarischer Texte. Eine überstürzte Ehe mit dem später nach Taiwan emigrierten Schriftsteller und Diplomaten Hu Lancheng dauerte nur drei Jahre (1944–47). Die Autorin floh nach der sozialistischen Machtübernahme nach Hongkong und verfasste dort ab 1952 unter dem Namen Eileen Zhang unter anderem Beiträge für eine englischsprachige Zeitung. Von Hongkong emigrierte sie 1955 in die USA, wo sie ein Jahr später den Drehbuchautor und Freund Bertolt Brechts Ferdinand Reyer heiratete. Sie forschte und unterrichtete kurzzeitig an verschiedenen amerikanischen Universitäten, schrieb Essays, Romane und Erzählungen und übersetzte diese gelegentlich selbst ins Englische. Nach dem Tod ihres zweiten Mannes im Jahr 1967 lebte sie zurückgezogen in ihrem Apartment in Los Angeles, wo sie am 8. September 1995 von ihrem Vermieter tot aufgefunden wurde. Gemäß ihrem letzten Willen wurde sie in aller Stille kremiert und ihre Asche ins Meer gestreut.

In ihren letzten Lebensjahren hatte sie sich hauptsächlich mit dem klassischen Roman *Honglou meng* (1791; *Der Traum der roten Kammer*) wissenschaftlich auseinandergesetzt und eine Autobiographie in Form eines kommentierten Foto-Albums mit selbst ausgewählten Familienbildern unter dem Titel *Duizhao ji: kan lao zhaoxiangbu* (1994; *Prüfende Betrachtung. Bei der Lektüre eines alten Foto-Albums*) herausgegeben.

Andrea Riemenschnitter

Ziegler und Kliphausen, Heinrich Anshelm von

Geb. 6. 1. 1663 in Radmeritz bei Görlitz; gest. 8. 9. 1697 in Liebertwolkwitz bei Leipzig

Der Verfasser der *Asiatischen Banise* – auf diese »herrliche Antiquität«, wie Heinrich Jung-Stilling den Roman nannte, gründet sich sein Nachruhm – stammte aus einer alten Adelsfamilie mit Besitztümern in der Oberlausitz und in Sachsen. Nachdem er das Gymnasium in Görlitz absolviert, seine Studien an der Universität Frankfurt an der Oder 1684 wegen des Todes seines Vaters abgebrochen und ein Jahr später die Tochter des kursächsischen Oberküchenmeisters geheiratet hatte, widmete er sich der Verwaltung und Vermehrung des ererbten und erheirateten Besitzes.

An einem Hofamt war er nicht interessiert, obwohl ihm Herkunft, Bildung und Vermögen die besten Möglichkeiten eröffnet hätten. Er bevorzugte das Leben auf dem Land, das ihm die Muße für seine Neigungen gewährte.

Mit *der Asiatischen Banise* (1689) gelang ihm der populärste deutsche Barockroman, ein Werk, das bis weit ins 18. Jahrhundert hinein immer wieder neu aufgelegt, fortgesetzt und nachgeahmt wurde und dessen Gestalten auf der Opern- und Schauspielbühne (und Wilhelm Meisters Puppentheater) weiterlebten. Zu dem Erfolg der *Banise* hat sicherlich der Umstand beigetragen, dass Z. die barocke Großform des höfisch-historischen Romans auf ein überschaubares Maß reduzierte und zugleich für einen exotischen Anstrich – das effektvolle und blutige Geschehen ist nach Asien verlagert – und eine publikumswirksame dramatische Inszenierung sorgte. Hinter dieser Verkleidung verbirgt sich jedoch, wie bei den anderen höfisch-historischen Romanen der Zeit, ein politischer Kern: die Diskussion (und Ablehnung) einer »machiavellistisch« verstandenen Staatsräson und die Propagierung einer an moralische und religiöse Normen gebundenen absoluten Monarchie.

In eine andere Welt führt Z.s nächstes, ebenfalls sehr erfolgreiches Werk: *Helden-Liebe Der Schrifft Alten Testaments* (1690), poetische Briefwechsel zwischen biblischen Gestalten, ein moralisierendes Gegenstück zu Christian Hoffmann von Hoffmannswaldaus galanten *Helden-Briefen* (1679). Die »ungemeine Liebe zur Historie und deren Connoissance« veranlasst ihn schließlich noch zu dem *Täglichen Schau-Platz der Zeit* (1695), einem riesigen polyhistorischen Kuriositätenkabinett, das für jeden Tag des Jahres die »merckwürdigsten Begebenheiten / so sich vom Anfange der Welt / biß auff diese ietzige Zeiten / an demselben zugetragen / vorstellig machet«. Über einer zweiten Kompilation dieser Art – *Historisches Labyrinth der Zeit*, postum 1701, von Philipp Balthasar Sinold von Schütz vollendet – verstarb Z. im Alter von 34 Jahren.

Volker Meid

Zola, Émile
Geb. 2. 4. 1840 in Paris;
gest. 29. 9. 1902 in Paris

Émile Zola wuchs als Sohn eines Ingenieurs italienischer Herkunft in Aix-en-Provence auf, wo er mit Paul Cézanne befreundet war. Er besuchte ab 1858 das Gymnasium Saint-Louis in Paris, fiel 1859 durch das Abitur und nahm eine Tätigkeit als Angestellter in der Zollverwaltung auf. 1862 wurde Z. im Verlagshaus Hachette angestellt; in der Folgezeit entstanden die ersten journalistischen und literarischen Texte, darunter *Les contes à Ninon* (1864; *Erzählungen an Ninon*, 1880) und *La confession de Claude* (1865; *Claudes Beichte*, 1925). Ab 1866 arbeitete er als freier Journalist und Kunstkritiker; im Mittelpunkt seines Interesses standen die aktuellen Entwicklungen in Kunst und Wissenschaft. Er setzte sich unter anderem für Claude Monet ein (*Mon salon*, 1866).

Z.s frühe literarische Schriften – darunter der Briefroman *Les mystères de Marseille* (1867; *Die Geheimnisse von Marseille*, 1900) – werden als Werke eines Übergangs zwischen Romantik, Realismus und Naturalismus gelesen. Die Essays des Bandes *Mes haines* (1866; *Was ich nicht leiden kann*, 1886) enthalten bereits Hinweise auf Z.s eigene Konzeption von Literatur, den Naturalismus, als dessen erstes Manifest das Vorwort zur 2. Auflage seines Romans *Thérèse Raquin* (1868, 1. Aufl. 1867; *Thérèse Raquin*, 1999) gilt und den er in dem Essayband *Le roman expérimental* (1880; *Der Experimentalroman*, 1904) ausführlich begründet. Angeregt durch die minutiösen und quasi objektiven Beschreibungen in Gustave Flauberts *Éducation sentimentale* und die soziologische Perspektive der Brüder Goncourt in *Germinie Lacerteux*, sucht Z. sein Schreiben auf die Grundlage einer verlässlichen theoretischen Basis zu stellen. Ausgehend von der Experimentalmedizin Claude Bernards versteht er seine literarischen Texte als Experimente, die wissenschaftlich fundiert sind und der objektiven Erkenntnis dienen. Von der Milieutheorie Hippolyte Taines leitete Z. die These ab, dass das Leben eines Menschen durch seine Zugehörigkeit zu einer gesellschaftlichen Schicht (*milieu*), durch die geschichtliche Bewegung (*moment*) und durch biologische Faktoren (*race*) determiniert sei. Die Protagonisten des Romans werden in eine detailliert beschriebene Versuchssituation gestellt, in der sich die Wirkung eben dieser Faktoren auf ihr Denken und Handeln beobachten lässt. So hat der Roman die zweifache Aufgabe, den Versuchsaufbau bereitzustellen und die genaue Beobachtung und Beschreibung der kausalen Zusammenhänge zu ermöglichen. Die mit dieser Doppelfunktion verbundenen Probleme sind unübersehbar: Denn wie kann der Autor die Versuchsbedingungen (Stoffauswahl und -anordnung) festlegen, die Figuren und deren Handlungsweise erfinden und zugleich die Position des unbeteiligten Beobachters einnehmen, der anhand ihrer Reaktionen den Determinismus des menschlichen Lebens registriert? Trotz dieser widersprüchlichen Romankonzeption gelingen Z. mitreißende Schilderungen literarischer Figuren in verschiedenen Lebensbedingungen, die er minutiös recherchiert hat. Zudem setzt er dem Determinismus die Hoffnung auf Einsicht und Veränderung entgegen; der Diagnose soll die Therapie folgen.

Sein Hauptwerk, der Romanzyklus *Les Rougon-Macquart. Histoire naturelle et sociale d'une famille sous le second Empire* (1871–93; *Die Rougon-Macquart. Natur- und Sozialgeschichte einer Familie unter dem 2. Kaiserreich*, 1986) entsteht auf der Basis der literarischen Ästhetik des Naturalismus. In dem Zyklus, der 20 Romane umfasst, wird die Geschichte der Familien Rougon, Macquart und Mouret im Zweiten Kaiserreich über fünf Generationen hinweg dargestellt, wobei die Familien unterschiedlichen sozialen Schichten angehören. In der Art einer Naturgeschichte, auf die der Untertitel verweist, stellt Z. dar, wie die einzelnen Familienmitglieder in ihrer Entwicklung durch – häufig problematische – genetische,

physiologische und soziale Faktoren bestimmt sind. Z., der einige seiner Romane auch dramatisierte, entfaltet in dem Zyklus ein differenziertes, bis in die proletarischen Unterschichten reichendes Panorama der sozio-professionellen Schichtung der Gesellschaft während des Zweiten Kaiserreiches und skizziert dabei zugleich den Verlauf der Zeitgeschichte. Eine der wesentlichen Neuerungen seiner Romanästhetik und einer ihrer besonderen Reize liegt in der Darstellung von gruppenspezifischen Sprechweisen, die bislang nicht als literaturfähig galten, wie etwa die Umgangssprache oder der Pariser Argot, so dass dargestellter Gegenstand und die Sprache der Darstellung in der erlebten Rede und im personalen Erzählen konvergieren. In *L'assommoir* (1877; *Der Totschläger*, 1880) werden auf diese Weise die prekären Lebensverhältnisse der Unterschicht in Paris, in denen die Menschen hilflos den Milieueinflüssen sowie den erblichen Vorbelastungen ausgesetzt sind, außerordentlich plastisch beschrieben. In *Germinal* (1885; *Germinal*, 1885) stellt Z. das Leben der Bergarbeiter in einem Kohlenrevier in Nordfrankreich dar, die gegen ihre unwürdigen Lebensbedingungen aufbegehren und in einen Streik treten, der blutig niedergeschlagen wird. Das Bergwerk Le Voreux wird in eindrücklichen mythologisierenden Bildern zu einer gierigen Bestie und zu einem Inferno der industriellen Produktion stilisiert.

Der Zyklus beginnt mit dem Roman *La fortune des Rougon* (1870; *Das Glück der Familie Rougon*, 1986), in dem Z. die enge Verknüpfung des aufstrebenden Familienclans mit der politischen Macht darstellt. *Nana* (1880; *Nana*, 1881) behandelt den Aufstieg und Fall einer Kurtisane und die Prostitution in Paris generell, die Z. einer schonungslosen Kritik unterwirft. Er stellt die Veränderungen der Lebensverhältnisse durch den industriellen Fortschritt dar, macht aber auch die negativen Seiten der Entwicklung der modernen Technik, der Großstädte, der Fabriken, des Eisenbahnnetzes, der Kaufhäuser (*Au bonheur des dames*, 1883; *Das Paradies der Damen*, 2004) sichtbar. *Le ventre de Paris* (1873; *Der Bauch von Paris*, 1882) beschreibt das Milieu der Gewerbetreibenden und Kleinbürger, die im Umfeld der Markthallen ihre Lebenschance suchen. Der vorwiegend kritisch-pessimistische Ton der Darstellung weicht später einer eher idealistisch-optimistischen Einstellung, etwa in der Romantrilogie *Les trois villes* (*Die drei Städte*) – *Lourdes* (1894; *Lourdes*, 1991), *Rome* (1896; *Rom*, 1991) und *Paris* (1898, *Paris*, 1991) –, in der der dissidente Priester Pierre Froment gegen die katholische Wundergläubigkeit und die intriganten Verhältnisse in Rom zu Felde zieht und schließlich für einen sozialistischen Weg plädiert, der aus der Misere der Verelendung der Arbeiterschichten führen soll.

Z.s Spätwerk ist der unvollendet gebliebene Romanzyklus *Les quatre évangiles* (*Die vier Evangelien*): In den drei abgeschlossenen Romanen *Fécondité* (1899; *Fruchtbarkeit*, 1930), *Travail* (1901; *Arbeit*, 1911) und *Vérité* (1903; *Wahrheit*, 1914) sowie in dem Romanfragment *Justice* (1927; *Gerechtigkeit*) vertieft Z. seine naturalistischen Gesellschaftsanalysen und entwirft punktuell fiktionale Gegenwelten, die an Fourier anknüpfend auf die Möglichkeit der radikalen Verbesserung der Lage des vierten Standes deuten. Z., der nach wie vor einer der meistgelesenen französischen Schriftsteller ist, eröffnete der Literatur neue Möglichkeiten der Darstellung von Wirklichkeit. Neu war auch die literaturtheoretische Grundlegung, durch die die naturalistische Wirklichkeitsdarstellung und die sozialrevolutionären Vorschläge zur Verbesserung der Zustände eine bis dahin nicht gekannte Kohärenz und Prägnanz erhielten. Ein nicht unwesentlicher Faktor, der dem Naturalismus zum Erfolg verhalf, war neben der literarischen Qualität der Romane Z.s auch sein Bemühen, Autoren um sich zu versammeln, die seine Ziele teilten. Aus solchen Begegnungen ging 1880 der Novellenband *Les soirées de Médan* (*Abende in Médan*, 1881) hervor, der thematisch um den Deutsch-Französischen Krieg kreist und zu dem neben Z. etwa Joris-Karl Huysmans, Guy de Maupassant und Henry Céard Texte beisteuerten. Die literaturgeschichtliche Bedeutung des Naturalismus ist außerordentlich. Nicht nur in Europa (Arno

Holz, Gerhart Hauptmann, Giovanni Verga, Léon Lemonnier), sondern auch in Übersee (Frank Norris, Théodor Dreiser) griffen verschiedene Autoren zentrale Anliegen des Naturalismus auf und entwickelten ihn weiter.

Z. griff überdies auf grundlegende Weise in das politische Tagesgeschehen ein. In einem offenen Brief an den Präsidenten der Republik (»J'accuse«, »Ich erhebe Anklage«), abgedruckt in der Zeitung *L'Aurore* am 13. 1. 1898), stellte er sich mit flammenden Worten auf die Seite des unschuldig verurteilten jüdischen Offiziers Alfred Dreyfus. Diese mobilisierende Geste, die Z. ein Gerichtsverfahren und eine Verurteilung einbrachte, der er sich durch das Exil in England (Juli 1898–Juni 1899) entzog, trug dazu bei, dass Dreyfus nach einem Revisionsverfahren freigesprochen wurde.

Werkausgaben: Die Rougon-Macquart. 20 Bde. Hg. R. Schober. München 1986. – Meistererzählungen. Hg. H. Meier. Zürich 1994. – Die Salons von 1866–1896. Weinheim 1994.

Rolf Lohse

Zorrilla y Moral, José

Geb. 21. 2. 1817 in Valladolid/Spanien; gest. 23. 1. 1893 in Madrid

Der erfolgreichste Dramatiker und Lyriker der spanischen Romantik, der vielen bis heute als der Nationaldichter Spaniens überhaupt gilt, beginnt seine Laufbahn mit einem zur literarhistorischen Anekdote gewordenen Coup: Der unbekannte und mittellose José Zorrilla, der sich nach einem abgebrochenen Jurastudium in Toledo und Valladolid und der Flucht vor seinem erzkonservativen Vater als Schriftsteller in der Hauptstadt versucht, wohnt im Februar 1837 dem Begräbnis Mariano José de Larras bei, der unter dem Pseudonym »Fígaro« als Satiriker und Symbolgestalt der liberalen Romantik berühmt geworden war. Er nutzt die Gelegenheit, vor den versammelten Madrider Intellektuellen eine von ihm verfasste Elegie auf Larra vorzutragen. Die Wirkung seiner Verse auf die Zuhörer macht ihn augenblicklich bekannt. Er beginnt, wie Larra, für die Zeitschrift *El Español* zu schreiben und lernt die führenden Literaten kennen, unter ihnen José de Espronceda, mit dem ihn von da an eine dauerhafte Freundschaft verbindet. Noch im selben Jahr veröffentlicht er den ersten von insgesamt dreizehn Gedichtbänden.

Zu seinen wichtigsten lyrischen Werken gehören die sog. »Leyendas« (Legenden), d. h. balladenhaft-erzählende, passagenweise auch dialogische Versdichtungen von sehr unterschiedlicher, teilweise epenhafter Länge, aber jeweils ähnlicher Bauform (Einleitung zur Genese bzw. Überlieferung oder Widmung, Kapitel- bzw. Szenenfolge, Konklusion). Die Themen stammen aus dem Inventar volkstümlicher Dichtung (Tradición) und behandeln häufig im mittelalterlichen Spanien oder unbestimmter Vorzeit situierte Fälle von Verstößen gegen die religiöse Ordnung und von verletzter Ehre, die wiederum durch göttliche Intervention exemplarisch aufgehoben werden. Dies ist beispielsweise der Fall in der berühmten Leyenda *A buen juez, mejor testigo* (1838; Einem guten Richter ein besserer Zeuge), in der die Statue des Cristo de la Vega auf wundersame Weise durch einen Schwur die Ehre der Inés de Vargas wiederherstellt und den Wortbruch ihres abtrünnigen Verlobten aufdeckt, oder in *Margarita la tornera* (1840; Margarita, die Klosterpförtnerin), in der eine Nonne sich verführen lässt und unerlaubt aus dem Kloster verschwindet, jedoch bald schmählich verlassen, innig bereut und bei ihrer Rückkehr feststellt, dass die von ihr angerufene Mutter Gottes selbst den Pfortendienst übernommen hat, um sie zu schützen. Typisch für die romantische Verbindung von Orientalismus und nationaler Historie ist das Epos *Granada* (1852), das die Stadt zur Zeit der Reconquista, des Ne-

beneinanders von christlicher und maurischer Herrschaft, besingt.

Ab 1839 schreibt Z. auch für das Theater; 1840 gelingt ihm mit *El zapatero y el rey* (Der Schuster und der König) ein erster, vier Jahre später mit *Don Juan Tenorio* (*Don Juan Tenorio*, 1850) der größte Erfolg seiner Karriere. Das von ihm selbst gering geschätzte, aber bis heute zum festen Bestand des Repertoires spanischer Bühnen gehörende Stück modifiziert den immer wieder aufgegriffenen Don-Juan-Stoff dahingehend, dass die Fürsprache der ihn trotz seines Betrugs beständig liebenden Inés Don Juan nach seinem Tod vor der Verdammnis rettet. Wie in seinen lyrischen Stücken präsentiert sich Z. auch hier als Vertreter einer national und religiös konservativen Romantik, die mit Innerlichkeitsdichtung und politischem und literarischem Liberalismus – Aspekte, die von Victor Hugo als Programm der Romantik herausgestellt und in Spanien etwa bei Larra oder Espronceda umgesetzt wurden – kaum etwas zu tun hat. Wenngleich Z. später selbst den mangelnden Tiefgang seiner Werke bedauerte – er verstehe es, viele Verse zu schreiben, ohne etwas zu sagen –, so verdankt er doch gerade ihrer Virtuosität und Eingängigkeit sowie seinem Gespür für dramatische Effekte einen ungebrochenen Erfolg. 1848 wird er in die Academia Española gewählt (er tritt das Amt erst 1885 an), 1849 wird das Stück *Traidor, inconfeso y mártir* (Verräter, Ungeständiger und Märtyrer) aufgeführt, das wiederum ein historisches Sujet behandelt und das Z. selbst, durchaus im Einklang mit dem heutigen Urteil, für sein bestes Theaterwerk hielt.

1854 emigriert er nach Mexiko, wird 1864 Direktor des Nationaltheaters und ›Hofdichter‹ Kaiser Maximilians, kehrt aber 1866 nach Spanien zurück, wo seine Popularität ungebrochen ist. Wie schon zuvor gelingt es ihm nicht, aus dem anhaltenden Publikumserfolg finanziellen Gewinn zu ziehen; er verkauft seine Texte aus der Not heraus unter Wert und steht weiterhin unter einem Produktionsdruck, der den beträchtlichen Umfang seines Lebenswerks miterklärt. Unter den späten Texten verdienen bes. seine Memoiren (*Recuerdos del tiempo viejo*, 1880–82; Erinnerungen an die alte Zeit) Erwähnung. 1889 wird Z. in Granada feierlich zum Nationaldichter gekrönt.

Frank Reiser

Zuckmayer, Carl

Geb. 27. 12. 1896 in Nackenheim;
gest. 18. 1. 1977 in Visp (Schweiz)

Der Dramatiker, sonst kein Freund von Larmoyanz, war bewegt, als er die Veteranen des Ersten Weltkriegs an einem Frühlingstag, fünfzig Jahre nach dessen Ausbruch, über die Champs-Élysées marschieren sah,»freundliche Gestalten, wie man sie in jedem Bistro« traf, die ihm »furchtbar alt« vorkamen, wie er sich selbst, und denen er sich am liebsten angeschlossen hätte auf dem Weg zum »Grabmal des Unbekannten Soldaten«: »jenes zerrissenen, zermörserten, atomisierten Niemand, der das Symbol unserer Zeit geworden ist. Ich hatte das Gefühl, ich müßte hingehen und sie umarmen, diese Groß- und Kleinbürger, Pensionäre und Handwerker, ich müßte ihnen sagen: ›Hier bin ich! der auf euch geschossen hat, dem ihr nach dem Leben trachten mußtet‹. Ich hatte das Gefühl, ich gehörte zu ihnen, mehr als zu irgend jemand anderem auf der Welt. Denn sie waren die ›Feinde‹. Ich mußte weinen« (1966). Z.s intellektuelle und künstlerische Entwicklung ist durch das Erlebnis zweier Weltkriege, des ersten als Kriegsfreiwilliger, des zweiten als Emigrant in den USA, entscheidend geprägt, und seine pazifistischen Bemühungen um Völkerverständigung und linkshumanitäre, brüderliche Erneuerung der Werte ist nach beiden Kriegen erstaunlich ähnlich; von hier lassen sich Verbindungslinien zum Verständnis des Gesamtwerks und der einzigen politischen Maxime seiner sonst eher »überzeitlichen«, verständlichen »Menschenkunst« mit ihrem pantheistisch-religiösen Ethos ziehen.

Am Vorabend des Ersten Weltkriegs hatte der Siebzehnjährige mit Erfolg pazifistische Lyrik an die *Frankfurter Zeitung* gesandt, wurde aber, wie die Zeitungsredakteure auch, von einer Welle patriotischer Kriegsbegeisterung überrollt, die, in der Hoffnung auf Befreiung von abgelebten Konventionen, ganz Europa erfasst hatte. Während des Krieges verfasste er expressionistische Verse und Prosa für Franz Pfemferts Wochenzeitschrift *Aktion* und gehörte dessen utopisch-anarchistischer »Antinationaler Sozialisten-Partei« an. Mit Ehrenmedaillen dekoriert, verwundet, vom Nervenlazarett mühsam genesen, von seiner Truppe zum revolutionären Soldatenrat ernannt, schreibt er nach dem Krieg als Philosophie- und Botanik-Student aus Frankfurt a. M. dem Soldatenfreund Kurt Grell die Bilanz seiner Schützengraben-Lektüre und -Erfahrung: » – – Bürgerstumpfsinn, – – Staatskirche –: der Verkalkung und Verlogenheit dieser Zeit. Resultat: der Krieg ... – – Schändung der Seele: Vaterland. Heilige Pflicht. Geldsack. Kriegsgewinn. Kameradschaft. E. K. I. = Schiebung und Beförderungsintrige, Verpflegungsoffiziere – –, viehische Ärzte, Etappe, Ehrgeizlinge die Bataillone opfern – oh Kulturmenschheit ... Und doch. Die Kameraden –: das sind – die Armen, die dumpf im Graben Hockenden, die in Fabriken Zermalmten, die Geschobenen, die Getretenen« (Sommer 1919). Nach dem Zweiten Weltkrieg im Exil findet der lebensfrohe Z. nach seiner zeitnahen und neusachlichen Phase des Volksstücks – *Der fröhliche Weinberg* (1925), *Schinderhannes* (1927), *Katharina Knie* (1928), *Der Hauptmann von Köpenick* (1931) – zum Problemstück in der Art Friedrich Schillers und seiner expressionistischen Anfänge zurück. *Des Teufels General* (1946) bildet ein genaues Übergangsstück: Es enthält den aktuellen Stoff des Widerstands im Krieg und einen naturalistischen ersten Akt gegenüber dem expressionistischen Pathos der Schicksals-»Hand« und »Verdammnis« des sich selbst richtenden Fliegergenerals. *Der Gesang im Feuerofen* (1950) stellt von Beginn an den metaphysisch-allegorischen Bezug des wiederum aktuellen Stoffes her: Ein französischer Kollaborateur wird in Lyon 1948 hingerichtet. Auf dessen Verrat an die Gestapo hin wird eine Gruppe junger Résistance-Mitglieder zusammen mit dem deutschen Funker, der sie warnen wollte, verbrannt.

Am Ende des Stücks steht die pazifistische Botschaft, die Z. auch in der Champs-Élysées-Passage seiner Memoiren so deutlich heraushebt: »Sagt nicht: / Das waren ›andre‹. Das war ein ›andres Volk‹. / Sprecht nicht, / Das ist der ›Feind‹. / (Der erste Engel:) Sprecht immer: DAS BIN ICH!« Die Schlusszeilen betonen die Aufgabe des Künstlers, völkerverbindend zu wirken. Z. gibt darin eine pantheistische Variante der katholischen Erneuerungsbewegung (»renouveau catholique« à la Paul Claudel u. a.) und distanziert sich deutlich vom Existenzialismus: »Was zersprengt wird/Von den Kräften der Zeit, /Bindet ... neu / In Euren Werken.« In unermüdlichen Diskussionen mit jungen Deutschen über *Des Teufels General*, dessen politischer Inhalt recht fragwürdig gezeichnet war, sollte die Botschaft der Überwindung des Generationenkonflikts und der Ablehnung eines Kollektivschulddenkens an dem zu liebenswert geratenen General Harras und dem zu blass wirkenden Oderbruch als Widerstandsfigur deutlich werden. Im Drama wird diese junge Generation auf Hartmann projiziert, als die Symbolfigur von Harras' besserem Ich. Z. erlitt durch diese Anstrengung in hunderten von Diskussionen 1948 seinen ersten Herzinfarkt.

Der großbürgerliche Sohn eines aufstrebenden Mainzer Fabrikanten und einer jüdisch-evangelischen Mutter aus musischem, theaterliebendem Verlegerhaus hatte nicht genug Geduld, um sein Studium durchzuhalten. Z. beschäftigte sich ziemlich systemlos mit Jura und Nationalökonomie, mit Literatur- und Kunstgeschichte, sogar mit Biologie und Zoologie. Er hatte Verbindungen zu dem linken sozialdemokratischen Darmstädter Kreis um Carlo Mierendorff. Schon im zweiten Jahr gab er im jugendbewegten Künstlerkreis von Heidelberg Aufführungen von Bellmann-Liedern zur Laute und verfasste Stücke. Als das *Kreuzweg*-Drama 1920 in Berlin angenommen wurde, wechselte er endgültig zum Theaterberuf über und zog in die Großstadt. Danach war er Regieassistent in Berlin und Dramaturg in Kiel, später in München. Mit dem Antipoden und Freund Bertolt Brecht arbeitete er seit 1925 bei Max Reinhardt als Dramaturgie-Assistent. Über ihn äußerte Z. 1961, Brecht, dessen anarchischer *Baal*-Phase sich das Stück *Pankraz oder Die Hinterwäldler*, ein lehrreicher Misserfolg, verdankt, bleibe für ihn »der genialste Dichter und Szeniker« seiner Generation: »Der Dialektiker, das ist mir nicht so bedeutsam.« So wie Z. als Student die Soziologie nur »als Ausdruck des Zeitgeistes, am Rande« fesselte (*Als wär's ein Stück von mir.* Hören der Freundschaft, 1966), blieb auch seine wirkungsstärkste zeitkritische Komödie, *Der Hauptmann von Köpenick* durch die eingearbeiteten Märchenmotive für eine ahistorisch-menschliche Deutung offen: Am Ende des in der Berliner Atmosphäre von 1931 geschriebenen Stücks, worin Z. den nationalsozialistischen Gefolgsleuten und Hindenburg-Deutschen zusetzt, indem er gegen Kadavergehorsam, übertriebene Uniformverehrung und Preußische Militärbürokratie polemisiert, findet auch der deutsche Kaiser noch Grund zum Lachen.

Z. befürwortete Erich Maria Remarques *Im Westen nichts Neues*, obwohl die Filmversion dieses Romans von der Zensur verboten wurde. Gleichzeitig attackierte Z. in seinen Reden Joseph Goebbels, so dass er 1933 Aufführungsverbot erhielt und daraufhin emigrierte: zunächst mit seiner Frau (seit 1925), der Schauspielerin und späteren Autorin Alice Herdan nach Henndorf bei Salzburg, dann über die Schweiz (1938) nach Hollywood und New York. Z.s Mut und die genaue Einschätzung der damaligen Mentalität deutscher Militärs retteten ihm das Leben, als er 1938 an der Schweizer Grenze »wie ein kommandierender General« von einer SS-Ehrenwache zum Schweizer Zug eskortiert wurde; der Autor kam sich vor wie sein eigener Köpenick. In New York war Z. Lehrer an der von Erwin Piscator geleiteten Theaterabteilung einer Exil-Hochschule. Schließlich zog er nach Vermont. Dort pachtete er ab 1941 eine Farm. Der faschistische Einbruch bewirkte, aufs Ganze gesehen, eine Qualitätsverschlechterung des Werks, das um 1930 seinen, auch zeitkritischen, Höhepunkt erreichte, wie wichtige Drehbücher unterstreichen (Sternbergs *Der blaue Engel* nach Heinrich Manns Roman *Professor Unrat*, 1928; Alexander Kordas *Rembrandt*, 1936), daneben erarbeitete er die Bühnenfassung (*Kat*, Berlin 1931) von Ernest Hemingways pazifistischem *A Farewell to Arms*. Der eigene Widerstand in Theodor Haubachs *Eiserner Front* erschien ihm später als »zu wenig, zu spät«; er bekannte sich zur »kollektiven Scham« (Theodor Heuß). Noch einmal geriet Z.s Gabe der Charakterzeichnung ins Rampenlicht, als 2002 sein 1943/44 entstandener *Geheimreport* für das Office of Strategic Services (OSS) über 150 Künstlerpersönlichkeiten Hitler-Deutschlands, aus dem Nachlass herausgegeben, erschien. Die moralische Bipolarität der Menschen zeigte er ebenso treffend wie die Abwegigkeit des Kollektivschuldenkens. Unter den Autoren galt Z.s Vorliebe den Inneren Emigranten, unter den Verlegern vor allem Peter Suhrkamp und Henry Goverts. Z. erwies sich auch hier als Meister der Zwischentöne.

Z. wollte, obwohl vom Nachkriegsdeutschland dankbar geehrt, nicht mehr dort leben. Seit 1951 lebte er wechselweise in den USA, der Bundesrepublik und der Schweiz. Seit 1958 in Saas-Fee (Wallis), schrieb er an seinem größten Prosa-Erfolg *Als wär's ein Stück von mir*, der heute die sieben Nachkriegsdramen verblassen lässt. Der Titel des Ludwig-Uhland-Liedes weist auf den Krieg überwindende Liebe, ein Wert, dem auch der späte Briefwechsel mit Karl Barth galt. Der herausragende Denker der Bekennenden Kirche hatte dem Büchnerpreisträger (1929) nach der Lektüre der Memoiren geschrieben.

Durch den Briefwechsel kam es 1967 zur letzten der vielen intensiven Freundschaften Z.s mit bedeutenden Zeitgenossen. Barth nannte ihn einen »spät, aber um so dankbarer entdeckten ... etwas jüngeren Bruder« und bescheinigte seinem Werk bei aller »menschlichen Dunkelheit, Verkehrtheit und Misere« eine »nirgends versagende Barmherzigkeit«, ein durch »›weltliches‹ Schriftstellerei« faktisch ausgeübtes »priesterliches Amt« (*In memoriam Karl Barth*, 1969). In den Dramen nach 1949, angefangen mit *Barbara Blomberg* (1949) ist, ungeachtet Z.s hoher Zielsetzung, der Zug ins episch Breite immer weniger zu übersehen.

Das Viereinhalb-Stunden-Stück hatte Heinz Hilpert um ein Drittel kürzen müssen. Als Z. 1961 dem Freund (und Regisseur von neun Premieren seiner 21 Stücke) im Wiener Burgtheater zum Probenbeginn von *Die Uhr schlägt eins* (einem vielfältig verflochtenen Versuch, die Leere der Restauration von 1953 als deutsch-jüdisches Familiendrama unbewältigter Vergangenheit darzustellen) das Stück begeistert vorlas, um dann seine Reaktion zu hören, soll der trockene Berliner gesagt haben: »Ick habe nur Striche jehört, Carl!«

Werkausgaben: Gesammelte Werke in Einzelbänden. Hg. von Kurt Beck und Maria Guttenbrunner-Zuckmayer. Frankfurt a. M. 1997; Gesammelte Werke. 4 Bde. Berlin 1960; Geheimreport. Hg. von Gunther Nickel und Johanna Schrön. Göttingen 2002.

Volker Wehdeking

Zweig, Arnold
Geb. 10. 11. 1887 in Glogau;
gest. 26. 11. 1968 in Berlin (DDR)

Die Wirkung Z.s ist merkwürdig zweigeteilt: In der DDR wurde er mit Ehrungen überschüttet, war Abgeordneter der Volkskammer (1949 bis 1967) und Präsident der Akademie der Künste (1950 bis 1953); in der Bundesrepublik drang er trotz einiger prominenter Fürsprecher kaum in das Bewusstsein der literarischen Öffentlichkeit; bestenfalls kennt man die Titel oder Verfilmungen seiner Romane. Dies ist um so erstaunlicher, da der Autor einer traditionellen realistischen Diktion verpflichtet blieb und weder politisch noch ästhetisch revolutionär wirkte: Die französischen und russischen Romane des 19. Jahrhunderts, dann Gottfried Keller und Thomas Mann, vor allem jedoch Theodor Fontane dienten ihm als Vorbilder. Der Schwund an epischer Energie bei den letzten Arbeiten oder Zugeständnisse an die offizielle Kunstdoktrin des sozialistischen Realismus vermögen die weitgehende Ignoranz gegenüber Z. nur teilweise zu erklären.

Drei Bereiche bestimmen seine schriftstellerische Arbeit: die intensive Auseinandersetzung mit der Psychoanalyse, wofür u. a. sein Briefwechsel mit Sigmund Freud steht; sein zeitweiliges Eintreten für den Zionismus (1933 emigrierte Z. nach Haifa im damaligen Palästina; 1948 kehrte er nach Deutschland zurück und ließ sich in Ostberlin nieder); schließlich sein Studium der marxistischen Klassiker, das seine weltbürgerliche, humanistische Haltung eines apolitischen Ästhetentums veränderte und als analytische Kraft spürbar bleibt, ohne das Vorherrschen psychologischer Fragen zu verdrängen. Darüber hinaus sind die frühe Lektüre Friedrich Nietzsches, die in seinen Romanen Spuren hinterlassen hat (etwa der Mythos der ewigen Wiederkehr des Gleichen), oder das Studium der Phänomenologie bei Edmund Husserl in Göttingen hervorzuheben. Der Handwerkersohn, dessen Vater sein Geschäft infolge antisemitischer Aktionen verlor, studierte zwischen 1907 und 1915 Germanistik, Anglistik, Romanistik, Philosophie, Psychologie, Kunstgeschichte und Nationalökonomie. Bereits 1906/07 erfolgen die ersten Veröffentlichungen; aus seinem Frühwerk ragen die *Novellen um Claudia* (1912) heraus. Hatte Z. zu Beginn des Ersten Weltkrieges noch begeistert nationalistische Töne angestimmt, so verwandelte ihn das Kriegserlebnis in einen entschiedenen Pazifisten: Er wurde 1915 Soldat und war ab Mitte 1917 Mitarbeiter der Presseabteilung im Hauptquartier des Oberbefehlshabers Ost. Nach 1918 ist er Mitglied des Soldatenrats in Wilna, seit 1923 in Berlin Redakteur *der Jüdischen Rundschau*. Sein bekanntester Roman *Der Streit um den Sergeanten Grischa* (1927) gehört zu dem Weltkriegs-Zyklus *Der große Krieg der weißen Männer*, der durch die Romane *Junge Frau von 1914* (1931), *Erziehung vor Verdun* (1935), *Einsetzung eines Königs* (1937) erweitert und durch die weniger überzeugenden Romane *Die Feuerpause* (1954) und *Die Zeit ist reif* (1957) abgeschlossen wurde. Im *Grischa*-Roman streiten sich die Vertreter der alten preußischen Ordnung wie Lychow, der an Theodor Fontanes Briest oder den Stechlin erinnert, mit dem modernen technokratischen Militaristen Schieffenzahn (Modell dafür war der Feldmarschall Ludendorff) um den russischen

Kriegsgefangenen Grischa, der kalt dem strategischen Kalkül des Militärs geopfert wird. Dabei werden die Mechanismen der Militärbürokratie, der Untergang des Einzelnen in der Masse und der labyrinthische Charakter der Wirklichkeit durch ein Gesellschaftspanorama, das alle sozialen Gruppen umfasst, freigelegt; der Weltkrieg dient als Folie für die Darstellung und Analyse militärischer Herrschaftsstrukturen, die mit der Diskussion um Moralität, Staat und Recht verbunden werden. Die Militarisierung des Lebens überlagern kosmische Visionen von Wiedergeburt und Vitalität, archaische und mythische Bedeutungen der Urmutter und des Lebenskreislaufs; allein der Name Grischa (Gregorius-Ödipus) ruft eine ganze Reihe literarischer Bezüge hervor. Für die Romanhandlung forderte Z., dass die Ereignisse sich durch strenge Kausalität auseinander entwickeln und der Autor als auktorialer Erzähler »wie der Geist des Weltschöpfers« die Dinge ordnen soll. In seinem Roman *Das Beil von Wandsbek* (1943) behandelt er erstmals die Frage des Mitläufertums unter der Naziherrschaft. Z. ist auch als Herausgeber (u. a. Gotthold Ephraim Lessing, Georg Büchner, Heinrich von Kleist) und als Essayist hervorgetreten, wobei seine Studie über Carl Sternheim und seine Untersuchung des Antisemitismus als Gruppenaffekt in *Caliban oder Politik und Leidenschaft* (1927), die übrigens Sigmund Freud gewidmet ist, noch heute Interesse verdienen.

Werkausgabe: Berliner Ausgabe. Hg. von der Humboldt-Universität zu Berlin und der Akademie der Künste, Berlin. Wiss. Leitung: Frank Hörnigk. Berlin 1997 ff.

Helmut Bachmaier

Zweig, Stefan
Geb. 28. 11. 1881 in Wien;
gest. 23. 2. 1942 in Petrópolis bei Rio de Janeiro

»Jeder von uns, auch der Kleinste und Geringste, ist in seiner innersten Existenz aufgewühlt worden von den fast pausenlosen vulkanischen Erschütterungen unserer europäischen Erde; und ich weiß mir inmitten der Unzähligen keinen anderen Vorrang zuzusprechen als den einen: als Österreicher, als Jude, als Schriftsteller, als Humanist und Pazifist jeweils just dort gestanden zu sein, wo diese Erdstöße am heftigsten sich auswirkten. Sie haben mir dreimal Haus und Existenz umgeworfen, mich von jedem Einstigen und Vergangenen gelöst und mit ihrer dramatischen Vehemenz ins Leere geschleudert, in das mir schon wohlbekannte ›Ich weiß nicht wohin‹.«

Diese trotzig-resignativen Töne leiten Z.s Autobiographie *Die Welt von Gestern* (1942) ein; in ihnen scheint zugleich die Deutung für den Selbstmord eines Mannes auf, der ökonomisch gesichert, im Gastland Brasilien auch als Exilierter geschätzt und geehrt wurde und überall in der Welt mit seinen Werken Zuspruch fand. »Ob man nach Kairo kam oder nach Kapstadt, nach Lissabon oder nach Shanghai, nach Batavia oder Mexico City, es gab keine Buchhandlung, in der die Bücher Z.s nicht in der vordersten Reihe prangten, und zwar fast ohne Unterbrechung. Man sollte denken, solch ein Erfolg sei eine Droge, begeisternder als Heroin, und solch ein Ruhm ein ewiger Champagnerrausch.« Franz Werfel, aus dessen Trauerrede in Los Angeles diese Worte stammen, wusste aber auch um die depressive Stimmung des wohl erfolgreichsten deutschen Autors in den 1920er und 30er Jahren: »Sein vom humanistischen Optimismus verwöhntes Herz erkannte urplötzlich die ganze eisige, unlösbare Tragik des Menschen auf der Erde, die eine metaphysische Tragik ist und daher jedes ausgeklügelten Heilsmittels spottet. Es war in ihm zuletzt nur mehr schwarze Hoffnungslosigkeit, das Gefühl der Schwäche und ein bißchen ohnmächtige Liebe.« Dass Werfel von »Tragik« sprach, war im Blick auf einen Autor berechtigt, der seine Biographien – z. B. *Fouché* (1930); *Marie Antoinette* (1932); *Maria Stuart* (1935); *Erasmus*

(1935) – dramatisch gestaltete und auch sein Leben unter dramatischen Gesetzen ablaufen sah.

Der Start ins literarische Leben erfolgte noch während des Studiums der deutschen und französischen Literatur in Berlin und Wien, das er 1904 mit einer Dissertation über Hippolyte Taine abschloss. 1901 erschien die Lyriksammlung *Silberne Saiten*, hervorstechend in ihrer »aufdringlichen Süßlichkeit und wässrigen Geschwollenheit« (Erich Mühsam). In den nächsten Jahren debütierte Z. außerdem mit Prosa und Dramen. Später hat er diese »ästhetische Zeit« gern verleugnet, da er bald die Erweiterung seines »Horizonts vom Literarischen ins Zeitgeschichtliche« erreicht habe: Nun wollte Z. vor allem als Europäer und Pazifist gesehen werden. Ausgedehnte Reisen und intensive Kontakte ließen ihn zu einem sich kosmopolitisch fühlenden Intellektuellen reifen, der eine Allianz des Geistes gegen die Machtpolitik zu bilden hoffte. Während des Ersten Weltkriegs schloss er sich einer Gruppe von Intellektuellen an, die von Zürich aus für den Frieden stritten. Zu ihr gehörten u. a. Leonhard Frank, Hermann Hesse, James Joyce, Annette Kolb, Frans Masereel, Romain Rolland, Fritz von Unruh. Aus dieser neuen Stimmung heraus entstand das wohl beste Drama Z.s, *Jeremias* (1917), das wie fast alle seine Werke »das Problem der seelischen Superiorität des Besiegten« behandelt. Ein Titel wie *Castellio gegen Calvin oder ein Gewissen gegen die Gewalt* (1936) hebt im Untertitel programmatisch hervor, was auch für die großen Biographien und mehr noch für die meisten der zahlreichen biographischen Essays, z. B. über Sigmund Freud, Fjodor M. Dostojewski, Friedrich Hölderlin, Heinrich von Kleist, Friedrich Nietzsche, Leo Tolstoi gilt. Z.s Werke beeindrucken durch strenge Ethik, bewusst herausgestellte Humanität und hohen geistigen Anspruch. Nach dem Ersten Weltkrieg konnte Thomas Mann ihn »die bedeutendste dichterische Frucht dieses Krieges« nennen. Als Z. sich in den 1920er Jahren in Salzburg niederließ, besuchte ihn die geistige Elite Europas in seinem Haus. Ein Mann, der sich so zur Freundschaft berufen und sich besonders Romain Rolland und Emile Verhaeren verbunden fühlte, der sich als Europäer um die Erhaltung der alten geistigen Werte bemühte, musste im fernen Brasilien verzweifeln. Aber diese Depression wurde noch genährt durch einen Pessimismus, der Z. seit den 1920er und 30er Jahren immer wieder befiel. Sein Optimismus, mit moralischen Appellen in die Politik eingreifen zu können, wich allmählich einem starken Ohnmachtsgefühl. Anders als z. B. Heinrich Mann, der Geist und Tat gern verbunden sah, gab sich Z. frühzeitig einer Resignation hin: »Die anderen mögen die praktischen Konsequenzen ziehen, ich selbst bin nur ein Mann der moralischen Aktion. Ich kann nur vereinigen und besänftigen, aber ich verstehe nicht zu kämpfen.« Z. wollte als »eine moralische Autorität« gelten, und dafür sollte sein Werk zeugen, das meist die »Welt von Gestern« beschwor, d. h. die Vergangenheit der Gegenwart als Beispiel vor Augen führen wollte. Aber es ist bezeichnend für sein Geschichtsverständnis, dass er die Vergangenheit allein unter personalem Gesichtspunkt sah und die psychologische Deutung suchte, dabei aber die wirkenden politischen, sozialen und ökonomischen Prozesse vernachlässigte. Entweder verdichtete sich für ihn die Geschichte zu herausragenden historischen Momenten, wie in seinem erfolgreichsten Buch *Sternstunden der Menschheit. Zwölf historische Miniaturen* (1927), oder zu tragischen Lebensläufen, in denen der Einzelne einem übermächtigen Schicksal ausgeliefert ist. »Gleichgültig gegen den Willen des einzelnen, stößt oft der stärkere Wille der Geschichte Menschen und Mächte in ihr mörderisches Spiel« (*Maria Stuart*, 1935).

Mit solchen Schicksalsformeln war keine Erklärung der geschichtlichen Prozesse zu gewinnen; als Deutung wusste Z. allenfalls Naturmetaphorik (»vulkanische Erschütterungen«) oder eine personalisierte Geschichte als »Dichterin, als Dramatikerin« anzubieten. Aber wahrscheinlich gründet gerade in dieser Unbestimmtheit der große Erfolg: Z. spricht nicht als Geschichtslehrer, nicht als Aufklärer, sondern als ein an der Welt Leidender und Verunsicherter, der sich und den Lesern allenfalls Trost, aber keinen Mut zum Handeln vermitteln konnte. »Da saß man und harrte und starrte ins Leere wie ein Verurteilter in seiner Zelle, eingemauert, eingekettet in dieses sinnlose, kraftlose Warten und Warten, und die Mitgefangenen rechts und links fragten und rieten und schwätzten, als ob irgendeiner von uns wüßte oder wissen konnte, wie und was über uns verfügte« (*Die Welt von Gestern*).

Während seine Leser in Europa eine bittere Geschichtslektion erlebten, erlitt Z. in Südamerika seinen persönlichen Zusammenbruch. Er hatte immer, wie Erasmus, ein »Mann der Mitte« sein wollen und deshalb nicht gelernt, dass man in solchen Zeiten nicht auf einem bildungsaristokratischen Standpunkt beharren durfte, sondern auch Partei ergreifen, ja sich einmischen musste.

Sein Lebenstraum war bereits 1935 im *Erasmus*, der viele autobiographische Züge trägt, aufgegeben worden: »Niemals dagegen hat bisher der erasmische Gedanke Geschichte gestaltet und sichtbaren Einfluß genommen auf die Formung des europäischen Schicksals: der große humanistische Traum von der Auflösung der Gegensätze im Geiste der Gerechtigkeit, die ersehnte Vereinigung der Nationen im Zeichen gemeinsamer Kultur ist Utopie geblieben, unerfüllt und vielleicht nie erfüllbar innerhalb unserer Wirklichkeit.«

Werkausgabe: Gesammelte Werke in Einzelbänden. Hg. von Knut Beck. Frankfurt a. M. 1981 ff.

Helmut Scheuer

Zwerenz, Gerhard
Geb. 3. 6. 1925 in Gablenz

»Unsere Schreibmaschinen waren nur, was für RWF die Kamera war: Auge, Gedächtnis, Mund.« Das Zitat findet sich in der »Vorbemerkung« eines Buches über den verstorbenen Filmemacher Rainer Werner Fassbinder, mit dem Z. befreundet war, und es spricht von der Produktionsgemeinschaft Gerhard und Ingrid Zwerenz (geb. Hoffmann), die zumeist unter dem Namen Z. firmiert und die auf ihren Schreibmaschinen schon mehr als hundert Bücher produziert hat. Z. verleugnet nicht, dass einige seiner Werke weniger Resultat eines zähen Kampfs um Sprache oder erschöpfender Auseinandersetzung mit literarischen oder gesellschaftlichen Problemen sind denn Plaudereien für den großen Markt (*Das Lachbuch* wurde beispielsweise über Supermärkte vertrieben). Doch die Trennlinie zwischen den »wesentlichen« und den »beiläufigen« Büchern lässt sich so scharf nicht ziehen. So finden sich in einigen Titeln dicht komponierte Passagen neben eher belanglosen, und umgekehrt stößt man auch in beiläufigen Arbeiten auf überraschende Verdichtungen und »anarchische Elemente«.

Die Bücher vermitteln nur selten den Charakter des Abgeschlossenen, häufiger liefern sie Varianten oder ziehen Verbindungslinien zu früheren und enthalten Verweise auf kommende Bücher. Die Vielfalt und Fülle lässt sich nach wiederkehrenden Themen ordnen, wobei freilich die Bücher über Hunde, Katzen oder Sternenglauben vernachlässigt werden: Zum einen ist da die Kritik des Stalinismus und des Systems der DDR mit besonderem Blick auf dessen Funktionäre und intellektuelle Repräsentanten; personenorientierte Polemik, die nicht selten gegen den Strom schwimmt mit einem freundlichen Porträt des Alfred Kurella und mit einem boshaften des Stephan Hermlin. Hierher gehören u. a.: *Ärgernisse. Von der Maas bis an die Memel* (1961), *Walter Ulbricht* (1966), *Die Quadriga des Mischa Wolf* (1975), *Antwort an einen Friedensfreund oder längere Epistel für Stephan Hermlin und meinen Hund* (1982), *Die DDR wird Kaiserreich* (1985).

Zum anderen: Kritik der kapitalistischen Lebenswelt und deutscher Traditionen, der Blick auf die Ausgestoßenen und Verlierer wie auf die Machtelite, Kritik der westlichen Intellektuellen und des Literaturmarktes, häufig lokalisiert im »Betonbabel« Frankfurt am Main (in der »A- und B-Ebene« der City); die Bandbreite reicht von Sachbuch und Dokumentarliteratur bis zum Polit-Thriller: *Wider die deutschen Tabus. Kritik der reinen Unvernunft* (1962), *Die Lust am Sozialismus. Ein Wahlgeschenk* (1969), *Bericht aus dem Lan-*

desinneren. *City-Strecke-Siedlung* (1972), *Der plebejische Intellektuelle* (1972), *Wozu das ganze Theater* (1977), *Die Westdeutschen* (1977), *Wir haben jetzt Ruhe in Deutschland* (1981) etc.

Und dann: Emanzipation und Frustration im Zeichen der »sexuellen Revolution«, vorgeführt nicht nur in theoretischen Reflexionen (»Die großen Pornographien der Weltliteratur sind durchweg gegen die herrschende Moral, gegen deren Wächter und Nutznießer geschrieben«) und zahlreichen erotischen Romanen, sondern auch praktisch unterstützt in der kurzzeitigen Rolle des Verlegers. *Erbarmen mit den Männern* (1968), *Tantenliebe* (1970), *Rasputin* (1970), *Bürgertum und Pornographie* (1971), *Der Sex-Knigge* (1983) etc.

Schließlich Autobiographisches: *Kopf und Bauch. Die Geschichte eines Arbeiters, der unter die Intellektuellen gefallen ist* (1971), *Der Widerspruch. Autobiographischer Bericht* (1974), *Das Großelternkind* (1978), *Vergiß die Träume deiner Jugend nicht* (1989) etc. Unter diesen vier Bereichen ist der letzte gewiss der quantitativ und qualitativ gewichtigste, da er auch die anderen mit umfasst. Gewiss wäre es falsch zu folgern, dass alle einhundert Bücher Kapitel einer großen Autobiographie sind, doch die autobiographische Brechung der Themen lässt sich bis in Randbereiche oder Rezensionen des Autors ausmachen. Selbst die romanhaften Exkursionen lassen sich als versuchsweise Verwandlungen des Autors in seine Protagonisten verstehen, von Michel Casanova bis zu Rasputin.

Z., im Sächsischen als Sohn eines Arbeiterpaares geboren, aufgewachsen in der Ziegelei der Großeltern, Absolvent einer Lehre als Kupferschmied, freiwilliger Wehrmachtssoldat, Deserteur, Kriegsgefangener in Russland, Volkspolizist in der DDR, Lehrer und SED-Mitglied, begann 1952 in Leipzig bei Ernst Bloch sein Philosophie-Studium und bald darauf seine publizistische Tätigkeit für die *Weltbühne* und den *Sonntag* sowie als Mitarbeiter des Kabaretts »Pfeffermühle«. Er publizierte z. T. unter Pseudonym (etwa Gert Gablenz) und geriet, nicht nur über seine schriftstellerischen Arbeiten, in Konflikt mit der DDR-Staatsführung; seiner drohenden Verhaftung als einer der führenden Köpfe der DDR-Opposition entzog er sich 1957 durch die Flucht nach Westdeutschland. Dort vollzog er mit den autobiographisch getönten Romanen *Aufs Rad geflochten. Roman vom Aufstieg der neuen Klasse* und *Die Liebe der toten Männer* (beide 1959), in denen der Aufstieg der neuen Klasse und der Volksaufstand vom 17. Juni aus der Sicht eines enttäuschten Kommunisten beschrieben werden, einer Sammlung von Parabeln und Satiren unter dem Titel *Gesänge auf dem Markt* (1962) und dem Erzählband *Heldengedenktag* (1964) seinen furiosen Einstieg als Außenseiter in den westdeutschen Literaturbetrieb, der vorerst von anderen Außenseitern – von Erich Fried bis Robert Neumann – Anerkennung fand; und er entwickelte mit den Bänden *Ärgernisse* (Tagebuchaufzeichnungen des DDR-Flüchtlings im westdeutschen Exil) und *Wider die deutschen Tabus* seine genuine Stärke: den polemischen Essay.

Er belebt die Streitkultur mit z. T. absichtsvoll ungerechten Attacken (eine Schriftstellerkollegin nennt er beispielsweise eine »verbale Stalinorgel«), mit Reportagen in teilweise mitreißender Prosa, die manchmal die Nähe zur Groteske zeigt; mit seiner Schreibwut erinnert er nicht selten an sein amerikanisches Vorbild Norman Mailer. Durchgängig ist die literarische Technik der Verschränkung von Fiktion und Dokumenten (von Fotografien bis zu Tagebuch-Fragmenten) sowie die Neigung des Autors zur kurzen Story: »Allerdings erkannte ich, verblüfft und staunend, daß sich meine Kurzgeschichten wie Bausteine zusammenfügen ließen, und es entstehen daraus ganze Gebäude, die Roman zu nennen vieles mich hindert, wiewohl auch manches dafür spricht.« Dem zeitkritischen Schelmenroman um einen sächsischen Nachfahren von Casanova, der von der Pleiße an den Rhein wandert (*Casanova oder der kleine Herr in Krieg und Frieden*, 1966), folgen eine Ulbricht-Monographie, pornographische Romane, Polit-Thriller, Filmbücher, Biographien, »Schulbuchgeschichten«, Essays, ein »Unterhaltungsroman für Pazifisten« (*Venus auf dem*

Vulkan, 1982) und eine negative Utopie (*Der Bunker*, 1983).

Nicht zu Unrecht zählen die autobiographischen Bände *Kopf und Bauch* und *Der Widerspruch* sowie der Frankfurt-Roman *Die Erde ist unbewohnbar wie der Mond* (1973), der Faßbinder zu seinem umstrittenen Theaterstück (*Der Müll, die Stadt und der Tod*) inspiriert hat, zu den bekanntesten Werken des Autors. Wenigstens zwei seiner späteren Bücher verdienen es, dazugerechnet zu werden: *Die Rückkehr des toten Juden nach Deutschland* (1986) und *»Soldaten sind Mörder«. Die Deutschen und der Krieg* (1988), »ein Buch des ungedämmten Ingrimms« (Ralph Giordano).

1981 beschloss Z., um sein Konzept des »plebejischen Intellektuellen« zu verwirklichen, seine Arbeiten nur noch als Taschenbücher zu veröffentlichen; 1990 erklärte er (an seinem 65. Geburtstag), dass er seine weitere Arbeit als Buchautor einstelle: »Ich schreibe nicht mehr, ich gehe in Rente«. Beide Versprechen hat Z. nicht eingelöst. Aufgebracht durch die Zunahme neonazistischer Aktivitäten und rechtsradikaler Parolen veröffentlichte er die politischen Schriften *Rechts und dumm?* (1993), eine Polemik gegen die »alte und neue Deutschtümelei« und *Links und lahm* (1994), ein kämpferisches Plädoyer für eine linke Alternative zur »reformbedürftigen SPD«; außerdem verfasste der Autor, dem 1991 in Darmstadt der »alternative Büchnerpreis« verliehen wurde, neben Streitgesprächen (mit Hermann Kant, mit Sarah Wagenknecht) und neben Hörspielen und Bühnenstücken einen weiteren autobiographischen Roman, *Das Großelternkind* (1996).

1994 kandidierte Z. für die offene Liste der SED-Nachfolgepartei PDS und wurde für die dreizehnte Legislaturperiode als Parteiloser Mitglied des Deutschen Bundestages für die PDS. Bei den Bundestagswahlen 1998 kandidierte er nicht mehr (»weil die Gefahr besteht, daß ich Alterspräsident werde, wenn ich im Bundestag bleibe«), statt dessen nahm er seine Arbeit als Schriftsteller wieder auf. Seine Erfahrungen im Parlament hielt er fest in dem von ironischen und polemischen Impulsen geprägten Band *Krieg im Glashaus oder: Der Bundestag als Windmühle. Autobiographische Aufzeichnungen vom Abgang der Bonner Republik* (2000).

Michael Rohrwasser

Zwetajewa, Marina
↗ Cvetaeva, Marina

ZEIT-Aspekte

Das Beste aus der ZEIT zu ausgewählten Autoren dieses Bandes

Friedrich Schillers »Kabale und Liebe« 613
Aus der Reihe »DIE ZEIT-Schülerbibliothek«
Von Jens Jessen

»Das siebte Kreuz« von Anna Seghers 615
Aus der Reihe »DIE ZEIT-Schülerbibliothek«
Von Rolf Michaelis

Laurence Sternes »Tristram Shandy« 617
Aus der Reihe »ZEIT-Bibliothek der 100 Bücher«
Von Rudolf Walter Leonhardt

»Unter dem Milchwald« von Dylan Thomas 620
Das Gleiche noch mal, Miss
Von Konrad Heidkamp

König der Romantik 622
Sein Werk inspirierte eine deutsche Literaturepoche – seine Wohnung in Dresden wurde zum Salon Europas. Vor 150 Jahren starb Ludwig Tieck in Berlin. Ein Porträt
Von Klaus Günzel

Spur der Schmerzen 627
Auf der Leipziger Buchmesse erhält Christa Wolf den Deutschen Bücherpreis. Ein Besuch bei der Schriftstellerin
Von Christoph Dieckmann

»Orlando« von Virginia Woolf 632
Aus der Reihe »Mein Jahrhundertbuch«
Von Wolf Wondratschek

Nie wieder Versfüßchen 635
Wie liest man eigentlich Gedichte? Die schönsten aus den vergangenen 25 Jahren. Ein Lektürebericht
Von Iris Radisch

Friedrich Schillers »Kabale und Liebe«

Aus der Reihe »DIE ZEIT-Schülerbibliothek«

Von Jens Jessen

Wer wissen will, was Demokratie und Freiheit wert sind, muss nur Schillers *Kabale und Liebe* lesen. Es gibt wenige Stücke, die so frisch und empörend geblieben sind. Die Geschichte des Adligen und des Bürgermädchens, deren Liebe von einer boshaften Intrige (damals auch Kabale genannt) unterbunden wird, weil es nicht erlaubt war, die Standesgrenzen zu überschreiten, hat noch heute die Kraft, bei Lesern wie Zuschauern echten Hass und echte Verzweiflung auszulösen.

Man kann das Stück gar nicht so dämlich aufführen (obwohl etliche Regisseure ihren Ehrgeiz daransetzen), dass es seine revolutionierende Wirkung verfehlt. Schiller hat hier weniger philosophisch konstruiert als in späteren Werken und allen Ehrgeiz darauf verwendet, Charaktere und Milieu so realistisch wie möglich zu machen. Jede Figur hat ihre Redeweise, man lernt bürgerliche und adlige Umgangssprache kennen, die Flüche des Hofes und der Dienstboten, manches ist sogar nicht mehr einfach zu verstehen, weil sich Ausdrücke und Anspielungen verändert haben (ungefähr wie der Jugendjargon in einem Fünfziger-Jahre-Film uns manchmal merkwürdig vorkommt).

Das Stück wirkt, als sei ein Radioreporter an einem Fürstenhof des ausgehenden 18. Jahrhunderts unterwegs, und deshalb teilen sich noch heute die Angst und schreiende Ungerechtigkeit unmittelbar mit. Um den adligen Ferdinand von seiner Liebe zu der Musikantentochter Luise abzubringen, zwingt man das Mädchen, einen Brief zu schreiben, der klingt, als habe sie einen weiteren Liebhaber; zum Druckmittel hat man ihre Eltern inhaftiert. Man nimmt ihr den Eid ab, über die Zwangsmaßnahme zu schweigen, und dass sie sich daran hält, wirkt überhaupt nur plausibel, weil der Zuschauer inzwischen selbst schon die Allgegenwart von Einschüchterung und Gewalt spürt.

Es ist in diesem Fürstentum wie in der DDR, in der eine diffuse Angst vor der Stasi umging, die sich übrigens ebenfalls nicht scheute, Ehen durch Intrigen auseinander zu bringen. Im 19. Jahrhundert hielt man Schillers Brief- und Eidgeschichte für übertrieben; aber das 20. Jahrhundert mit seinen totalitären Staaten brachte auch die Methoden der Erpressung und Manipulation von missliebigen Bürgern wieder und hat insofern Schiller gerade als Realist glänzend (oder schrecklich) rehabilitiert.

Doch wäre Schiller nicht Schiller, wenn er sich im Realismus erschöpfte. Ein wenig philosophische Konstruktion hat er doch untergebracht, und sie sorgt dafür, dass sich der heutige Zuschauer nicht ohne weiteres von dem Stück als einer Geschichte historischer, überwundener Leiden distanzieren kann. Denn es geht nicht einfach nur um eine Liebe, die an den Standesgrenzen des 18. Jahrhunderts scheitert, so wie es Fontane für das 19. und Schnitzler sogar noch für das frühe 20. Jahrhundert geschildert haben. Es geht überhaupt um individuelles Glück und individuelle Selbstbestimmung, die an den Regeln der Gesellschaft scheitern. Solche Regeln hat jede Gesellschaft, auch unsere, und an ihnen wird das Individuum immer Grenzen finden. Es ist, mit Schillers Worten, der Konflikt von »Mode« und »Menschheit«.

»Menschheit«, das ist für ihn die Summe aller unveränderlichen Hoffnungen und Glücksansprüche der Menschen; »Mode« ist das Schlagwort für alle veränderlichen Konventionen, Zwänge und Ansprüche der Gesellschaft. Der ewige menschliche Kern unterliegt stets der Unterdrückung, mindestens der Überformung durch die gerade herrschenden Verhältnisse. Der Mensch kann nie ganz Mensch werden, weil er gezwungen ist, sich mit irgendeiner »Mode« zu arrangieren, die immer so tut, als sei sie selbstverständlich und naturgegeben. Der Feudalismus hat so getan, als seien die Standesgrenzen naturgegeben, der Kommunismus hat das von den Klassenunterschieden behauptet, der Kapitalismus von Eigentum und Leistungsprinzip. Schiller behauptet nun nicht, man könne die »Mode« abschaffen (denn man kann ja auch nicht die Gesellschaft abschaffen); er artikuliert aber die Hoffnung, die gesellschaftlichen Regeln könnten dereinst etwas menschenfreundlicher ausfallen.

Man kann darüber streiten, ob das inzwischen erreicht ist; aber Demokratie und Bürgerrechte haben sein Ideal doch näher gerückt. Und selbst für den, der noch immer glaubt, an Mode und Gesellschaft verzweifeln zu müssen, gibt Schiller einen Trost: dass es keine herrschenden Vorstellungen und Konventionen gibt, die wir für naturgegeben halten müssen. Das, was die Gesellschaft als naturgegeben predigt, ist immer nur Propaganda, »Mode«.

21.8.2003

»Das siebte Kreuz« von Anna Seghers

Aus der Reihe »DIE ZEIT-Schülerbibliothek«

Von Rolf Michaelis

Sirenen heulen durch den dicken Herbstnebel im Rheintal zwischen Worms und Mainz. Schon rasen Polizei-Autos über die Landstraßen, riegeln SA-Posten die Kreuzungen ab, schieben Posten der SS auf den Brücken Wache. »Etwas ganz Verrücktes muß passiert sein«, flüstern sich die Arbeiter aus den Taunus-Dörfern zu, die zur Frühschicht in die Farbwerke Höchst radeln. »Etwas liegt in der Luft« – spüren alle in der Gegend. Und es gelingt der Autorin, die in Mainz geboren und in der rheinhessischen Landschaft aufgewachsen ist, noch ehe der Leser weiß, was »passiert« ist, ihn in die Unruhe, die Angst der Menschen an diesem Herbstmorgen des Jahres 1937 zu versetzen.

Unglaubliches ist passiert: Sieben Häftlingen ist die Flucht aus dem KZ Osthofen bei Worms geglückt. Manche erschrecken, fürchten neue Verhaftungen; viele leben so weiter wie bisher; einige erkennen einander an den winzigen, plötzlich glänzenden »Pünktchen« in den Augen des Gegenübers (einem häufig wiederkehrenden Bild). »Ein entkommener Flüchtling, das ist immer etwas, das wühlt immer auf. Das ist immer ein Zweifel an ihrer Allmacht. Eine Bresche.«

So kommt sogar der Lagerkommandant nicht umhin zu denken, der sich geschworen hat, die sieben Männer innerhalb von sieben Tagen wieder zu fangen – und vergebens auf den Letzten wartet: »Er fühlte, daß er nicht hinter einem einzelnen her war, dessen Züge er kannte, dessen Kraft erschöpfbar war, sondern einer gesichtslosen, unabschätzbaren Macht.«

Der Mann, der die ihm Ausgelieferten, wie es die Lügen-Propaganda seiner NSDAP will, »Schutzhäftlinge« nennt, sie aber von seinen SA-Prügelknechten – auch bis zum Tod – zusammenschlagen lässt, befiehlt, die sieben Platanen im Lager zu fällen. Sie sollen auf dem »Tanzplatz« genannten Appell-Hof eingegraben werden – mit jeweils einem »Querbrett in Schulterhöhe«, sodass sie »von weitem sieben Kreuzen glichen«. Dort will er die Entflohenen demütigen, töten. Dass er, nahe dem Kaiserdom Worms im christlichen Abendland, Menschen nicht erniedrigt, sondern erhöht, wenn er sie vor das Märtyrer-Mal eines als »Erlöser« verehrten Gekreuzigten stellt, kommt ihm nicht in den dumpfen Schädel.

Dabei erzählt die 1900 als Netty Relling, Tochter eines Mainzer Antiquitätenhändlers geborene Anna Seghers ihren Roman gerade in der Landschaft ihrer germanisch-römisch-christlichen Heimat am Rhein, an einem, wie sie sagt, »Kreuzweg der Geschichte und von alters her Schlachtfeld«. Ein Landsmann, in der Uniform der amerikanischen Armee, schreibt der Autorin 1945: »Als wir bei Mainz über den Rhein fuhren, habe ich den Helm abgenommen, Dir und den Freunden vom ›Siebten Kreuz‹ zu Ehren.« Damals konnte niemand in Deutschland das Buch kennen, das 1942 in den USA erschienen ist, auch in einer Ausgabe (und als Comicstrip) für die Soldaten, die Deutschland befreien sollten.

Wie es zuging in Deutschland, vier Jahre nachdem Hitlers Mörderbande sich die Macht erschlichen hatte, das kann man in diesem Roman lernen. Ein Häftling wird gleich geschnappt, ein anderer stirbt auf der Flucht, einer unterwegs im Heimatdorf, einer stellt sich selber – nur einer kommt durch, der Mechaniker Georg Heisler. Sein Fluchtweg, sieben Tage und Nächte lang, zwischen Mainz und Frankfurt am Main, von alten Freunden verstoßen, von fremden Menschen aufgenommen und über die Grenze nach Holland gebracht, wird zu einem großen Panorama der deutschen Gesellschaft 1937, quer durch alle Schichten der Bevölkerung – Meisterleistung einer Erzählerin, die selbst im Exil in Mexiko leben musste.

In kaum einem Buch aus jener Zeit - einem Gegenwerk zur »Blut- und-Boden-Literatur« der Nazis – wird die Landschaft zwischen Taunus und Rhein so kräftig, lebensvoll, innig beschworen wie in diesem – schwarzen – Heimatroman. Wie lobte der aus derselben Gegend stammende Carl Zuckmayer, der auch nur im Exil überleben konnte: »Das einzige epische Werk der gesamten deutschen Exil-Literatur, in dem nicht nur mit gerechtem Zorn Partei genommen wird, sondern – aus der Ferne – ein menschlich glaubhaftes Bild des verfinsterten Deutschand gelungen ist.«

Dabei, mit der magischen Sieben, ein klar komponiertes Werk in sieben Kapiteln, mit sieben Kreuzen, sieben Fluchttagen, bis hin zu den »sieben Tellerchen« des Märchens – alles wieder auf die sieben Tage der Schöpfung verweisend, von anderen, schönen Formen der Gliederung zu schweigen. Christa Wolf hatte schon Recht, als sie diesem Buch, das in Westdeutschland lange bekämpft wurde, 1963 nachrühmte: »Der Stoff, aus dem dieses Buch gemacht ist, ist dauerhaft und unzerstörbar, wie weniges, was es auf der Welt gibt. Er heißt: Gerechtigkeit.«

11.9.2003

Laurence Sternes »Tristram Shandy«

Aus der Reihe »ZEIT-Bibliothek der 100 Bücher«

Von Rudolf Walter Leonhardt

Der englische Landpfarrer in Yorkshire hatte zwanzig Jahre lang wohl Predigten und Briefe geschrieben: Aber erst als er 45 Jahre alt war und seine Frau nicht mehr lieben konnte, wurde er 1758 Schriftsteller. Er fing an, den Roman *The Life and Opinions of Tristram Shandy, Gentleman* zu schreiben. Er schrieb daran bis kurz vor seinem Tod.

Den Tod ständig vor Augen, schrieb der seit seiner Studentenzeit offensichtlich Lungenkranke, zehn Jahre lang, was die Feder hergab: darunter vor allem noch seine *Sentimentale Reise durch Frankreich und Italien,* die Italien nie erreichte und den Kult des »Sentimentalen« wo nicht geradezu erfand, so doch weltberühmt machte. Aber das Buch seines Lebens war *Tristram Shandy*.

Auch Tristram Shandy kommt nie nach Italien, will sagen: Vom Leben der Titelfigur erfährt man wenig und von seinen Meinungen noch weniger – allenfalls so etwas: »*What a jovial and merry world would this be, may it please your worships, but for that inextricable labyrinth of debts, cares, woes, want, grief, discontent, melancholy, large jointures, impositions, and lies!*«

Im übrigen geht es um: das Aufziehen von Uhren, Spermatozoen, Horaz, Hebammen, Steckenpferde, Namen, Ballistik und Festungsbau, Predigten, das Gewissen, Leib und Seele, Zangengeburt, Witz und Urteilskraft, quietschende Türangeln, Nasen und Brüste, Schwangerschaft, Schlaf, Kastanien, Whiskers, Hausmädchen, Knopflöcher, Beschneidung, die Belagerung von Namur, Ärzte, Gesundheit, die Goten, Hosen, Pfeifen, den gerechten Krieg, die Liebe, Witwen, die Straßen nach Paris, Postkutschen, die Maultiere der Äbtissin, Jungfräulichkeit, Avignon und das Languedoc, Wassertrinker, den König von Böhmen, die Hilfe von Massagen bei Verwundungen, Schlüssellöcher, Ehemänner – kurz: eine Cock-and-Bull-Story.

Wenn das Buch überhaupt einen Helden hat, dann ist es des Vaters Bruder, Onkel Toby, dessen ganzes Denken, dessen Liebeswerben sogar, von Bildern des Krieges, in dem er peinlich verwundet wurde, nicht loskommt und der dennoch in die Weltliteratur eingegangen ist als die eindrucksvollste Überwindung der von Balzac beklagten Schwierigkeit des Romanciers, einen guten Menschen darzustellen: »*le difficile problème littéraire qui consiste à rendre intéressant un personnage vertueux*«.

Der Landpfarrer aus Yorkshire stellte alles, was bis dahin mühsam als »Roman« sich etabliert hatte – bei Fielding, Smollet, Richardson –, auf den Kopf. Die Geschichte fängt an mit der liebevoll und langwierig geschilderten Zeugung Tristrams und endet, eine chronologische Ordnung immer verschmähend, vier Jahre vor dessen Geburt – der Rest sind Abschweifungen. Im eigentlichen Sinne »spannend« ist das wahrhaftig nicht. An Laurence Sterne scheiden sich die Leser. Erst wer über Seite 100 hinaus ist, kann hoffen, und sei es aus schierer Hartnäckigkeit, bis zum Ende vorzudringen. Am

Ende bereut er es wohl nicht. Männern sagt Tristram offenbar mehr als Frauen, Älteren mehr als Jüngeren, Belesenen mehr als Anfängern im Lesen.

Die Kritiker und Kollegen seiner Zeit lehnten ihn ab: Was er schreibe, sei unmoralisch und total verworren. Heine sah das anders, richtiger: »Der Verfasser des *Tristram Shandy* zeigt uns die verborgensten Tiefen der Seele; er öffnet eine Luke der Seele, erlaubt uns einen Blick in ihre Abgründe, Paradiese und Schmutzwinkel und läßt gleich die Gardine davor wieder fallen« (*Die romantische Schule*).

Seine ersten großen Verehrer fand Sterne in Frankreich (Diderot) und Deutschland. Goethe in den *Maximen:* »Yorick-Sterne war der schönste Geist, der je gewirkt hat; wer ihn liest, fühlt sich sogleich frei und schön; sein Humor ist unnachahmlich, und nicht jeder Humor befreit die Seele.« Jean Paul verstand diesen Humor, richtig, als Harmonisierung des ewigen Kontrapunktes: Die Seele sucht Gott, das Fleisch will Lust.

Die gleiche Kontrapunktik gibt es in seinem eigenen Werk. Jean Paul ein deutscher Sterne? Da sei Heine davor: »Lorenz Sterne zeigt sich dem Publikum ganz entkleidet, er ist ganz nackt; Jean Paul hingegen hat nur Löcher in der Hose.« Nichts gibt es bei Sterne, was es nicht in dieser oder jeher Form auch vorher schon gegeben hätte. Einen »englischen Rabelais« nannte ihn Voltaire und meinte vor allem, neben dem Humor, Sternes kunstvoll jede Kunst des »Plots« vermeidende, scheinbar chaotische Form des Erzählens.

Nicht Handlungsstränge bestimmen den Ablauf des Geschehens, sondern jeder Einfall zeugt drei neue, die einander verketten zu Gedankenassoziationen – später, bei Joyce und Proust, wird man von »Bewußtseinsfluß« sprechen. Eine theoretische Rechtfertigung dieses Verfahrens fand Sterne beim größten und jedenfalls ihm liebsten aller englischen Philosophen, bei John Locke (*An Essay on Human Understanding*). Sehr viel verdankt Sterne gewiß auch seinem irischen Bruder im geistlichen Amt, Jonathan Swift. Die Komik der Gelehrsamkeit und die Lust zum Abschweifen brauchte er in dessen Erzählung *A Tale of the Tub* nur abzuschreiben (und das ist ihm vorgeworfen worden).

Am schwersten nachweisbar und gleichzeitig am intensivsten spürbar ist der Einfluß Shakespeares. Wie da Schmerzen zu Scherzen sublimiert werden – das gefiel Heine, der ja dazu auch einige Erfahrungen beibringen konnte. Für Sterne verdichtete sich das alles in der Figur des Yorick, der bei Shakespeare nur als Totenschädel auftritt, aber den Hamlet zum großartigsten seiner Monologe inspiriert: »Armer Yorick!« Als (mit viel Autobiographischem ausgestattete) Figur im *Tristram Shandy* taucht Yorick auf, und als Autor der *Sentimentalen Reise* nennt Sterne selber sich Yorick.

In England haben erst die Ästheten der Bloomsbury-Gruppe, das ist also noch keine siebzig Jahre her, den Landpfarrer aus Yorkshire so verstanden, wie Franzosen und Deutsche ihn schon lange verehrten, Virginia Woolf, deren eigene Erzähltechnik gewiß nicht unbeeinflußt ist vom *Tristram Shandy*, schrieb ein Vorwort zu einer Sterne-Ausgabe. Wieviel Joyce und Proust dem Laurence Sterne zu verdanken sich bewußt waren – das zu erforschen ist noch einige Doktorarbeiten wert.

Alles, was die Erzähler des 20. Jahrhunderts als Ausbrechen aus »dem Zwang einer kontinuierlich sich entwickelnden Geschichte« deklarieren, kann sich auf Sterne berufen. Wer es irgend sich zutraut, mit Hilfe von Lexikon und Geduld, sollte den *Tristram*

Shandy auf englisch zu lesen versuchen, ein Kapitel am Tag. Die englischen Zitate, für das Verständnis unserer Mini-Analyse nicht unentbehrlich, sollen dazu anregen. Die meisten Kapitel sind sehr kurz, manche bestehen aus einer Zeile, eins existiert gar nicht (es sei, sagt der Autor, so gut gewesen, daß daneben alle anderen abgefallen wären). *Tristram Shandy* ist so unübersetzbar wie Lyrik.

»*Time wastes too fast: every letter I trace tells me with what rapidity life follows my pen; the days and hours of it, more precious, my dear Jenny! than the rubies about the neck, are flying over our heads like light clouds of a windy day, never to return more – every thing presses on – whilst thou art twisting that lock, – see! it grows grey; and every time I kiss thy hand to bid adieu, and eyery absence which follows it, are preludes to that eternal separation which we are shortly to make.*« Ein halbes Jahr nachdem er diese Sätze in *Tristram Shandy*, VIII. Kapitel des Neunten Buches, geschrieben hatte, starb Laurence Sterne am 18. März 1768 in der Old Bond Street, London. Nur wenig Freunde haben seinen Sarg begleitet. Makabre Pointe: Auch Sternes Schädel hätte ein monologisierender Hamlet in der Hand halten können; seine Leiche wurde nämlich aus dem Grabe gestohlen und an die Universität Cambridge verkauft zum Sezieren.

1.12.1978

»Unter dem Milchwald« von Dylan Thomas

Das Gleiche noch mal, Miss

Von Konrad Heidkamp

Dieses Buch wartet schon seit 30 Jahren im Regal, in die Hand genommen, angefangen, Staub abgeblasen, weggelegt, noch ein Versuch. Schon der Titel klang als ewiges poetisches Versprechen – *Unter dem Milchwald*. Vermutlich erklärt sich die Hemmung als Spätfolge jenes Drama-lesen-Syndroms der Mittelstufe, das eine lebenslange Abneigung gegen verteiltes Rollensprechen hervorrief. Erste Stimme, Zweite Stimme, Kapitän Cat, Miss Price, Mr. Edwards, Miss Price, Erster Ertrunkener, Zweiter Ertrunkener, Jack Black, Mrs. Waldo, Eli Jenkins, Erste Nachbarin, Zweite Nachbarin ... Wer war wer mit wem und wo? In Wales, in Llareggup, einem 400-Seelen-Dorf am Meer, spielt dieser eine Frühlingstag, der in der Nacht beginnt und im Dunkel endet, jener Bloomsday eines Dichters, der 20 Jahre lang an dem Stück feilte. In einer szenischen Lesung Ende Oktober 1953 in New York saß Dylan Thomas dann auf der Matinee-Bühne, sprach die Erste Stimme, ein paar Tage später starb er in einem New Yorker Krankenhaus – am 9. November 1953 – an Hirnblutung, Alkohol und zu viel Leben. Die Legende vom genialen, walisischen Trinkerpoeten, der nur 39 Jahre alt wurde, legte sich nun über den *Milchwald*. Erschwerend musste sich das Spiel für Stimmen gegen das eigene Genre behaupten. Es wurde als Hörspiel gesendet – in der großen nachdichtenden Übersetzung von Erich Fried –, später als Oper komponiert und als Film (mit Elisabeth Taylor und Richard Burton) inszeniert, doch verfügbar und präsent war es nie wirklich. Hört man es heute, wirkt es wie die Sinfonie eines Träumers oder umgekehrt, als Monolog mit 42 Solisten – die deutsche Fassung, das NWDR-Hörspiel von 1954 unter der Regie von Fritz Schröder-Jahn, ist jetzt endlich greifbar.

Die Weltallegorie beginnt mit »(Stille, dann:) Anfangen, wo es anfängt: Es ist Frühling, mondlose Nacht in der kleinen Stadt, sternlos und bibelschwarz, die Kopfsteinpflasterstraßen still, und der geduckte Liebespärchen- und Kaninchenwald humpelt unsichtbar hinab zur schlehenschwarzen, zähen, schwarzen, krähenschwarzen, fischerbootschaukelnden See.« Alles ist da, das Schauen und Fühlen, ein sinnlicher Reigen aus Träumen und Klatsch, aus nächtlichem Alltag und alltäglicher Nacht. Mr. Edwards, der Tuchhändler, der seiner Liebsten, der Damenschneiderin Myfanwy Price, brünftige Briefe schreibt und ihr das Kassenklingeln als Hochzeitsglocken ausmalt; der blinde Kapitän Cat, der mit den ertrunkenen Kameraden redet und ihnen die Freuden des Lebens preist, oder die Pensionswirtin Mrs. Ogmore-Pritchard, zweimal verwitwet, die sich ihre toten Gatten »in ihrem keimfreien Schlaf« und »unter tugendhaft arktischen Betttüchern« herbeiträumt, rechts im Arm Mr. Pritchard und links Mr. Ogmore.

Es sind erotische Fantasien und Kinderängste, Alb- und Schuldträume, die Dylan Thomas wie auf einer Schnur aufzieht, durch Blicke oder Alliterationen verknüpft, eine nie abreißende lange Kamerafahrt durch Schlafzimmer, Straßen und Fenster.

Wäre es dem walisischen Barden nur um Geschichten gegangen, hätte er *Under Milk Wood* als Filmdrehbuch konzipiert, als Fortsetzung von Ophüls' *Reigen,* als Vorläufer von *Short Cuts* oder *Magnolia.* Doch er schreibt prosagewordene Gedichte, die von Adjektiven überquellen, Quersummen von Geräuschen, Klängen und Dingen, die zu hören, nicht zu zeigen sind. Dylan Thomas unterschied Dichter, die ihre Werke beim Vortrag melodramatisieren, »eine einzelne Wendung unter Ängsten zerreißen oder unter Schrecken erzittern lassen« – und andere, die banalisieren, als wollten sie sagen: »Große Dinge, die aber nur mich etwas angehen.« Keine Frage, zu welchem Typus sich der dionysische Sänger zählte. Die 28 Vorhänge, die sich das tobende amerikanische – meist weibliche – Publikum bei der Uraufführung erklatschte, galten auch dem frühen Beatnik Thomas.

Im Vergleich zu dieser »Stimme aus Erz, vielstimmig wie die Orgel einer Kathedrale« – so eine zeitgenössische Beschreibung –, nimmt sich die Hörspielfassung des NWDR/SWF beinahe gefasst aus, wie ein Echo von Thornton Wilders *Die kleine Stadt.* Doch wo Wilder kuschelig, Joyce mythenschwer und Ödon von Horvath gesellschaftskritisch ist, bleibt Dylan Thomas shakespearisch humorvoll, erotisch und wortberauscht, eine Mischung, der man möglicherweise am besten mit hochdeutscher Zurückhaltung Dauer verleiht.

Dichtung galt dem 1914 in Swansea geborenen und in Laugharne begrabenen Waliser als Licht, das auf das Verborgene fällt. *Unter dem Milchwald* zählt jetzt wieder dazu.

1.10.2003

König der Romantik

Sein Werk inspirierte eine deutsche Literaturepoche – seine Wohnung in Dresden wurde zum Salon Europas. Vor 150 Jahren starb Ludwig Tieck in Berlin. Ein Porträt

Von Klaus Günzel

Der Zwinger, die Gemäldegalerie, die Brühlsche Terrasse, das Grüne Gewölbe … Dresdens Pracht und Herrlichkeit lockten seit je Besucher aus ganz Europa an. Doch manchen Reisenden der Biedermeierzeit zog noch eine weitere Attraktion in die Elbestadt. Schon gleich im Hotel pflegte er sich danach zu erkundigen, wann denn der Hofrat Tieck wohl seinen nächsten Leseabend halten würde. Diese Soireen waren eigentlich nicht öffentlich, sondern fanden in der Wohnung des berühmten Mannes statt, in einem Haus am Altmarkt. Der Dichter las die Dramen der Weltliteratur von Sophokles bis Schiller, am liebsten die Stücke des von ihm verehrten Shakespeare, *Romeo und Julia* oder den *Sommernachtstraum*. Die Zuhörer, Zuschauer waren begeistert von Tiecks Ein-Mann-Bühne. »Das beste Theater in Deutschland ist jetzt in Ihrem Zimmer, an Ihrem runden Tische, bei 2 Lichtern, das dritte ist noch zuviel«, schrieb ihm der Schauspieler Pius Alexander Wolff. Franz Grillparzer konnte nach Tiecks *Kaufmann von Venedig* keinen Schlaf finden. »Der kleine Kerl mit seiner Vorlesung hatte mich ganz wirblicht gemacht.« Und Johann Peter Eckermann hörte von ihm Goethes *Clavigo* wie »vom Theater herunter, allein besser«.

Um Ludwig Tieck, den »König der Romantik«, drehte sich am Dresdner Altmarkt das Karussell einer Epoche. Der Historiker und Schriftsteller Thomas Carlyle aus Edinburgh war dabei, Fürst Wassilij Andrejewitsch Schukowskij aus Sankt Petersburg, Hans Christian Andersen aus Kopenhagen, James Fenimore Cooper, der Dichter des *Lederstrumpf*, aus dem fernen Amerika, Jean Paul aus Bayreuth, Hegel aus Berlin sowie, aus der Dresdner Nachbarschaft, der Maler-Arzt Carl Gustav Carus und der Hofkapellmeister Carl Maria von Weber.

Tieck ermutigte die jungen deutschen Dichter, die Hauff, Grabbe und Wilhelm Müller. Die Dresdner Pseudoromantiker und Wasserpoeten vom Schlage eines Friedrich Kind – er schrieb das Libretto zu Webers Freischütz – und Theodor Hell nahten mit tiefen Kratzfüßen, mussten es sich aber dann gefallen lassen, von Tieck in der Märchengroteske *Die Vogelscheuche* lächerlich gemacht zu werden.

Dabei war der gepriesene Hausherr selber alles andere als eine apollinische Persönlichkeit. Er litt unter der Gicht und, seit frühen Tagen, unter einem schwankenden Selbstbewusstsein, das von den Unwägbarkeiten des Literaturmarktes, der »unbekannten Gottheit«, herrührte. »Er sieht wenig wie ein Dichter aus.« So mitleidlos hatte er selber einst einen verschüchterten Autor in seiner absurden Märchenkomödie *Der gestiefelte Kater* charakterisiert und damit wohl auch das eigene stets gefährdete Erscheinungsbild beschrieben.

Die Welt der Wörter war dem 1773 geborenen Spross eines Berliner Seilermeisters von Anfang an zum Schicksal geworden. Bereits im Alter von vier Jahren will er sie sich aus der Bibel und aus Goethes *Götz* zusammengesucht haben. Das Erzähltalent des Gymnasiasten wurde von zwei fabulierenden Lehrern entdeckt, die seine gewandte Feder für ihre anonym veröffentlichten Trivialromane in Dienst nahmen. Der junge Enthusiast stieß hier auf eine ganz neue Welt von Wundern, Bizarrerien, Schrecken, Seligkeiten und Geheimnissen. Er lernte aber auch, nach seinem eigenen Geständnis, »wie man Lichter und Schatten ausspart und wie manches nur leicht angedeutet werden muß, um die beabsichtigte Wirkung hervorzubringen«.

Ansonsten blieb ihm nur die Theologie, wenn er der väterlichen Kleinwelt entgehen wollte. Er trat dieses Studium in Halle an und setzte es in Erlangen fort, jedoch fest entschlossen, das fade Dasein eines königlich preußischen Pfarramtskandidaten auf gar keinen Fall zu seiner Sache zu machen.

Zusammen mit seinem Jugendfreund, dem Berliner Beamtensohn Wilhelm Heinrich Wackenroder, mit dem er schon in Berlin den poetischen Ästhetikvorlesungen Karl Philipp Moritz' gelauscht hatte, durchschwärmte der junge Mann das Frankenland und das Fichtelgebirge. Unterwegs sahen die beiden Wanderer die Trecks verarmter Bauern vorüberziehen, während sie gleichzeitig die lang vergessenen Zeugnisse einer großen Geschichte entdeckten: in Nürnberg die Kunst der Sachs- und Dürer-Zeit, in Bamberg das »deutsche Rom« Kaiser Heinrichs II. und die Gotik des Veit Stoß, im Schloss Pommersfelden das Barock der Fürstbischöfe von Schönborn. Es waren Entdeckungen, die in der deutschen Literatur Epoche machen sollten.

Die Landschaft entfaltete neuen Zauber, ganz Spiegelbild der menschlichen Seele, wenn Tieck etwa in einer fränkischen Dorfscheune die »schwebenden Töne eines Waldhorns« durch die Sternennacht zu sich herüberdringen hörte. Aus dem Dreiklang von Kunst, Geschichte und Landschaft begann sich der Geist der Romantik zu entfalten.

Von da an musste das ohnehin nur widerwillig angetretene theologische Brotstudium endgültig der Literatur weichen, die der noch nicht einmal 25-Jährige zum alleinigen Lebensberuf erhob. Tieck, nunmehr »freier« Autor, ergriff die Chance dort, wo sie ihm geboten wurde. Für den Berliner Verleger und Erzaufklärer Friedrich Nicolai verfertigte der Debütant kurzweilige Novellen, die unter dem Titel *Straußfedern* honette Leserinnen und Leser davon zu überzeugen hatten, dass sie in der besten aller Welten lebten. Als er in die mehrbändige Sammlung immer öfter provokanten Witz sowie die nicht ganz geheure Sphäre des Wunderbaren und Doppelbödigen einzuschmuggeln suchte, kam es zum Bruch mit dem Prinzipal Nicolai.

Beinahe über Nacht wurde der selbstbewusste Poet Held der Salons, der mit der einen Hand, wenn auch unter ständigem Grimassenschneiden, den Leuchter der Berliner Rationalisten präsentierte und mit der anderen bereits die Laterna magica der Romantiker aufstellte. Aus der reichen Produktion der wenigen Jahre von 1797 bis 1800 ragen die Bühnen-Groteske *Der gestiefelte Kater*, die Märchenparabel *Der blonde Eckbert* heraus. Und natürlich der unvollendet gebliebene Künstlerroman *Franz Sternbalds Wanderungen*, der zum Credo zweier Malergenerationen wurde, besonders der Romfahrer unter ihnen.

Doch die Schriftstellerei macht nur eine Facette von Tiecks unmittelbaren Wirkungen aus. Mit dem Gespür des Wünschelrutengängers und dem Wandlungsvermögen des genialen Schauspielkünstlers weckte und entdeckte er die erstaunlichsten Talente. Tiecks sprichwörtliche »dialogische Natur« bewährte sich zuerst an Wackenroder, dem früh verstorbenen Jugendfreund, dann an Novalis und den anderen romantischen Generationsgefährten, und noch Jahrzehnte später sind so gegensätzliche Temperamente wie Karl Leberecht Immermann und Christian Dietrich Grabbe durch ihn zu produktiver Selbsterkenntnis gebracht worden.

Er wurde zum Vermittler zwischen versunkenen Epochen und dem modernen Publikum. Die *Sammlung Minnelieder aus dem schwäbischen Zeitalter* war der Auftakt. Auch seine Kunst des Übersetzens war Ausdruck dieses rastlosen Mittlertums, etwa die Übertragung des *Don Quijote*, in der noch Thomas Mann »unsere Sprache auf ihrer glücklichsten Stufe« sah.

So war es kein Wunder, dass ihn die Brüder Schlegel, die Dioskuren der romantischen Kritik, zum »König der Romantik« ausriefen. Der hohen Würde entsprach Tieck, ein im Grunde konzilianter Mann ganz ohne Herrscher-Allüren, allein schon äußerlich überhaupt nicht. Bereits den Mittzwanziger begann die Gicht zu plagen, die ihn unter quälenden Schmerzen bis ans Ende seiner Tage zu einer gebeugten, immer mehr zusammenschnurrenden Haltung zwang. Doch das alles hinderte ihn nicht an weiten Reisen, die ihn nach Rom und Paris sowie, auf den Spuren Shakespeares, nach London und Stratford führten. Auch sein oft gerügter Hang zum Luxusleben, finanziert von hochmögenden Gönnern, litt kaum unter den körperlichen Gebrechen. »Wie ein blinder Passagier / Fahr ich auf des Lebens Posten, / Einer Freundschaft ohne Kosten / Rühmt sich keiner je mit mir.« Dieser Vers der maliziösen Caroline Schlegel-Schelling war auf ihn gemünzt, das berüchtigte Pumpgenie.

Die Literatur, das Geld – die Frauen: Der Dichter, längst verheiratet und Vater der kleinen Dorothea, aus der später eine tüchtige Übersetzerin wurde, knüpfte, etwa seit 1803, ein intimes Verhältnis zu Henriette von Finckenstein an, einer märkischen Grafentochter, die fortan seine Vertraute und wichtigste Mäzenin blieb. Bürgerlich ist der Liebesbund nie legitimiert worden, aber er ging gewissermaßen in Tiecks Familienleben auf.

Des Dichters Frau Amalie wusste sich auf ihre Weise zu trösten. Als ihr Mann im Herbst 1806 nach über einjähriger Abwesenheit aus Rom zurückkehrte, überraschte sie ihn mit der kleinen Agnes, deren Vater vermutlich Tiecks Freund Wilhelm von Burgsdorff gewesen ist. Der König der Romantik erkannte, in der ihm eigenen Mischung aus Großzügigkeit und Indifferenz, das Kind als das seine an.

Von 1812 bis 1816 erschien der *Phantasus*, eine dreibändige Sammlung von alten und neuen Dichtungen Tiecks, eingefügt in beschwingte Rahmengespräche, etwa nach dem Muster von Boccaccios *Decamerone*. Auf dem Scheitelpunkt seiner poetischen Laufbahn hält Tieck Rückschau auf das bisher Geleistete und setzt es zugleich in ein Spannungsverhältnis zu neuen Texten. Der *Phantasus* wird zum Modell für ähnliche Versuche anderer Autoren, so für E.T.A. Hoffmanns *Serapionsbrüder*. Das bis dahin entstandene Werk, das alle poetischen Gattungen sowie Essays und literarhistorische Abhandlungen umfasste, hatte bereits damals eine so stattliche Dimension erreicht, dass eine in Wien erschienene unberechtigte Ausgabe von Tiecks *Sämtlichen Werken* auf nicht weniger als 30 Bände gedieh.

Solche Raubdrucke brachten keinen einzigen Taler ein, aber auch sonst hätte Tiecks

Honorar nur einen vergleichsweise bescheidenen Lebenswandel zugelassen, wenn eben nicht die Schatulle der Gräfin Henriette gewesen wäre. Ihr war es zu danken, dass der Meister einem respektablen Hauswesen vorstehen konnte, als er sich, zusammen mit den Seinen, im Sommer 1819 am Dresdner Altmarkt niederließ.

Die Wohnung wurde für mehr als zwei Jahrzehnte ein geistiges Zentrum, das die Zeitgenossen mit Goethes Weimarer Residenz verglichen. Tieck, der umlagerte Poet und Theatrarch, ließ Dresden, das sonst eher eine Stadt der Maler und Musiker war, zu dem werden, was es weder vorher gewesen ist noch nachher je wieder sein sollte: zu einem Ort der Weltliteratur.

Im Zeichen der Novelle, für die er eine regelrechte Theorie ersann, stand das Alterswerk des Dichters. Es war eine Prosa, in der die mondbeglänzte Zaubernacht der Romantik sanft verblasste und der bürgerlich-biedermeierliche Alltag des 19. Jahrhunderts erwachte. Es entstanden noch Bravourstücke wie das heitere Capriccio *Des Lebens Überfluß* und der historische Frauenroman *Vittoria Accorombona*. Ebenso wichtig, wenn nicht gar noch folgenreicher waren seine Editionen von Kleists hinterlassenen Dichtungen und der Werke des damals schon nahezu vergessenen Stürmers und Drängers Jakob Michael Reinhold Lenz. Schließlich wurde unter Tiecks Dirigat die monumentale Shakespeare-Übersetzung abgeschlossen, die der Freund August Wilhelm Schlegel einst unvollendet liegen gelassen hatte.

Tieck, früher ein Verächter der Hofräte, rückte nun selber zum königlich sächsischen Hofrat auf, wenn auch nur zu einem vierter Klasse. Als Dramaturg des Hoftheaters setzte er Kleists *Prinz Friedrich von Homburg* und die Dresdner Erstaufführung des *Faust I* durch; im Parterre saß der junge Frédéric Chopin. Es waren noch einmal Triumphe für Tieck, den letzten Repräsentanten der großen »Kunstperiode«. Auf deren seit Goethes Tod verwaistem Thron, der freilich schon ein wenig morsch geworden war, suchten ihn denn auch einige Bewunderer zu platzieren.

Nur seinetwegen kam der französische Bildhauer David d'Angers nach Dresden, um die Kolossalbüste des Gefeierten zu modellieren. Der Maler Carl Christian Vogel von Vogelstein hielt die Szene fest: Tieck, majestätisch thronend auf einem Stuhl, vom Licht umflossen und umgeben von Trabanten, vor ihm das zu Gips geronnene Abbild seines Jupiter-Hauptes. All das gehörte mit zu einer etwas wunderlichen Verklärung, die Heinrich Heine zu spöttischen Versen provozierte: »In Dresden sah ich einen Hund, / Der einst gehört zu den bessern, / Doch fallen ihm jetzt die Zähne aus, / Er kann nur bellen und wässern.«

Dergleichen freche, aber auch ungerechte Sottisen holten den Dichter ein, als er 1842 – seine Frau und seine Lieblingstochter Dorothea waren bereits gestorben – die einzigartige Dresdner Stellung aufgab und einem Ruf König Friedrich Wilhelms IV. nach Berlin folgte. Der Monarch versorgte ihn zwar mit einer wahrhaft königlichen Pension, mit einem Sekretär und einem Diener sowie mit einer Stadtwohnung in der Friedrichstraße und einem Sommersitz im Park von Sanssouci, aber Tieck kam über ein paar Gelegenheitsarbeiten nicht mehr hinaus.

Der Charme seiner »dialogischen Natur« und die Imaginationskraft seiner Deklamationskunst begannen zu verblassen. Die Attacken der Gicht nahmen zu, auch wuchsen die Schatten der Einsamkeit, nachdem die erblindete Freundin Henriette gestorben war. Man kam nun zu ihm, um die Zelebrität eines verschollenen Zeitalters zu besichtigen. Als er dem 38-jährigen Friedrich Hebbel die Hand entgegenstreckte, war es dem Besucher, wie wenn »zwei Jahrhunderte sich begrüßten«.

Am 28. April 1853 starb Ludwig Tieck, einen Monat vor seinem 80. Geburtstag. Die Beerdigung auf dem Friedhof der Dreifaltigkeits-Gemeinde in Berlin-Kreuzberg rief die wenigen noch lebenden Veteranen der Romantik zum letzten Appell. Friedrich Hebbel sah in seinem berühmten Nachruf auch imaginäre Gestalten hinter dem Sarge ziehen: die längst verblichenen Avantgardisten der romantischen Bewegung von Novalis bis Hoffmann – und des toten Dichters eigene poetische Geschöpfe, den blonden Eckbert und den gestiefelten Kater ...

Nach der imposanten Grablegung schritt Agnes, die nunmehr einzige Überlebende des Tieck-Clans, zu einer verhängnisvollen Tat. Sie warf die wichtigsten Lebensdokumente ihres vermeintlichen Vaters ins Feuer, darunter fast seinen gesamten Briefwechsel mit Henriette von Finckenstein. Was aus familiärer Pietät verständlich sein mochte, wurde zum unersetzlichen Verlust für alle späteren Biografen.

Einen würdigen Platz im Pantheon der deutschen Dichter hat der König der Romantik, bei aller Verehrung, allerdings nie so recht gefunden. Eine vollständige Ausgabe seiner Werke kam nicht zustande; die vor knapp zwanzig Jahren mit erheblichem Aufwand von Suhrkamps Deutschem Klassiker Verlag begonnene Edition wurde sistiert und hat zurzeit kaum Aussichten auf ihre Vollendung. Aber – war das Unvollendete nicht immer das Zeichen aller Romantik und wahrer Poesie?

16.4.2003

Spur der Schmerzen

Auf der Leipziger Buchmesse erhält Christa Wolf den Deutschen Bücherpreis. Ein Besuch bei der Schriftstellerin

Von Christoph Dieckmann

Deutsches Déjà-vu im Spätherbst 2001: Tief unten träumt der Bodensee, die Meersburg gluckt über ihrer kleinen Stadt. Ein Burgfenster steht auf. Abendlicht weht in die Kammer. Im Winkel das Bett, darauf ein Strauß: Annette Drostes Todesort. *O, wüßtet ihr, wie krankgeröthet, / Wie fieberhaft ein Äther brennt, / Wo keine Seele für uns betet / Und Keiner unsre Todten kennt!* Von Auferstehung zeugt die Szene: *resurgo in verbo,* deutsche Dichtersehnsucht, dass auf Erden keine Hilfe sei und darum in der Kunst.

Und das kam plötzlich hoch: DDR, eine Winternacht 1980, Pfarrhaus, das rote Sofa unter Dürers Apostelbildern und ein Buch, unwillkürlich laut zu lesen: Die Sprache verlangte es. »Aber alles, was wir aussprechen, muß wahr sein, weil wir es empfinden«, lasest du. »Da haben Sie mein poetisches Bekenntnis.« Und: »Merken wir nicht, wie die Taten derer, die das Handeln an sich reißen, immer unbedenklicher werden? Wie die Poesie der Tatenlosen den Zwecken der Handelnden immer mehr entspricht?« Diktaturstütze Sentiment – das traf in den Nischen des Glaubens und der Kunst.

Kein Ort. Nirgends hieß das Buch, Christa Wolfs Arrangement einer Begegnung Heinrich von Kleists mit Karoline von Günderode. Man las die Schmerzensreden zweier Unbehauster wie einen Abgesang, man lauschte einem Largo auf jegliche Utopie. Die DDR erstarrte; viele Künstler verließen das Land. Christa Wolf blieb und reifte zur Mater dolorosa, die zu Sprache fügte, was die Wirklichkeit zerriss, und daraus Schicksal schuf, und Bleibensgrund.

Warum gehen, wenn die Anderwelt nie ohne diese existiert? »Ich kann in gut und böse die Welt nicht teilen; nicht in zwei Zweige der Vernunft, nicht in gesund und krank. Wenn ich die Welt teilen wollte, müßt ich die Axt an mich selber legen, mein Inneres spalten, dem angeekelten Publikum die beiden Hände hinhalten, daß es Grund hat die Nase zu rümpfen: Wo bleibt die Reinlichkeit. Ja, unrein ist, was ich vorzuweisen habe.«

Wer spricht? Kleist?

Kein Ort. Nirgends war das Buch, mit dem der Westen Christa Wolf als gesamtdeutsche Dichterin bewillkommnete. Sie promovierte, nach einem Wort ihres ungleichen Kollegen Walter Kempowski, zum Liebling aller Studienräte – vor der Wende. Nach Tische las man anders, nicht nur *Was bleibt.* Paulina Milch hat (1996) Christa Wolfs Popularität mit »Vagheit, jener sanft schimmernden Ambiguität des Schreibens« begründet, die der Autorin als Subversion ausgelegt worden sei. Peter Demetz sprach (im Jahr 2000) von ihrer Kultivierung eines Zweifels an der Sprache, »der sie mit einigem Erfolg daran hinderte, die Dinge beim Namen zu nennen«. Der Ostleser, Politik und Poetik scheidend, urteilt weniger spitz. Allerdings maß er die geliebte Christa Wolf schon vor 1989 durchaus mit jener Elle, die vom Westen erst post festum DDR an sie gelegt wurde: Wahrhaftigkeit.

Kunst, die im Lande DDR entstand, wurde auch drinnen abgeklopft auf Diktaturkritik. Das Publikum verortete den Künstler in einem Koordinatensystem der Dissidenz – nach Wolf Biermanns Ausbürgerung nicht nur Schriftsteller und Maler, sondern auch Schauspieler und Musiker. Die Haltung beglaubigte das Werk. Das war prekär, wie ästhetisch Bedarfte schon vor 1989 wussten. Die anderen merkten es, als die Künste nicht länger kritische Medien zu ersetzen hatten.

Zur Wendezeit galt Christa Wolf, mit Leben und Werk, als Muster redlichen Künstlertums in der DDR. Sie widerstand der Offerte, als leuchtendes Beispiel zu residieren. Man bot ihr die Präsidentschaft der verröchelnden Republik; die Erkorene beschied den Werber, Lothar de Maizière, mit der Erkundigung: Sind Sie des Teufels? – Allerdings hat sich Christa Wolf die exemplarische Existenz, das stellvertretende Zur-Sprache-Bringen durchaus beruflich abverlangt. Zeitgeschichtler heften ihr gern drei Verdienstmedaillen an: ihre Verteidigung künstlerischer Individualität auf dem 11. Plenum des ZK der SED 1965, ihren Protest gegen Biermanns Rauswurf 1976 und die Rede bei der Halbmillionenwallfahrt am 4. November 1989 auf dem Berliner Alexanderplatz – inklusive Herzattacke.

Wer will, kann das Wolfsche Werk als Chronik der Tabubrüche rezensieren oder als Ernüchterungsgeschichte. *Der geteilte Himmel* (1963) erzählte die Tragik der Mauer. *Nachdenken über Christa T.* (1968, erst 1975 mühsam DDR-öffentlich geworden) konfrontierte den sozialistischen Optimismus mit Sterben und Tod; Marcel Reich-Ranicki zündete im Westen den bedeutungsprosaischen Knallsatz: »Christa T. stirbt an Leukämie, aber sie leidet an der DDR.« Dann (1976) das wichtigste Buch der DDR-Literatur: *Kindheitsmuster*. Nicht nur, dass die essayistisch mäandernde Erzählung einer Heimreise ins nunmehr polnische Land der Kindheit erstmals Flucht und Vertreibung thematisierte, es schützte Biografie als Menschenrecht und irritierte die antifaschistische Gratismoral der DDR mit Erinnerung. Ist es erlaubt, so fragte das Buch, sich einer glücklichen Kindheit im Nazireich zu entsinnen, obwohl doch offenbar liegt, was Hitlers Regime angerichtet hat? Die Antwort: Es ist erlaubt und sogar unerlässlich und leugnet keinesfalls die fürchterlichen Fakten. Den Leser unterweisen die *Kindheitsmuster,* Großgeschichte und Lebenswelt zu unterscheiden – ein Vademekum für Reporter. Historie und persönliche Erfahrung widerlegen sich nicht, sondern sollen einander über ihre Grenzen informieren. Verdrängtes Sentiment rächt sich als Doktrin. Verbotene Erinnerung klumpt, kollektiviert und gründet Parteiungen, die behaupten: Alles war ganz anders, als die Großgeschichte vorschreibt, Hitlerei wie DDR.

»Ich bin keine politische Autorin«

1998 wurde Martin Walser vorgeworfen, in seiner Bodensee-Jugend *Ein springender Brunnen* fehle Auschwitz. – Nein, Auschwitz fehlte nicht, denn der Knabe Martin hatte nie davon gehört. Persönlich sprach der Erinnerer Walser wahr. Als Großgeschichte wäre die Bodensee-Idylle Lüge. *Ein springender Brunnen* las sich wie ein spät geborenes Geschwisterbuch der *Kindheitsmuster*.

Mir ging es eigenartig beim Schreiben der *Kindheitsmuster,* sagt Christa Wolf im Februar 2002. Ich bin toleranter geworden gegenüber der Menge der Leute, die vielleicht nicht mal Mitläufer waren, sondern es geschehen ließen. Vielleicht standen sie unter mächtigem Druck, vielleicht ging es ihnen ökonomisch besser als vorher, da ließen sie ihre Instinkte walten, oder die Instinkte anderer. Ich hab seit 1945, und eigentlich steigert es sich immer mehr, wahnsinnige Angst vor einem Rückfall in diese archaischen Handlungsmuster, vor allem, dass irgendwas gehasst werden muss. Ich dachte, Vernunft könnte dagegen ein Schutzwall sein.

Aber die Vernunft musste etabliert werden in der jungen DDR.

Sicher. Ich hatte überhaupt keinen Mangel an Skepsis. Ich kann mich nicht erinnern, dass ich vom Neuen Menschen gesprochen hätte. Emanzipation und Vernunft, daran hab ich geglaubt und dass man dazu erst mal die Eigentumsverhältnisse ändern muss. Aber als ich merkte, dass es um Macht und einen neuen Glauben ging, wurde die Hoffnung immer geringer, dass – diese Sache es schaffen wird, eine Alternative zu etablieren. Spätestens 1965 war mir das vollkommen klar.

Kein Ort. Nirgends erschien 1979. 1983 folgte *Kassandra.* Christa Wolf intonierte antiken Mythos als Medium der Gegenwartserkenntnis. In *Medea* (1996) würde sie das wiederholen, wobei der männliche Fan ihr gesteigertes Interesse am Matriarchat schwungvoll überlas. Mit *Störfall* (1987), dem Tschernobyl-Buch, erfüllte die Wolfsche Prosa am reinsten die Stellvertreterpflichten kritischer Publizistik. 1989 *Sommerstück.* »Wir wußten, wir wollten zusammen sein«: Tschechowsche Elegie, die Feier der Freundschaft als wahres Leben im falschen. Und dann fiel die Mauer. Und dann publizierte Christa Wolf 1990 *Was bleibt,* 1979 geschrieben: die Novelle ihrer Stasi-Observation. Und der Sturm brach los. Heuchlerin! Angemaßte Opferbiografie! Wolf im Schafspelz!

Bedienten sich die Protestierer nicht ebenjener Gesinnungsästhetik, die sie, auf Christa Wolf projiziert, für abgetan erklärt hatten? Karl-Heinz Bohrer dekretierte vom Stuhle Petri: »Eine aufgeklärte Gesellschaft kennt keine Priester-Schriftsteller.« Staatsdichterin hieß die vormals Gesamtdeutsche nun. Im Augenblick der deutschen Einheit sah sie sich zurückgestoßen in den Fundus der SED-Republik. Und zitiert noch heute bitter die Parole des Ministers Kinkel, jetzt gehe es um die Delegitimierung der DDR. – Des Staates? Der Kunst? Der gelebten Welt?

Der Osten tat indes, was er am besten kann: Er schwieg. Er stand zu seiner Kultautorin – auch und vielleicht erst recht, als 1993 der *Spiegel* »IM Margarete« enttarnte, Christa Wolfs kurze Gemeinsamkeit mit der Stasi Ende der fünfziger Jahre. Man hüte sich aber, alles Pro und Kontra zu Christa Wolf auf Ost und West zu verteilen. Der hammerharte Heiner-Müller-Ossi hält die Wolfschen Schmerzensharmonien für Kitsch.

Frau Wolf, stört es Sie zu hören, Sie schrieben sehr schön?

Glatt würde mich stören. Ich schreibe sehr rhythmisch. Schön ...
Ich meine den sentimentalischen Rückraum.

Was heißt das?

Sehnsucht.

Dazu würde ich mich bekennen, die hallt nach. Und ich bekomme viele Briefe von Menschen, die nicht nach Sehnsucht fragen, aber nach Utopie: was ich hoffe.

Sie waren in der DDR die Lieblingsautorin vieler Christen: Bleiben und Leiden unterm Kreuz als glaubensgemäße Existenz, da fühlte man sich Ihnen nah. Bedurften Sie beruflich des Leidens?

Also, überhaupt nicht, sagt sie und lacht. Erstens war mein persönliches Leben höchst vergnüglich und glücklich, zweitens hab ich keine Leidenslust, also nicht für 'n Sechser. Es gab nur eine aus der Frühzeit herkommende Verantwortung, nicht schweigen zu dürfen, wenn in diesem Land was passiert, das absolut gegen die Richtung steht, die wir mal gehen wollten, und das war ja zum Schluss fast alles.

Sie sagten, 1990 habe Ihr Verantwortungsgefühl für das Land schlagartig geendet.

Na, das Land war ja weg. Und die Leute standen vor Situationen, auf die ich nicht die Bohne Einfluss hatte. Verantwortlich blieb ich für mein Schreiben, mein Umfeld, die Freunde, das war immer noch genug.

Ein Buch wie *Störfall* war pure Aufklärungsliteratur. Entlasten Sie die heutigen Medien?

Aber hundertprozentig. Alles wird verhandelt, das muss die Literatur nun nicht mehr leisten.

Aber die Arbeit des politischen Autors ist schwieriger geworden.

Ich bin doch keine politische Autorin, ich bin ein politischer Mensch, der Bücher schreibt, aber in erster Linie handeln sie von Menschenschicksalen.

Und von der Gesellschaft.

Ja, ich begnüge mich nicht mit Privatem. Die Kunst hat die Aufgabe, seismografisch wahrzunehmen, wenn sich die Gesellschaft in einer tiefen Krise befindet, die ihre leitenden Vertreter nicht wahrnehmen. Ich glaube, jetzt ist es wieder so. Aus DDR-Erfahrung weiß ich, was es bedeutet, wenn man nur noch zwischen falschen Alternativen wählen kann.

Da sind wir beim »gerechten Krieg«.

Ja. Bleibt noch Handlungsspielraum für ein moralisches Wesen?, das ist seit je meine Frage.

Die bedrückenden Sprachregelungen nach dem 11. September ...

Die waren nicht bedrückend, die waren zum Verzweifeln. Wie schnell sich Journalisten darauf einließen und alles, was dagegen sprach, wegdrückten. Mir ist nun klar, dass man sich überhaupt nicht darauf verlassen kann, dass die Medien einen Wall bilden, wenn's wirklich darum geht, Freiheit auf Biegen und Brechen zu verteidigen.

Ist das Wissen weg, was Krieg bedeutet?

Wir Älteren werden nicht zustimmen können, wenn Bomben geworfen werden auf Leute, die überhaupt nichts mit denen zu tun haben, die man treffen will. Wenn man selbst unter Bomben gewesen ist, weiß man, wie man sich da fühlt, was da mit Menschen passiert.

Wir sitzen und trinken Tee, umstellt von Büchern. Vom Regal blicken Anna Seghers und Heinrich Böll. Christa Wolf ist, das wird sie nachher sagen, nicht ganz genehm, wie das Gespräch ins Politische geht. Sie dachte, sie würde zum neuen Buch befragt. – Das neue Buch: *Leibhaftig*, die Erzählung einer Krankheit zum Tode in der späten DDR, aber der Tod obsiegt nicht. Reicher Christa-Wolf-Sound, schwingender Stream of Consciousness, untertoniger Humor. Ein schönes DDR-kaputt-wir-leben-

Buch. Auch Ingeborg Bachmann späht vom Regal. Wie endete *Das dreißigste Jahr?* »Ich sage dir: Steh auf und geh! Es ist dir kein Knochen gebrochen.«

Dann kommt das Werk zur Welt. Berlin-Pankow, Christa-Wolf-Messe in der Kirche Zu den vier Aposteln. Himmel und Menschen, das Gotteshäuslein umbrandet von drängender Gemeinde. Auftritt Wolfgang Thierse, der gemessen konstatiert: Das ist ja wie in der DDR. Vor dem Altar ein weiß gedeckter Tisch, die Leuchte, die Meisterin. Eine Stunde liest sie, mit der spröden Wärme skeptischer Zuversicht. Der Beifall: gehalten. Auszug. Draußen Sturm, und das Geheul der Krankenwagen.

Sollte ich knapp sagen, was mich an Christa Wolfs Literatur bindet, dann ist das ihr Ineins von Flechtkunst und geschichtsfühliger Subjektivität. Derart ICH zu sagen war im SED-Staat Widerstand. Der Einzelne als höchstinstanzliches Subjekt von Erfahrung und Moral, das roch nach bürgerlicher Ideologie. Heilsam verstörte die psychosomatische Gesellschaftsschau.

Christa Wolfs ICHs waren vielfach gespalten, gepeinigt von Welt: Spur der Schmerzen, *trail of truth*. Heute widerstehen sie dem postmodernen Spiel, dem Weltuntergang durch Ich-Verlust oder Hybris des Ich. Sämtlich sind Christa Wolfs Bücher Ermutigungsliteratur. Der Leser kommt zur Kenntnis seiner selbst, und zur Musik. Die Kunst erstatte, was das Leben nimmt.

21.3.2002

»Orlando« von Virginia Woolf

Aus der Reihe »Mein Jahrhundertbuch«

Von Wolf Wondratschek

Schriftsteller lieben es nicht, Verständnis füreinander aufbringen zu müssen. Es könnte die hohe Meinung beschädigen, die sie, mehr oder weniger insgeheim, von sich haben. Also streiten sie lieber, und sei es nur, um die Verletzungen zu schützen, die sie sich selbst zufügen. Seltsam einhellig allerdings verklären alle, über die Zeitalter und Staatsgrenzen hinweg, die Härten ihres Berufs. Wir hören die Toten aufstöhnen über dem Gekratze ihrer Schreibfedern – und die Lebenden nach der schmerzlindernden Droge des Ruhms verlangen (oder nach Geld, dessen beruhigende Wirkung bis in die schwärzesten Tiefenschichten der Seele reicht, auch wenn das kaum einer weitererzählt). Sie glauben einander den Anspruch auf Barmherzigkeit, so erbarmungslos sie auch sonst miteinander umspringen.

Gönnen wir uns einen Blick über die Schulter Orlandos, gepeinigt auch er. Was sehen wir? »Wie er schrieb und es gut schien; es las und es abscheulich schien; korrigierte und zerriß; ausstrich; einfügte; in Ekstase geriet; in Verzweiflung ... und nicht entscheiden konnte, ob er das göttlichste Genie oder der größte Narr der Welt sei.«

Das ist, Tag und Nacht, Alltag. Alles Zweifel, alles Verwirrung. Ein immerwährender Kriegszustand, der natürlich zur Erschöpfung führen muss. Es kämpft hier ja nicht nur der Kopf mit seinen Gedanken um die Vorherrschaft auf der allerhöchsten Ebene der Kunst, es kämpft der ganze Körper, und das nicht nur am Schreibtisch, sondern bis »in die Einsamkeit des Schlafzimmers gegen den Ansturm des Fiebers oder das Nahen der Schwermut«.

Im Frühjahr des Jahres 1927 war Virginia Woolf – sie hatte gerade ihr Buch *To the Lighthouse* beendet – mit ihren Kräften am Ende. Weltliteratur zu produzieren, davon hatte sie erst einmal die Nase voll. Sie brauchte eine Ruhepause. Es war ja schließlich kein Vergnügen, der Kunst gleich eine neue Kriegserklärung zu offerieren. Konnte es einmal erlaubt sein, sich abzuwenden vom Schlachtfeld moderner Prosa, die Rüstung abzulegen und ins Laiengewand der Liebhaberin zu schlüpfen, die sich Ferien gönnte?

Sie traute sich. Natürlich wollte sie nicht einfach nichts tun, sondern nur einfach, einmal wenigstens, ein Buch zu ihrem privatesten Vergnügen schreiben. »Eine Biographie«, schrieb sie ins Tagebuch, »die im Jahr 1500 beginnt & bis zum heutigen Tag führt, Orlando genannt.« Sie war glücklich, ohne ahnen zu können, dass ein Glücksfall der Literatur bevorstand. Sie war dabei, ihr berühmtestes Buch zu schreiben. Die Bravourarie eines Künstlerlebens, das drei Jahrhunderte überdauert, ein Werk von einer alles überstrahlenden Unabhängigkeit der Erfindung, wobei sie auf alles pfeift, was sie sich als anerkannt ernsthafte Autorin schuldig zu sein hätte.

Keine Zierschrift der Moderne. Keine professionelle Exekution einer berechenbaren Technik des Erzählens. Aber natürlich alles weniger als eine Kapitulation vor der

Meisterschaft, mit der die Woolf auch jetzt, gleichsam zurückgelehnt und selig vor Freude, brilliert. Mit zeitloser und aristokratischer Ausdauer erholt sie sich – mit einem Geniestreich! In aller Unschuld frönte sie dem Vergnügen, das Schreiben auch sein kann. Und nahm die ganze Sache nicht etwa wichtig. Keine Spur von Überheblichkeit, den Konventionen ihrer Gegenwart eins überzubraten. Keine Spur auch, sich zu beschränken in den ihr zur Verfügung stehenden Mitteln, um dem Leser, das heißt einer Handvoll befreundeter Personen, an die sie dachte, zu einem rein ästhetischen Entzücken zu verhelfen. Nicht einmal die Autorin selbst schien den Ehrgeiz zu haben, alles zu verstehen, was da in ihrer Geschichte vor sich ging.

Wie wir sehen, hat es allein schon die Entstehungsgeschichte des Buches wahrlich in sich. Einem Zen-Meister mag es gefallen, wie die völlig entspannte Muskulatur den Bogen spannt, den Pfeil ansetzt – und ihn, einer geheimen Transaktion aller inneren wie äußeren Kräfte entsprechend, ins Schwarze befördert. Mit der Ruhe einer Genesenden, vom Ehrgeiz ebenso entwöhnt wie vom Hoffen auf Erfolg, entsteht dieses Meisterwerk, an dem alles beeindruckt: die ausschweifende Verspieltheit wie die parodistische Bravour, der Mut der Erfindung wie die Genauigkeit ihrer Geheimnisse.

Oh ja, Virginia, manche Prosaschriftsteller muss man wie Poeten lesen. Nur sie halten uns das ringende, gierige Leben mit all seinem schwarzen Rauch und seiner Flamme so lebhaft vor Augen, dass die Befehlsgewalt der Wahrscheinlichkeit ihre Autorität einbüßt.

Wie ich die Woolf um den Zustand beneide, in dem sie sich in diesem Jahr der Niederschrift von *Orlando* befunden haben muss. Wie ich Orlando beneide, den die Autorin das gleiche Glück widerfahren lässt. »Eine Million Kerzen brannte in ihm, ohne daß er sich die Mühe machen mußte, auch nur eine einzige davon anzuzünden.« Und beneide ich ihn nicht auch um die Gunst der Geschlechtsverwandlung? Bis zum dreißigsten Jahr war Orlando ein Mann, bis er nach einem seltsam tiefen Schlaf als Frau erwacht, die er bis zum Ende (bis zu jenem Tag, an dem die Woolf den Schlusspunkt unter das Manuskript setzt) bleibt. Und natürlich packt mich der Neid, ein Zeitgenosse Shakespeares ebenso zu sein wie der T. S. Eliots. Drei Jahrhunderte leben, ohne dreihundert Jahre alt werden zu müssen. Ich pfeife (wie der alte Rustum) auf 150 Bedienstete, 80 Reitpferde und die 476 Schlafzimmer, aber die Woolf als meine Biografin?

Orlando ist ein unwiederholbarer Glücks- und Einzelfall, eine Götterspeise, in deren Atomen man endlos stochern könnte, nur um immer wieder weiter nichts zu finden als die unsichtbaren Bestandteile sorgloser Vollkommenheit. Hätte man mir als Verantwortlichem für diesen Kniefall vor einem Buch, wie es *Orlando* ist, noch einmal so viel Platz eingeräumt, wie ich ihn schon aufgebraucht habe, ich hätte dafür gesorgt, dass Vladimir Nabokov mit Susan Sontag aneinandergeraten wäre, in einem New Yorker Restaurant vielleicht, wo sie sich hätten streiten können, mit welchem Begriff man *Orlando* zu Fall bringen könnte: mit dem Nabokovschen Todesurteil »*poshlost*« (allerdings »erstklassig«, wie er schreibt in Bezug auf *Orlando*), was so viel bedeutet wie Schund, Schnulze, Talmi, alles verlogen Bedeutsame, verlogen Geistreiche, verlogen Anziehende, oder mit dem heiteren, versöhnlicheren Begriff »*camp*« der Sontag, der jener genialen Ausgelassenheit der Woolf im Jahr 1927 sehr nahe kommt. In den Anmerkungen, die die Autorin dem Roman, der ja eine Biografie sein soll, mitgibt, lesen wir unter der Zahl 7 Folgendes: Nell Gwyn (1650–87), Orangenverkäuferin, Mätresse von Charles II., berühmteste Schauspielerin ihrer Zeit, *very campy, indeed.*

22.12.1999

Nie wieder Versfüßchen

Wie liest man eigentlich Gedichte? Die schönsten aus den vergangenen 25 Jahren. Ein Lektürebericht

Von Iris Radisch

Weil die Dichtung alle überfordert, weil sie schwer zu verstehen und schwer zu verkaufen ist, beginnen wir mit ein paar einfachen Fragen. Die Fragen stelle ich nicht der Dichtung schlechthin, sondern dem gerade erschienenen *25. Jahrbuch der Lyrik,* in dem die schönsten Gedichte aus sämtlichen *Jahrbüchern der Lyrik* gesammelt sind, die Christoph Buchwald seit einem Vierteljahrhundert herausgibt. Diese Gedichte sind in einer Zeit entstanden, die den meisten Lesern gegenwärtig ist. Sie müssten also lesbar sein, ganz ohne Anmerkungsapparat, den ältere Dichtung oft erfordert. Die Gedichte der letzten 25 Jahre, das ist eine hoffentlich begründete Hoffnung, sind keine Sache für Experten. Sie verdichten im buchstäblichen Sinn des Wortes eine Zeit, an der wir alle Anteil haben. Die erste Frage lautet deshalb: Kann man die schönsten deutschen Gedichte aus den letzten 25 Jahren ohne jede Spezialausrüstung einfach lesen und verstehen? Das erste schönste Gedicht aus dem Jahr 1979, wir erinnern uns, die Mauer stand noch, Biermann war seit drei Jahren ausgebürgert, die Startbahn West noch nicht gebaut, Tschernobyl noch am Netz, der Kalte Krieg noch ziemlich kalt, heißt *dichter,* ist von Gerrit Bekker und beginnt so:

> Ich bin das Kind
> das aus dem Nest der Krähe stürzte
> wie Woge stürzte
> ich
> an einem Tag
> mit schüchtern Arr!
> den Schnabel weitgerissen,
> als ließe sichs Verderben
> beißen.
> Ich bin der Vogel, schwarze
> damals aus dem Nest
> und meine Flügel brachen nicht für immer.
> Hier bin ich aufgestanden, an einer Mauerkante
> bösen Buben auf das Bett
> und auf die Hand zu sehn.
> Bin zu verstehn. ()

Ist das überhaupt ein Gedicht? Oder nicht vielmehr eine Kurzerzählung mit Zeilenbruch? Eine Frage, die man der freien, ungebundenen und ungereimten Lyrik, die alle lyrischen Benimmregeln wie ein zu enges Hemd abgelegt hat, immer wieder stellt. Die Antwort ist in diesem Fall nicht sehr schwierig: Der Zeilenbruch mag schwach motiviert sein, aber ein Gedicht ist das hier bestimmt. Wie man sich da sicher sein kann? Ganz einfach, weil hier nichts »erzählt« wird, was man auch in Prosa erzählen könnte. Die Alchemie, der Bedeutungshof einzelner Signalwörter (Nest, Verderben, gebrochene Flügel, Mauerkante) und die lyrische Dynamik (stürzen, aufstehen, verstehen) bringen eine Spannung hervor, »verdichten« sich zu einem Eigensinn, der sich nicht einfach in Normalsprache übersetzen lässt.

Wenn das so ist, und das ist fast immer so, darf man sich allerdings fragen (2. und hässlichste Frage), ob man Gedichte überhaupt verstehen kann. Und das, im Vertrauen gesagt, ist nun auch schon das Hauptproblem, das viele Leser, aber auch wir hauptamtlichen Literaturdeuter mit der modernen und gegenwärtigen Lyrik haben: Sie lässt sich so ungeheuer schwer ins Verständliche »übersetzen«.

Die Probe darauf kann man in der ehrenwerten Frankfurter Anthologie machen, wo kluge Menschen sich darum bemühen, Gedichte zu interpretieren, was nicht selten heißt: nachzuerzählen, in wohlformulierter Rezensentenprosa nachzudichten, was man verstanden zu haben glaubt. Das hört sich etwa so an: »Dieses Lied kommt von weit her und ist dennoch ganz nah.« Oder: »In den ersten beiden Strophen ruft sich das lyrische Ich liebevoll das Bild des Gestorbenen in Erinnerung.« Darauf folgen ein paar Daten zur Materialkunde: »Die erste und die dritte Strophe mit ihren sich kreuzenden Reimpaaren beginnen mit jeweils sechshebigen Jamben.« Martin Walser hat dieses Verfahren, mit dem man sich Gedichte durch Nacherzählungen und Versfußstatistiken vom Leibe hält, das »Heruntersetzen des Lese-Risikos« genannt.

Damit hat er sicher recht. Besonders bei zeitgenössischen Gedichten springen die Grenzen dieses allgemein üblichen Nacherzählens und Versfüßezählens ins Auge. Die zeitgenössische Dichtung hat uns ein Übersetzungsproblem aus dem Lyrischen ins allgemein Menschliche, von der Sonder- in die Mehrheitssprache beschert. Und dieses unlösbare Problem ist von sehr viel Fach- und Flachjargon immer wieder verdeckt worden.

Die dritte Frage heißt deswegen: Bleibt uns dann nur die wortreiche Beschwörung des lyrischen Rätsels, des Unsagbaren, der Dunkelheit, des Geheimnisses des Gedichts? Bleibt uns nur das Singen, das Nachbeten, das Nachfühlen? Und nicht mehr das Verstehen, das Kritisieren, das Beurteilen? Die Antwort, klipp und klar: Nein! Das wäre viel zu ehrfürchtig und hilft nicht weiter, wenn man Gedichtzeilen wie diese: »ich ging / Ohne Hosen herum zwischen den Männern / Mein Hintern war eine Fabrik / Die Lust produzierte. So kam / der Sozialismus vom Fleck« (Kurt Bartsch) einfach nur blöd finden möchte. Dichter sind auch nur Menschen.

Wenn das alles so schwierig ist, könnten wir (vierte und dümmste Frage) Gedichte nicht einfach unterteilen in solche, die man auch ohne Hilfe verstehen, und solche, die außer ein paar Dichterkollegen niemand je verstehen wird? Dafür spricht auf den ersten Blick eine Menge. Zum einen gibt es auch unter den angeblich schönsten Gedichten der letzten 25 Jahre sehr viele, die man auch ohne fachmännische Nachdichtung sofort versteht und mag, zum Beispiel ausnahmslos alle von Robert Gernhardt und nahezu alle von Peter Rühmkorf. Diese Gedichte sind in keiner lyrischen Parallelwelt angesiedelt. Sie strecken ihre Arme formschön verschlungen, aber doch unverkennbar in Richtung Hauptwelt aus. Das macht sie nicht von vornherein besser als die sogenannten hermetischen Gedichte. Im Gegenteil. Manchmal kann dieses Arme-Ausstrecken dem Leser auch die Luft abschnüren, kann das Gedicht im Dickicht der Allerwelts-Redeschleifen stecken bleiben wie in dem Gedicht bereden von Dirk von Petersdorff, in dem der Zeilenbruch zwischen »Bielefelder« und »Sülzwurst« schon zu den künstlerischen Höhepunkten gehört: »Der Verfassungspatriot ißt Knäckebrot, / oder auch Duisburger Allerlei, welches / er wechselweise mit Bielefelder / Sülzwurst einzunehmen pflegt, / seltener greift er zu Poppenbütteler / Flundern, die so angenehm am / Gaumen zergehn, zum Dessert wählt / er Frankfurter Wasserpfannkuchen«.

Auch die sehr auf Verständlichkeit bedachten Dichter, die sich als Weltdeuter verstehen, sind nicht immer mit Gewinn zu lesen. Zwar wollen auch sie keine dichterische Nebenwelt schaffen, sondern der Hauptwelt einen höheren Sinn, eine tiefere Bedeutung unterlegen. Doch können sie in diesem schönen Bestreben, das Sinnlose zu versinnbildlichen, das Nackte nach der neuesten Mode zu bekleiden, ziemlich nerven. Die Weltdeutungsdichtung ist hier vertreten durch die September Elegien von Durs Grünbein, die die eingestürzten Twin Towers mit ausgeschlagenen Kinderzähnen und die Flugzeuge mit Erzengeln verbildlichen und 9/11 deutungshoheitlich schon wieder unter Kontrolle haben. Verständlichkeit ist nicht alles. Verständlichkeit kann auch furchtbar sein.

Wenden wir uns also den anderen, den auf den ersten, zweiten und auch noch dritten Blick scheinbar unverständlichen Gedichten zu. Diese erdabgewandten, sich ganz dem Wort, dem Klang, der Musik und allenfalls einem »gleitenden Sinn«, einer Stimmung, einem im Wind wehenden Metaphernfeld, einem Vokalgestöber überantworten den Gedichte sind in diesem Band kaum noch vertreten. Als reichlich gefängnishaft anmutendes Sprachgitter bei Franz Mon: »gewitzt / wie der / widder / im / gips / hing / schließlich / isaak / friedlich / fixiert / zwischen / klimmzug und / strichcode«. Als verlockendes, kaum zu lösendes Silbenrätsel bei Peter Waterhouse: »DIE LEICHTE METAPHER DES EISENBAHNZUGS macht uns rollen. / Schon ist die lange Fahrt / länger als das Bild, das eigene überspringt das eigene / alles fällt unter die großen Zahlen. Ist jetzt die sofortige Ameise / sofortige Amsel? Die Antwort in der Ameisenform heißt: / Ameisenform. Die Antwort in der Vogelform heißt: Vogel.« In solchen Gedichten gilt eine Währung, mit der man sich in der Wirklichkeit beinahe nichts mehr kaufen kann. Was man je nach Geschmack entweder besonders subversiv oder besonders verstiegen finden kann. Sicher ist: Solche Gedichte sterben gerade aus. Die große Tradition der hermetischen Dichtung macht offenbar gerade wieder einmal Pause. Und noch sicherer ist: Das macht überhaupt nichts. Die allerneuesten Gedichte gehören zu keiner Schule. Und wenn nicht alles täuscht, hängt die Frage, ob uns ein Gedicht gefällt, auch gar nicht davon ab, ob wir es schwer oder leicht verstehen, ob es gegenständlich oder ungegenständlich, erdab- oder erdzugewandt ist. Wovon (fünfte, schwerste und letzte Frage) hängt es dann aber ab, ob uns ein Gedicht gefällt?

Hier beginnt nun doch das Geheimnis. Warum hat mich vor ein paar Jahren, an einem Sommertag auf einer italienischen Wiese sitzend und eine englische Zeitung lesend, plötzlich ein Gedicht, das in der Zeitung abgedruckt war, ergriffen wie noch keines zuvor? Nur ein paar Zeilen eines mir bis dahin noch unbekannten Dichters. Sie sind von dem englischen Dichter Philip Larkin und gehen so:

Behind the glass, under the cellophane,
Remains your final summer sweet
And meaningless, and not to come again.

Natürlich kann ich allerhand zusammenstammeln, um zu erklären, was mir an diesem Gedicht gefällt. Seine trockene Hitze und Dringlichkeit, seine cellophanpapierhafte Nüchternheit, seine existenzielle Radikalität, sein Einmal-und-nie-wieder-Pathos, sein tödlicher Schluss. Das alles und die trockene Hitze des italienischen Landsommers, in dem ich es las und der so gar nicht zu der englischen Zeitung passte, die Melancholie der südlichen Mittagsstunden und noch manch anderes, das hier nicht hergehört, haben zu diesem ungeheuren Erlebnis beigetragen. Ein Gedicht, das spürt man, wenn man an sein Lieblingsgedicht denkt, ist nie nur die Summe seiner Teile, sondern immer ein Organismus, der stirbt, wenn man ihn zerschneidet. Deswegen ist auch wahr, was oft behauptet wurde: Gedichte versteht man nur ganz, während man sie liest. Nicht davor und nicht danach. Das ist ähnlich wie mit der Musik. Gedichte sind keine Gegenstände, eher Zustände. Deswegen können wir sie auch schlecht zu uns herüberziehen in die Prosa unserer Verhältnisse. Wir müssen uns schon aufmachen, zu ihnen zu kommen. Nur so erfahren wir endlich einmal etwas vollkommen Neues.

24.5.2007

Mitarbeiterinnen und Mitarbeiter

Ahrends, Günter: Christopher Marlowe
Ahrens, Rüdiger: John Osborne
Albert, Claudia: Heinrich Mann, Thomas Mann, Salomon Gessner, L. H. Ch. Hölty,
Altenburger, Roland: Moruo Guo, (Die) Räuber vom Liang Schan Moor, (Der) Traum der roten Kammer
Altrock, Stephanie: Heinrich Steinhöwel
Ammon, Judith: Chen Ruoxi, Ding Ling
Anastasiadis, Athanasios: Aris Alexandrou, Dimitris Chatzis, Odysseas Elytis, Konstantinos Kavafis, Nikos Kazantzakis, Kostis Palamas, Jannis Ritsos, Emmanouil Roidis, Giorgios Seferis, Alki Zei
Angiolini, Alessia: Giorgio Bassani, Carlo Emilio Gadda, Giuseppe Tomasi di Lampedusa
Anz, Thomas: Carl Einstein, Friedrich Schlegel, Ernst Toller
Bach, Gerhard: Saul Bellow, Philip Roth, Isaac Bashevis Singer
Bachmaier, Helmut: Peter Altenberg, Barbara Frischmuth, Franz Grillparzer, Anastasius Grün, Gert Jonke, Arthur Schnitzler, Friedrich Torberg, Arnold Zweig
Bachorski, Hans-Jürgen (†): Georg Wickram
Backes-Haase, Alfons: A. H. Francke, Walter Serner
Bajković, Dajana: Ivo Andrić, Ivan Cankar, Miroslav Krleža, Aleksandar Tišma, France Prešeren
Baltzer, Burkhard: Friedrich Gerstäcker, Salomon Gessner, L. H. Ch. Hölty, Charles Sealsfield
Bastert, Bernd: Der Kürenberger
Bauer, Gerhard: Yüksel Pazarkaya
Bauer, Michael: Ernst Blass, Egon Erwin Kisch, Theodor Kramer, Alfred Lichtenstein, Uwe Timm, Wolfgang Weyrauch
Bauer, Stefan: Max Brod, Gustav Meyrink, Leo Perutz
Bauhaus-Lötzke, Hannelore: Premcand
Baumann, Uwe: Charlotte Brontë
Baumgart, Angelika: Guillaume Apollinaire, Antonin Artaud, André Breton, Michail Bulgakov, Jean Giraudoux, Eugène Ionesco, Alfred Jarry, Guy de Maupassant, Vladimir Nabokov, Raymond Queneau
Becheru, Sorina: Mircea Eliade, Mihai Eminescu
Beck, Angelika: Karl Wolfskehl
Becker, Hans-Jürgen: Kabbala, Talmud
Becker-Cantarino, Barbara: Sophie von La Roche
Beiküfner, Uta: Walter Benjamin, Ernst Schnabel
Berendse, Gerrit-Jan: Bertha von Suttner
Berens, Cornelia: Franz Fühmann
Berger, Albert: Josef Weinheber
Berger, Dieter A.: Henry Fielding
Berkemeier, Christian: Paul Auster
Bernard, Wolfgang: Homer
Berndt, Katrin: Yvonne Vera
Berthold, Heinz: Mark Aurel
Beutin, Heidi: Marie von Ebner-Eschenbach, Hildegard von Bingen, Mechtilde Lichnowsky, Mechtild von Magdeburg
Beutin, Wolfgang: Sebastian Brant, Johann Fischart, Johannes von Tepl, Martin Luther, Thomas Müntzer, Fritz Reuter, Hans Sachs, Peter Rosegger
Binder, Wolfgang: James Baldwin, V. S. Naipaul
Binias, Silke: Algernon Charles Swinburne
Bisanti, Tatiana: Pietro Aretino, Filippo Tommaso Marinetti, Eugenio Montale, Giovanni Pascoli, Giuseppe Ungaretti
Bischoff, Volker: Emily Dickinson, Robert Frost, Walt Whitman
Blamberger, Günter: Heinrich Böll, Adelbert von Chamisso, Hildesheimer
Blumenkamp, Katrin: Camilo José Cela, Jorge Semprún
Bobzin, Hartmut: Koran
Bohmeier, Ute: Samuel Josef Agnon, Jehuda Amichai, Aharon Appelfeld, Chaim Nachman Bialik, Abraham B. Jehoschua, Yoram Kaniuk, Amos Oz, Joshua Sobol
Bohnert, Christiane: Stefan Heym
Böldl, Klaus: Adam Oehlenschläger
Bollenbeck, Georg: Gottfried Keller, Conrad Ferdinand Meyer, Theodor Storm

Börchers, Sabine: Silvina Ocampo, Mercé Rodoreda

Borges, Harald: Hermann Löns

Borgmeier, Raimund: John Keats, W. Somerset Maugham, Samuel Richardson, William Wordsworth

Brandenberger, Tobias: Augustina Bessa-Luis

Brandt, Horst: Henri Alain-Fournier, Pierre Loti, Jacques Prévert

Braun, Hartmut: John Irving

Braungart, Georg: Christoph Friedrich Nicolai, Johann Carl Wezel

Braungart, Wolfgang: Jeremias Gotthelf

Breinig, Helmbrecht: James Fenimore Cooper, Nathaniel Hawthorne, Washington Irving, Herman Melville, Edgar Allan Poe

Breitinger, Eckhard: Chinua Achebe, Ayi Kwei Armah, Syl Cheney-Coker, Dambudzo Marechera, Amos Tutuola

Breuer, Ingo: Heinrich von Kleist

Brillmann-Ede, Heike: Ama Ata Aidoo, Aminata Sow Fall

Bücher, Britta: Doris Lessing

Büchler-Hauschild, Gabriele: Gustav Freytag

Carbe, Monika: Sabahattin Ali, Fazıl Hüsnü Dağlarca, Sait Faik, Nâzım Hikmet, Orhan Kemal, Yaşar Kemal, Aziz Nesin, Orhan Pamuk, Orhan Veli (Kanik)

Clausen, Bettina: Eckhard Henscheid, Arno Schmidt, Ror Wolf

Coenen-Mennemeier, Brigitta: Marguerite Duras, Nathalie Sarraute

Collier, Gordon: Keri Hulme, David Malouf, Derek Walcott, Patrick White

Conter, Claude D.: Bruno Apitz, Edith Erb, E. A. F. Klingemann

Criegern de Guiñazú, Friederike von: Pablo Neruda

Cujai, Nicole: Nadine Gordimer, Katherine Mansfield

Damm, Sigrid: Caroline Schlegel-Schelling

Davis, Geoffrey V.: Athol Fugard, Bessie Head

Detering, Klemens: Carlos Drummond de Andrade, Camilo Castelo Branco, Alexandre Herculano, João Guimarães Rosa, António Skármeta

Deupmann, Christoph: Christian Kracht, Benjamin Stuckrad-Barre

Dierks, Manfred: Adolf Muschg

Dietschreit, Frank: Hans Magnus Enzensberger, Botho Strauß

Dietz, Ludwig: Berthold Auerbach, Franz Blei, Rudolf Borchardt, Theodor Däubler, Gerd Gaiser, Georg Heym, Franz Kafka, Annette Kolb, Karl Krolow, Wilhelm Lehmann, René Schickele, Ernst Stadler, August Stramm, Ernst Wiechert, Paul Zech

Dittmann-Grönholm, Irja: Lydia Koidula, Viivi Luik

Diz Vidal, Martin: Jorge Guillén, Juan Ramón Jiménez

Döring-Smirnov, Johanna Renate: Anna Achmatova

Dörr, Gerhard: Claude Simon

Duelli-Meßmer, Simone: Michael Ende

Düring, Michael: Fazil' Iskander

Eckel, Winfried: Maurice Maeterlinck, Stéphane Mallarmé

Eglinger, Hanna: Per Olov Enquist, Peter Høeg

Ehlert, Klaus: Friedrich Schiller

Emmerich, Wolfgang: Erich Arendt, Johannes Bobrowski, Volker Braun, Paul Celan, Fritz Rudolf Fries, Christoph Hein, Rudolf Leonhard, Ulrich Plenzdorf

Engel, Manfred: Rainer Maria Rilke

Ensslen, Klaus: Ralph Ellison, Toni Morrison, Alice Walker, Richard Wright

Ernst, Jutta: Joan Didion

Erzgräber, Willi (†): Geoffrey Chaucer, Thomas Hardy, Gerard Manley Hopkins

Eschweiler, Gabriele: Blaise Cendrars, Julio Cortázar, Manuel Puig, Ernesto Sábato, Mario Vargas Llosa

Farin, Michael: Otto Flake, Leopold von Sacher-Masoch

Ferchl, Irene: Isolde Kurz, Eugenie Marlitt

Feuchert, Sascha: Agatha Christie, Arthur Conan Doyle

Figueras, Mercedes: Max Aub

Fischer, Christine: Aleksandr Blok

Fischer, Katrin: Raymond Chandler, Dashiell Hammett

Fischer, Torben: Erik Reger

Fischer-Junghölter, Katrin: Jean Anouilh, Charles Baudelaire, François-René Chateaubriand, Victor Hugo, Marcel

Proust, Charles-Augustin de Sainte-Beuve, Paul Verlaine
Fischer-Seidel, Therese: Samuel Beckett, E. M. Forster
Fluck, Winfried: Henry James, Mark Twain
Foltinek, Herbert: Charles Dickens
Fornaro, Sotera: Sappho
Franz, Norbert: Anton Čechov, Evgenij Zamjatin, Fedor Dostoevskij, Nikolaj Gogol', Nikolaj Leskov, Aleksandr Puškin
Freese, Peter: Bernard Malamud, J. D. Salinger
Freiburg, Rudolf: Samuel, Johnson
Freudenthal, David: Ernesto Cardenal, Juan Carlos Onetti, Octavio Paz, Augusto Roa Bastos, Tirso de Molina
Friese, Wilhelm: Gunnar Gunnarsson, Jónas Hallgrímsson, Halldór Laxness, Hallgrímur Pétursson
Frodl, Aglaja: Muriel Spark
Fuhrmann, Manfred: Seneca
Gago, Carla: Jorge Amado, Joaquim Maria Machado de Assis
Gall, Dorothea: Catull
Gebhardt, Lisette: Murasaki Shikibu
Gehring, Wolfgang: Alan Sillitoe
Gelfort, Claus: Botho Strauß
Glaap, Albert-Reiner: Alan Ayckbourn
Glomb, Stefan: Tom Stoppard
Göbler, Frank: Evgenij Baratynskij, Ivan Bunin, Daniil Charms, Vladislav Chodasevič, Gavrila Deržavin, Ivan Gončarov, Nikolaj Karamzin, Michail Lermontov, Michail Lomonosov, Aleksandr Ostrovskij, Fedor Tjutčev, Lev Tolstoj, Ivan Turgenev
Gönna, Lars L. von der: Loriot
Gönner, Gerhard: Peter Härtling, Nikolaus Lenau, Ferdinand Jakob Raimund
Görres-Ohde, Konstanze: Johann Joseph Görres
Götsch, Dietmar: Carl Jonas Love Almqvist, Hans Christian Andersen, Carl Michael Bellman, Hjalmar Söderberg, Erik Johan Stagnelius, Tomas Tranströmer
Graeber, Wilhelm: Pierre Augustin Caron de Beaumarchais, Dino Buzzati, Italo Calvino, Federico García Lorca, François de La Rochefoucauld, Niccolò Machiavelli, Pierre Carlet de Marivaux, François Mauriac, Molière, Italo Svevo, Antonio Tabucchi, Giovanni Verga
Grandel, Hartmut: Langston Hughes
Grewe-Volpp, Christa: Robert Creeley
Grimm, Gunter E.: Max Dauthendey, Stefan George, Heinrich Wilhelm von Gerstenberg, L.A.V. Gottsched, Friedrich von Hagedorn, Paul Heyse, Ewald Christian von Kleist, Christian Ludwig Liscow, August von Platen, Franz Werfel
Gröne, Maximilian: Georges Bernanos, Michel Butor, Baldassare Castiglione, Alphonse Daudet, Jean Giono, Joris-Karl Huysmans, Roger Martin du Gard, Henry de Montherlant, Alberto Moravia, Alfred de Musset
Grunenberg, Antonia: Monika Maron
Guthke, Karl S.: B. Traven
Györffy, Miklós: Endre Ady, Tibor Déry, Péter Esterházy, Attila József, Imre Kertész, Dezső Kosztolányi, Iván Mándy, Sándor Márai, Miklós Mészöly, Ferenc Molnár, Péter Nádas, László Németh, Sándor Petőfi
Haarmann, Hermann: Alfred Kerr
Haas, Alexandra: Caryl Phillips
Habermehl, Peter: Augustinus, Petron
Habersetzer, Karl-Heinz: Clemens Brentano, Heimito von Doderer, Hugo von Hofmannsthal, Johann Nepomuk Nestroy
Hagestedt, Lutz: Ernst Augustin
Hallof, Klaus und Luise: Hesiod
Harich-Schwarzbauer, Henriette: Alexanderroman
Harreß, Birgit: Hanna Krall
Hartman, Michelle: Ġāda as-Sammān
Hartwig, Sebastian: René Char, Émile Michel Cioran, Paul Claudel, Jean Cocteau, Paul Éluard, Don Luis de Góngora y Argote, Antonio Machado y Ruiz, Gérard de Nerval, Jean Arthur Rimbaud, Saint-John Perse
Hasselblatt, Cornelius: Jaan Kross, Anton Hansen Tammsaare, Marie Under
Hauschild, Jan-Christoph: Georg Büchner, Georg Herwegh
Havemann, Miriam: Roland Barthes, Jorge Luis Borges, Albert Camus, Pierre Corneille, Jean Genet, André Gide, Marcel

Pagnol, Georges Perec, Jean Racine, Alain Robbe-Grillet
Hebel, Udo: William Bradford
Hechtfischer, Ute: Günther Weisenborn
Heide, Markus: Paul Bowles
Heidtmann, Horst (†): Achim von Arnim, Johannes R. Becher, Joseph von Eichendorff, James Krüss
Heitmann, Annegret: Johannes Vilhelm Jensen, Alexander Lange Kielland, Sigrid Undset
Henke, Florian: Yves Bonnefoy, Chrestien de Troyes, Pierre Drieu la Rochelle, Julien Gracq, Jean de La Fontaine, Giacomo Leopardi, Cesare Pavese, Francesco Petrarca, François Rabelais, Michel Tournier
Henze, Stefan: Curt Goetz
Herget, Winfried: William Cullen Bryant
Herlth, Jens: Iosif Brodskij, Osip Mandel'štam
Hijiya-Kirschnereit, Irmela: Abe Kōbō, Akutagawa Ryūnosuke, Bashō, Enchi Fumiko, Endō Shusaku, Inoue Yasushi, Kawabata Yasunari, Kōno Taeko, Mishima Yukio, Mori Ogai, Murakami Haruki, Natsume Sōseki, Ōe Kenzaburō, Sei Shōnagon, Tanizaki Jun'ichirō
Hilf, Susanne: Romesh Gunesekera, Michael Ondaatje
Hilzinger, Sonja: Günter de Bruyn, Gertrud Kolmar, Helga M. Novak, Anna Seghers
Himberg, Kay: Lawrence Durrell
Hoben, Josef: Hermann Burger, Leonhard Frank
Hobuß, Steffi: Paul Scheerbart, Heinrich Seuse
Hoepner-Peña, Carola: Max von der Grün
Hof, Renate: Joyce Carol Oates
Höfele, Andreas: William Shakespeare, Oscar Wilde
Hoff, Karin: Karin Boye
Hofstra, Diethelm: Mochtar Lubis, Rendra, Pramudya Ananta Toer
Hölbling, Walter: Ernest Hemingway
Hollmer, Heide: Thomas Brussig, J. E. Schlegel
Hollweg, Brenda: Stephen King
Holzberg, Niklas: Ovid
Hoorn, Tanja von: Christoph Ransmayr, W. G. Sebald
Hopfe, Karin: Gabriela Mistral
Horatschek, Anna-M.: Peter Ackroyd
Horlacher, Stefan: John Fowles
Horst, Simone: Edda
Horster, Detlef: Aristoteles
Horstmann, Ulrich: Ted Hughes, Philip Larkin
Hotz, Karl: Ludwig Bechstein, Heinz Czechowski, Walter Helmut Fritz, Max Herrmann-Neiße, Rainer Kirsch, Klabund, Siegfried Lenz, Nelly Sachs, Adalbert Stifter, Erwin Strittmatter, Gabriele Wohmann
Hoven, Heribert: Malcolm Lowry
Hristozova, Miglena: Boris Pasternak, Vladimir Sorokin, Ivan M. Vazov
Huber, Werner: Brendan Behan, Sean O'Casey
Hühn, Peter: John le Carré
Humphrey, Richard: John Arden, John Galsworthy
Hurm, Gerd: Djuna Barnes, John Dos Passos, F. Scott Fitzgerald, Richard Ford, Gertrude Stein
Ickstadt, Heinz: William Gaddis, Thomas Pynchon
Igler, Susanne: Antonio Muñoz Molina, Romain Rolland
Imhof, Rüdiger: John Banville
Jaegle, Dietmar: Albrecht von Haller
Jansen, Hans: Albert Ehrenstein, Robert Musil
Jarfe, Günther: W.H. Auden
Jekutsch, Ulrike: Isaak Babel', Velemir Chlebnikov
Jeßing, Benedikt: Konrad Celtis, Johann Heinrich Jung-Stilling, Johann Michael von Loen
Jolles, Charlotte(†): Theodor Fontane
Joost, Ulrich: Karl Kraus, Georg Christoph Lichtenberg
Jorgensen, Bo Hakon: Karen Blixen
Jung, Werner: Ludwig Harig, Günter Herburger, Wolf Wondratschek
Kalb, Kristina: Elizabeth Bishop
Karge, Gesine: Thomas Mann
Karimi, Kian-Harald: Adolfo Bioy Casares,

Clarín, Alexandre Dumas (père), Juan Valera y Alcalá Galiano
Karrer, Wolfgang: Dylan Thomas
Kaukoreit, Volker: Erich Fried
Keil-Sagawe, Regina: Assia Djebar, Nawāl as-Saʿadāwī
Keitel, Evelyne: Patricia Highsmith
Kelleter, Frank: Henry Miller
Kessler, Stephan: Amanda Aizpuriete, Nora Ikstena, Jurga Ivanauskaitė, Jurgis Kunčinas
Kienzle, Michael: Robert Gernhardt, Hermann Kurz, Johannes Mario Simmel, Friedrich Wolf
Kittstein, Ulrich: Gustav Regler
Klein, Holger: J.B. Priestley
Kleinert, Susanne: Dacia Maraini, Elsa Morante
Klepper, Martin: Richard Brautigan
Knopf, Jan: Bertolt Brecht, Friedrich Dürrenmatt, Georg Trakl
Köbke, Jörg: Reinaldo Arenas, José Lezama Lima
Kohl, Stephan: William Makepeace Thackeray
Köhnen, Ralph: Herta Müller
König, Alexandra: Colette
Kopitzki, Siegmund: Peter Hacks, Wolfgang Hilbig, Hermann Kinder, Peter Schneider, Arnold Stadler
Korte, Barbara: H.G. Wells
Kramer, Jürgen: Joseph Conrad
Krapinger, Gernot: Sallust
Krapoth, Hermann: Benjamin Constant
Kravec, Viktor: Vladimir Majakovskij
Kreidt, Dietrich: Johann Jacob Bodmer/ Johann Jakob Breitinger, J.C. Gottsched, Ödön von Horváth, August von Kotzebue
Kretschmer, Ernst: H.C. Artmann, Ludwig Ganghofer, Emanuel Geibel, Christian Morgenstern, Robert Neumann, Joachim Ringelnatz
Kreutzer, Eberhard: Lewis Carroll, Amitav Ghosh, James Joyce, Salman Rushdie, W.B. Yeats
Krewani, Angela: Angela Carter
Krings, Constanze: Jean Rhys
Kroll, Renate: Simone de Beauvoir
Kröner, Hans-Otto: Cicero, Tibull, Vergil

Kubin, Wolfgang: Bei Dao, (Das) Buch der Lieder, (Das) Buch der Wandlungen, Du Fu, Yang Lian
Kulessa, Rotraud von: Elio Vittorini
Kullmann, Thomas: Emily Brontë, Edmund Spenser, Alfred Lord Tennyson
Küppers, Gabriele: Gioconda Belli
La Salvia, Adrian: Dante Alighieri
Lange, Bernd-Peter: George Orwell
Lange, Ulrike: Abram Terc
Lasch, Markus: Augusto Boal, João Cabral de Melo Neto, António Ferreira, Francisco Manuel de Melo
Lehmann, Jessica: Andrej Belyj, Aleksej Remizov
Leitner, Claudia: Isabel Allende
Lengeler, Rainer: Robert Browning
Lersch-Schumacher, Barbara: Anna Blaman, Louis Paul Boon, Hugo Claus, Desiderius, Erasmus von Rotterdam, Guido Gezelle, Hella S. Haasse, Maarten 't Hart, A. F. Th. van der Heijden, Willem Frederik Hermans, Judith Herzberg, Pieter Corneliszoon Hooft, Willem Johannes Theodorus Kloos, Lucebert, Margriet de Moor, Harry Mulisch, Multatuli, Cees Nooteboom, Monika van Paemel, Gerard Reve, Albert Verwey
Lessenich, Rolf: William Blake, Lord Byron, Daniel Defoe, John Dryden, Oliver Goldsmith, John Milton, Mary Shelley
Leypoldt, Günter: William Faulkner, Jack Kerouac
Liebel, Helmuth: Wilhelm Raabe
Liebl-Kopitzki, Waltraut: Nicolas Born
Limlei, Michael: Joseph Victor Scheffel
Lindemann, Uwe: Nicolas Boileau-Despréaux, Pierre Ambroise François Choderlos de Laclos, Michel Houellebecq, Antoine de Saint-Exupéry, Leonardo Sciascia
Link, Viktor: Samuel Taylor Coleridge, John Millington Synge
Lohr-Jasperneite, Andreas: Eduard von Keyserling, Ernst Meister
Lohse, Rolf: Pierre Abélard, Fernando Arrabal, Guillermo Cabrera Infante, Gustave Flaubert, Ramón Gómez de la Serna, Edmond u. Jules de Goncourt,

Pierre Mertens, Eugène Sue, Niccolò Tommaseo, Émile Zola
Loimeier, Manfred: Amadou Hampâté Bâ, Tahar Ben Jelloun, Mongo Beti, Rachid Boudjedra, Mia Couto, Bernard B. Dadié, Mohammed Dib, Abdulrazak Gurnah, Yacine Kateb, Ahmadou Kourouma, Albert Memmi, V.Y. Mudimbe, Meja Mwangi, Patrice Nganang, Yambo Ouologuem, Pepetela, Ousmane Sembène, Léopold Sédar Senghor, Sony Labou Tansi
Lorenz, Matthias N.: Sten Nadolny
Löschnigg, Maria: Edward Bond
Lutz, Bernd: Alfred Andersch, Ingeborg Bachmann, Hans Fallada, Hanns Johst, Karl May, Hans Erich Nossack, Friedrich Rückert, Rudolf Alexander Schröder, Wernher der Gartenaere
Lutz, Hartmut: Louise Erdrich
Mabana, Kahiudi Claver: Aimé Césaire
Mack, Gerhard: Paul Nizon
Mader, Doris: Caryl Churchill
Mai, Anne-Marie: Inger Christensen
Ma-Kircher, Klaralinda: Fritz Herzmanovsky-Orlando
Martens, Ekkehard: Platon
Marti, Madeleine: Christa Reinig
Mathis, Ursula: Anne Hébert
Matzke, Monika: Forūġ Farroḫzād
Maul, Stefan M.: Gilgamesch-Epos
Meid, Marianne: Stefan Andres, Rose Ausländer, Irmgard Keun, Thaddäus Troll
Meid, Volker: Abraham a Sancta Clara, Johann Valentin Andreae, Angelus Silesius, Anton Ulrich, Jacob Balde, Johann Beer, Jacob Bidermann, Sigmund von Birken, Jacob Böhme, Barthold Hinrich Brockes, Simon Dach, Paul Fleming, Paul Gerhardt, Catharina Regina von Greiffenberg, Hans Jacob Christoph von Grimmelshausen, Andreas Gryphius, Johann Christian Günther, Georg Philipp Harsdörffer, Christian Hoffmann von Hoffmannswaldau, Quirinus Kuhlmann, Friedrich von Logau, Daniel Caspar von Lohenstein, Johann Michael Moscherosch, Ernst Elias Niebergall, Martin Opitz, Christian Reuter, Johann Rist, Georg Rollenhagen, Johann Gottfried Schnabel, Justus Georg Schottelius, Friedrich Spee von Langenfeld, Kaspar Stieler, Georg Rodolf Weckherlin, Christian Weise, Philipp von Zesen, Heinrich Anshelm von Ziegler und Kliphausen

Meinig, Sigrun: Peter Carey
Mende, Dirk: Hedwig Courths-Mahler, Jakob van Hoddis, Walter Mehring, Sophie Friederika Mereau, Erich Maria Remarque, Karl Valentin, Friedrich Theodor Vischer
Mertin, Ray-Güde: Clarice Lispector
Meyer, Michael: Buchi Emecheta
Meyer-Krentler, Leonie: Roberto Bolaño, Rafael Chirbes, Javier Marías
Middeke, Martin: Samuel Butler, Thomas Carlyle, Bram Stoker
Modick, Klaus: Lion Feuchtwanger, Ernst Jünger
Moers, Gerald: Sinuhe-Roman
Möhrmann, Renate: Louise Aston, Ida Hahn-Hahn, Luise Mühlbach
Moraldo, Sandro: Dario Fo, Carlo Goldoni, Luigi Pirandello
Mork, Andrea: Richard Wagner
Moss, Maria: John Barth, Don DeLillo
Moster, Stefan: Minna Canth
Mrugalla, Georg: Jerzy Andrzejewski, Kazimierz Brandys, Witold Gombrowicz, Zbigniew Herbert, Marek Hłasko, Jan Kochanowski, Tadeusz Konwicki, Andrzej Kuśniewski, Stanisław Jerzy Lec, Stanisław Lem, Adam Mickiewicz, Czesław Miłosz, Sławomir Mrożek, Maria Nurowska, Tadeusz Różewicz, Bruno Schulz, Henryk Sienkiewicz, Andrzej Szczypiorski
Mülder-Bach, Inka: Siegfried Kracauer
Müllenbrock, Heinz-Joachim: Alexander Pope, Walter Scott
Müller, Klaus Peter: Harold Pinter
Müller, Kurt: Arthur Miller, Eugene O'Neill
Müller, Wolfgang: Wolf Biermann, Hans Joachim Schädlich
Müller, Wolfgang G.: Jane Austen, Robert Burns, Truman Capote, Raymond Carver, E. E. Cummings, John Donne, T. S. Eliot, Thomas Gray, George Herbert, Ben Jonson, Ezra Pound, Percy Bysshe Shelley, Wallace Stevens, John Updike, William Carlos Williams

Müller-Hanpft, Susanne: Günter Eich
Müller-Wood, Anja: Sarah Kane, Thomas Middleton
Müller-Zettelmann, Eva: Edith Sitwell
Munro, Irmtraut: Altägyptisches Totenbuch
Naguschewski, Stephan: Beowulf
Natter, Wolfgang: Ernst Glaeser, Edlef Köppen
Naumann, Ursula: Karoline von Günderrode, Regina Ullmann
Naumann, Uwe: Klaus Mann
Nesselrath, Heinz-Günther: Lukian
Neuhaus, Stefan: Martin Walser
Neuhaus, Volker: Günter Grass, Detlev von Liliencron
Niederhoff, Burkhard: William Congreve, Robert Louis Stevenson
Nieragden, Göran: Kingsley Amis
Nilsson, Gunnar: Juan Benet
Nischik, Reingard M.: Margaret Atwood, Alice Munro
Nix, Angelika: Selma Lagerlöf
Nörtemann, Regina: Anna Louisa Karsch
Nover, Peter: Anthony Burgess
Nünlist, René: Archilochos
Nünning, Ansgar: Sherwood Anderson, Aphra Behn
Nünning, Vera: Aphra Behn, Mary Wollstonecraft
Nusser, Peter: Wolfdietrich Schnurre
Oesterheld, Christina: Mirzā Asadullāh Ḵẖān Ġālib
Ohde, Horst: Hans Arp, Georg Britting, Eugen Gomringer, Helmut Heißenbüttel, Peter Huchel, Ernst Jandl, Oskar Loerke, Franz Mon, Kurt Schwitters, Georg von der Vring
Opfermann, Susanne: Harriet Beecher Stowe
Ophüls-Kashima, Reinold: Yoshimoto Banana
Opitz, Michael: Kurt Drawert, Adolf Endler, Durs Grünbein, Elfriede Jelinek, Reinhard Jirgl, Karl Mickel, Heiner Müller, Gert Neumann, Klaus Schlesinger, Raoul Schrott
Opitz-Wiemers, Carola: Judith Hermann, Christine Lavant, Brigitte Reimann, Erika Runge, Maxie Wander
Ott, Claudia: Koran, Mu'allaqāt

Paatz, Annette: Juan Goytisolo, Benito Pérez Galdós, Fernando de Rojas
Parnell, Christina: Ljudmila Petruševskaja, Tat'jana Tolstaja
Pehnt, Annette: John Steinbeck
Peters, Christoph M.: Aldous Huxley
Petersen, Jürgen H.: Max Frisch
Petzold, Dieter: Enid Blyton
Pfeiffer, Erna: Sor Juana Inés de la Cruz, Rosario Ferré, Cristina Peri Rossi
Pflitsch, Andreas: Adonis, Rashid al-Da'if, Mahmud Darwish, Gamal al-Ghitani, Khalil Gibran, Emil Habibi, Ghassan Kanafani, Edwar al-Kharrat, Elias Khoury, Ibrahim al-Koni, Amin Maalouf, Nagib Machfus, Abdalrahman Munif, Tayyib Salih, Hanan al-Shaykh, Tausendundeine Nacht
Pix, Gunther: Robert Walser
Pohl, Burkhard: Andrés Bello, Alejo Carpentier, Miguel de Cervantes
Pohl, Christian: Rolf Hochhuth
Pollmann, Karla: Anakreon
Porsche, Michael: E. L. Doctorow
Pressler, Frank: Antimachos von Kolophon
Prießnitz, Horst: Les Murray
Pron, Patricio: Vicente Blasco Ibáñez, Cantar de Mío Cid, Lope de Vega
Pullen, Nadine: Wolf Wondratschek
Raabe, Paul: Else Lasker-Schüler
Rakusa, Ilma: Marina Cvetaeva
Ramm, Klaus: Gerhard Rühm
Raub, Annelise: Agnes Miegel
Rauße, Astrid: Maryse Condé
Real, Hermann J.: Jonathan Swift
Reck, Alexander: Willibald Alexis, Therese Huber, Kurt Marti, Maler Müller, Ferdinand von Saar, Erich Weinert, F. L. Z. Werner, Ottilie Wildermuth
Reckwitz, Erhard: Breyten Breytenbach, André Brink, J. M. Coetzee, Iris Murdoch
Rector, Martin: Franz Jung, Erich Mühsam
Rehder, Petra: Dubravka Ugrešić
Rehm, Ortrun: Kerstin Ekman, Sara Lidman, Henning Mankell, Sjöwall/ Wahlöö
Reichardt, Dagmar: Aimé Césaire
Reichardt, Ulfried: John Ashbery, Sylvia Plath
Reinhart, Werner: Edward Albee, Tennessee Williams

Reiser, Frank: Pío Baroja y Nessi, Gustavo Adolfo Bécquer, Pedro Calderón de la Barca, Gracián, José Ortega y Gasset, Luis Cernuda, Rubén Darío, Alexandre Dumas (fils), Ramón José Sender, José Zorrilla y Moral
Reitz, Christiane: Lukrez
Rentsch, Thomas: Paul Ernst
Riedel, Annette: Grazia Deledda, Natalia Ginzburg, Anna Maria Ortese
Riedel, Gabriele: Ludwig Thoma
Riedel, Nicolai: Walter Hasenclever, Uwe Johnson, Günter Kunert
Riedel, Oliver: Hermann Kersten, Ernst Weiß
Riemann, Wolfgang: Diwan-Poesie
Riemenschneider, Dieter: Mulk Raj Anand, Anita Desai, R. K. Narayan, Raja Rao, Arundhati Roy
Riemenschnitter, Andrea: Gao Xingjian, Mo Yan, Wang Anyi, Zhang Ailing
Rippl. Gabriele: A. S. Byatt
Roberg, Thomas: Novalis
Rodewald, Dierk: Moritz Heimann, Jakob Wassermann
Rohrwasser, Michael: Joseph Breitbach, Gerhard Zwerenz
Röseberg, Dorothee: Agota Kristof
Rössler, Andrea: Rosa Montero
Rothmeier, Christa: Věra Linhartová, Božena Němcová
Ruckaberle, Axel: Jean Cayrol, Julien Green
Rühling, Lutz: Edith Södergran
Saalfeld, Lerke von: August Heinrich Hoffmann von Fallersleben, Wallraff
Sabin, Stefana: Tudor Arghezi, Ludovico Ariost, Honoré de Balzac, Giovanni Boccaccio, Michelangelo Buonarotti, Giovanni Giacomo Casanova, Primo Levi, André Malraux, Frédéric Mistral, Jean-Paul Sartre
Sagaster, Börte: Adalet Ağaoğlu
Salheiser, Britta: Stephen Crane
Sander, Hans Jochen: William Golding, Angus Wilson
Sander, Ulrike-Christine: Herman Bang, Gunnar Ekelöf, Lars Gustafsson, Knut Hamsun, Ludvig Holberg, Henrik Ibsen, Jens Peter Jacobsen, Søren Kierkegaard, Bjarne Reuter, August Strindberg

Sareika, Rüdiger: Francisco Sionil José
Sarrey-Strack, Colette: Annie Ernaux, Marguerite Yourcenar
Saynovits, Ilse: Ana Blandiana
Schäffner, Raimund: George Bernard Shaw
Schafroth, Heinz F.: Ilse Aichinger
Scharf, Kurt: Bozorg Alavi, ʿAṭṭār, Luís Vaz de Camões, Omar Chajjām, Maḥmud Doulatābādi, Moulana Nuroddin Abdorrahman Dschāmi, José Maria Eça de Queirós, Abuʾl-Qasem Mansur ben Hasan Ferdousi, José Rubem Fonseca, João Baptista da Silva Garrett, Hušang Golširi, Faḫroʾd-din Asʾad Gorgāni, Hafis, Ṣādeq Hedāyat, António Lobo Antunes, Abbas Maroufi, Abu Moḥammad Nisami, Fernando Pessoa, Rumi, Saadi, José Saramago, Ahmad Schāmlu, Sohrab Sepehri, Miguel Torga, Érico Veríssimo
Scharold, Irmgard: Tommaso Landolfi, J. M. G. Le Clézio, Prosper Mérimée, Pier Paolo Pasolini
Scheffel, Gerda: Robert Pinget
Schenkel, Elmar: Bruce Chatwin
Scheuer, Helmut: Gerhart Hauptmann, Holz, Hutten, Kühn, Stefan Zweig
Schiedermair, Joachim: Pär Fabian Lagerkvist, Henrik Wergeland
Schlaeger, Jürgen: William Beckford, Seamus Heaney, Ian McEwan, Samuel Pepys
Schlaffer, Hannelore: Johann Wolfgang Goethe
Schlaffer, Heinz: A. W. Schlegel
Schlüter, Gisela: Giovanni Battista Guarini, Charles-Louis de Montesquieu, Jean-Jacques Rousseau, Stendhal
Schmähling, Walter: Ernst Barlach, J. W. L. Gleim, Johannes Schlaf
Schmidt, Klaus Elmar: Miguel Ángel Asturias
Schmidt, Siegfried J.: Friederike Mayröcker
Schmidt-Dengler, Wendelin: Fritz Herzmanovsky-Orlando
Schmidt-Welle, Friedhelm: Carlos Fuentes, Julio Llamazares, Juan Rulfo, Manuel Scorza, César Vallejo
Schmitz, Matthias: Günther Anders, Thomas Bernhard, Wilhelm von Humboldt
Schmitz-Köster, Dorothee: Hermann Kant, Sarah Kirsch, Irmtraud Morgner

Schneider, Ronald: Annette von Droste-Hülshoff, Patrick Süskind
Schneider, Thomas: Christian Dietrich Grabbe, Gottlieb Wilhelm Rabener
Schnell, Ralf: Peter-Paul Zahl
Schnitker, Jan: Francis Bacon
Scholz, Anne-Marie: Edith Wharton
Scholz, Sebastian: Peter Turrini
Scholz, Ute: Fëdor Abramov, Boris Pil'njak
Schön, Erich: August Wilhelm Iffland
Schöneich, Christoph: Graham Greene
Schönert, Jörg: Felix Dahn, Otto Ludwig, Carl Sternheim, Frank Wedekind
Schöpp, Joseph C.: Donald Barthelme, William Burroughs, Robert Coover, Raymond Federman
Schramke, Jürgen: J. J. W. Heinse
Schrey-Vasara, Gabriele: Bo Carpelan, Paavo Haavikko, Aleksis Kivi, Eino Leino, Rosa Liksom, Väinö Linna, Elias Lönnrot, Veijo Meri, Pentti Saarikoski, Mika Waltari
Schuerkens, Ulrike: Mariama Bâ
Schulz, Dieter: Ralph Waldo Emerson, Henry David Thoreau
Schulz, Genia (†): Marieluise Fleißer, Heiner Müller, Peter Weiss, Christa Wolf
Schulze-Engler, Frank: James Ngugi wa Thiong'o, Ken Saro-Wiwa, Wole Soyinka
Schutte, Jürgen: Nicodemus Frischlin, Thomas Murner
Schütte, Wolfram: Hubert Fichte
Schütte-Weißenborn, Birgit: Drewitz, Elfriede Jelinek
Schwab, Hans-Rüdiger: Ludwig Anzengruber, Ernst Moritz Arndt, Bettine von Arnim, Hans Bender, Werner Bergengruen, Peter Bichsel, Tankred Dorst, Jakob und Wilhelm Grimm, Wilhelm Hauff, Johann Peter Hebel, Hrotsvit von Gandersheim, Thomas Hürlimann, Justinus Kerner, Theodor Körner, Reiner Kunze, Gertrud von LeFort, Erich Loest, H. L. H. Pückler-Muskau, Luise Rinser, Robert Schneider, Gustav Schwab, Ludwig Uhland, Urs Widmer
Schweiger, Irmy: Yu Hua
Schweikert, Uwe: Elias Canetti, Alfred Döblin, Marlen Haushofer, Hans Henny Jahnn, Jean Paul, Marie Luise Kaschnitz, Brigitte Kronauer, Ludwig Tieck, Rahel Varnhagen, Bernward Vesper, Heinrich Wilhelm Wackenroder
Schweikle, Günther: Ezzo, Frauenlob, Friedrich von Hausen, Gottfried von Neifen, Gottfried von Straßburg, Hadloub, Hartmann von Aue, Heinrich von Morungen, Heinrich von Veldecke, Hugo von Trimberg, Konrad von Würzburg, Neidhart, Nibelungenlied, Oswald von Wolkenstein, Otfried von Weißenburg, Pfaffe Konrad, Reinmar, Rudolf von Ems, Stricker, Walther von der Vogelweide, Wittenwiler, Wolfram von Eschenbach
Seeber, Hans Ulrich: George Eliot
Seibel, Klaudia: J. K. Rowling, J. R. R Tolkien
Sherberg, Barbara: Menander
Sichert, Margit: Sam Shepard
Sielke, Sabine: Rita Dove
Simon, Hans-Ulrich: Eduard Mörike, Wilhelm Waiblinger
Simonis, Annette: Gabriele D'Annunzio, Théophile Gautier, Henri Michaux, Blaise Pascal, Torquato Tasso
Simonis, Linda: Francisco de Quevedo, Miguel de Unamuno, Denis Diderot, Paul Valéry
Sitzler, Kathrin: Magda Szabó
Smolka, Andrea-Eva: José Sobral de Almada Negreiros, Lídia Jorge, Gil Vicente
Sokolowsky, Kay: Egon Friedell
Späth, Eberhard: Edgar Wallace
Spies, Marion: Janet Frame
Stark, Michael: Gottfried Benn, Georg Kaiser
Stein, Peter: Ludwig Börne, Franz Dingelstedt, Karl Gutzkow, Walter Kolbenhoff, Karl Leberecht Immermann
Steinfeld, Torill: Bertha Amalie Skram
Steltner, Ulrich: Il'ja Ehrenburg, Andrej Voznesenskij
Stephan, Inge: Gottfried August Bürger, Johann Heinrich Campe, Matthias Claudius, Georg Forster, Christian Fürchtegott Gellert, Ricarda Huch, J. G. Kerner, Adolph Freiherr von Knigge, Ch. F. D. Schubart, Johann Gottfried Seume
Stich, Susanne: F.G. Jünger, Alfred Kantorowicz, Heinz Piontek, Ina Seidel

Stollmann, Rainer: Herbert Achternbusch, Oskar Maria Graf, Alexander Kluge
Stratmann, Gerd: Laurence Sterne
Stummer, Peter: Nuruddin Farah
Surkamp, Carola: Thornton Wilder
Surmatz, Astrid: Astrid Lindgren
Syndikus, Hans Peter: Horaz
Thiele, Eckhard: Evgenij Evtušenko, Fedor Sologub, Jurij Trifonov
Thurner, Bettina: Thomas Wolfe
Tonn, Horst: Norman Mailer
Töteberg, Michael: Thomas Brasch, F.C. Delius, Gisela Elsner, Ludwig Fels, Erika Mann, Rainer Werner Fassbinder, Hanns-Josef Ortheil, Martin Sperr, Feridun Zaimoglu
Trappl, Richard: Wang Meng
Tromsdorf, Kristine: Fanny Lewald
Tscherpel, Roland: Christian Friedrich Hebbel, Erich Kästner
Unterweg, Friedrich-K.: Evelyn Waugh
Vaßen, Florian: Rolf Dieter Brinkmann, Wilhelm Busch, Ferdinand Freiligrath, Heinrich Heine, Georg Ludwig Weerth
Vester, Heinz-Günter: Umberto Eco, Gabriel Garcia Márquez
Viering, Jürgen: Richard Dehmel
Virkus, Fred: Kalidasa, Kamasutra, Veden
Vöhler, Martin: Pindar
Vollhardt, Friedrich: Hermann Broch, Gotthold Ephraim Lessing
Voulgari, Sophia: Aris Alexandrou, Dimitris Chatzis, Odysseas Elytis, Konstantinos Kavafis, Nikos Kazantzakis, Kostis Palamas, Jannis Ritsos, Emmanouil Roidis, Giorgios Seferis, Alki Zei
Vykoupil, Susanna: Karel Čapek, Jaroslav Hašek, Václav Havel, Bohumil Hrabal, Klára Jarunková, Peter Karvaš, Ivan Klíma, Pavel Kohout, Jiří Kolář, Milan Kundera, Ladislav Mnacko, Jan Nepomuk Neruda, Jaroslav Seifert
Wackwitz, Stephan: Stephan Hermlin, Friedrich Hölderlin, Hermann Lenz, Karl Philipp Moritz
Wagner, Hans-Ulrich: Eva Demski, Günter Bruno Fuchs, Christoph Meckel
Wagner-Egelhaaf, Martina: Peter Handke, Friedrich Heinrich Jacobi

Waligora, Melitta: Bhagavadgītā, Mahābhārata, Rāmāyana
Walter, Klaus-Peter: Čingiz Ajtmatov, Vasilij Aksënov, Andrej Bitov, Milovan Djilas, Maksim Gor'kij, Daniil Granin, Ismail Kadare, Konstantin Paustovskij, Viktor Pelevin, Andrej Platonov, Anatolij Rybakov, Scholem Alejchem, Georges Simenon, Michail Šolochov, Aleksandr Solženicyn
Walther, Elisabeth: Max Bense
Walther, Wiebke: Abū l-Farağ al-Iṣfahānī, Abū Muḥammad al-Ḥarīrī, Ibn al-ʿArabī, ʾAlī Ibn Ḥazm, Abū l-ʾAlāʾal-Maʿarrī
Weber, Lea: Eyvind Johnson
Weglage, Matthias: Aesop
Wehdeking, Volker: Wolfgang Borchert, Hilde Domin, Hermann Hesse, Wolfgang Koeppen, Uwe Kolbe, Jens Sparschuh, Carl Zuckmayer
Wehinger, Brunhilde: Hélène Cixous, George Sand, Madame de Staël
Wehnert, Jürgen: Bibel
Wehrheim, Monika: José Joaquín Fernández de Lizardi
Weigelin-Schwiedrzik, Susanne: Ai Qing, Ba Jin, Lao She, Lu Xun
Weiß, Christian: Mahasweta Devi, Rabīndranāth Tagore
Weiß, Michaela: Louis Aragon, Georges Bataille, Louis-Ferdinand Céline, Anatole France, Romain Gary, Édouard Glissant, Michel de Montaigne, Donatien Alphonse François Marquis de Sade, Philippe Sollers, Boris Vian, François Villon
Welz, Stefan: John Berger, Rudyard Kipling
Werner, Florian: Allen Ginsberg
Westermann, Klaus: Joseph Roth
Wetzel, Heinz: Jurek Becker, Wilhelm Müller
Weyergraf, Bernd: Kurt Tucholsky
Wichner, Ernest: Mircea Dinescu, Gellu Naum
Wild, Bettina: Rafik Schami
Williams, Rhys W.: Arnolt Bronnen, Hermann Kasack, Heinar Kipphardt, Elisabeth Langgässer
Wilsch, Kerstin: Sahar Khalifa
Wimmer, Susanne: Walter Kempowski, Franz Xaver Kroetz

Winkgens, Meinhard: D.H. Lawrence
Winter, Hans-Gerd: Johann Georg Hamann, Johann Gottfried Herder, Friedrich Maximilian Klinger, Jakob Michael Reinhold Lenz, Peter Rühmkorf, Johann Heinrich Voß, Heinrich Leopold Wagner, Dieter Wellershoff
Witt, Nicole: Juan Marsé, Miguel Delibes
Witt, Sabine: Massimo Bontempelli, Carlo Levi, Curzio Malaparte, Alessandro Manzoni, Ignazio Silone, Jules Verne
Witte, Bernd: Franz Hessel
Wöbcke, Rita: (La) Chanson de Roland, Michel Leiris, Pierre de Ronsard, Voltaire
Woldan, Alois: Wisława Szymborska
Wolf, Werner: Virginia Woolf
Wolf-Grieshaber, Katharina: Danilo Kiš, Bora Ćosić
Wuthenow, Ralf-Rainer: Theodor Gottlieb Hippel
Yngborn, Katarina: Martin Andersen Nexø, Tove Jansson
Zacharasiewicz, Waldemar: Carson McCullers, Flannery O'Connor, William Styron, Eudora Welty
Zacher, Klaus-Dieter: Lukrez
Zeidler, Lothar: Hans Carossa, Kasimir Edschmid
Zemmrich, Katrin: Vera Mutafčieva
Zerweck, Bruno: Martin Amis
Zimmermann, Bernhard: Aischylos, Aristophanes, Euripides, E.T.A. Hoffmann, Plautus, Sophokles, Terenz, Christoph Martin Wieland
Zimmermann, Harro: Friedrich Gottlieb Klopstock
Zimmermann, Jutta: Jack London, Upton Sinclair
Zimmermann, Margarete: Christine de Pizan